제18판 머리말

제18판에서는 변호인의 접견교통권, 편지에 대한 검열, 구속영장의 효력, 압수영장의 사건 관련성, 압수목록의 작성과 교부, 임의제출물의 압수, 전기통신의 감청, 전기통신자료의 보관, 증거보전의 특례, 공소시효의 정지 등 수사법 분야의 쟁점을 보완 서술하였다.

그리고 공판절차에서 공소장변경허가결정과 관련된 절차, 구속의 취소, 국민참여재판에 관하여 그 내용을 보충하였으며, 증거법 분야에서는 증거물인 서면, 영장주의에 위반하여 수집된 증거, 전문증거의 범위, 특신상태의 판단, 「성폭력범죄의 처벌 등에 관한 특례법」에 따른 영상녹화물의 증거능력, 수사기관이 아닌 자가 수사과정에서 녹화한 영상녹화물의 증거능력, 증언거부권, 중계장치 등에 의한 증인신문 등에 관하여 내용을 보충하였다.

면소판결의 법적 성격에 관하여 엄밀한 논증을 밝혔으며, 그 외 상소심과 재심절차에 관하여도 내용을 보충한 부분이 적지 않다. 또한 2024년 7월까지 선고된 대법원 판결과 헌법재판소 결정을 본서에 반영하였다.

2024년 7월

저　　자

제17판 머리말

2022년 5월 9일 형사소송법이 개정되어, 검사는 송치요구 등에 따라 사법경찰관으로부터 송치받은 사건 등에 관하여 동일성의 범위 내에서만 수사할 수 있고, 수사기관의 부당수사를 방지하기 위한 준수사항이 입법화되었다. 그리고 사법경찰관의 불송치결정에 대하여 이의신청을 할 수 있는 주체에서 고발인이 제외되었다. 또한 검찰청법의 개정에 따라 검사의 직접 수사개시 대상 범죄가 축소되었다.

제17판에서는 개정된 형사소송법, 검찰청법의 내용을 서술하였고, 「범죄피해자 보호법」에 따른 형사조정제도, 「공공기관의 정보공개에 관한 법률」에 따른 불기소 사건기록의 열람·복사, 「가정폭력범죄의 처벌 등에 관한 특례법」에 따른 가정폭력사범에 대한 보호처분제도 등을 보완·서술하였다. 그리고 제3자가 임의제출한 정보저장매체의 증거능력을 비롯하여 2023년 1월까지 선고된 대법원 판례와 헌법재판소 결정을 본 개정판에 반영하였다.

2023년 2월

저   자

제16판 머리말

2022년 1월 1일부터 형사소송법 제312조 제1항이 시행되어 피고인은 법정에서 검사 작성의 피의자신문조서에 대하여 내용을 부인하면 조서의 증거능력이 배제되어 검사 작성의 피의자신문조서는 경찰 작성의 피의자신문조서와 동일한 증거법칙에 따르게 되었다. 따라서 앞으로 재판실무와 수사실무에도 많은 변화가 예상된다. 이러한 변화에 따라 공동피고인의 증인적격을 비롯하여 개정된 증거법에 따른 이론을 보완하였다.

제16판에서는 「고위공직자범죄수사처의 설립과 운영에 관한 법률」에 따른 사건처리절차와 특별법에 의한 시효정지를 추가하였고, 재판권의 적용범위, 구속영장의 집행, 압수·수색에서 당사자의 참여권, 상대적 친고죄와 일부기소의 쟁점을 보충하였다. 또한 「전자장치 부착 등에 관한 법률」에 관련된 형사쟁점을 서술하였다.

재판절차와 관련한 새로운 변화로 공판준비기일에서 비디오 등 중계장치에 의한 중계시설을 통하거나 인터넷 화상장치를 이용하여 공판준비기일을 열 수 있게 되었다. 앞으로 활성화될 영상재판에 대하여 개정법에 따라 서술하였고, 피고인신문제도의 개선안, 미성년 피해자의 진술을 녹화한 영상물의 증거능력에 관한 헌법재판소 결정을 비롯하여 2022년 1월까지의 주요 대법원 판례와 헌법재판소 결정을 본 개정판에 반영하였다.

2022년 2월

저 자

제15판 머리말

2020년 2월 4일 개정된 형사소송법은 검찰과 경찰의 관계를 상호 협력관계로 규정하면서, 사법경찰관에게 일차 수사의 권한 및 수사종결권을 부여하고 검사에게는 사법경찰관의 일차 수사를 감독하는 권한을 부여하였다. 그리고 검사 작성 피의자신문조서에도 내용인정의 요건을 도입하여 검사 작성 피의자신문조서와 사법경찰관 작성 피의자신문조서의 증거능력을 대등하게 규정하였는데, 검사 작성 피의자신문조서의 증거능력에 관한 규정은 2022년 1월 1일부터 시행된다. 형사소송법의 개정과 함께 검찰청법도 개정되었고, 일반적 수사준칙 등에 관한 사항을 규정하기 위해 대통령령으로 「검사와 사법경찰관의 상호협력과 일반적 수사준칙에 관한 규정」 및 「검사의 수사개시 범죄 범위에 관한 규정」이 공포되었다.

제15판에서는 개정된 형사소송법과 검찰청법 및 이에 관한 대통령령을 비롯하여 그동안 헌법재판소의 헌법불합치결정으로 효력이 상실되었다가 헌법불합치결정의 취지에 따라 개정된 해당 조항을 상세히 서술하였다.

그 밖에 수사절차에서 변호인 참여권의 침해, 변호인의 접견교통권, 압수·수색영장의 집행방법, 불기소사건기록의 열람·복사, 공소제기후 수사의 제한에 관하여 그 내용을 보충하였고, 증거법 분야에서 위법수집증거, 전문진술의 범위, 공범의 범위, 피고인과 증인에 대한 진술조서, 증언거부와 증거능력의 문제를 검토하였으며, 그 외 공판절차와 상소심절차에 관하여도 내용을 보충한 부분이 적지 않다. 또한 2020년 12월까지 선고된 대법원 판결과 헌법재판소 결정을 본서에 반영하였다.

2021년 1월

저　　자

제14판 머리말

제14판에서는 수사기관의 내사, 참고인진술조서의 작성, 「성폭력범죄의 처벌 등에 관한 특례법」에 따른 의무적 영상녹화 제도, 수사기관의 압수·수색에 있어서 사건 관련성의 요건, 공소시효 정지의 주관적 범위, 재정신청의 절차 등 수사법 분야의 새로운 쟁점을 추가로 서술하였다.

그리고 공판절차에서 보충송달의 요건, 구속집행정지결정, 보석보증금의 환부, 판결선고에 따른 압수해제의 효과, 경합범에 대한 일부 상소, 재심에서 불이익변경금지의 원칙에 관하여 그 내용을 보충하였으며, 증거법 분야에서 성폭력범죄 피해자를 비롯한 증인 진술의 신빙성 판단, 증거서류의 증명력, 피고인의 고의 등 주관적 요소에 대한 증명력 평가를 새로이 추가하여 서술하였다.

체포영장이 발부된 피의자를 체포하기 위하여 타인의 주거 등을 수색하는 경우에 긴급한 사정이 있는지 여부와 무관하게 영장주의의 예외를 인정하고 있다는 점에서 제216조 제1항 제1호 중 체포영장에 의한 체포에 관한 부분은 헌법에 위반된다는 2018. 4. 26.자 헌법재판소 결정 등 2018년 12월까지 선고된 대법원 판결과 헌법재판소 결정을 추가하였다.

2019년 1월

저   자

제13판 머리말

2017년 12월 10일 개정 법률에서는 약식명령에 대하여 피고인이 정식재판을 청구한 경우 불이익변경금지의 원칙을 폐지하되, 피고인의 정식재판청구권 위축 우려를 감안하여 약식명령의 형보다 중한 종류의 형을 선고하지 못하도록 변경되었다. 제13판에서는 개정된 형사소송법과 형사규칙의 규정을 검토하고, 2017년 12월까지 선고된 대법원 판결을 추가하였다.

그리고 피해자의 의견진술절차, 모발감정, 가정폭력처벌법상의 보호처분, 피해자환부제도에 관하여 새로 서술하고, 압수·수색영장의 집행, 전자매체에 의한 공소제기, 포괄일죄와 공소장변경, 구속영장의 실효, 특신상태의 판단기준에 관하여 그 내용을 보충하였다.

2018년 1월

저　　자

제12판 머리말

제11판이 출간된 후 2016년 1월 6일 재정신청결정에 관한 제262조 제4항이 개정되었고, 다시 2016년 5월 29일 형사소송법이 개정되었다. 피해자와 증인 등 사건관계인의 개인정보보호를 위하여 재판장은 소송서류 등의 열람·복사에 앞서 사건관계인의 성명 등이 공개되지 않도록 보호조치를 할 수 있고, 과학적 분석결과에 기초한 디지털포렌식 자료 등으로 진술서 등의 진정성립을 증명할 수 있도록 하였으며, 재심에서 피고인 등 재심을 청구한 사람이 원하지 않는 경우에는 재심무죄판결을 공시하지 않을 수 있도록 관련규정이 개정된 것이다.

제12판은 개정된 위 규정의 입법취지와 내용을 서술하였고, 전자정보에 대한 압수수색과 집행 후 절차, 디지털증거의 증거능력에 관하여 그 내용을 보충하였다. 그 밖에 감정서의 증거능력과 증명력의 문제, 상상적 경합과 이중기소, 항소심의 양형판단, 「소송촉진 등에 관한 특례법」에 따른 재심절차 등을 새로 서술하고, 2016년 7월까지 선고된 대법원 판결과 헌법재판소 결정을 검토하여 본서에 반영하였다.

2016년 7월

저   자

제11판 머리말

헌법재판소는 형법 제241조 간통죄의 위헌 여부에 대해 1990년, 1993년, 2001년, 2008년 네 차례에 걸쳐 합헌결정을 내렸다. 필자는 2011년 8월 형사 재판장의 직권으로 간통죄에 대하여 헌법재판소에 위헌법률심판을 제청하였고, 헌법재판소는 2015년 2월 26일 간통죄 처벌 조항에 대하여 위헌결정을 내렸다. 간통죄에 대한 위헌결정으로 고소취소의 간주에 관한 형사소송법 제229조 제2항을 비롯하여 간통죄와 관련된 형사소송법 이론도 그 의미를 상실하여 제11판에서는 간통죄와 직접적으로 관련된 이론과 사례를 삭제하였다.

그리고 특별검사제도는 그동안 정치적 중립을 보장하기 위해 구체적 사건을 전제로 개별 특별법에 따라 그 임무범위와 절차가 규정되었는데 특별검사의 임명과 직무 등 일반적 사항에 관하여 「특별검사의 임명 등에 관한 법률」이 2014년 3월 18일 제정되어 2014년 6월 19일부터 시행되어 특별검사제도를 새로 서술하였다. 또한 불심검문, 압수수색영장의 집행, 통신제한조치의 집행, 수사기관에 의한 비밀녹음, 공소시효 정지효력의 주관적 범위, 구속집행정지결정, 참고인 진술서의 작성과 증거능력, 수사보고서의 증거능력, 녹음파일의 증거능력, 항소이유서의 제출기간, 항소심의 파기판결에 대한 내용을 보충하고, 2015년 5월까지 선고된 대법원판결과 헌법재판소 결정을 추가하였다.

2015년 5월

저   자

제10판 머리말

2000년 8월 본서를 처음 출간한 후 이제 제10판을 출간하게 되었다. 그동안 공판중심주의의 강화와 수사적법절차의 확립을 위한 제도개선을 통하여 인권보호와 실체적 진실발견을 위한 많은 변화가 이루어 졌다. 이러한 개선과 변화를 충실하게 반영하기 위하여 본서의 개정에 노력하였다.

제10판에서는 피해자 변호사제도, 검사의 수사지휘권, 피의자신문의 절차, 금융정보에 대한 압수, 양형자료의 조사제도, 피의자신문조서의 증거능력에 관한 개별적 쟁점, 자유심증주의와 과학적 증거방법의 관계, 면소판결의 연혁, 항소이유서제출과 관련된 쟁점 등을 보완하고, 위법수집증거에 의해 수집된 증거의 증거능력에 대한 판례를 비롯하여 2014년 5월까지 선고된 대법원 판결과 헌법재판소 결정을 추가하였다.

2014년 6월

저   자

제 9 판　머리말

2012년 12월 18일 형법 개정으로 강간죄 등 성범죄에 대한 친고죄 조항이 삭제되었다. 또한 「성폭력범죄의 처벌 등에 관한 특례법」의 개정으로 피해자를 위한 변호사제도, 증인지원관제도, 진술조력인제도 등이 신설되고, 공소시효 적용 배제 대상범죄가 확대되었으며, 「특정범죄신고자 등 보호법」상의 피해자 등 익명조치와 신변보호조치가 전면적으로 시행되었다.

제9판에서는 강간죄 등이 친고죄임을 전제로 설시한 판례와 이론 및 사례를 대폭적으로 수정하였다. 그리고 검사의 수사지휘권, 보호실유치의 요건, 피의자에 대한 진술거부권의 고지, 긴급체포된 피의자에 대한 검사의 대면조사, 강제채혈과 긴급압수, DNA신원확인정보제도, 재정결정에 대한 불복, 법원의 사실조회, 증인의 보호제도를 새로 서술하거나 그 내용을 보충하고, 2013년 4월까지 선고된 대법원 판결과 헌법재판소 결정을 추가하였다.

2013년　4월

저　　자

제8판 머리말

사법제도에 대한 국민의 신뢰를 회복하고, 피의자와 피고인의 인권침해를 방지하며, 수사제도를 정비하기 위하여 형사소송법과 「국민의 형사재판참여에 관한 법률」이 개정되었고, 검찰의 중립성과 독립성을 강화하고, 검찰과 경찰의 관계를 재정립하기 위하여 검찰청법이 개정되었다. 이에 따라 대통령령인 「검사의 사법경찰관리에 대한 수사지휘 및 사법경찰관리의 수사준칙에 관한 규정」이 제정되었다. 또한, 「성폭력범죄의 처벌 등에 관한 특례법」의 개정으로 13세 미만의 여자 및 신체적인 또는 정신적인 장애가 있는 여자에 대한 강간, 준강간의 경우 공소시효가 폐지되었다.

제8판에서는 개정된 법률에 따라 검사와 사법경찰관리의 관계, 검사의 수사지휘권, 압수·수색의 요건, 전자정보에 대한 압수, 압수물의 환부와 가환부, 공소시효의 배제 등에 관하여 그 내용을 보완하였다. 특별검사제도, 피의자신문, 피고인의 소재불명으로 인한 공시송달의 요건, 위법수집증거배제법칙, 무죄판결 등에 관한 서술을 보충하였고, 2012년 1월까지 선고된 대법원 판결과 형사소송법이론의 해석에 도움이 되는 사례를 추가하였다.

2012년 1월

저 자

제 7 판　머리말

　제7판에서는 별건구속, 독일의 증거금지론에 관한 최근의 경향, 수사기관의 영상녹화물에 관한 증거능력, 시료감정결과의 증거능력, 조사자증언제도를 보완하였다. 또한 합리적인 양형을 도출하여 공정한 형사재판을 확보하기 위한 양형기준제도의 도입에 따라 이에 관한 내용과 수사분야의 새로운 쟁점인 전산정보에 대한 압수 · 수색을 추가하였다. 종전의 「성폭력범죄의 처벌 및 피해자보호 등에 관한 법률」이 「성폭력범죄의 처벌 등에 관한 특례법」으로 명칭이 변경되면서 공소시효기간에 관한 특례규정이 신설되어 이 부분도 정리하였다. 그리고 2011년 3월까지 선고된 대법원 판결과 이론분석에 도움이 되는 사례를 본서에 추가하였고, 저자가 형사재판장으로서 피고사건을 직접 심리하던 중 제기된 쟁점인 고소취소 등의 문제에 대한 검토결과도 본서에 서술하였다.

　형사재판실무와 형사소송법학에 조그마한 도움이라도 되기를 바라며 본서의 개정에 노력하였으며, 독자들에게도 감사를 드린다.

2011년 3월

저　　자

제6판 머리말

개정된 형사소송법이 2008년 1월 1일부터 시행되면서 공판중심주의는 우리 형사사법절차에 확고한 기반이 되었고 구두변론주의와 집중심리주의를 통하여 형사재판실무의 운영에도 변화를 가져왔다. 이러한 변화를 반영하기 위해 본서를 개정하였다.

제6판에서는 증거개시제도, 재정신청제도, 전문심리위원제도, 전문수사자문위원제도, 영상녹화물의 증거능력, 음주측정에 대한 수사, 불기소처분에 대한 헌법소원에 관하여 그 내용을 추가하거나 설명을 보충하였다. 형사증거법의 서술을 보완하면서 '거증책임'이라는 용어를 보편적인 용어인 '입증책임'으로 바꾸었다. 또한 새로 출간된 문헌들과 교과서를 검토하여 필요한 부분을 소개하였고 학자들의 변경된 학설도 추가하였다. 종전의 행형법이 「형의 집행 및 수용자의 처우에 관한 법률」로 명칭이 변경되면서 내용도 대폭 개정되었고, 소년법의 주요 부분도 개정되어 형사관련 특별법의 개정내용을 본서에 반영하였다. 그리고 피의자신문조서의 증거능력과 조사자의 증언에 관한 새로운 대법원 판결을 비롯하여 2009년 7월까지 선고된 대법원 판결과 헌법재판소 결정을 체계적으로 정리하였다.

본서를 개정하면서 심도있고 정밀한 해석을 유지하되 장황하고 반복적인 서술은 피하여 지면을 증가시키지 않도록 유념하였다.

2009년 7월

저   자

제 5 판 머리말

우리 형사소송법이 1954. 9. 23. 법률 제341호로 공포된 이래 10여 차례의 개정을 통하여 형사사법제도의 변화가 있었지만 기본적인 큰 틀은 50여년 동안 유지되었다. 2007. 6. 1. 공포되어 2008. 1. 1.부터 시행되는 형사소송법은 형사사법의 구조를 전면적으로 개정하였다. 개정된 형사소송법은 형사절차에서 피고인과 피의자의 방어권을 보장하기 위하여 인신구속제도를 합리적으로 개선하고, 보석조건을 다양화하였으며, 수사절차에서 변호인의 참여권을 보장하였다. 그리고 공판중심주의를 강화하고, 재정신청제도를 개선하는 등 형사사법선진화의 기틀을 마련하였다. 형사소송법의 개정에 맞추어 「국민의 형사사법 참여에 관한 법률」이 제정되어 국민이 형사재판에 참여하는 배심원제도가 도입되었으며, 위 법률들의 시행을 위하여 2007. 10. 4. 형사소송규칙이 개정되고 「국민의 형사사법 참여에 관한 규칙」이 제정되었다. 그 후에도 공소시효의 연장과 전문심리위원제도의 도입 및 종전 개정에서 미비된 점을 보완하기 위하여 2007. 12. 21. 형사소송법이 일부 개정되었다.

본서는 개정된 형사소송법 및 형사소송규칙의 입법취지와 내용을 서술하고, 2007. 12. 31.까지 선고된 대법원 판례를 추가하였다. 본서를 집필하면서 만연하고 장황한 서술을 피하는 동시에 내용의 신속한 파악과 정리에 도움을 주고자 노력하였다. 본서의 부족한 점은 앞으로의 연구와 개정을 통하여 보완하기로 약속드린다.

2008년 1월

저   자

제4판　머리말

　　제4판에서는 최근에 개정된 통신비밀보호법에 따라 통신사실확인자료의 요청절
차를 소개하고, 증거법의 중요한 쟁점인 사인에 의한 위법한 증거수집, 비디오테이
프의 증거능력을 추가로 설명하였으며, 검사가 작성한 피의자신문조서의 증거능력
에 관한 전원합의체 판결을 비롯하여 2005년 12월까지의 선고된 대법원 판결과 헌
법재판소 결정을 정리하였다. 그리고 종전에 설명이 미진하였던 학설의 내용을 보
완하고, 국내외 교과서와 주석서도 가능한 한 신판을 인용하였다. 또한 형식적인
면에 있어서, 한자로 기재된 목차를 한글로 바꾸고 한자식 표현을 줄였다.

　　이 책을 볼 때마다 저자로서는 부족함을 느끼나 지금까지 형사소송법에 관해서
제기된 쟁점들을 분석하고 또 새로운 문제들을 제기하는 데 앞으로도 전력을 기울
이고 더 나아진 모습을 보여드릴 것을 다짐하고자 한다.

2006년 1월

저　　자

제 3 판 머리말

　형사소송법 제2판을 출간한 후 검찰청법이 개정되고 형사소송절차에 관한 중요한 대법원 판결과 헌법재판소 결정들이 선고되어 제2판의 부족한 부분을 보충하기 위해 제3판을 출간하게 되었다. 우선 본서를 개정함에 있어서 중점을 둔 것은 형사소송에 관한 많은 문제와 쟁점들을 적정한 분량의 범위 내에서 밀도 있게 다루어야 한다는 점이었다. 그리고 형사소송절차에 관한 이론들을 가능한 한 실제 일어나는 사건을 중심으로 설명하였고, 학설의 대립을 소개함에 있어서는 그 논쟁의 실익을 언급하였다.

　제3판에서는 경제와 과학기술의 발달과 함께 등장한 새로운 쟁점인 금융계좌추적의 문제, 유전자감정결과의 증거능력을 검토하였고, 증거법분야에서 독일의 증거금지론을 추가하여 설명하였다. 또한 검사의 지위, 일죄의 일부기소, 공소권남용론, 공소장변경, 일사부재리효의 시간적 범위의 문제에 관하여 그 내용을 추가하거나 보강하였다. 피의자신문시 변호인의 참여권, 구속적부심사시 변호인의 기록열람등사권에 관한 판결을 비롯하여 2004년 5월까지의 중요한 대법원 판결과 헌법재판소 결정을 체계적으로 정리하였다. 그 밖에도 가필한 부분이 적지 않다.

　본서가 우리나라 형사소송법학과 형사실무에 조금이라도 도움이 되었으면 하고 기대할 따름이다. 본서의 부족하고 불충분한 점은 앞으로의 연구를 통하여 보완하기로 약속드린다.

2004년 5월

著　　者

제 2 판　머리말

　　제2판을 저술함에 있어서 가장 고심한 부분은 복잡하고 어렵다고 인식되고 있는 형사소송법의 이론을 이해하기 쉽게 써야 한다는 점이었다. 형사소송법의 이해를 돕기 위하여 제2판에서는 형사소송법이론과 판례에 관한 중요한 사례 100여개를 선정하여 그 쟁점을 논평하였다. 이론의 추상적 설명만으로는 부족한 부분에 대하여 현실적 사례를 제시하여 문제점을 검토하고 간단한 해설을 첨부한 것이다.

　　그리고 개정된 통신비밀보호법, 형사소송비용등에관한법률, 형사규칙 등의 내용을 체계적으로 정리하고, 형사소송절차에서 새로 시행되는 답변서제출제도에 관하여 그 내용을 상세히 설명하였다. 또한 초판의 내용 중 부족한 부분을 보충하였다. 변호인의 기록열람등사권, 함정수사, 피고인의 진술거부권, 위법수집증거배제법칙 등을 새로 쓰다시피하였고 전자기록의 증거능력에 관한 설명을 추가하였다. 2003년 3월까지의 대법원판례와 헌법재판소결정을 수록하여 본서만으로도 판례를 충분히 정리할 수 있도록 배려하였다.

　　책의 개정에 나름대로 최선을 다하였으나 앞으로도 계속 노력할 것을 다짐한다.

2003년 4월

著　　者

머 리 말

著者는 1994년 母校에서 '一事不再理의 原則에 관한 研究'로 박사學位를 받은
후 그동안 발표하였던 刑事訴訟法에 관한 論文을 기초로 判例와 學說을 정리하여
이 책을 저술하게 되었다. 실무가로서 책을 쓴다는 것이 매우 힘들고 또 조심스러
운 일이라는 것을 느껴오던 터라 이 책을 出刊하는 데에는 오랜 망설임이 있었으
나, 감히 용기를 내어 책을 쓰게 된 것은 刑事訴訟法이 裁判實務와 더불어 생성·
발전되어 가는 법분야이므로 刑事訴訟法에 관한 判例를 잘 정리하는 것만으로도 刑
事訴訟法의 研究에 도움이 될 것이라고 믿었기 때문이다. 著者의 부족한 능력으로
인하여 이 책의 내용이 미비하나 계속 精進하여 그 내용을 수정·보완하고자 한다.
　이 책을 出刊함에 있어 우선 著者의 恩師이시고 서울大學校 總長과 國務總理를
역임하신 李壽成 선생님의 學恩에 고개숙여 감사를 올린다. 언제나 따뜻한 사랑과
말씀으로 격려하여 주신 선생님께 이 小著를 바친다. 그리고 이 책을 집필하면서
여러 교수님들이 이룩하여 놓은 刑事訴訟法理論과 力作들을 인용하였는데, 그 분
들께도 존경과 깊은 감사를 드린다.

2000년 8월

著　　者

차   례

제 2 편　소송주체와 소송절차론

제 1 장　소송의 주체　　　　　　　　　　　　　　　　　　(21 ~ 102)

제 3 편　수사와 공소

제 1 장　수　　사　　　　　　　　　　　　　　　　　　(129∼308)

제 4 편　공　　판

제 1 장　공판절차 (365～489)

제 2 장 증 거 (490~693)

제 5 편　구제절차·특별절차

제2장 비상구제절차

주요사례

참고문헌

                                                              (약어)

김재환, 형사소송법, 법문사, 2013.   김재환
배종대·이상돈, 형사소송법(제7판), 홍문사, 2006.   배종대
손동권, 형사소송법, 세창출판사, 2008.   손동권
신동운, 신형사소송법(제4판), 법문사, 2012   신동운
신양균, 형사소송법(제2판), 법문사, 2004.   신양균
이은모, 형사소송법(제2판), 박영사, 2011.   이은모
이재상·조균석, 형사소송법(제13판), 박영사, 2021.   이재상
주석 형사소송법(제4판), 사법행정학회, 2009.
법원행정처, 법원실무제요 형사 Ⅰ, Ⅱ, 2014.

[약   어]
* 가정폭력범죄의 처벌 등에 관한 특례법 = 가폭법
* 경찰관직무집행법 = 警職法
* 마약류관리에 관한 법률 = 痲藥法
* 민사소송법 = 民訴法
* 법원조직법 = 法組法
* 보호관찰 등에 관한 법률 = 보호관찰법
* 성폭력범죄의 처벌 등에 관한 특례법 = 性暴力處罰法
* 소송촉진 등에 관한 특례법 = 訴促法
* 즉결심판에 관한 절차법 = 卽審法
* 통신비밀보호법 = 通秘法
* 특정강력범죄의 처벌에 관한 특례법 = 特强法
* 특정범죄가중처벌 등에 관한 법률 = 特加法
* 폭력행위 등 처벌에 관한 법률 = 暴處法
* 헌법재판소법 = 헌재법
* 형사보상법 = 刑補法
* 형사소송비용 등에 관한 법률 = 刑費法
* 형의 집행 및 수용자의 처우에 관한 법률 = 형집행법

* 검사와 사법경찰관의 상호협력과 일반적 수사준칙에 관한 규정 = 수사규정
* 검찰사건사무규칙 = 檢事規
* 소송촉진 등에 관한 특례법시행규칙 = 訴促規
* 형사소송규칙 = 규칙

제 1 편

서   론

제 1 장 형사소송법의 기초

제 1 형사소송법의 의의와 성격

I. 형사소송법의 의의

형사소송법(刑事訴訟法)이란 형사절차를 규정하는 국가적 법률체계, 즉 형법을 구체적으로 적용·실현하기 위한 절차를 규정하는 법률체계를 의미한다. 형법이 형벌권의 발생요건을 규정한 법률이라 한다면, 형사소송법은 형벌권을 실현하기 위한 절차를 규정한 법률이라 할 수 있다. 좁은 의미의 형사소송법은 형사사건에 대해 법원의 심판을 구하는 절차로서 공소제기부터 형이 확정되기까지의 절차를 규율하는 법을 의미하지만, 넓은 의미의 형사소송법은 공소제기전 단계인 수사절차나 형확정 이후의 단계인 형집행절차도 포함한다.

II. 형사소송법의 성격

형사소송법은 실체법인 형법을 구체적으로 실현하는 절차를 규정하는 절차법이다. 형법은 형벌권의 조건과 내용을 규정하고 있는 법이므로 정적(靜的)·고정적인 데 반하여, 형사소송법은 형벌권실현의 방법과 절차를 규정한 법이므로 동적(動的)·발전적인 성격을 띠고 있다. 또한 형사소송법은 형사사법권의 행사에 관한 법이므로 사법법(司法法)에 속한다. 사법법은 행정법의 경우와는 달리 주로 법적 안정성을 원리로 하고 있다. 사법법을 형사법과 민사법으로 구분하는 경우 형사소송법은 형사법에 속한다.

제 2 형사소송법의 법원

I. 헌 법

헌법은 피고인과 피의자의 기본적 인권을 보장하기 위하여 형사절차에 관한 상세한 규정을 두고 있다. 형사소송법의 법원(法源)이 되는 헌법의 규정으로는 적정절차의 원칙($\frac{제12조}{제1항}$), 고문금지와 불이익진술거부권($\frac{제12조}{제2항}$), 영장주의

($^{제12조 제3}_{항, 제16조}$), 변호인의 조력을 받을 권리($^{제12조}_{제4항}$), 체포·구속적부심사청구권($^{제12조}_{제6항}$), 자백배제법칙과 자백의 보강법칙($^{제12조}_{제7항}$), 일사부재리의 원칙($^{제13조}_{제1항}$), 신속한 재판을 받을 권리($^{제27조}_{제3항}$), 피고인의 무죄추정($^{제27조}_{제4항}$), 형사보상청구권($^{제28}_{조}$) 등을 들 수 있고, 법원의 조직과 권한($^{제101조 내}_{지 제108조}$), 재판공개의 원칙($^{제109}_{조}$), 군사법원($^{제110}_{조}$)에 관한 헌법의 규정도 형사소송법의 법원이 된다.

II. 형사소송법

1. 형식적 의미의 형사소송법

형식적 의미의 형사소송법이란 '형사소송법'이라는 명칭으로 공포·시행되는 법률을 말한다. 형사소송법은 형사절차에 관한 가장 중요한 법원이 된다.

2. 실질적 의미의 형사소송법

실질적 의미의 형사소송법이란 형사절차를 규정한 법률체계의 전체를 지칭한다. 형사절차에 관한 중요부분은 형사소송법전에 규정되어 있으나 이 밖에 다른 법률에 의해서도 규정되어 있다. ① 조직에 관한 법률로는 법원조직법, 검찰청법, 변호사법, 각급법원의 설치와 관할구역에 관한 법률, 경찰관직무집행법, 사법경찰관리의 직무를 행할 자와 그 직무범위에 관한 법률 등을 들 수 있다. ② 특별절차에 관한 법률로는 국민의 형사재판참여에 관한 법률, 소년법, 즉결심판에 관한 절차법, 군사법원법, 치료감호법, 조세범처벌절차법 등을 들 수 있다. ③ 형사소송비용 등에 관한 법률, 형사보상 및 명예회복에 관한 법률, 형의 집행 및 수용자의 처우에 관한 법률, 사면법, 형의 실효 등에 관한 법률, 소송촉진 등에 관한 특례법, 국가보안법 등도 실질적 의미의 형사소송법에 포함된다.

III. 대법원규칙

1. 형사소송규칙

대법원은 법률에 저촉되지 아니하는 범위 안에서 소송에 관한 절차, 법원의 내부규율에 관한 규칙을 제정할 수 있다($^{헌법}_{제108조}$). 형사소송에 관한 법원으로서 가장 중요한 대법원규칙은 형사소송규칙이다. 이 이외에 공판정에서의 좌석에 관한 규칙, 법정에서의 방청·촬영 등에 관한 규칙, 소송촉진 등에 관한 특례법시행규칙, 소년심판규칙, 형사소송비용 등에 관한 규칙 등이 있다.

2. 대법원예규 등

대법원 예규는 사법부 내부의 업무처리 지침에 불과할 뿐 형사절차를 직접적으로 규율하지 않으므로 형사소송법의 법원이 되지는 못한다. 이와 같이 수사기관의 업무처리 지침인 검찰사건사무규칙, 검찰압수물사무규칙, 검찰집행사무규칙, 검찰징수사무규칙, 검찰보존사무규칙, 검찰보고사무규칙, 참고인 등 비용지급규칙 등도 형사소송법의 법원이 아니므로 법규적 효력을 가지지 못한다.

제3 형사소송법의 적용범위

I. 장소적 적용범위

형사소송법은 대한민국의 법원에서 심판되는 사건에 대하여만 적용된다. 대한민국 영역 외일지라도 영사재판권이 미치는 지역에서는 우리나라 형사소송법이 적용된다. 피고인 또는 피의자의 국적을 불문한다. 대한민국 영역 내라 할지라도 국제법상의 치외법역에서는 형사소송법이 적용되지 않는다.

II. 인적 적용범위

형사소송법은 대한민국 영역 내에 있는 모든 사람에게 효력이 미친다. 다만 국내법과 국제법에 의해 형사소송법의 적용이 배제되는 경우가 있다. ① 대통령은 내란 또는 외환의 죄를 범한 경우를 제외하고는 재직중 형사상 소추를 받지 않는다(헌법 제84조). 국회의원은 국회에서 직무상 행한 발언과 표결에 관하여 국회 외에서 책임을 지지 아니하며(헌법 제45조), 현행범인 경우를 제외하고는 회기중 국회의 동의 없이 체포 또는 구금되지 않는다(헌법 제44조). ② 외국의 원수, 그 가족 및 대한민국 국민이 아닌 수행자, 신임받은 외국의 사절(使節)과 그 직원·가족 및 승인받고 대한민국 영역 내에 주둔하는 외국의 군인에 대하여도 형사소송법은 적용되지 않는다.

III. 시간적 적용범위

형사소송법은 시행시부터 폐지시까지 효력을 가진다. 다만 법률의 변경이 있는 경우에 어떤 법을 적용해야 할 것인가가 문제된다. 형사소송법에는 소급효금지의 원칙이 적용되지 않으므로 신법을 적용할 것인가 또는 구법을 적용해야 할 것인가는 입법정책상의 문제이다. 이와 관련하여 형사소송법은 부칙에서 개정법률의 시행일을 규정한다.

제4 형사소송법의 연혁

Ⅰ. 구 형사소송법

1. 일제치하

한일합방 후인 1912년에 조선형사령(朝鮮刑事令)에 의해서 일본의 형사소송법이 우리나라에 적용되었다. 이 형사소송법은 1890년($\substack{明治\\23년}$)에 나폴레옹의 치죄법을 모방하여 제정한 법이었으므로 우리나라는 프랑스 형사소송법을 일본을 통하여 계수하게 된 것이다. 1922년($\substack{大正\\11년}$)에 일본의 형사소송법이 독일의 형사소송법을 토대로 다시 제정되고 이 법이 조선형사령에 의해서 우리나라에 적용되었다. 大正 刑事訴訟法이라고 불리는 이 형사소송법은 1954년에 우리나라의 형사소송법이 제정되어 시행될 때까지 우리나라에 적용되었다.

2. 미군정하

미군정시대인 1948년 3월 20일에 미군정법령 제176호로 형사소송법을 일부 개정하였는데 구속적부심사제도와 영장제도의 신설, 접견교통권의 보장, 보석제도의 강화 등이 개정의 주요내용에 해당한다. 이로써 영미법의 형사소송제도가 우리나라에 처음 도입되었다.

Ⅱ. 형사소송법의 개정

1. 2006년까지의 개정

형사소송법은 1954년 9월 23일 법률 제341호로 공포되어 동년 10월 14일부터 시행되었다. 제1차 개정법률($\substack{1961.\\9. 1.}$)과 제2차 개정법률($\substack{1963.\\12. 13.}$)은 영미법의 당사자주의적 요소를 한층 더 도입한 것이었다. 제3차 개정법률($\substack{1973.\\1. 25.}$)은 유신헌법에 의하여 비상국무회의에서 의결된 것으로 법원의 권한과 피고인의 권리를 축소하였다. 제4차 개정법률($\substack{1973.\\12. 20.}$)은 3차 개정시에 확대되었던 긴급구속의 범위와 필요적 보석의 제외사유를 제3차 개정 이전으로 환원하였다. 제5차 개정법률($\substack{1980.\\12. 18.}$)에 의하여 제3차 개정시 폐지되었던 구속적부심사제도가 부활되고, 피고인의 무죄추정이 명문화($\substack{제275조\\의2}$)되었다. 제6차 개정법률($\substack{1987.\\11. 28.}$)은 구속적부심사제도의 강화, 범죄피해자의 진술권보장($^{제294조}_{의2}$) 등이 개정의 주된 내용이다. 제7차 개정법률($^{1994.}_{12. 22.}$)은 자격형의 집행에 관한 규정($^{제476}_{조}$)을 일부 변경하였다. 제8차 개정법률($^{1995.}_{12. 29.}$)은 체포제도의 도입($^{제200조}_{의2}$), 영장실질심사제도의 채택($^{제201조}_{의2}$) 등 인신구속제도를 획기적으로 개선하였다. 제9차 개정법률($^{1997.}_{12. 13.}$)은 영장실질심사제도를 일부 변경하였다.

제13차 개정법률($^{2004.}_{10. 16.}$)은 헌법재판소에 의하여 헌법불합치결정이 내려진 형사소송법 규정들을 결정의 취지에 맞게 고친 것이다. 제15차 개정법률($^{2006.}_{7.19.}$)은 국선변호인의 선정사유를 대폭 확대하였다.

2. 2007년 형사소송법 개정

2007년 개정된 형사소송법은 형사절차에서 피고인과 피의자의 방어권을 보장하기 위하여 인신구속제도를 합리적으로 개선하고, 보석조건을 다양화하였으며, 수사절차에서 변호인의 참여권을 보장하였다. 공판중심주의적 법정심리절차를 도입하고, 재정신청제도를 개선하는 등 형사사법 선진화의 기틀을 마련하였다. 한편 형사소송법의 개정에 맞추어 「국민의 형사사법 참여에 관한 법률」이 제정되어 국민이 형사재판에 참여하는 배심원제도가 도입되었다.

3. 2011년 형사소송법 개정

2011. 7. 18.자 개정 형사소송법은 2012. 1. 1.부터 시행되었다. 개정된 주요 내용은 ① 누구든지 확정된 형사사건의 판결서와 증거목록 등을 인터넷 등으로 열람·등사할 수 있도록 하되, 판결서 등에 기재된 개인정보가 공개되지 않도록 보호조치를 하도록 하고($^{제59조}_{의3}$), ② 압수·수색의 요건에 피고사건과의 관련성을 추가하며($^{제106조}_{제1항}$), ③ 정보저장매체 등에 관한 압수의 범위와 방법을 명시하고($^{제106조}_{제3항}$), ④ 사법경찰관의 수사개시권과 사법경찰관에 대한 검사의 수사지휘권을 명시하며($^{제196}_{조}$), ⑤ 수사기관의 압수·수색·검증 요건에 피고사건과의 관련성과 피의자가 죄를 범하였다고 의심할 만한 정황이 있을 것을 추가하고($^{제215}_{조}$), ⑥ 압수물의 소유자, 소지자 등의 신청이 있을 경우 수사기관이 압수물을 환부 또는 가환부할 수 있도록 하며($^{제218조}_{의2}$), ⑦ 재정신청의 대상을 형법 제126조의 죄에 대한 고발사건까지 확대하되 피공표자의 명시한 의사에 반하여는 할 수 없도록 한 것이다($^{제260조}_{제1항}$).

4. 2015년 형사소송법 개정

2015. 7. 31.자 개정법률에서는 ① 장애인 등의 방어권보장을 위하여 보조인

이 될 수 있는 자의 범위에 피고인 또는 피의자와 신뢰관계에 있는 자를 포함하도록 하고($\frac{제29조}{제2항}$), ② 법원의 구속집행정지결정에 대한 검사의 즉시항고권 규정이 헌법재판소의 위헌결정 취지에 따라 삭제되고, ③ 피해자의 인권을 보호하고 국민의 생명을 보호하기 위하여 중대범죄에 대하여 공소시효를 폐지하고($\frac{제253조}{의2}$), ④ 지방검찰청에 형집행정지 심의위원회를 설치하도록 하는 근거를 마련하였다($\frac{제471조}{의2}$).

5. 2016년 형사소송법 개정

2016. 5. 29.자 개정법률에서는 ① 소송계속 중에 있는 사건 서류의 열람·복사에 대해서도 사건관계인의 개인정보공개를 제한할 수 있는 규정을 신설하고($\frac{제35조}{제4항}$), ② 디지털증거의 진정성립을 '과학적 분석결과에 기초한 디지털포렌식 자료, 감정 등 객관적 방법'으로도 인정할 수 있도록 하고($\frac{제313조}{제1항}$), ③ 피고인 등 재심을 청구한 사람이 원하지 아니하는 경우에는 재심무죄판결을 공시하지 아니할 수 있도록 변경하였다($\frac{제440}{조}$).

6. 2017년 형사소송법 개정

2017. 12. 19.자 개정법률에서는 약식명령에 대하여 피고인이 정식재판을 청구한 경우 불이익변경금지의 원칙을 폐지하되, 피고인의 정식재판청구권 위축 우려를 감안하여 약식명령의 형보다 중한 종류의 형을 선고하지 못하도록 병경되었다($\frac{제457조}{의2}$).

7. 2020년 형사소송법 개정

2020. 2. 4.자 개정법률에서는 검찰과 경찰의 관계를 상호 협력관계로 규정하면서, 사법경찰관에게 일차 수사의 권한 및 수사종결권을 부여하고 검찰에게는 사법경찰관의 일차 수사를 감독하는 권한을 부여하였다. 그리고 검사 작성 피의자신문조서에도 내용인정의 요건을 도입하여 검사 작성 피의자신문조서와 사법경찰관 작성 피의자신문조서의 증거능력을 대등하게 규정하였다. 이러한 개정과 함께, 2020년 1월 14일 제정되어 2020년 7월 15일 시행된 「고위공직자범죄수사처 설치와 운영에 관한 법률」은 고위공직자범죄수사처를 설치하였고, 2020년 2월 4일 개정되어 2021년 1월 1일 시행된 검찰청법 개정법률은 검사의 수사개시 범위를 엄격하게 제한하였다.

8. 2022년 형사소송법 개정

2022. 5. 9.자 개정 형사소송법에 의하면, 검사는 송치요구 등에 따라 사법경

찰관으로부터 송치받은 사건 등에 관하여 동일성을 해치지 아니하는 범위 내에서만 수사할 수 있고, 수사기관이 수사 중인 사건의 범죄 혐의를 밝히기 위한 목적으로 합리적인 근거 없이 별개의 사건을 부당하게 수사하는 것을 금지하며, 다른 사건의 수사를 통해 확보된 증거 또는 자료를 내세워 관련 없는 사건에 대한 자백이나 진술을 강요할 수 없도록 하는 한편, 사법경찰관으로부터 수사결과 불송치결정을 받아 이의신청을 할 수 있는 주체에서 고발인을 제외하였다.

제 2 장 형사소송의 이념

제 1 형사소송의 목적

형사소송은 공정한 절차를 보장하면서 실체적 진실을 밝혀 형벌권을 신속하고 적정하게 적용하는 것을 목적으로 한다. 이러한 의미에서 형사소송은 ① 실체적 진실의 발견, ② 적정절차의 보장, ③ 신속한 재판의 실현에 그 목적이 있다. 실체적 진실주의와 적정절차의 요청은 추상적 이념으로 표현할 때에는 병립가능하고 조화될 수 있는 것으로 이해되고 있지만 구체적 소송절차에 있어서는 서로 충돌할 수 있다. 이러한 경우 개별적인 사안에 따라 현행 형사사법제도의 구조, 범죄의 동향, 인권보장의 현상과 전망 등을 종합적으로 고려하여 가치를 교량해야 한다.

제 2 실체적 진실주의

I. 의   의

실체적 진실주의(實體的 眞實主義)란 법원이 당사자의 사실상의 주장, 사실의 인부(認否) 또는 제출한 증거에 구속되지 아니하고 실질적으로 사안의 진상을 밝혀 진실한 사실을 인정하는 주의를 말한다. 형법의 구체적 실현이라는 형사소송법의 목적을 달성하기 위하여는 실체적 진실의 발견이 불가결의 전제이다. 이에 비하여 형식적 진실주의란 법원이 당사자의 사실상의 주장, 사실의 인부 또는 제출한 증거에 구속되어 이를 기초로 하여 사실의 진부(眞否)를 인정하는 주의를 말한다. 민사소송에서는 형식적 진실주의를 채택하고 있다.

II. 내   용

1. 적극적 진실주의와 소극적 진실주의

실체적 진실주의에는 범죄사실을 밝혀 죄 있는 자를 놓치지 않고 이를 처벌하려고 하는 적극적인 면과 죄 없는 자를 유죄로 하는 일이 없도록 하는 소극적인 면이 있다. 전자를 적극적 진실주의, 후자를 소극적 진실주의라고 한다. 현행 형사소송법은 무죄추정의 원칙($^{제275조}_{의2}$), 위법수집증거의 배제($^{제308조}_{의2}$), 자백의 임의성법칙($^{제309}_{조}$), 자백의 보강법칙($^{제310}_{조}$), 전문법칙($^{제310조}_{의2}$)을 형사소송의 기본원칙으로 채택하여 실체적 진실주의의 소극적인 면에 중점을 두고 있다.

2. 소송구조와 실체적 진실주의

실체적 진실주의는 소송의 목적에 관한 원리이고, 당사자주의와 직권주의는 소송의 구조에 관한 원리이다. 직권주의뿐만 아니라 당사자주의도 실체적 진실의 발견을 그 이념으로 하고 있다. 따라서 당사자주의와 실체적 진실주의는 서로 모순되는 관계에 있는 것이 아니라 부합되는 관계에 있다고 본다.

Ⅲ. 제 한

1. 적정절차의 요구에 의한 제한

실체적 진실의 발견은 적정한 절차를 전제로 하여야 하며 위법한 절차에 의한 실체적 진실의 발견은 허용되지 않는다. 따라서 위법한 절차에 의하여 수집된 증거는 그 위법의 정도가 중대한 경우에는 그 증거의 진실성이 인정되는 경우에도 그 증거능력을 부정해야 한다.

2. 초소송법적인 이익에 의한 제한

실체적 진실의 발견이라는 소송법적 이익은 초소송법적 이익에 의해서 제한을 받는 경우가 있다. 군사상, 공무상 또는 업무상의 비밀을 보호하기 위한 압수·수색·검증의 제한($^{제110조\ 내}_{지\ 제112조}$), 증인거부($^{제147}_{조}$) 또는 증언거부($^{제148조,}_{제149조}$) 등의 경우가 이에 해당한다.

3. 필연적 한계

형사소송에 있어서 절대적이고 객관적인 진실규명은 불가능하다. 또한 실체적 진실의 발견은 법관의 주관적 판단에 의존할 수밖에 없고, 사실의 인정도 합리적 의심 없는 고도의 개연성으로 만족할 수밖에 없다. 그러나 이것은 인간의 인지능력의 한계에서 오는 필연적인 한계이므로 이를 특별히 실체적 진실주의의 제한이라고 할 필요는 없다.

제3 적정절차의 원리

I. 의 의

적정절차(適正節次)의 원리란 공정한 법적 절차에 따라 형벌권이 실현되어야 한다는 원칙을 말한다. 헌법 제12조 제1항이 "누구든지 법률에 의하지 아니하고는 체포·구속·압수·수색 또는 고문을 받지 아니하며, 법률과 적법한 절차에 의하지 아니하고는 처벌·보안처분 또는 강제노역을 받지 아니한다"고 규정한 것은 바로 적정절차의 원리를 선언한 것이다. 또한 헌법은 묵비권($\substack{제12조\\제2항}$), 영장주의($\substack{제12조\\제3항}$), 변호인의 조력을 받을 권리($\substack{제12조\\제4항}$), 무죄추정($\substack{제27조\\제4항}$) 등을 규정하여 적정절차의 원리를 구현하고 있다.

II. 내 용

1. 공정한 재판의 원칙

공정한 재판의 원칙이란 법관이 헌법과 법률에 의하여 양심에 따라 정의와 공평을 이념으로 하는 재판을 해야 한다는 원칙을 말한다. 이를 위해서는 공평한 법원의 구성, 피고인의 방어권보장 그리고 실질적 당사자주의의 확보 등이 전제되어야 한다. 형사소송법은 공평한 법원의 구성을 위하여 제척·기피·회피제도($\substack{제17조 내\\지 제24조}$)를 두고 있다. 또한 피고인의 방어권보장을 충실히 하기 위하여 증거보전청구권($\substack{제184\\조}$), 제1회 공판기일의 유예기간($\substack{제269\\조}$), 피고인의 공판정출석권($\substack{제276\\조}$), 피고인의 진술권($\substack{제286\\조}$), 피고인의 진술거부권($\substack{제283조\\의2}$), 증거신청권($\substack{제294\\조}$) 등을 규정하고, 실질적 당사자주의를 구현하기 위하여 변호인제도($\substack{제30조\\이하}$)를 두고 있다.

2. 비례성의 원칙

비례성의 원칙이란 국가형벌권을 실현하기 위한 수단으로서의 강제처분이라 하더라도 구체적 사건의 개별적·사실적 상황을 고려하여 소송의 목적을 달성하는 데 적합하고, 다른 수단에 의하여는 그 목적을 달성할 수 없고, 이와 결합된 침해가 사건의 의미와 범죄혐의의 정도에 비추어 상당해야 한다는 것을 말한다. 즉 목적과 수단, 목표와 방법, 침해와 침해로 얻게 되는 공익 사이에 비례가 유지되어야 한다는 원칙을 말한다. 현행법이 각종 강제처분에 대하여 엄격한 법률적·사법적 통제를 과하고 있는 것도 이러한 의미에서 이해할 수 있다.

3. 피고인보호의 원칙

법원이나 수사기관은 피고인 또는 피의자에게 정당한 방어방법과 가능성을 고지하고 일정한 소송행위의 법적 결과를 설명하여 권리행사방법을 제시하여야 한다. 예를 들면 피고인의 구속시 변호인 또는 가족에 대한 범죄사실의 요지통지($^{제87}_조$), 구속과 이유 등의 고지($^{제72}_조$), 진술거부권의 고지($^{제283조}_{의2}$), 증거조사결과에 대한 의견과 증거조사신청에 대한 고지($^{제293}_조$), 퇴정한 피고인에 대한 증인·감정인 또는 공동피고인의 진술요지의 고지($^{제297조}_{제2항}$), 상소에 대한 고지($^{제324}_조$) 등이 피고인에 대한 보호의무에 해당한다.

제 4 신속한 재판의 원칙

Ⅰ. 의   의

헌법 제27조 제3항은 신속한 재판을 받을 권리를 피고인의 기본적 인권으로 보장하고 있다. 신속한 재판은 주로 피고인의 이익을 보호하기 위하여 인정된 원칙이지만 동시에 실체적 진실의 발견, 소송경제, 재판에 대한 국민의 신뢰확보, 형벌목적의 달성과 같은 공공의 이익에도 그 근거를 두고 있다. 이를 위하여 형사소송법, 「즉결심판에 관한 절차법」, 「소송촉진 등에 관한 특례법」 및 형사소송규칙에 신속한 재판의 실현을 위한 상세한 규정을 두고 있다.

Ⅱ. 내   용

1. 신속한 재판을 위한 제도

⑴ **수사와 공소제기의 신속을 위한 제도**   검사에 대한 수사권의 집중($^{제195}_조$), 수사기관의 구속기간의 제한($^{제202}_조$), 기소편의주의($^{제247}_조$), 공소시효제도($^{제249}_조$) 등은 수사와 공소제기의 신속을 위한 제도이다.

⑵ **공판절차의 신속한 진행을 위한 제도**   공판준비절차($^{제266조}_{의5}$), 심판범위의 한정(불고불리의 원칙), 결석재판제도($^{제277조}_{의2 등}$), 집중심리주의($^{제267조}_{의2}$), 재판장의 소송지휘권($^{제279}_조$), 소송지연목적 기피신청의 기각($^{제20조}_{제1항}$), 구속기간의 제한($^{제92}_조$), 판결선고기간의 제한($^{제318조}_{의4}$), 대표변호인제의 도입($^{제32조}_{의2}$) 등도 공판절차단계에서의 신속한 재판을 위한 제도이다.

(3) **상소심재판의 신속을 위한 제도**   상소기간의 제한($\frac{제358조,}{제374조}$), 미결구금일수 산입의 제한($\frac{訴促法}{제24조}$) 등은 상소권남용을 방지함으로써 소송경제를 도모하고 신속한 재판을 위한 제도이다. 상소기록송부기간의 제한($\frac{제361조,}{제377조}$), 상소이유서제출기간의 제한($\frac{제361조의}{3, 제379조}$) 등 소송법상 기간의 제한도 소송지연을 방지하는 제도이다.

(4) **재판의 신속을 위한 특수한 공판절차**   신속한 재판의 이념을 실현하기 위한 특수한 공판절차로 간이공판절차($\frac{제286조}{의2}$)와 약식절차($\frac{제448조}{이하}$), 즉결심판절차($\frac{卽審法}{제6조}$) 등이 있다. 약식절차에 있어서 정식재판청구기간을 제한하고($\frac{제453}{조}$), 제1심 판결선고 전까지는 이를 취하할 수 있도록 한 것($\frac{제454}{조}$)도 신속한 재판을 위한 제도이다.

2. 소송지연의 소송법적 효과

피고인의 귀책사유가 없는데도 공판심리가 현저히 지연된 경우 소송법상 어떠한 효과가 발생하는가의 문제이다. 공판심리의 현저한 지연은 현행법상 면소사유뿐만 아니라 공소기각사유에도 해당하지 않지만, 공소제기 후 판결이 확정됨이 없이 25년이 경과한 때에는 시효완성을 이유로 면소판결을 하여야 한다($\frac{제249조}{제2항}$).

Ⅲ. 한 계

형사재판의 신속은 형사소송의 중요한 목적이나 유일한 목적은 아니다. 따라서 형사재판의 신속은 실체적 진실의 발견, 적정절차의 보장이라는 다른 목적과 합리적인 조화를 이루어야 한다. 신속한 재판은 공정한 재판이 전제되어야 하고, 재판의 신속에 치우친 나머지 실체적 진실의 발견이 희생되는 결과를 초래하여도 안된다.

제 5 무죄추정의 원칙

Ⅰ. 의 의

무죄추정(無罪推定)의 원칙이란 형사절차에 있어서 피고인뿐만 아니라 피의자도 유죄의 판결이 확정될 때까지는 무죄로 추정된다는 원칙을 말한다. 헌법($\frac{제27조}{제4항}$)과 형사소송법($\frac{제275조}{의2}$)은 피고인의 무죄의 추정만을 규정하고, 피의자에 관하여는 아무런 언급도 하고 있지 않지만 피의자도 무죄로 추정되어야 하는 것

은 당연하다. 따라서 무죄의 추정은 수사절차와 공판절차를 지배하는 지도원리
이다. 한편 무죄추정의 원칙은 유죄판결의 확정에 의하여 종료되기 때문에 유
죄의 확정판결에 대한 재심청구인은 무죄로 추정되지 않는다.

Ⅱ. 내 용

1. 입증책임

피고인은 무죄로 추정되므로 검사가 피고인의 유죄를 입증해야 한다. 무죄
추정의 원칙에 의해서 입증책임을 검사가 부담하므로 피고인이 유죄인지 무죄
인지 분명하지 아니한 경우, 즉 법관이 유죄의 확신에 이르지 못한 경우에는
무죄를 선고해야 한다. 이와 같이 무죄추정의 원칙은 공판절차에서 입증책임분
배의 기준으로 된다.

2. 강제처분의 제한

무죄추정의 원칙은 인신구속의 제한 등 강제처분에 대한 제한원리로 작용
한다. 이러한 의미에서 현행법상 임의수사의 원칙($\frac{제199}{조}$), 구속요건에 대한 엄격
한 제한($\frac{제201}{조}$), 필요최소한의 법리 등은 무죄추정의 법리를 그 이념적 기초로 하
고 있다. 또한 무죄추정의 원칙은 구속된 피의자·피고인을 가급적 석방시킬
것을 요구하고 있다. 체포·구속적부심사제도($\frac{제214조}{의2}$), 필요적 보석제도($\frac{제95}{조}$) 등
도 무죄추정의 원칙을 구현하는 제도이다.

3. 부당한 대우의 금지

무죄추정의 원칙은 형사절차에서 피의자·피고인에 대한 부당한 대우를 배
제할 것을 요구하고 있다. 고문의 절대적 금지($\frac{헌법 제12조}{제2항}$), 피의자·피고인에 대한
위압적·모욕적 신문의 금지($\frac{규칙 제140}{조의2}$)는 무죄추정의 원칙에 의해서도 요청된다.

4. 진술거부권의 보장

피의자·피고인에게 진술거부권을 보장하는 것도 무죄추정의 원칙을 그
이념적 기초로 하고 있다. 진술거부권의 보장은 진술강요의 금지를 의미하기
때문이다.

제3장 형사소송법의 구조

제1 규문주의와 탄핵주의

I. 규문주의

규문주의(糾問主義)란 재판기관이 소추기관의 소추 없이 직권으로 형사절차를 개시하여 심리·재판하는 주의를 말한다. 규문주의하에서는 소추기관이 존재하지 않고 죄인은 조사와 심리의 객체로 될 뿐 소송주체로서의 지위가 인정되지 않았다. 규문주의적 형사절차는 근세 초기 전제군주국가의 형사절차로서 프랑스혁명을 계기로 탄핵주의적 형사절차로 개혁되었다.

II. 탄핵주의

탄핵주의(彈劾主義)란 소추기관의 소추에 의해서 재판기관이 심리를 개시하는 주의를 말한다. 탄핵주의적 형사절차는 소추기관과 재판기관을 분리하므로 **불고불리**(不告不理)의 원칙이 적용되고 피고인도 소송주체로서 절차에 관여하게 된다. 탄핵주의는 소추권자를 기준으로 국가소추주의, 피해자소추주의, 공중소추주의로 분류된다. 우리나라는 국가소추주의에 의한 탄핵주의 소송구조를 채택하고 있다.

제2 직권주의와 당사자주의

I. 직권주의

직권주의(職權主義)란 소송에서의 주도적 지위를 법원에게 인정하는 소송구조를 말한다. 따라서 직권주의에서는 법원이 실체적 진실을 발견하기 위하여 검사나 피고인의 주장에 구속받지 않고 직권으로 증거를 수집·조사하고 심리를 진행한다. 직권주의가 실체적 진실의 발견과 소송의 능률과 신속에 기여하는 장점이 있는 반면에 사건에 대한 심리가 법원의 자의에 흐를 염려가 있고 피고인의 소송활동이 위축될 수도 있다.

Ⅱ. 당사자주의

당사자주의(當事者主義)란 당사자, 즉 검사와 피고인에게 소송의 주도적 지위를 인정하여 당사자 사이의 공격과 방어에 의하여 심리가 진행되고, 법원은 제3자적 입장에서 당사자의 주장과 입증을 판단하는 소송구조를 말한다. 당사자주의에서는 소송의 주도적 지위를 당사자에게 인정하기 때문에 피고인의 방어권행사가 충분히 보장된다는 장점이 있는 반면 심리의 능률과 신속을 저해할 염려가 있고 당사자간의 소송진행에 대한 능력의 차이로 인해서 변호인이 없는 피고인에게는 오히려 불이익한 결과를 가져올 염려가 있다.

제 3 현행법상 형사소송의 기본구조

Ⅰ. 현행법규정과 소송구조

현행 형사소송법은 당사자주의적 요소와 직권주의적 요소를 함께 포함하고 있다. 당사주의적 요소로서 공소제기 단계에서 공소장일본주의($^{규칙 \ 제118}_{조 \ 제2항}$)를 취하고 있고, 공판절차에서 공소장변경제도를 두고 있으며, 증거조사에서 당사자의 증거신청권($^{제294}_{조}$), 증거보전청구권($^{제184}_{조}$), 증거조사참여권($^{제163}_{조 \ 등}$)을 부여하면서 교호신문제도($^{제161조}_{의2}$)를 인정하고 있다. 한편 직권주의적 요소로서 심판대상의 변경과 관련하여 공소장변경요구제도를 두고 있고($^{제298조}_{제2항}$), 공판절차에서 피고인신문제도와 직권에 의한 증거조사를 인정하고 있다.

Ⅱ. 소송구조에 대한 논의

1. 학   설

현행법상 형사소송의 기본구조에 관하여 ① 직권주의를 원칙으로 하고 당사자주의를 보충적으로 가미하고 있다고 해석하는 견해와 ② 당사자주의를 원칙으로 하고 직권주의를 보충적으로 취하고 있다고 해석하는 견해 및 ③ 순수한 당사자주의라는 견해가 있다.

2. 검   토

현행 형사소송법이 외형적으로는 당사주의적 요소를 대폭 도입하였지만 실체적 진실발견을 위한 법원의 개입을 광범위하게 인정하고 있기 때문에 우리나라 형사소송의 기본구조는 직권주의를 원칙으로 하면서 당사자주의를 보충하는 소송구조를 취하고 있다고 본다. 당사자주의설은 피고인의 인권보장을 위한 관련규정과 법원의 예단을 배제하기 위한 제도 및 당사자의 참여권에 관한 규정 등을 그 근거로 삼고 있으나 이는 당사자주의와 논리적 필연성을 가지는 것은 아니다. 또한 우리나라 형사소송이 원칙적으로 직권주의를 채택하고 있다고 하여 피고인의 인권보장이 당사자주의보다 경시되는 것도 아니다.

제 2 편

소송주체와 소송절차론

제1장 소송의 주체

제1절 법 원

제1관 총 설

제1 사법권과 법원

사법권(司法權)이란 구체적인 법률상의 분쟁에 관하여 이를 심리하여 공권적인 판단을 내리는 권한과 이에 관련된 부수적인 권한을 말한다. 헌법은 사법권이 법관으로 구성된 법원에 속한다고 규정하고 있다($^{헌법 제101}_{조 제1항}$). 즉 법원은 사법권을 행사하는 국가기관으로서 통상 국법상 의미와 소송법상 의미로 구분된다.

제2 국법상 의미의 법원

Ⅰ. 의 의

국법상 의미의 법원이란 사법행정상의 법원을 말한다. 이는 다시 관청(官廳)으로서의 법원과 관서(官署)로서의 법원으로 구별된다. 전자는 사법행정권의 주체라는 의미를 가지고, 후자는 구체적 재판을 행하기 위하여 필요한 인적·물적 설비를 총칭한다. 법원조직법에서 법원이라고 할 때에는 대체로 국법상 의미의 법원을 가리킨다.

Ⅱ. 법원의 조직

1. 대 법 원

대법원은 최고법원으로서 서울특별시에 두며($^{法組法 제11}_{조, 제12조}$), 대법원장과 대법관으로 구성된다($^{동법 제4조,}_{제13조 제1항}$). 대법원장은 대법원의 일반사무를 관장하며, 대법원 직원과 각급 직원 및 그 소속 기관의 사법행정사무에 관하여 직원을 지휘·감독한다($^{동법 제13}_{조 제2항}$). 대법원에는 사법행정사무를 관장하기 위하여 법원행정처를 두고, 법

원행정처는 법원에 관한 인사·예산·회계·시설·송무·등기·호적·공탁·
집행관·법무사·법령조사·통계·판례편찬 및 사법제도연구에 관한 사무를
관장한다(동법 제19조).

2. 고등법원

고등법원은 고등법원장과 법률로써 정한 수의 판사로 구성된다(法組法 제5조 제2항, 제26조 제1항).
고등법원장은 고등법원의 사법행정사무를 관장하며, 소속 공무원을 지휘·감
독한다(동법 제26조 제3항). 고등법원에는 부를 두고, 부에는 부장판사를 두며, 부장판사는
그 부의 재판에 재판장이 되고, 고등법원장의 지휘에 의하여 그 부의 사무를
감독한다(동법 제27조).

3. 지방법원

지방법원은 지방법원장과 법률로써 정한 수의 판사로 구성된다(法組法 제5조 제2항, 제29조 제1항).
지방법원장은 그 법원과 소속 지원, 시·군법원 및 등기소의 사법행정사무를
관장하며, 소속 공무원을 지휘·감독한다(동법 제29조 제3항). 지방법원에는 부를 두고, 부
에는 부장판사를 두며, 부장판사는 그 부의 재판에 재판장이 되고, 지방법원장
의 지휘에 의하여 그 부의 사무를 감독한다(동법 제30조).

4. 지방법원 지원

지방법원 지원은 지원장과 법률로써 정한 수의 판사로 구성된다(法組法 제31조 제1항). 지
원장은 그 소속 지방법원장의 지휘를 받아 그 지원과 관할구역 안에 위치한
시·군법원의 사법행정사무를 관장하며, 소속 공무원을 지휘·감독한다(동법 제31조 제3항).
사무국을 둔 지원의 지원장은 소속 지방법원장의 지휘를 받아 관할구역 안에
위치한 등기소의 사무를 관장하며, 소속 공무원을 지휘·감독한다(동조 제4항).

5. 시·군법원

대법원장은 지방법원 또는 그 지원 소속 판사 중에서 그 관할구역 안에 위
치한 시·군법원의 판사를 지명하여 시·군법원의 관할사건을 심판하게 한다.
시·군법원의 판사는 소속 지방법원장 또는 지원장의 지휘를 받아 시·군법원
의 사법행정사무를 관장하며, 소속 직원을 지휘·감독한다(法組法 제33조). 시·군법원은
형사사건에 관하여 20만원 이하의 벌금 또는 구류나 과료에 처할 범죄사건에
대하여 즉결심판한다(동법 제34조 제1항).

제3 소송법상 의미의 법원

I. 의 의

소송법상 의미의 법원이란 재판기관으로서의 법원을 말한다. 개개의 소송사건에 대해 재판권을 행사하는 법원, 즉 합의부 또는 단독판사는 소송법상 의미의 법원이다. 소송법상 의미의 법원은 국법상 의미의 법원에 소속된 법관에 의하여 구성된다. 형사소송법에서 법원이라고 할 때에는 소송법상 의미의 법원을 가리킨다.

II. 단독제와 합의제

1. 장·단점

법원은 그 구성방법에 따라 1인의 법관으로 구성되는 단독제와 2인 이상의 법관으로 구성되는 합의제로 나뉜다. 단독제는 합의제에 비하여 소송절차를 신속하게 진행시킬 수 있는 장점이 있지만, 사건심리가 신중하지 못할 우려가 있다. 이에 반하여 합의제는 사건심리의 신중과 공정을 기할 수 있지만, 소송절차의 진행이 지연될 수도 있다.

2. 운 용

(1) **대법원**   대법원은 원칙적으로 대법관 전원의 3분의 2 이상의 합의체에서 행하며, 대법원장이 재판장이 된다. 그러나 대법관 3인 이상으로 구성되는 부에서 먼저 사건을 심리하여 의견이 일치된 경우에는 부에서 심판할 수 있다(法組法 제7조 제1항).

(2) **고등법원**   고등법원·특허법원 및 행정법원의 심판사건은 판사 3인으로 구성된 합의부에서 이를 행한다(法組法 제7조 제3항).

(3) **지방법원**   지방법원 및 가정법원과 그 지원, 소년부지원 및 시·군법원의 심판권은 단독판사가 이를 행한다. 다만 지방법원 및 가정법원과 그 지원에서 합의심판을 요하는 경우에는 합의부에서 이를 행한다(法組法 제7조 제4항·제5항). 즉 제1심법원에서는 단독제가 원칙이나 단독제와 합의제를 병용하고 있다.

Ⅲ. 재판장·수명법관·수탁판사·수임판사

1. 재 판 장

법원이 합의체인 경우 그 구성원 중의 1인이 재판장이 된다. 재판장 이외의 합의체 구성법관은 합의부원(배석판사)이라고 한다. 재판장의 권한은 합의체의 기관으로서 행하는 권한과 재판장 자신이 독립하여 행사하는 권한으로 나눌 수 있다. ① 합의체의 기관으로서 행하는 재판장의 권한은 공판기일지정권($^{제267}_조$), 소송지휘권($^{제279}_조$), 법정경찰권($^{제281조}_{제2항}$) 등이 있다. 그리고 ② 재판장의 독립된 권한으로는 급속을 요하는 경우에 피고인을 소환·구속할 수 있는 권한($^{제80}_조$)이 있다. 재판장은 소송절차의 진행과 관련한 권한만을 가지며, 피고사건의 심리와 재판에서는 합의부원인 법관과 동등한 권한을 가진다.

2. 수명법관

합의체의 법원이 그 구성원인 법관에게 특정한 소송행위를 하도록 명하였을 때 그 법관을 수명법관(受命法官)이라고 한다. 예를 들면 합의체의 법원이 결정 또는 명령을 할 때 필요한 조사를 그 부원에게 명할 수 있고($^{제37조}_{제4항}$) 압수 또는 수색을 부원에게 명할 수 있다($^{제136조}_{제1항}$).

3. 수탁판사

한 법원이 다른 법원의 법관에게 일정한 소송행위를 하도록 촉탁한 경우 그 촉탁받은 법관을 수탁판사(受託判事)라고 한다. 예를 들면 결정 또는 명령을 할 때 필요한 조사($^{제37조}_{제4항}$), 피고인의 구속($^{제77조}_{제1항}$), 압수 또는 수색($^{제136조}_{제1항}$)을 다른 법원 판사에게 촉탁할 수 있다. 촉탁받은 법관은 일정한 경우 다른 법원의 판사에게 전촉(轉囑)할 수 있다($^{제77조\ 제2항}_{제136조\ 제2항}$). 이때 전촉을 받은 판사도 역시 수탁판사이다.

4. 수임판사

수소법원과 독립하여 소송법상의 권한을 행사할 수 있는 개개의 법관을 수임판사(受任判事)라고 한다. 예를 들면 수사기관의 청구에 의해 각종 영장을 발부하는 판사($^{제201}_조$), 증거보전절차를 행하는 판사($^{제184}_조$) 또는 수사상의 증인신문을 행하는 판사($^{제221조}_{의2}$)가 이에 해당된다.

제 2 관 법원의 관할

제 1 개   관

Ⅰ. 관할의 의의

1. 관할의 개념

관할(管轄)이란 여러 법원에 대한 재판권의 분배, 즉 특정한 법원이 구체적 피고사건을 재판할 수 있는 권한을 말한다. 피고사건이 특정한 법원의 관할에 속하면 그 법원은 해당 사건에 대한 심리와 재판의 권한을 가지게 된다. 법원조직법은 관할을 심판권으로 표현하고 있다(동법 제7조, 제32조.).

2. 사무분배

법원내부의 사무분배는 관할과 구별된다. 특정한 법원 내에 다수의 재판부가 있는 경우 그 법원장은 사무분배의 기준을 정하고 특정재판부에 피고사건의 처리를 배당하게 된다. 이러한 사무분배와 사건배당은 재판을 위한 보조활동으로서 법원 내부의 사법행정사무에 해당한다.

3. 재 판 권

(1) 개 념   재판권이란 법원이 사건에 대하여 심리와 재판을 할 수 있는 일반적·추상적 권한을 의미하는 국법상의 개념이다. 이에 반하여 관할권은 재판권을 전제로 특정사건에 대하여 특정법원이 재판권을 행사할 수 있는 구체적 한계를 정하는 소송법상의 개념이다. 우리나라 법원의 형사재판권은 대한민국의 형벌권이 적용되는 모든 범죄사건에 미치나, 조약과 국제법에 의하여 제한되는 경우가 있다. 형사사건에 관하여 재판권이 없는 때에는 공소기각의 판결을 해야 함에 반하여(제327조 제1호), 관할권이 없는 경우에는 관할위반의 판결을 해야 한다(제319조).

(2) 외국인의 국외범   외국인이 국외에서 죄를 범한 경우에는 형법 제5조 제1호 내지 제7호에 열거된 죄를 범한 때 및 형법 제5조 제1호 내지 제7호에 열거된 죄 이외에 대한민국 또는 대한민국 국민에 대하여 죄를 범한 때에만 대한민국 형법이 적용되어 우리나라에 재판권이 있다(형법 제5조 제6조). 여기서 '대한민국 또는 대한민국 국민에 대하여 죄를 범한 때'라 함은 대한민국 또는 대한민국

국민의 법익이 직접적으로 침해되는 결과를 야기하는 죄를 범한 경우를 의미한다. 외국인이 국외에서 대한민국 국민에 대하여 범죄를 저지른 경우 우리나라 형법이 적용되지만, 행위지의 법률에 의하여 범죄를 구성하지 아니하거나 소추 또는 형의 집행을 면제할 경우에는 우리나라 형법을 적용할 수 없다. 이 경우 행위지의 법률에 의하여 범죄를 구성하는지 여부에 대하여는 엄격한 증명에 의하여 검사가 이를 입증하여야 한다.[1]

(3) **한미행정협정** 「대한민국과 아메리카합중국간의 상호방위조약 제4조에 의한 시설과 구역 및 대한민국에서의 합중국군대의 지위에 관한 협정」제22조는 우리나라와 미합중국 군당국이 각각 전속적으로 재판권을 행사할 수 있는 경우와 양국의 재판권이 경합하는 경우에 그 우선순위를 정하고 있다.

(4) **외교사절의 면책특권** 「외교관계에 관한 비엔나협약」제31조에 의하면 외교관은 접수국의 형사재판관할권으로부터 면제를 향유한다고 규정하여 우리나라 형사재판권의 제한을 인정하고 있다.

(5) **국회의원의 면책특권** 국회의원은 국회에서 직무상 행한 발언과 표결에 관하여 국회 외에서 책임을 지지 아니한다($\substack{헌법\\제45조}$). 국회의원의 면책특권은 외교사절의 면책특권과 달리 재판권을 제한하는 사유에 해당하지 않는다. 국회의원의 면책특권에 속하는 행위에 대하여 공소가 제기된 경우에는 '공소제기의 절차가 법률의 규정에 위반하여 무효인 때'에 해당한다($\substack{제327조\\제2호}$).

II. 관할의 종류

1. 사건관할과 직무관할

사건관할이란 피고사건의 심판에 관한 관할을 뜻하며, 일반적으로 관할이라고 할 때에는 사건관할만을 의미한다. 직무관할은 피고사건과 관련된 특수한 절차의 심판에 관한 관할을 말한다. 예를 들면 재심($\substack{제423\\조}$), 비상상고($\substack{제441\\조}$), 재정신청사건($\substack{제260\\조}$)에 대한 관할이 이에 속한다.

2. 법정관할과 재정관할

사건관할에는 법률의 규정에 의하여 관할이 정하여지는 법정관할과 법원의 재판에 의하여 관할이 결정되는 재정관할이 있다. 법정관할에는 고유관할과 관련사건의 관할이 있으며, 고유관할에는 다시 심급관할·사물관할 및 토지관할이 포함된다. 그리고 재정관할에는 관할의 지정과 이전 및 창설이 있다.

---

1) 대법원 2011. 8. 25. 선고 2011도6507 판결.

제2 법정관할

Ⅰ. 고유관할

1. 심급관할

⑴ 의 의   심급관할이란 상소관계에 있어서의 관할을 말한다. 즉 상소심 법원의 심판권을 의미한다.

⑵ **대법원**   제2심 판결(고등법원 또는 지방법원본원 합의부의 판결)에 대한 상고사건과 제1심 판결에 대한 비약상고사건은 대법원의 관할에 속한다. 그리고 고등법원의 결정·명령과 지방법원본원 합의부의 결정·명령에 대한 재항고사건을 심판한다(法組法 제14조).

⑶ **고등법원**   지방법원 합의부의 제1심 판결에 대한 항소사건과 제1심 결정·명령에 대한 항고사건은 고등법원의 관할에 속한다(法組法 제28조).

⑷ **지방법원본원 합의부**   지방법원 또는 지방법원지원의 단독판사의 판결에 대한 항소사건은 지방법원본원 합의부에서 관할하고, 지방법원 단독판사의 결정·명령에 대한 항고사건을 심판한다(法組法 제32조 제2항). 따라서 단독판사의 판결에 대한 항소사건을 고등법원이 실체판단할 수 없다.[2]

2. 사물관할

⑴ 의 의   사물관할(事物管轄)이란 사건의 경중 또는 성질에 의한 제1심 관할의 분배를 말한다. 사물관할은 제1심 법원의 관할분배라는 점에서 심급관할과 구별된다. 제1심의 사물관할은 제1심 법원의 단독판사 또는 합의부에 속한다. 사물관할을 정하는 원칙에는 범죄를 기준으로 하는 범죄주의와 형벌을 기준으로 하는 형벌주의가 있는데 법원조직법은 양 주의를 병용하고 있다.

⑵ **단독판사의 관할**   지방법원 또는 지원의 형사사건과 시·군법원의 형사사건에 대한 심판권은 원칙적으로 단독판사가 이를 행한다(法組法 제7조 제4항). 시·군법원의 판사는 20만원 이하의 벌금 또는 구류나 과료에 처할 범죄사건을 즉결심판한다(同法 제34조 제1항·제3항). 시·군법원의 즉결심판에 대한 불복사건은 그 지역을 관할하는 지방법원 또는 그 지원이 관할한다(同法 제34조 제2항).

⑶ **합의부의 관할**   지방법원 또는 지원의 합의부에서 심판하는 사건은 다음과 같다. ① 합의부에서 심판할 것으로 합의부가 결정한 사건, ② 사형·무기

---

2) 대법원 1997. 4. 8. 선고 96도2789 판결.

또는 단기 1년 이상의 징역이나 금고에 해당하는 사건, 다만 ㉠ 특수절도죄
(형법제331조), 상습절도죄(형법제332조)와 그 각 미수죄에 해당하는 사건, ㉡「폭력행위 등
처벌에 관한 법률」 제2조 제1항·제3항, 제3조 제1항·제2항, 제6조, 제9조에
해당하는 사건, ㉢ 병역법위반사건, ㉣「특정범죄가중처벌 등에 관한 법률」 제5
조의3 제1항, 제5조의4 제1항·제4항·제5항, 제5조의11에 해당하는 사건, ㉤「보
건범죄단속에 관한 특별조치법」 제5조에 해당하는 사건, ㉥ 부정수표단속법 제
5조에 해당하는 사건은 제외, ㉦ 도로교통법 제148조의2 제1항·제2항 제1호에
해당하는 사건, ③ 위의 사건과 동시에 심판할 공범사건, ④ 지방법원판사에 대
한 제척·기피사건, ⑤ 법률에 의하여 지방법원 합의부의 권한에 속하는 사건
이다(法組法 제32조 제1항).

3. 토지관할

(1) 의 의

(가) 개 념　　　토지관할(土地管轄)이란 동등한 법원 사이에 있어서 사건의
지역적 관계에 의한 관할의 분배를 말하며, 재판적(裁判籍)이라고도 한다. 토지
관할은 사건의 능률적 처리와 피고인의 출석·방어의 편의를 고려하여 결정되
어야 한다. 토지관할의 결정기준은 범죄지, 피고인의 주소·거소 또는 현재지
로 한다(제4조 제1항). 제1심 형사사건에 관하여 지방법원 본원과 지방법원 지원은 소
송법상 별개의 법원이자 각각 일정한 토지관할 구역을 나누어 가지는 대등한
관계에 있으므로, 지방법원 본원과 지방법원 지원 사이의 관할의 분배도 소송
법상 토지관할의 분배에 해당한다. 그러므로 지방법원 지원에 제1심 토지관할
이 인정된다는 사정만으로 당연히 지방법원 본원에도 제1심 토지관할이 인정
된다고 볼 수는 없다.[3]

(나) 법원의 관할구역과의 관계　　　「각급 법원의 설치와 관할구역에 관한 법
률」에 의하여 각급 법원에는 그 설치지역에 따라 관할구역이 정하여져 있다
(동법 제4조). 관할구역은 피고사건뿐만 아니라 사법행정권의 지역적 행사범위, 즉 국
법상의 개념인 반면, 토지관할은 피고사건에 관한 재판권의 지역적 행사범위,
즉 소송법상의 개념이므로 이론상 양자는 구별되는 개념이다. 법원 또는 법관
은 원칙적으로 관할구역 안에서만 소송행위를 할 수 있다. 그러나 사실발견을
위하여 필요하거나 긴급을 요하는 때에는 법원은 관할구역 외에서 직무를 행
하거나 사실조사에 필요한 처분을 할 수 있다(제3조).

---

3) 대법원 2015. 10. 15. 선고 2015도1803 판결.

(2) 범죄지　　범죄지란 범죄사실의 전부 또는 일부가 발생한 장소를 말한다. 실행행위지와 결과발생지뿐만 아니라 중간지도 범죄지에 포함된다. 범죄지에는 일반적으로 범죄에 대한 증거가 존재하고, 심리의 능률과 신속에 도움이 된다는 점에서 토지관할의 기준으로 한 것이다. ① 예비·음모의 장소는 원칙적으로 범죄지가 아니다. 그러나 예비와 음모를 처벌하는 경우에는 예비·음모의 장소도 범죄지에 포함된다. ② **부작위범**의 경우 부작위의 장소와 작위의무를 행하여야 할 장소 및 결과발생의 장소가 모두 범죄지이다. ③ **공동정범**에 있어서는 범죄사실 전체 또는 일부가 발생한 장소는 모든 공동정범에 대한 범죄지가 된다. 공모공동정범에 있어서는 공모한 장소도 포함한다. ④ **간접정범**의 경우 이용자의 이용행위지뿐만 아니라 피이용자의 실행행위지와 결과발생지가 모두 범죄지에 해당한다. ⑤ **교사범**과 **방조범**의 경우에도 교사와 방조의 장소, 정범의 실행행위 및 결과발생장소가 모두 범죄지로 된다.

(3) **주소와 거소**　　주소와 거소는 민법상의 개념에 의한다(민법 제18조·제19조). 주소는 생활의 근거가 되는 곳이고, 거소는 다소 계속적으로 거주하는 곳을 말한다. 주소와 거소는 공소제기시에 법원의 관할구역 안에 있으면 족하고, 공소제기 후에 주소와 거소의 변동이 있더라도 토지관할에 영향을 미치지 않는다.

(4) **현재지**　　현재지란 공소제기 당시에 피고인이 실제로 위치하고 있는 장소를 의미한다. 피고인의 현재지인 이상 범죄지 또는 주소지가 아니더라도 토지관할이 인정된다.[4] 임의 또는 적법한 강제에 의하여 피고인이 현재하는 장소도 현재지에 해당하나 불법하게 연행된 장소는 포함되지 않는다. 현재지 여부는 공소제기시를 기준으로 판단한다. 그러므로 공소제기 당시 현재지임이 인정되면, 그 후 피고인이 석방되거나 도망한 경우에도 토지관할에는 영향이 없다.

(5) **특　칙**　　국외에 있는 대한민국 선박 내에서 범한 죄에 관하여는 범죄지, 피고인의 주소, 거소 또는 현재지 이외에 선적지 또는 범죄 후의 선착지가 토지관할의 기준이 된다(제4조 제2항). 국외에 있는 대한민국 항공기 내에서 범한 죄에 관하여도 같다(동조 제3항).

II. 관련사건의 관할

1. 의　　의

(1) **관련사건의 개념**　　관련사건이란 관할이 인정된 하나의 사건을 전제로

---

4) 대법원 1984. 2. 28. 선고 83도3333 판결.

그 사건과 주관적 또는 객관적 관련성이 인정되는 사건을 말한다. 주관적 관련
이란 1인이 범한 수죄를 의미하고, 객관적 관련이란 수인이 공동하여 범한 죄
를 의미한다. 물론 양자의 결합도 가능하다. 관련사건은 다음과 같다($\frac{제11}{조}$).

  (2) 관련사건의 종류

  (가) 1인이 범한 수죄　　동일인이 범한 수개의 범죄사실이 이에 해당한다.
여기서 수죄란 과형상의 수죄를 의미한다. 따라서 실체적 경합관계에 있는 경합
범은 관련사건이 된다. 그러나 단순일죄는 물론 상상적 경합에 있어서 과형상
일죄로 취급되는 사건은 관련사건에 속하지 않는다.

  (나) 수인이 공동으로 범한 죄　　공동으로 범한 죄란 공동정범·방조범·
교사범·간접정범 등 형법총칙상의 공범뿐만 아니라 필요적 공범과 합동범을
포함한다. 그러나 이러한 관계가 없는 경우에는 단순히 피고인들이 친척이라는
사실만으로 관련사건에 해당한다고 할 수 없다.[5]

  (다) 수인이 동시에 동일한 장소에서 범한 죄　　이는 동시범의 경우를 말한다.

  (라) 범인은닉죄 등과 본범의 죄　　범인은닉죄·증거인멸죄·위증죄·허위
감정통역죄 또는 장물에 관한 죄와 그 본범의 죄는 관련사건에 해당한다. 장물
에 관한 죄는 형법상 장물에 관한 죄($\frac{제41장}{형법}$)뿐만 아니라 관세법상의 관세장물범
을 포함한다.

  2. 관련사건의 병합관할

  (1) 취 지　　관련사건의 경우에는 고유의 법정관할권이 없는 법원도 병합
관할권을 가진다. 즉 1개의 사건에 대하여 관할권이 있는 법원은 관련사건에
대하여도 관할권을 가지게 된다. 관련사건의 병합관할을 인정하는 취지는 주관
적 관련의 경우 가능한 한 같은 법원이 동시에 판결하도록 함으로써 피고인이
분리심판으로 인한 불이익을 받지 않도록 하는 데 있고, 객관적 관련의 경우에
는 동일한 사건에 대한 모순된 판결을 피하고자 함이다.

  (2) 사물관할의 병합　　사물관할을 달리하는 수개의 사건이 관련된 때에는
법원 합의부가 병합관할한다. 다만 결정으로 관할권 있는 법원의 단독판사에게
이송할 수 있다($\frac{제9}{조}$). 사물관할의 병합관할은 제1심뿐만 아니라 항소심에서도
인정된다. 그리고 고유의 관할사건에 대하여 무죄·면소 또는 공소기각의 재판
이 선고된 경우에도 이미 발생한 관련사건의 관할은 소멸하지 않는다.

  (3) 토지관할의 병합　　토지관할을 달리하는 수개의 사건이 관련된 때에는 1

---

  5) 대법원 1978. 10. 10. 선고 78도2225 판결.

개의 사건에 관하여 관할권 있는 법원은 다른 사건까지 관할할 수 있다($\frac{M}{Z}$5). 제 5조는 동일한 사물관할을 가진 법원 사이에 적용된다. 고유관할사건과 관련사 건이 반드시 병합기소되거나 병합되어 심리될 것을 전제요건으로 하는 것은 아니고, 고유관할사건 계속중 고유관할 법원에 관련사건이 계속된 이상 그 후 양 사건이 병합되어 심리되지 아니한 채 고유관할사건에 대한 심리가 먼저 종 결되었다 하더라도 관련사건에 대한 관할권은 여전히 유지된다.[6] 토지관할의 병합은 항소심에 대하여도 준용된다.

3. 관련사건과 사물관할

⑴ 제1심에서의 병합심리

(가) 요 건   사물관할을 달리하는 수개의 관련사건이 각각 법원 합의부 와 단독판사에 계속된 때에는 합의부는 결정으로 단독판사에 속한 사건을 병 합하여 심리할 수 있다($\frac{M}{Z}$10). 제9조는 관련사건에 대한 병합관할에 관한 규정이 고, 제10조는 관련사건에 대한 병합심리에 관한 규정이다. 법원 합의부와 단독 판사에 계속된 사건이 토지관할을 달리하는 경우에도 사건을 병합하여 심리할 수 있다(규칙 제4 조 제1항).

(나) 절 차   ① 단독판사는 그가 심리중인 사건과 관련된 사건이 합의 부에 계속된 사실을 알게 된 때에는 즉시 합의부의 재판장에게 그 사실을 통지 하여야 한다(규칙 제4 조 제2항). ② 합의부에서 관련사건이 단독판사에 계속되어 있는 사실 을 안 때에는 별다른 절차 없이 직권으로 병합심리결정을 할 수 있다. 합의부 가 병합심리결정을 한 때에는 즉시 그 결정등본을 단독판사에게 송부하여야 하고, 단독판사는 5일 이내에 소송기록과 그 증거물을 합의부에 송부해야 한다 (통조 제3항). 이 경우 단독판사는 별도로 이송결정을 할 필요가 없다.

⑵ 항소심에서의 병합심리

(가) 요 건   사물관할을 달리하는 수개의 관련 항소사건이 각각 고등법 원과 지방법원본원 합의부에 계속된 때에는 고등법원은 결정으로 지방법원 본 원 합의부에 계속한 사건을 병합하여 심리할 수 있다. 수개의 관련사건이 토지 관할을 달리하는 경우에도 같다(규칙 제4조 의2 제1항).

(나) 절 차   항소심의 병합심리절차는 제1심 법원의 병합심리절차와 같 다(규칙 제4조의2 제2항·제3항).

---

6) 대법원 2008. 6. 12. 선고 2006도8568 판결.

4. 관련사건과 토지관할

⑴ 토지관할의 병합심리

㈎ 요 건 토지관할을 달리하는 수개의 관련사건이 각각 다른 법원에 계속된 때에는 공통되는 직근 상급법원은 검사 또는 피고인의 신청에 의하여 결정으로 1개 법원으로 하여금 병합심리하게 할 수 있다($\frac{제6}{조}$). 각각 다른 법원이란 사물관할은 같으나 토지관할을 달리하는 동종·동등의 법원을 말한다.[7]

㈏ 신 청 ① 검사 또는 피고인은 병합심리의 사유를 기재한 신청서를 공통되는 직근 상급법원에 제출하여야 하고($\frac{규칙,제2}{조 제1항}$), 신청서에는 부본을 첨부하여야 한다($\frac{동조}{제2항}$). 공통되는 직근 상급법원은 「각급 법원의 설치와 관할구역에 관한 법률」에 의하여 정하여진다.[8] 예를 들면 서울중앙지방법원과 인천지방법원의 공통되는 직근 상급법원은 서울고등법원이고, 서울중앙지방법원과 대전지방법원의 공통되는 직근 상급법원은 대법원이다. ② 토지관할의 병합심리신청이 제기된 경우에 사건계속법원은 급속을 요하는 경우를 제외하고는 그 신청에 대한 결정이 있기까지 **소송절차를 정지하여야** 한다($\frac{규칙}{제7조}$).

㈐ 재 판 ① 병합심리신청을 받은 상급법원이 신청을 이유 있다고 인정한 때에는 관련사건을 병합심리할 법원을 지정하여 그 법원으로 하여금 병합심리하게 하는 취지의 결정을 하고, 신청이 이유 없다고 인정하는 때에는 신청을 기각하는 취지의 결정을 한다. 상급법원은 그 결정등본을 신청인과 그 상대방에게 송달하고 사건계속법원에 송부하여야 한다($\frac{규칙 제3}{조 제1항}$). ② 병합심리법원으로 지정되지 않은 법원은 그 결정등본을 송부받은 날로부터 7일 이내에 소송기록과 증거물을 병합심리법원으로 직접 송부하여야 한다($\frac{규칙 제3조 제2}{항, 제8조 제1항}$). 소송기록과 증거물을 송부받은 법원은 그 법원에 대응하는 검찰청 검사에게 그 사실을 통지하여야 한다($\frac{규칙 제8}{조 제2항}$).

㈑ 불복불허 병합심리의 결정과 병합심리신청을 기각하는 결정은 법원의 관할에 관한 결정으로서 항고가 허용되지 않는다($\frac{제403조}{제1항}$).

⑵ **토지관할의 심리분리** 토지관할을 달리하는 수개의 관련사건이 동일법원에 계속된 경우에 병합심리의 필요가 없는 때에는 법원은 결정으로 이를 분리하여 관할권 있는 다른 법원에 이송할 수 있다($\frac{제7}{조}$).

---

7) 대법원 1990. 5. 23.자 90초56 결정.
8) 대법원 2006. 12. 5.자 2006초기335 전원합의체 결정.

제3 재정관할

Ⅰ. 의 의

재정관할(裁定管轄)이란 법원의 재판에 의하여 정하여지는 관할을 말한다. 즉 법정관할이 없는 경우 또는 법정관할은 있으나 구체적 사정에 따라 관할을 창설·변경하는 제도이다. 재정관할에는 관할의 지정·이전이 있다.

Ⅱ. 관할의 지정

1. 개 념

관할의 지정이란 사건에 관하여 법원의 관할이 명확하지 아니하거나 또는 관할위반을 선고한 재판이 확정된 사건에 관하여 다른 관할법원이 없는 때에 상급법원이 사건을 심판할 법원을 지정하는 것을 말한다.

2. 사 유

'관할이 명확하지 아니한 때'란 관할구역의 근거가 되는 행정구역 자체가 불명확한 경우를 의미한다는 견해[9]가 있으나, 이는 행정구역이 불명확한 경우뿐만 아니라 범죄사실이나 범죄지가 불명확하여 관할이 명확하지 아니한 때를 모두 포함한다고 본다. 관할위반을 선고한 재판이 확정된 사건에 관하여 다른 관할법원이 없을 때에 상급법원은 사건을 심판할 법원을 지정하는데 이 경우 관할위반재판의 당·부당을 불문한다.

3. 절 차

⑴ 신 청 ① 관할의 지정은 검사가 관계 있는 제1심 법원에 공통되는 직근 상급법원에 신청하여야 한다($^{제14}_{조}$). 신청은 공소제기 전후를 불문하고, 사유를 기재한 신청서를 제출하는 방식에 의한다($^{제16조}_{제1항}$). 이 경우 검사는 피고인 또는 피의자의 수에 상응한 부본을 첨부하여야 한다($^{규칙 제5}_{조 제1항}$). ② 신청서를 제출받은 법원은 지체 없이 검사의 신청서부본을 피고인 또는 피의자에게 송달하여야 한다($^{동조}_{제2항}$). 피고인 또는 피의자는 신청서부본을 받은 날로부터 3일 이내에 의견서를 법원에 제출할 수 있다($^{동조}_{제3항}$). 공소제기 후에 관할지정을 신청한 때에는 공소를 접수한 법원에 통지해야 한다($^{제16조}_{제2항}$).

---

9) 배종대, 69면; 신동운, 705면.

(2) 소송절차의 정지   법원은 그 계속중인 사건에 관하여 관할지정신청이 제기된 경우에는 그 신청에 대한 결정이 있기까지 소송절차를 정지하여야 한다. 다만 급속을 요하는 경우에는 그러하지 아니하다($\substack{규칙 \\ 제7조}$).

(3) 재 판   ① 관할지정신청을 받은 직근 상급법원은 신청이 이유 있다고 인정하면 관할법원을 정하는 결정을 하고, 그렇지 않을 경우에는 신청기각결정을 한다. ② 공소제기 전의 사건에 관하여 관할지정결정을 한 경우 결정을 한 법원은 결정등본을 검사와 피의자에게 각각 송부하여야 하며, 검사가 그 사건에 관해 공소를 제기할 때에는 공소장에 그 결정등본을 첨부하여야 한다($\substack{규칙 제6 \\ 조 제1항}$). 공소가 제기된 사건에 관하여 관할지정결정을 한 경우 결정을 한 법원은 결정등본을 검사와 피고인 및 사건계속법원에 각각 송부하여야 한다($\substack{동조 \\ 제2항}$). ③ 사건계속법원은 소송기록과 증거물을 결정등본과 함께 그 지정된 법원에 송부하여야 한다. 다만 사건계속법원이 관할법원으로 지정된 경우에는 그러하지 아니하다($\substack{동조 \\ 제3항}$).

Ⅲ. 관할의 이전

1. 의   의

관할의 이전이란 관할법원이 재판권을 행사할 수 없거나 재판의 공평을 유지하기 어려운 경우에 검사 또는 피고인의 신청에 의하여 그 법원의 관할권을 관할권 없는 법원으로 옮기는 것을 말한다. 따라서 관할의 이전은 관할권 있는 법원에 사건의 심리를 옮기는 사건이송과 구별된다. 관할의 이전은 그 성질상 토지관할에 대하여만 인정된다. 다만 제1심뿐만 아니라 항소심에서도 관할의 이전이 인정된다.

2. 사   유

(1) 관할법원이 재판권을 행사할 수 없을 때   관할법원이 법률상의 이유 또는 특별한 사정으로 재판권을 행사할 수 없을 때에는 관할을 이전할 수 있다. 법률상의 이유란 법관의 제척·기피·회피로 인하여 소송법적 의미의 법원을 구성할 수 없는 때를 말하며, 특별한 사정이란 천재지변 또는 법관의 질병·사망 등으로 장기간 재판을 할 수 없는 경우를 말한다.

(2) 재판의 공평을 유지하기 어려울 염려가 있는 때   범죄의 성질, 지방의 민심, 소송의 상황 기타 사정으로 재판의 공평을 유지하기 어려운 염려가 있는 경우가 이에 해당한다. 그러나 피고인이 담당법관에 대하여 기피신청을 하였고

그 사건의 증인이 다른 법원관할 내의 검찰청에서 위증죄로 조사를 받고 있다는 사실만으로 위 사유에 해당한다고 볼 수 없고,[10] 법원이 검사의 공소장변경을 허용하였다는 사정만으로는 재판의 공정을 유지하기 어려운 염려가 있다고 할 수 없다.[11]

3. 절 차

관할이전의 사유가 있는 경우에 검사는 관할이전을 신청하여야 한다. 피고인도 관할이전의 신청을 할 수 있다(제15조). 검사의 신청은 공소제기 전후를 불문하나, 피고인은 공소제기 후에 한하여 신청할 수 있을 뿐이다. 관할의 이전을 신청할 때에는 그 사유를 기재한 신청서를 직근 상급법원에 제출하여야 하며, 공소를 제기한 후에 신청하는 때에는 즉시 공소를 접수한 법원에 통지해야 한다(제16조).

제4 관할의 경합

I. 의 의

관할의 경합이란 동일사건에 대하여 수개의 법원이 관할권을 가지는 것을 말한다. 이 경우 검사는 어느 법원에나 공소를 제기할 수 있는데, 어느 한 법원에 공소를 제기하였다고 하여 다른 법원의 관할권이 소멸하지는 않는다. 그러나 동일사건에 대하여 서로 다른 법원이 이중으로 심판하여 이중판결을 내리는 것은 소송경제에 반할 뿐만 아니라 모순된 판결을 초래할 위험이 있다. 이러한 위험을 방지하기 위하여 형사소송법은 관할권이 경합할 경우에 일정한 우선순위를 규정하고 있다.

II. 소송계속의 경합

1. 사물관할의 경합

동일사건이 사물관할을 달리하는 수개의 법원에 계속된 때에는 합의부가 심판한다(제12조). 이는 수개의 소송계속이 모두 제1심에 있는 경우를 예정한 것이나, 동일사건이 항소법원과 제1심 법원에 계속된 경우에도 이를 준용하여 항소법원이 심판해야 한다고 본다.

---

10) 대법원 1982. 12. 17.자 82초50 결정.
11) 대법원 1984. 7. 24.자 84초45 결정.

2. 토지관할의 경합

동일사건이 사물관할을 같이하는 수개의 법원에 계속된 때에는 먼저 공소를 제기받은 법원이 심판한다. 다만 각 법원에 공통되는 직근 상급법원은 검사 또는 피고인의 신청에 의하여 결정으로 뒤에 공소를 받은 법원으로 하여금 심판하게 할 수 있다($^{제13}_{조}$).

Ⅲ. 사건의 종결처리

관할의 경합으로 심판을 하지 않게 된 법원은 **공소기각결정**을 해야 한다($^{제328}_{제3항}$). 그러나 뒤에 공소가 제기된 사건이 먼저 확정된 때에는 먼저 공소가 제기된 사건에 대하여 면소판결을 해야 한다. 수개의 법원이 동일사건에 대하여 각각 판결하여 모두 확정된 때에는 뒤에 확정된 판결은 당연무효가 된다.

제 5 사건의 이송

Ⅰ. 의   의

1. 개   념

사건의 이송(移送)이란 법원이 소송계속중인 사건을 다른 법원이나 군사법원으로 이송하는 것을 말한다. 사건의 이송은 주로 **결정**의 형식으로 이루어지며 당해 법원에서는 소송절차가 종결된다는 점에서 종국판결의 일종이라고 할 수 있다. 사건의 이송결정을 한 때에는 당해 사건에 관한 소송기록과 증거물을 다른 법원에 송부하여야 한다.

2. 유   형

사건의 이송에는 일정한 요건이 해당하면 반드시 이송해야 하는 필요적 이송과 법원의 재량에 따라 이송하는 임의적 이송이 있다. 관련사건의 이송, 관할의 지정·이전에 의한 이송, 군사법원에의 이송, 소년부송치 등이 전자에 해당하고, 현재지 관할법원에의 이송, 관련사건의 분리결정에 의한 이송 등이 후자에 해당한다.

Ⅱ. 사건의 직권이송

1. 현재지 관할법원에의 이송

법원은 피고인이 관할구역 내에 현재하지 아니하는 경우에 특별한 사정이 있으면 결정으로 사건을 피고인의 현재지를 관할하는 동급법원에 이송할 수 있다($\frac{제8조}{제1항}$). 심리의 편의와 피고인의 이익보호를 위한 제도이다. 사건의 이송은 관할법원 상호간에 소송계속을 이전하는 것이라는 점에서 관할의 이전과는 구별된다. 따라서 피고인에 대하여 관할권이 없는 경우에는 사건을 이송해야 하는 것이 아니다.[12] 이송을 할 것인가의 여부는 심리의 편의와 피고인의 이익을 고려하여 법원의 재량에 의하여 결정된다.

2. 공소장변경으로 인한 이송

단독판사가 공판심리중 공소장변경에 의하여 합의부의 관할사건으로 변경된 경우에 법원은 합의부로 이송한다($\frac{제8조}{제2항}$). 이는 소송경제를 위한 것이며, 사건이송은 법원의 의무에 속한다. 항소심에서 공소장변경에 의하여 단독판사의 관할사건이 합의부 관할사건으로 된 경우에도 법원은 사건을 관할권이 있는 법원에 이송하여야 하고, 항소심에서 변경된 합의부 관할사건에 대한 관할권이 있는 법원은 고등법원이다.[13] 합의부의 관할사건에 관하여 심리가 들어가기 전에 단독판사 관할사건으로 죄명, 적용법조를 변경하는 공소장변경허가신청서가 제출된 경우 사건을 배당받은 합의부는 공소장변경허가결정을 하였는지에 관계없이 사건의 실체를 심판해야 하고 사건을 단독판사에게 재배당할 수 없다.[14]

【사 례】 공소장변경으로 인한 이송

《사 안》 피고인 甲은 서울중앙지방법원에서 공갈죄로 징역 1년을 선고받았고, 피고인 甲과 검사는 제1심 판결에 대해 항소하였다. 항소심절차에서 검사는 공갈죄를 강도죄로 공소장변경신청을 하였다. 이 경우 서울중앙지방법원 형사항소부는 어떤 조치를 취하여야 하는가?

《검 토》 강도죄의 공소사실과 공갈죄의 공소사실 사이에 그 동일성이 인정되면 항소법원은 공소장변경을 허가하고, 사건을 서울고등법원으로 이송하여야 한다. 서울고등법원은 항소심으로서 변경된 공소사실인 강도죄를 심판하게 된다.

Ⅲ. 사건의 군사법원이송

1. 취 지

법원은 공소가 제기된 사건에 대하여 군사법원이 재판권을 가지게 되었거

---

12) 대법원 1978. 10. 10. 선고 78도2225 판결.
13) 대법원 1997. 12. 12. 선고 97도2463 판결.
14) 대법원 2013. 4. 25. 선고 2013도1658 판결.

나 재판권을 가졌음이 판명된 때에는 결정으로 사건을 재판권이 있는 같은 심급의 군사법원으로 이송한다(제16조의2 제1문). 피고사건에 대하여 재판권이 없으면 공소를 기각하여야 하나(제327조 제1호), 소송경제를 위하여 사건을 군사법원으로 이송하도록 예외를 규정한 것이다. 따라서 피고인이 군인이라는 사실이 인정되면 군사법원에 이송해야 하며 공소기각의 판결을 선고해서는 안된다.

2. 요 건

'공소가 제기된 사건에 관하여 군사법원이 재판권을 가지게 된 때'란 공소제기 후 피고인이 군에 입대하는 등의 이유로 군사법원이 피고인에 대한 재판권을 가지게 되는 경우를 말한다. '공소가 제기된 사건에 관하여 군사법원이 재판권을 가졌음이 판명된 때'란 공소제기 당시에 이미 군사법원이 재판권을 가지고 있던 경우를 포함한다.[15]

일반 국민이 범한 수 개의 죄 가운데 특정 군사범죄와 그 밖의 일반 범죄가 형법 제37조 전단의 경합범 관계에 있다고 보아 하나의 사건으로 기소된 경우, 특정 군사범죄에 대하여는 군사법원이 전속적인 재판권을 가지므로 일반 법원은 이에 대하여 재판권을 행사할 수 없다. 반대로 그 밖의 일반 범죄에 대하여 군사법원이 재판권을 행사하는 것도 허용될 수 없다. 이 경우 어느 한 법원에서 기소된 모든 범죄에 대해 재판권을 행사한다면 재판권이 없는 법원이 아무런 법적 근거 없이 임의로 재판권을 창설하여 재판권이 없는 범죄에 대한 재판을 하는 것이 되므로, 결국 기소된 사건 전부에 대하여 재판권을 가지지 아니한 일반 법원이나 군사법원은 사건 전부를 심판할 수 없다.[16]

3. 효 과

사건을 군사법원에 이송할 경우 이송 전에 행한 소송행위는 이송 후에도 그 효력에 영향이 없다(제16조의2 제2문). 따라서 이송 전 공판절차에서 작성된 공판조서·증인신문조서·검증조서 등은 군사법원의 공판절차에서도 증거능력이 있다.

Ⅳ. 소년부송치

법원은 소년에 대한 피고사건을 심리한 결과 벌금 이하의 형에 해당하는 범죄이거나 보호처분에 해당할 사유가 있다고 인정한 때에는 결정으로 사건을 관할소년부에 송치하여야 한다(소년법 제50조). 공소사실에 관하여 유죄의 심증을 얻을

---

15) 대법원 1982. 6. 22. 선고 82도1072 판결.
16) 대법원 2016. 6. 16.자 2016초기318 전원합의체 결정.

수 없고, 범죄가 성립하지 않는 경우에는 소년부송치결정을 할 수 없다. 친고죄의 고소가 결여된 경우에는 공소를 기각하거나 소년부송치결정을 할 수 있다. 소년부도 법원으로부터 송치받은 사건을 심리한 결과 본인이 19세 이상임이 판명된 때에는 결정으로 사건을 송치한 법원에 다시 이송하여야 한다(소년법 제51조).

제6 관할위반의 효과

Ⅰ. 관할의 직권조사

관할권의 존재는 소송조건이다. 따라서 법원은 직권으로 관할의 유무를 조사하여야 한다(제1항). 관할권의 존재를 결정하는 시기는 토지관할에 있어서는 공소제기시를 기준으로 하지만 나중에 관할권이 생기면 하자는 치유된다. 이에 반하여 사물관할은 공소제기시부터 재판종결에 이르기까지 전체 심리과정에 존재해야 한다.

Ⅱ. 관할위반의 판결

피고사건에 대하여 관할권이 없을 때에는 법원은 관할위반의 판결을 선고해야 한다(제319조). 관할위반의 판결을 선고하는 경우에도 그 절차를 조성하는 소송행위는 효력에 영향이 없다(제2조). 이는 소송경제를 위하여 절차를 조성하는 개개의 소송행위가 유효하다는 의미에 지나지 않으며 관할권 없는 법원이 실체판결을 할 수 있다는 의미는 아니다.

Ⅲ. 토지관할의 특칙

법원은 피고인의 신청이 없으면 토지관할에 관하여 관할위반의 선고를 하지 못한다(제320조 제1항). 토지관할은 동등한 법원간에 있어서 업무분담의 기준이므로 토지관할이 다르더라도 피고인의 신청이 없으면 소송을 진행시키는 것이 능률적이기 때문이다. 피고인의 관할위반의 신청은 피고사건에 대한 진술 전에 하여야 한다(동조 제2항). 즉 피고사건에 대한 진술로 인하여 관할권의 결여가 치유되어 법원은 그 사건에 대한 관할권을 가지게 된다.

제 3 관 제척·기피·회피

제 1 개   관

공정한 재판을 구현하기 위해서는 일반적으로 사법권의 독립이 보장되고 일정한 자격이 있는 법관에 의하여 법원이 구성되어야 한다. 그리고 공정한 재판을 구체적으로 보장하기 위해서는 법관이 사건에 대한 개인적 특별관계가 없어야 한다. 법관이 구체적인 특정사건에 대하여 개인적인 특별관계가 있다면 법관에게 공정한 재판을 기대하기 어렵고 소송관계인과 일반인도 재판의 객관성에 대하여 신뢰하지 못할 것이다. 따라서 구체적 사건에서 불공정한 재판을 할 우려가 있는 법관을 법원의 구성에서 배제하여 공정한 재판을 보장하기 위한 제도가 제척·기피·회피제도이다.

제 2 제   척

I. 의   의

제척(除斥)이란 구체적인 사건의 심판에 있어서 법관이 불공평한 재판을 할 우려가 현저한 경우를 법률에 유형적으로 규정해 놓고, 그 사유에 해당하는 법관을 직무집행에서 당연히 배제시키는 제도를 말한다. 제척은 기피나 회피와 입법취지를 같이하지만 그 사유가 제17조에 제한적으로 열거되어 있으며 제척의 효과가 법률의 규정에 따라 당연히 발생한다는 점에서 당사자 또는 법관 스스로의 신청이 있을 경우에 재판으로 법관이 직무집행에서 배제되는 기피·회피와 구별된다.

II. 제척사유

1. 법관이 피해자인 때

법관이 해당 사건의 피해자인 경우에는 그 사건을 심판하는 법관이 될 수 없다(제17조제1호). 누구도 자신의 사건을 심판할 수 없다는 중립성의 요청에 따라 규정된 것이다. 피해자란 **직접피해자**만을 의미하며 간접피해자는 포함되지 않는다. 간접피해자를 포함할 때에는 그 범위가 불명확하여 법적 안정성을 해할 염려가 있기 때문이다. 다만 법관이 간접피해자인 때에는 기피사유가 될 수 있다. 보호법익의 주체뿐만 아니라 범죄행위의 객체가 된 경우에도 피해자에 해당한다. 피해를 입은 범죄는 개인적 법익에 대한 죄는 물론 국가적·사회적 법익에 대한 죄도 포함한다.

2. 피고인 또는 피해자와의 개인적 관계

⑴ 친족 등인 때 법관이 피고인 또는 피해자의 친족 또는 친족관계가 있었던 자인 때(제17조제2호)에는 제척사유에 해당한다. 친족의 개념은 민법에 의하여 결정된다. 피고인 또는 피해자와의 사실혼관계는 본항에 해당하지 않고 기피사유가 될 수 있다.

⑵ 법정대리인·후견감독인인 때 법관이 피고인 또는 피해자의 법정대리인·후견감독인인 때(제17조제3호)에는 제척사유에 해당한다. 법정대리인 또는 후견감독인의 개념도 민법에 의하여 결정된다. 이와 같은 관계는 재판시에 존재하는 경우에 한하고, 그 관계가 해소된 경우에는 제척사유가 되지 않는다.

⑶ 피해자의 대리인으로 된 때 법관이 사건에 관하여 피해자의 대리인으로 된 때(제17조제4호 후단)에는 제척사유에 해당한다. '법관이 피해자의 대리인으로 된 때'란 법관이 고소대리인(제236조), 재정신청의 대리인(제264조제1항)으로 된 때를 말한다.

⑷ 피고인의 대리인·변호인·보조인으로 된 때 법관이 사건에 관하여 피고인의 대리인·변호인·보조인으로 된 때(제17조제5호)에는 제척사유에 해당한다. 피고인의 대리인에는 피고인인 법인의 대표자(제27조)가 포함되며, 변호인에는 사선변호인과 국선변호인은 물론 특별변호인(제31조 단서)도 포함된다.

⑸ 기타 사유 법관이 피고인인 법인·기관·단체에서 임원 또는 직원으로 퇴직한 날부터 2년이 지나지 아니한 때(제17조제9호)에는 제척사유가 된다. 그리고 법관이 사건에 관하여 피고인의 변호인이거나 피고인·피해자의 대리인인 법무법인, 법무법인(유한), 법무조합, 법률사무소, 「외국법자문사법」 제2조 제9호에 따른 합작법무법인에서 퇴직한 날부터 2년이 지나지 아니한 때에 직무집행에서 제척된다(제17조제8호).

3. 당해사건에 대한 관여

⑴ 증인·감정인으로 된 때 법관이 사건에 관하여 증인·감정인으로 된 때(제17조제4호 전단)에는 제척사유에 해당한다. 법관은 사건에 대한 자신의 개인적 경험을 기초로 판단하여서는 안되기 때문이다. '사건'은 당해 형사사건을 말하므로 범죄사실과 관련된 민사소송 기타의 절차에서 증인 또는 감정인이 된 때에는

해당하지 않는다. 당해 사건인 이상 피고사건뿐만 아니라 피의사건도 포함한다. 따라서 증거보전절차($^{제184}_{조}$) 또는 증인신문절차($^{제221조}_{의2}$)에서 증인 또는 감정인이 된 때에도 여기에 해당한다. '증인·감정인이 된 때'란 증인 또는 감정인으로서 증언 또는 감정한 때를 말하며, 단순히 증인으로 신청되거나 감정인으로 채택되어 소환된 것만으로는 여기에 속하지 않는다. 또한 수사기관에서 참고인으로 조사받거나 감정인으로 위촉된 경우는 여기에 포함되지 않는다.

(2) **검사·사법경찰관의 직무를 행한 때**　　법관이 사건에 관하여 검사 또는 사법경찰관의 직무를 행한 때($^{제17조}_{제6호}$)에는 제척사유에 해당한다. 법관이 공소가 제기된 사건에 관하여 검사 또는 사법경찰관의 직무를 동시에 행할 수 없으므로 이 사유는 법관이 사건의 심판을 담당하기 전에 검사 또는 사법경찰관으로 범죄를 수사하거나 공소를 제기·유지한 경우를 의미한다.

(3) **전심재판에 관여한 때**

(가) **취　지**　　법관이 사건에 관하여 전심재판(前審裁判)에 관여한 때($^{제17조}_{제7호}$전단)를 제척사유로 규정한 취지는 당해 사건에 대한 법관의 예단이나 편견의 위험성 때문이다. 다만 법관이 사건을 심리하기 전에 사건내용을 알고 있는 모든 경우가 제척사유에 해당하는 것이 아니라 전심재판에 관여한 때에만 제척된다.

(나) **전심재판의 의미**　　전심재판이란 상소에 의하여 불복이 신청된 재판을 말한다. 즉 제2심에 대한 제1심, 제3심에 대한 제2심 또는 제1심이 이에 해당된다. 그러나 소송계속의 이전을 통한 절차의 연결성이 인정되지 아니하는 다른 절차는 전심재판에 해당하지 않는다. 예를 들면 파기환송 전의 원심에 관여한 법관이 환송 후의 재판에 관여한 경우,[17] 재심청구의 대상인 확정판결에 관여한 법관이 재심청구사건을 처리하는 경우,[18] 상고심판결을 내린 법관이 제400조에 의한 판결정정신청사건을 처리하는 경우는 전심재판이 아니므로 제척사유에 해당하지 않는다. 그리고 전심재판은 당해 사건의 전심에 제한된다. 따라서 다수의 공범자 중 일부에 대한 재판에 관여한 법관이 분리심리된 다른 공범자에 대한 재판에 관여한 것은 전심재판에 관여하였다고 할 수 없다.

(다) **관여의 의미**　　'전심재판에 관여한 때'란 전심재판의 내부적 성립에 실질적으로 관여한 때를 말한다. 따라서 재판의 선고에만 관여한 때는 물론, 사

---

17) 대법원 1979. 2. 27. 선고 78도3204 판결.
18) 대법원 1964. 6. 22.자 64모16 결정, 1982. 11. 15.자 82모11 결정.

실심리나 증거조사를 하지 않고 공판기일을 연기하는 재판에만 관여한 때, 공판에 관여했어도 판결선고 전에 경질된 때[19]에는 이에 해당하지 않는다.

(라) 약식명령의 경우

ⓐ **학 설**   약식명령을 행한 판사가 정식재판을 담당한 경우에 전심재판에 관여한 때에 해당하는가에 대하여 견해의 대립이 있다. ① 적극설에 의하면, 약식명령의 경우에도 판사는 사건의 실체에 관하여 조사·심리에 관여하는 것이므로 예단의 가능성이 있어 전심재판에 관여한 때에 해당된다고 한다. ② 소극설에 의하면, 약식명령은 정식재판과 심급을 같이하는 재판이므로 약식명령을 한 판사가 정식재판을 담당하였다고 하여 전심재판에 관여하였다고 볼 수는 없다고 한다.

ⓑ **판 례**   약식절차와 피고인 또는 검사의 정식재판청구에 의하여 개시된 제1심 공판절차는 동일한 심급 내에서 서로 절차만 달리할 뿐이므로 약식명령이 제1심 공판절차의 전심재판에 해당하는 것은 아니고, 따라서 약식명령을 발부한 법관이 정식재판절차의 제1심 판결에 관여하였다고 하여 제척의 원인이 된다고 볼 수 없다.[20]

ⓒ **검 토**   약식절차와 제1심 공판절차는 동일한 심급 내에서 서로 절차만 달리하는 것이므로 소극설이 타당하다고 본다. 즉결심판을 한 판사가 그 사건에 대한 정식재판을 관여한 경우에도 동일하다. 다만 약식명령을 한 판사가 그 정식재판에 대한 항소심의 판결에 관여한 경우에는 심급을 달리하므로 제척사유에 해당한다.[21]

【사 례】   약식명령과 전심관여

《사 안》 서울중앙지방법원 판사 A는 식품위생법위반죄로 약식명령이 청구된 甲에게 벌금 100만원의 약식명령을 고지하였다. 甲은 벌금을 감액하여 달라는 이유로 정식재판을 청구하였고, 판사 B는 甲에게 벌금 80만원을 선고하였다. 甲은 제1심 판결에도 불복하여 항소하였는데, 그 사건은 판사 A가 소속된 서울중앙지방법원형사항소부에 배당되었다. 항소재판부는 어떠한 조치를 하여야 하는가?

《검 토》 약식명령을 고지한 판사 A는 정식재판의 항소심에 관여할 수 없다. 따라서 항소재판부는 판사 A를 경질하고 다른 판사로 재판부를 구성해야 한다. 만약 판사 A가 항소심의 심리에만 관여하고 항소심판결 선고 전에 경질되어 항소심의 판

---

19) 대법원 1985. 4. 23. 선고 85도281 판결.
20) 대법원 2002. 4. 12. 선고 2002도944 판결.
21) 대법원 1985. 4. 23. 선고 85도281 판결.

결에는 관여하지 않았다면 항소심판결에는 절차의 위법이 없다.

(4) 전심재판의 기초되는 조사·심리에 관여한 때

(가) **적용범위**　　법관이 전심재판의 기초되는 조사·심리에 관여한 때 ($^{제17조제7}_{호 후단}$)에는 제척사유에 해당한다. '전심재판의 기초되는 조사·심리'란 전심재판의 내용형성에 영향을 미친 경우를 말하여, 공소제기의 전후를 불문한다. 제1심 판결에서 피고인에 대한 유죄의 증거로 사용된 증거를 조사한 판사는 항소심 재판에 관여할 수 없다.[22] 또한 수탁판사로서 증거조사를 한 경우, 증인신문절차에 관여한 경우, 기소강제절차에서 공소제기결정을 한 경우도 제척사유에 해당한다. 이에 반하여 구속영장을 발부한 법관,[23] 구속적부심사에 관여한 법관 또는 보석허가결정에 관여한 법관은 이에 해당하지 않는다.

(나) **증거보전절차**

(a) **학 설**　　법관이 증거보전절차에 관여한 경우 제척사유에 해당하는지 여부에 관하여 학설이 대립되고 있다. ① **적극설**은 증인신문절차의 경우와 마찬가지로 전심재판에 관여한 법관에 해당한다고 해석한다. ② **절충설**은 증거보전절차에서 증거조사를 한 경우만 제척사유에 해당하고 압수·수색영장만을 발부한 경우에는 제외된다고 한다.

(b) **판 례**　　공소제기 전에 검사의 청구에 의하여 증거보전절차($^{제184}_{조}$) 상의 증인신문을 한 법관은 전심재판 또는 그 기초되는 조사, 심리에 관여한 법관이라고 할 수 없다.[24]

(c) **검 토**　　판사가 증거보전절차에서 증거보전의 처분을 하면 그 사건에 대하여 예단이 생긴다는 점에서 적극설이 타당하다고 본다.

【사 례】 증거보전절차와 전심관여

《사 안》 검사는 甲의 사기사건을 수사하던 중 참고인 乙이 해외로 곧 이민갈 것이라는 사정이 있어 乙에 대한 증인신문을 위해 관할법원인 대구지방법원 경주지원에 증거보전청구를 하였다. 대구지방법원 경주지원 형사단독판사 A는 乙에 대한 증인신문절차를 마쳤다. 검사는 甲을 사기죄로 공소제기하였고, 판사 A는 그 사건을 심리하여 피고인 甲에게 징역 2년을 선고하였다. 제1심 판결에는 어떠한 항소이유가 있는가?

---

22) 대법원 1999. 10. 22. 선고 99도3534 판결.
23) 대법원 1989. 9. 12. 선고 89도612 판결.
24) 대법원 1971. 7. 6. 선고 71도974 판결.

《검 토》 판사가 증거보전절차에 관여한 경우 제척사유에 해당하는지 여부에 관하여 학설이 대립되고 있고, 판례는 소극설을 취하고 있다. 증거보전절차에 관여한 판사가 해낭 사건을 심리하는 경우에는 예단이 생긴다는 점을 고려할 때 적극설이 타당하다고 본다. 따라서 제1심 판결에는 '법률상 그 재판에 관여하지 못할 판사가 그 사건의 심판에 관여한' 항소이유($^{제361조의}_{5\ 제7호}$)가 있다고 본다.

Ⅲ. 효 과

제척사유에 해당하는 법관은 특별한 절차 없이 당해 사건의 직무집행에서 당연히 배제된다. 배제되는 직무집행의 범위는 당해 사건에 관한 모든 소송행위에 미친다. 제척사유 있는 법관은 스스로 회피하여야 하며($^{제24조}_{제1항}$) 당사자도 기피신청을 할 수 있다($^{제18조}_{제1항}$). 제척사유 있는 법관이 재판에 관여한 때에는 절대적 항소이유($^{제361조의}_{5\ 제7호}$)와 상고이유($^{제383조}_{제1호}$)가 된다.

제 3 기 피

Ⅰ. 의 의

기피(忌避)란 법관이 제척사유가 있음에도 불구하고 재판에 관여하거나 불공정한 재판을 할 염려가 있는 경우에 당사자의 신청에 의하여 그 법관을 직무집행에서 탈퇴하게 하는 제도이다. 기피사유는 비유형적이고, 당사자의 신청이 있는 경우에 법원의 결정에 의하여 그 효과가 발생한다. 이에 반하여 제척사유는 유형적으로 제한되어 있고, 그 효과가 법률의 규정에 의하여 당연히 발생한다. 또한 기피는 당사자의 신청을 전제로 한다는 점에서 법관 본인의 의사를 기초로 하는 회피와 구별된다.

Ⅱ. 기피사유

1. 법관이 제척사유에 해당하는 때

제척사유가 존재하면 법관은 당연히 직무집행에서 배제된다. 그런데 이를 기피사유로 규정한 것($^{제18조\ 제}_{1항\ 제1호}$)은 제척사유의 존부가 불분명하거나 법관이 이를 간과한 경우 당사자의 신청에 대하여 법원이 제척사유의 존부를 심사하여 결정할 것을 강제한다는 점에 의의가 있다.

2. 법관이 불공평한 재판을 할 염려가 있는 때

(1) 의 미   법관이 불공평한 재판을 할 우려가 있는 때에는 당사자의 신청에 의하여 법관은 직무집행에서 배제된다(제18조제2항). '법관이 불공평한 재판을 할 염려가 있는 때'란 당사자가 불공평한 재판이 될지도 모른다고 추측할 만한 주관적 사정이 있는 때를 말하는 것이 아니라 통상인의 판단으로써 법관과 사건과의 관계상 불공평한 재판을 할 것이라는 의혹을 갖는 것이 합리적이라고 인정할 만한 객관적인 사정이 있는 때를 의미한다.[25]

(2) 판 단   불공정한 재판을 할 염려의 유무는 구체적 사정을 종합하여 판단하여야 한다. 법관이 심리중에 유죄를 예단하는 말을 한 경우,[26] 법관이 증명되지 않은 사실을 언론을 통하여 발표한 경우, 법관이 심리중에 피고인에게 심히 모욕적인 말을 한 경우 또는 법관이 피고인의 진술을 강요한 경우 등은 불공정한 재판을 할 우려가 있는 경우에 해당한다. 그러나 법관이 피고인의 증거신청을 채택하지 아니하거나 이미 한 증거결정을 취소한 사실 또는 피고인의 증인에 대한 신문을 제지한 사실이 있다는 것만으로는 재판의 공정을 기대하기 어려운 경우에 해당한다고 할 수 없다.[27] 또한 검사의 공소장변경허가신청에 대하여 불허가결정을 한 사유만으로는 기피사유가 되지 않는다.[28]

【사 례】 기피사유

《사 안》 피고인 甲은 국가보안법위반죄로 구속기소되어 재판을 받던 중 판사에게 증인신청을 하였으나 기각되자 불공정한 재판을 받을 수 없다고 고함을 지르며 재판의 진행을 방해하였다. 판사는 甲에게 퇴정명령을 하고 재판을 진행하자 甲의 변호인 乙은 판사에 대하여 기피신청을 하였다. 乙의 기피신청은 타당한가?

《검 토》 판사가 피고인의 증거신청을 채택하지 않은 사정만으로는 재판의 공정을 기대하기 어려운 객관적인 사정이 있다고 볼 수 없다. 또한 법정에서 고함을 지르는 피고인을 퇴정시킨 것은 법정질서유지를 위한 재판장의 권한이므로 乙의 기피신청은 이유가 없다. 따라서 기피당한 판사의 소속 법원 합의부에서는 기피신청을 기각하여야 한다.

---

25) 대법원 1995. 4. 3.자 95모10 결정, 1996. 2. 9.자 95모93 결정.
26) 대법원 1974. 10. 16.자 74도68 결정.
27) 대법원 1990. 11. 2.자 90모44 결정, 1991. 12. 7.자 91모79 결정, 1994. 11. 3.자 94모73 결정, 1995. 4. 3.자 95모10 결정.
28) 대법원 2001. 3. 21.자 2001모2 결정.

Ⅲ. 기피신청

1. 신청권자

⑴ **검사와 피고인** 신청권자는 검사와 피고인이다. 변호인도 피고인의 명시한 의사에 반하지 않는 한 기피신청을 할 수 있다($\frac{제18}{조}$). 변호인의 기피신청권은 고유권이 아니라 대리권이므로 피고인이 기피신청권을 포기한 때에는 변호인의 신청권도 소멸된다.

⑵ **피의자** 공소제기 전의 증거보전절차($\frac{제184}{조}$)나 판사에 의한 증인신문절차($\frac{제221조}{의2}$)의 경우에는 피의자도 법관에 대하여 기피신청을 할 수 있다. 그런데 재정신청사건의 피의자가 법관에 대하여 기피신청을 할 수 있는가의 문제에 관하여 ① 재정결정도 재판의 일종이므로 제18조를 유추적용하여 피의자는 기피신청을 할 수 있다는 **적극설**[29]과 ② 재정신청은 당해 사건에 대한 실체판단이 아니므로 피의자는 기피신청을 할 수 없다는 **소극설**[30]이 있다. 재정신청사건에 대한 재판의 공정이라는 관점에서 적극설이 타당하다고 본다.

2. 신청의 대상

기피신청의 대상은 불공평한 재판을 할 염려가 있다고 주장되는 법관이다. 따라서 이미 그 사건의 직무집행에서 배제되어 있는 법관에 대한 기피신청은 허용되지 않는다.[31] 그리고 합의부 자체에 대한 기피신청은 허용되지 않는다. 다만 합의부를 구성하는 모든 법관에 대한 기피신청은 가능하다. 그러나 대법원의 전원합의체를 구성하는 대법관 전원에 대한 기피신청은 이를 판단할 법원을 구성할 수 없기 때문에 허용되지 않는다.

3. 신청의 방법

⑴ **신청의 방식** 기피신청은 서면 또는 공판정에서 구두로 할 수 있다. 합의부 법원의 법관에 대한 기피는 그 법관의 소속 법원에 신청하고, 수명법관·수탁판사 또는 단독판사에 대한 기피는 당해 법관에게 신청해야 한다($\frac{제19조}{제1항}$). 기피신청을 할 때에는 기피의 원인이 되는 사실을 구체적으로 명시해야 한다($\frac{규칙 제9조}{제1항}$).

⑵ **사유의 소명** 기피사유는 신청한 날로부터 3일 이내에 서면으로 소명

---

29) 배종대, 407면; 신양균, 355면; 이재상, 423면.
30) 신동운, 722면.
31) 대법원 1986. 9. 24.자 86모48 결정.

해야 한다($\frac{제19조}{제2항}$). 소명이란 기피신청의 주장이 진실로 추정될 수 있는 자료의 제출을 말하며, 기피신청서에 기재된 이유만으로는 소명자료가 될 수 없다.[32]

4. 신청의 시기

기피신청의 시기에는 제한이 없다. 따라서 기피신청은 판결선고시까지 가능하다.[33] 다만 피고사건의 판결선고절차가 시작되어 재판장이 이유의 요지를 설명하는 도중에 기피신청을 하는 것은 소송지연만이 그 목적이라고 볼 수 있다.[34]

IV. 재   판

1. 간이기각결정

⑴ **취 지**   기피신청이 소송의 지연을 목적으로 함이 명백하거나 제19조의 규정에 위배된 때에는 신청을 받은 법원 또는 법관은 결정으로 이를 기각한다($\frac{제20조}{제1항}$). 기피신청이 절차에 위반되거나 소송절차 지연을 목적으로 하는 것이 명백한 경우에는 별도의 재판부에 의하여 기피신청에 대한 재판을 하게 하거나 그 결정이 확정될 때까지 소송절차를 정지시키지 아니한 채, 소송절차를 그대로 진행시키고 당해 법관이 포함된 합의부 또는 당해 법관으로 하여금 기피신청을 기각할 수 있도록 하는 것이 기피신청권의 남용을 방지할 수 있는 적절한 방법이다.[35]

⑵ **요 건**   제19조에 위배된 경우란 기피신청의 관할을 위반하였거나 신청 후 3일 이내에 기피사유를 서면으로 소명하지 않은 경우를 말한다. 기피신청이 소송의 지연을 목적으로 함이 명백한 때에 해당하는가의 여부는 사안의 성질, 심리의 경과 및 변호인의 소송준비 등 객관적 사정을 종합하여 판단해야 한다. 일반적으로 ① 법원의 심리방법이나 태도에 대한 불복신청을 이유로 하는 기피신청, ② 시기에 늦은 기피신청, ③ 이유 없음이 명백한 기피신청이 여기에 해당한다.

⑶ **불 복**   간이기각결정에 대해서는 **즉시항고**를 할 수 있다. 그러나 간이기각결정에 대한 즉시항고는 통상적인 즉시항고와 달리 재판의 집행을 정지하는 효력이 없다($\frac{제23조}{제2항}$).

---

32) 대법원 1987. 5. 28.자 87모10 결정.
33) 대법원 1995. 1. 9.자 94모77 결정.
34) 대법원 1985. 7. 23.자 85모19 결정.
35) 헌법재판소 2006. 7. 27. 선고 2005헌바58 결정.

2. 의견서의 제출

기피당한 법관은 간이기각결정을 하는 경우를 제외하고는 지체 없이 기피신청에 대한 의견서를 제출해야 한다($^{제20조}_{제2항}$). 기피당한 법관이 기피신청을 이유 있다고 인정하는 때에는 기피결정이 있는 것으로 간주한다($^{동조}_{제3항}$).

3. 소송진행의 정지

(1) 정지의 범위　　기피신청이 있는 경우는 간이기각결정의 경우를 제외하고는 소송진행을 정지해야 한다($^{제22조}_{본문}$). 정지해야 할 소송진행은 본안에 대한 소송절차뿐만 아니라 모든 소송절차를 포함한다는 견해가 있으나, 이는 본안에 대한 소송진행만을 의미하며 구속기간의 갱신과 같은 절차는 이에 포함되지 않는다고 본다. 판례는 구속기간의 갱신[36]이나 판결의 선고[37]는 정지해야 할 소송절차에 해당하지 않는다고 한다.

(2) 예 외　　급속을 요하는 경우에는 소송진행이 정지되지 않는다($^{제22조}_{단서}$). 예를 들면 구속기간의 만료가 임박하였다는 사정은 소송진행정지의 예외사유인 급속을 요하는 경우에 해당하므로 구속기간의 만료가 임박하여 기피신청이 있는 경우에는 소송진행을 정지해야 할 필요가 없다.[38]

4. 기피신청사건의 관할

기피신청사건에 대한 재판은 기피당한 법관의 소속 법원 합의부에서 한다($^{제21조}_{제1항}$). 기피당한 법관은 이에 관여하지 못한다($^{동조}_{제2항}$). 기피당한 판사의 소속 법원이 합의부를 구성하지 못할 때에는 직근 상급법원이 결정한다($^{동조}_{제3항}$).

5. 기피신청에 대한 재판

기피신청에 대한 재판은 **결정**으로 한다. 기피신청이 이유 없다고 인정한 때에는 기피신청을 기각한다. 기피신청을 기각한 결정에 대하여는 즉시항고를 할 수 있다($^{제23조}_{제1항}$). 기피신청이 이유 있다고 인정한 때에는 기피당한 법관을 당해 사건의 절차에서 배제하는 결정을 한다. 이 결정에 대하여는 항고하지 못한다($^{제403}_{조}$). 인용결정의 효력발생시기는 기피사유에 따라 다르다. 제척사유가 인정된 때에는 소급효가 인정되지만, 불공평한 재판을 할 염려가 인정된 경우에는 결정시에 효력이 발생한다.

---

36) 대법원 1987. 2. 3.자 86모57 결정.
37) 대법원 1987. 5. 28.자 87모10 결정, 1995. 1. 9.자 94모77 결정, 2002. 11. 13. 선고 2002도4893 판결.
38) 대법원 1990. 6. 8. 선고 90도646 판결, 1994. 3. 8. 선고 94도142 판결.

V. 효 과

기피신청이 이유 있다는 결정이 있을 때에는 그 법관은 당해 사건의 직무집행으로부터 탈퇴한다. 그 법관이 사건의 심판에 관여한 때에는 절대적 항소이유(제361조의5 제7호)와 상고이유(제383조 제1호)가 된다. 기피당한 법관이 기피신청을 이유 있다고 인정한 때에도 같다.

제 4 회 피

Ⅰ. 의 의

회피(回避)란 법관이 스스로 기피의 원인이 있다고 판단한 때에 자발적으로 직무집행에서 탈퇴하는 제도이다(제24조 제1항). 법관이 스스로 기피사유가 있다고 판단한 때에는 사건의 재배당이나 합의부원의 재구성에 의하여 내부적으로 해결할 수도 있으나, 내부적 해결이 이루어지지 않을 때에는 법관이 스스로 회피하여야 한다.

Ⅱ. 절 차

회피의 신청은 소속 법원에 서면으로 해야 한다(제24조 제2항). 신청의 시기에는 제한이 없다. 회피신청에 대한 결정에는 기피에 관한 규정이 준용된다(동조 제3항). 회피신청에 대한 법원의 결정에 대하여는 항고할 수 없다.

제 5 법원사무관 등에 대한 제척·기피·회피

Ⅰ. 의 의

법관의 제척·기피·회피에 관한 규정은 원칙적으로 법원사무관 등에게 준용된다(제25조 제1항). 법원사무관 등은 직접 사건을 심리·재판하는 기관은 아니지만 재판에 밀접한 관련을 가진 직무를 수행하기 때문에 간접적으로 재판에 영향을 줄 가능성이 있기 때문이다. 다만 이들은 직무의 성질상 심판에 관여할 수 없기 때문에 전심관여로 인한 제척사유(제17조 제7호)는 적용되지 않는다.

Ⅱ. 절 차

법원사무관 등에 대한 기피신청의 재판은 그 소속 법원의 결정으로 한다. 다만 기피신청이 소송지연을 목적으로 함이 명백하거나 형식요건을 결하여 간이기각결정을 할 때에는 기피당한 자의 소속 법관이 한다(제25조제2항). 이 경우 소속 법관의 간이기각결정은 법원으로서 한 결정이므로 이에 대한 불복방법은 준항고가 아니라 즉시항고가 된다. 따라서 법원사무관 등의 소속 법관은 항고법원에 항고장과 소송기록을 송부하여 항고법원의 판단을 받아야 한다.[39]

제2절 검 사

제1관 총 설

제1 검 사

Ⅰ. 의 의

검사(檢事)는 검찰권을 행사하여 검찰사무를 처리하는 단독제(1인제)의 행정기관이다. 검사는 공익의 대표자로서 ① 범죄수사·공소제기와 그 유지에 필요한 사항, ② 범죄수사에 관한 사법경찰관리의 지휘·감독, ③ 법원에 대한 법령의 정당한 적용의 청구, ④ 재판집행의 지휘와 감독, ⑤ 국가를 당사자 또는 참가인으로 하는 소송과 행정소송의 수행 또는 그 수행에 관한 지휘와 감독, ⑥ 다른 법령에 의하여 그 권한에 속하는 사항 등을 직무와 권한으로 삼는다 (검찰청법제4조). 즉 검사는 범죄수사에서 재판의 집행에 이르기까지 형사절차의 모든 단계에 관여하여 검찰권을 행사하는 기관이다.

Ⅱ. 법적 성격

1. 준사법기관

검사는 법무부에 소속되어 검찰권을 행사하는 행정기관으로서 국가의 행정

---

39) 대법원 1984. 6. 20.자 84모24 결정.

목적을 위하여 활동한다. 그러나 검찰권은 사법권과 밀접한 관계에 있을 뿐만 아니라 검찰권의 행사는 형사사법의 운영에 중대한 영향을 미친다. 따라서 검사는 행정과 사법의 중간에 위치하여 행정기관으로서의 성질을 가지면서도 독립성이 보장될 것이 요청되는 **준사법기관**이라고 할 수 있다.

2. 단독제의 관청

검사는 검찰사무를 처리하는 단독제의 관청이다. 검찰사무는 모든 검사가 단독으로 처리하는 것이며, 검사가 검찰총장이나 검사장의 보조기관으로서 처리하는 것은 아니다. 따라서 검찰권의 행사에는 항상 1인제가 채택되어 있고 합의제는 존재하지 않는다.

제 2 검 찰 청

Ⅰ. 의 의

검찰청은 검사의 검찰사무를 통할하고 법원에 대치하여 설치된 행정기관이다. 검찰청은 대검찰청·고등검찰청 및 지방검찰청으로 구성되며, 각 대법원·고등법원 및 지방법원에 대응된다. 지방법원지원 설치지역에서는 이에 대응하여 지방검찰청지청을 둘 수 있다(검찰청법 제3조 제1항·제2항). 각 검찰청과 지청의 관할구역은 각 법원과 지원의 관할구역에 의한다(동조 제4항). 다만 검사는 수사상 필요한 때에는 관할구역 외에서 직무를 행할 수 있다(동법 제5조).

Ⅱ. 조 직

1. 대검찰청

대검찰청에는 검찰총장·차장검사·대검찰청 검사 및 검찰연구관을 둔다. 검찰총장은 대검찰청의 사무를 맡아 처리하고 검찰사무를 통할하며, 검찰청의 공무원을 지휘·감독한다(검찰청법 제12조 제2항). 대검찰청의 차장검사는 검찰총장을 보좌하며 검찰총장이 사고가 있을 때에는 그 직무를 대리한다(동법 제13조).

2. 고등검찰청

고등검찰청에는 검사장·차장검사·부장검사 및 검사를 둔다. 검사장은 그 검찰청의 사무를 맡아 처리하고 소속 공무원을 지휘·감독한다(검찰청법 제17조). 차장검사는 소속 검사장을 보좌하며 소속 검사장이 사고가 있을 때에는 그 직무를 대

리한다(동법). 그리고 고등검찰청의 검사는 법무부장관의 지시에 따라 그 관할
구역 내의 지방검찰청 소재지에서 사무를 처리할 수 있다(동법).

3. 지방검찰청

지방검찰청에는 검사장·차장검사·부장검사 및 검사를 둔다. 지방검찰청
검사장은 그 검찰청의 사무를 맡아 처리하고 소속 공무원을 지휘·감독한다
(검찰청법). 차장검사는 소속 검사장을 보좌하며 소속 검사장이 사고가 있을 때에
는 그 직무를 대리한다(동법). 그리고 부장검사는 상사의 명을 받아 그 부의 사
무를 처리한다(동법).

4. 지방검찰청지청

지방검찰청지청에는 지청장을 두고, 지청장은 지방검찰청 검사장의 명을 받
아 소관사무를 처리하고 소속 공무원을 지휘·감독한다(검찰청법). 대통령령이 정
하는 지청에는 차장검사를 두며, 차장검사는 소속장을 보좌하고 소속장이 사고
가 있을 때에는 그 직무를 대리한다(동법).

제 2 관 검사의 지위

제 1 검사동일체의 원칙

Ⅰ. 의   의

1. 개   념

검사동일체(檢事同一體)의 원칙이란 모든 검사들이 검찰총장을 정점으로 피
라미드형의 계층적 조직체를 형성하고, 유기적 통일체로서 활동하는 것을 말한
다(검찰청법). 검사동일체의 원칙에 의하여 단독관청인 검사는 전체의 하나로서 검
찰권을 통일적으로 행사할 수 있게 된다.

2. 제도의 가치

검사동일체의 원칙에 의하여 ① 범죄수사와 공소의 제기·유지 및 재판의
집행을 내용으로 하는 검찰권의 행사가 전국적으로 균형을 이루게 하여 **검찰권
행사의 공정**을 기할 수 있다. 또한 ② 검찰사무의 내용인 범죄수사는 전국적으
로 통일된 수사망이 없으면 수사효과를 거두기 어렵기 때문에 검사동일체의
원칙은 이러한 **전국적인 수사망의 확보**를 위한 전제가 된다.

Ⅱ. 내   용

1. 상급자의 지휘・감독권

검사는 검찰사무에 관하여 소속 상급자의 지휘・감독에 따른다(검찰청법 제7조 제1항). 상급자의 지휘・감독권은 검찰사무뿐만 아니라 검찰행정사무에 대해서도 적용된다. 그러나 검사는 일반행정조직과 달리 단독관청으로 각자가 자기 책임 아래 검찰사무를 처리하며, 준사법기관으로서 진실과 정의에 구속되므로 상급자의 지휘・감독권도 일정한 제한을 받는다. 즉 상급자의 지휘・감독은 **적법성과 정당성**이 전제되어야 한다. 검사는 구체적 사건과 관련된 상급자의 지휘・감독의 적법성과 정당성 여부에 대하여 이견이 있는 때에는 이의를 제기할 수 있다(동법 제7조 제2항). 또한 상급자의 지휘・감독은 **내부적 효력**을 가지는 데 지나지 않는다. 따라서 상급자의 지휘에 위반한 검사의 처분이나 상급자의 결재를 받지 아니한 검사의 처분도 대외적인 효력에는 아무런 영향을 미치지 않는다.

【사 례】 상급자의 지휘・감독권

《사 안》 검사 甲은 사건을 배당받아 수사한 결과 일부 무혐의, 나머지 부분은 기소유예의 의견에 도달하고 결정문을 작성하였다. 그러나 검사장 乙은 여러 사정을 종합해 볼 때 설령 무죄의 판결을 받게 된다 하여도 기소를 해야 한다고 보고 결재를 하지 않고 있다. 甲은 이를 어떻게 처리해야 하는가?(제34회 사법시험 출제문제)

《검 토》 검사가 사건을 불기소처분하는 것이 법과 정의에 일치한다고 확신하는데도 검사장이 사건을 기소해야 한다고 지시하였다면 그 지시에 이의를 제기할 수 있다. 그리고 검사의 처분에 상급자의 결재를 받도록 한 것은 내부적 효력을 가지는 데 불과하다. 따라서 검사장 乙의 결재를 받지 아니하고 사건을 불기소처분을 하여도 대외적인 효력에는 아무런 영향이 없다. 검사 甲이 乙의 지시에 따라 공소를 제기하는 경우 공소권의 남용에 해당하므로 법원은 공소기각판결을 선고해야 한다는 학설이 있다. 그러나 범죄의 객관적 혐의가 없다고 판단되는 부분에 대하여는 무죄판결을 선고해야 하고, 기소유예의 정상은 있으나 기소된 부분에 대하여는 유죄판결을 선고함이 타당하다고 본다.

2. 법무부장관의 지휘・감독권

검사는 법무부에 소속된 공무원이므로 법무부장관이 검사에 대하여 지휘・감독권을 가진다. 그러나 법무부장관은 검찰사무의 최고감독자로서 일반적으로 검사를 지휘·감독할 수 있을 뿐이고, 구체적인 사건에 대하여는 검찰총장만을 지휘·감독한다(검찰청법제8조). 이는 구체적인 사건의 처리에 있어서 정치적 영향과 간섭을 방지하고 검사의 독립성을 보장하는 데 그 취지가 있다.

3. 직무승계권과 직무이전권

직무승계권 및 직무이전권이란 검찰총장과 검사장 또는 지청장이 소속 검사의 직무를 직접 처리하거나, 소속이 다른 검사로 하여금 이를 처리하게 할 수 있는 권한을 말한다(검찰청법제7조의2 제2항). 직무승계와 이전의 권한도 검사동일체의 원칙을 바탕으로 한 권한이다. 직무승계와 직무이전의 권한은 최종적으로 검찰총장에게 귀속된다. 법무부장관은 일반적으로 검사를 지휘·감독할 수 있을 뿐이므로 이러한 권한을 가질 수 없다.

4. 직무위임권과 직무대리권

검찰총장과 검사장 및 지청장은 소속 검사로 하여금 그 권한에 속하는 직무의 일부를 처리하게 할 수 있다(검찰청법제7조의2 제1항). 직무위임은 검찰사무와 검찰행정사무 모두에 대해 할 수 있다. 각급 검찰청의 차장검사는 소속장에 사고가 있을 때에는 특별한 수권 없이도 그 직무를 대리하는 권한을 가진다(동법 제13조, 제18조, 제23조). 이를 차장검사의 직무대리권이라 한다.

III. 효   과

1. 검사교체의 효과

검사동일체의 원칙에 의하여 검사가 범죄수사나 공판관여 등 일체의 검찰사무의 취급 도중에 전보 등의 사유로 교체되어도 그가 행한 행위의 소송법상 효과에는 영향을 미치지 않는다. 따라서 수사나 공판절차가 진행되는 도중에 검사가 교체되더라도 새로운 검사가 수사절차를 갱신하거나 법원이 공판절차를 갱신할 필요는 없다.

2. 검사에 대한 제척·기피

(1) 학 설   법관에 대한 제척·기피와 같이 검사에 대하여도 제척·기피 제도를 유추적용해야 한다는 **적극설**[1]과 검사에 대하여는 제척·기피를 인정할 수 없다는 **소극설**[2]이 있다. 적극설의 논거는 검찰사무를 공정하게 처리하고 이해관계인의 신뢰를 보호하기 위하여 공익의 대표자인 검사에 대하여도 제척·

---

1) 배종대, 85면; 신동운, 51면.
2) 신양균, 381면; 이재상, 101면.

기피제도를 인정해야 한다는 것이다. 소극설의 논거는 ① 검사동일체의 원칙에 의하여 특정한 검사를 직무집행에서 배제하는 것은 아무런 의미가 없고, ② 검사는 당사자의 지위가 인정되므로 당사자를 제척·기피할 수 없다는 것이다.

(2) 검 토   현행법상 검사에 대한 제척이나 기피를 위한 절차를 확보할 방안이 마련되어 있지 않으므로 소극설이 타당하다고 본다. 검사가 피의사건과 이해관계를 가지고 있는 경우에는 검사동일체의 원칙에 의하여 검사의 체임(替任)이 가능하다. 한편, 대통령령인 수사규정은 검사의 회피에 관하여 규정하고 있다. 검사는 피의자나 사건관계인과 친족관계 또는 이에 준하는 관계가 있거나 그 밖에 수사의 공정성을 의심받을 염려가 있는 사건에 대해서는 소속 기관의 장의 허가를 받아 그 수사를 회피해야 한다($\frac{수사규정}{제11조}$).

제 2   검사의 소송법상 지위

I. 수사의 주체

1. 수 사 권

(1) 검사의 수사권   검사는 범죄의 혐의가 있다고 사료하는 때에는 범인·범죄사실과 증거를 수사하여야 한다($\frac{제196}{조}$). 따라서 검사는 피의자신문($\frac{제200}{조}$), 참고인조사($\frac{제221}{조}$) 등의 임의수사는 물론 체포($\frac{제200조}{의2}$), 구속($\frac{제201}{조}$), 압수·수색·검증($\frac{제215조\ 내}{지\ 제218조}$) 등의 강제수사를 할 수 있다. 영장청구권($\frac{제200조의2,}{제201조,\ 제215조}$), 증거보전청구권($\frac{제184}{조}$), 증인신문청구권($\frac{제221조}{의2}$)은 검사에게만 인정된다.

(2) 수사개시권의 제한   검사가 직접 수사를 개시할 수 있는 범죄는 ① 부패범죄, 경제범죄 등 대통령령으로 정하는 중요 범죄, ② 경찰공무원이 범한 범죄, ③ 위 범죄 및 사법경찰관이 송치한 범죄와 관련하여 인지한 각 해당 범죄와 직접 관련성이 있는 범죄이다($\frac{검찰청법 제}{4조 제1항}$).「검사의 수사개시 범죄 범위에 관한 규정」은 검사가 수사를 개시할 수 있는 범죄의 범위를 구체적으로 규정하고 있다. 검사가 직접 수사를 개시할 수 있는 위 범죄에 해당되지 않는 범죄에 대한 고소·고발·진정이 검찰청에 접수된 때에는 검사는 사건을 검찰청 외의 수사기관에 이송해야 한다. 검사가 사건을 이송하는 경우에는 관계 서류와 증거물을 해당 수사기관에 함께 송부해야 한다($\frac{수사규정}{제18조}$).

2. 경찰수사 감독권

⑴ **보완수사요구**   검사는 ① 송치사건의 공소제기 여부 결정 또는 공소의 유지에 관하여 필요한 경우, ② 사법경찰관이 신청한 영장의 청구 여부 결정에 관하여 필요한 경우에 사법경찰관에게 보완수사를 요구할 수 있다(제197조의2 제1항). 사법경찰관은 검사의 보완수사요구가 있는 때에는 정당한 이유가 없는 한 지체 없이 이를 이행하고, 그 결과를 검사에게 통보하여야 한다(동조 제2항).

⑵ **시정조치요구 등**   검사는 사법경찰관리의 수사과정에서 법령위반, 인권침해 또는 현저한 수사권 남용이 의심되는 사실의 신고가 있거나 그러한 사실을 인식하게 된 경우에는 사법경찰관에게 사건기록 등본의 송부를 요구할 수 있다(제197조의3 제1항). 송부 요구를 받은 사법경찰관은 지체 없이 검사에게 사건기록 등본을 송부하여야 한다(동조 제2항). 기록 송부를 받은 검사는 필요하다고 인정되는 경우에는 사법경찰관에게 시정조치를 요구할 수 있다(동조 제3항). 사법경찰관은 검사의 시정조치 요구가 있는 때에는 정당한 이유가 없으면 지체 없이 이를 이행하고, 그 결과를 검사에게 통보하여야 한다(동조 제4항). 사법경찰관으로부터 통보를 받은 검사는 시정조치 요구가 정당한 이유 없이 이행되지 않았다고 인정되는 경우에는 사법경찰관에게 사건을 송치할 것을 요구할 수 있다(동조 제5항). 사건송치 요구를 받은 사법경찰관은 검사에게 사건을 송치하여야 한다(동조 제6항). 검사는 사법경찰관으로부터 송치받은 사건에 관하여 해당 사건과 동일성을 해치지 아니하는 범위 내에서 수사할 수 있다(제196조 제2항).

⑶ **징계요구**   검찰총장 또는 각급 검찰청 검사장은 사법경찰관이 정당한 이유 없이 검사의 보완수사요구에 따르지 아니하는 때에는 권한 있는 사람에게 해당 사법경찰관의 직무배제 또는 징계를 요구할 수 있다(제197조의2 제3항). 또한 검찰총장 또는 각급 검찰청 검사장은 사법경찰관리의 수사과정에서 법령위반, 인권침해 또는 현저한 수사권 남용이 있었던 때에는 권한 있는 사람에게 해당 사법경찰관리의 징계를 요구할 수 있다. 그 징계 절차는 「공무원 징계령」 또는 「경찰공무원 징계령」에 따른다(제197조의3 제7항).

⑷ **재수사요청**   사법경찰관이 사건을 송치하지 아니한 것이 위법 또는 부당한 때에는, 검사는 그 이유를 문서로 명시하여 사법경찰관에게 재수사를 요청할 수 있다. 사법경찰관은 검사의 위 요청이 있는 때에는 사건을 재수사하여야 한다(제245조의8).

3. 수사의 경합

검사는 사법경찰관과 동일한 범죄사실을 수사하게 된 때에는 사법경찰관에게 사건을 송치할 것을 요구할 수 있다. 송치 요구를 받은 사법경찰관은 지체없이 검사에게 사건을 송치하여야 한다. 다만, 검사가 영장을 청구하기 전에 동일한 범죄사실에 관하여 사법경찰관이 영장을 신청한 경우에는 해당 영장에 기재된 범죄사실을 계속 수사할 수 있다($^{제197조}_{의4}$).

II. 공소권의 주체

1. 공소제기의 독점자

⑴ **기소독점주의**　　공소는 검사가 제기한다($^{제246}_{조}$). 공소제기의 권한은 검사에게 독점되어 있어 사인소추(私人訴追)는 인정되지 않는다. 이를 기소독점주의라고 한다. 다만 기소강제절차($^{제260조}_{이하}$)와 즉결심판($^{即審法}_{제3조}$)의 예외가 있다. 그리고 검사는 공소제기에 관하여 재량권을 행사할 수 있고, 제1심판결 선고 전까지 공소를 취소할 수 있다.

⑵ **공소제기의 담당**　　검사는 자신이 수사개시한 범죄에 대하여는 공소를 제기할 수 없다. 따라서 수사개시와 공소제기는 담당 검사를 달리한다. 다만, 사법경찰관이 송치한 범죄에 대하여는 수사를 담당한 검사가 공소를 제기할 수 있다($^{검찰청법}_{제4조 제2항}$).

2. 공소수행의 담당

검사는 공판절차에서 공소사실을 입증하고 공소를 유지한다. 공소수행의 담당자인 검사는 피고인과 대립하는 당사자로서 형사소송절차를 형성하고 법령의 정당한 적용을 청구한다. 이를 위하여 검사는 공판정출석권($^{제267조 제3}_{항, 제278조}$), 증거조사참여권 및 증인신문권($^{제161조의2,}_{제145조, 제176조}$), 증거조사에 대한 의견진술권($^{제293}_{조}$) 및 이의신청권($^{제296}_{조}$) 등의 권리를 가진다.

III. 재판의 집행기관

재판의 집행은 검사가 지휘한다($^{제460}_{조}$). 다만 예외적으로 재판장·수명법관·수탁판사가 재판의 집행을 지휘할 수 있는 경우도 있다($^{제81조,}_{제115조}$). 검사는 사형 또는 자유형의 집행을 위하여 형집행장을 발부하여 구인하도록 하고 있으며($^{제473}_{조}$), 검사가 발부한 형집행장은 구속영장과 같은 효력이 있다.

Ⅳ. 공익의 대표자

1. 피고인의 정당한 이익보호

검사는 공익의 대표자로서 피고인의 정당한 이익을 보호해야 할 의무가 있다. 검사는 피고인에게 불리한 사실뿐만 아니라 이익되는 사실도 주장하고 그것을 뒷받침하는 증거도 수집해야 한다. 또한 검사는 피고인의 이익을 위하여 상소할 수 있고, 재심도 청구할 수 있다(제424조). 검찰총장은 판결이 확정된 후, 그 사건의 심판이 피고인에게 불리하게 법령에 위반하여 이루어진 경우에는 비상상고를 할 수 있다(제441조).

2. 공익을 위한 권한

검사는 고소권자를 지정할 수 있고(제228조), 민법상의 금치산·한정치산선고의 청구(민법 제9조, 제12조), 부재자의 재산관리 및 실종선고의 청구(동법 제22조, 제27조)를 할 수 있다.

Ⅴ. 특별검사

1. 의   의

특별검사란 범죄수사와 공소제기 등에 있어 특정사건에 한정하여 정치적으로 중립을 지키고 독립하여 그 직무를 수행하는 검사를 말한다. 주로 사회적 논란이 큰 사건의 진상을 규명하고 수사 등의 중립성을 담보하기 위해 특별검사가 임명된다. 「특별검사의 임명 등에 관한 법률」은 특별검사의 임명과 직무 등에 관하여 필요한 사항을 규정하고 있다.

2. 수사대상 및 임명

⑴ 수사대상   특별검사의 수사대상은 ① 국회가 정치적 중립성과 공정성 등을 이유로 특별검사의 수사가 필요하다고 본회의에서 의결한 사건, ② 법무부장관이 이해관계 충돌이나 공정성 등을 이유로 특별검사의 수사가 필요하다고 판단한 사건이다(특별검사법 제2조 제1항).

⑵ 임   명   특별검사의 수사가 결정된 경우 대통령은 국회에 설치된 특별검사후보추천위원회에 지체 없이 2명의 특별검사 후보자 추천을 의뢰하여야 한다. 특별검사후보추천위원회는 의뢰를 받은 날부터 5일 내에 2명의 후보자를 서면으로 대통령에게 추천하여야 한다. 대통령은 추천을 받은 날부터 3일 내에 추천된 후보자 중에서 1명을 특별검사로 임명하여야 한다(동법 제3조).

3. 권한과 의무

(1) **직무범위** 특별검사는 특별검사 임명 추천서에 기재된 사건에 관한 수사와 공소제기 여부의 결정 및 공소유지를 위한 권한과 의무를 가진다. 특별검사는 직무의 범위를 이탈하여 담당사건과 관련되지 아니한 자를 소환·조사할 수 없다(동법 제7조/제1항, 제2항).

(2) **권 한** 특별검사는 그 직무수행을 위하여 필요한 때에는 대검찰청, 경찰청 등 관계 기관의 장에게 담당사건과 관련된 사건의 수사 기록 및 증거 등 자료의 제출, 수사활동의 지원 등 수사 협조를 요청할 수 있다. 특별검사는 그 직무수행을 위하여 필요한 때에는 대검찰청, 경찰청 등 관계 기관의 장에게 소속 공무원의 파견 근무와 이에 관련되는 지원을 요청할 수 있다(동법 제7조/제3항, 제4항). 특별검사는 변호사 중에서 4명의 특별검사보 후보자를 선정하여 대통령에게 특별검사보로 임명할 것을 요청할 수 있다. 이 경우 대통령은 그 요청을 받은 날부터 3일 이내에 그 후보자 중에서 2명의 특별검사보를 임명하여야 한다(동법 제8/조 제1항). 형사소송법과 검찰청법 등 검사의 권한에 관한 규정은 특별검사에게 준용된다(동법 제7/조 제7항).

(3) **의 무** 특별검사는 직무상 알게 된 비밀을 재직 중과 퇴직 후에 누설하여서는 안되고, 영리를 목적으로 하는 업무에 종사할 수 없으며, 다른 직무를 겸할 수 없다(동법 제8조/제1항, 제2항). 형사소송법과 검찰청법 등 검사의 의무에 관한 규정은 특별검사에게 준용된다(동법 제8/조 제4항).

4. 사건처리절차

(1) **수사기간** 특별검사는 임명된 날부터 20일 동안 수사에 필요한 시설의 확보, 특별검사보의 임명 요청 등 직무수행에 필요한 준비를 할 수 있다. 이 경우 준비기간 중에는 담당사건에 대하여 수사를 하여서는 아니 된다(동법 제10/조 제1항). 특별검사는 준비기간이 만료된 날의 다음 날부터 60일 이내에 담당사건에 대한 수사를 완료하고 공소제기 여부를 결정하여야 한다. 특별검사가 이 기간 내에 수사를 완료하지 못하거나 공소제기 여부를 결정하기 어려운 경우에는 대통령에게 그 사유를 보고하고 대통령의 승인을 받아 수사기간을 한 차례만 30일까지 연장할 수 있다(동법 제10조/제2항, 제3항). 특별검사는 수사기간 내에 수사를 완료하지 못하거나 공소제기 여부를 결정하지 못한 경우 수사기간 만료일부터 3일 이내에 사건을 관할 지방검찰청 검사장에게 인계하여야 한다(동법 제10/조 제5항).

⑵ **재판관할**   특별검사의 담당사건에 관한 제1심 재판은 서울중앙지방법원 합의부의 전속관할로 한다(_{동법 제18조}).

⑶ **재판기간**   특별검사가 공소제기한 사건의 재판은 다른 재판에 우선하여 신속히 하여야 하며, 그 판결의 선고는 제1심에서는 공소제기일부터 6개월 이내에, 제2심 및 제3심에서는 전심의 판결선고일부터 각각 3개월 이내에 하여야 한다(_{동법 제11조 제1항}).

Ⅵ. 고위공직자범죄수사처

1. 의   의

「고위공직자범죄수사처의 설립과 운영에 관한 법률」은 고위공직자 등의 범죄를 독립된 위치에서 수사할 수 있는 고위공직자범죄수사처(약칭 공수처)와 수사검사에 관하여 규정하고 있다. 공수처는 수사권의 주체인 동시에 공수처법 제3조 1항 2호에서 규정한 일정한 사건에 관하여 공소권도 행사할 수 있고, 그 직무행사의 정치적 독립성을 보장하기 위하여 독립기구로 설치되었다.

2. 수사대상 및 임명

⑴ **수사대상**   공수처는 고위공직자범죄와 관련범죄에 관한 수사를 수행한다. 고위공직자란 대통령, 국회의장 및 국회의원, 대법원장 및 대법관, 헌법재판소장 및 헌법재판관, 검찰총장, 판사 및 검사, 경무관 이상 경찰공무원 등에 재직 중인 사람 또는 그 직에서 퇴직한 사람을 말한다(_{동법 제2조 제1호}). 고위공직자범죄란 고위공직자로 재직 중에 본인 또는 본인의 가족이 범한 형법 제122조부터 제133조까지의 죄 등을 비롯하여 공수처법 제2조 제3호에 규정된 범죄이다. 관련범죄란 고위공직자와 공범의 관계에 있는 자가 범한 죄 등(_{동조 제4호})을 말하여 관련범죄에 해당하는 경우에는 고위공직자 및 그 가족이 아닌 사람도 공수처의 수사대상이 될 수 있다.

⑵ **임   명**   대통령은 공수처장후보추천위원회로부터 추천받은 2명의 후보 중에서 1명을 공수처장으로 지명한 후 인사청문회를 거쳐 임명한다(_{동법 제5조 제1항}). 공수처장의 임기는 3년이고 중임할 수 없다(_{동법 제5조 제3항}). 수사처 차장은 처장의 제청으로 대통령이 임명한다(_{동법 제7조 제1항}). 공수처검사는 인사위원회의 추천을 받아 대통령이 임명한다. 이 경우 검사의 직에 있었던 사람은 공수처검사 정원의 2분의 1을 넘을 수 없다(_{동법 제8조 제1항}).

3. 권한과 의무

(1) **직무범위**　　공수처는 대법원장, 검찰총장, 판사 및 검사, 경무관 이상 경찰공무원이 재직 중에 본인 또는 본인의 가족이 범한 고위공직자범죄 등에 대해서는 공소제기와 그 유지 직무까지 수행한다(동법 제3조 제1항 제2호). 수사 및 재판기관의 고위공직자범죄에 대해서는 공정한 수사와 처벌이 이루어질 수 있도록 예외적으로 공소권까지 행사하도록 한 것이다.

(2) **권　한**　　공수처와 중복되는 다른 수사기관의 범죄수사에 대하여, 공수처장은 수사의 진행 정도 및 공정성 논란 등에 비추어 공수처에서 수사하는 것이 적절하다고 판단하여 이첩을 요청하는 경우 해당 수사기관은 이에 응하여야 한다(동법 제24조 제1항). 또한, 다른 수사기관이 범죄 수사과정에서 고위공직자범죄등을 인지한 경우 그 사실을 즉시 공수처에 통보하여야 한다(동조 제2항). 공수처장은 피의자, 피해자, 사건의 내용과 규모 등에 비추어 다른 수사기관이 고위공직자범죄 등을 수사하는 것이 적절하다고 판단될 때에는 해당 수사기관에 사건을 이첩할 수 있다(동조 제3항).

(3) **의　무**　　공수처와 공수처검사는 정치적 중립의무를 진다. 공수처는 대통령이나 법무부장관의 지휘·감독을 받지 않고, 그 권한에 속하는 직무를 독립하여 수행하여야 한다. 그리고 공수처검사와 수사관은 정치적 중립을 지켜야 하며, 그 직무를 수행함에 있어서 외부로 어떠한 지시나 간섭을 받지 아니한다(동법 제22조).

4. 사건처리절차

(1) **수사의 개시**　　공수처검사는 고위공직자범죄의 혐의가 있다고 사료하는 때에는 범인, 범죄사실과 증거를 수사하여야 한다(동법 제23조). 공수처검사는 직무를 수행함에 있어서 검찰청법 제4조에 따른 검사의 직무를 수행할 수 있다(동법 제8조). 공수처검사도 공익의 대표자, 인권옹호기관 및 법률전문가로서 자격을 갖추고 있으므로 영장청구권이 인정된다.[3]

(2) **송부절차**　　공수청검사는 공수처에 공소권이 부여된 사건을 제외한 고위공직자범죄등 사건의 수사를 한 때에는, 관계 서류와 증거물을 지체 없이 서울중앙지방검찰청 소속 검사에게 송부하여야 한다(동법 제26조 제1항). 공수처검사로부터 관계 서류와 증거물을 송부받아 사건을 처리하는 검사는 공수처장에게 해당

---

3) 헌법재판소 2021. 1. 28. 선고 2020헌마264, 681(병합) 결정.

사건의 공소제기 여부를 신속하게 통보하여야 한다(^{동조}_{제2항}).

　⑶ **사건의 종결**　　공수처는 공소권이 부여된 고위공직자범죄 사건에 관하여 공소권뿐만 아니라 불기소결정 권한을 가진다. 공수처장은 공소권이 부여된 고위공직자범죄에 대하여 불기소결정을 하는 때에는, 해당 범죄의 수사과정에서 알게 된 관련범죄 사건을 대검찰청에 이첩하여야 한다(^{동법}_{제27조}).

　⑷ **재정신청**　　고소·고발인은 공수처검사로부터 공소를 제기하지 아니한다는 통지를 받은 때에는 서울고등법원에 그 당부에 관한 재정을 신청할 수 있다(^{동법}_{제29조}). 이 때 재정신청 대상은 공소제기대상 사건에 대한 불기소결정을 의미한다.

　⑸ **재판관할**　　공수처검사가 공소를 제기하는 고위공직자범죄등 사건의 제1심 재판은 서울중앙지방법원의 관할로 한다. 다만, 범죄지, 증거의 소재지, 피고인의 특별한 사정 등을 고려하여 공수처검사는 형사소송법에 따른 관할법원에 공소를 제기할 수 있다(^{동법}_{제31조}).

제 3 절　피 고 인

제 1 관　총　　설

제 1　피고인의 의의

Ⅰ. 피고인의 개념

　피고인(被告人)이란 형사사건에 관하여 책임을 져야 할 자로서 공소가 제기된 자를 말한다. 따라서 검사에 의하여 공소가 제기된 자뿐만 아니라 즉결심판절차에서 경찰서장에 의하여 즉결심판이 청구된 자도 피고인에 해당한다(^{即審}_法^{제3}_조). 한편 피의자는 수사기관에 의하여 수사의 대상으로 되어 있는 자이고, 수형자는 유죄판결이 확정된 자라는 점에서 피고인과 구별된다. 피의자는 공소제기에 의하여 피고인이 되고, 피고인은 형의 확정에 의하여 수형자가 된다.

Ⅱ. 공동피고인의 개념

공동피고인이란 동일한 소송절차에서 공동으로 심판받은 수인의 피고인을 말한다. 공동피고인은 반드시 공범자임을 요하지 않는다. 공동피고인에 대한 소송관계는 각 피고인마다 별도로 존재하며, 그 1인에 대해 발생한 사유는 원칙적으로 다른 피고인에게 영향을 미치지 않는다. 다만 상소심에서 피고인의 이익을 위하여 원심판결을 파기하는 경우에 파기이유가 항소 또는 상고한 공동피고인에게 공통되는 때에는 그 공동피고인에 대해서도 원심판결을 파기하는 예외가 인정된다($\binom{제364조의2,}{제392조}$).

제 2 피고인의 특정

Ⅰ. 특정의 기준

1. 쟁 점

공소장에는 피고인의 성명 기타 피고인을 특정할 수 있는 사항을 기재해야 한다. 법원은 공소장에 특정된 피고인만을 심판할 수 있고 그 밖의 사람에 대해서는 심판할 수 없다. 그런데 공소장에 피고인으로 적시된 이외의 자가 피고인으로 취급되거나 행위를 한 경우에 누구를 피고인으로 보아야 할 것인가에 관해서 학설의 대립이 있다.

2. 학 설

⑴ **의사설**   검사의 의사를 기준으로 피고인을 특정해야 한다는 학설이다. 검사가 甲에 대하여 공소를 제기하고자 하였는데, 甲의 성명이 乙이라고 잘못 알고 공소장에 乙을 피고인으로 기재하였을 때, 공소장의 표시에도 불구하고 甲이 피고인으로 된다고 한다.

⑵ **표시설**   공소장에 피고인으로 표시된 자가 피고인이라는 학설이다. 검사가 甲을 피고인으로 하여 공소를 제기하고자 하였는데, 성명착오로 인하여 乙을 피고인으로 기재한 경우나, 甲이 乙의 성명을 모용한 경우에도 공소장에 표시된 乙이 피고인으로 된다고 한다.

⑶ **행위설**   실제로 피고인으로 행위하거나 피고인으로 취급된 자가 피고인이라는 학설이다. 甲이 乙의 성명을 모용하여 공소장에 乙이 피고인으로 기재되어 있더라도 甲이 공판절차에서 피고인으로서 진술 등을 하였다면 甲이

피고인으로 된다고 한다.

⑷ **절충설**

㈎ **결합설** 표시설과 행위설을 결합하여 공소장에 표시된 자는 물론이고 피고인으로서 활동한 자도 피고인이라는 학설이다. 피고인이 타인의 성명을 모용한 경우에 피모용자도 피고인으로 되므로 피모용자에 대하여 무죄판결도 선고할 수 있다고 한다.

㈏ **표시기준설** 표시설을 기준으로 하면서 검사의 의사나 재판에서의 행위 여부를 참작하여 피고인을 결정해야 한다는 학설이다. 공소장의 표시를 검사의 의사 및 피고인의 거동에 비추어 합리적으로 해석하여 피고인을 특정하여야 한다고 주장한다.

㈐ **의사기준설** 검사가 실제로 공소를 제기하려고 의도한 사람이 피고인으로 결정되어야 하므로 피고인의 특정은 의사설에 의하되, 행위설과 표시설을 보충적으로 고려해야 한다는 학설이다.

3. 검 토

피고인의 특정을 위한 객관적인 기준을 찾자면 공소장의 표시에 의할 수밖에 없으므로 피고인의 특정은 기본적으로 표시설에 의하되, 검사의 의사나 공판절차에서 피고인으로서 행위 여부를 보충적으로 고려함이 타당하다고 본다.

Ⅱ. 성명모용

1. 개 념

성명모용(姓名冒用)이란 甲이 乙의 성명을 사칭하여 공소장에 乙이 피고인으로 표시되어 공소가 제기된 경우를 말한다. 이 경우 모용자와 피모용자 중에 누가 피고인으로 되는지 여부가 문제된다.

2. 공판심리중 판명된 경우

⑴ **공소장정정** 피모용자 乙은 피고인이 아니고 甲만 피고인으로 된다. 공소장에 乙이 피고인으로 기재되어 있었다 하더라도 이는 당사자의 표시상의 착오에 불과하기 때문이다. 甲이 乙의 성명을 모용한 사실이 재판중 밝혀진 경우 검사는 공소장의 인적 사항의 기재를 정정하여 피고인의 표시를 바로잡아야 하고, 공소장을 정정함에 있어 법원의 허가를 받아야 할 필요는 없다. 그러나 검사가 피고인의 성명을 정정하지 아니한 경우에는 甲에 대한 공소로서는 동인을 특정한 것이라 볼 수 없으므로 법원은 피고인의 불특정을 이유로 공소

기각판결($\frac{제327조}{제2호}$)을 선고하게 된다.[1]

(2) **약식명령과 성명모용**　甲이 乙의 인적사항을 모용한 결과 법원이 乙에게 약식명령을 송달하여 乙의 정식재판청구에 의하여 乙을 상대로 심리를 진행하는 과정에서 성명모용사실이 밝혀진 경우 법원으로서는 乙에 대하여 적법한 공소의 제기가 없었음을 밝혀 주는 의미에서 제327조 제2호를 적용하여 공소기각의 판결을 선고하여야 한다.[2] 그리고 乙이 정식재판을 청구하였다 하더라도 甲에게는 아직 약식명령의 송달이 없었으므로 검사는 공소장에 기재된 피고인의 표시를 정정할 수 있으며, 법원은 이에 따라 약식명령의 피고인표시를 경정하여 본래의 약식명령정본과 함께 피고인표시 경정결정을 甲에게 송달하여야 한다. 이에 대하여 甲이 소정기간 내에 정식재판의 청구를 하지 않으면 약식명령은 확정된다.[3]

【사 례】 약식명령과 성명모용

《사 안》 甲은 음주운전으로 적발되자 동생인 乙의 운전면허증을 제시하였다. 검사는 乙을 도로교통법위반죄(음주운전)로 약식명령을 청구하였다. 약식명령이 乙에게 송달되자 乙은 정식재판을 청구하였다. 乙에 대한 정식재판절차에서 甲이 乙의 성명을 모용한 것이 밝혀졌다. 법원은 어떻게 재판을 진행하여야 하는가?

《검 토》 법원은 검사로 하여금 乙의 이름을 甲으로 고칠 것을 석명할 수 있다. 이 경우 검사는 공소장정정절차에 의하여 인적 사항을 변경하게 된다. 법원은 본래의 약식명령정본과 피고인 표시경정결정을 甲에게 송달해야 한다. 법원의 석명에도 불구하고 검사가 공소장정정절차를 거치지 않은 경우에는 乙에 대하여 적법한 공소의 제기가 없었음을 밝혀 주는 의미에서 공소기각판결을 선고해야 한다.

3. 판결확정 후 판명된 경우

(1) **쟁 점**　법원이 성명모용사실을 알지 못하여 외형상 피모용자 乙에 대하여 유죄판결을 선고한 때에도 판결의 효력은 乙에게 미치지 않는다. 판결확정 후 성명모용이 판명된 경우 피모용자에 대한 구제방법에 대하여 학설이 대립한다.

(2) **학 설**　① 심판이 법령에 위반한 것으로 보아 비상상고의 방법에 의하여 판결을 파기하고 피고사건에 대하여 다시 판결하여야 한다는 **비상상고설**[4]과

---

1) 대법원 1982. 10. 12. 선고 82도2078 판결, 1985. 6. 11. 선고 85도756 판결.
2) 대법원 1981. 7. 7. 선고 81도182 판결, 1991. 9. 10. 선고 91도1689 판결, 1992. 4. 24. 선고 92도490 판결.
3) 대법원 1993. 1. 19. 선고 92도2554 판결, 1997. 11. 28. 선고 97도2215 판결.

② 피모용자가 검사에게 전과말소신청을 하여 검사의 결정으로 수형인명부의 전과기록을 말소하여야 한다는 전과말소설[5]이 있다.

(3) 검 토   비상상고는 검찰총장만이 청구할 수 있다는 점과 피모용자에 대한 판결이 확정되어도 그 효력이 피모용자에게 미치지 않는 점에 비추어 전과말소설이 타당하다고 본다. 따라서 피모용자 乙에 대한 형선고의 판결이 확정되어 수형사실이 수형인명부에 기재된 경우에는 乙이 검사에게 전과말소를 신청할 수 있다.

III. 위장출석

1. 개   념
위장출석(僞裝出席)이란 검사가 甲을 피고인으로 지정하여 공소를 제기하였는데 乙이 甲인 것처럼 행세하면서 법정에 출석하여 재판을 받은 경우를 말한다. 이 경우에 공소장에 표시된 甲은 실질적 피고인, 위장출석하여 소송에 관여한 乙은 형식적 피고인이 된다. 이 때 공소제기의 효력은 실질적 피고인에 대해서만 발생한다.

2. 공판심리중 판명된 경우
(1) 인정신문단계   인정신문의 단계에서 위장출석이 밝혀진 경우에는 乙을 퇴정시켜 소송절차에서 배제하고 甲을 소환하여 공판절차를 진행하면 된다. 이 경우 사건에 대한 실질적 심리가 행하여지지 않았기 때문에 乙에 대해 공소기각판결을 선고할 필요가 없다.

(2) 사실심리단계   사실심리에 들어간 후에 乙의 위장출석사실이 밝혀진 때에는 乙에 대하여 사실상의 소송계속이 발생하였으므로 제327조 제2호를 유추적용하여 공소기각의 판결을 선고하고 甲을 소환하여 공판절차를 진행하여야 한다.

(3) 상소심단계   乙의 위장출석이 상소심의 심리중 판명된 경우 乙에 대해서 공소기각의 판결을 선고하고, 甲에 대하여 제1심 절차를 다시 진행하여야 한다. 이 경우에도 검사는 甲에 대해 다시 공소를 제기할 필요가 없다.

3. 판결확정 후 판명된 경우
(1) 쟁 점   법원이 위장출석사실을 알지 못한 상태에서 유죄판결이 확정

---

4) 신동운, 545면.
5) 신양균, 389면.

된 경우 판결의 효력은 실질적 피고인 甲에게 미치지 않으므로 甲을 소환하여 공판절차를 다시 진행해야 하지만, 형식적 피고인 乙에 대한 구제방법에 관하여 학설이 대립한다.

(2) 학 설　① 확정된 판결에 대하여 그 사실관계의 오류를 시정하는 것이 아니라 형식적 소송조건의 흠결을 간과한 위법을 바로잡는다는 의미에서 비상상고절차에 의해 乙을 구제해야 한다는 **비상상고설**[6]과 ② 위장출석자에게 무죄판결을 선고할 수도 있지만 소송경제를 위하여 공소기각판결을 선고하는 것이므로 '무죄를 인정할 증거($\frac{제420조}{제5호}$)'의 개념을 유추적용할 수 있다는 **재심설**[7]이 있다.

(3) 검 토　형식적 피고인에 대해 유죄판결을 선고한 것은 사실인정의 하자가 있는 경우에 해당한다. 제420조 제5호에서 '무죄를 인정할 증거'의 개념을 공소기각임을 인정할 증거에 유추적용하는 것이 제441조 '법령에 위반된 경우'를 사실인정의 하자가 있는 경우에 유추적용하는 것보다 덜 무리한 적용이다. 또한 검찰총장만이 비상상고를 청구할 수 있으므로 피고인보호라는 측면에서 볼 때 재심절차에 의하는 것이 타당하다고 본다.

【사 례】 위장출석

《사 안》 검사는 甲을 사기죄로 불구속 기소하였는데, 甲의 동생 乙은 甲의 부탁을 받고 甲인 것처럼 법정에 출석하여 재판을 받았다. 수소법원은 징역 1년을 선고하면서 乙을 법정구속하였고, 그 판결은 확정되었다. 그 후 乙의 위장출석사실이 밝혀진 경우 형의 집행중에 있는 乙에 대한 구제수단은 무엇인가?

《검 토》 형식적 피고인 乙이 위장출석하여 재판을 받고 유죄판결이 확정된 경우에 판결의 효력은 실질적 피고인 甲에게 미치지 않는다. 형의 집행중에 있는 乙은 비상상고절차에 의해 구제된다는 견해와 재심절차에 의해 구제된다는 견해가 대립한다. 피고인보호의 측면에서 재심설이 타당하다고 본다. 따라서 乙은 사기죄의 유죄판결에 대해 재심청구를 할 수 있고, 법원은 다시 심리를 진행하여 乙에게 무죄판결을 선고해야 한다.

---

6) 이재상, 121면; 신동운, 546면.
7) 배종대, 397면; 신양균, 390면.

제 3 당사자능력

Ⅰ. 의 의

1. 개 념

당사자능력(當事者能力)이란 소송법상 당사자가 될 수 있는 일반적인 능력을 말한다. 당사자에는 검사와 피고인이 있으나, 검사는 일정한 자격 있는 자 중에서 임명된 국가기관이므로 당사자능력이 문제될 여지가 없다. 따라서 당사자능력이란 피고인이 될 수 있는 일반적인 능력을 의미한다.

2. 구별개념

(1) **책임능력** 소송법상의 능력인 당사자능력은 형법상의 책임능력과도 구별된다. 당사자능력이 없을 때에는 공소기각사유가 되나 책임능력이 없으면 무죄판결의 이유가 된다. 또한 책임무능력자도 소송법상 당사자능력을 가질 수 있다.

(2) **당사자적격** 당사자능력은 일반적·추상적으로 당사자가 될 수 있는 능력을 의미하므로 구체적 특정사건에서 당사자가 될 수 있는 자격인 당사자적격과 구별된다. 그런데 형사절차는 소송물에 대한 실체법상 권리관계를 기초로 하는 민사소송과 다르고, 개별 사건을 전제로 피고인의 범위를 제한하는 규정을 두고 있지도 않으므로 별도로 당사자적격을 논의할 실익이 없다.

Ⅱ. 당사자능력이 있는 자

1. 자 연 인

자연인은 연령이나 책임능력의 여하를 불문하고 언제나 당사자능력을 가진다. 따라서 형사미성년자도 공소가 제기되면 당사자가 된다. 그러나 사망자는 당사자능력이 없다. 다만 재심절차에서는 피고인의 사망이 영향을 미치지 않는다(제424조 제4호, 제438조 제2항 제1호).

2. 법 인

(1) **쟁 점** 법인에 대한 처벌규정이 있는 경우에는 법인의 당사자능력이 당연히 인정된다. 그런데 법인을 처벌하는 규정이 없는 경우에도 법인의 당사자능력을 인정할 것인가의 문제에 대하여는 견해의 대립이 있다.

(2) 학 설　　① 당사자능력은 일반적·추상적 능력을 의미하므로 법인에 대한 처벌규정이 없는 경우에도 법인의 당사자능력은 인정된다는 **긍정설**[8]과 ② 법인이 형사책임을 지는 것은 예외에 속하므로 명문규정이 없는 한 법인의 범죄능력은 물론 당사자능력도 없다는 **부정설**[9] 및 ③ 법인의 당사자능력을 인정하되 법인처벌의 문제는 구체적 사건을 전제로 해서 논하여지므로 당사자적격의 문제로 보아야 하는 **당사자적격설**이 있다.

(3) 검 토　　법인처벌규정이 없음에도 법인에 대하여 공소가 제기된 경우 긍정설에 의하면 무죄판결을 선고하게 되나, 부정설과 당사자적격설에 따르면 공소기각재판을 하게 된다. 법인은 자연인과는 달리 예외적으로 형사책임을 지는 것이므로, 처벌규정이 없는 경우까지 당사자능력을 인정할 필요는 없다고 본다.

Ⅲ. 당사자능력의 소멸

1. 피고인의 사망

당사자능력은 피고인의 존재를 전제로 하기 때문에 피고인이 사망하면 당사자능력도 소멸한다. 따라서 이 경우에는 공소기각의 결정을 하여야 한다(제328조 제1항 제2호).

2. 법인의 합병 또는 해산

피고인인 법인이 존속하지 않게 되었을 때에는 그 법인은 당사자능력도 소멸한다. 법인이 합병에 의하여 해산하는 경우에는 합병시에 법인이 소멸하므로 당사자능력도 그 시점에 소멸한다. 그러나 법인이 청산법인으로 존속하는 경우에는 당사자능력의 소멸시점이 문제된다. 법인은 실질적인 청산의 완료에 의하여 당사자능력이 소멸되므로 피고사건의 소송계속중에는 청산이 종결되지 아니하여 당사자능력도 소멸하지 않는다.[10] 예를 들면 법인의 법인세체납에 대하여 공소제기되었는데 그 소송계속중에 청산종료등기가 경료되었다고 하더라도 피고사건이 종결되지 않는 한 피고인 법인의 청산사무는 종료된 것이라 할 수 없으므로 법인의 당사자능력도 그대로 존속한다.[11]

---

8) 신동운, 732면; 이재상, 139면.
9) 신양균, 391면.
10) 대법원 1976. 4. 27. 선고 75도2551 판결, 1982. 3. 23. 선고 81도1450 판결, 1986. 10. 28. 선고 84도693 판결.
11) 대법원 1986. 10. 28. 선고 84도693 판결.

Ⅳ. 당사자능력의 흠결

1. 직권조사사항

당사자능력은 소송조건이므로 법원은 직권으로 당사자능력의 유무를 조사하여야 한다.

2. 공소기각의 사유

소송계속중 피고인이 당사자능력을 상실한 때에 제328조 제1항 제2호의 규정에 따라 공소기각의 결정을 해야 한다. 공소제기시에 이미 피고인에게 당사자능력이 없는 경우 제328조 제1항 제2호를 준용하여 공소기각결정을 해야 한다는 견해(통설)와 제327조 제2호에 의하여 공소기각판결을 해야 한다는 견해가 있다. 당사자능력이 소멸된 경우에는 공소기각의 결정을 하면서, 처음부터 당사자능력이 없는 때에는 판결을 해야 할 이유가 없으므로 통설이 타당하다.

제 4 소송능력

Ⅰ. 의   의

1. 개   념

소송능력(訴訟能力)이란 피고인이 소송당사자로서 유효하게 소송행위를 할 수 있는 능력을 말한다. 즉 소송능력은 피고인이 소송절차에서 자신의 구체적 이해관계를 이해하고 이에 따라 방어행위를 할 수 있는 의사능력을 의미한다. 소송행위는 형사절차의 전과정에서 행하여지므로 피고인뿐만 아니라 피의자에게도 소송능력이 문제된다.

2. 구별개념

⑴ **책임능력**   소송능력은 의사능력을 실질적 내용으로 한다는 점에서 형법상의 책임능력과 유사하다. 그러나 소송능력은 소송수행상의 이해득실을 판단하여 이에 따라 행동할 능력으로서 소송행위시에 존재해야 하지만, 책임능력은 사물을 변별하고 이에 따라 행위할 능력으로서 범죄행위시에 그 존부가 문제된다는 점에서 양자는 구별된다.

⑵ **당사자능력**   소송능력은 소송행위를 유효하게 할 수 있는 구체적 능력이라는 점에서 일반적·추상적으로 당사자가 될 수 있는 자격인 당사자능력과

구별된다. 당사자능력이 결여되면 공소기각재판에 의하여 형사절차가 종료되지만, 소송능력이 결여되면 단지 공판절차가 정지될 뿐이다.

(3) **변론능력** 소송능력은 변론능력과도 구별된다. 변론능력은 법원에 대해 사실문제나 법률문제에 관하여 적절한 공격과 방어를 행할 수 있는 능력을 말한다. 소송능력이 있는 피고인이라 할지라도 상고심에서는 변론능력이 없고 변호인에게만 변론능력이 인정된다(제387조).

Ⅱ. 소송능력의 흠결

1. 소송행위의 무효

소송능력은 소송행위의 유효조건이다. 따라서 소송능력이 없는 피고인이 한 소송행위는 무효가 된다. 다만 소송능력은 당사자능력과 달리 소송조건은 아니다. 그러므로 소송능력 없는 자에 대하여 공소가 제기되었다고 하여 공소가 무효로 되는 것은 아니다. 또한 소송능력 없는 자에 대하여 공소장부본의 송달이 있는 경우에도 그 송달은 유효하다. 공소장부본의 송달은 피고인에 대하여 공소사실과 적용법조를 통지하는 것에 지나지 않기 때문이다.

2. 공판절차의 정지

피고인이 계속적으로 소송능력이 없는 상태에 있을 때에는 공판절차를 진행시킬 수 없으므로 공판절차를 정지하여야 한다. 즉 피고인이 사물의 변별 또는 의사의 결정을 할 능력이 없는 상태에 있는 때에는 법원은 검사와 변호인의 의견을 들어서 결정으로 그 상태가 계속하는 기간 공판절차를 정지하여야 한다(제306조 제1항). 따라서 변호인이 제1회 공판기일의 모두절차에서 피고인의 소송무능력을 주장하는 때에는 법원은 직권으로 소송능력의 유무를 조사하고, 소송능력이 없음이 명백한 경우에는 즉시 공판절차를 정지하여야 한다.

3. 공판절차정지의 특칙

(1) **무죄 등의 재판을 할 경우** 피고사건에 대하여 무죄·면소·형의 면제·공소기각의 재판을 할 것이 명백한 때에는 피고인에게 소송능력이 없는 경우에도 피고인의 출정 없이 재판할 수 있다(제306조 제4항). 무죄 등의 재판은 피고인에게 유리한 재판이기 때문이다.

(2) **의사무능력자와 소송행위의 대리** 형법 제9조 내지 제11조의 적용을 받지 않는 범죄사건에 관하여 피고인 또는 피의자가 의사능력이 없는 때에는 그 법정대리인이 소송행위를 대리한다(제26조). 법정대리인이 없는 때에는 법원이 특

별대리인을 선임하여야 한다($^{제28}_{조}$).

Ⅲ. 피고인인 법인의 대표

법인이 피고인인 때에는 그 대표자가 소송행위를 대표한다($^{제27조}_{제1항}$). 대표자가 수인인 경우에는 각각 대표권을 행사한다($^{동조}_{제2항}$). 법인에 대표자가 없는 때에는 법원은 직권 또는 검사의 청구에 의하여 특별대리인을 선임하여야 하며, 특별 대리인은 대표자가 있을 때까지 그 임무를 행한다($^{제28}_{조}$).

제 2 관 피고인의 지위

제 1 개   관

Ⅰ. 소송구조와 피고인의 지위

1. 규문주의와 탄핵주의

근대 형사소송법체계가 성립하기 이전의 규문절차에서는 재판기관이 범죄 사건의 조사와 재판을 전담하였고, 피고인은 조사의 객체였을 뿐 소송주체로서 의 지위를 가질 수 없었다. 프랑스혁명 이후 자유주의와 권력분립의 이념에 따라 국가형벌권을 검찰과 법원에 각각 분담시키고 피고인에게도 점차 소송주체 로서의 지위를 인정하게 되었다. 이와 같은 형사절차의 특성을 탄핵주의라고 한다.

2. 직권주의와 당사자주의

⑴ **직권주의**　　대륙법계의 직권주의에서는 법원이 소송절차를 주도하며 실 체진실발견의 의무를 진다. 피고인과 검사는 소송물을 자유로이 처분할 수 있 는 권한이 없으며, 피고인은 공판절차에서 신문을 받아야 한다. 그리고 검사는 공익의 대표자로서 피고인을 위한 상소도 할 수 있다.

⑵ **당사자주의**　　영미법계의 당사자주의에서는 피고인을 검사와 대등한 당 사자로 파악하고 있다. 소송절차는 검사와 피고인의 변론활동에 의하여 진행되 고, 배심원단은 유·무죄의 판단을 할 뿐 심리에 개입하지 않는다. 또한 민사소 송과 마찬가지로 소송물의 처분권이 당사자에게 있으며, 피고인신문제도도 존 재하지 않는다.

II. 현행법상 피고인의 지위

1. 당사자지위론

피고인은 능동적 당사자인 검사에 대립하는 수동적 당사자라는 견해이다. 그리고 피고인의 소송법상 지위를 당사자로서의 지위, 증거방법으로서의 지위, 절차의 대상으로서의 지위로 구분한다. 현행법은 직권주의와 당사자주의의 절충적 구조를 취하고 있고, 특히 공판절차에서는 당사자주의의 요소가 강하게 나타나고 있으므로 피고인의 소송법적 지위를 강화하기 위하여 피고인을 검사에 대립하는 당사자라고 보아야 한다는 점을 근거로 한다.

2. 소송주체지위론

피고인은 영미법적인 의미의 당사자가 아니라 소송주체일 뿐이라는 견해이다. 이 견해에 의하면, 피고인의 소송법상 지위는 적극적 지위와 소극적 지위로 구분되며, 전자는 피고인이 자신의 방어를 위하여 적극적으로 형사절차에 참여할 수 있는 지위를 말하고, 후자는 피고인이 자신의 의사와 관계없이 형사절차의 진행에 관계해야 하는 지위를 가리킨다고 한다. 피고인을 당사자로 파악하는 것은 미국식 형사절차를 도식적으로만 받아들인 결과이고, 검사는 피고인의 이익을 위한 활동도 하기 때문에 피고인의 반대당사자라고 볼 수 없으며, 피고인을 당사자개념으로 파악하는 것은 법원의 역할을 소극적으로 제한함으로써 피고인보호에 소홀하게 되는 역작용을 가져온다고 한다.

3. 검   토

현행법은 직권주의 소송구조를 기반으로 하면서 당사자주의를 보충하는 형태를 취하고 있으며, 법원의 직권증거조사 등을 허용하고 있다. 이러한 점에 비추어 피고인의 소송법상 지위를 영미법상의 당사자개념과 동일시할 수는 없다. 그러나 피고인을 당사자라고 표현하더라도 형사절차를 민사소송으로 변질시키는 것은 아니고, 피고인의 방어권행사보장을 강조한다는 의미에서 당사자라는 개념을 사용하여도 무방하다고 본다.

제 2 당사자로서의 지위

Ⅰ. 방 어 권

1. 의   의

피고인은 검사의 공격에 대하여 자기를 방어하는 수동적 당사자이다. 이러한 의미에서 검사를 공소권의 주체라고 한다면, 피고인은 **방어권**의 주체라고 할 수 있다. 피고인의 정당한 이익을 보호하기 위하여 피고인의 방어권은 강화되어야 한다.

2. 내   용

(1) **방어준비를 위한 권리**   현행법은 피고인의 방어권행사를 위하여 공소장의 기재사항을 법정하고($^{제254}_{조}$), 공소장변경에 일정한 절차를 요하도록 하여($^{제298}_{조}$) 심판대상을 한정하고 있다. 그리고 피고인은 공소장부본을 송달받을 권리($^{제266}_{조}$)·제1회 공판기일의 유예기간에 대한 이의신청권($^{제269}_{조}$)·공판기일변경신청권($^{제270}_{조}$)·공판조서열람등사권($^{제55}_{조}$)을 가진다.

(2) **진술권과 진술거부권**   피고인은 자신에게 이익되는 사실을 진술할 권리($^{제286조}_{제2항}$)와 진술거부권($^{제283조}_{의2}$)을 가진다. 재판장은 피고인에게 진술거부권을 고지하여야 한다. 또한 검사의 의견진술을 들은 뒤에 피고인에게 최종의견을 진술할 기회를 주어야 한다($^{제303}_{조}$).

(3) **증거조사에 있어서의 방어권**   증거조사에 있어서 피고인은 증거신청권($^{제294}_{조}$)·의견진술권($^{제293}_{조}$)·이의신청권($^{제296}_{조}$) 및 증인신문권($^{제161조}_{의2}$)을 가진다.

(4) **방어권의 보충**   피고인은 방어권을 보충하기 위하여 변호인의 조력을 받을 권리($^{헌법 제12}_{조 제4항}$)가 있다. 피고인에게는 변호인선임권($^{제30}_{조}$)과 변호인선임의뢰권($^{제90}_{조}$) 및 접견교통권($^{제34조 ·}_{제89조}$)이 보장되고, 일정한 경우에는 국선변호인이 선정된다.

Ⅱ. 참 여 권

1. 의   의

피고인은 당사자로서 소송절차의 전반에 참여하여 소송절차를 형성할 권리를 가진다. 피고인의 참여권은 **방어권**의 행사를 위한 전제가 되는 권리이다.

2. 내   용

(1) **법원구성에 관여할 권리**   피고인은 헌법과 법률이 정한 공평한 재판을 받을 권리를 가지는데, 이를 실질적으로 보장하기 위해 일정한 범위에서 법원의 구성에 관여할 수 있다. 피고인의 기피신청권(제18조)과 관할이전신청권(제15조)·관련사건에 대한 병합심리신청권(제6조) 및 변론의 분리·병합·재개신청권(제300조·제305조)이 여기에 해당한다.

(2) **공판절차의 진행에 관여할 권리**   피고인은 공판정에 출석할 의무뿐만 아니라 출석할 권리를 가진다(제276조). 즉 피고인이 공판기일에 출석하지 아니한 때에는 원칙적으로 개정하지 못한다. 그러나 피고인이 정당한 이유 없이 출석하지 아니할 때에는 법원은 구속영장을 발부하여 피고인을 법원에 인치할 수 있다. 원심재판에 불복이 있는 피고인은 상소할 수 있고, 이를 실질적으로 보장하기 위해 불이익변경금지의 원칙을 인정하고 있다(제368조·제399조). 약식명령에 대한 정식재판청구권(제453조)도 인정된다.

(3) **증거조사 및 강제처분절차에의 참여권**   피고인은 증인신문과 검증·감정 등에의 참여권을 가진다(제163조·제176조). 공판준비절차에서의 증거조사(제273조)와 증거보전절차에서의 증거조사(제184조)에 대하여도 피고인은 참여권을 가진다. 피고인은 압수·수색영장의 집행에 참여할 수 있고(제121조), 법원의 검증에도 참여할 수 있다(제145조).

III. 방어권과 참여권의 한계

1. 방어권의 남용금지

피고인에게 방어권과 참여권을 인정하는 취지는 피고인으로 하여금 자신의 정당한 이익을 방어할 수 있도록 하기 위함이다. 그런데 피고인의 방어권행사가 그 범위를 일탈하거나 권리를 남용하는 경우에는 법적인 보호를 받지 못한다. 또한 피고인의 방어권행사가 다른 법익을 침해할 경우에는 범죄를 구성할 수 있다.

2. 방어권의 제한

신속한 재판이나 법정질서의 유지라는 차원에서 방어권의 행사가 제한될 수 있다. 소송지휘권에 의한 재판장의 변론제한(제299조)이나 변론시간의 제한, 법정경찰권, 법원의 증거결정권(제295조), 증인신문에의 개입 등이 여기에 해당한다. 법원이 피고인의 방어권행사를 제한함에 있어서 방어권의 본질적 내용을 침해하여서는 안된다.

제 3 증거방법으로서의 지위

I. 의   의

피고인은 증거방법으로서의 지위를 가진다. 피고인에게 증거방법으로서의 지위를 인정한다고 하여 피고인을 조사의 객체로 취급하는 것은 아니며, 증거방법으로서의 지위는 당사자로서의 지위에 지장을 주지 않는 범위에서 인정되는 보조적 지위이다. 증거방법으로서의 지위는 인적 증거방법으로서의 지위와 물적 증거방법으로서의 지위로 나뉜다.

II. 인적 증거방법으로서의 지위

피고인은 공소사실에 대한 직접적 체험자이므로 임의의 진술은 증거능력이 인정된다. 그러나 피고인을 증인으로서 신문할 수는 없다. 피고인의 증인적격을 인정하면 피고인에게 보장되어 있는 진술거부권을 무의미하게 하여 당사자로서의 지위를 침해할 수 있기 때문이다.

III. 물적 증거방법으로서의 지위

피고인은 물적 증거방법으로서 피고인의 신체가 검증의 대상이 된다. 피고인의 신체에 대한 검증시에는 피고인의 인격에 손상이 가지 않도록 해야 한다.

제 4 절차의 대상으로서의 지위

I. 의   의

절차의 대상으로서의 지위란 피고인이 강제처분 등의 대상이 되는 지위를 말한다. 피고인은 소환·구속·압수·수색 등의 강제처분의 대상이 된다. 따라서 피고인은 적법한 소환·구속에 응하여야 하며, 신체 또는 물건에 대한 압수·수색을 거부할 수 없다.

Ⅱ. 내　용

1. 인격권의 보호

피고인이 강제처분 등의 대상이 되는 경우에도 피고인의 인격권은 보호되어야 한다. 피고인이 신체검사를 받을 경우 건강·명예를 훼손당하지 않을 권리가 있고(제141조), 여자피고인에 대한 신체검사시에는 의사나 성년의 여자를 참여하게 하여야 한다(동조).

2. 재정의무 등의 문제

피고인이 법정질서에 복종해야 할 의무, 예를 들면 재정의무, 소송지휘권과 법정경찰권에 복종해야 할 의무도 절차의 대상으로서의 지위에 포함된다는 견해가 있다. 그러나 법정질서에 복종해야 할 의무는 피고인 이외에 검사에게도 부과되는 것이므로 이를 피고인의 지위로 파악하는 것은 타당하지 않다고 본다.

제 4 절　변 호 인

제 1 관　총　　설

제 1　변호의 개념

Ⅰ. 실질적 변호

변호의 개념을 가장 넓은 의미로 이해할 때에는 피고인의 보호를 위한 일체의 소송활동을 의미한다. 피고인의 이익보호는 주로 변호인에 의하여 이루어지지만 법원과 검사도 실체적 진실에 기초하여 피고인에게 이익되는 사실을 조사하고 증거를 수집하여 피고인의 방어에 조력하여야 한다. 이와 같이 법원과 검사가 담당하는 변호적 기능을 실질적 변호라고 한다.

Ⅱ. 형식적 변호

피고인은 법률의 전문가인 검사와 대등하게 자신을 변론할 사실상의 능력이 없기 때문에 자기에게 이익되는 증거를 수집·제출하여 자신을 방어할 수 없다. 특히 신체가 구속되어 있는 피고인의 방어력은 더욱 제한된다. 이와 같이 검사와 피고인 사이에 **무기평등**의 원칙이 보장되지 않을 때에는 공정한 재판도 기대될 수 없다. 따라서 검사와 대등한 법률지식을 가지고 있는 법률전문가인 변호인이 피고인과 일정한 신뢰관계를 유지하면서 피고인을 보조하는 역할을 담당한다. 이와 같이 변호인에 의한 변호활동을 형식적 변호라고 한다. 일반적으로 형사소송법상 변호란 변호인에 의한 변호를 의미한다.

제 2 변호인의 의의와 종류

Ⅰ. 변호인의 의의

1. 변호인의 개념

변호인(辯護人)이란 피고인 또는 피의자의 방어력행사를 돕는 보조자를 말한다. 즉 변호인은 소송의 주체가 아니라 소송의 주체인 피고인 또는 피의자의 보조자이다.

2. 보조인과의 구별

보조인(輔助人)이란 피고인 또는 피의자와 일정한 신분관계에 있는 자로서 피고인 또는 피의자의 이익을 보호하는 자를 말한다. 피고인 또는 피의자의 법정대리인·배우자·직계친족·형제자매는 보조인이 될 수 있다($\frac{제29}{조}$). 보조인은 피고인 또는 피의자의 일정한 신분관계가 있는 자라는 점에서 법률전문가로서 피고인·피의자를 보호하는 변호인과 구별된다. 보조인제도는 변호인제도를 보충하려는 데 그 취지가 있으나, 변호인제도가 강화됨에 따라 그 실효성이 상실되고 있다.

Ⅱ. 변호인의 종류

변호인은 사선변호인과 국선변호인으로 나누어 볼 수 있다. 사선변호인이란 피고인·피의자 또는 그와 일정한 관계가 있는 사인(私人)이 선임한 변호인을 말한다. 국선변호인이란 법원에 의하여 선정된 변호인을 말한다. 국선변호인제도는 피고인이 경제적 빈곤 등으로 인하여 사선변호인을 선임할 수 없는 경우 피고인의 변호권을 실질적으로 보장하기 위하여 국가가 변호인을 선정하는 제도이다.

제2관 변호인의 선임

제1 사선변호인의 선임

I. 선임의 법적 성질

변호인의 선임은 법원 또는 수사기관에 대한 소송행위이다. 사선변호인은 사건의뢰인과 변호인 간의 사법상 계약 이외에 법원 또는 수사기관에 대하여 행하는 변호인선임을 통하여 변호인의 지위를 취득한다. 따라서 변호인선임은 그 기초가 되는 사건의뢰인과 변호인 사이의 민법상의 계약과는 구별하여야 한다. 그러므로 위임계약이 무효 또는 취소되었다고 하더라도 변호인선임의 효력에는 영향이 없다.

II. 선임권자

1. 고유의 선임권자

피고인 또는 피의자는 언제나 변호인을 선임할 수 있다($^{제30조}_{제1항}$). 고유의 선임권자는 피고인이나 피의자이다. 특히 구속된 피고인이나 피의자에게는 변호인을 선임할 수 있음을 고지하여야 하며($^{제87조, 제88}_{조, 제209조}$) 변호인선임의뢰권이 보장되어 있다($^{제90조,}_{제209조}$).

2. 선임대리권자

피고인 또는 피의자의 법정대리인·배우자·직계친족·형제자매는 독립하여 변호인을 선임할 수 있다($^{제30조}_{제2항}$). 배우자란 법률상의 배우자를 의미하므로 내연관계에 있는 자는 포함되지 않는다. 선임권 없는 자가 한 변호인선임은 효력이 없다. '독립하여'란 본인의 명시 또는 묵시의 의사에 반하여 변호인을 선임할 수 있다는 의미이다. 따라서 선임대리권자가 본인의 의사에 반하여 변호인을 선임한 경우에도 본인에게 선임의 효과가 발생하지만 본인은 변호인을 해임할 수 있다. 그러나 선임대리권자는 본인의 의사에 반하여 변호인을 해임할 수 없다.

Ⅲ. 변호인의 자격과 수

1. 변호인의 자격

변호인은 변호사 중에서 선임하여야 한다($\substack{제31조\\본문}$). 변호인이 피고인 또는 피의자의 방어권을 보충하기 위하여는 검사와 대등한 전문적 법률지식을 요하기 때문이다. 대법원 아닌 법원은 특별한 사정이 있으면 변호사 아닌 자를 변호인으로 선임함을 허가할 수 있다($\substack{제31조\\단서}$). 이를 **특별변호인**이라 한다. 다만 법률심인 상고심에 있어서는 변호사 아닌 자를 변호인으로 선임하지 못한다($\substack{제386\\조}$).

2. 변호인의 수

⑴ **대표변호인의 지정**   1인의 피고인 또는 피의자가 선임할 수 있는 변호인의 수에는 제한이 없다. 다만 수인의 변호인이 있는 때에는 재판장이 피고인·피의자 또는 변호인의 신청에 의하거나 신청이 없는 때에는 직권으로 대표변호인을 지정할 수 있고 그 지정을 철회 또는 변경할 수 있다($\substack{제32조의2\\제1항·제2항}$). 대표변호인의 수는 3인을 초과할 수 없다($\substack{동조\\제3항}$). 피의자에게 수인의 변호인이 있는 때에는 검사가 대표변호인을 지정할 수 있다($\substack{동조\\제5항}$).

⑵ **지정의 효과**   대표변호인이 지정된 경우에 대표변호인에 대한 통지 또는 서류의 송달은 변호인 전원에 대하여 효력이 있다($\substack{제32조의\\2 제4항}$). 피의자에게 수인의 변호인이 있어 검사가 대표변호인을 지정한 경우 그 지정은 기소 후에도 효력이 있다($\substack{규칙 제13\\조의4}$).

Ⅳ. 선임의 방식

변호인의 선임은 변호인과 선임자가 연명·날인한 서면(변호인선임서)을 공소제기 전에는 그 사건을 취급하는 검사 또는 사법경찰관에게 제출하고, 공소가 제기된 후에는 그 법원에 제출하여야 한다($\substack{제32조\\제1항}$). 피고인 또는 피의자의 법정대리인·배우자·직계친족·형제자매가 변호인을 선임하는 때에는 그 자와 피고인 또는 피의자의 신분관계를 소명하는 서면을 변호인선임서에 첨부하여 제출하여야 한다($\substack{규칙\\제12조}$).

Ⅴ. 선임의 효과

1. 사건과의 관계

⑴ **공소장변경의 경우**   변호인의 선임은 사건을 단위로 하는 것이므로 선

임의 효력은 공소사실의 동일성이 인정되는 사건의 전부에 미치는 것이 원칙
이다. 따라서 공소장변경에 의하여 변경된 공소사실에 대하여도 선임의 효력이
미친다. 다만 사건의 일부분이 가분이며 그 부분만에 대한 선임이 합리적이라
고 인정되는 경우에는 사건의 일부에 대한 변호인의 선임도 가능하다.

(2) 사건병합의 경우   하나의 사건에 관한 변호인선임은 그 사건의 공소제
기 후 동일법원의 동일피고인에 대하여 추가로 공소가 제기되어 병합된 다른
사건에 관하여도 그 효력이 있다. 다만 피고인 또는 변호인이 이와 다른 의사
표시를 한 때에는 예외로 한다(규칙
제13조).

2. 심급과의 관계

(1) 심급의 의미   변호인선임의 효과는 그 심급에 한하여 미친다. 따라서
변호인은 심급마다 선임하여야 한다(제32조
제1항). 여기서 한 심급이 끝나는 시점은 종
국판결 선고시가 아니라 상소에 의하여 이심(移審)의 효력을 발생할 때까지를 말
한다. 왜냐하면 ① 형사소송법이 원심의 변호인에게 상소권을 인정하고 있고
(제341조
제1항), ② 이론상 종국판결이 확정되거나 상소의 제기에 의하여 이심의 효과
가 발생할 때까지는 소송계속은 원심에 있는 것이며, ③ 종국판결시부터 이심
의 효력이 발생할 때까지 변호인 없는 공백기간이 있어서는 안되기 때문이다.

(2) 수사절차상의 변호인선임   공소제기 전의 변호인선임은 제1심에도 그
효력이 있다(제32조
제2항). 수사절차와 공판절차는 서로 그 절차를 달리하지만 법원의
공적 판단은 일회에 그치므로 이를 하나의 단위로 묶어 파악한 것이다.

(3) 환송 및 이송의 경우   환송 또는 이송 전 원심에서의 변호인선임은 파기
환송 또는 파기이송 후에도 효력이 있다(규칙
제158조). 파기환송판결에 의하여 원심에
서는 판결의 선고 없는 상태로 돌아가므로 선임의 효과가 유지되기 때문이다.

제 2 국선변호인의 선정

I. 선정의 법적 성질

헌법상 보장되는 '변호인의 조력을 받을 권리'는 변호인의 충분한 조력을 받
을 권리를 의미하므로, 피고인에게 국선변호인의 조력을 받을 권리를 보장하여
야 할 국가의 의무에는 피고인이 국선변호인의 실질적 조력을 받을 수 있도록
할 의무가 포함된다.[1] 국선변호인의 선정은 재판장 또는 법원이 소송법에 의하

---

1) 대법원 2015. 12. 23. 선고 2015도9951 판결.

여 행하는 단독의 의사표시인 명령이다. 따라서 국선변호인의 선정에 피선정자의 동의를 요하지 않고, 선정된 변호인은 재판장의 해임명령이 없으면 사임할 수 없다.

II. 선정의 사유

1. 피고인을 위한 국선변호

(1) **피고인의 미약한 방어능력**   피고인이 ① 미성년자인 때, ② 70세 이상의 자인 때, ③ 농아자인 때, ④ 심신장애의 의심이 있는 때에 변호인이 없는 경우에는 직권으로 국선변호인을 선정해야 한다(제33조 제1항, 제2호 내지 제5호). 즉결심판을 받은 피고인이 정식재판청구를 함으로써 공판절차가 개시된 경우에도 피고인이 위와 같은 사유에 해당하는 때에는 국선변호인을 선정하여야 한다.[2]

'피고인이 심신장애의 의심이 있는 때'란 진단서나 정신감정 등 객관적인 자료에 의하여 피고인의 심신장애 상태를 확신할 수 있거나 그러한 상태로 추단할 수 있는 근거가 있는 경우는 물론, 범행의 경위, 범행의 내용과 방법, 범행 전후 과정에서 보인 행동 등과 아울러 피고인의 연령·지능·교육 정도 등 제반 사정에 비추어 피고인의 의식상태나 사물에 대한 변별능력, 행위통제능력이 결여되거나 저하된 상태로 의심되어 피고인이 공판심리단계에서 효과적으로 방어권을 행사하지 못할 우려가 있다고 인정되는 경우를 포함한다.[3]

(2) **사건의 중대성**   피고인이 ① 구속된 때, ② 사형, 무기 또는 단기 3년 이상의 징역이나 금고에 해당하는 사건으로 기소된 때에 변호인이 없는 경우에는 직권으로 국선변호인을 선정해야 한다(제33조 제1항, 제1호, 제6호). 유기징역 또는 유기금고의 단기가 3년을 하회하더라도 사형, 무기징역 또는 무기금고가 함께 규정되어 있으면 국선변호인을 선정해야 하는 사건이 된다.

(3) **피고인의 무자력 등**   피고인이 빈곤 기타 사유로 변호인을 선임할 수 없는 때에는 국선변호인의 선정을 청구할 수 있고, 피고인의 청구가 있는 때에는 변호인을 선정해야 한다(제33조 제2항). 피고인이 빈곤 기타 사유로 변호인을 선임할 수 없더라도 변론종결시까지 국선변호인의 선정을 청구하지 않았다면 법원이 국선변호인의 선정 없이 공판절차를 진행하여도 위법이라 할 수 없다.[4] 법원은 피고인의 연령·지능 및 교육 정도 등을 참작하여 권리보호를 위하여 필요하

---

2) 대법원 1997. 2. 14. 선고 96도3059 판결.
3) 대법원 2019. 9. 26. 선고 2019도8531 판결.
4) 대법원 1983. 10. 11. 선고 83도2117 판결.

다고 인정하는 때에는 피고인의 명시적 의사에 반하지 아니하는 범위 안에서 변호인을 선정해야 한다(동조).

(4) **필요적 변호사건**　제33조 제1항 각호의 어느 하나에 해당하는 사건 및 동조 제2항·제3항의 규정에 따라 변호인이 선정된 사건에서 변호인이 출석하지 아니한 때에는 법원은 직권으로 변호인을 선정해야 한다(제282조, 제283조). 치료감호법에 의하여 치료감호의 청구가 있는 사건은 변호인 없이 개정할 수 없으므로 (통별, 제15조), 피치료감호청구인에게 변호인이 없거나 출석하지 않을 때에는 국선변호인을 선정해야 한다.

(5) **재심사건**　재심개시의 결정이 확정된 사건에 있어서 ① 사망자 또는 회복할 수 없는 심신장애자를 위하여 재심의 청구가 있는 때, ② 유죄의 선고를 받은 자가 재심의 판결 전에 사망하거나 회복할 수 없는 심신장애자로 된 때에 재심청구자가 변호인을 선임하지 아니한 경우에도 국선변호인을 선임하여야 한다(제438조, 제4항).

2. 피의자를 위한 국선변호

(1) **영장실질심사**　구속영장을 청구받은 판사는 피의자를 심문해야 하는데 (제201조의2, 제1항), 피의자에게 변호인이 없는 때에는 직권으로 변호인을 선정해야 한다. 이 경우 변호인의 선정은 피의자에 대한 구속영장 청구가 기각되어 효력이 소멸한 경우를 제외하고는 제1심까지 효력이 있다(동조). 따라서 구속된 피의자는 공판절차뿐만 아니라 수사절차에서도 국선변호인의 조력을 받을 수 있다. 법원은 변호인의 사정이나 그 밖의 사유로 변호인 선정결정이 취소되어 변호인이 없게 된 때에는 직권으로 변호인을 다시 선정할 수 있다(동조).

(2) **체포적부심사**　체포·구속적부심사를 청구한 피의자가 제33조의 국선변호인 선정사유에 해당하고 변호인이 없는 때에는 국선변호인을 선정해야 한다(제214조의2, 제10항). 구속된 피의자에게는 영장실질심사절차에서 이미 국선변호인이 선정되어 있기 때문에 적부심사절차에서 국선변호인 선정이 의미를 가지는 것은 체포된 피의자가 체포적부심사를 청구한 경우에 한한다.

Ⅲ. 선정의 절차

1. 선정의 고지

(1) **피고인을 위한 국선변호**　재판장은 공소제기가 있는 때에는 변호인 없는 피고인에게 ① 제33조 제1항 제1호 내지 제6호의 어느 하나에 해당하는 때

에는 변호인 없이 개정할 수 없는 취지와 피고인 스스로 변호인을 선임하지 아니할 경우에는 법원이 국선변호인을 선정하게 된다는 취지, ② 제33조 세2항에 해당하는 때에는 법원에 대하여 국선변호인의 선정을 청구할 수 있다는 취지, ③ 제33조 제3항에 해당하는 때에는 법원에 대하여 국선변호인의 선정을 희망하지 아니한다는 의사를 표시할 수 있다는 취지를 고지한다(규칙제17조 제1항).

(2) **피의자를 위한 국선변호** 법원은 영장실질심사에 따라 심문할 피의자에게 변호인이 없거나 체포적부심사가 청구된 피의자에게 변호인이 없는 때에는 지체 없이 국선변호인을 선정하고, 피의자와 변호인에게 고지해야 한다(규칙 제16조 항1). 이 경우 국선변호인에게 피의사실의 요지 및 피의자의 연락처 등을 함께 고지할 수 있다(동조 제2항). 선정의 고지는 서면 이외에 구술・전화・모사전송・전자우편・휴대전화 문자전송 그 밖에 적당한 방법으로 할 수 있다(동조 제3항).

2. 선정의 청구

피고인이 빈곤 기타의 사유로 변호인을 선임할 수 없는 경우(제33조 제2항)에는 피고인의 청구가 있어야 한다. 변호인선임의 대리권자도 국선변호인선정을 청구할 수 있다. 피고인이 제33조 제2항의 규정에 의하여 국선변호인의 선정을 청구할 때에는 그 사유에 대한 소명자료를 제출하여야 한다. 다만, 기록에 의하여 그 사유가 소명되었다고 인정될 때에는 그러하지 아니하다(규칙 조의2제17). 피고인이 장애인으로서 국민기초생활수급자에 해당한다는 소명자료를 첨부하여 국선변호인 선정청구를 하였고, 위 소명자료에 의하면 피고인이 빈곤으로 인하여 변호인을 선임할 수 없는 경우에 해당하는 것으로 인정할 여지가 충분하면 국선변호인 선정결정을 해야 하는데, 위 청구를 기각하는 결정을 한 후 피고인만 출석한 상태에서 심리를 진행하여 판결을 선고한 경우 이는 국선변호인 선정에 관한 규정을 위반하여 판결에 영향을 미친 위법에 해당한다.[5]

3. 국선변호인의 선정

(1) **선정결정** 국선변호인의 선정은 법원의 직권에 의하나, 제33조 제2항에 해당하는 피고인이 국선변호인의 선정을 청구하였을 때에는 법원은 그 소명자료를 검토하여 선정여부를 결정하여야 한다. 그러므로 이러한 경우 법원이 아무런 결정을 하지 않는 것은 위법하다.[6] 법원은 가급적 신속히 국선변호인을 선정하여 국선변호인이 변론준비를 위한 시간적 여유를 갖도록 하여야 한다.

---

5) 대법원 2011. 3. 24. 선고 2010도18103 판결.
6) 대법원 1995. 2. 28. 선고 94도2880 판결.

다만 이미 선임된 변호인 또는 선정된 국선변호인이 출석하지 아니하거나 퇴정한 경우에 한하여 공판정에서 국선변호인을 선정할 수도 있다(규칙제19조). 국선변호인 선정청구를 기각한 결정은 판결전의 소송절차이므로 그 결정에 대하여는 항고를 할 수 없다.[7]

(2) **국선변호인의 자격**   국선변호인은 법원의 관할구역에 사무소를 둔 변호사, 그 관할구역 안에서 근무하는 공익법무관 또는 그 관할구역 안에서 수습중인 사법연수생 중에서 선정한다. 부득이한 때에는 인접한 법원의 관할구역 안에 있는 변호사, 공익법무관, 사법연수생이나 관할구역 안에서 거주하는 변호사 아닌 자 중에서 국선변호인을 선정할 수 있다(규칙제14조). 따라서 부득이한 경우 제1심 법원에서 변호사 아닌 법원사무관을 국선변호인으로 선정하였다고 하여 위법한 것이라 할 수 없다.[8]

(3) **국선변호인의 수**   국선변호인은 피고인마다 1인을 선정한다. 다만 사건의 특수성에 비추어 필요하다고 인정할 때에는 1인의 피고인에게 수인의 국선변호인을 선정할 수 있고, 피고인 사이에 이해가 상반되지 아니할 때에는 수인의 피고인을 위하여 동일한 국선변호인을 선정할 수도 있다(규칙제15조). 공범관계에 있지 않은 공동피고인들 사이에서 공소사실의 기재 자체로 보아 어느 피고인에 대한 유리한 변론이 다른 피고인에 대하여는 불리한 결과를 초래하는 사건에 있어서는 공동피고인들 사이에 이해가 상반된다. 그러므로 그 공동피고인들에 대하여 선정된 동일한 국선변호인이 공동피고인들을 함께 변론한 경우에는 규칙 제15조에 위배된다.[9]

Ⅳ. 선정의 취소와 사임

1. 선정의 취소

법원은 ① 피고인 또는 피의자에게 변호인이 선임된 때, ② 국선변호인이 자격을 상실한 때, ③ 국선변호인의 사임을 허가한 때에는 국선변호인의 선정을 취소하여야 한다(규칙제18조제1항). 이 이외에도 국선변호인이 그 직무를 성실히 수행하지 아니하거나 기타 상당한 이유가 있는 때에는 법원은 국선변호인의 선정을 취소할 수 있다(동조제2항). 법원이 국선변호인의 선정을 취소한 때에는 지체 없이

---

7) 대법원 1986. 9. 5.자 86모40 결정, 1993. 12. 3.자 92모49 결정.
8) 대법원 1974. 8. 30. 선고 74도1965 판결.
9) 대법원 2000. 11. 24. 선고 2000도4398 판결.

국선변호인과 피고인 또는 피의자에게 통지하여야 한다(^{동조}_{제3항}).

2. 국선변호인의 사임

국선변호인은 ① 질병 또는 장기여행으로 인하여 국선변호인의 직무를 수행하기 곤란할 때, ② 피고인 또는 피의자로부터 폭행·협박 또는 모욕을 당하여 신뢰관계를 지속할 수 없을 때, ③ 피고인 또는 피의자로부터 부정한 행위를 할 것을 종용받았을 때, ④ 기타 국선변호인으로서의 직무를 수행할 수 없다고 인정할 만한 상당한 이유가 있을 때에는 **법원의 허가를 얻어 사임할 수 있다**(^{규칙}_{제20조}).

V. 국선변호인의 보수

법원은 대법원규칙이 정하는 범위 안에서 국선변호인에게 일당·여비·숙박비 및 보수를 지급한다(^{刑費法 제2조}_{제3호, 제8조}). 국선변호인에 대한 보수 등은 형사소송비용에 포함된다. 국선변호인의 보수는 대법관회의에서 정하며, 심급별로 지급하되, 체포·구속적부심사에 있어서는 심급에 상관없이 별도로 지급한다(^{刑費規 제6}_{조 제1항}). 그리고 재판장은 사안의 난이, 국선변호인이 수행한 직무의 내용, 사건처리에 소요된 시간, 기록의 등사나 피고인 또는 피의자접견 등에 지출한 비용 기타 사항을 참작하여 국선변호인의 보수를 증액할 수 있다(^{동조}_{제2항}). 공익법무관 또는 사법연수원생인 국선변호인에게는 실비변상 이외에 보수를 지급하지 않는다(^{동조}_{제3항}).

제 3 관   변호인의 지위와 권한

제 1   변호인의 지위

I. 보호자로서의 지위

1. 변호권의 행사

변호인은 피고인이나 피의자의 방어능력을 보충하여 그의 정당한 이익을 보호하는 지위에 있다. 피고인 등과의 면담이나 접견교통권의 행사를 통해 필요한 법적 조언을 하여야 한다. 법적 조언은 피고사건이나 피의사건과 관련된 실체면과 절차면 모두에 대해서 가능하다. 그리고 변호인은 피고인 등에게 유리한 **증거를 수집·제출하여야 한다**. 증거를 수집하기 위해 강제처분을 할 권한은 없지만 피고인 등에게 유리한 각종 인적·물적 증거를 수집하여 증거보전신청을 하거나 증거신청을 하고 필요하면 검사의 입증이나 주장을 다툴 수도 있다. 또한 변호인은 피고인과의 접견을 통하여 피고인에게 유리한 사실을 구두 또는 서면으로 변론하여야 한다. 이는 변호인으로서 가장 중요한 변호활동이다.

2. 변호권행사의 독립성

변호인은 피고인의 의사에 종속하지 않고 법률에 다른 규정이 없는 한 독립하여 소송행위를 할 권한을 가진다(제36조). 따라서 피고인의 정당한 이익을 보호하기 위해 필요한 때에는 피고인의 의사에 반하는 입증이나 사실상의 주장을 할 수도 있다.

3. 비밀유지의무

변호인은 피고인에 대해 비밀유지의무를 진다. 즉 변호인은 그 직무상 알게 된 비밀을 누설해서는 안된다(변호사법 제26조). 이는 피고인과 변호인 간의 신뢰관계를 유지하기 위한 것이다. 이러한 비밀유지의무를 위반한 때에는 변호사법에 따른 징계사유(동법 제91조)에 해당할 뿐만 아니라 업무상 비밀누설죄(형법 제317조)가 성립한다.

II. 공익적 지위

1. 의   의

형사소송에서 변호인은 피고인의 정당한 이익을 보호함으로써 국가형사사법의 정당한 실현에 협력해야 할 의무를 진다. 공익적 지위란 변호인이 객관적 입장에서 실체적 진실발견에 기여하여야 한다는 의미가 아니라 피고인의 의사에 종속되지 않고 그의 정당한 이익을 보호하는 자로서 독립한 지위를 가진다는 의미이다.

2. 변호인의 진실의무

변호인도 공정한 재판을 실현하기 위해 진실과 정의에 구속된다. 즉 변호인은 기본적 인권을 옹호하고 사회정의를 실현함을 그 사명으로 하며(변호사법 제1조 제1항), 직무를 수행함에 있어서 진실을 은폐하거나 허위의 진술을 하여서는 안된다(동법 제24조 제2항). 이를 변호인의 진실의무라고 한다.

III. 보호자로서의 지위와 공익적 지위의 조화

1. 양 지위의 관계

변호인은 피고인의 보호자로서 지위를 가짐과 동시에 진실의무를 가진다. 이러한 지위로 인하여 변호인은 구체적인 변호활동에서 일정한 제약을 받게 된다. 피고인의 보호자의 지위와 공익적 지위가 충돌하는 경우에는 보호자라는 지위를 기본으로 하고 공익적 지위는 그 한계로서 소극적 의미를 가진다.

2. 피고인의 행위에 대한 지시

변호인이 피고인에게 정당한 권리행사를 권유하는 것은 당연히 허용되며, 진술거부권의 행사를 권고하는 것도 가능하다. 변호인이 피고인에게 증거인멸이나 위증을 권유하거나 진실에 반하는 사실을 주장하도록 지시하는 것은 허용되지 않는다. 그러나 피고인에게 불리한 증거를 법정에 제출해야 할 의무는 없으며, 피고인이 이미 허위증거를 법정에 제출한 경우라도 이를 적극적으로 폭로해야 할 의무도 없다. 이 경우에는 변호인으로서 그 증거들을 무시하는 방안을 취하면 충분하다.

3. 변호인의 무죄변론

변호인이 스스로 피고인의 유죄를 확신하거나 피고인이 변호인에게 사적으로 범행을 자백한 경우라도 무죄의 변론을 할 수 있다. 이와 같은 경우에도 절차의 하자를 이유로 형식재판의 선고를 구할 수 있고 증거불충분에 의한 무죄의 변론을 할 수 있기 때문이다. 한편 피고인이 무죄라고 믿은 때에는 피고인의 의사 여부를 불문하고 무죄의 주장과 입증에 노력하여야 한다. 따라서 피고인이 자백을 한 경우라도 자백내용이 진실이 아니라고 판단한 경우에는 피고인을 위하여 무죄의 변론을 하여야 한다.

제2 변호인의 권한

I. 대 리 권

1. 의   의

변호인은 피고인 또는 피의자가 행할 수 있는 소송행위 가운데 성질상 대리가 허용되는 모든 소송행위에 대해 포괄적 대리권을 가진다. 이에 반해 피고인 또는 피의자가 증거방법으로서 하는 행위에 대하여는 대리가 허용되지 않는다.

2. 종속대리권

종속대리권은 본인의 의사에 종속되는 대리권을 말한다. 관할이전의 신청($\frac{제15}{조}$), 관할위반의 신청($\frac{제320}{조}$), 증거동의($\frac{제318}{조}$), 상소취하($\frac{제349}{조}$) 및 정식재판의 청구($\frac{제453}{조}$) 등은 종속대리권에 속한다.

3. 독립대리권

(1) **고유권과의 구별** 독립대리권의 개념을 부정하면서 형사소송법이 변호인의 법적 권리로 규정한 것은 모두 고유권이라고 해석하는 견해가 있다. 독립대리권의 개념을 인정한다면 피고인의 권리가 소멸할 때에는 변호인의 권리도 소멸하는 결과가 되어 변호인의 지위를 약하게 만든다는 점을 그 근거로 삼고 있다. 그러나 ① 종속대리권과 고유권 이외에 독립대리권의 개념을 인정하는 것이 법률관계를 명확히 하고 절차의 확실성을 유지할 수 있고, ② 독립대리권을 인정한다고 해서 변호인의 보호자지위를 도외시하는 것이 아니므로 독립대리권과 고유권을 구별할 필요가 있다고 본다.

(2) **종 류** 독립대리권에는 본인의 의사에 반하여 행사할 수 있는 것과 명시의 의사에는 반할 수 없으나 묵시의 의사에 반하여 행사할 수 있는 것이 있다. 구속취소의 청구($\frac{제93}{조}$), 보석의 청구($\frac{제94}{조}$), 증거보전의 청구($\frac{제184}{조}$), 공판기일변경신청($\frac{제270조}{제1항}$) 및 증거조사에 대한 이의신청($\frac{제296조}{제1항}$)은 전자에 속하며, 기피신청($\frac{제18조}{제2항}$)이나 상소제기($\frac{제341}{조}$)는 후자에 해당한다.

II. 고 유 권

1. 의 의

고유권이란 변호인의 권리로 특별히 규정된 것 중에서 변호인에게 독자적으로 인정되는 권한을 말한다. 변호인은 피고인 또는 피의자의 권리가 소멸하더라도 이에 영향을 받지 않고 고유권을 독자적으로 행사할 수 있다.

2. 종 류

(1) **협의의 고유** 권협의의 고유권이란 변호인만이 가지고 있는 권한을 말한다. 피고인 또는 피의자와의 접견교통권($\frac{제34}{조}$) 및 피고인에 대한 신문권($\frac{제296조}{의2}$)이 여기에 해당한다.

(2) **피고인 등과 중복하여 가지는 권한**

(가) **절차참여권** 변호인이 피고인 또는 피의자와 중복하여 가지고 있는 권한으로서 각종의 절차에 대한 참여권이 있다. 압수·수색영장의 집행에 대한 참여권($\frac{제121}{조}$), 감정에 대한 참여권($\frac{제176}{조}$), 증인신문에 대한 참여권($\frac{제163}{조}$) 등이다.

(나) **공판관여권** 변호인은 공판기일출석권($\frac{제275}{조}$), 증인신문권($\frac{제161조}{의2}$), 서류·증거물의 열람·등사권($\frac{제35}{조}$) 및 최종의견진술($\frac{제303}{조}$) 등을 가진다.

(다) **증거조사신청권** 변호인의 증거조사신청권($\frac{제294}{조}$)에 관하여 이를 고유

권으로 보는 견해와 독립대리권으로 보는 견해가 대립한다. 변호인은 독자적으로 증거조사신청권을 행사할 수 있다는 점에서 고유권실이 타당하다고 본다.

제3 변호인의 접견교통권

I. 의   의

1. 개   념

변호인의 접견교통권(接見交通權)이란 변호인이 신체구속을 당한 피고인·피의자와 접견하고, 서류 또는 물건을 수수하며, 의사의 진료를 받게 할 수 있는 권리를 말한다. 변호인의 접견교통권을 보장하는 것은 변호인의 방어준비와 변론준비에 주된 목적이 있다. 또한 신체구속된 피고인·피의자는 변호인과의 접견을 통하여 정신적 안정을 얻고 변호인으로부터 법적 조언을 받아 방어권을 효과적으로 행사할 수 있다.

2. 법적 성질

변호인의 접견교통권은 피고인 또는 피의자 자신이 가지는 변호인과의 접견교통권과는 성질을 달리하는 것으로서 헌법상 보장된 권리라고 할 수 없고, 형사소송법 제34조에 의하여 비로소 보장되는 권리이다. 그렇지만 신체구속을 당한 피고인 또는 피의자의 인권보장과 방어준비를 위하여 필수불가결한 권리이므로 수사기관의 처분 등에 의하여 이를 제한할 수 없고, 다만 법령에 의하여서만 제한이 가능하다.

II. 주체와 상대방

1. 주   체

변호인 또는 변호인이 되려는 자는 신체구속을 당한 피고인·피의자와 접견하고 서류 또는 물건을 수수할 수 있으며, 의사로 하여금 진료하게 할 수 있다 (제34조). '변호인이 되려는 자'란 주로 변호인 선임의뢰를 받았으나 아직 변호인 선임신고가 되지 않은 사람을 말한다. 그러나 이와 상관없이 스스로 변호인으로 활동하려는 자도 포함된다. 또한 사선변호인은 물론 국선변호인, 특별변호인(제31조)도 접견교통권을 가진다.

'변호인이 되려는 자'의 접견교통권은 피의자 등을 조력하기 위한 핵심적인 부분으로서, 피의자 등이 가지는 헌법상의 기본권인 '변호인이 되려는 자'와의 접견교통권과 표리의 관계에 있다. 따라서 피의자 등이 가지는 '변호인이 되려는 자'의 조력을 받을 권리가 실질적으로 확보되기 위해서는 '변호인이 되려는 자'의 접견교통권 역시 헌법상 기본권으로서 보장되어야 한다.[10]

2. 상 대 방

변호인의 접견교통권의 상대방은 구속영장에 의하여 구속된 자뿐만 아니라 현행범인체포, 일반적인 체포, 긴급체포 또는 감정유치에 의하여 구속된 자도 포함된다. 그리고 임의동행의 형식으로 연행된 피의자나 피내사자에 대하여도 변호인의 조력을 받을 권리가 인정되는 이상, 변호인과의 접견교통권도 당연히 인정된다.[11]

III. 내 용

1. 피고인 · 피의자와의 접견

(1) **접견권의 보장** 변호인의 접견교통권은 현행법상 직접적으로 제한하는 규정을 따로 두고 있지 아니하므로, 수사기관의 일방적인 처분 등을 통하여 변호인의 접견교통권을 제한할 수는 없다. 접견교통의 상대방인 신체구속을 당한 사람이 그 변호인을 자신의 범죄행위에 공범으로 가담시키려고 하였다는 등의 사정만으로 그 변호인의 접견교통권을 금지할 수 없다.[12]

(2) **비밀보장** 변호인에 대한 접견은 비밀이 보장되어야 한다. 미결수용자와 변호인 또는 변호인이 되려는 자와의 접견에는 교도관이 참여하거나 그 내용을 청취 또는 녹취할 수 없고, 다만 보이는 거리에서 수용자를 감시할 수 있다(형집행법 제84조 제1항). 그러므로 교도관이 변호인과 구속된 피의자와의 접견내용을 기록하거나 대화장면의 사진을 찍는 것은 허용되지 않을 뿐만 아니라 접견내용을 기록한 문서는 증거능력이 인정되지 않는다.

2. 서류 또는 물건의 수수

변호인은 신체구속된 피고인 · 피의자를 위하여 서류 또는 물건을 수수할 수 있다. 변호인의 서류 · 물건수수권은 일반인의 경우와 달리 원칙적으로 제한 없이 인정된다. 다만 미결수용시설의 질서유지를 위한 최소한의 범위 내에서

---

10) 헌법재판소 2019. 2. 28. 선고 2015헌마1204 결정.
11) 대법원 1996. 6. 3.자 96모18 결정.
12) 대법원 2007. 1. 31.자 2006모656 결정.

마약 등 소지금지품이나 위험한 물건의 수수가 의심되는 경우에 이를 저지하기 위하여 행하는 검열은 가능하다고 본다.

변호인과 신체구속된 피고인·피의자 사이의 편지에 대한 검열이 금지된다. 다만 피의자와 변호인 사이의 편지로서 그 비밀을 보장받기 위하여는 교정시설에서 상대방이 변호인이라는 사실을 확인할 수 있어야 한다(형집행법 제84조 제3항).

3. 의사의 진료

변호인은 의사로 하여금 구속된 피고인·피의자를 진료하게 할 수 있다. 피고인 또는 피의자가 외부 의사의 진찰을 받는 경우에 교도관 및 의무관이 참여하고 경과를 수용기록부에 기록하여야 한다(형집행법 시행령 제106조). 이 규정은 의사가 피고인 또는 피의자를 진료하는 과정에서 발생할지도 모르는 돌발상황을 예방하거나 대처하기 위한 것이다. 따라서 사법경찰관이 경찰서 유치장에 구금되어 있는 피의자에 대하여 의사의 진료를 받게 할 것을 신청한 변호인에게 수사기관이 추천하는 의사의 참여를 요구하는 것은 적법하다.[13]

Ⅳ. 접견교통권의 침해에 대한 구제방법

1. 수사절차상의 준항고

수사단계에서 검사 또는 사법경찰관이 피의자와 변호인 간의 접견교통권을 침해한 경우에는 수사절차상의 준항고를 제기할 수 있다. 즉 접견금지처분을 검사 또는 사법경찰관의 구금처분으로 보고 이들의 직무집행지의 관할법원 또는 검사의 소속 검찰청에 대응한 법원에 접견금지의 취소를 청구할 수 있다. 수사기관이 적극적으로 접견교통을 불허하는 경우뿐만 아니라 접견신청일이 경과하도록 접견이 이루어지지 않는 때에도 실질적으로 접견불허가처분이 있는 것과 동일시되므로 수사절차상 준항고의 대상이 된다.[14]

【사 례】 변호인의 접견교통권

《사 안》 피의자 甲은 강도살인죄로 서울구치소에 구속되어 검사로부터 수사를 받고 있었다. 乙은 甲의 가족에 의하여 변호인으로 선임되어 甲을 접견하기 위해 서울구치소장에게 접견신청을 하였으나 일주일이 지나도록 甲을 접견하지 못하였다. 乙은 어떤 구제절차를 취할 수 있는가?

《검 토》 변호인의 접견교통권은 피의자의 인권보장과 방어준비를 위하여 필수불

---

13) 대법원 2002. 5. 6.자 2000모112 결정.
14) 대법원 1991. 3. 28.자 91모24 결정.

가결한 권리이다. 甲에 대한 접견이 접견신청일로부터 상당한 기간이 경과하도록 허용되지 않고 있는 것은 접견불허처분이 있는 것과 동일시된다. 乙은 검사를 상대로 접견불허처분의 취소를 구하는 준항고를 법원에 제기할 수 있다.

2. 공판절차상의 항고

공소가 제기된 이후에 피고인과 변호인 사이의 접견교통권이 수소법원에 의하여 제한되는 경우에는 구금에 관한 결정이 있는 것으로 보아 항고가 허용된다고 본다. 법원의 결정 없이 행형당국이 피고인과 변호인 간의 접견교통권을 제한하는 경우에도 제417조를 준용하여 준항고를 허용하여야 한다.

3. 헌법소원

(1) **보충성의 원칙** 헌법소원의 제기는 보충성의 원칙에 따라 다른 구제절차를 모두 거친 후에만 가능하다(憲裁法 제68조 제1항 단서). 수사기관 등이 신체구속을 당한 피고인·피의자와 변호인과의 접견교통권을 금지하는 경우 준항고 절차를 밟아 수사기관 등의 접견불허처분을 취소하는 법원의 결정이 있었음에도 불구하고 재차 접견을 불허한다면 헌법소원이 허용된다.[15] 그리고 준항고 절차의 이행 가능성이 없는 경우에는 보충성의 예외가 인정된다.

(2) **청구권자** 변호인과의 접견교통권은 체포 또는 구속당한 피고인·피의자에게 인정되는 기본권이므로 헌법소원은 신체구속을 당한 피고인·피의자만이 제기할 수 있다. 따라서 변호인은 헌법소원을 제기할 수 없다.[16] 다만 변호인이 피고인·피의자의 헌법소원권을 대리행사하는 것은 가능하다. 한편 신체구속된 피고인·피의자와 변호인 사이에 발송 또는 수신되는 서신의 검열에 대하여는 변호인 자신도 통신의 비밀을 침해받지 아니할 권리(헌법 제18조)가 침해되었음을 주장하여 헌법소원의 심판을 청구할 수 있다.

'변호인이 되려는 자'의 접견교통권은 헌법상 기본권으로서 보장되어야 하므로 검사의 접견불허행위로 인하여 접견교통권이 침해된 경우에는 '변호인이 되려는 자'가 직접 헌법소원 심판을 청구할 수 있다.

【사 례】 '변호인이 되려는 자'의 접견교통권

《사 안》 피의자 甲은 2015. 10. 5. 19:00경 체포영장에 의하여 체포되어 구속영장이 청구되었다. 변호사 乙은 甲 가족의 의뢰를 받아 2015. 10. 6. 19:00경 검사실을

---

15) 헌법재판소 1991. 7. 8. 선고 89헌마181 결정.
16) 헌법재판소 1991. 7. 8. 선고 89헌마181 결정.

방문하여 검사에게 변호인 접견신청을 하였다. 검사는 피의자신문을 위하여 검사실에 甲을 인치하였음에도 乙의 접견신청에 대하여 아무런 조치를 취하지 아니하였고, 乙은 검사실에서 머무르다가 결국 甲을 접견하지 못한 채로 퇴실하였다. 검사는 乙이 퇴실한 이후 甲에 대한 피의자신문을 계속하였으며, 乙은 甲의 변호인으로 선임되지는 못하였다. 乙은 어떤 구제절차를 취할 수 있는가?

《검 토》 乙은 검사에게 접견신청을 하고 검사실에서 머무르다가 검사의 접견불허행위로 인하여 결국 甲을 접견하지 못하고 검사실에서 퇴실하였으므로, 변호인이 되려는 乙의 피의자 甲에 대한 접견교통권이 제한되었다. 검사의 접견불허행위는 헌법이나 법률의 근거 없이 이를 제한한 것이므로 乙의 접견교통권을 침해하였다. 검사의 접견불허행위에 대하여 乙이 제417조에 따라 그 취소를 구하는 준항고를 제기할 경우 법원이 법률상 이익이 결여되었다고 볼 것인지 아니면 실체 판단에 나아갈 것인지가 객관적으로 불확실하여 乙로 하여금 준항고의 절차를 이행할 것을 기대하기 어려우므로, 보충성원칙의 예외가 인정되어 乙은 검사의 접견불허행위에 대하여 바로 헌법소원을 제기할 수 있다.[17]

제 4 증거개시제도

Ⅰ. 개   관

1. 의   의

증거개시(證據開示)제도란 특정한 형사사건에 대하여 검사가 보관하고 있는 증거, 즉 피고인이나 제3자로부터 압수 또는 임의로 제출시켜서 영치한 증거물 혹은 피고인이나 참고인을 신문하여 작성한 조서를 피고인 측이 변호에 이용하기 위하여 열람·복사할 수 있는 제도를 말한다.

2. 미국의 증거개시제도

미국의 증거개시제도는 검사가 보관하고 있는 증거의 개시뿐만 아니라 피고인 측의 증거개시도 포함한다. 당사자가 법원의 증거개시명령을 이행하지 않은 때에는 그 당사자가 개시하지 않은 증거를 공판에 제출하지 못할 수 있다. 미국의 증거개시제도는 재판의 공정과 피고인의 방어권보장을 위하여 인정된 것으로서, 당사자주의 요청에 의한 상호개시가 이루어지는 것이 가장 큰 특색이다.

---

17) 헌법재판소 2019. 2. 28. 선고 2015헌마1204 결정.

3. 독일의 증거개시제도

검사가 공소를 제기하면 공소장과 수사기록을 모두 법원에 제출해야 하고, 변호인은 법원에 제출된 서류에 대하여 제한없는 열람권을 갖는다(독일형소법제147조 제1항). 또한 수사종결 전에도 변호인은 수사서류 또는 공무소에 보관되어 있는 증거를 열람할 수 있고, 다만 검사는 수사목적이 위태롭게 될 경우에 기록열람·복사를 제한할 수 있다(동조 제2항).

II. 변호인의 기록열람·복사권

1. 의   의

변호인은 피고인에 대한 소송서류나 증거물에 대한 기록열람·복사를 행함으로써 피고인에 대한 방어전략을 세울 수 있고, 공판절차에서 예상되는 쟁점을 정리하고 효율적인 변론활동을 준비할 수 있다. 또한 변호인의 기록열람·복사권은 집중심리를 가능케 하여 공판절차의 신속한 진행에 기여할 뿐만 아니라, 공정한 재판의 진행을 가능케 한다. 변호인의 기록열람·복사권은 피고인의 권리를 대리행사하는 것이 아니라 변호인의 접견교통권과 더불어 변호인의 고유권 가운데 가장 중요한 권리이다. 변호인의 수사서류 열람·복사권은 피고인의 신속·공정한 재판을 받을 권리 및 변호인의 조력을 받을 권리라는 헌법상 기본권의 중요한 내용이자 구성요소이며 이를 실현하는 구체적인 수단이 된다. 따라서 변호인의 수사서류 열람·복사를 제한함으로 인하여 결과적으로 피고인의 신속·공정한 재판을 받을 권리 또는 변호인의 충분한 조력을 받을 권리가 침해된다면 이는 헌법에 위반되는 것이다.[18]

2. 법원이 보관하고 있는 기록

⑴ **신청권자**   피고인과 변호인은 소송계속중의 관계서류 또는 증거물을 열람하거나 복사할 수 있다. 피고인의 법정대리인, 특별대리인, 보조인 또는 피고인의 배우자·직계친족·형제자매로서 피고인의 위임장 및 신분관계를 증명하는 문서를 제출한 자도 같다(제35조). 변호인이 소송기록과 증거물을 열람·복사하는 경우에는 재판장의 허가를 요하지 않는다.

⑵ **열람·복사의 대상**   법원이 보관하고 있는 서류 등에 대한 피고인과 변호인의 열람·복사권은 제한받지 않는다. 다만 재판장은 피해자, 증인 등 사건관계인의 생명 또는 신체의 안전을 현저히 해칠 우려가 있는 경우에는 열람·

---

18) 헌법재판소 2010. 6. 24. 선고 2009헌마257 결정.

복사에 앞서 사건관계인의 성명 등 개인정보가 공개되지 아니하도록 보호조치를 할 수 있다($^{제35조}_{제3항}$).

⑶ **불복절차** 변호인의 기록열람·복사권이 침해된 경우에는 법원에 이의신청을 제기할 수 있다. 이의신청의 대상이 되는 행위는 법원과 소송관계인의 작위뿐만 아니라 부작위도 포함된다.

3. 공소제기 후 검사가 보관하고 있는 기록

⑴ **신청권자** 피고인과 변호인은 검사에게 공소제기된 사건에 관한 서류 등의 열람·복사를 신청할 수 있다. 피고인의 방어권을 실질적으로 보장하기 위해서는 공소제기 후에 검사가 보관하고 있는 증거에 대해 변호인의 열람·복사권이 인정되어야 하기 때문이다. 피고인에게 변호인이 있는 경우에는 피고인은 열람만을 신청할 수 있다($^{제266조의}_{3 \ 제1항}$).

⑵ **열람·복사의 대상**

⑺ **서류 등의 목록** 공소제기된 사건에 관한 서류 또는 물건의 목록이란 당해 사건과 관련하여 검사가 보관중인 서류나 물건에 대한 전체 목록을 지칭한다. 서류 또는 물건의 목록은 절대적 개시대상이므로 검사는 열람·복사를 거부할 수 없다($^{제266조의}_{3 \ 제5항}$). 수사기록목록은 특정 수사자료가 분실되거나 누락되는 것을 방지할 뿐 아니라 수사기록 전반에 관한 개괄적 파악을 용이하게 하므로 피고인과 변호인으로서는 어떤 서류가 존재하는지를 확인할 필요가 있기 때문이다. 따라서 수사과정에서 작성되거나 취득한 서류 또는 물건에 대한 목록은 충실하게 기록되어야 증거개시의 실효성을 확보할 수 있다.

⑻ **공소사실에 관한 서류** 피고인 또는 변호인은 공소사실의 인정 또는 양형에 영향을 미칠 수 있는 ① 검사가 증거로 신청할 서류 등, ② 검사가 증인으로 신청할 사람의 성명·사건과의 관계 등을 기재한 서면 또는 그 사람이 공판기일 전에 행한 진술을 기재한 서류 등, ③ 위 서류 등의 증명력과 관련된 서류 등, ④ 피고인 또는 변호인이 행한 법률상·사실상 주장과 관련된 서류에 대하여 열람·복사를 신청할 수 있다($^{제266조의3}_{제1항}$). 열람·복사를 신청할 수 있는 서류 등에는 도면·사진·녹음테이프·비디오테이프·컴퓨터용디스크, 그 밖에 정보를 담기 위하여 만들어진 물건으로서 문서가 아닌 특수매체를 포함한다($^{동조}_{제6항}$). 그리고 수사기록에 편철된 서류와 물건은 특별한 사정이 없는 한 당해 공소사실의 인정이나 양형에 영향을 미칠 수 있는 것으로 추정함이 상당하다. '검사가 증인으로 신청할 사람이 공판기일 전에 행한 진술을 기재한 서류'란 대

체로 수사기관에서 작성된 참고인진술조서나 진술서를 말한다. 검사가 참고인
진술조서에 대한 열람·복사를 거부하거나 참고인진술조서가 작성되지 아니한
사람을 증인으로 신청하는 경우에는 그 사람의 성명, 사건과의 관계 등을 기재
한 서면을 교부해야 한다. '증명력과 관련된 서류'에는 증명력을 강화시키는 증
거와 약화시키는 증거를 포함한다. '피고인 또는 변호인의 주장과 관련된 서류'
는 당해 사건의 기록 이외에 관련된 형사재판 확정기록과 불기소처분기록이
포함되나, 다른 사건의 기록까지 포함되는 것은 아니다. 피고인 또는 변호인이
행한 주장이어야 하므로, 단순히 피고인이 예정하고 있는 쟁점으로는 충분하지
않다.

(3) **열람·복사의 제한**　검사는 국가안보, 증인보호의 필요성, 증거인멸의
염려, 관련사건의 수사에 장애를 가져올 것으로 예상되는 구체적인 사유 등 열
람·복사 또는 서면의 교부를 허용하지 아니할 상당한 이유가 있다고 인정하
는 때에는 열람·복사 또는 서면의 교부를 거부하거나 그 범위를 제한할 수 있
다(제266조의3 제2항). 검사가 열람·복사신청을 거부 또는 제한하기 위해서는 대상이 된
수사기록의 내용을 구체적으로 검토하여 어느 부분이 어떠한 제한사유에 해당
되는지를 명확히 밝혀야 한다. 또한 검사는 증인보호의 필요성, 증거인멸의 염
려 등이 있다고 인정되는 때에도 제266조의4 제2항을 유추하여 열람·복사를
허용하는 경우에 생길 폐해의 유형·정도, 피고인의 방어 또는 재판의 신속한
진행을 위한 필요성 및 해당 서류 등의 중요성을 고려하여 그 거부 또는 제한
여부를 결정해야 한다. 검사가 열람·복사를 거부하거나 그 범위를 제한하는
때에는 지체 없이 그 이유를 서면으로 신청인에게 통지해야 한다(동조 제3항). 검사가
신청을 받은 때로부터 48시간 이내에 위 통지를 하지 아니하는 때에는 피고인
또는 변호인은 열람·복사 등이 거부된 경우와 같이 법원에 열람·복사의 허
용을 신청할 수 있다(동조 제4항).

(4) **불복절차**

(가) **불복신청**　피고인 또는 변호인은 검사가 서류 등의 열람·복사 또
는 서면의 교부를 거부하거나 그 범위를 제한한 때에는 법원에 그 서류 등의
열람·복사 또는 서면의 교부를 허용하도록 할 것을 신청할 수 있다(제266조의4 제1항).

(나) **법원의 심리**　법원은 위 신청이 있는 때에는 검사에게 의견을 제시
할 수 있는 기회를 주어야 하고(제266조의4 제3항), 필요하다고 인정하는 때에는 검사에게
해당 서류의 제시 등을 요구할 수 있고, 피고인이나 그 밖의 이해관계인을 심

문할 수 있다($\substack{동조 \\ 제4항}$).

(다) **법원의 결정**   법원은 열람·등사 또는 서면의 교부를 허용하는 경우에 생길 폐해의 유형·정도, 피고인의 방어 또는 재판의 신속한 진행을 위한 필요성 및 해당 서류 등의 중요성 등을 고려하여 검사에게 열람·등사 또는 서면의 교부를 허용할 것을 명할 수 있다. 이 경우 열람 또는 등사의 시기·방법을 지정하거나 조건·의무를 부과할 수 있다($\substack{제266조의 \\ 4 \text{제2항}}$). 열람·등사를 허용할 경우에는 해당 서류 또는 물건을 특정해야 하고, 하나의 서류 중 일부에 대한 열람·등사를 허용하는 경우에는 그 범위를 특정해야 한다. 검사가 열람·등사 등에 관한 법원의 결정을 지체 없이 이행하지 아니한 때에는 해당 증인 및 서류 등에 대한 증거신청을 할 수 없다($\substack{동조 \\ 제5항}$). 법원이 검사에게 수사서류 등의 열람·등사 또는 서면의 교부를 허용할 것을 명한 결정은 '판결 전의 소송절차에 관한 결정'에 해당하므로 검사는 항고의 방법으로 불복할 수 없다.[19] 법원의 열람·등사 허용 결정은 그 결정이 고지되는 즉시 집행력이 발생한다.

(라) **헌법소원**   법원의 열람·복사 허용 결정에도 불구하고 검사가 이를 신속하게 이행하지 아니하는 경우에는 해당 증인 및 서류 등을 증거로 신청할 수 없는 불이익을 받는 것에 그치는 것이 아니라, 그러한 검사의 거부행위는 피고인의 열람·복사권을 침해하고, 나아가 피고인의 신속·공정한 재판을 받을 권리 및 변호인의 조력을 받을 권리까지 침해하게 되는 것이다. 따라서 피고인은 검사의 거부처분에 대하여 헌법소원심판을 청구할 수 있는데, 신속하고 실효적인 구제절차를 형사소송절차 내에 마련하고자 열람·복사에 관한 규정을 신설한 입법취지와, 검사의 열람·복사 거부처분에 대한 정당성 여부가 법원에 의하여 심사된 마당에 헌법재판소가 다시 열람·복사 제한의 정당성 여부를 심사하게 된다면 이는 법원의 결정에 대한 당부의 통제가 되는 측면이 있다. 이와 같이 수사서류에 대한 법원의 열람·복사 허용 결정이 있음에도 검사가 열람·복사를 거부하는 경우 헌법재판소는 수사서류 각각에 대하여 검사가 열람·복사를 거부할 정당한 사유가 있는지를 심사할 필요 없이 그 거부행위 자체로써 피고인의 기본권을 침해한다는 위헌결정을 선고한다.[20]

(5) **증거남용의 금지**   피고인 또는 변호인은 검사가 열람 또는 복사하도록 한 서류 등의 사본을 당해 사건 또는 관련 소송의 준비에 사용할 목적이 아닌

---

19) 대법원 2013. 1. 24.자 2012모1393 결정.
20) 헌법재판소 2010. 6. 24. 선고 2009헌마257 결정.

다른 목적으로 다른 사람에게 교부 또는 제시하여서는 아니된다. 이를 위반하는 때에는 1년 이하의 징역 또는 500만원 이하의 벌금에 처한다($^{제266조}_{의16}$).

4. 수사 중인 기록

공소제기 전에 수사 중인 기록과 증거물에 대해서는 변호인의 열람·복사권이 원칙적으로 인정되지 않는다. 다만 구속적부심사절차에서 변호인은 구속된 피의자를 충분히 조력하기 위해 고소장과 피의자신문조서를 열람·복사할 수 있다.[21] 변호인으로서는 구속된 피의자가 무슨 혐의로 고소인의 공격을 받고 있는지 그리고 이와 관련하여 피의자가 수사기관에서 무엇이라고 진술하였는지 등을 제대로 파악하지 않고서는 피의자의 방어를 충분히 조력할 수 없기 때문이다.

Ⅲ. 피고인 또는 변호인의 증거개시

1. 의   의

검사는 피고인 또는 변호인이 공판기일 또는 공판준비절차에서 현장부재·심신상실 또는 심신미약 등 법률상·사실상의 주장을 한 때에는 피고인 또는 변호인에게 ① 피고인 또는 변호인의 증거로 신청할 서류 등, ② 피고인 또는 변호인이 증인으로 신청할 사람의 성명·사건과의 관계 등을 기재한 서면, ③ 위 서류 또는 서면의 증명력과 관련된 서류 등, ④ 피고인 또는 변호인이 행한 법률상·사실상의 주장과 관련된 서류 등의 열람·복사 또는 서면의 교부를 요구할 수 있다($^{제266조의}_{11\ 제1항}$). 증거개시제도의 도입에 따라 검사는 공소사실의 입증에 필요한 증거는 물론 피고인에게 유리한 자료까지 개시할 의무를 지게 됨에 따라 피고인 측도 일정한 범위에서 보관하고 있는 자료를 개시하는 것이 합리적이기 때문이다.

2. 증거개시거부

피고인 또는 변호인은 검사가 서류 등의 열람·복사 또는 서면의 교부를 거부한 때에는 피고인 측의 서류 등의 열람·복사 등을 거부할 수 있다. 다만 법원이 제266조의4 제1항에 따른 신청을 기각하는 결정을 한 때에는 그러하지 아니하다($^{제266조의}_{11\ 제2항}$). 검사도 피고인 또는 변호인의 열람·복사 등의 요구를 거부한 때에는 법원에 그 서류 등의 열람·복사 또는 서면의 교부를 허용할 것을 신청할 수 있고($_{제3항}^{동조}$), 법원의 결정절차와 효과 및 특수매체에 대한 복사의 제한은

---

21) 헌법재판소 2003. 3. 27. 선고 2000헌마474 결정.

검사에 대한 경우와 같다($\frac{동조}{항},\frac{제4}{제5항}$).

제5 피해자 변호사제도

Ⅰ. 개 관

성폭력범죄의 피해자 및 그 법정대리인은 형사절차상 입을 수 있는 피해를 방어하고 법률적 조력을 보장하기 위하여 변호사를 선임할 수 있다. 피해자에게 변호사가 없는 경우 검사가 피해자의 국선변호사를 선정하여 형사절차에서 피해자의 권익을 보호할 수 있다($\frac{성폭력처벌법}{제27조\ 제6항}$). 법무부령으로 제정된 「검사의 국선변호인 지정 등에 관한 규칙」은 피해자의 국선변호사 선정절차에 관한 규정을 두고 있다. 피해자를 위하여 선임 또는 선정된 변호사는 형사절차에서 피해자의 대리가 허용될 수 있는 소송행위에 대한 포괄적인 대리권을 가진다($\frac{동조}{제5항}$).

Ⅱ. 피해자 변호사의 권한

1. 의견진술권

피해자 변호사는 피해자에 대한 수사기관의 조사에 참여하여 의견을 진술할 수 있고, 피고인에 대한 구속 전 피의자심문, 증거보전절차, 공판준비절차 및 공판절차에도 출석하여 의견을 진술할 수 있다.

2. 소송기록 열람·복사권

「성폭력범죄의 처벌 등에 관한 특례법」은 피해자 변호사가 증거보전 후 관계 서류나 증거물, 소송계속 중의 관계서류나 증거물을 열람·복사할 수 있다고 규정하고 있다($\frac{동법}{제4항}$제27조). 소송기록 열람·복사는 관계인의 명예 등을 해하거나 재판에 지장을 초래할 우려가 있으므로 성폭력범죄사건의 피해자 변호사는 피해자의 권리구제 등 정당한 사유를 소명하고 해당 범위를 특정하여 열람·복사권을 행사할 수 있다.

3. 공판절차참여권

법원은 성폭력범죄사건의 피해자 및 그 법정대리인이나 검사가 선임 혹은 선정한 피해자 변호사의 선임 등을 증명할 수 있는 서류가 법원에 제출된 때에는 피해자 변호사에게 공판기일을 통지해야 한다. 공판기일을 통지받은 피해자 변호사가 출석하지 않더라도 공판기일을 진행할 수 있다. 법원은 공판기일에

출석한 피해자 변호사로부터 피해의 정도 및 결과, 피고인에 대한 처벌에 관한
의견, 그 밖에 당해 사건에 관한 의견진술의 신청이 있는 때에는 공판기일에서
그 의견을 진술하게 한다.

Ⅲ. 권한의 한계

피해자 변호사는 형사절차의 당사자인 검사나 피고인과 달리 제한된 범위
의 참여자인 피해자가 가지는 권한을 대리한다. 따라서 소송기록에 대한 전면
적인 열람·복사권을 인정하기 어렵고 당해 사건에 대한 법리적 주장이나 사
실인정에 관한 의견진술은 피해자의 증언을 통하거나 검사가 이를 원용하여
주장, 입증한 범위 내에서만 법적 효력이 발생한다.

제2장 소송절차론

제1절 소송절차의 일반이론

제1 소송의 실체면과 절차면

I. 소송의 실체면

1. 의 의

소송의 실체면(實體面)이란 구체적 사건에서 실체적인 법률관계가 형성·확정되는 과정을 말한다. 형사소송의 객체는 소송절차를 초월하여 객관적으로 존재하는 것이 아니고 소송절차의 발전에 의하여 형성되는 것이다. 이러한 의미에서 실체형성이 행하여지는 소송의 과정 내지 측면이 바로 소송의 실체면이다.

2. 구체적 고찰

수사의 단계에 있어서는 수사기관의 주관적 혐의에 불과하였던 것이 각종 증거의 수집에 의하여 객관적 혐의가 밝혀지고, 검사는 유죄의 확신을 가지게 된 때에 공소를 제기한다. 검사의 공소제기에 의하여 소송의 객체가 특정되나 법관은 법정에서 양 당사자의 공격과 방어를 통하여 법관은 합리적 심증을 형성하게 된다. 법관의 심증에 범죄사실의 존재가 명백히 증명되었을 때 비로소 유죄판결이 선고된다. 이러한 실체적인 법률관계는 확정될 때까지 부동적 성격을 가지고 있다.

II. 소송의 절차면

1. 의 의

소송의 절차면(節次面)이란 소송절차에서 순수한 실체면을 제외한 절차적 측면을 말한다. 절차면은 실체면과의 관계에 있어서 내용에 대한 형식, 목적에 대한 수단으로서의 의미를 가진다. 절차면은 직접·간접으로 실체면의 발전을 목적으로 하는 소송행위의 연속이며 소송행위의 효력에 의하여 진전한다. 이러한 연속된 소송행위의 효력은 소송주체에 대하여 일정한 권리의무관계를 발생시킨다.

2. 구체적 고찰

공판절차의 첫 단계인 모두절차에서 법원은 피고인에 대하여 인정신문을 하고 그 다음 검사는 모두진술을 하며, 피고인은 자신에게 이익이 되는 진술을 할 권한을 가진다. 이와 같이 소송주체들은 그 절차의 진행과 관련하여 일정한 권한을 가지게 되고, 그 권한에 상응하는 의무를 진다.

Ⅲ. 실체면과 절차면의 관계

1. 실체면과 절차면의 상호작용

소송의 실체면과 절차면은 분리된 두 개의 측면이 아니라 하나의 소송절차의 양면에 불과하다. 예를 들면 피고인신문을 실체면에서 보면 피고인의 진술을 통한 증거수집이라는 의미를 가지고, 절차면에서는 신문을 위한 소환절차와 신문절차라는 의미를 가진다. 따라서 이 양면은 밀접한 관련을 가지고 상호 영향을 주고 받는다. 소송절차는 다수의 행위의 연속에 의하여 발전하며 뒤의 행위는 앞의 행위를 기초로 행하여진다. 따라서 이미 앞에 행하여진 행위를 후에 번복하는 것을 제한할 필요가 있다. 이러한 사정 때문에 하나의 절차가 그 당시의 실체형성에 근거하여 행하여진 경우에는 후에 실체형성이 변경되었다 할지라도 그 절차를 번복해서는 안된다는 절차유지의 원칙이 요구된다.

2. 실체면이 절차면에 미치는 영향

실체면이 절차면에 일정한 영향을 미치는 것은 당연하다고 할 수 있다. 예를 들면 사물관할의 표준, 고소의 요부, 긴급체포의 요건, 필요적 변호사건의 여부, 간이공판절차의 요건 등은 소송의 실체가 무엇인가에 따라 결정된다. 즉 사형·무기 또는 단기 1년 이상의 징역·금고에 해당되는 사건은 원칙적으로 합의부의 관할에 속하고, 친고죄의 경우 고소는 소송조건이 된다.

3. 절차면이 실체면에 미치는 영향

절차면에서는 적정절차와 인권보장이 강조되므로 절차도 실체에 대해서 일정한 영향을 미치게 된다. 특히 증거에 관한 법적 규제는 실체면에 영향을 준다. 위법수집증거의 배제법칙이나 전문법칙은 물론 자백을 유일한 증거로 하여 유죄를 선고할 수 없도록 한 것은 절차면이 실체형성에 대하여 미치는 영향이다.

제2 소송조건

Ⅰ. 의   의

1. 개   념

소송조건(訴訟條件)이란 전체로서의 소송이 존속하기 위한 허용조건을 말한다. 소송조건은 단순히 실체심판의 전제조건에 그치는 것이 아니라 형사소송의 전절차에서 요구되는 조건으로서 소송조건이 없는 때에는 절차의 진행이 허용되지 않는다.

2. 구별개념

(1) 처벌조건   소송조건은 실체법상의 형벌권발생조건인 처벌조건과 구별된다. 처벌조건이 흠결된 경우에는 무죄판결 또는 형면제의 실체재판을 하여야 하나, 소송조건이 흠결된 때에는 실체재판을 할 수 없다. 예를 들면 직계혈족의 물건을 훔친 경우에는 인적 처벌조건의 흠결로 형면제판결을 선고받게 되나, 그 밖의 친족관계에 있는 자의 물건을 훔쳤으나 피해자가 고소를 하지 않은 경우는 소송조건의 흠결로 공소기각판결을 선고받게 된다.

(2) 소송행위의 유효조건   소송조건은 전체로서의 소송에 관한 조건이라는 점에서 개별 소송행위가 특정한 소송법적 효과를 발생시키기 위하여 갖추어야 할 요건인 소송행위의 유효조건과 다르다.

(3) 절차정지조건   소송조건은 그 흠결시 절차가 종료된다는 점에서 절차를 일시적으로 정지시키는 데 불과한 절차정지조건(제298조 제4항, 제306조)과 구별된다.

Ⅱ. 소송조건의 분류

1. 일반적 소송조건과 특수적 소송조건

일반적 소송조건이란 일반사건에 공통으로 필요로 하는 소송조건을 말한다. 법원의 재판권과 관할권이 여기에 속한다. 특수적 소송조건이란 특수한 사건에 대하여만 필요한 소송조건을 말한다. 친고죄에 있어서 고소가 그 예이다.

2. 절대적 소송조건과 상대적 소송조건

절대적 소송조건이란 법원이 공익을 위하여 특히 필요하다고 인정하여 당사자의 신청 유무에 관계없이 직권으로 조사하여야 하는 소송조건을 말한다. 소송조건은 원칙적으로 절대적 소송조건이다. 상대적 소송조건이란 당사자의 이익을 위하여 정해진 조건이기 때문에 당사자의 신청을 기다려 법원이 조사하는 예외적 소송조건을 말한다. 토지관할은 상대적 소송조건에 해당한다($\frac{제320}{조}$).

3. 적극적 소송조건과 소극적 소송조건

적극적 소송조건이란 일정한 사실의 존재가 소송조건이 되는 것을 말한다. 관할권과 재판권의 존재는 적극적 소송조건이다. 소극적 소송조건이란 일정한 사실의 부존재가 소송조건이 되는 것을 말한다. 동일사건에 관하여 이중의 공소제기가 없을 것, 공소시효가 완성되지 않은 것 등이 여기에 해당한다.

4. 형식적 소송조건과 실체적 소송조건

(1) 형식적 소송조건 형식적 소송조건이란 절차면에 관한 사유를 소송조건으로 하는 것을 말한다. 예를 들면 재판권의 존재, 관할권의 존재 등과 같이 사건의 절차적 사유가 문제로 되는 경우가 형식적 소송조건이다. 형식적 소송조건이 흠결된 경우에는 공소기각 또는 관할위반의 재판으로 소송을 종료한다. 형식적 소송조건을 다시 갖춘 경우에는 동일한 범죄사실에 대해 재기소할 수 있다.

(2) 실체적 소송조건 실체적 소송조건이란 실체면에 관한 사유를 소송조건으로 하는 것을 말한다. 실체적 소송조건은 사건의 실체를 전제로 함으로써 사건과 관련시켜 판단하여야 하는 사항을 말한다. 예를 들면 공소시효의 완성 여부를 판단함에 있어서는 사건의 실체를 전제로 하여야 한다. 실체적 소송조건이 흠결된 경우에는 면소의 판결을 한다. 면소판결이 선고된 경우에는 일사부재리의 효력이 인정된다.

III. 소송조건의 조사

1. 직권조사

법원은 소송조건의 존부에 관하여 직권으로 조사하여야 한다. 다만 토지관할위반의 경우에는 피고인의 신청이 있을 때에만 법원은 조사할 수 있다($\frac{제320조}{제1항}$). 소송조건은 소송의 전과정에서 구비되어야 하므로 법원은 절차의 모든 단계에서 소송조건의 유무를 조사하여야 한다. 예를 들면 반의사불벌죄에 있어서 처벌불원의 의사표시의 부존재는 소극적 소송조건이므로 당사자가 항소이유로 주장하지 아니하였다고 하더라도 항소심은 이를 직권으로 조사·판단하여야 한다.[1]

---

1) 대법원 2001. 4. 24. 선고 2000도3172 판결, 2002. 3. 15. 선고 2002도158 판결.

2. 소송조건의 증명

소송조건의 존부는 소송법적 사실에 해당하므로 **자유로운 증명**으로 충분하다. 따라서 법원은 소송조건의 존부를 판단하기 위해 정식 증거조사를 거칠 필요가 없다.

Ⅳ. 소송조건의 흠결

1. 소송의 종료

소송조건이 흠결되었을 때에는 각 해당 사유에 따라 소송을 종결하여야 한다. 형식적 소송조건이 흠결된 경우에는 공소기각판결($^{제327}_조$)이나 공소기각결정($^{제328}_조$) 또는 관할위반의 판결($^{제319}_조$)을 하며, 실체적 소송조건이 흠결된 경우에는 면소의 판결($^{제326}_조$)을 선고한다. 따라서 소송조건이 흠결된 사건에 대하여는 법원이 무죄의 심증을 가지고 있더라도 무죄판결을 선고할 수 없다. 또한 피고인도 무죄를 주장하면서 상소를 할 수 없다.

【사 례】 소송조건의 흠결과 무죄판결

《사 안》 피고인 甲은 피해자 乙을 모욕하였다는 공소사실로 기소되었는데, 공판심리과정에서 공소사실을 모두 부인하면서 무죄를 주장하였다. 법원은 무죄의 심증을 형성하고 변론을 종결하였는데 판결선고일 하루 전에 乙이 고소취소서를 제출하였다. 법원은 피고인 甲에 대하여 어떠한 재판을 하여야 하는가?

《검 토》 모욕죄는 친고죄에 해당하고($^{형법 제311조.}_{제312조}$), 친고죄의 고소는 제1심 판결선고 전까지 취소할 수 있다($^{제232조}_{제1항}$). 친고죄에 있어서 고소의 존재는 형식적 소송조건에 해당한다. 피해자 乙이 제1심 판결선고 전에 고소를 취소한 경우에는 법원은 무죄의 심증을 가지고 있더라도 무죄판결을 선고할 수 없다. 따라서 법원은 피고인 甲에게 공소기각판결을 선고하여야 한다($^{제327조}_{제5호}$). 또한 피고인 甲은 공소기각판결에 대하여 무죄를 주장하면서 상소를 할 수 없다.

2. 소송조건흠결의 경합

소송조건의 흠결이 경합한 때에는 논리상의 순서와 판단의 난이에 따라 결정하여야 한다. 그리고 같은 종류의 소송조건이 결여된 때에는 이론상의 전후관계는 없으므로 하자의 정도와 판단의 난이에 따라 결정하면 충분하다. 형식적 소송조건과 실체적 소송조건의 흠결이 경합한 때에는 전자를 이유로 재판하여야 한다. 예를 들면 친고죄에 있어서 고소가 취소된 경우에는 피고사건에

대한 공소시효가 완성되었더라도 법원은 형식재판인 공소기각판결로 소송을
종결하여야 한다. 관할위반사유와 공소기각사유가 경합한 때에는 공소기각의
재판을 하여야 하며, 공소기각판결사유와 공소기각결정사유가 경합한 때에는
공소기각결정을 하여야 한다.

V. 소송조건의 추완

소송조건의 추완이란 공소제기 당시에는 소송조건이 구비되지 않았으나 소
송계속중에 그 흠결이 보완된 경우에 공소제기의 하자가 치유되는가의 문제를
말한다. 소송조건의 추완은 주로 친고죄에 있어서 고소의 추완을 인정할 것인
가를 중심으로 논의된다. 소송조건의 추완을 인정할 것인가에 관하여는 학설의
대립이 있으나, 소송조건은 실체심판의 전제조건일 뿐만 아니라 공소제기의 적
법·유효조건으로서 검사의 공소제기를 규제하고 있으므로 그 추완은 허용되
지 않는다고 본다.

제 2 절 소송행위이론

제 1 관 총   설

제 1 개   관

I. 의   의

1. 개   념

소송행위(訴訟行爲)란 소송절차를 형성하는 행위로서 소송법상 일정한 효과
가 인정되는 것을 말한다. 협의의 소송행위는 공소제기부터 판결확정까지의 공
판절차를 형성하는 행위만을 의미하나, 광의의 소송행위는 수사절차와 형집행
절차를 형성하는 행위까지 포함한다. 형사소송법상 소송행위는 광의의 소송행
위를 의미한다.

2. 개념의 요소

① 소송행위는 소송절차를 형성하는 행위이다. 따라서 법관의 임면(任免)이나

사법사무의 분배는 소송에 관계 있는 행위이지만 소송절차 자체를 형성하는 행위가 아니므로 소송행위에 해당하지 않는다. ② 소송행위는 **소송법상 일정한 효과가 인정되는 행위**를 말한다. 따라서 법정경위의 법정정리 또는 개정준비행위는 소송의 진행을 위한 사실상의 행위이지만 소송법적 효과가 인정되지 않으므로 소송행위가 아니다.

Ⅱ. 소송행위의 특질

소송행위는 소송목적을 달성하기 위하여 절차의 연속을 전제로 하는 행위이다. 즉 하나의 소송행위는 절차의 발전단계에 따라 앞선 소송행위를 바탕으로 행하여지는 것이다. 따라서 **절차유지의 원칙**상 소송행위가 무효로 되는 것을 억제할 필요가 있다. 그러므로 사법상의 법률행위이론 특히 의사의 하자에 관한 이론은 소송행위에 대하여 그대로 적용될 수 없다.

제 2 소송행위의 종류

Ⅰ. 주체에 의한 분류

1. 법원의 소송행위

법원의 소송행위는 피고사건에 대한 심리와 재판뿐만 아니라 각종 강제처분과 증거조사도 포함한다. 재판장·수명법관·수탁판사의 소송행위도 법원의 소송행위에 준한다. 법원사무관 등의 조서작성도 소송행위에 속한다.

2. 당사자의 소송행위

(1) 의 의 당사자의 소송행위란 검사와 피고인의 소송행위를 말한다. 피고인의 변호인·대리인·보조인의 소송행위도 당사자의 소송행위에 준한다. 당사자의 소송행위에는 신청, 주장, 입증 및 진술이 있다.

(2) 신 청 넓은 의미에서의 신청이란 법원에 대하여 일정한 재판을 구하는 소송행위를 말한다. 관할이전의 신청, 기피신청, 공소·상소의 제기 또는 보석의 청구 등이 신청의 예이다.

(3) 주 장 주장은 사실 또는 법률에 대한 의견을 표시하는 소송행위이며, 변론이라고도 한다. 검사의 논고와 구형 및 변호인의 변론이 주장에 해당한다.

(4) 입 증 입증이란 증명에 관한 소송행위를 말한다. 증거방법의 제출, 증거조사의 신청, 증인의 신문 등이 이에 해당한다.

(5) 진 술   진술이란 법원에 대하여 사실을 보고하는 소송행위를 말한다. 주로 질문에 대한 대답의 형식으로 이루어지나 반드시 이러한 형식에 제한되는 것은 아니다. 피고인의 진술이 여기에 해당한다.

3. 제3자의 소송행위

제3자의 소송행위란 법원과 당사자 이외의 자가 행하는 소송행위를 말한다. 고소・고발・증언・감정 등이 이에 해당한다.

II. 성질에 의한 분류

1. 법률행위적 소송행위

법률행위적 소송행위란 일정한 소송법적 효과를 목적으로 하는 의사표시를 요소로 하고 그에 상응하는 효과가 인정되는 소송행위를 말한다. 고소, 공소제기, 재판의 선고, 상소제기 등이 여기에 속한다. 법률행위적 소송행위는 사법상의 법률행위와 유사하지만, 소송법이 정한 일정한 법률효과만 발생할 뿐이며 정형화되어 있다. 따라서 행위자의 효과의사와 표시행위가 불일치한 경우에는 표시행위에 따른 소송법적 효과가 발생한다.

2. 사실행위적 소송행위

사실행위적 소송행위란 행위자의 의사와 무관하게 일정한 소송법적 효과가 발생하는 소송행위를 말한다. 사실행위적 소송행위는 표시행위와 순수한 사실행위로 구분된다. 표시행위란 의사를 내용으로 하는 소송행위이지만 의사내용에 상응하는 소송법적 효과가 인정되지 않는 것을 말한다. 검사의 논고와 구형, 변호인의 변론, 증인의 증언 등이 여기에 해당한다. 순수한 사실행위란 구속・압수・수색 등 영장의 집행을 말한다. 영장의 집행은 사실행위이지만 영장의 발부는 법률행위적 소송행위이다. 따라서 구속은 사실행위와 법률행위를 포함한 복합적 소송행위이다.

III. 목적에 의한 분류

1. 실체형성행위

실체형성행위란 실체면의 형성을 목적으로 하는 소송행위를 말한다. 즉 피고사건에 대한 법관의 심증형성에 직접적인 역할을 담당하는 소송행위이다. 증거조사, 피고인의 진술, 변호인의 변론, 증인의 증언 등이 이에 해당한다.

2. 절차형성행위

절차형성행위란 절차면의 형성을 목적으로 하는 소송행위를 말한다. 절차의 형식적 진행과 발전에 기여하는 소송행위이다. 공소제기, 공판기일의 지정, 소송관계인의 소환, 증거조사의 신청, 상소의 제기 등이 이에 속한다.

IV. 기능에 의한 분류

1. 취효적 소송행위

취효적(取效的) 소송행위란 행위 자체만으로는 행위자가 원하는 소송법적 효과가 발생하지 않고 다른 주체의 소송행위가 있을 때 비로소 그 효과가 발생하는 소송행위를 말한다. 이를 효과요구소송행위라고도 한다. 공소제기와 증거조사의 신청이 이에 해당한다.

2. 여효적 소송행위

여효적(與效的) 소송행위란 행위 그 자체만으로 일정한 소송법적 효과가 발생하는 소송행위를 말한다. 이를 효과부여소송행위라고도 한다. 변호인의 선임, 증거동의, 상소의 포기·취하 등이 이에 해당한다. 법원의 각종 재판도 직접 소송행위에 따른 효과가 발생한다는 점에서 여효적 소송행위에 해당한다.

V. 효과에 의한 분류

1. 단순소송행위

단순소송행위란 소송법상의 일정한 효과만 발생하는 소송행위를 말한다. 대부분의 소송행위가 이에 속한다.

2. 이중기능적 소송행위

이중기능적 소송행위란 소송법상 일정한 효과가 인정될 뿐만 아니라 실체법상 효과도 인정되는 소송행위를 말한다. 각종의 강제처분, 자수·자백이 이에 해당한다.

제 2 관 소송행위의 일반적 요소

제 1 소송행위의 주체

Ⅰ. 소송행위적격

1. 의 의

소송행위적격(訴訟行爲適格)이란 행위의 주체가 자신의 이름으로 소송행위를 할 수 있는 자격을 말한다. 소송행위적격은 일반행위적격과 특별행위적격으로 나눌 수 있다.

2. 일반행위적격

일반행위적격이란 소송행위 일반에 대하여 요구되는 행위적격을 말한다. 소송의 주체가 되려면 소송능력과 소송행위능력을 갖추어야 한다. 소송행위의 대리는 일반행위적격과 관련된 문제이다.

3. 특별행위적격

특별행위적격이란 개개의 소송행위에 대하여 요구되는 행위적격을 말한다. 특별행위적격에는 두 가지 경우가 있다. ① 행위적격이 소송행위의 개념요소로 되어 있는 경우에는 행위적격 없는 자의 소송행위는 소송행위로서 성립하지 않는다. 법관 아닌 자가 한 재판이나 검사 아닌 자의 공소제기가 여기에 해당한다. ② 소송행위가 소송법상 일정한 자의 권한 또는 권리로만 규정되어 있는 경우에는 무권한자의 소송행위는 원칙적으로 무효에 해당한다. 예를 들면 고소권자 아닌 자의 고소, 상소권자 아닌 자의 상소이다.

Ⅱ. 소송행위의 대리

1. 의 의

대리란 본인 이외의 제3자가 본인을 위하여 소송행위를 하고 그 법률상 효과가 본인에게 직접 발생하는 것을 말한다. 소송행위의 대리문제는 소송행위에 있어서 행위적격자의 대리가 허용되는가 여부의 문제이다. 원래 대리는 민법상 인정된 제도로서 의사표시를 요소로 하는 법률행위에만 원칙적으로 인정된다. 그러나 형사소송에 있어서는 사실행위도 소송법상 효과가 부여되는 한 법률행위와 사실행위의 구별은 상대적이다.

2. 대리의 허용범위

⑴ 명문의 규정이 있는 경우

㈎ 포괄적 대리   형사소송법상 명문의 규정으로 피고인 또는 피의자의 소송행위에 대하여 포괄적 대리를 인정하는 경우이다. ① 의사무능력자인 피고인의 법정대리인이 행하는 소송행위의 대리($^{제26}_{조}$), ② 법인인 피고인의 대표자가 행하는 소송행위의 대리($^{제27}_{조}$), ③ 의사무능력자 또는 법인의 특별대리인이 행하는 소송행위의 대리($^{제28}_{조}$), ④ 변호인·보조인에 의한 소송행위의 대리($^{제36조·}_{제29조}$), ⑤ 경미사건 등에 있어서 피고인의 대리인에 의한 소송행위의 대리($^{제277}_{조}$)가 여기에 속한다.

㈏ 개별적 대리   개개의 소송행위에 대한 대리를 인정하는 경우이다. 이에 해당하는 것으로 ① 고소 또는 그 취소의 대리($^{제236}_{조}$), ② 구속적부심사청구의 대리($^{제214조}_{의2}$), ③ 재정신청의 대리($^{제264}_{조}$), ④ 변호인선임의 대리($^{제30}_{조}$), ⑤ 상소의 대리($^{제341}_{조}$)가 있다.

⑵ 명문의 규정이 없는 경우

㈎ 부정설   형사소송법상 명문의 규정이 없으면 소송행위의 대리가 허용되지 않는다는 견해[1]이다. 그 근거는 다음과 같다. ① 형사소송법상 대리를 인정하는 명문의 규정을 둔 것은 명문의 규정이 없는 때에는 대리가 허용되지 않는다는 취지로 해석하여야 하고, ② 소송행위의 대리를 인정한다면 형사소송의 형식적 확실성을 침해하며, ③ 소송행위는 일신전속적 성질을 가지고 있으므로 대리에 친하지 않고, ④ 실체적 진실의 발견에 지장을 초래한다.

㈏ 긍정설   형사소송법에 대리를 허용하는 명문의 규정이 없더라도 소송행위의 대리를 인정하는 견해[2]이다. 그 근거는 다음과 같다. ① 형사소송법상 소송행위의 대리를 허용하는 규정을 두었다고 하여 명문의 규정이 없으면 언제나 대리가 금지된다고 해석해야 되는 것은 아니고, ② 대리인의 권한이 확실한 때에는 형사소송의 형식적 확실성을 해할 여지가 없으며, ③ 소송행위가 반드시 일신전속적 성격만 가지는 것이 아니고, ④ 절차형성행위에 대하여는 대리를 허용하여도 실체적 진실의 발견에 지장을 초래하지 않는다고 한다.

㈐ 검 토   고소사건의 대리에 관하여는 명문의 규정($^{제236}_{조}$)이 있으나, 고

---

1) 배종대, 146면; 신동운, 633면.
2) 신양균, 440면; 이재상, 175면.

발사건의 대리에 관하여는 명문의 규정이 없다. 이와 같이 절차적 형성행위에 대하여는 명문의 규정이 없더라도 소송행위의 대리를 인정함이 타당하고 본다.

3. 대리권의 행사

(1) 대리권행사의 범위 대리권의 행사는 본인의 의사에 따라야 한다. 다만 본인의 명시 또는 묵시의 의사에 반하여 대리권을 행사할 수 있는 경우도 있다. 그리고 변호인은 법률에 다른 규정이 없는 경우에는 독립하여 소송행위를 할 수 있다($^{제36}_{조}$).

(2) 무권대리의 효과 대리권 없는 자의 소송행위는 무효이다. 대리권의 행사가 본인의 의사에 따라야 하는 경우에 본인의 의사에 반하는 소송행위도 무효가 된다. 다만 본인의 추인이 있는 경우에는 무효가 치유될 수 있다.

Ⅲ. 소송행위능력

소송행위능력(訴訟行爲能力)이란 소송을 수행하면서 자신의 이익과 권리를 방어할 수 있는 사실상의 능력을 의미한다. 소송행위능력의 정도는 소송의 주체와 소송행위에 따라 각각 다르다. 피고인의 소송능력은 의사능력으로써 충분하지만 이를 모든 소송주체에 일반화할 수는 없다. 또한 선서와 같은 소송행위에 대하여는 선서능력에 관한 특별규정($^{제159}_{조}$)이 있다.

제2 소송행위의 내용

Ⅰ. 내용의 명확성

표시를 요소로 하는 소송행위에 있어서는 그 내용이 소송행위 자체에 의하여 명확하고 특정되어야 한다. 그러나 형식적 확실성과 절차의 진행을 해하지 않는 범위에서 다른 서면에 기재된 내용을 인용할 수 있다($^{제369조,}_{제399조 참조}$). 또한 동시 제출된 다른 서면을 인용하는 것은 일반적으로 허용된다.

Ⅱ. 소송행위의 부관

1. 의   의

소송행위의 부관(附款)이란 소송행위의 효과의 발생 또는 소멸에 관하여 이를 한정하기 위하여 당해 소송행위에 부가되는 제한을 말한다. 소송행위의 내용은 명확하여야 한다는 점과 관련하여 소송행위에 조건·기한 등 부관을 붙일 수 있는가라는 문제가 있다.

2. 학 설

(1) 제한적 허용설   소송행위는 형식적 확실성을 필요로 하기 때문에 부관과 친하지 않는 행위이므로 조건부·기한부 소송행위는 원칙적으로 허용되지 않는다고 한다. 그러나 형식적 확실성을 해하지 않고 피고인의 이익에 중대한 영향이 없는 범위에서는 조건부 소송행위를 허용할 수 있다고 한다.[3]

(2) 부정설   소송행위에 조건이나 기한을 붙이는 것은 형사절차의 명확성·안정성 그리고 소송관계인의 이익보호를 위해 허용되지 않는다고 한다. 그러나 법령에 조건이나 기한설정이 허용되어 있는 경우(예를 들면 공소사실과 적용법조의 예비적·택일적 기재)에는 예외적으로 소송행위에 부관을 붙일 수 있다고 한다.[4]

(3) 이원설   여효적 소송행위에는 조건이 허용되지 않지만 취효적 소송행위에 대하여는 법원의 심리·재판을 불안정하게 하지 않는 한도에서 허용된다고 한다.[5]

3. 검 토

소송행위에 조건이나 기한을 붙이는 것은 소송행위의 형식적 확실성을 해하고 법원의 심리를 불안정하게 하므로 원칙적으로는 허용되지 않는다고 본다. 따라서 공소의 제기, 상소의 제기와 취하, 재판에 대하여 조건을 붙일 수 없다. 그러나 피고인의 이익에 중대한 영향이 없고, 절차의 형식적 확실성을 해하지 않는 범위에서는 소송행위에 부관을 붙일 수 있다고 본다. 조건부 또는 택일적 증거신청이 이에 해당한다.

제 3   소송행위의 방식·일시·장소

Ⅰ. 소송행위의 방식

1. 의 의
소송행위는 형사소송법이 규정한 일정한 방식으로 이루어져야 한다. 이는

---

3) 이재상, 176면.
4) 배종대, 147면; 신동운, 634면.
5) 신양균, 442면.

형사절차의 형식적 확실성을 확보하고 소송관계인 특히 피고인의 이익을 보호하고자 함이다. 소송행위의 일반적 방식으로는 구두에 의한 방식과 서면에 의한 방식이 있다.

2. 구두에 의한 방식

구두에 의한 방식은 표시내용이 신속·선명하기 때문에 공판정에서의 소송행위, 특히 실체형성행위에 대한 원칙적 방식이다. 검사의 모두진술($제285조$), 피고인신문($제296조의2$) 등의 경우 구두에 의한 방식을 취한다.

3. 서면에 의한 방식

서면에 의한 방식은 소송행위를 내용적·절차적으로 명확히 하기 때문에 형식적 확실성을 요하는 절차형성행위에 대한 원칙적 방식이다. 공소제기($제254조$), 상소제기($제343조제1항$) 등은 서면에 의하여야 한다.

4. 서면 또는 구두에 의한 방식

서면 또는 구두 어느 방식에 의하더라도 무방한 소송행위로는 고소·고발 및 그 취소($제237조제1항, 제239조$), 공소취소($제255조$), 상소의 포기 또는 취하($제352조$), 정식재판청구의 포기 또는 취하($제458조, 제352조$) 등이 있다.

II. 소송행위의 일시

1. 기　일

기일이란 법률이나 법관에 의하여 소송관계인이 소송행위를 하도록 지정된 때를 말한다. 예를 들면 공판기일·증인신문기일이 여기에 해당한다. 기일은 日 및 時로써 지정된다. 기일은 지정된 시각에 개시되지만 종기에는 제한이 없다.

2. 기　간

(1) 기간의 종류

(가) 행위기간과 불행위기간　　행위기간이란 적법하게 소송행위를 할 수 있는 일정한 기간을 말한다. 고소기간($제230조$)이나 상소기간($제358조, 제374조$)이 여기에 해당한다. 불행위기간이란 일정한 기간 내에는 소송행위를 할 수 없는 기간을 말한다. 제1회 공판기일의 유예기간($제269조$)이 여기에 속한다.

(나) 법정기간과 재정기간　　법정기간이란 시간의 길이가 법률에 정해져 있는 기간을 말한다. 구속기간($제92조$), 상소제기기간($제358조, 제374조$)이 여기에 해당한다. 재정기간이란 재판에 의하여 정하여지는 기간을 말한다. 영장의 유효기간($제75조제1항$), 감정유치기간($제172조$)이 여기에 속한다.

(다) **불변기간과 훈시기간**　　불변기간이란 기간경과 후에 행한 소송행위가 무효로 되는 경우로시 연장이 허용되지 않는 기산을 말한다. 고소기간($^{제230}_{조}$), 재정신청기간($^{제260}_{조}$)이 여기에 해당한다. 훈시기간이란 기간이 경과한 후에 소송행위를 하더라도 그 효력에 영향이 없는 기간을 말한다. 공판조서정리기간($^{제54}_{조}$), 검사의 사건처리기간($^{제257}_{조}$), 재정결정기간($^{제262}_{조}$), 판결선고기간($^{제318조}_{의4}$), 사형집행기간($^{제466}_{조}$)이 여기에 속한다.

(2) **기간의 계산**　　기간계산의 방법은 자연적 계산방법과 역법적 계산방법이 있다. 자연적 계산방법은 실제의 기간을 수학적 원리에 따라 계산하는 방법이고, 역법적 계산방법은 역서에 따라 계산하는 방법이다. 시간이나 일을 단위로 하는 기간의 경우에는 전자의 방법을 취하고($^{제66조}_{제1항}$), 月이나 年을 단위로 하는 기간의 경우에는 후자의 방법을 취한다($^{동조}_{제2항}$). 일·월 또는 년으로써 계산하는 경우에는 **초일을 산입하지 않는다**. 예를 들면 상소제기기간(7일)의 기산일은 재판을 선고·고지한 날 다음 날부터이다. 다만 **시효와 구속기간의 초일은** 시간을 계산함이 없이 1일로 산정한다($^{동조}_{제1항}$). 기간의 말일이 공휴일 또는 토요일에 해당하는 날은 기간에 산입하지 않는다. 다만 시효와 구속의 기간에 관하여는 예외로 한다($^{동조}_{제3항}$).

(3) **기간의 연장**　　불변기간은 소송행위를 할 자의 주거 또는 사무소의 소재지와 법원 또는 검찰청 소재지와의 거리 및 교통통신의 불편 정도에 따라 대법원규칙으로 이를 연장할 수 있다($^{제67}_{조}$). 이러한 기간의 연장은 행위기간에 대하여만 적용된다. 예를 들면 즉시항고의 제출기간,[6] 상고기간,[7] 또는 항소이유서[8]와 상고이유서 제출기간에 대하여는 기간의 연장이 적용된다.

Ⅲ. 소송행위의 장소

공판기일의 소송행위는 원칙적으로 법원 또는 지원의 건물 내에 있는 법정에서 행한다($^{法組法}_{제56조 \ 제1항}$). 그러나 예외적으로 필요한 경우에는 법원장이 법원 외의 장소에서 개정케 할 수 있다($^{동조}_{제2항}$).

---

6) 대법원 1983. 1. 22.자 82모52 결정.
7) 대법원 1976. 9. 27.자 76모58 결정.
8) 대법원 1985. 11. 27.자 85모47 결정.

제 3 관 소송행위에 대한 가치판단

제 1 개   관

소송행위에 대한 가치판단이란 소송행위에 하자가 있는 경우에 당해 소송행위를 어떻게 평가하여야 할 것인가 하는 문제를 말한다. 소송행위를 평가하기 위해서는 소송행위를 해석하여야 한다. 소송행위의 해석이란 소송행위의 표시내용을 판단하여 그 객관적 의미를 명백히 하는 것을 말한다. 소송행위의 표시내용은 문리적·형식적으로만 판단될 것이 아니라 전후의 사정을 고려하여 합리적·규범적으로 판단되어야 한다.

제 2 소송행위의 성립·불성립

Ⅰ. 의   의

1. 개   념
소송행위의 성립·불성립이란 특정한 행위가 **소송행위로서의 외관**을 갖추고 있는가 여부에 대한 가치판단을 말한다. 소송행위로서의 외관을 갖추고 있으면 일단 소송행위는 성립한 것이나, 소송행위로서의 외관조차 갖추고 있지 않는 경우에는 소송행위가 성립하지 않은 것이다. 소송행위가 성립하기 위하여는 소송행위에 요구되는 소송법상의 정형을 충족하기 위한 본질적 개념요소를 구비해야 한다.

2. 유효·무효와의 구별
소송행위의 성립·불성립은 소송행위의 유효·무효와 구별되어야 한다. 소송행위의 성립·불성립은 소송행위 자체에 대한 일반적·추상적 판단이고, 소송행위의 유효·무효는 소송행위의 성립을 전제로 한 구체적·개별적 판단이다.

Ⅱ. 논의의 실익

소송행위의 성립과 불성립을 논하는 실익은 다음과 같다. ① 소송행위가 성립하지 않은 때에는 이를 무시하거나 방치할 수 있다. 그러나 소송행위가 일단 성립한 때에는 그 소송행위가 무효라도 방치할 수 없고, 특히 절차형성행위에 관하여는 법원의 판단을 요한다. ② 무효의 치유는 소송행위의 성립을 전제로 하므로 소송행위가 성립하지 않은 때에는 치유가 문제되지 않는다. 추후 소송행위가 적법하게 이루어진 경우에는 그 때부터 당해 소송행위가 성립된 것으로 볼 수 있다.[9] ③ 소송행위가 일단 성립하면 일정한 법적 효과가 발생한다. 예를 들면 공소제기가 무효인 때에도 공소시효정지의 효력($\frac{제253}{조}$)은 발생하며, 판결이 무효인 경우에도 형식적 확정력이 인정된다.

제 3 소송행위의 유효 · 무효

Ⅰ. 의   의

1. 개   념

소송행위의 유효 · 무효는 소송행위가 성립한 것을 전제로 소송행위의 **본래적 효력**을 인정할 것인가에 대한 가치판단을 말한다. 무효인 소송행위는 소송행위로서의 본래적 효력이 발생하지 않지만 일정한 법적 효과가 인정된다. 예를 들면 공소제기가 무효인 경우 실체심판을 받을 효력은 발생하지 않지만, 공소 시효정지의 효력($\frac{제253}{조}$)이 인정되고, 법원은 형식재판을 통하여 소송을 종결해야 한다.

2. 무효의 유형

소송행위의 무효에는 당연무효인 경우와 무효선언을 필요로 하는 경우가 있다. 예를 들면 기재사항을 전혀 기재하지 않은 공소제기, 동일사건에 대한 이중판결, 상소취하 후의 상소심판결은 무효선언을 하지 않아도 되는 당연무효이다. 한편 무효인 소송행위가 소송계속, 공소시효의 정지 등과 같은 일정한 소송법적 효과를 발생한 때에는 소송절차의 형식적 확실성을 도모하기 위하여 무효선언을 필요로 하고, 이 경우 공소기각 등의 재판으로 소송을 종결한다.

Ⅱ. 무효의 원인

1. 행위주체에 관한 무효원인

⑴ **소송행위적격**   소송행위적격이 없는 자의 소송행위가 무효로 되는 범

---

9) 대법원 2003. 11. 14. 선고 2003도2735 판결.

위에 관하여 견해가 나뉜다. ① 실체형성행위와 절차형성행위를 구별하지 않고 모두 무효로 된다는 견해[10]와 ② 절차형성행위는 무효이지만 실체형성행위는 모두 무효라고 할 수 없다는 견해[11]가 있다. 피고인이 당사자능력이 없는 경우라도 피고인이 한 진술 자체는 무효로 되지 않으므로 제2설이 타당하다고 본다.

(2) 의사표시의 하자

(가) 쟁 점   실체형성행위의 경우 의사의 합치가 아니라 실체에 대한 합치를 문제삼기 때문에 실체형성에 관한 소송행위가 사기·기망 또는 착오에 의하여 이루어졌다 하더라도 무효로 되지 않는다. 그러나 절차형성행위의 경우에는 절차의 형식적 확실성과 절차적 정의라는 양 측면을 어떻게 조화시킬 것인가의 문제가 있다.

(나) 학 설   ① 소송행위에는 형식적 확실성이 요구되므로 착오 등에 의한 소송행위도 원칙적으로 유효하나, 소송행위가 적정절차원칙에 위반하여 이루어진 경우에는 무효원인이 될 수 있다는 원칙적 유효설[12]과 ② 피고인의 이익과 정의가 소송의 형식적 확실성으로 인하여 희생될 수는 없다는 이유로 착오 등에 의한 소송행위는 원칙적으로 무효가 되고, 다만 착오가 피고인의 귀책사유로 인한 것일 때에는 유효로 하는 것이 타당하다는 원칙적 무효설이 대립한다.

(다) 판 례   절차의 형식적 확실성을 강조하면서도 피고인의 이익과 정의라는 측면을 고려하여 다음과 같은 요건을 구비한 경우에 한하여 착오로 인한 소송행위가 무효로 된다. ① 통상인의 판단을 기준으로 행위자에게 착오가 없었다면, 그러한 소송행위를 하지 않았으리라고 인정되는 중대한 착오가 있고, ② 그 착오가 행위자나 대리인이 책임질 수 없는 사유로 인하여 발생하였으며, ③ 그 행위를 유효로 하는 것이 현저히 정의에 반한다고 인정되는 경우이어야 한다.[13]

(라) 검 토   절차형성행위의 경우 소송절차의 형식적 확실성이 요구되므로 착오 등에 의한 소송행위도 원칙적으로 유효하다고 본다. 다만 행위자의 책임, 소송관계인의 신뢰보호, 소송절차의 단계 등을 종합적으로 고려하여 예외적으로 소송행위의 무효를 인정할 수 있다고 본다.

---

10) 신동운, 644면.
11) 신양균, 448면; 이재상, 185면.
12) 배종대, 159면; 신동운, 644면; 이재상, 185면.
13) 대법원 1992. 3. 13.자 92모1 결정, 1995. 8. 17.자 95모49 결정.

2. 소송행위 주체에 관한 무효원인

⑴ 내용상의 무효원인   소송행위의 내용이 법률상 또는 사실상 불능인 때에는 무효가 된다. 예를 들면 법정형을 넘는 형을 선고한 유죄판결은 법률상 불능의 경우에 해당하고, 허무인에 대한 공소제기 또는 존재하지 않는 재판에 대한 상소는 사실상 불능의 경우에 해당한다. 이익이 없는 소송행위는 원칙적으로 무효로 된다. 특히, 그 목적을 달성한 소송행위를 동일한 사정하에 반복하는 것은 일회성의 원칙에 반하여 무효이다. 예를 들면 적법한 공소제기 있었던 사건에 대한 이중기소가 여기에 해당한다. 공소사실을 특정하지 않은 경우와 같이 내용이 불분명하거나 불확정한 소송행위도 원칙적으로 무효이다.

⑵ 방식상의 무효원인   방식위반의 소송행위에 관하여 일괄하여 논하기는 어렵다. 법률이 일정한 방식을 요구하는 소송행위의 경우에는 방식을 요구하는 목적과 필요성을 고려하여 방식위반의 하자가 무효원인으로 되는가를 판단하여야 한다.

Ⅲ. 무효의 치유

1. 의   의

무효의 치유란 무효인 소송행위가 사정변경에 의하여 유효로 되는 것을 말한다. 무효의 치유는 소송행위의 추완과 공격방어방법의 소멸에 의한 하자의 치유로 구분된다.

2. 소송행위의 추완

⑴ 의   의   소송행위의 추완이란 법정기간이 경과한 후에 이루어진 소송행위에 대하여 그 법정기간 내에 행한 소송행위와 같은 효력을 인정하는 것을 말한다. 소송행위의 추완에는 단순추완과 보정적 추완이 있다.

⑵ 단순추완

㈎ 개   념   단순추완이란 법정기간이 경과한 소송행위 자체가 추완행위에 의하여 유효하게 되는 경우를 말한다. 상소기간이 만료한 후 상소권회복청구(제345조)에 의하여 다시 상소를 제기할 수 있고, 약식명령에 대한 정식재판청구기간이 만료한 후에도 정식재판청구권의 회복청구(제458조)에 의하여 정식재판을 청구할 수 있다.

㈏ 명문의 규정이 없는 경우   명문의 규정이 없는 경우에 단순추완을 인정할 수 있는가에 대해서 학설의 대립이 있다. ① 긍정설에 의하면, 소송절차의

형식적 확실성과 법적 안정성을 침해하지 않는 범위에서는 제한적으로 단순추완을 인정할 수 있다고 한다.[14] 따라서 상소권회복에 관한 규정은 소송비용집행면제의 신청($\frac{제487}{조}$)에 대하여 준용된다고 한다. ② **부정설**에 의하면, 형사절차의 동적·발전적 성격과 소송관계인의 이익보호라는 점을 고려하여 명문의 규정이 없는 한 단순추완은 허용되지 않는다고 한다.[15] 부정설의 논거가 타당하다고 본다.

(3) 보정적 추완

(가) **개 념**　　보정적 추완이란 추완행위에 의하여 다른 소송행위의 하자를 보정하는 것을 말한다. 형사절차의 동적·발전적 성격과 소송경제를 고려하여 소송절차의 진행에 지장을 가져오지 않는 범위에서 보정적 추완을 인정할 수 있지만, 구체적인 범위에 대해서는 개별적인 검토를 요한다.

(나) **변호인선임의 추완**　　변호인선임신고 이전에 변호인으로서 한 소송행위가 사후에 변호인선임신고에 의하여 유효하게 되는가의 문제에 관하여 ① 피고인의 이익을 보호하기 위하여 변호인선임신고에 의한 보정적 추완을 인정하는 것이 타당하다는 **긍정설**[16]과 ② 변호인선임신고의 소송법적 중요성과 절차의 동적·발전적 성격을 고려하여 보정적 추완을 인정하지 않는 **부정설**[17]이 있다. 판례에 의하면, 상소이유서 제출기간 후에 변호인선임신고서가 제출된 때에는 그 기간 전에 상소이유서를 제출하였다고 하더라도 변호인의 상소이유서로서의 효력이 없다고 한다.[18] 변호인선임신고가 가지는 소송법적 효과의 중요성과 형사절차의 동적·발전적 성격에 비추어 변호인선임신고의 추완에 의하여 변호인의 소송행위를 보정하는 것은 원칙적으로 허용되지 않는다고 본다. 다만 상소이유서의 제출기간 내에 변호인선임신고서가 제출된 때에는 보정적 추완을 인정할 수 있다(**절충설**).

【사 례】 변호인선임의 추완

《사 안》 피고인 甲은 사기죄로 징역 2년을 선고받아 제1심 판결에 항소하였다. 변호사 乙은 甲의 변호인으로 선임되어 항소이유서 제출기간 내에 항소이유서를 제출하였으나 사무직원의 실수로 변호인선임신고서를 누락하였다. 변호인 乙은 항소이

---

14) 배종대, 161면; 신양균, 453면; 이재상, 186면.
15) 신동운, 646면.
16) 배종대, 162면; 이재상, 187면.
17) 신동운, 647면.
18) 대법원 1969. 10. 4.자 69모68 결정

유서 제출기간이 경과한 후에 비로소 변호인선임신고서를 항소법원에 제출하였다. 변호사 乙이 제출한 항소이유서는 효력이 있는가?

《검 토》 항소인 또는 변호인이 항소이유서 제출기간(20일) 내에 항소이유서를 제출하지 아니한 때에는 항소법원은 원칙적으로 항소기각결정을 한다($^{제361조의}_{4 \ 제1항}$). 변호인선임신고 이전에 변호인으로서 한 소송행위가 사후에 변호인선임신고에 의하여 유효하게 되는가에 대하여 긍정설과 부정설이 대립한다. 판례는 변호인선임신고서를 제출하지 아니한 채 항소이유서만 제출하고 항소이유서 제출기간 경과 후에 변호인선임신고서를 제출하였다면 이는 적법·유효한 변호인의 항소이유서로 볼 수 없다고 판시하였다. 대법원이 부정설의 입장을 취하고 있다고 단언할 수는 없고 절충설로 해석될 수도 있다. 변호인선임신고의 소송법적 중요성과 피고인의 이익을 종합적으로 고려할 때 절충설이 타당하다고 본다. 따라서 본 사안에서는 변호사 乙이 제출한 항소이유서는 효력이 없다.

(다) **공소사실의 추완**   공소장에 기재된 공소사실은 법원의 현실적 심판의 대상을 결정하는 것이므로 이를 특정하여야 한다. 공소사실의 불특정은 공소장변경절차에 의해 그 하자가 치유되지 않는다는 견해가 있으나, 공소사실이 구체적 범죄구성요건사실을 표시하고 있는 때에는 검사 스스로 또는 법원의 석명에 의하여 불특정한 점이 보정될 수 있다고 본다. 다만 공소사실을 전혀 기재하지 않은 공소제기는 공소장변경에 의하여도 보정될 수 없다.

(라) **고소의 추완**   고소의 추완이란 친고죄에 있어서 고소가 없음에도 불구하고 공소를 제기한 후에 비로소 고소가 있는 경우에 공소가 적법하게 될 수 있는가의 문제를 말한다. 이에 관하여 학설의 대립이 있지만, 친고죄에 있어서 고소는 공소제기의 유효조건이므로 고소의 추완을 인정할 수 없다고 본다.

3. 공격방법의 소멸에 의한 하자의 치유

(1) **의 의**   소송이 일정한 단계에 이르면 무효를 주장할 수 없게 되는 경우가 있다. 이는 **절차유지의 원칙**에 의하여 소송행위의 무효가 치유되는 것이라고 할 수 있다. 예를 들면 재판에 하자가 있어도 확정된 때에는 통상의 방법으로 불복할 수 없다. 그리고 토지관할에 대한 관할위반의 신청은 피고사건에 대한 진술 후에는 할 수 없다($^{제320조}_{제2항}$).

(2) **책문권의 포기와 상실**   책문권이란 **절차위반의 소송행위**에 대하여 당사자가 이의를 하고 그 효력을 다툴 수 있는 권능을 말한다. 절차위반의 소송행위에 대하여 당사자가 이의를 하지 않겠다는 의사를 명시적 또는 묵시적으로 표

시하거나, 상당한 시기 안에 이의를 제기하지 않으면 그 하자가 치유되는 경우가 있다. 예를 들면 공소장부본송달의 하자, 공판기일지정의 하자, 제1회 공판기일의 유예기간의 하자, 증인신문순서의 하자 등이 여기에 해당한다.

Ⅳ. 소송행위의 취소와 철회

1. 의   의

소송행위의 취소란 소송행위의 효력을 소급하여 소멸시키는 것을 말한다. 이에 반하여, 소송행위의 철회는 소송행위의 효력을 장래에 향하여 상실시키는 것을 말한다. 공소의 취소($^{제255}_{조}$), 고소의 취소($^{제232}_{조}$), 재정신청의 취소($^{제264}_{조}$), 상소의 취하($^{제349}_{조}$), 재심청구의 취하($^{제429}_{조}$), 정식재판청구의 취하($^{제454}_{조}$) 등은 엄격히 말하여 철회에 해당한다.

2. 소송행위의 취소

① 절차유지의 원칙상 소송행위의 효력을 소급하여 소멸시키는 취소를 인정할 수 없다는 견해[19]와 ② 실체적 진실발견을 위하여 실체형성행위에 대하여는 취소를 인정할 수 있다는 견해[20]가 있다. 소송행위의 취소는 허용되지 않고, 다만 절차의 안정을 해하지 않는 범위 내에서 철회가 인정된다고 본다.

3. 소송행위의 철회

소송행위의 철회는 명문의 규정이 없는 경우에도 절차형성행위에 관하여는 인정된다. 따라서 증거조사신청($^{제294}_{조}$)이나 증거로 함에 대한 동의($^{제318}_{조}$)의 철회도 허용된다.[21] 이에 반하여 실체형성행위에 대하여는 철회가 허용되지 않는다.

제 4 소송행위의 적법·부적법

Ⅰ. 의   의

1. 개   념

소송행위의 적법·부적법이란 소송행위가 법률의 규정에 합치하는가에 대한 가치판단을 말한다. 법률의 규정에 합치하면 적법이고, 불합치한 때에는 부적법한 것이 된다.

---

19) 신양균, 435면; 이재상, 189면.
20) 배종대, 165면; 신동운, 635면.
21) 대법원 1983. 4. 26. 신고 83도267 판결.

2. 유효·무효와의 구별

소송행위의 적법·부석법도 소송행위의 성립을 전제로 한다는 점에서는 소송행위의 유효·무효와 동일하다. 그러나 소송행위의 적법·부적법은 소송행위의 전제조건과 방식에 관한 사전판단임에 대하여, 소송행위의 유효·무효는 그 본래적 효력을 인정할 것인가에 대한 사후판단을 의미한다.

II. 부적법의 유형

효력규정을 위반한 소송행위는 부적법할 뿐만 아니라 무효로 된다. 그러나 훈시규정에 위반한 소송행위는 부적법하지만 유효하다. 그리고 법률이 부적법한 행위를 유효한 것으로 규정한 경우도 있다. 관할권 없는 법원이 행한 소송행위(제2조)가 여기에 해당한다.

제 5   소송행위의 이유의 유무

I. 의   의

소송행위의 이유의 유무란 법률행위적 소송행위에 관하여 그 의사표시의 내용이 정당한가에 대한 가치판단을 말한다.

II. 이   유

유무의 판단이유 유무의 판단은 소송행위가 적법할 것을 전제로 한다. 예를 들면 공소 또는 상소에 대한 이유의 유무는 공소 또는 상소의 적법성이 전제되어야 한다. 이유 유무의 판단은 취효적 소송행위에 대한 가치판단이다. 주로 당사자의 신청과 청구에 대하여 적법성을 전제로 이유 유무의 가치판단이 문제된다. 재판도 이유 유무의 판단대상이 된다는 견해가 있으나, 재판과 같은 여효적 소송행위에 대하여는 이유 유무를 판단할 수 없다고 본다.

수사와 공소

제1장 수 사

제1절 수사 일반

제1관 총 설

제1 수사의 의의와 목적

I. 의 의

1. 개 념

수사(搜査)란 범죄의 혐의 유무를 명백히 하여 공소의 제기와 유지 여부를 결정하기 위하여 범인을 발견·확보하고 증거를 수집·보전하는 수사기관의 활동을 말한다. 수사는 항상 공소제기로 이어지는 것이 아니라 불기소처분으로 종료되는 경우도 있고, 공소제기 후에도 공소유지를 위해 보강수사를 하거나 진범(眞犯)이 발견되어 공소취소 여부를 결정하기 위해 수사활동이 필요한 경우도 있다.

2. 내 사

⑴ 내사의 의의   수사는 범죄의 혐의가 있다고 사료되는 때에 개시되는 수사기관의 활동이므로 범죄의 혐의 유무를 알아보기 위하여 행하는 수사기관의 내사(內査)와는 구별된다. 수사의 개시에 앞서 이루어지는 조사활동과 이에 기초한 범죄의 혐의가 있는지 여부에 관한 판단, 즉 수사를 개시할 것인가 또는 조사활동을 종결할 것인가의 판단은 수사기관이 제반 상황에 대응하여 자신에게 부여된 권한을 적절하게 행사할 수 있도록 합리적인 재량에 위임되어 있는 행위이다.[1]

⑵ 내사의 법적 근거   제199조 제1항은 『수사에 관하여 그 목적을 달성하기 위해 필요한 조사를 할 수 있다』고 규정하고 있는데 여기서 수사에 관한 목

---

1) 대법원 2006. 12. 7. 선고 2004다14932 판결.

적 달성은 수사 자체가 개시된 이후의 조사뿐만 아니라 수사개시 여부 판단을 위한 조사도 포함된다. 변사체검시에 관한 제222조도 내사의 근거가 된다. 변사체검시에 의해 범죄의 혐의가 인정되면 수사가 개시되기 때문이다.

(3) 내사와 수사의 구별   내사는 수사의 전단계이지만 범죄혐의의 유무를 확인하는 행위이므로 수사에서 행하는 활동과 외형적으로 유사한 활동도 있을 수 있고 이에 따라 언제까지를 내사라고 할 것인지 문제된다. 형식적인 입건을 기준으로 내사와 수사를 구별하는 것은 부당하고, 입건 여부에 불구하고 실질적인 수사가 개시되면 조사대상자는 피의자에 해당한다.

(4) 입건유예   검찰사건사무규칙 제230조는 내사사건의 결정에 입건유예 처분을 규정하고 있다. 이에 관하여 범죄혐의가 인정됨에도 불구하고 일정한 정상을 참작하여 입건을 유예하는 것은 직무유기죄에 해당할 수 있으므로 허용되지 않는다는 견해가 있다. 그러나 검사의 기소유예 권한에는 입건유예의 권한도 포함한다고 본다. 기소재량은 수사종결 후의 기소여부 판단시 뿐만 아니라 수사의 착수, 수사의 진행 등에도 인정되기 때문이다.

Ⅱ. 목   적

수사는 범죄혐의의 유무를 명백히 하여 공소제기 및 유지 여부를 결정함을 목적으로 한다. 공소제기 전에는 피의사건의 진상파악, 공소제기 여부의 결정, 공소제기 및 유지를 위한 준비, 사안의 진상해명을 위한 자료의 수집·보전 등이 주된 내용을 이루지만, 공소제기 후에는 공소의 유지 및 수행을 위한 준비활동, 공소의 취소 여부를 결정하기 위한 범죄혐의 유무에 대한 판단이 주된 내용을 이루게 된다.

제 2 수사기관

Ⅰ. 의   의

1. 검사와 사법경찰관의 관계

수사기관이란 법률상 수사의 권한이 인정되어 있는 국가기관을 의미한다. 수사기관에는 검사와 사법경찰관이 있다. 검사와 사법경찰관(경찰청 소속)은 수사, 공소제기 및 공소유지에 관하여 서로 협력하여야 한다. 수사를 위하여 준수하여야 하는 일반적 수사준칙에 관한 사항은 대통령령으로 정한다($^{제196}_{조}$). 「검사와 사법경찰관의 상호협력과 일반적 수사준칙에 관한 규정」은 위 사항을 규정하고 있는 대통령령이다.

2. 준수사항

⑴ **인권존중** 검사·사법경찰관리와 그 밖에 직무상 수사에 관계있는 자는 피의자 또는 다른 사람의 인권을 존중하고 수사과정에서 취득한 비밀을 엄수하며 수사에 방해되는 일이 없도록 하여야 한다($^{제198조}_{제2항}$).

⑵ **목록작성** 검사·사법경찰관리와 그 밖에 직무상 수사에 관계있는 자는 수사과정에서 수사와 관련하여 작성하거나 취득한 서류 또는 물건에 대한 목록을 빠짐없이 작성하여야 한다($^{동조}_{제3항}$).

⑶ **별건수사의 금지** 수사기관은 수사 중인 사건의 범죄 혐의를 밝히기 위한 목적으로 합리적인 근거 없이 별개의 사건을 부당하게 수사하여서는 아니되고, 다른 사건의 수사를 통하여 확보된 증거 또는 자료를 내세워 관련 없는 사건에 대한 자백이나 진술을 강요하여서도 아니 된다($^{동조}_{제4항}$).

Ⅱ. 사법경찰관리

1. 일반사법경찰관리

⑴ **경찰청 소속** 경찰공무원 가운데 경무관·총경·경정·경감·경위는 사법경찰관으로서 범죄의 혐의가 있다고 사료하는 때에는 범인, 범죄사실과 증거를 수사한다($^{제197조}_{제1항}$). 경사, 경장, 순경은 **사법경찰리**로서 수사의 보조를 하여야 한다($^{동조}_{제2항}$). 사법경찰관과 사법경찰리를 통칭하여 사법경찰관리라 부른다.

⑵ **검찰청 소속** 검찰수사서기관·수사사무관·마약수사사무관은 검사를 보좌하며 검사의 지휘를 받아 범죄수사를 한다($^{검찰청법 제}_{46조 제2항}$). 검찰서기·마약수사서기·검찰서기보·마약수사서기보는 검찰수사서기관 등의 직무를 보좌한다($^{동조}_{제3항}$). 검찰청 소속 사법경찰관은 검사를 보좌하며 검사의 지휘를 받는다는 점에서 경찰청 소속 사법경찰관과 구별된다.

2. 특별사법경찰관리

⑴ **범 위** 특별사법경찰관리란 삼림(森林)·해사(海事)·전매·세무·군수사기관, 기타 특별한 사항에 관하여 사법경찰관리의 직무를 행할 자를 말한다($^{제245조의}_{10 \; 제1항}$).「사법경찰관리의 직무를 수행할 자와 그 직무범위에 관한 법률」은 특별사법경찰관리의 종류와 직무범위를 규정하고 있다. 특별사법경찰관리에는

법률상 당연히 사법경찰관의 권한이 있는 자(예를 들면 교도소장·소년원장, 근로감독관 등)와 검사장의 지명에 의해 사법경찰관리로서의 권한이 인정되는 자(예를 들면 교도관리 등)이 있다.

(2) 수사권　　특별사법경찰관은 모든 수사에 관하여 검사의 지휘를 받는다($^{제245조의}_{10 \ 제2항}$). 특별사법경찰관은 범죄의 혐의가 있다고 인식하는 때에는 범인, 범죄사실과 증거에 관하여 수사를 개시·진행하여야 한다($^{동조}_{제3항}$). 특별사법경찰관리는 검사의 지휘가 있는 때에는 이에 따라야 한다($^{동조}_{제4항}$). 특별사법경찰관은 범죄를 수사한 때에는 지체 없이 검사에게 사건을 송치하고, 관계 서류와 증거물을 송부하여야 한다($^{동조}_{제5항}$). 특별사법경찰관은 수사종결권이 없다. 따라서 특별사법경찰관리에 대하여는 경찰공무원인 사법경찰관에게 적용되는 보완수사($^{제197조}_{의2}$), 시정조치($^{제197조}_{의3}$), 수사경합시 사건송치($^{제197조}_{의4}$), 영장이의신청권($^{제221조}_{의5}$), 사건송치·불송치($^{제245조}_{의5}$), 고소인 불송치통지($^{제245조}_{의6}$), 고소인 이의신청($^{제245조}_{의7}$), 불송치사건 재수사($^{제245조}_{의8}$)의 규정은 적용되지 않는다.

III. 직무관할구역

1. 검사의 직무관할

검사는 원칙적으로 소속 검찰청의 관할구역 내에서 그 직무를 행한다. 다만 수사상 필요할 때에는 관할구역 외에서 직무를 행할 수 있다($^{검찰청법}_{제5조}$). 각 검찰청 및 지청의 관할구역은 그 검찰청에 대응한 법원과 지원의 관할구역에 의한다($^{동법 \ 제3}_{조 \ 제4항}$). 다만 관할은 소송조건이므로 사건이 소속 검찰청에 대응한 법원의 관할에 속하지 않을 때에는 검사는 사건을 서류·증거물과 함께 관할법원에 대응한 검찰청의 검사에게 송치하여야 한다($^{제256}_{조}$).

2. 사법경찰관리의 직무관할구역

사법경찰관리가 관할구역 외에서 수사를 하거나 관할구역 외의 사법경찰관리의 촉탁을 받아 수사를 하는 경우에는 관할지방검찰청의 검사장 또는 지청장에게 보고하여야 한다($^{제210}_{조}$).

IV. 수사권 통제

1. 교체임용권

경찰서장이 아닌 경정 이하의 사법경찰관리가 직무집행에 관하여 부당한 행위를 하는 경우에 지방검찰청 검사장은 당해 사건의 수사중지를 명하고 임명권자에게 그 교체를 요구할 수 있다. 이와 같은 요구가 있으면 임명권자는 정당한 이유를 제시하지 않는 한 교체임용의 요구에 응하여야 한다(검찰청법 제54조). 관할 지방검찰청검사장은「폭력행위 등 처벌에 관한 법률」제2조 내지 제6조의 범죄가 발생하였음에도 불구하고 이를 검사장에게 보고하지 아니하거나 그 수사를 태만히 하거나 또는 수사능력부족 기타의 이유로써 사법경찰관리로서 부적당하다고 인정하는 자에 대하여는 그 임명권자에게 당해 사법경찰관리의 징계, 해임 또는 체임을 요구할 수 있다. 이 경우 임명권자는 2주일 이내에 당해 사법경찰관리에 대하여 행정처분을 한 후 이를 관할 지방검찰청검사장에게 통보하여야 한다(暴處法 제10조).

2. 수사권의 제한

영장청구권은 검사에게만 인정되고 사법경찰관에게는 인정되지 않는다. 사법경찰관이 피의자를 긴급체포할 때에는 즉시 검사의 승인을 받아야 한다(제200조의3 제2항). 그리고 사법경찰관이 압수물에 관한 처분을 할 때에는 검사의 지휘를 받아야 한다(제219조 단서).

3. 구속장소감찰

지방검찰청 검사장 또는 지청장은 불법체포·구속의 유무를 조사하기 위하여 검사로 하여금 매월 1회 이상 관하 수사관서의 피의자의 체포·구속장소를 감찰하도록 하고, 피의자가 적법한 절차에 의하지 아니하고 체포 또는 구속된 것이라고 의심할 만한 상당한 이유가 있는 경우에는 검사는 즉시 체포 또는 구속된 자를 석방하거나 사건을 검찰에 송치할 것을 명하여야 한다(제198조의2).

4. 인권옹호직무방해죄

경찰의 직무를 행하는 자 또는 이를 보조하는 자가 인권옹호에 관한 검사의 직무집행을 방해하거나 그 명령을 준수하지 아니한 때에는 인권옹호직무방해죄(형법 제139조)로 처벌된다. '인권옹호에 관한 검사의 명령'은 사법경찰관리의 직무수행에 의하여 침해될 수 있는 인신 구속 및 체포와 압수수색 등 강제수사를 둘러싼 피의자, 참고인, 기타 관계인에 대하여 헌법이 보장하는 인권 가운데 주로 그들의 신체적 인권에 대한 침해를 방지하고 이를 위해 필요하고도 밀접 불가분의 관련성 있는 검사의 명령 중 '그에 위반할 경우 사법경찰관리를 형사처벌까지 함으로써 준수되도록 해야 할 정도로 인권옹호를 위해 꼭 필요한 검사의

명령'으로서 법적 근거를 가진 적법한 명령을 말한다.[2]

제 3 수사의 조건

Ⅰ. 의 의

수사의 조건이란 수사절차의 개시와 실행에 필요한 전제조건을 말한다. 개별적인 수사마다 다양한 전제조건이 있으나, 수사의 일반적 조건으로 수사의 필요성과 상당성이 요구된다.

Ⅱ. 수사의 필요성

1. 범죄의 혐의

수사는 수사기관의 주관적 혐의에 의하여 개시된다. 다만 수사기관의 주관적 혐의는 구체적 사실에 근거를 둔 혐의이어야 한다. 따라서 단순한 추측만으로는 수사가 허용되지 않는다.

2. 수사와 소송조건

(1) 쟁 점   수사는 공소제기의 사전절차라는 측면을 고려할 때 공소제기의 가능성이 전혀 없는 사건에 대하여는 수사의 필요성이 없다. 이와 관련하여 친고죄에 있어서 고소가 없는 경우 또는 관계당국의 고발이 있어야 기소할 수 있는 사건(예를 들면 조세범처벌법위반죄)에 있어서 고발이 없는 경우에 수사를 개시할 수 있는가의 문제에 대하여는 견해가 대립된다.

(2) 학 설

(가) 제한적 허용설   친고죄 등에 있어서 고소·고발이 없는 경우에도 고소권이 명백하게 소멸한 경우 이외에는 수사기관은 임의수사와 강제수사를 모두 할 수 있다는 견해이다. 즉 고소의 가능성이 있을 경우에는 임의수사와 강제수사가 허용된다고 한다.[3]

(나) 강제수사제한설   친고죄에 있어서 고소가능성이 남아 있는 경우에 원칙적으로 임의수사만 허용되고, 강제수사는 허용되지 않는다고 한다. 다만 강간죄와 같은 폭력범죄의 경우에 한하여 피해자의 고소가능성이 있으면 강제수사를 허용할 수 있다고 한다.[4]

---

2) 헌법재판소 2007. 3. 29. 선고 2006헌바69 결정, 대법원 2010. 10. 28. 선고 2008도11999 판결.
3) 신동운, 133면; 이재상, 213면.

(다) **강제수사부정설**   친고죄에 관하여 고소가 없으면 임의수사는 허용
되나 강제수사는 허용되지 않는다는 견해이다. 소송조건의 인권보장적 기능에
서 그 이론적 근거를 구하고 있다.

(라) **전면적 부정설**   친고죄는 범죄피해자의 명예를 보호하기 위하여 인
정된 범죄유형이므로 그 입법취지를 존중하여 피해자의 고소가 없는 한 수사
기관은 수사를 할 수 없다고 한다.

(3) **판 례**   친고죄나 세무공무원 등의 고발이 있어야 논할 수 있는 죄에
있어서 고소 또는 고발은 소추조건에 불과하고 수사의 조건은 아니므로, 위와
같은 범죄에 관하여 고소나 고발이 있기 전에 수사를 하였다 하더라도 그 수사
가 장차 고소나 고발이 있을 가능성이 없는 상태하에서 행해졌다는 등의 특단
의 사정이 없는 한, 고소나 고발이 있기 전에 수사를 하였다는 이유만으로 그
수사가 위법하다고 볼 수는 없다.[5]

(4) **검 토**   친고죄를 인정한 취지와 수사의 필요성을 고려할 때 제한적 허
용설이 타당하다고 본다. 따라서 친고죄에 관하여 고소의 가능성이 있을 때에
는 증거나 범인을 확보하기 위하여 임의수사는 물론 강제수사도 허용된다. 고
소의 가능성이 없는 때로는 고소기간이 경과한 경우, 고소권자가 고소를 하지
않겠다는 의사를 명백히 표시한 경우 등이다.

【사 례】 고발 없는 수사의 적법 여부

《사 안》 주류업자인 甲은 동업자인 乙이 사업자금을 횡령하고 세금을 포탈하였다
는 혐의로 고소하였다. 검사는 乙을 업무상횡령죄로 구속한 뒤 조세포탈혐의에 대
해 계속 조사를 하여 乙로부터 1억원의 세금을 포탈하였다는 자백을 받고 그 증거
를 확보하였다. 검사는 乙을 업무상횡령죄와 조세범처벌법위반죄로 기소하기 위해
공소제기 하루 전에 세무공무원의 고발을 받았다. 검사가 조세범처벌법위반사건에
대하여 세무공무원의 고발이 없이 행한 수사는 적법한가?

《검 토》 조세범처벌법 제6조에 규정된 세무공무원의 고발은 공소제기의 요건일
뿐 수사개시의 요건은 아니다. 그러므로 세무공무원의 고발에 앞서 수사를 한 후 검
사의 요청에 따라 세무공무원이 고발조치를 하였다고 하여도 공소제기 전에 고발이
있는 이상 乙에 대한 수사와 공소는 적법하다.

---

4) 배종대, 183면.
5) 대법원 1995. 2. 24. 선고 94도252 판결.

Ⅲ. 수사의 상당성과 함정수사

1. 수사의 상당성

수사는 당해 사건의 목적을 달성하는 데 적합한 것으로서, 목적달성을 위해 필요한 최소한의 범위 내에서 이루어져야 하며, 수사결과 얻어지는 이익과 수사에 의한 법익침해가 부당하게 균형을 잃지 않도록 해야 한다. 이를 수사비례의 원칙이라 한다. 이 원칙은 특히 강제수사의 허용 여부와 범위를 판단하는 기준으로서 중요한 의미를 가지고 있다.

2. 함정수사

(1) 함정수사의 기준

(가) 학 설 　 함정수사를 허용하는 기준에 관하여 다음과 같은 학설이 대립된다. ① 주관설은 피교사자가 당해 범죄에 대하여 가지고 있는 범죄적 성향을 기준으로 하는 견해이다. 즉 함정수사를 기회제공형과 범의유발형으로 구분하여 범의가 없는 자에게 범의를 유발케 하는 경우에만 함정수사라고 한다. ② 객관설은 수사기관이 피고인을 함정에 빠뜨릴 때 취한 행동에 중점을 두는 견해이다. 미국 모범형법전 초안(Model Penal Code) 제2장 제13조에 의하면, 피교사자가 비록 범행의사를 가지고 있었다 하더라도 수사기관이 실질적 위험을 야기하는 설득 또는 유혹을 한 경우에는 함정수사의 항변을 인정하되, 그 입증책임은 피교사자가 부담하는 것으로 규정하고 있다. ③ 이원설은 범죄의 종류에 따라 함정수사의 기준을 달리하는 견해이다. 마약범죄나 조직범죄의 수사에 있어서는 기회제공형의 함정수사가 허용되지만, 재산범죄나 폭력범죄의 경우에는 함정수사가 허용되지 않는다고 한다.

(나) 판 례 　 본래 범의를 가지지 아니한 자에 대하여 수사기관이 사술이나 계략 등을 써서 범의를 유발케 하여 범죄인을 검거하는 함정수사는 위법하다 할 것인바, 구체적인 사건에 있어서 위법한 함정수사에 해당하는지 여부는 해당 범죄의 종류와 성질, 유인자의 지위와 역할, 유인의 경위와 방법, 유인에 따른 피유인자의 반응, 피유인자의 처벌 전력 및 유인행위 자체의 위법성 등을 종합하여 판단하여야 한다. 수사기관과 직접 관련이 있는 유인자가 피유인자와의 개인적인 친밀관계를 이용하여 피유인자의 동정심이나 감정에 호소하거나, 금전적·심리적 압박이나 위협 등을 가하거나, 거절하기 힘든 유혹을 하거나, 또는 범행방법을 구체적으로 제시하고 범행에 사용할 금전까지 제공하

는 등으로 과도하게 개입함으로써 피유인자로 하여금 범의를 일으키게 하는 것은 위법한 함정수사에 해당하여 허용되지 아니하지만, 유인자가 수사기관과 직접적인 관련을 맺지 아니한 상태에서 피유인자를 상대로 단순히 수차례 반복적으로 범행을 부탁하였을 뿐 수사기관이 사술이나 계략 등을 사용하였다고 볼 수 없는 경우에는 위법한 함정수사에 해당하지 아니한다.[6]

(다) 검   토   주관설에 의하면, 수사기관이 동일한 정도의 사술(詐術)을 사용한 경우에 피교사자의 주관에 따라 위법의 유무를 구별하는 것이 정당한가라는 의문이 있고, 객관설에 의하면, 피교사자가 함정수사의 입증책임을 부담하게 되므로 부당하다고 본다. 그리고 함정수사가 마약과 밀수범죄의 수사에 폭넓게 사용되고 있는 수사기법이지만, 적법성의 기준을 범죄의 종류에 따라 달리 해석하는 것은 적절하지 못하다. 함정수사는 범죄를 방지해야 할 수사기관에 의한 범죄의 유발을 내용으로 하고 있다. 따라서 범의를 가지지 아니한 자에 대하여 범의를 유발케 한 경우뿐만 아니라 범죄적 성향을 가진 자에 대하여도 수사기관이 범죄수행에 현저한 영향력을 행사한 경우에는 수사의 상당성이 결여되므로 위법한 수사에 해당한다고 본다. 그리고 피교사자의 범죄성향과 함정수사를 허용케 하는 사유의 입증책임은 검사가 부담하여야 한다(절충설).

(2) 함정수사에 의한 공소제기

(가) 쟁   점   범의를 가진 자에 대하여 범행을 용이하게 하는 것은 함정수사에 해당하지 않으므로 적법하나, 범의를 유발케 하거나 범행에 현저한 영향력을 행사하여 피교사자를 검거하는 함정수사는 공소제기에 어떠한 영향을 미치는가에 관하여는 학설의 대립이 있다.

(나) 학   설   ① 함정수사가 범죄의 성립을 조각하거나 소송조건에 해당한다고 할 수 없다는 점에서 피교사자를 처벌하여야 한다는 **유죄설**,[7] ② 함정수사는 적법절차에 위배하여 수사절차에 중대한 위법이 있는 경우이므로 함정수사에 기초한 공소제기는 법률의 규정에 위반하여 무효인 때에 해당하여 공소기각의 판결을 하여야 한다는 **공소기각설**[8] 및 ③ 함정수사는 국가기관에 의한 범죄유발로서 범인의 특수상황을 함께 고려하여 피교사자에 대하여 무죄판결을 선고해야 한다는 **무죄설**[9]이 있다.

---

6) 대법원 2007. 7. 12. 선고 2006도2339 판결.
7) 이재상, 219면.
8) 배종대, 187면.
9) 신동운, 140면; 신양균, 74면.

(다) **판 례**　　본래 범의를 가지지 아니한 자에 대하여 수사기관이 사술이나 계략 등을 써서 범의를 유발케 하여 범죄인을 검거하는 함정수사는 위법함을 면할 수 없고, 이러한 함정수사에 기한 공소제기는 그 절차가 법률의 규정에 위반하여 무효인 때에 해당한다.[10]

(라) **검 토**　　함정수사에 의하여 범죄를 유발하고 피교사자에 대하여 공소를 제기한 경우 공소제기의 절차가 법률의 규정에 위배하여 무효인 때에 해당하여 공소기각의 판결을 선고함이 타당하다고 본다.

【사 례】 함정수사 (1)

《사 안》 사법경찰관 甲은 상습도박자에 대한 검거실적을 올리기 위하여 상습도박의 전과가 있는 丙을 검거하기로 계획하고, 하수인 乙에게 丙과 함께 도박을 하도록 지시하였다. 乙은 丙에게 도박자금을 빌려 줄테니 카드도박을 하러 가자고 유혹하였다. 丙은 乙의 제의를 거절하다가 乙의 집요한 요구에 마지 못해 乙과 함께 도박장에 가게 되었다. 丙은 다른 사람들과 카드도박을 하던 중 甲에 의하여 현행범으로 체포되어 상습도박죄로 구속기소되었다. 법원이 사건을 심리하던 중 丙의 체포경위를 알게 된 경우 丙을 상습도박죄로 처벌할 수 있는가?

《검 토》 함정수사는 수사기관 또는 수사기관의 사주를 받은 자가 본래 범의가 없던 자에게 범죄기회를 제공하고 그 기회를 이용하여 피교사자를 체포하는 수사방법으로 위법한 수사이다. 본 사안의 경우 丙은 원래 도박의 의사가 없었는데 乙의 유도에 의하여 도박범행에 이르게 되었으므로 이는 함정수사에 해당한다. 피교사자에 대해 공소가 제기된 경우 무죄설, 유죄설, 공소기각설이 대립하고 있다. 함정수사는 적법절차에 위배하여 수사절차에 중대한 위법이 있는 경우이므로 소송장애사유에 해당한다. 따라서 법원은 甲에 대해 공소기각판결을 선고하여야 한다.

【사 례】 함정수사 (2)

《사 안》 마약 일제단속기간 중 사법경찰관 甲은 마약밀거래업자들이 자주 출입하는 지역에 잠복하고 있다가 평소 알고 지내던 마약상습복용자 乙을 만나자 그 지역에서 마약을 판매하는 자를 접선해 달라고 의뢰하였다. 잠시 후 乙이 친구를 통해 마약판매업자 丙과 연락이 되었고, 丙이 나타나 乙로부터 돈을 받고 알약을 꺼내는 순간 甲은 丙을 체포하였다. 甲이 행한 수사의 적법성을 논하라.

《검 토》 마약사범의 경우 범행이 조직적이고 은밀하게 행하여지기 때문에 통상의 수사방법으로는 범인을 검거하는 데 어려움이 있어 수사기관은 정보원이나 하수인

---

10) 대법원 2007. 5. 31. 선고 2007도1903 판결.

을 이용하기도 한다. 이 경우 마약사범을 체포하기 위한 수사가 함정수사에 해당하는지 여부는 절충설에 따라 판단함이 타당하고 본다. 본 사안의 경우 마약판매의 범의를 이미 가지고 있던 丙에게 범행의 기회를 주거나 범행을 용이하게 한 것에 불과하므로 甲의 수사를 위법하다고 할 수 없다.

⑶ 함정수사에 의한 증거의 증거능력   범의유발형의 함정수사에 의하여 수집된 증거는 위법수집증거로서 그 증거능력이 부정된다. 따라서 함정수사에 의하여 수집된 증거는 유죄의 증거로 사용할 수 없다.

제4 수사의 구조

Ⅰ. 의   의

수사구조론이란 수사절차의 구조적 특질과 수사과정에 관여하는 주체들간의 관계를 통일적으로 규명하기 위한 이론을 말한다. 수사구조론은 수사절차의 성격이나 수사에 관한 개별 규정들의 해석과 같은 이론적 측면뿐만 아니라 수사절차의 개선을 요구하는 정책론으로서의 성격도 가지고 있다. 그런데 소송구조에 대한 논의를 수사절차에 도입할 필요성에 관하여 긍정적으로 해석하는 입장과 부정적으로 해석하는 입장으로 대별할 수 있다.

Ⅱ. 긍 정 론

1. 탄핵적 수사관

탄핵적 수사관(彈劾的 搜査觀)은 일본의 平野 교수에 의하여 정립된 용어로서 수사관에는 규문적 수사관과 탄핵적 수사관이 대립된다고 한다. 규문적 수사관은 수사를 수사기관 중심으로 이해한다. ① 수사는 피의자를 조사하는 절차과정이기 때문에 피의자는 조사의 객체에 불과하고, ② 수사기관은 강제처분을 할 수 있는 권한을 가지며, 법원은 그 남용을 방지하기 위한 사법적 통제를 하는 것이라고 한다. 따라서 ③ 법원이 발부하는 영장은 허가장의 성질을 갖는다고 한다. 이에 반하여 탄핵적 수사관은 수사를 법원의 공판준비를 위한 활동으로 이해한다. ① 수사는 공판의 전 단계이므로 피의자는 독립하여 재판준비활동을 할 수 있고, ② 강제처분은 장래의 재판을 위하여 법원이 행하는 것이라고 한다. 따라서 ③ 법원이 발부하는 영장은 명령장의 성질을 갖는다고 한다.

2. 소송적 수사관

수사는 기소·불기소의 결정이라는 독자의 목적을 가진 절차로서 검사를 종국적 판단자(정점)로 하여 사법경찰관리와 피의자가 서로 대립하는 소송구조를 가진 절차로 파악한다. 소송적 수사관에 의하면 피의자는 수사의 객체가 아니라 수사의 주체로 된다고 한다.

Ⅲ. 부 정 론

수사절차에 있어서 피의자의 인권을 보호하기 위하여 수사의 적법절차가 유지되어야 한다는 점은 당연하나 이를 설명하기 위하여 탄핵적 수사관을 도입할 필요는 없다고 한다. 수사절차에서 피의자의 방어를 위한 권리는 헌법상의 적법절차에서 유래하는 것으로서 수사구조의 특수성에 좌우되지는 않는다는 점을 근거로 한다. 또한 소송적 수사관에 대하여는 검사가 직접 수사하는 경우 삼면관계(三面關係)가 존재하지 아니하며, 피의자를 수사의 주체라고 볼 수 없다고 비판한다.

Ⅳ. 검 토

수사절차는 공소제기 여부를 결정하기 위한 준비단계로서 독자적 성질을 가지므로 공판절차상의 탄핵주의를 수사절차에까지 적용할 필요는 없고, 수사의 주체는 수사기관이며 피의자는 수사의 대상이므로 수사가 소송구조를 가지는 것은 아니다. 따라서 소송구조와 본질적으로 상이한 수사절차를 굳이 소송구조에 대한 논의에 맞추어 피의자의 권리를 연혁적으로 도출할 필요는 없다고 본다.

제 2 관 수사의 단서

제 1 개 관

Ⅰ. 의 의

수사의 단서란 수사개시의 원인을 말한다. 검사와 사법경찰관은 범죄의 혐의가 있다고 인식하는 때에는 범인·범죄사실과 증거에 관하여 수사를 개시·

진행하여야 한다($^{제196조, 제197}_{조 제1항}$). 이와 같이 수사기관은 범죄에 대한 주관적 혐의로 수사에 착수할 수 있다. 검사가 범죄를 인지한 경우에는 범죄인지서를 작성하여 사건을 수리하는 절차를 거치도록 되어 있으므로($^{檢事規 제2조}_{내지 제4조}$), 특별한 사정이 없는 한 수사기관이 그와 같은 절차를 거친 때에 범죄인지가 된 것으로 볼 것이나, 범죄의 인지는 실질적인 개념이므로 검사가 범죄인지서를 작성하기 전에 범죄의 혐의가 있다고 보아 수사를 개시하는 행위를 한 때에는 이 때에 범죄를 인지할 것으로 보아야 한다.[11]

Ⅱ. 종 류

형사소송법이 수사의 단서로 규정하고 있는 것은 현행범인의 체포($^{제212}_{조}$)·변사자의 검시($^{제222}_{조}$)·고소($^{제223}_{조}$)·고발($^{제234}_{조}$)·자수($^{제240}_{조}$)가 있다. 그 이외에도 불심검문($^{警職法}_{제3조}$)·자동차검문($^{도로교통법}_{제47조}$)·다른 사건 수사중의 범죄발견·기사·세평 등이 수사의 단서가 된다.

제 2 고 소

Ⅰ. 의 의

1. 고소의 개념

고소(告訴)란 범죄의 피해자 또는 그와 일정한 관계에 있는 고소권자가 수사기관에 대하여 범죄사실을 신고하여 범인의 처벌을 구하는 의사표시이다. 고소는 그 주체가 피해자 등 고소권자에 한한다는 점에서 고발과 구별된다.

2. 고소의 내용

(1) 수사기관에 대한 신고 　　고소는 수사기관에 대하여 범죄사실을 신고하는 것이다. 따라서 수사기관이 아닌 법원에 대하여 진정서를 제출하거나 피고인의 처벌을 바란다고 증언하는 것은 고소가 아니다.[12]

(2) 범죄사실의 특정 　　범죄사실의 신고는 그 대상을 특정하여야 한다. 특정의 정도는 고소인이 구체적으로 어떤 범죄사실을 지정하여 범인의 처벌을 구하고 있다는 점을 확정할 수 있으면 된다. 따라서 범인의 성명 또는 범행의 일시·장소·방법 등이 명확하지 않거나 틀리는 곳이 있어도 고소의 효력에는

---

11) 대법원 2001. 10. 26. 선고 2000도2968 판결.
12) 대법원 1984. 6. 26. 선고 84도709 판결.

영향이 없다.[13] 범행기간을 특정하고 있는 고소에 있어서는 그 기간 중의 어느 특정범죄에 대하여 범인의 처벌을 원치 않는 고소인의 의사가 있다고 볼 만한 특별한 사정이 없는 이상 그 고소는 특정된 기간 중에 저지른 모든 범죄에 대하여 범인의 처벌을 구하는 의사표시라고 봄이 상당하다.[14]

(3) **처벌의 의사표시**　　고소는 범인의 처벌을 구하는 의사표시이다. 따라서 단순히 피해사실을 신고하는 데 그치고 범인의 처벌을 구하는 의사표시가 없는 것은 고소가 아니다. 고소는 의사표시이므로 고소인에게 고소능력(告訴能力)이 있어야 한다. 고소능력이란 고소의 의미를 이해할 수 있는 사실상의 의사능력으로서 민법상의 행위능력과는 구별된다.[15]

Ⅱ. 친고죄와 고소

1. 친고죄의 의의

친고죄(親告罪)란 공소제기를 위하여는 피해자 기타 고소권자의 고소가 있을 것을 요하는 범죄를 말한다. 친고죄는 피해자의 명예보호나 침해이익의 경미성을 감안하여 피해자의 의사를 존중하기 위해 규정된 범죄이다. 한편 반의사불벌죄의 경우에는 피해자의 고소가 없더라도 수사기관의 인지에 의하여 수사를 개시하고 공소를 제기할 수 있으나, 피해자가 처벌을 원하지 않는다는 의사를 명백히 한 때에는 처벌을 할 수 없다는 점에서 친고죄와 구별된다.

2. 친고죄의 분류

친고죄는 모욕죄와 같이 신분관계를 묻지 아니하고 성립하는 절대적 친고죄와 친족상도례의 경우와 같이 일정한 신분관계 있는 사람 사이에만 친고죄로 인정되는 상대적 친고죄로 나누어진다.

3. 친고죄와 양벌규정

양벌규정이란 각종 경제형법이나 행정형법에서 직접 행위를 한 자연인 이외에 법인 또는 본인을 처벌하는 규정을 말한다. 친고죄에 있어서 행위자의 범죄에 대한 고소가 있으면 양벌규정에 의하여 처벌받는 자에 대하여 별도의 고소를 필요로 하지 않는다.[16]

---

13) 대법원 1984. 10. 23. 선고 84도1704 판결, 1985. 3. 26. 선고 84도1374 판결, 1985. 7. 23. 선고 85도1213 판결, 1988. 10. 25. 선고 87도1114 판결.
14) 대법원 1985. 7. 23. 선고 85도1213 판결, 1988. 10. 25. 선고 87도1114 판결, 1990. 9. 28. 선고 90도603 판결.
15) 대법원 1999. 2. 9. 선고 98도2074 판결, 2007. 10. 11. 선고 2007도4962 판결.
16) 대법원 1996. 3. 12. 선고 94도2423 판결.

【사 례】 친고죄와 양벌규정

《사 안》 甲은 2001. 2. 6. 가나회계법인의 대표사원인 乙이 회계에 관한 책을 저술하면서 자신의 저작권을 침해한 사실을 알고 2002. 2. 8. 乙을 저작권침해죄로 고소하였다. 그 후 甲은 2001. 10. 30. 乙이 법인의 업무에 관하여 저작권을 침해하였다는 이유로 가나회계법인을 추가로 고소하였다. 검사는 乙과 가나회계법인을 저작권침해죄로 공소제기하였다. 제1심 법원은 피고인 乙에 대하여 유죄를 선고하였지만 피고인 가나회계법인에 대하여는 고소기간이 경과되었다는 이유로 공소기각판결을 선고하였다. 이에 검사는 공소기각판결에 대해서만 항소를 하였다. 항소심은 어떠한 판단을 하여야 하는가?

《검 토》 저작권침해죄($\binom{저작권법}{제136조}$)는 친고죄에 해당하고($\binom{동법}{제140조}$), 법인의 대표자가 그 법인의 업무에 관하여 저작권침해죄를 범한 때에는 행위자를 벌하는 외에 그 법인에 대하여도 벌금형을 과한다($\binom{동법}{제141조}$). 양벌규정은 직접 위법행위를 한 자 이외에 그 업무의 주체 등을 처벌하도록 되어 있는 규정으로서 당해 위법행위와 별개의 범죄를 규정한 것은 아니다. 따라서 친고죄에 있어서도 행위자의 범죄에 대한 고소가 있으면 족하고 나아가 양벌규정에 의하여 처벌받는 법인에 대하여 별도의 고소를 요하지 않는다. 그러므로 본 사안에서 乙의 저작권침해죄에 대한 甲의 고소가 친고죄의 고소기간인 6월 이내에 이루어졌으므로 乙이 법인의 업무에 관하여 저작권을 침해하였고, 가나회계법인이 감독의무를 불이행한 사실이 인정된다면 항소심은 피고인 가나회계법인에 대하여 유죄판결을 선고하여야 한다.

4. 소송조건

친고죄에 있어서 고소의 존재는 소송조건이다. 고소권자가 비친고죄로 고소한 사건이더라도 검사가 사건을 친고죄로 구성하여 공소를 제기하였다면 법원으로서는 친고죄에서 소송조건이 되는 고소가 유효하게 존재하는지를 직권으로 조사·심리하여야 한다.[17]

Ⅲ. 고소권자

1. 피 해 자

(1) 피해자의 범위　범죄로 인한 피해자는 고소할 수 있다($\binom{제223}{조}$). 고소권자가 되는 피해자는 범죄로 인하여 직접적으로 피해를 입은 자를 의미하므로 간접적으로 피해를 입은 사람은 제외된다. 피해자는 자연인뿐민 아니라 법인과 법

---

17) 대법원 2015. 11. 17. 선고 2013도7987 판결.

인격 없는 사단·재단이 될 수도 있다. 법인이 피해자인 경우에는 그 대표자가 고소할 수 있다. 그리고 보호법익의 주체는 물론 범죄행위의 객체가 된 자도 피해자로서 고소권을 행사할 수 있다. 예를 들면 공무집행방해죄에 있어서 폭행·협박의 대상이 된 공무원도 피해자로서 고소할 수 있다.

(2) **고소권의 성질**   고소권은 **일신전속적** 권리이므로 상속·양도의 대상이 되지 않는다. 다만 특허권·저작권과 같이 범죄로 인한 침해가 계속될 수 있는 경우에는 권리의 이전에 따라 이전 전에 이루어진 침해에 대한 고소권도 이전될 수 있다.

2. 피해자의 법정대리인

(1) **법정대리인의 범위**   피해자의 법정대리인도 독립하여 고소할 수 있다 (제225조제1항). 법정대리인은 미성년자의 친권자·후견인, 금치산자의 후견인과 같이 무능력자의 행위를 일반적으로 대리할 수 있는 자를 말한다. 파산관재인 또는 법인의 대표자는 무능력자의 법정대리인이 아니기 때문에 고소권을 갖지 않는다. 다만 법원이 선임한 **부재자 재산관리인**은 법률에 규정된 사람의 청구에 따라 선임된 부재자의 법정대리인에 해당한다. 부재자 재산관리인은 재산관리를 위하여 필요한 경우 법원의 허가를 받아 관리행위의 범위를 넘는 행위를 하는 것도 가능하고, 여기에는 관리대상 재산에 관한 범죄행위에 대한 형사고소도 포함된다. 따라서 부재자 재산관리인은 관리대상 재산에 관한 범죄행위에 대하여 법원으로부터 고소권 행사 허가를 받은 경우에는 독립하여 고소권을 가지는 법정대리인에 해당한다.[18] 법정대리인의 지위는 고소시에 존재하면 되므로 범죄 당시에는 그 지위에 있지 않았거나 고소 후에 그 지위를 상실하더라도 고소의 효력에는 영향이 없다.

(2) **고소권의 성질**

(가) **학 설**   법정대리인의 고소권은 ① 무능력자를 보호하기 위해 법정대리인에게 특별히 주어진 고유권으로 파악하는 견해[19]와 ② 피해자의 고소권의 존재 여부에 좌우되는 독립대리권이라는 견해[20]가 대립한다. 고유권설에 의하면, 법정대리인은 피해자 본인의 명시·묵시의 의사에 반하여 고소할 수 있고, 피해자 본인은 법정대리인의 고소를 취소할 수 없게 된다. 독립대리권설에 의하면, 피해자의 고소권이 소멸한 경우 법정대리인의 고소권도 소멸되고, 피

---

18) 대법원 2022. 5. 26. 선고 2021도2488 판결.
19) 배종대, 190면; 신동운, 157면.
20) 신양균, 96면; 이재상, 230면.

해자 본인은 법정대리인이 한 고소를 취소할 수 있다고 한다.

(나) 판 례   법정대리인의 고소권은 무능력자의 보호를 위하여 법정대리인에게 주어진 **고유권**이므로 법정대리인은 피해자의 고소권 소멸 여부에 관계없이 고소할 수 있고, 이러한 고소권은 피해자의 명시한 의사에 반하여도 행사할 수 있다.[21] 법정대리인의 고소기간은 법정대리인 자신이 범인을 알게 된 날로부터 진행한다.[22]

(다) 검 토   무능력자인 피해자를 보호하기 위하여 고유권설이 타당하다고 본다. 따라서 무능력자인 피해자는 법정대리인이 행한 고소를 취소할 수 없다.

3. 피해자의 배우자·친족

(1) **법정대리인 등이 피의자인 경우**   피해자의 법정대리인이 피의자이거나 법정대리인의 친족이 피의자인 때에는 피해자의 친족이 독립하여 고소할 수 있다($\frac{제226}{조}$). 미성년자인 피해자의 생모(生母)가 피해자의 법정대리인을 고소한 경우가 이에 해당한다.[23] 법정대리인의 고소권이 고유권임에 비추어 볼 때 친족의 고소권도 고유권이라고 본다.

(2) **피해자가 사망한 경우**   피해자가 사망한 때에는 그 배우자·직계친족 또는 형제자매가 고소권을 행사할 수 있다. 다만 피해자의 명시한 의사에 반하지 못한다($\frac{제225조}{제2항}$). 이러한 신분관계는 피해자의 사망시점을 기준으로 한다. 배우자 등의 고소권을 독립대리권이라고 보는 견해가 있으나, 피해자가 사망한 경우 그 배우자 등이 행사하는 고소권은 고유권이라고 봄이 상당하다. 한편 피해자인 고소인이 고소 후에 사망한 경우 피보호법익인 재산권의 상속인은 자신이 따로 고소를 할 것 없이 피해자의 지위를 수계하여 고소권자가 된다.[24]

(3) **사자의 명예훼손죄**   사자(死者)의 명예를 훼손한 죄에 대하여는 그 친족 또는 자손이 고소할 수 있다($\frac{제227}{조}$). 이 경우 친족이나 자손이 사자의 고소권을 대리행사하는 것이 아니라 고유권으로서 고소권을 행사하는 것이다.

4. 지정고소권자

친고죄에 대하여 고소할 자가 없는 경우에 이해관계인의 신청이 있으면 검사는 10일 이내에 고소할 수 있는 자를 지정해야 한다($\frac{제228}{조}$). 고소할 자가 없게 된

---

21) 대법원 1999. 12. 24. 선고 99도3784 판결.
22) 대법원 1984. 9. 11. 선고 84도1579 판결, 1987. 6. 9. 선고 87도857 판결.
23) 대법원 1986. 11. 11. 선고 86도1982 판결.
24) 헌법재판소 1993. 7. 29. 선고 92헌마234 결정.

사유는 법률상의 이유이든 사실상의 이유이든 상관 없다. 다만 고소권자가 고소권을 상실하거나 고소하지 아니할 의사를 명시하고 사망한 경우는 제외한다. 이해관계인이란 법률상 또는 사실상 이해관계를 가진 자를 말하며 단순한 감정상의 관계로는 해당되지 않는다.

Ⅳ. 고소의 절차

1. 고소의 방법

(1) **고소의 방식**   고소는 서면 또는 구술로 검사 또는 사법경찰관에게 하여야 한다. 검사 또는 사법경찰관이 구술에 의한 고소를 받은 때에는 조서를 작성하여야 한다($^{제237}_{조}$). 고소조서는 처벌을 희망하는 의사가 표시되면 족하므로 반드시 독립된 조서일 필요가 없다. 따라서 수사기관이 고소권자를 참고인으로 조사하는 과정에서 고소권자가 범인의 처벌을 요구하는 진술을 하고 그 의사표시가 조서에 기재된 경우 고소로서의 요건이 구비되었다 할 것이다.[25] 전보 또는 팩시밀리에 의한 고소는 별도의 조서를 작성하지 않는 한 고소로서의 효력을 가지지 못한다.

(2) **고소의 대리**   고소권자는 대리인을 통하여 고소를 할 수 있다($^{제236}_{조}$). 대리인에 의한 고소의 경우, 대리권이 정당한 고소권자에 의하여 수여되었음이 실질적으로 증명되면 충분하고 그 방식에 특별한 제한은 없으므로 고소를 할 때 반드시 위임장을 제출한다거나 '대리'라는 표시를 하여야 하는 것은 아니다.[26] 고소대리의 범위에 관하여 ① 고소의 의사표시를 전달하는 표시대리에 한한다는 표시대리설[27]과 ② 형사소송법이 고소의 대리를 허용하고 있으므로 표시대리뿐만 아니라 의사표시의 결정 그 자체를 대리하는 의사대리도 포함된다는 의사대리설[28]이 있다. 현행법이 고소권자의 범위를 한정하고 있는 취지에 비추어 볼 때 고소의 대리는 표시대리에 한정되며 의사대리는 포함되지 않는다고 본다.

(3) **고소의 조건**   고소에 조건을 붙일 수 있는가에 대하여 ① 고소는 그 성질상 단순해야 하므로 형사절차의 확실성을 해치는 조건부 고소는 허용되지

---

25) 대법원 1966. 1. 31. 선고 65도1089 판결, 1985. 3. 12. 선고 85도190 판결, 2001. 6. 24. 선고 2011도4451 판결.
26) 대법원 2001. 9. 4. 선고 2001도3081 판결.
27) 배종대, 192면; 신동운, 166면; 신양균, 98면.
28) 이재상, 231년.

않는다고 해석하는 **부정설**[29]과 ② 소송의 진행에 지장을 주지 않는 범위에서는 그 효력을 인정하여도 무방하다는 **긍정설**[30]이 있다. 피해자의 의사를 존중하려는 고소제도의 취지에 비추어 소송진행에 지장을 초래하는 경우를 제외하고는 조건부 고소도 허용된다고 본다.

2. 고소기간

(1) **존재의의** 일반적인 고소의 경우에는 고소기간의 제한이 없다. 따라서 공소시효가 완성될 때까지는 언제든지 고소를 할 수 있다. 그러나 친고죄에 대하여는 범인을 알게 된 날로부터 6월을 경과하면 고소하지 못한다(제230조제1항). 친고죄의 고소는 소송조건이므로 공소제기의 여부를 오랫동안 개인의 의사에 맡겨 불확정한 상태로 둘 수 없기 때문이다.

(2) **기산일** 고소기간의 기산일은 범인을 알게 된 날이다. '범인'은 정범뿐만 아니라 교사범과 종범을 포함한다. 수인의 공범이 있는 경우에는 공범 중 1인을 아는 것으로 충분하다. 범인을 '알게 된 날'이란 단순히 범죄사실을 아는 것만으로는 부족하고 범인이 누구인지 특정할 수 있을 정도로 알게 된 날을 말한다. 그러나 범인의 주소·성명 등 구체적인 인적 사항까지 알아야 할 필요는 없다.[31] 상대적 친고죄에 있어서는 신분관계 있는 범인을 알게 된 날로부터 고소기간이 진행된다.

(3) **포괄일죄와 고소기간** 범죄가 진행중인 경우에는 범죄가 종료한 때로부터 고소기간의 진행을 산정한다. 범죄행위가 계속되는 도중에 범인을 알았다 하여도, 그날부터 바로 친고죄의 고소기간이 진행된다고 볼 수 없고, 이러한 경우 고소기간은 범죄행위가 종료된 때부터 계산하여야 하며, 동종행위의 반복이 예상되는 영업범 등 포괄일죄의 경우에는 최후의 범죄행위가 종료된 때에 전체 범죄행위가 종료된 것으로 보아야 한다.[32]

(4) **기간의 연장** 고소할 수 없는 **불가항력적인** 사유가 있을 때에는 고소기간은 그 사유가 없어진 날로부터 진행된다. 따라서 고소능력이 없다가 후에 비로소 그 능력이 생긴 경우의 고소기간은 그 능력이 생긴 때부터 기산된다.[33] 불가항력적인 사유란 객관적인 사유를 말하며 단순히 직장에서 해고될 것이 두

---

29) 배종대, 193면; 신동운, 166면; 신양균, 99면.
30) 이재상, 231면.
31) 대법원 1999. 4. 23. 선고 99도576 판결.
32) 대법원 2004. 10. 28. 선고 2004도5014 판결.
33) 대법원 1987. 9. 22. 선고 87도1707 판결, 1995. 5. 9. 선고 95도696 판결.

려워 고소를 하지 않는 것만으로는 이에 해당하지 않는다.[34] 결혼을 위한 약취유인죄($\frac{형법}{제291조}$)에 있어서 약취·유인된 자가 혼인을 한 경우의 고소는 혼인의 무효 또는 취소의 재판이 확정된 날로부터 고소기간이 진행된다($\frac{제230조}{제2항}$).

(5) 기간의 해태   고소할 수 있는 자가 수인인 경우에는 1인의 기간의 해태(懈怠)는 타인의 고소에 영향이 없다($\frac{제231}{조}$). 여기서 고소할 수 있는 자가 수인인 경우라 함은 고유의 고소권자(피해자)가 수인인 경우를 말하고 고소권의 대리행사자가 수인인 경우를 뜻하는 것은 아니다.

3. 고소의 제한

자기 또는 배우자의 직계존속을 고소하지 못한다($\frac{제224}{조}$). 이 경우에도 피해자의 친족이 독립하여 고소할 수 있음은 물론이다. 직계존속에 대한 고소를 금지하는 취지는 전통적인 가정 내 위계질서를 존중하기 위함이다. 다만 성폭력범죄에 대하여는 자기 또는 배우자의 직계존속을 고소할 수 있다($\frac{性暴力處罰法}{제18조}$).

V. 고소불가분의 원칙

1. 의   의

(1) 개   념   고소불가분(告訴不可分)의 원칙이란 친고죄에 있어서 하나의 범죄의 일부분에 대한 고소 또는 그 취소는 사건 전부에 대하여 효력이 발생하며, 수인의 공범 중 1인 또는 일부에 대한 고소 또는 그 취소는 다른 공범자에게도 효력이 미친다는 원칙이다. 전자를 고소의 객관적 불가분의 원칙, 후자를 주관적 불가분의 원칙이라고 한다.

(2) 취   지   친고죄의 고소는 소송조건이고 공소제기는 고소에 의하여 좌우된다. 따라서 친고죄에 있어서 일단 고소가 있는 때에는 그 효력이 범죄사실의 전부와 공범자 전원에게 미치도록 하여 국가형벌권의 행사가 고소권자의 자의적인 의사에 좌우되지 않도록 방지한다.

(3) 적용범위   고소불가분의 원칙은 친고죄의 고소에 대하여만 적용되는 원칙이다. 조세범처벌법[35]이나 관세법상의 즉시고발의 경우에는 고소불가분의 원칙이 적용되지 않는다.

2. 객관적 불가분의 원칙

(1) 의   의   하나의 범죄사실의 일부분에 대한 고소 또는 그 취소는 그 범

---

34) 대법원 1985. 9. 10. 선고 85도1273 판결.
35) 대법원 1962. 1. 11. 선고 4293형상883 전원합의체 판결.

죄사실 전부에 대하여 효력이 발생한다는 원칙을 말한다. 형사소송법은 이에 대헤 특별한 규정을 두고 있지 않지만 이론상 당연히 인정된다. 고소에 있어서 범죄사실의 신고가 정확하지 않을 수도 있고, 고소권자가 처벌의 범위까지 정할 수는 없기 때문이다.

⑵ 단순일죄   단순일죄에 대하여는 객관적 불가분의 원칙이 예외 없이 적용된다.

⑶ 과형상 일죄

㈎ 과형상 일죄의 각 부분이 모두 친고죄인 경우   과형상 일죄는 본래 수개의 범죄이지만 과형상 가장 중한 죄로 처벌하는 것을 말한다(형법제40조). ① 과형상 일죄의 각 부분이 모두 친고죄이고 피해자가 같은 경우에는 객관적 불가분의 원칙이 적용된다. ② 과형상 일죄의 각 부분이 모두 친고죄라 하더라도 피해자가 다른 경우에는 고소권자가 수인이 되고, 1인의 피해자가 한 고소의 효력은 다른 피해자에 대한 범죄사실에는 미치지 않는다. 예를 들면 하나의 문서로 甲·乙·丙을 모욕한 경우에 甲의 고소는 乙·丙에 대한 모욕죄에 효력을 미치지 않는다.

㈏ 과형상 일죄의 일부분만이 친고죄인 경우   과형상 일죄의 일부분만이 친고죄이고 나머지 부분은 비친고죄인 경우에는 친고죄에 대한 고소의 효력은 비친고죄에 대하여 미치지 않고, 또한 비친고죄에 대한 고소의 효력은 친고죄에 대하여 미치지 않는다.

⑷ 수 죄   객관적 불가분의 원칙은 하나의 범죄사실을 전제로 한 원칙이므로 수죄 즉 실체적 경합범에 대하여는 적용되지 않는다. 따라서 과형상 일죄에 대한 고소나 그 취소의 효력은 실체적 경합관계에 있는 다른 범죄에는 미치지 않는다.

3. 주관적 불가분의 원칙

⑴ 의 의   친고죄의 공범 중 1인 또는 수인에 대한 고소와 그 취소는 다른 공범자에 대하여도 효력이 있다(제233조). 여기의 공범에는 형법총칙상의 공범뿐만 아니라 필요적 공범도 포함된다.[36]

⑵ 절대적 친고죄   범인의 신분과 상관없이 친고죄가 되는 절대적 친고죄에 있어서는 주관적 불가분의 원칙이 그대로 적용된다. 따라서 공범 중 1인에 대한 고소의 효력은 다른 공범자 전원에 대하여 미친다.

---

36) 대법원 1985. 11. 12. 선고 85도1940 판결.

(3) 상대적 친고죄 친족상도례와 같이 범인과 피해자 사이에 일정한 신분 관계가 있는 경우에만 친고죄가 되는 상대적 친고죄에 있어서는 비신분자에 대한 고소의 효력은 신분관계 있는 공범에게는 미치지 않는다. 그리고 신분관 계에 있는 자에 대한 피해자의 고소취소는 비신분자에게 효력이 없다.[37] 비신 분자에 대한 고소는 친고죄의 고소가 아니므로 처음부터 고소불가분의 원칙과 는 관계가 없기 때문이다. 다만 수인의 친족이 공범인 경우에는 1인의 친족에 대한 고소 또는 그 취소의 효력은 공범자인 다른 친족에게도 미친다.

【사 례】 상대적 친고죄와 고소불가분의 원칙

《사 안》 甲과 乙은 甲의 숙부인 丙의 집에 갔다가 丙의 카메라를 함께 훔쳤다. 丙 은 甲과 乙을 절도죄로 수사기관에 고소하였으나 甲이 구속될 것을 염려하여 甲에 대한 고소를 취소하였다. 검사는 甲과 乙에 대해 어떠한 처분을 하여야 하는가?

《검 토》 甲과 乙의 절취행위는 특수절도죄($^{형법}_{제331조}$)에 해당하고 甲과 丙은 동거하지 않는 친족에 해당하므로 甲에 대해서는 丙의 고소가 있어야 공소를 제기할 수 있다 ($^{형법 제344조,}_{제328조}$). 그런데 丙이 甲과 乙을 절도죄로 고소하였다가 甲에 대해서만 고소를 취소한 경우 고소취소는 비신분자인 乙에 대해 효력이 없다. 따라서 검사는 甲에 대 해 고소취소를 이유로 '공소권 없음'의 처분을 하여야 한다. 乙에 대해서는 범죄혐의 가 인정되고 소송조건이 구비되어 있으므로 특수절도죄로 공소제기를 하거나, 범행 후의 정황 등을 참작하여 기소유예처분을 할 수 있다.

(4) 반의사불벌죄 반의사불벌죄와 친고죄의 유사점에 근거하여 반의사불 벌죄의 경우에도 주관적 불가분의 원칙이 적용된다는 견해가 있으나, ① 반의 사불벌죄에 대하여 주관적 불가분의 원칙을 준용하는 규정이 없고 ② 반의사 불벌죄는 친고죄보다 법익의 침해가 더 중하기 때문에 범죄인을 특정하여 처 벌을 희망하지 아니하는 의사표시를 할 수 있도록 함이 적절하므로 주관적 불 가분의 원칙이 적용되지 않는다.[38]

【사 례】 반의사불벌죄와 고소불가분의 원칙

《사 안》 국회의원 A가 사망하자 모 주간지에서 특집기사를 기획하여 A와 그의 여비서였던 B와의 스캔들을 폭로하는 기사를 실었다. B와 A의 유족 C는 그 주간지 의 편집장 甲과 취재기자 乙을 명예훼손으로 검찰에 고소하였다. 甲과 乙에 대한 명

---

37) 대법원 1964. 12. 15. 선고 64도481 판결.
38) 대법원 1990. 4. 26. 선고 93도1689 판결, 1994. 4. 26. 선고 93도1689 판결.

예훼손 피고사건의 제1심 공판절차가 진행되는 도중에 B와 C는 취재기자 乙에 대한 고소를 취소하였다. 이 경우 피고인 甲과 乙에 내하여 법원이 취해야 할 조치를 검토하시오.(제37회 사법시험 출제문제)

《검 토》 甲과 乙은 B에 대하여 출판물에 의한 명예훼손죄(형법 제309조 제1항)를 범하였고, C에 대하여 사자명예훼손죄(형법 제308조)를 범하였다. 출판물에 의한 명예훼손죄는 반의사불벌죄에 해당하고, 사자명예훼손죄는 친고죄에 해당한다(형법 제312조). B의 乙에 대한 고소취소는 처벌을 희망하는 의사표시의 철회에 해당하므로 법원은 乙에게 공소기각판결(제327조 제6호)을 선고하여야 한다. 그런데 고소불가분의 원칙은 반의사불벌죄에 대하여 적용되지 않으므로 乙에 대한 고소취소(처벌의사표시철회)의 효력이 甲에게 미치지 않는다. 따라서 법원은 甲의 B에 대한 출판물에 의한 명예훼손죄가 인정되면 甲에게 유죄판결을 선고하여야 한다. 한편, C의 乙에 대한 고소취소는 공범인 甲에 대하여도 효력이 있다. 그러므로 법원은 甲과 乙의 C에 대한 사자명예훼손죄에 대하여 공소기각판결을 선고해야 한다.

VI. 고소의 취소

1. 의   의

친고죄의 고소는 제1심 판결선고 전까지 취소할 수 있다(제232조 제1항). 범인과 피해자 사이의 화해가능성과 범인 처벌에 대한 피해자의 태도변화를 고려하여 고소의 취소를 인정하면서도 국가의 형사소추권이 고소인의 자의에 의하여 좌우되는 것을 막기 위하여 고소의 취소를 제1심 판결선고 전까지로 제한한 것이다. 피해자의 명시한 의사에 반하여 죄를 논할 수 없는 사건에 있어서 처벌을 희망하는 의사표시의 철회에 대하여도 고소의 취소에 관한 규정이 준용된다(제232조 제3항). 친고죄나 반의사불벌죄가 아닌 범죄의 경우에도 범인과 피해자의 합의에 의한 고소취소는 검사에 의한 수사종결처분 및 재판에 있어서 양형판단에 중요한 자료가 된다.

2. 고소취소권자

(1) **친고죄**   고소를 취소할 수 있는 자는 원칙적으로 고소를 한 본인이다. 고소권자는 대리인으로 하여금 고소를 취소하게 할 수 있다(제236조). 고소권자가 대리인을 통하여 고소를 한 경우, 고소권자 본인은 대리인의 고소를 취소할 수 있지만, 고소대리인은 본인으로부터 고소취소의 권한을 수여받지 않는 한 본인이 한 고소를 취소할 수 없다. 피해자가 고소를 제기한 후 사망한 경우에 피해

자의 아버지가 고소를 취소하더라도 이는 적법한 고소취소라고 할 수 없다.[39] 피해자인 미성년자가 스스로 고소를 취소한 경우 그 의사표시가 당해 사건 범행의 의미, 본인이 피해를 당한 정황, 고소취소의 의미 및 효과 등을 충분히 이해하고 분별할 수 있는 등 의사능력이 있는 상태에서 행해졌다면 법정대리인의 동의가 없었더라도 고소취소는 유효하다.[40] 이에 대하여 소송능력이 있는 미성년자가 고소를 취소하기 위해서는 법정대리인의 고소취소도 병행적으로 요구된다는 견해가 있으나, 이는 명문의 근거 없이 법정대리인에게 새로운 권한을 부여하는 것으로 형사절차의 형식적 확실성에 어긋나는 주장이다.

(2) 반의사불벌죄   반의사불벌죄에 있어서 피고인에 대한 처벌불원의 의사표시를 할 수 있는 자는 원칙적으로 피해자 본인이다. 미성년의 피해자라 할지라도 어느 정도의 의사능력과 변별능력이 있는 한 본인이 처벌불원의 의사표시를 할 수 있다. 피해자가 피고인의 처벌에 관한 아무런 의사표시를 하지 않고 사망한 경우, 그 의사표시에 관한 권한이 상속인에게 승계되는 것은 아니다. 따라서 피고인이 피해자를 폭행하여 폭행죄로 기소된 후 피해자가 피고인의 처벌을 원하는지에 관한 아무런 의사를 표시하지 못하고 다른 원인으로 사망한 경우 피해자의 상속인이 피고인과 합의를 하고 피고인에 대한 처벌불원의 의사표시를 하였다고 하더라도 공소기각판결의 사유가 되지 않는다. 한편 차의 운전자가 업무상 과실로 타인의 재물을 손괴한 경우(도로교통법 제151조) 피해자의 명시한 의사에 반하여 공소를 제기할 수 없는데(교통사고처리특례법 제3조 제2항), 재물손괴사고의 피해자가 사고현장에서 즉사한 때와 같이 처벌에 관한 의사표시를 하지 않고 사망한 경우에는 그 상속인은 재물손괴 부분에 대하여 처벌불원의 의사표시를 할 수 있다. 왜냐하면 재물피해는 일신전속적인 법익의 침해가 아니므로 상속인이 이러한 의사표시를 할 수 있다고 해석하는 것이 사고차량이 대물종합보험에 가입된 경우 피해자가 사망하였다 하더라도 처벌불원의사를 의제하는 법규정(교통사고처리특례법 제4조 제1항)과 균형이 맞기 때문이다.

3. 고소취소의 시기

(1) 제1심 판결선고 전   고소는 제1심 판결선고 전까지 취소할 수 있다(제232조 제1항). 따라서 친고죄에 있어서 피고인에 대한 제1심 판결이 선고된 후에는 피해자가 고소를 취소하더라도 고소취소로서의 효력이 없다.[41] 반의사불벌죄의

---

39) 대법원 1969. 4. 29. 선고 69도376 판결.
40) 대법원 2009. 11. 19. 선고 2009도6058 전원합의체 판결.

경우에도 제1심 판결선고 후에 한 처벌희망 의사표시의 철회는 효력이 없다.[42]

⑵ 항소심에서의 공소장변경과 고소취소

(가) 쟁 점　　제1심 판결이 선고된 후 항소심에 이르러 비친고죄가 친고죄로 변경된 경우에 항소심에서의 고소취소를 유효한 것으로 인정할 수 있는지 여부에 관하여 견해가 대립된다.

(나) 학 설　　① 제232조 제1항은 고소취소의 시기를 획일적으로 제1심 판결선고시까지로 한정한 것이므로 항소심에서는 친고죄에 대하여 고소의 취소가 있더라도 효력이 없다는 **무효설**과 ② 제232조 제1항은 현실적 심판대상이 된 공소사실을 기준으로 당해 심급의 판결선고시까지 고소인이 고소를 취소할 수 있다는 의미이므로 항소심에서도 고소취소의 효력을 인정해야 한다는 **유효설** 및 ③ 제232조 제1항은 친고죄에만 적용되므로 고소취소의 시점이 항소심이라 하더라도 친고죄로 공소장이 변경되기 이전에 한 고소취소는 유효하다는 **절충설**이 있다.

(다) 판 례　　항소심에서 공소장변경 또는 법원의 직권에 의하여 비친고죄를 친고죄로 인정하였더라도 항소심에 이르러 비로소 고소인이 고소를 취소하였다면 이는 친고죄에 대한 고소취소로서의 효력은 없다.[43] 또한 항소심에서 반의사불벌죄로 공소장이 변경되었다 하더라도 처벌희망 의사표시의 철회는 그 효력이 발생하지 않는다.[44]

(라) 검 토　　제232조 제1항이 고소취소의 시한을 제1심 판결선고시까지로 한정한 것은 국가형벌권의 행사가 피해자의 의사에 의하여 좌우되는 현상을 장기간 방치하지 않으려는 목적이다. 제1심의 개념을 항소심으로 확장하는 해석은 문리해석의 한계를 벗어난다는 점에서 무효설이 타당하다고 본다.

【사 례】 처벌희망 의사표시의 철회시기

《사 안》 검사는 甲을 상해죄로 공소제기하였고, 공소사실의 요지는 '피고인 甲이 피해자 乙을 벽에 밀어 치료일수 미상의 타박상을 가하였다'는 것이다. 제1심 법원은 甲에게 벌금 300만원을 선고하였고, 甲은 무죄를 주장하면서 항소하였다. 乙이 입은 타박상이 상해죄에 있어서의 상해에 해당하지 않아 무죄판결이 선고될 가능성이 있다고 판단한 검사는 항소심에서 폭행죄로 공소장변경을 신청하였고, 항소심법

---

41) 대법원 1985. 2. 8. 선고 84도2682 판결.
42) 대법원 1983. 2. 8. 선고 82도2860 판결, 1995. 2. 3. 선고 94도3122 판결.
43) 대법원 1999. 4. 15. 선고 96도1922 전원합의체 판결.
44) 대법원 1983. 7. 26. 선고 83도1399 판결, 1988. 3. 8. 선고 85도2518 판결.

원은 이를 허가하였다. 그 후 甲은 乙과 합의하였고, 乙은 甲의 처벌을 원하지 않는다는 합의서를 항소심법원에 제출하였다. 甲이 乙을 벽에 민 사실은 인정되는 경우 항소심법원은 어떠한 판결을 하여야 하는가?

《검 토》 친고죄의 고소는 제1심 판결선고 전까지 취소할 수 있고(제232조 제1항), 반의사불벌죄에 있어서 처벌희망 의사표시의 철회에 대하여도 고소의 취소에 관한 규정이 준용된다(동조 제2항). 항소심에 이르러 비로소 반의사불벌죄에 해당하는 범죄로 공소장변경이 있었다 하더라도 항소심인 제2심을 제1심으로 볼 수는 없다. 乙은 제1심 판결선고 후에 처벌희망 의사표시를 철회하였으므로 乙의 철회는 그 효력이 없다. 따라서 항소심법원은 甲에게 폭행죄의 유죄판결을 선고하되, 乙과 합의한 정상을 양형에 고려할 수 있다.

(3) 공범자에 대한 제1심 판결선고 후의 고소취소

(가) 쟁 점 고소 후에 공범자 1인에 대하여 제1심 판결이 선고되어 그에 대한 고소를 취소할 수 없게 되었을 때 아직 제1심 판결이 선고되지 않은 다른 공범자에 대하여 고소취소가 가능한가 하는 문제가 있다.

(나) 학 설 ① 친고죄에 있어서 피해자의 의사를 존중하여 판결을 선고받지 않은 공범에 대하여 고소를 취소할 수 있지만 제1심 판결선고를 받은 자에게는 고소취소의 효력이 미치지 않는다고 해석하는 **긍정설**과 ② 공범자 1인에 대한 제1심 판결선고가 있으면 다른 공범자에 대하여 고소를 취소할 수 없고 고소의 취소가 있어도 효력이 없다고 해석하는 **부정설**이 있다.

(다) 판 례 친고죄의 공범 중 그 일부에 대하여 제1심 판결이 선고된 후에는 제1심 판결선고 전의 다른 공범자에 대하여는 그 고소를 취소할 수 없고 그 고소의 취소가 있다 하더라도 그 효력을 발생할 수 없다.[45]

(라) 검 토 긍정설에 의하면 고소권자의 선택에 따라 불공평한 결과가 초래되므로 부정설이 타당하다고 본다.

【사 례】 공범자에 대한 제1심판결선고 후의 고소취소

《사 안》 甲은 乙과 丙이 공동하여 자신을 모욕하자 乙과 丙을 모욕죄로 고소하였다. 수사기관은 乙의 소재를 알 수 없어 丙을 먼저 기소하였다. 丙은 제1심에서 벌금 200만원을 선고받아 항소하였다. 丙에 대한 항소심재판이 진행되던 중 乙의 소재가 밝혀져 乙에 대하여도 공소가 제기되자 甲은 乙에 대한 고소를 취소하였다. 甲의 乙에 대한 고소취소는 유효한가?

---

45) 대법원 1975. 6. 10. 선고 75도204 판결, 1985. 11. 12. 선고 85도1940 판결.

《검 토》 丙에 대하여 제1심 판결이 선고되었으므로 甲은 丙에 대한 고소를 취소할 수 없다. 그러나 乙에 대하여는 아직 제1심 판결이 선고되지 않았다는 점에서 甲의 乙에 대한 고소를 취소할 수 있는지 여부가 문제된다. 丙에 대하여 고소를 취소할 수 없게 된 상황에서 共犯인 乙에 대한 고소취소를 인정하는 것은 고소의 주관적 불가분의 원칙에 반하므로 乙에 대한 고소취소는 허용되지 않는다. 따라서 甲의 乙에 대한 고소취소는 그 효력이 없다.

4. 고소취소의 방법

⑴ **고소취소의 방식**　　고소취소의 방법은 고소의 경우와 동일하다($\frac{제239}{조}$). 따라서 서면이나 구술로 공소제기 전에는 수사기관에, 공소제기 후에는 법원에 하여야 한다. 구술에 의한 고소취소의 경우에는 조서를 작성하여야 한다. 피해자가 검사로부터 참고인조사를 받으면서 고소취소의 의사를 진술한 경우에는 그 고소의 취소는 유효하다.[46]

⑵ **고소취소의 의사표시**　　① 고소취소는 수사기관이나 **법원**에 대하여 행해져야 하므로 고소인과 피고소인 사이에 합의서가 작성된 사정만으로는 고소취소라고 할 수 없다.[47] 가해자와 피해자 사이의 합의서가 수사기관에 제출된 경우에는 고소인이 공소제기 전에 고소를 취소한 것으로 봄이 상당하다.[48] 또한 합의서와 함께 관대한 처벌을 바란다는 취지의 탄원서가 법원에 제출된 때에는 고소의 취소가 있는 것으로 보아야 한다.[49] ② 고소의 취소는 **명시적**이어야 한다. 피해자가 단순히 관대한 처벌을 바란다는 취지의 진술을 한 것만으로는 고소를 취소한 것이라고 보기 어렵다.[50] ③ 고소의 취소는 고소인이 **임의**로 하여야 한다. 따라서 고소의 취소가 강박에 의하거나, 고소인에게 귀책사유가 없는 중대한 착오에 기인한 경우에는 고소취소는 무효이다.

⑶ **고소취소의 대리**　　고소의 취소에 대하여도 대리가 허용된다($\frac{제236}{조}$). 고소인이 대리인을 통하여 고소를 취소하려면 고소취소에 관한 수권행위가 있어야 한다. 대리인은 고소권자의 본인의 의사에 따라 표시대리만 할 수 있다고 본다.

---

46) 대법원 1983. 7. 26. 선고 83도1431 판결.
47) 대법원 1969. 2. 18. 선고 68도1601 판결, 1980. 10. 27. 선고 80도1448 판결, 1981. 10. 6. 선고 81도1968 판결, 1983. 9. 27. 선고 83도516 판결.
48) 대법원 2002. 7. 12. 선고 2001도6777 판결.
49) 대법원 1981. 11. 10. 선고 81도1171 판결.
50) 대법원 1981. 1. 13. 선고 80도2210 판결.

5. 고소취소의 효과

(1) **재고소의 금지**   고소를 취소한 자는 다시 고소하지 못한다(제232조제2항). 친고죄와 반의사불벌죄의 경우에 고소가 취소되면 소송조건이 결여되므로, 공소제기 전이라면 검사가 공소권 없음을 이유로 불기소처분을 하여야 하고, 공소제기 후에는 법원이 소송조건 결여를 이유로 공소기각의 판결을 하여야 한다.

(2) **고소불가분원칙의 적용**   고소의 취소에 대하여도 고소불가분의 원칙이 적용된다. 따라서 공범자의 1인 또는 수인에 대한 고소의 취소는 다른 공범자에 대하여도 효력이 있고(주관적 불가분의 원칙), 하나의 범죄사실의 일부에 대한 고소의 취소는 범죄사실 전부에 대하여 효력을 미친다(객관적 불가분의 원칙).

Ⅶ. 고소권의 포기

1. 의   의

고소권의 포기란 친고죄의 고소기간 내에 장차 고소권을 행사하지 아니한다는 의사표시를 말한다. 고소권의 포기는 고소권의 불행사와 구별된다. 친고죄의 고소권자가 고소기간 내에 고소권을 행사하지 아니하면 고소기간이 경과한 때에 고소권이 소멸한다. 이에 대하여 고소권의 포기는 고소기간 내에 고소권을 포기한다는 의사표시이다.

2. 허 용 성

(1) **학 설**

(가) **긍정설**   고소권자는 고소권을 포기할 수 있으며 이러한 경우 고소권을 상실하게 된다고 한다. 그 논거로 ① 고소권의 포기를 인정해도 피해가 없고, ② 고소의 취소를 인정하는 이상 고소권의 포기도 인정해야 하고, ③ 친고죄의 수사를 신속히 종결할 수 있다는 점을 들고 있다.

(나) **부정설**   ① 고소권은 공법상의 권리이므로 개인이 자유로이 처분할 수 없고, ② 고소의 취소에 관하여는 명문의 규정이 있지만 고소권의 포기에 관하여는 규정이 없으며, ③ 고소권의 포기를 인정하면 고소권을 소멸시키기 위한 폐단이 생길 수 있기 때문에 고소권의 포기를 인정할 수 없다고 한다.[51]

(다) **절충설**   고소권의 포기를 인정하지만 고소의 취소와 같이 수사기관에 대하여 서면 또는 구두로 고소권을 포기한다는 내용의 의사를 표명하는 경우에 한하여 그 효력이 발생한다는 견해[52]이다.

---

51) 신동운, 177면; 이재상, 238면.

(2) **판 례**   피해자의 고소권은 형사소송법상 부여된 권리로서, 친고죄에 있어서 고소의 존재는 공소의 제기를 유효하게 하는 것이며 공법상의 권리라고 할 것이므로 그 권리의 성질상 법이 특히 명문으로 인정하는 경우를 제외하고는 자유처분을 할 수 없다. 그런데 제232조에 의하면, 고소는 취소할 수 있도록 규정하였으나, 고소권의 포기에 관하여서는 아무런 규정이 없으므로 고소전에 고소권을 포기할 수는 없다.[53]

(3) **검 토**   고소권포기를 허용하면 수사가 조속히 종결되고 피의자에게도 이익이 되지만, 피의자가 피해자에게 고소권의 포기를 강요할 위험성도 있다. 수사기관이 고소권의 포기를 확인하는 절차가 필요하다는 점에서 절충설이 타당하다고 본다.

Ⅷ. 고소의 추완

1. 의   의

고소의 추완(追完)이란 친고죄에 있어서 고소가 없음에도 불구하고 공소를 제기한 후에 비로소 고소가 있는 경우를 말한다. 고소의 추완은 고소가 소송조건인 친고죄에 대하여만 문제되는데, 고소의 추완에 의하여 공소가 적법하게 될 수 있는가에 대하여 학설의 대립이 있다.

2. 학   설

(1) **적극설**   고소의 추완을 인정해야 한다는 견해이다. ① 형사소송의 발전적 성격에 비추어 당해 사건이 친고죄인가의 여부는 처음부터 분명한 것이 아니라 공판절차의 진행에 따라 비로소 판명되는 경우가 있으므로 공소제기시에 고소의 존재가 절대적으로 필요하다고 하는 것은 적합하지 않고, ② 이 경우에 일단공소를 기각하고 다시 공소제기를 기다려 심리를 새로 진행하는 것은 소송경제와 절차유지의 원칙에 반한다는 점을 논거로 한다.

(2) **소극설**   고소의 추완을 부정하는 견해이다. ① 친고죄에 있어서 고소는 공소제기의 적법·유효조건이므로 고소가 없는 공소제기는 무효로 된다고 해야 하고, ② 공소제기는 절차의 형식적 확실성이 강하게 요청되는 소송행위이므로 무효의 치유를 인정해서는 안된다고 한다.

(3) **절충설**   공소제기시에 공소사실이 친고죄임에도 불구하고 고소가 없는

---

52) 신양균, 110면.
53) 대법원 1967. 5. 23. 선고 67도471 판결.

경우에는 고소의 추완을 인정할 수 없으나, 비친고죄로 공소제기된 사건이 심리결과 친고죄로 판명되거나 친고죄가 추가된 때에는 고소의 추완을 인정해야 한다는 견해이다. 친고죄에 있어서 고소가 없음을 이유로 하는 공소기각재판은 단순히 실체재판을 할 수 없다는 소극적 판단에 그치는 것이 아니라 검사의 공소제기에 대한 적극적 판단을 포함하므로 고소의 추완을 인정하는 것은 검사의 공소제기에 비난할 점이 없는 경우로 제한되어야 한다는 점을 근거로 한다.

3. 판 례

고소의 추완을 인정할 수 없다는 입장을 일관한다. 또한 세무공무원의 고발 없이 조세범칙사건의 공소가 제기된 후에 세무공무원이 고발한 경우[54]에도 추완이 인정되지 않는다.

4. 검 토

적극설과 절충설은 소송조건을 실체심판의 조건으로만 파악하게 되는 결론에 이르게 되어 부당하다. 소송조건은 공소제기의 적법·유효조건으로서 검사의 공소를 규제한다는 점과 공소제기는 절차의 형식적 확실성이 강하게 요청되는 소송행위라는 점에 비추어 소극설이 타당하다고 본다. 유효한 고소의 존재는 친고죄의 본질적 소송조건을 이루므로 고소의 추완은 허용되지 않으며 고소의 추완이 있더라도 법원은 공소기각의 판결을 선고해야 한다.

IX. 고소사건의 처리

1. 고소사건의 처리기간

사법경찰관이 고소를 받은 때에는 신속히 조사하여 관계서류와 증거물을 검사에게 송부하여야 한다($^{제238}_{조}$). 검사가 고소에 의하여 범죄를 수사할 때에는 고소를 수리한 날로부터 3월 이내에 수사를 완료하여 공소제기 여부를 결정하여야 한다($^{제257}_{조}$). 고소사건에 대한 신속한 처리를 위한 **훈시규정**이다.

2. 처분통지

(1) **고소인에 대한 통지** 검사는 고소에 의한 사건에 관하여 공소를 제기하거나 불기소처분, 공소취소 또는 타관송치를 한 때에는 그 처분을 한 날로부터 7일 이내에 서면으로 고소인에게 그 취지를 통지하여야 한다($^{제258조}_{제1항}$). 불기소처

---

54) 대법원 1970. 7. 28. 선고 70도942 판결

분을 한 경우 고소인의 청구가 있는 때에는 7일 이내에 고소인에게 그 이유를
서면으로 설명하여야 한다($\frac{제259}{조}$).

(2) **피의자에 대한 통지** 검사는 불기소 또는 타관송치의 처분을 한 때에는
피의자에게 즉시 그 취지를 통지하여야 한다($\frac{제258조}{제2항}$).

제3 고 발

Ⅰ. 의 의

1. 개 념

고발(告發)이란 고소권자와 범인 이외의 제3자가 수사기관에 대하여 범죄사
실을 신고하여 범인의 처벌을 구하는 의사표시를 말한다. 범인을 반드시 지적
할 필요는 없고 또한 고발에서 지정한 범인이 진범이 아니더라도 고발의 효력
에는 영향이 없다.[55] 고발은 고소권자가 아닌 자의 의사표시라는 점에서 고소
와 구별되며 범인 본인의 의사표시가 아니라는 점에서 자수와 구별된다.

2. 법적 성질

고발은 일반적으로 수사의 단서에 불과하나 예외적으로 관세법 또는 조세
범처벌법위반과 같이 고발이 있어야 죄를 논하게 되는 사건(필요적 고발사건)의
경우 소송조건이 된다.

Ⅱ. 고발권자

누구든지 범죄가 있다고 생각되면 고발할 수 있다. 공무원은 그 직무를 행
함에 있어서 죄가 있다고 생각되면 고발하여야 한다($\frac{제234}{조}$). '직무를 행함에 있어
서'란 범죄의 발견이 직무내용에 포함되는 경우를 말하고 직무집행과 관계없이
우연히 범죄를 알게 된 경우는 이에 해당하지 않는다.

Ⅲ. 절차와 제한

1. 고발의 절차

고발과 그 취소의 절차와 방식은 고소의 경우와 같다($\frac{제237조, 제238}{조, 제239조}$). 대리인에
의한 고발에 관하여 명문의 규정이 없으나, 허용된다고 본다. 고발기간에는 제
한이 없으며, 고발을 취소한 후에도 다시 고발할 수 있다는 점에서 고소와 구

---

55) 대법원 1994. 5. 13. 선고 94도458 판결.

별된다.

2. 고발의 제한

자기 또는 배우자의 직계존속은 고발하지 못한다($\substack{제235조,\\제224조}$).

제 4 자   수

Ⅰ. 의   의

자수(自首)란 범죄사실 또는 범인이 누구인가가 발각되기 이전에 범인이 스스로 수사기관에 자기의 범죄사실을 신고하여 처벌을 희망하는 의사표시를 말한다. 자수는 수사기관에 대한 의사표시라는 점에서 반의사불벌죄의 경우에범인이 피해자에게 자신의 범죄사실을 알리고 용서를 구하는 자복(自服)과는 구별된다. 자수는 수사 단서의 일종이면서 형법상으로는 형의 감면사유로 된다($\substack{형법 제52\\조 제1항}$).

Ⅱ. 절   차

자수는 성질상 대리인에 의하여 할 수 없다. 그러나 범인이 부상이나 질병으로 인하여 타인에게 부탁하여 신고하는 것은 자수에 해당한다. 자수의 방식과 이에 따른 사법경찰관의 조치도 고소·고발에 관한 규정을 준용한다($\substack{제240\\조}$).

제 5 변사자의 검시

Ⅰ. 의   의

변사자의 검시(檢視)란 사람의 사망이 범죄로 인한 것인가 여부를 판단하기 위하여 수사기관이 변사자의 상황을 조사하는 것을 말한다. 변사자의 개념에 대해서 ① 자연사 또는 통상의 병사(病死)로 인하지 않은 사체라는 견해와 ② 자연사 또는 통상의 병사로 인하지 않은 사체로서 범죄로 인한 사망의 의심이 있는 사체라는 견해가 있다. 검시제도의 취지에 비추어 보면 변사자의 개념을 넓게 해석하는 전설(前說)이 타당하다고 본다. 검시결과 범죄의 혐의가 인정되면 수사가 시작된다. 따라서 검시는 수사의 단서인 수사 전의 처분이고, 수사상의 처분인 검증과 구별된다.

Ⅱ. 절   차

1. 검시의 주체

변사자 또는 변사의 의심 있는 사체가 있는 때에는 그 소재지를 관할하는 지방검찰청 검사가 검시하여야 한다(제222조제1항). 검사는 사법경찰관에게 검시를 명할 수 있다(동조제3항). 변사자검시에 있어서 현장보존·유류품보존·지문채취 등에 유의하고 검시조서를 작성하며 의사에게 사체검안서를 작성케 해야 한다.

2. 영장주의와의 관계

검시는 수사의 단서에 불과하므로 법관의 영장을 요하지 않는다. 검시에 의하여 범죄의 혐의가 인정되면 수사가 시작되고, 긴급을 요할 때에는 영장 없이 검증할 수 있다(제222조제2항). 그러나 사체의 해부 등은 수사가 개시된 이후의 처분이므로 변사자검시와는 구별되며 검증영장에 의하여야 한다. 검시를 위하여 타인의 주거에 들어가야 할 경우에 검시의 필요성과 긴급성에 비추어 영장을 필요로 하지 않는다는 견해가 있다. 그러나 강제처분에 대한 영장주의의 취지에 비추어 주거권자의 동의가 없는 때에는 영장이 필요하다고 본다.

제 6 불심검문

Ⅰ. 의   의

1. 개   념

불심검문(不審檢問)이란 경찰관이 거동불심자(擧動不審者)를 발견한 때 이를 정지시켜 질문하는 것을 말한다. 거동불심자란 수상한 거동 기타 주위의 사정을 합리적으로 판단하여 어떠한 죄를 범하였거나 범하려 하고 있다고 의심할 만한 상당한 이유가 있는 자 또는 이미 행하여진 범죄나 행하여지려고 하는 범죄행위에 관하여 그 사실을 안다고 인정되는 자를 말한다(警職法제3조 제1항). 거동불심자 해당 여부를 판단할 때에는 불심검문 당시의 구체적 상황은 물론 사전에 얻은 정보나 전문적 지식 등에 기초하여 불심검문 대상자인지를 객관적이고 합리적인 기준에 따라 판단하여야 한다.

2. 대   상

거동불심자의 요건인 '죄를 범하려고 하고 있다고 의심할 만한 상당한 이유가 있는 자'는 준현행범인(제211조)이나 체포(제200조) 또는 긴급체포(제200조)에 이를 정도로는 아직 범죄가 특정되지 않은 경우를 말한다. 따라서 불심검문 대상자에게 체포나 구속에 이를 정도의 혐의가 있을 것을 요하지 않는다.

3. 법적 성격

불심검문은 행정경찰작용 특히 보안경찰의 분야에 속하는 것으로 범죄수사와 엄격히 구별하는 견해가 있다. 그러나 불심검문은 행정경찰작용과 사법경찰작용이 교차하는 영역이라고 보는 것이 타당하다. 즉 불심검문은 범죄수사 이전의 단계에서 이루어지는 범죄의 예방과 진압이라는 보안경찰의 영역과 수사의 개시와 범인의 발견이라는 사법경찰의 영역에 걸쳐 있는 복합적 성격을 가지고 있다.

Ⅱ. 방   법

1. 정   지

정지는 질문을 위한 선행수단으로서 거동불심자를 불러 세우는 것을 말한다. 경찰관은 불심검문 대상자에게 질문을 하기 위하여 범행의 경중, 범행과의 관련성, 상황의 긴박성, 혐의의 정도, 질문의 필요성 등에 비추어 목적 달성에 필요한 최소한의 범위 내에서 사회통념상 용인될 수 있는 상당한 방법으로 대상자를 정지시킬 수 있다. 경찰관의 정지요구 자체가 임의적인 성격을 가지므로 원칙적으로 상대방의 동의를 얻어야만 정지가 가능하다. 정지시킬 수 있는 시간은 구체적인 사정에 따라 결정해야 할 것이나, 불심사유의 해명·불심대상자의 확인·범죄의 예방 및 적발에 일응 단서를 얻을 수 있는 정도의 범위 내에 한정되어야 한다.

2. 질   문

(1) 개 념   질문이란 거동불심자에게 행선지나 용건 또는 성명·주소·연령 등 불심검문의 목적을 달성하기 위한 일반적인 문의를 하는 것을 말한다. 따라서 특정한 범죄에 대한 증거자료의 수집을 목적으로 하는 피의자신문과 구별해야 한다. 질문을 하면서 필요한 때에는 범죄와 관련된 사실을 문의하거나 소지품의 내용을 질문할 수도 있고 흉기의 소지 여부를 조사할 수도 있다(警職法 제3조 제3항).

(2) 절 차   질문을 할 때에는 경찰관은 상대방에게 자신의 신분을 표시하는 증표를 제시하면서 소속과 성명을 밝히고 목적과 이유를 설명해야 한다

($\frac{警職法\ 제3}{조\ 제4항}$). 질문에 대하여 상대방에게 답변을 강요해서는 안되고($\frac{동조}{제7항}$), 수갑을 채우거나 경찰관서에의 동행을 위협하는 등 질문을 상요하는 상황을 조성하는 행위도 일체 허용되지 않는다.

3. 동행요구

(1) 개 념 경찰관직무집행법상의 동행요구란 정지한 장소에서의 질문이 상대방에게 불리하거나 교통에 방해가 된다고 인정되는 때에 한하여 질문을 위해 부근의 경찰관서에 동행할 것을 요구하는 것을 말한다($\frac{警職法\ 제3조}{제2항\ 전단}$). 동행은 **상대방의 승낙이 있는 경우에만** 가능하기 때문에 상대방은 경찰관의 동행요구를 언제든지 거절할 수 있다($\frac{}{후단}$). 형사소송법상의 임의수사 가운데 하나인 임의동행은 '구체적 범죄혐의'가 인지된 경우에 이루어진다는 점에서 경찰관직무집행법상의 동행요구와는 구별된다.

(2) 절 차 동행요구시에도 경찰관은 자신의 신분을 표시하는 증표를 제시하면서 소속과 성명을 밝히고 목적과 이유를 설명해야 하며 동행장소를 밝혀야 한다($\frac{警職法\ 제}{3조\ 제4항}$). 동행을 한 때에는 가족 또는 친지 등에게 동행한 경찰관의 신분·동행장소·동행목적과 이유를 고지하거나 본인으로 하여금 즉시 연락할 기회를 부여하여야 하며, 변호인의 조력을 받을 권리가 있음을 고지하여야 한다($\frac{동조}{제5항}$). 동행을 한 경우에 경찰관은 상대방을 6시간을 초과하여 경찰관서에 머무르게 할 수 없다($\frac{동조}{제6항}$).

4. 불심검문과 유형력행사

(1) 쟁 점 거동불심자가 정지요구에 응하지 않거나 질문 도중에 그 장소를 떠나려고 하는 경우에 경찰관이 유형력을 행사할 수 있는 범위에 관하여 학설이 대립하고 있다.

(2) 학 설

(가) 예외적 허용설 정지 자체가 임의성을 가진다는 점을 전제로 ① 살인·강도 등 중범죄에 한하여 ② 긴급체포도 가능하지만 신중을 기하기 위한 경우에만 예외적으로 유형력을 행사할 수 있다고 한다.

(나) 제한적 허용설 현행범이나 긴급체포의 요건을 충족하지 못한 경우라도 범죄의 조기발견이나 예방의 목적을 달성하기 위해 필요한 경우에는 제한적으로 유형력을 행사할 수 있다고 한다.

(3) 검 토 예외적 허용설에 의하면 질문을 위한 정지 요구 자체가 실효성을 거둘 수 없다는 점에서 제한적 허용설이 타당하다고 본다. 즉 사태의 긴급

성, 혐의의 정도, 질문의 필요성과 수단의 상당성을 고려하여 강제에 이르지 않는 정도의 유형력행사는 허용된다.

Ⅲ. 소지품검사

1. 의 의

(1) 개 념   소지품검사란 불심검문을 하는 과정에서 흉기 기타 물건의 소지 여부나 범죄의 단서를 발견하기 위하여 거동불심자의 착의나 휴대품을 조사하는 것을 말한다.

(2) 필요성   대물적 강제수사의 일종인 신체에 대한 수색은 긴급수색의 경우가 아니면 영장 없이 행할 수 없다. 이 때문에 흉기나 폭발물 또는 약물을 소지하고 있거나 범죄의 상당한 혐의가 있음에도 불구하고 현행범체포나 긴급체포의 요건을 갖추지 못한 경우 또는 장물 등 범죄의 중요한 증거를 소지하고 있다는 상당한 의심이 있지만 수색영장을 얻을 시간적 여유가 없는 경우에는 경찰관이 불심검문을 하는 과정에서 유연하게 신속하게 대응할 수 없다. 이러한 점을 고려하여 일정한 한도에서 소지품검사를 허용할 필요성이 있다.

(3) 단 계   불심검문과정에서의 소지품검사는 통상 ① 소지품의 외부관찰, ② 소지품의 내용 질문, ③ 의복 또는 휴대품의 외부를 손으로 만져서 확인하는 외표검사(外表檢査), ① 소지품의 내용개시 요구, ② 개시된 소지품의 검사라는 단계로 이루어지게 된다. 그런데 이러한 단계들이 상대방의 동의에 따라 행해지는 경우에는 아무런 문제가 없다. 또한 소지품에 대한 외부관찰이나 소지품의 내용을 질문하는 것은 직무질문이나 그 단서에 불과하다. 그러므로 상대방의 동의 없이 외표검사, 소지품의 내용개시, 개시된 소지품의 검사 등을 하는 경우가 문제로 된다.

【사 례】 소지품의 외부관찰

《사 안》 甲은 가방에 메스암페타민(속칭 필로폰)을 숨기고 인천국제공항으로 입국하였다. 공항에서 통상적인 마약 단속 업무를 하던 사법경찰관 A는 마약탐지견(犬)을 데리고 물품검색대 부근에서 여행객들의 가방을 외부에서 냄새맡게 하고 있었다. 탐지견이 甲의 가방을 외부에서 냄새맡으려 할 때 甲이 이의를 제기하자 甲의 행동을 이상하게 여긴 A가 甲을 정지시켜 탐지견을 냄새맡게 하였고 필로폰 냄새를 감지한 탐지견이 짖으며 앉는 등 감지신호를 하였다. A가 탐지견에게 가방 외부 냄새를 맡게 한 행위의 법적 성질, 甲이 이의를 제기함에도 그대로 냄새맡게 한 행

위의 적법성 여부를 논하시오.(제51회 사법시험 출제문제)

《검 토》 탐지견으로 하여금 가방의 외부냄새를 맡게 한 행위는 불심검문시 소지품검사와 관련된 사안이다. 소지품검사는 외부관찰, 소지품 내용질문, 외표검사, 내용개시요구, 개시된 소지품의 검사라는 단계를 취한다. 외표검사는 촉각을 통해 만지는 행위를 말하므로 탐지견으로 하여금 가방 외부에서 냄새를 맡게 한 행위는 외부관찰행위로 봄이 타당하다. 소지품의 관찰행위는 직무질문의 단서에 불과하고, 甲이 이의를 제기하였다고 하더라도 甲의 법익을 실질적으로 침해하는 것이 아니므로 적법하다.

2. 소지품검사의 허용범위

(1) **흉 기**   흉기의 소지 여부에 대해서는 경찰관직무집행법 제3조 제3항에 따라 소지품검사가 허용된다.

(2) **일반소지품**

(가) **제한적 허용설**   경찰관직무집행법이 범죄의 예방·조기발견이라는 행정목적을 달성하기 위해 불심검문을 허용하고 있고 불심검문의 안전을 확보하거나 질문의 실효성을 유지하기 위해 필요한 것이라면 일정한 한도 내에서 소지품검사가 허용된다고 한다.

(나) **부정설**   경찰관직무집행법 제3조 제3항의 규정상 경찰관은 흉기의 소지 여부만을 조사할 수 있고 흉기 이외의 일반소지품에 대하여는 상대방의 동의 없이 조사를 할 수 없다고 한다. 불심검문의 일환으로 행해지는 소지품검사는 아직 구체적 범죄혐의가 인지되기 전이므로 형사소송법상의 압수·수색 규정도 유추적용할 수 없다고 한다.

(다) **검 토**   흉기 이외의 소지품검사에 관하여는 직접적인 법적 근거가 없다. 그러나 흉기 이외의 소지품검사도 불심검문의 안전과 질문의 실효성을 유지하기 위해 불심검문에 수반된 행위이므로 경찰관직무집행법 제3조에 의하여 법적 근거를 가질 수 있다고 본다. 소지품검사는 그 필요성, 긴급성 및 이에 의하여 침해되는 개인의 법익과 보호해야 할 공공의 이익과의 균형을 고려하여 구체적 상황에서 상당하다고 인정되는 한도내에서 허용된다.

3. 소지품검사와 유형력행사

(1) **흉기조사**   흉기의 경우 흉기를 소지하였다는 고도의 개연성이 있고, 이로 인하여 경찰관이나 제3자의 생명·신체에 대한 안전이 위협받는 경우에 한하여 실력행사를 통한 조사가 가능하다.

⑵ 일반소지품의 조사

㈎ 제한적 허용설   중대범죄의 경우에 범죄의 혐의가 극히 농후하고 긴급체포도 가능하지만 신중을 기하기 위한 경우에는 일반소지품에도 실력을 행사하여 소지품의 내용을 조사할 수 있다고 한다.

㈏ 부정설   중대범죄로서 긴급체포의 요건을 충족시킨 경우에는 긴급수색이 인정되므로 피의자의 절차적 권리의 보장을 위해서는 굳이 수사의 단서로서 실력행사에 의한 소지품검사를 인정할 필요는 없다고 한다.

㈐ 검 토   제한적 허용설이 타당하다고 본다. 즉 중대범죄의 경우 사태의 긴급성, 혐의의 정도, 수단의 상당성을 고려하여 강제에 이르지 않는 정도의 유형력행사는 허용된다고 본다.

【사 례】 소지품검사

《사 안》 사법경찰관 A는 엽총을 소지한 범인이 은행에서 현금을 강취하였다는 범죄신고를 받고 현장으로 가던 중 거동이 수상한 甲을 발견하고 경찰관신분증을 제시한 후 甲의 가방에 든 물건을 확인하고자 하였으나 甲은 질문에 대답하지 않고 소지품의 개시요구를 거부하였다. 이에 사법경찰관은 甲의 가방을 열어 그 안에서 현금과 엽총이 나오자 이를 압수하고 甲을 긴급체포하였다. 사법경찰관 A의 수사는 적법한가?

《검 토》 본 사안의 경우 은행강도라는 중대한 범죄가 발생하여 범인검거가 긴급한 상황에서 甲은 사법경찰관 A의 질문에 대하여 묵비하고 소지품의 개시요구를 거부하는 등 수상한 거동을 계속하기 때문에 소지품검사의 긴급성과 필요성이 인정된다. 따라서 사법경찰관 A가 甲의 가방을 열어 소지품을 검사한 행위는 경찰관 직무집행법의 질문에 부수하는 행위로서 허용되고 이에 기초하여 甲을 긴급체포한 것은 적법하다. 또한 현금과 엽총을 영장 없이 압수한 것은 체포현장에서의 압수(제216조제1항제2호)에 해당하므로 적법하다.

Ⅳ. 자동차검문

1. 의   의

자동차검문이란 범죄의 예방과 검거를 목적으로 통행중인 차량을 정지시켜서 운전자 또는 동승자에게 질문하는 것을 말한다. 자동차검문은 그 목적에 따라 교통검문·경계검문·긴급수배검문으로 구분된다. ① 교통검문은 도로교통법위반을 단속하기 위하여 차를 일시 정지시키는 검문이고, ② 경계검문은 범죄

일반의 예방과 검거를 목적으로 하는 검문이며, ③ 긴급수배검문은 특정한 범죄가 발생한 후 범인을 검거하거니 수사정보를 수집하기 위해 행하는 검문이다.

2. 법적 근거

⑴ **교통검문**   교통검문은 도로교통법 제47조에 따른 일시정지권을 근거로 한 교통경찰작용이다. 즉 경찰공무원은 자동차의 운전사가 무면허운전·음주운전·과로운전을 하고 있다고 인정하는 때에는 그 차를 일시 정지시킬 수 있다.

⑵ **경계검문**   경계검문에 대한 명시적인 근거규정은 없으나, 경찰관직무집행법 제3조 제1항에서 간접적인 근거를 찾을 수 있다. 불특정한 범죄의 예방과 검거를 목적으로 하는 경계검문은 경찰관직무집행법 제3조가 예정하고 있는 ① 어떠한 죄를 범하려고 있다고 의심할 만한 상당한 이유가 있는 자 및 ② 행하여지려고 하는 범죄행위에 관하여 그 사실을 안다고 인정되는 자에 대한 질문의 일종으로 볼 수 있기 때문이다.

⑶ **긴급수배검문**   경찰관직무집행법 제3조와 형사소송법 제199조의 규정은 긴급수배검문의 법적 근거가 된다. 특정한 차량에 대해 외관상 구체적인 이상을 확인할 수 있는 경우에는 경찰관직무집행법 제3조 제1항을 준용할 수 있다. 예를 들면 도난차량이나 범행에 사용된 차량의 번호판을 부착한 특정한 차량을 정차시키는 개별검문은 경찰관직무집행법 제3조 제1항에 따른 불심검문의 요건에 해당한다고 볼 수 있다. 또한 범인이나 참고인이 당해 자동차에 타고 있을 가능성이 커 일시정차를 시키는 경우 형사소송법에 따른 임의수사의 일종으로 볼 수 있다. 그리고 현행범체포나 긴급체포를 해야 할 범인이 타고 있는 차량에 대하여는 체포행위로서 정지를 구할 수 있다.

3. 요   건

자동차검문은 임의의 수단으로 이루어져야 한다. 따라서 도로상에 장애물을 설치하여 자동차를 정지시키는 등 물리적 정차강제는 허용되지 않는다. 경계검문과 긴급수배검문의 경우 ① 자동차를 이용하여 중대범죄를 범하였거나 범할 개연성이 있고, ② 범죄의 예방과 검거를 위하여 필요하고 적절한 경우에 한하며, ③ 자동차 이용자에 대한 자유의 제한은 최소한에 그쳐야 한다.

4. 자동차검문과 유형력행사

법으로 허용되는 자동차검문을 하는 과정에서 일정한 유형력의 행사가 가능한가가 문제로 된다. 자동차검문의 경우에도 불심검문을 위한 정지요구의 경우처럼 필요한 최소한의 유형력행사만이 허용된다고 보아야 한다. 예를 들면 교통검문 등의 경우에 운전석의 문을 양손으로 잡거나 운전석의 창을 통해 엔진 키를 돌려 시동을 끄는 정도는 허용된다. 그러나 자동차를 정지시키는 데 필요한 경우라 하더라도 운전자를 차 밖으로 억지로 나오게 한다든가 신체에 유형력을 행사하여 자동차의 진행을 저지시키는 것은 허용되지 않는다.

제 2 절 수사의 방법

제 1 관 수사의 기본원칙

제 1 임의수사의 원칙

I. 의 의

수사의 방법에는 임의수사와 강제수사가 있다. 임의수사란 상대방의 동의나 승낙을 받아 임의적인 방법에 의한 수사를 의미하고 강제수사는 강제처분에 의한 수사를 말한다. 수사는 원칙적으로 임의수사에 의하고 강제수사는 법률에 규정된 경우에 한하여 허용된다(제199조). 이를 임의수사의 원칙이라고 한다. 한편 임의수사라 하더라도 그 성질상 개인의 인권을 침해할 염려가 있으므로 법적 절차를 준수하여야 한다. 그리고 피의자에 대한 수사는 불구속상태에서 함을 원칙으로 한다. 검사, 사법경찰관리 그 밖에 직무상 수사에 관계있는 자는 피의자 또는 다른 사람의 인권을 존중하고 수사과정에서 취득한 비밀을 엄수하며 수사에 방해되는 일이 없도록 하여야 한다(제198조).

II. 임의수사와 강제수사의 구별

1. 구별의 기준

⑴ **형식설** 상대방에게 직접 간접으로 물리적 강제력을 행사하는 수사뿐만 아니라 상대방에게 의무를 부담하게 하는 수사를 강제수사라고 해석하는 견해이다. 이에 의하면 강제수사에는 체포·구속·압수·검증 이외에 증인신문청구·증거보전 및 공무소에의 조회 등이 포함된다.

⑵ 실질설　　강제수사란 상대방의 의사에 반하여 실질적으로 그의 법익을 침해하는 수사라고 해석하는 견해[1]이다. 새로운 과학수사방법이 등장함에 따라 수사로 인한 권리침해의 위험성이 현저히 증가하고 있는 현실을 감안하여 상대방의 법익을 침해하는 수사는 강제수사에 해당한다고 해석한다.

⑶ 적법절차기준설　　적법절차의 원칙을 근거로 수사기관의 처분이 법공동체가 공유하고 있는 최저한도의 기본적 인권을 침해할 우려가 있는 경우에는 강제수사에 해당하는 견해[2]이다. 수사처분의 실질적 내용을 기본적 인권과 관련지워 판단함으로써 강제수사에 대한 실제적 규제원리를 획득할 수 있다고 한다.

⑷ 기본권기준설　　수사기관에 의한 기본권침해의 유무를 기준으로 강제수사와 임의수사를 구분한다는 견해[3]이다. 기본권침해를 수반하는 수사가 유추해석을 통해서도 형사소송법상의 법적 근거를 제시할 수 없으면 강제수사이지만, 상대방이 동의하면 임의수사가 된다고 한다. 그리고 기본권의 침해 유무는 수사기관의 활동이 기본권의 효력영역을 침범하였는가에 따라 판단한다.

2. 검　　토

① 물리적 강제력의 유무만으로 강제수사와 임의수사를 구분한다면 도청이나 사진촬영에 의한 사생활의 침해도 임의수사로 파악하게 되는 난점이 있다. ② 적법절차의 원칙은 강제수사뿐만 아니라 임의수사에서도 요구되는 원칙이므로 적법절차의 요청을 기준으로 강제수사와 임의수사를 명확하게 구분할 수는 없다. 또한 강제수사에 대한 규제로 영장주의가 채택되어 있는데, 영장이 필요한 경우를 강제수사라고 보는 것은 논리적으로 적절하지 못하다. ③ 모든 수사는 어느 정도의 기본권침해를 수반한다는 점에서 기본권기준설은 강제수사와 임의수사를 구분하는 판단기준이 모호하다. ④ 강제수사와 임의수사를 구별하는 실익은 새로운 형태의 과학적 수사방법에 대한 사법적 통제에 있기 때문에 그 기준이 일응 명확할 것을 요한다. 따라서 상대방의 의사에 반하여 실질적 법익침해를 초래하는 처분을 강제수사라고 보는 실질설이 적정하다고 본다.

---

1) 이재상, 241면.
2) 신동운, 186면.
3) 배종대, 218면; 신양균, 121면.

Ⅲ. 동의 또는 승낙에 의한 수사

1. 임의동행

(1) 의 의　임의동행(任意同行)이란 수사기관이 피의자나 상대방의 동의 또는 승낙을 얻어 이들과 함께 수사기관까지 동행하는 것을 말한다. 임의동행의 법적 성질에 관하여는 경찰관직무집행법에 의한 임의동행($\frac{동법}{제3조}$)과 형사소송법에 의한 임의동행($\frac{제199조}{제1항}$)으로 구별하여 고찰할 수 있다.

(2) 경찰관직무집행법에 의한 임의동행

(가) 법적 성질　경찰관직무집행법에 의한 임의동행에 관하여는 ① 불심검문에 의한 임의동행은 수사의 단서에 불과하고, 이에 의하여 범죄의 혐의가 밝혀질 때에 비로소 수사가 개시된다는 견해와 ② 임의동행으로 인하여 수사가 계속된 경우에는 형사소송법상의 임의동행과 같이 취급하여야 한다는 견해가 있다. 불심검문과 수사를 구별하는 기준이 명백하지 않으므로 경찰관이 불심검문을 이용한 임의동행으로 수사가 계속된 경우에는 형사소송법에 의한 임의동행과 동일하게 보아야 할 것이다.

(나) 한 계　경찰관으로부터 임의동행 요구를 받은 상대방은 이를 거절할 수 있을 뿐만 아니라 임의동행 후 언제든지 경찰관서에서 퇴거할 자유가 있고, 경찰관직무집행법 제3조 제6항이 임의동행한 경우 당해인을 6시간을 초과하여 경찰관서에 머물게 할 수 없다고 규정하고 있지만 그 규정이 임의동행한 자를 6시간 동안 경찰관서에 구금하는 것을 허용하는 것은 아니다.[4]

(3) 형사소송법에 의한 임의동행

(가) 적법성　일반적인 수사방법으로서의 임의동행은 형사소송법상 법적 근거가 없으므로 금지되어야 한다는 견해가 있다. 그러나 사회통념상 신체의 속박이나 심리적 압박에 의한 강제력이 없는 상황에서 피의자의 자발적 동의가 있다면 임의수사로서 허용된다고 본다. 다만 수사관이 수사과정에서 당사자의 동의를 받는 형식으로 피의자를 수사관서에 동행하는 것은 상대방의 신체의 자유가 현실적으로 제한되어 실질적으로 체포와 유사한 상태에 놓이게 되므로, 수사관이 동행에 앞서 피의자에게 동행을 거부할 수 있음을 알려 주었거나 동행한 피의자가 언제든지 자유로이 동행과정에서 이탈 또는 동행장소로부터 퇴거할 수 있었음이 인정되는 등 오로지 피의자의 자발적인 의사에 의한 동

---

4) 대법원 1997. 8. 22. 선고 97도1240 판결.

행이 이루어졌음이 객관적인 사정에 의하여 명백하게 입증된 경우에 한하여, 그 적법성이 인정된다.[5]

(나) 한 계   임의동행의 과정에서 강제력이 개입된 때에는 임의수사로서의 한계를 벗어나게 된다. 임의동행과 강제연행의 구별은 동행의 시간과 장소 및 방법, 동행거부의 유무나 퇴거의 자유를 종합하여 판단하여야 한다. 따라서 임의동행의 형식을 취한 경우에도 강제의 실질을 갖춘 때에는 강제수사에 해당한다.

【사 례】 임의동행의 적법성

《사 안》 사법경찰관 A는 유흥주점에서 성매매가 이루어진다는 제보를 받고 유흥주점 앞에서 잠복근무를 하다가 甲과 유흥주점 종업원 乙이 유흥주점에서 나와 인근의 여관으로 들어가는 것을 확인하고 여관 업주의 협조를 얻어 甲과 乙이 투숙한 여관 방문을 열고 들어가 "성매매로 현행범 체포한다"고 고지하였으나, 甲과 乙이 성관계를 가졌음을 증명할 수 있는 증거가 전혀 발견되지 않았다. 그러자 A는 甲과 乙을 성매매로 현행범 체포를 하지는 못하고 수사관서로 동행해 줄 것을 요구하면서 "동행을 거부할 수도 있으나, 거부하더라도 강제로 연행할 수 있다"고 말하였고, 甲과 乙은 수사관서에 도착하여 자술서를 각각 작성하였다. A가 행한 수사의 적법성을 논하라.

《검 토》 사법경찰관 A는 甲과 乙을 성매매로 현행범 체포하려 하였으나 성매매 행위에 대한 증거가 없자 현행범 체포를 하지 못하고 이들을 수사관서로 데려가기 위해 甲과 乙에게 "동행을 거부하더라도 강제로 연행할 수 있다"고 말한 점, 甲과 乙은 여관 방문을 열고 들어온 A로부터 성매매 여부를 추궁당한 후에 임의동행을 요구받았고 강제로 연행될 수 있다는 말까지 들었으므로 그러한 상황에서 동행을 거부하기는 어려웠을 것이라 보이는 점 등에 비추어 보면, 비록 A가 甲과 乙을 동행할 당시에 물리력을 행사한 바가 없고, 이들이 명시적으로 거부의사를 표명한 적이 없다고 하더라도, 甲과 乙의 동행은 사법경찰관의 요구를 거절할 수 없는 심리적 압박 아래 행하여진 사실상의 강제연행, 즉 불법체포에 해당한다. 따라서 甲과 乙이 작성한 자술서도 위법하게 수집된 증거에 해당한다.

2. 보호실유치

(1) 의 의   경찰관은 정신착란 또는 술에 취한 상태로 인하여 자기 또는 타인의 생명·신체와 재산에 위해를 미칠 우려가 있다고 믿을 만한 상당한 이

---

5) 대법원 2006. 7. 6. 선고 2005도6810 판결, 2011. 6. 30. 선고 2009도6717 판결, 2020. 5. 14. 선고 2020도398 판결.

유가 있는 자에 대하여 24시간을 초과하지 아니하는 범위 내에서 경찰관서에 보호하는 조치를 할 수 있다(警職法 제4조, 제1항 제1호).

(2) 요 건   술에 취한 상태로 인하여 위해를 미칠 우려가 있는 피구호자에 대한 보호조치는 경찰행정상 즉시강제에 해당하므로, 그 조치가 불가피한 최소한도 내에서만 행사되도록 행사요건을 신중하고 엄격하게 해석하여야 한다. 따라서 위 조항의 '술에 취한 상태'란 피구호자가 술에 만취하여 정상적인 판단능력이나 의사능력을 상실할 정도에 이른 것을 말하고, 위 조항에 따른 보호조치를 필요로 하는 피구호자에 해당하는지는 구체적인 상황을 고려하여 경찰관 평균인을 기준으로 판단하되, 그 판단은 보호조치의 취지와 목적에 비추어 현저하게 불합리하여서는 아니 되며, 피구호자의 가족 등에게 피구호자를 인계할 수 있다면 특별한 사정이 없는 한 경찰관서에서 피구호자를 보호하는 것은 허용되지 않는다.[6] 이와 같은 요건에 해당하지 않는 자를 강제로 보호실에 유치하는 것은 실질적으로 구금에 해당하므로 위법하다. 또한 수사의 편의상 피의자를 임의동행한 경우에도 피의자의 의사에 반하여 보호실 등에 계속 유치하였다면 이는 구금에 해당한다.[7]

(3) 승낙유치의 문제   승낙유치가 임의수사의 방법으로 허용될 수 있는가의 문제가 있다. 본인의 사전동의를 받아 유치하였다 하더라도 이는 실질적으로 구속에 해당하므로 허용되지 않는다. 따라서 긴급체포사유가 없음에도 불구하고 본인의 동의가 있었다는 이유로 보호실에 유치하는 것은 불법구금에 해당한다.

【사 례】 임의동행과 보호실유치

《사 안》 甲은 2015년 5월 1일 22시경 남편인 乙로부터 폭행을 당하였다는 이유로 경찰에 신고하였다. 사법경찰관 A는 乙의 집에 도착하여 乙에게 조사할 것이 있으니 경찰서에 함께 가자고 요구하였다. 乙은 이웃주민들의 오해를 받을 수 있다고 생각하여 경찰서에 동행하였다. A는 경찰서에서 乙의 혐의사실을 추궁하였으나 乙이 계속 범행을 부인하자 5월 2일 1시경 乙을 경찰서 보호실에 유치하였다가 3시경 乙을 석방하였다. A가 행한 수사의 적법성을 논하라.

《검 토》A가 乙의 범죄혐의를 조사하기 위해 乙에게 경찰서로 동행할 것을 요구하여 乙이 경찰서에 간 것은 형사소송법상의 임의동행에 해당한다. 乙의 승낙을 전제

---

6) 대법원 2012. 12. 13. 선고 2012도11162 판결.
7) 대법원 1994. 3. 11. 선고 93도958 판결.

로 한 임의동행은 임의수사로서 허용된다. 그러나 乙을 보호실에 유치한 것은 긴급체포의 요건을 갖춘 경우에 한하여 적법하다. 그런데 폭행죄(형법 제260조 제1항)의 법정형은 2년 이하 징역 또는 500만원 이하 벌금이므로 긴급체포의 요건에 해당하지 않는다. 따라서 A가 乙을 보호실에 유치한 것은 불법수사에 해당한다.

3. 승낙수색과 승낙검증

상대방의 승낙에 따라서 행하는 수색·검증이 임의수사로 허용되느냐에 대하여 ① 이 경우의 승낙은 완전한 의미의 법익포기의 승낙이 아니므로 허용되지 않는다는 견해와 ② 승낙의 임의성이 인정되는 경우에는 임의수사로 허용된다는 견해가 있다. 수사기관이 영장 없이 수색 또는 검증을 하는 데 단순히 이의를 제기하지 않는 정도가 아니라 명백히 승낙한 경우에는 임의수사로서 허용된다고 본다.

4. 거짓말탐지기의 사용

⑴ 의 의   거짓말탐지기란 피의자나 기타 피검사자에게 피의사실에 관련된 질문을 하고 그에 대한 대답시 피검사자의 생리적 변화(호흡·혈압·맥박·피부전기반사 등)를 검사지에 기록하는 장치를 말한다. 검사자는 거짓말탐지기의 사용결과를 관찰·분석하여 답변의 진위(眞僞) 또는 피의사실에 대한 인식의 유무를 판단한다.

⑵ 허용성   피검사자의 동의가 있더라도 거짓말탐지기의 사용을 금지하여야 한다는 견해가 있으나, 피검사자가 거짓말탐지기에 의한 검사를 승낙하는 경우에는 임의수사로서 허용된다고 본다. 피검사자가 거짓말탐지기의 검사결과를 자신에게 유리한 자료로 사용할 수도 있기 때문이다. 그리고 그 검사결과는 피검사자의 진술의 신빙성 유무를 판단하는 자료로서의 기능만 가진다.[8]

제 2 강제수사법정주의와 영장주의

I. 강제수사법정주의

강제수사는 법률에 특별한 규정이 있어야 가능하다($\frac{제199조}{제1항}$). 이를 강제수사법정주의라고 한다. 인권침해의 위험을 방지하기 위하여 강제수사의 허용조건을 법률에 규정함으로써 강제수사를 제한한 것이다. 즉 강제수사의 종류와 내용은

---

8) 대법원 1984. 2. 14. 선고 83도3146 판결.

법률에 규정되어 있어야 한다. 강제수사는 형사소송법이 예정하고 있는 유형의 강제처분에만 제한되는 견해가 있으나, 강제수사의 법률적 근거는 형사소송법뿐만 아니라 특별법이 될 수도 있다. 다만 강제수사를 규정하고 있는 특별법(예를 들면 국가보안법이나 통신비밀보호법)도 기본권보장에 관한 헌법상 원칙에 적합하여야 한다.

II. 영장주의

1. 의   의

영장주의(令狀主義)란 법관이 발부한 적법한 영장에 의하지 않으면 형사절차상의 강제수사를 할 수 없다는 원칙을 말한다. 영장주의는 강제수사의 **남용**을 억제하고 시민의 자유와 재산을 보장하기 위한 사법적 통제이다. 영장주의는 강제처분을 할 당시에 영장이 발부되어 있을 것을 요한다는 의미이므로(事前令狀의 原則) 강제수사를 한 후에 사후영장을 발부받는 경우도 영장주의의 예외에 해당한다.

2. 피의자의 체포 · 구속

피의자를 체포 · 구속하려면 사전에 영장을 발부받아야 한다(제200조의2, 제201조). 현행범인의 체포(제212조)와 긴급체포(제200조의3)의 경우에는 체포영장을 요하지 않지만 체포된 피의자를 구속하기 위해서는 구속영장을 발부받아야 한다.

3. 압수 · 수색 · 검증

수사기관의 압수 · 수색 · 검증에는 법관이 발부한 영장이 있어야 한다(제215조). 다만 압수 · 수색의 긴급성에 대처하기 위하여 영장을 받을 수 없는 예외적 사정이 있는 때에는 영장에 의하지 않는 압수 · 수색 · 검증이 허용된다. 체포 · 구속 목적의 피의자수색, 체포 · 현장에서의 압수 · 수색 · 검증, 범죄장소에서의 압수 · 수색 · 검증(제216조), 긴급체포시의 압수 · 수색 · 검증(제217조 제1항)의 경우가 여기에 해당한다.

제 3 비례성의 원칙

I. 의   의

비례성의 원칙이란 형사절차에 의한 개인의 기본권침해는 사건의 중요성과 기대되는 형벌에 비추어 상당성이 유지될 때에만 허용된다는 원칙을 말한다. 비례성의 원칙은 수사의 방법을 제한하는 이념으로서 강제수사뿐만 아니라 임의수사에도 적용된다.

Ⅱ. 임의수사와 비례성의 원칙

임의수사에 있어서도 수사의 필요성과 균형성이 인정되어야 한다. 수사의 필요성은 수사의 조건이므로 범죄의 혐의가 없음이 명백하거나 소송조건이 구비될 수 없는 때에는 임의수사도 허용되지 않는다. 또한 수사의 필요성이 인정되는 때에도 수사목적을 달성하여 얻는 이익과 수사활동으로 침해되는 이익 사이에 균형성이 있어야 한다.

Ⅲ. 강제수사와 비례성의 원칙

비례성의 원칙은 인권보장을 위하여 강제수사를 규제하는 중요한 역할을 담당한다. 강제수사는 임의수사로서 형사소송의 목적을 달성할 수 없는 경우에 최후의 수단으로만 인정되어야 하고, 강제수사의 실행과 기간 및 방법도 기대되는 형벌의 범위를 넘을 수 없다는 제한을 받는다.

제 2 관　임의수사

제 1　피의자신문

Ⅰ. 의　　의

1. 개　　념

피의자신문이란 검사 또는 사법경찰관이 수사에 필요한 때에 피의자에게 출석을 요구하여 피의자로부터 진술을 듣는 것을 말한다. 피의자신문은 수사기관이 피의자의 진술을 통하여 직접 증거를 수집하는 절차일 뿐만 아니라, 피의자가 자기에게 유리한 사실을 주장할 수 있는 기회를 제공하는 의미도 있다.

2. 법적 규제

피의자신문은 피의자의 임의의 진술을 듣는 임의수사이다. 피의자는 출석의무가 없고 진술거부권이 보장되어 있기 때문이다. 이에 대하여 피의자조사와 피의자신문을 구분하여 피의자가 수사기관에 일정한 사실을 보고하거나 의견을 표시하는 피의자조사는 임의수사에 해당하고, 수사기관이 피의자에게 질문을 하여 그 답변을 구하는 피의자신문은 강제수사에 해당한다는 주장이 있다. 그러나 이 주장은 피의자의 진술청취와 신문이 모두 피의자의 진술을 듣는다는 점에서 실질적 차이가 없다는 점을 간과하고 있고, 피의자의 진술거부권을 형해화할 우려가 있으므로 피의자조사와 피의자신문을 별도로 구분할 필요는 없다.

Ⅱ. 절   차

1. 출   석

요구수사기관이 피의자를 신문하기 위하여는 피의자의 출석을 요구하여야 한다($\frac{M200}{2}$). 출석요구의 통지방법에는 제한이 없다. 원칙적으로는 출석요구서의 발부에 의하나 반드시 여기에 제한되는 것은 아니다. 따라서 전화·구두 또는 인편(人便)에 의하여 출석을 요구할 수도 있다. 출석을 요구하는 장소도 수사관서에 제한되지 않는다. 수사기관이 피의자가 있는 장소에 가서 신문하여도 무방하다. 피의자에게는 출석요구에 응할 의무가 없다. 따라서 피의자는 출석을 거부할 수 있고, 출석한 경우에도 언제나 퇴거할 수 있다.

2. 구속된 피의자

⑴ 구 인   수사기관이 구속영장에 의하여 피의자를 구속하는 경우, 그 구속영장은 기본적으로 장차 공판정에의 출석이나 형의 집행을 담보하기 위한 것이지만, 이와 함께 구속기간의 범위 내에서 수사기관이 피의자신문의 방식으로 구속된 피의자를 조사하는 등 적정한 방법으로 범죄를 수사하는 것도 예정하고 있다. 따라서 구속영장 발부에 의하여 적법하게 구금된 피의자가 피의자신문을 위한 출석요구에 응하지 아니하면서 수사기관 조사실에 출석을 거부한다면 수사기관은 그 구속영장의 효력에 의하여 피의자를 조사실로 구인할 수 있다. 다만 이러한 경우에도 그 피의자신문절차는 임의수사의 한 방법으로 진행되어야 하므로, 피의자는 일체의 진술을 하지 아니하거나 개개의 질문에 대하여 진술을 거부할 수 있다.[9]

⑵ 수갑의 사용 여부   구속된 피의자에 대하여 피의자신문을 하는 경우 수갑의 사용은 도주 또는 증거인멸의 우려가 있거나 조사실 내의 안전과 질서를

---

9) 대법원 2013. 7. 1.자 2013모160 결정.

유지하기 위하여 꼭 필요한 목적을 위하여만 허용될 수 있다. 피의자신문은 장시간 걸리는 경우가 있어서 수갑으로 신체를 속박하는 것이 상당한 고통을 가져올 수 있고, 그렇지 않더라도 방어권을 제대로 보장하기 위해서는 수갑사용으로 인한 심리적 위축을 제거할 필요가 있다. 따라서 피의자가 도주·폭행·소요 또는 자해 등의 우려가 없는 경우에는 수갑을 해제한 상태에서 피의자신문이 진행되어야 한다.

3. 진술거부권의 고지

(1) **고지내용**　　검사 또는 사법경찰관이 피의자를 신문하기 전에 ① 일체의 진술을 하지 아니하거나 개개의 질문에 대하여 진술을 하지 아니할 수 있다는 것, ② 진술을 하지 아니하더라도 불이익을 받지 아니한다는 것, ③ 진술을 거부할 권리를 포기하고 행한 진술은 법정에서 유죄의 증거로 사용될 수 있다는 것, ④ 신문을 받을 때에는 변호인을 참여하게 하는 등 변호인의 조력을 받을 수 있다는 것을 알려주어야 한다($\genfrac{}{}{0pt}{}{제244조의}{3\ 제1항}$). 검사 또는 사법경찰관은 진술거부권과 변호인의 조력을 받을 권리를 고지한 후 피의자가 그 권리를 행사할 것인지의 여부를 질문하고, 이에 대한 피의자의 답변을 조서에 기재해야 한다. 이 경우 피의자의 답변은 피의자로 하여금 자필로 기재하게 하거나 검사 또는 사법경찰관이 피의자의 답변을 기재한 부분에 기명날인 또는 서명하게 해야 한다($\genfrac{}{}{0pt}{}{동조}{제2항}$).

(2) **증거능력**　　진술거부권을 고지하지 않고 신문한 진술을 기재한 피의자신문조서는 증거능력이 인정되지 않는다. 또한 사법경찰관이 피의자에게 진술거부권을 행사할 수 있음을 알려 주고 그 행사 여부를 질문하였다 하더라도, 진술거부권 행사 여부에 대한 피의자의 답변이 자필로 기재되어 있지 아니하거나 그 답변 부분에 피의자의 기명날인 또는 서명이 되어 있지 아니한 사법경찰관 작성의 피의자신문조서는 그 증거능력을 인정할 수 없다.[10] 한편 피의자에 대한 진술거부권의 고지는 피의자의 진술거부권을 실효적으로 보장하여 진술이 강요되는 것을 막기 위하여 인정되는 것이고, 수사기관에 의한 진술거부권 고지의 대상이 되는 피의자의 지위는 수사기관이 조사대상자에 대한 범죄혐의를 인정하여 수사를 개시하는 행위를 한 때에 인정되는 것이다. 따라서 이러한 피의자의 지위에 있지 아니한 자에 대하여는 진술거부권이 고지되지 아니하였다 하더라도 그 진술의 증거능력을 부정할 것은 아니다.[11]

---

10) 대법원 2013. 3. 28. 선고 2010도3359 판결.

4. 신문의 방법

검사 또는 사법경찰관이 피의자를 신문할 때에는 먼저 그 성명·연령·등록기준지·주거와 직업을 물어 피의자가 틀림없는지 확인하여야 한다($\frac{제241}{조}$). 이를 인정신문(人定訊問)이라고 한다. 피의자는 인정신문에 대하여도 진술을 거부할 수 있다. 피의자에게 신문할 사항은 범죄사실과 정상에 관하여 필요한 사항이며, 피의자에 대하여도 이익되는 사실을 진술할 기회를 주어야 한다($\frac{제242}{조}$). 검사 또는 사법경찰관이 사실을 발견함에 필요한 때에는 피의자와 다른 피의자 또는 피의자 아닌 자와 대질(對質)하게 할 수 있다($\frac{제245}{조}$). 한편 피의자가 신체적 또는 정신적 장애로 사물을 변별하거나 의사를 결정·전달할 능력이 미약한 경우, 피의자의 연령·성별·국적 등의 사정을 고려하여 그 심리적 안정의 도모와 원활한 의사소통을 위하여 필요한 경우에는 검사·사법경찰관의 직권 또는 피의자·법정대리인의 신청에 따라 피의자와 신뢰관계에 있는 자를 동석하게 할 수 있다($\frac{제244조}{의 5}$).

5. 참 여 자

검사가 피의자를 신문할 때에는 검찰청 수사관·서기관 또는 서기를 참여하게 하여야 하고, 사법경찰관이 피의자를 신문할 때에는 사법경찰관리를 참여하게 하여야 한다($\frac{제243}{조}$). 이는 조서기재의 정확성과 신문절차의 적법성을 보장하기 위한 것이다.

6. 심야조사

검사 또는 사법경찰관은 조사, 신문, 면담 등 그 명칭을 불문하고 피의자에게 심야조사(오후 9시부터 오전 6시까지 사이에 조사)를 해서는 안된다. 다만, 이미 작성된 조서의 열람을 위한 절차는 자정 이전까지 진행할 수 있다($\frac{수사규정 제}{21조 제1항}$). 그리고 ① 피의자를 체포한 후 48시간 이내에 구속영장의 청구 또는 신청 여부를 판단하기 위해 불가피한 경우, ② 공소시효가 임박한 경우, ③ 피의자나 사건관계인이 출국, 입원, 원거리거주, 직업상 사유 등 재출석이 곤란한 구체적인 사유를 들어 심야조사를 요청한 경우, ④ 그 밖에 사건의 성질 등을 고려할 때 심야조사가 불가피하다고 판단되는 경우에는 심야조사를 할 수 있다($\frac{동조}{제2항}$).

---

11) 대법원 2011. 11. 10. 선고 2011도8125 판결.

Ⅲ. 피의자의 진술

1. 피의자신문조서의 작성

⑴ **피의자진술의 기재**   피의자의 진술은 조서에 기재하여야 한다($^{제244조}_{제1항}$). 즉 수사기관이 피의자를 소환하여 신문한 때에는 반드시 조서를 작성해야 한다. 검사 또는 사법경찰관은 피의자에게 조서를 열람하게 하거나 읽어 주어야 하며, 진술한 대로 기재되지 아니하였거나 사실과 다른 부분의 유무를 물어 피의자가 증감 또는 변경의 청구 등 이의를 제기하거나 의견을 진술한 때에는 이를 조서에 추가로 기재하여야 한다. 이 경우 피의자가 이의를 제기하였던 부분은 읽을 수 있도록 남겨두어야 한다($^{동조}_{제2항}$). 피의자가 조서에 대하여 이의나 의견이 없음을 진술한 때에는 피의자로 하여금 그 취지를 자필로 기재하게 하고 조서에 간인한 후 기명날인 또는 서명하게 한다($^{동조}_{제3항}$). 피의자신문조서에 기재된 진술은 일정한 조건 아래에서 증거능력이 인정된다($^{제312}_{조}$).

⑵ **수사과정의 기록**   검사 또는 사법경찰관은 피의자가 조사장소에 도착한 시각, 조사를 시작하고 마친 시각 그 밖에 조사과정의 진행경과를 확인하기 위하여 필요한 사항을 피의자신문조서에 기록하거나 별도의 서면에 기록한 후 수사기록에 편철해야 한다($^{제244조의}_{4\ 제1항}$). '조사과정의 진행경과'란 피고인이 조사 중간에 휴식을 취한 시각, 식사를 한 시각, 대질신문의 경위 및 시간, 조사 중간에 진술서를 작성하게 한 경우 그 경위와 시간 등을 들 수 있다. 수사과정에 대한 기록은 피의자진술의 임의성과 신용성의 정황적 보장 등에 대한 판단자료로 사용될 수 있다.

⑶ **작성자의 서명날인**   검사 또는 사법경찰관은 피의자신문조서에 서명날인을 하여야 한다. 서명날인은 공무원이 작성하는 서류에 관하여 그 기재내용의 정확성과 완전성을 담보하는 것이므로 피의자신문조서에 작성자인 검사 또는 사법경찰관의 서명날인이 되어 있지 아니한 경우 그 피의자신문조서는 공무원이 작성하는 서류로서의 요건을 갖추지 못한 것으로서 그 증거능력을 인정할 수 없다.[12]

2. 피의자진술의 영상녹화

⑴ **절 차**   피의자의 진술은 영상녹화할 수 있다. 이 경우 미리 영상녹화

---

12) 대법원 2001. 9. 28. 선고 2001도4091 판결.

사실을 알려주어야 하며, 조사의 개시부터 종료까지의 전 과정 및 객관적 정황을 영상녹화해야 한다($^{제244조의}_{2\ 제1항}$). 영상녹화가 완료된 때에는 피의자 또는 변호인 앞에서 지체 없이 그 원본을 봉인하고 피의자로 하여금 기명날인 또는 서명하게 해야 한다($^{동조}_{제2항}$). 이 경우에 피의자 또는 변호인의 요구가 있는 때에는 영상녹화물을 재생하여 시청하게 해야 한다. 이 경우 그 내용에 대하여 이의를 진술하는 때에는 그 취지를 기재한 서면을 첨부해야 한다($^{동조}_{제3항}$).

(2) 영상녹화물 영상녹화물은 조사가 개시된 시점부터 조사가 종료되어 피의자가 조서에 기명날인 또는 서명을 마치는 시점까지 전 과정이 영상녹화된 것으로서 피의자의 신문이 영상녹화되고 있다는 취지의 고지, 영상녹화를 시작하고 마친 시각 및 장소의 고지, 신문하는 검사와 참여한 자의 성명과 직급의 고지, 진술거부권·변호인의 참여를 요청할 수 있다는 점 등의 고지, 조사를 중단·재개하는 경우 중단 이유와 중단 시각, 중단 후 재개하는 시각, 조사를 종료하는 시각의 내용을 포함하는 것이어야 한다($^{규칙 제134조}_{의2\ 제3항}$). 조사가 개시된 시점부터 조사가 종료되어 조서에 기명날인 또는 서명을 마치는 시점까지 조사 전 과정이 영상녹화되는 것을 요구하는 취지는 진술 과정에서 연출이나 조작을 방지하고자 하는 데 있다. 여기서 조사가 개시된 시점부터 조사가 종료되어 조서에 기명날인 또는 서명을 마치는 시점까지라 함은 기명날인 또는 서명의 대상인 조서가 작성된 개별 조사에서의 시점을 의미하므로 수회의 조사가 이루어진 경우에도 최초의 조사부터 모든 조사 과정을 빠짐없이 영상녹화하여야 한다고 볼 수 없고, 같은 날 이루어진 수회의 조사라 하더라도 특별한 사정이 없는 한 조사 과정 전부를 영상녹화하여야 하는 것도 아니다.[13]

(3) 증거자료 영상녹화물은 본증으로 사용하지 못하지만 기억환기를 위한 자료로 사용될 수 있다($^{제318조의}_{2\ 제2항}$).

Ⅳ. 변호인의 참여권

1. 의   의

검사 또는 사법경찰관은 피의자를 신문할 때 피의자 또는 그 변호인 등의 신청이 있으면 정당한 사유가 없는 한 피의자신문에 변호인을 참여하게 하여야 한다($^{제243조의}_{2\ 제1항}$). 피의자신문중에 피의자의 요청에 따라 변호인이 조언을 하는

---

13) 대법원 2022. 7. 14. 선고 2020도13957 판결.

것은 변호인의 조력을 받을 권리의 핵심적 내용이기 때문이다. 신문에 참여하고자 하는 변호인이 2인 이상인 때에는 피의자가 신문에 참여할 변호인 1인을 지정한다. 지정이 없는 경우에는 검사 또는 사법경찰관이 이를 지정할 수 있다(동조 제2항).

2. 변호인의 의견진술

신문에 참여한 변호인은 신문 후 의견을 진술할 수 있다. 다만, 신문중이라도 부당한 신문방법에 대하여 이의를 제기할 수 있고, 검사 또는 사법경찰관의 승인을 받아 의견을 진술할 수 있다(동조 제3항). 검사 또는 사법경찰관의 부당한 신문방법에 대한 이의제기는 고성, 폭언 등 그 방식이 부적절하거나 또는 합리적 근거 없이 반복적으로 이루어지는 등의 특별한 사정이 없는 한, 원칙적으로 변호인에게 인정된 권리의 행사에 해당하며, 신문을 방해하는 행위로는 볼 수 없다. 따라서 검사 또는 사법경찰관이 그러한 특별한 사정 없이, 단지 변호인이 피의자신문 중에 부당한 신문방법에 대한 이의제기를 하였다는 이유만으로 변호인을 조사실에서 퇴거시키는 조치는 정당한 사유 없이 변호인의 피의자신문 참여권을 제한하는 것으로서 허용될 수 없다.[14]

제3항에 따른 변호인의 의견이 기재된 피의자신문조서는 변호인에게 열람하게 한 후 변호인으로 하여금 그 조서에 기명날인 또는 서명하게 해야 한다(동조 제4항). 검사 또는 사법경찰관은 변호인의 신문참여 및 그 제한에 관한 사항을 피의자신문조서에 기재해야 한다(동조 제5항).

3. 참여의 제한

변호인이 의도적으로 피의자신문을 방해하거나 수사기밀을 누설할 염려가 있음이 객관적으로 명백한 경우 등 정당한 사유가 있으면 변호인의 참여를 제한할 수 있다. 수사기관이 피의자신문을 하면서 정당한 사유가 없는데도 변호인에 대하여 피의자로부터 떨어진 곳으로 옮겨 앉으라고 지시를 한 다음 이러한 지시에 따르지 않았음을 이유로 변호인의 피의자신문 참여권을 제한하는 것은 허용될 수 없다.[15]

4. 참여권의 침해

수사기관이 변호인을 피의자 옆이 아니라 뒤에 앉게 요구하는 경우 피의자가 변호인에게 적극적으로 조언과 상담을 요청할 것을 기대하기 어렵고, 변호

---

14) 대법원 2020. 3. 17.자 2015모2357 결정.
15) 대법원 2008. 9. 12.자 2008모793 결정.

인이 피의자의 뒤에 앉게 되면 피의자의 상태를 즉각적으로 파악하거나 수사기관이 피의자에게 제시한 서류 등의 내용을 정확하게 파악하기 어려우므로, 변호인의 피의자신문 참여권을 침해한다.[16] 피의자가 변호인의 참여를 원한다는 의사를 명백하게 표시하였음에도 수사기관이 정당한 사유 없이 변호인을 참여하게 하지 아니한 채 피의자를 신문하여 작성한 피의자신문조서는 위법수집증거에 해당하므로 증거능력이 부정된다.[17] 변호인의 피의자신문 참여에 관한 검사 등의 처분에 대하여 불복이 있으면 준항고를 청구할 수 있다($\frac{\text{제417}}{\text{조}}$).

제 2 참고인조사

Ⅰ. 의   의

검사 또는 사법경찰관은 수사에 필요한 때에는 피의자 아닌 자의 출석을 요구하여 진술을 들을 수 있다($\frac{\text{제221}}{\text{조}}$). 피의자 아닌 제3자를 참고인이라 한다. 참고인은 피해자·고소인·목격자에 한하지 않고 누구든지 수사에 필요한 때에는 참고인으로 조사할 수 있다. 참고인은 수사기관에 대하여 진술하는 자라는 점에서 공판절차 또는 공판준비절차에서 법원 또는 법관에 대하여 경험한 사실을 진술하는 증인과 구별된다.

Ⅱ. 절   차

1. 출석요구

⑴ **출석요구**   참고인에 대한 출석요구는 참고인에 대해 출석의무를 부과하는 강제처분이라는 주장이 있으나, 참고인은 수사기관의 출석요구에 대해서 출석의 의무가 없으며 그 불출석에 대해서 제재가 가해지지 않는다는 점에서 임의수사에 해당한다. 참고인에 대한 출석요구의 방법에는 제한이 없으므로 서면(출석요구서), 전화 등 적당한 방법으로 하면 된다. 참고인이 출석을 거부하는 경우에 검사는 제1회 공판기일 전에 한하여 증인신문을 청구할 수 있다($\frac{\text{제221조}}{\text{의2}}$).

⑵ **특별규정**   국가보안법에 해당하는 피의사건의 참고인으로 출석요구를 받은 자가 정당한 이유 없이 2회 이상 출석요구에 불응한 때에는 수사기관은 구속영장을 발부받아 참고인을 구인할 수 있으며 이 경우 필요한 때에는 참고

---

16) 헌법재판소 2017. 11. 30. 선고 2016헌마503 결정.
17) 대법원 2013. 3. 28. 선고 2010도3359 판결.

인을 임시로 유치할 수 있다($^{동법}_{제18조}$).

2. 진술거부권 고지의 문제

수사기관이 참고인으로부터 피의사건에 관하여 진술을 듣기 전에 진술거부권을 고지할 필요는 없다. 참고인은 수사에 대한 협조자에 불과하므로 진술을 거부할 수 있을 뿐만 아니라 조사장소로부터 언제든지 퇴거할 수 있다.

공범의 혐의를 받고 있는 사람이라 할지라도 다른 공범의 혐의를 확인하기 위하여 참고인으로 조사를 받는 경우에는 피의자의 지위에 있는 것이 아니므로 진술거부권을 고지받지 않았다 하더라도 그 이유만으로 참고인 진술조서가 위법수집증거에 해당한다고 볼 수 없다.[18] 그러나 검사가 공범의 혐의를 받고 있는 사람에 대해 수사를 개시할 수 있는 상태임에도 진술거부권 고지를 잠탈할 의도로 피의자신문이 아닌 참고인조사의 형식을 취하는 것은 허용되지 않는다. 이 경우 참고인조사는 실질적으로 피의자신문이므로 진술거부권 고지 없이 이루어진 참고인 진술조서는 증거로 사용할 수 없다.

3. 신뢰관계인의 동석

수사기관은 범죄로 인한 피해자를 참고인으로 하여 진술을 듣는 경우 참고인의 연령, 심신상태, 그 밖의 사정을 고려하여 참고인이 현저하게 불안 또는 긴장을 느낄 우려가 있다고 인정하는 때에는 직권 또는 피해자·법정대리인의 신청에 따라 피해자와 신뢰관계에 있는 자를 동석하게 할 수 있다. 수사기관은 범죄로 인한 피해자가 13세 미만이거나 신체적 또는 정신적 장애로 사물을 변별하거나 의사를 결정할 능력이 미약한 경우에 수사에 지장을 초래할 우려가 있는 등 부득이한 경우가 아닌 한 피해자와 신뢰관계에 있는 자를 동석하게 하여야 한다($^{제221조,\ 제3항:}_{제163조의2}$).

4. 범인식별절차

용의자 한 사람을 단독으로 목격자(참고인)와 대질시키거나 용의자의 사진 한 장만을 목격자에게 제시하여 범인 여부를 확인하게 하는 것은 기억력의 한계와 부정확성 등으로 인하여 용의자나 그 사진상의 인물이 범인으로 의심받고 있다는 무의식적 암시를 목격자에게 줄 가능성이 있다. 따라서 범인식별절차에서 목격자의 진술의 신빙성을 높게 평가할 수 있게 하려면 용의자를 포함하여 그와 인상착의가 비슷한 여러 사람을 동시에 목격자와 대면시켜 범인을 지목하도록 하여야 하고, 대질과정과 결과를 서면화하는 등의 조치를 취하여야

---

18) 대법원 2011. 11. 10. 선고 2011도8125 판결.

한다.[19] 그러나 범죄발생 직후 목격자의 기억이 생생하게 살아있는 상황에서 현장이나 그 부근에서 범인식별절차를 실시하는 경우에는, 목격자에 의한 생생하고 정확한 식별의 가능성이 열려 있고 범죄의 신속한 해결을 위한 즉각적인 대면의 필요성도 인정할 수 있으므로, 용의자와 목격자의 일대일 대면도 허용된다.[20]

Ⅲ. 참고인의 진술

1. 참고인진술조서의 작성

(1) **참고인진술의 기재**　　수사기관이 참고인의 진술을 들을 때에는 조서를 작성하여야 한다. 진술사항이 복잡하거나 참고인이 서면진술을 원할 때에는 진술서를 작성하여 제출하게 할 수 있다. 참고인의 진술을 기재한 진술조서는 일정한 조건하에서 증거능력이 있다($^{제312조}_{제4항}$).

(2) **수사과정의 기록**　　참고인조사를 하는 경우에도 수사과정을 진술조서에 기록해야 한다($^{제244조의4}_{제3항}$). 피의자를 조사하는 경우와 마찬가지로 조사장소에 도착한 시각, 조사를 시작하고 마친 시각, 그 밖에 조사과정의 진행경과를 확인하기 위하여 필요한 사항을 조서에 기록하거나 별도의 서면에 기록한 후 수사기록에 편철하여야 한다. 이와 같이 수사기관으로 하여금 참고인을 조사할 수 있도록 하면서도 그 조사과정을 기록하도록 한 취지는 수사기관이 조사과정에서 참고인으로부터 진술증거를 취득하는 과정을 투명하게 함으로써 그 과정에서의 절차적 적법성을 제도적으로 보장하려는 데 있다.

2. 참고인진술의 영상녹화

(1) **요 건**　　검사 또는 사법경찰관은 참고인의 동의를 얻어 참고인진술을 영상녹화할 수 있다($^{제221조}_{제1항}$). 참고인의 진술을 영상녹화할 때에는 반드시 참고인의 동의를 얻어야 한다는 점에서 수사기관의 재량적 판단에 의하여 영상녹화가 허용되는 피의자진술의 경우와는 구분된다. 참고인진술을 영상녹화할 때에는 그 조사의 시작부터 조서에 기명날인 또는 서명을 마치는 시점까지의 모든 과정을 영상녹화하여야 한다.

(2) **증거자료**　　참고인진술에 대한 영상녹화물은 참고인진술조서의 진정성립 입증방법($^{제312조}_{제4항}$) 및 증인의 기억환기용($^{제318조의2}_{제2항}$)으로 사용될 수 있다.

---

19) 대법원 2008. 1. 17. 선고 2007도5201 판결.
20) 대법원 2009. 6. 11 선고 2008도12111 판결.

3. 성폭력범죄에 관한 특칙

⑴ **피해자에 대한 영상녹화**   「성폭력범죄의 처벌 등에 관한 특례법」은 거듭되는 조사로 성폭력범죄의 피해자에게 발생하는 이차 피해를 방지하기 위하여 의무적 영상녹화 제도를 규정하고 있다. 성폭력범죄를 당한 피해자가 19세 미만이거나 신체장애 또는 정신상의 장애로 사물을 변별하거나 의사를 결정할 능력이 미약한 때에는 검사 또는 사법경찰관은 피해자의 진술 내용과 조사 과정을 영상녹화장치로 녹화하고, 그 영상녹화물을 보존하여야 한다(성폭력처벌법 제30조 제1항). 검사 또는 사법경찰관은 19세 미만 피해자 등을 조사하기 전에 조사 과정이 영상녹화된다는 사실, 영상녹화된 영상녹화물이 증거로 사용될 수 있다는 사실을 피해자의 나이, 인지적 발달 단계, 심리 상태, 장애 정도 등을 고려한 적절한 방식으로 피해자에게 설명하여야 한다(동조 제2항). 그럼에도 불구하고 19세 미만 피해자 등 또는 그 법정대리인(법정대리인이 가해자이거나 가해자의 배우자인 경우는 제외한다)이 이를 원하지 아니하는 의사를 표시하는 경우에는 영상녹화를 하여서는 아니 된다(동조 제3항). 누구든지 영상녹화한 영상녹화물을 수사 및 재판의 용도 외에 다른 목적으로 사용하여서는 아니 된다(동조 제8항).

⑵ **증거능력**   피해자에 대한 영상녹화물은 절차적 요건을 갖춘 경우 피해자가 신체적, 정신적 질병 등으로 법정에 출석하여 진술할 수 없더라도 영상녹화된 진술 및 영상녹화가 특별히 신빙할 수 있는 상태에서 이루어졌음이 증명되면 증거로 할 수 있다(동법 제30조의2).

제 3 감정의 위촉 등

I. 감정의 위촉

검사 또는 사법경찰관은 수사에 필요한 때에는 감정을 위촉할 수 있다(제221조 제2항). 감정이란 특별한 지식·경험에 속하는 법칙 또는 그 법칙에 근거한 구체적 사실의 판단을 수사기관에 보고하는 것을 말한다. 감정의 위촉을 받은 자는 그 위촉을 거절할 수 있다. 수사기관으로부터 감정위촉을 받은 자가 작성한 감정서는 일정한 요건하에 그 증거능력이 인정된다(제313조 제2항).

II. 통역 · 번역의 위촉

검사 또는 사법경찰관은 수사에 필요한 때에는 통역 또는 번역을 위촉할 수 있다(제221조 제2항). 통역 · 번역의 위촉을 받은 자가 그 위촉을 거절할 수 있음은 감정위촉의 경우와 같다. 통역의 경우에는 통역인진술조서를 작성하는 이외에 피의자신문조서 또는 참고인진술조서에 통역인이 진술자와 공동으로 서명해야 한다.

III. 전문가의 자문

검사는 공소제기 여부와 관련된 사실관계를 분명하게 하기 위하여 필요한 경우에는 직권 또는 피의자 또는 변호인의 신청에 의하여 전문수사자문위원을 지정하여 수사절차에 참여하게 하고 자문을 들을 수 있다(제245조의 2 제1항). 전문수사자문위원은 전문적인 지식에 의한 설명 또는 의견을 기재한 서면을 제출하거나 전문적인 지식에 의하여 설명이나 의견을 진술할 수 있다(동조 제2항). 검사는 전문수사자문위원이 제출한 서면이나 전문수사자문위원의 설명 또는 의견의 진술에 관하여 피의자 또는 변호인에게 구술 또는 서면에 의한 의견진술의 기회를 주어야 한다(동조 제3항).

제 4 사실조회

I. 의   의

수사에 관하여는 공무소 기타 공사단체에 조회하여 필요한 사항의 보고를 요구할 수 있다(제199조 제2항). 이를 사실조회(事實照會)라고 한다. 조회할 수 있는 사항에는 제한이 없다.

II. 법적 성질

사실조회는 상대방에게 의무를 지운다는 의미에서 강제수사에 해당한다는 견해가 있으나, 상대방에게 의무의 이행을 강제할 방법이 없으므로 임의수사에 해당한다고 본다. 의무불이행에 대한 강제수단이 없기 때문이다.

제3절 대인적 강제수사

제1관 체 포

제1 개 관

I. 개 념

체포(逮捕)란 죄를 범하였다고 의심할 만한 상당한 이유가 있는 피의자의 신병을 확보하기 위하여 피의자를 단기간 동안 수사관서 등 일정한 장소에 인치하는 강제처분이다. 체포는 그 요건이 완화되어 있고 기간이 단기간인 점에서 엄격한 요건하에서 비교적 장기간 신체의 자유를 제한하는 구속과 구별된다.

II. 제도의 취지

체포제도는 1995년 제8차 형사소송법 개정에 의하여 도입된 것이다. 개정전 형사소송법에 의하면 피의자를 인치하여 구금하기 위해서는 구속사유인 증거인멸의 우려와 도주의 우려가 인정되어야 하기 때문에 수사의 초기단계에서 피의자의 신병확보를 위하여 임의동행이나 보호실유치와 같은 탈법적인 수사관행이 생기게 되었다. 이러한 불법적인 관행을 근절하고 인신구속의 적법한 수사절차를 확립하기 위하여 헌법 제12조에 규정된 체포제도가 구체화된 것이다.

제2 영장에 의한 체포

I. 의 의

형사소송법은 피의자의 체포에 관하여 체포영장에 의한 체포를 원칙으로 한다. 즉 피의자가 죄를 범하였다고 의심할 만한 상당한 이유가 있고, 수사기관의 출석요구에 응하지 아니하거나 응하지 아니할 우려가 있는 때에는 지방법원 판사의 체포영장을 발부받아 피의자를 체포할 수 있다(제200조의2 제1항).

Ⅱ. 요　　건

1. 범죄혐의

(1) **주관적·객관적 혐의**　피의자를 체포하기 위하여 피의자가 구체적인 범죄를 범하였다고 의심할 만한 상당한 이유가 있어야 한다. 즉 피의자가 범인이라는 수사기관의 주관적 혐의만으로는 불충분하고 피의자가 범죄를 행하였다는 객관적 혐의가 있어야 한다.

(2) **범죄혐의의 정도**　체포영장의 발부사유로서의 범죄혐의와 구속영장의 발부사유로서의 범죄혐의가 동일하다는 견해가 있다. 형사소송법상 체포영장의 발부를 위한 범죄혐의의 정도와 구속영장의 발부를 위한 범죄혐의의 정도가 모두 '죄를 범하였다고 의심할 만한 상당한 이유'라고 규정되어 있다는 점을 근거로 한다. 그러나, ① 체포는 구속의 전 단계 즉 수사의 초기단계에서 이루어지는데 반하여 구속에 대하여는 영장청구시에 피의자 심문 등 엄격한 사법적 심사가 이루어지고, ② 체포시에도 구속영장 청구시와 같은 정도의 소명을 요구하는 것은 체포제도를 별도로 존치한 입법취지에도 부합하지 않기 때문에 체포영장을 발부하기 위한 범죄혐의의 정도는 현실적으로 구속영장 발부사유에 비하여 그 심증의 정도가 약한 것으로서 피의자가 유죄판결을 받을 수 있을 정도라거나 공소를 제기할 수 있을 정도에까지는 이르지 아니하여도 된다고 본다. 다만 그 범죄혐의는 증거자료가 뒷받침되는 객관적·합리적인 것이어야 한다.

2. 체포사유

(1) **출석요구불응**　피의자를 체포하기 위하여는 피의자가 정당한 이유 없이 수사기관의 출석요구에 응하지 아니하거나 응하지 아니할 우려가 있어야 한다. 수사기관의 출석요구에 불응할 우려가 있는 경우란 피의자가 도망하거나 지명수배중에 있는 경우 등을 말한다.

(2) **비례성의 원칙**　경미사건의 경우에는 체포영장의 발부가 제한된다. 50만원 이하의 벌금, 구류 또는 과료에 해당하는 사건에 관하여는 피의자가 일정한 주거가 없는 경우 또는 정당한 이유 없이 출석요구에 응하지 아니한 경우에 한하여 체포할 수 있다(제200조의2 제1항 단서). 이 경우 출석요구에 응하지 아니할 우려가 있다는 장래의 사유는 체포사유에서 제외된다.

3. 체포의 필요성

피의자를 체포하려면 피의자에 대하여 구속사유인 도망이나 증거인멸의 우려가 있어야 한다고 해석하는 견해가 있으나, 구속사유의 존재가 체포의 적극적 요건으로 되는 것은 아니라고 본다. 다만 체포영장의 청구를 받은 판사는 체포의 이유가 있다고 인정되는 경우에 있어서도 명백히 체포의 필요성이 인정되지 아니하는 때에는 체포영장을 발부하여서는 안된다(제200조의2 제2항 단서). '명백히 체포의 필요성이 인정되지 아니하는 경우'란 피의자의 연령, 범죄의 경중 및 태양 기타 제반 사정에 비추어 피의자가 도망할 우려가 없고 죄증을 인멸할 우려가 없음을 의미한다(규칙 제96조 의2 참조). 이와 같이 구속사유의 부존재가 명백한 경우에 한하여 피의자를 체포할 수 없으므로 구속사유는 체포의 소극적 요건에 불과하다. 따라서 체포의 필요성이 의심스러운 경우에는 피의자를 체포할 수 있다고 본다.

Ⅲ. 절   차

1. 체포영장의 청구

⑴ **청구권자**   체포영장의 청구권자는 검사이다. 체포영장의 청구권자를 검사로만 제한한 취지는 사법경찰관에 의한 신체구속의 남용을 억제하기 위한 것이다. 사법경찰관은 검사에게 신청하여 검사의 청구로 체포영장을 발부받아야 한다(제200조의2 제1항).

⑵ **청구의 방식**   체포영장의 청구서에는 ① 피의자의 성명·주민등록번호·직업·주거, ② 피의자에게 변호인이 있는 때에는 그 성명, ③ 죄명 및 범죄사실의 요지, ④ 7일을 넘는 유효기간을 필요로 하는 때에는 그 취지와 사유, ⑤ 여러 통의 영장을 청구하는 때에는 그 취지 및 사유, ⑥ 인치·구금할 장소, ⑦ 체포사유를 기재하여야 한다(규칙 제95조). 체포영장의 청구에는 체포의 사유 및 필요를 인정할 수 있는 자료를 제출하여야 한다(규칙 제96 조 제1항).

⑶ **영장청구심의**   사법경찰관이 검사에게 영장을 신청하였는데, 검사가 영장을 정당한 이유 없이 판사에게 청구하지 아니한 경우 사법경찰관은 그 검사 소속의 지방검찰청 소재지를 관할하는 고등검찰청에 영장청구 여부에 대한 심의를 신청할 수 있다(제221조의5 제1항). 영장청구 여부에 대한 심의하기 위하여 각 고등검찰청에 영장심의위원회를 둔다(동조 제2항). 심의위원회는 위원장 1명을 포함한 10명 이내의 외부 위원으로 구성하고, 위원은 각 고등검찰청 검사장이 위촉한다(동조 제3항). 사법경찰관은 심의위원회에 출석하여 의견을 개진할 수 있다(동조 제4항).

⑷ **재체포**   검사가 체포영장을 청구함에 있어서 동일한 범죄사실에 관하여 그 피의자에 대하여 전에 체포영장을 청구하였거나 발부받은 사실이 있는

때에는 다시 체포영장을 청구하는 취지 및 이유를 기재하여야 한다($\frac{제200조의}{2\ 제4항}$).

2. 체포영장의 심사

(1) **체포요건의 심사** 체포영장의 청구를 받은 지방법원 판사는 먼저 **형식적 요건**을 심사하고, 형식적인 흠이 있으면 체포영장을 청구한 검사에게 그 보정을 명할 수 있다. 그 다음 **체포사유**와 **체포의 필요성**을 엄밀히 심사하여야 한다.

(2) **법령심사** 영장의 청구를 받은 판사는 법률의 위헌 여부가 영장 청구 사건의 전제가 된 경우에는 헌법재판소에 법률의 **위헌제청신청**을 할 수 있다. 헌법재판소의 결정이 있은 후 영장발부 여부의 결정은 특별한 사정이 없는 한 위헌제청을 한 당해 법관이 하여야 할 것이다.

3. 결 정

(1) **체포영장의 발부** 체포영장의 청구를 받은 판사가 상당하다고 인정할 때에는 체포영장을 발부한다($\frac{제200조의}{2\ 제2항}$). 체포영장에 기재될 사항은 구속영장의 기재사항에 관한 규정이 준용된다($\frac{제200조의6,}{제75조\ 제1항}$). 즉 체포영장에는 피의자의 성명·주거·죄명, 범죄사실의 요지, 인치구금할 장소, 발부연월일, 그 유효기간과 그 기간을 경과하면 집행에 착수하지 못하고 영장을 반환하여야 한다는 취지를 기재하고 법관이 서명날인하여야 한다. 체포영장의 유효기간은 영장발부일로부터 7일로 한다. 다만 법관이 상당하다고 인정하는 때에는 7일을 넘는 기간을 정할 수 있다($\frac{규칙}{제178조}$).

(2) **기각결정** 판사는 ① 청구서의 형식적 요건에 대한 흠결이 보정되지 아니하거나 보정에도 불구하고 흠결이 치유되지 아니한 경우, ② 체포사유에 대한 소명이 부족한 경우, ③ 체포사유에 대한 소명이 충분하여도 명백히 체포의 필요가 없다고 인정되는 경우, ④ 회기중에 있는 국회의원에 대하여 체포동의안이 부결된 경우, ⑤ 수사기관이 체포영장 청구 이전에 피의자를 동행하여 피의자가 사실상 체포의 상태에 있다고 인정되는 경우에는 체포영장의 청구를 기각한다. 판사가 체포영장을 발부하지 아니할 때에는 청구서에 그 취지 및 이유를 기재하고 서명날인하여 청구한 검사에게 교부한다($\frac{제200조의}{2\ 제3항}$).

Ⅳ. 체포영장의 집행

1. 집행지휘와 집행기관

(1) **집행지휘** 체포영장은 검사가 집행을 지휘한다($\frac{제200조의6,}{제81조\ 제1항\ 본문}$). 검사는 관

할구역 외에서 집행을 지휘할 수 있고 당해 관할구역의 검사에게 집행지휘를 촉탁할 수 있다(제83조).

(2) **집행기관**   체포영장은 검사의 지휘에 의하여 **사법경찰관리가** 집행한다(제200조의6, 제81조 제1항). 교도소 또는 구치소에 있는 피의자에 대하여 발부된 체포영장은 검사의 지휘에 의하여 **교도관이** 집행한다(제81조 제3항). 사법경찰관리는 관할구역 외에서 체포영장을 집행하거나 관할구역의 사법경찰관리에게 집행을 촉탁할 수 있다(제83조 제2항). 사법경찰관리가 관할구역 밖에서 체포영장을 집행하거나 관할구역 밖의 사법경찰리의 촉탁을 받아 피의자를 체포한 때에는 관할 지방검찰청 또는 지청장에게 보고하여야 한다(제210조).

2. 집행절차

(1) **체포이유의 고지**   검사 또는 사법경찰관은 피의자를 체포하는 경우에는 피의사실의 요지, 체포의 이유와 변호인을 선임할 수 있음을 말하고 변명할 기회를 주어야 한다(제200조의5). 이와 같은 체포이유의 고지 등은 체포를 위한 실력행사에 들어가기 이전에 미리 하여야 하는 것이 원칙이다. 그러나 달아나는 피의자를 쫓아가 붙들거나 폭력으로 대항하는 피의자를 실력으로 제압하는 경우에는 붙들거나 제압하는 과정에서 하거나, 그것이 여의치 않은 경우에는 일단 붙들거나 제압한 후에 지체 없이 하여야 한다.[1]

(2) **체포영장의 제시**   체포영장을 집행할 때에는 피의자에게 체포영장을 반드시 제시하여야 한다(제200조의6, 제85조 제1항). 다만, 체포영장을 소지하지 아니한 경우에 급속을 요하는 때에는 피의자에 대하여 피의사실의 요지와 영장이 발부되었음을 알리고 집행할 수 있다(제85조 제3항). 이 경우에 집행을 완료한 후에는 신속히 체포영장을 제시해야 한다(제85조 제4항).

(3) **피의자의 인치**   체포영장의 집행을 받은 피의자를 신속히 지정된 장소에 인치하여야 한다(제200조의6, 제85조 제1항). 체포영장의 집행을 받은 피의자를 호송할 경우에 필요한 때에는 가장 근접한 교도소 또는 구치소에 피의자를 임시로 유치할 수 있다(제86조).

(4) **체포서류의 작성**   체포영장집행사무를 담당한 자가 체포영장을 집행한 때에는 체포영장에 집행일시와 장소를, 집행할 수 없었을 때에는 그 사유를 각 기재하고 기명날인하여야 한다(규칙 제100조 제1항, 제49조 제1항).

---

1) 대법원 2017. 9. 21. 선고 2017도10866 판결.

3. 체포에 수반하는 강제처분

(1) **피의자 수색**   검사 또는 사법경찰관은 체포영장이 발부된 피의자를 체포하기 위하여 필요하면 영장 없이 타인의 주거나 타인이 간수하는 가옥·건조물·항공기·선차(船車) 내에서 피의자를 수색할 수 있다. 다만 피의자 수색은 미리 수색영장을 발부받기 어려운 긴급한 사정이 있는 때에 한정한다($\frac{\text{제216조 제}}{\text{1항 제1호}}$).

(2) **무기의 사용**   체포영장을 집행할 때에 피의자가 경찰관의 직무집행에 대하여 항거하거나 도주하려고 할 때 또는 제3자가 피의자를 도주시키려고 경찰관에게 저항할 때 이를 방지 또는 체포하기 위하여 무기를 사용하지 아니하고는 다른 수단이 없다고 인정되는 상당한 이유가 있는 때에는 합리적으로 판단하여 필요한 한도내에서 무기를 사용할 수 있다($\frac{\text{警職法 제10조의}}{\text{4 제1항 제2호}}$).

V. 체포 후의 절차

1. 구속영장의 청구

(1) **청구기간**   체포된 피의자를 구속하고자 할 때에는 검사는 체포한 때로부터 48시간 이내에 구속영장을 청구하여야 한다($\frac{\text{제200조의}}{\text{2 제5항}}$). 48시간 이내에 구속영장을 청구하면 족하며 반드시 구속영장이 발부될 것을 요하는 것은 아니다.

(2) **구속기간의 기산점**   체포영장에 의하여 체포된 피의자를 구속영장에 의하여 구속한 때에는 구속기간은 체포된 때부터 기산한다($\frac{\text{제203조}}{\text{의2}}$).

2. 피의자의 석방

체포된 피의자에 대하여 검사가 48시간 이내에 구속영장을 청구하지 아니하거나 구속영장청구가 기각된 때에는 피의자를 즉시 석방하여야 한다.

제 3 긴급체포

I. 의   의

1. 개   념

긴급체포(緊急逮捕)란 중대한 사건의 경우에 긴급을 요하여 지방법원 판사의 체포영장을 받을 수 없는 때 수사기관이 영장 없이 피의자를 체포하는 것을 말한다($\frac{\text{제200조}}{\text{의3}}$). 긴급체포는 현행범인의 체포와 함께 영장주의의 예외가 인정되는 경우이다. 다만 긴급체포는 중대한 범죄에 한하고 범행과 체포 사이에 시간적 근접성을 요하지 않는 점에서 현행범인의 체포와 구별된다.

2. 입법취지

긴급체포는 과거의 긴급구속($^{구법}_{제206조}$)에 대체하여 신설된 제도이다. 긴급체포를 인정하는 이유는 중대한 범죄를 범한 피의자에게 수사기관에의 출석요구를 기대할 수 없는 긴급한 상황에서 피의자가 증거를 인멸하거나 도망할 위험을 방지하는 데 있다.

Ⅱ. 요 건

1. 요건의 엄격성

⑴ **범죄의 중대성** 피의자가 사형, 무기 또는 장기 3년 이상의 징역이나 금고에 해당하는 죄를 범하였다고 의심할 만한 상당한 이유가 있어야 한다. 긴급체포와 통상체포에 있어서 그 범죄혐의의 정도에 차이가 있는 것은 아니다. 통상체포에 필요한 범죄의 혐의도 현저한 혐의 또는 객관적 혐의가 필요하기 때문이다.

⑵ **체포의 필요성** 피의자가 증거를 인멸할 염려가 있거나 도망 또는 도망할 염려가 있어야 한다. 즉 긴급체포를 위하여는 구속사유가 존재할 것을 요한다. 긴급체포의 경우에 체포영장을 받을 것을 요하지 않는 대신 긴급체포의 남용을 막기 위하여 그 요건을 엄격히 한 것이다.

⑶ **체포의 긴급성** 긴급을 요하여 지방법원판사의 체포영장을 받을 수 없을 것을 요한다. '긴급을 요한다'란 피의자를 우연히 발견한 경우 등과 같이 체포영장을 받을 시간적 여유가 없는 때를 말한다. 즉 판사의 체포영장을 받아서는 체포할 수 없거나 체포가 현저히 곤란한 것을 요한다.

2. 위법한 긴급체포

⑴ **요건의 판단** 긴급체포의 요건을 갖추었는지 여부는 체포 당시의 상황을 기초로 판단하여야 하고, 이에 관한 검사나 사법경찰관의 판단에는 상당한 재량의 여지가 있으나, 긴급체포 당시의 상황으로 보아서도 그 요건의 충족 여부에 관한 검사나 사법경찰관의 판단이 경험칙에 비추어 현저히 합리성을 잃은 경우에는 그 체포는 위법한 체포이다.[2]

⑵ **위법수집증거** 위법한 긴급체포에 의한 유치 중에 작성된 피의자신문

---

2) 대법원 2006. 9. 8. 선고 2006도148 판결.

조서는 위법하게 수집된 증거로서 유죄의 증거로 사용할 수 없다.[3]

【사 례】 긴급체포의 적법성

《사 안》 반도체회사의 첨단기술을 중국으로 팔아넘긴 사건을 내사중인 사법경찰관 A는 그 회사의 연구원 甲을 피의자로 인지하고 甲을 소환하였다. 甲은 피의자신문을 받던 중 범행을 부인하면서 돌아가려 하였다. 이에 A는 甲을 긴급체포하여 甲의 자백을 받았다. A가 행한 긴급체포는 적법한가?

《검 토》 긴급체포는 영장주의원칙에 대한 예외인 만큼 제200조의3 제1항의 요건을 모두 갖춘 경우에 한하여 예외적으로 허용되어야 하고, 요건을 갖추지 못한 긴급체포는 법적 근거에 의하지 아니한 영장 없는 체포로서 위법한 체포에 해당한다. 피의자가 자진출석한 이상 피의자가 범행을 부인하고 돌아가려 한다는 이유만으로는 증거를 인멸하거나 도망할 염려가 있다고 볼 수 없다. 자진출석한 피의자의 신병을 확보하기 위해서는 체포 또는 구속영장을 발부받아야 한다. 따라서 A가 甲을 긴급체포한 것은 부적법하다.

Ⅲ. 긴급체포의 절차

1. 긴급체포권자

피의자에 대하여 영장 없이 체포를 할 수 있는 자는 **검사 또는 사법경찰관**이다($\frac{\text{제200조의}}{\text{3 제1항}}$). 사법경찰리는 검사 또는 사법경찰관의 지휘를 받아 수사의 보조를 하는 자이므로 독자적인 긴급체포권을 행사할 수 없다.

2. 고지절차

검사 또는 사법경찰관이 피의자를 긴급체포함에 있어서는 피의자에게 긴급체포를 한다는 사유를 알리고($\frac{\text{제200조의}}{\text{3 제1항}}$), 범죄사실의 요지와 변호인을 선임할 수 있음을 말한 뒤 변명의 기회를 주어야 한다($\frac{\text{제200조의}}{\text{5, 제72조}}$). 이와 같은 고지는 긴급체포를 위한 실력행사에 들어가기 전에 미리 하여야 하는 것이 원칙이나, 달아나는 피의자를 쫓아가 붙들거나 폭력으로 대항하는 피의자를 실력으로 제압하는 경우에는 붙들거나 제압하는 과정에서 하거나, 그것이 여의치 않은 경우에는 일단 붙들거나 제압한 후에 지체 없이 하여야 한다.[4]

3. 긴급체포에 수반한 강제처분

⑴ 대물적 강제처분　　검사 또는 사법경찰관이 피의자를 긴급체포하는 경우

---

3) 대법원 2002. 6. 11. 선고 2000도5701 판결.
4) 대법원 2010. 6. 24. 선고 2008도11226 판결.

에 영장 없이 타인의 주거에서 피의자를 수색하거나, 체포현장에서 압수·수색·검증을 할 수 있다(제216조). 또 긴급체포된 피의자가 소유·소지 또는 보관하는 물건에 대하여 긴급히 압수할 필요가 있는 경우에는 체포시로부터 24시간 내에 영장 없이 압수·수색·검증을 할 수 있다(제217조 제1항).

⑵ **경찰장구와 무기의 사용**   경찰관은 피의자를 긴급체포하기 위해 필요하다고 인정되는 상당한 이유가 있을 때에는 경찰장구(예를 들면 수갑, 경찰봉 등)를 사용할 수 있고(警職法 제10조의2), 필요한 한도내에서 무기를 사용할 수 있다(동법 제10조의4).

Ⅳ. 긴급체포 후의 절차

1. 긴급체포 후의 조치

⑴ **긴급체포서의 작성**   검사 또는 사법경찰관이 피의자를 긴급체포한 때에는 즉시 긴급체포서를 작성하여야 한다(제200조의3 제3항). 긴급체포서에는 범죄사실의 요지와 긴급체포의 사유 등을 기재하여야 한다(동조 제4항).

⑵ **검사의 승인**   사법경찰관이 피의자를 긴급체포한 경우에는 즉시 검사의 승인을 받아야 하고(동조 제2항), 검사의 승인을 얻지 못한 경우에는 피의자를 즉시 석방하여야 한다. 검사는 사법경찰관의 긴급체포에 대하여 사후심사함으로써 그 남용을 방지하고 있다.

2. 구속영장의 청구

⑴ **검사의 대면조사**   사법경찰관이 검사에게 긴급체포된 피의자에 대한 긴급체포 승인 건의와 함께 구속영장을 청구하는 경우 검사는 긴급체포의 승인 및 긴급체포의 적법성 여부를 심사하기 위하여 피의자를 검찰청으로 출석시켜 직접 대면조사할 수 있는 권한이 있다. 따라서 검사는 구속영장 청구 전에 피의자를 대면조사하기 위해 사법경찰관리에게 피의자를 검찰청으로 인치할 것을 명할 수 있다. 다만 검사의 구속영장 청구 전 피의자 대면조사는 긴급체포의 적법성을 의심할 만한 사유가 수사기록 기타 객관적 자료에 나타나고 피의자의 대면조사를 통해 그 여부의 판단이 가능할 것으로 보이는 예외적인 경우에 한하여 허용된다. 그리고 검사의 구속영장 청구 전 피의자 대면조사는 강제수사가 아니므로 피의자는 검사의 출석요구에 응할 의무가 없고, 피의자가 검사의 출석요구에 동의한 때에 한하여 사법경찰관리는 피의자를 검찰청으로 호송하여야 한다.[5]

(2) **청구의 방식**　검사 또는 사법경찰관이 피의자를 긴급체포한 경우 피의자를 구속하고자 할 때에는 지체 없이 검사는 관할 지방법원 판사에게 구속영장을 청구하여야 하고, 사법경찰관은 검사에게 신청하여 검사의 청구로 관할 지방법원 판사에게 구속영장을 청구하여야 한다. 이 경우 검사는 피의자를 체포한 때로부터 48시간 이내에 구속영장을 청구하여야 하며, 긴급체포서를 첨부하여야 한다(제200조의4 제1항). 따라서 구속영장이 48시간 이내에 청구된 경우에도 지체 없이 청구되었는지 여부는 심사의 대상이다.

3. 재체포의 제한

긴급체포되었지만 구속영장을 청구하지 아니하거나 구속영장을 발부받지 못하여 석방된 자는 영장 없이는 동일한 범죄사실에 관하여 다시 체포하지 못한다(제200조의4 제3항). 따라서 수사기관은 긴급체포 후 석방된 피의자에 대하여 동일한 범죄사실에 관하여 재차 긴급체포를 할 수 없으며, 법관이 체포영장 또는 구속영장을 발부한 경우에만 다시 체포할 수 있다.

4. 긴급체포의 통지 등

(1) **검사의 통지의무**　검사가 구속영장을 청구하지 아니하고 피의자를 석방한 경우에는 석방한 날로부터 30일 이내에 서면으로 ① 긴급체포 후 석방된 자의 인적사항, ② 긴급체포의 일시·장소와 긴급체포하게 된 구체적 이유, ③ 석방의 일시·장소 및 사유, ④ 긴급체포 및 석방한 검사 또는 사법경찰관의 성명을 법원에 통지하여야 한다(제200조의4 제4항). 긴급체포의 남용을 방지하기 위해 검사에게 통지의무를 부과한 것이다.

(2) **사법경찰관의 보고의무**　사법경찰관은 긴급체포한 피의자에 대하여 구속영장을 신청하지 아니하고 석방한 경우에는 즉시 검사에게 보고하여야 한다(동조 제6항). 이는 검사의 통지의무 이행을 위하여 규정된 조항이다.

(3) **열람등사권**　긴급체포 후 석방된 자 또는 그 변호인·법정대리인·배우자·직계친족·형제자매는 통지서 및 관련서류를 열람하거나 등사할 수 있다(동조 제5항). 이는 긴급체포로 인한 위법행위의 시정이나 손해배상을 구하는 데 사용될 수 있도록 하기 위한 것이다.

【사 례】 긴급체포의 절차

《사 안》 검사 甲은 자신이 거액의 사기사건으로 지명수배한 바 있는 乙이 다른

---

5) 대법원 2010. 10. 28. 선고 2008도11999 판결.

사건의 참고인으로 검찰청에 온 것을 발견하였다. 이 경우 검사 甲이 乙의 신병을 확보하여 구속을 집행할 때까지 취할 수 있는 조치를 시긴직 순서에 따라 설명하라.(제40회 사법시험 줄제문제)

《검 토》 검사가 피의자를 기소중지처분하면서 지명수배를 하는 때에는 통상 유효기간 1년 정도의 체포영장을 발부받는 것이 실무이다. 검사 甲이 乙에 대한 체포영장을 미리 발부받은 경우에는 체포영장에 의해 乙을 체포할 수 있으나, 그렇지 못한 경우에는 긴급체포의 요건을 구비해야 乙의 신병을 확보할 수 있다. 사기죄($\substack{형법\\제347조}$)는 그 형이 장기 3년 이상의 징역에 해당하는 죄이므로 체포의 필요성과 긴급성이 인정되면 검사 甲은 乙을 긴급체포할 수 있다. 검사 甲이 乙을 긴급체포함에 있어서는 그 사유와 변호인선임권 등을 乙에게 고지하여야 하고 긴급체포서를 작성하여야 한다. 긴급체포된 乙을 구속하고자 할 때에는 검사 甲은 지체 없이 구속영장을 청구하여야 한다.

제 4 현행범인의 체포

I. 의   의

헌법 제12조 제3항 단서는 『현행범인 경우 … 에는 사후에 영장을 청구할 수 있다』고 규정하여 현행범인(現行犯人)의 체포를 영장주의의 예외로 인정하고 있고, 이에 따라 형사소송법 제212조는 『현행범인은 누구든지 영장 없이 체포할 수 있다』고 규정하고 있다. 현행범인에 대한 체포는 그 범죄가 명백하여 수사기관에 의한 권한남용의 위험이 없고 긴급한 필요성이 인정되기 때문에 영장주의의 예외가 인정된 것이다.

II. 현행범인의 개념

1. 고유한 의미의 현행범인

⑴ 범죄의 실행중인 자   범죄의 실행중이란 범죄의 실행에 착수하여 종료하지 못한 상태를 말한다. ① 미수가 처벌되는 범죄의 경우에는 실행의 착수가 있으면 족하며, 예비·음모를 특별히 처벌하는 경우에는 예비·음모가 실행행위가 된다. ② 교사범과 방조범의 경우에는 교사행위와 방조행위가 실행행위라고 하는 견해가 있으나, 교사범과 방조범은 정범의 실행행위를 전제로 하므로 정범의 실행행위가 개시된 때에 현행범인이 된다. 다만 교사행위가 예비·음모

에 준하여 처벌되는 경우($\frac{형법}{제2항, 제3항}$)에는 교사행위도 실행행위가 된다. ③ 간접정범의 경우에 간접정범의 이용행위를 기준으로 실행행위 여부를 결정하자는 견해와 피이용자의 행위를 기준으로 결정하자는 견해가 있다. 이용행위 자체는 구성요건적 정형성이 없을 뿐만 아니라 간접정범의 성립에 범죄행위의 결과발생이 요구되므로 피이용자의 행위를 기준으로 실행행위를 결정해야 한다고 본다.

(2) **범죄의 실행즉후인 자**　범죄의 실행즉후(實行卽後)란 범죄의 실행행위를 종료한 직후를 말한다. 결과발생의 유무와 관계없으며 실행행위를 전부 종료하였을 것도 요하지 않는다. 즉후란 행위를 종료한 순간 또는 이에 근접한 시간적 단계를 말한다.[6] 이와 같이 현행범은 시간적 단계의 개념이지만 장소적 근접성도 요건으로 한다. 따라서 시간적으로나 장소적으로 보아 체포를 당하는 자가 방금 범죄를 실행한 범인이라는 점에 관한 죄증이 명백히 존재하는 것으로 인정되는 경우에만 현행범인으로 볼 수 있다.[7]

【사 례】 현행범인

《사 안》 회사원 甲은 乙과 말다툼을 벌이다 乙에게 가벼운 폭행을 가했다. 乙의 친구인 목격자 丙의 신고로 다툼이 있은 지 약 1시간이 지나 출동한 경찰관 A는 甲을 강제연행하여 경찰서 보호실에 집어 넣고 대기하도록 하였다. 甲에 대한 A의 조치는 적법한가?(제35회 사법시험 출제문제)

《검 토》 현행범인으로 규정한 '범죄의 실행의 즉후인 자'란 범죄행위를 실행하여 끝마친 순간 또는 이에 아주 접착된 시간적 단계를 의미하는 것으로 해석된다. 甲이 乙에게 폭행을 가한 뒤 약 1시간이 지난 상황에서는 甲이 현행범에 해당한다고 볼 수 없고, 준현행범인으로서의 요건도 갖추고 있지 않다. 그리고 폭행죄($\frac{형법}{제260조}$)의 법정최고형은 징역 2년이므로 긴급체포의 요건에도 해당하지 않는다. 이런 상황에서 경찰관 A가 甲을 강제연행한 것은 적법한 수사가 될 수 없고, 보호실유치 역시 적법한 보호조치가 되지 않는다.

2. 준현행범인

준현행범인(準現行犯人)이란 ① 범인으로 호창되어 추적되고 있는 자, ② 장물이나 범죄에 사용되었다고 인정함에 충분한 흉기 기타의 물건을 소지하고 있는 자, ③ 신체 또는 의복류에 현저한 증적(證迹)이 있는 자, ④ 누구임을 물음에 대하여 도망하려 하는 자를 말한다($\frac{제211조}{제2항}$). '누구임을 물음에 대하여 도망

---

6) 대법원 1991. 9. 24. 선고 91도1314 판결, 1993. 8. 13. 선고 93도926 판결.
7) 대법원 2002. 5. 10. 선고 2001도300 판결.

하려 한 자'란 주로 경찰관직무집행법에 의한 불심검문을 받고 도망하려 한 자를 의미하지만, 일반인이 묻는 경우도 포함한다. 그런데 ④의 경우는 범행에 대한 직접적인 관련성이 희박할 수 있으므로 이러한 자를 체포하려면 다른 상황을 종합하여 죄를 범하였다는 사실이 인정될 것을 요한다.

III. 체포의 요건

1. 범죄의 명백성

현행범인을 체포하려면 체포시에 특정범죄의 범인임이 명백하여야 한다. 외형상 죄를 범한 것처럼 보여도 구성요건해당성이 인정되지 않는 경우는 물론 위법성조각사유나 책임조각사유가 존재하여 범죄불성립이 명백한 경우에는 현행범인으로 체포할 수 없다. 따라서 형사미성년자임이 명백한 경우 현행범인이라는 이유로 체포할 수는 없다. 그러나 친고죄의 경우에는 피해자의 고소가 없더라도 현행범인을 체포할 수 있다. 다만 범행현장에서 피해자가 처벌을 원하지 않는 의사표시를 명백히 한 경우 등 고소의 가능성이 처음부터 없다면 현행범인의 체포는 허용되지 않는다.

2. 체포의 필요성

현행범인의 체포에 있어서도 피의자의 도망이나 증거인멸의 우려와 같은 요건이 필요한가의 문제에 관하여 ① 도망이나 증거인멸의 위험이 필요하다는 적극설과 ② 이를 요하지 않는다는 소극설 및 ③ 도망의 염려가 있거나 신분이 확인될 수 없는 것은 현행범인체포의 요건이 되지만 증거인멸위험은 체포사유가 될 수 없다는 절충설의 대립이 있다. 현행범인으로 체포하기 위하여는 행위의 가벌성, 범죄의 현행성·시간적 접착성, 범인·범죄의 명백성 이외에 체포의 필요성, 즉 도망 또는 증거인멸의 염려가 있어야 하고, 이러한 요건을 갖추지 못한 현행범인 체포는 법적 근거에 의하지 아니한 영장 없는 체포로서 위법한 체포에 해당한다. 여기서 현행범인 체포의 요건을 갖추었는지는 체포 당시 상황을 기초로 판단하여야 하고, 이에 관한 검사나 사법경찰관 등 수사주체의 판단에는 상당한 재량 여지가 있으나, 체포 당시 상황으로 보아도 요건 충족 여부에 관한 검사나 사법경찰관 등의 판단이 경험칙에 비추어 현저히 합리성을 잃은 경우에는 그 체포는 위법하다고 보아야 한다.[8]

---

8) 대법원 2011. 5. 26. 선고 2011도3682 판결.

3. 비례성의 원칙

경미사건, 즉 50만원 이하의 벌금, 구류 또는 과료에 해당하는 죄의 현행범인에 대하여는 범인의 주거가 분명하지 아니한 때에 한하여 현행범인으로 체포할 수 있다(제214조).

Ⅳ. 체포의 절차

1. 체포의 주체

현행범인은 누구든지 영장 없이 체포할 수 있다(제212조). 그러므로 검사 또는 사법경찰관리는 물론 일반인도 현행범인을 체포할 수 있다. 검사 또는 사법경찰관리 아닌 자가 현행범인을 체포한 때에는 즉시 검사 또는 사법경찰관리에게 인도하여야 한다(제213조제1항). 여기서 '즉시'라고 함은 반드시 체포시점과 시간적으로 밀착된 시점이어야 하는 것은 아니고, '정당한 이유 없이 인도를 지연하거나 체포를 계속하는 등으로 불필요한 지체를 함이 없이'라는 뜻이다.[9] 사법경찰관리가 현행범인의 인도를 받은 때에는 체포자의 성명·주거, 체포의 사유를 물어야 하고 필요한 때에는 체포자에 대하여 경찰관서에 동행함을 요구할 수 있다(동조제2항). 이 동행의 요구는 임의동행이다.

2. 고지절차

검사 또는 사법경찰관리가 현행범인을 체포하거나 일반인이 체포한 현행범인을 인도받는 경우에는 범죄사실의 요지, 체포의 이유, 변호인을 선임할 수 있음을 말하고 변명할 기회를 주어야 한다(제213조의2, 제200조의5). 이와 같은 고지는 체포를 위한 실력행사에 들어가기 이전에 미리 하여야 하는 것이 원칙이나, 달아나는 피의자를 쫓아가 붙들거나 폭력으로 대항하는 피의자를 실력으로 제압하는 경우에는 그 과정에서 하거나, 그것이 여의치 않은 경우에라도 일단 붙들거나 제압한 후에는 지체 없이 행하여야 한다.[10]

3. 체포에 수반하는 강제처분

검사 또는 사법경찰관이 현행범인을 체포하는 경우에 필요한 때에는 영장 없이 타인의 주거에 들어가 피의자를 수색할 수 있고, 체포현장에서 압수·수색·검증을 할 수 있다(제216조제1항). 그러나 일반인이 현행범인을 체포하기 위하여 타인의 주거에 들어갈 수는 없다. 현행범인을 체포하는 경우에 현행범인의 저

---

9) 대법원 2011. 12. 22. 선고 2011도12927 판결.
10) 대법원 2000. 7. 4. 선고 99도4341 판결, 2012. 2. 9. 선고 2011도7193 판결.

항을 받는 때에는 사회통념상 체포를 위하여 필요하다고 인정되는 범위에서 실력을 행사할 수 있다. 그러나 강제력의 행사는 체포의 목적을 달성하기 위한 적절한 수단이 되어야 한다.

【사 례】 현행범인의 체포와 강제력의 행사

《사 안》 사법경찰관 甲은 마약밀거래업자들이 자주 출입하는 지역에 잠복하고 있다가 마약판매업자 丙이 乙로부터 돈을 받고 알약을 꺼내는 순간 甲은 丙에 대한 체포에 착수하였다. 그 순간 丙은 알약을 입 속에 집어 넣었고, 甲은 丙의 입을 강제로 벌리고 알약을 끄집어 내었다. 甲이 행한 체포의 적법성을 논하라.

《검 토》 본 사안의 경우 범죄의 명백성이 인정되므로 사법경찰관 甲이 丙을 현행범인으로 체포한 것은 적법하다. 그리고 甲은 丙을 체포하는 과정에서 사회통념상 필요하다고 인정되는 범위에서 유형력을 행사할 수 있고, 증거물인 알약을 영장 없이 압수·수색할 수 있다. 따라서 甲이 丙의 입을 강제로 벌리고 알약을 끄집어 낸 행위는 압수·수색에 필요한 유형력의 행사로 그 적법성이 인정된다.

V. 체포 후의 절차

검사 또는 사법경찰관이 현행범인을 체포하거나 현행범인을 인도받은 후 현행범인을 구속하고자 하는 경우 48시간 이내에 구속영장을 청구하여야 하고 그 기간 내에 구속영장을 청구하지 아니하는 때에는 즉시 석방하여야 한다 (제213조의2, 제200조의2 제5항). 체포된 현행범인에 대하여 48시간 내에 구속영장 청구 여부를 결정하도록 하고 그 기간 내에 구속영장을 청구하지 아니하는 때에는 즉시 석방하도록 한 것은 영장에 의하지 아니한 체포 상태가 부당하게 장기화되어서는 안 된다는 인권보호의 요청과 함께 수사기관에서 구속영장 청구 여부를 결정하기 위한 합리적이고 충분한 시간을 보장해 주려는 데에도 그 입법취지가 있다. 따라서 검사 또는 사법경찰관이 아닌 자에 의하여 현행범인이 체포된 후 불필요한 지체 없이 검사 등에게 인도된 경우 48시간의 기산점은 체포시가 아니라 검사 등이 현행범인을 인도받은 때이다.[11]

---

11) 대법원 2011. 12. 22. 선고 2011도12927 판결.

제2관 수사상 구속

제1 개 관

I. 의 의

1. 개 념

수사상 구속(拘束)이란 수사기관이 법관의 영장을 발부받아 피의자의 신체의 자유를 제한하는 대인적 강제처분을 말한다. 구속은 그 요건이 엄격하고 기간이 비교적 장기간인 점에서 단기간 동안 피의자의 신체자유를 제한하는 체포와 구별된다.

2. 구속의 종류

구속에는 구금(拘禁)과 구인(拘引)이 포함된다($^{제69}_조$). 구금이란 피의자를 교도소 또는 구치소 등에 감금하는 강제처분이다. 구인은 피의자를 법원 기타 장소에 인치하는 강제처분이다. 법관은 구속 전 피의자심문을 위하여 체포되지 아니한 피의자를 구인할 수 있다($^{제201조의}_{2~제2항}$).

II. 구속의 중요성

구속은 형벌권의 실현을 위하여 가장 효과적인 수단이지만 인권을 침해할 우려가 있으므로 최후의 수단으로 사용되어야 하는 예외적인 것이다. 따라서 형사사법절차에서 구속제도를 운영함에 있어서는 무죄로 추정되는 피의자의 구속을 가급적 억제하고 구속에 대한 사후구제절차를 통하여 피의자의 방어권을 보장하여야 한다.

제2 구속의 요건

I. 범죄의 혐의

피의자를 구속하려면 피의자가 죄를 범하였다고 의심할 만한 상당한 이유가 있어야 한다($^{제201조}_{제1항~본문}$). 구속의 요건이 되는 범죄의 혐의는 피의자가 유죄판결을 받을 고도의 개연성이 인정될 수 있는 정도의 범죄혐의, 즉 현저한 범죄혐의가 있어야 한다. 현저한 범죄혐의는 피의자가 유죄판결을 받을 수 있는 고도의 개연성이므로 위법성조각사유나 책임조각사유가 있는 경우는 물론 소송조건이 구비될 수 없는 것이 명백한 경우에는 인정되지 않는다. 다만 심신상실로 인하여 책임능력이 없는 자에 대하여는 검사가 관할법원으로부터 치료감호영장을 발부받아 보호구속을 할 수 있다(치료감호법 제6조).

Ⅱ. 구속사유

1. 도망 또는 도망할 염려

도망이란 피의자가 도망의사로 장기간 숨는 것을 말한다. 수사기관이 연락하지 못하도록 종래의 주거를 떠나 잠적해 버리거나, 돌아오지 않을 의사로 외국으로 도피하는 것이 여기에 해당한다. 도망할 염려란 사건의 구체적인 상황을 판단하여 볼 때 피의자가 형사절차를 회피할 고도의 개연성이 있는 경우를 의미한다. 도망할 염려는 범죄의 경중, 피의자의 전과와 가족관계 및 사회적 환경을 종합적으로 고려하여 판단하여야 한다. 형사소송에서 선고될 형량은 도망할 염려를 판단할 중요한 자료가 된다. 도망할 염려는 피의자가 장소적으로 잠적하는 경우뿐만 아니라 피의자가 약물복용 등으로 심신상실상태를 초래하는 경우에도 인정된다. 그러나 단순한 자살의 위험은 이에 해당하지 않는다.

2. 주거부정

주거란 주소와 거소를 말하는데 일정한 장소에서 어느 정도의 기간 동안 계속적으로 기거침식할 것을 요한다. 이와 같은 주소나 거소가 없는 것이 주거부정에 해당한다. 주거부정 여부를 판단함에 있어서는 주거의 종류, 주거기간, 주민등록의 유무, 피의자의 직업, 가족관계, 피의자의 의사 등 제반 사정을 고려하여야 한다. 형사소송법은 주거부정을 독립된 구속사유로 규정하고 있다. 그러나 주거부정은 도망의 위험을 판단하는 구체적 사실에 해당할 뿐이므로 이를 독립된 구속사유로 규정한 것은 입법론상 의문이 있다. 다만 다액 50만원 이하의 벌금, 구류 또는 과료에 해당하는 범죄에 관하여는 피의자가 일정한 주거가 없는 경우에 한하여 구속영장을 청구할 수 있다는 점에서 독자적인 의미를 가질 뿐이다(제201조 제1항 단서).

3. 증거인멸의 위험

증거인멸의 위험이란 피의자를 구속하지 않으면 피의자가 ① 증거방법을 훼손·변경·위조하거나, ② 공범자·참고인·감정인에게 부정한 방법으로 영향력을 행사하거나, ③ 제3자로 하여금 위와 같은 행위를 하게 할 개연성이 높은 경우를 말한다. 따라서 수사가 종결되지 않았다거나, 피의자가 범죄사실을 다투거나 자백을 거부한다는 이유만으로 증거인멸의 위험이 있다고 판단할 수 없고, 피의자가 방어를 위하여 유리한 증거를 수집하거나 진술거부권을 행사하는 것도 부정한 방법이라 할 수 없으므로 증거인멸의 위험이 있다고 할 수 없다.

4. 일반적 고려사항

법원은 구속사유를 심사함에 있어서 범죄의 중요성, 재범의 위험성, 피해자·중요 참고인 등에 대한 위해우려 등을 고려하여야 한다(제209조; 제70조 제2항). 범죄의 중대성, 재범의 위험성, 피해자 및 중요 참고인 등에 대한 위해우려 등은 독립된 구속사유가 아니라 구속사유를 심사함에 있어서 일반적으로 고려해야 할 사항이다. 따라서 구속사유가 없는 경우에 범죄의 중대성을 이유로 구속할 수는 없다. 그러나 범죄의 중대성과 재범의 위험성은 도망할 염려를 판단할 적극적 요소가 되며, 피해자 및 중요 참고인 등에 대한 위해우려는 증거인멸의 우려를 판단하는 구체적인 기준이 된다.

Ⅲ. 구속의 상당성

1. 강제수사비례의 원칙

구속은 예상되는 형벌과 상당성이 있어야 한다. 피의자에 대하여 구속사유가 있더라도 사건의 경중과 피의자의 개인적 사정을 비교형량하여 구속이 필요 없다거나 상당하지 아니하다고 인정하는 경우에는 피의자를 구속할 수 없다.

2. 소년범 구속의 엄격화

소년에 대한 구속영장은 부득이한 경우가 아니면 발부하지 못한다(소년법 제55조 제1항). '부득이한 경우'란 소년인 피의자가 중대한 법익을 침해한 혐의가 있고, 소년의 인격·성향·범행동기·범행 후의 태도 등을 고려하여 피의자를 구속하지 않으면 수사에 중대한 지장을 초래하는 경우를 의미한다.

Ⅳ. 별건구속의 문제

1. 개   념

별건구속이란 수사기관이 본래 수사하고자 하는 사건(本件)에 대하여는 수사상황에 비추어 구속영장을 발부받기 어렵다고 판단하여 구속요건이 구비된 비교적 경미한 사건(別件)으로 피의자를 구속하는 것을 말한다.

2. 별건구속의 적법성 여부

별건구속은 별건 그 자체만을 놓고 보면 구속사유가 갖추어진 경우이므로 일단 적법한 구속으로 볼 여지도 있다. 그러나 ① 이는 본건에 대한 구속사유가 없음에도 불구하고 실질적으로 본건에 대한 구속을 인정하는 결과가 되므로 영장주의에 반한다는 점, ② 별건구속 후에 다시 본건에 대하여 구속할 가능성이 예상되므로 구속기간을 엄격히 제한하고 있는 형사소송법의 취지에 반한다는 점, ③ 구속을 자백강요나 수사편의를 위한 수단으로 보게 되어 구속의 본래 취지에 반한다는 점에 비추어 수사기관에 의한 별건구속은 허용되지 않는다고 본다. 따라서 본건의 수사를 위하여 별건으로 피의자를 구속한 수사기관의 탈법적 의도가 인정되면 별건구속은 위법하다. 그러나 본건에 대한 적법한 구속영장으로 여죄를 수사하는 것은 수사의 합목적성의 견지에서 허용된다.

3. 본건구속의 적법성 여부

별건구속에서 석방된 후에 다시 본건으로 구속하는 것은 실질적으로 동일사건에 대한 중복구속이 되고, 구속기간을 탈법적으로 위반한 것이 되므로 위법하다고 본다. 그리고 본건에 대한 수사를 위하여 별건구속된 경우 별건구속은 실질적으로 본건을 위한 구속이라는 점에서 피고인이 본건으로 유죄판결을 받은 때에는 별건구속기간도 미결구금일수에 포함되므로 형의 집행에 있어서 산입되어야 한다.

4. 즉결심판에 의한 구류

수사기관이 본건의 수사를 위하여 피의자를 즉결심판절차에 회부하고 여기에서 선고된 구류형의 집행을 이용하여 피의자의 신병을 확보한 다음 본건의 수사를 진행하는 경우 그 적법성이 문제된다. 수사기관이 본건에 대한 구속사유가 없음을 알면서도 탈법적인 의도로 질서위반행위에 대하여 즉결심판을 청구한 후 구류형을 받아내어 그 집행기간을 본건의 수사에 이용한 경우 이는 영장주의를 위반한 수사라 할 것이다. 구류형 집행 중의 적법한 여죄수사와 영장주의를 위반한 불법수사를 구별하는 기준은 수사기관의 탈법적 의도, 구류형 집행장소의 무단변경 유무 등을 들 수 있다.

【사 례】 **별건구속**

《사 안》 검사는 甲을 살인사건의 혐의자로 수사하였으나 뚜렷한 증거를 확보하지

못하던 중 甲이 乙에 대한 명예훼손혐의로 기소중지된 사실을 알고 우선 명예훼손
사건으로 甲을 구속한 후 그 구속기간 동안 살인사건을 조사하여 증거를 확보하였
다. 乙이 甲에 대한 처벌의 의사표시를 철회하자 검사는 甲을 일단 석방한 후 다시
살인의 피의사실로 구속영장을 발부받아 甲을 구속하였다. 甲에 대한 구속은 적법
한가?

《검 토》 검사가 본래 수사하고자 하는 살인사건(본건)에 대하여는 수사상황에 비
추어 구속영장을 발부받기 어려워 비교적 경미한 명예훼손사건(별건)으로 甲을 구
속한 것은 별건구속에 해당한다. 별건구속은 실질적으로 구속의 요건을 충족하지
못한 본건을 위한 구속이므로 허용되지 않는다. 또한 본건구속 역시 동일한 사건에
대한 중복구속에 해당하므로 위법하다고 본다.

제 3 구속의 절차

Ⅰ. 구속영장의 청구

1. 청구권자
구속영장의 청구권자는 검사에 한한다(제201조제1항). 사법경찰관은 검사에게 신청
하여 검사의 청구에 의하여 구속영장을 발부받을 수 있다.

2. 청구의 방식
구속영장의 청구는 서면에 의하여야 하며(규칙 제93조 제1항), 구속의 필요를 인정할 수
있는 자료를 제출해야 한다(제201조제2항). 피의자도 구속영장의 청구를 받은 판사에게
유리한 자료를 제출할 수 있다(규칙 제96조 제3항). 검사가 구속영장을 청구함에 있어서 동
일한 범죄사실에 관하여 그 피의자에 대하여 전에 구속영장을 청구한 사실이
있는 때에는 구속영장을 재청구하는 취지 및 이유를 기재하여야 한다(제201조제5항).

Ⅱ. 피의자심문

1. 영장실질심사제도
⑴ 필요성　　영장실질심사제도란 구속영장의 청구를 받은 판사가 피의자를
직접 심문하여 구속사유를 판단하는 것을 말한다. 법관이 직접 피의자를 심문
하여 구속사유가 충족되었는가를 판단하여 구속영장을 발부하는 것이 영장주
의의 기본취지에 부합하기 때문이다.
⑵ 필요적 심문　　체포영장에 의한 체포, 긴급체포 또는 현행범인의 체포에

의하여 체포된 피의자에 대하여 구속영장을 청구받은 지방법원 판사는 지체 없이 피의자를 심문하여야 한다($^{제201조의}_{2\ 제1항}$). 체포되지 아니한 피의자에 대하여 구 속영장의 청구를 받은 지방법원 판사는 피의자가 죄를 범하였다고 의심할 만 한 이유가 있는 경우에는 구인을 위한 구속영장을 발부하여 피의자를 구인한 후 심문하여야 한다($^{동조}_{제2항}$). 피의자심문을 피의자의 의사나 법관의 필요성 판단 과 관계없이 필요적으로 실시하도록 규정한 취지는 영장주의의 실효성을 확보 하고 피의자의 법관대면권을 보장하기 위한 것이다.

2. 준비절차

⑴ **국선변호인의 선정**　심문할 피의자에게 변호인이 없는 때에는 판사는 직권으로 변호인을 선정해야 한다. 이 경우 변호인의 선정은 피의자에 대한 구 속영장 청구가 기각되어 효력이 소멸한 경우를 제외하고는 제1심까지 효력이 있다($^{제201조의}_{2\ 제8항}$). 법원은 변호인의 사정이나 그 밖의 사유로 변호인 선정결정이 취 소되어 변호인이 없게 된 때에는 직권으로 변호인을 다시 선정할 수 있다($^{동조}_{제9항}$).

⑵ **심문기일의 지정**　구속영장을 청구받은 판사는 심문기일을 정해야 한 다. 체포된 피의자에 대한 심문기일은 특별한 사정이 없는 한 구속영장이 청구 된 날의 다음날까지이다($^{제201조의}_{2\ 제1항}$). 체포되지 아니한 피의자에 대한 심문기일은 관계인에 대한 심문기일의 통지 및 그 출석에 소요되는 시간 등을 고려하여 피 의자가 법원에 인치된 때로부터 가능한 한 빠른 일시로 지정해야 한다($^{규칙\ 제96조}_{의12\ 제2항}$). 판사는 지정된 심문기일에 피의자를 심문할 수 없는 특별한 사정이 있는 경우 에는 그 심문기일을 변경할 수 있다($^{규칙\ 제96}_{조의22}$).

⑶ **심문기일의 통지**　판사는 체포된 피의자의 경우에는 즉시, 체포되지 아 니한 피의자의 경우에는 피의자를 인치한 후 즉시 검사·피의자 및 변호인에 게 심문기일과 장소를 통지해야 한다($^{제201조의2}_{제3항\ 제1문}$). 심문기일의 통지는 서면 이외에 구술·전화·모사전송·전자우편·휴대전화 문자전송 그 밖에 적당한 방법으 로 신속하게 해야 한다($^{규칙\ 제96조}_{의12\ 제3항}$).

⑷ **피의자의 인치**　판사가 피의자를 심문하기 위하여 피의자를 법원에 인 치할 것이 필요하다. 피의자가 체포되어 있는 경우 검사는 심문기일에 피의자 를 출석시켜야 한다($^{제201조의2}_{제3항\ 제2문}$). 체포되지 아니한 피의자에 대하여 구속영장의 청 구를 받은 판사는 피의자가 죄를 범하였다고 의심할 만한 이유가 있는 경우에 구인을 위한 구속영장을 발부하여 피의자를 구인한 후 심문해야 한다. 다만, 피

의자가 도망하는 등의 사유로 심문할 수 없는 경우에는 그러하지 아니하다 ($\frac{제201조의}{2 제2항}$). 법원이 인치받은 피의자를 유치할 필요가 있는 때에는 교도소·구치소 또는 경찰서 유치장에 유치할 수 있다. 이 경우 유치기간은 인치한 때로부터 24시간을 초과할 수 없다($\frac{제201조의2 제10항}{제71조의2}$).

3. 심문의 방법

(1) **심문의 비공개**　피의자에 대한 심문절차는 이를 공개하지 아니한다. 다만 재판장은 상당하다고 인정되는 경우에는 피의자의 친족, 피해자 등 이해관계인의 방청을 허락할 수 있다($\frac{규칙 제96}{조의14}$). 수사과정에서의 기밀을 보호할 필요가 있으므로 비공개를 원칙으로 한 것이다. 그리고 판사는 공범의 분리심문이나 그 밖에 수사상의 비밀보호를 위하여 필요한 조치를 하여야 한다($\frac{제201조의}{2 제5항}$). 또한 판사는 심문을 위하여 필요하다고 인정하는 경우에는 호송경찰관 기타의 자를 심문장소에서 퇴실하게 하고 심문을 진행할 수 있다($\frac{규칙 제96조의}{16 제7항}$).

(2) **심문장소**　피의자의 심문은 법원청사 내에서 하여야 한다. 다만, 피의자가 출석을 거부하거나 질병 기타 부득이한 사유로 법원에 출석할 수 없는 때에는 경찰서, 구치소 기타 적당한 장소에서 심문할 수 있다($\frac{규칙 제96}{조의15}$).

4. 심문기일의 절차

(1) **진술거부권의 고지**　판사는 구속영장청구서에 기재된 바에 의하여 성명, 주민등록번호, 주거, 직업을 확인하여 피의자의 동일성을 확인한다. 판사는 피의자에게 구속영장청구서에 기재된 범죄사실의 요지를 고지하고, 진술거부권과 이익되는 사실을 진술할 수 있음을 알려주어야 한다($\frac{규칙 제96조의}{16 제1항}$).

(2) **피의자에 대한 심문**　판사는 구속사유를 판단하기 위하여 피의자를 심문하고, 이 경우에 검사와 변호인은 심문기일에 출석하여 의견을 진술할 수 있다($\frac{제201조의}{2 제4항}$). 심문은 구속사유의 유무를 판단함에 필요한 범위 내에서 신속하고 간결하게 하여야 한다. 판사는 증거인멸 또는 도망의 우려의 유무를 판단하기 위하여 필요한 때에는 피의자의 경력, 가족관계나 교우관계 등 개인적인 사항에 관하여 심문할 수 있다. 검사와 변호인은 판사의 심문이 끝난 후에 피의자를 심문할 수 있다($\frac{규칙 제96조의}{16 제2항, 제3항}$).

(3) **제3자에 대한 심문**　판사는 영장발부 여부의 판단을 위하여 필요하다고 인정하는 때에는 심문장소에 출석한 피해자 그 밖의 제3자를 심문할 수 있다($\frac{규칙 제96조의}{16 제5항}$). 검사와 변호인은 판사의 허가를 얻어 제3자를 심문할 수 있다고 본다.

⑷ **심문조서의 작성**   법원사무관은 심문의 요지 등을 조서로 작성해야 한다($\frac{제201조의}{2\ 제6항}$). 심문조서는 공판조서와 같은 방식으로 작성된다($\frac{동조}{제10항}$).

Ⅲ. 결   정

1. 구속영장의 발부

⑴ **발부사유**   구속영장의 청구를 받은 지방법원 판사는 신속히 구속영장의 발부 여부를 결정하여야 하고($\frac{제201조}{제3항}$), 상당하다고 인정할 때에는 구속영장을 발부한다($\frac{동조}{제4항}$).

⑵ **기재사항**   구속영장에는 피의자의 성명·주거·죄명, 피의사실의 요지, 인치구금할 장소, 발부연월일, 그 유효기간과 그 기간을 경과하면 집행에 착수하지 못하고 영장을 반환하여야 한다는 취지를 기재하고 법관이 서명날인하여야 한다($\frac{제209조,}{제75조\ 제1항}$). 구속영장의 유효기간은 영장발부일로부터 7일로 한다. 다만 법관이 상당하다고 인정하는 때에는 7일을 넘는 기간을 정할 수 있다($\frac{규칙}{제178조}$).

⑶ **구속기간의 불산입**   피의자 심문을 하는 경우 법원이 구속영장청구서·수사관계서류 및 증거물을 접수한 날로부터 구속영장을 발부하여 검찰청에 반환한 날까지의 기간은 사법경찰관·검사의 구속기간의 적용에 있어서 그 구속기간에 산입하지 아니한다($\frac{제201조의}{2\ 제7항}$).

⑷ **구속영장의 효력**   구속영장의 효력은 구속영장에 기재된 범죄사실 및 그 사실의 기초가 되는 사회적 사실관계가 기본적인 점에서 동일한 공소사실에 미친다.[12] 예를 들면 구속영장에 기재된 횡령죄의 범죄사실과 공소장에 기재된 사기죄의 공소사실이 범행일시 및 장소, 범행의 목적물과 그 행위의 내용에 있어서 같다면 구속영장의 효력은 사기죄에 미친다. 1개의 목적을 위하여 동시 또는 수단과 결과의 관계에서 행하여진 행위는 동일한 범죄사실로 간주한다($\frac{제208조\ 제}{2항\ 참조}$).

2. 기각결정

⑴ **기각사유**   판사는 ① 청구서의 형식적 요건에 대한 흠결이 보정되지 아니하거나 보정에도 불구하고 흠결이 치유되지 아니한 경우, ② 구속사유에 대한 소명이 부족한 경우, ③ 회기중에 있는 국회의원에 대하여 구속동의안이 부결된 경우, ④ 현행범체포나 긴급체포 등 체포가 위법한 경우, ⑤ 체포일시로

---

12) 대법원 2001. 5. 25.자 2001모85 결정.

부터 48시간이 경과하여 구속영장이 청구된 경우에는 구속영장의 청구를 기각한다.

(2) **기재사항**　판사가 구속영장을 발부하지 아니한 때에는 청구서에 그 취지와 이유를 기재하고 서명·날인하여 청구한 검사에게 교부한다($\frac{제201조}{제4항}$).

3. 불　　복

구속영장을 발부한 결정이나 영장의 발부를 기각한 결정에 대하여는 항고나 준항고가 허용되지 않는다. 영장기각결정에 대하여 제416조 제1항 제2호를 유추하여 준항고를 허용하자는 견해가 있으나, 영장기각결정은 수소법원의 결정이나 재판장 또는 수명법관의 재판에 해당하지 않으므로 준항고로 불복할 수 없다.

IV. 구속영장의 집행

1. 구속영장의 법적 성질

피의자에 대한 구속영장의 집행에 있어서 구속영장을 허가장이라고 보는 견해와 명령장이라고 보는 견해가 대립하고 있다. 명령장설은 수사절차상의 강제처분권이 법관의 고유권한이라는 점을 논거로 한다. 그러나 수사기관은 구속영장을 발부받은 후에도 그 후의 사정변경에 의하여 구속영장을 집행하지 않을 수 있다($\frac{제204조}{참조}$)는 점에 비추어 허가장이라고 보는 것이 타당하다고 본다.

2. 집행의 절차

구속영장의 집행은 체포영장의 집행과 동일하다. 따라서 구속영장은 검사의 지휘로 사법경찰관이 집행한다($\frac{제209조,}{제81조}\frac{제}{제1항}$). 구속 전에 범죄사실의 요지, 구속의 이유와 변호인을 선임할 수 있음을 고지하여 변명할 기회를 제공하여야 하며($\frac{제209조,}{제72조}$), 구속영장을 제시하여야 하고($\frac{제209조,}{제85조}$), 기타 통지절차($\frac{제209조,}{제87조}$) 등도 이행하여야 한다. 법관이 검사의 청구에 의하여 체포된 피의자의 구금을 위한 구속영장을 발부하면 검사와 사법경찰관리는 지체 없이 신속하게 구속영장을 집행하여야 한다. 피의자에 대한 구속영장의 제시와 집행이 그 발부 시로부터 정당한 사유 없이 시간이 지체되어 이루어졌다면, 구속영장이 그 유효기간 내에 집행되었다고 하더라도 위 기간 동안의 체포 내지 구금 상태는 위법하다.[13]

---

13) 대법원 2021. 4. 29. 선고 2020도16438 판결.

3. 구금의 장소

구속영장에 기재된 장소에 피의자를 구금하여야 한다. 구금장소의 임의적 변경은 피의자의 방어권이나 접견교통권의 행사에 중대한 장애를 초래하므로 위법하다.[14]

V. 재구속의 제한

1. 취   지

검사 또는 사법경찰관에 의하여 구속되었다가 석방된 자는 다른 중요한 증거를 발견한 경우를 제외하고는 동일한 범죄사실에 관하여 재차 구속되지 않는다. 이 경우에 1개의 목적을 위하여 동시 또는 수단, 결과의 관계에서 행하여진 행위는 동일한 범죄사실로 간주한다($^{제208}_{조}$). 그리고 피의자가 구속적부심사결정에 의하여 석방된 때에는 도망하거나 죄증을 인멸하는 경우를 제외하고는 동일한 범죄사실에 관하여 재차 구속되지 않는다($^{제214조의}_{3\ 제1항}$). 재구속의 제한은 동일사건에 대한 수사기관의 중복적 구속을 방지하여 피의자의 인권을 보호하기 위한 것으로서 검사 또는 사법경찰관이 피의자를 구속하는 경우에만 적용될 뿐이며, 법원이 피고인을 구속하는 경우에는 적용되지 않는다.[15]

2. 재구속영장의 청구

검사가 동일한 범죄사실에 관하여 그 피의자에 대하여 재구속영장을 청구하는 경우에는 그 청구서에 재구속영장의 청구라는 취지와 새로 발견한 중요한 증거의 요지 또는 피의자가 도망하거나 죄증을 인멸하였다는 사유를 기재하여야 한다($^{규칙\ 제99}_{조\ 제2항}$).

3. 위반의 경우

재구속제한은 구속 자체의 효력에 관한 문제이고 공소제기의 효력에는 영향을 미치지 않으므로 재구속제한에 위반하더라도 공소제기 자체가 무효로 되는 것은 아니다.[16]

---

14) 대법원 1996. 5. 15.자 95모94 결정.
15) 대법원 1969. 5. 27. 선고 69도509 판결, 1985. 7. 23.자 85모12 결정.
16) 대법원 1966. 11. 22. 선고 66도1288 판결.

제 4 구속기간의 연장

I. 구속기간의 제한

사법경찰관이 피의자를 구속한 때에는 10일 이내에 피의자를 검사에게 인치하지 아니하면 석방하여야 한다($\frac{제202}{조}$). 검사의 구속기간도 10일이지만($\frac{제203}{조}$), 지방법원 판사의 허가를 얻어 10일을 초과하지 않는 한도에서 구속기간을 연장할 수 있다($\frac{제205}{조}$).

II. 연장의 절차

1. 신 청

검사만이 구속기간의 연장을 신청할 수 있다. 구속기간연장의 신청은 서면으로 하여야 하고 그 신청서에는 수사를 계속하여야 할 상당한 이유와 연장을 구하는 기간을 기재하여야 한다($\frac{규칙}{제97조}$).

2. 결 정

연장의 신청을 받은 판사는 수사를 계속함에 상당한 이유가 있다고 인정한 때에는 10일을 초과하지 않는 한도에서 그 연장을 허가할 수 있다($\frac{제205조}{제1항}$). 연장 일수를 정하는 것은 판사의 재량에 속한다. 구속기간의 연장을 불허하는 결정에 대하여는 항고 또는 준항고의 방법으로 불복할 수 없다.[17]

III. 구속기간의 계산

1. 기 산 점

피의자가 체포영장에 의한 체포, 긴급체포, 현행범인의 체포에 의하여 체포되었거나 구인을 위한 구속영장에 의하여 구인된 경우에는 피의자를 체포 또는 구인한 날로부터 구속기간을 기산한다($\frac{제203조}{의2}$). 구속기간연장허가결정이 있은 경우에 그 연장기간은 제203조의 규정에 의한 구속기간만료 다음날로부터 기산한다($\frac{규칙}{제98조}$).

2. 기간의 계산

구속기간의 계산에는 기간의 초일은 시간을 계산함이 없이 1일로 산정하며

---

17) 대법원 1997. 6. 16.자 97모1 결정.

($^{제66조}_{제1항 단서}$) 기간의 말일이 공휴일 또는 토요일에 해당하는 경우에도 이를 기간에 산입한다($^{동법 제3}_{항 단서}$).

Ⅳ. 국가보안법과 구속기간

국가보안법 제3조 내지 제10조의 죄에 대해 지방법원 판사는 사법경찰관에게 1회, 검사에게 2회에 한하여 구속기간의 연장을 허가할 수 있다($^{동법}_{제19조}$). 따라서 국가보안법사건의 최대구속기간은 50일이 된다. 그러나 구성요건이 비교적 단순한 국가보안법 제7조(찬양·고무)와 제10조(불고지)의 죄에도 구속기간연장 규정을 적용한 것은 헌법 제37조 제2항이 정하는 기본권제한입법의 한계를 넘어서 피의자의 신체의 자유, 무죄추정의 원칙, 신속한 재판을 받을 권리를 침해한 것이다.[18]

제 5 구속의 집행정지와 실효

Ⅰ. 구속의 집행정지

1. 의   의

구속집행정지란 구속의 집행력을 정지시켜서 피의자를 석방하는 제도를 말한다. 검사는 상당한 이유가 있는 때에 결정으로 구속된 피의자를 친족, 보호단체 기타 적당한 자에게 부탁하거나 피의자의 주거를 제한하여 구속의 집행을 정지할 수 있다($^{제209조,}_{제101조 제1항}$). 구속의 집행정지는 검사의 직권에 의하여 행하여진다는 점에서 구속적부심사제도와 구별된다.

2. 절   차

검사가 구속집행정지결정을 하는 경우에는 구속집행정지결정서에 의하여야 한다($^{檢事規 제48}_{조 제1항}$). 구속집행정지결정에는 정지의 기간을 정할 수도 있고 정하지 않을 수도 있다. 구속된 국회의원에 대한 국회의 석방요구가 있으면 당연히 구속영장의 집행이 정지된다($^{제101조}_{제4항}$).

3. 구속집행정지의 실효

검사는 결정으로 구속의 집행정지를 취소할 수 있다($^{제209조,}_{조 제2항}$ ^{제102}). 다만 국회의원에 대한 구속영장의 집행정지는 그 회기중 취소하지 못한다($^{제102조 제2}_{항 단서}$). 구속집

---

18) 헌법재판소 1992. 4. 14. 선고 90헌마82 결정.

행정지결정에 기간을 정한 경우에는 그 기간이 만료되면 별도의 결정 없이 구속영장의 효력에 의하여 다시 구금된다.

Ⅱ. 구속의 실효

1. 구속의 취소

구속의 사유가 없거나 소멸된 때에는 검사가 결정으로 피의자에 대한 구속을 취소하여야 한다($^{제209조,}_{제93조}$). 구속의 사유가 없는 때란 구속사유가 처음부터 존재하지 않았던 것이 판명된 경우이고, 구속사유가 소멸된 때란 존재한 구속사유가 사후적으로 소멸한 경우를 말한다.

2. 구속기간의 만료

구속기간이 만료되면 구속영장의 효력은 당연히 상실된다.

제6 구속장소감찰제도

Ⅰ. 의   의

검사가 수사관서에 체포·구속된 피의자에 대하여 그 불법 여부를 조사하기 위하여 구속장소를 감찰하는 제도이다. 검사의 구속장소감찰권은 수사기관의 불법체포·구속을 억제하고 불법체포 또는 구속된 피의자를 구제하기 위한 검사의 조사권이다.

Ⅱ. 내   용

1. 감찰의 방법

지방검찰청 검사장 또는 지청장은 불법체포·구속의 유무를 조사하기 위하여 검사로 하여금 매월 1회 이상 관하 수사관서의 피의자체포·구속장소를 감찰하게 하여야 한다. 감찰하는 검사는 체포 또는 구속된 자를 심문하고 관련서류를 조사하여야 한다($^{제198조의}_{2\ 제1항}$).

2. 즉시석방권

검사는 적법절차에 의하지 아니하고 체포 또는 구속된 것이라고 의심할 만한 상당한 이유가 있는 경우에는 즉시 체포 또는 구속된 자를 석방할 것을 명하여야 한다($^{제198조의}_{2\ 제2항}$). 불법체포·구속된 자에 대한 즉시석방권을 검사에게 부여하여 수사기관의 부당한 인권침해에 대하여 즉각적인 시정을 가능하게 한 것이다.

3. 사건송치명령

검사는 적법절차에 의하지 아니하고 체포 또는 구속된 것이라고 의심할 만한 상당한 이유가 있는 경우에는 사건을 검찰에 송치할 것을 명하여야 한다($\binom{제198조의}{2\ 제2항}$). 검사는 송치받은 사건에 관하여 해당 사건과 동일성을 해치지 아니하는 범위 내에서 수사할 수 있다($\binom{제196조}{제2항}$).

제 3 관 수사상 감정유치

제 1 개   관

I. 의   의

1. 개   념

수사상 감정유치(鑑定留置)란 피의자의 정신상태 또는 신체를 감정하기 위하여 일정한 기간 동안 병원 기타 적당한 장소에 피의자를 유치하는 강제처분을 말한다. 감정유치는 공소제기 후 수소법원이 행하는 경우($\binom{제172조}{제3항}$)와 공소제기 전에 검사의 청구에 의하여 판사가 행하는 경우($\binom{제221조}{의3}$)가 있는데 피의자에 대한 감정유치는 검사의 청구를 전제로 하는 점을 제외하면 수소법원이 행하는 감정유치와 유사하다. 따라서 피의자의 감정유치에 대해서는 법원의 감정유치에 관한 규정을 준용하도록 하고 있다($\binom{제221조의}{3\ 제2항}$).

2. 필 요 성

수사기관이 수사를 위하여 필요한 때에는 일정한 전문지식이나 경험을 가진 자에게 감정을 위촉할 수 있다($\binom{제221조}{제2항}$). 그러나 감정을 하기 위해 피의자를 일정한 장소에 유치할 필요가 있는 경우 수사기관은 판사의 감정유치장을 발부받아야 한다. 즉 감정유치는 감정이라는 목적을 달성하기 위해 피의자의 신체의 자유를 제한하는 것이다.

Ⅱ. 법적 성질

1. 강제수사설

피의자에 대한 감정유치는 강제수사의 일종이라고 보는 견해이다. ① 피의자에 대한 감정유치는 신체의 자유에 대한 제한이라는 점에서 피의자 구속과 유사하고, ② 판사가 직접 강제처분을 행하는 것이 아니라 감정유치장의 발부를 통해 신체의 자유에 대한 제한을 명하는 것이고, ③ 그 집행도 구속영장의 집행에 대한 규정이 준용된다(제221조의3 제2항, 제172조 제7항)는 점을 논거로 한다.

2. 판사에 의한 강제처분설

피의자에 대한 감정유치는 수사단계에서 판사가 행하는 강제처분이라는 견해이다. ① 제221조의3 제2항이 "판사는 … 유치처분을 하여야 한다"고 규정함으로써 구속의 경우와 달리 그 주체가 판사임을 명시하고 있고, ② 감정유치는 수사기관의 감정위촉 자체와는 별개의 것으로서 강제수사라고 보기는 어렵다고 한다.

3. 검   토

감정유치는 구속과 유사한 측면이 많고 수사상 목적을 위해 피의자에 대하여 강제력을 행사한다는 점에서 강제수사설이 타당하다고 본다.

제 2 감정유치의 요건

Ⅰ. 대   상

수사상 감정유치는 피의자만을 대상으로 한다. 따라서 피의자가 아닌 제3자에 대해서는 감정유치를 청구할 수 없고, 피의자인 이상 구속된 상태인가 여부를 불문한다. 수사상 감정유치는 공소제기 여부를 결정하기 위해 필요한 처분이므로 공소제기 후에는 이를 인정할 필요가 없다. 따라서 검사는 피고인에 대해 감정유치를 청구할 수 없다고 해석해야 한다.

Ⅱ. 범죄의 혐의

감정유치가 신체의 자유에 대한 제한을 수반하므로 피의자에 대하여 감정유치를 하려면 범죄의 혐의가 필요하다.

III. 감정유치의 필요성

감정유치를 청구하기 위해서는 감정유치의 필요성이 인정되어야 한다. 즉 정신이나 신체의 감정을 위하여 계속적인 유치와 관찰이 필요한 경우 감정유치가 허용된다. 따라서 피의자를 병원 등에 유치하지 않고 통원을 통해 감정할 수 있는 경우에는 감정유치가 허용되지 않는다. 감정유치의 필요성은 구속의 필요성과는 구별되므로 구속의 필요성이 없더라도 감정유치를 할 수 있다.

제 3 감정유치의 절차

I. 감정유치의 청구

1. 청구권자

감정유치의 청구권자는 검사에 한한다(제221조의3 제1항). 사법경찰관이 감정을 위촉한 경우에도 감정유치는 검사에게 신청하여 검사가 청구하여야 한다.

2. 청구의 방식

감정유치의 청구는 서면으로 하여야 하며, 감정유치청구서에는 감정유치장에 기재하여야 할 사항(규칙 제85조 제1항) 이외에 ① 감정인의 성명·직업, ② 감정의 이유, ③ 피의자에게 변호인이 있는 때에는 그 성명을 기재하여야 한다(규칙 제113조).

II. 결   정

1. 기각결정

판사는 검사의 청구가 이유 없다고 인정한 경우에는 감정유치를 기각하는 결정을 내린다.

2. 감정유치장의 발부

(1) **감정유치장**   판사는 검사의 청구가 상당하다고 인정한 경우에는 유치처분을 하여야 한다(제221조의3 제2항). 유치처분은 감정유치의 결정과 감정유치장의 발부를 의미하는데 명시적으로 감정유치결정을 내릴 필요는 없고 감정유치장을 발부하면 족하다. 감정유치장의 법적 성질에 관하여 허가장으로 해석하는 견해[19]와 명령장이라고 해석하는 견해[20]가 있다. 피의자에 대한 감정유치는 수사기관

---

19) 이재상, 367면.

의 강제수사에 속하므로 허가장이라고 해석하는 견해가 타당하다고 본다.

(2) **기재사항** 감정유치장에는 피의자의 성명·주민등록번호·직업·주거, 죄명과 범죄사실의 요지, 유치할 장소, 유치기간, 감정의 목적 및 유효기간과 그 기간 경과 후에는 집행에 착수하지 못하고 영장을 반환하여야 한다는 취지를 기재하고 판사가 서명날인하여야 한다(규칙 제85조 제1항).

(3) **유치기간** 감정유치장에는 감정유치에 필요한 유치기간을 정하여야 하는데 그 제한은 없으나 판사는 청구서에 기재된 기간이 장기라고 인정되면 결정으로 상당한 기간으로 단축하여 감정유치장을 발부할 수 있다(규칙 제85조 제2항).

3. 결정에 대한 불복

감정유치를 기각하는 결정에 대하여 제416조 제1항 제3호를 유추적용하여 준항고가 허용된다는 견해가 있으나, 감정유치를 기각하는 결정은 물론 감정유치결정에 대하여도 준항고가 허용되지 않는다고 본다.

Ⅲ. 감정유치장의 집행

감정유치장의 집행에 관해서는 구속영장의 집행에 관한 규정을 준용한다(제221조의3 제2항, 제172조 제7항). 유치장소에 간수가 필요한 경우에는 검사의 청구로 간수명령을 내릴 수 있다(제221조의3 제2항, 제172조 제5항).

Ⅳ. 유치기간과 유치장소의 변경

1. 유치기간의 변경

감정유치장에 기재된 유치기간을 연장할 때에는 검사의 청구에 의해 판사가 결정을 해야 한다(제221조의3 제2항, 제172조 제6항, 규칙 제85조 제2항). 감정이 만료되면 유치기간 중이라 하더라도 유치를 즉시 해제하여야 하며(제221조의3 제2항, 제172조 제3항) 구속을 취소하는 경우와 마찬가지로 검사가 감정유치를 계속할 필요가 없다고 인정한 경우에는 유치기간 중이라도 석방할 수 있다.

2. 유치장소

유치장소는 병원 기타 적당한 장소이다. 기타 적당한 장소란 감정이 가능하고 시설면에서 계호가 가능한 장소를 말하며, 구금시설을 유치장소로 이용해서는 안된다. 유치장소는 유치의 필요성을 판단하는 중요한 요소이므로, 장소변

---

20) 배종대, 323면; 신양균, 198면.

경은 검사의 청구에 의하여 판사가 결정한다(규칙 제85조 제2항).

제 4 감정유치의 효력

Ⅰ. 구속과의 관계

감정유치는 신체의 자유에 대한 제한이라는 점에서 실질적으로 구속과 동일하므로 구속에 관한 규정이 준용된다. 따라서 감정유치된 피의자도 접견교통권을 가지며(제34조, 제209조, 제89조), 감정유치기간도 구속기간은 아니지만 미결구금일수 산입시 구속기간으로 간주된다(제221조의3 제2항, 제172조 제8항). 그러나 구속적부심사에 관한 규정은 준용되지 않는다.

Ⅱ. 구속 중인 피의자에 대한 감정유치

구속 중인 피의자에 대해 감정유치장이 집행되었을 때에는 그 기간 동안 구속의 집행을 정지한 것으로 간주한다(제221조의3 제2항, 제172조의2 제1항). 따라서 감정유치기간은 구속기간에 포함되지 않는다. 감정유치처분이 취소되거나 유치기간이 만료되면 구속의 집행정지가 취소된 것으로 간주한다(제221조의3 제2항, 제172조의2 제2항). 따라서 별도의 취소절차 없이 피의자를 재차 구금장소에 수용할 수 있다.

제 5 수사상 감정처분의 허가

Ⅰ. 의   의

1. 감정의 위촉

수사기관은 수사상 필요한 경우 감정을 위촉할 수 있는데(제221조 제2항), 감정의 위촉을 받은 자는 선서의 의무도 없고 허위감정을 하여도 허위감정죄(형법 제154조)에도 해당하지 않으며, 그 절차에 있어서 당사자에 의한 반대신문의 기회도 주어지지 않는 점 등에서 법원의 명에 의한 감정인과는 차이가 있다. 수사상 감정의 위촉을 받은 자를 강학상 수탁감정인이라고 한다.

2. 감정에 필요한 처분

수사기관으로부터 감정의 위촉을 받은 자는 감정에 관하여 필요한 경우 판사의 허가를 얻어 타인의 주거, 간수자 있는 가옥·건조물·항공기·선거(船車)

내에 들어갈 수 있고, 신체검사·사체해부·분묘발굴·물건파괴 등 필요한 처분을 할 수 있다($_{4\ 제1항}^{제221조의}$).

II. 절 차

1. 감정처분허가장의 청구

감정처분허가장도 수탁감정인이 청구하는 것이 아니라 검사가 청구하여야 한다($_{4\ 제2항}^{제221조의}$). 감정처분허가장의 청구서에는 감정처분허가장에 기재하여야 할 사항 외에 피의사실의 요지, 청구하는 유효기간을 기재하고 청구하는 검사가 서명날인하여야 한다($_{제114조}^{규칙}$).

2. 감정처분허가장의 발부

판사는 검사의 청구가 상당하다고 인정한 때에는 허가장을 발부하여야 한다($_{4\ 제3항}^{제221조의}$). 감정처분허가장에는 피의자의 성명, 죄명, 들어갈 장소, 검사할 신체·해부할 사체·발굴할 분묘·파괴할 물건, 수탁감정인의 성명과 유효기간을 기재하는($_{제2항}^{제173조}$) 외에 수탁감정인의 직업, 유효기간을 경과하면 허가된 처분에 착수하지 못하며 허가장을 반환하여야 한다는 취지 및 발부 연월일을 기재하고 판사가 서명날인하여야 한다($_{조,\ 제89조}^{규칙\ 제115}$).

III. 집 행

수탁감정인은 감정에 필요한 처분을 받는 자에게 허가장을 제시해야 한다($_{제173조\ 제3항}^{제221조의4\ 제4항,}$). 이 경우에는 신체검사에 관한 주의규정($_{조}^{제141}$)과 시각의 제한에 관한 규정($_{조}^{제143}$)이 준용된다($_{제5항}^{제173조}$).

제 4 관 피의자의 방어권

제 1 개 관

I. 의 의

피의자의 방어권이란 피의자가 수사절차에서 자기의 정당한 이익을 방어할 수 있는 권리를 말한다. 수사절차에 있어서 피의자의 인권을 보호하기 위해서는 피의자의 방어권을 충분히 보장하여야 한다. 헌법은 피의자의 지위를 강화하기 위하여 진술거부권($^{제12조}_{제2항}$)과 변호인선임권($^{제12조}_{제4항}$) 등을 국민의 기본권으로 규정하고 있다.

Ⅱ. 체포·구속된 피의자의 권리

체포·구속된 피의자는 외부와 고립됨으로써 심리적으로도 불안한 상태에 빠져 자신의 정당한 방어권을 충분히 행사하지 못하게 된다. 형사소송법은 강제수사에 대한 사법적 통제를 강화하여 수사기관의 권한남용을 방지하고, 체포·구속된 피의자의 방어권을 보장하기 위하여 피의자에게 구속적부심사청구권·접견교통권 등의 권리를 인정하고 있다.

제 2 고지·통지절차

Ⅰ. 고지의무

1. 의   의

수사기관이 피의자를 체포·구속한 때에는 즉시 피의사실의 요지, 체포·구속의 이유와 변호인을 선임할 수 있음을 알려야 한다($^{제200조의5,}_{제209조}$). 이는 피의자로 하여금 변호인선임과 방어준비를 하도록 하려는 데 입법취지가 있다.

2. 고지사항

수사기관이 피의자를 체포·구속한 때 고지하여야 할 사항은 피의사실의 요지, 체포·구속의 이유와 변호인선임권이다. 피의자에게 이미 변호인이 선임되어 있는 때에는 피의사실의 요지, 체포·구속의 이유만 고지하여도 무방하다.

Ⅱ. 체포·구속의 통지

1. 의   의

수사기관이 피의자를 체포·구속한 때에는 피의자의 변호인이나 가족 등에게 체포·구속의 일시와 장소 등을 지체 없이 통지하여야 한다. 이는 피의자의 변호인선임권과 접견교통권의 보장을 위하여 필요한 절차이다.

2. 통지의 상대방

피의자에게 변호인이 있는 경우에는 변호인에게, 변호인이 없는 때에는 변호인선임권자 가운데 피의자가 지정한 자에게 통지하여야 한다($^{제200조의6,\ 제209조,}_{제213조의2,\ 제87조}$).

피의자에게 변호인이 없거나 변호인선임권자가 없는 경우에는 피고인이 지정하는 1인에게 통지하여야 한다(규칙 제100조, 제51조 제1항). 통지받을 사람이 없어 통지를 못한 경우에는 그 취지를 기재한 서면을 기록에 철하여야 한다(동조 제2항).

3. 통지사항

통지하여야 할 사항은 ① 체포·구속의 일시와 장소, ② 범죄사실의 요지, ③ 체포·구속의 이유와 ④ 변호인을 선임할 수 있다는 취지이다(제200조의6, 제209조, 제213조의2, 제87조 제1항). 체포·구속의 통지는 피의자를 체포·구속한 후 지체 없이 하여야 하며(동조 제2항) 늦어도 24시간 이내에 서면으로 하여야 한다(규칙 제100조, 제51조 제2항). 급속을 요하는 경우에는 체포·구속되었다는 취지 및 체포·구속의 일시·장소를 전화 또는 모사전송기(Fax) 기타 상당한 방법에 의하여 통지할 수 있으며 이 경우에도 다시 서면으로 체포·구속의 통지를 하여야 한다(동조 제3항).

Ⅲ. 변호인의뢰의 통지

1. 의   의

체포·구속된 피의자는 수사기관, 교도소장 또는 구치소장이나 그 대리인에게 변호사를 지정하여 변호인의 선임을 의뢰할 수 있고, 의뢰를 받은 위 사람은 피의자가 지정한 변호사에게 그 취지를 통지하여야 한다(제200조의6, 제213조의2, 제209조, 제90조).

2. 통지사항

체포·구속된 피의자로부터 변호인의 선임을 의뢰받은 사람은 피의자가 지정한 변호사에게 '피의자가 변호인으로 선임하기를 희망한다'는 취지를 통지하여야 한다. 변호사에게 그 취지를 통지하면 되고 그 변호사의 의사를 확인할 의무는 없다. 본조의 통지를 받은 변호사에게 사건의 수임의무가 과해지는 것은 아니므로 변호사는 피의자의 변호인선임요구를 거절할 수도 있다.

제 3 피의자의 접견교통권

Ⅰ. 의   의

피의자의 접견교통권은 체포 또는 구속된 피의자가 변호인이나 가족 등 타인과 접견하고, 서류 또는 물건을 수수하며, 의사의 진료를 받을 수 있는 권리를 말한다. 체포 또는 구속된 피의자는 **무죄의 추정**을 받고 있으므로 체포 또는 구속의 목적에 반하지 않는 범위에서 외부와의 교통을 보장하여야 한다. 피의자는 외부와의 교통을 통하여 방어권을 효과적으로 행사할 수 있기 때문이다.

II. 변호인과의 접견교통권

1. 주   체

신체구속을 당한 피의자는 즉시 변호인의 조력을 받을 권리를 가진다 (헌법 제12조, 제4항). 신체구속을 당한 피의자가 방어권을 효과적으로 행사하려면 무엇보다도 변호인과 충분한 상담을 할 수 있어야 한다.

2. 제   한

변호인과의 자유로운 접견은 헌법상 보장된 변호인의 조력을 받을 권리의 가장 중요한 내용이므로 국가안전보장·질서유지·공공복리 등 어떠한 명분으로도 제한될 수 있는 성질의 것은 아니나,[21] 이는 구속된 자와 변호인 간의 접견이 실제로 이루어지는 경우에 있어서의 '자유로운 접견', 즉 '대화내용에 대하여 비밀이 완전히 보장되고 어떠한 제한, 영향, 압력 또는 부당한 간섭 없이 자유롭게 대화할 수 있는 접견'을 제한할 수 없다는 것이지, 변호인과의 접견 자체에 대해 아무런 제한도 가할 수 없다는 것을 의미하는 것은 아니다.[22] 즉, 변호인의 조력을 받을 권리 역시 다른 모든 헌법상 기본권과 마찬가지로 국가안전보장·질서유지 또는 공공복리를 위하여 필요한 경우에는 법률로써 제한할 수 있는 것이며, 변호인의 조력을 받을 권리의 내용 중 하나인 변호인과의 접견교통권 역시 국가안전보장·질서유지 또는 공공복리를 위해 필요한 경우에는 법률로써 제한될 수 있다.[23] 한편 변호인이 구속된 피의자를 접견할 수 있는 권리는 헌법상 보장된 권리라고 할 수 없고, 형사소송법 제34조에 의하여 비로소 보장된 권리이다.[24]

III. 비변호인과의 접견교통권

1. 주   체

체포·구속된 피의자는 법률의 범위 안에서 타인과 접견하고 서류 또는 물건을 수수하며 의사의 진료를 받을 수 있다(제200조의6, 제209조, 제213조의2, 제89조). 수사기관에 의하여

---

21) 헌법재판소 1992. 1. 28. 선고 91헌마111 결정.
22) 헌법재판소 2011. 5. 26. 선고 2009헌마341 결정.
23) 헌법재판소 2016. 4. 28. 선고 2015헌마243 결정.
24) 헌법재판소 1991. 7. 8. 선고 89헌마181 결정.

체포·구속된 피의자는 물론 임의동행의 형식으로 연행된 자도 타인과 접견 등을 할 수 있다.

2. 제 한

(1) 제한의 사유 　피의자가 도망하거나 증거를 인멸할 염려가 있다고 인정할 만한 상당한 이유가 있을 때에는 피의자와 비변호인의 접견을 금하거나 수수할 서류 기타 물건의 검열, 수수의 금지 또는 압수를 할 수 있다(제200조의6, 제209조, 제213조의2, 제91조 본문). '도망하거나 증거를 인멸할 염려가 있다고 인정할 만한 상당한 이유'란 구속에 비하여 엄격하게 해석하여야 한다. 즉 도망과 증거인멸의 염려는 구체적으로 예견될 수 있는 개연성이 있어야 한다.

(2) 제한의 내용 　접견교통권의 제한은 접견의 금지, 서류 또는 물건의 검열과 압수 및 수수의 금지이다. 접견의 금지는 전면적 금지뿐만 아니라 특정인을 제외시키는 개별적 금지도 가능하며, 조건부 또는 기한부 금지도 가능하다. 다만 의류·양식 또는 의료품의 수수를 금지하거나 압수하는 것은 허용되지 않는다(제91조 단서).

(3) 제한의 절차 　피의자에 대한 접견교통권의 제한을 수사기관이 독자적으로 결정할 수 있는가에 대하여 ① 제200조의6, 제209조, 제213조의2를 근거로 이를 긍정하는 견해와 ② 위 조문들은 공판절차에서 구속의 판단주체인 법원과 구속의 집행기관인 검사의 관계를 수사상 피의자구속에 준용하기로 한 규정일 뿐이고, 수사기관이 접견교통권을 제한할 수 있는 법적 근거가 되지 않는다는 이유로 부정하는 견해가 대립한다. 입법론으로는 법원의 결정으로 피의자에 대한 접견교통권을 제한하는 것이 타당하다고 생각하지만, 현행법의 해석상으로는 수사기관이 독자적으로 피의자에 대한 접견교통권을 제한할 수 있다고 본다. 수사기관의 접견금지처분은 구금에 관한 처분이므로 그 처분에 대해서 준항고(제417조)가 허용된다.

제 5 관 체포 · 구속적부심사제도

제 1 개 관

I. 의 의

체포 · 구속적부심사제도란 수사기관에 의하여 체포 또는 구속된 피의자에 대하여 법원이 체포 또는 구속의 적법 여부와 그 필요성을 심사하여 피의자를 석방하는 제도를 말한다. 체포 · 구속적부심사제도는 수사단계에서 체포 또는 구속된 피의자를 석방시키는 제도라는 점에서 공소제기 후 수소법원이 구속된 피고인의 석방을 결정하는 보석제도와 구별된다.

II. 기 능

수사기관의 수사권남용으로 인한 불법체포 · 구속으로부터 피의자의 인권을 보호하려면 불법체포나 불법구속을 방지하기 위한 사전예방제도와 사후구제제도가 구비되어야 한다. 사전예방제도를 대표하는 것이 구속영장제도이고, 사후예방제도로는 체포 · 구속적부심사제도, 형사보상, 불법체포 · 감금자의 형사처벌(형법제124조) 등이 있지만, 가장 핵심적인 것이 체포 · 구속적부심사제도이다.

제 2 심사의 청구

I. 청구권자

1. 피 의 자

체포 또는 구속된 피의자는 체포 · 구속적부심사를 청구할 수 있다. 따라서 체포영장 또는 구속영장에 의하여 체포 · 구속된 피의자뿐만 아니라 긴급체포 또는 현행범으로 체포된 피의자, 수사기관에 의하여 임의동행으로 보호실에 유치되어 있는 자도 체포 · 구속적부심사를 청구할 수 있다. 청구권자는 피의자에 한정되므로 피고인은 체포 · 구속적부심사를 청구할 수 없다. 그리고 사인(私人)에 의하여 불법구금된 자도 구속적부심사를 청구할 수 없다.

2. 피의자 이외의 자

피의자의 변호인·법정대리인·배우자·직계친족·형제자매·가족 및 동거인 또는 고용주는 체포·구속적부심사를 청구할 수 있다($^{제214조의}_{2\,제1항}$). 동거인이나 고용주도 청구권자에 포함시킴으로써 형사소송법은 청구권자의 범위를 확대하였다. 동거인이란 주민등록부에 등재된 자에 국한되지 않고 사실상 동거하는 자이면 족하며, 고용주는 어느 정도 계속적인 고용관계에 있는 일용노동자에 대하여도 청구권을 행사할 수 있다.

3. 청구권자에 대한 고지

피의자를 체포·구속한 검사 또는 사법경찰관은 체포·구속된 피의자와 적부심사청구권자 중에서 피의자가 지정하는 자에게 적부심사를 청구할 수 있음을 알려야 한다($^{제214조의}_{2\,제2항}$).

Ⅱ. 청구사유

1. 불법한 체포·구속

① 피의자가 적법한 체포영장 또는 구속영장에 의하지 않고 체포 또는 구속된 경우, ② 구속사유가 없음에도 불구하고 구속영장이 발부된 경우, ③ 경미한 사건으로 주거가 일정한 피의자에게 구속영장이 발부된 경우, ④ 긴급체포나 현행범인으로 체포된 자에 대하여 구속영장 청구기간이 경과한 후에 구속영장이 발부된 경우, ⑤ 재구속의 제한에 위반하여 구속영장이 발부된 경우, ⑥ 체포 또는 구속기간이 경과하였음에도 체포 또는 구속이 계속되는 경우가 불법한 체포·구속에 해당한다.

2. 부당한 구속

적법한 구속영장에 의하여 피의자가 구속되었으나 그 이후 사정변경으로 구속계속의 필요성이 인정되지 않는 때이다. 구속의 적부에 대한 판단은 심사시를 기준으로 한다. 예를 들면 피해변상·합의·고소취소 등의 사유가 있는 경우 피의자를 계속 구속하는 것이 부당한가의 여부를 심사시점을 기준으로 판단한다.

Ⅲ. 청구의 방법

1. 관할법원

체포·구속적부심사청구권자는 피의사건의 관할법원에 체포 또는 구속의 적부심사를 청구하여야 한다($^{제214조의}_{2\ 제1항}$).

2. 청구서의 기재사항

체포·구속적부심사청구서에는 ① 체포 또는 구속된 피의자의 성명·주민등록번호·주거, ② 체포 또는 구속된 일자, ③ 청구의 취지와 청구의 이유, ④ 청구인의 성명과 체포 또는 구속된 피의자와의 관계를 기재하여야 한다($^{규칙}_{제102조}$). 이를 위하여 청구권자는 체포·구속영장 등을 보관하고 있는 검사, 사법경찰관 또는 법원사무관 등에게 그 등본의 교부를 청구할 수 있다($^{규칙}_{제101조}$).

제 3 법원의 심사

Ⅰ. 심 사 권

체포·구속적부심사 청구사건은 지방법원 합의부 또는 단독판사가 심사한다. 체포영장 또는 구속영장을 발부한 법관은 관여하지 못한다($^{제214조의}_{2\ 제12항}$). 이는 체포영장 또는 구속영장을 발부한 법관의 예단을 배제하려는 취지이다. 다만 체포영장 또는 구속영장을 발부한 법관 외에는 심문·조사·결정을 할 판사가 없는 경우에는 예외이다($^{동항}_{단서}$).

Ⅱ. 심 사 전 절차

1. 국선변호인의 선정

체포·구속적부심사를 청구한 피의자가 제33조에 해당할 때에는 법원은 국선변호인을 선정하여야 한다($^{제214조의}_{2\ 제10항}$). 체포·구속적부심사청구사건에서의 국선변호인선정은 수사절차에서 변호인의 조력을 받을 권리를 보장하고 있다는 점에서 큰 의의가 있다. 법원은 체포·구속적부심사청구가 있는 때에는 변호인 없는 피의자를 위하여 국선변호인을 선정하여야 한다($^{규칙 제16}_{조 제1항}$).

2. 심문기일의 지정과 통지

체포·구속적부심사청구를 받은 법원은 청구서가 접수된 때로부터 48시간

이내에 피의자를 심문해야 한다($^{제214조의}_{2\ 제4항}$). 체포·구속적부심사청구를 받은 법원
은 지체 없이 청구인·변호인·검사 및 피의자를 구금하고 있는 관서의 장에
게 심문기일과 장소를 통지하여야 한다($^{규칙\ 제104}_{조\ 제1항}$).

3. 변호인의 기록열람등사권

변호인은 체포·구속된 피의자를 변호하기 위하여 고소장과 피의자신문조
서 등 수사서류를 열람·등사할 수 있다.[25] 체포·구속적부심사절차에서 변호
인의 수사기록열람·등사권은 형사소송법상 명문의 규정이 없지만, 헌법상 기
본권으로부터 인정된다. 즉 헌법 제12조 제4항은 변호인의 조력을 받을 권리를
기본권으로 보호하고 있으며, 변호인의 조력을 받을 피구속자의 권리는 피구속
자를 조력할 변호인의 권리가 보장되지 않으면 유명무실하게 되므로 변호인은
피구속자를 조력할 권리와 정당한 이해관계자로서 자신의 알 권리를 행사하여 수
사기록을 열람·복사할 수 있다.

III. 심문기일의 절차

1. 피의자의 출석

심문기일이 지정되면 사건을 수사중인 검사 또는 사법경찰관은 수사관계서
류와 증거물을 심문기일까지 법원에 제출하여야 하고, 피의자를 구금하고 있는
관서의 장은 피의자를 출석시켜야 한다($^{규칙\ 제104}_{조\ 제2항}$). 피의자의 출석은 절차개시의
요건이다.

2. 피의자에 대한 심문

법원은 심문기일에 피의자를 심문하고 수사관계서류와 증거물을 조사한다
($^{제214조의}_{2\ 제4항}$). 법원은 심문을 하는 경우 공범의 분리심문 그 밖에 수사상의 비밀보
호를 위한 적절한 조치를 취하여야 한다($^{동조}_{제11항}$). 법원은 피의자의 심문을 합의부
원에게 명할 수 있다($^{규칙\ 제105}_{조\ 제4항}$). 검사, 변호인·청구인은 심문기일에 출석하여 의
견을 진술할 수 있다($^{제214조의}_{2\ 제9항}$). 심문기일에 출석한 검사, 변호인·청구인은 법원
의 심문이 끝난 후에 체포 또는 구속된 피의자를 심문할 수 있고, 체포 또는 구
속된 피의자·변호인·청구인은 피의자에게 유리한 자료를 제출할 수 있다
($^{규칙\ 제105조}_{제1항·제3항}$).

---

25) 헌법재판소 2003. 3. 27. 선고 2000헌마474 결정.

제 4 법원의 결정

I. 결정기한

법원은 피의자에 대한 심문이 종료된 때로부터 24시간 이내에 체포·구속적부심사청구에 대한 결정을 하여야 한다(규칙제106조). 법원이 수사관계서류와 증거물을 접수한 때부터 결정 후 검찰청에 반환된 때까지의 기간은 체포 또는 구속기간에 산입되지 않는다(제214조의2 제13항). 이는 체포·구속적부심사의 청구로 인하여 수사에 지장을 초래하는 것을 방지하고 피의자의 청구권 남용을 방지하기 위한 것이다.

II. 기각결정

① 청구권자 아닌 자가 청구하였거나 동일한 체포영장 또는 구속영장의 발부에 대하여 재청구한 때, ② 공범 또는 공동피의자의 순차청구가 수사방해의 목적임이 명백한 때에는 심문 없이 청구를 기각할 수 있다(제214조의2 제3항). 그리고 ③ 법원의 심사의 결과 청구가 이유 없을 때에는 결정으로 그 청구를 기각하여야 한다(동조 제4항).

III. 석방결정

1. 석방사유

법원이 적부심사의 청구를 이유 있다고 인정한 때에는 결정으로 체포 또는 구속된 피의자의 석방을 명하여야 한다(제214조의2 제4항). 피의자가 불법으로 체포 또는 구속되었거나, 사정변경으로 인하여 구속계속의 필요성이 인정되지 않을 때에는 석방결정을 하여야 한다. 석방결정서는 **명령장**의 성질을 갖는 재판서이다.

2. 전격기소의 경우

피의자가 구속적부심을 청구하여 법원이 이를 심리하고 결정하기 전에 검사가 전격적으로 공소를 제기한 경우에도 피의자의 청구가 이유 있으면 법원은 피의자의 석방을 명하여야 한다(제214조의2 제4항).

Ⅳ. 보증금납입조건부 석방결정

1. 의 의

⑴ 개 념   보증금납입조건부 석방결정은 피의자에 대하여 보증금납입을 조건으로 구속의 집행을 정지하는 결정을 말한다. 즉 법원은 구속된 피의자에 대하여 피의자의 출석을 보증할 만한 보증금의 납입을 조건으로 결정으로 피의자의 석방을 명할 수 있다($^{제214조의}_{2\ 제5항}$). 보증금납입조건부 석방결정제도는 보석제도를 구속적부심사와 결합한 것으로서 피의자에 대한 석방의 기회를 확대하여 피의자의 방어권을 보장하기 위한 것이다.

⑵ 보석제도와의 차이   보증금납입조건부 석방결정제도는 피고인에 대한 보석제도와 유사하다. 그러나 ① 피의자 등은 석방결정을 받기 위해서 보석청구가 아니라 구속적부심사청구를 해야 한다는 점, ② 필요적 보석이 인정되지 않는다는 점, ③ 석방결정으로 구속영장의 효력이 상실되므로 보석과는 달리 취소제도가 인정되지 않고 재구속만 가능하다는 점에서 보석제도와 차이가 있다.

2. 적용범위

보증금납입조건부 석방결정은 구속된 피의자에 대하여만 할 수 있다. 따라서 체포된 피의자에 대하여는 보증금납입을 조건으로 한 석방이 허용되지 않는다.[26]

3. 절 차

⑴ 석방불허사유   피의자에게 ① 죄증을 인멸할 염려가 있다고 믿을 만한 충분한 이유가 있는 때, ② 피해자, 당해 사건의 재판에 필요한 사실을 알고 있다고 인정되는 자 또는 그 친족의 생명·신체나 재산에 해를 가하거나 가할 염려가 있다고 믿을 만한 충분한 이유가 있는 때에는 보증금납입조건부로 피의자의 석방을 명할 수 없다($^{제214조의2}_{제5항\ 단서}$).

⑵ 보증금의 결정   보증금의 결정에 관하여는 보석에 관한 규정이 준용된다($^{제214조의}_{2\ 제7항}$). 즉 ① 범죄의 성질·죄상, ② 증거의 증명력, ③ 피의자의 전과·성격·환경과 자산, ④ 피해자에 대한 배상 등 범행 후의 정황 등을 고려하여 피의자의 출석을 보증할 만한 보증금을 정하여야 하며, 법원은 피의자의 자산 정도로는 납입하기 불능한 보증금액을 정할 수 없다($^{제99}_{조}$).

⑶ 석방의 조건   피의자의 석방결정을 하는 경우에는 주거의 제한, 법원

---

26) 대법원 1997. 8. 27.자 97모21 결정.

또는 검사가 지정하는 일시·장소에 출석할 의무 기타 적당한 조건을 부가할 수 있다($\frac{제214조의}{2\ 제6항}$).

⑷ **석방의 집행**   피의자석방의 집행절차에 관하여도 보석에 관한 규정이 준용된다($\frac{제214조의}{2\ 제7항}$). 따라서 **보증금**을 납입한 후가 아니면 석방결정을 집행하지 못한다. 법원은 적부심청구권자 이외의 자에게 보증금의 납입을 허가할 수 있고, 유가증권 또는 피의자 외의 자의 제출한 보증서로써 보증금에 갈음할 것을 허가할 수 있다. 이 보증서에는 보증금액을 언제든지 납입할 것을 기재하여야 한다($\frac{제100}{조}$).

4. 보증금의 몰수

⑴ **임의적 몰수**   법원은 ① 보증금납입을 조건으로 석방된 피의자를 재구속 제한의 예외사유에 해당하여 재차 구속할 때, ② 보증금납입을 조건으로 석방된 피의자에 대하여 공소가 제기된 후 법원이 동일한 범죄사실에 관하여 피고인을 재차 구속할 때에는 납입된 보증금의 전부 또는 일부를 몰수할 수 있다($\frac{제214조의}{4\ 제1항}$).

⑵ **필요적 몰수**   보증금납입을 조건으로 석방된 피의자가 동일한 범죄사실에 관하여 형의 선고를 받고 그 판결이 확정된 후, 집행하기 위한 소환을 받고 정당한 이유 없이 출석하지 아니하거나 도망한 때에는 법원은 직권 또는 검사의 청구에 의하여 결정으로 보증금의 전부 또는 일부를 몰수하여야 한다($\frac{제214조의}{4\ 제2항}$).

5. 보증금의 환부

형사소송법은 보증금납입조건부 석방결정에 대하여 보증금의 환부에 관한 규정을 두고 있지는 않으나, 보증금이 출석확보를 위한 수단이라는 점을 고려할 때 보석의 경우와 같이 일정한 경우 보증금의 환부를 인정하여야 할 것이다. 즉 수사기관이 공소를 제기하지 아니하거나 구속의 취소 또는 구속기간의 만료 등으로 구속영장의 효력이 소멸된 때에는 법원은 몰수하지 아니한 보증금을 보증금납입자가 청구한 날로부터 7일 이내에 환부하여야 한다고 본다($\frac{제104조}{참조}$).

V. 재체포·재구속의 제한

체포·구속적부심사결정에 의하여 석방된 피의자는 ① 도망하거나 ② 죄증을 인멸하는 경우를 제외하고는 동일한 범죄사실에 관하여 재차 체포 또는 구속하지 못한다($\frac{제214조의}{3\ 제1항}$). 그리고 보증금납입을 조건으로 석방된 경우에는 피의자가 ① 도망한 때, ② 도망하거나 죄증을 인멸할 염려가 있다고 믿을 만한 충분한 이유가 있는 때, ③ 출석요구를 받고 정당한 이유 없이 출석하지 아니한 때, ④ 주거의 제한 기타 법원이 정한 조건에 위반한 때를 제외하고는 동일한 범죄사실에 관하여 피의자를 재차 체포 또는 구속하지 못한다($\frac{동조}{제2항}$).

VI. 결정에 대한 불복

1. 기각결정과 석방결정

체포·구속적부심사에 관한 법원의 결정에 대하여는 기각결정과 석방결정을 불문하고 항고가 허용되지 않는다($\frac{제214조의}{2 제8항}$).

2. 보증금납입조건부 석방결정

보증금납입조건부 석방결정은 구속의 적법을 전제로 하면서 보증금의 납입을 조건으로 피의자의 석방을 명하는 것이므로 체포 또는 구속이 불법이거나 이를 계속할 사유가 없는 등 부적법한 경우에 피의자의 석방을 명하는 석방결정과는 그 취지와 내용을 달리 하는 것이고, 또한 기소 후 보석결정에 대하여 항고가 인정되는 점에 비추어 그 보석결정과 성질 및 내용이 유사한 기소 전 보증금납입조건부 석방결정에 대하여도 항고할 수 있도록 하는 것이 균형에 맞는 측면도 있다. 따라서 보증금납입조건부 석방결정에 대하여는 피의자나 검사가 그 취소의 실익이 있는 한 항고할 수 있다.[27]

제 4 절 대물적 강제수사

제 1 관 수사상 압수·수색

제 1 개 관

I. 수사상 압수의 의의

수사상 압수(押收)란 수사기관이 증거방법으로 의미가 있는 물건이나 몰수가 예상되는 물건의 점유를 취득하는 강제수사를 말한다. 수사기관의 압수에

---

27) 대법원 1997. 8. 27.자 97모21 결정.

대하여도 법원의 압수에 관한 규정이 준용된다($\frac{제219}{조}$). 수사기관의 압수에는 압류와 영치가 있다. 압류는 영장의 발부를 전제로 하여 물건의 점유를 점유자 또는 소유자의 의사에 반하여 강제적으로 취득하는 강제처분을 말한다. 좁은 의미의 압수란 압류를 의미한다. 영치는 소유자 등이 임의로 제출한 물건이나 유류(遺留)한 물건을 계속하여 점유하는 것이다($\frac{제218}{조}$).

Ⅱ. 수사상 수색의 의의

수사상 수색(搜索)이란 압수할 물건이나 피의자를 발견하기 위한 목적으로 수사기관이 사람의 신체나 물건 또는 주거 기타의 장소에 대하여 행하는 강제수사를 말한다. 수색은 주로 압수와 함께 이루어지고 실무상으로도 압수·수색영장이라는 단일영장이 발부되고 있다.

제 2 압수·수색의 요건

Ⅰ. 범죄혐의

1. 범죄혐의의 존재와 관련성

⑴ 관련성의 의미   수사기관이 압수·수색을 하기 위해서는 피의자가 범죄를 범하였다고 의심할만한 정황이 있고, 해당 사건과 관련성이 있어야 한다($\frac{제215}{조}$). 관련성은 '해당 사건'을 전제로 하는 개념이다. 구체적으로 '영장에 기재된 범죄사실'에 한정하는 견해도 있으나, 기본적 사실관계에 있어서 동일성이 인정되는 사실은 관련성 판단의 전제가 되는 해당 사건에 포함된다고 본다. 따라서 압수 당시의 상황을 기준으로 압수수색영장의 범죄사실 자체와 관련되거나, 그와 기본적 사실관계가 동일한 범행과 관련이 있다고 의심할 만한 상당한 이유가 있는 범위 내에서 압수를 실시할 수 있다.

⑵ 판 례   압수·수색영장의 범죄 혐의사실과 관계있는 범죄라는 것은 압수·수색영장에 기재한 혐의사실과 객관적 관련성이 있고 압수·수색영장 대상자와 피의자 사이에 인적 관련성이 있는 범죄를 의미한다. 그중 혐의사실과의 객관적 관련성은 압수·수색영장에 기재된 혐의사실 자체 또는 그와 기본적 사실관계가 동일한 범행과 직접 관련되어 있는 경우는 물론 범행 동기와 경위, 범행 수단과 방법, 범행 시간과 장소 등을 증명하기 위한 간접증거나 정

황증거 등으로 사용될 수 있는 경우에도 인정될 수 있다. 그 관련성은 압수·수색영장에 기재된 혐의사실의 내용과 수사의 대상, 수사 경위 등을 종합하여 구체적·개별적 연관관계가 있는 경우에만 인정되고, 혐의사실과 단순히 동종 또는 유사 범행이라는 사유만으로 관련성이 있다고 할 것은 아니다.[1]

(3) 필요성과의 구별　사건 관련성은 필요성 요건과 구별되는 독립된 요건이다. 해당 사건과 관련성이 인정되지 않는 경우에는 압수·수색의 필요성이 인정되는 대상물이라 할지라도 압수·수색은 허용되지 않는다.

(4) 판단의 기준　압수대상물이 해당 사건과 관련성이 있는지는 압수 당시의 상황에서 일반인의 경험칙에 비추어 관련성이 있다고 의심하는 것이 상당한가라는 기준으로 판단하여야 한다. 이에 대하여 필요성은 압수기관의 관점에서 판단하고, 관련성은 영장판사나 피고인의 입장에서 판단하는 요건이라는 견해가 있으나, 양자를 구별할 필요는 없다.

2. 범죄혐의의 정도

압수·수색에 필요한 범죄의 혐의에 대하여 구속과 같이 범죄의 상당한 혐의가 있을 것을 요한다는 견해가 있다. 구속과 압수·수색은 모두 수사상 강제처분이므로 피의자의 사생활과 재산권 등을 침해하는 점에서 차이가 없다는 점을 그 근거로 한다. 그러나 압수·수색은 대부분 구속에 앞서 행하여지고, 형사소송법이 구속에 관하여는 죄를 범하였다고 의심할 만한 상당한 이유를 요구하면서도 압수·수색영장을 청구함에는 죄를 범하였다고 인정되는 자료를 제출하도록 규정한 점에 비추어 압수·수색에 필요한 범죄의 혐의는 구속의 경우에 요구되는 정도에 이르지 않는 **단순한 범죄혐의**로 충분하다고 본다.

II. 필요성과 비례성

1. 필 요 성

압수·수색은 증거수집과 범죄수사를 위하여 필요한 때에만 인정된다. 따라서 압수·수색은 그 대상물이 피의사실과 관련이 있는 것이어야 한다. 즉 압수할 물건은 증거방법으로 의미가 있게 될 개연성이나 몰수될 개연성이 있어야 하고, 수색은 압수할 물건을 발견하기 위한 것이어야 한다. 압수·수색은 증거물의 확보를 통해 형사절차를 관철하고 판결의 집행을 확보하기 위한 것이기 때문이다.

---

1) 대법원 2017. 12. 5. 선고 2017도13458 판결.

【사 례】 압수·수색의 필요성

《사 안》 피의자 甲은 乙의 다이아몬드반지를 보관하던 중 임의로 반지를 팔아 그 돈을 자신의 예금통장에 입금하였다. 검사는 甲을 수사하던 중 甲이 현금을 인출하여 사용하는 것을 방지하기 위해 위 예금에 대한 압수·수색영장을 청구하였다. 법원은 어떠한 판단을 하여야 하는가?

《검 토》 甲이 예금을 인출하는 것을 막기 위해서는 乙이 甲을 상대로 가압류·가처분을 제기할 수 있다. 압수는 증거물 또는 몰수될 개연성이 있는 물건에 한하여 허용되므로 법원은 압수영장청구를 기각하여야 한다.

2. 비 례 성

비례성의 원칙은 압수·수색에 있어서도 적용된다. 제215조의 '필요한 때'란 압수·수색의 필요성뿐만 아니라 압수·수색의 비례성까지 의미한다. ① 임의수사로써 수사의 목적을 달성할 수 있는 경우에는 압수·수색은 허용되지 않는다. ② 압수·수색은 증거물이나 몰수물의 수집·보전에 불가피한 최소한의 범위에 그쳐야 한다. ③ 압수·수색에 의한 기본권의 침해는 범죄의 태양과 경중, 대상물의 가치와 중요성과 균형관계를 이루어야 한다.[2]

제 3 압수·수색의 대상

Ⅰ. 압수의 대상

1. 증거물 또는 몰수물

압수의 대상은 증거물 또는 몰수물이다. 수사기관은 피고사건과 관계가 있다고 인정할 수 있는 것에 한정하여 증거물 또는 몰수할 것으로 사료되는 물건을 압수할 수 있다(제219조, 제106조 제1항). 증거물은 반드시 가동물건에 한하지 않고 부동산도 포함된다. 다만 사람의 신체는 물적 증거로서 검증의 대상으로는 되나 성질상 압수의 대상으로는 되지 않는다. 몰수할 물건은 필요적 몰수에 한하지 않고 임의적 몰수의 대상으로 되는 것도 포함된다.

2. 우체물의 압수

우체물 또는 통신비밀보호법 제2조 제3호에 따른 전기통신에 관한 것으로서 필요한 때에는 피고사건과 관계가 있다고 인정할 수 있는 것에 한정하여

---

2) 대법원 2004. 3. 23.자 2003모126 결정.

체신관서 기타 관련기관 등이 소지 또는 보관하는 물건의 제출을 명하거나 압수를 할 수 있다. 우체물 등을 압수할 때에는 발신인이나 수신인에게 그 취지를 통지해야 한다. 다만 수사에 방해가 될 염려가 있는 경우에는 예외로 한다($\binom{제219조,}{제107조}$).

3. 출판물의 압수

출판물도 압수의 대상이 되나, 헌법상 출판에 대한 사전검열이 금지되므로($\binom{헌법 제21}{조 제2항}$) 이에 따른 제한을 받는다. 즉, 출판물의 내용이 형벌법규에 저촉되어 범죄를 구성하는 혐의가 있는 경우에 그 증거물 또는 몰수할 물건으로서 압수하는 것은 재판절차라는 사법적 규제와 관련된 것이어서 행정적인 규제로서의 사전검열과 같이 볼 수 없으므로 허용된다 할 것이지만, 출판 직전에 그 내용을 문제삼아 압수하는 것은 실질적으로 출판의 사전검열과 같은 효과를 가져올 수 있는 것이므로 범죄혐의와 강제수사의 요건을 보다 엄격히 해석하여 그 허용 여부를 결정하여야 한다.[3]

4. 압수의 제한

⑴ **군사상 비밀**   군사상 비밀을 요하는 장소에 소재하고 있는 물건은 그 책임자의 승낙 없이는 압수·수색할 수 없다. 다만 그 책임자는 국가의 중대한 이익을 해하는 경우를 제외하고는 승낙을 거부하지 못한다($\binom{제219조,}{제110조}$). 국가이익을 우선적으로 고려한 규정이다.

⑵ **공무상 비밀**   공무원 또는 공무원이었던 자가 소지 또는 보관하는 물건에 관해서는 본인 또는 그 당해 공무소가 직무상의 비밀에 관한 것임을 신고한 때에는 그 소속 공무소 또는 당해 감독관공서의 승낙 없이는 압수하지 못한다. 이 때 소속 공무소 또는 당해 감독관공서는 국가의 중대한 이익을 해하는 경우를 제외하고는 승낙을 거부하지 못한다($\binom{제219조,}{제111조}$).

⑶ **업무상 비밀**   변호사·변리사·공증인·공인회계사·세무사·대서업자·의사·한의사·치과의사·약사·약종상·조산원·간호사·종교의 직에 있는 자 또는 이러한 직에 있던 자가 그 업무상 위탁을 받아 소지 또는 보관하는 물건으로 타인의 비밀에 관한 것은 압수를 거부할 수 있다. 다만 그 타인의 승낙이 있거나 중대한 공익상 필요가 있는 경우에는 예외로 한다($\binom{제219조,}{제112조}$). 위 직역에 속하는 업무자와 의뢰인 사이의 신뢰관계를 보호함으로써 궁극적으로 개

---

3) 대법원 1991. 2. 26.자 91모1 결정.

인의 사생활을 지켜주기 위한 규정이다.

Ⅱ. 수색의 대상

수사기관은 수색영장에 의하여 피고사건과 관계가 있다고 인정할 수 있는 것에 한정하여 피의자의 신체, 물건 또는 주거 기타 장소를 수색할 수 있다. 피의자가 아닌 자의 신체, 물건 또는 주거 기타 장소에 관하여는 압수할 물건이 있음을 인정할 수 있는 경우에 한하여 수색할 수 있다(제219조,제109조).

제4 압수·수색의 절차

Ⅰ. 영장의 청구와 발부

1. 영장의 청구

검사는 범죄수사에 필요한 경우 지방법원 판사에게 압수·수색영장을 청구할 수 있다. 사법경찰관이 범죄수사에 필요한 때에는 검사에게 신청하여 검사의 청구로 지방법원 판사가 발부한 영장에 의하여 압수·수색 또는 검증을 할 수 있다(제215조). 검사가 영장을 청구할 때에는 피의자에게 범죄혐의가 있다고 인정되는 자료와 압수·수색의 필요 및 해당사건과의 관련성을 인정할 수 있는 자료를 제출해야 한다(규칙 제108조 제1항).

2. 영장의 발부

⑴ **영장의 기재사항**　지방법원 판사는 검사의 영장청구에 대하여 그 요건을 심사하여 압수·수색영장을 발부한다. 압수·수색영장에는 피의자의 성명·죄명·압수물건·수색장소·신체·물건·발부년월일·유효기간과 그 기간을 경과하면 집행에 착수하지 못하며 영장을 반환해야 한다는 취지, 압수·수색의 사유를 기재하고 판사가 서명·날인해야 한다(제219조, 제114조 조 제1항). 판사의 서명날인란에 서명만 있고 날인이 없는 영장은 판사의 진정한 의사에 의하여 발부되었더라도 적법한 영장이 아니다.[4]

　피의자의 성명이 분명하지 않은 경우에는 인상·체격, 기타 피의자를 특정할 수 있는 사항으로 피의자를 표시할 수 있다(제219조, 제114조 제2항, 제75조 제2항). 압수물건을 특정하기 위하여 기재한 문언은 엄격하게 해석해야 하고, 피압수자 등에게 불리한 내용으로 확장 또는 유추해석할 수 없다. 따라서 압수·수색영장에 압수할 물

---

4) 대법원 2019. 7. 11. 선고 2018도20504 판결.

건을 '압수장소에 보관중인 물건'이라고 기재한 경우 '압수장소에 현존하는 물건'으로 해석할 수는 없다.[5]

(2) **영장의 법적 성질** 압수·수색영장은 수사기관의 압수·수색에 대한 허가장으로서 영장에 기재된 유효기간은 집행에 착수할 수 있는 종기를 의미할 뿐이다. 수사기관이 압수·수색을 실시하여 그 집행을 종료하였다면 유효기간이 남아있다고 하더라도 그 영장의 효력은 상실된다. 따라서 수사기관이 동일한 장소 또는 목적물에 대하여 다시 압수·수색할 필요가 있다면 판사로부터 새로운 압수·수색영장을 발부받아야 한다.[6]

II. 영장의 집행

1. 집행기관

압수·수색영장은 검사의 **지휘**에 따라 **사법경찰관리가** 집행한다(제219조, 제115조 제1항). 검사는 필요에 의하여 관할구역 외에서도 영장을 집행하거나 당해 관할구역의 검사에게 집행지휘를 촉탁할 수 있다(제219조, 제115조 제2항, 제83조).

2. 집행의 방법

(1) **영장의 제시** 압수·수색영장을 집행할 때에는 압수·수색처분을 받는 자에게 영장을 반드시 제시해야 하고, 처분을 받는 자가 피의자인 경우에는 그 사본을 교부하여야 한다. 다만, 처분을 받는 자가 현장에 없는 등 영장의 제시나 그 사본의 교부가 현실적으로 불가능한 경우 또는 처분을 받는 자가 영장의 제시나 사본의 교부를 거부한 때에는 예외로 한다(제219조, 제118조).[7] 압수·수색영장을 사전에 제시하도록 규정한 것은 개인의 사생활과 재산권의 침해를 최소화하는 한편, 피처분자의 불복신청이 기회를 실질적으로 보장하기 위한 것이다.[8] 또한 수사 초기단계에서 피의자의 방어권을 실질적으로 보장하기 위하여 피의자가 압수·수색영장의 구체적인 내용을 확인할 수 있도록 수사기관은 영장사본을 피의자에게 교부해야 한다.

현장에서 압수·수색을 당하는 사람이 여러 명일 경우에는 그 사람들 모두에게 개별적으로 영장을 제시해야 하는 것이 원칙이다. 수사기관이 압수·수색

---

5) 대법원 2009. 3. 12. 선고 2008도763 판결.
6) 대법원 1999. 12. 1.자 99모161 결정.
7) 2022. 1. 11. 형사소송법 개정에 의하여 압수·수색영장 사본을 교부하는 규정이 추가되었다.
8) 대법원 2017. 9. 21. 선고 2015도12400 판결.

에 착수하면서 그 장소의 관리책임자에게 영장을 제시하였다고 하더라도, 물건을 소지하고 있는 다른 사람으로부터 이를 압수하고자 하는 때에는 그 사람에게 따로 영장을 제시하여야 한다.[9] 다만 영장의 사전제시는 현실적으로 가능한 상황을 전제로 한 규정이므로 피처분자가 현장에 없거나 현장에서 피처분자를 발견할 수 없는 등 영장제시가 현실적으로 불가능한 경우에는 영장을 제시하지 아니한 채 압수·수색을 하더라도 위법하다고 볼 수 없다.[10]

(2) **기타 처분**   압수·수색영장의 집행중에는 타인의 출입을 금지할 수 있고, 이를 위반한 자에게는 퇴거하거나 집행종료시까지 간수자를 붙일 수 있다(제219조,제119조). 영장을 집행할 때에는 자물쇠를 열거나 개봉 기타 필요한 처분을 할 수 있다. 압수물에 대해서도 같은 처분을 할 수 있다(제219조,제120조). 영장의 집행을 중지할 경우에 필요한 때에는 집행이 종료될 때까지 그 장소를 폐쇄하거나 간수자를 둘 수 있다(제219조,제127조).

(3) **당사자의 참여**   검사·피의자·변호인은 압수·수색영장의 집행에 참여할 수 있다(제219조,제121조). 압수·수색절차의 공정을 확보하고 집행을 받는 자의 이익을 보호하기 위한 것이다. 따라서 압수·수색영장을 집행할 때에는 미리 집행일시와 장소를 참여권자에게 통지해야 한다. 다만 참여권자가 참여하지 않는다는 의사를 표명한 때 또는 급속을 요하는 때에는 예외로 한다(제219조,제122조). '급속을 요하는 때'라 함은 압수수색 집행사실을 피의자에게 미리 통지하여 줄 경우 압수수색의 대상이 된 증거를 인멸하거나 훼손하여 압수수색의 목적을 달성할 수 없게 되는 때를 의미한다.[11] 검사가 압수를 할 때에는 검찰청 수사관 또는 서기관이나 서기를 참여하게 하여야 하고, 사법경찰관이 압수를 할 때에는 사법경찰관리를 참여하게 해야 한다(규칙제110조).

변호인의 참여권은 피압수자의 보호를 위하여 변호인에게 주어진 고유권이다. 따라서 설령 피압수자가 수사기관에 압수·수색영장의 집행에 참여하지 않는다는 의사를 명시하였다고 하더라도, 특별한 사정이 없는 한 그 변호인에게는 미리 집행의 일시와 장소를 통지하는 등으로 압수·수색영장의 집행에 참여할 기회를 별도로 보장하여야 한다.[12]

(4) **책임자의 참여**   공무소, 군사용의 항공기 또는 선거(船車) 내에서 압

---

9) 대법원 2009. 3. 12. 선고 2008도763 판결.
10) 대법원 2015. 1. 22. 선고 2014도10978 전원합의체 판결.
11) 헌법재판소 2012. 12. 27. 선고 2011헌바225 결정.
12) 대법원 2020. 11. 26. 선고 2020도10729 판결.

수·수색영장을 집행할 때에는 그 책임자에게 참여할 것을 통지하여야 한다. 이 이외의 타인의 주거, 간수자 있는 가옥·건조물·항공기 또는 선거 내에서 압수·수색영장을 집행할 때에는 주거자·간수자 또는 이에 준하는 자를 참여하게 하여야 한다. 주거자나 간수자 등을 참여하게 하지 못할 때에는 인근 거주자 또는 지방공공단체의 직원을 참여하게 해야 한다(제219조,제123조).

(5) **여자의 수색과 참여** 여자의 신체에 대하여 수색할 때에는 성년의 여자를 참여하게 하여야 한다(제219조,제124조). 신체수색을 당하는 여자가 성년의 여자를 참여시킬 필요가 없다는 의사를 표시한 경우에도 참여시켜야 한다.

3. 집행의 제한

(1) **별건압수·수색의 금지** 별건압수나 별건수색은 허용되지 않는다. 따라서 동일한 영장으로 수회 같은 장소에서 압수·수색을 할 수 없다. 동일한 물건 또는 장소에 대한 처분인 때에도 영장기재사실과 다른 피의사실에 대해 영장을 유용할 수 없다.

(2) **야간집행** 일출 전 일몰 후에는 압수·수색영장에 야간집행을 할 수 있다는 기재가 없는 한 영장집행을 위해 타인의 주거, 간수자 있는 가옥·건조물·항공기 또는 선차 내에 들어가지 못한다(제219조,제125조). 도박 기타 풍속을 해하는 행위에 상용되는 것으로 인정되는 장소나 여관·음식점 기타 야간에 공중이 출입할 수 있는 장소로서 공개된 시간 안에는 일출 전 일몰 후의 제한을 받지 않고 압수영장을 집행할 수 있다(제219조,제126조).

4. 집행 후의 조치

(1) **수색증명서·압수목록의 교부** 수색한 결과 증거물 또는 몰수할 물건이 없는 때에는 그 취지의 증명서를 교부하여야 한다(제219조,제128조). 압수한 경우에는 목록을 작성하여 소유자·소지자·보관자 그리고 기타 이에 준하는 자에게 교부하여야 한다(제219조,제129조). 압수목록은 피압수자 등이 압수물에 대한 환부·가환부신청을 하거나 압수처분에 대한 준항고를 하는 등 권리행사절차를 밟는 가장 기초적인 자료가 되므로, 이러한 권리행사에 지장이 없도록 압수 직후 현장에서 바로 작성하여 교부해야 하는 것이 원칙이다.[13]

임의제출에 따른 압수(제218조)의 경우에도 압수물에 대한 수사기관의 점유 취득이 제출자의 의사에 따라 이루어진다는 점에서만 차이가 있을 뿐 범죄혐의

---

13) 대법원 2009. 3. 12. 선고 2008도763 판결.

를 전제로 한 수사 목적이나 압수의 효력은 영장에 의한 압수의 경우와 동일하므로, 수사기관은 영장에 의한 압수와 마찬가지로 객관적·구체적인 압수목록을 신속하게 작성·교부할 의무를 부담한다. 다만 적법하게 발부된 영장의 기재는 그 집행의 적법성 판단의 우선적인 기준이 되어야 하므로, 예외적으로 압수물의 수량·종류·특성 기타의 사정상 압수 직후 현장에서 압수목록을 작성·교부하지 않을 수 있다는 취지가 영장에 명시되어 있고, 이와 같은 특수한 사정이 실제로 존재하는 경우에는 압수영장을 집행한 후 일정한 기간이 경과하고서 압수목록을 작성·교부할 수도 있다. 그렇지만, 압수목록 작성·교부 시기의 예외에 관한 영장의 기재는 피의자·피압수자 등의 압수 처분에 대한 권리구제절차 또는 불복절차가 형해화되지 않도록 그 취지에 맞게 엄격히 해석되어야 하고, 예외적 적용의 전제가 되는 특수한 사정의 존재 여부는 수사기관이 이를 증명하여야 하며, 그 기간 역시 필요 최소한에 그쳐야 한다. 또한 영장에 의한 압수 및 그 대상물에 대한 확인조치가 끝나면 그것으로 압수절차는 종료되고, 압수물과 혐의사실과의 관련성 여부에 관한 평가 및 그에 필요한 추가 수사는 압수절차 종료 이후의 사정에 불과하므로 이를 이유로 압수 직후 이루어져야 하는 압수목록 작성·교부의무를 거부할 수는 없다.[14]

(2) **압수조서의 작성** 증거물 또는 몰수할 물건을 압수하였을 때에는 압수조서 및 압수목록을 작성하여야 한다(司警規 제50조 제1항). 압수조서에는 압수경위를, 압수목록에는 물건의 특징을 각각 구체적으로 기재하여야 한다(동조 제2항). 압수조서와 압수목록을 작성할 때에는 피의자신문조서, 진술조서, 검증조서 또는 실황조사서에 압수의 취지를 기재하여 압수조서에 갈음할 수 있다(동조 제3항).

【사 례】 압수·수색영장의 집행

《사 안》 사법경찰관 A는 종합건설회사의 대표이사 甲이 회사 돈 4억원을 횡령하였다는 고소장을 접수하여 수사에 착수하였다. 甲이 혐의사실을 완강히 부인하자 사법경찰관 A는 검사를 통해 법원으로부터 2007. 3. 1.부터 같은 해 3. 7.까지 유효한 압수·수색영장을 발부받았다. A가 같은 해 3. 3. 甲의 자택에서 컴퓨터디스크를 압수하여 분석해 보았으나, 아무런 증거자료를 발견하지 못하였다. A가 위 압수·수색영장을 다시 집행하기 위하여 같은 해 3. 6. 甲의 자택에 갔으나 甲은 외출 중이었고 甲의 8세 된 아들만 있었다. A는 甲에게 연락을 취하지 아니한 채 甲의 아들이 보는 가운데 甲의 자택을 수색하여 다락방에서 회사 공금 5천만 원을 횡령한 사실

---

14) 대법원 2024. 1. 5.자 2021모385 결정.

을 메모한 甲의 비밀장부를 발견하고 이를 압수하였다. 사법경찰관 A가 甲의 비밀장부를 압수한 조치가 적법한지 설명하시오.(제49회 사법시험 출제문제)

《검 토》 사법경찰관 A는 2007. 3. 3. 甲의 자택을 수색하여 컴퓨터디스크를 압수하였으므로 압수·수색영장은 유효기간이 남아있다고 하더라도 그 영장의 효력은 상실된다. 따라서 A가 새로운 압수·수색영장을 발부받지 않고 비밀장부를 압수한 조치는 위법하다. 또한 압수·수색영장이 유효하다고 하더라도 영장을 집행함에 있어서 압수·수색영장을 제시하지 않았고, 피의자 등에게 통지하지 않았으며, 당사자를 참여시키지 않았으므로 위법한 집행에 해당한다.

제 5 금융정보에 대한 압수

Ⅰ. 의   의

「금융실명거래 및 비밀보장에 관한 법률」은 금융실명제와 금융거래의 비밀보장을 규정하고 있다. 금융기관 종사자는 금융거래정보 또는 자료를 타인에게 제공하거나 누설해서는 안된다. 다만 ① 명의인의 서면요구나 동의가 있는 경우, ② 법원의 제출명령이나 영장이 발부된 경우, ③ 국가행정기관의 정보제공요구에 의해 금융정보제공이 허용되는 경우에는 예외로 한다(동법 제4조 제1항).

Ⅱ. 금융계좌추적

1. 유   형

(1) 수사기관의 계좌추적   수사기관이 피의자의 금융거래정보를 얻기 위해서는 금융계좌추적용 압수·수색영장을 발부받아야 한다. 수사기관의 계좌추적은 피의자뿐만 아니라 제3자의 사생활비밀을 침해하고 금융거래정보가 오용될 위험성이 크기 때문이다.

(2) 행정기관의 계좌추적   행정기관은 관할업무의 수행을 위해 필요한 경우 관련법규[15]에 근거하여 법관의 영장없이 개인의 금융계좌를 추적할 수 있다. 행정기관의 독자적인 판단에 따라 금융거래정보의 제공을 요청하는 것은 영장주의를 우회하는 수단으로 사용될 위험성이 크다. 금융계좌추적의 남용을 막기 위해 사법부의 통제를 받도록 하는 제도적 보완이 필요하다.

---

15) 감사원법 제27조, 공직자윤리법 제8조, 독점규제 및 공정거래에 관한 법률 제50조, 상속세 및 증여세법 제83조, 특정금융거래정보의 보고 및 이용 등에 관한 법률 제4조.

2. 요 건

⑴ **범죄혐의** 금융계좌추적을 위한 압수·수색영장이 발부되기 위해서는 범죄혐의가 존재해야 한다. 금융계좌추적을 위한 압수·수색은 그 대상이 크게 확대될 가능성이 있으므로 압수·수색의 허용범위를 결정함에 있어서 압수·수색할 금융거래의 내용과 범죄혐의의 관련성이 보다 엄격하게 심사되어야 한다.

⑵ **필요성과 비례성** 금융계좌추적을 위한 압수·수색은 범죄수사를 위하여 필요한 최소한도의 범위 안에서 허용된다. 따라서 금융계좌추적을 하지 않더라도 사실확인에 필요한 증거의 확보가 가능한 경우에는 허용되지 않는다. 또한 금융계좌추적에 의한 피의자의 사생활침해 등은 그 범죄의 경중과 비교형량되어야 하고, 계좌추적의 대상이 되는 거래기간도 범죄혐의와 밀접한 관련이 있는 기간으로 제한되어야 한다.

3. 한 계

⑴ **포괄계좌** 압수·수색의 대상자만 특정한 채 그 대상자가 모든 금융기관에 개설한 예금계좌 일체, 즉 포괄계좌에 대한 압수·수색은 엄격히 제한된다. 대상자는 특정되지만 대상물이 포괄적이어서 범죄혐의사실과 관련이 없는 예금거래의 비밀이 침해될 위험이 크기 때문이다. 특히 피의자 이외의 제3자에 대한 포괄적인 압수·수색의 경우에는 범죄혐의사실과의 관련성이 객관적으로 명백한지 여부와 압수·수색의 대상자가 입게 될 기본권침해의 문제 등을 충분히 고려해야 한다.

⑵ **연결계좌** 피의자의 특정계좌와 연결된 계좌에 대한 압수·수색은 범죄사실과 관련이 있는 직전·직후의 연결계좌에 한하여 허용된다. 예를 들면 뇌물죄에 있어서 수뢰자의 계좌를 기본계좌로 하여 압수·수색을 행하는 경우에는 기본계좌의 금융거래자료와 그 직전의 계좌에 대한 자료(입금자의 인적 사항을 확인하기 위한 계좌개설자료)만이 압수·수색의 대상이 되고, 반면에 증뢰자의 계좌를 기본계좌로 자금추적을 할 경우에는 그 기본계좌의 직후 계좌만이 압수·수색의 대상이 된다.

III. 금융거래정보

수사기관이 범죄의 수사를 목적으로 금융거래정보를 획득하기 위해서는 법관의 영장이 필요하다. 신용카드에 의하여 물품을 거래할 때 금융회사 등이 발행하는 매출전표의 거래명의자에 관한 정보 또한 금융실명법에서 정하는 '거래 정보 등'에 해당하므로, 수사기관이 금융회사 등에 그와 같은 정보를 요구하는 경우에도 법관이 발부한 영장에 의해야 한다. 그럼에도 수사기관이 영장에 의하지 아니하고 매출전표의 거래명의자에 관한 정보를 획득하였다면, 그와 같이 수집된 증거는 원칙적으로 유죄의 증거로 삼을 수 없다.[16]

제 6 전자정보에 대한 압수

I. 의 의

1. 전자정보의 특성

컴퓨터 등 정보저장매체에 저장된 전자정보는 그 정보량이 대규모이고, 동일한 저장매체에 범죄혐의와 관련된 전자정보 이외에도 개인의 사생활이나 영업비밀 등 기업경영에 관한 정보도 광범위하게 포함되어 있다. 이러한 전자정보에 대한 수사기관의 압수·수색은 사생활의 비밀과 자유, 정보에 대한 자기결정권, 재산권 등을 침해할 우려가 크므로 포괄적으로 이루어져서는 안 되고, 비례의 원칙에 따라 수사의 목적상 필요한 최소한의 범위 내에서 이루어져야 한다.

2. 전자정보의 유형

전자정보는 전자문서와 컴퓨터 프로그램 저작물 등을 통칭한다. 전자문서란 컴퓨터 등 정보처리장치에 의하여 전자적인 형태로 작성되어 송수신되거나 저장된 문서형식의 자료를 말한다. 예를 들면 영업장부나 계약서 등 문서의 형태로 컴퓨터 등에 보관되어 있는 것이다. 컴퓨터 프로그램 저작물이란 컴퓨터 등 내에서 직접 또는 간접으로 사용되는 일련의 지시·명령으로 표현된 창작물을 말한다.

II. 압수의 대상과 방법

1. 전자정보의 복제 등

(1) **영장주의**   수사기관이 컴퓨터용디스크 등 정보저장매체에 저장된 전자정보를 복제하거나 그 출력물을 수집하기 위해서는 압수영장을 발부받아야 한다. 수사기관이 전자정보를 복제하거나 출력물을 수집하는 과정에서 전자정보

16) 대법원 2013. 3. 28. 선고 2012도13607 판결.

의 소유자나 관리자가 해당 정보에 접근하는 것을 강제로 배제하고, 그 의사에 반하여 전자정보를 획득하기 때문이다.

(2) 압수의 범위   수사기관이 전자정보를 복제하거나 출력물을 수집하기 위해서는 범죄혐의와 관련된 범위를 정하여 한다. 전자정보의 특성상 검색방법 또는 검색용어의 선택에 따라 범죄혐의와 관련성 있는 전자정보의 범위가 지나치게 확대되거나 범죄혐의와 무관한 전자정보까지 압수될 가능성이 있으므로 범죄와 관련된 부분과 기간이 구체적으로 특정되어야 한다.

(3) 압수의 방법   수사기관의 전자정보에 대한 압수·수색은 원칙적으로 영장 발부의 사유로 된 범죄 혐의사실과 관련된 부분만을 문서 출력물로 수집하거나 수사기관이 휴대한 저장매체에 해당 파일을 복제하는 방식으로 이루어져야 한다. 저장매체에 들어 있는 전자파일 전부를 하드카피나 이미징 등 형태로 수사기관 사무실 등 외부로 반출하는 방식으로 압수·수색하는 것은 현장의 사정이나 전자정보의 대량성으로 관련 정보 획득에 긴 시간이 소요되거나 전문 인력에 의한 기술적 조치가 필요한 경우 등 범위를 정하여 출력 또는 복제하는 방법이 불가능하거나 압수의 목적을 달성하기에 현저히 곤란하다고 인정되는 때에 한하여 예외적으로 허용될 수 있을 뿐이다.[17]

(4) 복제본의 탐색   적법하게 획득한 복제본을 탐색하여 혐의사실과 관련된 전자정보를 문서로 출력하거나 파일로 복제하는 일련의 과정 역시 전체적으로 하나의 영장에 기한 압수·수색의 일환에 해당하므로, 그러한 경우의 문서출력 또는 파일복제의 대상 역시 저장매체 소재지에서의 압수·수색과 마찬가지로 혐의사실과 관련된 부분으로 한정되어야 한다. 따라서 복제본에서 혐의사실 관련성에 대한 구분 없이 임의로 저장된 전자정보를 문서로 출력하거나 파일로 복제하는 행위는 원칙적으로 영장주의 원칙에 반하는 위법한 압수가 된다.[18]

(5) 피압수자의 참여권   저장매체에 대한 압수·수색 과정에서 범위를 정하여 출력 또는 복제하는 방법이 불가능하거나 압수의 목적을 달성하기에 현저히 곤란한 예외적인 사정이 인정되어 복제본을 수사기관 사무실 등으로 옮겨 복제·탐색·출력하는 경우에도, 그와 같은 일련의 과정에서 피압수자나 변호인에게 참여의 기회를 보장하고 혐의사실과 무관한 전자정보의 임의적인 복제 등을 막기 위한 적절한 조치를 취하는 등 영장주의 원칙과 적법절차를 준수하

---

17) 대법원 2015. 7. 16.자 2011모1839 전원합의체 결정.
18) 대법원 2015. 7. 16.자 2011모1839 전원합의체 결정.

여야 한다. 만약 그러한 조치가 취해지지 않았다면 피압수자 측이 참여하지 아니한다는 의사를 명시적으로 표시하였거나 절차 위반행위가 이루어진 과정의 성질과 내용 등에 비추어 피압수자 측에 절차 참여를 보장한 취지가 실질적으로 침해되었다고 볼 수 없을 정도에 해당한다는 등의 특별한 사정이 없는 이상 압수·수색이 적법하다고 평가할 수 없다.[19]

2. 정보저장매체의 압수

(1) 요 건   수사기관은 압수의 대상이 되는 전자정보의 범위를 정하는 방법이 불가능하거나 압수의 목적을 달성하기에 현저히 곤란하다고 인정되는 때에는 정보저장매체를 압수할 수 있다(제219조, 제106조 제3항). 정보저장매체를 압수하여 외부로 반출하기 위해서는 압수영장에 그 취지가 기재되어 있고, 전자정보에 대한 복제 등의 방법으로는 집행이 불가능하거나 부득이한 사정이 발생한 때에 한하여 허용될 수 있다.[20] 압수·수색 과정에서 위와 같은 예외적인 사정이 존재하였다는 점에 대하여는 영장의 집행기관인 수사기관이 이를 구체적으로 증명하여야 한다.

(2) 피압수자의 참여권   정보저장매체를 수사기관 사무실로 옮겨 복제·탐색·출력을 통하여 압수·수색영장을 집행하는 경우에도 그 과정에서 피의자·피압수자 또는 변호인에게 참여의 기회를 보장하고 혐의사실과 무관한 전자정보의 임의적 복제 등을 막기 위한 적법한 조치를 하여야 한다. 만약 그러한 조치를 취하지 않았다면, 피의자 등에 대하여 절차 참여를 보장한 취지가 실질적으로 침해되지 않았다고 볼 수 있는 특별한 사정이 없는 이상, 압수·수색을 적법하다고 평가할 수 없다.[21] 수사기관은 영장에 기재된 범죄혐의 관련 전자정보를 탐색하여 해당 전자정보를 문서로 출력하거나 파일을 복제한 후 지체 없이 반환하여야 한다. 또한 저장매체 내 전자정보의 왜곡이나 훼손 등을 막기 위한 적절한 조치가 이루어져 한다.

3. 임의제출된 정보저장매체

(1) 압수의 대상과 범위   수사기관이 제출자의 의사를 쉽게 확인할 수 있음에도 이를 확인하지 않은 채 특정 범죄혐의사실과 관련된 전자정보와 그렇지 않은 전자정보가 혼재된 정보저장매체를 임의제출받은 경우, 그 정보저장매체

---

19) 대법원 2015. 7. 16.자 2011모1839 전원합의체 결정.
20) 대법원 2011. 5. 26.자 2009모1190 결정.
21) 대법원 2022. 7. 14.자 2019모2584 결정.

에 저장된 전자정보 전부가 임의제출되어 압수된 것으로 취급할 수는 없다.

수사기관이 정보저장매체와 저장된 전자정보를 임의제출의 방식으로 압수할 때, 제출자의 구체적인 제출 범위에 관한 의사를 제대로 확인하지 않는 등의 사유로 인해 임의제출자의 의사에 따른 전자정보 압수의 대상과 범위가 명확하지 않거나 이를 알 수 없는 경우에는 범죄혐의사실과 관련되고 이를 증명할 수 있는 최소한의 가치가 있는 전자정보에 한하여 압수의 대상이 된다.

범죄혐의사실과 관련된 전자정보에는 범죄혐의사실 그 자체 또는 그와 기본적 사실관계가 동일한 범행과 직접 관련되어 있는 것은 물론 범행 동기와 경위, 범행 수단과 방법, 범행 시간과 장소 등을 증명하기 위한 간접증거나 정황증거 등으로 사용될 수 있는 것도 포함될 수 있다. 다만 그 관련성은 범죄혐의사실의 내용과 수사의 대상, 수사의 경위, 임의제출의 과정 등을 종합하여 구체적·개별적 연관관계가 있는 경우에만 인정되고, 범죄혐의사실과 단순히 동종 또는 유사 범행이라는 사유만으로 관련성이 있다고 할 것은 아니다.

⑵ **압수의 방법**   수사기관은 특정 범죄혐의와 관련하여 전자정보가 수록된 정보저장매체를 임의제출받아 그 안에 저장된 전자정보를 압수하는 경우 그 동기가 된 범죄혐의사실과 관련된 전자정보의 출력물 등을 임의제출받아 압수하는 것이 원칙이다. 다만 현장의 사정이나 전자정보의 대량성과 탐색의 어려움 등의 이유로 범위를 정하여 출력 또는 복제하는 방법이 불가능하거나 압수의 목적을 달성하기에 현저히 곤란하다고 인정되는 때에 한하여 예외적으로 정보저장매체 자체나 복제본을 임의제출받아 압수할 수 있다.

⑶ **불법촬영 범죄**   카메라의 기능과 정보저장매체의 기능을 함께 갖춘 휴대전화인 스마트폰을 이용한 불법촬영 범죄와 같이 범죄의 속성상 해당 범행의 상습성이 의심되거나 성적 기호 내지 경향성의 발현에 따른 일련의 범행의 일환으로 이루어진 것으로 의심되고, 범행의 직접증거가 스마트폰 안에 이미지 파일이나 동영상 파일의 형태로 남아 있을 개연성이 있는 경우에는 그 안에 저장되어 있는 같은 유형의 전자정보에서 그와 관련한 유력한 간접증거나 정황증거가 발견될 가능성이 높다는 점에서 이러한 간접증거나 정황증거는 범죄혐의사실과 구체적·개별적 연관관계를 인정할 수 있다.

⑷ **제3자의 임의제출**   피의자가 소유·관리하는 정보저장매체를 피의자 아닌 피해자 등 제3자가 임의제출하는 경우에는, 그 임의제출 및 그에 따른 수사기관의 압수가 적법하더라도 임의제출의 동기가 된 범죄혐의사실과 구체

적·개별적 연관관계가 있는 전자정보에 한하여 압수의 대상이 되는 것으로 더욱 제한적으로 해석하여야 한다. 피의자 개인이 소유·관리하는 정보저장매체에는 그의 사생활의 비밀과 자유, 정보에 대한 자기결정권 등 인격적 법익에 관한 모든 것이 저장되어 있어 제한 없이 압수·수색이 허용될 경우 피의자의 인격적 법익이 현저히 침해될 우려가 있기 때문이다.

(5) **위법한 압수·수색** 임의제출된 정보저장매체에서 압수의 대상이 되는 전자정보의 범위를 초과하여 수사기관이 임의로 전자정보를 탐색·복제·출력하는 것은 원칙적으로 위법한 압수·수색에 해당하므로 허용될 수 없다. 만약 전자정보에 대한 압수·수색이 종료되기 전에 범죄혐의사실과 관련된 전자정보를 적법하게 탐색하는 과정에서 별도의 범죄혐의와 관련된 전자정보를 우연히 발견한 경우라면, 수사기관은 더 이상의 추가 탐색을 중단하고 법원으로부터 별도의 범죄혐의에 대한 압수·수색영장을 발부받은 경우에 한하여 그러한 정보에 대하여도 적법하게 압수·수색을 할 수 있다. 따라서 임의제출된 정보저장매체에서 압수의 대상이 되는 전자정보의 범위를 넘어서는 전자정보에 대해 수사기관이 영장 없이 압수·수색하여 취득한 증거는 위법수집증거에 해당하고, 사후에 법원으로부터 영장이 발부되었다거나 피고인이나 변호인이 이를 증거로 함에 동의하였다고 하여 그 위법성이 치유되는 것도 아니다.[22]

【사 례】 제3자가 임의제출한 정보저장매체

《사 안》 피고인은 2020. 12. 11. 자신의 집에서 피해자 甲의 특정 신체부위를 몰래 촬영하였고(성폭력처벌법 제14조 위반), 피해자 甲은 즉시 피해 사실을 경찰에 신고하면서, 피고인의 집에서 가지고 나온 피고인 소유의 휴대전화에 동영상과 사진이 저장되어 있다는 취지로 진술하고 이를 범행의 증거물로 임의제출하였다. 경찰관은 휴대전화를 영장 없이 압수하면서, 피해자 甲에게 휴대전화에 저장된 동영상과 사진 등 전자정보 전부를 제출하는 취지인지 등 제출범위에 관한 의사를 따로 확인하지 않았다. 경찰은 휴대전화에 저장된 동영상 파일을 통해 피해자 甲에 대한 범행을 확인하였는데, 추가로 2018년 乙의 신체부위를 몰래 촬영한 동영상을 확인하고 그 영상을 CD로 복제하였다. 그 후 경찰은 압수·수색영장을 발부받아 乙에 대한 범행 영상의 전자정보를 복제한 CD를 증거물로 압수하였다. 이 경우 CD를 乙에 대한 성폭력처벌법위반죄(카메라 등을 이용한 촬영)에 대한 증거로 사용할 수 있는가?

《검 토》 피해자 甲은 경찰에 피고인의 휴대전화를 증거물로 제출할 당시 그 안에

---

22) 대법원 2021. 11. 18. 선고 2016도348 전원합의체 판결.

수록된 전자정보의 제출 범위를 명확히 밝히지 않았고, 경찰관도 제출자로부터 그에 관한 확인절차를 거치지 않은 이상 휴대전화에 담긴 전자정보의 제출 범위에 관한 제출자의 의사가 명확하지 않거나 이를 알 수 없는 경우에 해당한다. 따라서 휴대전화에 담긴 전자정보 중 임의제출을 통해 적법하게 압수된 범위는 임의제출 및 압수의 동기가 된 피해자 甲에 대한 범행 자체와 구체적·개별적 연관관계가 있는 전자정보로 제한적으로 해석하여야 한다. 피고인의 2018년 범행에 관한 동영상은 임의제출에 따른 압수의 동기가 된 범죄혐의사실(2020년 범행)과 구체적·개별적 연관관계 있는 전자정보로 보기 어려우므로 수사기관이 사전영장 없이 이를 취득한 이상 위법수집증거에 해당하고, 사후에 압수·수색영장을 받아 압수절차가 진행되었더라도 증거로 사용할 수 없다.

4. 서버의 압수

서버(server)의 경우 서버에 저장된 전자정보를 출력하거나 복제하는 방법으로 압수하여야 한다. 다만 피의자가 서버를 구축하여 도박사이트나 음란물 인터넷 사이트 등 범죄의 수단이나 도구로 이용한 경우에는 서버 자체를 압수할 수 있다. 이 경우 서버 내 파일 전체를 압수하더라도 영업권의 침해가 발생할 여지가 크지 않으나 범죄혐의에 대한 소명이 없는 서버이용자의 사생활 등이 침해되지 않도록 유의해야 한다.

III. 집행 후 절차

1. 집행 후의 조치

⑴ 통 지   수사기관은 압수영장에 의하여 전자정보를 제공받은 경우 개인정보보호법에 따른 정보주체에게 해당 사실을 지체 없이 알려야 한다(제219조, 제106조 제4항).

⑵ 압수목록의 교부   법원은 압수·수색영장의 집행에 관하여 범죄혐의사실과 관련 있는 전자정보의 탐색·복제·출력이 완료된 때에는 지체 없이 압수된 정보의 상세목록을 피의자 등에게 교부할 것을 정할 수 있다. 압수목록은 피압수자 등이 압수처분에 대한 준항고를 하는 등 권리행사절차를 밟는 가장 기초적인 자료가 되므로, 수사기관은 이러한 권리행사에 지장이 없도록 압수 직후 현장에서 압수목록을 바로 작성하여 교부해야 하는 것이 원칙이다. 이러한 압수목록 교부 취지에 비추어 볼 때, 압수된 정보의 상세목록에는 정보의 파일 명세가 특정되어 있어야 하고, 수사기관은 이를 출력한 서면을 교부하거나 전자파일 형태로 복사해 주거나 이메일을 전송하는 등의 방식으로도 할 수

있다.[23]

2. 압수처분에 대한 불복

(1) **준항고의 제기** 수사기관의 압수처분에 대하여 불복이 있는 경우에는 그 직무집행지의 관할법원 또는 검사의 소속 검찰청에 대응한 법원에 압수처분의 취소 또는 변경을 청구할 수 있다(제417조).

(2) **준항고법원의 판단** 전자정보에 대한 압수·수색 과정에서 이루어진 현장에서의 저장매체 압수·이미징·탐색·복제 및 출력행위 등 수사기관의 처분은 하나의 영장에 의한 압수·수색 과정에서 이루어진다. 그러한 일련의 행위가 모두 진행되어 압수·수색이 종료된 이후에는 특정단계의 처분만을 취소하더라도 그 이후의 압수·수색을 저지한다는 것을 상정할 수 없고 수사기관에게 압수·수색의 결과물을 보유하도록 할 것인지가 문제될 뿐이다. 그러므로 이 경우에는 준항고인이 전체 압수·수색 과정을 단계적·개별적으로 구분하여 각 단계의 개별 처분의 취소를 구하더라도 준항고법원은 특별한 사정이 없는 한 구분된 개별 처분의 위법이나 취소 여부를 판단할 것이 아니라 당해 압수·수색 과정 전체를 하나의 절차로 파악하여 그 과정에서 나타난 위법이 압수·수색 절차 전체를 위법하게 할 정도로 중대한지 여부에 따라 전체적으로 압수·수색 처분을 취소할 것인지를 가려야 한다. 여기서 위법의 중대성은 위반한 절차조항의 취지, 전체과정 중에서 위반행위가 발생한 과정의 중요도, 위반사항에 의한 법익침해 가능성의 경중 등을 종합하여 판단하여야 한다.[24]

제 7 압수물의 처리

Ⅰ. 압수물의 보관과 폐기

1. 압수물의 보관

(1) **자청보관** 압수물은 압수한 수사기관의 청사로 운반하여 직접 보관하는 것이 원칙이다. 이를 자청(自廳)보관의 원칙이라고 한다. 수사기관은 압수물을 보관할 때 그 상실 또는 파손 등을 방지하기 위한 필요한 조치를 취해야 한다(제219조, 제131조). 수사기관이 압수물을 보관함에 있어서 선량한 관리자의 주의의무를 진다.

---

23) 대법원 2018. 2. 8. 선고 2017도13263 판결.
24) 대법원 2015. 7. 16.자 2011모1839 전원합의체 결정.

(2) **위탁보관**   운반 또는 보관이 불편한 압수물은 간수자를 두거나 소유자 또는 적당한 자의 승낙을 얻어 보관하게 할 수 있다($_{제1항}^{제219조, 제130조}$). 위탁보관의 경우에도 수사기관은 압수물에 대한 보관책임을 진다. 위탁보관처분은 임치계약의 성질을 가지므로 특별한 약정이 없으면 수사기관은 임치계약의 일반원칙에 따라서 보관자에게 임치료를 지급해야 할 의무를 지지 않는다.[25]

(3) **대가보관**   몰수해야 할 압수물이 멸실·파손·부패 또는 현저한 가치감소의 염려가 있거나 보관하기 불편한 경우에는 이를 매각한 대가를 보관할 수 있다. 환부해야 할 압수물 중 환부를 받을 자가 누구인지 알 수 없거나 그 소재가 불명한 경우로서 그 압수물이 멸실·파손·부패 또는 현저한 가치감소의 염려가 있거나 보관하기 어려운 경우에도 그 대가를 보관할 수 있다($_{제132조}^{제219조,}$). 몰수대상이 압수물인 동시에 증거물인 때에도 대가보관처분을 할 수는 있으나, 목적물이 증거물인 경우에는 그 자체의 존재가 소송법상 중요하므로 미리 검증을 시행하여 증거가치를 보존하는 것이 필요하다. 대가보관을 할 때는 피해자·피의자 또는 변호인에게 미리 통지해야 한다($_{제135조}^{제219조,}$) 사법경찰관이 대가보관의 처분을 할 때에는 검사의 지휘를 받아야 한다($_{단서}^{제219조}$).

2. 압수물의 폐기

위험발생의 염려가 있는 압수물은 폐기할 수 있다($_{제2항}^{제219조, 제130조}$). 폐기처분은 개인의 재산권에 중대한 침해를 가져오므로 신중히 이루어져야 한다. 위험발생의 염려가 있는 압수물이란 폭발물 등과 같이 위험발생의 개연성이 매우 높은 압수물을 의미한다. 법령상 생산·제조·소지·소유 또는 유통이 금지된 압수물로서 부패의 염려가 있거나 보관하기 어려운 압수물은 소유자 등 권한 있는 자의 동의를 얻어 폐기할 수 있다($_{제3항}^{제130조}$). 사법경찰관이 폐기처분을 할 때에는 검사의 지휘를 받아야 한다($_{단서}^{제219조}$).

Ⅱ. 압수물의 환부·가환부

1. 의   의

수사절차에서 압수한 서류나 물건은 당해 사건에 대해 공소가 제기된 후에 공판절차를 거쳐 종국판결이 선고된 후에 몰수의 선고가 없으면 압수를 해제한 것으로 간주되어 피압수자에게 돌려주게 된다($_{조}^{제332}$). 그러나 압수된 물건 등

---

25) 대법원 1968. 4. 16. 선고 68다285 판결.

에 대하여 재산권을 가지고 있는 이해관계인의 입장에서 보면 수사절차가 진행되는 도중이라도 재산권을 신속히 회복할 필요가 있다. 이를 위하여 형사소송법은 압수물의 가환부과 환부 및 피해자환부제도를 두고 있다.

2. 압수물의 환부 · 가환부

(1) 개 념 압수물의 환부란 압수물을 종국적으로 소유자 또는 제출인에게 반환하는 수사기관의 처분을 말하고, 압수물의 가환부란 압수의 효력을 존속시키면서 압수물의 경제적 이용을 위하여 소유자 · 소지자 또는 보관자 등에게 잠정적으로 돌려주는 제도이다.

(2) 대 상 ① 검사 또는 사법경찰관이 체포영장($\frac{제200}{조의2}$) 또는 긴급체포($\frac{제200}{조의3}$)에 의하여 피의자를 체포하거나 현행범인($\frac{제212}{조}$)을 체포하는 경우에 체포현장에서 압수한 물건($\frac{제216조 제1}{항 제2호}$) 및 긴급체포된 자가 소유, 소지 또는 보관하는 물건으로서 긴급히 압수할 필요가 있어 압수된 물건($\frac{제217조}{제1항}$)은 법관으로부터 압수영장을 발부받지 못한 때에는 즉시 반환하여야 한다($\frac{제217조}{제3항}$). ② 사본을 확보하는 등 압수를 계속할 필요가 없다고 인정되는 압수물 및 증거로 사용할 압수물은 환부 또는 가환부의 대상이 된다($\frac{제218}{조의2}$). 환부가 가능한 물건은 몰수대상물이 아닌 압수물이어야 한다.

(3) 절 차 압수를 계속할 필요가 없다고 인정되는 압수물 및 증거로 사용할 압수물에 대한 환부 · 가환부는 소유자, 소지자, 보관자 또는 제출인의 청구가 있어야 한다($\frac{제218조의}{2 제1항}$). 검사는 증거에 사용할 압수물에 대하여 가환부의 청구가 있는 경우 가환부를 거부할 수 있는 특별한 사정이 없는 한 가환부에 응하여야 한다. 그리고 특별한 사정이 있는지는 범죄의 태양, 경중, 몰수 대상인지 여부, 압수물의 증거로서의 가치, 압수물의 은닉 · 인멸 · 훼손될 위험, 수사나 공판수행상의 지장 유무, 압수에 의하여 받는 피압수자 등의 불이익의 정도 등 여러 사정을 검토하여 종합적으로 판단하여야 한다.[26]

소유자 등의 청구에 대하여 검사가 이를 거부하는 경우 신청인은 해당 검사의 소속 검찰청에 대응한 법원에 압수물의 환부 또는 가환부결정을 청구할 수 있다($\frac{동조}{제2항}$). 법원이 환부 또는 가환부를 결정하면 검사는 신청인에게 압수물을 환부 또는 가환부하여야 한다($\frac{동조}{제3항}$). 사법경찰관이 환부 또는 가환부처분을 하기 위해서는 검사의 지휘를 받아야 한다($\frac{동조}{제4항}$). 수사기관이 환부 · 가환부의 결

---

26) 대법원 2017. 9. 29.자 2017모236 결정.

정을 할 때에는 미리 이해관계인에게 통지해야 한다($^{제219조,}_{제135조}$).

⑷ 효 과

⒜ **가환부** 가환부는 압수 자체의 효력을 잃게 하는 것이 아니다. 따라서 가환부받은 자는 압수물의 보관의무를 지며 수사기관의 요구가 있으면 제출해야 한다.

⒝ **환 부** ① 피압수자가 압수 후 소유권을 포기하더라도 그 때문에 압수물을 반환하여야 하는 수사기관의 의무에 어떠한 영향을 미칠 수 없고, 또 수사기관에 대하여 환부청구권을 포기한다는 의사표시를 하더라도 그 효력이 없다.[27] ② 환부에 의하여 압수는 그 효력을 상실한다. 압수물의 환부처분은 압수를 해제하는 효력을 가질 뿐이다. 환부처분에 의하여 환부받을 자에게 목적물에 대한 실체법상의 권리를 부여하거나 확인시키는 효력이 있는 것은 아니다.[28] 따라서 이해관계인은 민사소송절차에 의해 그 권리를 주장할 수 있다($^{제333조,}_{제4항}$).

⑸ **환부불능과 공고**

압수물을 환부받을 자의 소재가 불분명하거나 기타 사유로 인하여 환부를 할 수 없는 경우에는 검사는 그 사유를 관보에 공고하여야 한다. 공고한 후 3월 이내에 환부청구가 없는 때에는 그 물건은 국고에 귀속된다. 이 기간 안에도 가치 없는 물건을 폐기할 수 있고, 보관하기 곤란한 물건은 공매하여 그 대가를 보관할 수 있다($^{제486}_{조}$).

【사 례】 압수물의 환부

《사 안》 甲은 밀수품으로 추정되는 다이아몬드를 매도하려다가 경찰에 적발되어 관세법위반 혐의로 조사를 받으면서 다이아몬드는 압수되었다. 검사가 수사한 결과 다이아몬드의 매매알선의뢰인 乙의 소재불명으로 다이아몬드가 밀수품인지 여부를 알 수 없어 甲과 乙을 기소중지처분하면서 甲으로부터 소유권포기각서를 받았다. 이 경우 甲은 검사에게 다이아몬드를 환부해 달라고 청구할 수 있는가?

《검 토》 외국산 물품을 관세장물의 혐의가 있다고 보아 압수하였다 하더라도 그것이 언제, 누구에 의하여 관세포탈된 물건인지 알 수 없어 기소중지처분을 한 경우에는 그 압수물은 관세장물이라고 단정할 수 없어 이를 국고에 귀속시킬 수 없을 뿐만 아니라 압수를 더 이상 계속할 필요도 없다. 또한 甲이 소유권포기각서를 작성하였다 하더라도 검사의 환부의무가 면제되는 것은 아니다. 따라서 甲은 검사에게 다이아몬드의 환부를 청구할 수 있고, 검사가 환부를 하지 않는 경우에는 법원에 환

---

27) 대법원 1996. 8. 16.자 94모51 전원합의체 결정, 1998. 4. 16.자 97모25 결정.
28) 대법원 1962. 7. 12. 선고 62다311 판결.

부결정을 청구할 수 있다.

3. 압수장물의 피해자환부 · 교부

(1) **압수장물의 피해자환부**　압수한 장물이 피해자에게 환부할 이유가 명백한 때에는 피의사건의 종결 전이라도 피해자에게 환부할 수 있다($\substack{제219조,\\제134조}$). 이 규정은 범죄피해자의 신속한 권리구제를 위한 것이지만, 압수장물의 재산권행사를 둘러싼 분쟁이 발생할 우려가 있으므로 환부할 이유가 명백한 경우에 한정된다. '환부할 이유가 명백한 경우'란 사법상 피해자가 그 압수된 물건의 인도를 청구할 수 있는 권리가 있음이 명백한 경우를 말하고, 그 인도청구권에 관하여 사실상 법률상 다소라도 의문이 있는 경우에는 이에 해당하지 않는다.[29]

(2) **압수장물의 피해자교부**　압수한 장물을 처분하였을 때에는 검사는 그 대가로 취득한 것을 피해자에게 교부하는 처분을 하여야 한다($\substack{제219조, 제\\333조 제2항}$). '장물을 처분하여 그 대가로 취득한 것'이란 장물의 매각대금 또는 교환에 의하여 취득한 물건 등을 말한다. 압수물을 매각한 대금($\substack{제219조,\\제132조}$)은 압수물과 동일한 것으로 보아야 하므로 장물의 대가에 해당하지 않는다.

제 2 관　수사상의 검증

제 1　개　　관

I. 검증의 의의

검증(檢證)이란 사람의 신체, 장소, 물건의 성질과 형태를 五官의 작용으로 인식하는 강제처분을 말한다. 검증은 그 주체에 따라 법원에 의한 검증과 수사기관에 의한 검증으로 구분된다. 수사상의 검증에 관하여는 법원의 검증에 관한 규정이 준용된다($\substack{제219\\조}$).

II. 실황조사와 수사상 검증

1. 실황조사

실황조사란 수사기관이 범죄현장 또는 기타 장소에서 실제 상황을 조사하

---

29) 대법원 1984. 7. 16.자 84모38 결정.

는 활동을 말한다. 실황조사는 주로 교통사고, 화재사고, 산업재해사고 등 각종 사고의 조사과정에서 행하여진다. 수사기관이 실황조사를 할 때에는 실황조사서를 작성하여야 한다.

2. 수사상 검증과의 구별

⑴ **구별설**　　실황조사와 수사상 검증은 엄격히 구별된다는 견해[30]가 있다. 실황조사와 수사상 검증은 그 목적이 다르고, 법관의 심증형성에 직접적으로 영향을 미치는 수사절차상의 검증은 법관의 영장이 필요하다는 점을 논거로 한다.

⑵ **비구별설**　　수사기관이 행하는 검증은 강제수사인 경우와 임의수사인 경우로 나누어 볼 수 있는데 임의수사에 해당하는 검증이 실황조사라는 견해[31]이다. 실황조사의 방법·내용 등이 수사기관의 검증과 차이가 없어 실황조사의 실질은 임의수사의 성격을 가진 검증이고, 검증조서와 실황조사서의 증거능력을 인정하는 요건이 동일하다는 점을 논거로 한다.

⑶ **검　토**　　수사기관은 관련자의 의사와 법익을 침해하지 않는 한 임의수사의 방식으로 검증을 할 수 있다고 본다. 실황조사는 임의수사에 해당하고, 실황조사서는 그 실질에 있어서 검증조서와 같으므로 검증조서의 증거능력을 규정한 제312조 제6항의 적용을 받는다.

제 2 검증의 절차

Ⅰ. 검증영장의 청구와 발부

검사가 검증을 하기 위해서는 지방법원 판사가 발부하는 영장이 있어야 한다. 사법경찰관은 검사에게 신청하여 검사의 청구로 지방법원 판사가 발부하는 영장에 의하여 검증을 할 수 있다(제215조). 검증영장의 발부와 그 기재사항은 압수·수색의 경우와 같다.

Ⅱ. 검증영장의 집행

수사기관은 검증을 함에 있어서 신체의 검사, 사체의 해부, 분묘의 발굴, 물건의 파괴 기타 필요한 처분을 할 수 있다(제219조, 제140조). 사체의 해부 또는 분묘의 발

---

30) 신동운, 347면.
31) 이은모, 308면; 이재상, 363면.

굴을 하는 때에는 예의를 잃지 않도록 주의하고 미리 유족에게 통지하여야 한다($_{조 제4항}^{제219조, 제141}$).

제 3 신체검사

Ⅰ. 의 의

신체검사는 신체 자체를 검사의 대상으로 하는 검증으로서의 신체검사와 전문적 지식과 경험을 요하는 감정으로서의 신체검사로 구분할 수 있다. 피의자의 지문을 채취하거나 신체의 문신 등을 확인하는 것은 전자에 해당하고, 혈액검사나 X선 촬영 등은 후자에 해당한다. 그리고 검증으로서의 신체검사는 신체외부와 착의에서 증거물을 찾는 신체수색과도 구별된다.

Ⅱ. 절 차

1. 영장청구서의 기재사항

신체검사를 내용으로 하는 검증을 위한 영장청구서에는 검증영장청구서의 일반적 기재사항 외에 신체검사를 필요로 하는 이유와 신체검사를 받을 자의 성별, 건강상태를 기재하여야 한다($_{조 제2항}^{규칙 제107}$).

2. 주의사항

신체검사를 할 경우 피검사자의 성별·연령·건강상태 기타 사정을 고려하여 그 사람의 건강과 명예를 해하지 아니하도록 주의하여야 한다. 피의자 아닌 자에 대한 신체검사는 증적의 존재를 확인할 수 있는 현저한 사유가 있는 경우에 한한다. 여자의 신체를 검사하는 경우에는 의사나 성년의 여자를 참여하게 하여야 한다($_{제1항 내지 제3항}^{제219조, 제141조}$).

Ⅲ. 체내검사

1. 의 의

체내검사란 신체의 내부에 대한 강제수사를 말한다. 체내검사는 다른 강제처분과 달리 인간의 존엄을 침해할 위험성이 높기 때문에 엄격한 요건하에 허용된다. 특히 피검사자의 건강을 현저히 침해하는 체내검사는 허용될 수 없다.

2. 체내강제수색

⑴ 의 의   체내강제수색이란 신체의 내부(예를 들면 膣內・口腔內・肛門內 등)를 관찰하여 증거물을 찾는 강제처분을 말한다. 신체의 내부는 육체의 내부를 의미하브로 두발의 내부에 대한 수색은 신체의 외부에 대한 수색에 해당한다.

⑵ 요 건   신체의 내부에 대한 수색은 신체의 외부에 대한 강제수색보다 인권제한의 정도가 심하므로 엄격한 요건이 요구된다. ① 압수할 물건 또는 증거물이 신체의 내부에 있다고 인정할 만한 개연성이 있어야 하고, ② 사회통념상 상당하다고 인정되는 방법으로 건강을 침해하지 않는 최소한의 범위 내에서 허용된다.

⑶ 절 차   신체의 내부에 대한 수색은 신체수색인 동시에 검증의 성격도 가지므로 수사기관은 압수・수색・검증영장을 발부받아야 한다. 그리고 수사기관이 수색을 실시함에 있어서 피의자의 성별・연령・건강상태 기타 사정을 고려하여 그 사람의 건강과 명예를 해하지 아니하도록 주의하여야 한다(제219조,제141조).

3. 강제채뇨와 강제채혈

⑴ 필요성과 문제점   향정신성의약품의 사용 여부에 대한 증거를 확보하기 위해서는 소변검사가 필요한데 피의자가 소변의 임의제출을 거부하는 경우 강제채뇨의 필요성이 있다. 그리고 운전자의 음주 여부를 확인하기 위해 강제채혈이 필요한 경우도 있다. 강제채뇨는 피의자에게 굴욕감 등의 정신적 고통을 주고, 강제채혈은 건강을 침해할 우려가 있으므로 적정한 법률상의 절차를 거쳐 최종적인 수단으로서 행해져야 한다. 또한 강제채뇨나 강제채혈은 의사 등의 전문가에 의하여 의학적으로 상당한 방법으로 행해져야 한다.

⑵ 법적 성격

(가) 검증설   음주운전의 수사를 위한 혈액채취는 수사상 검증의 방법에 의해야 한다는 견해이다. 따라서 검증영장이 필요하며, 음주운전이 가져올 폐해의 심각성과 혈중알콜농도의 신속한 희석의 문제점은 현행범체포에 수반하는 검증 또는 긴급검증의 방법으로 해결된다고 한다.

(나) 검증・감정설   강제채뇨나 강제채혈은 검증과 감정의 성격을 가진다는 견해이다. 강제채뇨와 강제채혈은 검증으로서의 성질을 지닌 처분이고, 전문가의 지식이나 경험을 필요로 한다는 점을 논거로 한다. 따라서 수사기관이 강제채뇨나 강제채혈을 하기 위해서는 신체검사를 위한 검증영장과 함께 감정처분허가장(제221조의4)을 판사로부터 발부받아야 한다.

(다) **압수수색·감정설**   강제채뇨나 강제채혈은 압수·수색과 감정에 해당한다는 견해이다. 소변이나 혈액도 압수대상물이 될 수 있고 강제채뇨나 강제채혈은 의학적 방법으로 실시되어야 한다는 점을 논거로 한다. 그러므로 강제채뇨나 강제채혈을 하기 위해서는 압수수색영장과 감정처분허가장이 필요하다고 한다.

(라) **검 토**   강제채뇨나 강제채혈은 증거물을 확보하기 위한 강제수사인 동시에 감정을 위한 수단의 성격을 가진다고 본다. 따라서 피의자가 채혈 등에 동의하지 않거나 피의자가 의식이 없어 동의할 수 없는 때 강제채뇨나 강제채혈을 하기 위해서는 법관으로부터 압수영장을 받거나 감정처분허가장을 발부받아야 한다. 수사기관이 범죄 증거를 수집할 목적으로 피의자의 동의 없이 채뇨나 채혈하는 행위는 법원으로부터 감정처분허가장을 받아 '감정에 필요한 처분'(제221조의4 제1항, 제173조 제1항)으로도 할 수 있지만 압수의 방법으로도 할 수 있고, 압수의 방법에 의하는 경우 피의자의 신체로부터 혈액 등을 채취하는 행위는 '압수영장의 집행에 있어 필요한 처분'(제219조, 제120조 제1항)에 해당한다. 수사기관이 법원으로부터 압수영장 또는 감정처분허가장을 발부받지 아니한 채 피의자의 동의 없이 피의자의 신체로부터 혈액을 채취하고 사후에도 지체 없이 영장을 발부받지 아니한 채 혈액 중 알코올농도에 관한 감정을 의뢰하였다면, 이러한 과정을 거쳐 얻은 감정의뢰회보 등은 영장주의 원칙을 위반하여 수집하거나 그에 기초하여 획득한 증거로서, 절차위반행위가 적법절차의 실질적인 내용을 침해하여 피고인이나 변호인의 동의가 있더라도 유죄의 증거로 사용할 수 없다.

【사 례】 강제채혈

《사 안》 피의자 甲은 자동차를 운전하던 중 횡단보도에서 乙을 치어 사망케 하고, 자신도 중상으로 의식을 잃어 병원에 입원하였다. 사법경찰관은 甲에게서 술냄새가 심하게 나는 것을 확인하고 甲이 음주운전을 하였을 가능성이 크다고 판단하였다. 사법경찰관은 甲의 혈액을 어떠한 절차에 따라 채혈할 수 있는가?

《검 토》 피의자 甲이 교통사고로 정신을 잃은 상태이므로 피의자를 현행범체포나 긴급체포할 수는 없어 제216조 제1항 소정의 체포현장에서의 강제채혈은 불가능하고, 피의자의 동의를 받아 채혈을 하는 방법도 불가능하다. 이 사안에서 사법경찰관은 검사의 청구에 의하여 법원으로부터 제221조의4 제1항 소정의 감정처분허가장을 발부받아 감정에 필요한 처분으로 피의자의 혈액을 채취할 수 있다. 또한 사법경찰관은 제219조, 제106조 제1항에 따라 압수영장에 의한 압수의 방법으로 피의자의 혈액을 채취할 수 있다. 이와 관련하여 채혈이 의사에 의하여 시행되어야 하는 점에 근거하여 압수·수색영장과 감정처분허가장을 모두 발부받아야 한다는 선해와 검증영장과 감정처분허가장을 모두 발부받아야 한다는 견해가 있으나, 채혈을 위하여 2개의 강제처분허가장이 중복하여 필요하다고 볼 이유가 있다. 한편, 감정처분허가장이나 사전 압수영장을 발부받을 시간적 여유가 없는 경우 긴급압수가 허용된다.

⑶ 긴급압수   음주운전 중 교통사고를 야기한 후 피의자가 의식불명 상태에 빠져 있는 등으로 도로교통법이 음주운전의 제1차적 수사방법으로 규정한 호흡조사에 의한 음주측정이 불가능하고 혈액채취에 대한 동의를 받을 수도 없을 뿐만 아니라 법원으로부터 혈액 채취에 대한 감정처분허가장이나 사전 압수영장을 발부받을 시간적 여유도 없는 긴급한 상황이 생길 수 있다. 이러한 경우 피의자의 신체 내지 의복류에 주취로 인한 냄새가 강하게 나는 등 범죄의 증적이 현저한 준현행범인의 요건($\frac{제211조}{제2항 제3호}$)이 갖추어져 있고 교통사고 발생 시각으로부터 사회통념상 범행 직후라고 볼 수 있는 시간 내라면, 피의자의 생명·신체를 구조하기 위하여 사고현장으로부터 곧바로 후송된 병원 응급실 등의 장소는 제216조 제3항의 범죄 장소에 준한다. 따라서 수사기관은 피의자의 혈중알코올농도 등 증거의 수집을 위하여 의사로 하여금 의학적인 방법에 따라 필요최소한의 한도 내에서 피의자의 혈액을 채취하게 한 후 그 혈액을 영장 없이 압수할 수 있다. 다만 이 경우에도 사후에 지체 없이 강제채혈에 의한 압수의 사유 등을 기재한 영장청구서에 의하여 법원으로부터 압수영장을 받아야 한다.[32]

⑷ 진료목적으로 채혈한 혈액의 압수

⑺ 쟁 점   사법경찰관이 의사로부터 진료목적으로 이미 채혈되어 있던 피고인의 혈액 중 일부를 제출받아 혈액감정을 한 경우에 의사의 혈액제출행위와 사법경찰관의 수사행위에 대한 적법성이 문제된다.

⑻ 학 설   ① 의사가 사법경찰관에게 혈액을 제출한 행위는 피고인의 혈액정보지배권을 침해한 위법행위이고, 사법경찰관이 피고인의 동의 없이 혈액감정을 한 것은 혈액정보지배권을 침해한 위법수사에 해당하는 견해와 ② 수사기관이 의사에게 압수거부권을 고지하지 않은 경우에는 혈액제출행위의 임의성이 인정되지 않으므로 위법한 압수에 해당한다는 견해가 있다.

⑼ 판 례   경찰관이 간호사로부터 진료목적으로 이미 채혈되어 있던

---

32) 대법원 2012. 11. 15. 선고 2011도15258 판결.

피고인의 혈액 중 일부를 주취운전 여부에 대한 감정을 목적으로 임의로 제출받아 이를 압수한 경우, 당시 간호사가 위 혈액의 소지자 겸 보관자인 병원 또는 담당의사를 대리하여 혈액을 경찰관에게 임의로 제출할 수 있는 권한이 없었다고 볼 특별한 사정이 없는 이상, 그 압수절차가 피고인 또는 피고인의 가족의 동의 및 영장 없이 행하여졌다고 하더라도 적법절차를 위반한 위법이 있다고 할 수 없다.[33]

(라) 검 토   의사가 진료목적으로 혈액을 채취하는 것은 의사의 치료행위에 필요한 정당한 의료행위이고, 환자의 사생활비밀과 인격권을 침해하지 않는 한 환자의 동의 없이도 그 혈액을 임의로 수사기관에 제출할 수 있다고 본다. 의사는 진료목적으로 채취한 혈액에 대한 압수를 거부할 수 있으나(제112조), 자율적으로 환자의 혈액을 수사기관에 제출하면 그 임의성은 인정된다. 또한 혈중알콜농도를 측정하기 위한 혈액감정이 피고인의 인격권이나 정보지배권을 침해하는 수사라고 볼 수도 없다.

【사 례】 진료목적으로 채혈된 혈액의 압수

《사 안》 피의자 甲은 자동차를 운전하던 중 횡단보도에서 乙을 치어 사망케 하고, 자신도 중상으로 의식을 잃어 병원에 입원하였다. 담당의사는 甲의 혈액형을 알기 위해 치료의 목적으로 甲의 혈액 10cc를 채취하여 병원에 보관하였다. 사법경찰관 A는 甲이 음주운전을 하였을 가능성이 크다고 판단되어 담당의사에게 부탁하여 보관된 혈액 중 5cc를 임의로 제출받아 혈중알콜농도의 감정용으로 사용하였다. A의 수사는 적법한가?

《검 토》 의료인이 진료목적으로 채혈한 환자의 혈액을 수사기관에 임의로 제출하였다면 그 혈액의 증거사용에 대하여도 환자의 사생활의 비밀 기타 인격적 법익이 침해되는 등의 특별한 사정이 없는 한 반드시 그 환자의 동의를 받아야 하는 것이 아니다. 따라서 경찰관이 의사로부터 진료목적으로 이미 채혈되어 있던 甲의 혈액 중 일부를 임의로 제출받아 이를 압수하였다면 그 압수절차가 甲의 동의 및 영장없이 행하여졌다고 하더라도 이를 위법한 수사라고 할 수 없다.

Ⅳ. 연하물의 강제배출

1. 의   의

연하물(嚥下物)의 강제배출이란 피의자 등이 삼킨 물건 즉 연하물을 구토제

---

33) 대법원 1999. 9. 3. 선고 98도968 판결.

나 설사제 등을 사용하여 강제로 배출하게 하는 것을 말한다. 연하물을 강제로 배출하는 것은 엄격한 요건하에 허용하는 것이 타당하다고 본다.

2. 요 건

⑴ 필요성 피의자 등이 증거물을 삼켜 버렸다는 점이 명확하고 그 연하물에 대한 압수와 감정의 필요성이 있어야 한다. 따라서 연하물을 제외하더라도 범죄혐의를 인정할 증거가 충분한 경우에는 강제적 배출이 허용되지 않는다.

⑵ 상당성 연하물의 강제배출은 사회통념상 상당하다고 인정되는 방법으로 하여야 한다. 의사가 의학적 방법으로 피검사자의 건강을 침해하지 않는 범위에서 연하물을 강제로 배출시킬 수 있다. 따라서 외과수술에 의한 배출은 피검사자의 건강을 상당기간 침해하게 되므로 허용되지 않는다.

3. 절 차

연하물의 강제배출은 전문적인 지식과 방법을 가진 의학적인 방법으로 행해야 하므로 수사기관은 판사로부터 압수·수색영장과 함께 감정처분허가장을 발부받아야 한다.

V. DNA신원확인정보

1. 의 의

수사기관은 「디엔에이신원확인정보의 이용 및 보호에 관한 법률」이 규정하고 있는 주요 범죄(동법 제5조)를 범하여 구속된 피의자로부터 DNA감식시료를 채취할 수 있다(동법 제6조). DNA감식시료는 사람의 혈액, 타액, 모발, 구강점막 등 DNA감식의 대상이 되는 것을 말한다. 살인, 강도, 강간 등 주요 범죄를 범한 구속된 피의자를 대상으로 하는 DNA신원확인정보의 수집은 체내검사와 관련이 있다.

2. 절 차

검사는 관할 지방법원 판사에게 청구하여 발부받은 영장에 의하여 구속피의자로부터 DNA감식시료를 채취할 수 있다. 사법경찰관은 검사에게 신청하여 검사의 청구로 관할 지방법원판사가 발부한 영장에 의하여 구속피의자로부터 DNA감식시료를 채취할 수 있다. 구속피의자가 동의하는 경우 수사기관은 영장 없이 DNA감식시료를 채취할 수 있다. 이 경우 미리 채취대상자에게 채취를 거부할 수 있음을 고지하고 서면으로 동의를 받아야 한다(동법 제8조).

3. 정보의 삭제

DNA신원확인정보 담당자는 ① 구속피의자에 대하여 검사의 혐의없음, 죄가 안됨 또는 공소권없음의 처분이 있거나, 대상범죄로 구속된 피의자의 죄명이 비대상범죄의 죄명으로 변경되는 경우, ② 법원의 무죄(치료감호선고시 제외), 면소, 공소기각 판결 또는 공소기각 결정이 확정된 경우, ③ 치료감호의 독립청구에 대한 청구기각 판결이 확정된 경우에는 직권 또는 본인의 신청에 의하여 데이터베이스에 수록된 DNA신원확인정보를 삭제하여야 한다(동법 제13조 제2항).

VI. 음주측정

1. 의   의

경찰공무원은 교통의 안전과 위험방지를 위하여 필요하다고 인정하거나 운전자가 음주운전을 하였다고 인정할 만한 상당한 이유가 있는 때에는 음주측정을 할 수 있다(도로교통법 제44조 제2항). 호흡조사에 의한 음주측정결과에 불복하는 음주자에 대하여는 운전자의 동의를 얻어 혈액채취 등의 방법으로 다시 음주측정을 할 수 있다(동조 제3항). 교통안전과 위험방지를 위한 음주측정은 예방적인 경찰활동에 해당하고, 음주운전을 하였다고 의심되는 자에 대한 음주측정은 도로교통법위반의 범죄행위에 대한 증거수집을 위한 수사에 해당한다.

2. 절   차

음주측정을 위하여 운전자를 강제로 연행하기 위해서는 수사상의 강제처분에 관한 형사소송법상의 절차에 따라야 하고, 이러한 절차를 무시한 채 이루어진 강제연행은 위법한 체포에 해당한다. 이와 같은 위법한 체포상태에서 음주측정요구가 이루어진 경우, 전체적으로 보아 위법한 음주측정요구가 있었던 것으로 볼 수밖에 없고, 운전자가 주취운전을 하였다고 인정할 만한 상당한 이유가 있어도 위법한 음주측정에 불응하였다고 하여 운전자를 음주측정거부에 관한 도로교통법위반죄로 처벌할 수 없다.[34]

---

34) 대법원 2006. 11. 9. 선고 2004도8404 판결, 2012. 12. 13. 선고 2012도11162 판결.

제 3 관 대물적 강제수사와 영장주의의 예외

I. 구속·체포를 위한 피의자수색

1. 의 의

검사 또는 사법경찰관은 체포영장에 의한 체포($^{제200조}_{의2}$), 긴급체포($^{제200조}_{의3}$) 또는 현행범인체포($^{제212}_{조}$)의 경우와 구속영장에 의하여 피의자를 구속하는 경우($^{제201}_{조}$)에 필요하면 영장 없이 타인의 주거나 타인이 간수하는 가옥·건조물·항공기·선차(船車) 내에서 피의자를 수색할 수 있다($^{제216조 \ 제1항}_{제1호}$). 피의자가 타인의 주거·가옥·건조물 내에 숨어 있다고 인정되는 경우에 체포나 구속을 위해 먼저 그 장소에 들어가 피의자의 소재를 파악하기 위하여 영장 없이 수색할 수 있도록 영장주의의 예외를 인정한 것이다.

긴급체포와 현행범체포의 경우에는 이미 긴급성 요건을 갖추고 있으므로, 체포영장에 의한 체포 및 구속영장에 의한 구속의 경우에는 피의자 수색은 미리 수색영장을 발부받기 어려운 긴급한 사정이 있는 때에 한정한다($^{제216조 \ 제 1항}_{제1호 \ 단서}$).[35]

2. 수색의 주체

검사 또는 사법경찰관은 피의자를 체포 또는 구속을 하기 위하여 타인의 주거 등을 수색할 수 있다. 일반인도 현행범인을 체포하기 위하여 타인의 주거에 들어가는 것이 허용된다는 견해가 있으나, 일반인은 현행범을 체포할 수 있지만 현행범의 체포를 위하여 타인의 주거를 수색할 수는 없다고 본다.

3. 적용범위

이 규정은 피의자를 발견하기 위한 경우에만 적용된다. 따라서 피의자를 추적하던 중 피의자를 따라 주거·건조물 등에 들어가는 것은 체포·구속 자체에 해당하고, 위 규정에 해당하지 않는다. 피의자의 수색은 체포 전에 행해져야 하며 체포한 후에는 이 규정에 의한 수색은 인정되지 않는다. 물론 수색과 체포가 시간적으로 접속해야 할 필요는 없고 피의자체포가 반드시 성공해야 하는 것은 아니다. 수색할 수 있는 범위는 피의자와 제3자의 주거이다. 다만 제3자의

---

35) 2019년 개정 전 제216조 제1항 제1호에 의하면, 체포영장이 발부된 피의자를 체포하기 위하여 타인의 주거 등을 수색하는 경우에 피의자가 그 장소에 소재할 개연성만 소명되면 수색영장을 발부받기 어려운 긴급한 사정이 있는지 여부와 무관하게 영장주의의 예외를 인정하였고, 이러한 점에서 제216조 제1항 제1호 중 체포영장에 의한 체포(제200조의2)에 관한 부분은 헌법 제16조의 영장주의에 위반되어 헌법불합치결정(헌법재판소 2018. 4. 26. 선고 2015헌바370, 2016헌가7 결정)이 선고되었다.

주거 등에 대하여는 그 곳에 피의자가 소재한다는 개연성이 있어야 한다.

II. 체포현장에서의 압수·수색·검증

1. 의   의

검사 또는 사법경찰관이 피의자를 체포, 긴급체포 또는 구속하거나 현행범인을 체포할 때 필요하면 영장 없이 체포현장에서 압수·수색·검증을 할 수 있다(제216조 제1항).

2. 법적 성격

(1) 학 설   체포현장에서의 압수·수색·검증에 영장을 요하지 않는 이유에 대해 ① 신체의 자유라는 가장 중요한 기본권을 침해하기 위해 구속영장이 발부되었거나 발부될 가능성이 있는 이상 구속보다 기본권침해가 적은 압수·수색·검증에 대하여는 체포현장에서 별도의 영장이 필요치 않다는 **부수처분설**[36]과 ② 수사기관이 피의자를 체포 또는 구속하는 경우 체포현장에서 야기될 수 있는 위험을 방지하고, 피의자가 증거를 인멸하는 것을 방지하기 위하여 긴급행위로서 허용된다는 **긴급행위설**[37]이 있다.

(2) 검 토   체포영장이나 구속영장의 집행과정에 압수·수색이 당연히 전제된다고 볼 수 없고, 부수처분설에 의하면 영장에 의하지 아니한 대물적 강제처분이 부당하게 확대될 위험이 있으므로 긴급행위설이 타당하다고 본다. 따라서 체포현장에서의 압수·수색·검증은 보전해야 할 증거가 존재하거나 피의자가 위험한 물건을 소지하고 있다는 개연성이 있는 경우에만 허용된다.

3. 압수·수색의 대상

압수·수색의 대상이 되는 물건은 체포자에게 위해를 줄 수 있는 무기 기타의 **흉기**, 도주의 수단이 될 수 있는 물건, 체포원인이 되는 범죄사실에 대한 증거물에 한한다. 그러므로 폭행사건의 피의자를 체포하면서 현장에서 당해 사건과는 관계없이 피의자가 타인으로부터 처분을 의뢰받은 별건의 장물을 압수하는 것은 허용되지 않는다. 또한 압수·수색은 일반적으로 그 대상을 특정해야 하므로 대상을 특정하지 않고 일반탐색의 형태로 수색을 하는 것은 허용되지 않는다.

---

36) 신동운, 370면.
37) 신양균, 230면; 이재상, 352면.

4. 체포와의 관계

(1) 학 설   체포현장에서 압수·수색·검증은 체포와 시간적 근접이 있어야 한다. 구체적으로 피의사가 압수·수색을 할 당시에 현장에 있어야 하는가, 피의자를 체포하는 데 성공하였음을 요하는가, 체포하기 직전에 압수·수색도 허용되는가에 대해 학설의 대립이 있다. ① 체포행위에 시간적·장소적으로 근접해 있으면 되고 체포 전후를 묻지 않는다는 견해(근접설), ② 압수·수색 당시에 피의자가 현장에 있어야 한다는 견해(현장설), ③ 피의자가 수색장소에 있고 체포가 현실적으로 착수되어야 한다는 견해(체포착수설), ① 피의자가 없을 때에는 압수·수색을 할 수 없고, 현실적으로 체포되는 경우에 한하여 영장 없는 압수가 가능하다는 견해(체포설)가 있다.

(2) 검 토   현장설과 체포착수설은 피의자의 부재중에 하는 압수·수색을 허용하지 않고, 체포설에 의하면 피의자체포의 성공 여부에 따라 압수·수색의 적법성이 달라지게 된다. 압수·수색과 체포행위 사이에 시간적·장소적으로 근접하면 체포 전의 압수·수색도 적법하다고 해석하는 것이 타당하다. 장소적 근접성이란 체포현장과 근접하거나 피의자의 지배하에 있는 장소를 의미하고, 시간적 근접성이란 체포의 전후나 체포의 성공 여부를 불문한다. 따라서 피의자의 부재중 귀가를 기다리는 동안에 한 압수·수색도 시간적으로 근접해 있으면 적법하다.

【사 례】 체포현장에서의 압수·수색 (1)

《사 안》 사법경찰관 A는 甲이 마약을 매매하고 있다는 자료를 입수하고, 2003년 7월 1일 18시경 甲에 대한 구속영장을 집행하기 위해 甲의 집에 들어갔으나 甲이 부재중이었다. A는 甲의 집을 수색하여 마약을 압수하고 甲을 기다렸다가 18시 30분경 귀가한 甲을 체포하여 구속하였다. 사법경찰관 A가 행한 압수·수색은 적법한가?

《검 토》 마약에 대한 압수·수색이 '체포현장에서의 압수·수색'에 해당하는지 여부가 문제된다. 현장설과 체포착수설에 따르면, A가 마약을 압수·수색할 당시 甲이 압수·수색현장에 없었고 체포에 착수하지 않았으므로 압수·수색의 적법성이 인정되지 않는다. 또한 체포설에 의하면, A가 甲을 체포하였다고 하더라도 사전에 압수·수색을 할 수 없다고 한다. 그러나 甲의 집은 甲의 지배하에 있는 장소이고, 甲에 대한 체포를 착수하기 전에 마약을 압수·수색하였다 하더라도 시간적 근접성이 인정되므로 사법경찰관 A가 행한 압수·수색은 적법하다고 본다.

5. 장소적 범위

체포현장에서 압수 또는 수색을 행하는 것이 도로사정이나 피의자의 저항에 의하여 곤란한 경우 가까운 경찰서에 연행하여 압수·수색을 할 수 있다. 즉 체포현장의 상황에 비추어 피의자의 저항에 의한 혼란이 발생하거나 현장 부근의 교통을 방해할 우려가 있는 등의 사정이 있어 그곳에서 바로 압수·수색을 실시하는 것이 부적당한 때에는 압수·수색을 실시할 수 있는 가장 가까운 장소까지 피의자를 연행하여 압수·수색을 실시하여도 체포현장에서의 압수·수색에 해당한다.

【사 례】 체포현장에서의 압수·수색 (2)

《사 안》 사법경찰관 A는 지하철 내에서 소매치기를 하고 있던 甲을 발견하고 현장에서 체포하여, 그곳에서 1킬로미터 정도 떨어진 경찰서로 연행하였다. A는 경찰서에서 영장 없이 甲의 가방을 수색하여 가방 안에 들어 있던 소매치기용 칼과 메스암페타민(일명 히로뽕)을 압수하였다. A의 수사행위는 적법한가?

《검 토》 A가 甲을 체포한 장소에서 압수·수색을 하기에는 부적당하기 때문에 甲을 경찰서로 연행하여 압수·수색을 한 것은 적법하다. 그런데 영장 없이 압수할 수 있는 대상은 흉기 또는 체포의 원인이 되는 범죄사실에 대한 증거에 제한된다. 소매치기용 칼에 대하여는 영장 없이 압수를 할 수 있으나, 메스암페타민에 대해서는 甲이 임의제출을 거부하는 경우 영장에 의하여 압수해야 한다.

6. 사후영장의 청구

체포현장에서 압수·수색·검증을 한 후 압수한 물건을 계속 압수할 필요가 있는 경우에는 지체 없이 압수·수색영장을 청구해야 한다. 이 경우 영장의 청구는 체포한 때부터 48시간 이내에 해야 한다($^{제217조}_{제2항}$). 검사 또는 사법경찰관은 압수·수색영장을 발부받지 못한 때에는 압수한 물건을 즉시 반환해야 한다($^{동조}_{제3항}$). 압수·수색영장을 발부받지 못하였음에도 즉시 반환하지 아니한 압수물은 유죄 인정의 증거로 사용될 수 없다.[38]

Ⅲ. 피고인 구속현장에서의 압수·수색·검증

검사 또는 사법경찰관이 피고인에 대한 구속영장을 집행할 때 필요한 경우 그 집행현장에서 영장 없이 압수·수색·검증을 할 수 있다($^{제216조}_{제2항}$). 검사 또는

---

38) 대법원 2009. 12. 24. 선고 2009도11401 판결.

사법경찰관이 피고인에 대하여 구속영장을 집행하는 것은 재판의 집행기관으로서 행하는 것이지만, 집행현장에서의 압수·수색·검증은 수사기관의 수사에 해당하는 처분이다. 따라서 그 결과를 법관에게 보고하거나 압수물을 제출해야 할 필요는 없다.

Ⅳ. 범죄현장에서의 긴급압수·수색·검증

1. 의 의

범행중 또는 범행 직후의 범죄현장에서 긴급을 요하여 판사의 영장을 받을 수 없는 때에는 영장 없이 압수·수색·검증을 할 수 있다. 이 경우에는 사후에 지체 없이 영장을 발부받아야 한다($^{제216조}_{제3항}$). 피의자체포시의 압수에 대해서는 별도의 규정($^{제216조\ 제1}_{항\ 제2호}$)이 있으므로 이 규정은 피의자의 체포를 전제로 하지 않는 상황에서 발생하는 긴급한 사정에 대처하기 위한 것이다.

2. 적용범위

시간적 범위는 범행중 또는 범행 직후에 한한다. 피의자가 범죄현장에 있거나 체포되었을 것을 요하지 않는다. 장소적 제한 개념인 범죄현장은 범죄사실의 전부 또는 일부가 발생한 장소를 의미한다. 따라서 범죄의 실행장소와 결과발생지뿐만 아니라 중간지도 범죄현장에 포함된다. 시간적, 장소적 요건이 충족된 경우에는 대상물이 피의자의 소유물인가 여부에 관계없이 긴급압수·수색이 가능하다. 급속을 요하는 때에는 주거주 등의 참여($^{제123조}_{제2항}$) 및 야간집행의 제한($^{제125}_{조}$)의 규정이 적용되지 않는다($^{제220}_{조}$).

Ⅴ. 긴급체포시의 압수·수색·검증

1. 의 의

검사 또는 사법경찰관은 긴급체포된 자가 소유·소지 또는 보관하는 물건에 대하여 긴급히 압수할 필요가 있는 경우에는 피의자를 체포한 때부터 24시간 이내에 한하여 영장 없이 압수·수색 또는 검증할 수 있다($^{제217조}_{제1항}$). 긴급체포의 경우에도 체포현장에서의 압수·수색 또는 검증은 제216조 제1항 제2호에 의하여 영장 없이 할 수 있다. 따라서 이 규정은 피의자를 체포한 후 체포현장이 아닌 곳에 있는 피의자의 소유물 등을 압수·수색 또는 검증을 하는 경우에 적용된다.

2. 요   건

영장 없이 압수·수색 또는 검증을 하기 위해서는 긴급성의 요건이 필요하다. 증거물을 확보하기 위하여 압수·수색·검증영장을 발부받을 시간적 여유가 없음을 의미한다. 또한 압수·수색·검증이 허용되는 시한은 긴급체포한 때로부터 24시간 이내에 한정된다. 어떤 물건이 압수의 대상이 되는 것인지는 당해 범죄사실의 구체적인 내용과 성질, 압수하고자 하는 물건의 형상·성질, 당해 범죄사실과의 관련 정도와 증거가치, 인멸의 우려는 물론 압수로 인하여 발생하는 불이익의 정도 등 압수 당시의 여러 사정을 종합적으로 고려하여 객관적으로 판단하여야 한다.[39]

3. 사후영장의 청구

긴급체포 후 24시간 이내에 압수·수색·검증을 한 경우 압수한 물건을 계속 압수할 필요가 있는 때에는 지체 없이 압수·수색영장을 청구해야 한다. 영장의 청구는 체포한 때부터 48시간 이내에 해야 한다(제217조 제2항). 검사 또는 사법경찰관은 압수·수색영장을 발부받지 못한 때에는 압수한 물건을 즉시 반환해야 한다(동조 제3항).

VI. 유류물 또는 임의제출물의 영치

1. 의   의

검사 또는 사법경찰관은 피의자나 그 밖의 사람이 유류한 물건이나 소유자·소지자 또는 보관자가 임의로 제출한 물건을 영장 없이 압수할 수 있다(제218조). 이를 영치(領置)라고 한다. 영치는 점유취득과정에 강제력이 행사되지는 않지만, 일단 영치되면 임의로 점유를 회복하지 못한다는 점에서 강제수사에 해당한다. 따라서 영치된 물건의 법률효과는 압수와 동일하고, 영치도 압수물의 환부·가환부의 대상이 된다.

임의제출물을 압수한 경우 압수물이 실제로 임의제출된 것인지에 관하여 다툼이 있을 때에는 임의제출의 임의성을 의심할 만한 합리적이고 구체적인 사실을 피고인이 증명할 것이 아니라 검사가 그 임의성의 의문점을 없애는 증명을 해야 한다.[40]

---

39) 대법원 2008. 7. 10. 선고 2008도2245 판결.
40) 대법원 2024. 3. 12. 선고 2020도9431 판결.

2. 목 적 물

영치의 목적물은 반드시 증거물 또는 몰수대상물에 한정되지 않으며, 제출자인 소유자·소지자 또는 보관자가 반드시 적법한 권리자일 필요도 없다. 그러나 소유자·소지자 또는 보관자가 아닌 자로부터 제출받은 물건을 영장없이 압수한 경우 그 압수물은 유죄 인정의 증거로 사용될 수 없다.[41]

【사 례】 임의제출물의 영치

《사 안》 A지역 주민들은 차량주차구역에 무인카메라를 설치해 두었다. 마침 그 지역에서 강제추행사건이 발생하였으나, 목격자가 없어 수사에 어려움을 겪고 있던 경찰은 이 무인카메라에 甲이 乙을 야간에 강제로 추행하는 장면이 녹화되었음을 알게 되어, 그 장면이 녹화된 비디오테이프를 주민들로부터 넘겨받아 조사하였다. 경찰이 비디오테이프를 주민들로부터 제출받은 행위는 적법한가?

《검 토》 검사 또는 사법경찰관은 피의자나 그 밖의 사람이 유류한 물건이나 소유자·소지자 또는 보관자가 임의로 제출한 물건을 영장 없이 압수할 수 있다($^{제218}_{조}$). 임의제출물의 압수는 제출자의 의사와 관계없이 수사기관의 점유가 계속되므로 강제수사이지만, 영장 없이 압수할 수 있음은 물론 압수한 후에도 사후영장을 받을 필요가 없다는 점에서 영장주의의 예외에 해당한다. 그리고 임의제출자가 그 물건에 대하여 적법한 권한이 있음을 요하지 않는다. 경찰이 비디오테이프를 주민들로부터 제출받은 행위는 임의제출물의 압수에 해당하므로 적법하다.

제 4 관　기술적 수사와 영장주의

제 1　통신제한조치

Ⅰ. 개　　관

1. 통신비밀보호법

통신비밀보호법은 통신 및 대화의 비밀과 자유에 대한 제한에 관하여 그 대상을 한정하고 엄격한 법적 절차를 거치도록 함으로써 통신비밀을 보호하고 통신의 자유를 신장하기 위하여 제정된 법률이다($^{통비}_{제1조}$). 이 법률은 그 규율의 대상을 통신과 대화로 분류하고 그 중 통신을 다시 우편물과 전기통신으로 나

---

41) 대법원 2010. 1. 28. 선고 2009도10092 판결.

누어 규정하고 있다.

2. 통신제한조치의 유형

⑴ **국가안전보장을 위한 통신제한조치**   국가안전보장을 위한 통신제한조치는 특정한 범죄혐의의 존재를 필요로 하지 않으며 국가안전보장에 대한 위해를 방지하기 위하여 이에 관한 정보수집이 특히 필요한 경우에 허용된다. ① 통신의 일방 또는 쌍방 당사자가 내국인인 경우에는 고등법원 수석부장판사의 허가를 받아야 하고, ② 대한민국에 적대하는 국가, 반국가활동의 혐의가 있는 외국의 기관·단체와 외국인, 대한민국의 통치권이 사실상 미치지 않는 한반도 내의 집단이나 외국에 소재하는 그 산하단체의 구성원의 통신에 대하여는 대통령의 승인을 받아야 한다(통법 제7).
조 제1항

⑵ **범죄수사를 위한 통신제한조치**   범죄수사를 위한 통신제한조치는 범죄를 계획 또는 실행하고 있거나 실행하였다고 의심할 만한 사유가 있는 경우에 인정된다(통법 제5조). 아래에서는 범죄수사를 위한 통신제한조치를 중심으로 살펴본다.

Ⅱ. 통신제한조치의 개념

1. 우편물의 검열

⑴ **우편물**   우편물이란 우편법에 의한 통상우편물과 소포우편물을 말한다(통법 제2조 제2호). 따라서 발송 전이나 도착 후의 편지 등은 통신제한조치의 대상이 아니다.

⑵ **검 열**   검열이란 당사자의 동의 없이 우편물을 개봉하거나 기타의 방법으로 그 내용을 지득 또는 채록하거나 유치하는 것을 말한다(동조 제6호). 당사자의 동의란 수신인과 발신인 모두의 동의를 의미한다. 유치란 일시적 보관뿐만 아니라 계속적인 유치를 포함한다. 다만, 이 경우에도 수사기관이 우편물을 유치할 수 있는 기간은 상당한 기간 내로 제한되므로 만일 상당한 기간을 넘어 유치할 필요할 경우에는 별도의 압수영장이 필요하다.

2. 전기통신의 감청

⑴ **전기통신**   전기통신이란 전화·전자우편·회원제정보서비스·모사전송·무선호출 등과 같이 유선·무선·광선 및 기타의 전자적 방식에 의하여 모든 종류의 음향·문언·부호·영상을 송신하거나 수신하는 것을 말한다(통법 제2조 제3호). 전기통신수단의 발전추세를 고려할 때 위 규정은 제한적 열거가 아닌 예시적

열거조항으로 해석된다. 인터넷 통신망을 통한 송·수신은 전기통신에 해당하므로 인터넷 통신망을 통하여 흐르는 전기신호 형태의 패킷(packet)을 중간에 확보하여 그 내용을 지득하는 이른바 '패킷 감청'도 법정 요건을 갖추는 경우 다른 특별한 사정이 없는 한 허용된다.[42]

⑵ 감 청

⑺ 개 념   감청이란 전기통신에 대하여 당사자의 동의 없이 전자장치·기계장치 등을 사용하여 통신의 음향·문언·부호·영상을 청취·공독하여 그 내용을 지득 또는 채록하거나 전기통신의 송·수신을 방해하는 것을 말한다(동조 제7호). 감청행위는 전기통신과 동시에 이루어 질 것이 요구된다. 따라서 이미 수신이 완료된 전기통신에 관하여 남아 있는 기록이나 내용을 열어보는 등의 행위는 포함하지 않는다.[43] 그리고 발신자의 전화번호를 추적하는 행위는 감청에 해당하지 않는다. 전자우편의 ID나 비밀번호 추적은 통신제한조치가 아니므로 정보통신서비스제공자에 대한 압수수색영장으로 가능하고, ID나 비밀번호를 통한 음성사서함의 감청은 통신제한조치로 가능하다.

⑷ 제3자에 의한 행위   전기통신의 감청은 제3자가 전기통신의 당사자인 송신인과 수신인의 동의를 받지 않고 통신을 채록하는 행위 등을 말한다. 따라서 전화통화 당사자의 일방이 상대방 모르게 통화내용을 녹음하는 것은 감청에 해당하지 않는다. 제3자가 당사자 일방의 동의를 받은 경우에는 통신의 비밀성이 인정되지 않기 때문에 법원의 허가를 받지 않더라도 감청이 허용된다는 견해가 있으나, 제3자가 전화통화 당사자 일방의 동의를 받고 그 통화내용을 녹음하였다 하더라도 그 상대방의 동의가 없었던 이상 통신비밀보호법 제3조 제1항에 위반된다.[44]

Ⅲ. 청구의 요건과 절차

1. 청구의 요건

⑴ 범죄혐의

⑺ 범죄혐의의 정도   통신제한조치를 허가하려면 통신비밀보호법 제5조 제1항이 규정한 주요범죄를 계획 또는 실행하고 있거나 실행하였다고 의심할 만한 **충분한 이유**가 있어야 한다. 통신제한조치에 있어서 범죄혐의의 정도를

---

42) 대법원 2012. 10. 11. 선고 2012도7455 판결.
43) 대법원 2016. 10. 13. 선고 2016도8137 판결.
44) 대법원 2002. 10. 8. 선고 2002도123 판결.

나타내는 '충분한 이유'는 구속의 요건인 '상당한 이유'보다 더 엄격하게 해석하여야 한다. 범죄계획에 대한 수사기관의 주관적 혐의만으로는 불충분하고, 최소한 범죄의 예비·음모 또는 실행이 이루어질 것이라는 고도의 개연성을 충분히 인정할 만한 단계에 있다는 객관적·합리적 근거가 있어야 한다.

(나) **대상범죄**　　통신비밀보호법 제5조 제1항이 거시하는 범죄는 ① 형법 및 군형법에 규정된 일부 범죄, ② 국가보안법, 군사기밀보호법, 군사시설보호법에 규정된 모든 범죄, ③ 마약류 관리에 관한 법률, 총포·도검·화약류 등 단속법에 규정된 일부 범죄, ④ 폭력행위 등 처벌에 관한 법률, 특정범죄가중처벌 등에 관한 법률, 특정경제범죄가중처벌 등에 관한 법률 등이 정하는 범죄들이다.

(2) **보충성**　　통신제한조치는 다른 방법으로는 그 범죄의 실행을 저지하거나 범인의 체포 또는 증거의 수집이 어려운 경우에 한하여 인정된다(통법 제5조 제1항). 압수수색영장에서는 요구되지 아니하는 통신제한조치의 보충적 성격을 나타내는 요건이다.

2. 청구의 절차

(1) **청구권자**　　검사는 법원에 대하여 각 피의자별 또는 피내사자별로 통신제한조치를 허가하여 줄 것을 청구할 수 있다(통법 제6조 제1항). 사법경찰관은 검사에게 통신제한조치허가를 신청하여 검사의 청구에 의하여야 한다(동조 제2항).

(2) **관할법원**　　통신제한조치청구사건의 관할법원은 그 제한조치를 받을 통신당사자의 쌍방 또는 일방의 주소지·소재지, 범죄지 또는 통신당사자와 공범관계에 있는 자의 주소지·소재지를 관할하는 지방법원 또는 지원이다(통법 제6조 제3항).

(3) **청구의 방식**　　통신제한조치청구는 반드시 서면으로 하여야 하며, 청구이유에 관한 소명자료를 첨부하여야 한다. 통신제한조치의 청구서에는 필요한 통신제한조치의 종류, 그 목적, 대상, 범위, 기간, 집행장소, 방법 및 당해 통신제한조치가 범죄수사를 위한 통신제한조치의 허가요건을 충족하는 사유 등의 청구이유를 기재하여야 한다(통법 제6조 제4항).

IV. 법원의 결정

1. 통신제한조치의 허가

(1) **허가서의 발부**　　법원은 청구가 이유 있다고 인정하는 경우에는 통신제한조치를 허가하고, 이를 증명하는 허가서를 청구인에게 발부한다(통법 제6조 제5항). 이 허가서에는 통신제한조치의 종류·목적·대상·범위·기간 및 집행장소와 방법을 특정하여 기재하여야 한다(동조 제6항). 허가서는 명령장의 성질을 갖는다는 견

해가 있으나, 허가장의 성질을 갖는다고 본다.

(2) 허가의 대상   해당자의 특정한 우편물이나 전기통신에 대해서는 물론, 그 해당자가 일정한 기간에 걸쳐 발신·수취하는 우편물이나 송·수신하는 전기통신을 대상으로 통신제한조치를 허가할 수 있다(동법 제5조 제2항). 우편물은 검열을 하기 전에 발송인이나 수취인을 확인할 수 있으나, 전기통신은 감청 이전에 송신자와 수신자를 미리 확인할 수 없어 수사기관이 통신제한조치를 집행함에 있어서 허가서상 대상자가 아닌 자들의 통화내용을 지득하게 되는 경우가 있다. 통신제한조치대상자가 아닌 자들 사이의 통화내용을 감청하여 작성한 녹취서는 그 통신제한조치의 목적이 된 통신제한조치대상자의 범죄나 그와 관련된 범죄에 대하여만 증거능력이 있을 뿐, 통신제한조치대상자가 아닌 자의 범죄사실의 증거로는 사용될 수 없다.[45]

(3) 허가의 기간   통신제한조치의 기간은 2개월을 초과하지 못하고, 그 기간 중 통신제한조치의 목적이 달성되었을 경우에는 즉시 종료하여야 한다. 다만, 범죄수사를 위한 허가요건이 존속하는 경우에는 소명자료를 첨부하여 2개월의 범위에서 통신제한조치기간의 연장을 청구할 수 있다(동법 제6조 제7항). 검사 또는 사법경찰관이 통신제한조치의 연장을 청구하는 경우에 통신제한조치의 총 연장기간은 1년을 초과할 수 없다. 다만, ① 형법 제2편 중 제1장 내란의 죄, 제2장 외환의 죄 중 제92조부터 제101조까지의 죄, 제4장 국교에 관한 죄 중 제107조, 제108조, 제111조부터 제113조까지의 죄, 제5장 공안을 해하는 죄 중 제114조, 제115조의 죄 및 제6장 폭발물에 관한 죄, ② 군형법 제2편 중 제1장 반란의 죄, 제2장 이적의 죄, 제11장 군용물에 관한 죄 및 제12장 위령의 죄 중 제78조·제80조·제81조의 죄, ③ 국가보안법에 규정된 죄, ④ 군사기밀보호법에 규정된 죄, ⑤ 군사기지 및 군사시설보호법에 규정된 죄에 해당하는 경우에는 총 연장기간이 3년을 초과할 수 없다(동법 제6조 제8항).[46]

2. 청구의 기각

법원은 청구가 이유 없다고 인정하는 경우에는 청구를 기각하고 이를 청구인에게 통지한다(동법 제6조 제8항).

---

45) 대법원 2002. 10. 22. 선고 2000도5461 판결.
46) 헌법재판소 2010. 12. 28. 선고 2009헌가30 헌법불합치 결정에 따라 개정되었다.

V. 긴급통신제한조치

1. 의   의

국가안보를 위협하는 음모행위, 직접적인 사망이나 심각한 상해의 위험을 야기할 수 있는 범죄 또는 조직범죄의 계획이나 실행 등과 같은 긴박한 상황이 있고, 법원의 허가에 필요한 절차를 거칠 수 없는 긴급한 사유가 있는 때에는 법원의 허가 없이 통신제한조치를 할 수 있다(동법 제8조 제1항).

2. 법원의 허가

긴급통신제한조치를 집행한 경우 지체 없이 법원에 허가청구를 하여야 하고, 긴급통신제한조치를 한 때로부터 36시간 이내에 법원의 허가를 받지 못하면 즉시 이를 중지하여야 한다(동법 제8조 제2항).

VI. 통신제한조치의 집행

1. 집행기관

범죄수사를 위한 통신제한조치는 이를 청구한 검사 또는 신청한 사법경찰관이 집행한다. 이 경우 체신관서 기타 관련기관 등 통신기관에 그 집행을 위탁하거나 집행에 관한 협조를 요청할 수 있다(동법 제1항 제9조). 통신제한조치의 집행을 위탁하거나 집행에 관한 협조를 요청하는 자는 통신기관 등에 통신제한조치허가서 또는 긴급감청서 등의 표지의 사본을 교부하여야 한다(동조 제2항).

2. 대장비치의무

통신제한조치의 집행을 위탁받거나 이에 관한 협조요청을 받은 자는 통신제한조치허가서 또는 긴급감청서 등의 표지 사본을 일정기간 동안 보존하여야 한다(동조 제2항). 나아가 통신제한조치를 집행하는 자와 이를 위탁받거나 이에 관한 협조요청을 받은 자는 당해 통신제한조치를 청구한 목적과 그 집행 또는 협조 일시 및 대상을 기재한 대장을 일정기간 동안 비치하여야 한다(동조 제3항). 통신기관 등에 대한 집행위탁이나 협조요청 및 대장 비치의무 등을 규정하고 있는 것은 통신제한조치의 경우 해당 우편이나 전기통신의 역무를 담당하는 통신기관 등의 협조가 없이는 사실상 집행이 불가능하다는 점 등을 고려하여 검사 또는 사법경찰관이 통신기관 등에 집행을 위탁하거나 집행에 관한 협조를 요청할 수 있음을 명확히 하는 한편 통신기관 등으로 하여금 대장을 작성하여 비치하도

록 함으로써 사후 통제를 할 수 있도록 한 취지이다.[47)]

Ⅶ. 통신제한조치로 취득한 자료의 보호

1. 자료의 비공개

누구든지 통신제한조치로 지득한 내용을 이 법의 규정에 의하여 사용하는 경우 외에는 이를 외부에 공개하거나 누설하여서는 안된다(통법 제11조 제3항). 특히 통신제한조치의 허가·집행·통보 및 각종 서류작성 등에 관여한 공무원 또는 그 직에 있었던 자는 직무상 알게 된 통신제한조치에 관한 사항을 외부에 공개하거나 누설하여서는 아니되며, 통신제한조치에 관여한 통신기관의 직원 또는 그 직에 있었던 자도 통신제한조치에 관한 사항을 외부에 공개하거나 누설하여서는 안된다(통법 제11조 제1항, 제2항).

2. 자료의 사용제한

통신제한조치의 집행으로 인하여 취득한 우편물 또는 그 내용과 전기통신의 내용은, ① 통신제한 조치의 목적이 된 범죄나 이와 관련되는 범죄를 수사·소추하거나 그 범죄를 예방하기 위하여 사용하는 경우, ② 대상범죄로 인한 징계절차에 사용하는 경우, ③ 통신의 당사자가 제기하는 손해배상소송에 사용하는 경우, ④ 기타 다른 법률의 규정에 의하여 사용하는 경우 외에는 사용할 수 없다(통법 제12조).

3. 자료의 관리

⑴ 보관등의 승인청구   검사는 인터넷 회선을 통하여 송신·수신하는 전기통신을 대상으로 통신제한조치를 집행한 경우 그 전기통신을 사용하거나 사용을 위하여 보관하고자 하는 때에는 집행종료일부터 14일 이내에 보관 등이 필요한 전기통신을 선별하여 통신제한조치를 허가한 법원에 보관 등의 승인을 청구하여야 한다(통법 제12조의2 제1항). 사법경찰관은 인터넷 회선을 통하여 송신·수신하는 전기통신을 대상으로 통신제한조치를 집행한 경우 그 전기통신의 보관 등을 하고자 하는 때에는 집행종료일부터 14일 이내에 보관 등이 필요한 전기통신을 선별하여 검사에게 보관등의 승인을 신청하고, 검사는 신청일부터 7일 이내에 통신제한조치를 허가한 법원에 그 승인을 청구할 수 있다(통조 제2항).

⑵ **법원의 결정**   법원은 청구가 이유 있다고 인정하는 경우에는 보관 등을

---

47) 대법원 2015. 1. 22. 선고 2014도10978 전원합의체 판결.

승인하고 이를 증명하는 서류(승인서)를 발부하며, 청구가 이유 없다고 인정하는 경우에는 청구를 기각하고 이를 청구인에게 통지한다(동조제4항).

(3) 전기통신의 폐기 검사 또는 사법경찰관은 보관등의 청구나 신청을 하지 아니하는 경우에는 집행종료일부터 14일(검사가 사법경찰관의 신청을 기각한 경우에는 그 날부터 7일) 이내에 통신제한조치로 취득한 전기통신을 폐기하여야 하고, 법원에 승인청구를 한 경우에는 법원으로부터 일부 승인서를 발부받거나 청구기각의 통지를 받은 날부터 7일 이내에 승인을 받지 못한 전기통신을 폐기하여야 한다(동조제5항). 검사 또는 사법경찰관은 통신제한조치로 취득한 전기통신을 폐기한 때에는 폐기의 이유와 범위 및 일시 등을 기재한 폐기결과보고서를 작성하여 피의자의 수사기록 또는 피내사자의 내사사건기록에 첨부하고, 폐기일부터 7일 이내에 통신제한조치를 허가한 법원에 송부하여야 한다(동조제6항).

4. 증거능력의 제한

불법검열에 의하여 취득한 우편물이나 그 내용 및 불법감청에 의하여 지득 또는 채록된 전기통신의 내용은 재판 또는 징계절차에서 증거로 사용할 수 없다(동법제4조). 당사자 일방이 동의한 상태에서 이루어진 우편물검열, 전기통신의 감청의 경우에도 법원의 허가 없이 이루어진 경우에는 이로 인하여 얻어진 증거물은 위법수집증거로서 증거로 사용할 수 없다.

제 2 통신사실확인자료의 요청

I. 개   관

1. 통신사실확인자료

통신사실확인자료란 ① 가입자의 전기통신일시, ② 전기통신개시·종료시간, ③ 발·착신 통신번호 등 상대방의 가입자번호, ④ 사용도수, ⑤ 컴퓨터통신 또는 인터넷의 사용자가 전기통신역무를 이용한 사실에 관한 컴퓨터통신 또는 인터넷의 로그기록자료, ⑥ 정보통신망에 접속된 정보통신기기의 위치를 확인할 수 있는 발신기지국의 위치추적자료, ⑦ 컴퓨터통신 또는 인터넷의 사용자가 정보통신망에 접속하기 위하여 사용하는 정보통신기기의 위치를 확인할 수 있는 접속지의 추적자료를 말한다(동법 제2조, 제11호).

2. 제한의 강화

개정된 통신비밀보호법은 종전에 검사장의 승인으로 가능하였던 수사목적의 통신사실확인자료 요청에 대하여 법원의 허가를 얻도록 하고, 종래 정보수사기관의 장이 바로 요청할 수 있었던 국가안보목적의 통신사실확인자료 요청에 대하여 고등법원 수석부장판사의 허가를 얻도록 하여 그 절차를 강화하였다.

Ⅱ. 범죄수사를 위한 요청

1. 통상적인 경우

검사 또는 사법경찰관이 수사 또는 형의 집행을 위하여 전기통신사업자에게 통신사실확인자료의 열람이나 제출을 요청하기 위해서는 요청사유, 해당 가입자와의 연관성 및 필요한 자료의 범위를 기록한 서면으로 관할 지방법원 또는 지원의 허가를 받아야 한다(동법 제13조 제1항, 제2항). 범죄수사를 위한 통신사실확인자료의 제공과 관련된 절차는 제6조(제7항 제외)의 규정을 준용한다(동법 제13조 제9항).

2. 긴급한 경우

검사가 관할 지방법원 또는 지원의 허가를 받을 수 없는 긴급한 사유가 있는 때에는 통신사실확인자료제공을 요청한 후 지체 없이 그 허가를 받아 전기통신사업자에게 송부하여야 한다(동법 제13조 제2항 단서). 긴급한 사유로 통신사실확인자료를 제공받았으나 지방법원 또는 지원의 허가를 받지 못한 경우에는 지체 없이 제공받은 통신사실확인자료를 폐기하여야 한다(동조 제3항).

Ⅲ. 국가안전보장을 위한 요청

정보수사기관의 장은 국가안전보장에 대한 위해를 방지하기 위하여 정보수집이 필요한 경우 전기통신사업자에게 통신사실확인자료제공을 요청할 수 있다(동법 제13조의4 제1항). 이 경우 통신제한조치 허가와 마찬가지로 고등법원 수석부장판사의 허가 또는 대통령의 승인을 얻어야 한다(동조 제2항).

제3 사진촬영과 비밀녹음

Ⅰ. 사진촬영

1. 쟁   점

수사기관은 특정한 범죄현장을 사진기로 촬영하여 그 사진을 형사재판에 증거로 제출하는 경우가 많다. 사진촬영은 피사체의 현상과 동작을 재생한다는 점에서 검증과 유사한 성격을 가진다. 따라서 검증영장에 의한 사진촬영이 가능하고, 검증의 수단으로 행하는 사진촬영은 검증의 문제로서 논하여진다.

그런데 피촬영자의 의사에 반하거나 또는 승낙을 받지 않고 사진촬영하는 것이 강제수사에 해당하는지 여부를 검토할 필요가 있다. 비디오촬영기에 의한 녹화는 사진촬영과 녹음의 문제점을 포함하고 있다.

2. 법적 성질

(1) 학 설 사진촬영은 사생활의 비밀과 자유 및 초상권을 침해하는 수사처분이므로 강제수사에 해당한다는 견해가 우리나라의 통설이다. 이에 대하여 상대방의 사적 공간에서 그의 의사에 반하여 행하여지는 사진촬영은 강제수사에 해당하나, 공개된 장소에서의 사진촬영은 임의수사에 해당한다는 견해가 있다.

(2) 검 토 상대방의 의사에 반하거나 승낙을 받지 않은 사진촬영은 사생활의 비밀과 자유를 침해하는 것이므로 강제수사에 해당한다고 본다. 공개된 장소에서 행해지는 사진촬영의 경우에도 초상권 침해가 여전히 존재하므로 강제수사에 해당한다고 본다.

3. 영장주의와의 관계

(1) 학 설 ① 검증유추설에 의하면, 사진촬영은 검증과 유사한 강제수사에 해당하므로 영장주의가 적용된다고 한다.[48] 따라서 검증영장을 발부받지 않거나 영장주의의 예외규정에 해당하지 않는 상황에서의 사진촬영은 위법하다고 한다. ② 예외인정설에 의하면, 사진촬영은 새로운 유형의 강제수사에 해당하지만 긴급한 상황에서는 일정한 요건하에 영장 없이 사진촬영이 가능하다고 한다.[49]

(2) 판 례 누구든지 자기의 얼굴 기타 모습을 함부로 촬영당하지 않을 자유를 가지나 이러한 자유도 국가권력의 행사로부터 무제한으로 보호되는 것은 아니고 국가의 안전보장·질서유지·공공복리를 위하여 필요한 경우에는 상당한 제한이 따르는 것이고, 수사기관이 범죄를 수사함에 있어 ① 현재 범행이 행하여지고 있거나 행하여진 직후이고, ② 증거보전의 필요성 내지 긴급성이 있으며, ③ 일반적으로 허용되는 상당한 방법에 의하여 촬영한 경우라면 사진촬영이 영장 없이 이루어졌다 하여도 이를 위법하다고 할 수 없다.[50]

---

48) 배종대, 224면; 신양균, 245면.
49) 이재상, 256면.

(3) 검 토   국민의 기본권과 헌법이 보호하고 있는 다른 가치와 충돌이 생기는 경우에는 헌법이 추구하는 전체적인 가치질서의 관점에서 판단하여야 한다. 사진촬영이 사생활의 침해라는 새로운 유형의 강제수사라고 보는 경우에도 일정한 요건이 충족되는 때에는 영장 없는 촬영이 허용된다고 본다.

【사 례】 사진촬영

《사 안》 사법경찰관 甲은 데모현장에서 乙 등이 화염병을 투척하자 그 장면을 사진으로 촬영하였다. 甲이 영장 없이 사진촬영한 것은 적법한 수사인가?

《검 토》 공개된 장소에서의 사진촬영도 피촬영자의 의사에 반하거나 승낙이 없는 한 초상권을 침해하는 강제수사에 해당한다. 다만 본 사안의 경우 乙 등은 화염병을 투척한 현행범인에 해당하고, 집단적 시위현장이라는 점에서 증거보전의 필요성과 긴급성이 인정되며, 사진촬영의 방법도 상당하다고 인정되므로 영장 없는 사진촬영이 허용된다고 본다.

Ⅱ. 비밀녹음

1. 수사기관에 의한 비밀녹음

(1) 요 건   비밀녹음은 전자장치에 의해 대화의 비밀을 침해하는 것으로서 성격상 전기통신의 감청과 유사하다. 통신비밀보호법은 대화의 비밀을 보호하기 위해 수사기관에 의한 비밀녹음을 엄격한 요건하에 허용하고 있다. 즉 누구든지 통신비밀보호법, 형사소송법, 군사법원법에 규정된 법령에 의하지 않고서는 공개되지 아니한 타인간의 대화를 녹음 또는 청취하지 못한다(通秘法제3조). 제3조에 규정된 청취란 전자장치 또는 기계적 수단을 이용한 청취를 의미한다. 그러므로 수사기관이 타인간의 대화를 비밀녹음하기 위해서는 통신비밀보호법상의 요건과 절차를 갖추어야 한다. 통신비밀보호법의 규정에 위반된 비밀녹음의 경우 그 내용을 재판절차에서 증거로 사용할 수 없다(통법제4조).

(2) 집행의 위탁   대화의 녹음·청취에 관하여 통신비밀보호법 제14조 제2항은 제9조 제1항 전문을 적용하여 집행주체가 집행한다고 규정하면서도, 통신기관 등에 대한 집행위탁이나 협조요청에 관한 제9조 제1항 후문을 적용하지 않고 있으나, 이는 대화의 녹음·청취의 경우 통신제한조치와 달리 통신기관의 업무와 관련이 적다는 점을 고려한 것일 뿐이므로, 반드시 집행주체가 대화의

---

50) 대법원 1999. 9. 3. 선고 99도2317 판결.

녹음·청취를 직접 수행하여야 하는 것은 아니다. 따라서 집행주체가 제3자의
도움을 받지 않고서는 대화의 녹음·청취가 사실상 불가능하거나 곤란한 사정
이 있는 경우에는 비례의 원칙에 위배되지 않는 한 제3자에게 집행을 위탁하거
나 그로부터 협조를 받아 대화의 녹음·청취를 할 수 있다고 봄이 타당하고,
그 경우 통신기관 등이 아닌 일반 사인에게 대장을 작성하여 비치할 의무가 있
다고 볼 것은 아니다.[51]

2. 사인에 의한 비밀녹음

(1) 제3자에 의한 비밀녹음

(가) 타인 간의 대화   누구든지 공개되지 아니한 타인 간의 대화를 녹음
하거나 전자장치 또는 기계적 수단을 이용하여 청취할 수 없다(통신법 제14조). 타인 간
의 대화는 원칙적으로 현장에 있는 당사자들이 육성으로 말을 주고받는 의사
소통행위를 가리킨다. 따라서 사람의 육성이 아닌 사물에서 발생하는 음향은
타인 간의 대화에 해당하지 않는다. 또한 사람의 목소리라고 하더라도 상대방
에게 의사를 전달하는 말이 아닌 단순한 비명소리나 탄식 등은 타인과 의사소
통을 하기 위한 것이 아니라면 특별한 사정이 없는 한 타인 간의 대화에 해당
한다고 볼 수 없다. 다만 위와 같은 소리가 타인 간의 대화에는 해당하지 않더
라도, 형사절차에서 그러한 증거를 사용할 수 있는지는 개별적인 사안에서 효
과적인 형사소추와 형사절차상 진실발견이라는 공익과 개인의 인격적 이익 등
의 보호이익을 비교형량하여 결정하여야 한다.[52]

(나) 비공개 대화   제3자가 공개되지 아니한 타인 간의 대화를 비밀녹음
한 경우 그 녹음내용을 증거로 사용할 수 없다. 또한 제3자가 대화당사자 일방
의 동의를 받고 그 내용을 녹음하였다 하더라도 다른 상대방의 동의가 없는 이
상 그 비밀녹음은 위법하다. '공개되지 아니한'의 의미는 청취자가 제한되어 있
는지, 발언장소가 어디인지, 제3자에게 공개되어 있는지에 따라 판단해야 한다.
따라서 다중을 대상으로 하는 대중연설은 일반적으로 공개성이 인정된다.

(2) 대화당사자에 의한 비밀녹음   대화당사자가 다른 사람과의 대화내용을
상대방 몰래 녹음하였다고 하더라도 그것만으로는 그 비밀녹음이 위법하다고
할 수 없다. 3인 간의 대화에 있어서 그 중 한 사람이 그 대화를 녹음하는 경우에
다른 두 사람의 발언은 그 녹음자에 대한 관계에서 '타인 간의 대화'라고 할 수

---

51) 대법원 2015. 1. 22. 선고 2014도10978 전원합의체 판결.
52) 대법원 2017. 3. 15. 선고 2016도19843 판결.

없으므로, 이와 같은 녹음행위가 통신비밀보호법에 위배된다고 볼 수는 없다.[53]

제5절 수사상 증거보전

제1관 증거보전

제1 개 관

Ⅰ. 의 의

증거보전(證據保全)이란 수소법원이 공판정에서 정상적으로 증거를 조사할 때까지 기다릴 경우 그 증거의 사용이 불가능하거나 현저히 곤란하게 될 염려가 있는 경우 검사, 피고인, 피의자 또는 변호인의 청구에 의하여 판사가 미리 증거조사를 하여 그 결과를 보전하여 두는 제도를 말한다(제184조).

Ⅱ. 기 능

검사는 수사단계에서 다양한 강제처분권을 행사하여 유죄를 입증할 수 있는 각종 증거를 수집·보전할 수 있지만, 피의자는 공소가 제기되어 공판절차가 개시되기 전까지는 본격적인 방어활동을 할 수 없어 자신에게 유리한 증거를 수집·보전하기 어렵다. 따라서 공정한 재판의 실현을 위하여 피의자도 수사단계나 공판절차가 개시되기 이전에 증거를 수집·보전할 수 있도록 하는 제도가 필요하다. 증거보전절차는 이러한 목적을 달성하도록 하는 제도이다.

제2 증거보전의 요건

Ⅰ. 실질적 요건

1. 증거보전의 필요성

증거보전은 미리 증거를 보전하지 않으면 그 증거를 사용하기 곤란한 사정이 있어야 한다(제184조 제1항). '증거를 사용하기 곤란한 사정'이란 공판정에서 해당 증

---

53) 대법원 2006. 10. 12. 선고 2006도4981 판결.

거의 증거조사가 불가능하거나 곤란한 경우뿐만 아니라 증명력에 변화가 예상
되는 경우를 말한다.

2. 구체적 사례

증거물의 멸실·분산·은닉 또는 훼손의 염려, 증인의 사망·장기해외체
류·증언불능이나 진술변경의 가능성이 있는 경우가 이에 해당한다. 검증에 있
어서는 현장 또는 원상의 보전이 불가능한 경우, 감정에 대하여는 감정대상의
멸실·훼손·변경 이외에 감정인을 증인으로 신문할 수 없는 경우도 여기에
해당한다.

II. 시기적 요건

증거보전은 제1회 공판기일 전에 한하여 할 수 있다. 제1회 공판기일이란
수소법원에서 증거조사가 가능한 단계를 의미하므로 '제1회 공판기일 전'이란
모두절차가 끝난 때까지를 의미한다. 제1회 공판기일 후에는 수소법원이 직접
증거조사를 할 수 있으므로 증거보전의 필요가 없다. 따라서 항소심에서는 물
론 파기환송 후의 절차에서도 증거보전을 청구할 수 없다. 재심청구사건에서도
증거보전은 인정되지 않는다.[1] 제1회 공판기일 전인 이상 공소제기의 전후는
불문한다. 제1회 공판기일 전에 청구가 있더라도 제1회 공판기일 이후에는 증
거보전절차를 행할 수 없다.

제3 증거보전의 절차

I. 증거보전의 청구

1. 청구권자

증거보전의 청구권자는 검사·피고인·피의자 또는 변호인이다. 피고인은
공소제기 후 제1회 공판기일 이전의 피고인을 말한다. 피의자는 수사기관이 특
정범죄사실의 범인으로 지목하여 객관적으로 수사대상으로 삼고 있는 자를 말
한다. 따라서 내사대상자와 같이 형사입건되기 이전의 자는 피의자가 아니므로
증거보전을 청구할 수 없다.[2] 변호인의 증거보전청구권은 독립대리권이므로 피
고인·피의자의 명시한 의사에 반하여서도 이를 행사할 수 있다.

---

1) 대법원 1984. 3. 29.자 84모15 결정.
2) 대법원 1979. 6. 12. 선고 79도792 판결.

2. 청구의 방식

증거보전의 청구는 ① 압수할 물건의 소재시, ② 수색 또는 검증할 장소·신체 또는 물건의 소재지, ③ 증인의 주거지 또는 현재지, ④ 감정대상의 소재지 또는 현재지를 관할하는 지방법원 판사에게 하여야 한다(규칙제91조). 증거보전을 청구함에는 서면으로 그 사유를 소명하여야 한다(제184조제3항). 증거보전청구서에는 ① 사건의 개요, ② 증명할 사실, ③ 증거 및 보전의 방법, ④ 증거보전을 필요로 하는 사유를 기재하여야 한다(규칙제92조).

3. 청구의 내용

증거보전을 청구할 수 있는 것은 압수·수색·검증·증인신문 또는 감정이다(제184조제1항). 따라서 증거보전절차에서 피의자 또는 피고인의 신문을 청구할 수는 없다.[3] 그러나 증거보전절차에서 공동피고인 또는 공범자를 증인으로 신문하는 것은 가능하다.[4]

4. 증거보전의 특례

성폭력범죄의 피해자나 그 법정대리인 또는 사법경찰관은 피해자가 공판기일에 출석하여 증언하는 것에 현저히 곤란한 사정이 있을 때에는 그 사유를 소명하여 영상녹화된 영상녹화물 또는 그 밖의 다른 증거에 대하여 해당 성폭력범죄를 수사하는 검사에게 증거보전의 청구를 할 것을 요청할 수 있다. 이 경우 피해자가 19세 미만 피해자 등인 경우에는 공판기일에 출석하여 증언하는 것에 현저히 곤란한 사정이 있는 것으로 본다(성폭력처벌법제41조 제1항). 증거보전의 요청을 받은 검사는 그 요청이 타당하다고 인정할 때에는 증거보전의 청구를 할 수 있다. 다만, 19세 미만 피해자 등이나 그 법정대리인이 요청을 하는 경우에는 특별한 사정이 없는 한 증거보전을 청구하여야 한다(동조제2항).

Ⅱ. 청구에 대한 심사

① 증거보전청구를 받은 판사는 청구가 적법하고 필요하다고 인정될 때에는 증거보전을 하여야 한다. 이 경우 별도의 명시적인 결정을 할 필요는 없다. ② 청구가 부적법하거나 필요 없다고 인정할 때에는 청구기각결정을 하여야 한다. 청구기각결정에 대하여는 3일 이내에 항고할 수 있다(제184조제4항).

---

3) 대법원 1968. 12. 3. 선고 68도1458 판결, 1972. 11. 28. 선고 72도2104 판결.
4) 대법원 1966. 5. 17. 선고 66도276 판결, 1988. 11. 8. 선고 86도1646 판결.

Ⅲ. 증거보전의 실시

1. 판사의 권한

증거보전청구의 요건이 구비된 경우 판사는 압수·수색·검증·증인신문 또는 감정을 행한다. 증거보전처분 중에서 증인신문·감정·검증은 증거조사에 해당하고, 압수·수색은 대물적 강제처분에 해당한다. 이 경우 판사는 그 처분에 관해 법원 또는 재판장과 동일한 권한이 있다(제184조제2항). 따라서 공소제기 후 수소법원이 행하는 압수·수색·검증·증인신문 및 감정에 관한 규정은 증거보전에 준용된다. 판사는 증인신문의 전제가 되는 소환·구인을 할 수 있고, 압수·수색이 필요한 경우에는 영장을 발부하여 증거보전을 행한다.

2. 소송관계인의 참여권

증인신문에 있어서는 검사 또는 피고인이나 피의자의 참여권이 보장되어야 한다. 따라서 판사는 신문의 일시와 장소를 검사와 피의자 등에게 미리 통지하여야 한다.

제 4 보전된 증거의 이용

Ⅰ. 증거물의 처리

1. 증거물의 보관

증거보전에 의하여 압수한 물건 또는 작성한 조서는 증거보전을 한 판사가 소속한 법원에서 보관한다. 따라서 검사가 청구인인 때에도 증거보전기록을 검사에게 송부하지 아니한다.

2. 증거물의 열람·등사

검사·피고인·피의자 또는 변호인은 판사의 허가를 얻어 그 서류와 증거물을 열람 또는 등사할 수 있다(제185조). 증거보전을 청구한 피고인뿐만 아니라 공동피고인과 그 변호인도 열람·등사권을 가진다. 그러나 공동피의자는 피고인이 된 때에 비로소 열람·등사권이 인정된다. 열람·등사를 청구할 수 있는 시기에는 제한이 없다. 반드시 제1회 공판기일 전임을 요하지 않는다.

Ⅱ. 조서의 증거능력

증거보전절차에서 작성된 조서는 법원 또는 법관의 조서로서 당연히 증거능력이 인정된다($\frac{제311}{조}$). 검사·피고인 또는 변호인이 이를 증거로 이용하려면 수소법원에 증거신청을 하여야 한다. 당사자의 증거신청이 있으면 수소법원은 증거보전을 한 법원으로부터 기록을 송부받아 증거조사를 하여야 한다. 한편 증거보전절차에서 피의자와 변호인에게 참여의 기회를 주지 않은 때에는 증인신문조서의 증거능력이 부정된다.[5]

제 2 관 참고인에 대한 증인신문

제 1 개   관

Ⅰ. 의   의

1. 개   념

참고인에 대한 증인신문제도란 참고인이 수사기관의 출석요구에 응하지 않거나 진술을 거부하는 경우에 검사가 제1회 공판기일 전까지 참고인에 대하여 증인신문을 청구하여 그 진술증거를 수집·보전하는 제도를 말한다($\frac{제221조}{의2}$).

2. 증거보전과의 차이

증거보전과 참고인에 대한 증인신문은 증거의 수집과 보전을 목적으로 하는 절차라는 점에서 동일하다. 그러나 증인신문청구는 청구권자가 검사에 제한되어 있을 뿐만 아니라 그 요건과 내용에 있어서도 증거보전절차와 구별된다.

Ⅱ. 기   능

검사와 사법경찰관은 참고인에게 출석을 요구하여 진술을 들을 수 있다($\frac{제221}{조}$). 그러나 참고인조사는 임의수사이므로 참고인은 수사기관의 출석요구에 대하여 출석의무가 없으며 일단 수사기관에 출석한 후에도 진술의무가 없다. 그러나 실체진실의 발견을 위하여 일정한 범위에서 참고인의 출석과 진술을 강제할 법적 제도가 필요하다. 참고인에 대한 증인신문제도가 이러한 목적을 달성하는

---

5) 대법원 1992. 2. 28. 선고 91도2337 판결.

제도이다.

제 2 증인신문의 요건

Ⅰ. 증인으로서의 요건

증인신문을 받게 될 참고인은 범죄수사나 범죄증명에 필요한 사실을 진술할 수 있는 자이어야 한다. 증인신문의 대상이 되는 증인은 비대체적 체험사실을 판사에게 보고할 수 있는 자이어야 하므로 대체적 전문지식을 가진 감정인에 대하여는 증인신문을 할 수 없다. 공범자 내지 공동피의자도 다른 피의자에 대한 관계에서는 증인이 될 수 있으므로 이들에 대하여 증인신문청구가 가능하다. 증언거부권이 있는 자에 대하여도 일단 증인신문을 청구할 수 있다.

Ⅱ. 실질적 요건

1. 범죄사실 또는 피의사실의 존재

증인신문청구는 참고인의 진술이 범죄수사나 범죄증명에 없어서는 안될 경우에 한하여 인정된다. 따라서 증인의 진술로써 증명할 대상인 범죄사실 또는 피의사실이 존재하여야 한다. 수사기관이 특정인에 대하여 내심으로 범죄의 혐의를 품고 있는 정도만으로는 피의사실이 존재한다고 할 수 없고, 수사기관이 고소·고발 또는 자수를 받거나 특정인을 수사대상으로 삼고 있음이 외부적으로 표현된 때에 비로소 피의사실의 존재를 인정할 수 있다.[6]

2. 증인신문의 필요성

(1) 범죄수사에 없어서는 아니될 사실 범죄수사에 없어서는 아니될 사실을 안다고 명백히 인정되는 자가 수사기관의 출석요구에 대하여 출석과 진술을 거부하는 경우이다($^{제221조의}_{2 제1항}$). '범죄수사에 없어서는 아니될 사실'이란 유죄판결을 위해 증명이 필요한 범죄될 사실($^{제323조}_{제1항}$)보다 넓은 개념이다. 범죄의 성립 여부에 관한 사실과 정상에 관한 사실로서 기소·불기소의 결정과 양형에 중대한 영향을 미치는 사실도 포함한다. 피의자의 소재를 알고 있는 자나 범죄의 증명에 필요한 지식을 가지고 있는 참고인의 소재를 알고 있는 자에 대하여도 증인신문을 청구할 수 있다.

---

6) 대법원 1989. 6. 20. 선고 89도648 판결.

⑵ **출석 또는 진술의 거부**　진술의 전부를 거부한 경우뿐만 아니라 일부를 거부한 경우에도 거부한 부분이 범죄수사에 없어서는 안될 부분인 때에는 증인신문을 청구할 수 있다. 참고인이 수사기관에서 진술을 하였으나 진술조서에 서명·날인을 거부하는 경우도 수사결과의 보전이라는 측면에서 진술거부에 해당된다.

Ⅲ. 시기적 요건

증인신문청구는 제1회 공판기일 전에 한하여 허용되며 공소제기의 전후를 불문한다. 제1회 공판기일 전이란 모두절차가 끝난 때까지를 말한다.

제3 증인신문의 절차

Ⅰ. 증인신문의 청구

1. 청구권자

증인신문의 청구권자는 검사에 제한된다. 참고인이 사법경찰관의 출석요구에 출석 또는 진술을 거부한 때에도 사법경찰관이 검사에게 증인신문을 신청하여 검사가 증인신문을 청구하여야 한다.

2. 청구의 방식

증인신문의 청구를 할 때에는 서면으로 그 사유를 소명하여야 한다(제221조의2 제3항). 이 경우 증인신문청구서에는 ① 증인의 성명·직업 및 주거, ② 피의자 또는 피고인의 성명, ③ 죄명 및 범죄사실의 요지, ④ 증명할 사실, ⑤ 신문사항, ⑥ 증인신문청구의 요건이 되는 사실, ⑦ 피의자 또는 피고인에게 변호인이 있는 때에는 그 성명을 기재하여야 한다(규칙 제111조).

Ⅱ. 청구에 대한 심사

판사는 증인신문의 청구가 적법하고 요건을 구비하였는가를 심사한다. 심사 결과 요건을 구비하고 있다고 인정할 때에는 별도의 결정 없이 바로 증인신문을 하여야 한다. 청구절차가 부적법하거나 요건이 구비되지 않은 때에는 결정으로 기각하여야 한다. 청구를 기각한 결정에 대하여는 불복할 수 없다.

Ⅲ. 증인신문의 방법

1. 판사의 권한

증인신문의 청구를 받은 판사는 증인신문에 관하여 법원 또는 재판장과 동일한 권한이 있다($\frac{제221조의}{2 \; 제4항}$). 따라서 법원 또는 재판장의 증인신문에 관한 규정이 그대로 준용된다.

2. 소송관계인의 참여권

증인신문에는 피고인·피의자 또는 변호인의 참여권이 인정된다. 판사는 증인신문기일을 정한 때에는 피고인·피의자 또는 변호인에게 이를 통지하여 증인신문에 참여할 수 있도록 해야 한다($\frac{제221조의}{2 \; 제5항}$). 판사는 신문기일과 장소 및 증인신문에 참여할 수 있다는 취지를 통지하여야 한다($\frac{규칙}{제112조}$).

제 4 증인신문 후의 조치

Ⅰ. 기록송부

증인신문을 한 때에는 판사는 지체 없이 이에 관한 서류를 검사에게 송부하여야 한다($\frac{제221조의}{2 \; 제6항}$). 이 경우에는 증거보전과 달리 피고인 등에게 서류의 열람·복사권이 없다.

Ⅱ. 조서의 증거능력

증인신문조서는 공판기일에 작성한 조서와 마찬가지로 증거능력이 인정된다.[7] 다만 이 경우에도 검사가 제출한 증거에 대한 증거조사가 필요한 것은 물론이다. 한편 피고인·피의자 또는 변호인에게 참여의 기회를 주지 않고 실시된 증인신문절차에서 작성된 증인신문조서는 증거능력이 부정된다.

【사 례】 수사상의 증거보전

《사 안》 검사 甲은 피의자 乙의 강간피의사건을 수사중이다. 甲은 범행현장을 목격하였다고 판단되는 乙의 고향후배인 丙이 乙의 보복을 두려워 하여 사실대로의 진술을 주저하고 있어서 조속히 丙의 진술을 확보하고자 한다. 한편 乙은 추정 범행시각에 다른 장소에서 丁과 거래상담을 하고 있었다고 주장하여 곧 이민하게 될 丁

---

7) 대법원 1976. 9. 28. 선고 76도2143 판결.

으로부터 진술을 확보하고자 한다. 검사 甲과 피의자 乙이 각각 자신의 의도를 실현할 수 있는 수단을 논하라.(제40회 사법시험 출제문제)

《검 토》 검사 甲은 丙의 진술을 듣기 위해 출석요구를 할 수 있으나, 丙은 검사의 출석요구에 응할 의무가 없다. 丙이 검사 甲의 출석요구를 거부하는 경우 검사 甲은 제1회 공판기일 전에 판사에게 丙에 대한 증인신문을 청구하거나, 증거보전절차에 의하여 丙의 진술을 확보할 수 있다. 丙이 증인으로 채택되면 丙은 출석과 진술의무를 지고, 丙에 대한 증인신문조서는 공판기일에 작성된 조서와 마찬가지로 증거능력이 인정된다. 피의자 乙은 丁의 진술을 확보하기 위해 판사에게 증거보전을 청구할 수 있다. 丁이 곧 이민하게 된다는 사정은 증거보전의 필요성이 인정되는 경우에 해당한다.

제 6 절 수사의 종결

제 1 관 총   설

제 1 수사종결의 의의

Ⅰ. 수사종결권자

수사종결이란 피의사실이 명백하게 되었거나 또는 수사를 계속할 필요가 없는 경우에 수사절차를 종결하는 처분을 말한다. 2020년 개정 전의 형사소송법에 의하면 검사는 수사의 주재자이고, 사법경찰관은 수사의 보조자로서 검사의 지휘를 받기 때문에 수사의 종결은 검사만 할 수 있었다. 형사소송법의 개정으로 경찰청 소속 사법경찰관은 일차적 수사종결권을 가지게 되었다.

Ⅱ. 사법경찰관의 결정

1. 법원송치

「즉결심판에 관한 절차법」에 따라 20만원 이하의 벌금 또는 구류나 과료에 처할 범죄사건으로서 즉결심판절차에 의하여 처리될 경미사건의 경우에는 경찰서장이 지방법원, 지원 또는 시·군법원에게 즉결심판을 청구함으로써 수사절차를 종결한다(즉법 제3조). '20만원 이하의 벌금 또는 구류나 과료에 처할 범죄사건'

은 법정형이 아니라 선고형을 기준으로 한다.

2. 검찰송치

국가경찰공무원인 사법경찰관은 범죄를 수사한 후 범죄의 혐의가 있다고 인정되는 경우에는 지체 없이 검사에게 사건을 송치하고, 관계 서류와 증거물을 검사에게 송부하여야 한다(제245조의5 제1호). 검사는 송치사건의 공소제기 여부 결정 또는 공소의 유지에 관하여 필요한 경우에 사법경찰관에게 보완수사를 요구할 수 있다(제197조의2 제1항). 사법경찰관은 검사의 보완수사 요구가 있는 때에는 정당한 이유가 없는 한 지체 없이 이를 이행하고, 그 결과를 검사에게 통보하여야 한다(동조 제2항).

3. 불 송 치

(1) **불송치결정** 사법경찰관은 범죄를 수사한 후 범죄의 혐의가 있다고 인정되지 않는 경우에는 검사에게 사건을 송치하지 않는다. 불송치결정에는 혐의없음, 죄가 안됨, 공소권없음, 각하결정이 있다. 사법경찰관은 범죄의 혐의가 있는 사건에 대하여 기소유예결정을 할 수 없다.

(2) **기록송부** 사건불송치의 경우에 사법경찰관은 그 이유를 명시한 서면과 함께 관계 서류와 증거물을 지체 없이 검사에게 송부하여야 한다. 이 경우 검사는 송부받은 날부터 90일 이내에 사법경찰관에게 반환하여야 한다(제245조의5 제2호). 검사는 사법경찰관의 불송치처분이 위법 또는 부당한 때에는 그 이유를 문서로 명시하여 사법경찰관에게 재수사를 요청할 수 있다(제245조의8 제1항). 사법경찰관은 검사의 요청이 있는 때에는 사건을 재수사하여야 한다(동조 제2항). 사법경찰관이 재수사요청에 따른 재수사를 진행한 후 범죄의 혐의가 있다고 인정되는 경우에는 검사에게 사건을 송치하고 관계 서류와 증거물을 송부하여야 한다(수사규정 제64조 제1항). 그러나 재수사 후에도 여전히 기존의 불송치결정을 유지하는 경우에는 재수사결과서에 그 내용과 이유를 구체적으로 적어 검사에게 통보하면 된다(동조 제2호).

(3) **불송치 통지** 사법경찰관은 사건을 불송치한 경우에 관계 서류와 증거물을 검사에게 송부한 날로부터 7일 이내에 서면으로 고소인·고발인·피해자 또는 그 법정대리인(피해자가 사망한 경우에는 그 배우자·직계친족·형제자매를 포함한다)에게 사건을 검사에게 송치하지 아니하는 취지와 그 이유를 통지하여야 한다(제245조의6).

(4) **이의신청** 불송치 통지를 받은 사람(고발인은 제외한다)은 해당 사법경

찰관의 소속 관서의 장에게 이의를 신청할 수 있다($\frac{제245조의}{7\ 제1항}$). 사법경찰관의 불송치결정에 대한 이의신청기간에 관하여는 아무런 규정이 없다. 고발인은 불송치결정에 대해 이의신청을 할 수 없으므로 이 경우 경찰 단계에서 사건이 종결된다. 예를 들면 세무관서가 조세범처벌법위반으로 사건을 경찰에 고발한 경우($\frac{동법}{제21조}$) 불송치결정에 대해 이의신청을 할 수 없다.

⑸ **사건송치**   사법경찰관은 이의신청이 있는 때에는 지체 없이 검사에게 사건을 송치하고 관계 서류와 증거물을 송부하여야 하며, 처리결과와 그 이유를 이의신청인에게 통지하여야 한다($\frac{동조}{제2항}$). 검사는 사법경찰관으로부터 송치받은 사건에 관하여 해당 사건과 동일성을 해치지 아니하는 범위 내에서 수사할 수 있다($\frac{제196조}{제2항}$).

4. 수사중지

사법경찰관은 피의자의 소재불명 등의 사유로 수사를 진행할 수 없는 경우에는 **피의자 중지 결정**을 하고, 참고인·고소인·고발인의 소재불명으로 수사를 진행할 수 없는 경우에는 **참고인 중지 결정**을 한다. 사법경찰관은 수사중지 결정을 한 경우 7일 이내에 사건기록을 검사에게 송부해야 한다. 이 경우 검사는 사건기록을 송부받은 날로부터 30일 이내에 반환해야 하며, 그 기간 내에 시정조치요구를 할 수 있다($\frac{수사규정}{제45조}$).

제2 검사의 결정

Ⅰ. 공소제기

검사는 수사결과 범죄의 객관적 혐의가 충분하고 소송조건을 구비하여 유죄판결을 받을 수 있다고 인정한 때에는 공소를 제기한다. 공소제기는 수사종결의 가장 전형적인 형태이다. 한편 약식사건의 경우에는 공소제기와 동시에 약식명령을 청구할 수 있다($\frac{제449}{조}$).

Ⅱ. 불기소처분

불기소처분이란 검사가 피의사건에 대하여 공소를 제기하지 아니하는 처분을 말한다. 불기소처분에 대하여는 후술하기로 한다.

Ⅲ. 타관송치

1. 관할검찰청송치

(1) 의 의   검사는 사건이 소속 검찰청에 대응한 법원의 관할에 속하지 아니한 때에는 사건을 관할법원에 대응한 검찰청의 검사에게 송치하여야 한다($^{제256}_{조}$). 이는 필요적 이송으로서 관련사건 또는 피의자의 거주지 이전 등 사유로 검찰편의에 따라 행해지는 임의적 이송과는 구별된다.

(2) 절 차   검사가 사건을 관할검찰청에 송치하는 경우 관계서류와 증거물도 함께 송부하여야 한다. 그리고 피의자에게 즉시 그 취지를 통지하여야 한다($^{제258조}_{제2항}$).

(3) 효 력   타관송치를 한 경우라도 송치 전에 검사가 행한 처분의 효력에는 영향이 없다. 따라서 송치 전에 작성된 조서의 증거능력 등에 영향을 미치지 않고, 송치 전의 구속기간은 그대로 송치 후에 산입된다. 타관송치의 사유가 있는 경우라도 불기소처분의 사유에 해당하면 사건을 이송하지 않고 불기소처분을 내릴 수 있다.

2. 군검찰관송치

(1) 의 의   검사는 사건이 군사법원의 관할권에 속하는 때에는 사건을 서류와 증거물과 함께 재판권을 가진 관할군사법원 검찰부 검찰관에게 송치하여야 한다($^{제256조}_{의2}$). 이는 군사법원 관할사건으로서 재판권이 없다는 이유로 공소권없음이라는 불기소처분을 해야 하는 문제점을 보완하기 위해 마련된 규정이다. 한편 군검찰관은 사건이 군사법원의 재판권에 속하지 아니한 때에는 사건을 관할법원에 대응한 검찰청의 검사에게 송치하여야 한다($^{군사법원법}_{제286조}$).

(2) 효 력   검사가 사건을 군검찰관에게 송치한 경우 송치 전에 검사 또는 사법경찰관이 행한 소송행위는 송치 후에도 그 효력에 영향이 없다($^{제256}_{조의2}$).

Ⅳ. 소년부송치 등

1. 소년부송치

검사는 소년에 대한 피의사건을 수사한 결과 벌금 이하의 형에 해당하는 범죄이거나 보호처분에 해당하는 사유가 있다고 인정한 때에는 사건을 관할소년부에 송치하여야 한다($^{소년법}_{제49조}$).

2. 보호송치

「가정폭력범죄의 처벌 등에 관한 특례법」에 따라 가정폭력사범에 대하여 보호처분에 처함이 상당하다고 인정할 때(동법 제9조.)와 「성매매알선 등 행위의 처벌에 관한 법률」에 따라 성매매를 한 자에 대하여 보호처분에 처함이 상당하다고 인정할 때(동법 제12조.)에는 관할 가정법원 또는 지방법원에 송치하여야 한다.

제 2 관   불기소처분

제 1   개   관

Ⅰ. 광의의 불기소처분

광의의 불기소처분(不起訴處分)이란 검사가 피의사건에 대하여 공소를 제기하지 아니하는 처분을 말한다. 광의의 불기소처분에는 ① 협의의 불기소처분과 기소유예만 포함된다는 견해와 ② 협의의 불기소처분과 기소유예·기소중지가 포함된다는 견해 및 ③ 공소보류도 포함된다는 견해가 있다. 제258조는 검사의 종결처분을 공소제기와 불기소처분 및 타관송치로 삼분하고 있고, 기소중지·참고인중지처분에 대하여도 검찰항고가 허용되며, 공소보류처분 후 일정한 기간이 경과하면 소추배제의 효력이 발생하므로 광의의 불기소처분에는 협의의 불기소처분과 기소유예·기소중지·참고인중지뿐만 아니라 공소보류도 포함된다고 본다.

Ⅱ. 협의의 불기소처분

협의의 불기소처분이란 검사가 처음부터 적법한 공소를 제기할 수 없는 경우에 내리는 처분이다. 협의의 불기소처분에는 혐의 없음, 죄가 안됨, 공소권 없음, 각하처분이 있다.

제 2　불기소처분의 종류

I. 협의의 불기소처분

1. 혐의 없음

피의사실이 인정되지 않거나 피의사실을 인정할 만한 충분한 증거가 없는 경우 또는 피의사실이 범죄를 구성하지 아니하는 경우 혐의 없음의 결정을 한다(檢事規 제69조 제3항 제2호). 고소·고발사건에 관하여 혐의 없음의 결정을 하는 경우에는 고소인 또는 고발인에게 무고혐의가 인정되는지 여부를 판단하여야 한다(檢事規 제70조).

2. 죄가 안됨

피의사실이 범죄구성요건에 해당하나 법률상 범죄의 성립을 조각하는 사유가 있어 범죄를 구성하지 아니하는 경우에 하는 처분이다(檢事規 제69조 제3항 제3호). 위법성조각사유나 책임조각사유가 있는 경우가 이에 해당한다.

3. 공소권 없음

① 피의사건에 관하여 확정판결이 있거나, 보호처분이 확정된 경우, ② 사면이 있는 경우, ③ 공소시효가 완성된 경우, ④ 범죄 후 법률의 개폐로 형이 폐지된 경우, ⑤ 법률의 규정에 의하여 형이 면제된 경우, ⑥ 피의자에 관하여 재판권이 없는 경우, ⑦ 동일사건에 관하여 이미 공소가 제기된 경우, ⑧ 친고죄 및 공무원의 고발이 있어야 논하는 죄에 있어서 고소 또는 고발이 없거나 그 고소·고발이 무효 또는 취소된 경우, ⑨ 반의사불벌죄에 있어서 처벌을 희망하지 않는 의사표시가 있거나 처벌을 희망하는 의사표시가 철회된 경우, ⑩ 피의자가 사망하거나 피의자인 법인이 존속하지 아니하게 된 경우에는 공소권이 없다(檢事規 제69조 제3항 제4호).

4. 각　하

① 고소 또는 고발이 있는 사건에 관하여 고소인 또는 고발인의 진술이나 고소장 또는 고발장에 의하여 혐의 없음, 죄가 안됨 또는 공소권 없음의 사유에 해당함이 명백한 경우, ② 자기 또는 배우자의 직계존속을 고소·고발하거나(제224조, 제235조) 고소를 취소한 자가 다시 고소한 경우(제232조 제2항), ③ 동일사건에 관하여 검사의 불기소처분이 있는 경우(다만, 새로이 중요한 증거가 발견된 경우에 고소인 또는 고발인이 그 사유를 소명한 때에는 예외로 한다), ④ 고소권자가 아닌 자가 고

소한 경우, ⑤ 고소·고발장 제출 후 고소인 또는 고발인이 출석요구에 불응하거나 소재불명되어 고소·고발사실에 대한 진술을 청취할 수 없는 경우, ⑥ 수사와 소추할 공공의 이익이 없거나 극히 적어 수사의 필요성이 인정되지 아니하는 경우 각하결정을 한다($\substack{檢事規 \ 제69조 \\ 제3항 \ 제5호}$).

Ⅱ. 기소유예

1. 의　　의

피의사건에 관하여 범죄의 혐의가 인정되고 소송조건이 구비된 경우라도 검사는 재량으로 공소를 제기하지 않을 수 있다($\substack{제247 \\ 조}$). 그러나 검사의 소추재량권은 자의가 허용되는 무제한의 자유재량이 아니라 그 스스로 내재적인 한계를 가지는 **합목적적 자유재량**으로 이해해야 한다.[1]

2. 기　　준

검사가 기소유예를 함에 있어서 고려하여야 할 사항은 피의자의 연령·성행·지능·환경, 범행의 동기, 수단과 결과, 범행 후의 정황 등이다($\substack{제247 \\ 조}$). 이외에도 법정형의 경중, 범행에 대한 사회적 평가, 범행 후의 시간적 경과, 법령의 개폐 등의 사정도 고려의 대상이 될 수 있다.[2]

3. 조건부 기소유예

(1) **조건부 기소유예의 문제**　　조건부 기소유예란 검사가 피의자에게 일정한 의무(예를 들면 수강명령이나 일정한 지역의 출입금지 등)를 부과하여 이를 준수하는 조건으로 기소유예를 하는 제도를 말한다. ① 현행법상 조건부 기소유예가 허용된다는 견해와 ② 특별한 규정이 없는 한 조건부 기소유예는 허용되지 않는다는 견해가 대립한다. 검사가 피의자에게 일정한 조건을 부과하면서 기소유예처분을 함으로써 피의자에 대한 사회복귀를 용이하게 할 수 있으므로 조건부 기소유예는 허용된다고 본다.

(2) **선도조건부 기소유예**　　검사는 소년인 피의자에 대하여 소년과 소년의 친권자, 후견인 등 법정대리인의 동의를 받아 범죄예방자원봉사위원의 선도(善導), 소년의 선도·교육에 관련된 단체·시설에서의 상담·교육·활동 등을 받게 하고, 피의사건에 대하여 공소를 제기하지 아니할 수 있다($\substack{소년법 \\ 제49조의3}$). 소년범이 범죄예방자원봉사위원의 선도 등에 따르지 않는 경우에 검사는 사건을 재기(再

---

1) 헌법재판소 1995. 1. 20. 선고 94헌미246 결정.
2) 헌법재판소 1995. 1. 20. 선고 94헌마246 결정.

起)하여 다시 공소를 제기할 수 있다.

(3) 보호관찰소 선도조건부 기소유예   보호관찰소 선도조건부 기소유예란 소년뿐만 아니라 성인에 대하여도 일정기간 보호관찰관의 선도를 조건으로 그 소추를 유예하는 제도이다(보호관찰등에관한법률 제15조 제3호).

4. 일부기소유예

1명의 피의자에 대하여 수개의 피의사실이 인정되는 경우 일부 피의사실만 기소하고, 나머지 피의사실를 기소유예할 수 있는지 여부에 관하여 긍정설과 부정설이 대립한다. 기소유예는 피의사실의 결과뿐만 아니라 피의자의 연령·성행 등도 고려하여 판단하여야 하므로 수개의 피의사실이 인정된다면 일부 피의사실만 분리하여 기소유예할 수는 없다고 본다.

5. 형사조정제도

「범죄피해자보호법」에 따라 검사는 형사사건을 수사하고 처리할 때 형사조정 결과를 고려할 수 있다(동법 제45조 제4항). 검사는 피의자와 범죄피해자 사이에 형사분쟁을 공정하고 원만하게 해결하여 범죄피해자가 입은 피해를 실질적으로 회복하는 데 필요하다고 인정하면 당사자의 신청 또는 직권으로 수사 중인 형사사건을 형사조정에 회부할 수 있다(동법 제41조 제1항). 형사조정은 각급 지방검찰청 및 지청에 설치된 형사조정위원회에서 담당한다(동법 제42조 제1항). 검사는 형사조정이 성립되지 않았다는 사정을 피의자에게 불리하게 고려하여서는 안된다(동법 제45조 제4항 단서). 형사조정에 의하여 피의자와 범죄피해자 사이에 형사분쟁이 원만하게 해결된 경우에는 검사는 피의자에 대하여 기소유예처분을 하거나 공소를 제기할 때 참작할 수 있다.

Ⅲ. 공소보류

1. 의   의

공소보류(公訴保留)란 국가보안법위반 피의자에 대하여 형법 제51조의 양형사유를 참작하여 공소제기를 보류하는 처분을 말한다. 공소보류는 공소제기를 보류한다는 점에서 기소유예와 유사하지만 그 대상이 국가보안법위반사건의 경우로 한정되고 일정한 유예기간이 설정되어 있다는 점에서 기소유예와 구별된다.

2. 효   과

공소보류자에 대하여 공소제기 없이 2년이 경과하면 소추를 할 수 없으며 법무부장관이 정한 감시·보도에 관한 규칙을 위반하면 공소보류를 취소할 수 있는데, 취소한 때에는 재구속 제한을 받지 않고 구속할 수 있다($^{국가보안법}_{제20조}$).

Ⅳ. 기소중지와 참고인중지

1. 기소중지

(1) 의 의   검사가 피의자의 **소재불명** 등의 사유로 수사를 종결할 수 없는 경우에 그 사유가 해소될 때까지 하는 처분이다($^{檢事規}_{제73조}$). 기소중지는 엄밀한 의미에서 수사의 종료라고 할 수 없고 수사를 잠정적으로 중지하는 처분이다. 따라서 중지사유가 해소된 경우에는 즉시 수사를 재기하여 공소제기 여부를 결정하여야 한다.

(2) **기소중지처분의 제한**   기소중지는 기소 또는 협의의 불기소처분 등 종국처분을 하기 어려운 경우에 제한적으로 행해져야 하므로 고소사건에 대하여 당연히 조사해야 할 사항에 대해 현저히 조사를 소홀히 하고 형평에 반하는 자의적인 수사와 판단에 따라 기소중지처분을 한 경우에는 헌법이 보장한 평등권과 재판절차진술권을 침해한 것으로 보아야 한다.[3]

(3) **지명수배**   검사는 피의자의 소재불명으로 기소중지처분을 하는 경우 수사상 필요한 때에는 기소중지자에 대한 지명수배를 할 수 있다($^{檢事規\ 제75}_{조\ 제2항}$).

2. 참고인중지

검사가 참고인·고소인·고발인의 소재불명으로 수사를 종결할 수 없는 경우에 그 사유가 해소될 때까지 하는 처분이다($^{檢事規}_{제74조}$). 참고인의 소재가 불분명한 경우에 피의자에 대하여 기소중지처분을 하면 마치 피의자가 소재불명 또는 도피중인 듯이 오해받을 염려가 있기 때문에 별도로 규정된 처분이다.

제 3 불기소처분사유의 경합

Ⅰ. 협의의 불기소처분과 기소유예·기소중지

① 기소유예처분은 범죄의 혐의를 전제로 하기 때문에 이론적으로 협의의

---

3) 헌법재판소 1991. 4. 1. 선고 94헌마115 결정, 1995. 2. 23. 선고 94헌마54 결정.

불기소처분사유와 경합되는 경우가 없다. 따라서 범죄사실의 부존재, 증거불충분, 소송조건의 결여 등과 같은 사유가 존재하면 검사는 반드시 협의의 불기소처분에 의하여 수사절차를 종결하여야 하고 기소유예처분을 하여서는 안된다.[4] ② 기소중지처분의 사유가 있더라도 협의의 불기소처분이나 기소유예를 할 수 있다.

Ⅱ. 협의의 불기소처분사유의 경합

① 각하처분사유는 다른 불기소처분사유보다 먼저 판단하게 된다. 고소·고발사건에 대하여 소정의 사유가 존재하면 검사는 피의사건을 별도로 조사하지 않고 바로 각하처분을 한다. ② 공소권 없음 처분사유와 혐의 없음 처분사유가 경합하는 경우에는 형식처분인 공소권 없음 결정을 한다. 또한 공소권 없음 처분사유와 죄가 안됨 처분사유가 경합하는 경우에도 공소권 없음 결정을 하여야 한다. 이러한 경우 죄가 안됨 결정을 하여야 한다는 견해가 있으나, 피의사건의 실체에 대한 판단에 앞서 형식처분이 우선한다고 본다. ③ 죄가 안됨 처분사유와 혐의 없음 처분사유가 경합하는 경우에는 죄가 안됨 결정을 한다.

제4 불기소처분의 효과

Ⅰ. 재기소의 허용

검사의 불기소처분에는 법원의 종국재판과 달리 일사부재리의 효력이 인정되지 않는다.[5] 따라서 검사가 불기소처분한 사건을 다시 수사하여 공소제기하였다 하더라도 그 공소제기는 유효하다. 이에 대하여 불기소처분을 받은 피의자의 법적 안정성을 해한다는 이유로 공소취소($\frac{제329}{조}$)의 경우처럼 새로운 중요한 증거가 발견된 때에만 공소를 제기할 수 있다고 해석하는 견해도 있으나, 공소취소는 일단 법원에 의하여 심리가 진행된 상황에서 공판절차가 종료되는 경우이므로 검사의 불기소처분에 대하여 공소취소의 규정을 준용하는 해석은 무리라고 생각된다.

---

4) 대법원 1985. 7. 29.자 85모16 결정.
5) 대법원 1983. 12. 27. 선고 83도2686 판결, 1987. 11. 10. 선고 87도2020 판결.

Ⅱ. 불기소처분의 통지

1. 고소인 등에 대한 처분통지

검사는 고소 또는 고발 있는 사건에 관하여 불기소처분을 한 때에는 그 처분을 한 날로부터 7일 이내에 서면으로 고소인 또는 고발인에게 그 취지를 통지하여야 한다(제258조제1항). 검사는 고소 또는 고발 있는 사건에 관하여 공소를 제기하지 아니하는 처분을 한 경우에 고소인 또는 고발인의 청구가 있는 때에는 7일 이내에 고소인 또는 고발인에게 그 이유를 서면으로 설명하여야 한다(제259조).

2. 피의자에 대한 처분통지

검사는 불기소처분을 한 때에는 피의자에게 즉시 그 취지를 통지하여야 한다(제258조제2항).

Ⅲ. 불기소사건기록의 열람 · 복사

불기소처분으로 종결된 사건기록에 관해서는 「공공기관의 정보공개에 관한 법률」에 따른 정보공개청구가 허용되고 그 거부나 제한 등에 대한 불복은 항고소송절차에 의한다. 한편 검찰보존사무규칙에 의하면, 피의자와 변호인, 고소인 · 고발인, 피해자, 참고인 등은 '본인의 진술이 기재된 서류(녹음물 · 영상녹화물 포함)'와 '본인이 제출한 서류'에 한하여 불기소사건기록을 열람 · 복사할 수 있다(검찰보존사무규칙 제20조의2). 검찰보존사무규칙은 특별한 근거 없이 불기소사건기록의 열람 · 복사 신청권자 및 신청범위를 제한하여 국민의 알권리를 과도하게 침해한 것이다.

제5 불기소처분에 대한 불복

Ⅰ. 검찰항고

1. 의 의

검찰항고(檢察抗告)란 고소인 또는 고발인이 검사의 불기소처분에 대하여 불복이 있는 경우 검찰조직의 상급기관에 그 시정을 구하는 제도이다. 검찰항고는 검사의 불기소처분에 대하여 내부적으로 견제하는 기능을 가진다. 협의의 불기소처분뿐만 아니라 기소유예처분과 기소중지처분도 검찰항고의 대상이 된다.

2. 항 고

(1) **항고장의 제출** 검사의 불기소처분에 불복이 있는 고소인 또는 고발인은 그 검사가 속하는 지방검찰청 또는 지청을 거쳐 서면으로 관할 고등검찰청의 검사장에게 항고를 할 수 있다. 이 경우 지방검찰청 또는 지청의 검사는 항고가 이유 있다고 인정하는 때에는 그 처분을 경정하여야 한다(검찰청법 제10조 제1항).

(2) **항고기간** 항고기간은 불기소처분의 통지를 받은 날로부터 30일 이내이다. 다만 항고인이 책임질 수 없는 사유로 인하여 그 기간 내에 항고하지 못한 것을 소명한 때에는 항고기간은 그 사유가 해소된 때로부터 기산한다(검찰청법 제10조 제4항, 제6항).

(3) **항고에 대한 판단** 항고제기기간이 경과하여 접수된 항고는 기각하여야 한다. 다만 새로이 중요한 증거가 발견된 경우에 고소인 또는 고발인이 그 사유를 소명한 때에는 예외로 한다(검찰청법 제10조 제7항). 또한 고등검찰청의 검사장은 항고가 이유 없다고 인정한 때에는 항고를 기각한다. 항고가 이유 있다고 인정한 때에는 소속 검사로 하여금 지방검찰청 또는 지청 검사의 불기소처분을 직접 경정하게 할 수 있다(동조 제2항).

3. 재 항 고

(1) **재항고장의 제출** 검찰항고를 기각하는 처분에 대하여 불복하거나, 항고를 한 날로부터 항고에 대한 처분이 행하여지지 아니하고 3개월이 경과한 때에는 항고인은 그 검사가 속하는 고등검찰청을 거쳐 서면으로 검찰총장에게 재항고를 할 수 있다. 이 경우 당해 고등검찰청의 검사는 재항고가 이유 있다고 인정하는 때에는 그 처분을 경정하여야 한다(검찰청법 제10조 제3항).

(2) **재항고기간** 재항고기간은 항고기각결정의 통지를 받은 날 또는 항고 후 항고에 대한 처분이 행하여지지 아니하고 3개월이 경과한 날로부터 30일 이내이다. 다만 재항고인이 책임질 수 없는 사유로 인하여 그 기간 내에 재항고하지 못한 것을 소명한 때에는 재항고기간은 그 사유가 해소된 때로부터 기산한다(검찰청법 제10조 제5항, 제6항).

(3) **재항고에 대한 판단** 재항고제기기간이 경과하여 접수된 재항고는 기각하여야 한다. 다만 새로이 중요한 증거가 발견된 경우에 고소인 또는 고발인이 그 사유를 소명한 때에는 예외로 한다(검찰청법 제10조 제7항). 또한 검찰총장은 재항고가 이유 없다고 인정한 때에는 재항고를 기각한다. 검찰총장은 재항고가 이유 있다

고 인정한 때에 수사명령 또는 공소제기명령 등 재항고의 취지에 상응하는 명령을 하여야 한다.

II. 재정신청

고소권자로서 고소를 한 자(공무원의 직권남용죄에 대하여 고발한 자를 포함)는 검사로부터 공소를 제기하지 않는다는 통지를 받은 때에는 그 검사 소속의 지방검찰청 소재지를 관할하는 고등법원에 재정신청을 할 수 있다(제260조 제1항). 재정신청을 하려면 검찰청법 제10조에 따른 항고를 거쳐야 한다(동조 제2항). 고등법원은 재정신청이 이유 있는 경우 사건에 대한 공소제기를 결정한다(제262조 제2항 제2호). 이에 대하여는 공소제기절차에서 자세히 살펴보기로 한다.

III. 헌법소원

1. 의 의

헌법소원이란 공권력의 행사 또는 불행사로 인하여 헌법상 보장된 기본권을 침해받은 자가 헌법재판소에 그 권리구제를 청구하는 것을 말한다(헌재법 제68조 제1항). 따라서 검사의 불기소처분으로 인하여 헌법상 보장된 기본권을 침해받은 자도 헌법재판소에 헌법소원을 제기할 수 있다.

2. 청구권자

⑴ **피해자**　검사의 불기소처분에 대하여 헌법소원을 제기하려면 헌법상 보장된 기본권이 공권력의 행사 또는 불행사로 인하여 직접적·현실적으로 침해되었음을 주장해야 한다. 헌법재판소는 검사의 불기소처분으로 인하여 피해자의 진술권(헌법 제27조 제5항)과 행복추구권(헌법 제10조) 및 평등권(헌법 제11조 제1항)이 침해된다고 해석하고 있다.[6] 즉 범죄피해자는 국가기관에 대하여 적정한 형사소추권의 발동을 촉구하고 나아가 당해 사건의 재판절차에서 진술할 권리를 가지며 동시에 모든 국민은 법 앞에 평등하다는 점을 근거로 제시하고 있다.

⑵ **고소인**　헌법소원을 청구하려면 먼저 다른 법률에 정하여진 구제절차를 모두 마쳐야 한다(헌재법 제68조 제1항 단서). 고소인은 검사의 불기소처분에 대하여 검찰항고를 거쳐 고등법원에 재정신청할 수 있다. 그런데 재정신청에 대한 고등법원의 기각결정과 대법원의 재항고기각결정은 법원의 재판이므로 헌법소원이 인

---

6) 헌법재판소 1989. 4. 17. 선고 88헌마3 결정, 1989. 7. 14. 선고 89헌마10 결정, 1989. 10. 27. 선고 89헌마56 결정.

정되지 않는다. 따라서 고소인은 헌법소원을 청구할 수 없고, 고소를 하지 않은 피해자만 검사의 불기소처분에 대하여 바로 헌법소원을 청구할 수 있다.

(3) **고발인**　고발사건의 경우 검사의 공소권행사의 적정성을 통제할 필요가 있고, 검사의 자의적 형사소추권의 행사는 고발인의 평등권을 침해한다는 점을 근거로 고발인에게 헌법소원청구권을 인정하는 견해가 있다. 그러나 고발인의 경우 헌법소원청구의 요건인 자기관련성이 인정되지 않고, 재판절차진술권은 범죄피해자에게만 인정되기 때문에 고발인은 헌법소원을 청구할 수 없다고 본다. 헌법재판소는 부정설의 입장을 취하고 있다.[7]

(4) **피의자**　검사가 피의사건에 대하여 협의의 불기소처분을 해야 하는데도 기소유예처분을 한 경우에는 피의자도 헌법소원을 청구할 수 있다.[8] 즉 검사의 기소유예처분에 대하여 불복이 있는 피의자는 평등권, 재판받을 권리, 행복추구권의 침해를 이유로 헌법소원을 제기할 수 있다.

【사 례】 불기소처분에 대한 불복

《**사 안**》 甲은 乙이 운영하는 슈퍼마켓에서 물건을 훔쳤다는 혐의로 고소되었다. 피의자 甲은 수사기관에서 자신의 범행을 부인하였고, 고소인 乙도 甲의 얼굴을 정확히 기억하지 못하였다. 검사는 甲의 나이가 어린 점을 참작하여 기소유예처분을 하였다. 甲과 乙은 검사의 기소유예처분에 대하여 불복을 할 수 있는가?

《**검 토**》 피의자 甲은 자신의 무혐의를 주장하면서 기소유예처분에 대해 헌법소원을 청구할 수 있다. 이와 같은 경우 甲은 검찰청에 진정서를 제출하거나 수사재기를 신청함으로써 자신의 억울함을 호소할 수도 있겠으나, 이는 검사의 직권발동을 촉구하는 하나의 방법일 뿐이므로 정식의 구제절차라고 볼 수 없으므로 직접 헌법소원을 청구하는 것이 가능하다.[9] 한편 고소인 乙은 검사의 기소유예처분에 대하여 불복이 있는 경우 검찰조직의 상급기관에 그 시정을 구하기 위해 불기소처분의 통지를 받은 날로부터 30일 이내에 검찰항고를 제기할 수 있다. 그리고 고등검찰청의 검사장이 검찰항고를 기각하면 검찰총장에게 재항고를 하거나 고등법원에 재정신청을 할 수 있으나, 헌법재판소에 헌법소원을 청구할 수는 없다.

3. 대　　상

(1) **불기소처분**　검사의 불기소처분은 피의자에 대하여 적극적으로 공소를

---

7) 헌법재판소 1989. 12. 22. 선고 89헌마145 결정.
8) 헌법재판소 1989. 10. 27. 선고 89헌마56 결정, 2010. 6. 24. 선고 2008헌마716 결정.
9) 헌법재판소 1992. 11. 12. 선고 91헌마146 결정.

제기하지 않고 수사를 종결한다는 공권적 의사를 표시하는 처분이라는 점에서 공권력의 행사임과 동시에 피해자를 중심으로 보면 피해자에 대한 보호를 포기한다는 점에서 공권력의 불행사라는 이중적 성질을 가진다.[10] 헌법소원의 대상이 되는 검사의 불기소처분에는 협의의 불기소처분뿐만 아니라 기소유예처분도 포함된다. 협의의 불기소처분에 해당하는 사건을 기소유예처분하는 경우,[11] 기소유예처분 자체가 검사가 가지는 소추재량권의 일탈이나 남용에 해당하는 경우에 헌법소원의 대상이 된다.[12]

⑵ **수사중인 사건**　　수사기관이 수사중인 사건의 경우 공권력의 행사 또는 불행사가 없기 때문에 헌법소원의 대상이 되지 않는다.[13] 다만 수사기관이 고소사건에 대하여 특별한 사정이 없는데도 불구하고 수사를 장기간 착수하지 않거나 검사가 수사종결처분을 현저히 부당하게 미루는 경우에는 공권력의 불행사에 해당하므로 헌법소원의 대상이 된다고 본다.

⑶ **내사종결처분**　　진정사건에 대한 내사종결처리는 수사기관의 내부적 사건처리방식에 지나지 않고, 그 결과에 대하여 불만이 있으면 따로 고소를 할 수 있으므로 헌법소원의 대상이 되지 않는다.[14]

⑷ **기소중지처분**　　검사가 기소중지처분을 한 사건에 관하여 고소인이나 피의자가 기소중지사유가 해소되었음을 이유로 수사재기신청을 하였는데도 검사가 재기불요결정(再起不要決定)을 하였다면, 재기불요결정은 실질적으로는 그 결정시점에 있어서의 제반사정 내지 사정변경 등을 감안한 새로운 기소중지처분으로 볼 수 있으므로 이 재기불요결정도 헌법소원의 대상이 되는 공권력의 행사에 해당한다.[15]

4. 절　　차

⑴ **청　구**　　피의자가 직접 헌법소원의 심판을 청구하는 경우 또는 고소인이 아닌 피해자가 헌법소원심판을 청구하는 경우에는 검사의 불기소처분이 있음을 안 날로부터 90일 이내에, 그 사유가 있는 날로부터 1년 이내에 헌법소원을 청구하여야 한다(헌재법 제69조 제1항). 헌법소원의 심판청구에는 재정신청의 경우와 달리 공소시효정지의 효력이 없다.[16]

---

10) 헌법재판소 1989. 4. 17. 선고 88헌마3 결정.
11) 헌법재판소 1996. 3. 28. 선고 95헌마170 결정.
12) 헌법재판소 1996. 3. 28. 선고 95헌마208 결정.
13) 헌법재판소 1989. 9. 11. 선고 89헌마169 결정.
14) 헌법재판소 1990. 12. 26. 선고 89헌마277 결정.
15) 헌법재판소 2009. 9. 24. 선고 2008헌마210 결정.

(2) **결 정** 　헌법소원을 인용하는 때에는 헌법재판소는 기본권침해의 원인이 된 공권력의 행사를 취소하거나 그 불행사가 위헌임을 확인할 수 있다(^{헌재}_법 _{제75조}_{제3항}). 이러한 경우 헌법재판소는 검사의 불기소처분을 취소하면서 검사에 대하여 재기수사명령이나 공소제기명령도 할 수 있다고 해석하는 견해가 있으나, 헌법재판소는 검사의 불기소처분을 취소하는 결정을 할 수 있을 뿐 재기수사명령이나 공소제기명령을 할 수는 없다고 본다. 따라서 헌법재판소가 검사의 불기소처분을 취소한 때에도 검사에게 공소제기를 강제하는 것은 아니다.

제 3 관　공소제기 후의 수사

제 1　개　　관

Ⅰ. 의　　의

공소제기 후의 수사란 수사기관이 공소제기 후에 공소를 유지하거나 공소유지 여부를 결정하기 위해 행하는 수사를 말한다. 공소제기 후의 수사도 그 주체가 수사기관에 의하여 행해지는 것이다.

Ⅱ. 필 요 성

수사는 본래 공소제기 여부를 결정하기 위한 준비절차이므로 검사가 공소를 제기하면 수사도 일응 종결된다. 그러나 공소가 제기된 후에도 수사가 필요한 경우가 있다. 예를 들면 공소제기 후에 피고인에 대한 공소사실 일부가 추가로 밝혀진 경우, 공소유지를 위해 보강수사를 통한 증거수집이 필요한 경우 또는 진범이 발견되어 공소유지 여부를 새롭게 결정해야 하는 경우이다. 그러나 일단 공소가 제기되면 피의자는 피고인으로서 검사와 대등한 소송주체의 지위를 가지게 되므로 공소제기 후의 수사는 일정한 범위 내에서 제한되어야 한다.

---

16) 헌법재판소 1993. 9. 27. 선고 92헌마284 결정.

제 2 공소제기 후의 강제수사

Ⅰ. 피고인구속

불구속으로 기소된 피고인이 증거를 인멸하거나 도주할 우려가 있어서 구속해야 할 필요성이 있는 경우에도 검사는 수소법원 이외의 법관으로부터 영장을 발부받아 피고인을 구속할 수 없고 수소법원의 직권에 의한 구속을 촉구할 수 있을 뿐이다. 현행법은 수사기관에 의한 구속의 대상을 피의자로 한정하고 있고, 피고인은 공판절차에서 검사와 대등한 소송주체이기 때문이다.

Ⅱ. 압수 · 수색 · 검증

1. 쟁   점

공소제기 후에 수사기관이 수소법원과는 별개로 압수 · 수색 · 검증을 할 수 있는가에 관하여 학설의 대립이 있다.

2. 학   설

⑴ 긍정설   수사기관은 공소제기 후에도 제1회 공판기일 전에 한하여 압수 · 수색 · 검증을 할 수 있다는 견해이다. ① 수사기관의 압수 · 수색 · 검증에 관하여는 구속의 경우와 달리 제215조가 영장청구의 시기를 제한하지 않고 있고, ② 압수 · 수색 · 검증은 피고인의 방어활동에 영향을 미치는 것이 아니며, ③ 법원의 처분을 기다리지 않고 당사자인 검사가 직접 증거를 수집 · 보전하는 것은 당사자주의와 공판중심주의에도 부합한다는 점을 근거로 들고 있다.

⑵ 부정설   공소제기 후에는 제1회 공판기일 전후를 불문하고 수사기관에 의한 압수 · 수색 · 검증이 원칙적으로 허용될 수 없다는 견해이다. ① 공소제기 후에는 강제처분에 관한 권한이 수소법원으로 이전되고, ② 공소제기 후 제1회 공판기일 전에 압수 · 수색 · 검증을 해야 할 긴급한 사정이 있는 경우 검사는 증거보전청구를 통하여 대물적 강제수사의 목적을 달성할 수 있으며, ③ 현행법이 수사절차에서의 압수 · 수색 · 검증과 공판절차에서의 압수 · 수색 · 검증을 구분하고 있고, ④ 수사기관이 영장을 청구할 때에는 피의사실의 요지를 기재하도록 하고 있는 점(규칙 제107조)을 그 근거로 들고 있다.

3. 판 례

제215조에서 검사가 압수·수색 영장을 청구할 수 있는 시기를 공소제기 전으로 명시적으로 한정하고 있지는 아니하나, 헌법상 보장된 적법절차의 원칙과 재판받을 권리, 공판중심주의·당사자주의·직접주의를 지향하는 현행 형사소송법의 소송구조 등을 종합하여 보면, 일단 공소가 제기된 후에는 피고사건에 관하여 검사로서는 제215조에 의하여 압수·수색을 할 수 없다고 보아야 하며, 그럼에도 검사가 공소제기 후 수소법원 이외의 판사에게 청구하여 발부받은 영장에 의하여 압수·수색을 하였다면, 그와 같이 수집된 증거는 원칙적으로 유죄의 증거로 삼을 수 없다.[17]

4. 검 토

부정설이 타당하다고 본다. 다만 예외적으로 다음과 같은 경우에는 수사기관의 압수·수색·검증이 허용된다. ① 공소제기 후에도 수사기관은 **임의제출물**을 압수할 수 있다. 제출자가 수사기관에 그 반환을 요구할 수 없다는 점에서 임의제출물의 압수는 강제수사의 일종이다. ② 검사 또는 사법경찰관이 피고인에 대한 **구속영장을 집행**하는 경우에는 그 집행현장에서 영장 없이 압수·수색·검증을 할 수 있다($^{제216조}_{제2항}$). 구속영장의 집행과정에서 이루어진 압수·수색·검증은 수사기관이 주체가 되는 강제수사의 일종이라 할 수 있으므로 공소제기 후의 수사에 해당한다.

【사 례】 공소제기 후의 압수

《사 안》 검사는 피고인 甲을 업무상횡령죄로 기소하였는데, 제1회 공판기일 전에 피고인 甲이 작성한 이중장부가 甲의 사무실에 보관되어 있다는 정보를 입수하였다. 검사는 이중장부를 압수할 수 있는가?

《검 토》 본 사안의 쟁점은 공소제기 후 수사기관에 의한 압수가 허용되는지 여부이다. 긍정설에 따르면 검사는 제1회 공판기일 전에 한하여 증거물을 압수할 수 있다고 한다. 그러나 공소제기 후에는 강제처분에 관한 권한이 수소법원에 있으므로 제1회 공판기일 전후를 불문하고 검사는 압수영장을 청구할 권한이 없다고 본다. 따라서 검사가 이중장부에 대한 압수영장을 청구한다면 판사는 영장청구를 기각해야 한다. 이러한 경우 수소법원은 직권으로 압수영장을 발부하여 이중장부를 압수할 수 있다.

---

1) 대법원 2011. 4. 28. 선고 2009도10412 판결.

제3 공소제기 후의 임의수사

Ⅰ. 피고인에 대한 신문

1. 쟁   점

공소제기 후에 수사기관이 공소사실에 관하여 피고인을 신문할 수 있는가에 대하여 학설의 대립이 있다. 이 문제는 공소제기 후 검사에 의해 작성된 피고인신문조서 또는 피고인진술조서의 증거능력 여부와 관련되어 있다.

2. 학설과 판례

(1) **긍정설**   피의자신문은 임의수사로서 제199조 제1항이 임의수사의 시기에 대하여 제한을 하고 있지 않으므로 제1회 공판기일 전후를 불문하고 수사기관이 피고인을 신문하는 것은 가능하다는 견해이다. 판례는 공소제기 후에 검사가 작성한 피고인신문조서의 증거능력을 인정함으로써 긍정설의 입장을 취하고 있다.[18]

(2) **부정설**   당사자주의와 공평한 재판의 이념 및 피고인의 방어권 보장이라는 관점에서 수사기관에 의한 피고인신문을 부정하는 견해이다. ① 제200조가 '피의자'신문을 규정하고 있을 뿐이므로 여기에 피고인이 포함될 수는 없고, ② 피고인은 공소제기 후 제1회 공판기일까지 사실상 자신의 방어권을 준비할 수 있는 유일한 시간을 가지므로 그 기간에 피고인신문을 허용하는 것은 피고인의 당사자지위를 위협하는 것이며, ③ 공소제기 후에 수사기관의 피고인신문을 허용하게 되면 공판기일의 피고인신문절차가 유명무실하게 되어 공판절차의 소송적 구조가 파괴된다는 점을 근거로 한다.

(3) **절충설**   공소제기 후에도 제1회 공판기일 전에 한하여 검사에 의한 피고인신문이 허용된다는 견해이다. 피고인의 당사자로서의 지위와 피고인신문의 필요성이라는 두 가지 측면을 조화한다는 점을 근거로 한다.

3. 검   토

공소가 제기된 후에는 그 사건에 관한 형사절차의 모든 권한이 사건을 주재하는 수소법원에 속하게 되며, 수사의 대상이던 피의자는 검사와 대등한 당사자인 피고인의 지위에서 방어권을 행사하게 된다. 공소사실의 인정은 법관의

---

18) 대법원 1982. 6. 8. 선고 82도754 판결, 1984. 9. 25. 선고 84도1646 판결.

면전에서 직접 조사한 증거만을 기초로 해야 한다. 검사가 공소를 제기한 후 피고인을 소환하여 피고인에 대한 신문조서를 작성하여 이를 공판절차에 증거로 제출할 수 있게 한다면, 당사자주의·공판중심주의·직접심리주의에 반하고 피고인의 공정한 재판을 받을 권리를 침해하기 때문에 피고인에 대한 신문은 허용되지 않고, 피고인에 대한 신문조서는 증거로 사용할 수 없다고 본다.

II. 다른 임의수사의 경우

1. 참고인조사

참고인조사는 제1회 공판기일 전에 한하여 허용된다는 견해가 있으나, 제1회 공판기일 후에도 원칙적으로 허용된다고 본다. 그러나 피고인에게 유리한 증언을 한 증인을 수사기관이 법정 외에서 다시 참고인으로 조사하여 법정에서 행한 진술을 번복하게 하는 것은 공정한 수사권의 행사라고 할 수 없을 뿐만 아니라 그와 같은 방식으로 작성한 참고인진술조서는 증거로 사용할 수 없다.[19] 또한 수사기관이 공판기일에 증인으로 신청하여 신문할 수 있는 사람을 특별한 사정 없이 미리 수사기관에 소환하여 작성한 진술조서는 피고인이 증거로 할 수 있음에 동의하지 않는 한 증거로 사용할 수 없다.[20]

2. 감정위촉

수사기관의 감정위촉은 법원의 감정위촉과 달리 감정인의 선서제도가 없고 감정에 대한 당사자의 참여도 보장되어 있지 않기 때문에 제1회 공판기일 전에 한하여 허용된다는 견해가 있다. 그러나 수사기관은 필요한 경우 제1회 공판기일 후에도 별도로 감정을 위촉할 수 있다고 본다. 통역과 번역의 위촉도 동일하다.

3. 공무소조회

수사기관에 의한 공무소조회도 제1회 공판기일 전에 한하여 허용되고 제1회 공판기일 후에는 수소법원에 공무소 등에 대한 조회($제272조$)를 신청해야 한다는 견해가 있으나, 공무소조회도 제1회 공판기일 전후를 불문하고 허용된다고 본다.

---

19) 대법원 2000. 6. 15. 선고 99도1108 전원합의체 판결.
20) 대법원 2019. 11. 28. 선고 2013도6825 판결.

제 2 장 공   소

제 1 절   공소 일반

제 1 관   공소와 공소권

제 1   공   소

공소(公訴)란 검사가 특정한 형사사건에 대하여 유죄판결을 구하는 소송행위를 말한다. 검사는 수사결과에 기초하여 범죄의 객관적 혐의가 인정되고 피의자를 처벌할 필요가 있다고 판단하면 공소를 제기하는데 이를 기소라고도 한다. 공소제기의 권한은 검사에게 있고, 법원은 검사의 공소제기가 없는 한 형사사건에 관한 심판을 할 수 없다.

제 2   공소권이론

Ⅰ. 의   의

1. 공소권의 개념

공소권이란 공소를 제기·유지할 수 있는 검사의 권한을 말한다. 공소를 제기하고 수행하는 검사의 지위를 권한의 측면에서 파악한 것이다. 공소권은 소송법상의 권한이므로 실체법상의 형벌권과는 구별된다. 실체법상 형벌권이 없어 무죄판결을 해야 하는 경우에도 공소권은 존재할 수 있다는 점에서 양자는 일응 구별되지만, 유죄판결의 개연성이 있어야 공소의 제기 및 유지가 가능하다는 점에서 공소권은 형벌권과 밀접한 관련을 가진다.

2. 공소권의 본질

공소권의 본질을 규명하기 위한 이론을 공소권이론이라 한다. 공소권을 소송법상의 중요한 기본개념으로 보고 이에 대한 독자적 의의를 부여하려는 입장과 공소권을 단지 소송조건과 관련된 것으로 보아 독자적 의의를 부인하려는 입장으로 나눌 수 있다.

Ⅱ. 공소권이론 인정론

1. 추상적 공소권설

(1) 내 용　검사가 형사사건에 대하여 공소를 제기할 수 있는 일반적 권한을 공소권이라고 하는 견해이다. 추상적 공소권설은 국가소추주의에 관한 규정을 근거로 공소권이 검사에게 있는 점을 강조한 것이다.

(2) 비 판　추상적 공소권설은 국가소추주의를 표현할 뿐 공소권이 소송법상 가지는 구체적 의미와 내용을 밝히는 데 무의미하다는 비판이 있다.

2. 구체적 공소권설

(1) 내 용　공소권이란 검사가 구체적 사건에 관하여 공소를 제기하여 수행할 수 있는 권한을 의미한다는 견해이다. 구체적 공소권설에 따르면, 공소권은 형식적 공소권과 실체적 공소권으로 구별된다. 형식적 공소권이란 공소제기를 위한 형식적인 적법요건을 구비한 경우의 공소권을 의미한다. 즉 법원이 해당 사건에 대하여 재판권과 관할권을 가질 것, 공소제기의 절차가 법률의 규정에 위반하지 않았을 것, 친고죄에 있어서 고소가 있을 것과 같은 **형식적 소송조건**이 구비된 경우의 공소권을 말한다. 이에 반하여 **실체적 공소권**은 실체적으로 범죄의 혐의가 충분하고 유죄판결을 받을 법률상의 이익이 존재하는 경우의 공소권을 의미한다. 즉 확정판결이 없을 것, 공소시효가 완성되지 않았을 것과 같은 **실체적 소송조건**이 구비된 경우의 공소권을 말한다. 형식적 공소권이 없는 공소제기에 대하여는 관할위반 또는 공소기각의 재판을 하고, 실체적 공소권이 없는 공소제기에 대하여는 면소의 재판을 해야 한다는 것이다.

(2) 비 판　구체적 공소권설에 의하면 ① 무죄판결을 할 경우의 공소권을 설명할 수 없고, ② 형사소송에서는 소의 이익이라는 관념이 일반화되어 있지 않기 때문에 구체적 공소권과 실체법상 형벌청구권과의 구별이 곤란할 뿐 아니라, ③ 단일한 공소권을 형식적 공소권과 실체적 공소권으로 구분하는 것은 부당하다는 비판이 있다.

3. 실체판결청구권설

(1) 내 용　공소권이란 검사가 구체적 사건에 관하여 유죄 또는 무죄의 실체판결을 구하는 권한이라고 해석하는 견해이다. 실체판결청구권설의 입장에

서는 통상의 소송조건이 구비되면 검사에게 유죄·무죄의 판단을 법원에 대하여 구할 수 있는 공소권이 발생한다고 주장한다.

(2) 비 판   실체판결청구권설은 그 이론적 타당성을 입증하는 논거를 제시하지 않고 추상적 공소권설과 구체적 공소권설의 이론적 난점만 지적하고 있고, 민사소송과 형사소송의 본질적 차이를 간과하여 형사절차의 종결을 실체판결과 형식재판으로 이분하는 것은 부당하다는 비판이 있다.

III. 공소권이론 부인론

1. 내   용

공소권은 소송조건과 표리일체의 관계에 있으므로 공소권이론은 소송조건이론으로 해소시켜야 한다는 견해이다. 즉 공소권이란 소송조건을 검사의 입장에서 본 것에 지나지 않는다고 한다. 따라서 공소권이론은 소송조건이론의 일면으로 파악하면 충분할 뿐만 아니라 공소권개념은 발전적 요소가 없기 때문에 소송의 동적·발전적 특성에 적합하지 않다고 한다.

2. 비   판

① 공소제기의 유효요건인 소송조건에 공소권이 해소된다는 것은 적절하지 않고, ② 검사의 공소권을 피고인의 방어권에 대립시켜 양 당사자의 권리로 파악할 때에는 검사의 공소권행사를 억제하는 기능을 수행할 수 있다는 점에 비추어 공소권이론 부인론은 부당하다는 비판이 있다.

IV. 검   토

공소권이론은 검사의 공소권을 피고인의 방어권에 대립시켜 검사의 공소권 남용에 대한 법적 통제를 마련할 수 있다는 점에서 그 유용성을 인정할 수 있다. 그리고 공소권의 본질과 성격은 구체적 공소권설에 의하여 설명하는 입장이 타당하다고 본다. 실체판결청구권설은 민사소송의 본안재판청구권설을 기초로 함으로써 공소권을 단순히 실체판결에만 연결시켜 민사소송과 형사소송의 본질적 차이를 간과하고 있다. 또한 검사는 유죄판결에 대한 고도의 개연성을 근거로 공소를 제기하는 것이므로 구체적 공소권설에 의하면 무죄판결에 대한 공소권을 설명할 수 없다는 비판도 적절하지 못하다.

제 3   공소권남용론

I. 의   의

공소권의 남용이란 공소권의 행사가 형식적으로는 적법하지만 실질적으로는 부당한 경우를 말한다. 이와 같이 공소권이 남용된 경우에는 공소제기의 방식과 절차가 적법하더라도 공소기각 또는 면소의 재판에 의하여 소송을 종결시켜야 한다는 이론을 공소권남용론이라고 한다. 검사의 공소권에 대하여 권리남용이론을 적용함으로써 피고인을 조기에 형사절차에서 해방시키고, 검사의 부당한 공소권행사를 통제하기 위하여 주장된 이론이다. 여기서 공소권남용론의 적용이 문제되는 경우로는 다음과 같은 유형을 들 수 있다.

II. 무혐의사건에 대한 기소

1. 쟁   점

범죄의 객관적 혐의가 없음에도 불구하고 검사가 공소를 제기한 경우에 법원은 형식재판으로 소송을 종결시킬 수 있는가에 관하여 학설이 대립하고 있다.

2. 학   설

(1) **공소기각결정설**   범죄의 객관적 혐의가 없음에도 불구하고 검사가 공소를 제기하는 것은 공소장에 기재된 사실이 진실이라 하더라도 범죄가 될 만한 사실이 포함되지 아니한 때에 해당하므로 제328조 제1항 제4호에 의하여 공소기각의 결정을 해야 한다는 견해이다.

(2) **공소기각판결설**   명백한 무혐의사건에 대한 공소제기는 공소제기의 절차가 법률의 규정에 위반하여 무효인 때에 해당하므로 제327조 제2호에 의하여 공소기각의 판결로 절차를 종결해야 한다는 견해이다.

(3) **무죄판결설**   혐의 없는 사건에 대하여는 무죄판결을 선고해야 한다는 견해이다. 피고사건이 범죄로 되지 아니하거나 범죄사실의 증명이 없는 때에 판결로써 무죄를 선고하여야 한다는 규정($\frac{제325}{조}$)을 근거로 한다.

3. 검   토

공소기각결정설과 공소기각판결설은 부당한 기소에 대하여 피고인을 절차적으로 신속히 해방시킨다는 점을 주된 논거로 내세우고 있으나, 범죄혐의의 부존재는 현행법상 공소기각의 사유가 아니고, 사건의 실체에 판단이므로 무죄판결설이 타당하다고 본다.

Ⅲ. 소추재량권의 남용

1. 쟁   점

검사가 기소유예처분을 함이 상당한 사건을 공소제기한 경우 법원이 어떠한 재판을 하여야 하는가에 대하여 학설이 대립하고 있다.

2. 학   설

⑴ **공소기각판결설**   검사의 소추재량은 기속재량이므로 소추재량을 남용한 공소제기는 공소제기의 절차가 법률의 규정에 위반하여 무효인 때($^{제327조}_{제2호}$)에 해당하여 공소기각의 판결로 절차를 종결해야 한다는 견해이다.

⑵ **유죄판결설**   기소유예의 여부는 검사의 재량에 속하며 소추재량의 남용은 공소기각사유에 해당하지 않고, 기소유예의 정상은 사건의 실체에 관한 문제이므로 유죄판결로 절차를 종결해야 한다는 견해이다.

3. 검   토

기소유예시 고려해야 할 정상에 관한 사실은 실체적 사실이므로 이를 소송조건으로 다루는 것은 타당하지 않고 법원이 소추재량의 당부를 판단하는 것도 적절하지 않으므로 유죄판결설이 타당하다고 본다.

Ⅳ. 선별기소

1. 쟁   점

범죄의 성질과 내용이 비슷한 여러 피의자들 가운데 일부만을 선별하여 공소제기하고 다른 사람들은 수사에 착수하지도 않거나 기소유예하는 것을 선별기소라고 한다. 선별기소에 대하여 법원은 어떤 재판을 하여야 하는가에 대하여 학설이 대립한다.

2. 학   설

⑴ **공소기각판결설**   검사의 선별기소는 헌법이 규정한 평등원칙에 위반한 공소권의 행사로서 공소제기의 절차가 법률의 규정에 위반하여 무효인 때($^{제327조}_{제2호}$)에 해당하므로 공소기각의 판결을 선고해야 한다는 견해이다.

⑵ **실체판결설**   검사의 선별기소가 불합리한 경우에도 유죄 또는 무죄의

실체판결을 해야 한다는 견해이다. 현행법은 기소편의주의($제247조$)에 의해 검사에게 공소권행사의 재량을 인정한다는 점을 근거로 한다.

3. 판 례

동일한 구성요건에 해당한 행위를 한 공동피의자 중 일부만을 기소하고 다른 일부에 대하여는 불기소처분을 하였다 할지라도 평등권을 침해하였거나 공소권을 남용하였다고 할 수 없다.[1]

4. 검 토

현행법은 기소편의주의를 채택하고 있고 선별기소를 공소기각의 사유라고 볼 수 없으므로 실체판결설이 타당하다고 본다.

【사 례】 선별기소

《사 안》 검사가 비슷한 죄질의 수명에 대한 형사피의사실을 수사한 후 범증이 무거운 피의자에 대하여 불기소처분하고 오히려 범증이 가벼운 피의자만을 기소하였다면 이 기소는 적법한지를 설명하고 이 경우 법원은 어떤 판단이 가능한지를 논하라.(제38회 사법시험 출제문제)

《검 토》 선별기소는 공소권의 남용에 해당한다고 보는 학설에 의하면 선별기소에 대해 공소기각판결을 선고하게 된다. 그러나 현행법상 기소편의주의가 인정되므로 죄질이 비슷한 여러 피의자들 가운데 일부만을 선별하여 공소제기를 하였다 하더라도 이를 공소권의 남용이라고 볼 수 없다. 따라서 법원은 실체판결을 선고하여야 한다.

V. 직무태만에 의한 분리기소

1. 쟁 점

검사가 동시에 수사하여 함께 기소함이 상당한 사건의 일부를 누락하여 먼저 기소한 사건에 대하여 항소심판결이 선고된 후에 누락된 사건을 기소한 경우 이와 같은 추가기소가 공소권의 남용에 해당하는가의 문제이다. 검사가 동시에 기소하였다면 피고인에 대하여 하나의 형이 선고될 수 있는데도 관련사건의 항소심판결선고 후에 누락된 사건을 분리기소한다면 피고인은 각각의 형을 선고받게 되는 불이익을 입게 된다.

---

1) 대법원 1990. 6. 8. 선고 90도646 판결.

2. 학   설

⑴ **공소기각판결설**   검사는 분리기소는 공소권의 남용에 해당하므로 공소기각판결을 선고해야 한다는 학설이다. 누락사건의 기소는 이중위험금지의 원칙에 위반하는 공소제기로서 공소권남용에 해당한다는 점을 근거로 삼는다.

⑵ **실체판결설**   검사에게는 동시소추의 의무가 있다고 할 수는 없으므로 보복기소에 해당하지 않는 한 직무태만에 의한 분리기소를 공소권의 남용에 해당한다고 볼 수 없다는 견해이다. 이 견해에 따르면 검사의 직무태만에 의한 분리기소에 대하여도 법원은 실체판결을 선고해야 한다는 결론에 이른다.

3. 판   례

검사는 관련사건을 수사하면서 확인된 범죄사실에 대해서는 함께 기소하는 것이 상당하지만, 검사가 관련사건에 대한 항소심판결선고 후에 범죄사실을 추가기소하였다는 사정만으로는 공소권의 남용이라고 볼 수 없다.[2] 그러나 검사가 피고인에게 불이익을 주려는 미필적 의도가 있었다면 공소권남용에 해당한다.[3]

4. 검   토

실체판결설은 공소권남용론을 부정하는 입장에서 주장되는 학설이다. 그러나 검사의 공소권은 헌법과 형사소송법의 이념에 따라 적정하게 행사되어야 하므로 자의적 공소제기는 권리남용의 관점에서 통제되어야 한다. 따라서 검사의 직무태만에 의한 분리기소는 공소권남용에 해당한다. 한편 그 근거에 관하여 누락된 범죄사실을 묵시적으로 공소제기된 것으로 의제하는 견해는 소송행위로서의 명확성을 강하게 요구하는 공소제기의 본질과 방식에 반한다. 그리고 이중위험금지의 법리는 일사부재리의 효과와 관련하여 검토되어야 하며, 누락사건의 기소가 이중위험금지의 법리에 위반된 것이라면 면소판결을 선고해야 한다는 점에서 모순된다. 그러므로 검사의 분리기소가 공소권남용에 해당하는지 여부는 검사가 소추재량권을 현저히 일탈한 위법이 있는지에 따라 판단되어야 한다. 즉 ① 검사가 관련사건을 동시에 수사하여 함께 기소할 수 있는 명백한 상황임에도 불구하고 ② **직무태만 또는 고의로** 사건의 일부에 대해서만 기소를 하고 ③ 그 사건에 대하여 항소심판결이 선고된 후에 추가기소를 하여 피고인으로 하여금 사건을 병합하여 재판받지 못하도록 하였다면 이는 공소기각판결의 사유가 된다고 본다.

---

2) 대법원 1996. 2. 13. 선고 94도2658 판결, 1998. 7. 10. 선고 98도1273 판결.
3) 대법원 2001. 9. 7. 선고 2001도3026 판결.

【사 례】 직무태만에 의한 분리기소

《사 안》 甲은 2001. 7. 28. 승용차를 훔쳐 운전면허도 없이 운전하다가 2001. 12. 2. 절도범행의 기소중지자로 검거되었고, 절도와 무면허운전의 범행을 모두 자백하였다. 그런데 검사는 甲을 도로교통법위반죄로만 기소하였다. 甲은 2002. 1. 27. 법원에서 도로교통법위반죄로 징역 6월의 형을 선고받고 2002. 5. 10. 가석방으로 출소하던 중 절도범행의 기소중지자로 다시 긴급체포되었다. 검사는 2002. 5. 28. 甲을 절도죄로 기소하였다. 이 사건 절도죄의 기소는 적법한가?

《검 토》 절도죄와 도로교통법위반죄는 동일한 기회에 저질러진 경합범이고, 甲이 그 범행을 모두 자백하였다면 이를 분리하여 기소할 필요가 없다. 그런데 검사가 도로교통법위반죄 사건만을 기소한 후 甲이 그 형을 복역하고 출소한 다음에 절도죄로 공소를 다시 제기하는 것은 소추재량권을 현저히 일탈하여 공소권을 남용한 위법이 있다. 따라서 법원은 공소기각판결을 선고하여야 한다.

제 2 관   공소에 관한 기본원칙

제 1   국가소추주의

I. 의   의

국가소추주의(國家訴追主義)란 공소제기의 권한을 국가기관이 전담하는 소송구조를 말한다. 제246조는 『공소는 검사가 제기하여 수행한다』고 규정함으로써 국가소추주의를 명시하고 있다.

II. 비교제도

1. 공중소추주의

국가소추주의와 대비되는 제도로서 미국의 공중소추주의를 들 수 있다. 미국에서는 공적 소추기관으로 검사제도를 도입하고 있지만 연방과 대부분의 주에서는 검사 이외의 소추기관으로 대배심(Grand Jury)을 두어 정식기소를 맡게 하고 있는데, 이는 공중으로 하여금 소추를 담당케 하는 것이다.

2. 사인소추주의

독일은 국가소추주의를 원칙으로 하면서도(독일 형사소송법 제152조) 주거침입죄나 비밀침해죄 등 경미한 범죄에 대해 예외적으로 범죄피해자가 직접 소추하도록 하는 제도를 두고 있다(동법 제377조).

제2 기소독점주의

I. 의　　의

1. 개　　념

기소독점주의(起訴獨占主義)란 국가소추주의를 전제로 국가기관 중에서도 검사만이 공소권을 가지는 방식을 말한다. 제246조는 국가소추주의와 함께 기소독점주의를 선언한 규정이다.

2. 장·단점

(1) 장　점　　공소권을 공익의 대표자이고 법률전문가인 검사에게 맡김으로써 공소제기의 적정을 보장할 수 있다. 그리고 기소독점주의는 검사동일체원칙과 결합함으로써 전국적으로 통일된 공소권행사의 기준을 보장하여 **획일적인** 소추가 가능하다.

(2) 단　점　　기소독점주의는 기소편의주의와 결합하여 검사의 자의와 독선에 의하여 공소권이 행사될 위험성이 있고, 검찰의 정치적 중립성이 확보되지 않으면 정치권력에 의해 공소권행사가 영향을 받을 가능성이 있다.

II. 법적 규제

기소독점주의를 규제하기 위하여 현행법은 고소·고발사건에 대해 불기소처분을 한 경우에는 고소인이나 고발인에게 그 취지를 통지하도록 하고 있고(제258조,제259조), 불기소처분에 대한 항고제도(검찰청법 제10조)와 재정신청제도(제260조)를 두고 있다.

제3 기소편의주의

I. 의　　의

1. 개　　념

기소편의주의(起訴便宜主義)란 범죄의 혐의가 존재하고 소송조건을 갖추고 있음에도 불구하고 검사에게 불기소처분을 할 수 있는 재량을 인정하는 원칙이다. 제247조는 기소편의주의를 규정하고 있다.

2. 비교개념

기소편의주의에 대립되는 개념은 **기소법정주의**이다. 기소법정주의는 범죄의 객관적 혐의가 충분하고 소송조건이 구비되어 있는 경우에는 반드시 공소를 제기하여야 하는 원칙을 말한다. 독일에서는 경미사건이나 국가보호사건을 제외하고는 기소법정주의를 채택하고 있다(독일 형사소송법 제152조 제2항).

3. 장·단점

(1) 장 점　　기소편의주의는 구체적 사안의 특성에 따라 기소 여부를 탄력적으로 결정함으로써 **구체적 정의를 실현**할 수 있는 장점이 있다. 그 밖에 피의자를 조속히 절차에서 해방시킴으로써 일반예방과 특별예방에 기여할 수 있고, 형사사법의 업무를 경감시킬 수 있다.

(2) 단 점　　기소편의주의에는 공소제기에 대한 검사의 자의와 정치적 영향을 배제할 수 없는 위험성이 있다.

II. 내　　용

1. 기소유예제도

기소유예란 공소제기의 요건을 구비하여 기소할 수 있는 형사사건에 대해 검사의 재량으로 공소를 제기하지 아니하는 처분을 말한다. 이러한 의미에서 기소편의주의는 기소유예를 인정하는 입법주의라고 할 수 있다.

2. 기소변경주의

기소변경주의란 일단 공소제기를 한 후에 공소의 취소를 인정하는 입법주의를 말한다. 이에 반해 공소의 취소를 허용하지 않는 입법주의를 기소불변경주의라고 한다. 제255조 제1항은 『공소는 제1심판결의 선고 전까지 취소할 수 있다』고 규정함으로써 기소변경주의를 명시하고 있다.

III. 법적 규제

1. 불기소처분에 대한 규제

검사의 불기소에 대한 규제는 기소독점주의에 대한 규제가 그대로 적용된다. 따라서 불기소처분의 이유고지제도, 검찰항고제도, 재정신청제도가 부당한 불기소처분에 대한 규제장치가 될 수 있다.

2. 공소제기에 대한 규제

형시소송법은 검사의 부당한 공소제기에 대한 규제제도를 규정하고 있지 않다. 따라서 공소가 제기된 이상 법원은 원칙적으로 실체판결에 의하여 유·무죄를 판단할 수밖에 없다. 다만 공소권남용이론을 통해 부당한 기소를 규제하자는 학설이 있음은 앞서 설명한 바와 같다.

【사 례】 기소편의주의

《사 안》 A와 B는 싸우다가 서로에게 상해를 입혀 쌍방이 경찰에 상해죄로 고소하였다. 이 사건을 송치받아 수사한 검사는 A를 기소하고 B를 기소유예처분하였다. 검사의 A와 B에 대한 처분은 정당한가?

《검 토》 검사는 피의사건에 관하여 범죄의 혐의가 인정되고 소송조건이 구비된 경우라도 피의자의 연령·성행, 범행의 동기, 범행 후의 정황 등을 참작하여 기소 여부를 탄력적으로 결정할 수 있다. 따라서 검사가 A와 B를 상해죄로 수사한 후 구체적 사안의 특성을 감안하여 A를 기소하고 B를 기소유예처분할 수 있다. 다만 검사의 소추재량권은 합목적적 자유재량을 의미한다.

제 2 절   공소의 제기

제 1 관   공소제기의 방식

제 1   공소장의 제출

I. 서면주의

1. 공소장의 제출

공소를 제기할 때에는 공소장을 관할법원에 제출하여야 한다(제254조제1항). 따라서 검사가 법원에 대하여 구두나 전보 또는 팩시밀리로 공소를 제기할 수는 없다. 법원은 공소장을 기초로 심판대상의 범위를 명확히 하고, 피고인은 방어를 준비하게 된다. 검사에 의한 공소장의 제출은 공소제기라는 소송행위가 성립하기 위한 본질적 요소이므로, 이러한 공소장의 제출이 없는 경우에는 소송행위로서의 공소제기가 성립되었다고 할 수 없다.[1]

【사 례】 공소장의 제출

《사 안》 서울 서초경찰서장은 甲에 대하여 경범죄처벌법위반을 이유로 서울중앙
지방법원에 즉결심판을 청구하였다. 서울중앙지방법원은 즉결심판청구를 기각하여
서초경찰서장이 사건을 서울중앙지방검찰청으로 송치하였으나 검사가 그 사건을
즉결심판에 대한 피고인의 정식재판청구가 있는 사건으로 오인하여 사건기록만 서
울중앙지방법원에 다시 송부하였다. 서울중앙지방법원 판사 A는 피고인을 소환하
여 인정신문을 마친 다음 공소제기의 절차가 법률의 규정에 위반하여 무효인 때에
해당한다고 판단하여 공소기각판결을 선고하였다. 이 판결은 타당한가?

《검 토》 경찰서장이 청구한 즉결심판사건이 즉결심판절차에 적당하지 않다고 인
정되는 때에는 즉결심판청구를 기각해야 한다($\frac{卽審法}{제5조}$). 이 경우 경찰서장은 사건을 검
사에게 송치하여야 하고 검사는 송치된 사건을 기소하려면 법원에 공소장을 제출해
야 한다. 공소장의 제출은 공소제기라는 소송행위가 성립하기 위한 본질적 요소이
므로 검사가 사건기록을 법원에 송부하는 행위만으로는 공소제기가 성립되었다고
볼 수 없다. 따라서 甲에 대한 소송계속이 없는 상태에서 선고된 공소기각판결은 잘
못된 판결이다. 원래 공소제기가 없었음에도 甲에 대한 소환이 이루어진 상태에서
만약 검사가 공소장을 법원에 제출하고 그 공소장에 기하여 공판절차가 진행하였다
면 법원으로서는 유·무죄의 실체판단을 하여야 한다.

2. 검사의 기명날인 또는 서명

(1) 기명날인 또는 서명   공무원이 작성하는 서류에는 법률에 다른 규정이
없는 때에는 작성 연월일과 소속공무소를 기재하고 기명날인 또는 서명하여야
한다($\frac{제57조}{제1항}$). '공무원이 작성하는 서류'에는 검사가 작성하는 공소장이 포함되므
로, 검사의 기명날인 또는 서명이 없는 상태로 관할법원에 제출된 공소장은 제
57조 제1항에 위반된 서류이다. 이와 같이 법률이 정한 형식을 갖추지 못한 공
소장 제출에 의한 공소의 제기는 특별한 사정이 없는 한 그 절차가 법률의 규
정에 위반하여 무효인 때에 해당한다. 다만 이 경우 공소를 제기한 검사가 공
소장에 기명날인 또는 서명을 추완하는 등의 방법에 의하여 공소의 제기가 유
효하게 될 수 있다.[2]

(2) 간 인   공무원이 작성하는 서류에는 간인하거나 이에 준하는 조치를
하여야 한다($\frac{제57조}{제2항}$). '간인'은 서류작성자의 간인으로서 1개의 서류가 여러 장으

---

1) 대법원 2003. 11. 14. 선고 2003도2735 판결.
2) 대법원 2012. 9. 27. 선고 2010도17052 판결.

로 되어 있는 경우 그 서류의 각 장 사이에 겹쳐서 날인하는 것이다. 이는 서류 작성 후 그 서류의 일부가 누락되거나 교체되지 않았다는 사실을 담보하기 위한 것이다. 따라서 공소장에 검사의 간인이 없더라도 그 공소장의 형식과 내용이 연속된 것으로 일체성이 인정되고 동일한 검사가 작성하였다고 인정되는 한 그 공소장을 제57조 제2항에 위반되어 효력이 없는 서류라고 할 수 없다.[3]

3. 전자매체에 의한 공소제기

검사가 공소사실의 일부인 범죄일람표를 '컴퓨터 프로그램을 통하여 열어보거나 출력할 수 있는 전자적 형태의 문서(전자문서)'로 작성한 다음 종이문서로 출력하지 않은 채 저장매체 자체를 서면인 공소장에 첨부하여 제출한 경우에는, 서면에 기재된 부분에 한하여 적법하게 공소가 제기된 것으로 보아야 한다. 전자문서나 저장매체를 이용한 공소제기를 허용하는 법규정이 없는 상태에서 저장매체나 전자문서를 공소장의 일부인 '서면'으로 볼 수 없기 때문이다. 이는 공소사실에 포함시켜야 할 범행 내용이나 피해 목록이 방대하여 전자문서나 CD 등 저장매체를 이용한 공소제기를 허용해야 할 현실적인 필요가 있다거나 피고인과 변호인이 이의를 제기하지 않고 변론에 응하였다고 하여 달리 볼 수 없다.

검사가 전자문서나 저장매체를 이용하여 공소를 제기한 경우, 법원은 저장매체에 저장된 전자문서 부분을 제외하고 서면인 공소장에 기재된 부분만으로 공소사실을 판단하여야 한다. 만일 그 기재 내용만으로는 공소사실이 특정되지 않은 부분이 있다면 검사에게 특정을 요구하여야 하고, 그런데도 검사가 특정하지 않는다면 그 부분에 대해서는 공소를 기각할 수밖에 없다.[4]

II. 공소장의 첨부서류

1. 공소장부본

검사가 공소장을 제출할 때 피고인의 수에 상응하는 부본을 첨부하여야 한다(제254조 제2항). 법원은 이 공소장부본을 늦어도 제1회 공판기일 5일 전까지 피고인 또는 변호인에게 송달하여야 한다(제266조).

2. 구속에 관한 서류

공소제기 당시 피고인이 구속되어 있는 경우에는 구속영장 기타 구속에 관

---

3) 대법원 2021. 12. 30. 선고 2019도16259 판결.
4) 대법원 2017. 2. 15. 선고 2016도19027 판결.

한 서류를 공소장에 첨부하여야 한다(규칙 제118조 제1항). '기타 구속에 관한 서류'에는 구속기간연장결정서, 체포영장, 긴급체포서, 현행범인체포보고서 등이 있다.

3. 변호인선임서 등

공소제기 전에 변호인이 선임되거나 보조인의 신고가 있는 경우 또는 특별대리인의 선임이 있는 경우에는 변호인선임서, 보조인신고서, 특별대리인선임결정등본을 공소장에 첨부하여야 한다(규칙 제118조 제1항).

제 2   공소장의 기재사항

Ⅰ. 피 고 인

1. 피고인의 특정

공소장에는 피고인을 특정할 수 있는 사항을 기재해야 한다. 피고인을 특정할 수 있는 사항으로 피고인의 성명·주민등록번호·직업·주거 및 등록기준지를 기재하여야 한다. 피고인이 법인인 경우에는 사무소 및 대표자의 성명과 주소를 기재해야 한다(규칙 제117조 제1항 제1호). 다만 이와 같은 사항이 명백하지 않을 때에는 그 사유를 공소장에 기재한다(동조 제2항). 피고인이 성명 등을 묵비하기 때문에 그 성명 등이 불상인 경우에는 피고인의 인상·체격 기타 사항을 구체적으로 기재하고 사진을 첨부하여 피고인을 특정할 수도 있다.

2. 특정의 정도

특정의 정도는 타인과 구별할 수 있는 정도면 족하다. 따라서 피고인을 주거·등록기준지·생년월일·직업 또는 인상·체격에 의하여 특정할 수 있는 한 피고인의 성명이 본명임을 요하지 않는다. 피고인을 특정하지 않은 공소제기는 무효이고 공소기각의 사유가 된다(제327조 제2호). 피고인을 특정하지 않은 공소제기에 대하여 피고인과 변호인이 이의를 제기하지 않고 변론에 응하였다고 하여 그 하자가 치유되지는 않는다.[5]

Ⅱ. 죄   명

1. 표시의 방법

공소장에는 죄명을 기재하여야 한다. 형법각칙의 죄명은 대검찰청에서 정한

---

5) 대법원 2009. 2. 26. 선고 2008도11813 판결.

형법죄명표에 의하여 표시한다. 그리고 미수범·교사범·방조범의 경우 죄명 다음에 미수·교사·방조를 붙여서 표시한다(예를 들면 살인미수, 강도교사). 피고인이 특별형법을 위반한 경우 그 죄명은 미수·교사·방조를 불문하고 그 특별형법의 명칭 다음에 위반이라는 문자를 더하여 표시한다(예를 들면 폭력행위등처벌에관한법률위반).

2. 표시의 오류

죄명의 표시가 틀린 경우에도 이로 인하여 피고인의 방어에 실질적 불이익이 없는 경우는 공소제기의 효력에 영향이 없다. 따라서 공소사실이 복수인 때에는 명시된 공소사실의 죄명을 모두 표시해야 하나, 다수의 공소사실에 대하여 죄명을 일괄 표시했다고 하여 죄명이 특정되지 않았다고 할 수는 없다.[6]

III. 적용법조

1. 표시의 방법

적용법조의 기재는 죄명의 기재와 함께 공소의 범위를 확정하는 보조적 기능을 한다. 적용법조에는 형법각칙 또는 특별형법의 법조와 형법총칙상의 공범(형법 제30조·제31조·제32조), 간접정범(형법 제34조), 상상적 경합범(형법 제40조), 누범(형법 제35조), 경합범(형법 제37조)에 관한 법조도 기재해야 한다. 적용법조의 기재는 법원에 대한 법령의 정당한 적용의 청구로서의 의미도 가지므로 필요적 몰수나 추징에 관한 법조(예를 들면 형법 제134조), 부정기형에 관한 법조(소년법 제60조) 등을 기재함이 적절하다.

2. 표시의 오류

적용법조의 기재에 오기가 있거나 그것이 누락된 경우라 할지라도 피고인의 방어권 행사에 실질적 불이익이 없는 한 공소제기의 효력에는 영향이 없다.[7] 따라서 공소사실과 죄명에 대한 기재는 있으나 적용법조의 기재가 없는 때에는 공소사실과 죄명에 의하여 적용법조를 알 수 있으므로 공소제기는 유효하다고 본다.

---

6) 대법원 1969. 9. 23. 선고 69도1219 판결.
7) 대법원 1972. 2. 22. 선고 71도2099 판결, 1976. 11. 23. 선고 75도363 판결, 2001. 2. 23. 선고 2000도6113 판결.

Ⅳ. 공소사실

1. 공소사실의 특정

(1) **특정의 필요성**   공소사실은 범죄의 일시·장소와 방법을 명시하여 사실을 특정할 수 있도록 하여야 한다(제254조). 공소사실이란 범죄의 특별구성요건을 충족하는 구체적 사실로서 법원의 심판대상으로 된 범죄사실이다. 공소사실의 특정은 법원의 심판대상을 한정함으로써 심판의 능률과 신속을 기하는 동시에 피고인의 방어권 행사를 쉽게 해 줄 수 있도록 하는데 그 목적이 있다.[8]

(2) **특정의 정도**   공소사실이 다른 범죄사실과 구별될 수 있을 정도로 구체적인 범죄사실의 기재가 있어야 한다.[9] 즉 검사로서는 범죄의 일시·장소와 방법을 종합하여 다른 사실과의 식별이 가능하도록 범죄구성요건에 해당하는 구체적 사실을 기재하여야 한다. 따라서 단순히 추상적 구성요건만을 기재하거나[10] 범죄의 특별구성요건을 충족하는 구체적인 사실을 기재하지 아니한 공소사실은 특정되었다고 할 수 없다.

(3) **개괄적 표시**   범죄의 성격에 비추어 범죄의 일시와 장소 등에 관한 개괄적인 표시가 부득이 한 경우가 있다. 공소사실의 일부가 다소 불명확한 경우에도 공소장에 기재된 다른 사항들을 통해 그 공소사실을 특정할 수 있고 피고인의 방어권 행사에 지장이 없다면 공소제기의 효력에는 영향이 없다. 그러나 피고인의 방어권 행사에 지장을 가져오는 경우에는 공소사실이 특정되었다고 볼 수 없다.

2. 특정의 방법

(1) **범죄의 일시**   범죄의 일시는 벌칙조항이 개정된 경우에 있어서 적용법령을 결정하고 행위자의 책임능력을 명확히 하며 공소시효의 완성 여부를 결정할 수 있을 정도로 기재하면 충분하다.[11] 범죄의 일시가 명확하지 아니할 때에는 이를 개괄적으로 기재하거나,[12] 초순·중순·하순 또는 일자불상경이라고

---

8) 대법원 2000. 11. 24. 선고 2000도2119 판결.
9) 대법원 1971. 10. 12. 선고 71도1615 판결, 1986. 10. 28. 선고 86도1764 판결, 2001. 4. 27. 선고 2001도 506 판결.
10) 대법원 1984. 5. 22. 선고 84도471 판결, 1986. 12. 9. 선고 86도1168 판결.
11) 대법원 1971. 10. 19. 선고 71도1540 판결, 1992. 7. 24. 선고 92도1148 판결, 1992. 8. 18. 선고 92도1395 판결, 2006. 3. 9. 선고 2005도8675 판결.
12) 대법원 1972. 2. 29. 선고 71도2369 판결, 1986. 8. 19. 선고 86도1073 판결, 1989. 12. 12. 선고 89도2020 판결, 1994. 12. 9. 선고 94도1680 판결.

기재할 수 있다.[13]

(2) **범죄의 장소**   범죄의 장소는 토지관할을 가름할 수 있을 정도로 공소사실을 특정하면 충분하다.[14] 따라서 범죄의 장소가 명확하지 않을 때에는 '…부근'이라는 식으로 개괄적으로 기재하여도 무방하다. 한편 범죄행위장소와 결과발생지가 다른 경우에는 양자를 모두 기재하여야 한다.

(3) **범죄의 방법**   범죄의 방법은 범죄의 일시·장소와 더불어 공소사실을 특정하는 요소로서 중요한 의미를 가지고 있다. 범죄의 방법이 구체적으로 적시되지 않아 범죄사실을 특정할 수 없는 경우에는 그 공소제기는 위법하다.[15] 예를 들면 문서위조죄에 있어서는 위조한 내용과 그 방법, 특히 문서명의자의 서명날인이 현출되게 한 방법 등을 기재하여야 한다.[16]

3. 유형별 특정

(1) **공모공동정범**   공모공동정범에 있어서 실행행위에 직접 관여하지 않은 공모자에 대한 범죄사실의 특정은 범죄를 실현하려는 의사결합이 있었다는 것을 밝혀 공동정범으로서의 형사책임을 지울수 있을 정도로 기재하여야 한다.[17]

(2) **교사범·방조범**   교사범과 방조범의 공소사실에는 교사·방조사실뿐만 아니라 정범의 범죄구성요건을 충족하는 구체적인 사실을 기재해야 한다.[18]

(3) **경합범**   경합범으로 공소제기하는 경우에는 개별 범죄마다 구체적으로 범죄사실을 기재해야 한다. 동종의 범행을 반복한 경우라고 하더라도 서로 경합범의 관계에 있는 때에는 개별 범죄사실을 특정하여 기재하여야 한다.

(4) **포괄일죄**   포괄일죄에 있어서는 일죄의 일부를 구성하는 개개의 행위에 대하여 구체적으로 특정되지 아니하더라도 그 전체범행의 시기와 종기·범행방법·범행횟수 또는 피해액의 합계 및 피해자와 상대방을 기재하면 공소사실을 특정한 것으로 볼 수 있다.[19]

4. 불특정의 효과

(1) **공소기각판결의 사유**   공소사실의 특정은 공소제기의 유효요건이다. 따

---

13) 대법원 1979. 8. 21. 선고 78도2118 판결.
14) 대법원 1984. 8. 14. 선고 84도1139 판결, 1990. 6. 16. 선고 89도513 판결.
15) 대법원 1984. 5. 22. 선고 84도471 판결.
16) 대법원 1979. 11. 13. 선고 79도1782 판결.
17) 대법원 2016. 4. 2. 선고 2016도2696 판결.
18) 대법원 1982. 2. 23. 선고 81도822 판결, 1982. 5. 25. 선고 82도715 판결, 1983. 12. 27. 선고 82도2840 판결, 1988. 4. 27. 선고 88도251 판결.
19) 대법원 1990. 6. 26. 선고 90도833 판결, 1992. 9. 25. 선고 92도1671 판결, 1999. 11. 12. 선고 99도2934 판결, 2005. 1. 14. 선고 2004도6646 판결.

라서 공소사실이 특정되지 않은 공소제기는 '공소제기절차가 법률의 규정에 위반하여 무효인 때'(제327조)에 해당하여 판결로써 공소를 기각해야 한다.

(2) **하자의 치유**　공소사실이 전혀 특정되지 아니한 때에는 공소제기의 하자가 치유될 수 없다. 그러나 공소장의 기재사실 중 일부가 불특정 또는 불명확한 때에는 검사 스스로 이를 보정할 수 있다. 또한 법원은 검사에게 불특정 또는 불명확한 공소사실에 관하여 석명을 구하고 만약 검사가 이를 보정하지 아니한 경우에 공소를 기각함이 상당하다.[20]

【사 례】 공소사실의 특정

《사 안》　검사는 甲을 「마약류관리에 관한 법률위반죄」로 입건하여 甲의 모발을 국립과학수사연구소에 감정의뢰하였다. 甲의 모발에서 메스암페타민(속칭 필로폰)이 검출되었다는 감정결과가 나왔으나 甲은 범행을 부인하였다. 검사는 메스암페타민이 검출될 수 있는 시기를 고려하여 '피고인 甲은 2002년 7월 내지 10월 일자 불상경 장소불상에서 불상의 방법으로 메스암페타민 불상량을 투약하였다'라는 공소사실로 공소제기하였다. 검사의 공소제기는 적법한가?

《검 토》　공소사실에 기재된 '불상…' 부분은 내용이 공허한, 아무런 의미가 없는 기재이므로 이 부분을 빼고 공소사실을 다시 적으면 '피고인 甲은 2002년 7월 내지 10월 사이에 메스암페타민을 투약하였다'라는 것으로 된다. 위와 같은 기재만으로는 범죄의 일시·장소와 방법을 명시하여 공소사실을 특정한 것이라고 볼 수 없다. 따라서 피고인 甲에 대한 공소는 공소제기의 절차가 법률의 규정에 위반하여 무효인 때에 해당하므로 법원은 공소기각판결을 선고하여야 한다.

제3　예비적·택일적 기재

I. 의　　의

1. 예비적 기재

공소장에는 수개의 범죄사실과 적용법조를 예비적으로 기재할 수 있다(제254조). 예비적 기재란 수개의 범죄사실 또는 적용법조에 대하여 심판의 순서를 정하여 선순위의 범죄사실이나 법조가 인정되지 않는 경우에 후순위의 범죄사실 또는 법조에 대하여 심판을 해 달라는 취지로 기재하는 것을 말한다. 이 경우 선순위의 사실을 주위적 공소사실, 후순위의 사실을 예비적 공소사실이라고 한다.

---

20) 대법원 1983. 6. 14. 선고 82도293 판결.

2. 택일적 기재

공소장에는 수개의 범죄사실과 적용법조를 택일적으로도 기재할 수 있다 (제254조제5항). 택일적 기재란 수개의 범죄사실에 관하여 심판의 순서를 정하지 않고 어느 것을 심판해도 상관이 없다는 취지의 기재를 말한다.

3. 제도의 취지

범죄사실과 적용법조의 예비적 · 택일적 기재를 인정하는 것은 검사가 공소 제기시 공소사실에 관한 심증형성이 충분하지 않거나 법률적 구성을 확정할 수 없는 경우에도 공소장의 기재방법에 융통성을 두어서 공소제기와 공소유지를 용이하게 하는 데 그 취지가 있다. 검사는 공소를 제기한 후에도 공소사실의 동일성 범위 내에서 공소장변경에 의하여 공소사실과 적용법조를 예비적 또는 택일적으로 변경할 수 있다.

II. 허용범위

1. 학   설

(1) **소극설**   범죄사실과 적용법조의 예비적 · 택일적 기재는 범죄사실의 동일성이 인정되는 범위에서만 허용된다고 한다.[21] 그 근거로 ① 공소사실의 동일성이 인정되지 않는 수개의 사실을 공소장에 예비적 · 택일적으로 기재하는 것을 허용하는 것은 조건부 공소제기를 허용하는 결과가 되어 불확정적인 공소제기를 인정하는 것이 되고, ② 동일성이 인정되지 않는 수개의 범죄사실은 경합범으로 기소하거나 추가기소를 하는 것이 당연하다는 점을 들고 있다. 따라서 공소사실의 동일성이 인정되지 않는 수개의 범죄사실이 공소장에 예비적 · 택일적으로 기재된 경우 법원은 검사로 하여금 그 기재를 경합범의 형식으로 보정(補正)케 하는 것이 바람직하다고 한다. 검사가 공소장을 보정하지 않은 상태에서 심리를 마쳤는데, 주위적 공소사실은 유죄로 인정되지 않고 예비적 공소사실만 유죄로 인정된다면 공소기각판결을 선고하여야 한다고 주장한다.

(2) **적극설**   예비적 · 택일적 기재는 범죄사실의 동일성이 인정되지 않는 실체적 경합관계에 있는 수개의 범죄사실 사이에서도 인정된다고 해석한다.[22] 그 근거로 ① 예비적 · 택일적 기재를 허용하는 이유는 공소장변경에 의하여 치유될 수 없는 불합리를 제거하려는 데 있고, ② 검사가 수개의 범죄사실을

---

21) 신양균, 304면; 이재상, 433면.
22) 배종대, 383면; 신동운, 518면.

독립적으로 기재하거나 수개의 공소장을 제출하도록 하는 것은 실익 없는 번잡만을 조장하는 것이 되며, ③ 제254조 제5항은 공소사실의 동일성을 요구하는 규정을 두고 있지 않다는 점을 들고 있다.

2. 판 례

제254조 제5항은 검사가 공소를 제기함에 있어 수개의 범죄사실과 적용법조를 예비적 또는 택일적으로 기재하여 그 중 어느 하나의 범죄사실만의 처벌을 구할 수 있다는 것이며 그들 수개의 범죄사실간에 범죄사실의 동일성이 인정되는 범위 내에서 예비적 또는 택일적으로 기재할 수 있음은 물론이나 그들 범죄사실 상호간에 범죄의 일시·장소·수단 및 객체 등이 달라서 수개의 범죄사실로 인정되는 경우에도 이들 수개의 범죄사실을 예비적 또는 택일적으로 기재할 수 있다.[23]

3. 검 토

① 제254조 제5항은 '수개의 범죄사실'이라고 명시적으로 규정하고 있고, ② 범죄사실의 예비적·택일적 기재는 소송경제를 도모할 목적으로 이루어진 제도이며, ③ 검사가 공소를 제기하면서 범죄사실의 동일성이 인정되지 않는 실체적 경합관계에 있는 수개의 범죄사실을 예비적·택일적으로 기재하였다 하더라도 처음부터 경합범으로 기소한 경우에 비하여 피고인의 방어부담이 더 큰 것이라고 볼 수 없는 점에 비추어 적극설이 타당하다고 본다.

Ⅲ. 법원의 심판

1. 심판의 대상

예비적·택일적으로 기재된 모든 범죄사실이 법원의 심판대상이 된다. 즉 예비적 기재의 경우에는 주위적 공소사실뿐만 아니라 예비적 공소사실도 심판의 대상이 되며, 택일적 기재의 경우에도 공소사실 전부가 심판의 대상이 된다. 항소심에 있어서도 동일하다. 따라서 항소심은 예비적 공소사실을 유죄로 인정할 수 있고, 택일적 기재의 경우에도 하나의 사실을 유죄로 인정한 원심판결을 파기하고 다른 사실을 유죄로 할 수 있다.[24]

2. 심판의 순서

(1) 예비적 기재   검사가 범죄사실과 적용법조를 예비적으로 기재하여 공

---

23) 대법원 1966. 3. 24. 선고 65도114 전원합의체 판결.
24) 대법원 1975. 6. 24. 선고 70도2660 판결.

소를 제기한 경우 법원의 심리·판단의 순서도 검사의 기소순위에 의하여 제한받는다. 따라서 법원이 검사의 주위적 공소사실을 판단하지 아니하고 예비적 공소사실만 판단할 수는 없다.

(2) 택일적 기재   택일적 기재의 경우에는 법원의 심판의 순서에 아무런 제한이 없다.

3. 법원의 판단

(1) 예비적 기재   ① 주위적 공소사실을 유죄로 인정한 때에는 판결주문에 유죄를 선고하고 판결이유에서도 예비적 공소사실에 대한 판단이 필요 없다. ② 주위적 공소사실은 무죄이나 예비적 공소사실을 유죄로 인정한 경우 판결주문에서 유죄를 선고하고 판결이유에서는 주위적 공소사실을 판단해야 한다. 판결이유에서도 주위적 공소사실에 대한 판단을 요하지 않는다는 견해가 있으나, 법원이 판단의 순서에 제한을 받는 이상 주위적 공소사실을 받아들이지 않은 이유를 설시할 필요가 있다고 본다. ③ 주위적 공소사실과 예비적 공소사실에 대하여 모두 무죄를 선고하는 경우에는 판결이유에서도 모두 판단해야 한다.

(2) 택일적 기재   법원이 어느 하나로 유죄를 선고한 때에는 판결주문에 유죄만을 선고하면 족하고 다른 사실에 대한 판단을 요하지 않는다. 판결이유에서도 다른 사실에 대한 판단이 필요 없고, 검사가 다른 사실을 유죄로 인정하지 않은 것을 이유로 상소할 수 없다.[25] 그러나 택일적으로 기재된 모든 공소사실에 대하여 무죄를 선고하는 경우에는 모든 범죄사실 또는 적용법조에 대한 판단을 요한다.

【사 례】 공소사실의 예비적 기재

《사 안》 검사는 피의자 甲을 수사한 결과 피의자 甲이 乙과 공모하여 A를 살해한 것으로 일단 판단되었으나(乙이 A를 살해한 죄로 기소되어 이미 유죄판결이 확정되었음) 피의자 甲이 자기는 乙과 공모하여 A를 살해한 사실이 없고 A를 살해한 乙과 친구 사이라 乙을 도피시켜 준 사실밖에 없다고 부인하고 있어 甲을 기소함에 있어서 살인의 점을 주위적 공소사실로, 범인도피의 점을 예비적 공소사실로 기재하여 공소를 제기하였다. 위와 같이 공소가 제기된 경우 법원은 어떻게 처리를 해야 하는가?(제38회 사법시험 출제문제)

《검 토》 살인죄와 범인도피죄는 그 범행이 양립가능하고, 피침해법익도 다르므로

---

25) 대법원 1981. 6. 9. 선고 81도1269 판결.

양자 사이에는 공소사실의 동일성이 인정되지 않는다. 공소사실의 예비적 기재는 그 동일성이 인정되는 범위에서만 허용된다는 소극설에 의하면, 법원은 검사로 하여금 공소장을 경합범의 형식으로 보정케 하는 것이 바람직하다고 한다. 그런데 검사가 이에 응하지 않고 甲의 범인도피죄만 유죄로 인정된다면 공소기각판결을 선고해야 한다고 주장한다. 한편, 적극설에 의하면, 법원은 살인죄의 공소사실을 먼저 심판하여야 하고, 살인죄가 유죄로 인정되지 않는 경우에 범죄도피죄의 공소사실을 판단하여야 한다. 그리고 범인도피죄만 유죄로 인정된다면 주문에서 유죄를 선고하고, 판결이유에서 살인죄가 인정되지 않는 이유를 설시해야 한다. 살인죄와 범인도피죄가 모두 무죄인 때에는 주문에서 무죄판결을 선고하고 판결이유에서도 모든 공소사실에 대하여 판단해야 한다. 적극설이 타당하다고 본다.

【사 례】 공소사실의 택일적 기재

《사 안》 甲은 피해자 A가 절취당한 금반지를 소지하고 있다가 체포되어 절도죄로 기소되었다. 1심 재판 중에 甲은 훔친 사실이 없고 乙이 훔친 물건을 보관하다가 체포되었다고 변명하자 검사가 장물보관죄를 택일적으로 추가하는 공소장변경을 하였다.

(1) 법원이 절도죄는 무죄, 장물보관죄는 유죄라고 판단하고 있을 때 절도죄 무죄 부분을 판결문에 기재해야 하는가?

(2) 장물보관죄에 대해서만 유죄판결한 경우 검사는 절도죄 부분을 항소할 수 있는가?

《검 토》 검사가 공소사실을 택일적으로 기재한 경우에는 법원의 심판 순서에 아무런 제한이 없다. 따라서 법원이 장물보관죄를 유죄라고 판단한 때에는 장물보관죄에 대하여 유죄를 선고하면 충분하고 절도죄에 대한 판단을 기재할 필요가 없다. 또한 검사는 절도죄를 유죄로 인정하지 않은 것을 이유로 항소할 수 없다.

제 4 공소장일본주의

I. 의   의

1. 개   념

공소장일본주의(公訴狀一本主義)란 검사가 공소를 제기할 때 법원에 공소장 하나만을 제출하여야 하고, 공소사실에 대한 증거는 물론 법원에 예단이 생기게 할 수 있는 서류 기타 물건을 첨부하거나 그 내용을 인용할 수 없다는 원칙을 말한다(규칙 제118조 제2항).

2. 이론적 근거

⑴ **예단배제의 원칙**   예단배제의 원칙이란 구체적인 사건의 심판에서 법관의 예단과 편견을 방지하여 공정한 재판을 보장하려는 원칙을 말한다. 공소장일본주의는 법원이 사건에 대하여 예단을 가지지 않고 백지의 심증상태에서 공판심리에 임하여 진실을 발견하여야 한다는 요청을 절차상으로 반영한 것이다.

⑵ **공판중심주의**   공판중심주의란 법관의 심증형성은 직접주의와 구두변론주의가 지배하는 공판기일의 심리에 의하여야 한다는 원칙을 말한다. 그런데 공소장에 수사서류나 증거물 등이 첨부되면 법관은 공판기일의 심리를 거치지 않고도 증거자료를 접촉하여 사실상 유죄의 심증을 형성할 가능성이 있다. 공소장일본주의는 이러한 점에서 공판중심주의를 실현하기 위한 제도이다.

⑶ **증거재판주의**   수사기록은 전문증거로서 공판기일에서 증거능력이 인정되지 않을 수도 있다. 그런데 공판 전에 법원이 수사기록을 접하면 증거능력이 없는 증거에 의해 심증을 형성하게 될 가능성이 되므로 증거재판주의를 실현하기 위하여 공소장일본주의가 필요하다.

3. 소송구조론과 공소장일본주의

공소장일본주의의 필요성을 당사자주의적 소송구조와 관련하여 해석하는 견해가 있다. 즉 직권주의적 소송구조인 독일에서는 공소제기와 동시에 법원에 수사기록과 증거물을 제출하도록 하여 공소장일본주의를 채택하지 않고 있지만, 당사자주의적 소송구조인 영·미의 재판에서는 법관이 제3자의 입장에서 당사자 사이에 전개되는 공격·방어를 바탕으로 심증을 형성할 것을 요구하므로 공소장일본주의를 채택하고 있다는 점을 근거로 공소장일본주의는 당사자주의를 실현하는 제도라고 설명한다.

생각건대 직권주의적 소송구조는 공소장일본주의를 배제하고, 당사자주의 소송구조는 공소장일본주의를 논리적으로 전제로 한다는 도식적 추론은 무리라고 본다. 공소장일본주의는 예단배제의 원칙과 공판중심주의 및 증거재판주의를 실현하기 위한 제도로서 당사자주의적 소송구조뿐만 아니라 직권주의적 소송구조에도 적용될 수 있기 때문이다.

Ⅱ. 내 용

1. 판단기준

공소장일본주의는 공판중심주의를 기소단계에서부터 실현할 것을 목적으로 하는 제도적 장치이나, 공소사실 특정의 필요성이라는 요청에 의하여 일정한 한계를 가질 수밖에 없다. 공소장일본주의의 위배 여부는 공소사실로 기재된 범죄의 유형과 내용 등에 비추어 볼 때에 공소장에 첨부 또는 인용된 서류 기타 물건의 내용, 그리고 법령이 요구하는 사항 이외에 공소장에 기재된 사실이 법관에게 예단을 생기게 하여 법관이 범죄사실의 실체를 파악하는 데 장애가 될 수 있는지 여부를 기준으로 당해 사건에서 구체적으로 판단하여야 한다.

2. 첨부와 인용의 금지

(1) **첨부의 금지**   공소장일본주의는 사건에 관하여 법원의 예단을 발생시킬 수 있는 서류 기타 물건을 첨부하는 것을 금지한다. 법원의 예단을 발생시킬 수 있는 서류 또는 물건이란 사건의 실체심리에 앞서 법관의 심증형성에 영향을 줄 수 있는 자료를 말한다. 따라서 공소사실을 증명하는 수사서류나 증거물을 제출하는 것은 허용되지 않는다. 그러나 예단을 줄 염려가 없는 서류(예를 들면 변호인선임서)를 공소장에 첨부하는 것은 공소장일본주의에 반하지 않는다(규칙 제118조 제1항).

(2) **인용의 금지**   공소장에 증거 기타 예단을 발생시킬 수 있는 문서내용을 인용하는 것이 금지된다. 인용이란 현물의 존재를 암시하는 기재를 의미하지만 반드시 명시되어야 하는 것은 아니다. 증거물의 인용이 금지된다고 할지라도 문서를 수단으로 한 협박·공갈·명예훼손 등의 사건에 있어서는 문서의 기재내용 그 자체가 범죄구성요건에 해당하는 중요한 요소이므로 공소사실을 특정하기 위하여 문서의 전부 또는 일부를 인용할 수 있다.

3. 여사기재의 금지

(1) **의 의**   여사기재(餘事記載)란 공소장의 기재사항(제254조 제3항) 이외의 사항을 공소장에 기재하는 경우를 말한다. 여사기재에는 법관의 예단을 발생시킬 수 있는 여사기재와 그런 염려가 없는 단순한 여사기재가 있다. 전자의 여사기재는 허용되지 않지만 후자의 여사기재는 공소장일본주의의 위반이라고 할 수 없다.

⑵ 피고인의 전과

㈎ 전과의 기재   전과가 범죄구성요건에 해당하는 경우, 상습성 인정의 자료가 되는 경우, 형의 가중사유가 되는 경우(누범)에는 공소장에 반드시 전과가 기재되어야 하고, 형의 선고유예나 집행유예의 결격사유로 되는 경우(형법 제59조, 제62조), 형의 선고유예나 집행유예의 실효대상이 되는 경우(형법 제61조, 제63조), 또는 사실상 범죄사실의 내용을 이루는 경우(예를 들면 전과를 수단으로 한 공갈)에는 전과를 기재할 필요가 있다.

㈏ 전력으로서의 전과   공소장에 피고인의 전과를 기재하는 것은 법관의 예단을 발생시킬 수 있으므로 공소장일본주의에 위반하여 공소기각판결의 사유에 해당한다는 견해와 공소장일본주의에는 위반되나 전과를 삭제하는 것으로 충분하다는 견해 및 피고인의 전과는 양형의 자료에 해당하므로 공소장일본주의에 위반되지 않는다는 견해가 대립된다. 판례는 공소사실과 무관한 전과라도 피고인을 특정할 수 있는 사항에 해당하는 경우에는 그 기재가 허용된다고 한다.[26] 공소장에는 공소사실과 무관한 피고인의 전과를 기재하지 않는 것이 타당하나 그러한 기재가 있다고 하여 공소장일본주의의 위반에 해당한다고는 볼 수 없다.

【사 례】 전과의 기재

《사 안》 검사는 甲을 상습절도죄로 기소하였고, 그 공소사실은 다음과 같다. "피고인은 ① 1995. 9. 2. 수원지방법원에서 절도죄로 보호처분을 받고, ② 1997. 8. 5. 수원지방법원에서 상해죄로 징역 1년에 집행유예 2년을 선고받고, ③ 2000. 3. 3. 수원지방법원에서 특수절도죄로 징역 1년을 선고받아 2001. 2. 1. 그 형의 집행을 종료하고, ④ 2004. 8. 9. 인천지방법원에서 사기죄로 징역 1년 6월을 선고받아 2005. 12. 8. 그 형의 집행을 종료한 자인바, 상습으로, 2007. 1. 8. 23:00경 서울 서초구 소재 피해자 乙의 사무실에 침입하여 그곳에 있던 乙 소유의 현금 100만 원을 가지고 나와 이를 절취하였다." 위와 같이 공소장에 甲의 전과를 기재하는 것이 허용되는가?

《검 토》 전과가 상습성 인정의 자료가 되는 경우, 누범가중규정에 해당하는 경우에는 공소장에 전과를 기재하여야 한다. 소년법상의 보호처분은 전과가 아니지만 상습성 인정의 자료로 쓰일 때에는 이를 기재하여야 한다. 따라서 ①의 보호처분과 ③의 전과는 상습절도죄의 상습성 인정자료에 해당하고, ④의 전과는 누범전과에 해당하여 기재하여야 한다. ②의 전과는 공소사실과 무관한 전과인데, 공소장일본주

---

26) 대법원 1966. 7. 19. 선고 66도793 판결, 1990. 10. 16. 선고 90도1813 판결.

의에 위반되는지 여부에 관하여 학설의 대립이 있다. 생각건대, 공소사실과 무관한 전과는 기재하지 않는 것이 바람직하나 그 기재가 있다고 하여 공소장일본주의의 위반이라고 볼 수는 없다.

(3) **경력 등의 기재** 전과 이외의 피고인의 나쁜 경력이나 성격을 기재하는 것도 그것이 범죄구성요건의 요소가 되는 경우(공갈·강요의 수단이 된 때)나 구성요건적 행위와 밀접불가분한 관계에 있는 경우를 제외하고는 그 기재가 허용되지 않는다. 다만 피고인의 나쁜 경력 등이 공소장에 기재된 경우라도 법원이 삭제를 명하면 족하다고 본다.

(4) **범죄동기의 기재** 범죄의 동기나 원인은 범죄사실이 아니므로 일반적으로 기재되지 않는다. 그러나 살인죄나 방화죄와 같은 범죄에서는 동기가 공소사실과 밀접한 관련이 있고 공소사실을 명확하게 하기 위하여 필요하므로 이를 기재하는 것이 허용된다. 다만 직접적인 동기의 범위를 벗어나지 않아야 한다.

(5) **여죄의 기재** 여죄의 기재는 법관에게 예단을 생기게 할 수 있으므로 허용되지 않는다. 다만 구체적 범죄사실의 기재가 없는 여죄 존재의 지적은 단순한 여사기재로 삭제를 명하면 족하다. 이 경우에도 공소기각판결을 내려야 한다는 견해가 있으나, 공소장일본주의를 인정하는 취지를 너무 형식적으로만 해석해서는 안된다고 본다.

Ⅲ. 적용범위

1. 공소제기

공소장일본주의는 공소제기에 한하여 인정되는 것이므로 공판절차갱신 후의 절차, 상소심의 절차, 파기환송 후의 절차에는 적용되지 않는다.

2. 공판기일 전의 증거제출

공판기일 전의 증거조사($제273조$)와 당사자의 공판기일 전의 증거제출($제274조$)에 있어서 공판기일 전이란 제1회 공판기일 이후의 공판기일 전을 의미한다고 해석하면 공소장일본주의와 배치되지 않는다.

3. 정식재판절차

공소장일본주의는 정식재판절차에만 적용된다. 검사가 약식명령을 청구하는 때에는 공소제기와 동시에 수사기록과 증거물을 제출하여야 한다. 이는 약식절차가 서면주의에 의한 재판이라는 특징을 가지고 있기 때문에 공소장일본 주의의 예외를 인정한 것이다. 다만 약식명령의 청구가 있는 경우에도 법원이 약식명령을 할 수 없거나 부적당하다고 인정하여 공판절차에 의하여 심판하거 나(제450조), 정식재판의 청구가 있는 때에는 공소장일본주의가 적용된다.

Ⅳ. 위반의 효과

1. 공소기각사유

공소장일본주의의 위반은 공소제기의 방식에 관한 중대한 위반이므로 공소 제기는 무효이며, 따라서 법원은 판결로 공소기각을 선고하여야 한다(제327조 제2호). 이 에 반하여 법관의 예단을 생기게 할 염려가 없는 단순한 여사기재는 검사가 스 스로 삭제하거나 법원이 검사로 하여금 삭제케 하면 족하다. 또한 공소장 기재 의 방식에 관하여 피고인 측으로부터 아무런 이의가 제기되지 아니하였고 법 원 역시 범죄사실의 실체를 파악하는 데 지장이 없다고 판단하여 그대로 공판 절차를 진행한 결과 증거조사절차가 마무리되어 법관의 심증형성이 이루어진 단계에서는 소송절차의 동적 안정성 및 소송경제의 이념 등에 비추어 볼 때 이 제는 더 이상 공소장일본주의 위배를 주장하여 이미 진행된 소송절차의 효력 을 다툴 수는 없다.[27]

2. 하자의 치유

① 법관의 예단이 생기게 할 수 있는 여사기재는 공소장일본주의의 위반이 고 하자의 치유도 인정되지 아니한다는 소극설과 ② 예단을 생기게 할 수 있는 자료를 첨부한 경우는 공소제기가 무효가 되지만 이 정도에까지 이르지 않는 여사기재는 법원이 삭제를 명하면 족하고, 이러한 범위의 기재는 삭제에 의하 여 하자가 치유될 수 있다는 적극설이 있다. 소극설은 여사기재로 인한 법관의 예단을 지나치게 강조하는 견해로서 적극설이 타당하다고 본다.

---

27) 대법원 2009. 10. 22. 선고 2009도7436 전원합의체 판결.

제 2 관 공소제기의 효과

제 1 소송계속

Ⅰ. 의   의

1. 개   념

소송계속(訴訟係屬)이란 사건이 특정한 법원의 심판대상으로 되어 있는 상태를 말한다. 즉 검사의 공소제기에 의하여 피의사건은 피고사건으로서 공소가 제기된 법원의 심판대상이 되고, 이에 따라 법원의 공판절차가 개시된다.

2. 종   류

(1) 실체적 소송계속   실체적 소송계속이란 공소제기가 적법·유효한 경우의 소송계속을 의미한다. 실체적 소송계속의 경우에 법원은 공소사실의 존부에 관하여 유죄·무죄의 실체재판을 선고하여야 한다.

(2) 형식적 소송계속   형식적 소송계속이란 공소제기가 부적법하거나 무효인 경우의 소송계속을 의미한다. 형식적 소송계속의 경우에 법원은 면소 또는 공소기각의 재판을 하여야 한다. 공소제기가 없는 사건에 대하여 법원이 심리를 개시한 경우도 형식적 소송계속에 해당한다.

Ⅱ. 적극적 효과

공소제기에 의하여 법원은 사건을 심판할 권리와 의무를 지게 되고, 검사와 피고인은 당사자로서 당해 사건의 심리에 관여하고 법원의 심판을 받아야 할 권리와 의무를 갖게 된다. 이러한 적극적 효과는 공소가 제기된 사건 자체에 대해 발생하는 효과라는 점에서 공소제기의 내부적 효과라고도 한다.

Ⅲ. 소극적 효과

1. 이중기소의 금지

검사가 특정한 사건을 기소하면 동일사건에 대하여 다시 공소를 제기할 수 없다. 이를 이중기소의 금지라고 한다. 공소제기가 당해 피고사건 이외의 다른 형사사건에 대하여 소송장애의 사유로 기능한다는 의미에서 공소제기의 외부적 효과라고도 한다.

2. 동일한 법원에 이중기소된 경우

동일사건이 같은 법원에 이중으로 공소가 제기되었을 때에는 후소에 대하여 공소기각의 판결을 하여야 한다($\substack{제327조 \\ 제3호}$).

3. 수개의 법원에 이중기소된 경우

동일사건이 사물관할을 달리하는 수개의 법원에 계속된 때에는 **법원합의부**가 심판하고($\substack{제12 \\ 조}$), 사물관할을 같이하는 수개의 법원에 계속된 때에는 먼저 공소를 받을 법원이 심판한다($\substack{제13 \\ 조}$). 이 경우 심판할 수 없게 된 법원은 공소기각의 **결정**을 하여야 한다($\substack{제328조 \\ 제3호}$).

제 2   심판범위의 한정

Ⅰ. 공소제기의 효력범위

불고불리(不告不理)의 원칙에 따라 법원은 공소제기된 사건에 대해서만 심판을 할 수 있다. 따라서 법원의 심판범위는 검사가 공소를 제기한 피고인과 공소사실에 한정된다. 이는 탄핵주의 소송구조의 당연한 결론이며, 공소제기는 심판의 범위를 한정한다고 할 수 있다.

Ⅱ. 인적 효력범위

1. 검사가 지정한 피고인

공소제기는 검사가 공소장에 피고인으로 지정한 자 이외의 사람에게 효력이 미치지 않는다($\substack{제248조 \\ 제1항}$). 이 점에서 공소제기의 효력은 주관적 불가분의 원칙이 적용되는 고소의 효력과 구별된다. 따라서 공소가 제기된 후에 진범(眞犯)이 발견되어도 공소제기의 효력은 진범에게 미치지 않으며, 공범 가운데 일부에 대한 공소제기의 효력은 다른 공범자에게는 미치지 않는다. 다만 공소제기로 인한 공소시효정지의 효력은 다른 공범자에게도 미친다($\substack{제253조 \\ 제2항}$).

2. 피고인의 특정

피고인의 특정에 관해서는 소송주체로서의 피고인에 대한 논의에서 이미 설명한 바와 같다. 성명모용의 경우에는 모용자만 피고인으로 되므로 피모용자에게는 공소제기의 효과가 미치지 않는다. 위장출석의 경우에는 양자 모두 피고인이나 공소제기의 효과는 실질적 피고인에게만 발생한다.

Ⅲ. 물적 효력범위

1. 공소불가분의 원칙

범죄사실의 일부에 대한 공소제기는 전부에 대해 효력이 미친다($\frac{제248조}{제2항}$). 즉 범죄사실이 단일한 경우에 공소제기의 효력은 전부에 대해 불가분적으로 미치는데, 이를 공소불가분의 원칙이라고 한다. 따라서 포괄일죄나 과형상 일죄의 일부에 대해서만 공소제기가 있는 경우에도 공소제기의 효력은 그 전부에 대해 미치게 된다.

2. 공소사실의 동일성

공소제기의 효력은 공소장에 기재된 사실(공소사실)과 동일성이 인정되는 범위 내의 전체에 미친다. 예를 들면 폭행죄로 기소한 경우 그 공소제기의 효력은 폭행의 사실과 동일성이 인정되는 범위(폭행치사·상해 등)에 대해서도 미친다. 다만 법원은 공소장에 기재된 사실에 대해서만 현실적으로 심판할 수 있으므로, 동일성이 인정되는 사실은 잠재적 심판대상에 그치고 공소장변경을 통하여 현실적 심판대상이 된다.

Ⅳ. 일죄의 일부에 대한 공소제기

1. 의   의

일죄의 일부에 대한 공소제기란 단순일죄나 과형상 일죄의 일부에 대한 공소제기를 말한다. 일죄기소의 문제는 일죄의 전부에 대해 범죄의 객관적 혐의가 있고 소송조건도 구비되어 있는데도 검사가 일죄의 일부에 대해서만 공소를 제기할 수 있는가의 문제이다. 예를 들면 강도상해죄의 혐의가 충분한데도 검사가 강도죄로 공소제기한 경우에 그 공소제기가 적법한가의 문제이다. 따라서 수개의 부분행위 가운데 일부의 행위에 대하여만 범죄의 객관적 혐의가 인정되고 소송조건을 갖추고 있어 그 부분에 대하여만 공소를 제기하는 것은 일부기소의 문제가 아니다.

2. 일부기소의 적법성

(1) 학   설

(가) 소극설   공소불가분의 원칙상 범죄사실 일부에 대한 공소제기는 전부에 대해 효력이 미치고, 일부기소를 인정하는 것은 검사의 자의를 인정하는

결과로 되므로 일부기소가 허용되지 않는다는 견해[28]이다.

(나) **적극설**   기소독점주의와 기소편의주의하에서 공소제기는 검사의 권한이므로 가분적인 범죄사실의 일부에 대한 공소제기도 가능하다는 견해[29]이다. 적극설에 의하면, 강도죄의 경우에 폭행이나 상해 부분에 대하여만 공소를 제기하는 것도 가능하다고 한다.

(다) **절충설**   일죄의 일부기소는 원칙적으로 허용되지 않지만 검사가 범죄사실의 일부를 예비적·택일적으로 기재한 경우에는 예외적으로 허용된다는 견해[30]이다.

(2) **검 토**   검사가 일죄의 전부에 대해 공소를 제기하여야 함에도 불구하고 일부만을 기소하는 것은 부당한 공소권의 행사라고 할 수 있다. 그러나 기소편의주의를 취하고 있는 현행법하에서 공소권의 행사는 검사의 권한에 속하는 것이므로 일부기소 자체를 부적법하다고 할 수는 없고, 공소불가분의 원칙을 규정한 제248조 제2항도 일죄의 일부기소를 허용함을 전제로 한 것이라고 보아야 한다. 따라서 일죄의 일부기소 자체는 적법하다고 보는 적극설이 타당하다.

3. 일부기소의 효력

일죄의 일부만을 기소한 경우에도 일죄 전부에 대해 공소제기의 효력이 미친다(제248조 제2항). 따라서 공소를 제기하지 않은 나머지 부분에 대해서 다시 공소를 제기할 수 없고, 만일 공소를 제기하게 되면 이중기소에 해당하므로 법원은 판결로써 공소를 기각해야 한다. 또한 일사부재리의 효력도 일죄의 전부에 대해서 미치므로, 일죄의 일부에 해당하는 공소사실에 대하여 판결이 확정되면 공소가 제기되지 않은 나머지 일부에 대하여 다시 공소를 제기할 수 없고 공소가 제기되면 면소의 판결을 하여야 한다(제326조 제1항). 법원의 현실적 심판대상은 공소장에 기재된 공소사실에 한하므로, 이 경우에도 일죄의 일부만이 현실적 심판대상으로 된다. 따라서 나머지 부분은 잠재적 심판대상에 그치고, 공소장 변경을 통해서만 현실적 심판대상으로 된다.

【**사 례**】 일부기소의 적법성

《**사 안**》 甲은 2003. 5. 14. 23:00경 서울 소재 골목길에서 피해자 乙을 강도강간할

---

28) 배종대, 398면.
29) 신양균, 325면; 이재상, 449면.
30) 신동운, 569면.

생각으로 자신의 승용차에 강제로 태워 차에서 내릴 수 없게 한 다음, 2003. 5. 15. 01:00경 수원시 소재 아파트 공사장에 도착하였다. 甲은 그곳 승용차 안에서 乙을 위협하여 금품을 강취하고 강간하였다. 乙은 수사기관에서 자신이 승용차 안에 감금된 상태에서 강도당한 사실만을 진술하고 수치심때문에 강간당한 사실을 숨겼으나, 검사는 피의자 甲을 수사하던 중 감금상태에서의 강도범행뿐만 아니라 강간범행도 명백히 밝혀냈다. 그럼에도 불구하고 검사는 甲에 대하여 강도죄로만 공소제기하였다. 검사의 공소제기는 적법한가?

《검 토》 강도강간죄는 강도가 부녀를 강간한 경우에 성립하므로 강도죄를 포섭하는 관계에 있고, 감금죄와 강도강간죄는 상상적 경합관계로서 소송법상 일죄가 된다. 검사는 甲에 대하여 강도강간죄와 감금죄의 상상적 경합범으로 기소할 수 있음에도 강도죄로만 기소한 것은 일죄의 일부기소에 해당한다. 일부기소의 적법성에 관하여 학설이 대립하고 있는데, 일죄의 일부기소는 허용된다고 본다. 따라서 검사가 甲을 강도죄로 공소제기한 것은 적법하고, 강도죄에 대한 판결이 확정되면 강도강간죄와 감금죄 전체에 대하여 일사부재리의 효력이 미친다.

4. 친고죄와 일부기소의 문제

(1) **종전의 논의**　　강간죄가 친고죄로 규정된 종전에는 강간범행에 대한 유효한 고소가 없음에도 검사가 강간의 수단인 폭행·협박에 대해서만 기소한 경우에 법원은 어떠한 판단을 해야 하는가에 관하여 무죄설, 공소기각설이 대립하였다. 대법원은 공소기각판결을 선고해야 한다고 판시하였다.[31] 친고죄의 경우에는 전체가 사건으로서의 불가분성을 가질 뿐만 아니라, 일부기소를 인정하게 되면 친고죄를 인정한 취지에 반하기 때문이다. 그 후 형법의 개정[32]으로 강간죄는 비친고죄에 해당하게 되어 강간죄가 친고죄임을 전제로 한 종전의 학설상 대립은 논의의 실익이 없다. 만약 검사가 강간의 수단인 폭행·협박에 대해서만 기소한 경우에는 일부기소의 효력에 관한 일반법리에 따라 강간죄 전부에 대해 공소제기의 효력이 미친다.

(2) **상대적 친고죄와 일부기소**　　상대적 친고죄에 해당하는 야간주거침입절도죄(형법제330조)의 경우 피해자인 친족의 고소가 없다면 그 수단으로 행하여진 주거침입행위만을 분리하여 기소할 수 없다. 검사가 주거침입죄로 공소를 제기한 때에는 법원은 무죄판결을 선고할 것이 아니라 공소제기가 위법한 경우에 해당하기 때문에 공소기각의 판결을 선고해야 한다.

---

31) 대법원 2002. 5. 16. 선고 2002도51 전원합의체 판결.
32) 법률 제11574호, 2013. 6. 19. 시행.

제 3 공소시효의 정지

공소가 제기되면 공소시효의 진행이 정지되며, 공소기각 또는 관할위반의 재판이 확정된 때로부터 다시 진행한다(제253조제1항). 공소제기가 소송조건을 구비하지 않은 경우에도 공소시효가 정지된다. 공범의 1인에 대한 시효정지는 다른 공범자에 대하여도 효력이 미친다(동조제2항).

제 3 관 공소시효

제 1 개   관

Ⅰ. 의   의

1. 개   념

공소시효(公訴時效)란 범죄행위가 종료된 후에 공소제기 없이 일정한 기간이 경과되면 그 범죄에 관한 공소권이 소멸하는 제도를 말한다(제249조). 형사시효에는 형의 시효(형법 제77조 이하)와 공소시효가 있다. 양자 모두 일정한 기간이 경과된 후에 사실상태를 유지·존중하기 위한 제도라는 점에서 동일하다. 그러나 형의 시효는 확정판결 후에 형벌권의 효력을 소멸시키는 형법상의 제도인 반면, 공소시효는 확정판결 전에 형사소추권을 소멸케 하는 형사소송법상의 제도이다. 그리고 형의 시효가 완성되면 형의 집행이 면제되지만(형법제77조) 공소시효의 완성은 면소판결사유(제326조)가 된다.

2. 존재이유

공소시효는 실체법과 절차법의 두 가지 측면에서 그 존재이유를 발견할 수 있다. 실체법의 측면에서 보면 일정한 기간이 경과한 후에는 범죄행위에 대한 처벌필요성이 감소되며 예방효과도 약화된다는 점, 절차법의 측면에서 보면 범행 후 일정한 시간이 지나면 증거가 멸실되어 공정한 재판을 실현하기 어려워진다는 점을 고려한 제도이다.

3. 공소시효의 배제

⑴ **헌정질서파괴범죄**   헌정질서파괴범죄인 형법상 내란의 죄와 외환의 죄,

군형법상 반란의 죄와 이적의 죄와 형법상 살인죄로서 '집단살해죄의 방지와 처벌에 관한 협약'에 규정된 집단살해에 해당하는 범죄에 대하여는 공소시효의 적용이 배제된다(헌정질서 파괴범죄의 공소시효 등에 관한 특례법 제2조, 제3조).

(2) **성폭력범죄** 강간살인죄를 범한 경우에 공소시효를 적용하지 않는다 (성폭력처벌법 제21조 제4항). 13세 미만의 사람 및 신체적인 또는 정신적인 장애가 있는 사람에 대하여 강간, 강제추행, 준강간, 강간상해, 강간살인, 강간치사의 죄를 범한 경우에 공소시효를 배제한다(동조 제3항).

II. 본 질 론

1. 실체법설

공소시효는 시간의 경과에 따라 사회의 응보감정이나 범인의 악성(惡性)이 소멸함을 이유로 국가형벌권을 소멸시키는 사유라고 보는 학설이다. 이 학설에 따르면 공소시효가 완성되면 형벌권이 소멸하고, 형벌권의 소멸이 형사소송에 반영되어 실체재판을 저지하는 소송법적 효과가 생기게 된다고 한다. 결국 공소시효의 완성은 실체관계적 소송조건이 된다고 한다. 헌법재판소의 다수의견은 실체법설을 따르고 있다.[33] 실체법설의 입장에서는 공소시효정지규정의 유추적용을 금지하고, 법률상 인정된 사유가 아닌 사실상의 소추장애사유에 의한 공소시효정지를 불허하며,[34] 공소시효완성의 효력범위를 실체법상의 죄수를 단위로 결정하게 된다.

2. 소송법설

공소시효는 형벌권과는 관계없이 시간의 경과에 따라 증거멸실 등을 이유로 국가의 소추권만 상실시키는 소송조건이라고 보는 학설이다. 공소시효가 완성되면 면소판결을 선고한다는 점을 근거로 공소시효는 공소권의 소멸사유라고 한다. 소송법에 따르면 공소시효정지에 관한 규정은 소송법상의 규범이므로 유추적용이 가능하며, 법률상의 사유는 물론 국가기관이 형사소추권을 행사할 수 없었던 사실상의 장애사유가 존재하더라도 공소시효정지를 인정한다. 또한 소송법설은 공소시효의 완성을 소송조건의 일종으로 파악하므로 공소시효의 효력범위는 과형상 일죄를 기준으로 결정하게 된다.

---

33) 헌법재판소 1993. 9. 27. 선고 92헌마284 결정.
34) 헌법재판소 1995. 1. 20. 선고 94헌마246 결정.

3. 결 합 설

공소시효는 가벌성을 감소시키는 사유인 동시에 증거멸실로 인한 소추권의 소멸을 가져오는 소송조건으로 보는 학설이다. 즉 공소시효란 실체면에서 미확정 형벌권의 소멸사유로서 처벌제한의 성격을 가지고 절차면에서는 소송조건으로서 작용하여 소추제한의 성격을 가진다고 한다. 결합설에 의하면 공소시효 완성의 범위는 실체법상의 죄수를 기준으로 결정하게 된다. 그리고 공소시효는 소송조건의 하나이므로 공소시효를 연장하는 법률개정은 실체형법의 경우와 달리 소급효금지가 적용되지 않는다고 한다.

4. 검   토

공소시효의 본질론은 공소시효의 규정을 실체법인 형법에서 규정하고 있는 독일에서 공소시효의 기간을 연장하는 법률개정이 소급효를 가질 수 있는가 하는 점과 관련하여 논의되었다. 실체법설은 공소시효가 완성된 경우 면소판결을 선고하도록 한 형사소송법의 규정을 설명하기 곤란하고, 소송법설은 시효기간이 법정형을 기준으로 결정되고 공소시효의 완성에 일사부재리의 효력을 인정하고 있는 이유를 설명하지 못하는 난점이 있다. 공소시효는 실체법과 소송법의 양면을 고려하여 마련된 제도로서 결합설이 타당하다고 본다.

제 2   공소시효의 기간

I. 시효기간

공소시효는 개별 구성요건이 규정하고 있는 법정형을 기준으로 다음 기간이 경과하면 완성된다(제249조
제1항). ① 사형에 해당하는 범죄는 25년, ② 무기징역 또는 무기금고에 해당하는 범죄는 15년, ③ 장기 10년 이상의 징역 또는 금고에 해당하는 범죄는 10년, ④ 장기 10년 미만의 징역 또는 금고에 해당하는 범죄는 7년, ⑤ 장기 5년 미만의 징역 또는 금고, 장기 10년 이상의 자격정지 또는 벌금에 해당하는 범죄는 5년, ⑥ 장기 5년 이상의 자격정지에 해당하는 범죄는 3년, ⑦ 장기 5년 미만의 자격정지, 구류, 과료 또는 몰수에 해당하는 범죄는 1년의 경과로 각각 공소시효가 완성된다.

Ⅱ. 시효기간의 기준

1. 법 정 형

(1) **2개 이상의 형과 시효기간**   공소시효기간의 기준이 되는 형은 처단형이 아니라 법정형이다. 2개 이상의 형을 병과하거나 2개 이상의 형에서 1개를 과할 범죄에는 중한 형을 기준으로 공소시효기간을 결정한다($\frac{제250}{조}$). 이 때 '2개 이상의 형을 병과할 때'란 2개 이상의 주형이 병과되는 경우를 말한다. 그리고 '2개 이상의 형에서 1개를 과할 범죄'란 수개의 형이 선택적으로 규정되어 있는 범죄를 말한다.

(2) **형의 가중·감경과 시효기간**   형법에 의하여 형을 가중·감경할 경우에는 가중 또는 감경하지 아니한 형을 기준으로 시효기간을 결정한다($\frac{제251}{조}$). 가중·감경의 사유는 필요적인 경우와 임의적인 경우를 모두 포함한다. 다만 특별법상에 의한 형의 가중·감경의 경우에는 그 특별법상에 정한 법정형을 기준으로 공소시효의 기간을 결정한다.[35]

(3) **공범과 시효기간**   교사범·종범의 경우 정범의 법정형을 기준으로 한다. 그러나 필요적 공범의 경우에는 개별 행위자를 기준으로 공소시효를 결정한다.

(4) **양벌규정과 시효기간**   양벌규정에 의하여 행위자 이외에 법인이나 사업주를 처벌하는 경우에 이들에 대한 공소시효기간에 관하여 행위자 본인에 대한 법정형을 기준으로 하여야 한다는 **본인기준설**[36]과 사업주에 대한 법정형을 기준으로 하여야 한다는 **사업주기준설**[37]이 대립한다. 본인기준설은 행위자 본인과 사업주의 처벌에 일관성을 유지해야 한다는 점을 논거로 하지만, 양벌규정의 구성요건상 행위주체가 되는 사업주에 대한 법정형을 기준으로 결정해야 한다고 본다.

【사 례】 양벌규정과 공소시효기간

《사 안》 甲주식회사의 대표이사 乙은 2013년도에 회사의 업무와 관련하여 20억원의 세금을 포탈하였다. 검사는 2020년 5월 10일 甲주식회사와 乙을 「특정범죄가중처벌 등에 관한 법률위반죄」로 공소제기하였다. 세금포탈사실이 인정되는 경우 법

---

35) 대법원 1979. 4. 24. 선고 77도2752 판결, 1980. 10. 14. 선고 80도1959 판결, 1982. 5. 25. 선고 82도535 판결.
36) 배종대, 371면; 신동운, 489면; 신양균, 316면.
37) 이재상, 455면.

원은 어떠한 재판을 하여야 하는가?

《검 토》 포탈세액이 연간 10억원 이상인 때에는 「특정범죄가중처벌 등에 관한 법률」 제8조 제1항 제1호에 의하여 피고인을 무기 또는 5년 이상의 징역에 처하고, 동법 제8조 제2항에 의하여 포탈세액의 2배 이상 5배 이하에 상당하는 벌금을 병과한다. 그리고 법인의 대표자가 법인의 업무에 관하여 조세범칙행위를 한 때에는 그 행위자를 벌하는 외에 그 법인에 대하여서도 벌금형에 처한다(조세범처벌 법 제18조). 피고인 乙의 범행에 대한 공소시효기간은 15년이나, 피고인 甲주식회사의 경우 공소시효기간의 기준이 되는 법정형은 벌금형이므로 그 공소시효기간은 5년이다. 따라서 법원은 피고인 乙에 대하여 유죄판결을 선고하고, 피고인 甲주식회사에 대하여 공소시효완성을 이유로 면소판결을 선고하여야 한다.

2. 공소장에 기재된 공소사실

(1) 공소사실의 예비적·택일적 기재   법정형을 판단하는 기초가 되는 범죄사실은 공소장에 기재된 공소사실을 기준으로 한다. 공소장에 수개의 범죄사실이 예비적·택일적으로 기재되는 경우에는 가장 중한 죄에 정한 형을 기준으로 공소시효를 결정한다는 견해가 있으나, 공소시효는 각 범죄사실을 단위로 개별적으로 결정된다고 본다. 과형상 수개의 죄에 대해서도 공소사실의 예비적·택일적 기재가 가능하기 때문이다.

(2) 과형상 일죄   과형상 일죄의 경우 가장 중한 죄에 정한 법정형을 기준으로 공소시효를 결정한다는 견해가 있으나, 과형상 일죄는 실체법상 수죄이므로 각 범죄사실에 대하여 개별적으로 공소시효를 결정해야 한다고 본다.

3. 공소장변경과 공소시효

(1) 판단기준시   공소제기 후 공소장이 변경된 경우에는 공소제기의 효력이 공소장에 기재된 공소사실과 동일성이 인정되는 사실에 대해서도 미치므로 공소제기시를 기준으로 공소시효의 완성 여부를 결정하는 것이 타당하다.[38]

(2) 법정형의 문제   공소장변경절차에 의하여 공소사실이 변경됨에 따라 그 법정형에 차이가 있는 경우에는 변경된 공소사실에 대한 법정형이 공소시효기간의 기준이 된다. 따라서 공소제기 당시의 공소사실에 대한 법정형을 기준으로 하면 공소제기 당시 아직 공소시효가 완성되지 않았으나 변경된 공소사실에 대한 법정형을 기준으로 하면 공소제기 당시 이미 공소시효가 완성된

---

38) 대법원 1981. 2. 10. 선고 80도3245 판결, 1982. 5. 25. 선고 82도535 판결, 1992. 4. 24. 선고 91도3150 판결, 2002. 10. 11. 선고 2002도2939 판결.

경우에는 공소시효의 완성을 이유로 면소판결을 선고해야 한다.[39]

【사 례】 공소장변경과 공소시효

《사 안》 검사는 2020년 3월 10일 피고인 甲을 절도죄로 기소하였고, 공소장에 기재된 공소사실은 '피고인 甲은 2014년 7월 20일경 피해자 乙의 집에 들어가 현금 100만원을 절취하였다'는 내용이었다. 피고인 甲에 대한 재판이 진행되던 중 피고인 甲의 절취부분에 대한 증거가 불충분하자 검사는 2020년 5월 10일에 이르러 '피고인 甲이 2014년 7월 20일경 피해자 乙의 집에 들어가 건조물을 침입하였다'는 내용의 건조물침입죄로 공소장변경신청을 하였고, 법원은 공소장변경신청을 허가하였다. 이 경우 법원은 어떠한 판결을 하여야 하는가?

《검 토》 공소장변경이 있는 경우에 공소시효의 완성 여부는 당초의 공소제기가 있었던 시점을 기준으로 판단할 것이지만, 공소장변경절차에 의하여 공소사실이 변경됨에 따라 그 법정형에 차이가 있는 경우에는 변경된 공소사실에 대한 법정형이 공소시효기간의 기준이 된다. 검사는 피고인 甲에 대하여 건조물침입의 범죄행위가 종료된 때로부터 공소시효 5년이 지난 2020년 3월 10일 이 사건 공소를 제기하였으므로 변경된 공소사실인 건조물침입죄에 대하여는 이 사건 공소 제기 당시 이미 공소시효가 완성된 것이다. 따라서 법원은 피고인 甲에 대하여 면소의 판결을 선고하여야 한다.

4. 법률의 개정

(1) **실체법의 개정**   실체법의 개정에 의하여 법정형이 변경된 경우 형의 경중을 불문하고 신법의 법정형이 공소시효기간의 기준이 된다는 견해가 있으나, 형법 제1조에 의하여 당해 범죄사실에 적용될 가벼운 법정형이 공소시효기간의 기준이 된다는 판례[40]의 입장이 타당하다고 본다.

(2) **소송법의 개정**   소송법의 개정으로 시효기간이 변경된 경우에는 형법 제1조를 유추하여 가장 짧은 시효기간에 따라야 하고 공소제기 후에 변경된 경우에는 공소제기시를 기준으로 공소시효의 완성 여부를 판단하여야 한다고 본다.

Ⅲ. 공소시효의 계산방법

1. 공소시효의 기산시점

(1) **범죄행위의 종료시**   공소시효는 범죄행위가 종료된 때로부터 진행한다

---

39) 대법원 2001. 8. 24. 선고 2001도2902 판결.
40) 대법원 1987. 12. 22. 선고 87도84 판결, 2008. 12. 11. 선고 2008도4376 판결.

($\frac{제252조}{제1항}$). '범죄행위를 종료한 때'란 구성요건에 해당하는 행위를 한 때가 아니라 구성요건에 해당하는 결과가 발생한 때를 의미한다.[41] 따라서 업무상과실치사죄의 공소시효는 피해자가 사망에 이른 결과가 발생한 때부터 진행한다.[42] ① 계속범의 경우에는 법익침해가 종료된 때를 기준으로 하고, ② 결과적 가중범의 경우에도 중한 결과가 발생한 때를 기준으로 한다. ③ 목적범의 경우에는 목적이 달성된 때를 기준으로 판단한다. ④ 포괄일죄의 경우에는 각 행위에 관하여 개별적으로 판단해야 한다는 견해도 있으나, 이 경우에는 일죄이므로 최종 범죄행위가 종료된 때를 기준으로 해야 한다고 본다. 그러나 ⑤ 결과발생을 요하지 않는 거동범이나 실행행위만으로 가벌성이 인정되는 미수범의 경우 실행행위시를 기준으로 공소시효의 완성을 판단한다.

(2) **공범에 관한 특칙**   공범의 경우에는 최종행위가 종료한 때로부터 공범 전체에 대한 시효기간이 진행한다($\frac{제252조}{제2항}$). 여기에서 공범이란 공동정범과 교사범·종범뿐만 아니라 합동범을 포함한다.

2. 공소시효의 계산

공소시효를 계산할 때 초일은 시간을 계산함이 없이 1일로 산정한다($\frac{제66조}{제1항 단서}$). 공소시효기간의 말일이 공휴일 또는 토요일에 해당하더라도 그 날은 공소시효기간에 산입된다($\frac{동조 제3}{항 단서}$).

제 3 공소시효의 정지

I. 의   의

공소시효의 정지란 일정한 사유로 인하여 공소시효의 진행이 정지되는 것을 말한다. 따라서 일정한 사유가 없어지면 나머지 시효기간만 다시 진행된다. 이에 대하여 공소시효의 중단이란 진행된 기간을 전부 무효화하고 새로운 시효기간의 진행을 요구하는 제도인데 우리 나라 형사소송법은 이를 인정하지 않고 있다.

II. 시효정지사유

1. 공소제기

공소시효는 공소제기로 진행이 정지된다. 공소제기는 공소장이 법원에 도달

---

41) 대법원 2003. 9. 26. 선고 2002도3924 판결.
42) 대법원 1996. 8. 23. 선고 96도1231 판결, 1997. 11. 28. 선고 97도1740 판결.

한 때 그 효력이 발생하고, 통상의 경우 법원직원이 공소장에 접수인을 찍은 날짜가 공소제기일로 추정된다.[43] 이 때 공소제기는 반드시 유효하거나 적법하지 않아도 상관없다. 따라서 공소가 제기되면 소송조건을 갖추지 않더라도 공소시효는 정지된다. 정지된 시효는 공소기각 또는 관할위반의 재판이 확정된 때로부터 다시 진행한다(제253조제1항). 그리고 공소기각 또는 관할위반의 재판이 확정되는 경우에도 상소권회복의 결정(제347조)이 있으면 시효진행은 정지된다.

2. 국외도피

범인이 형사처벌을 면할 목적으로 국외에 있는 경우 그 기간 동안 공소시효는 정지된다(제253조제3항). 범인의 국외체류의 목적은 오로지 형사처분을 면할 목적만으로 국외체류하는 것에 한정되는 것은 아니고 범인이 가지는 여러 국외체류 목적 중 형사처분을 면할 목적이 포함되어 있으면 충분하다.[44] 그리고 '형사처벌을 면할 목적'에 대한 입증책임은 검사에게 있다. 범인이 외국에서 다른 범죄로 수감되어 그 기간이 당해 범죄의 공소시효 기간보다도 현저하게 긴 사정이 있다면 수감기간에는 '형사처분을 면할 목적'을 인정할 수 없는 여지가 있다. 예를 들면 법정최고형이 징역 5년인 부정수표단속법위반죄를 범한 사람이 중국으로 출국하여 체류하다가 다른 범죄로 징역 14년을 선고받고 8년 이상 복역한 후 우리나라로 추방되어 부정수표단속법위반죄로 공소제기된 경우 수감기간 동안에는 '형사처분을 면할 목적'을 인정할 수 없어 공소시효의 진행이 정지되지 않는다.[45] 또한 피고인이 당해 사건으로 처벌받을 가능성이 있음을 인지하였다고 보기 어려운 상황에서 다른 고소사건과 관련하여 형사처분을 면할 목적으로 국외에 있은 경우, 당해 사건의 형사처분을 면할 목적으로 국외에 있었다고 볼 수 없다.[46]

3. 재정신청

검사의 불기소처분에 대해 재정신청이 있으면 고등법원의 재정결정이 있을 때까지 공소시효진행은 정지된다(제262조의4제1항). 재정결정의 내용이 공소제기결정인 경우에는 공소시효에 관하여 그 결정이 있는 날에 공소가 제기된 것으로 보게 되므로(동조제2항) 공소시효는 계속하여 정지되고, 기각결정인 경우에는 공소시효가 다시 진행된다. 다만 기각결정에 대하여 대법원에 즉시항고를 한 경우에는 재

---

43) 대법원 2002. 4. 12. 선고 2002도690 판결.
44) 대법원 2003. 1. 24. 선고 2002도4994 판결.
45) 대법원 2008. 12. 11. 선고 2008도4101 판결.
46) 대법원 2014. 4. 24. 선고 2013도9162 판결.

정결정의 확정시까지는 공소시효의 진행이 정지된다고 보아야 한다. 한편 검사의 불기소처분에 대하여 검찰항고를 한 경우에는 공소시효가 정지되지 않는다.

4. 대통령이 범한 죄

대통령은 내란 또는 외환의 죄를 범한 경우를 제외하고는 재직중 형사상의 소추를 받지 아니한다(헌법
제84조). 따라서 내란죄나 외환죄의 경우를 제외하면, 대통령이 범한 죄에 대하여는 재직기간 동안 공소시효의 진행이 정지된다.[47]

5. 특별법에 의한 시효정지

(1) **소년보호사건**   판사가 소년보호사건에 대하여 심리개시결정을 하면(소년법
제20조) 그 심리개시결정이 있은 때로부터 그 사건에 대한 보호처분의 결정이 확정될 때까지 공소시효진행은 정지된다(동법
제54조).

(2) **가정보호사건**   「가정폭력범죄의 처벌 등에 관한 특례법」이 규정한 가정폭력범죄에 대한 공소시효는 당해 가정보호사건이 법원에 송치된 때부터 시효진행이 정지되고, 해당 가정보호사건에 대한 불처분결정이 확정된 때 또는 보호처분이 취소되는 등의 사정으로 가정보호사건이 다시 검사에게 송치되거나 법원에 이송된 때에는 그 때부터 공소시효가 다시 진행된다(가폭법
제17조).「가정폭력범죄의 처벌 등에 관한 특례법」의 공소시효에 관한 규정은「성매매알선 등행위의 처벌에 관한 법률」이 규정한 보호사건에 준용된다(동법
제17조).

(3) **성폭력범죄**   미성년자에 대한 성폭력범죄의 공소시효는 그 피해를 당한 미성년자가 성년에 달한 날로부터 진행한다(성폭력처벌법
제21조 제1항). 강간 등의 성폭력범죄는 DNA증거 등 그 죄를 증명할 수 있는 과학적인 증거가 있는 때에는 공소시효가 10년 연장된다(동조
제2항).

「아동·청소년의 성보호에 관한 법률」은 아동·청소년 대상 성범죄의 처벌과 절차에 관한 특례를 규정하고 있는데, 아동·청소년 대상 성범죄의 공소시효는 해당 성범죄로 피해를 당한 아동·청소년이 성년에 달한 날부터 진행한다(아동청소년성보호
법 제20조 제1항). 아동·청소년에 대한 강간 등의 범죄는 DNA증거 등 그 죄를 증명할 수 있는 과학적인 증거가 있는 때에는 공소시효가 10년 연장된다(동조
제2항).

(4) **아동학대범죄**   「아동학대범죄의 처벌 등에 관한 특례법」이 규정한 아동학대범죄에 대한 공소시효는 해당 피해아동이 성년에 달한 날부터 진행하고, 아동보호사건이 법원에 송치된 때부터 시효 진행이 정지된다(동법
제34조). 위 특례

---

47) 헌법재판소 1995. 1. 20. 선고 94헌마246 결정.

법은 신체적 학대행위를 비롯한 아동학대범죄로부터 피해아동을 보호하기 위한 것으로서, 제34조는 아동학대범죄가 피해아동의 성년에 이르기 전에 공소시효가 완성되어 처벌대상에서 벗어나는 것을 방지하고자 그 진행을 정지시킴으로써 피해를 입은 아동을 실질적으로 보호하려는 데 취지가 있다.

⑸ **통고처분**　　지방국세청장 또는 세무서장은 조세범칙행위의 확증을 얻었을 때에는 그 대상이 되는 자에게 그 이유를 구체적으로 밝히고 벌금상당액, 몰수 또는 몰취물품, 추징금을 납부할 것을 통고하여야 한다(조세범칙처벌절차법
제15조 제1항). 이러한 통고처분이 있는 경우에는 공소시효의 진행이 중단된다(동법
제16조). 법문상으로는 '공소시효의 중단'이라고 되어 있으나 이는 공소시효의 정지를 의미한다.

⑹ **소급적용 여부**　　공소시효를 정지하는 특례조항을 신설하면서 소급적용에 관한 명시적인 경과규정을 두지 않은 경우 그 조항을 소급하여 적용할 수 있는지에 관해서는 보편타당한 일반원칙이 존재하지 않고, 적법절차원칙과 소급금지원칙을 천명한 헌법 제12조 제1항과 제13조 제1항의 정신을 바탕으로 하여 법적 안정성과 신뢰보호원칙을 포함한 법치주의 이념을 훼손하지 않는 범위에서 신중히 판단해야 한다.[48]

Ⅲ. 효력범위

1. 주관적 범위

⑴ **공범에 관한 특칙**　　공소시효의 정지는 공소가 제기된 피고인에 대해서만 효력이 미친다. 따라서 범인이 아닌 자에 대하여 공소를 제기한 경우 진범에 대한 공소시효는 계속 진행된다. 공범의 1인에 대한 공소시효정지는 다른 공범자에게도 효력이 미치고, 당해 사건의 재판이 확정된 때로부터 진행한다(제253조
제2항). 여기서 말하는 공범이란 형법총칙상의 공범인 공동정범, 교사범, 종범뿐만 아니라 합동범을 포함한다. 다만, 공범 중 1인이 형사처분을 면할 목적으로 국외에 있는 경우 그 기간동안 다른 공범의 공소시효는 정지되지 않는다.

공범 중 1인에 대한 공소의 제기로 다른 공범자에 대한 공소시효의 진행이 정지되더라도 공소가 제기된 공범 중 1인에 대한 재판이 확정되면, 그 재판의 결과가 공소기각 또는 관할위반인 경우뿐 아니라 유죄, 무죄, 면소인 경우에도 그 재판이 확정된 때로부터 다시 공소시효가 진행되고, 약식명령이 확정된 때에도 마찬가지이다. 공범 중 1인에 대해 약식명령이 확정된 후 그에 대한 정식

---

48) 대법원 2021. 2. 25. 선고 2020도3694 판결.

재판청구권회복결정이 있었다고 하더라도 그 사이의 기간 동안에는, 특별한 사정이 없는 한, 다른 공범자에 대한 공소시효는 정지함이 없이 계속 진행한다.[49]

　(2) **필요적 공범**　　필요적 공범도 제253조 제2항의 공범에 포함된다는 견해가 있으나, 제253조 제2항의 공범을 해석함에 있어서는 공범 사이의 처벌의 형평이라는 입법취지, 국가형벌권의 적정한 실현, 형법 등 실체법과의 체계적 조화 등의 관점을 종합적으로 고려하여야 할 것이고, 특히 제253조 제2항은 공소제기 효력의 인적 범위를 확장하는 예외를 규정한 것이므로 원칙적으로 엄격하게 해석하여야 하고 피고인에게 불리한 방향으로 확장하여 해석해서는 안된다. 뇌물공여죄와 뇌물수수죄 사이와 같은 대향범 관계에 있는 자는 필요적 공범이나, 서로 대향된 행위의 존재를 필요로 할 뿐 각자 자신의 구성요건을 실현하고 별도의 형벌규정에 따라 처벌되는 것이어서, 2인 이상이 가공하여 공동의 구성요건을 실현하는 공범관계에 있는 자와는 본질적으로 다르며, 대향범 관계에 있는 자 사이에서는 각자 상대방의 범행에 대하여 형법 총칙의 공범규정이 적용되지 않는다. 따라서 제253조 제2항에서 말하는 '공범'에는 뇌물공여죄와 뇌물수수죄 사이와 같은 대향범 관계에 있는 자는 포함되지 않는다.[50]

　(3) **동시범**　　동시범은 행위자별로 공동가공의 의사 없이 독립하여 범행을 실행한 단독정범이므로 동시범 중 1인에 대한 공소제기는 다른 동시범에 대하여 시효정지의 효력이 없다.

　(4) **공범에 대한 무죄판결**　　공범 중 1인이 범죄의 증명이 없다는 이유로 무죄의 확정판결을 선고받은 경우에는 그를 공범이라고 할 수 없으므로 그에 대하여 제기된 공소로써는 다른 범인에 대한 공소시효정지의 효력이 없다.[51] 한편 공범으로 기소된 자가 구성요건적 행위를 한 사실은 인정되나 책임무능력을 이유로 무죄판결을 받은 경우에는 다른 공범자에게 시효정지의 효력이 발생한다고 본다.

　(5) **양벌규정**　　양벌규정에 의해서 행위자 외의 사업주(예를 들면 법인)를 처벌할 수 있는 경우 행위자에 대한 공소제기는 사업주에 대한 공소시효 정지사유가 된다고 본다.

2. 객관적 범위

공소시효정지의 효력은 공소사실과 동일성이 인정되는 사건 전체에 대하여

---

49) 대법원 2012. 3. 29. 선고 2011도15137 판결.
50) 대법원 2015. 2. 12. 선고 2012도4842 판결.
51) 대법원 1999. 3. 9. 선고 98도4621 판결.

미친다.

【사 례】 공소시효 정지의 주관적 범위

《사 안》 甲과 乙은 공모하여 2015. 2. 1. 공무원 丙에게 5천만원을 뇌물로 교부하였다. 그 후 乙과 丙은 2016. 3. 1. 각각 뇌물공여죄와 수뢰죄로 기소되었으나, 甲은 도피하여 기소되지 않았다. 乙에 대하여는 2017. 4. 1. 유죄판결이 확정되었고, 丙에 대하여는 2017. 5. 1. 유죄판결이 확정되었다. 이 때 甲의 범죄에 대하여 어느 기간 동안 공소시효가 정지되는가?

《검 토》 甲과 乙은 서로 공범관계에 있고, 甲과 丙은 대향범 관계에 있다. 따라서 乙에 대한 공소가 제기된 때(2016. 3. 1.)로부터 乙에 대한 재판이 확정된 때(2017. 4. 1.)까지 甲의 공소시효는 정지되고, 위 공소정지의 효과는 丙에게 미치지 않는다.

제 4 공소시효의 완성

Ⅰ. 공소시효가 완성되는 경우

1. 공소시효기간의 경과

공소의 제기 없이 공소시효기간이 경과하면 공소시효가 완성된다(제249조 제1항). 공소가 제기된 경우에도 공소기각 또는 관할위반의 재판이 확정된 때에는 다시 공소시효가 진행하므로(제253조 제1항) 나머지 공소시효기간이 경과하면 공소시효가 완성된다.

2. 공소시효완성의 간주

⑴ 요 건 공소가 제기된 범죄는 판결이 확정되지 않고 공소제기한 때로부터 25년이 경과하면 공소시효가 완성된 것으로 간주한다(제249조 제2항). 즉 공소제기시로부터 25년 이내에 판결이 선고되더라도 그 기간 내에 판결이 확정되지 아니하면 공소시효가 완성된 것으로 간주한다. 따라서 공소가 제기된 사건에 대하여 판결이 선고되고 상소제기기간이 도과한 경우에도 그 후 피고인의 상소권회복청구가 받아들여져 그 판결이 확정되지 아니한 채 공소제기시로부터 25년이 경과하였다면 공소시효의 완성이 간주된다.[52]

⑵ **국외도피** 범인이 형사처벌을 면할 목적으로 국외에 있는 경우에도 공소제기한 때로부터 25년이 경과하면 공소시효가 완성된 것으로 간주한다. 제

---

52) 대법원 1986. 11. 25. 선고 86도2106 판결.

253조 제3항에서 정지의 대상으로 규정한 공소시효는 범죄행위가 종료한 때로부터 진행하고 공소의 제기로 정지되는 제249조 제1항의 시효를 뜻하고, 그 시효와 별개로 공소를 제기한 때로부터 일정 기간이 경과하면 공소시효가 완성된 것으로 간주된다고 규정한 제249조 제2항에서 말하는 공소시효는 여기에 포함되지 않기 때문이다.[53)

II. 시효완성의 효과

1. 불기소처분

수사중인 피의사건에 관하여 공소시효가 완성되면 공소제기의 유효요건이 결여되므로 검사는 공소권 없음을 이유로 불기소처분을 하여야 한다.

2. 면소판결

공소가 제기된 후에 공소시효가 완성된 사실이 판명되면 법원은 판결로써 면소의 선고를 하여야 한다(제326조 제3호).

제 4 관   기소강제절차

제 1   개   관

I. 의   의

기소강제절차(起訴强制節次)란 검사의 불기소처분에 불복하는 고소인 또는 고발인(형법 제123조 내지 제125조의 죄에 대하여 고발한 자)의 재정신청(裁定申請)에 의하여 법원이 공소제기결정을 한 경우에 검사에게 공소제기를 강제하는 제도를 말한다. 형사소송법은 공소제기의 기본원칙으로 기소독점주의와 기소편의주의를 취하고 있다. 검사의 부당한 불기소처분을 규제하고 고소인 또는 고발인의 이익을 보호하기 위해서 기소독점주의와 기소편의주의를 규제하기 위한 제도가 필요하다. 그런데 검찰청법에 의한 항고제도는 검찰 내부의 시정제도라는 점에서 공소권행사의 적정성을 보장하기에는 충분하지 못하다. 이를 보완하기 위한 제도가 기소강제절차이다.

---

53) 대법원 2022. 9. 29. 선고 2020도13547 판결.

Ⅱ. 독일의 기소강제절차

독일의 기소강제절차는 기소법정주의를 전제로 기소독점주의에 의하여 스스로 공소를 제기할 수 없는 피해자의 보호를 목적으로 하는 제도이다. 피해자인 고소인은 검사의 불기소처분에 대하여 검찰항고를 거쳐 고등법원에 기소강제를 신청할 수 있다. 다만 기소유예사건이나 피해자에 의하여 사인소추(私人訴追)의 방법으로 소추할 수 있는 범죄(주거침입 등)에 대하여는 인정되지 않는다.

제 2 재정신청사건의 심리절차

Ⅰ. 재정신청

1. 신청권자

재정신청권자는 검사로부터 불기소처분의 통지를 받은 고소인이다. 고발인은 공무원의 직권남용죄(형법 제123조 내지 제126조)에 대하여 고발한 자에 한한다. 다만 피의사실공표죄(형법 제126조)에 대하여는 피공표자의 명시한 의사에 반하여 재정을 신청할 수 없다(제260조 제1항). 따라서 공무원의 직권남용죄 이외의 범죄에 관한 검사의 불기소처분에 대하여 고발인은 검찰항고나 재항고를 신청할 수 있을 뿐이다. 또한 단순히 범죄사실을 신고하였을 뿐 처벌희망의 의사를 표시하지 아니한 단순한 진정인은 재정신청을 할 수 없다. 재정신청권자는 대리인에 의하여도 재정신청을 할 수 있다(제264조 제1항). 그러나 고소·고발을 취소한 자는 재정신청을 할 수 없다.

2. 재정신청의 대상

재정신청의 대상은 모든 범죄에 대한 검사의 불기소처분이다. 불기소처분의 이유에는 제한이 없으므로 협의의 불기소처분뿐만 아니라 기소유예처분에 대하여도 재정신청을 할 수 있다. 기소중지와 참고인중지처분이 재정신청의 대상에 포함된다는 견해가 있으나, 기소중지와 참고인중지처분은 수사중지처분에 불과하므로 재정신청의 대상에 포함되지 않는다고 본다. 또한 진정사건에 대한 내사종결처리는 고소 또는 고발사건에 대한 불기소처분이라고 볼 수 없으므로 재정신청의 대상이 되지 않는다.[54] 그리고 공소취소도 불기소처분이 아니므로 재정신청의 대상이 되지 않는다.

---

54) 대법원 1991. 11. 5.자 91모68 결정.

3. 재정신청의 절차

⑴ **검찰항고전치주의**   재정신청을 하려면 검찰청법 세10조에 따른 항고를 거쳐야 한다($\frac{제260조}{제2항}$). 신청남용의 폐해를 줄이고 재정신청제도의 효율성을 도모하기 위한 것이다. 다만, ① 재정신청인이 불기소처분에 대하여 항고를 제기하였고 그 이후 재기수사가 이루어진 다음 다시 불기소처분이 있는 때, ② 항고신청 후 항고에 대한 처분이 행하여지지 아니하고 3개월이 경과한 경우, ③ 검사가 공소시효 만료일 30일 전까지 공소를 제기하지 아니하는 경우에는 곧바로 재정신청을 할 수 있다.

⑵ **신청서의 제출**   재정신청은 서면으로 불기소처분을 한 검사 소속의 지방검찰청 검사장 또는 지청장을 경유하여 그 검사 소속의 지방검찰청 소재지를 관할하는 고등법원에 신청하여야 한다($\frac{제260조 제}{1항, 제3항}$). 재정신청서는 불기소처분을 한 검사가 소속한 지방검찰청 검사장 또는 지청장에게 제출하여야 한다. 고소인 등이 재정신청서를 직접 고등법원에 제출한 경우에는 고등법원은 그 재정신청서를 불기소처분을 한 검사가 소속한 지방검찰청 또는 지청으로 송부하여야 하며 이 경우 재정신청기간의 경과 여부는 재정신청서가 지방검찰청 또는 지방검찰청 지청에 접수된 때를 기준으로 판단하여야 한다.

⑶ **신청이유의 기재**   재정신청서에는 재정신청의 대상이 되는 사건의 범죄사실과 증거 등 재정신청의 이유를 기재하여야 한다($\frac{동조}{제4항}$). 범죄사실의 기재는 공소사실과 같이 엄격함을 요하지 않지만 범죄사실을 기재하였는가가 불명확하거나 범죄사실의 기재가 없는 경우에는 그 신청이 법률상의 방식에 위배하여 부적법한 것으로 된다.

⑷ **신청기간**   재정신청을 하려는 자는 항고기각결정을 통지받은 날로부터 10일 이내에 서면으로 재정신청을 하여야 한다. 다만 항고전치주의의 예외에 해당하여 항고절차를 거칠 필요가 없는 경우에는 불기소처분의 통지를 받거나 항소신청 후 3개월이 경과한 날로부터 10일 이내에, 공소시효 임박을 이유로 하는 재정신청은 공소시효 만료일 전날까지 재정신청서를 제출할 수 있다($\frac{제260조}{제3항}$). 신청기간은 **불변기간**이므로 기간을 도과한 신청은 허용되지 않는다. 따라서 구금중인 고소인이 재정신청서를 10일 이내에 교도소장 또는 그 직무를 대리하는 사람에게 제출하였다 하더라도 재정신청서가 위 기간 안에 불기소처분을 한 검사가 소속한 지방검찰청 검사장 또는 지청장에게 도달되지 않았다면 적법한 재정신청서의 제출이라 할 수 없다.[55] 그리고 재정신청 제기기간이

경과된 후에 재정신청보충서를 제출하면서 원래의 재정신청에 재정신청 대상으로 포함되어 있지 않은 범죄사실을 재정신청의 대상으로 추가한 경우, 그 재정신청보충서에서 추가한 부분에 관한 재정신청은 법률상 방식에 어긋난 것으로서 부적법하다.[56]

(5) **검사장의 처리**   재정신청서를 제출받은 지방검찰청 검사장 또는 지청장은 재정신청서를 제출받은 날로부터 7일 이내에 재정신청서·의견서·수사관계서류 및 증거물을 관할 고등검찰청을 경유하여 관할 고등법원에 송부하여야 한다. 다만 항고전치주의가 적용되지 않는 경우에는 지방검찰청 검사장 또는 지청장은 ① 신청이 이유 있는 것으로 인정하는 때에는 즉시 공소를 제기하고 그 취지를 관할 고등법원과 재정신청인에게 통지하고, ② 신청이 이유 없는 것으로 인정하는 때에는 30일 이내에 관할 고등법원에 송부한다(제261조).

4. 재정신청의 효력

고소인 또는 고발인이 여러 명인 경우에 공동신청권자 중 1인의 신청은 그 전원을 위하여 효력을 발생한다(제264조 제1항). 재정신청이 있으면 재정결정이 있을 때까지 공소시효의 진행을 정지한다(제262조의4 제1항). 이와 관련하여 재정신청서의 제출이 고등법원에 대한 재정신청 자체는 아니라는 이유로 공소시효정지의 기준시점은 재정신청서의 제출시가 아니라 고등법원에 재정신청서가 접수된 시점이라는 견해가 있으나, 검사가 공소시효 만료일 30일 전까지 공소를 제기하지 아니하는 경우에는 공소시효 만료일 전날까지 재정신청서를 제출할 수 있고(제260조 제3항), 공소시효정지의 기준시점을 검찰청의 재정신청서 송부에 의하여 좌우되게 하는 것은 부당하므로 재정신청서 제출시점을 공소시효정지의 기준시점으로 보는 것이 타당하다.

5. 재정신청의 취소

재정신청은 고등법원의 재정결정이 있을 때까지 취소할 수 있고 재정신청을 취소한 자는 다시 재정신청을 할 수 없다(제264조 제2항). 재정신청의 취소는 관할 고등법원에 서면으로 하여야 한다. 다만 기록이 관할 고등법원에 송부되기 전에는 그 기록이 있는 검찰청 검사장 또는 지청장에게 하여야 한다. 취소서를 받은 고등법원의 사무관은 즉시 고등검찰청 검사장 및 피의자에게 그 사유를 통지하여야 한다(규칙 제121조). 재정신청의 취소는 다른 공동신청권자에게 효력을 미치

---

55) 대법원 1998. 12. 14.자 98모127 결정.
56) 대법원 1997. 4. 22.자 97모30 결정.

지 않는다($\frac{제264조}{제3항}$).

Ⅱ. 법원의 심리

1. 심리절차의 구조

⑴ **수사설**　재정신청에 대한 심리절차는 수사와 유사한 성격을 가지는 공소제기 전의 직권절차에 해당한다는 학설이다. 재정신청심리절차에서 피의자신문 등 조사활동이 행하여지며 수사밀행(捜査密行)의 원칙이 지배한다는 점 등을 논거로 한다. 그러나 재정신청심리절차의 기능과 목적을 고려하지 않고 시간적으로 공소제기 전의 절차라는 이유로 재정신청심리절차를 수사절차라고 파악하는 것은 타당하다고 할 수 없다.

⑵ **항고소송설**　재정신청심리절차는 행정사건의 항고소송에 준하는 소송구조를 가진다는 학설이다. 재정신청심리절차에서 심판의 대상은 '검사의 불기소처분의 당부'이고, 신청인과 검사는 대립당사자로서의 지위를 가진다고 한다. 그러나 신청인은 검사에 대하여 공소제기를 청구할 권리가 없으므로 소송의 전제인 권리의무관계가 존재하지 않는다는 점에 비추어 신청인이 검사와 대립당사자의 지위에 있다고 보기 어렵다.

⑶ **중간설**　재정신청심리절차는 수사와 항고소송으로서의 성격을 겸유한다는 견해이다. 재정신청심리절차는 불기소처분의 당부를 심사하는 법원의 심판절차인 동시에 피의자신문·참고인조사 등 일종의 수사활동이 행하여진다는 점을 근거로 한다. 그러나 중간설도 재정신청심리절차의 성격만 강조하였을 뿐 재정신청심리절차가 가지는 소송구조를 명확히 파악할 수 없다는 문제가 있다.

⑷ **특수재판설**　재정신청심리절차는 수사가 아닌 재판절차라는 견해이다. 다만 당사자가 대립하는 소송구조의 절차가 아니라 밀행성의 원칙과 직권주의가 지배하는 소송절차라고 한다.

⑸ **검　토**　재정신청을 수리한 고등법원은 항고의 절차에 준하여 심리를 한다는 점에 비추어 재정신청심리절차는 형사소송법에 의하여 인정된 특수한 유형의 재판절차라고 본다. 다만 재정신청심리절차가 밀행성의 원칙과 직권주의가 지배하는 소송절차라는 점은 의문이다. 재정신청심리절차에서도 신청인과 피의자의 절차참여의 기회를 확대하는 것이 바람직하다.

2. 심리방식

⑴ **통　지**　법원은 재정신청서를 송부받은 때에는 송부받은 날부터 10일

이내에 피의자에게 그 사실을 통지해야 한다($^{제262조}_{제1항}$). 법원이 재정신청서를 송부받았음에도 송부받은 날부터 10일 이내에 피의자에게 그 사실을 통지하지 아니한 채 공소제기결정을 하였더라도, 그에 따른 공소가 제기되어 본안사건의 절차가 개시된 후에는 다른 특별한 사정이 없는 한 본안사건에서 위와 같은 잘못을 다툴 수 없다.[57]

(2) **심리기간**　법원은 항고의 절차에 준하여 3개월 이내에 재정결정을 해야 한다($^{동조}_{제2항}$). 3개월의 기간은 훈시기간이므로 그 기간을 경과한 후에 결정을 한 경우에도 결정 자체가 위법하게 되는 것은 아니다.

(3) **비공개**　재정신청사건의 심리는 특별한 사정이 없는 한 공개하지 아니한다($^{제262조}_{제3항}$). 재정신청의 남발을 방지하고, 피의자의 비밀을 보호하기 위한 규정이다.

(4) **열람·등사의 제한**　재정신청사건의 심리중에는 관련 서류 및 증거물을 열람 또는 등사할 수 없다. 다만, 법원은 증거조사과정에서 작성된 서류의 전부 또는 일부의 열람 또는 등사를 허가할 수 있다($^{제262조}_{의2}$). 기소되지 않은 수사기록에 대하여 피의자나 고소인 등 이해관계인이 무분별하게 기록을 열람·등사하는 경우 재정신청을 남발할 우려가 있기 때문이다.

3. 증거조사와 강제처분

(1) **증거조사**　법원은 필요 있는 때에는 증거를 조사할 수 있다($^{제262조}_{제2항 본문}$). 따라서 법원은 피의자신문은 물론 참고인조사나 검증도 할 수 있다. 증거조사의 방법은 법원이 필요하다고 인정하는 방법에 의하면 족하다.

(2) **강제처분**　준기소절차에서 피의자구속·압수·수색·검증 등의 강제처분을 할 수 없다는 견해가 있으나, 재정신청사건을 심리함에 있어 기소 여부를 판단하기 위하여 반드시 필요한 핵심적인 증거에 관하여는 피의자의 심문을 위한 구인, 압수·수색, 검증 등의 강제처분을 할 수 있다고 본다.

4. 피의자의 기피신청권

재정을 신청한 자는 검사의 불기소처분에 대하여 불복하는 고소인 등이므로 재정신청사건의 피의자는 법관에 대하여 기피신청을 할 수 없다는 견해가 있다. 그러나 재정결정도 재판의 일종이고 그 공정성이 요청된다는 점에서 피의자에게 기피신청권이 인정된다고 본다.

---

57) 대법원 2017. 3. 9. 선고 2013도16162 판결.

III. 법원의 재정결정

1. 기각결정

(1) 형식적 요건   재정신청이 법률상의 방식에 위배한 때에는 신청을 기각한다($\frac{제262조}{제2항 제1호}$). ① 재정신청권이 없는 자가 재정신청을 한 경우, ② 재정신청기간이 경과된 후에 재정신청을 한 경우, ③ 재정신청서에 범죄사실과 증거 등 재정신청을 이유 있게 하는 사유를 기재하지 않은 경우[58] 등이 여기에 해당한다. 재정신청서를 직접 고등법원에 제출한 경우에는 그 신청을 기각할 것이 아니라 재정신청서를 관할 지방검찰청 검사장 또는 지청장에게 송부해야 한다. 다만 이 경우 재정신청기간의 경과여부는 재정신청서가 지방검찰청 또는 지청에 도달된 때를 기준으로 판단한다.

(2) 실질적 요건   재정신청이 이유 없는 때에도 신청을 기각한다($\frac{제262조 제}{2항 제1호}$). '재정신청이 이유 없는 때'란 검사의 불기소처분이 정당하다고 인정된 경우를 말한다. 재정신청의 이유 유무는 **재정결정시**를 기준으로 판단해야 한다. 따라서 불기소처분 후에 발견된 증거도 판단의 자료로 삼을 수 있다. 그리고 검사의 무혐의불기소처분에 대한 재정신청사건을 심리한 결과 범죄의 객관적 혐의는 인정되나 기소유예처분을 할 만한 사건이라고 인정되는 경우에는 재정신청을 기각할 수 있다.[59] 또한 검사의 무혐의불기소처분 당시에 이미 공소시효가 완성되어 공소권이 없는 경우에는 재정신청이 허용되지 않는다.[60]

2. 공소제기결정

(1) 사 유   재정신청이 이유 있는 때에는 사건에 대한 공소제기를 결정한다($\frac{제262조}{제2항 제2호}$). '재정신청이 이유 있는 때'란 공소를 제기함이 상당하다고 인정되는 경우를 의미한다. 예를 들면 기소유예처분을 한 사건에 대하여 공소를 제기함이 상당하다고 인정하는 경우, 증거불충분을 이유로 한 무혐의불기소처분에 대하여 범죄사실을 인정할 증거가 충분한 경우, 소송조건의 부존재를 이유로 한 불기소처분에 대하여 소송조건의 존재가 명백한 경우 등이 여기에 해당한다.

(2) **기록송부**   법원이 재정결정을 한 때에는 즉시 그 정본을 재정신청인・

---

58) 대법원 2002. 2. 23.자 2000모216 결정.

59) 대법원 1986. 9. 16.자 85모37 결정, 1993. 8. 12.자 93모9 결정, 1995. 6. 24.자 94모33 결정, 1996. 3. 11. 자 96모1 결정, 1996. 7. 16.자 96모53 결정.

60) 대법원 1990. 7. 16.자 90모34 결정.

피의자와 관할 지방검찰청 검사장 또는 지청장에게 송부해야 한다. 이 경우 공소제기결정을 한 때에는 검사장 또는 지청장에게 사건기록을 함께 송부해야 한다($\frac{제262조}{제5항}$).

3. 재정결정에 대한 불복

(1) 기각결정에 대한 불복   재정신청 기각결정에 대하여는 제415조에 따른 즉시항고를 할 수 있다. 기각결정이 확정된 사건에 대하여는 다른 중요한 증거를 발견한 경우를 제외하고는 소추할 수 없다($\frac{제262조}{제4항}$). 법원의 판단에 의하여 재정신청 기각결정이 확정되었음에도 불구하고 검사의 공소제기를 제한 없이 허용할 경우 피의자를 지나치게 장기간 불안정한 상태에 두게 되고 유죄판결이 선고될 가능성이 낮은 사건에 사법인력과 예산을 낭비하게 되는 결과로 이어질 수 있음을 감안하여 재정신청 기각결정이 확정된 사건에 대한 검사의 공소제기를 제한하면서, 다른 한편으로 재정신청사건에 대한 법원의 결정에는 일사부재리의 효력이 인정되지 않는 만큼 피의사실을 유죄로 인정할 명백한 증거가 발견된 경우에도 재정신청 기각결정이 확정되었다는 이유만으로 검사의 공소제기를 전적으로 금지하는 것은 사법정의에 반하는 결과가 된다는 점을 고려한 규정이다.[61]

'다른 중요한 증거를 발견한 경우'란 재정신청 기각결정 당시에 제출된 증거에 새로 발견된 증거를 추가하면 충분히 유죄의 확신을 가지게 될 정도의 증거가 있는 경우를 말하고, 단순히 재정신청 기각결정의 정당성에 의문이 제기되거나 범죄피해자의 권리를 보호하기 위하여 형사재판절차를 진행할 필요가 있는 정도의 증거가 있는 경우는 여기에 해당하지 않는다.[62]

(2) 공소제기결정에 대한 불복   공소제기결정에 대하여는 불복할 수 없다. 법원의 공소제기결정에 잘못이 있는 경우에는 그 공소제기에 따른 본안사건의 절차가 개시되어 본안사건 자체의 재판을 통하여 대법원의 최종적인 판단을 받는 길이 열려 있으므로, 공소제기의 결정에 대한 재항고를 허용하지 않는다고 하여 재판에 대하여 최종적으로 대법원의 심사를 받을 수 있는 권리가 침해되는 것은 아니다. 공소제기의 결정에 대하여 재항고가 제기된 경우에는 재항고의 제기가 법률상의 방식에 위반한 것이 명백한 때에 해당하므로 원심법원은 결정으로 이를 기각하여야 한다.[63]

---

61) 대법원 2015. 9. 10. 선고 2012도14755 판결.
62) 대법원 2018. 12. 28. 선고 2014도17182 판결.

4. 비용부담

법원은 재정신청을 기각하는 결정을 하거나 재정신청인이 재정신청을 취소한 경우에는 결정으로 재정신청인에게 신청절차에 의하여 생긴 비용의 전부 또는 일부를 부담하게 할 수 있고($\substack{제262조의\\3\ 제1항}$), 또한 직권 또는 피의자의 신청에 따라 재정신청인에게 피의자가 재정신청절차에서 부담하였거나 부담한 변호인선임료 등 비용의 전부 또는 일부의 지급을 명할 수 있다($\substack{동조\\제2항}$). 비용의 지급범위와 절차는 대법원규칙으로 정한다($\substack{동조\\제4항}$). 부당한 재정신청의 남용을 억제하기 위함이다. 법원의 비용부담결정에 대하여는 즉시항고를 할 수 있다($\substack{동조\\제3항}$).

제 3 기소사건의 공판절차

Ⅰ. 공소의 제기

법원의 공소제기결정에 따라 재정결정서를 송부받은 검사장 또는 지청장은 지체 없이 담당 검사를 지정하고 지정받은 검사는 공소를 제기해야 한다($\substack{제262조\\제6항}$). 따라서 담당 검사는 관할 지방법원에 공소장을 제출해야 한다. 한편, 공소시효에 관하여는 공소제기결정이 있는 날에 공소가 제기된 것으로 본다($\substack{제262조의\\4\ 제2항}$).

Ⅱ. 공소의 유지

1. 공소취소의 제한

검사는 통상 사건의 경우와 같이 공소유지를 담당하기 위해 검사로서의 모든 권한을 행사한다. 다만, 이 경우에 검사는 공소유지의 권한만 있을 뿐이므로 공소를 취소할 수 없다($\substack{제264조\\의2}$).

2. 공소장변경

법원이 공소제기결정을 한 사건에서 검사가 공소장변경을 할 수 있는지 문제된다. 검사는 통상의 공판절차에서와 마찬가지로 기본적인 사실관계가 동일한 한 범위 내에서 공소사실과 적용법조를 변경할 수 있다고 본다.

---

63) 대법원 2012. 10. 29.자 2012모1090 결정.

제 4 편

공   판

제1장 공판절차

제1절 공판절차 일반

제1관 공판절차의 기본원칙

제1 개 관

Ⅰ. 공판절차의 개념

공판절차(公判節次)란 넓은 의미로는 공소가 제기되어 사건이 법원에 계속된 후 그 소송절차가 종결될 때까지의 모든 절차를 말하며, 공판기일의 절차와 공판기일 외의 절차로 구분된다. 공판기일의 절차를 협의의 공판절차라고 한다.

Ⅱ. 공판중심주의

공판절차가 형사절차의 중심을 이루고 있는 구조를 공판중심주의(公判中心主義)라고 한다. 공판중심주의는 피고사건에 대한 조사를 공판기일의 심리에 집중시킬 것을 요구한다. 이러한 공판중심주의를 전제로 공판절차에서의 피고인보호가 가능하게 된다.

제2 공개주의

Ⅰ. 의 의

1. 개 념

공개주의(公開主義)란 일반인에게 재판의 방청을 허용하는 원칙을 말한다. 따라서 공개주의는 일체의 방청을 허용하지 않고 비밀리에 재판을 진행하는 밀행주의나 일정한 소송관계인에게만 방청을 허용하는 당사자공개주의와 구별되는 개념이다.

2. 근   거

공개주의는 법치국가원리에 기초한 것으로서 재판에 대한 국민의 통제를 가능하게 하고 이를 통해 재판의 공정성을 확보하게 된다. 헌법 제27조 제3항은 공개재판을 받을 권리를 국민의 기본권으로 명시하고 있고 제109조는 재판 공개의 원칙을 선언하고 있다. 법원조직법 제57조 제1항도 『재판의 심리와 판결은 공개한다』고 하여 공개주의를 명시하고 있다. 공개주의에 위반한 공판절차는 절대적 항소이유($^{제361조의5}_{제9호}$)이자 상고이유($^{제383조}_{제1호}$)가 된다.

II. 내   용

1. 공개재판

공개주의는 누구나 재판과정을 방청할 수 있다는 것을 의미한다. 따라서 일반인이 공판의 기일과 장소에 대한 충분한 정보를 얻을 수 있어야 하고 당해 재판에 관심 있는 사람들의 공판정출입을 보장하여야 한다. 그러나 이러한 정보와 출입기회의 보장은 일반적인 가능성의 보장이지 모든 사람에 대한 현실적 보장은 아니다.

2. 매스컴공개의 배제

누구든지 법정 안에서는 재판장의 허가 없이 녹화·촬영·중계방송 등의 행위를 하지 못한다($^{法組法}_{제59조}$). 공개주의는 공판정의 공개를 의미할 뿐 텔레비전이나 라디오 등 매스컴의 중계에 의한 공개를 뜻하는 것은 아니다. 매스컴공개를 널리 허용할 경우 형사절차에서 보호되어야 할 피고인의 인격권을 중대하게 침해하는 결과를 가져오며 피고인의 사회복귀에도 큰 장애가 되기 때문이다.

III. 예외와 제한

1. 법정질서유지를 위한 제한

재판장은 법정질서를 유지하기 위하여 필요하다고 인정되면 방청권을 발행하여 그 소지자에 한하여 방청을 허용할 수 있고, 법정경위로 하여금 방청인의 의복 또는 소지품을 검사하게 하고 위험물 기타 법정에서 소지하기 부적당하다고 인정되는 물품 소지인의 출입을 금지시킬 수 있다($^{법정방청 및 촬영 등}_{에 관한 규칙 제2조}$). 재판장은 법정의 존엄과 질서를 해할 우려가 있는 자의 입정금지 또는 퇴정을 명할 수 있다($^{法組法 제58}_{조 제2항}$).

2. 특정사건의 비공개

재판의 심리가 국가의 안전보장 또는 안녕질서를 방해하거나 선량한 풍속을 해할 염려 있을 때에는 법원은 결정으로 재판을 공개하지 않을 수 있다 (헌법 제109조 단서, 法組法 제57조 제1항 단서). 이 경우에도 재판장은 적당하다고 인정되는 자의 재정을 허가할 수 있다(法組法 제57조 제3항). 그러나 판결선고의 비공개는 어떤 경우에도 허용되지 않는다. 법원이 특정사건에 관해 비공개를 결정하는 경우에는 그 이유를 개시하여 선고하여야 한다(法組法 제57조 제2항). 이유설시는 공개배제사유를 특정하는 것만으로 충분하고, 그러한 사유를 인정하게 된 구체적인 사실이나 사정에 관해서는 설명하지 않아도 된다.

3. 특정사건의 매스컴공개

법정에서의 녹화 · 촬영 · 중개방송을 허가받고자 하는 자는 녹화 · 촬영 · 중개방송 등의 목적 · 종류 · 대상 · 시간 및 소속기관명 또는 성명을 명시한 신청서를 재판기일 전날까지 제출하여야 한다. 재판장은 피고인의 동의가 있는 때에 한하여 신청에 대한 허가를 할 수 있다. 다만 피고인의 동의 여부에 불구하고 촬영 등 행위를 허가함이 공공의 이익을 위하여 상당하다고 인정되는 경우에는 그러하지 아니하다(법정방청 및 촬영 등에 관한 규칙 제4조).

제3 구두변론주의

Ⅰ. 의 의

구두변론주의(口頭辯論主義)란 법원이 소송관계인의 구두에 의한 공격 · 방어를 기초로 심리 · 재판을 해야 한다는 원칙을 말한다. 공판정에서의 변론은 구두로 하여야 한다(제275조의3). 구두변론주의는 구두주의와 변론주의를 내용으로 한다.

Ⅱ. 구두주의

1. 개 념

구두주의란 구술에 의하여 행해진 주장이나 입증자료를 기초로 재판을 해야 한다는 원칙을 말한다. 구두주의는 공개주의의 정신과 부합하고 실체형성에 있어서 법관에게 신선한 인상을 부여하고 법관으로 하여금 소송관계인이 행한 진술의 진의를 알아차릴 수 있게 해 준다.

2. 서면주의에 의한 보충

구두주의는 실체형성에 도움을 주는 장점이 있는 반면, 시간경과에 따라 기억이 흐려져 변론내용을 증명하기 곤란하다는 단점이 있다. 따라서 현행법은 이를 보완하기 위해 공판정에서 진술한 사항에 대해서는 공판조서를 작성하도록 하고 있다(제51조 제1항). 그리고 형식적 확실성이 요구되는 절차형성행위에 대해서는 서면주의를 취하고 있다.

Ⅲ. 변론주의

1. 개   념

변론주의란 당사자의 주장과 입증에 의하여 재판하는 주의를 말한다. 민사소송에 있어서 변론주의는 소송자료의 제출책임을 원고와 피고에게 맡겨 당사자가 제출한 소송자료만을 재판의 기초로 삼고 나아가 당사자에게 심판의 대상에 대한 처분권까지 인정한다. 그러나 형사소송의 변론주의는 법원 이외의 소송주체에게 실체적 진실발견을 위하여 최대한의 공격·방어를 행할 수 있는 기회를 부여함을 그 의미내용으로 삼고 있다. 그러므로 형사절차에 있어서 변론주의는 직권탐지주의와 상호보완적 관계를 유지하고 있다.

2. 변론주의의 실현

현행법상 변론주의를 실현하는 규정으로는 검사·피고인의 출석(제275조 제3항), 국선변호인제도(제33조)와 필요적 변호(제282조), 검사의 모두진술(제285조), 피고인의 모두진술(제286조), 당사자의 증거신청권(제294조), 증거조사에 대한 이의신청권(제296조), 검사의 의견진술권(제302조), 피고인과 변호인의 최후진술권(제303조), 심신상실 피고인에 대한 공판절차의 정지(제306조) 등을 들 수 있다.

3. 변론주의에 대한 보충

변론주의를 보충하는 취지에서 법원의 소송지휘권을 인정하고 있으며 특히 재판장은 검사, 피고인 또는 변호인의 변론에 대해 석명권을 행사할 수 있다(규칙 제141조 제1항). 그러나 다른 한편으로는 실체적 진실발견을 위해 법원의 개입을 인정함으로써 변론주의를 제한하고 있는데, 그 예로서 법원의 직권에 의한 증거조사(제295조), 법관에 의한 증인신문(제161조의2), 법원의 공소변경요구제도 등을 들 수 있다.

제 4 직접주의

I. 의   의

직접주의(直接主義)란 법원이 공판기일에 공판정에서 직접 조사한 증거만을 재판의 기초로 삼는 원칙을 말한다. 직접주의는 법관으로 하여금 정확한 심증을 형성하게 하고 피고인에게 진술의 기회를 부여함으로써 실체적 진실발견과 공정한 재판을 달성하는 데 기여한다.

II. 내   용

1. 형식적 직접주의

형식적 직접주의는 법원이 공판기일에 공판정에서 직접 증거조사를 해야 한다는 원칙이다. 수명법관이나 수탁판사에 의한 증인신문, 감정 등은 예외적으로 인정될 뿐이다($^{제167조,}_{제177조}$). 또 공판정개정 후 판사의 경질이 있으면 공판절차를 갱신하도록 한 것($^{제301}_{조}$)도 형식적 직접주의의 표현이라고 할 수 있다.

2. 실질적 직접주의

실질적 직접주의란 법원이 원본증거를 사용하여 사실의 증명 여부를 판단하여야 한다는 원칙이다. 증거조사에 소송관계인의 참여를 보장하고 전문증거의 증거능력을 원칙적으로 배제하는 것($^{제310조}_{의2}$)은 실질적 직접주의와 간접적인 관련을 가진다고 할 수 있다.

제 5 집중심리주의

I. 의   의

1. 취   지

집중심리주의(集中審理主義)란 법원이 하나의 공판기일에 사건을 집중적으로 심리하고, 공판기일을 연장하는 경우 시간적 간격을 두지 않고 계속적으로 심리해야 한다는 원칙을 말한다. 집중심리주의는 심리의 중단으로 인해 법관의 심증형성이 약화되는 것을 방지하고 소송촉진과 신속한 재판을 실현하는 데 기여한다. 따라서 공판중심주의를 실현하기 위해서는 집중심리주의가 요구된다. 한편 집중심리주의를 취하더라도 공판에 대한 준비활동을 충분히 보장함으로써 피고인보호를 동시에 고려해야 할 것이다.

2. 소송구조와의 관계

집중심리주의는 직권주의에서는 강조할 필요가 없고 당사자주의에서만 문제된다는 견해가 있다. 그러나 집중심리에 의한 신속한 재판은 당사자주의와 직권주의를 불문하고 요청되는 이념이다.

II. 내 용

1. 집중심리

공판기일의 심리는 집중되어야 한다($^{제267조의}_{2\ 제1항}$). 심리에 2일 이상이 필요한 경우에는 부득이한 사정이 없는 한 매일 계속 개정해야 한다($^{동조}_{제2항}$). 재판장은 여러 공판기일을 일괄하여 지정할 수 있다($^{동조}_{제3항}$). 재판장은 부득이한 사정으로 매일 계속 개정하지 못하는 경우에도 특별한 사정이 없는 한 전회의 공판기일부터 14일 이내로 다음 공판기일을 지정해야 한다($^{동조}_{제4항}$). 특정강력범죄사건의 경우 재판장은 특별한 사정이 없는 한 전회의 공판기일로부터 7일 이내로 다음 공판기일을 지정한다($^{特强法\ 제10}_{조\ 제2항}$).

2. 소송관계인에 대한 조치

집중심리주의를 실현하기 위해서는 소송관계인의 이해와 협조가 필요하다. 소송관계인은 기일을 준수하고 심리에 지장을 초래하지 않도록 해야 하며, 재판장은 이에 필요한 조치를 할 수 있다($^{제267조의}_{2\ 제5항}$). 소송관계인이 공판기일을 준수하지 않거나 증거신청을 늦게 하는 등 심리에 지장을 초래하는 경우 재판장은 신청된 증거를 채택하거나 증거조사를 취소하는 등 적절한 조치를 취할 수 있다. 또한 증인을 신청한 자는 증인이 출석하도록 합리적인 노력을 할 의무가 있고($^{제150조의}_{2\ 제2항}$), 증인이 정당한 사유 없이 출석하지 아니한 때에는 과태료 또는 감치의 제재를 받는다($^{제151}_{조}$).

3. 판결의 즉일선고

판결의 선고는 변론을 종결한 기일에 해야 한다($^{제318조의}_{4\ 제1항}$). 변론을 종결한 기일에 판결을 선고하는 경우에는 판결을 선고한 후에 판결서를 작성할 수 있다($^{동조}_{제2항}$). 다만 특별한 사정이 있는 때에는 따로 선고기일을 지정할 수 있지만 이 경우 선고기일은 변론종결 후 14일 이내로 지정되어야 한다($^{동조}_{제3항}$).

제 2 관 심판의 대상

제 1 개   관

Ⅰ. 불고불리의 원칙

불고불리(不告不理)의 원칙이란 소추가 없으면 심판할 수 없다는 원칙을 말한다. 이 원칙은 검사의 공소제기가 없으면 법원이 심판할 수 없다는 의미와 법원은 검사가 공소제기한 사건에 한하여 심판을 하여야 한다는 의미를 포함한다. 따라서 불고불리의 원칙은 심판의 대상을 한정하는 기능을 가진다. 검사는 피고인의 방어권을 보장하기 위하여 공소장에 피고인과 공소사실을 특정하여야 하고 법원의 심판대상은 공소장에 기재된 피고인과 공소사실에 제한된다.

Ⅱ. 심판대상의 기능

심판대상의 확정문제는 소송절차 전(숲) 단계에서 중요한 기능을 가진다. 공소제기 전에는 각종 영장의 효력범위, 변호인선임의 효력범위 등을 정하는 기준이 되고, 공소제기시에는 공소제기의 효력범위, 소송조건의 존부 등을 결정하는 기준이 된다. 또한 공소제기 후에는 공소장변경의 한계, 이중기소금지의 한계, 확정판결의 효력범위를 결정하는 표준이 된다.

제 2 심판대상에 관한 이론

Ⅰ. 기본개념

1. 범죄사실의 개념

범죄사실이란 검사가 법원의 심판을 구하는 사건의 실체를 의미한다. 범죄사실은 과거 일정한 시점에서 발생한 역사적 사실을 말한다. 재구속 제한에 관한 제208조 제1항이 『석방된 자는 … 동일한 범죄사실에 관하여 재차 구속하지 못한다』고 규정한 것과 공소불가분의 원칙에 관한 제248조 제2항이 『범죄사실의 일부에 대한 공소는 그 효력이 전부에 미친다』고 규정한 것은 이러한 의미로 보아야 한다.

2. 소인의 개념

소인(訴因)이란 검사가 공소장에 기재하여 법원의 심판을 구하는 구체적 사실을 말한다. 즉 소인은 검사에 의하여 법률적으로 구성된 일정한 구성요건에 해당하는 구체적 사실을 의미한다. 소인은 구성요건과의 관련성을 가진다는 점에서 범죄사실과 구별되고, 범죄의 일시·장소·방법 등도 소인의 구성요소를 이룬다는 점에서 구성요건사실과도 구별된다. 그러나 현행법은 소인이라는 개념을 명시적으로 사용하고 있지 않고, 검사는 공소장에 당해 범죄사실에 대한 적용법조와 죄명을 고려하여 법률적으로 재구성한 사실을 공소사실로 기재하게 되므로, 공소사실이 소인의 역할을 동시에 하고 있다고 본다.

3. 공소사실의 개념

공소사실의 개념에 관하여 ① 공소사실을 공소장에 표시되기 이전의 역사적·사회적 사실로 파악하는 견해와 ② 공소장에 기재된 구체적 범죄사실만을 공소사실로 보는 견해가 있다. 공소장변경제도를 채택하고 있는 현행법의 해석상 후자의 견해가 타당하다고 본다.

II. 학 설

1. 범죄사실대상설

(1) 내 용   범죄사실대상설은 공소장에 기재된 공소사실과 단일성 및 동일성이 인정되는 모든 범죄사실이 심판의 대상으로 된다는 학설[1]이다. 이 학설은 그 논거를 공소불가분의 원칙을 규정한 제248조 제2항에서 구한다. 이 조문에 의하여 범죄사실의 일부에 대한 공소는 그 효력이 전부에 미치게 되므로 검사가 공소장에 기재한 공소사실이 범죄사실의 일부분에 국한되더라도 수소법원은 전체 범죄사실에 관하여 심판을 할 수 있다고 한다. 따라서 공소제기의 효력범위와 수소법원의 심판범위 및 확정판결의 효력범위와 모두 일치한다는 것이다. 이 학설은 공소제기 이후의 실체발견의 권한과 책임을 법원에 일임하는 직권주의적 소송구조를 기초로 하고 있고, 공소장변경절차는 피고인의 방어권보장을 위한 절차적 담보장치라고 한다.

(2) 비 판   범죄사실대상설은 심판의 범위를 공소사실과 동일성이 인정되는 모든 사실에 확대하여 피고인의 방어권에 중대한 위험을 초래할 뿐만 아니라 공소장변경제도를 인정한 취지를 무의미하게 한다.

---

1) 신동운, 561면.

2. 소인대상설

⑴ 내 용   소인대상설은 소인개념을 전제로 심판의 대상은 소인이라고 해석하는 견해이다. 이 학설의 논거는 ① 형사소송법이 당사자주의적 소송구조를 기본구조로 하는 이상 소인제도를 인정해야 하며, ② 제254조 제4항이 공소사실을 특정할 수 있도록 기재할 것을 요구하는 것은 피고인의 방어권을 보장하려는 취지의 규정이므로 이에 의하여 소인제도는 인정되고 있다고 해야 하고, ③ 제298조 제1항이 '공소장에 기재한 공소사실'과 '공소장변경의 허용한계가 되는 공소사실'을 구별하고 있으므로 제254조 제4항과 전자의 공소사실은 소인을 의미하고 후자의 공소사실은 공소장변경의 한계개념인 공소사실을 말한다고 해석할 때에 그 규정의 의미가 명백해진다고 한다.

⑵ 비 판   ① 우리 나라 형사소송법상 당사자주의가 강화되었다고 하여 반드시 소인이라는 개념이 필요한 것은 아니고, ② 피고인의 방어권을 보장하기 위하여 공소사실을 특정하도록 하는 것과 공소장에 기재된 사실을 소인이라고 해석하는 것은 아무런 관계가 없으며, ③ 제298조 제1항은 공소장에 기재된 공소사실이 심판의 대상이고, 공소사실의 동일성이 공소장변경의 한계개념임을 명백히 한 규정이라고 해석해야 하며, 전자가 소인이고 후자는 공소사실이라고 해석할 근거가 없다.

3. 절 충 설

⑴ 내 용   법원의 심판대상을 현실적 심판대상과 잠재적 심판대상으로 나누어 현실적 심판의 대상은 소인이고, 잠재적 심판의 대상은 소인변경을 통하여 현실적 심판대상으로 될 수 있는 범죄사실이라고 해석하는 학설이다. 소인변경에 의하여 현실적 심판대상이 잠재적 심판대상의 범위 안에서 확장·이동하는 것이며 법원은 현실적 심판대상에 제약되어 소인 이외의 사실을 심리할 수 없고, 판결에서도 소인 이외의 사실을 인정할 수 없다고 한다.

⑵ 비 판   절충설도 소인이라는 개념을 사용하는 점에서 소인대상설과 같은 난점이 있다.

4. 이 원 설

⑴ 내 용   이원설은 공소장에 기재된 공소사실이 현실적 심판대상이고 공소사실과 동일성이 인정되는 사실이 잠재적 심판대상이라고 하는 학설[2]이다. 이 학설에 따르면 공소사실은 현실적 심판대상으로서 의미를 가지고, 공소제기

---

[2] 신양균, 470면; 이재상, 476면.

의 효력범위와 공소장변경의 한계 및 확정판결의 효력범위는 공소사실의 동일
성이 인정되는 사실을 기준으로 하게 된다. 그리고 잠재적 심판대상은 공소장
변경에 의하여 현실적 심판대상으로 되고, 공소장변경제도는 피고인의 방어권
을 보장하는 기능을 가진다고 한다. 판례는 이원설을 취하고 있다.[3]

(2) 비 판   공소불가분의 원칙($\frac{제248조}{제2항}$)이 적용되는 범죄사실 전체에 대하여
법원은 직접적·현실적 심판권한과 의무를 지게 되는데, 이러한 의무가 왜 잠
재적인 것으로 되는지에 대한 논거가 부족하다.

Ⅲ. 검   토

이원설에 대한 비판은 범죄사실대상설의 입장을 전제로 하고 있는데 잠재적
심판대상이라는 개념 자체가 필요 없다는 주장은 수긍하기 어렵다. 공소장에 기
재되지 않은 범죄사실이라도 공소사실과 동일성이 인정되는 경우에는 법원이
공소장변경절차를 통하여 현실적으로 심판할 수 있다. 따라서 법원의 심판대상
을 이원화하여 법원의 현실적 심판대상은 공소장에 기재된 공소사실이고 잠재
적 심판대상은 공소사실과 동일성이 인정되는 사실이라고 봄이 타당하다.

제3 공소사실의 동일성

Ⅰ. 의   의

1. 광 의 설

공소사실의 동일성이란 공소사실의 단일성과 협의의 동일성을 포함하는 개
념이라는 견해이다. 즉 협의의 동일성이란 공소사실의 단일성을 전제로 하며 시
간의 경과에 따라 발생하는 사실관계의 증감변경에도 불구하고 전후의 범죄사
실이 그 동질성을 유지하는가의 점을 판단하는 문제이고, 공소사실의 단일성은
일정한 시점을 기준으로 하여 범죄사실의 단복(單複)을 결정하는 문제라고 이해
한다. 그리고 공소사실의 단일성을 결정하는 기준은 형법상의 죄수론이 아니라
형사소송법상의 행위개념이므로 실체적 경합의 관계에 있는 범죄사실이라 할지
라도 역사적 사실로서 하나로 인정될 때에는 단일성이 인정된다고 한다.

---

3) 대법원 1989. 2. 14. 선고 85도1435 판결.

2. 협 의 설

공소사실의 단일성은 실체법상의 죄수문제에 해당하므로 공소사실의 동일성의 문제로 형사소송법에서 다루어지는 것은 협의의 동일성의 문제에 제한된다는 견해이다. 즉 공소사실의 단일성은 과형상 일죄인가 수죄인가에 의하여 결정되며 그 이외에 단일성을 판가름할 만한 기준은 없다고 한다.

3. 검 토

공소사실의 단일성은 일정한 시점에서 사건이 소송법상 1개라는 의미로서, 사건의 객관적 자기동일성에 대한 판단을 내용으로 하고, 협의의 동일성은 비교되는 두 시점에서 사건이 동일하다는 의미로서, 사건의 시간적 자기동일성에 대한 판단을 내용으로 하므로 공소사실의 동일성은 양자를 포괄하는 의미로 이해하여야 한다.

II. 학 설

1. 기본적 사실동일설

(1) 내 용   공소사실의 동일 여부는 그 사실의 기초가 되는 사회적인 사실관계가 기본적인 점에 있어서 동일한가 여부에 의하여 판단하여야 하며 사실관계의 지엽적인 점이 동일하지 않더라도 기본적 사실관계, 즉 중요한 사실관계만 동일하면 공소사실의 동일성이 인정된다고 한다. 따라서 범죄의 일시·장소·방법 등이 다소 다르다 할지라도 기본적인 점에서 동일하면 공소사실의 동일성을 인정하게 된다. 그리고 피고인이 특정인을 구타하였다는 기본적 사실관계가 같다면 상해죄의 공소사실과 상해치사죄의 공소사실은 그 동일성이 인정된다고 한다.

(2) 비 판   기본적 사실동일설은 공소사실의 규범적 성격을 무시하고 동일성의 범위를 지나치게 확장하고 있어 법원이나 검찰의 입장에서는 편리하나 피고인의 입장에서는 불리한 견해이며 직권주의적 색채가 농후하다는 비판이 있다.

2. 죄질동일설

(1) 내 용   구성요건의 유형적 본질 즉 죄질의 동일 여부를 기준으로 공소사실의 동일성 여부를 판단해야 한다는 견해이다. 공소사실은 단순한 사회적 사실이 아니고 법률적 평가를 거친 일정한 사실현상이므로 구성요건의 유형적 본질(죄질)이 전후단계에서 동일한 경우에 공소사실의 동일성이 인정된다고 한

다. 그리고 구성요건의 유형적 본질은 주로 범죄사실에 대한 죄명이나 그 범죄의 법전 내 체계상의 위치를 통하여 파악된다고 한다. 죄질동일설에 의하면 절도죄와 강도죄 사이에 공소사실의 동일성이 인정되지만 수뢰죄와 공갈죄 또는 폭행죄와 직권남용죄에 대해서는 죄질이 다르기 때문에 공소사실의 동일성이 인정되지 않는다.

(2) 비 판   죄질동일설은 공소사실의 동일성의 범위를 너무나 엄격히 제한함으로써 공소장변경의 활용을 무의미하게 하고 재소금지의 효력범위도 좁게 되어 피고인에게 추가기소의 위험을 증가시킨다.

3. 구성요건공통설

(1) 내 용   비교되는 두 사실이 구성요건적으로 상당한 정도 부합되는 경우에는 양 사실의 동일성이 인정되며 양 구성요건의 죄질이 동일할 필요도 없고 또한 추상적으로 양 구성요건이 상호공통된 특징을 가질 필요가 없다는 견해이다. 공소사실의 규범적 성격을 유지하면서 검사와 피고인의 이익을 조화하기 위하여 동일성의 범위가 부당하게 축소되어서는 안된다는 점을 그 논거로 삼는다. 구성요건공통설에 의하면 공갈죄와 수뢰죄, 재산죄 상호간, 공무집행방해죄와 소요죄, 내란예비죄와 살인죄 사이에도 공소사실의 동일성이 인정되어 죄질동일설보다 공소사실의 동일성범위가 확장된다.

(2) 비 판   구성요건공통설은 구성요건이 상당한 정도 부합할 때에 공소사실의 동일성이 인정된다고 하고 있으나 구체적으로 그것이 어느 정도 부합해야 하는가에 대한 기준을 제시하지 못하고 있다. 또한 공소사실의 동일성의 범위는 피고인의 유불리를 논함에 있어 상대적 의미를 가지는데 불과하다.

4. 소인공통설

(1) 내 용   공소장에 기재된 공소사실 즉 소인을 기준으로 동일성의 범위를 획정하려는 견해이다. 즉 공소사실의 동일성이 인정되려면 비교되는 양소인이 그 주요부분에서 공통되어야 한다고 한다. 결국 소인은 구체적인 사실의 주장이기 때문에 공소사실의 동일성도 사실의 비교문제가 된다.

(2) 비 판   공소사실의 동일성을 소인과 소인의 비교문제라고 보는 소인공통설은 문제에 대하여 문제로 답한 것에 지나지 않는다. 왜냐하면 소인이란 실질적으로 공소장에 적시된 범죄사실을 의미하므로 공소사실이 동일하느냐의 문제는 바로 소인이 동일하느냐의 문제를 의미하기 때문이다.

III. 판   례

1. 동일성의 판단기준

기본적 사실동일설을 취하면서 공소사실의 동일성 여부는 그 사실의 기초가 되는 사회적인 사실관계를 기본으로 하되 규범적 요소도 고려하여 판단하여야 한다. 공소사실의 동일성은 형사소송법상의 개념이므로 이것이 형사소송절차에서 가지는 의의나 소송법적 기능을 고려하여야 하고 따라서 기본적 사실관계가 동일한가의 여부는 그 규범적 요소를 전적으로 배제한 채 순수하게 사회적 · 전(前) 법률적인 관점에서만 파악할 수는 없고 그 자연적 · 사회적 사실관계나 피고인의 행위가 동일한 것인가 외에 그 규범적 요소도 기본적 사실관계 동일성의 실질적 내용의 일부를 이루는 것이다.[4]

2. 사실관계의 판단

공소사실의 동일성을 판단함에 있어서 사실관계는 각 공소사실에 있어서 일시 · 장소의 동일 내지 근접, 피해자 · 피해품의 동일 여부, 공소사실의 비양립관계 등을 기초로 한다.[5] 공소사실의 비양립관계란 한 범죄가 성립되는 때에는 다른 범죄의 성립을 인정할 수 없을 정도로 양자가 밀접한 관계가 있는 경우를 말한다. 따라서 피고인이 1981. 1. 14. 피해자의 뺨을 1회 때려 폭행하였다는 원래의 공소사실에서 그 일시만 1979. 12. 중순경으로 변경된 경우 시간적 간격이 긴 경우라도 양자가 양립할 수 없는 관계라면 사실관계는 동일한 것이다.[6]

3. 규범적 요소의 판단

규범적 요소를 판단함에 있어서는 피침해법익의 동일 여부가 중요한 기준이 된다. 예를 들면 절도죄와 장물취득죄 사이에는 피침해법익이 피해자의 소유권 내지 재산권으로서 동일하므로 그 일시와 장소가 근접하지 않은 경우에도 공소사실의 동일성을 인정할 수 있다.[7] 그러나 강도상해죄와 장물취득죄의 경우 양자를 동등하게 평가할 수는 없다. 장물취득죄는 피해자의 재산권을 침해하는 것인 데 반하여 강도상해죄는 피해자의 재산권 외에도 신체의 자유 및 그 완전성을 침해하는 것으로 그 죄질에 현저한 차이가 있으므로 양자 사이에 공소사

---

4) 대법원 1994. 3. 22. 선고 93도2080 전원합의체 판결, 1996. 6. 28. 선고 95도1270 판결, 1998. 8. 21. 선고 98도749 판결.
5) 대법원 1998. 7. 28. 선고 98도1226 판결.
6) 대법원 1982. 12. 28. 선고 82도2156 판결.
7) 대법원 1964. 12. 29. 선고 64도664 판결.

실의 동일성을 인정할 수 없다.[8]

Ⅳ. 검   토

공소사실의 동일성이란 실체법상의 죄수개념과는 독립된 형사소송법상의 개념이다. 그러므로 공소사실의 동일성에 대한 판단은 자연적인 관찰에 의한 행위를 기초로 하면서 결과의 반가치를 고려한 법률적인 관점에서 고찰되어야 한다. 따라서 공소사실의 동일성 여부를 결정함에 있어서는 사실관계뿐만 아니라 규범적 요소도 고려되어야 한다고 본다. 규범적 판단의 요소와 기준이 되는 피침해법익과 죄질 및 결과반가치는 구체적 사건에서 객관화될 수 있으며, 공소사실의 동일성에 규범적 요소를 고려하는 점이 일사부재리의 효력을 축소시키는 것만은 아니다. 오히려 양립가능한 두 개의 역사적 사실이 일정한 내적 연관성을 가지고 있고 피침해법익이 동일하며 죄질에 있어서도 현저한 차이가 없는 경우에는 공소사실의 동일성을 인정하게 되므로 일사부재리의 효력이 넓게 인정될 수도 있다.

【사 례】 공소사실의 동일성

《사 안》 검사는 피고인 甲을 장물보관죄로 공소를 제기하였고, 그 공소사실은 "피고인 甲이 2001년 11월 25일 10시경 수원시 팔달구 인계동 12번지 소재 자신의 집에서 공소외 乙이 절취한 피해자 丙 소유의 다이아몬드반지 1개를 장물인 정을 알면서 乙의 부탁을 받고 이를 보관하였다"는 것이었다. 법원은 피고인 甲에 대해 장물보관죄로 징역 6월에 집행유예 2년의 유죄판결을 선고하였고, 그 판결은 확정되었다. 그 후 검사는 乙을 체포하여 수사한 결과 甲도 절취범행에 가담한 사실을 밝혀내고 "피고인 甲과 乙이 합동하여 2001년 10월 15일 23시경 서울 서초구 서초동 123번지 소재 피해자 丙의 집에 침입하여 丙 소유의 다이아몬드반지 1개를 절취하였다"는 공소사실로 甲과 乙을 특수절도죄로 공소제기하였다. 수소법원은 피고인 甲에 대하여 어떠한 재판을 하여야 하는가?

《검 토》 본 사안의 쟁점은 특수절도죄와 장물취득죄 사이에 공소사실의 동일성이 인정되는가 여부이다. 본범(本犯)의 정범 또는 공동정범에 대하여는 본범 이외에 별도로 장물죄가 성립되지 않는다는 것은 실체법상의 법리이다. 이러한 실체법상의 문제가 공소사실의 동일성을 결정하는 것은 아니며, 오히려 이는 하나의 보조적인 기준에 해당한다. 공소사실의 동일성 여부는 그 사실의 기초가 되는 사회적인 사실관계를 기본으로 하되 규범적 요소도 고려하여 판단하여야 한다. 특수절도죄의 공

---

8) 대법원 1994. 3. 22. 선고 93도2080 전원합의체 판결.

소사실과 장물보관죄의 공소사실 사이에는 범죄의 일시·장소가 현저히 차이가 나고 행위의 태양이 다르기 때문에 자연적인 관찰에 의하여 행위를 평가한다면 양 공소사실은 양립가능한 사실관계에 있다. 그런데 특수절도죄와 장물취득죄 사이에는 일정한 내적 연관성을 가지고 있고 피침해법익이 피해자 丙의 소유권으로서 동일하며 죄질에 있어서도 현저한 차이가 있다고 볼 수 없으므로 양 공소사실에는 동일성이 인정된다고 본다. 따라서 수소법원은 피고인 甲의 특수절도죄에 대하여 면소판결을 선고하여야 한다.

제 3 관 공소장변경

제 1 개   관

Ⅰ. 의   의

1. 개   념

공소장변경(公訴狀變更)이란 검사가 공소를 제기한 후에 공소사실의 동일성이 인정되는 범위 내에서 법원의 허가를 얻어 공소장에 기재된 공소사실 또는 적용법조를 추가·철회 또는 변경하는 것을 말한다($\frac{제298조}{제1항}$). 공소사실 또는 적용법조의 추가란 공소장에 기재된 공소사실 이외의 새로운 공소사실이나 적용법조를 부가하는 것이고, 철회란 종전의 공소사실이나 적용법조 중 일부를 심판대상에서 제외시키는 것이다. 그리고 변경이란 기존의 공소사실이나 적용법조를 새로운 공소사실이나 적용법조로 대체하는 것이다.

2. 구별개념

(1) 추가기소   공소장변경에 따른 공소사실 또는 적용법조의 추가는 공소사실의 동일성이 인정되는 범위 내에서만 허용된다는 점에서 새로운 범죄사실에 대해 심판을 구하는 추가기소와 구별된다.

(2) **공소의 일부취소**   공소장변경에 따른 공소사실 또는 적용법조의 철회도 공소사실의 동일성이 인정되는 범위에서 심판대상만 변경하는 것이라는 점에서 공소사실의 동일성이 인정되지 않는 수개의 공소사실 중 일부에 대하여 법원의 소송계속을 종결시키는 공소취소와도 구별된다. 따라서 공소장에 기재된 수개의 공소사실이 실체적 경합범의 관계에 있어서 동일성이 인정되지 않을 경우에 그 일부사실을 철회하고자 하면 공소장변경의 방식에 의할 것이 아니

라 공소취소의 절차에 따라야 한다.[9] 이와 반대로 포괄일죄, 상상적 경합 등 과
형상 일죄의 관계에 있는 공소사실 중 일부에 대하여 검사가 구두로 공소취소
를 하는 경우 이에 대하여 공소취소결정을 할 것이 아니라 공소장변경의 절차
에 따라야 한다.

(3) 공소장정정   공소장변경은 법원의 허가를 얻어 심판대상을 변경한다는
점에서 법원의 허가 없이 공소장의 명백한 오기나 누락을 고치는 공소장정정
과도 구별된다.

【사 례】 포괄일죄와 공소장변경

《사 안》 검사는 '피고인이 영업신고를 하지 아니하고 2015. 1. 20.부터 2016. 1. 7.
까지 서울 은평구에서 제일분식이라는 상호로 라면 등을 조리·판매하여 휴게음식
점 영업행위를 하였다'는 범죄사실(식품위생법위반)로 공소를 제기하였다. 제1심 공
판절차 진행 중, '피고인이 영업신고를 하지 아니하고 2015. 1. 20.부터 2015. 9. 21.까
지 제일분식에서 위와 동일한 행위를 하였다'는 범죄사실로 2016. 1. 27. 벌금 50만
원의 약식명령을 받아 그 무렵 위 약식명령이 확정된 사실이 밝혀졌다. 이에 검사는
공소장 기재 범죄사실의 범행일자를 '2015. 1. 20.부터 2016. 1. 7.까지'에서 '2016. 1.
28.부터 2016. 8. 18.까지'로 변경하는 내용의 공소장변경허가신청을 하였다. 법원은
공소장변경허가신청에 대하여 어떠한 판단을 하여야 하는가?

《검 토》 포괄일죄인 영업범에서 공소제기의 효력은 공소가 제기된 범죄사실과 동
일성이 인정되는 범죄사실의 전체에 미치므로, 공판심리 중에 그 범죄사실과 동일
성이 인정되는 범죄사실이 추가로 발견된 경우에 검사는 공소장변경절차에 의하여
그 범죄사실을 공소사실로 추가할 수 있다. 그러나 공소제기된 범죄사실과 추가로
발견된 범죄사실 사이에 그 범죄사실들과 동일성이 인정되는 또 다른 범죄사실에
대한 유죄의 확정판결이 있는 때에는, 추가로 발견된 확정판결 후의 범죄사실은 공
소제기된 범죄사실과 분단되어 동일성이 없는 별개의 범죄가 된다. 따라서 이때 검
사는 공소장변경절차에 의하여 확정판결 후의 범죄사실을 공소사실로 추가할 수는
없고 별개의 독립된 범죄로 공소를 제기하여야 한다. 따라서 법원은 공소장변경허
가신청을 기각하여야 한다.[10] 결국 법원은 공소장변경허가신청 전의 공소사실에 대
하여 면소판결을 선고하게 된다.

---

9) 대법원 1982. 3. 23. 선고 81도3073 판결, 1986. 9. 23. 선고 86도1487 판결, 1988. 3. 22. 선고 88도67
   판결.
10) 대법원 2017. 4. 28. 선고 2016도21342 판결.

II. 제도의 취지

1. 피고인의 방어권보장

피고인은 공소장에 기재된 공소사실에 초점을 맞추어 방어활동을 전개하기 때문에 법원이 아무런 예고 없이 공소사실의 동일성이 인정된다고 하여 공소사실과 다른 범죄사실을 인정하거나 공소장의 적용법조와 다른 법률규정을 적용한다면 피고인의 방어권보장에 중대한 장애가 초래된다. 따라서 피고인의 방어권을 실질적으로 보장하기 위하여 공소사실 또는 적용법조를 추가·철회 또는 변경하려면 공소장변경절차를 거치도록 한 것이다.

2. 형벌권의 적정한 행사

공소장변경제도는 소송의 동적·발전적 성격을 고려하여 심판대상에 탄력성을 부여함으로써 실체적 진실발견과 국가형벌권의 적정한 행사를 가능하게 하기 위한 제도이다.

【사 례】 공소장변경과 공소사실의 동일성

《사 안》 피고인 甲은 중상해죄로 공소제기되었고, 재판이 진행되던 중 피해자는 상해로 인해 사망하였다. 검사는 공소사실을 상해치사죄로 변경함과 동시에 여죄인 도로교통법위반(음주운전)죄를 공소사실에 추가하는 신청을 하였다. 법원은 어떤 조치를 취해야 하는가?

《검 토》 피해자가 甲의 행위로 인해 상해를 입고 사망하였다면 중상해죄와 상해치사죄 사이에는 공소사실의 동일성이 인정된다. 그러므로 법원은 중상해죄를 상해치사죄로 변경하고자 하는 검사의 공소장변경신청을 허가해야 한다. 그러나 도로교통법위반(음주운전)죄의 범행은 원래 공소제기된 중상해죄의 범행과 기본적인사실관계가 동일하지 않다. 그렇다면 법원은 도로교통법위반(음주운전)죄를 공소사실에 추가하는 신청에 대하여는 기각해야 한다. 이 경우 검사는 도로교통법위반죄를 별도로 기소해야 한다.

제 2 공소장변경의 필요성

I. 판단기준

1. 논   점

법원이 공소장에 기재된 사실과 다른 사실을 인정하기 위해 항상 공소장변

경을 해야 하는 것은 아니다. 즉 공소사실의 사소한 변경까지 공소장변경절차
를 요한다면 소송경제에 반하므로 피고인의 방어권 행사에 지장을 주지 않는 한
법원이 공소장변경절차 없이 공소장에 기재된 공소사실과 다른 사실을 인정할
필요가 있다. 여기서 법원이 어떤 범위까지 공소장변경 없이 공소장에 기재된
공소사실과 다른 사실을 인정할 수 있는가가 문제된다.

2. 학 설

과거에는 동일벌조설(同一罰條說)11)과 법률구성설(法律構成說)12)이 있었으나
이 학설들은 학설사적 의미만 가질 뿐이고, 현재 통설은 사실기재설을 취하고
있다. 사실기재설은 공소장에 기재되어 있는 사실과 실질적으로 다른 사실을
인정할 때에는 공소장변경을 필요로 한다는 견해이다. 다만 미세한 사실의 변
경에도 공소장변경을 요한다고 하는 것은 번잡하고 무의미하므로 피고인의 방
어권행사에 실질적 불이익을 줄 염려가 없는 때에는 공소장변경 없이 다른 사
실을 인정할 수 있다고 한다.

3. 판 례

공소사실의 사실적 측면을 중시하여 공소장에 기재되어 있는 사실과 다른
사실을 인정할 때에는 공소장변경을 필요로 하되, 모든 사실의 차이에 공소장
변경을 요구하는 것은 소송경제에 반하므로 피고인의 방어권행사에 **실질적인
불이익**을 초래할 염려가 있느냐를 기준으로 판단해야 한다.13)

4. 검 토

공소사실이란 구성요건에 해당하는 구체적 사실의 주장이므로 그 사실관계
에 변화가 있어 피고인의 방어권행사에 실질적인 불이익을 준다면 공소장변경
이 필요하다. 다만 피고인의 방어권행사에 실질적 불이익이 있는가의 여부를
어떻게 판단할 것인가에 대하여는 추상적 기준과 구체적 기준을 모두 고려해
야 한다. **추상적 기준**에 의한 판단은 공소사실과 인정된 사실을 유형적으로 대
비하여 판단하는 것이고, **구체적 기준**에 의한 판단은 피고인의 방어활동 등 심
리의 진행과정에 비추어 개개의 사건에서 개별적으로 판단하는 것이다.

---

11) 구체적 사실관계가 다른 경우에도 그 벌조 또는 구성요건에 변경이 없는 한 법원은 공소장변경절차
없이 공소장에 기재된 사실과 다른 사실을 인정할 수 있다는 학설이다. 즉 동일한 구성요건에 해당하
는 한 구체적인 사실관계가 달라지더라도 공소장변경이 필요하지 않다고 한다.
12) 구체적 사실관계가 다르더라도 그 법률구성에 영향을 미치지 않는 한 공소장변경절차 없이 공소장에
기재된 사실과 다른 사실을 인정할 수 있다는 학설이다. 벌조나 구성요건의 동일성을 넘어서 범죄사
실에 대한 법률적 구성전반에 걸친 동일성을 판단기준으로 삼는다.
13) 대법원 1981. 3. 24. 선고 80도2832 판결 이래 일관된 판례의 입장이다.

II. 동일한 구성요건

1. 판단의 기준

동일한 구성요건 내에서 사실관계만 변화된 경우에는 변화된 사실이 공소사실을 특정하는 데 필요불가결한 것인가 그리고 피고인의 방어권행사에 실질적으로 불이익을 초래하는가를 기준으로 공소장변경의 필요성을 판단해야 한다. 즉 변화된 사실이 공소사실을 특정하는 데 필요불가결한 것으로서 피고인의 방어권행사에 실질적으로 불이익을 초래하는 경우 공소장변경이 필요하다고 본다.

2. 범죄의 일시와 장소

(1) 학 설   범죄의 일시와 장소는 공소사실을 특정하기 위한 불가결의 요소이고 피고인의 방어권행사에 직접적인 영향을 미치므로 명백한 오기인 경우를 제외하고는 범죄의 일시와 장소를 다르게 인정하려면 공소장변경을 요한다는 견해가 있다. 이에 대하여 피고인에게 실질적인 불이익이 없는 한 공소장변경 없이 범죄의 일시와 장소를 약간 다르게 인정할 수 있다는 견해도 있다.

(2) 판 례   범행의 일시가 공소사실을 특정하기 위한 요소이지 범죄사실의 기본적 요소는 아니므로 그 일시가 다소 다르다고 하여 공소장을 변경해야 하는 것은 아니지만 일시의 차이가 피고인의 방어권행사에 실질적인 불이익을 초래할 경우에는 공소장을 변경해야 한다.[14] 그러나 공소사실의 범행일시가 오기임이 분명한 경우 이를 증거에 의하여 바로잡아 인정하는 것은 불고불리의 원칙에 위배되지 않는다.[15]

(3) 검 토   범죄의 일시와 장소가 달라지는 경우 피고인의 방어권행사에 직접적인 영향을 미치므로 원칙적으로 공소장변경절차를 거쳐야 하나, 명백한 오기를 정정하는 경우나 공소사실을 특정하는 데 중요하지 않을 정도로 약간의 변경에 그치는 경우에는 공소장변경을 요하지 않는다고 본다.

3. 범죄의 수단과 방법

범죄의 수단이나 방법이 변경되는 경우 피고인의 방어권행사에 영향을 미치기 때문에 원칙적으로 공소장변경이 필요하다. 예를 들면 살인죄에 있어서 범행수법이 달라지는 경우, 사기죄에 있어서 기망의 방법이 달라지는 경우 등

---

14) 대법원 1991. 3. 27. 선고 91도65 판결, 1992. 10. 27. 선고 92도1824 판결, 1992. 12. 22. 선고 92도2596 판결, 1993. 1. 15. 선고 92도2588 판결, 1993. 6. 8. 선고 93도999 판결.
15) 대법원 2002. 3. 15. 선고 2001도970 판결.

은 공소장변경을 요한다.

4. 범죄의 객체와 결과

범죄의 객체나 결과가 달라지는 경우에도 원칙적으로 공소장변경이 필요하다. 예를 들면 살인죄에 있어서 피해자가 달라지는 경우, 절도죄에 있어서 피해액이 현저하게 증가한 경우 또는 상해죄에 있어서 피해자의 치료기간이 현저하게 길어진 경우 공소장변경을 요한다. 그러나 사기죄에 있어서 공소장에 기재된 피해자와 실제의 피해자가 다른 것이 밝혀진 경우 범행의 일시·장소, 기망의 방법, 피해목적물 등이 모두 동일하여 기본적 사실이 동일하고 피고인의 방어권행사에 실질적 불이익을 주지 않는다면 공소장변경절차 없이 직권으로 실제의 피해자를 적시하여 유죄로 인정하여야 한다.[16]

【사 례】 **공소장변경과 사실관계**

《사 안》 검사는 피의자 甲에 대하여 '甲은 1996년 3월 20일 20:00경 남산공원에서 피해자 乙을 칼로 찔러 동인에게 전치 3주간의 상해를 가하였다'라는 공소사실로 기소하였다. 그런데 공판진행과정에서 甲의 범행시간은 23:00이며 乙은 전치 2개월의 상해를 입은 것으로 밝혀졌다. 이러한 경우 검사와 법원은 어떠한 조치를 취하여야 하는가?(제40회 행정고등고시 출제문제)

《검 토》 甲의 범행시간만 약간 달라진 경우에는 검사의 공소장변경신청이 없더라도 법원은 공판진행과정에서 인정된 범행시간을 판결문에 기재할 수 있다. 그런데 乙의 치료기간이 현저히 길어진 것이 공판진행중 밝혀졌다면 검사는 공소장변경신청을 하여야 한다. 또한 법원은 검사에게 공소장변경을 요구할 수 있는데, 본 사안의 경우 공소장변경요구가 법원의 의무라고는 보이지 아니한다.

Ⅲ. 수정된 구성요건

1. 판단의 기준

기본적 구성요건과 그 수정형식 사이에 공소장변경의 필요성을 판단함에서 있어서도 추상적 기준과 구체적 기준을 모두 고려하여야 한다. 공소사실보다 무거운 범죄사실을 인정하는 경우에는 당연히 공소장변경을 요하고, 공소사실에 포함된 축소된 범죄사실을 직권으로 인정하기 위해서는 심리의 경과에 비추어 피고인의 방어권행사에 실질적 불이익을 초래할 염려가 없어야 한다.

---

16) 대법원 2002. 8. 23. 선고 2001도6876 판결, 2017. 6. 19. 선고 2013도564 판결.

2. 기수ㆍ미수ㆍ예비

⑴ **기수와 미수**   기수의 공소사실을 미수로 인정하는 경우에도 공소장변경을 요하지 않는다. 미수의 공소사실은 기수의 공소사실에 포함되어 있기 때문이다. 기수의 공소사실을 미수로 인정할 것인지 여부는 법원의 재량이지만 사안이 중대하여 공소장이 변경되지 않았다는 이유로 이를 처벌하지 않으면 현저히 정의와 형평에 반하는 것으로 인정되는 경우에는 법원은 직권으로 그 범죄사실을 인정할 의무가 있다. 예를 들면 향정신성의약품인 메스암페타민(속칭 필로폰) 투약죄의 기수범으로 기소된 공소사실에 대하여 실행행위에 착수한 사실은 인정되나 기수에 이른 사실은 인정되지 않는 경우, 그 사안이 중대하므로 법원은 직권으로 미수의 범죄사실을 유죄로 인정하여야 한다.[17]

⑵ **미수와 예비**   미수의 공소사실을 예비죄로 인정하려면 공소장변경이 필요하다.[18] 미수와 예비 사이에는 그 방어방법에 차이가 있기 때문이다.

3. 정범과 공범

공동정범으로 공소가 제기된 피고인에 대하여 법원이 공소장 변경 없이 직권으로 방조범으로 인정하여 처벌하기 위해서는, 정범의 범행에 대한 공동가공의 의사나 기능적 행위지배의 점에 대한 증명이 부족하지만 그 의심이 있다는 정도로는 부족하고 방조의 고의와 행위가 있었다는 점에 대한 적극적인 증명이 있어야 한다. 따라서 이 점에 대하여 피고인에게 방어의 기회가 제공되는 등 심리의 경과에 비추어 피고인의 방어에 실질적인 불이익을 주지 아니한 경우에 한하여 공소장변경 없이 공동정범의 공소사실을 방조사실로 인정할 수 있다.[19] 단독범으로 기소된 것을 공소장변경 없이 공동정범으로 인정하기 위해서는 피고인의 주장내용과 입증과정에 비추어 피고인의 방어권의 행사에 실질적 불이익을 줄 우려가 없어야 한다.[20]

【사 례】 **축소사실의 인정과 재량성**

《사 안》 검사는 甲과 乙을 특수강도죄로 공소제기하였다. 제1심 법원은 사건을 심리한 결과 甲이 乙과 합동하여 강도를 한 것이 아니라 乙의 강도범행을 용이하도록 도와주었다는 사실만을 인정하여 甲에 대해 무죄를 선고하고, 乙에 대하여는 징역 5

---

17) 대법원 1999. 11. 9. 선고 99도3674 판결.
18) 대법원 1983. 4. 12. 선고 82도2939 판결.
19) 대법원 2011. 11. 24. 선고 2009도7166 판결.
20) 대법원 1991. 5. 28. 선고 90도2977 판결, 1997. 5. 23. 선고 96도1185 판결, 1999. 7. 23. 선고 99도1911 판결.

년을 선고하였다. 검사는 제1심 판결에 대해 항소를 하면서 甲을 강도죄의 종범으로 인정하지 아니한 제1심 판결은 사실을 오인하고 판단을 유탈한 위법이 있다고 주장하였다. 검사의 위 주장에 대해 항소심법원은 어떠한 판단을 하여야 하는가?

《검 토》 법원은 공소사실의 동일성이 인정되는 범위 내에서 공소가 제기된 범죄사실에 포함된 보다 가벼운 범죄사실이 인정되는 경우에 심리의 경과에 비추어 피고인의 방어권행사에 실질적 불이익을 초래할 염려가 없다고 인정되는 때에는 직권으로 공소장에 기재된 공소사실과 다른 범죄사실을 인정할 수 있다. 그렇지만 이와 같은 경우에도 실제로 인정되는 범죄사실의 사안이 중대하여 공소장이 변경되지 않았다는 이유로 이를 처벌하지 않는다면 현저히 정의와 형평에 반하는 것으로 인정되는 경우가 아닌 한 법원이 직권으로 그 범죄사실을 인정하지 아니하였다고 하여 위법한 것이라고 볼 수 없다.[21] 제1심 법원이 甲과 乙에 대한 특수강도죄를 심리한 결과 甲이 乙의 강도범행에 종범으로서 가담한 사실이 인정된다 하더라도, 甲을 강도의 종범으로 인정하지 아니한 것이 현저히 정의와 형평에 반하는 것이라고 볼 수는 없다. 따라서 제1심 판결에는 사실을 오인하거나 판단을 유탈한 위법이 있다고 할 수 없다.

IV. 다른 유형의 구성요건

1. 원   칙

공소사실과 법원이 인정하는 범죄사실이 다른 유형의 구성요건에 해당하는 경우 원칙적으로 공소장변경이 필요하다. 예를 들면 살인죄를 폭행치사죄로,[22] 특수강도죄를 특수공갈죄로,[23] 강도상해교사죄를 공갈교사죄로,[24] 강간치상죄를 강제추행치상죄로,[25] 강간미수죄를 강제추행죄로,[26] 특수절도죄를 장물운반죄로,[27] 명예훼손죄를 모욕죄로,[28] 강제집행일탈죄를 권리행사방해죄로[29] 변경하는 경우에는 공소장변경이 필요하다. 또한 고의범의 공소사실은 과실범의 공소사실을 포함한다고 볼 수 없으므로 고의범을 과실범으로 변경하는 경우에도 공소장변경을 요한다.[30] 따라서 장물보관죄로 공소제기된 사건을 검사의 공소

---

21) 대법원 2001. 12. 11. 선고 2001도4013 판결.
22) 대법원 1981. 7. 28. 선고 81도1489 판결, 2001. 6. 29. 선고 2001도1091 판결.
23) 대법원 1968. 9. 19. 선고 68도995 전원합의체 판결.
24) 대법원 1993. 4. 27. 선고 92도3156 판결.
25) 대법원 1968. 9. 29. 선고 68도776 판결.
26) 대법원 2008. 9. 11. 선고 2008도2409 판결.
27) 대법원 1965. 1. 26. 선고 64도681 판결.
28) 대법원 1972. 5. 31. 선고 70도1859 판결.
29) 대법원 1972. 5. 31. 선고 72도1090 판결.

장변경절차 없이 업무상과실장물보관죄로 처벌할 수 없다.[31]

2. 축소사실의 인정

(1) **판단의 기준** 구성요건을 달리하는 사실이 공소사실에 포함되어 있는 경우에는 공소장변경을 필요로 하지 않는다. 즉 행위태양이 동일하고 그 정도에 차이가 있는 데 불과한 경우에는 피고인의 방어권행사를 제약하지 않는 범위 내에서 공소장변경 없이 축소사실을 인정할 수 있다. 예를 들면 폭행치사죄를 폭행죄로,[32] 강도강간죄를 강도죄로,[33] 강도상해죄를 주거침입죄와 상해죄로,[34] 강도상해죄를 절도죄와 상해죄로,[35] 강간치상죄를 강간죄로,[36] 강간치상죄를 준강제추행죄로,[37] 강제추행치상죄를 강제추행죄로,[38] 특수절도죄를 절도죄로,[39] 수뢰후부정처사죄를 뇌물수수죄로[40] 변경하는 경우 공소장변경을 요하지 않는다.

(2) **재량성 여부** 법원은 공소장변경 없이 직권으로 축소사실을 유죄로 인정할 수 있지만, 축소사실의 사안이 중대하여 공소장이 변경되지 않았다는 이유로 이를 처벌하지 않으면 현저히 **정의와 형평**에 반하는 것으로 인정되는 경우가 아닌 한 공소사실에 대하여 무죄를 선고할 수 있다.[41] 예를 들면 강간상해죄를 심리한 결과 강간의 점은 인정되지 아니하나 상해의 점은 인정되는 경우, 공소장변경이 없는 이상 상해죄로 처벌하지 않고 강간상해죄에 대하여 무죄를 선고할 수 있다.[42] 또한 허위사실적시에 의한 명예훼손(형법 제307조 제2항)의 공소사실 중에는 사실적시에 의한 명예훼손(형법 제307조 제1항)의 공소사실이 포함되어 있으므로, 허위사실적시에 의한 명예훼손으로 기소된 사안에서 적시한 사실이 허위임에 대한 입증이 없다면 법원은 공소장변경절차 없이도 직권으로 사실적시에 의한 명예

---

30) 대법원 1981. 12. 8. 선고 80도2824 판결, 1984. 2. 28. 선고 83도3334 판결.
31) 대법원 1984. 2. 28. 선고 83도3334 판결.
32) 대법원 1965. 12. 21. 선고 65도852 판결.
33) 대법원 1987. 5. 12. 선고 87도792 판결.
34) 대법원 1996. 5. 10. 선고 96도755 판결.
35) 대법원 1965. 10. 26. 선고 65도599 판결.
36) 대법원 1976. 5. 11. 선고 74도1898 판결, 1980. 7. 8. 선고 80도1227 판결, 1980. 10. 27. 선고 80도1225 판결, 1988. 3. 8. 선고 87도2673 판결.
37) 대법원 2008. 5. 29. 선고 2007도7260 판결.
38) 대법원 1999. 4. 15. 선고 96도1922 전원합의체 판결.
39) 대법원 1973. 7. 24. 선고 73도1256 판결.
40) 대법원 1999. 11. 9. 선고 99도2530 판결.
41) 대법원 1990. 10. 26. 선고 90도1229 판결, 1991. 5. 28. 선고 91도676 판결, 1993. 12. 28. 선고 93도3058 판결, 1997. 2. 14. 선고 96도2234 판결.
42) 대법원 1997. 8. 26. 선고 97도1452 판결.

훼손죄를 유죄로 인정할 수 있지만 허위사실적시에 의한 명예훼손에 대하여 무죄를 선고하여도 위법한 것은 아니다.[43] 그러나 향정신성의약품을 제조·판매하여 영리를 취할 목적으로 그 원료가 되는 물질을 소지한 것이라는 공소사실(麻藥法 제58조 제2항)에 대하여 영리의 목적이 인정되지 않는 경우 무죄를 선고할 것이 아니라 위 공소사실에 포함된 향정신성의약품을 제조할 목적으로 그 원료가 되는 물질을 소지한 범죄사실(麻藥法 제58조 제1항 제2호)을 공소장변경 없이 유죄로 인정하여야 한다.[44]

⑶ 석명의무   공소장변경절차 없이도 법원이 심리·판단할 수 있는 죄가 한 개가 아니라 여러 개인 경우에는, 법원으로서는 그 중 어느 하나를 임의로 선택할 수 있는 것이 아니라 검사에게 공소사실 및 적용법조에 관한 석명을 구하여 공소장을 보완하게 한 다음 이에 따라 심리·판단하여야 한다.[45]

V. 법률적 구성의 변경

1. 적용법조의 추가·변경

공소사실에 대한 적용법조가 누락되거나 오류가 있어 공소사실은 그대로 두고 적용법조만을 추가하거나 공소장에 기재된 적용법조와 다른 법조를 적용하는 경우에는 공소장변경을 요하지 않는다.[46] 그러나 공소장에 기재된 적용법조를 단순한 오기나 누락으로 볼 수 없고 구성요건이 충족됨에도 법원이 공소장 변경의 절차를 거치지 아니하고 임의적으로 다른 법조를 적용할 수는 없다.[47]

2. 법적 평가의 변경

사실관계의 변화 없이 법적 평가만 달리하는 경우 법원은 공소사실의 동일성이 인정되는 범위 내에서 심리의 경과에 비추어 피고인의 방어권행사에 실질적인 불이익을 초래할 염려가 없다고 인정하는 때에는 공소사실과 다른 범죄사실을 인정할 수 있다. 예를 들면 횡령죄와 배임죄는 다같이 신임관계를 기본으로 하고 있는 같은 죄질의 재산범죄로서 그 형벌에 있어서도 경중의 차이가 없고 동일한 범죄사실에 대하여 단지 법률적용만을 달리하는 경우에 해당

---

43) 대법원 2008. 10. 9. 선고 2007도1220 판결.
44) 대법원 2002. 11. 8. 선고 2002도3881 판결.
45) 대법원 2005. 7. 8. 선고 2005도279 판결.
46) 대법원 1983. 12. 27. 선고 83도2755 판결, 1992. 6. 23. 선고 92도954 판결, 1995. 12. 12. 선고 95도1893 판결, 1996. 8. 23. 선고 96도1231 판결.
47) 대법원 2015. 11. 12. 선고 2015도12372 판결.

하므로 법원은 배임죄로 기소된 공소사실에 대하여 공소장변경 없이도 횡령죄를 적용하여 처벌할 수 있다.[48] 또한 공소제기된 사실과 증거에 의하여 인정되는 범죄사실 사이에 있어서 법적 평가의 차이만 있을 뿐, 공소장이 변경되지 않았다는 이유로 이를 처벌하지 않는다면 현저히 정의와 형평에 반하는 것으로 인정되는 경우에는 법원은 직권으로 그 범죄사실을 인정해야 한다.[49] 그러나 법정형이 중하게 변경되는 경우에는 피고인의 방어에 실질적 불이익을 초래하게 되므로 공소장을 변경해야 한다. 예를 들면 위탁된 포장물의 횡령을 절도로 인정하려면 공소장변경이 필요하다.

【사 례】 법적 평가의 변경

《사 안》 검사는 '피고인 甲이 2002년 4월 28일 乙로부터 사례비 20만원을 줄 터이니 물건을 대신 구입하여 달라는 부탁을 받고 乙이 절취한 신용카드를 교부받아 장물을 취득하였다'는 장물취득죄의 공소사실로 甲을 기소하였다. 甲은 乙로부터 신용카드를 건네받을 당시 乙이 훔친 물건이라는 사실을 알았다고 진술하였다. 제1심법원은 甲에 대하여 무죄를 선고하면서 甲이 장물인 신용카드를 일시적으로 사용할 목적으로 교부받은 것만으로는 장물을 취득하였다고 보기 어렵다고 판시하였다. 검사는 제1심 판결에 대해 항소를 하면서 공소장변경 없이 심판할 수 있는 범위에 관한 법리를 오해한 위법이 있다고 주장하였다. 검사의 위 주장에 대해 항소심법원은 어떠한 판단을 하여야 하는가?

《검 토》 장물취득죄에서 '취득'이란 점유를 이전받음으로써 그 장물에 대하여 사실상의 처분권을 획득하는 것을 의미하므로 단순히 보수를 받고 본범을 위하여 장물을 일시 사용하는 것만으로는 장물을 취득한 것으로 볼 수 없다. 그렇지만 甲이 乙의 부탁을 받고 신용카드를 교부받은 행위는 장물보관죄에 해당한다. 장물취득의 공소사실과 실제로 인정되는 장물보관의 범죄사실 사이에는 객관적 사실관계가 동일하고, 이를 장물의 취득으로 볼 것인가 보관으로 볼 것인가 하는 법적 평가에 있어서만 차이가 있을 뿐이다. 甲이 신용카드의 사실상 처분권을 취득한 것이 아니라는 이유만으로 甲을 처벌하지 않는 것은 적정절차에 의한 실체적 진실의 발견이라는 형사소송의 목적에 비추어 현저히 정의와 형평에 반한다. 따라서 항소심은 공소장의 변경이 없었더라도 甲에 대해 장물보관죄로 유죄를 선고해야 한다.[50]

---

48) 대법원 1999. 11. 26. 선고 99도2651 판결.
49) 대법원 2002. 11. 22. 선고 2000도4419 판결.
50) 대법원 2003. 5. 13. 선고 2003도1366 판결.

3. 죄수에 대한 평가

죄수에 대한 평가만을 달리하는 경우 피고인의 방어권행사에 실질적 불이익을 초래하지 않는다면 원칙적으로 공소장변경은 필요 없다. 경합범으로 공소제기된 것을 포괄일죄[51]나 상상적 경합[52]으로 인정하는 경우이다. 예를 들면, 검사가 수개의 협박범행을 먼저 기소하고 다시 별개의 협박범행을 추가로 기소하였는데 이를 병합하여 심리하는 과정에서 전후에 기소된 각각의 범행이 모두 포괄하여 하나의 협박죄를 구성하는 것으로 밝혀진 경우, 법원은 전후에 기소된 범죄사실 전부에 대하여 포괄일죄로 처벌할 수 있다.[53] 한편 포괄일죄를 경합범으로 인정하는 경우 공소장변경을 요하는 견해가 있으나, 판례는 이 경우 공소장변경을 요하지 않는다는 태도를 취하고 있다.[54]

제3 공소장변경의 절차

Ⅰ. 검사의 신청에 의한 공소장변경

1. 공소장변경의 신청

(1) 신청권자   공소장변경은 검사의 신청에 의한다($\substack{제298조\\제1항}$). 기소강제절차에서 법원의 공소제기결정에 따라 공소유지를 담당하는 검사도 공소장변경신청을 할 수 있다.

(2) 신청의 시기   검사는 공판심리종결 전에 공소장변경을 신청해야 한다. 만일 공판심리를 종결한 후에 공소장변경을 신청하였다면 법원은 재량으로 심리재개 여부를 판단할 뿐 반드시 공소장변경을 허가해야 할 필요는 없다.[55] 법원이 종결된 변론을 재개하여 다시 공판심리를 하게 된 경우 검사는 공소장변경신청을 할 수 있다.[56]

(3) 신청의 방식   피고인의 수에 상응하는 부본을 첨부하여 공소장변경허가신청서를 법원에 제출하여야 한다($\substack{규칙 제142조\\제1항·제2항}$). 다만 피고인이 재정하는 공판정

---

51) 대법원 1987. 7. 21. 선고 87도546 판결.
52) 대법원 1980. 12. 9. 선고 80도2236 판결.
53) 대법원 2007. 8. 23. 선고 2007도2595 판결.
54) 대법원 1980. 3. 11. 선고 80도217 판결, 1982. 6. 22. 선고 82도938 판결, 1987. 4. 14. 선고 86도2075 판결, 1987. 5. 26. 선고 87도527 판결.
55) 대법원 1984. 5. 15. 선고 84도564 판결, 1986. 10. 14. 선고 86도1691 판결, 1994. 10. 28. 선고 94도1756 판결, 2003. 12. 26. 선고 2001도6484 판결.
56) 대법원 1995. 12. 5. 선고 94도1520 판결.

에서는 피고인에게 이익이 되거나 피고인이 동의하는 경우 구술에 의하여 공소장변경을 신청할 수 있다(동조 제5항).

2. 피고인에 대한 고지

검사의 공소장변경허가신청이 있으면 법원은 신속히 그 사유를 피고인 또는 변호인에게 고지해야 한다(제298조 제3항). 그 고지는 검사가 제출한 공소장변경허가신청서의 부본을 피고인 또는 변호인에게 즉시 송달함으로써 이루어진다(규칙 제142조 제3항). 피고인과 변호인 모두에게 부본을 송달하여야 하는 취지는 아니므로 피고인과 변호인 중 어느 한 쪽에 대해서만 송달하였다고 하여 절차상 잘못이 있다고 할 수 없다.[57] 부본이 공판정에서 교부된 경우에도 피고인이 충분히 진술·변론한 때에는 판결에 영향을 미치지 않는다.[58] 검사의 서면에 의한 공소장변경허가신청이 있는데도 법원이 피고인 또는 변호인에게 공소장변경허가신청서 부본을 송달·교부하지 않은 채 공소장변경을 허가하고 공소장변경허가신청서에 기재된 공소사실에 관하여 유죄판결을 하였다면, 공소장변경허가신청서 부본을 송달·교부하지 않은 법원의 잘못은 판결에 영향을 미친 법령 위반에 해당한다. 다만 공소장변경 내용이 피고인의 방어권과 변호인의 변호권 행사에 지장이 없는 것이거나 피고인과 변호인이 공판기일에서 변경된 공소사실에 대하여 충분히 변론할 기회를 부여받는 등 피고인의 방어권이나 변호인의 변호권이 본질적으로 침해되지 않았다고 볼 만한 특별한 사정이 있다면 판결에 영향을 미친 법령 위반이라고 할 수 없다.[59]

3. 법원의 결정

⑴ **결정의 방식** 법원은 검사의 공소장변경허가신청에 대해 결정의 형식으로 이를 허가 또는 불허가(기각)하고, 법원의 허가 여부 결정은 공판정 외에서 별도의 결정서를 작성하여 고지하거나 공판정에서 구술로 하고 공판조서에 기재할 수도 있다. 만일 공소장변경허가 여부 결정을 공판정에서 고지하였다면 그 사실은 공판조서의 필요적 기재사항이다(제51조 제2항 제14호). 공소장변경허가신청이 있음에도 공소장변경허가 여부 결정을 명시적으로 하지 않은 채 공판절차를 진행하면 현실적 심판대상이 된 공소사실이 무엇인지 불명확하여 피고인의 방어권 행사에 영향을 줄 수 있으므로 공소장변경허가 여부 결정은 위와 같은 형식

---

57) 대법원 2015. 2. 16. 선고 2014도14843 판결.
58) 대법원 1986. 9. 23. 선고 85도1041 판결.
59) 대법원 2021. 6. 30. 선고 2019도7217 판결.

으로 명시적인 결정을 하는 것이 바람직하다.[60]

(2) 허가결정   검사의 공소장변경허가신청이 공소사실의 동일성을 해하지 않는 때에는 법원은 결정으로 이를 허가하여야 한다. 이 경우 법원의 허가는 의무적이다.[61] 공소장변경은 공소취소와 구별되므로 공소사실의 변경을 허가하더라도 당초의 공소사실에 대해 공소기각의 결정을 할 것은 아니다.[62] 검사가 변경된 공소사실을 최초 공소제기 당시의 공소사실로 다시 변경신청을 하는 경우에도 공소사실의 동일성이 인정되는 이상 공소장변경을 허가해야 한다.

약식명령에 대하여 피고인만 정식재판을 청구한 사건에서 공소사실의 동일성이 인정되는 경우 법정형에 유기징역형만 있는 범죄로 공소장을 변경하는 것도 허용된다. 법정형에 유기징역형만 있다 하더라도 불이익변경금지의 원칙($\frac{제457}{조의2}$)이 적용되어 벌금형을 선고할 수 있기 때문이다.[63]

(3) 기각결정   검사의 공소장허가변경신청이 현저히 시기에 늦거나, 공소사실의 동일성이 인정되지 아니하는 범죄사실을 공소사실로 변경신청하는 때에는 법원은 그 변경신청을 기각하여야 한다. 검사가 공소제기 후 예비적으로 공소사실을 추가하는 공소장변경신청을 한 경우에 예비적 공소사실이 주위적 공소사실과 동일성이 인정되지 않는다면 공소장변경은 허용되지 않는다.[64]

【사 례】 공소장변경신청에 대한 법원의 결정

《사 안》 검사는 '피고인 甲이 2000. 2. 27. 04:00경 인천 부평구 일신동 110 소재 대림상회 내에서 청소년 乙에게 담배 1갑을 판매하였다.'는 범죄사실(청소년보호법위반)로 약식명령을 청구하였다. 피고인 甲은 정식재판을 청구하여 공판절차가 진행되었는데, 검사는 2001. 5. 15. 공판기일에 재정한 甲의 동의하에 '피고인 甲이 2000. 2. 26. 20:00경 대림상회 내에서 청소년 丙에게 담배 1갑을 판매하였다.'는 범죄사실로 공소장변경신청을 하였다. 법원은 공소장변경신청에 대하여 명시적인 허가결정을 하지 아니한 채 심리를 마치고 피고인 甲에 대해 벌금 1백만원을 선고하였다. 이 판결은 적법한가?

《검 토》 피고인 甲에 대하여 공소가 제기된 범죄사실과 공소장변경신청이 된 범죄사실은 범행의 일시와 상대방이 다르고 경합범 관계에 있으므로 그 기본적인 사

---

60) 대법원 2023. 6. 15. 선고 2023도3038 판결.
61) 대법원 1975. 10. 23. 선고 75도2712 판결, 1999. 4. 13. 선고 99도375 판결, 1999. 5. 14. 선고 98도1438 판결.
62) 대법원 2003. 10. 9. 선고 2002도4372 판결.
63) 대법원 2013. 2. 28. 선고 2011도14986 판결.
64) 대법원 2012. 4. 13. 선고 2010도16659 판결.

실관계가 동일하지 않다. 그렇다면 법원은 공소장변경신청을 기각하고, 원래 공소제기된 범죄사실을 심리하여 판결해야 한다. 따라서 이 판결은 공소사실의 동일성 내지 공소장변경에 관한 법리를 오해하여 판결에 영향을 미친 위법이 있다.[65]

4. 허가결정취소와 상소불허

(1) **허가결정의 취소** 　공소장변경을 허가한 후 공소사실의 동일성이 인정되지 않는 등의 사유로 공소장변경이 위법한 경우 법원은 스스로 허가결정을 취소할 수 있다.[66] 그러므로 법원이 예비적으로 추가된 공소사실에 대하여 공소장변경 허가결정을 한 경우에도 원래의 공소사실과 예비적으로 추가된 공소사실 사이에 공소사실의 동일성이 인정되지 않는다면 공소장변경 허가를 한 법원이 스스로 이를 취소할 수 있다.

(2) **상소의 불허** 　법원의 허가결정은 판결 전의 소송절차에 관한 결정이므로 그 결정에 대해 독립하여 상소할 수 없다. 다만 허가결정의 위법이 판결에 영향을 미친 경우에 판결에 대해 상소할 수 있을 뿐이다.[67]

5. 공소장변경 후의 절차

(1) **검사의 낭독** 　공소장변경이 허가된 때에는 검사는 공판기일에 공소장변경신청서에 의하여 변경된 공소사실·죄명 및 적용법조를 낭독하여야 한다. 다만 재판장은 필요하다고 인정하는 때에는 공소장변경의 요지를 진술하게 할 수 있다(규칙 제142조 제4항).

(2) **공판절차의 정지** 　공소장변경이 피고인의 방어에 불이익을 증가시킬 염려가 있다고 인정될 때에는 법원은 직권 또는 피고인이나 변호인의 청구에 의하여 결정으로 피고인으로 하여금 필요한 방어준비를 할 수 있도록 필요한 기간 공판절차를 정지할 수 있다(제298조 제4항). 이러한 공판절차의 정지제도는 피고인의 방어준비를 위한 것으로서 공소장변경이 피고인의 불이익을 증가시킬 염려가 있는가 여부는 법원이 재량으로 판단할 문제이다.[68] 따라서 공소사실의 변경이 있더라도 피고인의 방어권행사에 실질적 불이익을 주지 않는 것으로 인정될 때에는 법원이 피고인의 공판절차정지신청을 받아들이지 않았다고 하더라도 이를 위법하다고 할 수 없다.[69]

---

65) 대법원 2002. 3. 29. 선고 2002도587 판결.
66) 대법원 1989. 1. 24. 선고 87도1978 판결, 2001. 3. 27. 선고 2001도116 판결.
67) 대법원 1987. 3. 28.자 87모17 결정.
68) 대법원 1985. 8. 13. 선고 85도1193 판결.
69) 대법원 1991. 10. 25. 선고 91도2085 판결.

II. 법원의 공소장변경요구

1. 의 의

법원의 공소장변경요구란 법원이 심리경과에 비추어 상당하다고 인정할 경우 검사에게 공소사실 또는 적용법조의 추가·변경을 요구하는 것을 말한다 (제298조 제2항). 법원은 공소장에 기재된 사실에 대해서만 현실적으로 심판할 수 있으므로 공소사실을 추가 또는 변경해야 할 경우에도 검사가 공소장변경을 신청하지 않는 한 법원이 이를 현실적으로 심판할 수 없게 되고 이로 인해 **형벌권의 적정한 실현**이 어렵게 될 수 있다는 점을 고려한 제도이다.

2. 법적 성격

(1) 학 설

(가) 의무설 공소장변경요구가 법원의 의무라고 해석하는 견해[70]이다. 그 논거로 ① 제298조 제2항의 '법원은 … 요구하여야 한다'의 문리해석상 당연하다는 점과 ② 국가형벌권의 적정한 행사를 위해 법원의 공소장변경에 직권으로 개입하도록 한 입법취지에도 적합하다는 점을 든다. 이에 의하면 검사가 공소장변경신청을 하면 유죄판결을 선고할 수 있는 사안에 대하여 법원이 공소장변경을 요구하지 않고 무죄판결을 선고하면 심리미진의 위법이 있게 된다고 한다.

(나) **재량설** 법원의 공소장변경요구는 권리일 뿐이고 의무는 아니라는 견해[71]이다. 즉 공소사실의 변경은 검사의 권한에 속하는 것이므로 법원은 검사가 제기한 공소사실의 범위 안에서 판결하면 족하고 적극적으로 공소장변경을 요구할 의무는 없다는 것이다.

(다) 예외적 의무설 공소장변경요구는 원칙적으로 법원의 재량에 속하지만 공소장변경요구를 하지 않고 무죄판결을 하는 것이 현저히 정의에 반하는 결과를 초래하는 경우에 한하여 예외적으로 법원의 의무가 된다는 견해[72]이다. 그 기준으로는 증거의 명백성과 범죄의 중대성을 든다. 범죄의 중대성은 법정형만을 기준으로 하지 않고 사건의 죄질·태양·결과 등을 고려하여 결정된다고 한다.

(2) 판 례 법원이 검사에게 공소장의 변경을 요구할 것인지 여부는 법원

---

70) 신양균, 491면.
71) 이재상, 493면.
72) 배종대, 451면; 신동운, 604면.

의 재량에 속하는 것이므로 검사에게 공소장변경을 요구하지 아니하였다고 하여 위법하다고 할 수 없다.[73]

(3) **검 토**   실체적 진실의 발견이라는 형사소송의 목적에 비추어 현저히 정의와 형평에 반하는 것으로 인정되는 경우에는 예외적으로 공소장변경요구가 법원의 의무가 된다고 본다.

3. 요구의 시기

법원은 심리의 경과에 비추어 상당하다고 인정한 때에는 공소장변경요구의 결정을 고지하여야 한다. 제도의 취지에 비추어 증거조사 등 심리가 상당히 진행된 경우에 공판기일에서만 행할 수 있다고 보아야 한다. 따라서 적어도 제1회 공판기일 전에는 공소장변경요구를 할 수 없다고 본다.

4. 요구의 효력

(1) **형성력의 문제**   검사가 공소장변경요구에 불응하더라도 법원의 공소장변경요구에 바로 공소장변경의 효과를 의제할 수 없으므로 형성력이 인정되지 않는다. 공소사실의 설정과 변경은 검사의 권한에 속하며, 공소장변경요구에 형성력을 인정한다면 검사의 공소장변경신청권한을 무의미하게 만들기 때문이다.

(2) **검사의 복종의무**   법원의 공소장변경요구는 법원의 소송지휘권에 의한 결정이므로 공소장변경요구에 대해 검사는 복종의무가 있다. 만일 검사가 법원의 공소장변경요구에 복종하지 않는다면 불이익한 판결을 감수해야 한다.

【사 례】 공소장변경요구

《사 안》 검사는 피고인 甲을 강도강간죄로 공소를 제기하였다. 甲은 강도범행을 인정하였지만 강간범행 부분을 부인하였다. 법원은 심리한 결과 강도범행은 인정되지만 강간 부분은 무죄로 판단하였다. 법원은 검사에게 공소장변경을 요구하였으나 검사가 이에 응하지 아니하였다. 이 경우 법원은 강도강간죄에 대하여 무죄판결을 선고할 수 있는가?

《검 토》 공소장변경요구의 법적 성격에 관하여 의무설, 재량설, 예외적 의무설이 있다. 이 사건의 경우 강도강간죄의 공소사실 중 강도의 점이 인정되고 피고인이 이를 다투지 아니하고 있어 피고인의 방어권행사에 실질적 불이익을 초래할 염려도 없고, 강도의 점만으로도 사안이 가볍다고 볼 수 없으므로 검사의 공소장변경이 없다는 이유로, 축소사실인 강도죄를 처벌하지 않는 것은 현저히 정의와 형평에 반한

---

73) 대법원 1990. 10. 26. 선고 90도1229 판결, 1993. 7. 13. 선고 93도113 판결, 1997. 8. 22. 선고 97도1516 판결, 1999. 12. 24. 선고 99도3003 판결.

다. 따라서 법원은 강도강간죄에 대하여 무죄판결을 선고할 수 없고, 공소장변경이 없더라도 강도죄를 유죄로 인정하여야 한다.

Ⅲ. 항소심에서의 공소장변경

1. 쟁 점

항소심에서 공소장변경이 허용되느냐는 항소심의 구조를 어떻게 파악할 것인가와 직접 관련되는 문제이다.

2. 학 설

① 항소심은 사후심이므로 공소장변경이 허용되지 않는다는 견해와 ② 항소심은 속심이고 항소심의 사후심적 구조는 소송경제를 위한 제한에 불과하므로 항소심에서도 공소장변경이 당연히 인정된다는 견해 및 ③ 항소심에서 원심판결을 파기한 경우에만 하용된다는 견해가 대립되고 있다.

3. 판 례

공소장의 변경은 항소심에서도 할 수 있다.[74] 법원이 항소심에서 공소장변경을 허가하여 제1심 판결을 파기한 경우 피고인의 항소이유에 대한 판단을 생략하고 다시 판결하게 된다.[75] 피고인의 상고에 의하여 상고심에서 원심판결을 파기하고 사건을 항소심에 환송한 경우에도 공소사실의 동일성이 인정되면 공소장변경을 허용하여 이를 심판대상으로 삼을 수 있다. 따라서 환송 후 원심이 검사의 공소장변경신청을 허가하고 공소장변경을 이유로 직권으로 제1심 판결을 파기한 후 다시 판결할 수 있다.[76]

4. 검 토

항소심에서도 사실관계의 변동에 따라서 공소장변경이 필요하게 되는 경우가 있으며 이에 상응하여 항소심에서 공소장변경을 허용해야 한다는 점에서 제2설이 타당하다고 본다.

---

74) 대법원 1981. 8. 20. 선고 81도698 판결, 1986. 7. 8. 선고 86도621 판결, 1987. 7. 21. 선고 87도1101, 87감도92 판결, 1990. 2. 9. 선고 89감도225 판결.
75) 대법원 1983. 7. 26. 선고 83도1441 판결.
76) 대법원 2004. 7. 22. 선고 2003도8153 판결.

제4관 공소취소

제1 개 관

Ⅰ. 의 무

공소취소(公訴取消)란 검사가 일단 제기한 공소를 철회하는 소송행위를 말한다. 공소취소는 소송법상 동일성이 인정되지 않는 수개의 공소사실의 전부 또는 일부에 대하여 법원의 소송계속을 종결시킨다는 점에서 공소사실의 동일성이 인정되는 범위 내에서 공소사실의 일부만 철회하는 공소사실의 철회와 구별된다. 또한 공소취소는 공판정에서 구술로도 할 수 있으나($\frac{제255조 \ 제2}{항 \ 단서}$) 공소사실의 철회는 반드시 서면의 형식에 의해야 한다($\frac{규칙 \ 제142}{조 \ 제1항}$).

Ⅱ. 기 능

공소취소는 검사의 잘못된 공소에 대한 내부적 시정제도인 동시에 공소제기 후 발생한 새로운 사정을 배려하기 위한 형사정책적 기능을 가진다. 이러한 점에서 공소취소제도는 기소편의주의의 연장에 있다. 다만 법원이 제1심 판결을 선고한 후에는 공소를 취소할 수 없다($\frac{제255조}{제1항}$).

제2 공소취소의 절차

Ⅰ. 주 체

공소취소는 검사만 할 수 있다. 기소강제절차에서 법원의 공소제기결정에 따라 공소유지를 담당하는 검사는 공소취소를 할 수 없다.

Ⅱ. 시기와 방법

1. 시 기

공소는 제1심 판결의 선고 전까지 취소할 수 있다($\frac{제255조}{제1항}$). 이는 검사의 공소취소로 인하여 재판의 효력이 좌우되는 것을 방지하기 위한 규정이다. 제1심의 판결은 유죄·무죄 및 면소판결뿐만 아니라 공소기각이나 관할위반의 판결도 포함한다. 제1심 판결의 선고는 제1심 절차에서의 판결선고를 의미하므로 항소심 또는 상고심의 파기환송이나 이송의 판결에 의하여 제1심 공판절차가 진행된 경우에는 공소취소를 할 수 없다. 또한 제1심 판결이 선고된 이상 제1심 판결에 대한 재심절차에 있어서도 공소취소는 허용되지 않는다.[77] 약식명령에 대하여 정식재판의 청구로 공판절차가 개시된 경우에는 공소취소가 가능하다.

2. 방 법

공소취소는 이유를 기재한 서면으로 하여야 한다. 다만 공판정에서는 구술로써 할 수 있다(제255조제2항). 후자의 경우에는 그 취지를 공판조서에 기재하여야 한다. 그리고 공소를 취소한 때에는 검사는 7일 이내에 서면으로 고소인 또는 고발인에게 통지하여야 한다(제258조제1항).

제 3 공소취소의 효과

I. 공소기각결정

검사가 공소를 취소하면 법원은 결정으로 공소를 기각하여야 한다(제328조 제1항 제1호). 검사가 공판정에서 실체적 경합관계에 있는 수개의 범죄사실 중 어느 한 공소사실을 철회한다고 공소장변경신청을 한 경우 이는 공소취소로 보아 공소기각결정을 하여야 한다. 공소취소의 효력은 공소사실과 동일성이 인정되는 전부에 대하여 미친다. 법원의 공소기각결정에 대해서는 즉시항고를 할 수 있다(동조제2항).

II. 재기소의 제한

공소취소에 의한 공소기각의 결정이 확정된 때에는 검사는 공소취소 후 그 범죄사실에 대한 다른 중요한 증거를 발견한 경우에 한하여 다시 공소를 제기할 수 있다(제329조). '범죄사실에 대한 다른 중요한 증거를 발견한 경우'란 공소취소 전의 증거만으로써는 증거불충분으로 무죄가 선고될 가능성이 있으나 새로 발견된 증거를 추가하면 충분히 유죄의 확신을 가질 수 있을 정도의 증거가 발견된 때를 말한다.[78] 중요한 증거가 새로 발견되지 않았는데도 검사가 공소취소된 사건에 대하여 다시 공소를 제기한 경우에는 법원은 공소기각의 판결을 선고하여야 한다(제327조제4호).

---

77) 대법원 1976. 12. 28. 선고 76도3203 판결.
78) 대법원 1977. 12. 27. 선고 77도1308 판결.

제 2 절 공판의 준비와 진행

제1관 공판의 준비

제1 공판기일 전의 절차

I. 공소장부본의 송달

1. 의   의

법원은 공소의 제기가 있는 때에는 지체 없이 공소장의 부본을 피고인 또는 변호인에게 송달하여야 한다. 단 제1회 공판기일 전 5일까지 송달하여야 한다(제266조). 5일의 유예기간을 규정한 취지는 피고인에게 대한 충분한 방어준비의 기회를 보장하기 위한 것이다. 피고인은 공소장부본을 송달받음으로써 자신에 대한 공소사실을 구체적으로 알 수 있게 되어 방어책과 권리보호방법을 강구할 수 있게 되므로 공소장부본의 신속하고 정확한 송달이 요청된다.

2. 송달불능의 경우

⑴ **주소보정**   공소장에 기재된 피고인의 주소가 특정되어 있지 않거나 그 기재된 주소에 공소제기 당시 피고인이 거주하지 아니한 사실이 인정된 때에는 재판장은 검사에게 상당한 기간을 정하여 그 주소를 보정할 것을 요구하여야 한다(訴促法 규칙 제18조 제3항).

⑵ **소재조사촉탁 등**   재판장은 피고인의 소재를 확인하기 위하여 경찰관서 등에 대하여 소재조사촉탁 또는 구인장의 발부 기타 필요한 조치를 취하여야 한다(訴促法 규칙 제18조 제2항). 기타 필요한 조치로서는 주민등록관서에 대한 주민등록등본의 송부촉탁 등이 있다. 피고인에 대한 소재탐지불능보고서가 접수되거나 피고인이 출국 기타 사유로 정당한 이유 없이 공판기일에 출석하지 않는 경우에는 구속영장을 발부할 수 있다.

3. 송달의 하자

공소장부본의 송달이 없거나 또는 제1회 공판기일 전 5일의 유예기간을 두지 아니한 송달이 있는 경우 피고인은 심리개시에 대하여 이의신청을 할 수 있다. 이 경우에 법원은 다시 공소장부본을 송달하거나 공판기일지정을 취소 또는 변경하여야 한다. 그러나 피고인이 모두진술 단계에서 공소장부본의 송달에 관하여 이의하지 않고 사건의 실체에 대하여 진술한 때에는 그 하자는 치유된다.

II. 의견서제출제도

1. 의   의

의견서제출제도란 공판절차의 원활한 진행을 위하여 제1회 공판기일 이전에 피고인에게 공소사실에 대한 인정 여부 등을 기재한 서면을 제출하도록 하고, 이를 사건의 분류와 심리방향 설정에 활용하는 제도를 말한다. 피고인이 제출한 의견서의 내용을 토대로 자백하는 사건과 쟁점이 복잡한 사건을 나누어 사건의 성격에 따라 심리방식을 설정할 수 있게 된다.

2. 이론적 검토

(1) **공소장일본주의와의 관계**   공소장일본주의는 검사로 하여금 공소를 제기할 때 법관이 예단을 갖지 않도록 공소장만을 제출하도록 하는 것으로서, 피고인 스스로 공소사실에 대한 의견을 밝히는 것까지 금지하는 것은 아니다. 또한 피고인 스스로 자신의 이익을 위하여 제출하는 의견서를 법관이 미리 읽어 본다고 하여 예단배제의 원칙에 반한다고 할 수는 없다.

(2) **진술거부권과의 관계**   피고인이 진술을 거부하는 경우에는 그 취지를 기재한 의견서를 제출할 수 있으므로(제266조의2 제1항 단서), 피고인의 진술거부권을 침해하는 것은 아니다. 또한 피고인이 의견서를 통하여 범죄사실을 인정하더라도 이를 공판정에서 한 자백과 동일시할 수 없으며, 공판정에서 의견서의 내용과 다르게 진술할 수 있다.

(3) **공판중심주의와의 관계**   피고인이 의견서를 제출하였다고 하여 공판정에서 피고인의 답변이 생략 또는 대체되는 것은 아닐 뿐만 아니라, 의견서에 기재된 내용과 달리 진술할 수 있다는 점에서 공판중심주의에 반한다고 볼 수는 없다. 오히려 의견서를 토대로 쟁점을 파악하고 심리의 방향을 정하여 공판에 임함으로써 심리를 충실하게 할 수 있다는 점에서 공판중심주의를 강화하는 기능을 하고 있다.

3. 의견서의 제출과 활용

(1) **의견서의 제출**   피고인 또는 변호인은 공소장부본을 송달받은 날로부터 7일 이내에 공소사실에 대한 인정 여부, 공판준비절차에 관한 의견 등을 기재한 의견서를 법원에 제출해야 한다(제266조의2 제1항). 피고인은 진술을 거부할 수 있으

므로 의견서를 제출하지 않더라도 아무런 불이익을 받지 않는다. 법원은 의견서가 제출한 때에 이를 검사에게 송부해야 한다($\substack{동조 \\ 제2항}$).

⑵ **의견서의 활용**   의견서에 기재된 피고인의 답변내용에 따라 자백사건과 다투는 사건을 분리하여 기일을 지정한다. 자백사건의 경우에는 양형사유에 초점을 맞추어 심리를 진행하고, 다투는 사건의 경우에는 미리 사건의 내용과 쟁점을 파악하여 심리방향을 설정할 수 있다.

Ⅲ. 국선변호인의 선정

국선변호사건($\substack{제33 \\ 조}$) 또는 필요적 변호사건($\substack{제282 \\ 조}$)에 관하여 변호인이 선임되어 있지 아니한 경우에 재판장은 피고인에게 국선변호인을 선정하게 된다는 취지 또는 국선변호인의 선정을 청구할 수 있다는 취지를 서면으로 고지하여야 한다. 법원은 국선변호인의 선정에 관한 고지를 받은 피고인이 상당한 기간 내에 변호인을 선임하지 아니한 때에는 원칙적으로 지체 없이 국선변호인을 선정하여야 한다($\substack{규칙 \\ 제17조}$).

Ⅳ. 공판기일의 지정과 변경

1. 공판기일의 지정

공소장부본이 송달되고 국선변호인 선정 등의 절차가 완료되면 재판장은 제1회 공판기일을 지정한다($\substack{제267조 \\ 제1항}$). 공판기일은 가능한 한 개별 사건에 대한 개정시간을 구분하여 정하여야 한다($\substack{규칙 \\ 제124조}$). 제1회 공판기일은 피고인 등에 대한 소환장의 송달에 소요되는 기간을 예상하여 송달일로부터 5일 이상의 유예기간을 두어 정하여야 한다. 다만 피고인이 이의하지 않으면 유예기간을 두지 아니할 수 있다($\substack{제269 \\ 조}$). 이 경우 이의는 검사가 기소요지를 진술한 후에 지체 없이 하여야 한다. 공판기일이 지정되면 검사, 변호인과 보조인에게 이를 통지하여야 한다($\substack{제267조 \\ 제3항}$). 검사, 변호인과 보조인은 피고인의 경우와 달리 강제적인 출석의무를 부담하지 않기 때문에 소환을 할 필요없이 통지만을 하면 된다.

2. 공판기일의 변경

재판장은 직권 또는 검사, 피고인이나 변호인의 신청에 의하여 공판기일을 변경할 수 있다($\substack{제270조 \\ 제1항}$). 기일이 도래하기 전에 그 기일에 갈음하여 새로운 기일을 지정하는 것뿐만 아니라 기일이 도래하여 일단 개정을 한 후 실질적 심리에 들어가지 않고 다음 기일을 지정하는 것(기일의 연기)도 공판기일의 변경에 해당한다. 따라서 개정하여 실질적 심리에 들어간 후 심리를 계속하기 위하여 다음 기일을 지정하는 공판기일의 속행과는 구별된다. 공판기일 변경명령이 있으면 그 등본을 검사, 피고인, 변호인, 보조인 등 전의 공판기일 소환 또는 통지를 받았던 자에게 송달하여야 한다($\frac{통조}{제2항}$). 한편 공판기일을 개시한 후 연기의 명령이 있은 때에는 공판조서에 이를 기재하면 된다.

V. 피고인 등의 소환

1. 의 의

공판기일에는 피고인, 대표자 또는 대리인을 소환하여야 한다($\frac{제267조}{제2항}$). 소환은 특정인에 대하여 일정한 일시에 일정한 장소로 출석할 것을 명하는 강제처분이다. 소환자는 출석의무를 부담하고 정당한 이유 없이 이에 불응할 때에는 구인당하거나 과태료의 제재를 받는다.

2. 불구속된 피고인

(1) **소환장의 발부**　　피고인을 소환하고자 할 때에는 소환장을 발부하여 이를 송달하여야 한다($\frac{제76조}{제1항}$). 공소장부본의 송달 전에는 피고인에 대한 제1회 공판기일소환장을 송달하여서는 안된다($\frac{규칙}{제123조}$). 소환장에는 피고인의 성명·주거, 죄명, 출석할 일시 및 장소와 정당한 이유 없이 출석하지 아니하는 때에는 도망할 염려가 있다고 인정하여 구속영장을 발부할 수 있음을 기재하고 재판장 또는 수명법관이 기명날인하여야 한다($\frac{제74}{조}$). 공판기일소환장을 받은 피고인이 질병 기타의 사유로 출석하지 못할 때에는 의사의 진단서 기타의 자료를 제출하여야 한다($\frac{제271}{조}$).

(2) **출석명령**　　피고인이 기일에 출석하겠다는 취지를 기재한 서면을 제출하거나 출석한 피고인에 대하여 차회 기일을 정하여 출석을 명한 때에는 소환장의 송달과 동일한 효력이 있다($\frac{제76조}{제2항}$). 예를 들면 공판준비기일이나 제1회 공판기일 전의 증거조사절차에서 피고인이 출석한 경우에는 피고인에게 다음 기일을 정하여 공판기일의 출석을 명할 수 있다. 법원은 필요한 때에는 지정한 장소에 피고인의 출석 또는 동행을 명할 수 있다($\frac{제79}{조}$).

3. 구속된 피고인

구속된 피고인에 대하여는 교도관에게 통지하여 소환하여야 하고 피고인이 교도관으로부터 소환통지를 받은 때에는 소환장의 송달과 동일한 효력이 있다($_{\text{제76조 제4}}^{\text{항, 제5항}}$).

4. 소환장송달의 의제

법원의 구내에 있는 피고인에 대하여 공판기일을 통지한 때에는 소환장 송달의 효력이 있다($_{\text{조}}^{\text{제268}}$). 피고인이 법원의 구내에 있으면 족하므로 다른 사건의 방청을 위하여 온 경우도 포함된다. 구속된 피고인에 대하여 추가기소가 제기된 경우에도 해당된다. 통지의 권한이 법관은 물론 법원사무관 등에게도 인정되는 점에서 출석명령과 구별된다.

VI. 공판기일 전의 증거조사

1. 취 지

(1) **필요성** 피고사건에 대한 실체심리는 공판기일에 행하여지는 것이 원칙이나, 법원 또는 소송관계인은 공판기일 전에 증거를 수집·정리하여 공판기일에서 신속하고 효율적인 심리가 이루어지도록 할 필요가 있다. 이를 위하여 형사소송법은 실체심리와 밀접히 관련되는 공판준비를 수소법원이 행할 수 있도록 규정하고 있다.

(2) **증거조사의 시기** 공소장일본주의에 기한 예단배제의 취지에 비추어 제1회 공판기일 이전에는 증거조사가 허용되지 아니한다는 견해가 있으나, 공판기일 전의 증거조사는 공판기일의 심리준비를 위한 것이므로 제1회 공판기일 이전에도 행할 수 있다고 본다.

2. 공무소 등에의 조회 및 서류송부요구

(1) **의 의** 법원은 직권 또는 검사, 피고인이나 변호인의 신청에 의하여 공무소 또는 공사단체에 조회하여 필요한 사항의 보고 또는 그 보관서류의 송부를 요구할 수 있다($_{\text{제1항}}^{\text{제272조}}$). 이를 실무상 **법원의 사실조회**라고 한다. 예를 들면 전과사실, 출소일자, 가석방의 경우 형기종료일자 등을 교도소에 조회하거나 사건의 실체에 관계되는 여러 사항을 관계 관청, 은행, 회사 등에 조회할 수 있다. 공무소 등으로부터 회신받은 문서는 공판기일에 증거조사를 거쳐 증거가 된다.

(2) **절 차** 법원은 공무소 등에 대한 조회신청이 이유 있다고 판단하거나 또는 직권으로 조회를 하는 경우에는 조회서를 발송한다. 조회신청이 이유 없다고 인정하는 경우에는 이를 결정으로 기각하여야 한다($_{\text{제2항}}^{\text{제272조}}$). 법원이 검사,

피고인이나 변호인의 서류송부요구신청을 채택하는 경우에는 서류를 보관하고 있는 법원, 검찰청, 기타의 공무소나 공사단체에 대하여 그 서류 중 신청인 또는 변호인이 지정하는 부분의 인증등본을 송부하여 줄 것을 요구할 수 있다(규칙 제132조의 제2항).

(3) **협력의무**   수소법원으로부터 요구를 받은 법원, 검찰청, 기타 공무소나 공사단체는 당해 서류를 보관하고 있지 아니하거나 기타 송부요구에 응할 수 없는 사정이 있는 경우를 제외하고는 신청인 또는 변호인에게 당해 서류를 열람하게 하여 필요한 부분을 지정할 수 있도록 하여야 하며, 정당한 이유 없이 이에 대한 협력을 거절하지 못한다(규칙 제132조의4 제3항). 서류의 송부요구를 받은 법원, 검찰청, 기타 공무소나 공사단체가 당해 서류를 보관하고 있지 아니하거나 기타 송부요구에 응할 수 없는 사정이 있는 때에는 그 사유를 서류송부를 요구한 수소법원에 통지하여야 한다(동조 제4항). 위와 같이 수소법원이 송부요구한 서류에 대하여 변호인 등이 열람·지정할 수 있도록 한 것은 피고인의 방어권과 변호인의 변론권 행사를 위한 것으로서 실질적인 당사자 대등을 확보하고 피고인의 신속·공정한 재판을 받을 권리를 실현하기 위한 것이다. 따라서 그 서류의 열람·지정을 거절할 수 있는 정당한 이유는 엄격하게 제한하여 해석해야 한다. 특히 그 서류가 관련 형사재판확정기록이나 불기소처분기록 등으로서 피고인 또는 변호인이 행한 법률상·사실상 주장과 관련된 것인 때에는, '국가안보, 증인보호의 필요성, 증거인멸의 염려, 관련 사건의 수사에 장애를 가져올 것으로 예상되는 구체적인 사유'에 준하는 사유가 있어야만 그에 대한 열람·지정을 거절할 수 있는 정당한 이유가 인정될 수 있다.[1]

3. 공판기일 전의 피고인신문

(1) **의 의**   법원은 검사, 피고인 또는 변호인의 신청에 의하여 공판준비에 필요하다고 인정한 때에는 공판기일 전에 피고인 또는 증인을 신문할 수 있고 검증, 감정 또는 번역을 명할 수 있다(제273조 제1항). 증인신문, 감정인신문 및 번역인신문은 공판기일 외에서도 할 수 있고(제165조, 제177조, 제183조) 검증은 그 성질상 대부분 공판기일 외에서 행하므로 제273조는 피고인신문을 '공판준비에 필요하다고 인정한 때'에 공판기일 외에서도 행할 수 있다는 점에서 그 독자적 의미를 찾을 수 있다. 다만 공판준비절차에서 피고인신문을 광범위하게 허용한다면 공판중심주의에 반하므로 피고인신문은 신청의 목적범위 내에서 쟁점이 되는 사항을 정

---

1) 대법원 2012. 5. 24. 선고 2012도1284 판결.

리하고 피고인에게 증거결정에 대한 의견 및 이익이 되는 사실을 진술할 기회를 부여하는 데 그쳐야 한다.

⑵ **절 차**　　법원은 검사, 피고인 또는 변호인의 신청이 이유 있다면 증거조사기일을 지정한다. 당사자의 증거신청이 부적법하거나 이유 없다고 인정한 때에는 결정으로 신청을 기각하여야 한다(제273조제3항). 법원은 지정된 기일에 신청된 절차를 시행한다. 이 경우 재판장은 수명법관으로 하여금 증거조사하게 할 수 있다(제273조제2항).

4. 서류·물건의 제출

검사, 피고인 또는 변호인은 공판기일 전에 서류나 물건을 증거로 법원에 제출할 수 있다(제274조). 이와 같이 제출된 서류나 물건은 제291조 제1항이 정한 '소송관계인이 증거로 제출한 서류 또는 물건'에 해당하므로 공판기일에서 증거조사를 거쳐야 한다.

제 2 공판준비절차

Ⅰ. 개   관

1. 의   의

공판준비절차(公判準備節次)란 법원이 기소된 사건을 효율적이고 집중적으로 심리하기 위하여 제1회 공판기일 이전에 사건의 쟁점과 증거를 정리하는 절차를 말한다. 공판준비절차의 대상은 효율적이고 집중적인 심리가 필요한 사건이다. 국민참여재판에 있어서는 공판준비절차가 필수적이나, 배심원이 참여하지 않는 일반사건에 있어서는 법원이 필요하다고 인정하는 경우에 거칠 수 있는 임의적 절차이다. 사안이 복잡하고 쟁점이 많은 사건 또는 증거관계가 복잡한 사건은 공판준비절차에 의해 쟁점과 증거를 정리할 필요가 있다.

2. 공판중심주의와의 관계

공판준비절차는 공판기일의 심리를 신속하고 능률적으로 하기 위한 준비절차로서 공판중심주의를 실현하기 위한 수단이라고 할 수 있다. 따라서 공판준비절차에서 과도한 실체심리를 하는 경우에는 공판기일의 심리절차가 형식적으로 진행될 우려가 있기 때문에 그 범위는 공판중심주의와의 관계를 고려하여 신중히 결정되어야 한다.

3. 공소장일본주의와의 관계

공판준비절차는 제1회 공판기일 이전에 사건의 쟁점과 증거를 정리하는데, 공소장일본주의에 의하여 실현하려는 예단배제의 원칙에 위배되는지 여부가 문제된다. 공판준비절차에서의 쟁점과 증거정리는 당사자 쌍방이 절차에 관여하고, 사건의 실체에 대한 심증을 형성하기 위한 것이 아니므로 예단배제의 원칙에 반하지 않는다고 본다. 다만 공판준비절차에서 사실조사를 한 때에는 심증형성에 영향을 미칠 수 있으므로 신중한 진행이 필요하다.

II. 공판준비에 관한 사항

1. 공소장의 보완과 변경

법원은 공판준비절차에서 공소사실 또는 적용법조를 명확하게 하고($\frac{\text{제266조의9}}{\text{제1항 제1호}}$), 공소사실 또는 적용법조의 추가·철회 또는 변경을 허가할 수 있다($\frac{\text{동항}}{\text{제2호}}$).

2. 쟁점의 정리

법원은 피고인 또는 변호인에 대하여 공소사실과 관련하여 주장할 내용을 명확히 하여 사건의 쟁점을 정리하고($\frac{\text{동항}}{\text{제3호}}$), 검사에 대하여도 공소사실에 포함된 수치의 계산내용이나 복잡한 내용에 관하여 설명하도록 할 수 있다($\frac{\text{동항}}{\text{제4호}}$).

3. 증거의 신청 및 채부

법원은 공판준비절차에서 검사, 피고인 또는 변호인으로 하여금 증거신청을 하도록 하거나($\frac{\text{동항}}{\text{제5호}}$), 신청된 증거와 관련하여 입증취지 및 내용 등을 명확하게 하고($\frac{\text{동항}}{\text{제6호}}$), 일방의 증거신청에 관하여 상대방의 의견을 확인한 다음($\frac{\text{동항}}{\text{제7호}}$), 증거채부($\frac{\text{동항}}{\text{제8호}}$) 및 증거조사의 순서와 방법을 정할 수 있다($\frac{\text{동항}}{\text{제9호}}$). 공판준비절차에서도 검사, 피고인 또는 변호인은 증거조사에 관하여 이의신청을 할 수 있고, 재판장의 처분에 대하여 이의신청을 할 수 있다($\frac{\text{제266조의}}{\text{9 제2항}}$).

4. 기   타

법원은 서류 등의 열람 또는 등사와 관련된 신청의 당부를 결정할 수 있고($\frac{\text{제266조의9}}{\text{제1항 제10호}}$), 공판기일의 지정 또는 변경하거나($\frac{\text{동항}}{\text{제11호}}$), 그 밖에 공판절차의 진행에 필요한 사항을 정할 수 있다($\frac{\text{동항}}{\text{제12호}}$).

Ⅲ. 공판준비절차의 진행

1. 개   시

재판장은 효율적이고 집중적인 심리를 위하여 사건을 공판준비절차에 부칠 수 있다($\frac{제266조의}{5 \, 제1항}$). 공판준비절차는 주장 및 입증계획 등을 서면으로 준비하게 하거나 공판준비기일을 열어 진행한다($\frac{동조}{제2항}$). 검사·피고인 또는 변호인은 증거를 미리 수집·정리하는 등 공판준비절차가 원활하게 진행될 수 있도록 협력하여야 한다($\frac{동조}{제3항}$).

2. 공판준비를 위한 서면제출

검사·피고인 또는 변호인은 법률상·사실상 주장의 요지 및 입증취지 등이 기재된 서면을 법원에 제출할 수 있다($\frac{제266조의}{6 \, 제1항}$). 재판장은 검사·피고인 또는 변호인에게 위 서면의 제출을 명할 수 있다($\frac{동조}{제2항}$). 서면이 제출되면 법원은 그 부본을 상대방에게 송달해야 한다($\frac{동조}{제3항}$). 재판장은 검사·피고인 또는 변호인에게 공소장 등 법원에 제출된 서면에 대한 설명을 요구하거나 그 밖에 공판준비에 필요한 명령을 할 수 있다($\frac{동조}{제4항}$).

3. 공판준비기일

⑴ **기일지정**   법원은 검사·피고인 또는 변호인의 의견을 들어 공판준비기일을 지정할 수 있다($\frac{제266조의}{7 \, 제1항}$). 검사·피고인 또는 변호인은 법원에 대하여 공판준비기일의 지정을 신청할 수 있다. 이 경우 당해 신청에 관한 법원에 결정에 대하여는 불복할 수 없다($\frac{동조}{제2항}$).

⑵ **소송관계인의 출석**   공판준비기일에는 검사 및 변호인이 출석해야 한다($\frac{제266조의}{8 \, 제1항}$). 피고인의 출석은 필수적인 요건이 아니다. 법원은 검사·피고인 및 변호인에게 공판준비기일을 통지해야 하고($\frac{동조}{제3항}$), 변호인이 없는 때에는 직권으로 변호인을 선정해야 한다($\frac{동조}{제4항}$). 법원은 필요하다고 인정하는 때에는 피고인을 소환할 수 있으며, 피고인은 법원의 소환이 없는 때에도 공판준비기일에 출석할 수 있다($\frac{동조}{제5항}$). 재판장은 출석한 피고인에게 진술을 거부할 수 있음을 알려주어야 한다($\frac{동조}{제6항}$).

⑶ **기일진행**   법원은 합의부원으로 하여금 공판준비기일을 진행하게 할 수 있다. 이 경우 수명법관은 공판준비기일에 관하여 법원 또는 재판장과 동일한 권한이 있다($\frac{제266조의}{7 \, 제3항}$). 공판준비기일은 원칙적으로 공개하지만, 공개하면 절

차의 진행이 방해될 우려가 있는 때에는 공개하지 아니할 수 있다($\text{동조}_{제4항}$).

(4) **결과확인**　　법원은 공판준비기일을 종료하는 때에는 검사, 피고인 또는 변호인에게 쟁점 및 증거에 관한 정리결과를 고지하고, 이에 대한 이의의 유무를 확인해야 한다. 법원은 쟁점 및 증거에 관한 정리결과를 공판준비기일조서에 기재해야 한다($\text{제266조}_{의10}$). 공판준비기일조서를 공판조서와 같이 자세하게 작성하면 공판기일의 심리절차가 형식화될 염려가 있으므로 쟁점 및 증거의 정리결과만을 기재하도록 한 것이다.

4. 영상공판준비기일

(1) **요　건**　　법원은 피고인이 출석하지 아니하는 경우 상당하다고 인정하는 때에는 검사와 변호인의 의견을 들어 비디오 등 중계장치에 의한 중계시설을 통하거나 인터넷 화상장치를 이용하여 공판준비기일을 열 수 있다($\text{제266조의}_{17\ 제1항}$). 이에 따른 기일은 검사와 변호인이 법정에 출석하여 이루어진 공판준비기일로 본다($\text{동조}_{제2항}$).

(2) **절　차**　　영상공판기일은 검사, 변호인을 비디오 등 중계장치에 의한 중계시설에 출석하게 하거나 인터넷 화상장치를 이용하여 지정된 인터넷주소에 접속하게 하고, 영상과 음향의 송수신에 의하여 법관, 검사, 변호인이 상대방을 인식할 수 있는 방법으로 한다($\text{규칙 제123조}_{의13\ 제1항}$). 비디오 등 중계장치에 의한 중계시설은 법원 청사 안에 설치하되, 필요한 경우 법원 청사 밖의 적당한 곳에 설치할 수 있다($\text{동조}_{제2항}$). 영상공판준비기일에서의 서류 등의 제시는 비디오 등 중계장치에 의한 중계시설이나 인터넷 화상장치를 이용하거나 모사전송, 전자우편, 그 밖에 이에 준하는 방법으로 할 수 있다($\text{동조}_{제4항}$). 인터넷 화상장치를 이용하는 경우 영상공판준비기일에 지정된 인터넷 주소에 접속하지 아니한 때에는 불출석한 것으로 본다. 다만, 당사자가 책임질 수 없는 사유로 접속할 수 없었던 때에는 그러하지 아니하다($\text{동조}_{제5항}$).

5. 종　결

(1) **종결사유**　　법원은 ① 쟁점 및 증거의 정리가 완료된 때, ② 사건을 공판준비절차에 부친 뒤 3개월이 지난 때, ③ 검사·변호인 또는 소환받은 피고인이 출석하지 아니한 때에는 공판준비절차를 종료해야 한다. 다만, ②와 ③에 해당하는 경우로서 공판준비를 계속해야 할 상당한 이유가 있는 때에는 예외로 한다($\text{제266조}_{의12}$). 법원은 필요하다고 인정한 때에는 직권 또는 검사, 피고인이나 변호

인의 신청에 의하여 결정으로 종결한 공판준비기일을 재개할 수 있다($\frac{제266조의14}{제305조}$).

(2) **종결의 효과** 공판준비기일에서 신청하지 못한 증거는 그 신청으로 인하여 소송을 현저히 지연시키지 아니하거나 또는 중대한 과실 없이 공판준비기일에 제출하지 못하는 등 부득이한 사유를 소명한 경우에 한하여 공판기일에 신청할 수 있다($\frac{제266조의}{13 \ 제1항}$). 공판준비절차의 실효성을 담보하기 위한 규정이다. 다만, 법원은 직권으로 증거를 조사할 수 있다($\frac{동조}{제2항}$).

6. 기일간 공판준비절차

법원은 쟁점 및 증거의 정리를 위하여 필요한 경우에는 제1회 공판기일 후에도 사건을 공판준비절차에 부칠 수 있다. 이 경우 기일전 공판준비절차에 관한 규정을 준용한다($\frac{제266조}{의15}$).

제 2 관 공 판 정

제 1 공판정의 구성

I. 의   의

공판정이란 공판기일의 절차가 행해지는 장소를 의미한다($\frac{제275조}{제1항}$). 공판정은 법정이라고 표현하기도 한다. 공판정은 판사와 검사, 법원사무관 등이 출석하여 개정한다($\frac{동조}{제2항}$). 검사의 좌석과 피고인 및 변호인의 좌석은 대등하며, 법대의 좌우측에 마주보고 위치하고, 증인의 좌석은 법대의 정면에 위치한다. 다만, 피고인신문을 하는 때에는 피고인은 증인석에 좌석한다($\frac{동조}{제3항}$).

II. 검사의 출석

1. 원   칙

검사의 출석은 공판개정의 요건이다($\frac{제275조}{제2항}$). 따라서 검사의 출석이 없을 때에는 개정하지 못하며, 검사의 출석 없이 개정한 때에는 소송절차에 관한 법령에 위반한 경우에 해당한다.[2] 공판에 관여하는 검사는 당해 사건의 수사를 담당한 검사나 공소를 제기한 검사가 아니더라도 무방하고, 상황에 따라서는 여러 명의 검사가 공판에 관여하는 경우도 있다.

---

2) 대법원 1966. 5. 17. 선고 66도276 판결.

2. 예   외

(1) **2회 불출석**   검사가 공판기일의 통지를 2회 이상 받고도 출석하지 아니한 때에는 검사의 출석 없이 개정할 수 있다(제278조). 이 규정은 검사의 불출석으로 인한 심리지연을 방지하기 위한 것으로서 검사가 2회의 공판기일통지를 받고 출석하지 아니한 때에 적용되는 것이다.[3] 적법하게 개정된 공판정에서 재판장이 다음 공판기일을 고지한 경우 그 기일고지는 소송관계인 전원에 대하여 출석 여부를 불문하고 효력이 있다.[4]

(2) **판결의 선고**   판결만을 선고하는 때에는 검사의 출석 없이 개정할 수 있다(제278조).

Ⅲ. 피고인의 출석

1. 원   칙

피고인이 공판기일에 출석하지 아니한 때에는 특별한 규정이 없으면 개정하지 못한다(제276조). 피고인의 출석은 공판개정의 요건으로서 피고인의 권리인 동시에 의무이다. 피고인은 출석의무뿐만 아니라 재정의무를 부담한다. 따라서 출석한 피고인은 재판장의 허가 없이 퇴정하지 못하고 재판장은 피고인의 퇴정을 제지하기 위하여 필요한 처분을 할 수 있다(제281조).

2. 예   외

(1) **의사무능력자 및 법인**

(가) **의사무능력자**   형법의 책임능력에 관한 규정이 적용되지 않는 범죄사건의 피고인이 의사무능력자인 경우에 법정대리인 또는 특별대리인이 출석한 때에는 피고인의 출석을 요하지 않는다(제26조, 제28조). 이 경우에는 법정대리인 또는 특별대리인의 출석이 공판개정의 요건이 된다. 그리고 치료감호법에 의하여 치료감호가 청구된 자가 심신장애로 공판기일에 출석이 불가능한 경우에는 법원은 피치료감호청구인의 출석 없이 개정할 수 있다(동법 제9조).

(나) **법   인**   피고인이 법인인 경우에는 그 대표자가 소송행위를 대표한다(제27조 제1항). 대표자는 공판기일에 직접 출석하거나 그 대리인을 출석하게 할 수 있다(제276조 단서). 공판기일에 대리인을 출석하게 할 때에는 그 대리인에게 대리권을 수여한 사실을 증명하는 서면을 법원에 제출하여야 한다(규칙 제126조). 수인이 공동하

---

3) 대법원 1966. 11. 29. 선고 66도1415 판결.
4) 대법원 1967. 2. 21. 선고 66도1710 판결, 1977. 5. 10. 선고 74도3293 판결.

여 법인을 대표하는 경우에는 대표자 또는 그의 대리인 각자가 출석할 수 있다 (제27조 제2항). 대리인은 대표자 이외의 사람이면 자격에 제한이 없다. 다만 대리인과 변호인은 소송상 지위가 구분되므로 대리인이 동시에 변호인의 지위를 가질 수는 없다.

(2) 경미한 사건

(가) 벌금 또는 과료에 해당하는 사건　　다액 500만원 이하의 벌금 또는 과료에 해당하는 사건에 관하여는 피고인의 출석을 요하지 않는다(제277조 제1호). 피고인의 출석을 요하지 않을 뿐이지 출석의 권리까지 상실하는 것은 아니다. 따라서 이 경우에도 피고인을 소환하여야 하며, 피고인은 대리인을 출석하게 할 수 있다(동조 단서).

(나) 즉결심판사건　　즉결심판에 의하여 피고인에게 벌금 또는 과료를 선고하는 경우에도 피고인의 출석을 요하지 않는다. 즉결심판사건의 피고인 또는 즉결심판출석통지서를 받은 자는 법원에 **불출석심판**을 청구할 수 있고, 법원이 이를 허가하는 때에는 피고인이 출석하지 아니하더라도 심판할 수 있다(即審法 제8조 의2).

(3) 피고인에게 유리한 재판

(가) 공소기각 또는 면소의 재판　　공소기각 또는 면소의 재판을 할 것이 명백한 사건에 관하여는 피고인의 출석을 요하지 않는다. 다만 피고인은 대리인을 출석하게 할 수 있다(제277조 제2호).

(나) 무죄판결 등　　피고인이 사물을 변별할 능력 또는 의사를 결정할 능력이 없거나, 피고인이 질병으로 인하여 출정할 수 없는 때에는 원칙적으로 공판절차를 정지하여야 한다(제306조 제1 항·제2항). 그러나 피고사건에 대하여 무죄, 면소, 형의 면제 또는 공소기각의 재판을 할 것이 명백한 때에는 피고인의 출정 없이 재판할 수 있다(동조 제4항).

(다) 피고인의 불출석을 허가한 사건　　장기 3년 이하의 징역 또는 금고, 다액 500만원을 초과하는 벌금 또는 구류에 해당하는 사건에서 피고인의 불출석 허가신청이 있고 법원이 피고인의 불출석이 그의 권리를 보호함에 지장이 없다고 인정하여 이를 허가한 사건에 관하여는 피고인의 출석을 요하지 않는다. 다만, 이 경우에도 피고인은 자신에 대한 인정신문과 판결선고시에는 출석해야 한다(제277조 제3호).

(4) 피고인의 소재불명

(가) 요 건   피고인에 대한 송달이 불능인 경우에 재판장은 검사에게 주소보정을 요구해야 하고, 피고인의 소재를 확인하기 위하여 소재조사촉탁, 구인장의 발부 기타 필요한 조치를 취하여야 한다(訴促規 제18조, 제2항, 제3항). 검사의 주소보정에 따른 주소지 및 수사기록과 공판기록에 나타난 피고인의 주거지, 직장 등에 재송달을 하여도 송달불능된 경우 피고인의 주민등록지 관할 경찰서장에게 피고인에 대한 소재탐지촉탁을 한다. 이와 동시에 수사기록 등에 기재된 피고인의 휴대폰, 집 또는 직장 전화번호 등으로 전화연락을 하여 피고인의 현재 주거지를 확인해야 하고, 통화가 안되면 그 사유 등에 관한 보고서를 작성하여 공판기록에 첨부해야 한다. 사형, 무기 또는 장기 10년이 넘는 징역이나 금고에 해당하는 사건이 아닌 경우 제1심 공판절차에서 피고인에 대한 송달불능보고서가 접수된 때로부터 6개월이 경과하도록 소재탐지촉탁 등의 조치를 취하였음에도 피고인의 소재가 확인되지 아니한 때에는 피고인에 대한 송달은 공시송달의 방법에 의한다.

(나) 불출석재판   피고인이 공시송달에 의한 공판기일의 소환을 2회 이상 받고도 출석하지 않는 때에는 피고인의 진술 없이 재판할 수 있다(訴促法 제23조, 訴促規 제19조). 한편 사형, 무기 또는 장기 10년이 넘는 징역이나 금고에 해당하는 사건의 경우 피고인의 소재를 확인하기 위한 모든 조치를 취하였음에도 피고인의 소재를 알수 없는 때에는 공시송달의 방법으로 재판을 진행할 수 없고, 제249조 제2항의 공소시효 완성 간주기간(기소시로부터 25년)이 경과하면 제277조의 규정에 따라 불출석으로 개정하여 면소판결을 하게 된다.

(다) 구제방법   공시송달의 요건이 미비되었음에도 공시송달의 방법으로 판결절차가 진행되어 항소기간이 경과된 후 유죄판결이 선고된 사실을 알게 된 피고인은 상소권회복청구(제345조)의 방법으로 구제를 받을 수 있다. 또한 피고인의 소재불명으로 공시송달의 방법으로 재판이 진행되어 유죄판결이 확정되었더라도 피고인이 책임질 수 없는 사유로 공판절차에 출석할 수 없었던 경우에는 그 판결이 있었던 사실을 안 날로부터 14일 이내에 재심을 청구할 수 있다(訴促法 제23조의2). 피고인은 상소권회복청구와 재심청구를 선택적으로 할 수 있다.

(5) 피고인의 출석거부

(가) 요 건   구속된 피고인이 정당한 사유 없이 출석을 거부하고, 교도관에 의한 인치가 불가능하거나 현저히 곤란하다고 인정되는 때에는 피고인의

출석 없이 공판절차를 진행할 수 있다(제277조의 2 제1항). 구속된 피고인이 정당한 사유 없이 출석을 거부하는 경우 그 의사에 반하여 강제로 법정에 인치하기보다는 피고인의 출석 없이 공판절차를 진행할 수 있도록 하여 재판의 부당한 지연을 방지하고자 함이다.

(나) 절 차   법원이 피고인의 출석 없이 공판절차를 진행하고자 하는 경우에는 그 사유를 미리 조사하여야 하고(규칙 제126 조의5), 출석한 검사 및 변호인의 의견을 들어야 한다(제277조의 2 제2항). 따라서 구속된 피고인이 출석하지 않는 경우에 그 출석거부사유만을 조사한 후 교도관에 의한 인치가 불가능하거나 현저히 곤란하였는지 여부에 대한 조사를 아니한 채 바로 피고인의 출석 없이 공판절차를 진행한 경우는 위법하다.[5]

⑹ 피고인의 퇴정

(가) **퇴정명령과 임의퇴정**   피고인이 재판장의 허가 없이 퇴정하거나, 재판장의 질서유지를 위한 퇴정명령을 받은 때에는 피고인의 진술 없이 판결할 수 있다(제330 조). 피고인의 퇴정은 피고인이 공판기일에 일단 출석한 다음 재정의무를 위반한 경우로 피고인의 불출석과는 구별이 된다. '판결할 수 있다'의 의미에 관하여 ① 심리를 사실상 종결하고 판결선고만 남은 경우를 뜻한다는 **협의설**과 ② 피고인이 재판장의 허가 없이 퇴정하거나 재판장의 퇴정명령에 의하여 퇴정당한 때에는 판결뿐만 아니라 증거조사와 최종변론과 같은 심리도 피고인의 출석 없이 할 수 있다는 **광의설**이 대립하고 있다. 피고인이 재판장의 허가 없이 퇴정하거나 법정질서를 혼란케 하여 퇴정명령을 받은 것은 모두 피고인의 방어권남용에 해당하므로 법원은 피고인의 재정 없이도 피고사건을 심리판결할 수 있다고 본다.

(나) **일시퇴정**   재판장은 증인 또는 감정인이 피고인 또는 어떤 재정인의 면전에서 충분한 진술을 할 수 없다고 인정한 때에는 그를 퇴정하게 하고 진술하게 할 수 있다. 피고인이 다른 피고인의 면전에서 충분한 진술을 할 수 없다고 인정한 때에도 같다(제297조 제1항). 이는 증인 등의 진술의 자유를 보장하기 위한 것이다. 증인, 감정인 또는 공동피고인의 진술이 종료한 때에는 피고인을 입정하게 한 후 법원사무관 등으로 하여금 **진술의 요지를** 고지하게 하여야 한다(동조 제2항). 변호인이 없는 피고인의 경우에도 피고인을 일시 퇴정하게 하고 증인신문을 진행하여 피고인의 증인대면을 제한할 수 있지만, 피고인의 반대신문권을

---

5) 대법원 2001. 6. 12. 선고 2001도114 판결.

배제하는 것은 허용될 수 없다. 다만 증인신문을 마친 다음 공판기일에서 피고인이 증인신문결과에 대하여 이의가 없다고 명시적으로 진술하였다면 반대신문의 기회를 부여하지 않은 하자는 치유된다.[6]

(7) 약식명령사건

(가) 2회 불출석　　약식명령에 대하여 정식재판을 청구한 피고인이 정식재판의 공판기일에 출석하지 아니한 때에는 법원은 다시 기일을 정하여야 한다. 피고인이 정당한 사유 없이 다시 정한 기일에 출정하지 아니한 때에는 피고인의 진술 없이 판결을 할 수 있다(제458조 제2항, 제365조). 법문에는 '판결을 할 수 있다'고 규정되어 있으나 판결뿐만 아니라 심리도 할 수 있다고 해석해야 하므로 피고인의 출석 없이 개정할 수 있는 경우에 해당한다.

(나) 공시송달　　약식명령에 대한 정식재판청구사건에 있어서, 피고인에 대하여 송달불능이 되고, 주소보정·소재탐지촉탁 등의 필요한 조치에도 불구하고 피고인의 소재가 확인되지 아니한 때에는 송달불능보고서가 접수된 때로부터 6개월이 경과되었는지 여부와 상관없이 공시송달로 재판을 진행할 수 있다.[7] 소촉법 제23조 및 그 시행규칙 제19조는 정식재판청구사건에 적용되지 않기 때문이다.

(다) 판결선고　　약식명령에 대하여 피고인만 정식재판청구를 하여 판결을 선고하는 사건에서는 피고인의 출석을 필요하지 않다(제277조 제4호).

(8) 상소심

(가) 항소심　　항소심에서 피고인이 공판기일에 출정하지 아니한 때에는 다시 기일을 정하여야 하며, 피고인이 다시 정한 기일에 출석하지 아니한 때에는 피고인의 진술 없이 판결할 수 있다(제365조). 피고인의 불출석은 2회 이상 계속되어야 한다. 따라서 피고인이 제1회 공판기일에 불출석, 제2회 공판기일에 출석, 제3회 공판기일에 불출석한 경우에는 제3회 기일에 바로 개정할 수 없고, 다시 제4회 공판기일에도 불출석한 때에 비로소 개정할 수 있다.[8] 피고인이 2회 불출석한 후 그 다음 기일에 출석했다가 다시 정한 기일에 불출석하는 경우에는 이미 2회 연속 불출석 사유가 발생하였으므로 피고인의 출석 없이 개정할 수 있다. 피고인이 연속 불출석한 2회 기일에서 다음 기일을 고지한 경우 따로 기일통지를 하지 않더라도 그 기일고지는 소송관계인 전원에 대하여 효력이

---

6) 대법원 2010. 1. 14. 선고 2009도9344 판결.
7) 대법원 2013. 3. 28. 선고 2012도12843 판결.
8) 대법원 2016. 4. 29. 선고 2016도2210 판결.

있다.[9)]

(나) **상고심**　　상고심의 공판기일에는 피고인의 소환을 요하지 아니한다
($\substack{제389조\\의2}$). 상고심은 원칙적으로 법률심이며 변호인이 아니면 피고인을 위하여 변
론하지 못하기 때문이다($\substack{제387\\조}$).

Ⅳ. 변호인의 출석

1. 원　　칙

변호인은 소송당사자가 아니므로 변호인의 출석은 원칙적으로 공판개시의
요건이 아니다. 따라서 변호인이 공판기일의 통지를 받고도 출석하지 아니한
때에는 변호인의 출석 없이 개정할 수 있다.

2. 예　　외

(1) **필요적 변호 또는 국선변호사건**　　피고사건이 필요적 변호사건 또는 국선
변호사건인 경우에는 변호인 없이 개정하지 못한다($\substack{제282조,\\제33조}$). 필요적 변호사건 또
는 국선변호사건의 경우에 변호인이 없거나 출석하지 아니한 때에는 법원은
직권으로 변호인을 선정하여야 한다($\substack{제283\\조}$). 다만 판결만을 선고하는 경우에는
그러하지 아니하다($\substack{제282조\\단서}$).

(2) **변호인의 퇴정**　　필요적 변호사건에 있어서 변호인이 재판장의 허가 없
이 임의로 퇴정하거나, 재판장의 퇴정명령을 받은 경우 판례에 의하면 제330조
의 규정을 유추적용하여 변호인 없이 개정할 수 있다고 한다.[10)]

(3) **소송행위의 효력**　　필요적 변호사건의 공판절차에서 변호인 없이 피해자
에 대한 증인신문 등 심리가 이루어진 경우 그 소송행위는 무효이다. 다만 그
공판절차가 위법하더라도 그 절차에서의 소송행위 외에 다른 절차에서 적법하
게 이루어진 소송행위까지 모두 무효로 된다고 볼 수는 없다.[11)] 제1심 법원이
필요적 변호사건을 변호인 없는 상태에서 계속 심리하여 판결까지 한 경우에
는 항소심법원은 변호인이 있는 상태에서 소송행위를 새로이 한 후 다시 판결
하여야 한다.[12)]

---

9) 대법원 2000. 9. 26. 선고 2000도2879 판결.
10) 대법원 1990. 6. 8. 선고 90도646 판결, 1991. 6. 28. 선고 91도865 판결.
11) 대법원 1999. 4. 23. 선고 99도915 판결.
12) 대법원 1995. 4. 25. 선고 94도2347 판결, 2002. 9. 4.자 2000모239 결정.

제 2 소송지휘권

Ⅰ. 의   의

1. 개   념

소송지휘권(訴訟指揮權)은 소송의 진행을 질서있게 유지하고 심리를 원활하게 하기 위한 법원의 합목적적 활동으로서 사법권에 내재하는 본질적 권한이며 법원의 고유한 권한이다. 다만 공판기일에 있어서의 신속하고 적절한 소송지휘를 위하여 법원의 소송지휘권은 포괄적으로 재판장에게 위임되어 있다($_조^{제279}$).

2. 법정경찰권과의 구별

법정경찰권도 법원이 본질적으로 가지고 있는 소송의 운영관리기능이라는 점에서 광의의 소송지휘권에 속하나, 사법권에 부수하는 사법행정권의 작용으로서 사건의 실체와 직접적 관계가 없다는 점에서 소송의 심리에 실질적인 관련을 가지고 있는 협의의 소송지휘권과 구별된다.

Ⅱ. 내   용

1. 재판장의 소송지휘권

(1) **구체적 권한**   재판장의 소송지휘권은 공판절차의 각 단계에서 다양하게 나타나는데 그 대표적인 예는 공판기일의 지정과 변경($_{제270조}^{제267조}$), 인정신문($_조^{제284}$), 증인신문순서의 변경($_{2 \ 제3항}^{제161조의}$), 불필요한 변론의 제한($_조^{제299}$), 석명권($_{조 \ 제1항}^{규칙 제141}$) 등이다. 재판장의 소송지휘권 중에서 가장 중요한 의미를 가지고 있는 것은 변론의 제한과 석명권의 행사이다.

(2) **변론의 제한**   재판장은 소송관계인의 진술 또는 신문이 중복된 사항이거나 그 소송에 관계없는 사항인 때에는 소송관계인의 본질적 권리를 해하지 않는 한도에서 이를 제한할 수 있다($_조^{제299}$). 여기서 소송에 관계없는 사항이란 피고사건과 관련성 없는 사항을 의미한다.

(3) **석명권**

(가) 의 의   석명권(釋明權)이란 재판장이 소송관계를 명료하게 하기 위하여 소송관계인에게 사실상 또는 법률상의 사항에 관하여 석명을 구하거나 필요한 사항에 대하여 입증을 촉구할 수 있는 권한을 말한다($_{제141조}^{규칙}$). 석명권은

재판장의 권한이지만 그 적절한 행사에 의하여 실체적 진실발견과 공정한 재판을 가능하게 한다는 점에서 재판장의 의무이기도 하다.

⑷ 주 체   석명권은 원래 **재판장**이 행사하나 **합의부원**도 재판장에게 고하고 석명을 구하거나 입증을 촉구할 수 있다($\frac{규칙\ 제141}{조\ 제2항}$). 검사, 피고인 또는 변호인은 재판장에 대하여 석명을 위한 발문을 요구할 수 있다($\frac{동조}{제3항}$).

⑷ 범 위   ① 재판장은 소송의 원활한 진행을 위하여 소송관계인이 주장하는 내용이나 의사가 불명료한 경우 이를 확인하기 위하여 질문을 하거나 보충할 수 있다. ② 당사자간에 쟁점이 되는 법률상의 사항 또는 당사자가 명백하게 간과한 것으로 인정되는 법률상의 사항에 관하여 당사자에게 의견진술의 기회를 줄 수 있다. ③ 당사자 사이에 다툼이 있는 사항에 관하여 증거자료가 충분하지 못한 경우에 적당하다고 인정되는 당사자에게 증거조사의 신청을 촉구할 수 있다.

2. 법원의 소송지휘권

공판기일에서의 소송지휘라 할지라도 중요한 사항은 법률에 의하여 법원에 유보되어 있다. 예를 들면 국선변호인의 선임($\frac{제283}{조}$), 특별대리인의 선임($\frac{제28}{조}$), 증거신청에 대한 결정($\frac{제295}{조}$), 공소장변경의 요구와 허가($\frac{제298조\ 제1}{항·제2항}$), 증거조사에 대한 이의신청의 결정($\frac{제296}{조}$), 재판장의 처분에 대한 이의신청의 결정($\frac{제304}{조}$), 공판절차의 정지($\frac{제306}{조}$), 변론의 분리·병합·재개($\frac{제300조,}{제305조}$) 등이다.

III. 불복방법

1. 재판장의 소송지휘권에 대한 불복

⑴ 이의신청   검사, 피고인 또는 변호인은 재판장의 소송지휘에 대한 처분에 대하여 이의신청을 할 수 있다($\frac{제304조}{제1항}$). 재판장의 처분에 대한 이의신청은 **법령의 위반**이 있음을 이유로 하여서만 이를 할 수 있다($\frac{규칙}{제136조}$). 이의신청은 개개의 행위, 처분시마다 그 이유를 간결하게 명시하여 즉시 이를 하여야 한다($\frac{규칙}{제137조}$).

⑵ 법원의 결정   재판장의 처분에 대한 이의신청이 있는 때에는 법원은 결정하여야 한다($\frac{제304조}{제2항}$). 이 결정은 이의신청이 있은 후 즉시 하여야 한다($\frac{규칙}{제138조}$). ① 시기에 늦은 이의신청, 소송지연만을 목적으로 하는 것임이 명백한 이의신청은 결정으로 이를 기각하여야 한다. 다만 시기에 늦은 이의신청이 중요한 사항을 대상으로 하고 있는 경우에는 시기에 늦은 것만을 이유로 하여 기각하여

서는 아니된다($^{규칙 제139}_{조 제1항}$). ② 이의신청이 이유 없다고 인정되는 경우에는 결정으로 이를 기각하여야 한다($^{동조}_{제2항}$). ③ 이의신청이 이유 있다고 인정되는 경우에는 결정으로 이의신청의 대상이 된 행위·처분을 중지·철회·취소·변경하는 등 그 이의신청에 상응하는 조치를 취하여야 한다($^{동조}_{제3항}$).

(3) 재이의신청의 금지　이의신청에 대한 결정에 의하여 판단이 된 사항에 대하여는 동일법원에 다시 이의신청을 할 수 없다($^{규칙}_{제140조}$).

2. 법원의 소송지휘권에 대한 불복

법원의 판결 전소송절차에 관한 결정에 대하여는 특히 즉시항고를 할 수 있는 경우 외에는 항고를 하지 못하므로($^{제403조}_{제1항}$) 법원이 행하는 소송지휘권의 행사에 대하여는 불복할 수 없다.

제 3 법정경찰권

Ⅰ. 의　　의

법정경찰권(法廷警察權)이란 법정의 질서와 권위를 유지하고 공판심리의 방해를 예방·제지하기 위하여 법원이 행하는 권력작용을 말한다. 법정경찰권은 광의의 소송지휘권에 속하나 사건의 실체와 관계없다는 점에서 협의의 소송지휘권과 구별된다. 법정경찰권은 원래 법원의 권한에 속하는 것이지만, 질서유지의 신속성과 기동성을 고려하여 재판장에게 부여되어 있다($^{法組法 제58}_{조 제1항}$).

Ⅱ. 적용범위

1. 시간적 범위

법정경찰권은 심리의 개시부터 종료에 이르기까지 실제로 공판심리가 행하여지고 있는 시간 내와 그 인접한 전후의 시간에 한하여 행사된다.

2. 장소적 범위

법정경찰권은 원칙적으로 법정 내에 미치는 것이나, 법정과 이어진 복도나 창문 밖이라도 심리를 방해하는 행위가 있으면 법정경찰권을 행사할 수 있다. 또한 법관이 법정 외의 장소에서 직무를 행하는 경우에는 그 장소에도 법정경찰권이 미친다($^{法組法}_{제63조}$).

3. 인적 범위

법정경찰권은 심리에 관계있는 모든 사람에게 대하여 미친나. 즉 방청인은 물론 피고인, 변호인, 검사, 법원사무관 등도 법정경찰권의 적용을 받는다.

III. 내　용

1. 질서유지를 위한 재판장의 처분

⑴ **피고인에 대한 처분**　공판정에서는 원칙적으로 피고인의 신체를 구속하지 못하지만 재판장은 피고인이 폭력을 행사하거나 도망할 염려가 있다고 인정하는 때에는 피고인의 **신체구속**을 명거나 기타 필요한 처분을 할 수 있다($^{제280}_조$). 신체구속이란 수갑을 채우는 등 신체의 자유를 직접적으로 제한하는 조치를 말한다. 따라서 신체구속처분은 구속영장에 의한 구속과 다른 의미이다. 재판장은 피고인이 법정을 소란케 하는 때에는 피고인에 대하여 퇴정을 명할 수 있다($^{法組法\ 제58}_{조\ 제2항}$). 피고인에 대하여 **퇴정명령**이 내려지면 피고인의 진술 없이 심리를 진행하거나 판결을 선고할 수 있다($^{제330}_조$). 따라서 피고인에 대한 퇴정명령은 법정소란의 정도가 심하여 다른 방법이 없는 경우에 한하여 허용된다. 재판장은 피고인의 퇴정을 제지하기 위하여 필요한 처분을 할 수 있다($^{제281조}_{제2항}$). **퇴정제지처분**은 주로 불구속 피고인에 대하여 적용된다.

⑵ **방청인에 대한 처분**　재판장은 법정의 존엄과 질서를 해할 우려가 있는 자의 ① 입정을 금하거나, ② 퇴정을 명하며, ③ 기타 법정의 질서유지에 필요한 명령을 발할 수 있다($^{法組法\ 제58}_{조\ 제2항}$). 법정 안에서는 재판장의 허가 없이 녹화, 촬영, 중계방송 등의 행위를 하지 못한다($^{法組法}_{제59조}$). 재판장은 ① 방청석수에 해당하는 수의 방청권을 발행케 하고 그 소지자에 한하여 방청을 허용하는 것, ② 법정경위로 하여금 방청인의 의복 또는 소지품을 검사케 하고 위험물 기타 법정에서 소지함이 부적당하다고 인정되는 물품을 가진 자의 입정을 금하게 하는 것, ③ 위와 같은 조치에 따르지 아니한 자·보호자 동행없는 12세 미만의 아동·단정한 의복을 착용하지 아니한 자·법정에서 법원 또는 법관의 직무집행을 방해하거나 부당한 행동을 할 염려가 있다고 믿을 만한 현저한 사정이 있는 자의 입정을 금하게 하는 것 등의 조치를 할 수 있다($^{법정방청 및 촬영 등}_{에 관한 규칙 제2조}$).

⑶ **경찰관의 파견요구**　법정에서의 질서유지를 위하여 필요하다고 인정하는 때에는 재판장은 경찰서장에게 경찰관의 파견을 요구할 수 있고, 파견된 경

찰관은 법정 내외의 질서유지에 관하여 재판장의 지휘를 받는다($^{法組法}_{제60조}$).

2. 감치 또는 과태료의 제재

(1) 의 의   법원은 직권으로 법정 내외에서 법정의 질서유지에 필요한 재판장의 명령 또는 녹화 등의 금지규정에 위배되는 행위를 하거나 또는 폭언·소란 등의 행위로 법원의 심리를 방해하거나 재판의 위신을 현저히 훼손한 자에 대하여 결정으로 20일 이내의 감치 또는 100만원 이하의 과태료에 처하거나 이를 병과할 수 있다($^{法組法 제61}_{조 제1항}$).

(2) 법적 성질   법원의 감치 및 과태료의 제재는 검사의 공소제기를 필요로 하는 법정모독죄($^{형법}_{제138조}$)와는 달리 법원이 즉석에서 직접적인 제재를 가하는 것으로서 사법행정상의 질서죄에 해당한다.

(3) 감치재판   법원은 감치를 위하여 법원직원, 교도관 또는 경찰관으로 하여금 즉시 행위자를 구속하게 할 수 있으며, 구속한 때로부터 24시간 이내에 감치를 처하는 재판을 하지 않으면 즉시 석방하여야 한다($^{法組法 제61}_{조 제2항}$).

(4) 집 행   감치는 경찰서유치장, 교도소 또는 구치소에 유치함으로써 집행한다($^{法組法 제61}_{조 제3항}$). 감치는 피감치인에 대한 다른 사건으로 인한 구속 및 형에 우선하여 집행하며, 감치의 집행중에는 피감치인에 대한 다른 사건으로 인한 구속 및 형의 집행이 정지되고, 피감치인이 당사자로 되어 있는 본래의 심판사건의 소송절차는 정지된다. 다만 법원은 상당한 이유가 있는 때에는 소송절차의 속행을 명할 수 있다($^{동조}_{제4항}$).

3. 불복방법

(1) 질서유지를 위한 재판장의 처분   검사, 피고인 또는 변호인은 재판장의 법정경찰권에 의한 처분에 대하여 이의신청을 할 수 있다($^{제304조}_{제1항}$). 그러나 방청인 등은 재판장의 처분에 대하여 이의신청을 할 수 없다.

(2) 감치 또는 과태료의 재판   감치 및 과태료에 처하는 재판에 대하여는 항고 또는 특별항고를 할 수 있다($^{法組法 제61}_{조 제5항}$).

제 3 관 공판기일의 절차

제 1 모두절차

I. 피고인의 진술거부권

1. 의 의

(1) 개 념 피고인의 진술거부권(陳述拒否權)이란 피고인이 공판절차에서 진술을 거부할 수 있는 권리를 말한다. 진술거부권은 피고인의 인권을 실질적으로 보장하기 위한 방어권이다. 헌법 제12조 제2항은 『모든 국민은 고문을 받지 아니하며, 형사상 자기에게 불리한 진술을 강요당하지 아니한다』라고 규정하여 진술거부권을 기본적 인권으로 보장하고 있다. 형사소송법도 피고인의 진술거부권을 명시하고 있고(제283조의2) 피의자에게도 진술거부권을 고지하도록 규정함으로써 진술거부권을 보장하고 있다(제244조의3).

(2) 자백배제법칙과의 관계

(가) 구별설 진술거부권의 보장과 자백배제법칙은 역사적 연혁을 달리하고 그 기본원리나 실제 효과가 다르며 진술거부권이 공판절차에서 의미를 가지는데 비하여 자백배제법칙은 수사절차를 포함한 광범위한 절차에서 의미를 가지므로 양자는 필연적인 관계에 있지 않다고 한다. 또한 진술거부권을 고지하지 않더라도 자백의 임의성이 인정되는 경우가 있다는 점을 논거로 한다.[13]

(나) 일체설 진술거부권의 보장과 자백배제법칙은 자기부죄거부(自己負罪拒否)의 특권의 내용을 이루고 있고, 적법절차를 통한 기본권 보장에 기여한다는 점에서 공통점을 가지고 있으며, 진술거부권의 보장이 증거법의 차원에서 자백배제법칙을 통하여 대부분 실현된다는 점에서 양자는 일체화되고 있다고 한다.[14]

(다) 검 토 진술거부권의 보장과 자백배제법칙은 역사적 연혁을 달리하지만 진술거부권의 보장은 자백의 강요를 금지함으로써 피고인·피의자의 인권을 보장하고 자백의 임의성을 담보하려는 데 주된 목적이 있다. 또한 자백의 임의성이란 진술의 과정에 위법이 없다는 것을 의미하므로 진술거부권의 보장과 자백배제법칙은 위법수집증거배제의 법칙에 포섭된다고 본다.

---

13) 신동운, 931면.
14) 배종대, 104면; 이재상, 132면.

2. 진술거부권의 내용

(1) 주   체   헌법 제12조 제2항은 모든 국민에게 진술거부권을 보장하고 있으므로 진술거부권의 주체에는 제한이 없다. 의사무능력자인 피고인·피의자의 대리인($^{제26}_{조}$)도 진술거부권의 주체로 된다. 피고인인 법인의 대표자도 그 진술이 피고인인 법인에 대한 증거가 된다는 점에서 진술거부권을 가진다.

(2) 진술강요의 금지   진술강요의 금지는 진술거부권의 본질적 내용이다. 피고인·피의자는 법원 또는 수사기관의 신문에 대해서 진술의무가 없으며, 법원 또는 수사기관은 피고인·피의자에 대하여 진술을 강요할 수 없다. 도로교통법상 운전자에게 교통사고의 신고의무를 규정하여 벌칙으로 강제하고 있는 것($^{동법}_{제54조}$)은 진술강요에 해당한다는 견해가 있다. 그러나 교통사고를 일으킨 운전자에게 신고의무를 부담시키고 있는 것은 피해자의 구호 및 교통질서의 회복을 위한 조치가 필요한 범위 내에서 교통사고의 객관적 내용만을 신고한 것이므로 형사책임과 관련되는 사항에는 적용되지 않는다고 해석하는 한 진술거부권에 대한 침해라고 볼 수 없다.[15]

(3) 진술거부권의 범위

(가) 진술의 의미   진술이란 언어를 통하여 생각이나 지식, 경험사실을 표출하는 것을 의미한다. 따라서 지문의 채취, 사진촬영, 신체검사에 대하여는 진술거부권이 미치지 않는다. 또한 음주측정도 신체의 물리적, 사실적 상태를 그대로 드러내는 행위에 불과하므로 주취운전의 혐의자에게 음주측정에 응할 것을 요구하는 것은 진술을 강요하는 것에 해당하지 않는다.[16] 피고인의 동일성을 판단하기 위해 행해지는 성문(聲紋)검사는 검증이나 감정의 방법을 통하여 이루어지는데, 이 경우에도 진술의 내용 자체가 문제로 되지 않는다는 점에서 진술거부권이 적용되지 않는다.

(나) 형사책임에 관한 진술   진술거부권은 자신의 형사책임에 관한 것이라야 한다. 따라서 민사책임이나 행정책임과 관련된 것에 대해서는 진술을 거부할 수 없다. 그러나 형사책임에 관련된 것이라면 범죄사실 자체뿐만 아니라 간접사실이나 범죄사실의 발견에 단서를 제공하는 사항에 관한 진술도 그 대상이 되며, 반드시 형사절차에서 행해진 것을 요하지 않는다.

(다) 진술의 범위   피고인·피의자는 자신에게 불이익한 진술뿐만 아니

---

15) 헌법재판소 1990. 8. 27. 선고 89헌가118 결정.
16) 헌법재판소 1997. 3. 27. 선고 96헌가11 결정.

라 이익한 진술도 거부할 수 있다. 증인의 증언거부권이 자신에게 불이익한 증언에 제한되는 것과 구별된다.

⑷ 인정신문과 진술거부권

진술거부권의 범위에는 제한이 없을 뿐만 아니라 피고인에 대한 인정신문에 앞서 피고인에게 진술거부권을 고지해야 하므로 피고인은 인정신문에 대하여도 진술을 거부할 수 있다. 피고인이 진술거부권을 행사하는 경우 재판장은 적당한 방법으로 피고인의 동일성을 확인하는 조치를 취하여야 하고, 공판조서에는 진술이 거부되었음과 재판장이 피고인에게 취한 확인조치의 내용을 기재하여야 한다.

3. 진술거부권의 고지

⑴ **사전고지의무**　　재판장은 피고인에 대한 인정신문에 앞서 피고인에게 진술을 거부할 수 있음을 고지해야 한다(제283조의 2 제2항). 진술거부권의 고지는 공판기일마다 할 필요는 없으나 공판절차를 갱신하는 경우에는 다시 고지하여야 한다(규칙 제144조 제1항).

⑵ **불고지의 효과**　　재판장이 피고인에게 진술거부권을 고지하지 아니한 채 공판심리를 진행하는 것은 위법이다. 진술거부권을 고지하지 않은 경우에도 그 사실 자체만으로 자백의 증거능력을 부정할 수 없다는 견해가 있다. 그러나 진술거부권을 고지하지 않고 얻은 자백은 그 임의성에 의심이 있는 경우에 해당하므로 그 증거능력이 인정되지 않는다고 본다.

4. 진술거부권의 행사

⑴ **방법과 시기**　　진술거부권을 행사하는 의사표시는 구두일 필요가 없고, 사실상의 행위로 충분하다. 진술거부권의 행사는 범죄사실에 관하여 진술을 시작한 후에도 허용된다.

⑵ **행사의 효과**

⑺ **제재의 금지**　　진술거부권의 행사를 이유로 형벌 기타 법적 제재를 과할 수 없다. 진술거부권을 침해하여 진술을 강요하여 얻은 자백은 그 증거능력이 부정된다.

⑷ **불이익추정의 금지**　　진술거부권을 행사하였다고 하여 피고인에게 불리한 추정을 해서는 안된다. 즉 피고인이 진술거부권을 행사한 사실을 유죄의 정황증거로 삼아서는 안된다. 한편 진술거부권을 행사하였다는 이유로 피고인을 구속할 수 없다는 견해가 있으나, 진술거부의 사실과 증거인멸의 염려가 있

는지에 대한 판단은 별개의 문제라는 견해가 타당하다.

(다) **양형상 불이익**   진술거부권의 행사를 양형상 불이익한 자료로 삼는 것이 허용되는가에 관해서는 학설의 대립이 있다. 소극설은 진술거부권의 실질적 보장이라는 점을 논거로 삼고 있고, 적극설은 피고인이 자백하는 경우와 자백하지 아니하는 경우 사이에 양형상의 차이가 있어야 한다는 점을 논거로 한다. 적극설이 타당하다고 본다.

5. 진술거부권의 포기

(1) **학설의 검토**   진술거부권의 포기가 인정되는가에 관해서는 학설이 대립된다. 소극설은 피고인이 일단 진술을 시작한 후에도 개별의 신문에 대하여 언제나 진술을 거부할 수 있다는 점을 논거로 한다. 적극설은 개별의 신문을 기준으로 진술거부권의 포기 여부를 판단해야 한다는 점을 논거로 한다. 진술거부권은 헌법상의 기본권으로 보장되어 있고, 진술거부권의 포기와 개별의 신문에 대한 진술거부권의 불행사는 구별된다는 점에서 소극설이 타당하다고 본다.

(2) **피고인의 증인적격**   피고인은 진술거부권을 포기하고 진술의무를 부담하는 것이 허용되지 않으므로 증인의 자격으로 증언을 할 수 없고, 따라서 피고인에게는 증인적격이 없다. 공범인 공동피고인의 경우에도 증인적격이 부정된다.

Ⅱ. 인정신문

인정신문(人定訊問)이란 재판장이 피고인의 동일성을 확인하는 절차를 말한다. 재판장은 피고인의 성명, 연령, 등록기준지, 주거와 직업을 물어서 피고인임이 틀림없음을 확인하여야 한다($^{제284}_{조}$). 이는 자연인을 전제로 한 규정이고, 피고인이 법인인 때에는 출석한 대표자, 특별대리인 또는 대리인을 상대로 법인의 명칭, 사무소, 대표자의 성명, 주소, 대리인과 법인의 관계 등을 물어서 확인한다.

Ⅲ. 모두진술

1. 검사의 모두진술

검사는 공소장에 의하여 공소사실·죄명 및 적용법조를 낭독해야 한다. 다만, 재판장은 필요하다고 인정하는 때에는 검사에게 공소의 요지를 진술하게 할 수 있다($^{제285}_{조}$). 검사의 모두진술은 필수적인 절차로서, 피고사건의 심리에 들어가기 전에 사건개요와 쟁점을 정리하여 법원의 소송지휘를 가능하게 하고,

피고인에 대하여는 충분한 방어를 준비할 기회를 보장하기 위한 것이다. 검사가 공소의 요지를 진술하는 경우에는 죄명·적용법조·공소사실의 요지를 피고인이 알아들을 수 있도록 간략하고 평이한 용어로 설명하여야 한다.

2. 피고인의 모두진술

(1) **공소사실에 대한 진술**   피고인은 검사의 모두진술이 끝난 뒤에 공소사실의 인정 여부를 진술해야 한다. 다만, 피고인이 진술거부권을 행사하는 경우에는 그러하지 아니하다($\binom{제286조}{제1항}$). 피고인이 공소사실을 다투는지 여부를 확인하여 사건의 쟁점을 명확히 하고 심리의 효율을 도모하기 위한 규정이다.

(2) **의견진술**   피고인 및 변호인은 모두절차에서 공소사실의 인정 여부뿐만 아니라 자신에게 이익이 되는 사실 등을 진술할 수 있다($\binom{동조}{제2항}$). 피고인의 의견진술권에 관한 규정은 검사의 모두진술에 대응하는 독립된 절차에 관한 규정으로서의 의미를 가질 뿐만 아니라 공판절차 전반에 걸쳐서 적용되는 피고인을 위한 권리보호규정이다. 따라서 피고인은 공판의 어느 단계에서나 적극적으로 자신에게 이익되는 사실을 진술할 수 있고, 재판장도 그 진술이 중복된 것이거나 소송과 관계 없는 것이 아닌 이상 그 진술을 제한할 수 없다.

(3) **소송절차에 관한 주장**   피고인은 모두진술절차에서 관할이전신청($\binom{제15}{조}$), 기피신청($\binom{제18}{조}$), 국선변호인의 선정청구($\binom{제33조}{제2항}$), 공판기일변경신청($\binom{제270}{조}$), 변론의 병합·분리의 신청($\binom{제300}{조}$) 등을 할 수 있다. 관할위반의 신청($\binom{제320조}{제2항}$), 공소장부본 송달에 대한 이의신청($\binom{제266}{조}$), 제1회 공판기일의 유예기간에 대한 이의신청($\binom{제269}{조}$)은 늦어도 이 단계까지는 하여야 한다. 피고인이 이 때까지 이의신청을 하지 아니하면 그 절차상의 하자가 치유되어 피고인은 이러한 절차의 하자를 다툴 수 없게 된다.

Ⅳ. 쟁점정리 등

1. 재판장의 쟁점정리

재판장은 피고인의 모두진술이 끝난 다음에 피고인 또는 변호인에게 쟁점의 정리를 위하여 필요한 질문을 할 수 있다($\binom{제287조}{제1항}$). 재판장은 증거조사 이전에 사건의 쟁점을 정리하여 증거조사절차에서 효율적인 심리를 할 수 있도록 하기 위한 규정이다.

2. 증거관계에 대한 진술

재판장은 증거조사를 하기에 앞서 검사 및 변호인으로 하여금 공소사실 등의 증명과 관련된 주장 및 입증계획 등을 진술하게 할 수 있다. 다만, 증거로 할 수 없거나 증거로 신청할 의사가 없는 자료에 기초하여 법원에 사건에 대한 예단 또는 편견을 발생하게 할 염려가 있는 사항은 진술할 수 없다(제287조 제2항). 단서의 규정은 증거조사에 들어가기 전에 법원이 증거능력이 없는 자료에 의하여 심증이 형성되는 것을 방지하기 위함이다. 예를 들면 피고인이 고소인이나 참고인의 진술내용을 부동의할 가능성이 있음에도 검사가 그 내용을 구체적으로 거론하면서 공소사실에 관한 의견을 진술하는 경우에는 피고인이나 변호인은 이의를 제기할 수 있고, 법원은 필요한 경우 적절한 소송지휘권을 행사하여 사건에 대한 예단 또는 편견을 발생하게 할 염려가 있는 사항에 대하여 진술을 제한하여야 한다.

제2 사실심리절차

Ⅰ. 증거조사

검사, 피고인 또는 변호인은 서류나 물건을 증거로 제출할 수 있고 증인·감정인·통역인 또는 번역인의 신문을 신청할 수 있다(제294조). 법원은 당사자의 증거신청에 대하여 결정을 하여야 한다(제295조 제1항). 증거조사의 방식은 증거조사의 대상, 즉 증거방법의 종류에 따라 다르다.

Ⅱ. 양형자료의 조사

1. 양형조사관에 의한 수집

양형자료는 검사, 피고인 또는 변호인이 제출할 수도 있고, 당사자가 직접 수집하여 제출하기 곤란하거나 필요하다고 인정되는 경우 등에는 법원이 직권으로 수집·조사할 수 있다. 법원에는 법관의 명에 의해 심판에 필요한 자료의 수집 등을 담당하는 조사관을 둘 수 있는데(法組法 제54 조의3), 법원은 조사관으로 하여금 양형자료를 수집·조사하게 할 수 있다.

2. 판결 전 조사

법원은 피고인에 대하여 선고유예 또는 집행유예의 선고에 따른 보호관찰·사회봉사 또는 수강을 명하기 위하여 필요하다고 인정하면 그 법원의 소재지 또는 피고인의 주거지를 관할하는 보호관찰소의 장에게 범행동기, 직업, 생활환경, 교우관계, 가족상황, 피해회복 여부 등 피고인에 대한 사항의 조사를 요구할 수 있다(보호관찰법 제19조).

Ⅲ. 피고인신문

1. 의   의

피고인신문(被告人訊問)이란 피고인에 대하여 공소사실과 그 정상에 관한 필요한 사항을 신문하는 절차이다. 검사 또는 변호인은 증거조사 종료 후에 피고인을 신문할 수 있고, 재판장은 필요하다고 인정하는 때에는 증거조사가 완료되기 전이라도 피고인신문을 허가할 수 있다. 피고인은 당사자의 지위를 가질 뿐만 아니라 증거방법으로서의 지위를 가지고 있기 때문이다.

변호인의 피고인신문권은 소송법상 권리이므로, 재판장은 변호인이 피고인을 신문하겠다는 의사를 표시한 때에는 피고인을 신문할 수 있도록 조치해야 한다. 변호인이 피고인을 신문하겠다는 의사를 표시하였음에도 변호인에게 일체의 피고인신문을 허용하지 않는 것은 변호인의 피고인신문권에 관한 본질적 권리를 해하는 것으로서 소송절차의 법령위반에 해당한다.

2. 신문의 순서와 방법

⑴ **주신문**   검사와 변호인은 순차로 피고인에게 공소사실 및 정상에 관하여 필요한 사항을 신문할 수 있다(제296조의2 제1항). 검사와 변호인에게 주신문권을 인정한다는 점에서 피고인신문의 절차에 있어서 당사자주의가 채택된 것이라 보는 견해가 있다. 그러나 피고인을 신문하는 순서가 당사자 측에 먼저 부여되었다는 이유로 당사자주의를 채택한 것이라고 보기는 어렵다. 오히려 소송경제를 위하여 당사자 측의 신문과정을 통하여 법원이 쟁점을 파악하도록 하는데 그 목적이 있다고 본다.

⑵ **보충신문**   재판장은 필요하다고 인정하는 때에는 피고인을 신문할 수 있다(동조 제2항). 피고인신문은 증인신문의 방법에 의한다(동조 제3항). 따라서 재판장은 필요한 경우 피고인신문의 순서를 변경할 수 있고, 합의부원은 재판장에게 고하고 신문할 수 있다.

3. 신문의 방법

피고인을 신문함에 있어서 그 진술을 강요하거나 답변을 유도하거나 그 밖에 위압적·모욕적 신문을 하여서는 아니된다($^{규칙}_{조의2}$^{제140}). 재판장은 피고인이 어떤 재정인의 앞에서 충분한 진술을 할 수 없다고 인정한 때에는 그 재정인을 퇴정하게 하고 진술하게 할 수 있다($^{규칙}_{조의3}$^{제140}).

4. 장애인 등의 보호

재판장 또는 법관은 피고인을 신문하는 경우 ① 피고인이 신체적 또는 정신적 장애로 사물을 변별하거나 의사를 결정·전달할 능력이 미약한 경우, ② 피고인의 연령·성별·국적 등의 사정을 고려하여 그 심리적 안정의 도모와 원활한 의사소통을 위하여 필요한 경우의 어느 하나에 해당하는 때에는 직권 또는 피고인·법정대리인·검사의 신청에 따라 피고인과 신뢰관계에 있는 자를 동석하게 할 수 있다($^{제276조의}_{2\ 제1항}$).

Ⅳ. 최종변론

1. 의   의

증거조사와 피고인신문이 끝나면 당사자의 의견진술이 행하여진다. 의견진술은 검사의 의견진술 및 피고인과 변호인의 최후진술의 순서로 진행된다. 재판장은 필요하다고 인정하는 경우 검사, 피고인 또는 변호인의 본질적인 권리를 해치지 아니하는 범위 내에서 의견진술의 시간을 제한할 수 있다($^{규칙}_{제145조}$).

2. 검사의 의견진술

증거조사와 피고인신문이 종료한 때에는 검사는 사실과 법률적용에 관하여 의견을 진술하여야 한다. 이를 검사의 논고(論告)라고 하며, 특히 검사의 양형에 대한 의견을 구형이라고 한다. 검사의 의견진술은 권고적 의미를 가질 뿐이므로 법원은 검사의 구형에 구속되지 않는다. 따라서 법원은 검사의 구형보다 더 높은 형을 선고할 수 있다.[17] 한편 검사가 공판기일의 통지를 2회 이상 받고 출석하지 아니하는 경우에는 공소장의 기재사항에 의하여 검사의 의견진술이 있는 것으로 간주한다($^{제302}_{조}$).

3. 피고인과 변호인의 의견진술

재판장은 검사의 의견을 들은 후 피고인과 변호인에게 최종의 의견을 진술할 기회를 주어야 한다($^{제303}_{조}$). 최종의견진술의 기회는 변호인과 피고인에게 순차로 모두 주어져야 한다. 따라서 피고인과 변호인에게 최종의견진술의 기회를

---

17) 대법원 1984. 4. 24. 선고 83도1789 판결, 2001. 11. 31. 선고 2001도5225 판결.

주지 않은 채 심리를 마치고 판결을 선고하는 것은 위법하다.[18] 그러나 변호인이 공판기일통지서를 받고도 공판기일에 출석하지 아니하여 변호인 없이 심리가 종결된 경우에는 변호인에게 변론의 기회를 주지 않았다고 할 수 없다.[19] 피고인의 최종진술을 끝으로 변론을 종결하면 판결의 선고만을 기다리는 상태가 된다. 이를 실무상 결심(結審)이라고 한다. 그러나 법원은 필요하다고 인정하는 때에는 직권 또는 검사, 피고인이나 변호인의 신청에 의하여 결정으로 종결한 변론을 재개할 수 있다(제305조). 종결한 변론을 재개하느냐의 여부는 법원의 재량에 속한다.[20]

제3 판결선고절차

I. 판결의 심의

피고사건에 대한 심리가 종료되면 법원은 판결을 위한 심의를 한다. 법원이 단독판사로 구성된 경우는 별다른 절차 없이 판결내용을 정할 수 있지만, 합의부로 구성된 경우에는 판결내용을 결정하기 위한 합의가 필요하다. 합의는 공개하지 아니한다(法組法 제65조). 헌법과 법률에 다른 규정이 없으면 과반수로 결정한다(동법 제66조 제1항). 피고사건의 합의에 관한 의견이 3설 이상 분립하여 각각 과반수에 달하지 못하는 때에는 과반수에 달하기까지 피고인에게 가장 불리한 의견의 수에 순차 유리한 의견의 수를 더하여 가장 유리한 의견에 의한다(동조 제2항 제2호).

II. 판결의 선고

1. 판결선고기일

판결의 선고는 변론을 종결한 기일에 하여야 한다. 다만, 특별한 사정이 있는 때에는 따로 선고기일을 정할 수 있다(제318조의4 제1항). 이 경우 선고기일은 변론종결 후 14일 이내로 지정되어야 한다(동조 제3항). 이는 신속한 재판을 위한 **훈시규정**으로서 위 기간을 초과하여 판결을 선고하였다 하더라도 위법이라고는 할 수 없다.

2. 피고인의 출석

판결을 선고하는 공판기일에 피고인이 출석하여야 한다. 다만 피고인이 진

---

18) 대법원 1975. 11. 11. 선고 75도1010 판결.
19) 대법원 1977. 2. 22. 선고 76도4376 판결.
20) 대법원 1986. 6. 10. 선고 86도769 판결.

술하지 아니하거나, 재판장의 허가 없이 퇴정하거나, 재판장의 질서유지를 위한 퇴정명령을 받은 때에는 피고인의 출석 없이 판결할 수 있다($^{제330}_{조}$). 피고인의 출석 없이 개정할 수 있는 경우에도 같다.

3. 판결선고의 방법

판결은 공판정에서 재판서에 의하여 선고한다($^{제42조}_{본문}$). 판결의 선고는 재판장이 하며, 주문을 낭독하고 이유의 요지를 설명하여야 한다($^{제43}_{조}$). 재판장은 판결을 선고할 때 피고인에게 이유의 요지를 말이나 판결서 등본 또는 판결서 초본의 교부 등 적절한 방법으로 설명한다. 재판장은 판결을 선고함에 있어서 피고인에게 적절한 훈계를 할 수 있다($^{규칙}_{제147조}$). 다만, 변론을 종결하는 기일에 판결을 선고하는 경우에는 판결의 선고 후에 판결서를 작성할 수 있다($^{제318조의}_{4 제2항}$). 이와 같은 경우에는 선고 후 5일 내에 판결서를 작성하여야 한다($^{규칙}_{제146조}$). 형을 선고하는 경우에는 재판장은 피고인에게 상소할 기간과 상소할 법원을 고지하여야 한다($^{제324}_{조}$). 그리고 판결을 선고한 사실은 공판조서에 기재하여야 한다($^{제51}_{조}$).

4. 선고 후의 조치

(1) **판결등본의 송달** 판결을 선고한 때에는 선고일로부터 14일 이내에 피고인에게 그 판결서등본을 송달하여야 한다. 다만 불구속피고인과 무죄 등의 판결이 선고되어 구속영장의 효력이 상실된 구속피고인에 대하여는 피고인이 송달을 신청하는 경우에 한하여 판결서등본을 송달한다($^{규칙}_{제148조}$).

(2) **구속에 관한 결정** 판결선고 후에도 법원은 소송기록이 상소법원에 도달하기 전까지는 상소기간중 또는 상소중의 사건에 관하여 구속기간의 갱신, 구속의 취소, 보석, 구속의 집행정지와 그 정지의 취소에 대한 결정 등을 하여야 한다($^{제105조;}_{규칙 제57조}$). 그러나 이는 상소절차의 일부에 해당한다.

제 4 관 소송서류의 작성과 송달

제 1 개 관

Ⅰ. 소송서류의 의의

1. 개 념

소송서류(訴訟書類)란 특정한 소송에 관하여 작성된 일체의 서류를 말한다.

법원에서 작성된 서류뿐만 아니라 법원에 제출된 서류를 포함한다. 소송서류는 특정한 소송에 관하여 작성되거나 제출된 서류를 의미하므로 압수된 서류는 증거물이지 소송서류가 아니다. 법원이 소송서류를 소송절차의 진행순서에 따라 편철한 것을 소송기록이라고 한다.

2. 소송서류의 비공개

소송에 관한 서류는 공판의 개정 전에는 공익상 필요 기타 상당한 이유가 없으면 공개하지 못한다($\frac{제47}{조}$). 이는 피고인 또는 이해관계인의 명예를 보호하고 재판에 대한 외부의 부당한 영향을 방지하기 위한 것이다. 공판의 개정 전이란 제1회 공판기일 전에 한하지 않는다. 따라서 제2회 공판기일의 공판개정 전에도 전(前) 공판기일에 공개하지 않았던 서류 또는 그 후에 작성된 서류는 공개하지 못한다.

II. 소송서류의 종류

1. 작성주체에 의한 분류

⑴ **공문서** 공문서란 공무원이 직무상 작성한 서류를 말한다. 공무원이 작성하는 서류에는 법률에 다른 규정이 없는 때에는 작성연월일과 소속공무소를 기재하고 기명날인 또는 서명하여야 하며, 서류에는 간인하거나 이에 준하는 조치를 하여야 한다($\frac{제57}{조}$). 공무원이 서류를 작성할 때에는 문자를 변개하지 못하며, 삽입·삭제 또는 난외기재를 한 때에는 그 기재한 곳에 날인하고 그 자수를 기재하여야 한다($\frac{제58}{조}$).

⑵ **사문서** 사문서란 공무원 아닌 자가 작성한 서류를 말한다. 비공무원의 서류에는 연월일을 기재하고 기명날인하여야 한다. 인장이 없으면 지장으로 한다($\frac{제59}{조}$). 공무원이 아닌 자가 서명날인을 하여야 할 경우에 서명할 수 없으면 타인이 대서한다. 이 경우에는 대서한 자가 그 사유를 기재하고 기명날인 또는 서명하여야 한다($\frac{규칙}{제41조}$).

2. 내용에 의한 분류

⑴ **의사표시적 문서** 의사표시적 문서란 의사표시를 내용으로 하는 문서를 말한다. 예를 들면 고소장·고발장, 공소장, 상소장 또는 변호인선임계 등이 여기에 해당한다. 당해 사건에 대한 의사표시적 문서는 증거능력이 없다.

⑵ **보고적 문서** 보고적 문서란 일정한 사실의 보고를 내용으로 하는 서류

를 말한다. 보고적 문서 중 소송절차의 진행경과와 내용을 인증하기 위하여 작성된 공문서를 조서라고 한다. 공판조서, 진술조서, 압수·수색·검증의 결과를 기재한 조서가 여기에 해당한다.

제2 조서의 작성

Ⅰ. 조서의 의의

조서란 소송절차의 진행경과와 내용을 공증하기 위하여 소송법상의 기관이 작성하는 공문서를 말한다. 조서는 심판의 경과를 서면에 확정시킴으로써 소송절차의 안정성과 명확성을 보장한다. 법원이 작성하는 조서는 공판기일에 행하여진 소송절차의 진행경과와 내용을 기재한 공판조서와 공판기일 이외의 절차진행과 내용을 기재한 조서로 구분된다.

Ⅱ. 공판조서

1. 의 의

공판조서란 공판기일의 소송절차가 법정의 방식에 따라 적법하게 행하여졌는지 여부를 인증하기 위하여 법원사무관 등이 공판기일의 소송절차의 경과를 기술하는 조서를 말한다. 공판조서는 공판절차를 기재한 기본조서 외에 공판정에서 행한 증인·감정인·통역인·번역인에 대한 신문조서로 구성된다. 공판기일의 소송절차로서 공판조서에 기재된 것은 그 조서만으로써 증명하며 다른 자료에 의한 반증이 허용되지 않는다($\frac{제56}{조}$).

2. 공판조서의 작성

⑴ **작성권자**　　공판조서는 공판에 참여한 법원사무관 등이 작성하여야 한다($\frac{제51조}{제1항}$). 공판에 참여하지 아니한 법원사무관 등이 작성한 공판조서는 무효이다.

⑵ **기재사항**

(가) **형식적 기재사항**　　공판조서에는 ① 공판을 행한 일시와 법원, ② 법관, 검사, 법원사무관 등 관직·성명, ③ 피고인·대리인·대표자·변호인·보조인과 통역인의 성명, ④ 피고인의 출석 여부, ⑤ 공개의 여부와 공개를 금한 때에는 그 이유를 기재하여야 한다($\frac{제51조\ 제2항\ 제1}{호\ 내지\ 제5호}$).

(나) 실질적 기재사항   ① 공소사실의 진술 또는 공소장변경서면의 낭독, ② 피고인에게 그 권리를 보호함에 필요한 진술의 기회를 준 사실과 그 진술한 사실, ③ 피고인·피의자·증인·감정인 등의 진술, 증인·감정인 등이 선서하지 아니한 때에는 그 사유, ④ 증거조사를 한 때에는 증거될 서류, 증거물과 증거조사의 방법, ⑤ 공판정에서 행한 검증 또는 압수, ⑥ 변론의 요지, ⑦ 재판장이 기재를 명한 사항 또는 소송관계인의 청구에 의하여 기재를 허가한 사항, ⑧ 피고인 또는 변호인에게 최종진술할 기회를 준 사실과 그 진술한 사실, ⑨ 판결 기타의 재판을 선고 또는 고지한 사실 등 소송절차를 기재하여야 한다 ($\frac{제51조 제2항 제6}{호 내지 제14호}$).

(3) **공판조서작성상의 특례**   공판 외에서의 절차에 관한 조서인 경우에는 진술자의 청구 유무를 불문하고 진술자에게 조서를 읽어주거나 열람하게 하여 기재내용의 정확 여부를 확인하고($\frac{제48조}{제3항}$) 진술자가 서명·날인을 하여야 하나 ($\frac{동조}{제7항}$), 공판조서의 경우에는 진술자의 서명·날인을 요하지 아니하며, 진술자의 청구가 있는 때에 한하여 그 진술에 관한 부분을 읽어주고 증감변경의 청구가 있는 때에는 그 진술을 기재하여야 한다($\frac{제52}{조}$).

3. 기명날인 또는 서명

(1) **재판장 등의 기명날인**   공판조서에는 재판장과 참여한 법원사무관 등이 기명날인 또는 서명하여야 한다($\frac{제53조}{제1항}$). 재판장이 기명날인 또는 서명할 수 없는 때에는 다른 법관이 그 사유를 부기하고 기명날인 또는 서명하여야 하며 법관 전원이 기명날인 또는 서명할 수 없는 때에는 참여한 법원사무관 등이 그 사유를 부기하고 기명날인 또는 서명하여야 한다($\frac{동조}{제2항}$). 법원사무관 등이 기명날인 또는 서명할 수 없는 때에는 재판장 또는 다른 법관이 그 사유를 부기하고 기명날인 또는 서명하여야 한다($\frac{동조}{제3항}$).

(2) **흠 결**   관여법관의 성명이 전혀 기재되지 아니한 공판조서는 위법이다.[21] 공판조서에는 공판기일에 출석한 재판장이 기명날인하여야 하므로 공판기일에 출석하지 아니한 판사가 재판장으로 기명날인한 공판조서는 무효이다. 공판조서에 법원사무관의 기명날인이 없거나 공판에 참여하지 아니한 법원사무관이 기명날인한 경우에도 그 공판조서는 무효이다.

---

21) 대법원 1970. 9. 22. 선고 70도1312 판결.

4. 공판조서의 정리와 고지

공판조서는 공판기일 후 신속히 정리하여야 한다(제54조). 다음 회의 공판기일에는 전회(前回)의 공판기일에 관한 주요사항의 요지를 조서에 의하여 고지하여야 한다. 다만, 다음 회의 공판기일까지 전회의 공판조서가 정리되지 아니한 때에는 조서에 의하지 아니하고 고지할 수 있다(동조 제2항). 검사·피고인 또는 변호인은 공판조서의 기재에 대하여 변경을 청구하거나 이의를 제기할 수 있다(동조 제3항). 이와 같은 청구나 이의가 있는 때에는 그 취지와 이에 대한 재판장의 의견을 기재한 조서를 당해 공판조서에 첨부해야 한다(동조 제4항).

5. 피고인의 공판조서열람권

피고인은 공판조서의 열람 또는 등사를 청구할 수 있다(제55조 제1항). 피고인이 공판조서의 열람 또는 등사를 청구하는 경우 법원은 피고인에게 공판조서를 반드시 열람 또는 등사를 시켜야 한다. 피고인이 공판조서를 읽지 못하는 때에는 조서의 낭독을 청구할 수 있다(동조 제2항). 피고인에게 공판조서의 열람 또는 등사청구권을 부여한 이유는 공판조서의 열람 또는 등사를 통하여 피고인으로 하여금 진술자의 진술내용과 그 기재된 조서의 기재내용의 일치 여부를 확인할 수 있도록 기회를 줌으로써 그 조서의 정확성을 담보함과 아울러 피고인의 방어권을 충실하게 보장하려는 데 있다. 그러므로 피고인의 공판조서에 대한 열람 또는 등사청구에 법원이 불응하여 피고인의 열람 또는 등사청구권이 침해된 경우에는 그 공판조서를 유죄의 증거로 할 수 없을 뿐만 아니라(동조 제3항), 공판조서에 기재된 당해 피고인이나 증인의 진술도 증거로 할 수 없다.[22]

6. 속기·녹음 및 영상녹화

피고인·변호인 또는 검사는 공판정에서의 심리 전부 또는 일부에 대해 속기·녹음 또는 영상녹화를 신청할 수 있다. 법원은 신청에 대하여 특별한 사유가 없는 한 속기·녹음 또는 영상녹화를 하여야 하고, 필요하다고 인정하는 때에 직권으로 이를 명할 수 있다(제56조의2 제1항). 법원은 속기록·녹음물 또는 영상녹화물을 공판조서와 별도로 보관해야 한다(동조 제2항). 피고인·변호인 또는 검사는 비용을 부담하고 속기록·녹음물 또는 영상녹화물의 사본을 청구할 수 있다(동조 제3항).

---

22) 대법원 2003. 10. 10. 선고 2003도3282 판결, 2012. 12. 27. 선고 2011도15869 판결.

Ⅲ. 공판 외의 절차에 관한 조서

1. 의   의

공판 외의 절차에 관한 조서란 ① 공판 외에서 행한 피고인·증인·감정인·통역인·번역인에 대한 신문결과를 기재하는 각종 신문조서와 ② 공판 외에서의 검증·압수·수색 결과를 기재하는 조서 및 ③ 결정·명령을 위한 사실조사로서 심문을 행한 경우 그 결과를 기재하는 심문조서를 말한다.

2. 신문조서

(1) **신문조서의 작성**   피고인·피의자·증인·감정인·통역인·번역인을 신문하는 때에는 참여한 법원사무관 등이 조서를 작성하여야 한다(제48조 제1항). 신문조서에는 ① 피고인·피의자·증인·감정인 등의 진술, ② 증인·감정인 등이 선서하지 아니한 때에는 그 사유를 기재하여야 한다(동조 제2항). 서면, 사진 등을 신문조서에 첨부하여 이를 조서의 일부로 할 수 있다(규칙 제29조).

(2) **신문조서의 내용확인**   공판 외의 절차에 관한 조서는 **정확성을 확보하기** 위해 공판조서보다 엄격한 절차를 요한다. 신문을 마친 후에는 조서를 진술자에게 읽어주거나 열람하게 하여 기재내용의 정확 여부를 물어야 하고, 진술자가 그 증감변경의 청구를 한 때에는 그 진술을 조서에 기재하여야 한다(제48조 제3항·제4항). 신문에 참여한 검사, 피고인·피의자 또는 변호인이 조서기재의 정확성에 대하여 이의를 진술한 때에는 그 진술의 요지를 조서에 기재하여야 한다(동조 제5항). 이 경우에는 재판장 또는 신문한 법관은 그 진술에 대한 의견을 기재하게 할 수 있다(동조 제6항). 신문조서에는 진술자로 하여금 간인한 후 서명날인하게 하여야 한다. 다만 진술자가 서명날인을 거부한 때에는 그 사유를 기재하여야 한다(동조 제7항).

(3) **기명날인**   공판기일 외의 각종 신문조서에는 조사의 연월일시와 장소를 기재하고 그 조사를 행한 자와 참여한 법원사무관 등이 기명날인 또는 서명하여야 한다. 다만 공판기일 외에 법원이 신문을 행한 때에는 재판장 또는 법관과 참여한 법원사무관 등이 기명날인 또는 서명하여야 한다(제50조).

3. 압수·수색·검증조서

(1) **조서의 작성**   공판기일 외에서 행한 압수·수색·검증에 관하여는 조서를 작성하여야 한다(제49조 제1항). 공판기일에서의 검증과 압수는 공판조서에 기재된다(제51조 제2항 제10호). 검증조서에는 검증목적물의 현상을 명확하게 하기 위하여 도화

나 사진을 첨부할 수 있다($^{제49조}_{제2항}$). 압수조서에는 품종, 외형상의 특징과 수량을 기재하여야 한다($^{동조}_{제3항}$).

(2) 기명날인　　압수·수색·검증조서에는 조사 또는 처분을 행한 연월일시와 장소를 기재하고 그 조사 또는 처분을 행한 자와 참여한 법원사무관 등이 기명날인 또는 서명하여야 한다. 다만 공판기일 외에 법원이 조사 또는 처분을 행한 때에는 재판장 또는 법관과 참여한 법원사무관 등이 기명날인 또는 서명하여야 한다($^{제50}_{조}$). 공판정 외에서의 압수·수색은 압수수색영장을 발부하여 사법경찰관리 또는 법원사무관 등으로 하여금 집행시키는 것이 원칙이다($^{제113조.}_{제115조}$).

제 3　소송서류의 송달

Ⅰ. 의　　의

송달이란 당사자 기타 소송관계인에 대하여 법률에 정한 방식에 의하여 소송절차의 내용을 알리게 하는 법원 또는 법관의 직권행위를 말한다. 송달에는 일정한 법률적 효과가 인정된다. 요식행위인 점에서 통지와 구별되며, 특정인에 대한 것이라는 점에서 공시 또는 공고와 구별된다. 송달에 관하여는 법률에 다른 규정이 없으면 민사소송법을 준용한다($^{제65}_{조}$).

Ⅱ. 송달받을 자

1. 불구속된 피고인

(1) 피고인 본인　　불구속된 피고인의 경우에는 원칙적으로 피고인 본인이 송달받을 자가 된다. 이를 위하여 재판장은 피고인에 대한 인정신문을 마친 뒤 피고인에 대하여 그 주소의 변동이 있을 때에는 이를 법원에 보고할 것을 명하여야 한다($^{訴促規 제18}_{조 제1항}$).

(2) 송달영수인　　피고인·대리인·대표자·변호인 또는 보조인이 법원소재지에 서류의 송달을 받을 수 있는 주거 또는 사무소를 두지 아니한 때에는 그 법원소재지에 주거 또는 사무소가 있는 타인을 송달영수인으로 신고하여야 한다($^{제60조}_{제1항}$). 이 신고가 있으면 송달영수인은 송달에 관하여 본인으로 간주되고 ($^{동조}_{제2항}$), 송달영수인의 선임은 같은 지역에 있는 각 심급법원에 대하여 효력이 있다($^{동조}_{제3항}$). 다만 이 규정은 신체의 구속을 당한 자에게는 적용되지 않는다($^{동조}_{제4항}$).

여기서 '신체구속을 당한 자'란 그 사건에서 신체를 구속당한 자를 말하며, 다른 사건으로 신체구속을 당한 자는 포함하지 않는다.[23]

(3) 의사무능력자　형사소송법 제26조가 정하는 사건, 즉 형법 제9조 내지 제11조의 규정의 적용을 받지 아니하는 범죄사건($\substack{조세범처벌법 제4조.\\관세법 제278조}$)에 관하여 피고인이 의사능력이 없는 때에는 그 법정대리인이 송달받을 자가 된다($\substack{民訴法\\제179조}$).

2. 구속된 피고인

구속된 피고인에 대한 송달은 수감된 교도소·구치소의 장에게 한다($\substack{民訴法\\제182조}$). 이 경우 소장에게 서류를 송달하면 구속된 자에게 전달되었는지 여부에 관계없이 효력이 생긴다.[24]

3. 검　사

검사에 대한 송달은 소속 검찰청에 송부하여야 한다($\substack{제62\\조}$). 법원청사와 검찰청청사는 동일한 구내에 있으므로 검사에 대한 송달은 우편에 의하지 않고 서류를 인편으로 검찰청에 송부하는 방법에 의한다.

Ⅲ. 송달의 방법

1. 교부송달

송달은 서류를 받을 자에게 교부하는 교부송달이 원칙이다($\substack{民訴法 제178\\조 제1항}$). 송달할 장소는 송달받을 자의 주소, 거소, 영업소 또는 사무소이다($\substack{동법 제183\\조 제1항}$).

2. 보충송달

(1) 근무장소가 아닌 경우　근무장소 외의 송달할 장소에서 송달받을 사람을 만나지 못한 때에는 그 사무원, 피용자 또는 동거인으로서 사리를 분별할 지능이 있는 사람에게 서류를 교부할 수 있다($\substack{민소법 제186\\조 제1항}$). 가정부 등 가사사용인은 피용자의 범주에 속한다. 이러한 사무원이나 피용자는 송달장소에 거주할 필요는 없고, 일시적으로만 송달장소에 머무르는 경우에도 충분하다. 피고인의 동거가족에게 서류가 교부되고 그 동거가족이 사리를 분별할 지능이 있는 이상 피고인이 그 서류의 내용을 알지 못한 경우에도 송달의 효력이 있다. '사리를 분별할 지능'이란 송달의 취지를 이해하고 영수한 서류를 피고인에게 교부하는 것을 기대할 수 있는 정도의 능력을 의미한다.[25] 그러므로 반드시 성년자

23) 대법원 1976. 11. 10.자 76모69 결정.
24) 대법원 1995. 1. 12. 선고 94도2687 판결.
25) 대법원 2000. 2. 14.자 99모225 결정.

이어야 할 필요는 없다.

(2) 근무장소인 경우   근무장소에서의 송달은 원칙적 송달장소인 주소 등을 알지 못하거나 그 장소에서 송달할 수 없는 경우에 비로소 가능하다. 나아가 근무장소에서의 보충송달을 위해서는 서류를 교부받을 사람이 송달받을 사람의 고용주나 그의 법정대리인, 피용자, 그 밖의 종업원에 해당하는 사람이어야 하며, 그 사람은 사리를 분별할 지능이 있어야 하고, 무엇보다도 그 수령대행인이 서류의 수령을 거부하지 않아야 한다(민소법 제186 조 제2, 3항).

3. 우편송달

주거·사무소 또는 송달영수인의 선임을 신고하여야 할 자가 신고를 하지 아니한 때에는 법원사무관 등은 서류를 우편에 부치거나 기타 적당한 방법에 의하여 송달할 수 있다. 서류를 우체에 부친 경우에는 도달된 때에 송달된 것으로 간주한다(제61). 우편송달의 경우 민사소송법은 발신주의를 취하고 있으나 (民訴法 제189조) 형사소송법은 도달주의를 취하고 있다.

4. 공시송달

(1) 요 건   피고인의 주거·사무소와 현재지를 알 수 없는 때 또는 피고인이 법원의 재판권이 미치지 않는 장소에 있는 경우에 공시송달을 할 수 있다 (제63 조). 공시송달은 다른 방법으로 송달할 수 없을 때에만 허용되는 송달방법이므로 피고인이 신고한 주소지에 송달불능되었다 하더라도 기록상 피고인의 사무소 등이 기재되어 있는 경우에는 그 사무소 등으로 송달해 보아야 한다. 피고인이 다른 사건으로 교도소 등에 수감된 경우에는 피고인에 대한 공소장 부본과 소환장 등이 종전 주소지 등으로 송달되지 않았다 하더라도 공시송달을 할 수 없다. 따라서 법원은 주거 등 소재가 확인되지 않는 피고인에 대하여 공시송달을 할 때에는 검사에게 주소보정을 요구하거나 기타 필요한 조치를 취하여 피고인의 수감 여부를 확인할 필요가 있다.[26]

(2) 절 차   공시송달은 법원이 명하는 때에 한하여 할 수 있다(제64조 제1항). 법원은 공시송달의 사유가 있다고 인정하는 때에는 직권으로 결정에 의하여 공시송달을 명한다(규칙 제43조). 공시송달은 법원사무관 등이 송달할 서류를 보관하고 그 사유를 법원게시장에 공시하여야 한다(제64조 제2항). 법원은 그 사유를 관보나 신문지상에 공고할 것을 명할 수 있다(동조 제3항).

---

26) 대법원 2013. 6. 27. 선고 2013도2714 판결.

(3) **효력발생**   최초의 공시송달은 공시한 날로부터 2주일을 경과하면 그 효력이 생긴다. 다만 제2회 이후의 공시송달은 5일을 경과하면 그 효력이 있다 ($\binom{제64조}{제4항}$).

제 3 절   법원의 강제처분

제 1 관   피고인의 구속

제 1 개   관

Ⅰ. 의   의

피고인의 구속이란 공소제기 후 피고인의 신체자유를 제한하기 위하여 법원이 영장을 발부하여 피고인을 구인 또는 구금하는 강제처분이다($\binom{제69}{조}$). 구인은 강제력을 행사하여 피고인을 법원 기타 장소에 인치하는 것을 말하고, 구금이란 피고인이 도망하거나 증거를 인멸하는 것을 방지하기 위하여 일정한 장소에 감금하는 것을 말한다. 구인은 피고인을 지정된 장소에 인치할 수 있을 뿐 구금까지 행할 수 없으나, 구금은 인치의 효력을 겸유하고 있다. 구인한 피고인을 법원에 인치한 경우에 구금할 필요가 없다고 인정되면 인치한 때로부터 24시간 내에 석방하여야 한다($\binom{제71}{조}$).

Ⅱ. 목   적

피고인의 구속은 공판진행중 피고인이 도망하거나 증거를 인멸하는 것을 방지하고, 피고인에 대한 형집행의 확보를 위하여 행해진다. 피고인의 구속은 법관에 의하여 행해지기 때문에 수사기관에 의하여 행해지는 강제처분보다 인권침해의 소지는 적지만 신체자유의 제한은 최소한도에 그쳐야 한다.

제 2 구속의 요건

Ⅰ. 구속사유

법원이 피고인을 구속하려면 ① 피고인이 죄를 범하였다고 의심할 만한 상당한 이유가 있고, ② 피고인에게 일정한 주거가 없거나, ③ 피고인이 증거를 인멸할 염려 또는 ④ 도망하거나 도망할 염려가 있어야 한다($\frac{제70조}{제1항}$). 일정한 경미사건의 경우에는 구속의 사유가 제한된다. 즉 50만원 이하의 벌금, 구류 또는 과료에만 해당하는 사건에 있어서는 피고인에게 일정한 주거가 없는 때에 한하여 구속할 수 있다($\frac{동조}{제2항}$). 구인의 경우에도 구금과 같은 요건이 필요하다. 따라서 피고인이 법원의 소환에 정당한 이유 없이 불응한다고 하여 그 사유만으로 당연히 구인할 수 있는 것은 아니고 '도망할 염려가 있다고 인정되는 때'에 한하여 피고인을 구인할 수 있다.

II. 재구속과 이중구속

1. 재 구 속

수사기관이 피의자를 재구속하려면 일정한 제한을 받지만($\frac{제208조,}{제214조의3}$), 법원이 피고인을 재구속하는 때에는 제한이 없다. 따라서 피고인에 대하여 구속취소($\frac{제93}{조}$)를 한 경우에도 새로운 구속사유가 생겼다고 인정하면 다시 구속할 수 있다. 다만 구속기간의 계산과 갱신에 있어서는 종전의 구속과 통산하여야 한다. 한편 구속기간이 만료되어 석방된 경우에는 같은 범죄사실에 관한 새로운 구속이 불가능하나 판결을 선고하면서는 다시 구속할 수 있다.[1]

2. 이중구속

⑴ **학 설**　이중구속의 허용 여부에 관하여 ① 구속영장의 효력은 구속영장에 기재된 범죄사실에 대하여만 미칠 뿐만 아니라 구속된 피고인이 석방되는 경우를 대비하여 미리 구속해 둘 필요가 있다는 이유로 이중구속도 허용된다고 해석하는 견해[2]와 ② 구속된 피고인의 석방에 대비하기 위해서는 석방 전에 구속영장을 발부받아 두었다가 구속된 피고인의 구속영장의 집행에 관한 규정($\frac{제81조}{제3항}$)에 의하여 구속영장을 집행하면 족하다고 할 것이므로 이중구속은 허용되지 않는다는 견해[3]가 대립한다.

⑵ **판 례**　구속의 효력은 원칙적으로 구속영장에 기재된 범죄사실에만 미친다고 할 것이므로 종전의 구속영장에 의한 구속의 효력은 새로운 구속영장에 기재된 별개의 범죄사실에는 미치지 않는다. 구속기간이 만료될 무렵에

---

1) 대법원 1985. 7. 23.자 85모12 결정.
2) 신동운, 948면.
3) 배종대, 252면; 신양균, 168면; 이재상, 300면.

종전 구속영장에 기재된 범죄사실과는 다른 범죄사실로 피고인을 구속하였다는 사정만으로는 구속이 위법하다고 할 수 없다.[4]

⑶ **검 토**   피고인에 대한 이중구속은 허용된다고 본다. 피고인이 범한 여러 범죄사실 중 甲죄에 대하여 구속영장이 발부되어 있고, 범죄사실의 심리에 상당한 시일이 요구되어 구속기간의 만기가 임박한 때에는 乙죄에 대하여 다시 구속영장을 발부하는 것이 허용된다.

제 3 구속의 절차

I. 피고인구속의 주체

1. 법원과 재판장

피고인구속의 주체는 법원이다($\frac{제70조}{제1항}$). 법원이 피고인을 구속할 때에는 검사의 신청을 요하지 않는다. 급속을 요하는 경우에 재판장은 구속을 위한 심문, 구속영장발부, 구속촉탁 등의 처분을 할 수 있으며 또는 합의부원으로 하여금 이러한 처분을 하게 할 수 있다($\frac{제80}{조}$). 재판장 또는 합의부원이 구속영장을 발부하는 때에는 그 취지를 구속영장에 기재하여야 한다($\frac{규칙}{제47조}$).

2. 수탁판사

법원은 피고인의 현재지를 관할하는 지방법원 판사에게 피고인의 구속을 촉탁할 수 있다($\frac{제77조}{제1항}$). 이 경우 수탁판사는 구속영장을 발부하여야 한다($\frac{동조}{제3항}$). 수탁판사는 피고인이 관할구역 내에 현재하지 아니한 때에는 그 현재지의 지방법원 판사에게 전촉할 수 있다($\frac{동조}{제2항}$). 수탁판사가 발부하는 구속영장에는 수소법원이 발부하는 구속영장의 방식에 관한 규정이 준용된다($\frac{동조}{제4항}$). 수탁판사가 구속영장을 발부하는 경우에는 그 취지를 구속영장에 기재하여야 한다($\frac{규칙}{제47조}$).

【사 례】 피고인구속의 주체

《사 안》 검사는 사기죄로 불구속기소한 피고인 甲에 대하여 누범가중사유에 해당하는 전과를 발견하자 제1회 공판기일 전에 甲에 대한 구속영장을 법원에 청구하였다. 구속의 사유와 필요성이 인정되는 경우 수소법원은 검사의 구속영장청구에 대하여 어떤 결정을 하여야 하는가?

《검 토》 피고인의 구속은 수소법원의 권한이며 검사는 제1회 공판기일 전후를 불

---

4) 대법원 1996. 8. 12.자 96모46 결정, 2000. 11. 10.자 2000모134 결정.

문하고 수소법원에 피고인에 대한 구속영장을 청구할 권한이 없다. 따라서 수소법원은 검사의 구속영장청구를 기각하여야 한다. 본 사안의 경우 검사의 구속영장청구는 수소법원에 대하여 피고인의 구속을 사실상 촉구하는 의미만을 가질 뿐이다. 甲에 대한 구속사유와 필요성이 인정되면 수소법원은 직권으로 구속영장을 발부하게 된다.

II. 구속의 고지

1. 고지사항

법원이 구속영장을 발부할 때에는 피고인에게 ① 범죄사실의 요지, ② 구속의 이유와 ③ 변호인을 선임할 수 있음을 알려주고 ④ 변명할 기회를 주어야 한다. 다만, 피고인이 도망한 경우에는 그러하지 아니하다($\frac{제72}{조}$). 법원이 위와 같은 고지를 할 때에는 법원사무관 등을 참여시켜 조서를 작성하게 하여야 한다 ($\frac{규칙}{제52조}$).

2. 사전청문절차

이 절차는 구속영장을 집행함에 있어 집행기관이 취하여야 하는 절차가 아니라 구속영장을 발부함에 있어 수소법원 등 법관이 취하여야 하는 사전 청문절차이다. 법원이 사전청문절차를 거치지 아니한 채 구속영장을 발부하였다면 그 발부결정은 위법하다. 그러나 피고인이 이미 변호인을 선임하여 공판절차에서 변명과 증거의 제출을 다하고 그의 변호 아래 판결을 선고받은 경우 등과 같이 피고인의 **절차적 권리**가 실질적으로 보장되었다고 볼 수 있는 경우에는 사전청문절차를 거치지 아니한 채 구속영장을 발부하였다 하더라도 이러한 점만으로 그 발부결정이 위법하다고 볼 것은 아니다.[5]

그렇지만 사전청문절차의 흠결에도 불구하고 구속영장 발부를 적법하다고 보는 이유는 공판절차에서 증거의 제출과 조사 및 변론 등을 거치면서 판결이 선고될 수 있을 정도로 범죄사실에 대한 충분한 소명과 공방이 이루어지고 그 과정에서 피고인에게 자신의 범죄사실 및 구속사유에 관하여 변명을 할 기회가 충분히 부여되기 때문이므로, 이와 동일시할 수 있을 정도의 사유가 아닌 이상 함부로 청문절차 흠결의 위법이 치유된다고 해석하여서는 아니 된다.[6]

---

5) 대법원 2000. 11. 10.자 2000모134 결정.
6) 대법원 2016. 6. 14.자 2015모1032 결정.

Ⅲ. 구속영장의 발부

1. 구속영장의 작성

구속영장에는 피고인의 성명·주거, 주민등록번호, 직업, 죄명, 공소사실의 요지, 인치구금할 장소, 발부연월일, 구속사유, 유효기간, 그 유효기간을 경과하면 집행에 착수하지 못하며 영장을 반환하여야 한다는 취지를 기재하고 재판장 또는 수명법관이 서명날인하여야 한다(제75조 제1항, 규칙 제46조). 피고인의 성명이 분명하지 아니한 때에는 인상·체격 기타 피고인을 특정할 수 있는 사항으로 피고인을 표시할 수 있다(제75조 제2항). 피고인의 주거가 분명하지 아니한 때에는 그 주거의 기재를 생략할 수 있다(동조 제3항).

2. 수통의 구속영장

구속영장은 수통을 작성하여 여러 명의 사법경찰관에게 교부할 수 있다(제82조 제1항). 이 경우에는 그 사유를 구속영장에 기재해야 한다(동조 제2항).

Ⅳ. 구속영장의 집행

1. 구속영장의 법적 성질

법원이 피고인을 구속하고자 할 때에는 구속영장을 발부해야 한다(제73조). 피고인에 대한 구속영장은 수사기관에 대한 **명령장**으로서의 성질을 갖고 있다. 따라서 수사기관은 이를 집행할 의무를 부담하며 구속영장의 집행은 재판의 집행을 의미한다.

2. 집행지휘와 집행기관

⑴ 집행지휘   구속영장은 원칙적으로 검사가 집행을 지휘한다(제81조 제1항 본문). 검사는 관할구역 외에서 집행을 지휘할 수 있고 당해 관할구역의 검사에게 집행지휘를 촉탁할 수 있다(제83조 제1항). 검사의 지휘에 의하여 구속영장을 집행하는 경우 법원은 구속영장원본을 검사에게 송부하여야 한다(규칙 제48조). 예외적으로 급속을 요하는 때에는 재판장, 수명법관 또는 수탁판사가 집행을 지휘할 수 있다(제81조 제1항 단서). 이 경우 법원사무관 등에게 그 집행을 명할 수 있다(동조 제2항).

⑵ 집행기관   구속영장은 검사의 지휘에 의하여 **사법경찰관리**가 집행한다(제81조 제1항). 교도소 또는 구치소에 있는 피고인에 대하여 발부된 구속영장은 검사의 지휘에 의하여 **교도관**이 집행한다(제81조 제3항). 사법경찰관리는 관할구역 외에서 구속

영장을 집행하거나 관할구역의 사법경찰관리에게 집행을 촉탁할 수 있다 (제83조 제2항). **법원사무관 등이 재판장 등의 명령에 의하여 구속영장을 집행하는 경우** 필요에 따라 사법경찰관리·교도관 또는 법정경위에게 보조를 요구할 수 있으며 관할구역 외에서도 집행할 수 있다(제81조 제2항).

3. 집행절차

피고인에 대한 구속영장의 집행절차는 피의자에 대한 체포영장의 집행절차와 전체적으로 동일하다. 구속영장을 집행할 때에는 피고인에게 반드시 구속영장을 제시하여야 하고 피고인을 신속히 지정된 장소에 인치하여야 한다(제85조 제1항). 수탁판사가 구속영장을 발부한 경우에는 수탁판사에게 피고인을 인치하여야 한다(제85조 제2항, 제78조 제1항). 구속영장집행사무를 담당한 자가 구속영장을 집행한 때에는 구속영장에 집행일시와 장소를, 집행할 수 없었을 때에는 그 사유를 각 기재하고 기명날인하여야 한다(규칙 제49조 제1항). 구속영장의 집행에 관한 서류는 집행을 지휘한 검사 또는 수탁판사를 경유하여 구속영장을 발부한 법원에 이를 제출하여야 한다(동조 제2항).

V. 집행 후의 절차

1. 고지절차

피고인을 구속한 때에는 즉시 공소사실의 요지와 변호인을 선임할 수 있음을 알려야 한다(제88조). 피고인이 구금된 경우뿐만 아니라 구인된 경우에도 고지절차를 이행하여야 한다. 피고인에게 이미 변호인이 선임되어 있는 때에는 공소사실의 요지만 고지하여도 무방하다.

2. 구속의 통지

법원이 피고인을 구속한 때에는 ① 피고인에게 변호인이 있는 경우에는 변호인에게, ② 변호인이 없는 경우에는 변호인선임권자 가운데 피고인이 지정한 자에게 구속과 관련된 사항을 통지하여야 한다(제87조). 통지하여야 할 사항은 ① 사건명, ② 구속의 일시와 장소, ③ 범죄사실의 요지, ④ 구속의 이유와 ⑤ 변호인을 선임할 수 있다는 취지이다(제87조 제1항). 구속의 통지는 피고인을 구속한 후 지체 없이 하여야 하며(동조 제2항) 늦어도 24시간 이내에 서면으로 하여야 한다(규칙 제51조 제2항). 구인의 경우에는 별도의 통지를 요하지 않는다.

3. 변호인의뢰의 통지

구속된 피고인은 법원, 교도소장 또는 구치소장이나 그 대리인에게 변호사를 지정하여 변호인의 선임을 의뢰할 수 있고, 의뢰를 받은 사람은 피고인이 지정한 변호사에게 그 취지를 통지하여야 한다($^{제90}_{조}$). 피고인에게 이미 변호인이 선임되어 있거나, 변호사 아닌 사람을 지정하여 특별대리인의 선임을 의뢰하는 경우에는 통지해 줄 의무가 없다.

4. 구속영장등본의 교부청구

피고인, 변호인, 피고인의 법정대리인, 특별대리인, 배우자, 직계친족, 형제자매는 구속영장을 발부한 법원에 구속영장등본의 교부를 청구할 수 있다($^{규칙 제50}_{조 제1항}$). 피고인의 방어권행사를 보장하기 위한 조항이다. 한편 고소인, 고발인 또는 피해자가 구속영장등본의 교부를 청구할 때에는 비용을 납입하고 구속영장등본을 필요로 하는 사유를 소명하여야 한다($^{본조}_{제2항}$).

VI. 피고인의 접견교통권

1. 의   의

구속된 피고인은 변호인이나 가족 등 타인과 접견하고, 서류 또는 물건을 수수하며, 의사의 진료를 받을 수 있다. 변호인과의 접견교통권은 제한이 없지만, 비변호인과의 접견교통권은 법률의 범위 내에서만 인정된다.

2. 변호인과의 접견교통권

변호인 또는 변호인이 되려는 자는 신체구속을 당한 피고인과 접견하고 서류 또는 물건을 수수할 수 있으며, 의사로 하여금 진료하게 할 수 있다($^{제42}_{조}$). 변호인과의 접견교통권은 변호인의 권리인 동시에 피고인의 권리이다.

3. 비변호인과의 접견교통권

구속된 피고인은 법률의 범위 안에서 타인과 접견하고 서류 또는 물건을 수수하며 의사의 진료를 받을 수 있다($^{제89}_{조}$). 법원은 피고인이 도망하거나 증거를 인멸한 염려가 있다고 인정할 만한 상당한 이유가 있을 때에는 직권 또는 검사의 청구에 의하여 결정으로써 피고인과 비변호인의 접견을 금하거나 수수할 서류 기타 물건의 검열, 수수의 금지 또는 압수를 할 수 있다($^{제91조}_{본문}$). 다만 의류·양식 또는 의료품의 수수를 금지하거나 압수하는 것은 허용되지 않는다($^{동조}_{단서}$).

제 4 피고인에 대한 구속기간

Ⅰ. 구속기간

1. 구속기간의 기산점

⑴ **쟁 점**   피고인에 대한 구속기간은 2개월로 한다($^{제92조}_{제1항}$). 제1심 구속기간의 기산점은 공소제기시이다. 초일은 구속기간에 산입한다($^{제66조\ 제1}_{항\ 단서}$). 공소제기후 수소법원이 구속영장을 발부하여 불구속피고인을 구속하는 경우 그 구속기간의 기산일에 관해서는 학설이 대립하고 있다.

⑵ **학 설**   ① 인치완료시설에 의하면, 구속영장의 집행에 의하여 피고인을 법원, 구치소 기타 지정된 장소에 인치한 날이 구속기간의 기산일이라고 한다. 피고인이 인치된 때로부터 법원의 심판이 가능하다는 점을 논거로 한다. ② 구속영장집행시설에 의하면, 구속영장의 집행에 의하여 피고인을 사실상 구속한 날이 구속기간의 기산일이라고 한다. 구속영장의 집행시부터 인치완료시까지의 기간을 구속기간에 포함시키는 것이 피고인의 구속기간을 제한하고 있는 현행법의 취지에 부합하는 점을 논거로 한다.

⑶ **검 토**   구속영장의 집행시부터 인치완료시까지의 기간, 특히 호송중의 가유치기간($^{제86}_{조}$)을 피고인의 구속기간에 산입하여야 한다는 점에서 구속영장집행시설이 타당하다고 본다.

2. 불산입기간

보석·구속집행정지·감정유치중의 기간은 구속기간에서 당연히 제외된다. 또한 ① 기피신청으로 인한 소송의 정지($^{제22}_{조}$), ② 공소장변경으로 인한 공판절차의 정지($^{제298조}_{제4항}$), ③ 피고인의 소송무능력 상태로 인한 공판절차의 정지($^{제306조}_{제1항}$), ④ 피고인의 **질병**으로 인한 공판절차의 정지($^{제306조}_{제2항}$)에 의하여 정지된 기간, ⑤ 공소제기 전의 체포·구인·구금된 기간도 구속기간 또는 갱신기간에 산입하지 않는다($^{제92조}_{제3항}$).

3. 위헌심판제청과 구속기간의 정지

법원이 법률의 위헌 여부의 심판을 헌법재판소에 제청한 때에는 당해 피고사건의 재판은 헌법재판소로부터 위헌 여부의 결정이 있을 때까지 원칙적으로 정지되는데 그 정지기간은 피고인에 대한 구속기간에 산입되지 않는다($^{憲裁法}_{제42조}$).

구속기간에 산입되지 않는 재판정지기간의 기산시점은 법원이 위헌제청결정을 한 때, 그 만료시점은 헌법재판소의 위헌여부결정서 정본이 위헌제청법원에 송달된 때로 봄이 상당하다.

II. 구속기간의 갱신

1. 연장기간

피고인에 대한 구속기간은 원칙적으로 2개월이지만 특별히 구금을 계속할 필요가 있는 경우에는 심급마다 2차에 한하여 2개월의 한도에서 결정으로 구속기간을 갱신할 수 있다(제92조 제1항, 제2항). 다만, 상소심은 피고인 또는 변호인이 신청한 증거의 조사, 상소이유를 보충하는 서면의 제출 등으로 추가심리가 필요한 부득이한 경우에는 3차에 한하여 갱신할 수 있다(제92조 제2항 단서). 피고인 또는 변호인이 신청한 증거의 조사, 상소이유를 보충하는 서면의 제출은 추가심리가 필요한 부득이한 경우를 예시한 규정이지 추가심리가 필요한 경우를 열거한 규정이라고 볼 수는 없지만 상소심에서 구속기간을 3차 갱신함에 있어서는 신중을 기하여야 한다. 구속된 피고인에 대하여 이 기간 동안 재판을 마치지 못하면 구속영장의 효력이 상실되므로 피고인은 석방된다. 구속된 피고인이 제2심 판결에 불복하여 대법원에 상고하였는데 대법원이 파기환송판결을 선고한 경우 사건을 환송받은 법원도 피고인에 대하여 구속기간을 최대 3차까지 갱신할 수 있다.

2. 상소와 구속기간갱신

판결선고 후 상소기간중(상소제기 전) 또는 상소중(상소제기 후)의 사건에 관한 구속기간갱신결정은 소송기록이 원심법원에 있는 때 혹은 원심법원을 떠나 아직 상소심법원에 도달하기까지는 원심법원이 하여야 한다(제105조, 규칙 제57조 제1항). 판결선고 후 원심법원이 구속기간갱신결정을 하는 것은 원래 상소법원이 해야 할 결정을 편의상 대행한 것이 되므로 그 후 상소법원은 최대 2차에 한하여 갱신결정만 할 수 있다. 또한 이송·환송의 재판이 있은 후의 사건에 관한 구속기간갱신결정도 소송기록이 이송·환송받을 법원에 도달하기까지는 그 이송·환송의 재판을 한 법원이 이를 하여야 한다(규칙 제57조 제2항).

3. 법정구속과 구속기간갱신

구속기간 만료로 피고인을 석방하였다가 판결을 선고하면서 다시 구속하는 경우에는 대행갱신의 실질을 갖게 되므로 상소심은 2차부터 구속기간을 갱신할 수 있다. 실무상은 구속된 피고인에 대하여 구속기간이 만료되기 전에 판결을 선고할 수 없는 경우에는 보석 또는 구속집행정지로 피고인을 미리 석방하여 재판을 진행한 다음 판결을 선고하면서 보석 또는 구속집행정지를 취소하여 피고인을 다시 구속하고 그 후 대행갱신을 한다. 한편 불구속으로 진행된 사건의 판결을 선고하면서 피고인을 법정구속하는 경우에는 상소심의 대행갱신이 아니므로 상소심은 2개월이 경과된 후 구속기간을 1차부터 갱신할 수 있다.

제 5 구속의 집행정지와 실효

I. 구속의 집행정지

1. 의   의

법원은 상당한 이유가 있는 때에는 결정으로 구속된 피고인을 친족, 보호단체 기타 적당한 자에게 부탁하거나 피고인의 주거를 제한하여 구속의 집행을 정지할 수 있다(제101조 제1항). 구속의 집행정지는 보증금을 조건으로 하지 않는다는 점에서 보석과 구별되고, 피고인 등에게 신청권이 인정되지 않는다는 점에서 구속취소와 구별된다.

2. 절   차

(1) **직권결정**   구속된 피고인이나 그 변호인에게 구속집행정지신청권이 인정되지 않고 법원이 직권으로 결정한다. 법원이 구속집행정지를 결정할 때에는 검사의 의견을 물어야 한다. 다만 급속을 요하는 경우에는 그러하지 아니하다 (제101조 제2항). 구속집행정지결정에는 정지의 기간을 정할 수도 있고 정하지 않을 수도 있다. 피고인 등에게 신청권이 인정되지 않으므로 피고인의 변호인이 구속집행정지 신청을 하였다고 하더라도 상당한 이유가 인정되지 않을 경우에는 별도로 기각결정을 하지 않는다.

(2) **불 복**   구속의 집행정지결정에 대하여 종전에는 검사의 즉시항고가 허용되었으나, 헌법재판소의 위헌결정으로 해당 조항이 삭제되었다.[7] 다만, 보통항고에 의하여 불복이 가능하나, 재판의 집행을 정지하는 효력이 인정되지 않아 구속집행이 정지된 피고인에 대한 석방은 그대로 유지된다.

(3) **국회의 석방요구**   구속된 국회의원에 대한 국회의 석방요구가 있으면

---

7) 헌법재판소 2012. 6. 27. 선고 2011헌가36 결정.

당연히 구속영장의 집행이 정지된다(헌법 제44 조 제4항). 석방요구의 통고를 받은 검찰총장은 즉시 석방을 지휘하고 그 사유를 수소법원에 통지하여야 한다(동조 제5항).

3. 구속집행정지의 실효

법원은 직권 또는 검사의 청구에 의하여 결정으로 구속의 **집행정지를 취소**할 수 있다. 다만 국회의원에 대한 구속영장의 집행정지는 그 회기중 취소하지 못한다(제102조 제2항). 취소사유, 청구 및 재판, 취소에 의한 재구금절차 등은 모두 보석취소의 경우와 동일하다. 구속집행정지결정에 기간을 정한 경우에는 그 기간이 만료되면 별도의 결정 없이 구속영장의 효력에 의하여 다시 구금된다.

Ⅱ. 구속의 실효

1. 구속의 취소

(1) 의 의　 구속의 사유가 없거나 소멸된 때에는 법원은 직권 또는 검사・피고인・변호인과 변호인선임권자의 청구에 의하여 결정으로 구속을 취소하여야 한다(제93 조). 구속취소는 법원이 직권으로 행할 수 있지만 검사 및 피고인 측의 청구에 의하여도 행해진다. 구속취소사건은 공판절차를 필요로 하는 것이 아니므로 판사의 경질이 있더라도 공판절차의 갱신을 필요하지 않는다.[8]

(2) 취소사유　 '구속의 사유가 없는 때'란 구속사유가 처음부터 존재하지 않았던 것이 판명된 경우이고, '구속사유가 소멸된 때'란 존재한 구속사유가 사후적으로 소멸한 경우를 말한다. 예를 들면 피고인만이 상고한 사건은 물론 피고인과 검사가 상고하였으나 검사의 상고가 받아들여지리라고 보기 어려운 사건에 있어서 피고인의 상고가 기각되더라도 제1심과 항소심판결 선고 전의 구금일수만으로도 본형 형기 전부에 산입되고도 남는 경우라면 비록 피고인이 집행유예기간중에 있더라도 피고인을 구속할 사유는 소멸된 것이다.[9]

(3) 절 차　 법원이 피고인에 대한 구속취소를 결정할 때에는 검사의 청구에 의하거나 급속을 요하는 경우 이외에는 **검사의 의견**을 물어야 한다(제97조 제2항). 검사는 법원의 의견요청에 대하여 지체 없이 의견을 표명해야 한다(동조 제3항). 검사는 구속취소결정에 대하여 **즉시항고**를 할 수 있다(동조 제4항). 법원의 구속취소결정에 대하여 검사의 즉시항고권을 인정한 제97조 제4항은 헌법 제12조 제3항의 영장주의원칙에 위배되어 위헌이라고 생각된다. 구속취소 후에도 새로이 구속사유

---

8) 대법원 1986. 4. 30.자 86모10 결정.
9) 대법원 1990. 9. 13.자 90모48 결정, 1991. 4. 11.자 91모25 결정.

가 생기면 법원은 피고인을 다시 구속할 수 있다. 법원의 피고인구속에 대해서는 재구속제한의 규정(제208조)이 없기 때문이다.

2. 구속의 당연실효

(1) **구속기간의 만료**　구속기간이 만료되면 구속영장의 효력은 당연히 상실된다. 구속기간의 만료로 석방된 경우에는 피고인이 재판중 도망할 염려가 있다 하더라도 다시 구속영장을 발부하여 재구속을 할 수 없다. 다만 판결을 선고하면서 다시 피고인을 구속할 수 있다.

(2) **구속영장의 실효**　무죄, 면소, 형의 면제, 형의 선고유예·집행유예, 공소기각 또는 벌금이나 과료를 과하는 판결이 선고된 때에는 구속영장은 효력을 잃는다(제331조). 따라서 판결의 선고 후 피고인은 지체 없이 석방된다. 다만, 판결의 선고 후 피고인이 소지품을 수령하는 등 교도소에서의 석방절차를 완료하기 위하여, 임의로 교도관에 동행하는 것은 상관없지만, 동의를 얻지 않고 교도소까지 구속상태로 연행하는 것은 허용되지 않는다.

구속영장의 실효에 의해서 보석 또는 구속집행정지의 효력도 잃게 되므로 보석보증금 또는 담보를 환부하여야 한다(제104조). 제331조에 의하여 구속영장이 실효된 후 검사가 원판결에 항소한 경우 항소심의 심리중 다시 구속영장을 발부하여 피고인을 재구속하는 것이 가능한가의 문제가 있다. 구속영장의 실효 후 제70조 제1항에서 규정한 사유가 새롭게 발생하였다면 항소심에서 다시 구속영장을 발부할 수 있다는 견해를 생각해 볼 수 있지만, 항소심에서는 원판결이 파기된 경우에 한하여 새로운 구속영장의 발부가 허용된다고 본다.

(3) **사형·자유형의 확정**　사형 또는 자유형의 판결이 확정되면 구속영장의 효력은 상실된다. 자유형의 판결이 확정된 때에는 그 확정된 날로부터 형의 집행이 시작된다(형법 제84조 제1항). 자유형의 판결확정으로 구속영장이 실효되면 법원은 구속의 취소결정을 할 수 없다.[10] 사형선고를 받은 자는 그 집행까지 교도소나 구치소에 수감되지만, 이는 확정판결 자체의 효력에 의한 것이며 구속영장의 효력이 존속하는 것은 아니다.

3. 구속중 별건으로 형이 집행된 경우

피고인이 甲죄로 구속기소되어 재판을 받는 도중에 별도로 확정된 乙죄에 대한 형의 집행으로 수감된 경우 甲죄에 대한 구속영장의 효력이 당연히 실효된다거나 정지된다고 할 수 없다. 다만 이 경우 구속은 관념상으로만 존재하는

---

10) 대법원 1999. 9. 7.자 99초355, 99도3454 결정.

것일 뿐 사실상은 형의 집행에 의한 구금만이 존재한다고 보아야 하므로, 형집행 이후의 미결구금일수는 본형에 통산하여서는 안된다.[11] 따라서 피고인이 별건으로 수감된 이상 구속취소를 하거나, 보석 또는 구속집행정지결정에 의하여 구속영장의 효력을 정지시켜 놓는 것이 바람직하다.

제 2 관 보석제도

제 1 개   관

Ⅰ. 의   의

1. 개   념

보석이란 일정한 조건으로 구속의 집행을 정지하여 구속된 피고인을 석방하는 제도를 말한다. 보석은 구속의 집행만을 정지하는 제도라는 점에서는 구속집행정지와 같으나, 일정한 조건을 전제로 하고 피고인에게 신청권이 있다는 점에서 구속집행정지와 구별된다. 그리고 보석이 취소된 때에는 정지되어 있던 구속영장의 효력이 당연히 부활한다는 점에서 구속영장을 전면적으로 실효시키는 구속취소와 구별된다.

2. 보석제도의 확대

보석제도는 구속된 피고인을 일정한 조건하에 석방하기 위한 제도로서 피의자에게는 보석청구권이 인정되지 않는다. 다만 형사소송법은 구속된 피의자가 구속적부심사를 청구한 경우에 한하여 직권으로 보증금납입조건부 피의자석방을 인정하고 있다.

Ⅱ. 제도적 가치

보석제도는 인권보장적 측면에서 불필요한 구속을 제한하여 피고인으로 하여금 자유로운 상태에서 방어의 기회를 보장할 수 있게 하고, 피고인에게 공판절차 및 형집행을 위한 출석을 심리적으로 강제할 수 있을 정도의 조건을 부과하여 피고인을 석방하면서도 구속과 동일한 효과를 얻도록 하는 제도이다. 또한 미결구금의 유지에 필요한 경비를 절약할 수 있게 하고, 형사정책적으로는

---

11) 대법원 2001. 10. 26. 선고 2001도4583 판결.

구금에 의한 악영향을 배제하여 피고인을 보호할 수 있는 장점도 있다.

제 2 보석의 종류

Ⅰ. 필요적 보석

1. 필요적 보석의 원칙

보석청구가 있는 때에는 제외사유가 없는 한 보석을 허가해야 한다($\frac{제95}{조}$). 필요적 보석의 원칙은 보석이 취소된 후에 다시 보석청구가 있는 때에도 적용된다. 집행유예결격자라고 하여 보석을 할 수 없는 것도 아니다.[12] 형사소송법은 필요적 보석을 원칙으로 하면서도 이에 대한 광범위한 제외사유를 인정하여 보석제도의 기능을 지나치게 축소하고 있다는 비판이 있다.

2. 제외사유

(1) **중대한 범죄**($\frac{1}{호}$)   피고인이 사형, 무기 또는 장기 10년이 넘는 징역이나 금고에 해당하는 죄를 범한 때에는 그만큼 실형을 선고받을 개연성이 크므로 보증금 또는 보석조건의 부과만으로 피고인의 출석을 확보하기는 어렵기 때문이다. 형의 경중은 공소장에 기재된 범죄의 법정형을 기준으로 판단한다. 공소장변경이 있는 경우에는 변경된 공소사실을 기준으로 한다. 공소사실과 죄명이 예비적·택일적으로 기재된 경우에는 그 중 일죄가 여기에 해당하면 된다.

(2) **누범 또는 상습범**($\frac{2}{호}$)   누범 또는 상습범을 필요적 보석의 제외사유로 규정하는 취지가 재범의 위험성으로부터 사회를 보호하기 위한 것이라고 해석하는 견해가 있으나, 피고인이 누범에 해당하거나 상습범인 죄를 범한 때에는 실형이 선고될 개연성이 높아 도망의 우려가 현저하기 때문에 제외사유로 규정된 것이라고 본다. '상습범인 죄를 범한 때'란 상습범이 구성요건요소로 된 경우에 한정된다고 해석함이 타당하다.

(3) **증거인멸 또는 증거인멸의 위험**($\frac{3}{호}$)   피고인이 죄증을 인멸하거나 인멸할 염려가 있다고 믿을 만한 충분한 이유가 있는 경우이다. 증거인멸의 위험은 다른 조건에 의해서도 방지될 수 있다는 점에 비추어 이 경우를 필요적 보석의 제외사유로 한 것은 타당하다고 할 수 없다는 견해도 있으나, 증거인멸의 염려가 있는 자에 대해 보석을 허가하는 것은 구속제도의 취지에 반할 우려가 있다

---

12) 대법원 1990. 4. 18.자 90모22 결정.

고 본다. 증거인멸의 염려는 해당 범죄의 객관적 사정, 공판진행과정, 피고인의 지위와 활동 등을 고려하여 구체적으로 결정해야 한다. 증거인멸의 대상이 되는 사실은 범죄구성요건사실에 한하지 않고, 범죄의 배후사정이나 양형사실도 포함된다.

(4) **도망 또는 도망할 염려($\frac{4}{호}$)**   피고인이 도망하거나 도망할 염려가 있다고 믿을 만한 충분한 이유가 있는 경우를 말한다. 보석은 보증금 또는 보석조건의 부과라는 심리적 압박에 의하여 피고인의 도망을 방지하기 위한 제도이므로 도망의 염려를 이유로 구속되어 있는 피고인에게 같은 이유로 보석을 허가하지 않는 것은 논리적 모순이며 보석제도의 취지에 반한다는 견해가 있다. 그러나 보증금 또는 보석조건의 부과만으로 도망의 위험이 모두 제거된다고는 볼 수 없고, 구속의 가장 중요한 목적이 도망의 방지에 있는 이상 이를 필요적 보석의 제외사유로 규정한 것은 타당하다고 본다.

(5) **주거불명($\frac{5}{호}$)**   피고인의 주거가 분명하지 않을 때란 법원이 피고인의 주거를 알 수 없는 경우를 말한다. 피고인이 주거에 대하여 진술거부권을 행사하고 있어도 법원이 그 주거를 알고 있는 때에는 여기에 해당하지 않는다.

(6) **피해자 등에 대한 위험($\frac{6}{호}$)**   피고인이 피해자, 당해 사건의 재판에 필요한 사실을 알고 있다고 인정되는 자 또는 그 친족의 생명, 신체나 재산에 해를 가하거나 가할 염려가 있다고 믿을 만한 충분한 이유가 있을 때에도 필요적 보석에서 제외된다. 피고인이 보석으로 석방되어 피해자에게 보복을 가하는 것을 방지하고 피해자 등이 자유로운 증언을 할 수 있도록 하기 위한 규정이다.

3. 제외사유의 판단과 여죄

필요적 보석의 제외사유를 판단할 때 구속영장에 기재된 범죄사실 이외의 죄(여죄)를 판단자료에 포함시켜서는 안된다. 구속은 구속영장에 기재된 사실에만 미치기 때문이다.

Ⅱ. 임의적 보석

필요적 보석의 제외사유에 해당하는 경우에도 법원은 상당한 이유가 있으면 직권 또는 보석청구권자의 청구에 의하여 결정으로 보석을 허가할 수 있다($\frac{제96}{조}$). 이 조항은 직권보석 이외에 청구보석을 포함하고 있다. 임의적 보석을 결정함에 있어서는 범죄사실의 내용이나 성질, 피고인의 전과·경력·성격 등을 고려

하기 위하여 구속영장에 기재되지 아니한 병합심리중인 여죄를 검토하는 것도
허용된다.

제3 보석의 절차

I. 보석의 청구

1. 청구권자

보석의 청구권자는 피고인·변호인·법정대리인·배우자·직계친족·형제
자매·가족·동거인 또는 고용주이다(조^{제94}). 피고인 이외의 자의 보석청구권은
독립대리권이다.

2. 청구의 방식

보석을 청구할 때에는 청구서와 그 부본을 첨부하여야 한다(^{규칙 제53}_{조 제2항}). 공소제
기 후 재판확정 전까지는 심급을 불문하고 보석을 청구할 수 있으며 상소기간
중에도 가능하다(조^{제105}). 보석청구는 그 결정이 있기 전까지 철회할 수 있다.

II. 검사의 의견

1. 의견청취절차

법원이 보석을 결정할 때에는 검사의 의견을 물어야 한다(^{제97조}_{제1항}). 검사에게
의견을 물을 때에는 보석청구서의 부본을 첨부해야 한다(^{규칙 제53}_{조 제3항}). 법원이 직권
으로 보석을 결정하기 전에도 검사의 의견을 물어야 하는데, 이 경우 의견요청
서만 송부하면 된다. 검사의 의견청취절차는 보석에 관한 결정의 본질적 부분
이 되는 것은 아니므로 법원이 검사의 의견을 듣지 아니한 채 보석에 관한 결
정을 하였다고 하더라도 그 결정이 적정한 이상, 절차상의 하자만을 들어 그
결정을 취소할 수는 없다.[13]

2. 의견서의 제출

검사는 법원으로부터 보석에 관한 의견요청이 있을 때에는 지체 없이 의견
을 표명하고(^{제97조}_{제3항}), 의견서와 소송서류 및 증거물을 법원에 제출하여야 한다
(^{규칙 제54}_{조 제1항}). 검사의 의견이 법원을 기속하는 것은 아니다. 따라서 법원은 신속한
결정을 위하여 검사의 의견표명이 있기 전에 보석의 허부를 결정할 수도 있다.

---

13) 대법원 1997. 11. 27.자 97모88 결정.

Ⅲ. 법원의 심문

1. 심문기일의 지정과 통지

⑴ **심문기일의 지정** 　보석청구를 받은 법원은 지체 없이 심문기일을 정하여 한다. 다만 ① 보석청구권자 이외의 사람이 보석을 청구하거나 재청구한 때, ② 동일한 피고인에 대해 중복하여 보석을 청구하거나 재청구한 때, ③ 공판준비 또는 공판기일에 피고인에게 그 이익되는 사실을 진술할 기회를 준 때, ④ 이미 제출한 자료만으로 보석을 허가하거나 불허할 것이 명백한 때에는 심문기일을 지정하지 않아도 된다(규칙 제54조의2 제1항).

⑵ **심문기일의 통지** 　심문기일을 정한 법원은 즉시 검사, 변호인, 보석청구인 및 피고인을 구금하고 있는 관서의 장에게 심문기일과 장소를 통지하여야 한다(규칙 제54조의2 제2항). 심문기일의 통지는 서면 외에 전화 또는 모사전송 등 적당한 방법으로 할 수 있다(동조 제3항).

2. 심문기일의 절차

피고인을 구금하고 있는 관서의 장은 심문기일에 피고인을 출석시켜야 한다(규칙 제54조의2). 법원은 심문기일에 구속된 피고인을 심문하고 소송서류 및 증거물을 조사한다. 피고인·변호인·보석청구인은 피고인에게 유리한 자료를 제출할 수 있고, 검사·변호인·보석청구인은 심문기일에 출석하여 의견을 진술할 수 있다(동조 제4항·제5항). 법원은 피고인의 심문을 합의부원에게 명할 수 있다(동조 제7항).

Ⅳ. 법원의 결정

1. 결정기한

법원은 특별한 사정이 없는 한 보석의 청구를 받은 날로부터 7일 이내에 보석청구에 관한 결정을 하여야 한다(규칙 제55조). 이는 신속한 결정을 위한 **훈시규정**이다.

2. 기각결정

보석청구가 이유 없을 경우에는 보석청구를 기각한다. 보석을 허가하지 않는 결정을 할 때에는 결정이유에 불허가사유를 명시해야 한다(규칙 제55조의2). 피고인 등은 보석청구를 기각하는 결정에 대해서 항고를 할 수 있다(제403조 제2항).

3. 허가결정

⑴ **보석의 조건** 　보석허가를 결정할 때에는 필요하고 상당한 범위 안에서

피고인의 출석을 담보할 조건 중 하나 이상의 조건을 정해야 한다($\frac{제98}{조}$). 개정법은 보석조건을 다양화함으로써 비금전적 보석조건을 가능하게 하여 개별 사안의 특성과 피고인이 처해 있는 구체적 사정에 가장 적합한 보석조건을 정할 수 있게 하였다.

(2) 보석조건의 유형

(가) 보증금의 납부　　피고인 또는 법원이 지정하는 자가 보증금을 납부하거나 담보를 제공하는 것($\frac{동조}{제8호}$)은 전형적인 보석조건이다. 보증금은 피고인의 출석을 확보함에 상당한 금액이어야 한다. 피고인의 자산 정도로는 납입하기 불가능한 보증금액을 정할 수 없다. 법원이 정하는 보증금 상당의 금액을 납입할 것을 약속하는 약정서의 제출($\frac{동조}{제2호}$)을 보석조건으로 할 수도 있다. 현실적으로 보증금을 납입할 필요는 없으나 장래에 보증금을 납부하겠다는 약정서를 제출하는 것이다.

(나) 서약서의 제출　　법원이 지정한 일시·장소에 출석하고 증거를 인멸하지 아니하겠다는 서약서의 제출($\frac{동조}{제1호}$)은 자력이 없는 피고인에 대하여 보석을 허용하기 위해 도입된 조건이다. 이는 가장 간편하게 이행할 수 있는 보석조건이지만, 출석담보력이 다른 보석조건에 비하여 약하다.

(다) 출석보증서의 제출　　피고인 이외의 자가 작성한 출석보증서의 제출($\frac{동조}{제5호}$)을 조건으로 보석을 허가할 수 있다. 출석보증서의 실효성을 확보하기 위하여 석방된 피고인이 정당한 사유 없이 기일에 불출석하는 경우 결정으로 출석보증인에게 500만원 이하의 과태료를 부과할 수 있다($\frac{제100조의}{2\ 제1항}$). 다만 이 결정에 대하여는 즉시항고할 수 있다($\frac{동조}{제2항}$). 출석보증인이 부당한 제재를 받지 않도록 하기 위하여 과태료처분에 대하여는 집행정지의 효력이 있는 즉시항고권을 인정한 것이다.

(라) 피해금액의 공탁　　법원이 지정하는 방법으로 피해자의 권리회복에 필요한 금원을 공탁하거나 그에 상당한 담보를 제공하는 보석조건($\frac{동조}{제7호}$)이다. 피해자 측이 피고인에게 불합리하게 과다한 금원을 요구하여 합의가 이루어지지 않은 경우에 보석을 가능하게 하기 위한 조건이다.

(마) 기타 보석조건　　종래 보증금을 정한 경우에 부가적으로 인정되어 오던 보석조건이다. ① 법원이 지정하는 장소로 주거를 제한하고 이를 변경할 필요가 있는 경우에는 법원의 허가를 받는 등 도주를 방지하기 위하여 행하는 조치를 수인할 것($\frac{동조}{제3호}$), ② 피해자, 당해 사건의 재판에 필요한 사실을 알고 있다

고 인정되는 자 또는 그 친족의 생명·신체·재산에 해를 가하는 행위를 하지 아니하고 주거·직장 등 그 주변에 접근하지 아니할 것($^{동조}_{제4호}$), ③ 법원의 허가 없이 외국으로 출국하지 아니할 것을 서약할 것($^{동조}_{제6호}$), ④ 그 밖에 피고인의 출석을 보증하기 위하여 법원이 정하는 적당한 조건을 이행할 것($^{동조}_{제9호}$)이다. 그러나 재범방지의 목적으로 선행보증이나 재범금지를 조건으로 할 수는 없다.

　(바) **전자장치부착**　　「전자장치의 부착 등에 관한 법률」에 따라 법원은 보석조건으로 피고인에게 전자장치 부착을 명할 수 있다($^{동법}_{조의2}$제31). 법원은 전자장치부착을 명하기 위하여 필요하다고 인정하면 법원의 소재지 또는 피고인의 주거지를 관할하는 보호관찰소의 장에게 피고인의 직업, 경제력, 가족상황, 주거상태, 생활환경 및 피해회복 여부 등 피고인에 관한 사항의 조사를 의뢰할 수 있고($^{동조}_{제2항}$), 의뢰를 받은 보호관찰소의 장은 지체 없이 조사하여 서면으로 법원에 통보하여야 하며, 조사를 위하여 필요한 경우에는 피고인이나 그 밖의 관계인을 소환하여 심문하거나 소속 보호관찰관에게 필요한 사항을 조사하게 할 수 있다($^{동조}_{제3항}$).

　(3) **고려사항**　　법원은 보석조건을 결정함에 있어서 범죄의 성질 및 죄상(罪狀), 증거의 증명력, 피고인의 전과·성격·환경·자산, 피해자에 대한 배상 등 범행 후의 정황에 관련된 사항을 고려해야 한다($^{제99조}_{제1항}$). 자산은 피고인 개인의 재산뿐만 아니라 피고인의 신용과 보호자의 자산도 고려한다. 그러나 피고인의 자력 또는 자산 정도로는 이행할 수 없는 조건을 정할 수 없다($^{동조}_{제2항}$).

　(4) **불 복**　　보석허가결정에 대하여 검사는 즉시항고를 할 수 없다($^{제97조 제4}_{항 참조}$). 그러나 검사가 보통항고($^{제403조}_{제2항}$)의 방법으로 보석허가결정에 대하여 불복하는 것은 허용된다.[14] 보통항고는 제기기간의 제한이 없고 재판집행정지의 효력이 없다.

　4. 보석조건의 변경

　법원은 직권 또는 보석청구권자의 신청에 따라 결정으로 보석조건을 변경하거나 일정한 기간 동안 당해 조건의 이행을 유예할 수 있다($^{제102조}_{제1항}$). 보석결정 당시에 부과된 조건이 사정변경에 따라 부적절한 경우에 보석조건을 변경하거나 그 이행을 유예할 수 있도록 한 것이다. 따라서 보석허가를 결정한 후에 사정변경을 이유로 보석보증금을 변경할 수 있다. 또한 주거제한 등의 조건에 대하여도 변경할 수 있다.

---

14) 대법원 1997. 4. 18.자 97모26 결정.

V. 보석의 집행

1. 조건의 이행

제98조 1호(서약서)·2호(보증금약정서)·5호(출석보증서)·7호(공탁) 및 8호(보증금납입)의 조건은 이를 이행한 후가 아니면 보석허가결정을 집행하지 못하며, 법원은 필요하다고 인정하는 때에는 다른 조건에 관하여도 그 이행 이후 보석허가결정을 집행할 수 있도록 정할 수 있다(제100조 제1항).

2. 현금납부의 원칙

보증금납입을 조건으로 보석을 허가한 경우에 보석보증금은 현금으로 납입하여야 한다. 자기앞수표는 보증금의 납부에 있어서 현금으로 취급된다. 법원은 보석청구권자 이외의 자에게 보증금의 납입을 허가할 수 있다(제100조 제2항). 보석의 집행기관은 검사이므로 보증금은 검사에게 납입해야 한다.

3. 현금납부의 예외

⑴ 유가증권에 의한 납부　보석보증금을 유가증권(예를 들면 당좌수표, 약속어음)으로 납부할 수 있다. 유가증권으로 보증금을 납부하기 위해서는 법원의 허가를 받아야 한다(제100조 제3항). 유가증권의 납부허가는 보석허가결정 후에도 할 수 있다.

⑵ 보증서의 제출　법원은 피고인 외의 자가 제출한 보증서로서 보증금에 갈음하도록 허가할 수 있으며 그 보증서에는 보증금액을 언제든지 납입하겠다는 내용을 기재하여야 한다(제100조 제4항, 제3항). 따라서 법원은 보석허가결정의 집행 전후를 불문하고 보증서제출인에게 보증금의 납부를 명할 수 있고 보증서제출인은 보증금을 납부할 의무를 진다.

⑶ 보석보증보험증권　보석보증보험증권제도는 피고인이 보증금의 1%에 해당하는 보험료를 보증보험회사에 내고 보석보증보험증권을 발급받아 이를 보증서에 첨부하여 제출하는 것을 말한다. 보석보증보험증권으로 보증금을 납부하기 위해서는 법원의 허가를 받아야 한다(제100조 제3항).

4. 관공서 등에 대한 조치요구

법원은 보석허가결정에 따라 석방된 피고인이 보석조건을 준수하는 데 필요한 범위 안에서 관공서나 그 밖의 공사단체에 대하여 적절한 조치를 취할 것을 요구할 수 있다(제100조 제5항). 예를 들면 제98조 제3호의 규정에 따라 피고인의 주거를 병원으로 제한한 때에는 지방경찰청장 또는 경찰서장에게 피고인의 도망을 방지할 조치를 요구할 수 있고, 제98조 제6호의 조건을 부과한 경우에는 출입국관리를 담당하는 기관에 출국금지조치를 요구할 수 있다.

제 4 보석의 취소와 실효

Ⅰ. 보석의 취소

1. 취소사유

법원은 직권 또는 검사의 청구에 의하여 ① 피고인이 도망한 경우, ② 도망하거나 또는 죄증을 인멸할 염려가 있다고 믿을 만한 충분한 이유가 있을 경우, ③ 소환을 받고도 정당한 이유 없이 출석하지 않을 경우, ④ 피해자, 당해 사건의 재판에 필요한 사실을 알고 있다고 인정되는 자 또는 그 친족의 생명·신체나 재산에 해를 가하거나 가할 염려가 있다고 믿을 만한 충분한 이유가 있는 경우, ⑤ 법원이 정한 조건을 위반한 경우에 결정으로 보석을 취소할 수 있다($^{제102조}_{제2항}$). 보석취소의 결정이나 검사의 보석취소청구에 대한 기각결정에 대해서는 피고인 측과 검사 모두 항고할 수 있다($^{제403조}_{제2항}$). 보석취소결정에 대하여 피고인이 항고를 하더라도 결정의 집행을 정지하는 효력은 없다. 보석취소결정과 동시에 집행력을 인정함으로써 석방되었던 피고인의 신병을 신속히 확보하려는 것으로, 당해 보석취소결정이 제1심 절차에서 이루어졌는지 항소심 절차에서 이루어졌는지 여부에 따라 그 취지가 달라지지 않는다. 따라서 항소심 법원이 한 보석취소결정에 대하여 피고인이 대법원에 재항고를 하여도 집행정지의 효력을 인정할 수 없다.[15]

2. 보석조건위반에 대한 제재

피고인이 정당한 이유 없이 보석조건을 위반한 경우에는 결정으로 피고인에 대하여 1천만원 이하의 과태료를 부과하거나 20일 이내의 감치에 처할 수 있다($^{제102조}_{제3항}$). 이와 같은 제재는 보석의 취소 여부와는 상관없이 부과할 수 있다. 보석조건을 위반한 피고인에 대하여 과태료 또는 감치를 처하는 방법은 보석조건위반을 이유로 재구속하는 것보다는 경미한 보석조건의 위반이나 보석조건 위반의 고의성이 약한 경우에 재구속을 대신하여 보석조건의 준수를 경고

---

15) 대법원 2020. 10. 29.자 2020모633 결정.

하는 수단으로 작용할 수 있고, 이를 통하여 피고인은 불구속상태로 재판받을 수 있게 하는 기능도 있다. 이러한 제재결정에 대하여 피고인은 즉시항고를 할 수 있다(동조제4항).

3. 재구금절차

보석을 취소한 때에는 검사가 그 취소결정의 등본에 의하여 피고인을 재구금해야 한다. 다만 급속을 요하는 경우에는 재판장, 수명법관 또는 수탁판사가 재구금을 지휘할 수 있고, 법원사무관 등에게 그 집행을 명할 수 있다. 법원사무관 등은 그 집행에 관하여 필요한 때에는 사법경찰관리 또는 교도관에게 보조를 요구할 수 있으며 관할구역 외에서도 집행할 수 있다(규칙제56조). 보석을 취소한 경우에는 새로운 구속영장이 필요 없으며 보석취소결정을 피고인에게 송달하지 않아도 된다.[16]

II. 보석의 실효

1. 구속영장의 실효

구속영장의 효력이 소멸한 때에는 보석은 즉시 그 효력을 상실한다(제104조의2 제1항). 무죄, 면소, 형의 선고유예와 집행유예, 벌금 또는 과료의 재판이 선고되는 경우뿐만 아니라 자유형이나 사형이 확정되는 경우에도 구속영장이 실효되므로 보석도 효력을 잃는다. 수형자가 형집행을 위한 소환에 불응하면 형집행영장(제474조)에 의하여 구금된다.

2. 보석의 취소

보석이 취소된 경우 보석은 그 효력은 상실한다(제104조의2 제2항). 즉, 보석이 취소된 경우 피고인이 더 이상 보석조건을 준수할 필요가 없으므로 별도의 결정 없이 보석의 효력이 상실한다. 다만 보석이 취소된 경우에 법원은 보증금을 몰수할 수 있으므로, 제98조 제8호 소정의 보증금 또는 담보에 관한 보석조건은 자동 실효 대상에서 제외된다. 한편, 보석중의 피고인에 대해 제1심이나 제2심에서 실형이 선고되더라도 아직 판결이 확정되지 않았으면 보석이 취소되지 않는 한 그 효력은 지속된다.

---

16) 대법원 1983. 4. 21.자 83모19 결정.

제 5 보증금의 몰수와 환부

Ⅰ. 보증금의 몰수

1. 임의적 몰수

법원이 보석을 취소할 때에는 직권 또는 검사의 청구에 따라 결정으로 보증금의 전부 또는 일부를 몰수할 수 있다(제103조 제1항). 임의적 몰수사건의 관할은 수소법원이고, 보증금의 전부 또는 일부를 몰수하느냐는 법원의 재량에 속한다. 보증금은 피고인의 출석을 담보하는 기능이 있으므로 보증금을 몰수하려면 반드시 보석취소와 동시에 하여야만 가능한 것이 아니라 보석취소 후에 별도로 보증금몰수결정을 할 수도 있다.[17] 보석취소결정은 그 성질상 신속을 요하는 경우가 대부분임에 반하여, 보증금몰수결정은 신중히 검토하여야 할 필요성이 있기 때문이다. 보증금을 몰수하는 결정의 주문은 '보석보증금을 몰수한다'고 기재하면 되고, 보증금에 갈음하여 보증서가 제출된 경우에는 '담보를 몰수한다'라고 기재하여도 충분하다.

2. 필요적 몰수

⑴ 요 건 법원은 보증금의 납입 또는 담보제공을 조건으로 석방된 피고인이 동일한 범죄사실에 관하여 형의 선고를 받고 그 판결이 확정된 후 집행을 위한 소환을 받고 정당한 이유 없이 출석하지 않거나 도망한 때에는 직권 또는 검사의 청구에 의하여 결정으로 보증금 또는 담보의 전부 또는 일부를 몰수해야 한다(제103조 제2항).

⑵ 관할법원 필요적 몰수사건은 당해 형사 본안사건의 기록이 존재하는 법원 또는 그 기록을 보관하는 검찰청에 대응하는 법원의 토지관할에 속한다. 사물관할은 **지방법원 단독판사**에게 속하므로 보석허가결정 또는 그 취소결정 등을 합의부에서 한 바 있다 하더라도 합의부가 사물관할을 가지는 것은 아니다.[18]

⑶ 절 차 보증금의 몰수는 법원의 결정에 의하며 검사에게 결정서를 교부 또는 송달함으로써 즉시 집행할 수 있다.[19]

---

17) 대법원 2001. 5. 29.자 2000모22 전원합의체 결정.
18) 대법원 2002. 5. 17.자 2001모53 결정.
19) 대법원 1983. 4. 21.자 83모19 결정.

Ⅱ. 보증금의 환부

1. 환부사유

법원은 ① 구속을 취소한 때, ② 보석을 취소한 때, ③ 구속영장의 효력이 소멸된 때에는 몰수하지 않은 보증금 또는 담보를 청구한 날로부터 7일 이내에 환부하여야 한다(제104조). 구속취소에 의한 보증금 등의 환부를 규정하고 있으므로 보석 중에도 구속취소가 인정된다. 보석을 취소한 경우에는 그와 동시에 보증금몰수의 결정이 없으면 보증금의 전부를, 보증금의 일부만을 몰수하는 결정이 있으면 보증금의 일부를 환부한다. 구속영장의 효력이 소멸된 때라 함은 무죄·면소·공소기각·벌금·과료의 판결이 선고된 경우, 구속기각이 만료된 경우, 사형·자유형이 확정된 경우를 말한다.

2. 환부절차

보증금 등의 환부는 검사의 환부명령에 의하여 검찰청 직원이 한다. 보증금 등은 그 납부자에게 환부하여야 하고 보증서는 그 제출인에게 환부하여야 한다. 환부기간 7일은 훈시기간이다.

제 3 관 압수와 수색

제 1 개   관

Ⅰ. 압수의 의의

1. 개   념

압수란 증거방법으로 의미가 있는 물건이나 몰수가 예상되는 물건의 점유를 취득하는 강제처분이다. 그 주체에 따라 수소법원의 압수와 수사기관의 압수로 나눌 수 있다. 공소제기 후 수소법원은 증거수집을 위하여 공판절차에서 압수를 행할 수 있다.

2. 유   형

수소법원이 행하는 압수에는 협의의 압수(압류), 제출명령 및 임의제출물의 압수라는 세 가지 형태가 있다. ① 압류는 물건의 점유를 점유자 또는 소유자의 의사에 반하여 강제적으로 취득하는 강제처분을 말한다(제106조 제1항). ② 제출명령은 압수할 물건을 지정하여 소유자·소지자·보관자에게 제출을 명하는 것을 말한다($^{제106조}_{제2항}$). 이는 점유취득과정에서 강제력이 행사되지는 않지만 그 대상자에게 제출의무를 부과한다는 점에서 강제처분의 일종이라고 할 수 있다. 현행법은 제219조를 통하여 수사기관의 압수에 대해서도 제106조를 준용하도록 하고 있으나, 수사기관은 제출명령을 할 권한이 없다고 해석된다. ③ 임의제출물의 압수는 소유자 등이 임의로 제출한 물건이나 유류(遺留)한 물건을 계속하여 점유하는 것이다($^{제108}_{조}$). 점유의 이전에 강제력이 행사되지 않는다는 점에서 압류와 구별되지만, 일단 제출된 물건에 대해서 강제적인 점유계속이 인정된다는 점에서 강제처분의 일종이다.

II. 수색의 의의

수색은 물건 또는 사람을 발견하기 위한 목적으로 일정한 장소나 사람의 신체에 대하여 행하는 강제처분이다. 사람의 신체에 대한 수색은 압수물의 소지 여부를 확인하기 위하여 의복을 외부에서 가볍게 손으로 만지거나 호주머니 등을 조사하는 정도에 그쳐야 한다.

제 2 압수·수색의 대상

I. 압수의 대상

1. 증거물 또는 몰수물

압수의 대상은 증거물 또는 몰수물이다. 법원은 필요한 때에는 증거물 또는 몰수할 것으로 사료되는 물건을 압수할 수 있다($^{제106조}_{제1항}$). 증거물이란 인증(人證)과 대비되는 의미에서 물증을 가리키며 증거가치가 있다고 판단되는 물건으로서 대체성이 없는 것을 말한다. 몰수대상물이란 법원이 당해 사건에 관하여 그 시점에서 몰수사유에 해당한다고 판단한 물건을 가리킨다.

2. 우체물의 압수

피고인이 발송하였거나 피고인에 대하여 발송된 우체물 또는 전신에 관한 것으로서 체신관서 또는 기타 기관이 소지 또는 보관하는 물건은 증거수단으로 의미 있을 개연성이나 몰수될 개연성이 있지 않더라도 압수할 수 있다($^{제107조}_{제1항}$). 이에 해당되지 않는 그 밖의 우체물 또는 전신에 관한 것으로서 체신관서 또는 기타 기관이 소지 또는 보관하는 물건은 피고사건과 관계가 있다고 인정할 수 있는 것에 한하여 제출을 명하거나 압수할 수 있다($\substack{동조 \\ 제2항}$). 우체물을 압수할 때에는 발신인이나 수신인에게 그 취지를 통지해야 한다. 다만 심리에 방해가 될 염려가 있는 경우에는 예외로 한다($\substack{동조 \\ 제3항}$).

3. 압수의 제한

① 군사상 비밀을 요하는 장소에 소재하고 있는 물건은 그 책임자의 승낙 없이는 압수·수색할 수 없다. 다만 그 책임자는 국가의 중대한 이익을 해하는 경우를 제외하고는 승낙을 거부하지 못한다($\substack{제110 \\ 조}$). ② 공무원 또는 공무원이었던 자가 소지 또는 보관하는 물건에 관해서는 본인 또는 그 당해 공무소가 직무상의 비밀에 관한 것임을 신고한 때에는 그 소속 공무소 또는 당해 감독관공서의 승낙 없이는 압수하지 못한다. 이 때 소속 공무소 또는 당해 감독관공서는 국가의 중대한 이익을 해하는 경우를 제외하고는 승낙을 거부하지 못한다($\substack{제111 \\ 조}$). ③ 변호사·변리사·공증인·공인회계사·세무사·대서업자·의사·한의사·치과의사·약사·약종상·조산원·간호사·종교의 직에 있는 자 또는 이러한 직에 있던 자가 그 업무상 위탁을 받아 소지 또는 보관하는 물건으로 타인의 비밀에 관한 것은 압수를 거부할 수 있다. 다만 그 타인의 승낙이 있거나 중대한 공익상 필요가 있는 경우에는 예외로 한다($\substack{제112 \\ 조}$).

II. 수색의 대상

수색의 대상은 사람의 신체, 물건 또는 주거 기타의 장소이다($\substack{제109 \\ 조}$). 피고인의 신체, 물건 또는 주거 기타의 장소는 널리 수색이 허용되지만, 그 이외의 자의 신체, 물건 또는 주거 기타의 장소에 대해서는 압수할 물건이 있음을 인정할 수 있는 경우에만 수색이 허용된다.

제 3 압수·수색의 절차

I. 공판정에서의 압수·수색

법원이 공판정에서 압수·수색을 하는 경우에는 영장을 발부할 필요가 없다($\substack{제113조 \\ 반대해석}$). 공판정에서는 대개 임의제출물의 압수가 행하여지나 강제력에 의한 통상의 압수나 수색도 가능하다. 공판정에서 압수나 수색을 한 때에는 이를 공판조서에 기재하여야 하며($\substack{제51조 제2 \\ 항 제10호}$), 압수의 경우에는 그 공판조서에 품종, 수량 등을 명시하여야 한다($\substack{제49조 \\ 제3항}$). 그 밖의 절차는 압수·수색절차에 관한 규정 중 압수수색영장의 집행에만 관련된 것을 제외한 나머지 규정에 따른다. 즉 압수의 경우에는 압수목록을 피압수자에게 교부하여야 하며($\substack{제129 \\ 조}$), 수색의 경우에는 여자의 신체를 수색하려면 성년의 여자를 참여하게 해야 하고($\substack{제124 \\ 조}$), 수색의 결과 압수할 물건을 찾지 못했을 때에는 그 취지의 증명서를 피수색자에게 교부하여야 한다($\substack{제128 \\ 조}$).

Ⅱ. 공판정 외에서의 압수·수색

1. 압수·수색영장의 발부

법원이 공판정 외에서 압수·수색을 할 경우에는 압수·수색영장을 발부해야 한다($\substack{제113 \\ 조}$). 다만 임의제출물이나 유류물의 압수를 할 때에는 영장이 필요 없다($\substack{제108 \\ 조}$). 압수할 물건은 명시적이고 개별적일 것을 요하므로 피고사건과 관련된 모든 물건이라고 기재하는 것은 위법하다. 다만 범죄사실을 명시하고 압수할 물건이 있는 장소와 품명을 구체적으로 열거한 후 그에 부가하여 피고사건과 관계있는 물건이라고 기재한 경우에는 적법하다. 또 수색할 장소·신체·물건의 기재에 있어서는 '1영장 1대상'의 원칙에 따라야 하며, 여러 장소를 한 개의 영장에 기재하는 것은 위법하다.

2. 압수·수색영장의 집행

⑴ **집행지휘 및 집행기관**　　압수·수색영장은 검사의 지휘에 따라 사법경찰관리가 집행한다. 다만 필요한 경우에 재판장은 법원사무관 등에게 그 집행을 명할 수 있다($\substack{제115조 \\ 제1항}$). 법원사무관은 필요한 때에 사법경찰관리에게 보조를 청구할 수 있다($\substack{제117 \\ 조}$). 검사는 필요에 의하여 관할구역 외에서도 영장을 집행하거나 당해 관할구역의 검사에게 집행지휘를 촉탁할 수 있다($\substack{제115조 제2 \\ 항, 제83조}$).

⑵ **집행의 절차**　　법원이 공판정 외에서 압수·수색을 할 경우 그 집행절차는 수사기관이 수사과정에서 압수·수색영장을 집행하는 절차와 전체적으로 동일하다.

⑶ **집행 후의 조치**　　수색한 결과 증거물 또는 몰수할 물건이 없는 때에는 그 취지의 증명서를 교부하여야 한다($\substack{제128 \\ 조}$). 증거물 또는 몰수할 물건을 압수하였을 때에는 압수조서 및 압수목록을 작성하고($\substack{제49조 \\ 제1항}$), 압수목록을 소유자·소

지자·보관자 그리고 기타 이에 준하는 자에게 교부하여야 한다($\substack{제129 \\ 조}$).

Ⅲ. 압수물의 가환부·환부

1. 압수물의 가환부

(1) 의 의   압수물의 가환부란 압수의 효력을 존속시키면서 압수물의 경제적 이용을 위하여 소유자·소지자 또는 보관자 등에게 잠정적으로 돌려주는 제도이다. 가환부는 일정한 자의 청구에 의하여 법원의 재량으로 이루어지는 경우와 법원이 직권으로 반드시 행하여야 하는 경우가 있다.

(2) 임의적 가환부   법원은 소유자·소지자·보관자 또는 제출인의 청구에 의하여 증거로 사용될 압수물을 가환부할 수 있다($\substack{제133조 \\ 제1항}$). 증거로 사용될 압수물에는 증거물로서의 성격과 몰수할 것으로 사료되는 물건으로서의 성격을 가진 압수물이 포함된다.[20] 몰수할 것이라고 사료되어 압수한 물건 중 법률의 특별한 규정에 의하여 필요적으로 몰수할 것에 해당하거나 누구의 소유도 허용되지 아니하여 몰수할 것에 해당하는 물건은 가환부의 대상이 되지 않지만, 그 밖의 형법 제48조에 해당하는 물건에 대하여는 법원의 재량으로 가환부할 수 있다.[21]

(3) 필요적 가환부   증거에만 사용될 압수물로서 그 소유자 또는 소지자가 계속 사용해야 할 물건은 사진촬영 기타 원형보존(原型保存)의 조치를 취하고 신속히 가환부하여야 한다($\substack{제133조 \\ 제2항}$).

(4) 가환부의 통지와 효과   법원이 가환부의 결정을 할 때에는 미리 이해관계인에게 통지해야 한다($\substack{제135 \\ 조}$). 가환부는 압수 자체의 효력을 잃게 하는 것이 아니므로 가환부받은 자는 압수물의 보관의무를 지며 법원의 요구가 있으면 제출해야 한다.

2. 압수물의 환부

(1) 의 의   압수물의 환부란 압수의 필요가 없게 된 경우에 압수의 효력을 소멸시키고 압수물을 종국적으로 피압수자에게 반환하는 법원의 처분을 말한다. 압수물의 환부는 압수를 종국적으로 실효시키는 점에서 압수의 효력을 존속시키면서 일시적으로 압수물을 반환하는 가환부와 구별되고, 피압수자에 대한 반환을 원칙으로 한다는 점에서 피해자에 대한 장물의 반환인 피해자환부

---

20) 대법원 1998. 4. 16.자 97모25 결정.
21) 대법원 1966. 1. 28.자 65모21 결정, 1984. 7. 24.자 84모43 결정, 1998. 4. 16.자 97모25 결정.

와 구별된다.

(2) 요 건   법원은 공판진행중 압수를 계속할 필요가 없다고 인정되는 경우 피고사건 종결 전이라도 결정으로 압수물을 환부하여야 한다($\frac{제133조 제1}{항 전단}$). '압수를 계속할 필요가 없다고 인정되는 경우'란 압수된 물건이 범인 이외의 자의 소유에 속하는 것으로 판명되어 몰수불능이 명백하고 증거로서의 가치도 없어 증거조사를 할 필요가 없게 된 때를 말한다.

(3) 절 차   압수물의 환부는 **법원의 직권**에 속하는 사항이며 피압수자 등 이해관계인에게는 환부신청권이 인정되지 않는다. 피압수자가 압수 후 소유권 또는 환부청구권을 포기하더라도 법원은 환부결정을 하여야 한다.[22] 법원이 환부결정을 할 때에는 검사, 피해자, 피고인 또는 변호인에게 미리 통지하여야 한다($\frac{제135}{조}$). 압수물의 환부를 받을 자는 원칙적으로 피압수자이지만 그 자에게 환부함이 부당하다고 판단될 때에는 소유자, 보관자 또는 피해자 등 다른 사람에게 환부할 수도 있다.

(4) 효 과   법원의 환부결정에 의하여 압수는 그 효력을 상실한다. 압수물의 환부처분은 압수를 해제하는 효력을 가질 뿐이므로 환부결정에 의하여 환부받을 자에게 목적물에 대한 실체법상의 권리를 부여하거나 확인시키는 효력이 있는 것은 아니다($\frac{제333조}{제4항 참조}$).

3. 압수장물의 피해자환부

압수한 장물로서 피해자에게 환부할 이유가 명백한 경우 법원은 피고사건의 종결 전이라도 결정으로 압수장물을 피해자에게 환부할 수 있다($\frac{제134}{조}$). 법원이 피고사건에 대한 심리를 종결한 때에는 판결로써 피해자에게 환부하는 선고를 해야 한다($\frac{제333조}{제1항}$). 압수한 장물을 처분했을 때에는 수소법원은 판결로써 그 대가로 취득한 것을 피해자에게 교부하는 선고를 해야 한다($\frac{제333조}{제2항}$).

---

22) 대법원 1996. 8. 16.자 94모51 전원합의체 결정, 1998. 4. 16.자 97모25 결정.

제 4 절 공판절차의 특칙

제 1 관 간이공판절차

제 1 개 관

I. 의 의

간이공판절차(簡易公判節次)란 피고인이 공판정에서 공소사실에 대하여 자백하는 경우 증거조사를 간이화하고 증거능력제한을 완화하여 심리를 신속하게 진행할 수 있도록 하는 공판절차를 말한다. 피고인이 자백하는 사건을 간이한 절차에 의하여 신속히 처리하면 다툼이 있는 사건에 대하여는 충실한 심리를 할 수 있기 때문에 간이공판절차는 소송경제와 형사사법의 원활한 운용을 도모하는 제도이다.

II. 유사제도

간이공판절차와 유사한 제도로서 약식절차와 즉결심판절차를 들 수 있다. 약식절차는 벌금·과료 및 몰수에 처할 경미한 사건에 대해 검사의 청구로 개시되고, 비공개 서면심리로 진행되며, 즉결심판절차는 20만원 이하의 벌금·구류 또는 과료에 처할 경미한 사건에 대하여 경찰서장의 청구로 개시된다. 두 제도 모두 자백사건을 전제로 하지 않고 경미한 사건을 대상으로 한다는 점에서 간이공판절차와 구별된다.

제 2 간이공판절차개시의 요건

I. 제1심의 관할사건

간이공판절차는 지방법원 또는 지방법원 지원의 제1심 관할사건에 대하여만 인정된다. 따라서 상소심의 공판에서는 간이공판절차가 인정되지 않는다. 제1심 관할사건인 때에는 단독사건은 물론 합의부 관할사건에 대하여도 간이공판절차를 할 수 있다.

Ⅱ. 피고인의 자백

1. 자백의 주체

자백의 주체는 피고인에 한한다. 따라서 변호인의 자백만으로는 간이공판절차를 개시할 수 없다. 피고인이 법인인 경우에 법인의 대표자가 자백을 할 수 있다. 피고인이 의사무능력자인 경우에는 피고인의 법정대리인($\frac{제26}{조}$)이나 특별대리인($\frac{제28}{조}$)이 피고인을 대신하여 자백을 할 수 없다는 견해가 있으나, 자백의 주체가 될 수 있다고 본다.

2. 공소사실에 대한 자백

(1) **자백의 범위** 간이공판절차는 공소사실에 대하여 자백한 때에 한하여 허용된다. 공소사실에 대한 자백이란 공소사실을 인정할 뿐만 아니라 위법성조각사유나 책임조각사유의 부존재도 인정하는 진술을 말한다. 따라서 피고인이 범의(犯意)를 부인하거나 정당방위 등을 주장하는 경우에는 간이공판절차에 의하여 심판할 수는 없다. 다만 위법성조각사유나 책임조각사유의 부존재는 사실상 추정되므로 피고인이 위법성조각사유나 책임조각사유를 명시적으로 주장하지 않으면 간이공판절차를 개시할 수 있다.[1] 공소사실을 인정하면서 죄명이나 적용법조만을 다투는 경우와 정상참작사유나 형면제의 원인되는 사실을 주장하는 경우도 자백이라 할 수 있다. 그러나 정범에 대하여 종범, 기수에 대하여 미수를 주장하는 경우는 구성요건이 다르므로 자백한 것으로 볼 수 없다. 장애미수에 대하여 중지미수를 주장하는 경우도 공소사실을 다투는 것으로 보아야 한다.

(2) **공소사실의 일부에 대한 자백** 실체적 경합범의 관계에 있는 수개의 공소사실 중 일부에 대하여만 자백한 경우 자백한 공소사실에 대하여만 간이공판절차를 개시할 수 있다. 상상적 경합의 관계에 있거나 예비적·택일적으로 기재된 공소사실의 일부를 자백한 경우에도 간이공판절차에서 말하는 자백에 해당한다는 견해가 있으나, 이 경우에는 절차가 복잡하게 되어 간이공판절차를 인정하는 취지에 반하게 된다는 점에서 간이공판절차에 의한 심판이 허용되지 않는다고 본다.

---

1) 대법원 1981. 11. 24. 선고 81도2422 판결, 1983. 2. 22. 선고 82도1376 판결, 1987. 8. 18. 선고 87도1269 판결.

【사 례】 간이공판절차개시의 요건

《사 안》 甲은 혈중알코올농도 0.20%의 술에 취한 상태로 승용차를 운전하던 중
乙을 들이받아 사망하게 하였다. 검사는 甲을 교통사고처리특례법위반죄와 도로교
통법위반(음주운전)죄로 공소를 제기하였다. 피고인 甲은 검사의 신문에 대하여 "공
소사실은 모두 사실과 다름없다."고 진술하였지만, 변호인의 반대신문에 대하여는
술에 만취되어 기억이 없다는 취지로 답변하였다. 법원은 간이공판절차에 의하여
이 사건을 심판할 수 있는가?

《검 토》 甲이 음주상태로 운전하다가 교통사고를 냈다고 하더라도 '술에 만취되
어 기억이 없다'는 취지의 진술은 범의를 부인함과 동시에 그 범행 당시 심신상실
또는 심신미약의 상태에 있었다는 주장으로서 책임조각사유에 대한 주장에 해당한
다. 그렇다면 법원은 이 사건을 간이공판절차에 의하여 심판할 수 없고, 일반 절차
에 의하여 증거조사를 하여야 한다.[2]

3. 자백의 시기

자백은 공판정에서 하여야 한다. 따라서 수사절차나 공판준비절차에서 행한
자백을 근거로 간이공판절차를 개시할 수는 없다. 피고인은 공판절차가 개시된
때로부터 변론종결시까지 자백을 할 수 있다. 다만 심리가 충분히 행해진 후에
는 자백이 있어도 간이공판절차를 개시할 실익이 적다.

4. 자백의 신빙성

자백은 신빙성이 있어야 한다. 자백의 신빙성에 의심이 있을 때에는 간이공
판절차를 개시할 수 없다. 자백에 신빙성이 없는 때에는 간이공판절차의 취소
사유에 해당하기 때문이다(제286조의3). 피고인이 공소사실에 대하여 검사가 신문할
때에는 공소사실이 모두 사실과 다름 없다고 진술하였으나, 변호인이 신문할
때에는 범의나 공소사실을 부인하였다면 그 공소사실은 간이공판절차에 의하
여 심판할 대상이 아니다.[3]

제 3 간이공판절차의 개시결정

Ⅰ. 결정의 재량성

간이공판절차개시의 요건이 구비된 때에는 법원은 간이공판절차에 의하여

---

2) 대법원 2004. 7. 9. 선고 2004도2116 판결.
3) 대법원 1998. 2. 27. 선고 97도3421 판결.

심판할 것을 결정할 수 있다($\frac{제286조}{의2}$). 따라서 피고인이 자백한 제1심 관할사건에 대하여도 법원은 간이공판절차에 의하여 심판하지 않을 수 있다. 자백의 신빙성과 간이공판절차의 상당성은 법원이 판단해야 할 사항이기 때문이다.

Ⅱ. 결정의 방법

법원이 간이공판절차의 결정을 하고자 할 때에는 재판장은 미리 피고인에게 간이공판절차의 취지를 설명해야 한다($\frac{규칙}{제131조}$). 결정은 공판정에서 구술로 고지하면 충분하다. 이 경우에 결정의 취지를 공판조서에 기재해야 한다.

Ⅲ. 결정에 대한 불복

간이공판절차의 개시결정은 판결 전 소송절차에 대한 결정이므로 항고할 수 없다($\frac{제403조}{제1항}$). 그러나 간이공판절차의 요건을 갖추지 않았음에도 간이공판절차로 심리한 경우에는 소송절차의 법령위반을 이유로 본안판결에 대하여 상소로 다툴 수 있다.

제 4 간이공판절차의 내용

Ⅰ. 증거능력에 대한 특칙

1. 증거능력제한의 완화

간이공판절차에서는 증거에 관한 전문법칙이 적용되지 않는다. 즉 전문법칙에 의하여 증거능력이 부인되는 증거($\frac{제310조의2, 제312조 내지}{제314조, 제316조}$)에 대하여 제318조 제1항 소정의 동의가 있는 것으로 간주된다. 피고인이 공소사실에 대하여 자백한 이상 공소사실을 증명하기 위한 개개의 증거에 대하여도 다투지 않는 의사가 추정되기 때문이다. 다만 검사·피고인 또는 변호인이 증거로 하는 것에 이의를 한 때에는 그러하지 아니하다($\frac{제318조}{의3}$). 이의는 적극적인 의사표시일 것을 요하나 반드시 명시적으로 할 필요는 없다.

2. 배제되지 않는 증거법칙

간이공판절차에서 증거능력의 제한이 완화되는 것은 전문법칙에 한한다. 따라서 전문법칙 이외의 증거법칙은 간이공판절차에서도 배제되지 않는다. 예를 들면 임의성 없는 자백, 위법수집증거, 당해 사건에 관한 의사표시적 문서나 부적법하여 무효로 된 진술조서 등은 증거로 할 수 없다. 증명력의 제한도 완화되는 것이 아니므로 간이공판절차에서도 자백의 보강법칙이 적용된다.

Ⅱ. 증거조사에 대한 특칙

1. 증거조사방식의 간이화

간이공판절차의 경우에는 증거조사방식이 간이화되어 법원은 상당하다고 인정하는 방법으로 증거조사할 수 있다($\frac{제297조}{의2}$). 따라서 통상의 절차와 같은 엄격한 증거조사방식을 따르지 않아도 된다. 판례는 공판조서의 일부인 증거목록에 증거방법을 표시하고 증거조사내용을 증거조사함이라고 표시한 경우에도 상당한 증거조사방법이라고 판시하고 있다.[4] 일단 제1심에서 적법하게 간이공판절차에 의하여 상당하다고 인정하는 방법으로 증거조사를 한 이상, 항소심에 이르러 범행을 부인하였다고 하더라도 제1심법원에서 이미 증거능력이 있었던 증거는 항소심에서도 증거능력이 그대로 유지되고 다시 증거조사할 필요는 없다.[5]

2. 적용이 배제되는 증거조사방법

간이공판절차의 증거조사에 있어서는 증인신문의 방식($\frac{제161조}{의2}$), 증거조사의 시기와 방식($\frac{제290조 내지}{제292조}$), 증거조사결과와 피고인의 의견($\frac{제293}{조}$), 증인신문시의 피고인의 퇴정($\frac{제297}{조}$)에 관한 규정의 적용이 배제된다. 이 이외의 규정인 증인의 선서($\frac{제156}{조}$), 당사자의 증거조사참여권($\frac{제163}{조}$), 당사자의 증거신청권($\frac{제294}{조}$), 증거조사에 대한 이의신청권($\frac{제296}{조}$)은 간이공판절차에서도 인정된다.

Ⅲ. 공판절차에 관한 규정의 적용

간이공판절차에서 증거능력과 증거조사에 대한 특칙 이외에는 공판절차에 대한 일반규정이 그대로 적용된다. 따라서 간이공판절차에서도 공소장변경이 가능하다. 또한 간이공판절차에서 유죄판결은 물론 공소기각이나 관할위반의 재판, 무죄판결도 선고할 수 있다.

---

4) 대법원 1980. 4. 22. 선고 80도333 판결.
5) 대법원 1998. 2. 27. 선고 97도3421 판결.

제 5   간이공판절차의 취소

Ⅰ. 취소의 사유

1. 신빙성 없는 자백

법원은 간이공판절차에 의하여 심판할 것을 결정한 사건에 관하여 피고인의 자백이 신빙할 수 없다고 인정될 때에는 그 결정을 취소하여야 한다(제286조의3). '피고인의 자백이 신빙할 수 없다고 인정될 때'란 피고인의 자백이 진의가 아니라고 의심되는 때를 말한다. 자백에 보강법칙이 없는 경우도 포함된다는 견해가 있으나, 보강증거가 없는 때에는 간이공판절차에 의하더라도 무죄판결을 선고할 수 있으므로 간이공판절차를 취소할 필요는 없다고 본다.

2. 현저히 부당한 경우

법원은 간이공판절차의 개시결정을 한 사건에 관하여 간이공판절차로 심판하는 것이 현저히 부당하다고 인정할 때에는 그 결정을 취소하여야 한다(제286조의3). '간이공판절차로 심판하는 것이 현저히 부당하다고 인정할 때'란 ① 간이공판절차의 요건이 구비되지 않은 경우와 ② 요건은 구비되었지만 간이공판절차에 의하여 심판하는 것이 제도의 취지에 비추어 부당한 경우를 말한다. 간이공판절차의 요건이 구비되지 않은 경우에는 처음부터 요건이 흠결된 경우와 사정변경에 의하여 요건이 구비되지 않게 된 경우(예를 들면 공소장변경에 의하여 변경된 공소사실에 대하여 피고인이 부인하거나 피고인이 자백을 철회한 경우)가 포함된다. 간이공판절차에 의하여 심판하는 것이 제도의 취지상 부당한 경우란 공범의 일부가 자백을 하였으나 다른 공범과 같이 심판하는 것이 효율적인 경우와 실체적 경합관계에 있는 공소사실 중 일부만에 대하여 간이공판절차의 결정을 하였는데 증거조사절차가 극히 복잡하게 된 경우를 들 수 있다.

Ⅱ. 취소의 절차

간이공판절차의 취소는 법원의 직권에 의한 결정으로 한다. 다만 취소하기 전에는 검사의 의견을 들어야 한다(제286조의3). 검사의 의견은 법원에 대해서 구속력이 없다. 취소사유가 인정되는 경우 법원은 반드시 취소결정을 하여야 한다.

Ⅲ. 취소 후의 절차

간이공판절차의 결정이 취소된 때에는 **공판절차를 갱신해야** 한다(제301조의2). 공판절차를 갱신하면 통상의 절차에 의하여 다시 심판해야 하므로 원칙적으로 증거조사절차를 다시 해야 한다. 다만 검사·피고인 또는 변호인의 이의가 없는 때에는 갱신할 필요가 없다(동조단서). 이 경우에는 간이공판절차에 의하여 행한 증거조사가 그대로 효력을 유지하고 이미 조사된 전문증거도 증거능력이 인정된다.

제 2 관 공판절차의 정지와 갱신

제 1 공판절차의 정지

Ⅰ. 의 의

공판절차의 정지(停止)란 심리를 진행할 수 없는 일정한 사유가 발생한 경우에 법원이 결정으로 그 사유가 없어질 때까지 공판절차를 진행할 수 없도록 하는 것을 말한다. 이 제도는 피고인의 **방어권**을 보장하는 데 그 기본취지가 있다. 즉 피고인이 의사능력이 없거나 공판정에 출석할 수 없는 경우 또는 피고인에게 불리한 공소장변경으로 새로운 방어준비가 필요한 경우에 공판절차의 정지가 인정된다.

Ⅱ. 정지의 사유

1. 피고인의 심신상실 또는 질병

피고인이 사물의 변별 또는 의사의 결정을 할 능력이 없는 상태에 있거나 질병으로 인하여 출정할 수 없는 때에는 법원은 검사와 변호인 그리고 의사의 의견을 들어서 결정으로 그 상태가 계속하는 기간까지 공판절차를 정지해야 한다(제306조 제1항 내지 제3항). 그러나 ① 피고인에게 유리한 재판을 할 것이 명백한 경우, 즉 피고사건에 대하여 무죄·면소·형의 면제 또는 공소기각의 재판을 할 것이 명백한 때, ② 경미사건의 경우, 즉 제277조의 규정에 의하여 대리인의 출석이 가능한 경우에는, 피고인의 출정 없이 재판할 수 있다(동조 제4항·제5항).

2. 공소장변경

법원은 공소장변경으로 피고인의 불이익이 증가할 염려가 있다고 인정한 때에는 직권 또는 피고인이나 변호인의 청구에 의하여 피고인으로 하여금 필요한 방어의 준비를 하도록 하기 위하여 결정으로 필요한 기간 공판절차를 정지할 수 있다(제298조제4항).

3. 소송절차의 정지

(1) **기피신청** 기피신청이 있는 때에는 기피신청이 부적법하여 기각하는 경우 이외에는 소송진행을 정지하여야 한다. 다만 급속을 요하는 경우에는 예외로 한다(제22조).

(2) **병합심리신청 등이 있는 경우** 법원은 계속중인 사건에 관하여 토지관할의 병합심리신청(제6조), 관할지정신청(제14조) 또는 관할이전신청(제15조)이 제기된 경우에는 그 신청에 대한 결정이 있기까지 소송절차를 정지하여야 한다. 다만 급속을 요하는 경우에는 예외로 한다(규칙제7조).

(3) **재심청구의 경합** 재심청구가 경합된 경우에 항소법원 또는 상고법원은 하급법원의 소송절차가 종료할 때까지 소송절차를 정지하여야 한다(규칙제169조).

(4) **위헌법률심판의 제청** 법원이 법률의 위헌 여부의 심판을 헌법재판소에 제청한 때에는 당해 소송사건의 재판은 위헌 여부의 결정이 있을 때까지 정지된다. 다만 법원이 긴급하다고 인정하는 경우에는 종국재판 이외의 소송절차를 진행할 수 있다(憲裁法 제42조제1항).

Ⅲ. 정지의 절차와 효과

1. 정지의 절차

(1) **법원의 결정** 공판절차의 정지는 법원의 결정으로 한다. 피고인의 심신상실 또는 질병을 이유로 한 공판절차의 정지결정은 법원의 직권에 의하여 행해지며, 소송관계인에게는 절차정지를 청구할 권한이 없다. 이에 반하여 공소장변경을 이유로 한 경우에는 소송관계인의 청구가 인정된다. 피고인의 심신상실이나 질병을 이유로 한 경우에는 검사와 변호인 그리고 의사의 의견을 들어야하는 데 반하여, 공소장변경의 경우에는 검사 등의 의견을 들을 필요가 없다.

(2) **정지기간** 공판절차를 정지하는 기간에는 제한이 없다. 피고인의 심신상실 또는 질병을 이유로 한 경우에는 심신상실의 상태가 계속되는 기간 또는

질병으로부터 회복되어 피고인이 출정할 수 있을 때까지의 기간이며, 공소장변경의 경우에는 피고인으로 하여금 방어준비를 하도록 하기 위하여 필요한 기간이다.

(3) **결정에 대한 불복**　공판절차정지결정은 판결 전 소송절차에 관한 결정이므로 그 결정에 대해서는 항고가 허용되지 않는다(제403조). 그러나 정지사유가 있음에도 불구하고 공판절차를 진행하여 판결을 선고한 경우에는 법령위반에 해당하므로 그 판결에 대하여 상소를 할 수 있다.

2. 정지의 효과

(1) **정지되는 절차**　공판절차의 정지결정이 있으면 취소될 때까지 공판절차를 진행할 수 없다. 다만 정지기간을 정한 경우에는 기간만료시에 공판절차의 정지는 당연히 효력을 잃는다. 결정에 의하여 정지되는 것은 **협의의 공판절차**에 한정되므로, 구속이나 보석에 관한 재판은 정지기간중에도 할 수 있다.

(2) **구속기간과의 관계**　피고인의 심신상실이나 질병 또는 공소장변경으로 인해 공판절차가 정지된 경우에는 정지기간은 구속기간이나 구속갱신의 기간에 산입되지 않는다(제92조 제3항). 기피신청 또는 위헌법률심판의 제청으로 인하여 소송절차가 정지된 경우도 마찬가지이다.

(3) **공판절차의 갱신**　정지결정이 취소되거나 기간이 만료되면 공판절차를 다시 진행하는데, 피고인의 심신상실을 이유로 공판절차가 정지된 때에는 사유가 소멸된 후에 공판절차를 갱신하여야 한다(규칙 제143조).

제 2　공판절차의 갱신

I. 의　　의

공판절차의 갱신(更新)이란 법원이 판결선고 이전에 이미 진행된 공판절차를 일단 무시하고 다시 그 절차를 진행하는 것을 말한다. 상급법원이 사실오인 또는 법리오해 등을 이유로 사건을 파기환송한 경우, 파기환송 전 재판을 담당한 판사와 환송 후 재판부의 판사가 다른 경우에는 공판절차를 갱신하여야 한다. 사건의 이송결정으로 재판을 담당하게 된 법원이 공판절차를 진행하는 경우는 공판절차의 갱신에 해당하지 않는다.

Ⅱ. 갱신의 사유

1. 판사의 경질

공판개정 후 판사의 경질이 있는 때에는 공판절차를 갱신하여야 한다($^{제301조}_{본문}$). 이는 직접심리주의와 구두변론주의의 요청에 따른 것이다. 따라서 재판이 내부적으로 이미 성립되어 판결의 선고만을 하는 경우에는 공판절차를 갱신할 필요가 없다($^{동조}_{단서}$). 판사경질의 이유에는 제척 등에 의한 경우뿐만 아니라 전보·퇴임·질병 등의 경우도 포함된다. 판사가 경질되었음에도 불구하고 공판절차를 갱신하지 않으면 절대적 상소이유가 된다($^{제361조의}_{5 \ 제8호}$).

2. 간이공판절차의 취소

간이공판절차의 결정이 취소된 때에는 공판절차를 갱신하여야 한다($^{제301조의}_{2 \ 본문}$). 종전 공판절차의 부적법 혹은 현저한 부당을 사후에 보정하기 위해 절차를 갱신하는 것이다. 그러나 검사·피고인 또는 변호인의 이의가 없는 때에는 공판절차를 갱신할 필요가 없다($^{동조}_{단서}$). 이의가 없는 때란 소송관계인 모두가 이의가 없는 경우를 말한다. 간이공판절차가 취소되었음에도 불구하고 공판절차를 갱신하지 않으면 판결에 영향을 미친 법령위반으로서 상대적 상소이유가 된다($^{제361조의5 \ 제1호.}_{제383조 \ 제1호}$).

3. 심신상실로 인한 공판절차의 정지

피고인의 심신상실로 인하여 공판절차가 정지된 경우에는 그 정지사유가 소멸한 후에 재개된 공판기일에는 공판절차를 갱신하여야 한다($^{규칙}_{제143조}$). 피고인이 정지 전의 절차를 충분히 기억하지 못하고 또한 피고인이 행한 소송행위가 무효로 될 수 있다는 점을 이유로 한다.

Ⅲ. 갱신의 절차와 효과

1. 갱신의 절차

공판절차의 갱신은 공판절차를 다시 시작하는 것이므로 갱신된 공판절차에서 재판장은 모두절차부터 다시 진행해야 한다. 즉 ① 재판장은 피고인에게 진술거부권 등을 고지한 후 인정신문을 한다. ② 검사는 공소장에 의하여 공소사실 등을 낭독하거나, 재판장은 검사에게 공소요지를 진술하게 할 수 있다. ③ 피고인은 공소사실의 인정 여부를 진술해야 한다. ④ 재판장은 갱신 전의 공판기일에서의 피고인이나 피고인 아닌 자의 진술 또는 법원의 검증결과를 기재한 조서에 관하여 직권으로 증거조사를 하여야 한다. ⑤ 재판장은 갱신 전의 공판기일에서 증거조사된 서류 또는 물건에 관하여 직권으로 다시 증거조사를 하여야 한다. 다만 증거능력이 없다고 인정되는 서류 또는 물건과 증거로 함에 상당하지 아니하다고 인정되고 검사·피고인 또는 변호인이 이의를 하지 아니하는 서류 또는 물건에 대하여는 증거조사를 하지 않는다(규칙 제144조 제1항). 증거조사시에 소송관계인의 동의가 있으면 상당한 방법으로 증거조사를 할 수 있다(동조 제2항).

2. 갱신 전 소송행위의 효력

공판절차의 갱신 전에 행해진 소송행위라도 경우에 따라서는 갱신 후의 공판절차에서 어느 정도 효력을 유지시킬 필요가 있는데, 그 범위는 갱신사유에 따라 개별적으로 검토해야 한다. ① 판사가 경질된 경우에 갱신 전의 실체형성행위는 그 효력을 잃게 되지만, 절차형성행위는 영향을 받지 않는다. 따라서 갱신 전의 공판절차에서 행한 소송관계인의 신청에 대하여 갱신 후에도 법원은 상응하는 결정을 내려야 한다. ② 간이공판절차의 취소나 피고인의 심신상실로 인하여 공판절차가 정지되었다가 그 후 갱신된 경우에는 그 취지에 비추어 실체형성행위 및 절차형성행위 모두 효력을 잃는다.

제 3 관 변론의 병합·분리와 재개

제 1 변론의 병합과 분리

Ⅰ. 의 의

1. 개 념

변론의 병합(倂合)이란 하나의 재판부가 수개의 관련사건(제11조)을 동일한 절차에서 같이 심리하는 것을 말한다. 수개의 사건이 동일한 법원에 계속되어 있는 경우는 물론 다른 법원에 계속되어 있더라도 관련사건이면 일정한 조건 아래 병합심리할 수 있다. 변론의 분리(分離)란 변론이 병합된 수개의 사건을 나누어 별개의 절차에서 심리하는 것을 말한다.

2. 취 지

하나의 재판부가 수개의 관련사건을 병합하여 심리하면 소송경제를 도모할

수 있고, 피고인의 입장에서 보면 경합범의 규정(형법 제37조)을 적용받아 과형상
이익을 받을 수 있다. 변론의 분리는 ① 수개의 관련사건을 병합심리하기에 복
잡하여 심리의 혼란만 초래하거나 ② 공동피고인의 일부가 법정에 출석하지
않은 경우 출석한 피고인에 대해서 심리를 진행할 필요가 있을 때 주로 행해진
다. 후자의 경우에는 사건이 다시 병합되므로 편의적 분리라고 한다.

II. 절 차

1. 직권 또는 신청

법원은 필요하다고 인정하면 직권 또는 검사·피고인이나 변호인의 신청에
의하여 결정으로 변론을 분리하거나 병합할 수 있다(제300조). 변론의 병합과 분리
의 신청방식에는 제한이 없으나 보통 서면에 의한다.

2. 법원의 결정

법원은 공판기일 외에서 재판서를 작성하여 병합결정을 할 수도 있고, 공판
기일에 구술로 병합결정을 고지할 수도 있다. 변론의 병합을 결정할 때에는 병
합사건과 피병합사건의 관계를 명시하여야 한다. 병합대상사건이 동일한 재판
부에 배당되지 않은 경우에는 내부적으로 재배당의 절차가 선행되어야 한다.
공동피고인의 일부가 출석하지 않아 편의적 분리를 한 경우에는 소송기록을
분리할 필요가 없으나, 종국적 분리의 경우에는 별도로 판결을 선고하게 되므
로 소송기록을 분리하여야 한다.

3. 재량사항

변론의 병합과 분리에 대한 결정은 법원의 재량에 속한다. 따라서 동일한
피고인에 대하여 수개의 피고사건이 별도로 공소제기되었다고 하여 반드시 병
합심리하여야 하는 것은 아니다. 다만 법원의 재량권은 피고인의 소송절차상
이익(경합범 처벌조항 적용 여부), 공범 사이의 형평, 신속한 심리의 필요성 정도
등을 종합적으로 고려하여 합리적으로 행사되어야 한다.

III. 효 과

수인의 피고인에 대하여 변론을 병합한 경우에는 그 수인의 피고인은 공동
피고인이 된다. 변론을 분리하거나 병합하는 경우에도 수소법원 자체에는 변동
이 없으므로 병합 전 또는 분리 전 소송절차의 효력에 영향을 미치지 않는다.
따라서 공판절차의 갱신을 필요로 하지 않는다.

제 2 변론의 재개

Ⅰ. 의 의

변론의 재개(再開)란 일단 종결한 변론을 다시 여는 것을 말한다. 변론이 재개되면 변론은 종결 전의 상태로 돌아가서 앞서 있었던 변론과 일체를 이루게 된다. 변론의 재개는 변론종결 후 공소사실과 양형에 관한 새로운 증거가 발견되거나 새로운 사실이 발생한 경우에 행하여진다.

Ⅱ. 절 차

1. 직권 또는 신청

법원은 필요하다고 인정한 때에는 직권 또는 검사·피고인이나 변호인의 신청에 의하여 결정으로 종결한 변론을 재개할 수 있다($^{제305}_{조}$).

2. 법원의 결정

변론의 재개결정은 공판 외에서 재판서를 작성하여 하거나 판결선고기일에 법정에서 구술로 고지할 수도 있다($^{제38}_{조}$). 한편 소송관계인의 변론재개신청을 받아들이지 아니하는 경우에는 이를 기각하는 결정을 할 필요는 없지만, 기각하는 결정을 하는 경우에도 판결선고시에 구술로 고지하면 충분하다.

3. 재량사항

종결된 변론의 재개 여부는 법원에 재량에 속한다.[6] 따라서 법원이 변론종결 후 변호인의 변론재개신청을 받아들이지 아니하였다고 하여도 심리미진의 위법이 있는 것은 아니다.[7]

Ⅲ. 효 과

변론이 재개되면 소송은 변론종결 전의 상태로 돌아간다. 따라서 변론재개 후의 공판기일에 증인신문 또는 공소장변경이 허용된다. 변론재개 후에 피고인신문·증인신문 등 실체적 심리가 행해진 경우에는 검사·피고인 또는 변호인에게 최종변론의 기회를 주어야 한다.

---

6) 대법원 1986. 10. 14. 선고 86도1691 판결, 1994. 10. 28. 선고 94도1756 판결.
7) 대법원 1986. 6. 10. 선고 86도769 판결.

제 4 관 국민참여재판

제 1 개   관

I. 목   적

「국민의 형사재판참여에 관한 법률」은 ① 국가권력의 한 부분인 사법권의 영역에서 국민의 참여를 확대하고, ② 국민의 상식과 경험을 재판절차에 반영하여 사법신뢰를 증진시키며, ③ 국민이 재판절차와 법제도를 보다 가까이 접하고 이해할 수 있도록 하여 법치주의를 실현하려는 목적으로 제정되었다(동법 제1조). 국민인 피고인뿐만 아니라 외국인인 피고인도 국민참여재판(國民參與裁判)을 받을 권리가 있고, 국민은 국민참여재판에 참여할 권리와 의무를 가진다(동법 제3조).

II. 입 법 례

1. 배 심 제

배심제(陪審制)란 국민으로 구성된 배심원이 재판에 참여하여 법관으로부터 독립하여 유·무죄의 판단에 해당하는 평결을 내리고 법관은 그 평결에 기속되는 제도를 의미한다. 배심원의 독립성은 참심제와 구별되는 가장 중요한 특징이다. 배심원의 평결은 유죄 또는 무죄의 결론만 제시할 뿐이고, 유죄평결이 있는 경우에는 법관은 양형심리절차를 별도로 진행한 다음에 최종적인 형을 선고한다. 배심원이 인정한 사실문제에 대해서는 상소하여 다툴 수 없고, 판결에 대한 상소는 법률문제를 이유로 하는 경우에만 허용되며, 검찰 측의 상소는 인정되지 않거나 극히 예외적으로만 인정된다. 배심제는 영국과 미국 등 50여 개 국가에서 실시되고 있다.

2. 참 심 제

참심제(參審制)란 국민인 참심원이 법관과 함께 재판부의 일원으로 참여하여 법관과 동등한 권한을 가지고 사실문제와 법률문제를 판단하는 제도를 말한다. 참심원은 법관과 함께 재판부를 구성한다는 점에서 배심원과 뚜렷한 차이를 나타낸다. 참심제는 전문지식이 필요한 소송에서 전문가를 활용할 수 있는 장점이 있는 반면, 참심원이 법관의 영향을 받게 되는 단점이 있다. 프랑스와 독일 등 유럽의 여러 국가는 참심제를 채택하고 있다.

Ⅲ. 국민참여재판의 특징

국민참여재판은 배심제와 참심제를 적절하게 혼합하여 일정한 수정을 가하였다는 점에 특색이 있다. ① 배심원은 원칙적으로 법관의 관여 없이 평의를 진행한 후 만장일치로 평결에 이르러야 하는데(배심제적 요소), 만약 만장일치의 평결에 이르지 못한 경우 법관의 의견을 들은 후 다수결로 평결을 할 수 있고(참심제적 요소), ② 배심원은 심리에 관여한 판사와 함께 양형에 관하여 토의를 하면서도(참심제적 요소) 표결을 통하여 양형결정에 참여하는 것이 아니라 단지 양형에 관한 의견만을 개진할 수 있을 뿐이며(배심제적 요소), ③ 배심원의 평결은 법원을 기속하지 않고 단지 권고적 효력만을 가진다(배심제의 수정).

제2 대상사건 및 관할

Ⅰ. 대상사건

1. 대상사건의 범위

법원조직법 제32조 제1항에 따른 합의부 관할사건, 합의부 관할사건의 미수·교사·방조·예비·음모죄에 해당하는 사건 및 이와 관련사건으로서 병합심리하는 사건은 국민참여재판의 대상사건이 된다(동법 제5조 제1항). 다만 피고인이 국민참여재판을 원하지 않는 경우에는 국민참여재판을 하지 않는다(동법 제5조 제2항). 피고인이 공소사실을 인정하고 있는가의 여부는 문제되지 않는다. 제1심 법원이 피고인의 의사에 따라 국민참여재판으로 진행함에 있어 별도의 국민참여재판 개시결정을 할 필요는 없고, 그에 관한 이의가 있어 제1심 법원이 국민참여재판으로 진행하기로 하는 결정에 이른 경우 이는 판결 전의 소송절차에 관한 결정에 해당하며, 그에 대하여 특별히 즉시항고를 허용하는 규정이 없으므로 위 결정에 대하여는 항고할 수 없다.[8]

2. 피고인의 의사확인

(1) **의사확인서의 제출**　법원은 대상사건의 피고인에 대하여 국민참여재판을 원하는지 여부에 관한 의사를 서면 등의 방법으로 반드시 확인하여야 한다.

---

8) 대법원 2009. 10. 23.자 2009모1032 결정.

이 경우 피고인 의사의 구체적인 확인 방법은 대법원규칙으로 정하되, 피고인의 국민참여재판을 받을 권리가 최대한 보장되도록 하여야 한다(동법 제8조 제1항). 피고인은 공소장 부본을 송달받은 날부터 7일 이내에 국민참여재판을 원하는지 여부에 관한 의사가 기재된 서면을 제출하여야 한다(동조 제2항). 의사확인서를 제출하지 아니한 피고인이 제1회 공판기일이 열리기 전까지 국민참여재판 신청을 할 수 있도록 허용하더라도 재판이 지연되는 정도는 중하지 아니하며 오히려 국민참여재판으로 진행되는 경우 재판이 더욱 신속하게 종결될 가능성이 큰 점 등에 비추어 보면, 공소장 부본을 송달받은 날부터 7일 이내에 의사확인서를 제출하지 아니한 피고인도 제1회 공판기일이 열리기 전까지는 국민참여재판 신청을 할 수 있고 법원은 그 의사를 확인하여 국민참여재판으로 진행할 수 있다고 봄이 상당하다.[9]

(2) 하자의 치유 여부   법원에서 피고인이 국민참여재판을 원하는지에 관한 의사 확인절차를 거치지 아니한 채 통상의 공판절차로 재판을 진행하였다면, 이는 피고인의 국민참여재판을 받을 권리에 대한 중대한 침해로서 그 절차는 위법하고 이러한 위법한 공판절차에서 이루어진 소송행위도 무효라고 보아야 한다. 제1심 법원이 국민참여재판 대상이 되는 사건임을 간과하여 이에 관한 피고인의 의사를 확인하지 아니한 채 통상의 공판절차로 재판을 진행하였더라도, 피고인이 항소심에서 국민참여재판을 원하지 아니한다고 하면서 제1심의 절차적 위법을 문제삼지 아니할 의사를 명백히 표시하는 경우에는 하자가 치유되어 제1심 공판절차는 전체로서 적법하게 된다. 다만 제1심 공판절차의 하자가 치유된다고 보기 위해서는 피고인에게 국민참여재판절차 등에 관한 충분한 안내와 그 희망 여부에 관하여 숙고할 수 있는 상당한 시간이 사전에 부여되어야 한다.[10]

3. 공소사실의 변경

공소제기 당시에는 국민참여재판의 대상사건이었으나 재판 진행중 공소사실이 일부 철회되거나 변경되어 대상사건에 해당되지 않는 경우에도 원칙적으로 국민참여재판으로 진행한다. 다만, 법원은 심리의 상황이나 그 밖의 사정을 고려하여 국민참여재판으로 진행하는 것이 적당하지 않다고 인정하는 때에는 통상절차에 의하여 진행하도록 결정할 수 있다(동법 제6조 제1항). 통상절차로 진행하기로

---

9) 대법원 2009. 10. 23.자 2009모1032 결정.
10) 대법원 2012. 4. 26. 선고 2012도1225 판결.

하는 결정이 있는 경우 당해 재판에 참여한 배심원은 별도의 결정이 없더라도 해임된 것으로 간주되어 그 임무가 종료하지만(동법 제6조 제3항), 위 결정 전에 행한 소송행위는 결정 후에도 그 효력을 그대로 가지게 된다(동법 제6조 제4항).

4. 배제결정

(1) 배제사유 법원은 ① 배심원 등의 생명·신체·재산에 대한 침해 또는 침해의 우려가 있어서 출석의 어려움이 있거나 직무를 공정하게 수행하지 못할 염려가 있다고 인정되는 경우, ② 공범관계에 있는 피고인들 중 일부가 국민참여재판을 원하지 아니하여 국민참여재판의 진행에 어려움이 있다고 인정되는 경우, ③ 「성폭력범죄의 처벌 등에 관한 특례법」 제2조의 범죄로 인한 피해자 또는 법정대리인이 국민참여재판을 원하지 아니하는 경우, ④ 그 밖에 국민참여재판으로 진행하는 것이 적절하지 않다고 인정되는 경우 국민참여재판을 하지 아니하기로 하는 결정을 할 수 있다(동법 제9조 제1항).

(2) 배제사유의 판단 법원은 배제결정의 필요성과 피고인의 국민참여재판을 받을 권리를 비교형량하여 신중하게 배제 여부를 결정해야 한다. 성폭력범죄 피해자나 법정대리인이 국민참여재판을 원하지 아니하는 경우에 있어서, 구체적인 이유가 무엇인지, 피고인과 피해자의 관계, 피해자의 나이나 정신상태, 국민참여재판을 할 경우 피해자에 대한 추가적인 피해를 방지하기에 부족한지 등 여러 사정을 고려하여 신중하게 판단하여야 한다. 따라서 이러한 사정을 고려함이 없이 성폭력범죄 피해자나 법정대리인이 국민참여재판을 원하지 아니한다는 이유만으로 국민참여재판 배제결정을 하는 것은 바람직하다고 할 수 없다.[11]

(3) 절차의 흠결 피고인이 국민참여재판을 신청하였는데도 법원이 이에 대한 배제결정도 하지 않은 채 통상의 공판절차로 재판을 진행하는 것은 피고인의 국민참여재판을 받을 권리 및 법원의 배제결정에 대한 항고권 등 중대한 절차적 권리를 침해한 것으로서 위법하고, 이와 같이 위법한 공판절차에서 이루어진 소송행위는 무효라고 보아야 한다.[12]

Ⅱ. 관 할

국민참여재판은 제1심 절차에 한한다. 피고인이 국민참여재판을 원하는 의

---

11) 대법원 2016. 3. 16.자 2015모2898 결정.
12) 대법원 2011. 9. 8. 선고 2011도7106 판결.

사를 표시한 경우 지방법원 지원 합의부가 제9조 제1항의 배제결정을 하지 않는 경우에는 국민참여재판절차 회부결정을 하여 사건을 지방법원 본원 합의부로 이송해야 한다. 이 경우 지방법원 지원 합의부가 심판권을 가지는 사건 중 지방법원 지원 합의부가 회부결정을 한 사건에 대하여는 지방법원 본원 합의부가 관할권을 가진다(동법 제10조). 지방법원 지원은 대부분 법원 자체의 규모가 작아 국민참여재판을 당장 시행하기 곤란한 점을 고려한 것이다.

제3 배 심 원

Ⅰ. 배심원의 지위

1. 배심원의 권한과 의무

배심원(陪審員)은 국민참여재판을 하는 사건에 관하여 사실의 인정, 법령의 적용 및 형의 양정에 관한 의견을 제시할 권한이 있다(동법 제12조 제1항). 다만 배심원의 평결과 의견은 법원은 기속하지 못한다(동법 제46조 제5항). 배심원은 법령을 준수하고 독립하여 성실히 직무를 수행해야 하며(동법 제12조 제2항), 직무상 알게 된 비밀을 누설하거나 재판의 공정을 해하는 행위를 하여서는 아니될 의무가 있다(동법 제12조 제3항).

2. 배심원의 수

법정형이 사형·무기징역 또는 무기금고에 해당하는 대상사건에 대한 국민참여재판에는 9인의 배심원이 참여하고, 그 이외의 대상사건에 대하여는 7인의 배심원이 참여한다. 다만, 피고인 또는 변호인이 공판준비절차에서 공소사실의 주요 내용을 인정한 때에는 5인의 배심원이 참여하게 할 수 있다(동법 제13조 제1항). 법원은 배심원의 결원 등에 대비하여 5인 이내의 예비배심원을 둘 수 있다(동법 제14조 제1항).

Ⅱ. 배심원의 선정

1. 배심원의 자격

배심원은 만 20세 이상의 대한민국 국민 중에서 선정된다(동법 제16조). 다만, 금치산자 등 일정한 결격사유에 해당하는 자(동법 제17조)와 법관·검사·변호사 등 직업에 의한 제외사유에 해당하는 자(동법 제18조) 및 불공평한 재판을 할 우려가 있는 제척사유에 해당하는 자(동법 제19조)는 배심원으로 선정될 수 없다. 만 70세 이상인 사람, 중병·상해 또는 장애로 인하여 법원에 출석하기 곤란한 사람 등 기타 부득이한 사유로 배심원 직무를 수행하기 어려운 사람에 대하여는 배심원 직무의 수행을 면제할 수 있다(동법제20조).

2. 선정절차

(1) **배심원후보자의 결정** 지방법원장은 관할구역 내에 거주하는 20세 이상 국민의 주민등록자료를 활용하여 배심원후보예정자명부를 작성하고(동법제22조), 그 명부 중에서 필요한 수의 배심원후보자를 무작위 추출방식으로 정하여 배심원과 예비배심원의 선정기일을 통지해야 한다(동법제1항제23조). 법원은 선정기일의 2일 전까지 검사와 변호인에게 배심원후보자의 명부를 송부해야 한다(동법제1항제26조).

(2) **선정기일의 진행** 법원은 검사, 피고인 또는 변호인에게 선정기일을 통지해야 하며(동법제1항제27조), 검사와 변호인은 선정기일에 출석해야 하고, 피고인은 법원의 허가를 얻어 출석할 수 있다(동법제2항제27조). 선정기일에서 법원은 배심원후보자에게 결격사유·제외사유·제척사유 및 불공평한 판단을 할 우려가 있는가를 판단하기 위하여 질문할 수 있고, 검사·피고인 또는 변호인은 법원으로 하여금 필요한 질문을 하도록 요청할 수 있다(동법제1항제28조). 법원은 배심원후보자에게 결격사유 등이 있거나 불공평한 판단을 할 우려가 있다고 인정되는 때에는 직권 또는 검사·피고인·변호인의 기피신청에 의하여 불선정결정을 해야 한다(동법제3항제28조).

(3) **배심원의 선정** 검사와 변호인은 배심원이 9인인 경우는 5인, 7인인 경우는 4인, 5인인 경우는 3인의 범위 내에서 배심원후보자에 대하여 무이유부기피신청을 할 수 있고, 무이유부기피신청이 있는 때에는 당해 배심원후보자를 배심원으로 선정할 수 없다(동법제30조). 법원은 출석한 배심원후보자 중에서 당해 재판에서 필요한 배심원과 예비배심원의 수에 상응하는 배심원후보자를 무작위로 뽑고 이들을 대상으로 직권, 기피신청 또는 무이유부기피신청에 의한 불선정결정을 반복하여, 필요한 수의 배심원과 예비배심원 후보자가 확정되면 법원은 무작위의 방법으로 배심원과 예비배심원을 선정한다(동법제31조).

3. 배심원의 해임과 사임

법원은 배심원 또는 예비배심원이 그 의무를 위반하거나 직무를 행하는 것이 적당하지 아니한 때 또는 불공평한 판단을 할 우려가 있는 등 일정한 사유가 있는 때에는 직권 또는 검사·피고인·변호인의 신청에 의하여 해임할 수 있고(동법제32조), 배심원과 예비배심원도 직무를 계속 수행하기 어려운 사정이 있는 때에는 사임할 수 있다($\substack{동법 \\ 제33조}$).

제 4 공판절차

Ⅰ. 공판준비절차

피고인이 국민참여재판을 원하는 의사를 표시한 경우에 재판장은 사건을 공판준비절차에 부쳐야 한다. 공판준비절차는 국민참여재판에서 필수적 절차이다. 다만, 공판준비절차에 부치기 전에 법원의 국민참여재판 배제결정($\substack{동법 \\ 제9조}$)이 있는 때에는 그러하지 아니하다($\substack{동법, 제36조 \\ 제1항}$). 법원은 주장과 증거를 정리하고 심리계획을 수립하기 위하여 공판준비기일을 지정해야 한다($\substack{동법, 제37조 \\ 제1항}$). 법원은 합의부원으로 하여금 공판준비기일을 진행하게 할 수 있으며($\substack{동조 \\ 제2항}$), 공판준비기일은 원칙적으로 공개한다($\substack{동조 \\ 제3항}$). 공판준비기일에는 배심원이 참여하지 않는다($\substack{동조 \\ 제4항}$).

Ⅱ. 공판절차의 특칙

1. 공판정의 구성

배심원과 예비배심원은 공판기일에 출석해야 한다. 따라서 공판기일은 배심원과 예비배심원에게 통지해야 한다($\substack{동법 \\ 제38조}$). 공판정은 판사・배심원・예비배심원・검사・변호인이 출석하여 개정한다($\substack{동법 제39조 \\ 제1항}$). 검사와 피고인 및 변호인은 대등하게 마주보고 위치한다. 다만, 피고인신문을 하는 때에는 피고인은 증인석에 위치한다. 배심원과 예비배심원은 재판장과 검사・피고인 및 변호인의 사이 왼쪽에 위치한다. 증인석은 재판장과 검사・피고인 및 변호인의 사이 오른쪽에 배심원과 예비배심원을 마주보고 위치한다($\substack{동조 제2항 \\ 내지 제4항}$).

2. 배심원의 절차 관여

⑴ **절차상 권리와 의무** 배심원과 예비배심원은 ① 피고인・증인에 대하여 필요한 사항을 신문하여 줄 것을 재판장에게 요청하거나, ② 필요하다고 인정되는 경우 재판장의 허가를 얻어 각자 필기를 하여 이를 평의에 사용하는 행위를 할 수 있다. 그러나 ① 심리도중에 법정을 떠나거나, 평의・평결 또는 토의가 완결되기 전에 재판장의 허락 없이 그 장소를 떠나는 행위, ② 평의가 시작되기 전에 당해 사건에 관한 자신의 견해를 밝히거나 의논하는 행위, ③ 재판절차 외에서 당해 사건에 관한 정보를 수집하거나 조사하는 행위 및 ④ 평의・

평결 또는 토의에 관한 비밀을 누설하는 행위를 하여서는 안된다(동법 제41조).

(2) **재판장의 설명의무** 재판장은 배심원과 예비배심원에 대하여 배심원과 예비배심원의 권한·의무·재판절차 그 밖에 직무수행을 원활히 하는데 필요한 사항을 설명해야 한다(동법 제42조). 위와 같은 재판장의 설명은 피고인에게 진술거부권을 고지하기 전에 이루어지는 것으로, 원칙적으로 설명의 대상에 검사가 아직 공소장에 의하여 낭독하지 아니한 공소사실 등이 포함된다고 볼 수 없다.[13]

3. 간이공판절차의 배제

국민참여재판에는 간이공판절차에 관한 규정이 적용되지 않는다(동법 제43조). 피고인이 공소사실을 자백하더라도 배심원이 증거를 파악할 필요가 있기 때문이다.

4. 공판절차의 갱신

공판절차가 개시된 후 새로 재판에 참여하는 배심원 또는 예비배심원이 있는 때에는 공판절차를 갱신해야 한다. 갱신절차는 새로 참여한 배심원 또는 예비배심원이 쟁점 및 조사한 증거를 이해할 수 있도록 하되 그 부담이 과중하지 않도록 해야 한다(동법 제45조).

III. 평의·평결 및 판결선고

1. 평의와 평결

(1) **재판장의 설명의무** 재판장은 변론이 종결된 후 법정에서 배심원에게 공소사실의 요지와 적용법조, 피고인과 변호인의 주장의 요지, 증거능력 그 밖에 유의할 사항에 관하여 설명해야 한다. 이 경우 필요한 때에는 증거의 요지에 관하여 설명할 수 있다(동법 제46조 제1항). 재판장의 최종 설명은 배심원이 올바른 평결에 이를 수 있도록 지도하고 조력하는 기능을 담당하는 것으로서 배심원의 평결에 미치는 영향이 크므로 설명의무가 있는 사항을 설명하지 않는 것은 원칙적으로 위법한 조치이다. 다만 재판장이 최종 설명 때 공소사실에 관한 설명을 일부 빠뜨렸거나 미흡하게 한 잘못이 있다고 하더라도, 이를 두고 그 전까지 절차상 아무런 하자가 없던 소송행위 전부를 무효로 할 정도로 판결에 영향을 미친 위법이라고 쉽게 단정할 것은 아니고, 위와 같은 잘못이 배심원의 평결에 직접적인 영향을 미쳐 피고인의 국민참여재판을 받을 권리 등을 본질적으로 침해하고 판결의 정당성마저 인정받기 어려운 정도에 이른 것인지를 신중하게

---

13) 대법원 2014. 11. 13. 선고 2014도8377 판결.

판단하여야 한다.[14]

(2) 유·무죄의 평결   심리에 관여한 배심원은 재판장의 설명을 들은 후 유·무죄에 관하여 평의(評議)하고, 전원의 의견이 일치하면 그에 따라 평결한다(동조제2항). 배심원은 유·무죄에 관하여 전원의 의견이 일치하지 아니하는 때에는 평결(評決)을 하기 전에 심리에 관여한 판사의 의견을 들어야 한다. 이 경우에 유·무죄의 평결은 다수결의 방법으로 한다. 심리에 관여한 판사는 평의에 참석하여 의견을 진술한 경우에도 평결에는 참여할 수 없다(동조제3항).

(3) 양형의견   평결이 유죄인 경우 배심원은 심리에 관여한 판사와 함께 양형에 관하여 토의하고 그에 관한 의견을 개진한다(동조제4항). 평결결과와 양형에 관한 의견을 집계한 서면은 소송기록에 편철한다(동조제6항).

2. 판결선고

(1) 판결선고기일   판결의 선고는 변론을 종결한 기일에 해야 한다. 다만 특별한 사정이 있는 때에는 변론종결 후 14일 이내에 따로 선고기일을 지정할 수 있다. 변론을 종결한 기일에 판결을 선고하는 경우에는 판결서를 선고 후에 작성할 수 있다. 재판장은 판결선고시 피고인에게 배심원의 평결결과를 고지해야 하며, 배심원의 평결결과와 다른 판결을 선고하는 때에는 피고인에게 그 이유를 설명해야 한다(동법제48조).

(2) 판결서   판결서에는 배심원이 재판에 참여하였다는 취지를 기재해야 하고, 배심원의 의견을 기재할 수 있다. 배심원의 평결결과와 다른 판결을 선고하는 때에는 판결서에 그 이유를 기재해야 한다(동법제49조).

3. 항 소 심

배심원이 증인신문 등 사실심리의 전 과정에 함께 참여한 후 증인 진술의 신빙성 등 증거의 취사와 사실의 인정에 관하여 만장일치의 의견으로 무죄평결을 내리고, 재판부의 심증에 부합하여 그대로 채택되어 제1심에서 무죄판결이 선고되었다면, 항소심에서 새로운 증거조사를 통해 그에 명백히 반대되는 충분하고도 납득할 만한 현저한 사정이 나타나지 않는 한 제1심의 무죄판단을 뒤집어 유죄로 인정할 수 없다.[15]

---

14) 대법원 2014. 11. 13. 선고 2014도8377 판결.
15) 대법원 2010. 3. 25. 선고 2009도14065 판결.

제2장 증 거

제1절 증거 일반

제1관 총 설

제1 증거의 의의

증거(證據)란 재판의 객관성과 합리성을 보장하기 위하여 사실인정의 근거가 되는 자료를 말한다. 형사소송법상 증거는 증거방법과 증거자료의 의미로 사용되고 있다. 증거방법은 사실인정의 자료가 되는 물건이나 사람 자체를 말한다. 따라서 증거방법은 증거조사의 객체가 된다. 예를 들면 증인이나 증거서류·증거물이 이에 해당한다. 증거자료는 증거방법을 조사함으로써 알게 된 내용을 말한다. 예를 들면 증인신문에 의하여 얻게 된 증언, 문서의 기재내용, 증거물의 조사에 의하여 알게 된 증거물의 성질이 증거자료가 된다.

제2 증거의 종류

Ⅰ. 인적 증거와 물적 증거

1. 인적 증거

인적 증거란 사람의 진술내용이 증거로 되는 것을 말하며, 인증이라고도 한다. 예를 들면 증인의 증언, 감정인의 감정, 피고인의 진술은 인적 증거에 속한다. 인적 증거에 대한 증거조사는 신문의 방식에 의한다(증인신문·감정인신문·피고인신문).

2. 물적 증거

물적 증거란 물건의 존재 또는 상태가 증거로 되는 것을 말하며, 물증이라고도 한다. 범행에 사용된 흉기 또는 범행으로 취득한 장물이 이에 해당한다.

서류도 경우에 따라서 증거물에 해당할 수 있다. 예를 들면 서류를 절취한 절도죄에 있어서 그 장물인 서류는 물적 증거로서의 성질을 갖는다. 물적 증거에 대한 증거조사는 제시의 방법에 의한다. 즉 재판장은 검사, 변호인 또는 피고인에게 물적 증거(증거물)를 제시하여야 한다(제292조의2 제1항).

Ⅱ. 증거서류와 증거물인 서면

1. 구별의 실익

증거서류와 증거물인 서면을 구별할 필요가 없다는 견해가 있으나, 증거서류와 증거물인 서면은 증거조사의 방식에 차이가 있으므로 구별을 해야 한다고 본다. 전자는 낭독 또는 내용의 고지의 방식에 의하지만, 후자에 대하여는 이를 제시함과 아울러 낭독 또는 내용의 고지에 의할 것을 요하기 때문이다. 양자의 구분기준에 대해서는 아래와 같은 학설이 대립하고 있다.

2. 구별의 기준

(1) **절차기준설**   공소제기의 전후를 불문하고 당해 사건에 대한 수사 및 공판절차에서 작성된 서류는 증거서류이고, 그 이외의 서류는 증거물인 서면이라고 하는 견해이다. 절차기준설에 의하면 법원의 증인신문조서·검증조서·감정서 등은 물론 수사기관이 작성한 진술조서나 검증조서 등도 증거서류에 해당하고, 그 밖의 서류 즉 일기장, 장부, 호적등본뿐만 아니라 법원 또는 수사기관이 다른 사건에서 직무상 작성한 조서도 모두 증거물인 서면에 해당한다.

(2) **작성자기준설**   당해 소송절차에서 법원 또는 법관의 면전에서 법령에 의하여 작성된 서면이 증거서류이고 그 이외의 서류가 증거물인 서면이라고 해석하는 견해이다. 증거서류에 대하여 제시를 요하지 않는 것은 문서의 성립의 진정이 명백하므로 물리적 존재가 문제되지 않기 때문이라고 한다. 작성자기준설에 의하면 공판심리절차 또는 공판준비절차에서 법관에 의하여 작성된 서류는 물론 증거보전절차나 참고인에 대한 증인신문절차에서 작성된 증인신문조서 또는 검증조서도 증거서류에 해당하지만, 수사기관이 작성한 피의자신문조서·진술조서·실황조사서 등은 증거물인 서면에 해당한다. 그리고 법원에 의하여 작성된 조서라도 다른 사건에 대한 조서는 증거물인 서면에 해당한다.

(3) **내용기준설**   서면의 내용을 증거로 하는 것이 증거서류이며, 서면의 내용과 동시에 그 존재 또는 상태가 증거로 되는 것이 증거물인 서면이라고 하는 견해이다. 증거물인 서면에 대하여 제시를 요하는 것은 성립의 진정을 확인하

기 위한 것이 아니라 서면의 존재와 상태를 확인하기 위한 것이라고 한다. 내용기준설에 따르면 법원의 공판조서·검증조서뿐만 아니라 수사기관이 작성한 조서와 의사의 진단서도 증거서류에 포함된다. 반면에 위조죄의 위조문서, 무고죄의 허위고소장, 협박죄의 협박편지, 명예훼손죄에 있어서 수단인 인쇄물, 음란문서반포죄의 음란문서 등은 증거물인 서면에 해당한다.

⑷ **검 토**   절차기준설은 법령에 의하여 작성한 조서에 절대적 증거능력을 부여하였던 의용 형사소송법에 기초를 둔 것으로서 현행 형사소송법의 소송구조와 부합하지 않는다. 형사소송규칙 제134조 제2항은 서류의 증거제출이 있는 경우 그 서류에 관한 증거결정 전에 그 서류를 상대방에게 제시하여 상대방으로 하여금 증거능력 유무에 관한 의견을 진술케 해야 하도록 규정함으로써 서류의 증거능력 인정을 위한 제시절차를 형사소송법 제292조와는 별도로 명시하고 있다. 따라서 형사소송법 제292조는 증거능력이 있다고 인정된 증거에 한하여 행할 증거조사의 방식을 정한 규정이라는 점에서 내용기준설이 타당하다고 본다.

【사 례】 증거물인 서면

《사 안》 甲은 도박현장에서 乙에게 도박자금을 빌려주었다가 돈을 되돌려 받지 못하게 되자, 乙을 사기죄로 고소하면서, 도박자금으로 빌려주었다는 사실을 감추고 금전대여 경위를 허위로 기재한 고소장을 수사기관에 제출하였다. 甲의 무고사건에서 甲이 작성한 고소장에 대하여 어떠한 증거조사방법을 거쳐야 하는가?

《검 토》 甲이 작성한 고소장의 법적 성격이 증거서류인가 또는 증거물인 서면인가에 따라 증거조사방식이 달라진다. 무고죄에 있어서 고소장은 허위사실 여부 판단에 있어서 그 서류에 기재된 내용이 문제가 되고 허위사실의 신고가 있었는가 하는 사실판단과 관련해서 그 고소장의 존재가 증거로 되므로 증거물의 서면으로 보는 것이 타당하다. 따라서 그 증거조사방식에 있어서 증거서류에 대한 조사방식인 '낭독 및 고지'와 함께 증거물에 대한 조사방식인 '제시'가 필요하다.

Ⅲ. 그 밖의 분류

1. 직접증거와 간접증거

⑴ **직접증거**   직접증거란 요증사실을 직접 증명하는 데 이용되는 증거를 말한다. 예를 들면 범인의 자백, 범행현장을 직접 목격한 증인의 증언이 이에 해당한다.

⑵ **간접증거**   간접증거란 요증사실을 간접적으로 추인케 하는 사실(간접사실)을 증명하는 데 이용되는 증거를 말하며, 정황증거라고도 한다. 예를 들면 범행현장에서 채취된 피고인의 지문은 간접증거에 해당한다. 형사재판에 있어 심증형성은 반드시 직접증거에 의하여 형성되어야만 하는 것은 아니고 간접증거에 의할 수도 있는 것이며, 간접증거는 이를 개별적·고립적으로 평가해서는 안되고 모든 관점에서 빠짐 없이 상호 관련시켜 종합적으로 평가하고, 치밀하고 모순 없는 논증을 거쳐야 한다.

2. 본증과 반증

⑴ **구별의 실익**   형사소송에서 검사는 객관의무에 따라 피고인에게 유리한 사실의 주장과 증거도 제출해야 하고 나아가 법원도 직권증거조사의 권한과 의무를 부담하므로 본증과 반증의 논의실익이 없다는 견해가 있다. 그러나 형사소송에서 거증책임의 개념을 인정하는 이상 이론적으로 본증과 반증이 구별된다고 본다.

⑵ **본 증**   본증이란 거증책임을 지는 당사자가 제출하는 증거를 말한다. 형사소송에서 거증책임은 원칙적으로 검사에게 있으므로 검사가 제출하는 증거가 본증에 해당한다. 그러나 피고인에게 거증책임이 있는 경우에는 피고인이 제출하는 증거가 본증이 된다.

⑶ **반 증**   반증이란 본증에 의하여 증명하려고 하는 사실을 부정하기 위하여 제출하는 증거를 말한다.

3. 진술증거와 비진술증거

⑴ **진술증거**   진술증거란 사람의 진술을 증거로 하는 것을 말한다. 진술증거에는 구두에 의한 진술증거(구술증거)와 서면에 의한 진술증거(진술기재서면)가 포함된다. 진술증거는 다시 원본증거와 전문증거로 나누어진다. 증인이 직접 경험한 사실을 진술하는 것이 원본증거 또는 본래증거이고, 타인으로부터 전해들은 사실을 진술하는 것은 전문증거이다.

⑵ **비진술증거**   비진술증거란 진술증거 이외의 서증과 물적 증거를 말한다. 비진술증거에 대해서는 전문법칙이 적용되지 않는다.

4. 실질증거와 보조증거

⑴ **실질증거**   실질증거란 주요사실의 존부를 직접·간접으로 증명하는 데 사용되는 증거를 말한다.

⑵ **보조증거**   보조증거란 실질증거의 증명력을 다투기 위해 사용되는 증

거를 말한다. 보조증거에는 증강증거와 탄핵증거가 있다. 증강증거는 실질증거의 증명력을 증강하기 위한 보조증거를 말하며, 탄핵증거는 증명력을 감쇄시키기 위한 보조증거를 말한다.

제3 증거능력과 증명력

Ⅰ. 증거능력

증거능력(證據能力)이란 증거가 엄격한 증명의 자료로 사용될 수 있는 **법률상의 자격**을 말한다. 증거능력은 미리 법률에 의하여 형식적으로 결정되어 있다. 따라서 증거능력이 없는 증거는 사실인정의 자료로 사용될 수 없다. 증거능력의 제한에는 절대적인 제한과 상대적인 제한이 있다. 자백의 증거능력제한은 절대적인 제한에 해당하나, 전문증거의 경우 당사자의 동의가 있는 때에는 증거로 할 수 있으므로 상대적인 제한에 해당한다.

Ⅱ. 증 명 력

증명력(證明力)이란 증거의 **실질적 가치**를 의미한다. 자유심증주의는 증명력에 관한 기본원칙으로서 증명력은 법관의 자유심증에 맡겨져 있다. 자백의 보강법칙(조^{310})과 공판조서의 증명력(조^{56})에 관한 규정은 법관의 자유로운 증명력 판단을 제한하는 예외에 해당한다.

제2관 증거재판주의

제1 개 관

Ⅰ. 의 의

1. 개 념

증거재판주의(證據裁判主義)란 공정한 재판을 실현하기 위해 증거에 의하여 사실을 인정하여야 한다는 증거법의 기본원칙이다. 사실의 인정은 증거에 의하여야 하고, 범죄사실의 증명은 합리적인 의심이 없는 정도의 증명에 이르러야 한다(조^{307}).

2. 입법취지

제307조는 역사적 의미에서의 증거재판주의를 확인한 데 그치는 것이 아니라, 법률상 증거능력이 있고 적법한 증거조사절차를 거친 증거에 의하여 범죄사실을 인정하여야 한다는 규범적 의미를 가진다.

Ⅱ. 증   명

1. 의   의

증명(證明)이란 법관이 요증사실의 존재에 대하여 합리적 의심이 없을 정도의 확신을 얻은 상태 또는 법관으로 하여금 확신을 얻게 하기 위해 증거를 제출하는 소송관계인의 노력을 말한다. 판례는 범죄사실의 증명 정도에 관하여 영미법상의 '합리적인 의심을 넘어선 정도의 증명'(proof beyond a reasonable doubt)과 독일법상의 '확신에 이를 정도의 고도의 개연성을 가진 증명'(Beweis mit an Sicherheit grenzender Wahrscheinlichkeit)을 혼합하여 '범죄사실의 증명은 법관으로 하여금 합리적인 의심의 여지가 없을 정도로 고도의 개연성을 인정할 수 있는 심증을 갖게 하여야 한다'고 판시하고 있다.[1]

2. 엄격한 증명과 자유로운 증명

⑴ **엄격한 증명**   엄격한 증명이란 법률상 증거능력 있고 적법한 증거조사를 거친 증거에 의한 증명을 말한다. 다만 간이공판절차에서는 엄격한 증명을 요하는 사실이라도 증거능력의 제한에 대한 예외가 인정되고($^{제318조}_{의3}$) 증거조사도 법원이 상당하다고 인정하는 방법으로 할 수 있다($^{제297조}_{의2}$).

⑵ **자유로운 증명**   자유로운 증명이란 증거능력이나 적법한 증거조사를 요하지 않는 증거에 의한 증명을 말한다. 엄격한 증명과 자유로운 증명은 증거능력의 유무와 증거조사방법에 차이가 있을 뿐이고, 심증의 정도에는 차이가 없다. 즉 엄격한 증명과 자유로운 증명 모두 합리적 의심이 없는 증명을 요구한다.

3. 상당한 증명

엄격한 증명이 요구되는 사실에 대해서도 간이공판절차로 이행되는 경우에는 상당한 방법으로 증거조사를 할 수 있다($^{제297조}_{의2}$). 이를 근거로 엄격한 증명과 자유로운 증명 사이에 있는 제3의 증명방법으로 상당한 증명을 설정할 수 있다

---

1) 대법원 1991. 8. 13. 선고 91도1385 판결.

는 견해가 있다. 이 견해에 의하면 양형의 기초가 되는 정상관계사실 중 피고
인에게 불리한 것도 상당한 증명의 대상이 된다고 한다. 그러나 엄격한 증명과
자유로운 증명 사이에 상당한 증명이라는 별도의 개념을 사용할 필요가 없다
고 본다.

Ⅲ. 소 명

1. 의 의

소명(疎明)이란 법관이 요증사실에 대하여 확신을 얻지는 못하나 일응 확실
할 것이라는 추측을 얻은 상태 또는 법관으로 하여금 그와 같은 상태에 이르도
록 자료를 제출하는 소송관계인의 노력을 말한다.

2. 대상과 방법

소명의 대상은 법률에 개별적으로 규정하고 있는데, 소송법적 사실 가운데
특별히 신속한 처리가 요구되는 사항이나 절차상의 파생적 사실은 소명으로
족하다. 예를 들면 기피사유의 소명($^{제19조}_{제2항}$), 상소권회복원인사유의 소명($^{제346조}_{제2항}$),
증인신문청구사유의 소명($^{제221조의}_{2\ 제3항}$)이 이에 해당한다. 소명은 엄격한 형식이나 방
식에 제한되지 않는다.

제2 엄격한 증명의 대상

Ⅰ. 공소범죄사실

1. 구성요건해당사실

객관적 구성요건에 해당하는 사실은 엄격한 증명의 대상이 된다. 따라서 행
위의 주체·객체, 결과발생 및 인과관계에 관하여 엄격한 증명을 요한다. 고
의·과실·목적·공모공동정범의 공모[2] 등과 같은 주관적 구성요건사실도 엄
격한 증명의 대상이 된다. 주관적 구성요건사실은 범의와 상당한 관련성이 있
는 간접사실을 증명하는 방법에 의하여 입증될 수밖에 없고, 무엇이 상당한 관
련성이 있는 간접사실에 해당할 것인가는 정상적인 경험칙에 바탕을 두고 사
실의 연결상태를 합리적으로 판단하는 방법에 의하여야 한다.[3]

---

2) 대법원 1988. 9. 13. 선고 88도1114 판결.
3) 대법원 2000. 7. 7. 선고 2000도1899 판결.

2. 위법성과 책임의 기초사실

위법성과 책임의 기초가 되는 사실이 다투어지는 경우 엄격한 증명을 요한다. 즉 위법성조각사유와 책임조각사유의 부존재도 엄격한 증명의 대상이 된다. 따라서 정당방위·긴급피난·자구행위의 요건이 되는 사실의 부존재뿐만 아니라, 명예훼손죄에 있어서의 사실증명도 엄격한 증명의 대상이 된다.

3. 처벌조건

처벌조건은 범죄사실 자체는 아니지만 형벌권의 발생에 직접 관련되는 사실이므로 엄격한 증명을 요한다. 따라서 친족상도례의 경우 일정한 친족관계의 존재는 엄격한 증명의 대상이 된다.

II. 형벌권의 범위에 관한 사실

1. 형의 가중·감면의 사유로 되는 사실

(1) 형의 가중사유　법률상 형의 가중의 사유로 되는 누범전과는 범죄사실에 준하여 엄격한 증명의 대상이 되지만, 그 이외의 전과는 정상관계사실로서 자유로운 증명으로 족하다.

(2) 형의 감면사유　형의 감경 또는 면제의 사유로 되는 사실을 범죄 후에 발생한 것(예를 들면 자수·자복)과 범죄행위에 내재하는 것(예를 들면 심신미약 등)으로 구별하여 전자는 자유로운 증명, 후자는 엄격한 증명의 대상이 된다는 견해가 있다. 그러나 형의 감경의 사유로 심신미약 또는 중지미수, 형의 면제의 사유로 되는 자수·자복의 사실은 범죄될 사실 그 자체는 아니지만 범죄사실에 준하여 모두 엄격한 증명의 대상이 된다고 본다.

2. 몰수·추징의 사유

몰수나 추징의 대상이 되는가 여부와 추징액의 인정은 엄격한 증명의 대상의 된다. 판례는 이 경우 자유로운 증명으로 족하다고 한다.[4]

III. 간접사실과 보조사실

1. 간접사실

간접사실이란 주요사실의 존부를 간접적으로 추인하는 사실을 말한다. 간접사실로부터 추론할 수 있는 사실이 범죄성립에 관한 주요사실인 때에는 간접

---

4) 대법원 1973. 4. 17. 선고 73도297 판결, 1982. 2. 9. 선고 81도3040 판결, 1987. 4. 14. 선고 87도399 판결, 1993. 6. 22. 선고 91도3346 판결.

사실도 엄격한 증명의 대상이 된다.

2. 보조사실

보조사실이란 증거의 증명력에 영향을 미치는 사실을 말한다. 보조사실에는 증거의 증명력을 탄핵하는 사실과 보강하는 사실이 포함된다. 증거의 증명력을 탄핵하는 보조사실은 자유로운 증명으로 족하다.[5] 증거의 증명력을 보강하는 보조사실의 경우 그 주요사실이 엄격한 증명의 대상이 되는 이상 보조사실도 엄격한 증명을 요한다.

IV. 경험법칙과 법규

1. 경험법칙

경험법칙이란 사실을 판단하는 전제가 되는 지식을 말한다. 일반인 누구나 알고 있는 일반적인 경험법칙은 공지의 사실이기 때문에 증명을 요하지 않는다. 그러나 특정한 사람에게만 알려져 있는 특별한 경험법칙이나 그 내용이 명백하지 않는 경험법칙의 경우 증명을 요한다. 또한 그 경험법칙이 엄격한 증명의 대상인 사실의 인정에 필요한 때에는 엄격한 증명의 대상이 된다.

2. 법   규

법규의 존재와 그 내용은 법원의 직권조사사항에 속하므로 원래 증명의 대상이 되지 않는다. 그러나 외국법·관습법·자치법규·실효된 법과 같이 법규의 내용이 명백하지 아니한 경우 그 법규가 엄격한 증명을 요하는 사실판단의 전제가 될 때에는 엄격한 증명의 대상이 된다.

제 3 자유로운 증명의 대상

I. 정상에 관한 사실

정상(情狀)에 관한 사실이란 피고인의 성격·환경, 범죄 후의 정황 등과 같이 양형의 자료가 되는 사실을 말한다. 정상에 관한 사실 가운데 피고인에게 유리한 것은 자유로운 증명으로 족하지만 불이익한 것은 엄격한 증명 또는 상당한 증명을 요한다는 견해가 있다. 그러나 자유로운 증명의 대상인가 여부는 피고인에게 유리한가 불이익한가에 의하여 결정되는 것이 아니고, 양형은 그 성질상 법원의 재량에 맡겨져 있으므로 정상에 관한 사실은 자유로운 증명으

---

5) 대법원 1978. 10. 31. 선고 78도2292 판결, 1981. 12. 22. 선고 80도1547 판결.

로 족하다고 본다.

Ⅱ. 소송법적 사실

순수한 소송법적 사실은 자유로운 증명으로 족하다. 따라서 친고죄에 있어서 고소의 유무,[6] 피고인의 구속기간·공소제기·공판개시 및 적법한 피고인신문이 행하여졌느냐는 자유로운 증명으로 족하다. 한편 자백의 임의성의 기초가 되는 사실에 관하여는 엄격한 증명을 요한다는 견해가 있다. 그러나 자백의 임의성에 관한 사실도 소송법적 사실인 이상 자유로운 증명으로 충분하다고 본다.

제 4 불요증사실

Ⅰ. 의   의

1. 개   념

불요증사실(不要證事實)이란 별도의 증명을 요하지 않는 사실을 말한다. 재판의 기초가 되는 사실은 원칙적으로 모두 요증사실이라고 할 수 있지만 일정한 경우에는 사실 자체의 성격에 비추어 별도의 증명을 요하지 않는 경우가 있다. 불요증사실에는 현저한 사실과 추정된 사실이 있다.

2. 구별개념

불요증사실과 구별해야 하는 개념으로 **입증금지사실**이 있다. 입증금지사실이란 증명으로 인하여 얻은 소송법적 이익보다 큰 초소송법적 이익 때문에 증명이 금지된 사실을 말한다. 예를 들면 공무원 또는 공무원이었던 자의 직무상의 비밀에 속하는 사실이 이에 해당한다($\frac{제147}{조}$).

Ⅱ. 현저한 사실

1. 공지의 사실

⑴ 개 념   공지의 사실이란 일반적으로 알려져 있는 사실, 즉 보통의 지식·경험이 있는 사람이면 누구나 의심하지 않고 알고 있는 사실을 말한다. 예를 들면 역사적으로 유명한 사건이나 자연계의 현저한 사실이 이에 해당한다. 그러나 반드시 모든 사람에게 알려져 있는 사실임을 요하지 않고 일정한 지역·범위의 사람에게만 알려져 있어도 무방하다. 따라서 공지인가는 구체적인

---

6) 대법원 1999. 2. 9. 선고 98도2074 판결.

사회생활에서 일반인의 의식에 따라 결정되는 **상대적 개념**이다.

(2) **소송법적 효과**　 공지의 사실은 증거에 의하여 인정되지 않더라도 사실인정에 아무런 지장이 없으므로 증명을 요하지 않는다. 그러나 공지라는 점에 대한 반증이나 공지사실이 진실인가의 점에 대한 반증은 허용된다.

2. 법원에 현저한 사실

(1) **개 념**　 법원에 현저한 사실이란 법원이 그 **직무상** 명백히 알고 있는 사실을 말한다. 예를 들면 법원이 스스로 행한 판결이 이에 해당한다.

(2) **소송법적 효과**　 다수설은 법원에 현저한 사실이라 하더라도 법원에 대한 국민의 신뢰를 확보하기 위하여 증명이 필요하다고 한다. 그러나 법원이 직무상의 경험으로 명백히 알고 있는 사실에 대하여는 증명을 요하지 않는다고 본다. 다만 법원이 직무 외에서 알게 된 사실은 판단의 객관성과 공정성을 담보할 수 없기 때문에 증명을 필요로 한다.

III. 추정된 사실

1. 법률상 추정된 사실

(1) **개 념**　 법률상 추정된 사실이란 전제사실의 존재가 증명되면 반대증명이 없는 한 다른 사실이 증명된 것으로 취급하도록 **법률상 규정**되어 있는 경우를 말한다. 법률상의 추정을 인정하는 것은 실체진실주의와 자유심증주의에 반할 뿐만 아니라 무죄추정의 법리에도 어긋나므로 형사소송에서는 허용되지 않는다는 견해가 있다. 그러나 형사소송에서도 거증책임의 분배와 사실관계의 확정에서 법률상 추정의 문제가 있다고 본다. 예를 들면 「환경범죄의 단속에 관한 특별조치법」 제11조[7]는 인과관계의 추정을 규정하고 있다.

(2) **소송법적 효과**　 전제사실의 증명으로 다른 사실이 추론되어 추정된 사실에 대해 별도로 증명을 요하지 않는다. 그러나 법률상 추정된 사실에 대하여도 반증이 허용되며, 반증에 의하여 의심이 생긴 때에는 증명을 필요로 한다.

2. 사실상 추정된 사실

(1) **개 념**　 사실상 추정된 사실이란 전제사실로부터 다른 사실을 추정하는 것이 논리적으로 합리적인 경우를 말한다. 예를 들면 어떤 범죄의 구성요건

---

7) 오염물질을 사람의 생명·신체, 상수원 또는 자연생태계 등에 위험이 발생할 수 있을 정도로 불법배출한 사업자가 있는 경우 그 물질의 불법배출에 의하여 위험이 발생할 수 있는 지역 안에서 동종의 물질에 의하여 생명·신체 등에 위험이 발생하고 그 불법배출과 발생한 위험 사이에 상당한 개연성이 있는 때에는 그 위험은 그 사업자가 불법배출한 물질에 의하여 발생한 것으로 추정한다.

해당성이 인정되면 위법성과 책임은 사실상 추정된다.

⑵ **소송법적 효과**   사실상 추정된 사실은 증명을 요하지 않는다. 그러나 사실상 추정된 사실에 대하여는 소송관계인이 다투기만 하면 즉시 그 추정이 깨어진다. 예를 들면 피고인이 위법성조각사유나 책임조각사유를 주장하는 경우에는 검사는 피고인의 행위가 위법하거나 유책하다는 사실을 별도의 증거를 통해 증명해야 한다.

제 3 관   입증책임

제 1   개   관

Ⅰ. 의   의

1. 실질적 입증책임

⑴ **개 념**   실질적 입증책임(立證責任)이란 요증사실의 존부가 증명되지 않을 경우 불이익을 받게 되는 당사자의 법률상의 지위를 말한다. 통상 입증책임이라 함은 실질적 입증책임을 의미한다. 법원은 사실의 존부를 확인하기 위하여 당사자가 제출한 증거와 직권으로 조사한 증거에 의하여 재판에 필요한 심증을 형성한다. 그러나 이러한 증거로도 확신을 갖지 못할 때에는 증명곤란으로 인한 불이익을 당사자의 어느 일방에게 주지 않을 수 없다. 이러한 불이익을 받을 위험부담을 실질적 입증책임이라고 한다.

⑵ **법적 성격**   실질적 입증책임은 종국판결시에 존재하는 위험부담을 의미한다. 따라서 소송의 개시로부터 종결시까지 고정되어 있으며 소송의 진행에 따라 이전되는 것이 아니다.

2. 형식적 입증책임

⑴ **개 념**   형식적 입증책임이란 소송의 전개과정에 따라 어느 사실이 증명되지 않음으로써 불이익한 판단을 받을 염려가 있는 당사자가 그 불이익을 면하기 위하여 당해 사실을 증명해야 할 부담을 말하며, 입증부담이라고도 한다.

⑵ **법적 성격**   형식적 입증책임(입증부담)은 소송의 전개과정에 따라 수시로 반전된다는 점에서 실질적 입증책임과 구별된다. 예를 들면 검사가 구성요건해당성을 입증하면 위법성과 책임은 사실상 추정되므로 위법성조각사유와

책임조각사유에 대하여는 피고인이 입증의 부담을 가지게 된다. 다만 입증부담의 경우 필요한 입증의 정도는 법관에게 확신을 갖게 할 것을 요하지 않고 그러한 사유가 있지 않은가라는 의심을 갖게 할 정도면 충분하다.

3. 증거제출책임

영미법에서는 검사와 피고인 측이 각기 자신에게 유리한 사실을 증명할 책임을 지는데, 이를 증명책임(burden of proof)이라고 한다. 증명책임은 입증책임과 거의 동일한 개념이지만, 심신상실이나 함정수사의 항변, 위법수집증거의 배제신청 등과 같이 유리한 사실을 주장하는 경우 피고인에게 적극적으로 그 증명을 요구한다는 점에서 증명불능상태에 대비한 법원의 판단지침이라는 의미로 이해되는 입증책임의 개념과 구별된다.

증명책임은, 유리한 사실을 주장하기 위해서 필요한 증거를 제출해야 할 의무를 말하는 증거제출책임(burden of producing evidence)과 증거가 제출되었음을 전제로 하여 배심원으로 구성되는 법원을 설득, 자신에게 유리한 심증을 형성하도록 노력할 책임을 말하는 설득책임(burden of persuation)으로 나누어진다. 증거를 제출하였더라도 설득책임을 다하지 못하면 문제되는 사실의 증명에 대하여 설득책임을 부담하는 자에게 불리한 판단이 내려지게 된다.

피고인이 무책임한 주장을 남발하여 절차의 혼란을 가져오는 것을 방지하고, 미숙한 소송수행으로 피고인이 무고하게 처벌되는 것을 막기 위하여 우리 형사소송법에도 증명의 정도에 차등을 두어 입증책임의 전환에 미치지 않는 증거제출책임을 인정할 필요가 있다는 견해가 있으나, 우리 형사소송법에서 증거제출책임을 인정하는 것은 적절하지 않고, 입증의 부담에 의하여 해결하면 충분하다고 본다.

II. 입증책임과 소송구조

1. 입증책임긍정론

통설은 입증책임의 개념을 인정한다. 법원의 직권심리의무가 재판의 진행중에 법원이 부담하는 직권조사의무를 의미하나, 입증책임은 종국판결시에 비로소 작용하는 위험부담을 의미하는 것이므로 양자는 그 적용단계를 달리한다는 점을 논거로 삼는다. 따라서 입증책임은 당사자주의 소송구조뿐만 아니라 직권주의 소송구조에서도 필요한 개념이라고 한다.

2. 입증책임부정론

직권주의 소송구조를 전제로 입증책임의 개념을 부정하는 소수설이다. 실체적 진실의 발견은 법원의 의무이므로 검사나 피고인이 증명해야 하는 것은 아니기 때문이라고 한다. 법원이 심증을 형성하지 못할 경우에는 '의심스러운 때에는 피고인의 이익으로(in dubio pro reo)'의 원칙이 적용된다고 한다.

3. 검   토

법원의 직권조사의무란 절차진행과정에서 요구되는 것이고, 판결을 선고해야 하는 시점에서 요증사실의 존부가 증명되지 않을 경우에는 당사자 일방이 불이익을 받게 된다. 따라서 입증책임은 직권주의 소송구조하에서도 그 의미를 가진다고 본다. 그리고 무죄추정의 원칙에 따라 입증책임은 원칙적으로 검사가 부담한다.

제 2 입증책임의 분배

Ⅰ. 공소범죄사실

1. 공소범죄사실의 존재

공소범죄사실의 존재에 대한 입증책임은 검사에게 있다. 검사는 공소범죄사실의 객관적 요소와 주관적 요소를 모두 입증해야 한다. 피고인이 범죄고의를 부인하는 경우에 이러한 주관적 요소가 되는 사실은 내심과 관련된 간접사실 또는 정황사실을 증명하는 방법에 의하여 입증할 수밖에 없다. 그리고 검사는 구성요건해당사실의 존재뿐만 아니라 위법성과 책임의 존재에 대하여도 입증책임을 진다. 따라서 피고인이 위법성조각사유나 책임조각사유를 주장하는 때에는 검사가 그 부존재에 대한 입증책임을 진다.

2. 알리바이의 증명

알리바이의 증명에 관하여 ① 알리바이는 주요사실에 대한 간접적인 반대증거가 될 수 있는 간접사실로서 피고인에게 그 입증책임이 있다는 견해와 ② 알리바이의 주장은 구성요건해당사실의 존재에 대한 다툼으로서 검사가 구성요건해당사실 자체를 엄격한 증명방법으로 입증해야 한다는 견해가 대립하고 있다. 알리바이의 주장은 구성요건해당사실을 부인하는 진술이므로 검사에게 입증책임이 있다고 본다.

Ⅱ. 처벌조건인 사실

인적 처벌조건사유(예를 들면 친족상도례)나 객관적 처벌조건(예를 들면 파산관계죄의 파산선고)인 사실은 모두 형벌권 발생의 요건이 되므로 검사에게 입증책임이 있다.

Ⅲ. 형의 가중·감면의 사유가 되는 사실

형의 가중사유가 되는 사실(예를 들면 누범전과사실)에 대한 입증책임은 검사에게 있다. 그리고 형의 감면사유가 되는 사실도 형벌권의 범위에 영향을 미치는 사유이므로 그 부존재에 대하여 검사에게 입증책임이 있다.

Ⅳ. 소송법적 사실

1. 소송조건에 관한 사실

소송조건은 공소제기의 적법·유효조건이므로 그 존부가 불명확한 경우 입증책임의 문제가 발생한다. 친고죄에 있어서 고소와 같은 소송추행을 위한 적극적 요건은 물론 공소시효의 완성, 사면 또는 공소의 적법 등 소송조건에 대한 입증책임도 검사에게 있다.

【사 례】 소송조건과 입증책임

《사 안》 검사는 2020년 3월 10일 피고인 甲을 주거침입죄와 절도죄로 기소하였고, 공소장에 기재된 공소사실은 '피고인 甲이 2015년 3월 말경 피해자 乙의 집에 들어가 현금 3백만원을 절취하였다'는 내용이었다. 피고인 甲은 2015년 3월 초순경 범행을 한 것이라고 주장하였고, 검사는 범행시점에 대한 정확한 증거를 제출하지 못하였다. 이 경우 법원은 어떠한 판결을 하여야 하는가?

《검 토》 건조물침입죄(장기 5년 미만의 징역에 해당하는 범죄)의 공소시효는 5년이고, 절도죄(장기 10년 미만의 징역에 해당하는 범죄)의 공소시효는 7년이다. 공소시효의 완성 여부는 소송조건에 해당하고, 그 입증책임은 검사에게 있다. 본 사안에서 건조물침입죄에 대한 공소시효의 완성 여부가 불명인 상태에 있으므로 법원은 주거침입죄에 대하여 면소판결을 선고하고, 절도죄에 대하여 자백의 보강증거가 있다면 유죄판결을 선고해야 한다.

2. 증거능력의 전제되는 사실

증거능력의 선세되는 사실에 대한 입증책임은 그 증거를 제출한 당사자에게 있다. 증거를 자기의 이익으로 이용하려는 당사자는 그 증거능력의 전제에 대한 입증책임을 부담하기 때문이다. 따라서 검사가 의사의 진단서 또는 서증을 증거로 제출하는 경우에 그 증거능력을 부여할 입증책임은 검사에게 있다.[8]

제 3 입증책임의 전환

Ⅰ. 의   의

입증책임의 전환이란 법률에 특별한 규정이 있을 경우 입증책임의 분배원칙에 대한 예외를 말한다. 입증책임의 전환은 법률에 규정되는 경우에도 헌법상의 무죄추정원칙에 반하므로 허용되지 않는다는 견해가 있다. 그러나 형사재판의 실제에 있어서 입증곤란의 문제를 해결하기 위하여 특별히 입증책임의 전환을 규정한 법률조항을 위헌이라고 단정할 수는 없다고 본다.

Ⅱ. 상해죄의 동시범

1. 의   의

2인 이상이 의사연락 없이 개별적으로 동시에 죄를 범한 경우를 동시범이라고 한다. 형법 제19조는『동시 또는 이시(異時)의 독립행위가 경합한 경우에 그 결과발생의 원인된 행위가 판명되지 아니한 때에는 각 행위를 미수범으로 처벌한다』고 규정하고 있다. 그런데 형법 제263조는 상해죄에 관하여 독립행위의 경합에 관한 예외를 인정하여『독립행위가 경합하여 상해결과를 발생하게 한 경우에 원인된 행위가 판명되지 않으면 공동정범의 예에 의한다』고 규정하고 있다. 이 조문의 법적 성질에 대해 다음과 같은 학설이 있다.

2. 법적 성질

⑴ **입증책임전환설**   상해죄의 동시범의 경우에는 행위자가 자신의 행위에 의하여 상해결과가 발생하지 않았다는 것을 증명해야 할 입증책임을 부담하고, 만일 그러한 증명을 하지 못하면 공동정범으로 처벌된다고 보는 견해이다.

⑵ **법률상추정설**   형법 제263조는 입증책임의 전환규정이 아니라 입증의 곤란을 구제하기 위하여 공동정범에 관한 법률상의 책임추정을 규정한 것이라고 해석하는 견해이다.

⑶ **이원설**   소송법적으로는 입증책임전환규정인 동시에 실체법적으로는

---

8) 대법원 1970. 11. 24. 선고 70도2109 판결.

공동정범의 범위를 확장시키는 일종의 의제라고 해석하는 견해이다. 즉 정책적 필요에 의해서 상해죄의 독립행위를 공동정범으로 처벌하기 위해 존재하지 않는 의사연락을 법률상 존재하는 것으로 의제하고, 인과관계의 입증곤란을 배제하기 위한 규정이라고 한다.

(4) 위헌설 형법 제263조는 헌법상의 무죄추정원칙에 반하는 위헌규정이라는 견해이다. 상해의 동시범에서만 형법 제19조의 예외를 인정해야 할 이유가 없고, 의사연락의 의제는 책임원칙에 반한다는 점을 그 논거로 한다.

3. 검 토

법률상 추정은 증명절차를 거치지 않고 사실을 인정하는 것이므로 명시적인 규정을 요하고, 이원설도 법률상추정설을 전제로 하므로 타당하다고 볼 수 없다. 위헌설은 입증책임의 전환 자체를 부정하나, 입증곤란의 문제를 해결하기 위한 특별규정을 모두 위헌이라고 단정할 수 없다. 2인 이상이 동일인을 폭행하여 상해를 가한 경우 검사가 그 인과관계를 입증하는 것은 곤란하다는 점에서 형법 제263조는 입증책임의 전환을 인정한 규정이라고 본다. 따라서 피고인이 상해의 결과에 대하여 인과관계가 없음을 증명할 입증책임을 지며, 이를 증명하지 못할 때에는 공동정범의 예에 의하여 처벌된다.

Ⅲ. 명예훼손죄에서 사실의 증명

1. 의 의

형법 제310조는 『명예훼손행위가 진실한 사실로서 오로지 공공의 이익에 관한 때에는 처벌하지 아니한다』고 규정하고 있다. 이 규정의 법적 성질과 입증책임에 관하여 학설이 대립된다.

2. 학 설

(1) 입증책임전환설 적시한 사실의 진실성과 공익성에 대하여 피고인에게 입증책임을 지운 입증책임의 전환규정이라고 해석하는 견해이다.

(2) 위법성조각사유설 형법 제310조는 증명문제에 관하여 아무런 언급이 없기 때문에 이는 명예훼손죄에 관한 특수한 위법성조각사유를 규정한 것이라는 견해이다. 따라서 위법성조각사유의 부존재에 대한 입증책임이 검사에게 있다고 해석한다.

(3) 이원설 형법 제310조를 실체법과 소송법의 이원적 관점에서 파악하여 실체법적으로는 명예훼손죄에 대한 특수한 위법조각사유를 규정한 것이고, 소

송법적으로는 입증책임의 전환을 규정한 것이라는 견해이다.

3. 판   례

공연히 사실을 적시하여 사람의 명예를 훼손한 행위가 형법 제310조의 규정에 따라서 위법성이 조각되어 처벌대상이 되지 않기 위하여는 그것이 진실한 사실로서 오로지 공공의 이익에 관한 때에 해당된다는 점을 행위자가 증명하여야 한다. 그 증명은 엄격한 증거에 의하여야 하는 것은 아니므로 전문증거에 대한 증거능력의 제한을 규정한 제310조의2는 적용될 여지가 없다.[9]

4. 검   토

형법 제310조의 법적 성질을 실체법적인 측면과 소송법적인 측면으로 구분하는 것이 타당하다. 따라서 피고인이 공공의 이익을 위하여 진실한 사실을 적시한 경우에는 명예훼손죄의 위법성이 조각되나, 그 진실성과 공공성의 입증책임은 피고인에게 있다고 본다. 다만 그 입증방법에 있어 **자유로운 증명**으로 족하고, 전문법칙의 적용도 없다. 무죄 여부를 입증하기 위해 피고인이 제출하는 증거는 엄격한 증거임을 요하지 않기 때문이다.

Ⅳ. 양벌규정에서 사업주의 무과실

근로기준법 제115조 제2항은 '사업주가 대리인, 사용인, 그 밖의 종업원의 이 법의 위반행위와 관련하여 그 계획을 알고 그 방지에 필요한 조치를 하지 아니하는 경우, 위반행위를 알고 그 시정에 필요한 조치를 하지 아니하는 경우 또는 위반을 교사한 경우에는 사업주도 행위자로 처벌한다.'고 규정하고 있다.[10] 이러한 양벌규정에 대하여 무과실입증의 입증책임을 피고인이 부담한다는 견해가 있다. 그러나 이러한 양벌규정은 입증책임의 전환을 규정한 것이라고 볼 수 없으므로 검사가 사업주의 감독의무 이행 여부 및 과실을 입증해야 한다.

---

9) 대법원 1996. 10. 25. 선고 95도1473 판결.

10) 보건범죄단속에 관한 특별조치법 제6조는 '법인의 대표자나 법인 또는 개인의 대리인, 사용인, 그 밖의 종업원이 그 법인 또는 개인의 업무에 관하여 …에 해당하는 위반행위를 하면 그 행위자를 벌하는 외에 그 법인 또는 개인을 1억원 이하의 벌금에 처한다. 다만, 법인 또는 개인이 그 위반행위를 방지하기 위하여 해당 업무에 관하여 상당한 주의와 감독을 게을리하지 아니한 경우에는 그러하지 아니하다.'라고 규정하고 있다.

제 2 절 증거능력

제 1 관 위법수집증거배제법칙

제 1 개 관

I. 의 의

위법수집증거배제법칙(違法蒐集證據排除法則)이란 위법한 절차에 의하여 수집된 증거의 증거능력을 부정하는 법칙을 말한다. 제308조의2는 『적법한 절차에 따르지 아니하고 수집한 증거는 증거로 할 수 없다』라고 규정하여 위법수집증거의 배제원칙을 선언하고 있다. 진술증거인 자백에 대하여 헌법 제12조 제7항과 형사소송법 제309조는 『피고인의 자백이 고문·폭행·협박 또는 구속의 부당한 장기화 또는 기망 기타의 방법에 의하여 자의로 진술된 것이 아니라고 인정될 때에는 이를 유죄의 증거로 하지 못한다』고 규정하고 있다. 또한 통신비밀보호법 제4조는 불법검열에 의하여 취득한 우편물이나 불법감청에 의하여 획득한 전기통신의 내용을 증거로 사용할 수 없도록 규정하고 있는데, 이는 위법수집증거배제의 원칙을 구체화한 것이다.

II. 이론적 근거

위법수집증거배제법칙의 이론적 근거는 적정절차의 보장에 있다. 법원이 위법하게 수집된 증거를 허용하게 되면 수사기관의 위법행위를 묵인하는 결과가 되어 재판의 공정을 해하게 되므로 적정절차의 보장과 사법의 청렴결백성을 유지하기 위하여 위법수집증거는 그 증거능력이 부정된다. 또한 위법수집증거의 배제는 위법수사를 방지·억제하기 위한 가장 유효한 방법이다.

제 2 비교법적 고찰

Ⅰ. 미국의 위법수집증거배제법칙

1. 형성과정

미국의 위법수집증거배제법칙은 연방대법원의 판례를 통하여 형성된 이론이다. 위법수집증거배제법칙에 관한 최초의 판례는 1886년 Boyd사건에 대한 판결[1]로서 범죄의 증거가 되는 서류에 대한 강제적인 압수·수색은 피의자의 헌법상의 권리를 침해한 것이며, 따라서 그러한 서류들은 법원에서 받아들일 수 없다고 판시하였다. 그리고 1914년 Weeks사건[2]에서 위법한 압수절차로 수집한 증거는 연방헌법 수정 제4조(불합리한 압수·수색의 금지)에 위반된다고 판시함으로써 위법수집증거배제법칙은 연방사건에 대한 원칙으로 확립되었다. 그 후 1961년 Mapp사건[3]에서는 위법수집증거배제법칙이 연방사건뿐만 아니라 연방헌법 제14조(적정절차의 원리)를 통하여 주(州)사건에도 적용된다고 판시하였다. 또한 위법수집증거배제법칙은 독수(毒樹)의 과실(果實)의 법리로 그 적용범위가 확대되었다. 그러나 1970년대에 들어와 위법수집증거배제법칙에 대하여 신용성 있는 증거를 상실하게 된다는 이유 등으로 불합리성을 비판하는 주장도 강하게 제기되었다.

2. 적용범위

⑴ 수사기관의 증거수집   미국 연방대법원의 판례에 의하면, 위법수집증거배제법칙은 수사기관이 위법하게 증거를 수집한 경우에만 적용된다.[4] 따라서 개인이 타인의 주거에 침입하여 수집한 증거를 검사에게 제출한 경우 그 증거의 증거능력은 부정되지 않는다. 또한 위법수집배제법칙은 형사소송절차에서만 적용되고, 민사소송 또는 행정소송절차에서는 적용되지 않는다.

⑵ 증거수집절차의 헌법위법   수사기관이 수색영장 없이 증거물을 압수하는 등 증거를 수집하는 절차에 헌법위반이 있는 경우 그 증거물은 피고인의 유죄를 입증하는 증거로 사용할 수 없다.[5] 위법수집배제법칙은 미국헌법 수정 제

---

1) Boyd v. U.S., 116 U.S. 616 (1886).
2) Weeks v. U.S., 232 U.S. 383 (1914).
3) Mapp v. Ohio, 367 U.S. 643 (1961).
4) Burdeau v. McDowell, 256 U.S. 465 (1921).
5) Mapp v. Ohio, 367 U.S. 643 (1961).

4조와 수정 제5조(자기부죄의 강요금지) 및 수정 제6조(변호인의 도움을 받을 권리)를 위반하여 획득한 증거를 주로 적용대상으로 한다.

(3) **독수의 과실** 독수의 과실(fruit of the poisonous tree)이란 위법하게 수집된 제1차 증거(毒樹)에 의하여 발견된 제2차 증거(果實)를 말한다. 독수의 과실도 증거능력이 배제된다는 원칙은 1920년 Silverthorne사건[6]에서 처음 인정되기 시작하여 1939년 Nardone사건[7]에서 그 용어가 처음 사용되었다. 1963년 Wong Sun사건에서 위법한 압수·수색뿐만 아니라 위법한 체포로 얻은 자백과 증거물의 증거능력을 부정하였으며,[8] 1964년 Escobedo사건에서 미국헌법 수정 제6조에 의한 변호권을 침해하여 얻은 진술을 기초로 하여 수집한 증거에 대해 독수의 과실에 해당한다고 판시하였다.[9]

3. 예 외

(1) **선의이론** 선의(good faith)이론이란 수사기관이 수색영장을 적법한 것으로 신뢰하여 수색을 행하였으나 후에 그 영장이 형식적 또는 실질적 요건을 갖추지 않아 무효임이 밝혀진 경우 당해 수색으로 획득한 증거는 증거능력을 가진다는 이론이다.[10] 위법은 경찰관에게 있는 것이 아니라 영장을 발부한 판사에게 있고, 위법수집증거배제법칙은 경찰관의 행위를 통제하기 위한 법리라는 점을 그 논거로 삼고 있다. 선의의 예외이론은 수사기관이 법률을 신뢰하여 그 법률에 따라 증거물을 압수하였으나 그 법률이 위헌선언된 경우까지 확장되었다.[11]

(2) **희석이론** 희석(the purged taint)이론이란 위법수사로 인한 제1차 증거의 오염성이 피고인의 자발적인 행위로 희석되어 제2차 증거에 영향을 미치지 않는다는 이론이다. 예를 들면 경찰관이 위법하게 피의자의 집에 침입하여 자백을 받은 경우에도 피의자가 며칠 후에 경찰서에 출석하여 자백서에 서명한 경우는 증거능력이 인정된다.[12]

(3) **독립된 증거원이론** 독립된 증거원(independent untainted source)이론이란 위법수사가 있었더라도 이와 독립하여 수집될 수 있었던 증거임이 증명될

---

6) Silverthorne Lumber Co. v. U.S., 251 U.S. 385 (1920).
7) Nardone v. U.S., 308 U.S. 338 (1939).
8) Wong Sun v. U.S., 371 U.S. 471 (1963).
9) Escobedo v. Illinois, 378 U.S. 478 (1964).
10) Massachusetts v. Sheppard, 468 U.S. 981 (1984).
11) Illinois v. Krull, 480 U.S. 340 (1987).
12) Wong Sun v. U.S., 371 U.S. 471 (1963).

수 있는 경우에는 그 제2차 증거의 증거능력을 인정할 수 있다는 이론이다. 예를 들면 위법한 수색에 의하여 피고인의 집에서 유괴된 소녀를 발견한 경우에도 유괴된 소녀의 진술은 독립된 근원에 의하여 발생한 증거이므로 증거로 허용될 수 있다.[13]

⑷ **불가피한 발견이론**　　불가피한 발견(inevitable discovery)이론이란 위법수사에 의한 오염된 제1차 증거가 없었더라도 제2차 증거가 다른 경로로 통해 불가피하게 발견되었을 것으로 증명할 수 있을 경우에는 그 증거능력을 인정할 수 있다는 이론이다. 이 예외이론은 획득한 증거가 무기나 시체인 경우로 제한되는 것이 보통이다. 예를 들면 피의자에 대한 위법한 신문으로 그가 살해한 자의 시체소재를 안 경우에도 경찰관이 다른 방법에 의해서도 시체를 틀림없이 발견했을 것으로 증명되는 경우에는 증거능력이 있다.[14]

Ⅱ. 독일의 증거금지론

1. 의   의

증거금지론(Beweisverbote)이란 위법한 절차에 의한 증거수집을 제한하고 증거수집과정에 위법성이 있는 경우 그 증거의 사용을 금지하는 독일의 이론이다. 독일 형사소송법 제136조의a 규정은 피의자 또는 피고인의 의사결정과 의사활동의 자유를 침해하는 일체의 행위를 금지하고 있을 뿐만 아니라 이에 위반하여 얻은 진술의 증거능력을 절대적으로 부정하고 있다. 이러한 제한을 독일 학계에서는 증거금지라고 하는데 명문규정이 존재하지 않는 경우에도 헌법상의 근거에 유래하는 증거금지가 논의되고 있다.

2. 연   혁

증거금지론은 Beling이 1903년 발표한 「형사소송에 있어서 진실발견의 한계로서의 증거금지」라는 논제의 강연에서 처음으로 주장되었다. Beling에 의하면, 실체진실발견이라는 형사소송상의 이익은 인간의 존엄성보호 등을 비롯한 소송외적인 이익에 의해 제한된다고 하였다. 1960년대에 이르러 독일 연방헌법재판소와 연방대법원은 비진술증거에 대하여 헌법적 증거금지라는 판례이론을 확립하였다. 이 이론은 증거금지의 법적 근거를 헌법에 보장된 개인의 기본권에 두고 있다는 점과 그 판단기준으로 비례성의 원칙을 채용하고 있다는 점에

---

13) State v. O'Bremski, 423 P.2d. 530 (1967).
14) Nix v. Williams, 467 U.S. 431 (1984).

그 특징이 있다.[15]

3. 내   용

(1) **증거수집금지**   증거수집금지(Beweiserhebungsverbote)는 증거대상금지, 증거방법금지, 증거수단금지, 상대적 증거금지로 분류할 수 있다. ① 증거대상 금지는 특정사실을 증거수집의 대상에서 제외하는 것을 말한다. 예를 들면 재판으로 이미 확정된 사실은 증거수집의 대상이 되지 않는다. ② 증거방법금지는 특정한 증거방법의 사용을 금지하는 것이다. 즉 위법한 방식으로 녹음된 테이프는 증거로 삼을 수 없다. ③ 증거수단금지는 증거수집을 할 때 일정한 방법과 수단의 활용을 금지하는 것이다. 피의자를 고문·기망하여 진술을 얻지 못하도록 하는 규정이 그 전형적인 예이다. ④ 상대적 증거금지는 일정한 신분이 있는 자에게만 증거수집이 허용되고 그 외 다른 사람에게는 증거수집이 금지되는 것을 의미한다. 예를 들면 전문의료지식을 요하는 체내검사는 전문의료인에 의해서만 가능하다.

(2) **증거사용금지**   증거사용금지(Beweisverwertungsverbote)는 종속적 증거사용금지와 독립적 증거사용금지로 구분된다. 종속적 증거사용금지란 증거수집절차의 위법성에 인해 증거능력이 부정되는 것을 말하고, 독립적 증거사용금지는 증거수집단계의 위법성 여부와 관계없이 헌법에 대한 규범적 성찰로부터 도출된다. 위법하게 수집된 증거의 증거능력을 배제하는 것이 피의자 또는 피고인의 인권보호를 위해 효과적인 방법이지만, 이 경우 증거수집과정에 하자가 있는 모든 증거의 증거능력이 부정되는 것은 아니다. 그 기준에 관하여 1960년대 독일 연방대법원은 **권리영역이론**을 전개하였다.[16] 이 이론은 증거수집절차의 위법이 피고인의 권리영역을 본질적으로 침해한 경우에만 그 증거능력을 부정한다. 이에 대하여 피고인의 권리영역에는 사법절차의 준수도 포함되므로 어떠한 절차규정위반도 피고인의 권리를 침해하였다고 볼 수 있다는 비판이 있다. 독일 연방헌법재판소가 제시한 **핵심영역이론**(삼단계이론)에 의하면, ① 절대적으로 보호되어야 할 사적(私的) 영역의 본질부분(핵심영역)을 침해하는 경우에는 당연히 증거사용이 금지되고, ② 사회적 관련성을 맺고 있는 사적 영역을 침해하는 경우에는 사적 이익과 공적 이익을 비교형량하여 증거사용금지 여부를 판단하며, ③ 그 외의 경우에는 증거사용이 허용된다고 한다.[17]

---

15) BGHSt 19, 325(위증죄사건에서 일기장의 증거사용을 부정한 사례).
16) BGHSt 14, 358(위증교사죄사건에서 비밀녹음테이프의 증거사용을 부정한 사례).
17) BVerfG 23, 328(세금축소신고사건에서 비밀녹음테이프의 증거사용을 부정한 사례).

(3) **적용범위**   증거금지가 판례상으로 확립되어 그 적용범위가 확장되었으
나, 1980년말 이후 테러범죄 등의 사회적인 문제가 제기되자 피고인의 사적 이
익보다 국가의 형사소추의 이익이 우월하다고 판시하는 경우가 많아졌다. 핵심
영역에 해당하지 않는 한 사적 이익과 공적 이익을 비교형량하여 후자가 우월
한 경우에는 비밀녹음테이프가 증거로 사용될 수 있고,[18] 살인사건에 있어 일
기장을 증거로 사용할 수 있다고 판시하였다.[19]

4. 증거금지의 파급효과

증거금지의 파급효과(Fernwirkung)란 위법하게 수집되어 증거사용이 금지된
1차 증거에 의해 적법하게 발견된 2차 증거(파생증거)에도 증거사용금지의 효력
이 미치는 것을 말한다. 미국에서 논의되는 독수의 과실이론과 같은 내용이다.

독일의 판례와 학설은 증거금지의 파급효과를 개별적 사안에서 인정하지만
그 효과를 제한하는 이론을 제시하고 있다. 연방대법원의 판례[20]에 따르면, 절
차법규위반과 파생증거와의 사이에 인과관계가 부정되면 파급효과를 인정할
수 없다고 하는데, 이는 미국에서의 희석이론과 유사하다. 그리고 독자적 인지
과정을 거쳐 증거를 수집한 경우 파급효과를 부정하는데, 이는 독립된 증거원이
론과 유사하다. 또한 가설적 수사상황이론은 불가피한 발견이론과 비슷하다. 즉
적법한 수사절차를 밟았다고 가정하였을 때 수사진행상황에 비추어 파생증거도
수집되었을 개연성이 매우 큰 경우에는 증거로 사용할 수 있다는 이론이다.

제 3 위법수집증거배제법칙의 적용

Ⅰ. 적용범위

1. 배제의 일반적 기준

(1) **적정절차의 원리**   적정절차의 원리에 비추어 볼 때 증거수집절차에 명
백하고 중대한 위법이 인정되는 경우에는 위법수집증거의 증거능력을 부정해
야 한다. 그러므로 증거수집절차가 단순한 훈시규정을 위반한 경우에는 적정절
차의 원리에 반하는 중대한 위법이 있다고 볼 수 없으나, ① 헌법규정을 위반한
경우, ② 수사기관의 수사활동이 **형벌법규**에 저촉되는 경우, ③ **형사소송법**의 효

---

18) BGHSt 36, 167.
19) BGHSt 34, 397.
20) BGHSt 32, 71.

제 4 편 공 판

력규정에 위반하는 경우에는 중대한 위법에 해당한다.

(2) **위법수사의 억지**　위법수사의 억지라는 관점에서 비추어 볼 때 당해 증거를 허용하는 것이 장차 위법수사를 억지하는 데 장애가 되는 경우에는 위법수집증거의 증거능력을 부정해야 한다. 증거능력을 부정하기 위한 판단기준으로 ① 절차위반의 정도, ② 절차위반이 이루어진 상황, ③ 절차위반에 대한 인식 여부, ④ 절차위반의 빈도, ⑤ 절차위반과 당해 증거수집의 인과성의 정도, ⑥ 증거의 중요성, ⑦ 사안의 중대성 등을 함께 고려하여 증거배제로 인해 생기는 불이익과 배제의 필요성이 균형을 이루도록 해야 한다.

2. 판　례

(1) **기 준**　헌법과 형사소송법이 정한 절차에 따르지 아니하고 수집한 압수물의 증거능력 인정 여부를 최종적으로 판단함에 있어서는, 실체적 진실 규명을 통한 정당한 형벌권의 실현도 헌법과 형사소송법이 형사소송 절차를 통하여 달성하려는 중요한 목표이자 이념이므로, 형식적으로 보아 정해진 절차에 따르지 아니하고 수집한 증거라는 이유만을 내세워 획일적으로 그 증거의 증거능력을 부정하는 것 역시 헌법과 형사소송법이 형사소송에 관한 절차 조항을 마련한 취지에 맞는다고 볼 수 없다. 따라서 수사기관의 증거 수집 과정에서 이루어진 절차 위반행위와 관련된 모든 사정, 즉 절차 조항의 취지와 그 위반의 내용 및 정도, 구체적인 위반 경위와 회피가능성, 절차 조항이 보호하고자 하는 권리 또는 법익의 성질과 침해 정도 및 피고인과의 관련성, 절차 위반행위와 증거수집 사이의 인과관계 등 관련성의 정도, 수사기관의 인식과 의도 등을 전체적·종합적으로 살펴 볼 때, 수사기관의 절차 위반행위가 적법절차의 실질적인 내용을 침해하는 경우에 해당하지 아니하고, 오히려 그 증거의 증거능력을 배제하는 것이 헌법과 형사소송법이 형사소송에 관한 절차 조항을 마련하여 적법절차의 원칙과 실체적 진실 규명의 조화를 도모하고 이를 통하여 형사사법 정의를 실현하려 한 취지에 반하는 결과를 초래하는 것으로 평가되는 예외적인 경우라면, 법원은 그 증거를 유죄 인정의 증거로 사용할 수 있다고 보아야 한다.[21)

(2) **입증책임**　법원은 구체적인 사안이 예외적인 경우에 해당하는지를 판단함에 있어서 위법하게 수집된 증거를 유죄의 증거로 삼을 수 없다는 원칙을 훼손하는 결과가 초래되지 않도록 유념하여야 한다. 나아가 수사기관의 절차

---

21) 대법원 2007. 11. 15. 선고 2007도3061 전원합의체 판결.

위반행위에도 불구하고 이를 유죄 인정의 증거로 사용할 수 있는 예외적인 경우에 해당한다고 볼 수 있으려면, 그러한 예외적인 경우에 해당한다고 볼 만한 구체적이고 특별한 사정이 존재한다는 것을 검사가 증명하여야 한다.[22]

3. 개별적 검토

⑴ **영장주의에 위반하여 수집된 증거**   영장주의에 위반하여 수집된 증거는 당연히 증거능력이 부정된다. 따라서 ① 영장 없이 압수·수색·검증된 물건, ② 흠결이 있는 영장(압수대상물의 미기재 등)에 의하여 압수·수색·검증된 물건, ③ 영장기재의 압수물건에 포함되지 않은 다른 물건, ④ 긴급압수체포·수색의 요건을 갖추지 못한 압수·수색 등에 의하여 수집된 물건에 대하여는 위법수집증거배제법칙이 적용된다. 그러나 영장의 기재방식 또는 집행방식의 위법이 사소한 경우에는 수집된 증거의 증거능력을 인정할 수 있다. 피의자가 적법하게 긴급체포되어 조사를 받고 구속영장이 청구되지 아니하여 석방된 후 검사가 석방통지를 법원에 하지 않았다는 사정만으로 긴급체포에 의한 유치 중에 작성된 피의자신문조서가 소급하여 증거능력이 부정된다고 볼 수는 없다.[23]

【사 례】 영장주의에 위반하여 수집된 증거

《사 안》 검사는 甲을 사기혐의로 긴급체포하면서 피해자와 피해액이 기재된 수첩을 영장 없이 압수한 후 甲에 대한 구속영장을 청구하였다. 판사는 구속사유에 대한 소명이 부족하다는 이유로 구속영장청구를 기각하였다. 甲은 즉시 석방되었지만 수첩을 환부받지 못하였다. 검사는 甲을 사기죄로 불구속 기소하고 수첩을 증거로 제출하였다. 이 경우 수첩은 증거능력이 있는가?

《검 토》 검사 또는 사법경찰관이 피의자를 긴급체포할 때 필요하면 영장 없이 체포현장에서 압수·수색·검증을 할 수 있다($\substack{제216조\ 제1\\항\ 제2호}$). 검사가 제216조 제1항 제2호에 따라 압수한 물건을 계속 압수할 필요가 있는 경우에는 지체 없이 압수수색영장을 청구하여 별도로 압수·수색영장을 발부받아야 한다($\substack{제217조\\제2항}$). 본 사안에서 검사가 수첩에 대해 별도의 압수영장을 발부받지 않은 채 수첩을 계속 보관한 것은 영장주의에 반한다. 따라서 수첩은 위법하게 수집된 증거로서 그 증거능력이 부정된다.

⑵ **적정절차에 위반하여 수집된 증거**   적정절차의 원리에 반하여 수집된 증거도 증거능력이 부인된다. ① 야간압수·수색금지규정($\substack{제125\\조}$)에 위반한 압수·

---

22) 대법원 2011. 4. 28. 선고 2009도10412 판결.
23) 대법원 2014. 8. 26. 선고 2011도6035 판결.

수색, ② 당사자의 참여권을 보장하지 않은 검증($\frac{제121조}{제145조}$)과 감정($\frac{제176}{조}$), ③ 의사나 성년의 여자를 참여시키지 않은 여자의 신체검사($\frac{제141조}{제3항}$)의 결과도 증거로 사용할 수 없다. ④ 당사자의 참여권과 신문권을 침해한 증인신문($\frac{제163조}{제161조의2}$)의 결과도 증거능력이 없다고 해야 한다. ⑤ 위법한 함정수사의 결과로 수집한 증거도 적정절차의 위반으로서 증거능력이 부정된다.

(3) **위법한 증거조사절차에 의하여 수집된 증거** 증거조사절차가 위법하여 무효인 경우 이로 인하여 수집된 증거는 증거능력이 없다. 따라서 ① 거절권($\frac{제110조}{제112조}$)을 침해한 압수·수색, ② 선서 없는 증인신문($\frac{제156}{조}$)·감정·통역·번역($\frac{제170조}{제183조}$)의 결과는 증거로 할 수 없다. 이에 반하여 증인의 소환절차에 잘못이 있거나 위증의 벌을 경고하지 않고 선서한 증인의 진술은 증거능력에 영향이 없다.

(4) **인과관계의 단절** 압수·수색은 영장 발부의 사유로 된 범죄 혐의사실과 관련된 증거에 한하여 할 수 있으므로, 영장 발부의 사유로 된 범죄 혐의사실과 무관한 별개의 증거를 압수하였을 경우 이는 원칙적으로 유죄 인정의 증거로 사용할 수 없다. 다만 수사기관이 별개의 증거를 피압수자 등에게 환부하고 후에 임의제출받아 다시 압수하였다면 증거를 압수한 최초의 절차 위반행위와 최종적인 증거수집 사이의 인과관계가 단절되었다고 평가할 수 있다. 그러나, 환부 후 다시 제출하는 과정에서 수사기관의 우월적 지위에 의하여 임의제출 명목으로 실질적으로 강제적인 압수가 행하여질 수 있으므로, 제출에 임의성이 있다는 점에 관하여는 검사가 합리적 의심을 배제할 수 있을 정도로 증명하여야 하고, 임의로 제출된 것이라고 볼 수 없는 경우에는 증거능력을 인정할 수 없다.[24]

4. 자백배제법칙과의 관계

(1) **학 설** 진술거부권을 고지하지 않고 이루어진 자백, 변호인과의 접견교통권을 침해한 상태에서 이루어진 자백의 증거능력을 부정하는 근거에 대하여 학설의 대립이 있다. ① 피의자의 진술거부권 또는 접견교통권을 침해한 상태에서 이루어진 자백은 헌법상 기본권을 침해한 위법수집증거로서 증거능력이 부정된다는 견해와 ② 임의성 없는 자백뿐만 아니라 진술거부권을 고지하지 않고 이루어진 자백, 변호인과의 접견교통권을 침해한 상태에서 이루어진 자백도 모두 자백배제법칙의 적용을 받는다는 견해가 있다.

(2) **판 례** 변호인의 접견교통권을 침해하여 작성된 피의자신문조서[25] 또

---

24) 대법원 2016. 3. 10. 선고 2013도11233 판결.

는 진술거부권을 고지하지 않은 채 작성된 피의자신문조서[26]에 대하여는 위법
수집증거배세법칙을 근거로 그 증거능력을 부정하였다.

(3) **검 토**   자백배제법칙의 이론적 근거가 위법배제에 있으므로 제309조
는 위법수집증거배제법칙의 특칙에 해당한다고 본다. 따라서 진술거부권과 접
견교통권을 침해하여 얻은 자백에 대하여는 자백배제법칙이 적용된다고 본다.

Ⅱ. 효   과

1. 위법수집증거와 증거동의

(1) **쟁 점**   위법수집증거라 하더라도 당사자의 동의에 의하여 증거능력이
인정될 수 있는가의 문제에 대해 긍정설과 부정설이 대립하고 있다.

(2) **긍정설**   증거수집절차의 위법이 본질적 위법에 해당하는 경우(영장주의
위반 등)에는 피고인이 증거로 함에 동의하더라도 증거능력을 부인하고, 그 위
법이 본질적 위법에 해당하지 아니한 경우(진술거부권 불고지 등)에는 피고인의
증거동의에 의해서 증거능력이 인정된다는 견해이다. 제318조가 증거동의의 객
체로 '물건'을 규정하고 있으므로 압수절차의 위법이 있는 압수물에 대하여 그
증거능력을 다툴 수 있는 권리를 포기할 수 있다고 주장한다.

(3) **부정설**   위법수집증거에 대한 증거동의는 인정되지 않고, 당사자의 동
의가 있더라도 위법수집증거에 대해서는 증거능력을 부정해야 한다는 견해이
다. 위법수집증거로 증거능력이 배제되는가 여부는 적법절차의 원칙을 기준으
로 판단해야 한다고 주장한다.

(4) **검 토**   위법수집증거에 해당하여 증거능력이 부정되면 당사자의 동의
와 상관 없이 증거로 사용할 수 없다고 본다. 긍정설이 구별기준으로 제시하는
본질적 위법과 비본질적 위법의 구별이 불분명할 뿐만 아니라, 증거동의의 본
질은 반대신문권의 포기에 있으므로 동의에 의하여 증거능력이 인정되는 것은
반대신문권의 보장과 관련된 증거에 한한다. 따라서 적정절차를 보장하기 위한
위법수집증거배제법칙의 예외로 증거동의를 인정할 수 없다.

2. 위법수집증거와 탄핵증거

(1) **쟁 점**   위법수집증거배제법칙에 의하여 증거능력이 배제된 증거를 탄
핵증거로 사용할 수 있는가의 문제이다.

---

25) 대법원 1990. 9. 25. 선고 90도1586 판결.
26) 대법원 1992. 6. 23. 선고 92도682 판결.

(2) 긍정설   임의성 없는 진술이나 고문, 폭행 등과 같은 중대한 인권침해에 의한 진술은 탄핵증거로 허용될 수 없으나, 위법수집증거는 일반적으로 탄핵증거로 사용할 수 있다는 견해이다.

(3) 부정설   위법수집증거는 탄핵증거로도 사용할 수 없다는 견해이다. 탄핵증거는 전문법칙과 관련하여 형사소송법이 규정한 입법정책의 문제인 반면, 위법수집증거배제법칙은 적법절차의 원칙을 실현하기 위한 헌법상 원칙이라는 점을 근거로 한다.

(4) 검 토   위법수집증거는 탄핵증거로도 사용할 수 없다. 위법수집증거를 탄핵증거로 사용할 수 있게 한다면 사실상 증거배제의 효과를 회피하는 결과가 되기 때문이다.

3. 위법수집증거에 의해 수집된 증거

(1) 학 설   위법하게 수집된 증거에 기하여 발견된 제2차 증거의 증거능력을 인정하게 되면 위법수집증거배제법칙이 무의미하게 되므로 제2차 증거의 증거능력을 부정해야 한다는 견해가 통설이다. 이에 대하여 임의성 없는 자백에 기하여 수집된 증거의 증거능력만을 부정해야 한다는 견해가 있다.

(2) 판 례   수사기관의 위법한 압수수색을 억제하고 재발을 방지하는 가장 효과적이고 확실한 대응책은 이를 통하여 수집한 증거는 물론 이를 기초로 하여 획득한 2차적 증거를 유죄 인정의 증거로 삼을 수 없도록 하는 것이다. 다만, 절차에 따르지 아니한 증거 수집과 2차적 증거 수집 사이 인과관계의 희석 또는 단절 여부를 중심으로 2차적 증거 수집과 관련된 모든 사정을 전체적·종합적으로 고려하여 예외적인 경우에는 유죄 인정의 증거로 사용할 수 있다.[27]

수사기관의 절차 위반행위가 적법절차의 실질적인 내용을 침해하는 경우에 해당하지 않고, 오히려 증거능력을 배제하는 것이 형사사법 정의를 반하는 결과를 초래하는 것으로 평가되는 예외적인 경우라면, 법원은 그 증거를 유죄 인정의 증거로 사용할 수 있다고 보아야 한다. 따라서 절차에 따르지 않은 증거 수집과 2차적 증거 수집 사이 인과관계의 희석이나 단절 여부를 중심으로 2차적 증거 수집과 관련된 모든 사정을 전체적·종합적으로 고려하여 예외적인 경우에는 유죄 인정의 증거로 사용할 수 있다.[28]

(3) 검 토   헌법과 형사소송법이 정한 절차에 따르지 아니하고 수집한 증

---

27) 대법원 2007. 11. 15. 선고 2007도3061 전원합의체 판결.
28) 대법원 2019. 7. 11. 선고 2018도20504 판결.

거는 기본적 인권 보장을 위해 마련된 적법한 절차에 따르지 않은 것으로서 원칙적으로 유죄 인정의 증거로 삼을 수 없다. 제1차 증거가 위법수집증거에 해당되어 그 증거능력이 부정된다면 이로 인하여 획득한 제2차 증거의 증거능력도 부정하는 것이 타당하다. 다만 증거수집과정에서 이루어진 절차위반행위의 내용과 경위 등을 종합할 때 당초의 인과관계가 단절된 것으로 평가할 수 있는 예외적인 경우에는 2차적 증거를 유죄 인정의 증거로 사용할 수 있다고 본다.

【사 례】 위법수집증거에 의해 수집된 증거 (1)

《사 안》 甲은 호텔에서 마약을 흡입하던 중 정보를 입수한 사법경찰관에게 발각되어 경찰서에 동행요구를 받았으나 거절하였다. 이에 사법경찰관은 甲을 영장 없이 경찰서로 연행하여 소변검사(1차)를 하고 마약성분의 검출을 확인하였다. 사법경찰관은 그 즉시 甲을 마약류 관리에 관한 법률위반으로 긴급체포한 다음 甲에 대한 구속영장 및 소변과 모발 등에 대한 압수·수색·검증영장을 발부받아 2차 소변검사를 하여 마약성분의 검출을 재확인하였다. 甲에 대한 두 차례 소변검사결과는 甲에 대하여 유죄의 증거로 사용될 수 있는가?

《검 토》 甲이 경찰서에 동행을 거부하였음에도 사법경찰관이 영장에 의하지 아니하고 甲을 강제로 연행한 조치는 위법한 체포에 해당하고, 이와 같이 위법한 체포상태에서 이루어진 채뇨요구 또한 위법하다. 따라서 위법한 채뇨요구에 의하여 수집된 1차 소변검사결과는 위법수집증거로서 그 증거능력이 인정되지 않는다. 그런데 제1차 채뇨에 의한 증거수집이 위법하다고 하더라도 甲은 그 이후 법관이 발부한 구속영장과 압수·수색·검증영장에 따라 적법하게 구금되어 2차 채뇨 및 채모절차가 이루어졌다. 이와 같은 경우 체포과정에서의 절차적 위법과 2차적 증거 수집사이의 인과관계는 희석되어 2차 소변검사결과는 유죄의 증거로 사용될 수 있다.[29]

【사 례】 위법수집증거에 의해 수집된 증거 (2)

《사 안》 甲은 승용차를 운행하던 중 乙의 차량을 부딪쳤다. 乙의 신고에 의해 사법경찰관이 현장에 출동하여 甲의 음주운전을 의심하여 음주측정을 위해서 경찰서로 동행할 것을 요구하였다. 甲은 '술을 마시지 않았고 사고도 내지 않았다'는 취지로 주장하면서 계속해서 순찰차에 타기를 거부하였고 이에 사법경찰관은 甲을 강제로 순찰차에 태워 경찰서로 데려갔으며, 그 과정에 체포의 이유와 변호인 선임권의 고지 등 적법한 절차를 무시하였다. 甲은 경찰서로 연행된 후 호흡조사 방법에 의한 음주측정에 응할 것을 요구받았으나 이를 거부하다가 계속 음주측정에 불응할 경우 구속된다는 말을 듣고 호흡측정에 응하였고 그 결과 음주운전으로 처벌받는 수치가

---

29) 대법원 2013. 3. 14. 선고 2012도13611 판결.

나왔다. 이에 사법경찰관은 甲에게 이제 다 끝났으니 집으로 가라는 취지로 수차 말하였으나 甲은 운전을 한 당시에는 음주를 한 상태가 아니었고 또 위 호흡측정 결과도 받아들일 수 없다는 취지로 항의하면서 혈액측정을 요구하였고 이에 사법경찰관은 甲과 인근 병원에 동행하여 채혈을 하게 되었고, 채혈에 기한 혈중알코올농도는 호흡측정에 의한 혈중알코올농도보다 더 높은 수치가 나왔다. 이 경우 채혈에 기한 혈중알코올농도 감정서와 주취운전자 적발보고서는 증거능력이 있는가?

《검 토》 적법한 절차에 따르지 아니한 위법행위를 기초로 하여 증거가 수집된 경우에는 당해 증거뿐 아니라 그에 터 잡아 획득한 2차적 증거에 대해서도 그 증거능력은 부정되어야 한다. 다만 위와 같은 위법수집증거 배제의 원칙은 수사과정의 위법행위를 억지함으로써 국민의 기본적 인권을 보장하기 위한 것이므로 적법절차에 위배되는 행위의 영향이 차단되거나 소멸되었다고 볼 수 있는 상태에서 수집한 증거는 그 증거능력을 인정할 수 있다. 즉 증거수집 과정에서 이루어진 적법절차 위반행위의 내용과 경위 및 그 관련 사정을 종합하여 볼 때 당초의 적법절차 위반행위와 증거수집 행위의 중간에 그 행위의 위법 요소가 제거 내지 배제되었다고 볼 만한 다른 사정이 개입됨으로써 인과관계가 단절된 것으로 평가할 수 있는 예외적인 경우에는 이를 유죄 인정의 증거로 사용할 수 있다.

본 사안에서 사법경찰관이 甲을 경찰서로 강제연행한 행위는 위법한 체포에 해당하므로 그 상태에서 한 음주측정요구는 위법한 수사에 해당하고, 그러한 요구에 따른 음주측정 결과 또한 위법수집증거로서 그 증거능력을 인정할 수 없다. 나아가 甲이 위와 같이 위법수집증거인 호흡조사 방법에 의한 음주측정 결과에 이의를 제기하고 채혈을 하기에 이른 과정 등 제반 사정에 비추어 보면, 혈액채취 방법에 의한 혈중알코올농도 감정서 및 주취운전자 적발보고서 역시 불법체포의 연장선상에서 수집된 증거 내지 이를 기초로 한 2차적 증거로서 위법수집증거에 해당하므로 유죄 인정의 증거로 삼을 수 없다. 또한 강제연행과 호흡측정 및 채혈에 이르기까지의 장소적 연계와 시간적 근접성 등 연결된 상황에 비추어 볼 때, 당시 불법적인 호흡측정을 마친 사법경찰관이 甲에게 귀가를 권유하였음에도 불구하고 甲이 스스로 채혈을 요구하였다는 사정만으로는 그 채혈이 위법한 체포 상태에 의한 영향이 완전하게 배제되고 甲의 자유로운 의사결정이 확실하게 보장된 상태에서 이루어진 것으로서 불법체포와 증거수집 사이의 인과관계가 단절되었다고 평가할 만한 객관적 사유가 개입되어 위법수집증거 배제의 원칙이 적용되지 않는다고 할 예외적 사유에 해당한다고 보기는 어렵다.[30]

---

30) 대법원 2013. 3. 14. 선고 2010도2094 판결.

Ⅲ. 사인에 의한 위법한 증거수집

1. 의   의

위법수집증거배제법칙은 원래 수사기관의 위법수사를 억제하기 위하여 도입된 원칙이다. 그런데 사인(私人)이 위법한 방식으로 증거를 수집하여 수사기관에 제공한 경우, 예를 들면 피고인이나 제3자에게 폭행·협박·불법구금 등의 방법으로 증거물을 수집하거나 진술을 얻어낸 경우 또는 증거를 수집하는 과정에서 관련자의 인권을 침해한 경우에 그 증거능력을 인정할 수 있는지가 문제된다. 한편 사인이 수사기관의 부탁을 받고 위법하게 증거를 수집하였다면 비록 그 행위자가 사인이라 하더라도 수사기관의 도구에 불과하므로 사인에 의한 증거수집이라 할 수 없다.

2. 학   설

⑴ 긍정설   위법수집증거배제법칙은 수사기관의 위법활동을 억제함을 목적으로 하므로 사인이 위법하게 수집한 증거는 증거능력이 인정되고 증명력 단계에서 검토하면 충분하다고 한다.

⑵ 이익형량설   증거평가가 금지된 불가침의 핵심영역과 이익형량이 가능한 영역으로 구분하여 사인이 핵심영역을 침해하여 수집한 증거는 절대적으로 증거능력을 부정하고, 이익형량이 가능한 영역에 대한 침해의 경우에는 범죄의 종류와 경중, 범죄혐의의 정도, 당해 증거의 중요도, 침해당한 기본권의 종류와 강도, 침해기간, 손해 등을 비교하여 증거능력을 인정할 수 있다고 한다.

⑶ 부정설   인간의 존엄성에 대한 국가의 의무는 사인에 의한 침해의 경우에도 그대로 적용되어야 하므로 사인에 의해 위법하게 수집된 증거는 원칙적으로 증거능력이 부정된다고 한다.

3. 판   례

모든 국민의 인간으로서의 존엄과 가치를 보장하는 것은 국가기관의 기본적인 의무에 속하는 것이고, 이는 형사절차에서도 당연히 구현되어야 하는 것이기는 하나 그렇다고 하여 국민의 사생활 영역에 관계된 모든 증거의 제출이 곧바로 금지되는 것으로 볼 수는 없고, 법원으로서는 효과적인 형사소추 및 형사소송에서의 진실발견이라는 공익과 개인의 사생활의 보호이익을 비교형량하여 그 허용 여부를 결정하고, 적절한 증거조사의 방법을 선택함으로써 국민의 인간으로서의 존엄성에 대한 침해를 피할 수 있다고 보아야 할 것이므로, 피고인을

촬영한 나체사진의 존재만으로 피고인의 인격권과 초상권을 침해하는 것으로 볼
수 없고, 사진을 촬영한 제3자가 그 사진을 증거로 제출하는 것이 허용된다.[31]

4. 검   토

긍정설은 위법수집증거배제법칙이 수사기관을 통제하는 원칙이라는 점을
근거로 하고 있지만 사생활의 비밀과 자유, 초상권, 통신의 자유 등의 헌법상의
기본권이 사인에 대해서도 규범력을 가지고 있는 점을 감안하면 위법수집증거
배제법칙의 적용범위를 확대할 필요가 있다. 이익형량설은 독일 연방헌법재판
소의 핵심영역이론을 기초로 하고 있는데 이익형량을 불허하는 핵심영역을 인
정할 것인가에 대해서는 의문이다. 그리고 부정설은 증거사용의 범위를 너무
엄격하게 제한함으로써 형사소송에서의 진실발견이라는 공익을 도외시하게 된
다. 결론적으로 제한적 긍정설이 타당하다고 본다. 사인이 위법한 방식으로 증거
를 수집한 경우 법원은 이를 증거로 사용할 수 있지만, 목적의 정당성, 방법의
상당성, 법익의 균형성을 고려한 비례의 원칙에 따라 비교형량하여야 한다.

제 2 관   자백의 증거능력

제 1   개   관

Ⅰ. 자   백

1. 개   념

자백(自白)이란 피고인 또는 피의자가 범죄사실의 전부 또는 일부를 인정하
는 진술을 말한다. 영미법에 있어서는 범죄사실에 대한 자기의 형사책임을 인
정하는 자백(confession)과 단지 자기에게 불이익한 사실을 인정하는 자인
(adimission)을 구별한다. 그러나 우리 형사소송법상의 자백은 양자를 포괄하는
광의의 개념이다.

2. 범   위

⑴ **자백의 주체**   자백을 하는 자의 법률상의 지위는 문제되지 않는다. 제
309조가 '피고인의 자백'이라고 규정하고 있는 것은 증거능력을 판단하는 단계
에서 피고인의 지위에 있는 자라는 의미에 불과하고, 피고인이 피의자나 증

---

31) 대법원 1997. 9. 30. 선고 97도1230 판결.

인·참고인의 지위에서 행한 진술도 역시 자백에 해당한다.

⑵ **자백의 형식과 상대방**　　피고인이 범죄사실을 인정하는 진술이라면 자백의 형식이나 상대방은 불문한다. 구두에 의한 자백은 물론 서면에 의한 자백도 가능하다. 그리고 법정에서 법관에 대하여 자백을 할 수 있음은 물론 수사기관에 대하여도 자백을 할 수 있다. 또 일기 등에 자기의 범죄사실을 기재하여 둔 것도 자백이 될 수 있다.

⑶ **자백의 내용**　　자백은 자기의 범죄사실에 대한 형사책임까지 긍정하는 진술임을 요하지 않는다. 따라서 구성요건에 해당하는 사실을 긍정하면서 위법성조각사유나 책임조각사유의 존재를 주장하는 경우도 자백에 해당한다.

⑷ **모두절차에서의 진술**　　자백이 구체적 사실의 진술일 필요가 없다는 점을 근거로 피고인이 모두절차에서 공소사실을 인정하는 진술도 자백에 해당한다는 견해가 있다. 그러나 이 경우에는 수사기관에서 행한 진술이나 검사나 변호인의 신문에 대한 전후의 진술을 종합하여 자백 여부를 판단하여야 한다.[32]

Ⅱ. 자백배제법칙

1. 의　　의

헌법 제12조 제7항은 『피고인의 자백이 고문·폭행·협박·구속의 부당한 장기화 또는 기망 기타의 방법에 의하여 자의로 진술된 것이 아니라고 인정될 때에는 유죄의 증거로 삼을 수 없다』고 규정하고 있다. 이에 따라 형사소송법 제309조도 『피고인의 자백이 고문·폭행·협박·신체구속의 부당한 장기화 또는 기망 기타의 방법으로 임의로 진술한 것이 아니라고 의심할 만한 이유가 있는 때에는 이를 유죄의 증거로 하지 못한다』고 규정하고 있다. 이와 같이 임의성이 의심스러운 자백의 증거능력을 부정하는 원칙을 자백배제법칙(自白排除法則)이라고 한다.

2. 연　　혁

자백배제법칙은 영미법에서 발달한 원칙이다. 영국은 18세기 후반부터 고문·폭행·협박 등의 수단으로 얻은 자백에 대해 허위배제의 관점에서 증거능력을 부정하기 시작하였다. 이와 같은 자백배제법칙은 미국에 계수되어 위법수사배제의 관점에서 발전하였다. 미국 연방대법원은 1943년 McNabb사건[33]과 1957

---

32) 대법원 1982. 6. 8. 선고 81도790 판결, 1984. 4. 10. 선고 84도141 판결, 1984. 7. 24. 선고 83도2692 판결.
33) McNabb v. U.S., 318 U.S. 332(1943).

년 Mallory사건[34]을 통하여 체포 후 법관에게 인치하지 않고 구금한 상태에서 얻어진 자백의 증거능력을 부정하였고, 1961년 Rogers사건,[35] 1964년 Escobedo 사건[36] 그리고 1966년 Miranda사건[37]의 판결을 통해 위법배제를 기초한 자백배 제법칙이 확립되었다.

제 2 자백배제법칙의 이론적 근거

I. 학   설

1. 허위배제설

⑴ 내 용   허위배제설은 영국의 보통법에서 임의성 없는 자백의 증거능 력을 부정한 전통적인 이론이다. 임의성 없는 자백은 허위일 가능성이 크고, 따 라서 이를 증거로 사용하는 것은 실체적 진실발견을 저해하기 때문에 그 증거 능력이 부정된다고 한다. 허위배제설에 의하면 임의성 없는 자백이란 허위의 진술을 할 염려가 있는 상황에서 행해진 자백을 의미한다. 따라서 자백배제법 칙의 적용 여부는 **자백내용의 진실성**에 따라 결정된다. 유도·사술에 의한 자백 일지라도 그 내용의 진실성이 확인된다면 그 자백은 증거능력이 있다고 보게 된다.

⑵ 비 판   허위배제설에 의하면 자백의 임의성이 자백내용의 진실성에 의하여 좌우되는 결과가 되는데 이것은 자백의 증거능력과 증명력을 혼동한 것이라는 비판이 있다. 또한 자백이 강제나 고문에 의한 것이라도 그 자백에 의하여 다른 증거가 발견되어 자백내용의 진실성이 증명된 때에는 그 자백의 증거능력을 배제할 이유를 설명할 수 없다.

2. 인권옹호설

⑴ 내 용   인권옹호설은 자백배제법칙을 **묵비권보장**의 증거법적 측면으로 파악하고 있다. 즉 자백배제법칙은 피고인의 진술거부권을 중심으로 한 피고인 의 인권을 보장하기 위해 요구되는 법칙이라고 한다. 인권옹호설에 의하면 임 의성 없는 자백이란 의사결정의 자유와 표현에 관한 자기결정권을 침해한 상 황에서 행해진 자백을 의미한다. 그러므로 자백내용이 진실한 경우에도 그 자

---

34) Mallory v. U.S., 354 U.S. 449(1957).
35) Rogers v. Richmond, 365 U.S. 534(1961).
36) Escobedo v. Illinois, 378 U.S. 478(1964).
37) Miranda v. Arizona, 384 U.S. 436(1966).

백이 진술의 자유를 침해한 위법·부당한 압박하에서 이루어진 것이면 증거로 사용할 수 없게 된다.

(2) 비 판   자백배제법칙과 묵비권은 역사적 연혁을 달리하므로 양자를 동일시하는 것은 부당하고, 약속이나 기망에 의한 자백은 묵비권으로서 해결할 수 없다는 비판을 받고 있다. 그리고 인권옹호설에 의하면 자백의 임의성에 대한 판단이 피고인의 주관적 사정에 따라 좌우되므로 적절하지 못하다.

3. 절 충 설

(1) 내 용   허위배제설과 인권옹호설이 모두 자백배제법칙의 근거로 타당하다는 학설이다. 고문 등에 의한 자백은 허위일 위험성이 많고 고문 등에 의한 자백강요는 인권을 침해하기 때문에 허위배제와 인권보장을 위해서 자백의 증거능력이 부정된다고 한다. 제309조의 고문·폭행·협박·신체구속의 부당한 장기화에 의한 자백은 인권침해에 의한 자백을 규정한 것이고, 기망 기타의 방법에 의한 자백은 허위배제설에 입각한 것이라는 견해도 있다. 절충설에 의하면 임의성 없는 자백이란 허위의 진술을 할 염려 있는 상황에서 행하여진 자백 또는 위법·부당한 상태하에서 행하여진 자백을 의미하게 된다.

(2) 비 판   허위배제설과 인권옹호설을 제309조 전단과 후단에 따라 분리하여 적용하는 것은 양자의 결함만을 결합한 것에 지나지 않는다. 그리고 절충설에 의하면 임의성의 유무가 피고인의 주관을 기준으로 판단되는 결과를 초래한다.

4. 위법배제설

(1) 내 용   위법배제설은 자백배제법칙을 자백취득과정에서 **적정절차의 보장**을 확보하기 위한 증거법상의 원칙으로 보는 학설이다. 위법수사의 소산인 자백의 증거능력을 부인함으로써 자백배제법칙을 수사기관의 위법활동에 대한 견제장치로 활용하려는 입장이다. 위법배제설에 의하면 임의성 없는 자백이란 위법한 절차에 의해 수집된 자백을 의미한다. 즉 자백취득과정에 있어서 적정절차를 위반하여 취득된 자백은 그 위법성으로 인하여 증거능력이 부정된다고 한다.

(2) 비 판   헌법은 자백배제법칙을 적법절차의 원칙(헌법 제12조 제1항·제3항)과 병렬적으로 규정하여 양자를 대등한 관계로 파악하고 있는데, 위법배제설은 양자를 목적과 수단의 관계로 파악하고 있고, 자백의 임의성이 없는 경우와 자백의 임의성은 인정되나 단지 그 획득절차가 위법한 경우는 질적으로서로 구별된다고

비판한다.

5. 종 합 설

(1) 내 용   허위배제설과 인권옹호설 및 위법배제설도 자백배제법칙의 근거가 된다는 학설이다. 즉 자백배제법칙은 형사소송법상의 증거법칙의 의미를 넘어서 헌법상의 기본권이라는 독자적 의의를 갖고 있으며, 제309조의 적용범위는 사인 간의 영역에까지도 최대한 확대되어야 마땅하다고 한다. 이를 위해서는 허위배제설, 인권옹호설 및 위법배제설을 상호보완적으로 사용할 필요가 있다는 것이다. 종합설에 의하면 임의성 없는 자백이란 허위가 개입할 정형적 위험성이 있는 상황에서 행해진 자백뿐만 아니라 수사기관의 위법수사에 의한 자백 및 피고인의 의사결정권이 침해된 상태에서 행해진 자백을 모두 의미하게 된다.

(2) 비 판   자백의 임의성에 대한 판단기준으로 전체상황을 고려하거나 또는 자백자의 주관을 중시하기 때문에 자백배제법칙의 객관적 기준을 포착할 수 없다. 자백배제법칙을 사인 간의 영역에 적용하는 것은 자백배제법칙만의 문제가 아니라 위법수집증거배제법칙 자체의 문제에 속한다.

II. 판 례

1. 허위배제설을 취한 판례

자백의 진실성·신빙성을 증거사용의 기준으로 한 판례는 다음과 같다. 피고인의 자술서나 피의자신문조서의 기재가 진실성을 담보할 수 있다고 볼 수 없으므로 임의성이 없다.[38] 피고인의 자백진술이 객관적으로 합리성이 결여되고 범행현장과 객관적 상황의 중요부분이 부합되지 않는 등의 특별사정이 있는 경우 다소의 폭행 또는 기타 방법으로 자백을 강요하여 임의로 진술한 것이 아니라고 의심할 사유가 있다.[39]

2. 절충설을 취한 판례

임의성 없는 자백의 증거능력을 부정하는 취지는 허위진술을 유발 또는 강요할 위험성이 있는 상태하에서 행하여진 자백은 그 자체가 실체적 진실에 부합하지 아니할 소지가 있으므로 그 증거능력을 부정함으로써 오판의 소지를 없애려고 하는 데에 있을 뿐만 아니라, 그 진위 여부를 떠나서 임의성 없는 자백

---

38) 대법원 1968. 5. 7. 선고 68도379 판결.
39) 대법원 1977. 4. 26. 선고 77도210 판결.

의 증거능력을 부정함으로써 자백을 얻기 위하여 피의자의 기본적 인권을 침해하는 위법·부당한 입박이 가하여지는 것을 사전에 막기 위한 것이다.[40]

3. 위법배제설을 취한 판례

진술의 임의성이라는 것은 고문·폭행·협박·신체구속의 부당한 장기화 또는 기망 기타 진술의 임의성을 잃게 하는 사정이 없다는 것, 즉 증거의 수집과정에 위법성이 없다는 것이다.[41] 형사소송법 제309조의 피고인의 진술의 자유를 침해하는 위법사유는 예시사유로 보아야 한다.[42]

III. 검   토

판례는 종래 허위배제설의 입장을 취하였으나 절충설이나 위법배제설을 취하는 경향을 나타내고 있다. 학설상으로는 현재 절충설과 위법배제설 및 종합설이 자백배제법칙의 근거로 유력하다. 그 중 위법배제설이 자백의 증거능력을 배제하는 적정한 객관적 기준을 제시하고 있으므로 자백배제법칙의 근거로서 타당하다고 본다.

제 3 자백배제법칙의 적용범위

I. 고문·폭행·협박에 의한 자백

1. 의   의

고문이란 사람의 정신이나 신체에 대하여 위해를 가하는 것을 말하며, 폭행은 신체에 대한 유형력의 행사를 의미하고, 협박은 해악을 고지하여 공포심을 일으키는 것을 말한다. 그러나 고문과 폭행·협박은 개념상 엄격히 구별될 수 없으며, 또한 증거능력을 부정하는 데 차별성이 없으므로 굳이 구별할 실익은 없다. 다만 협박에 의한 자백과 단순한 경고에 의한 자백은 구별되어야 한다. 고문과 폭행·협박의 형태에는 제한이 없다. 피고인이 직접 고문을 당하지 않았더라도 다른 피고인이 고문당하는 것을 보고 자백한 경우도 여기에 해당한다.

2. 경찰에서의 고문과 검사에게 한 자백

(1) 학   설   인권옹호설에 의하면 임의성의 존부는 신문시에 의사의 자유

40) 대법원 2000. 1. 21. 선고 99도4940 판결.
41) 대법원 1983. 3. 8. 선고 82도3248 판결.
42) 대법원 1985. 2. 26. 선고 82도2413 판결.

가 침해되었는가에 따라 판단해야 하므로 의사의 자유가 침해된 상태에서 한 검사 앞에서의 자백이 증거능력 없다는 것은 당연하다고 한다. 또한 위법배제설에 의하는 경우에도 고문은 반드시 조서작성자에 의하여 행하여졌을 것을 요하지 않고, 경찰에서의 위법수사와 자백 사이에 인과관계가 존재하는 범위에서는 같은 결론이 된다고 한다.

(2) 판 례   피고인이 경찰의 조사과정에서 고문 등으로 임의성 없는 진술을 하고 그 후 검사의 조사단계에서도 임의성 없는 심리상태가 계속되어 동일한 내용의 진술을 하였다면 비록 검사 앞에서 조사받을 당시는 고문 등의 자백강요를 당한 바가 없었다고 하여도 검사 앞에서의 자백은 결국 임의성 없는 진술이 될 수밖에 없다.[43]

(3) 검 토   피고인이 경찰에서 강압에 의한 자백을 하고 검찰의 조사단계에서도 임의성 없는 심리상태가 계속되었다면 검찰에서의 자백 역시 임의로 된 것이 아니라고 의심할 만한 사유가 있다고 본다. 피고인이 검찰의 조사단계에서 임의성 없는 심리상태가 계속되었는지의 여부는 소송진행관계에서 나타난 모든 상황을 종합하여 합리적으로 판단하여야 한다.

Ⅱ. 신체구속의 부당한 장기화에 의한 자백

1. 의   의

신체구속의 부당한 장기화에 의한 자백이란 구속기간이 만료되었음에도 부당하게 구금되어 행한 자백뿐만 아니라 구속의 사유가 소멸하였는데도 장기간 계속 구금되어 행한 자백을 말한다. 그리고 구속영장 없이 구금된 경우와 같이 처음부터 불법구금을 행한 결과 자백이 행해진 경우도 신체구속의 부당한 장기화에 포함된다.[44]

2. 판단기준

부당한 장기구속에 의한 자백은 자백의 임의성을 문제삼지 않고 바로 구속의 위법성 때문에 자백의 증거능력이 배제되는 경우이다. 따라서 부당한 장기간의 구속으로 인한 자백인가는 구체적 사정에 따라 구속의 필요성과 비례성을 기준으로 판단해야 한다.

---

43) 대법원 1981. 10. 13. 선고 81도2160 판결, 1982. 2. 23. 선고 81도3324 판결, 1984. 5. 15. 선고 84도472 판결, 1992. 3. 10. 선고 91도1 판결, 1992. 11. 24. 선고 92도2409 판결.
44) 대법원 1985. 2. 26. 선고 82도2413 판결.

III. 기망에 의한 자백

1. 의   의

기망에 의한 자백이란 기망 또는 위계를 사용하여 상대방을 착오에 빠뜨려 얻은 자백을 말한다. 기망은 사실뿐만 아니라 법률문제에 관한 것도 포함한다. 다만 적극적인 사술이 있어야 하고 단순히 착오를 이용하는 것으로는 족하지 않다. 예를 들면 공범자가 자백하였다고 거짓말을 하거나, 거짓말탐지기의 검사 결과 피의자의 진술이 허위임이 판명되었다고 속인 경우 또는 현장에서 피의자의 지문이 채취되었다고 거짓말을 하여 자백을 받은 경우 등이 기망에 의한 자백에 해당한다. 신문에 참여한 검찰주사가 피의사실을 자백하면 피의사실부분을 가볍게 처리하고 보호감호의 청구를 하지 않겠다는 각서를 작성하여 주면서 피고인의 자백을 유도하였다면 위 자백은 기망에 의하여 임의로 진술한 것이 아니라고 의심할 만한 이유가 있는 때에 해당하여 증거능력이 부정된다.[45]

2. 이론적 근거

기망에 의한 자백의 증거능력을 부정하는 이론적 근거에 관해 학설은 그 결론을 달리한다. 허위배제설에 의하면 기망으로 허위의 자백을 유발하였거나 또는 유발할 개연성이 있다는 점을 그 근거로 삼는다. 인권옹호설의 입장에서는 기망으로 인하여 진술의 자유가 침해되었기 때문에 증거능력이 부정된다고 한다. 위법배제설에 의하면 국가기관이 위법한 신문방법에 기하여 자백을 얻었기 때문에 그 위법으로 인하여 기망에 의한 자백을 증거로 사용할 수 없다고 한다.

【사 례】 기망에 의한 자백

《사 안》 피고인 甲과 乙은 공모하여 피해자를 살해하였다는 혐의로 수사를 받으면서 범행을 모두 부인하였다. 검사는 甲에게 "乙이 이미 범행을 자백하였고, 피해자의 옷에 甲의 혈흔이 발견되었다."고 거짓말을 하면서 甲을 추궁하였다. 그 결과 甲은 범행을 자백하고 범행에 사용한 칼을 숨겨놓은 장소도 진술하였다. 검사는 甲의 자백과 압수한 칼을 기초로 乙의 자백도 받아 甲과 乙을 살인죄로 기소하였다. 검사 작성의 피고인 甲에 대한 피의자신문조서와 압수된 칼은 증거능력이 있는가?

《검 토》 검사가 피의자를 신문함에 있어서 위계를 사용하여 피의자를 착오에 빠뜨리고 자백을 획득하는 신문방법은 위법한 수사에 해당한다. 甲이 위계에 의하여

---

45) 대법원 1985. 12. 10. 선고 85도2182, 85감도313 판결.

심리적 강제를 받아 그 결과 자백을 하였다면 그 자백은 임의로 진술된 것이 아니라고 의심할 만한 상당한 이유가 있다. 따라서 甲의 자백이 기재된 검사 작성의 피의자신문조서는 증거능력이 부정된다. 그리고 위법하게 취득된 자백에 기초하여 압수한 칼도 위법수집증거에 해당한다. 다만 그 증거능력을 배제하는 것이 형사사법정의에 반하는 결과를 초래하는 것으로 평가되는 예외적인 경우에는 압수물을 유죄인정의 증거로 사용할 수 있다.

Ⅳ. 기타 방법에 의한 자백

1. 의 의

제309조 후단은 '기타의 방법으로 임의로 진술한 것이 아니라고 의심할 만한 이유가 있는 때'에도 자백의 증거능력을 배제하도록 하고 있다. 기타의 방법은 비전형적인 형태의 위법수단을 말한다. 이를 다음과 같이 분류할 수 있다.

2. 약속에 의한 자백

약속에 의한 자백이란 피고인이 자백하는 대가로 일정한 이익을 제공할 것을 약속하여 얻은 자백을 말한다. 이익을 제공할 의사가 없는데도 이를 약속한 경우에는 기망에 의한 자백이 된다. 제공을 약속한 이익은 자백에 영향을 미치는 데 적합한 것이어야 한다. 약속의 내용이 반드시 형사처벌과 관계 있는 것임을 요하지 않고 일반적 이익도 포함된다. 다만 약속은 구체적이고 특수한 것임을 요하며, 단순히 진실을 말하는 것이 유리하다는 약속만으로는 부족하다. 또한 담배나 커피를 주겠다는 단순한 편의제공은 원칙적으로 여기에 해당하지 않는다. 그리고 일정한 증거가 발견되면 자백하겠다는 약속만으로는 이익과 교환된 것이 아니므로 임의성에 의심 있는 자백이라고 할 수 없다.[46]

【사 례】 약속에 의한 자백

《사 안》 공무원 甲은 건축업자 乙로부터 금 1천만원의 뇌물을 수수한 혐의에 대해 조사를 받으면서 범행을 계속 부인하였다. 검사는 甲에게 "자백만 하면 뇌물수수액을 줄여「특정범죄가중처벌 등에 관한 법률」위반죄가 아닌 형법상의 수뢰죄로 기소하겠다."고 약속을 하여 자백을 유도하였다. 甲은 검사의 제의에 동의하여 乙로부터 금 5백만원을 받았다고 진술하였다. 그 후 피고인 甲은 수뢰죄로 기소되었으나 자신의 자백이 허위임을 주장하였다. 甲의 자백이 기재된 피의자신문조서는 증거능력이 있는가?

---

46) 대법원 1983. 9. 13. 선고 83도712 판결.

《검 토》 약속에 의한 자백은 피고인이 자백하는 대가로 일정한 이익을 제공할 것을 약속하여 얻은 자백을 말한다. 甲이 처음에는 범행을 부인하다가 검사로부터 가벼운 형으로 처벌되도록 약속을 받고 자백을 하게 되었다면 그와 같은 상황하에서 한 자백은 임의성에 의심이 가는 자백이다. 따라서 검사가 작성한 甲에 대한 피의자신문조서는 그 증거능력이 인정되지 않는다.

3. 위법한 신문방법에 의한 자백

피의자를 밤새도록 잠을 재우지 않고 **철야신문**하여 얻은 자백은 임의로 진술된 것이 아니라고 의심할 만한 상당한 이유가 있으므로 그 증거능력이 부정된다.[47] 피의자의 양손에 수갑을 채운 상태에서는 자유로운 진술을 기대할 수 없으므로 그 진술의 임의성은 일응 의심이 간다. 다만 난폭성이라든가 도망의 우려를 인정할 수 있는 합리적이고 객관적인 사정이 있는 경우에는 예외로 인정된다.

【사 례】 철야신문과 자백의 증거능력

《사안》 공무원 甲은 뇌물수수의 혐의로 경찰서에 소환되어 조사를 받았다. 사법경찰관 2명은 교대로 甲을 30시간 동안 계속 신문하면서 자백할 것을 추궁하였다. 甲은 신문에 지친 상태에서 결국 혐의사실을 자백하였고 뇌물수수죄로 구속되었다. 甲은 검찰에 송치된 후 검사로부터 신문을 받게 되자 체념을 한 상태에서 법정에서 다투면 된다는 생각으로 혐의사실을 다시 자백하였다. 검사 및 사법경찰관이 작성한 피의자신문조서는 증거로 사용할 수 있는가?

《검토》 사법경찰관이 甲을 30시간 동안 계속 신문하여 얻은 자백은 임의로 진술된 것이 아니라고 의심할 만한 상당한 이유가 있다. 그러므로 사법경찰관이 작성한 甲에 대한 피의자신문조서는 증거능력이 없다. 또한 甲이 경찰의 조사과정에서 임의성 없는 진술을 하고 그 후 검사의 조사단계에서도 임의성 없는 심리상태가 계속되어 동일한 내용의 자백을 하였다면 검사가 작성한 피의자신문조서도 증거로 사용할 수 없다. 임의성 없는 심리상태가 계속되었는지 여부는 소송진행관계에서 나타난 모든 상황을 종합하여 판단해야 한다.

4. 진술거부권 등의 침해에 의한 자백

⑴ **진술거부권을 고지하지 않은 자백**　　진술거부권을 고지하지 않더라도 자백의 임의성이 인정되는 경우가 있기 때문에 진술거부권의 불고지는 자백의

---

47) 대법원 1997. 6. 27. 선고 95도1964 판결, 1998. 4. 10. 선고 97도3234 판결.

임의성을 의심할 사유에 해당하지 않는다는 견해가 있다. 그러나 진술거부권의 고지는 진술거부권의 행사를 위한 불가결한 전제이므로 수사기관이 피의자에게 진술거부권을 고지하지 않고 자백을 얻은 경우에는 제309조에 의하여 그 증거능력을 부정해야 한다고 본다.

(2) **변호인선임권·접견교통권의 침해에 의한 자백**   변호인의 조력을 받을 권리(헌법 제12조 제4항)는 피고인의 방어권행사를 위한 불가결한 요소이고 변호인선임권과 접견교통권은 그 핵심적 내용이므로 이를 침해하여 얻은 자백에 대하여도 자백배제법칙이 적용된다.[48] 그러나 변호인 아닌 자와의 접견이 금지된 상태에서 피의자신문조서가 작성되었다는 것만으로는 임의성이 부정되는 것은 아니다.[49]

5. 마취분석 등에 의한 자백

(1) **마취분석에 의한 자백**   마취분석이란 피분석자에게 약물을 투여하여 무의식 상태에서 진술을 얻는 수사방법이다. 이는 인간의 인격권을 침해하는 위법한 수사방법이므로 피분석자가 동의한 경우라도 제309조에 의하여 자백의 증거능력은 부정된다.

(2) **거짓말탐지기에 의한 자백**   거짓말탐지기의 검사결과로 취득한 자백에 대해 증거능력을 인정할 수 있는가 하는 문제가 있다. 거짓말탐지기의 사용은 인간의 존엄과 가치를 침해하는 것이므로 이를 이용하여 얻은 자백은 모두 증거능력이 없다는 견해가 있으나, 피검사자의 동의가 있는 경우에는 위법한 침해가 아니므로 거짓말탐지기 검사결과로 취득한 자백에 대하여 그 증거능력을 인정할 수 있다고 본다.

제 4   입증문제

I. 인과관계의 요부(要否)

1. 학   설

(1) **적극설**   자백의 임의성에 영향을 미치는 사유와 자백 사이에는 인과관계가 있어야 한다는 견해이다. 증거능력이 부정되는 임의성 없는 자백은 고문·폭행 등에 의한 것이므로 양자 사이에는 당연히 인과관계가 있어야 한다고 본다.

---

48) 대법원 1990. 8. 24. 선고 90도1285 판결.
49) 대법원 1984. 7. 10. 선고 84도846 판결.

(2) **소극설**   제309조의 사유가 인정되면 자백과의 인과관계를 묻지 않고 자백의 증거능력을 부인해야 한다는 견해이다. 폭행·협박 등의 위법행위는 절대로 방지되어야 하며 인과관계의 입증이 곤란하다는 점을 논거로 한다.

(3) **절충설**   고문 등의 위법사유와 자백 사이에는 인과관계가 필요하나, 고문 등의 위법사유와 임의성 없는 자백 사이의 인과관계는 요하지 않는다는 견해와 위법사유와 자백간의 인과관계는 진술의 임의성이라는 심리적 요소를 매개로 이루어지는 것이므로 인과관계의 증명은 위법사유가 자백에 대하여 인과성을 가질 것이라는 점이 배제될 정도면 충분하다는 견해가 있다.

2. 판   례

피고인의 자백이 임의성이 없다고 의심할 만한 사유가 있는 때에 해당한다 할지라도 그 임의성이 없다고 의심하게 된 사유들과 피고인의 자백과의 사이에 인과관계가 존재하지 않은 것이 명백한 때에는 그 자백은 임의성이 있는 것으로 인정된다.[50]

3. 검   토

고문·폭행·협박 등의 위법행위는 절대로 방지되어야 하므로 자백의 임의성에 영향을 미치는 사유가 있다고 의심할 만한 이유가 있을 때에는 인과관계와 상관없이 자백의 증거능력은 배제되어야 한다고 본다.

Ⅱ. 임의성의 입증책임

진술의 임의성을 잃게 하는 사정은 헌법이나 형사소송법 등의 규정에 비추어 특히 이례적인 것에 속하므로 일단 진술의 임의성은 추정된다고 한다.[51] 그러나 임의성에 다툼이 있을 때에는 피고인이 그 임의성을 의심할 만한 합리적인 이유가 되는 구체적인 사실을 입증할 것이 아니고, 검사가 그 임의성에 대한 의문점을 해소하는 입증을 하여야 한다.[52]

Ⅲ. 임의성에 대한 입증

1. 학   설

(1) **엄격증명설**   자백의 임의성에 대한 입증은 엄격한 증명을 요한다고 해

---

50) 대법원 1984. 11. 27. 선고 84도2252 판결.
51) 대법원 1983. 3. 8. 선고 82도3248 판결.
52) 대법원 1998. 4. 10. 선고 97도3234 판결, 2000. 1. 21. 선고 99도4940 판결.

석하는 견해이다. 임의성의 기초가 되는 사실은 순수한 소송법적 사실과 질적
으로 차이가 있고, 임의성 없는 자백은 피고인에게 불이익한 증거가 된다는 점
을 근거로 한다.

(2) **자유로운 증명설**   자백의 임의성은 소송법적 사실에 불과하므로 자유로
운 증명으로 족하다는 견해이다.

(3) **절충설**   소송법적 사실과 실체법적 사실을 구별하는 것은 지나치게 형
식적이므로 위법사유의 정도에 따라서 달리 해결해야 한다는 견해이다. 즉 고
문·폭행·협박·신체구속의 장기화 등의 사유로 임의성이 침해된 때는 엄격
한 증명을 필요로 하고, 기타의 사유에 기인하는 때는 자유로운 증명으로 족하
다고 한다.

2. 판   례

자백의 임의성은 조서의 형식·내용, 진술자의 신분·학력·지능 등 여러
사정을 종합하여 자유롭게 판단할 수 있다.[53] 즉 자백의 임의성에 대한 입증은
자유로운 증명으로 충분하다.

3. 검   토

엄격증명설에 의하면 자백의 임의성을 인정하는 경우에도 엄격한 증명을
요하게 되어 부당하므로 자유로운 증명설이 타당하다고 본다. 법원은 자유로운
증명으로 자백의 임의성을 의심케 하는 사유의 존재를 인정할 수 있기 때문에
이 점에서는 피고인에게도 유리하다.

제 5 자백배제법칙의 효과

Ⅰ. 증거능력의 절대적 배제

임의성을 의심할 만한 이유가 있는 자백은 제309조에 의해 증거능력이 절대
적으로 배제된다. 따라서 이러한 자백에 대해 피고인이 증거동의하더라도 증거
능력이 인정되지 않는다. 이는 전문법칙에 의한 증거능력제한(제310조의2)과 구별된
다. 또한 임의성을 의심할 만한 이유가 있는 자백은 탄핵증거(제318조의2)로도 사용
할 수 없다.

---

53) 대법원 1986. 9. 9. 선고 86도1187 판결.

Ⅱ. 임의성 없는 자백에 의해 수집된 증거

임의성 없는 자백의 증거능력을 배제하는 원칙은 수사기관의 위법한 수사 활동을 억지하고 적정절차의 보장을 실현하는 데 그 의의가 있다. 그런데 만약 임의성 없는 자백에 의해 수집된 증거가 허용된다면 자백배제법칙은 그 실효를 거둘 수 없게 된다. 따라서 임의성 없는 자백에 의해 수집된 증거의 증거능력은 부정된다.

제 3 관   전문증거의 증거능력

제 1 전문증거와 전문법칙

Ⅰ. 전문증거

1. 의   의

전문증거(傳聞證據)란 사실인정의 기초가 되는 사실(요증사실)을 지각·경험한 사람(원진술자)의 진술을 내용으로 하는 타인의 진술(전문진술)이나 서류(전문서류)를 말한다. 전문진술은 원진술자의 진술을 청취한 제3자가 법원에 대하여 원진술의 내용을 보고하는 경우이다. 그리고 전문서류는 경험한 사람이 그 경험내용을 직접 기재한 경우(진술서)와 제3자가 그의 진술내용을 서면에 기재한 경우(진술녹취서)로 구별할 수 있다.

2. 언어에 의한 진술

⑴ **진술증거**   요증사실을 직접 경험한 자의 진술을 내용으로 하는 증거만이 전문증거에 해당한다. 따라서 증거물과 같은 비진술증거는 전문증거에 해당하지 않는다. 증거물에 대하여는 반대신문이 불가능하고, 신용성의 판단도 구체적 사건과 관련하여 개별적으로 이루어질 수밖에 없다. 진술증거인가 비진술증거인가는 증거의 객관적 성질에 따라 결정된다. 그리고 일정한 상황에 대해 기계적으로 기록된 서류는 전문증거에 해당하지 않는다. 예를 들면 컴퓨터의 로그기록, 전자출입증에 의해 전자적으로 기록된 출입상황기록 등은 증거물인 서류일 뿐 진술증거가 아니다.

⑵ **전문으로서의 행동**   전문으로서의 행동을 진술로 볼 수 있는가의 문제

가 있다. 예를 들면 甲이 乙에게 수명의 혐의자 중 강도범인이 누구인지 지적해 달라고 하여 乙은 丙을 지적하였는데 甲이 법정에서 乙의 지시행동을 증언한 경우 甲의 증언을 전문증거로 볼 수 있는가의 문제이다. 이 경우 乙의 지시는 언어적 진술과 다름이 없으므로 甲의 증언은 전문증거에 해당한다고 본다. 그러나 도망이나 침묵과 같은 행동까지 진술이 포함된 것으로 인정하기에는 곤란하다.

(3) 언어적 행동   타인의 행동을 설명하기 위하여 그 행동에 부수된 타인의 말을 인용하는 것은 전문증거에 해당되지 않는다. 예를 들면 乙이 丙을 껴안은 행동이 폭행인지 우정의 표현인지를 설명하기 위하여 그 장면을 목격한 甲이 법정에서 "乙은 丙에게 나쁜 놈이라고 격노에 찬 말을 하였다"라고 증언한 경우 乙의 말은 乙의 행동에 부수된 것으로서 甲의 증언은 전문증거가 되지 않는다.

3. 요증사실과 관련된 증거

(1) 요증사실과의 관계   어떤 증거가 원본증거인가 전문증거인가는 요증사실과의 관계에서 결정된다. 타인의 진술이나 서류에 포함된 원진술자의 진술내용이 요증사실로 된 경우에만 전문증거가 될 수 있다. 예를 들면 甲이 乙로부터 "丙이 물건을 훔치는 것을 보았다"라는 말을 전해 들은 경우 甲의 증언은 丙에 대하여 기소된 절도죄사건에서는 전문증거가 되지만, 乙에 대하여 기소된 무고죄사건에서는 원본증거가 된다. 정보통신망을 통하여 공포심이나 불안감을 유발하는 글을 반복적으로 상대방에게 도달하게 하는 행위를 하였다는 공소사실에 대하여 휴대전화기에 저장된 문자정보가 그 증거가 되는 경우, 그 문자정보는 범행의 직접적인 수단이고 경험자의 진술에 갈음하는 대체물에 해당하지 않으므로 전문법칙이 적용되지 않는다.[54]

(2) 요증사실과 정황증거   원진술자의 심리적·정신적 상태를 증명하기 위하여 원진술자의 말을 인용하는 경우 이는 전문증거가 아니라 정황증거에 해당한다. 예를 들면 피고인 乙의 정신적 상태를 나타내기 위해 증인 甲이 "평소 乙은 자신이 신이라고 말하였다"라고 증언한 경우 甲의 진술은 전문증거에 해당하지 않는다.

(3) 타인의 진술을 내용으로 하는 진술   다른 사람의 진술을 내용으로 하는 진술이 전문증거인지는 요증사실이 무엇인지에 따라 정해진다. 다른 사람의 진술, 즉 원진술의 내용인 사실이 요증사실인 경우에는 전문증거이지만, 원진술

---

54) 대법원 2008. 11. 13. 선고 2006도2556 판결.

의 존재 자체가 요증사실인 경우에는 본래증거이지 전문증거가 아니다. 어떤 진술이 기재된 서류가 그 내용의 진실성이 범죄사실에 대한 직접증거로 사용될 때는 전문증거가 되지만, 그와 같은 진술을 하였다는 것 자체 또는 진술의 진실성과 관계없는 간접사실에 대한 정황증거로 사용될 때는 반드시 전문증거가 되는 것이 아니다. 그러나 어떠한 내용의 진술을 하였다는 사실 자체에 대한 정황증거로 사용될 것이라는 이유로 서류의 증거능력을 인정한 다음 그 사실을 다시 진술 내용이나 그 진실성을 증명하는 간접사실로 사용하는 경우에 그 서류는 전문증거에 해당한다.[55]

II. 전문법칙

1. 의　　의

전문법칙(傳聞法則)이란 '전문증거는 증거능력이 없다'라는 원칙을 말한다. 제310조의2는 『제311조 내지 제316조에 규정한 것 이외에는 공판준비 또는 공판기일의 진술에 대신하여 진술을 기재한 서류나 공판준비 또는 공판기일 외의 타인의 진술을 내용으로 하는 진술은 이를 증거로 할 수 없다』고 규정하고 있다. 따라서 제311조에서 제316조에 해당하지 않는 전문증거는 증거능력이 인정될 수 없으므로 사실인정의 자료로 사용할 수 없을 뿐만 아니라 증거조사 자체도 허용되지 않는다.

2. 근　　거

⑴ 반대신문권의 보장　　전문법칙의 가장 중요한 근거는 반대신문권의 보장이다. 원진술에는 기억과 표현의 과정에서 오류가 개입될 위험이 있으며, 이러한 위험을 제거하기 위한 가장 효과적인 방법이 당사자의 반대신문이다. 따라서 원진술자에 대한 반대신문의 기회가 없는 증거는 사실인정의 기초가 될 수 없도록 증거에서 배제한 것이다.

⑵ 신용성의 결여　　전문증거는 그 가치가 증인 자신의 신용성에서 발생하는 것이 아니라 타인의 진실성과 능력에 의존하여 와전될 가능성이 많으므로 신용성이 희박하기 때문에 증거능력이 부정된다.

⑶ 직접주의와의 관계　　제310조의2가 규정하고 있는 전문법칙은 직접주의의 요청에도 그 근거를 둔다는 견해가 있다. 전문법칙이 직접주의를 실현하는 데 기여하는 것은 사실이나, 직접주의와 전문법칙은 서로 구별되는 개념으로서

---

55) 대법원 2019. 8. 29. 선고 2018도13792 전원합의체 판결.

연혁적으로 무관할 뿐만 아니라 그 적용에 있어서도 상이한 점이 많기 때문에 직접주의가 전문법칙의 근거로 된다는 것은 무리라고 본다. 전문법칙은 반대신문권의 보장을 주된 근거로 하면서 부수적으로 전문증거에 신용성이 없다는 이유로 증거능력을 배제하는 것이다.

3. 적용범위

전문법칙은 전문증거가 아닌 증거에 대해서 적용되지 않는다. 그런데 전문증거에 해당하더라도 당사자가 증거로 하는 데 동의한 경우에는 전문법칙이 적용되지 않는다(제318조). 또한 진술의 증명력을 다투기 위하여 제출되는 증거(탄핵증거)에는 전문법칙이 적용되지 않는다(제318조의2). 즉 증거능력이 없는 전문증거라도 다른 증거의 증명력을 다투기 위한 목적으로 사용되는 경우에는 전문법칙이 적용되지 않는다.

제 2 전문법칙의 예외이론

I. 예외인정의 근거

전문증거는 당사자의 반대신문권이 보장되어 있지 않고 신용성이 결여되어 있기 때문에 증거능력이 부정된다. 그러나 형사재판에서 모든 전문증거의 증거능력을 완전히 배제한다면 사실인정의 자료를 지나치게 제한하여 **실체적 진실발견**을 저해하고 **소송경제**를 도모할 수 없다. 따라서 전문증거에 대하여 당사자의 반대신문이 없더라도 증거의 진실성을 인정할 수 있고 신용성이 있는 경우에는 예외적으로 증거능력을 부여할 필요가 있다. 다만 이러한 예외를 지나치게 넓게 인정하게 되면 사실상 전문법칙 자체가 무의미하게 되므로 일정한 기준에 따라 예외의 범위를 명확히 해 두어야 한다.

II. 예외인정의 기준

1. 신용성의 정황적 보장

신용성(信用性)의 정황적 보장(情況的 保障)이란 원진술이 공판정에서 행해지지 아니하였더라도 그 원진술의 진실성이 여러 정황으로 미루어 보장되어 있는 경우를 말한다. 즉 공판정에서 상대방에게 원진술자에 대한 반대신문의 기회를 주지 않더라도 진술 당시의 상황에 비추어 허위진술의 위험성이 없는 경우이다. 물론 여기의 신용성은 증거능력과 관련된 것이므로 진술내용의 진실성

을 의미하는 것이 아니라 진실성을 보장할 만한 **외부적 정황**을 의미한다. 신용
성의 정황적 보장이 강한 진술로는 '부지불각(不知不覺)중에 한 말', '사람이 죽
음에 임해서 하는 말', '어떠한 자극에 의해서 반사적으로 한 말', '경험상 앞뒤
가 맞고 이론정연한 말', '범행에 접착(接着)하여 범증은폐를 할 시간적 여유가
없을 때 한 말', '범행 직후 자기의 소행에 충격을 받고 깊이 뉘우치는 상태에서
한 말' 등을 예로 들 수 있다.[56] 이러한 신용성의 정황적 보장의 존재 및 그 강
약에 관하여서는 구체적 사안에 따라 이를 가릴 수밖에 없다.

2. 필 요 성

필요성(必要性)이란 원진술과 같은 가치의 증거를 얻는 것이 어렵기 때문에
전문증거라도 사용해야 할 경우를 말한다. 이는 당해 전문증거가 진실발견을
위해 필요하다는 의미가 아니라 원진술자를 공판정에 출석시켜 진술하게 하는
것이 불가능하거나 현저히 곤란하다는 의미이다. 예를 들면 원진술자가 사망·
질병 또는 행방불명 등으로 진술할 수 없는 때를 말한다.

3. 양 기준의 관계

전문법칙의 예외가 인정되기 위해서는 신용성의 정황적 보장과 필요성이
요구되지만 양 기준은 **상호보완 내지 반비례관계**에 있다. 따라서 신용성이 강하
게 보장된 때에는 필요성의 요건이 완화될 수 있으며, 그 역의 경우도 가능하
다. 그러나 필요성의 요건을 지나치게 강조하여 전문증거에 증거능력을 인정하
게 되면 피고인의 방어권을 중대하게 침해할 수도 있으므로 필요성을 이유로
한 증거능력의 부여에는 신중을 기하여야 한다.

Ⅲ. 전문법칙의 예외규정

제311조 내지 제316조는 전문법칙의 예외를 규정하고 있다. 6개의 예외규정
가운데 제311조 내지 제315조가 서류인 전문증거에 대한 예외규정이고, 제316
조가 전문진술에 대한 예외규정이다. 전문서류의 경우를 보면 제311조(법원 또
는 법관의 면전조서)와 제315조(당연히 증거능력이 있는 서류)는 별도의 요건 없이
당연히 증거능력이 인정되는 경우이고, 제312조(검사 또는 사법경찰관의 조서 등)
와 제313조(진술서 등)는 일정한 요건하에 증거능력이 인정되는 경우이다. 그리
고 제314조는 제312조와 제313조의 요건을 충족하지 못한 전문증거라도 전문
법칙의 예외에 대한 일반이론에 따라 보충적으로 증거능력이 인정될 수 있는

---

56) 대법원 1983. 3. 8. 선고 82도3248 판결.

경우를 규정한 것이다.

제 3 전문서류

Ⅰ. 법원 또는 법관의 조서

1. 서 설

⑴ 의 의 제311조는『공판준비 또는 공판기일에 피고인이나 피고인 아닌 자의 진술을 기재한 조서는 증거로 할 수 있다. 제184조(증거보전절차) 및 제221조의2(증인신문의 청구)의 규정에 의하여 작성한 조서도 또한 같다』고 규정하고 있다. 법원 또는 법관의 면전에서 한 진술을 기재한 조서에 대하여는 그 성립이 진정하고 신용성의 정황적 보장이 높기 때문에 무조건 증거능력을 인정하는 것이다.

⑵ 근 거 공판준비 또는 공판기일에 피고인이나 피고인 아닌 자의 진술을 기재한 조서에 증거능력을 인정하는 근거에 대하여 ① 당사자의 반대신문권이 보장되어 있으므로 처음부터 전문법칙의 적용이 없는 경우라는 견해와 ② 직접주의의 예외라는 견해 및 ③ 전문법칙의 예외를 규정한 것이라고 보는 견해가 있다. 형사소송법이 본조를 전문법칙의 예외로 규정하고 있을 뿐만 아니라, 본조는 공판준비 또는 공판기일에서 한 진술을 문제로 하는 것이 아니라 그 진술을 기재한 조서의 증거능력을 신용성과 필요성의 견지에서 인정하는 것이므로 전문법칙의 예외라고 해석하는 견해가 타당하다고 본다.

2. 공판준비 또는 공판기일에 피고인의 진술을 기재한 조서

⑴ 당해 사건의 공판준비 또는 공판기일 '공판준비에 피고인의 진술을 기재한 조서'란 공판준비절차에서 피고인을 신문한 조서($^{\text{제273조}}_{\text{제1항}}$), 공판기일전의 법원의 검증조서 중 피고인의 진술을 기재한 부분을 말한다. '공판기일에 피고인의 진술을 기재한 조서'란 공판절차갱신 전의 공판조서, 상소심에 의한 파기환송 전의 공판조서, 이송된 사건의 이송 전의 공판조서, 관할위반의 재판이 확정된 후에 재기소된 경우의 공판조서 등을 의미한다. 공판정에서 피고인이 한 진술은 그 자체가 증거로 되기 때문에 전문법칙이 문제되지 않는다.

⑵ 다른 사건의 공판준비조서 또는 공판조서 피고인의 진술을 기재한 다른 사건의 공판준비조서 또는 공판조서도 본조에 의하여 증거능력이 인정된다는

견해가 있으나, 제315조 제3호(기타 신용할 만한 정황)에 의하여 증거능력이 인정된다고 본다.

3. 공판준비 또는 공판기일에 피고인 아닌 자의 진술을 기재한 조서

⑴ **당해 사건의 공판준비 또는 공판기일**   '공판준비에 피고인 아닌 자의 진술을 기재한 조서'란 당해 사건의 공판준비절차에서 증인·감정인·통역인·번역인 등을 신문한 조서를 말한다. '공판기일에 피고인 아닌 자의 진술을 기재한 조서'란 공판절차갱신 전의 공판조서나 파기환송·이송 전의 공판조서 등을 의미한다. 그리고 '피고인 아닌 자'란 피고인을 제외한 제3자, 즉 증인·감정인뿐만 아니라 공범인 공동피고인을 포함한다.

⑵ **다른 사건의 공판준비조서 또는 공판조서**   피고인 아닌 자의 진술을 기재한 다른 사건의 공판준비조서와 공판조서를 제311조의 조서에 해당한다고 해석하는 견해가 있으나, 다른 사건의 공판준비조서와 공판조서는 제315조 제3호의 문서로서 증거능력이 인정된다고 본다.

⑶ **공동피고인의 진술을 기재한 조서**

㈎ **공범인 공동피고인**   공범인 공동피고인도 피고인 아닌 자이므로 공판정에서 공동피고인의 진술을 기재한 조서는 피고인의 동의가 없더라도 증거능력이 인정된다. 여기서 말하는 공범이란 공동정범, 교사범, 종범뿐만 아니라 합동범, 필요적 공범도 포함한다.

㈏ **공범 아닌 공동피고인**   피고인에 대한 사건과는 다른 공소사실로 기소되어 병합심리된 공동피고인은 피고인에 대한 관계에서 증인의 지위에 있기 때문에 선서 없이 진술을 하였다면 그 진술을 피고인에 대한 공소사실을 인정하는 증거로 사용할 수 없다.[57] 그러므로 공범이 아닌 공동피고인의 법정진술을 기재한 공판조서도 피고인의 범죄사실에 대한 증거로는 사용할 수 없다고 본다.

4. 증거보전절차와 증인신문청구절차에서 작성한 조서

증거보전절차($\frac{제184}{조}$)에서 작성한 조서와 증인신문절차($\frac{제221조}{의2}$)에 의하여 작성한 조서도 본조에 의하여 증거능력이 인정된다. 따라서 공범인 공동피고인이 증거보전절차에서 증언한 증인신문조서는 당연히 증거능력이 인정된다.[58] 다만 피고인이 증거보전절차에서 증인으로서 증언한 것이 아니라 소송관계인으로 참

---

57) 대법원 1979. 3. 27. 선고 78노1031 판결, 1982. 6. 22. 선고 82도898 판결, 1982. 9. 14. 선고 82도1000 판결.
58) 대법원 1966. 5. 17. 선고 66도276 판결, 1988. 11. 8. 선고 86도1646 판결.

여하여 증인을 반대신문하는 과정에서 진술을 한 경우 증인신문조서에 기재된 피고인의 진술 부분에 대하여는 본조가 적용되지 않는다.[59]

II. 피의자신문조서

1. 서   설

(1) 의 의   피의자신문조서란 검사 또는 사법경찰관이 피의자를 신문하여 그 진술을 기재한 조서를 말한다. 검사 또는 사법경찰관이 피의자를 신문하여 피의자가 한 진술을 녹취 또는 기재한 서류라면 그 명칭이 진술조서·진술서·자술서 등의 형식을 취하는 경우에도 피의자신문조서로 보아야 한다.[60] 또한 검사가 피의자를 신문하면서 나눈 대화내용과 장면을 비디오테이프에 녹화한 경우 그 녹화내용을 기재한 검증조서도 피의자신문조서에 준하여 증거능력을 판단해야 한다.[61]

(2) 증거능력   수사기관이 작성한 피의자신문조서는 법관의 면전에서 작성된 조서에 비하여 그 신용성이 낮아 엄격한 요건 하에 증거능력이 인정된다. 즉 검사 또는 사법경찰관이 작성한 작성한 피의자신문조서는 공판준비 또는 공판기일에서 원진술자인 피고인이 성립의 진정과 조서의 내용을 인정하여야 증거로 할 수 있다.

(3) 제312조의 개정   2020. 2. 4.자 개정(법률 제16924호)으로 검사 작성 피의자신문조서에도 내용인정의 요건을 도입하여 검사 작성 피의자신문조서와 사법경찰관 작성 피의자신문조서의 증거능력을 대등하게 규정하였다. 즉 제312조 제1항을 『검사가 작성한 피의자신문조서는 적법한 절차와 방식에 따라 작성된 것으로서 공판준비, 공판기일에 그 피의자였던 피고인 또는 변호인이 그 내용을 인정할 때에 한하여 증거로 할 수 있다』고 개정한 것이다. 개정법에 따르면 검사 작성 피의자신문조서는 적법한 절차방식을 준수하고 실질적 진정성립이 인정된다고 하더라도 피의자였던 피고인 또는 변호인이 그 내용을 부인하면 증거로 사용할 수 없게 된다. 다만 실무상 급격한 변화를 피하기 위하여 개정된 제312조 제1항은 2022년 1월 1일부터 시행하되, 시행 전에 공소제기된 사건에 관하여는 종전 규정을 따르고, 시행 후에 공소제기된 사건부터 개정 규정이

---

59) 대법원 1984. 5. 15. 선고 84도508 판결.
60) 대법원 1983. 7. 26. 선고 82도385 판결, 1984. 8. 14. 선고 84도1139 판결, 1987. 2. 24. 선고 86도1152 판결, 1992. 4. 14. 선고 92도442 판결.
61) 대법원 1992. 6. 23. 선고 92도682 판결.

적용된다($^{부칙 제1}_{조의2}$).[62]

⑷ 제312조의 법적 성격

⒀ **전문법칙예외설**　　피의자신문조서도 공판기일의 진술에 대신할 만한 신용성이 보장되는 증거가 아니라는 점에서 전문증거이고, 제312조는 신용성과 필요성을 조건으로 증거능력을 인정하는 전문법칙의 예외규정이다.[63]

⒁ **직접주의예외설**　　피의자신문조서의 경우 원진술자는 피고인 자신이 므로 피고인의 반대신문권을 보장하는 것은 의미가 없고, 신문의 주체인 검사의 반대신문을 보장할 필요도 없으므로 제312조는 전문법칙의 예외가 아니라 직접주의와 피의자의 인권보장의 요청에 의하여 증거능력을 제한한 것이다.[64]

⒂ **검 토**　　전문증거는 반대신문권이 보장되어 있지 않다는 점뿐만 아니라 신용성이 결여되어 있다는 점에서 그 증거능력을 배제하는 것이다. 제312조는 피의자신문조서에 대하여 신용성과 필요성을 조건으로 증거능력을 인정하는 것이므로 **전문법칙의 예외**에 관한 규정이라고 본다.

⑸ **진술의 임의성**　　피의자신문조서의 증거능력이 인정되려면 조서에 기재된 진술이 임의성을 가져야 한다.[65] 진술내용이 자백인 경우에는 제309조가 적용되고, 자백 이외의 진술인 때에는 제317조가 적용된다. 임의성의 유무는 구체적인 사건에 따라 당해 조서의 형식과 내용, 진술자의 학력·경력·지능 정도 등 제반사정을 참작하여 자유로운 심증으로 판단하면 된다.

2. 증거능력의 제한

⑴ **적법한 절차와 방식**　　피고인이 된 피의자의 진술을 기재한 조서는 적법한 절차와 방식에 따라 작성된 것이어야 한다. '적법한 절차와 방식'이란 조서의 형식적 진정성립을 포함하는 넓은 개념이다. 피의자신문조서의 작성방법($^{제244}_{조}$), 수사기관의 피의자에 대한 진술거부권의 고지($^{제244}_{조의3}$), 수사과정의 기록($^{제244조}_{의4}$)에 관한 규정에 따라 적법하게 피의자신문조서가 작성되어야 한다. 피의자의 진술을 녹취 또는 기재한 서류 또는 문서가 수사기관에서의 조사과정에서 작성된 것이라면, 그것이 '진술조서, 진술서, 자술서'라는 형식을 취하였다고 하더라도 피의자신문조서와 달리 볼 수 없다. 수사기관이 피의자를 신문함에

---

62) 개정 전 형사소송법 하에서는 피고인이 검사 작성의 피의자신문조서에 대하여 내용을 부인하여도 조서의 진정성립과 특신상태가 인정되면 증거능력이 부여되었다.
63) 이재상, 550면.
64) 신동운, 1074면.
65) 대법원 1981. 7. 28. 선고 80도2688 판결, 1987. 9. 22. 선고 87도929 판결, 1987. 11. 24. 선고 87도2048 판결, 1996. 6. 14. 선고 96도865 판결.

있어서 피의자에게 미리 진술거부권을 고지하지 않은 때에는 그 피의자의 진술은 위법하게 수집된 증거로서 진술의 임의성이 인정되는 경우라도 증거능력이 부인된다. 따라서 검사가 피의자신문을 한 후 다시 피의자를 소환하여 공범들에 관한 신문을 하면서 피의자신문조서가 아닌 일반적인 진술조서의 형식으로 조서를 작성하였더라도 진술조서의 내용이 피의자신문조서와 실질적으로 같은 경우에 미리 피의자에게 진술거부권을 고지하지 않았다면 위법수집증거에 해당하므로, 유죄인정의 증거로 사용할 수 없다.[66]

(2) **형식적 진정성립**　　형식적 진정성립은 조서에 기재된 서명·날인 등이 진술자의 것임에 틀림없다는 원진술자의 진술을 말한다. 원진술자의 서명만 있고 날인이 없거나,[67] 또는 원진술자의 날인만 있고 서명이 없는 경우 그 피의자신문조서는 증거능력이 없다. 그러나 조서작성자의 서명·날인은 조서의 효력에 관한 문제로서 증거능력과는 관계가 없다.

(3) **실질적 진정성립**

(가) **개 념**　　실질적 진정성립은 조서의 기재내용과 진술자의 진술내용이 일치한다는 원진술자의 확인진술을 말한다. 실질적 진정성립과 구별되는 개념으로 내용의 인정이 있다. 내용의 인정은 조서의 기재내용이 실제의 사실과 부합됨을 확인하는 원진술자의 진술이다.

(나) **증 명**　　조서의 기재내용이 피고인이 진술한 내용과 동일하게 기재되어 있음이 공판준비 또는 공판기일에서의 피고인의 진술에 의하여 인정되어야 한다. 2020. 2. 4.자 법률 개정 이전에는 피고인의 진술 외에도 영상녹화물 기타 객관적인 방법에 의하여 조서의 기재내용이 피고인의 진술과 동일함을 증명할 수 있었으나, 제312조 제2항의 삭제로 피고인의 진술 외에 다른 방법으로 실질적 진정성립을 증명할 수 없다. 피고인 본인의 진술에 의한 실질적 진정성립의 인정은 공판준비 또는 공판기일에서 한 명시적인 진술에 의하여야 하고, 단지 피고인이 실질적 진정성립에 대하여 이의하지 않았다거나 조서 작성절차와 방식의 적법성을 인정하였다는 것만으로 실질적 진정성립까지 인정한 것으로 볼 수는 없다.[68]

(4) **내용의 인정**　　내용의 인정이란 조서의 진정성립뿐만 아니라 조서의 기재내용이 객관적으로 진실하다고 인정하는 것을 의미한다.[69] 수사기관이 작성

---

66) 대법원 2009. 8. 20. 선고 2008도8213 판결.
67) 대법원 1999. 4. 13. 선고 99도237 판결.
68) 대법원 2013. 3. 14. 선고 2011도8325 판결.

한 피의자신문조서의 진정성립과 자백의 임의성이 인정된다고 하더라도 피고인이 피의자신문조서에 대하여 내용을 부인하거나 공판정에서의 진술내용과 배치되는 기재부분을 부인한다고 진술하면 그 조서를 증거로 사용할 수 없다. 피고인이 조서의 내용을 부인한 경우 피고인을 조사한 검사나 경찰관이 공판정에서 증인으로 나와 수사과정에서 피의자였던 피고인이 진술한 대로 피의자신문조서를 작성하였다고 증언하더라도 피의자신문조서의 증거능력은 인정되지 않는다. 다만 검사나 수사경찰관의 증언 자체는 제316조에 의하여 그 증거능력이 인정된다.

【사 례】 수사경찰관의 증언

《사 안》 피고인 甲에 대한 절도피고사건의 증거조사에서 검사가 사법경찰관 乙작성의 피의자신문조서를 증거로 제출하였다. 그러나 공판정에서 甲은 乙작성의 피의자신문조서의 내용을 부인한다고 진술하였다. 한편 乙은 다음날 공판정에 증인으로 출석하여 甲이 진술한 대로 피의자신문조서를 작성하였다고 증언하였다. 乙작성의 피의자신문조서와 乙의 증언은 증거로 사용할 수 있는가 ?

《검 토》 피고인 甲이 공판정에서 사법경찰관 乙작성의 피의자신문조서의 내용을 부인하면 乙이 작성한 피의자신문조서는 그 증거능력이 인정되지 않는다. 이 경우 피고인 甲을 조사한 사법경찰관 乙이 공판정에서 甲의 진술경위를 증언하더라도 피의자신문조서는 그 증거능력이 부정된다. 다만 乙의 증언 자체는 제316조에 의하여 증거능력이 인정된다.

⑸ **진술의 번복**   피고인이나 변호인이 피의자신문조서의 내용을 인정하는 진술을 하였다 하더라도 증거조사가 완료되기 전에는 최초의 진술을 번복할 수 있으나, 증거조사가 완료된 뒤에는 번복의 의사표시에 의하여 이미 인정된 피의자신문조서의 증거능력이 당연히 상실되는 것은 아니다. 다만 피의자신문조서의 내용을 인정한 최초의 진술에 그 효력을 유지하기 어려운 중대한 하자가 있고 피고인이나 변호인에게 귀책사유가 없는 경우에 한하여 예외적으로 증거조사절차가 완료된 뒤에도 그 진술을 취소할 수 있고, 취소주장이 이유 있으면 피의자신문조서를 유죄 인정의 자료에서 제외하여야 한다. 또한 피고인이 피의자신문조서의 내용을 부인하는 진술을 한 이상, 비록 그 공판진행중 피고인신문 또는 공동피고인에 대한 증언과정에서 조서의 내용을 인정하는 취지의

---

69) 대법원 2001. 9. 28. 선고 2001도3997 판결.

진술을 하였다고 하더라도, 조서의 증거능력에 관한 종전의 진술을 번복하는 것임이 분명하게 확인되는 예외적인 경우가 아니라면, 조서의 증거능력이 인정되는 것은 아니다.

3. 적용범위

(1) 공 범   제312조 제1항과 제3항은 피의자였던 피고인에 대하여는 물론 공범에 대한 관계에서도 적용된다. 예를 들면 피고인 甲이 공판정에서 공범 乙에 대한 수사기관 작성의 피의자신문조서의 내용을 부인하면 乙이 법정에서 그 조서의 내용을 인정하더라도 그 조서를 피고인 甲의 공소사실에 대한 증거로 사용할 수 없다. 공범 乙의 진술만으로 수사기관이 乙에 대해 작성한 피의자신문조서를 피고인 甲에 대한 증거로 사용할 수 없기 때문이다. 그리고 이러한 경우 乙이 법정에서 수사과정에서 피의자신문조서에 기재된 것과 같은 내용으로 진술하였다는 취지로 증언하였다고 하더라도, 이러한 증언은 乙이 자신에 대한 피의자신문조서의 진정성립을 인정하는 취지에 불과하여 피의자신문조서와 분리하여 독자적인 증거가치를 인정할 것은 아니므로, 피의자신문조서의 증거능력이 부정되는 이상 위와 같은 증언 역시 이를 유죄 인정의 증거로 쓸 수 없다.

【사 례】 피의자신문조서의 증거능력

《사 안》 피고인 甲과 乙은 도박죄로 공소제기되었다. 甲은 도박혐의를 부인하였지만, 乙은 경찰수사단계에서부터 재판에 이르기까지 도박혐의를 자백하였다. 乙이 공판기일에 사법경찰관 작성의 자신에 대한 피의자신문조서의 임의성과 진정성립 및 내용을 모두 인정한 경우 사법경찰관 작성의 乙에 대한 피의자신문조서는 甲에 대한 유죄의 증거로 사용할 수 있는가?

《검 토》 피고인 甲이 공판기일에서 사법경찰관 작성의 乙에 대한 피의자신문조서의 내용을 부인한 경우에는 그 피의자신문조서를 甲에 대한 유죄의 증거로 사용할 수 없다. 乙이 공판기일에 사법경찰관 작성의 자신에 대한 피의자신문조서의 임의성과 진정성립 및 내용을 모두 인정하였다 하더라도 乙의 진술만으로 그 증거능력을 인정할 수 없기 때문이다.

(2) 공범의 범위   제312조 제1항과 제3항은 형법 총칙의 공범 이외에도, 서로 대항된 행위의 존재를 필요로 할 뿐 각자의 구성요건을 실현하고 별도의 형벌 규정에 따라 처벌되는 **필요적 공범** 내지 **대항범** 관계에 있는 자들 사이에서도

적용된다. 필요적 공범 내지 대향범의 경우 형법 총칙의 공범관계와 마찬가지로 어느 한 피고인이 자기의 범죄에 대하여 한 진술이 나머지 대향적 관계에 있는 자가 저지른 범죄에도 내용상 불가분적으로 관련되어 있어 목격자, 피해자 등 제3자의 진술과는 본질적으로 다른 속성을 지니고 있기 때문이다.

또한, **양벌규정**은 법인의 대표자나 법인 또는 개인의 대리인, 사용인, 그 밖의 종업원 등 행위자가 법규위반행위를 저지른 경우, 일정 요건하에 이를 행위자가 아닌 법인 또는 개인이 직접 법규위반행위를 저지른 것으로 평가하여 행위자와 같이 처벌하도록 규정한 것이다. 양벌규정에 따라 처벌되는 행위자와 행위자가 아닌 법인 또는 개인 간의 관계는, 행위자가 저지른 법규위반행위가 사업주의 법규위반행위와 사실관계가 동일하거나 적어도 중요 부분을 공유한다는 점에서 내용상 불가분적 관련성을 지닌다. 따라서 형법 총칙의 공범관계 등과 마찬가지로 제312조 제1항과 제3항이 이들 사이에서도 적용된다.[70]

(3) **별개의 사건**   제312조 제1항과 제3항은 별개의 사건에서 피의자였던 피고인에 대해 수사기관이 작성한 피의자신문조서에 대하여도 적용된다. 예를 들면 피고인 甲이 A사건으로 재판을 받고 있는데 그 이전에 B사건에서 만들어진 甲에 대한 피의자신문조서가 A사건의 증거로 제출된 경우 피고인 甲이 그 조서의 내용을 부인하면 그 조서는 증거능력이 없다.

4. 등본과 초본의 증거능력

(1) **등본과 초본**   등본이란 원본(原本)의 기재내용 전부를 복사한 문서로 원본과 동일하다는 취지의 인증을 부여한 문서이고, 초본이란 원본의 내용 중 일부만 복사하여 인증한 문서를 말한다. 당사자가 법원에 문서를 제출할 때에는 원본을 제출하는 것이 원칙이나, 등본과 사본이 제출되는 예가 많다.

(2) **등본의 증거능력**   피의자신문조서등본의 증거능력이 인정되기 위해서는 원본의 증거능력 이외에 ① 원본의 존재, ② 원본제출이 불가능하거나 곤란한 사정, ③ 원본의 정확한 사본임이 증명되어야 한다. ①과 ③의 요건은 특별한 사정이 없는 한 인증문에 의해 증명이 되고, 원본이 멸실되었거나 다른 공판절차에 제출되어 편철되었다는 사정은 ②의 요건에 해당한다.

(3) **초본의 증거능력**   피의자신문조서의 내용 중 일부를 가린 채 복사를 한 다음 원본과 같다는 인증을 하여 초본의 형식으로 제출된 경우, 그와 같은 피의자신문조서초본은 원본 중 가려진 부분의 내용이 가려지지 않은 부분과 분

---

70) 대법원 2020. 6. 11. 선고 2016도9367 판결.

리가능하고 당해 공소사실과 관련성이 없는 경우에만, 피의자신문조서등본과 같이 3가지 요건을 전제로 원본과 동일하게 취급될 수 있다.[71]

Ⅲ. 진술조서

1. 의 의

진술조서란 검사 또는 사법경찰관이 피의자 아닌 자(주로 참고인)를 신문하여 그 진술을 기재한 조서를 말한다. 피의자의 진술을 기재한 조서는 진술조서의 형식을 취하더라도 실질에 있어서는 피의자신문조서로 보아야 한다.

2. 참고인에 대한 진술조서

(1) **증거능력의 제한** 검사 또는 사법경찰관이 작성한 진술조서는 적법한 절차와 방식에 따라 작성된 것으로서 그 조서가 검사 또는 사법경찰관 앞에서 진술한 내용과 동일하게 기재되어 있음이 원진술자의 공판준비 또는 공판기일에서의 진술이나 영상녹화물 기타 객관적인 방법에 의하여 증명되고, 피고인 또는 변호인이 공판준비 또는 공판기일에 그 기재내용에 관하여 원진술자를 신문할 수 있었던 때에는 증거로 할 수 있다. 다만, 그 진술이 특히 신빙할 수 있는 상태 하에서 행하여졌음이 증명된 때에 한한다($^{제312조}_{제4항}$).

(2) **적법한 절차와 방식** 검사 또는 사법경찰관이 작성한 진술조서는 적법한 절차와 방식에 따라 작성된 것이어야 한다. 조서의 작성방법, 수사과정의 기록($^{제244조의}_{4\ 제3항}$)에 관한 규정에 따라 적법하게 진술조서가 작성되어야 한다.

(3) **형식적 진정성립** 진술자의 서명·날인이 없는 진술조서는 증거능력이 인정되지 않는다.[72] 예를 들면 피해자가 화상으로 인하여 사법경찰관 작성의 피해자진술조서에 대하여 서명을 하지 못하자 사법경찰관이 그 조서를 입회하고 있던 피해자의 동생에게 대신 읽어주고 그 동생으로 하여금 조서에 서명·날인하게 한 경우 이는 제312조 제4항 소정의 형식적 요건을 결여한 서류로서 증거로 사용할 수 없다.[73] 또한 외국에 거주하는 참고인과의 전화 대화내용을 문답형식으로 기재한 수사보고서는 그 진술자의 서명·날인이 없어 증거능력을 인정할 수 없다.[74]

(4) **실질적 진정성립** 진술조서의 기재 내용이 검사 또는 사법경찰관 앞에

---

71) 대법원 2002. 10. 22. 선고 2000도5461 판결.
72) 대법원 1993. 4. 23. 선고 92도2908 판결.
73) 대법원 1997. 4. 11. 선고 96도2865 판결.
74) 대법원 1999. 2. 26. 선고 98노2742 판결.

서 진술한 내용과 동일하게 기재되어 있음이 원진술자의 공판준비 또는 공판기일에서의 진술이나 영상녹화물 기타 객관적인 방법에 의하여 증명되어야 한다. 원진술자가 실질적 진정성립을 인정한 이상 내용을 부인하거나 내용과 다른 진술을 하여도 진술조서의 증거능력이 인정된다. 그러나 진술자가 공판기일에 증인으로 출석하여 진술기재 내용을 열람하거나 고지받지 못한 채 단지 검사의 신문에 대하여 수사기관에서 사실대로 진술하였다는 취지의 증언만 한 경우 그 진술은 진술조서의 진정성립을 인정하는 취지인지 분명하지 않기 때문에 그 진술만으로는 진술조서의 진정성립을 인정할 수 없다.[75] 진술자가 진술조서를 열람하거나 그 내용을 고지받은 후 수사기관에서 진술한 대로 조서에 기재되어 있다는 것까지 증언하여야 그 진술조서를 증거로 할 수 있다. 진술자가 진술조서 중 일부에 관하여만 실질적 진정성립을 인정하는 경우에는 법원은 진술조서 중 어느 부분이 진술자가 진술한 대로 기재되어 있고, 어느 부분이 달리 기재되어 있는지 여부를 구체적으로 심리한 다음 진술한 대로 기재되어 있다고 하는 부분에 한하여 증거능력을 인정하여야 하고, 그 밖에 실질적 진정성립이 부정되는 부분에 대해서는 증거능력을 부정하여야 한다.[76]

⑸ 반대신문의 기회보장   진술조서는 피고인 또는 변호인이 공판준비 또는 공판기일에서 그 기재 내용에 관하여 원진술자를 신문할 수 있어야 증거능력이 인정된다. 피고인 또는 변호인에게 반대신문의 기회가 보장되면 충분하고, 반드시 반대신문이 실제로 행해져야 하는 것은 아니다.

⑹ 특신상태   조서에 기재된 진술이 특히 신빙할 수 있는 상태에서 행하여졌음이 증명되어야 한다. 군검찰관(軍檢察官)이 피고인을 뇌물수수 혐의로 기소한 후, 형사사법공조절차를 거치지 아니한 채 외국에 현지출장하여 뇌물공여자 甲을 상대로 참고인진술조서를 작성한 경우 甲이 자유로운 분위기에서 임의수사 형태로 조사에 응하였고 그 조서에 직접 서명·무인하였다는 사정만으로 특신상태를 인정하기에 부족할 뿐만 아니라 형사사법공조절차 등의 방법을 택하지 않고 직접 현지에 가서 조사를 실시한 것은 수사의 정형적 형태를 벗어난 것이라고 볼 수 있어 진술이 특별히 신빙할 수 있는 상태에서 이루어졌다는 점에 증명이 있다고 보기 어려워 甲의 진술조서는 증거능력이 인정되지 않는다.[77]

---

75) 대법원 1979. 11. 27. 선고 76도3962 전원합의체 판결, 1982. 10. 12. 선고 82도1865 판결, 1994. 9. 9. 선고 94도1384 판결, 1994. 11. 11. 선고 94도343 판결, 1996. 10. 15. 선고 96도1301 판결.
76) 대법원 2005. 6. 10. 선고 2005도1849 판결.
77) 대법원 2011. 7. 14. 선고 2011도3809 판결.

3. 피고인에 대한 진술조서

(1) **쟁 점** 수사기관이 공소제기 후에 피고인을 법정 외에서 신문하여 조서를 작성한 경우 피고인의 진술을 기재한 조서의 증거능력을 인정할 것인가 문제된다.

(2) **학 설** ① 공소제기 후에 수사기관의 피고인신문은 허용되지 않으므로 검사의 피고인에 대한 진술조서는 증거능력이 없다는 **부정설**과 ② 피고인진술조서는 피의자신문조서로 취급하여야 한다는 **긍정설**이 있다.

(3) **판 례** 검사 작성의 피고인에 대한 진술조서가 공소제기 후에 작성되었다는 이유만으로는 곧 증거능력이 없는 것은 아니다.[78] 따라서 피고인에 대한 진술조서도 제312조의 요건을 충족하는 경우에는 증거로 사용할 수 있다.

(4) **검 토** 공소가 제기된 후에는 그 사건에 관한 형사절차의 모든 권한이 사건을 주재하는 수소법원에 속하게 되며, 수사의 대상이던 피의자는 검사와 대등한 당사자인 피고인의 지위에서 방어권을 행사하게 된다. 공소사실의 인정은 법관의 면전에서 직접 조사한 증거만을 기초로 해야 한다. 검사가 공소를 제기한 후 피고인을 소환하여 피고인에 대한 진술조서를 작성하여 이를 공판절차에 증거로 제출할 수 있게 한다면, 당사자주의·공판중심주의·직접심리주의에 반하고 피고인의 공정한 재판을 받을 권리를 침해하기 때문에 피고인에 대한 진술조서는 증거능력을 인정할 수 없다고 본다.

【**사 례**】 피고인에 대한 진술조서

《**사 안**》 甲은 지하철 안에서 乙의 지갑을 절취한 혐의를 수사단계에서 모두 자백하여 절도죄로 공소제기되었는데, 제1차 공판기일에 범행을 부인하였다. 검사는 제2차 공판기일 직전에 甲을 검사실로 소환하여 범행을 자백받은 다음 그 내용을 진술조서로 작성하였다. 이 경우 甲에 대한 진술조서는 증거능력이 있는가?

《**검 토**》 공소제기 후에 수사기관이 공소사실에 관하여 피고인을 신문할 수 있는가 여부에 관하여 학설이 대립되고 있고, 판례에 의하면 검사가 피고인을 신문하여 그 내용을 진술조서의 형태로 작성한 경우 피고인진술조서를 피의자신문조서와 같이 취급하고 있다. 그러나 공소제기 후에 작성된 피고인에 대한 진술조서는 당사자주의·공판중심주의·직접심리주의에 반하므로 증거능력이 인정되지 않는다고 본다.

---

78) 대법원 1982. 6. 8. 선고 82도754 판결, 1984. 9. 25. 선고 84도1646 판결.

4. 증인에 대한 진술조서

⑴ **증언을 번복시킨 경우**   공판준비 또는 공판기일에서 이미 증언을 마친 증인을 검사가 소환한 후 피고인에게 유리한 그 증언내용을 추궁하여 이를 일방적으로 번복시키는 방식으로 작성한 진술조서는 피고인이 증거로 할 수 있음에 동의하지 아니하는 한 그 증거능력이 없다. 그 후 원진술자인 종전 증인이 다시 법정에 출석하여 증언을 하면서 그 진술조서의 성립의 진정함을 인정하고 피고인 측에 반대신문의 기회가 부여되었다고 하더라도 그 증언 자체를 유죄의 증거로 할 수 있음을 별론으로 하고 위와 같은 진술조서의 증거능력이 없다는 결론은 달라지지 않는다.[79]

⑵ **공소제기후 참고인 진술조서**   수사기관이 공판기일에 증인으로 신청하여 신문할 수 있는 사람을 특별한 사정 없이 미리 수사기관에 소환하여 작성한 진술조서는 피고인이 증거로 할 수 있음에 동의하지 않는 한 증거능력이 없다. 검사가 공소를 제기한 후 참고인을 소환하여 피고인에게 불리한 진술을 기재한 진술조서를 작성하여 이를 공판절차에 증거로 제출할 수 있게 한다면, 당사자주의·공판중심주의·직접심리주의에 반하고 피고인의 공정한 재판을 받을 권리를 침해하기 때문이다. 참고인이 나중에 법정에 증인으로 출석하여 진술조서의 성립의 진정을 인정하고 피고인 측에 반대신문의 기회가 부여된다 하더라도 진술조서의 증거능력을 인정할 수 없음은 마찬가지이다.[80]

Ⅳ. 진 술 서

1. 의의와 종류

⑴ **의 의**   진술서란 서류의 작성자가 스스로 자기의 의사·사상·관념 및 사실관계 등을 기재한 서면을 말한다. 진술서·자술서·시말서·보고서 등 명칭은 문제되지 않는다. 또한 사건을 의식하지 않고 작성된 서면도 진술서에 해당한다.

⑵ **종 류**   진술서는 작성의 주체에 따라 피고인의 진술서, 피고인이 아닌 자의 진술서로 구분된다. 피고인이 당해 사건의 공판과 수사절차에서 작성한 서면뿐만 아니라 다른 사건과 관련되어 작성한 것도 피고인의 진술서에 포함된다. 참고인의 진술서, 공동피고인의 진술서는 피고인이 아닌 자의 진술서에

---

79) 대법원 2000. 6. 15. 선고 99도1108 전원합의체 판결.

80) 대법원 2019. 11. 28. 선고 2013도6825 판결.

해당한다. 그리고 진술서가 작성되는 과정에 따라 공판심리중 작성된 진술서, 검사의 수사단계에서 작성된 진술서 및 사법경찰관의 수사단계에서 작성된 진술서로 구분할 수 있다.

2. 증거능력의 제한

⑴ 성립의 진정

⒜ **적용대상**   자필로 작성되었거나 서명 또는 날인이 있는 진술서, 진술내용이 포함된 문자·사진·영상 등의 정보로서 컴퓨터용디스크, 그 밖에 이와 비슷한 정보저장매체에 저장된 것은 공판준비나 공판기일에서 그 작성자의 진술에 의하여 성립의 진정이 증명되어야 증거능력이 인정된다(제313조 제1항 본문). 진술서의 경우 서류작성자가 동시에 진술자이므로 자필이나 서명 또는 날인이 있으면 형식적 진정성립도 인정되고 별도로 성립의 진정이 문제되지 않는다. 따라서 자필, 서명 또는 날인에 대한 확인만 있으면 진술서의 증거능력이 인정된다. 진술서는 반드시 자필임을 요하지 않고 타이프나 기타 부동문자로 작성된 서류에 서명 또는 날인이 있는 경우 증거능력이 인정된다. 작성자의 기명 다음에 사인(sign)이 되어 있는 진술서도 제313조의 적용대상이 된다.

⒝ **작성자의 부인**   진술서의 작성자가 공판준비나 공판기일에서 그 성립의 진정을 부인하는 경우에는 과학적 분석결과에 기초한 디지털포렌식 자료, 감정 등 객관적 방법으로 성립의 진정함이 증명되는 때에는 증거로 할 수 있다. 다만, 피고인 아닌 자가 작성한 진술서는 피고인 또는 변호인이 공판준비 또는 공판기일에 그 기재 내용에 관하여 작성자를 신문할 수 있었을 것을 요한다(동조 제2항). 디지털포렌식(digital forensic)이란 컴퓨터나 노트북, 휴대폰 등 각종 저장매체 또는 인터넷 상에 남아 있는 각종 디지털 정보를 분석해 범행과 관련된 증거를 확보하는 수사기법을 말한다.

⑵ **특신상태**   피고인이 작성한 진술서는 진정하게 성립된 것으로 인정되고 그 진술이 특히 신빙할 수 있는 상태에서 행하여진 때에 증거능력이 있다. 특신상태란 신용성의 정황적 보장을 의미한다. 특신상태가 인정되면 피고인이 공판준비 또는 공판기일에서 행한 진술에도 불구하고 증거능력이 인정된다(제313조 제1항 단서). 피고인이 작성한 진술서는 문서의 진정성립만 인정되면 증거능력이 인정되고 별도로 특신상태를 요건으로 하지 않는다는 견해가 있으나, 피고인 작성의 진술서에 대해 객관성을 담보하기 위해서는 특신상태의 요건이 필요하다. 검사는 특신상태의 존재에 대하여 구체적으로 주장·입증하여야 하는 것이

지만, 이는 소송상의 사실에 관한 것이므로 엄격한 증명을 요하지 아니하고 자유로운 증명으로 충분하다.[81]

3. 수사단계에서 작성된 진술서

(1) 피고인의 진술서   제312조 제1항 내지 제4항은 피고인 또는 피고인이 아닌 자가 수사과정에서 작성한 진술서에 관하여 준용된다($\binom{제312조}{제5항}$). 따라서 수사과정에서 작성한 피고인이 된 피의자의 진술서는 제312조 제1항과 제3항에 따라 피고인 또는 변호인이 내용을 인정하여야 증거능력이 인정된다. 피고인이 미국 범죄수사대(CID), 연방수사국(FBI)의 수사관에 의한 조사를 받는 과정에서 작성하여 제출한 진술서도 피고인이 그 내용을 부인하는 이상 증거로 쓸 수 없다.[82]

(2) 참고인의 진술서   검사 또는 사법경찰관의 수사과정에서 참고인이 작성한 진술서는 실질적 진정성립이 원진술자의 진술 또는 영상녹화물이나 그 밖의 객관적인 방법에 의하여 인정되고 작성자에 대하여 반대신문의 기회가 보장되고, 진술서에 기재된 진술이 특히 신빙할 수 있는 상태 하에서 행하여졌음이 증명되어야 증거능력이 인정된다. 검사 또는 사법경찰관이 참고인을 조사하는 경우 조사장소에 도착한 시각, 조사를 시작하고 마친 시각, 그 밖에 조사과정의 진행경과를 확인하기 위하여 필요한 사항을 조서에 기록하거나 별도의 서면에 기록한 후 수사기록에 편철하여야 한다($\binom{제244조의4}{제3항, 제1항}$). 이러한 절차는 참고인으로부터 진술서를 작성·제출받는 경우에도 준수되어야 한다. 따라서 참고인이 수사과정에서 진술서를 작성하였지만 수사기관이 그에 대한 조사과정을 기록하지 아니하여 제244조의4 제3항, 제1항에서 정한 절차를 위반한 경우에는 '적법한 절차와 방식'에 따라 수사과정에서 진술서가 작성되었다 할 수 없으므로 그 증거능력을 인정할 수 없다.[83]

(3) 압수조서의 기재   압수된 피고인 소유 휴대전화기에 대한 압수조서의 '압수경위'란에 '지하철역 승강장 및 게이트 앞에서 경찰관이 지하철범죄 예방·검거를 위한 잠복근무 중 20대가량 남성이 짧은 치마를 입고 에스컬레이터를 올라가는 여성을 쫓아가 뒤에 밀착하여 치마 속으로 휴대폰을 집어넣는 등 해당 여성의 신체를 몰래 촬영하는 행동을 하였다'는 내용이 포함되어 있고,

---

81) 대법원 2001. 9. 4. 선고 2000도1743 판결.
82) 대법원 2006. 1. 13. 선고 2003도6548 판결.
83) 대법원 2015. 4. 23. 선고 2013도3790 판결.

그 하단에 피고인의 범행을 직접 목격하면서 압수조서를 작성한 사법경찰관의 기명날인이 있는 경우, 압수조서 중 '압수경위'란에 기재된 내용은 피고인이 범행을 저지르는 현장을 직접 목격한 사람의 진술이 담긴 것으로서 '피고인이 아닌 자가 수사과정에서 작성한 진술서'에 준하는 것으로 볼 수 있다.[84]

4. 개별적 고찰

(1) 피해자의 고소장   피해자의 고소장은 피고인 아닌 자가 작성한 진술서에 해당한다. 범죄사실을 신고하는 부분을 범죄사실의 입증에 사용하는 경우 수사과정에서 작성된 것이라면 제312조에 따라 그 증거능력을 인정할 수 있고, 수사 이전에 작성된 것이라면 제313조 제1항에 의하여 그 증거능력을 인정할 수 있다. 그러나 고소장을 소송조건의 입증을 위하여 사용하는 경우에는 소송조건은 자유로운 증명으로 족하므로 증거능력의 제한은 문제되지 않는다.

(2) 일기장   일기장은 작성자가 자신의 생활체험을 작성하는 기록이므로 진술서에 해당한다. 일기장을 작성자의 동의 없이 증거로 사용하는 것은 기본권의 핵심영역에 대한 침해로서 실체해명이라는 공익과의 이익형량이 처음부터 허용되지 않기 때문에 증거능력 자체를 부정하는 견해가 있다. 일기장은 개인의 인격권과 사생활 비밀보호라는 측면에서 특별한 보호를 필요로 하지만, 구체적인 사례에서 증거능력을 인정함으로써 얻게 될 이익과 침해될 이익 사이의 비교형량이 되어야 한다. 일기장이라 하더라도 범행일지형식이라든지 범행 후의 심적 갈등상황을 묘사한 것이라면 진실발견이라는 공익과 개인의 사생활의 보호이익을 비교형량하여 증거로 사용할 수 있다.

(3) 수사보고서   수사보고서(搜査報告書)란 사법경찰관리가 수사의 경위와 결과를 내부적으로 보고하기 위하여 작성한 서류를 말한다. 예를 들면 사법경찰관리가 범죄현장을 직접 확인하고 자신이 본 상황을 수사보고서로 작성하는 경우가 있다. 수사보고서는 '피고인 아닌 자'의 진술을 기재한 전문증거에 해당한다. 따라서 사법경찰관리의 자필로 작성되었거나 서명 또는 날인이 있는 수사보고서는 공판준비나 공판기일에서 그 작성자의 진술에 의하여 성립의 진정이 증명되어야 증거능력이 인정된다. 다만 반의사불벌죄에서 피고인 또는 피의자의 처벌을 희망하지 않는다는 의사표시 또는 처벌희망 의사표시 철회의 유무나 그 효력 여부에 관한 사실은 엄격한 증명의 대상이 아니므로 성립의 진정함이 증명되지 못한 수사보고서를 피해자의 처벌희망 의사표시 철회의 효력

---

84) 대법원 2019. 11. 14. 선고 2019도13290 판결.

여부를 판단하는 증거로서는 사용할 수 있다.[85)]

V. 진술기재서

1. 의   의

진술기재서란 제3자가 피고인 또는 피고인이 아닌 자의 진술을 기재한 서면 (진술내용이 포함된 문자·사진·영상 등의 정보로서 컴퓨터용 디스크, 그 밖에 이와 비슷한 정보저장매체에 저장된 것을 포함)을 말한다. 변호인이 피고인의 진술을 기 재한 서면도 이에 포함된다. 진술서는 원진술자에 의하여 직접 작성된 것이지 만 진술기재서는 제3자에 의하여 작성되었다는 점에서 차이가 있다.

2. 증거능력의 제한

⑴ 성립의 진정   진술자의 서명 또는 날인이 있는 진술기재서는 공판준비 나 공판기일에서 그 진술자의 진술에 의하여 성립의 진정이 증명되어야 증거 능력이 인정된다. 제313조 제1항 본문이 '그 작성자 또는 진술자의 진술'을 규 정하고 있어 원진술자 외에 진술기재서를 작성한 제3자도 성립의 진정을 증명 할 수 있지 않는가 하는 해석이 제기될 수 있지만 작성자는 진술서에, 진술자 는 진술기재서에 각 대응하는 용어이므로 진술기재서의 경우에도 원진술자에 의하여 성립의 진정이 증명되어야 증거능력이 인정된다. 원진술자가 공판준비 나 공판기일에서 그 성립의 진정을 부인하는 경우에는 과학적 분석결과에 기 초한 디지털포렌식 자료, 감정 등 객관적 방법으로 성립의 진정함이 증명되는 때에는 증거로 할 수 있다. 다만, 피고인 또는 변호인이 공판준비 또는 공판기 일에 그 기재 내용에 관하여 원진술자를 신문할 수 있었을 것을 요한다(동조 제2항).

⑵ 특신상태   진술기재서 중 피고인의 진술을 기재한 서류가 증거능력을 가지기 위해서는 진정성립이 증명되어야 하고, 그 진술이 특히 신빙할 수 있는 상태하에서 행하여진 때에 한하여 피고인의 공판준비 또는 공판기일에서의 진 술에 불구하고 증거로 할 수 있다(제313조 제1항 단서). '피고인의 공판준비 또는 공판기일 에서의 진술에 불구하고'의 의미에 관하여 ① 피고인이 공판정에서 진술기재서 의 형식적 진정성립을 인정하면서 실질적 진정성립을 부정하는 경우에 '피고인 의 실질적 진정성립을 부인하는 진술에도 불구하고' 특신상태 등이 인정되면 진술기재서의 증거능력을 인정하는 것이라는 해석론(완화요건설)과 ② 피고인이 실질적 진정성립을 인정한다 하더라도 피고인이 그 내용을 부인하는 경우에

---

85) 대법원 2010. 10. 14. 선고 2010도5610 판결.

'피고인의 내용부인 진술에도 불구하고' 특신상태 등이 인정되면 진술기재서의
증거능력을 인정하는 것이라는 해석론(가중요건설)이 있다. 생각건대 제313조
제1항 단서의 의미는 피고인이 진술기재서에 대하여 내용을 부인하는 경우에
도 성립의 진정과 특신상태의 존재를 요건으로 그 증거능력을 인정하는 것이
라고 본다.

Ⅵ. 검증조서

1. 의   의

검증조서란 법원 또는 수사기관이 검증을 행하고 검증결과를 기재한 서면
을 말한다. 검증에 관하여는 조서를 작성해야 하며, 검증조서에는 검증목적물
의 현상을 명확하게 하기 위하여 사진이나 도화를 첨부할 수 있다(제49조 제1항·제2항). 검
증조서의 증거능력은 검증의 주체가 법원 또는 법관이냐 수사기관이냐에 따라
차이가 있다.

2. 법원 또는 법관의 검증조서

⑴ 검증조서의 증거능력   공판준비 또는 공판기일에 법원 또는 법관의 검
증결과를 기재한 조서는 증거능력이 인정된다. 증거보전을 위하여 판사가 검증
을 행한 경우의 검증조서(제184조)도 증거능력이 인정된다(제311조). 법원 또는 법관의
검증조서에 당연히 증거능력이 인정되는 이유는 ① 공평한 제3자인 법원 또는
법관이 검증을 행하였기 때문에 검증결과에 신용성이 인정되고, ② 검증에 당
사자의 참여권(제145조·제121조)이 인정되기 때문이다.

⑵ 다른 사건의 검증조서   다른 사건의 검증조서도 제311조에 의하여 당연
히 증거능력이 인정되는가에 대하여 견해가 대립한다. ① 적극설에 의하면 다른
사건의 검증조서에 대하여도 증거능력을 인정해야 할 필요는 당해 사건의 경
우와 동일하다고 한다. ② 소극설은 그 논거에 관하여 다른 사건의 검증조서에
는 당사자의 참여권이 보장되어 있지 않다는 입장과 다른 사건의 검증조서에는
직접주의의 예외가 적용될 수 없다는 입장이 있다. 다른 사건의 검증조서는 재판
중인 당사자가 참여한 것이 아니므로 소극설이 타당하다고 본다. 다른 사건의 검
증조서는 제315조 제3호의 문서로서 증거능력이 인정된다고 본다.

⑶ 검증조서에 기재된 진술

(가) 쟁 점   검증을 효과적으로 행하기 위하여 검증조서에 참여인의 진
술을 기재하는 경우가 있다. 검증조서에 기재된 참여인의 진술에는 현장지시와

현장진술의 두 가지 형태가 있다. **현장지시**란 검증의 대상을 지시하는 진술을 의미하고, **현장진술**이란 검증현장을 이용하여 행하여진 현장지시 이외의 진술을 말한다. 참여인의 진술은 검증결과 자체가 아니라 진술에 불과하므로 그 진술 부분의 증거능력을 어떻게 판단해야 할 것인가 하는 문제가 있다.

⑷ 학 설   ① 검증조서에 기재된 진술은 현장지시 또는 현장진술을 불문하고 모두 진술증거이며 선서나 반대신문권의 보장 등 신용성의 정황적 보장이 없기 때문에 제311조에 의한 증거능력이 없지만, 현장지시 또는 현장진술을 한 자의 서명날인이 있는 경우에는 진술조서에 준하여 증거능력의 유무를 판단하여야 한다는 제1설과 ② 검증조서에 기재된 진술은 검증조서의 구성부분에 불과하며 독립된 진술증거가 아니므로 제311조 제1문 후단에 의하여 증거능력이 인정된다는 제2설 및 ③ 현장지시가 비진술증거로서 이용되는 때에는 검증조서와 일체성을 가지지만, 진술 자체가 범죄사실을 인정하기 위한 진술증거로 이용되는 때에는 현장진술과 같이 취급되고, 현장진술은 법원 또는 법관의 면전에서 이루어진 것이므로 제311조 전단에 의하여 증거능력이 인정된다는 제3설이 있다.

⑷ 검 토   제1설은 신용성의 정황적 보장이 결여되었다는 점을 근거로 진술의 증거능력을 부정하고 있으나 법원 또는 법관의 검증조서는 신용성이 담보된 서류이므로 타당하지 못하다고 본다. 그리고 제2설은 검증조서에 기재된 진술을 검증결과와 동일시하는 난점이 있다. 제3설이 타당하다고 본다.

⑷ **검증조서에 첨부된 사진과 도화**   검증결과를 쉽게 이해하도록 검증조서에 사진이나 도화가 첨부된 경우 이는 검증조서와 일체를 이루므로 제311조에 따라 증거능력이 인정된다.

3. 검사 또는 사법경찰관의 검증조서

⑴ **검증조서의 증거능력**   수사기관의 검증은 영장에 의한 검증($\frac{제215}{조}$)과 영장에 의하지 아니한 강제처분인 검증($\frac{제216}{조}$)이 있다. 영장 없이 피검자의 승낙에 의하여 검증한 결과를 기재한 조서는 제312조의 적용을 받지 않는다는 견해가 있으나, 제312조 제6항의 적용을 받는다고 본다. 검사 또는 사법경찰관이 작성한 검증조서는 공판준비 또는 공판기일에 작성자의 진술에 의하여 **성립의 진정**이 인정된 때에 한하여 증거능력이 있다($\frac{제312조}{제6항}$). 작성자란 검증조서의 작성자인 검사 또는 사법경찰관을 의미하며 단순한 참여자는 포함되지 않는다.[86] 그러므

---

86) 대법원 1976. 4. 13. 선고 76도500 판결, 1990. 2. 13. 선고 89도2567 판결.

로 단순히 검증에 참여한 경찰관의 증언만으로는 검증조서의 증거능력이 인정되지 않는다.

(2) 다른 사건의 검증조서   수사기관이 작성한 검증조서가 법원의 검증조서에 비하여 증거능력이 제한된 이유는 당사자의 참여권이 인정되지 않기 때문이다. 이러한 점에서 당해 사건에 관하여 작성된 검증조서뿐만 아니라 다른 사건의 검증조서도 본조의 적용을 받는다.

(3) 검증조서에 기재된 진술의 증거능력

(가) 쟁 점   검증조서에는 검증자가 검증목적물의 존재 및 상태를 인식한 내용이 기재되는 것이지만 피의자 또는 참여인의 진술이 기재되는 경우도 많다. 검증조서에 기재된 피의자 또는 피의자 아닌 자의 진술의 증거능력에 관하여 견해가 대립되고 있다.

(나) 학 설   검증조서에 기재된 진술의 내용을 구별하지 않고 증거능력의 유무를 판단하는 견해와 검증조서에 기재된 진술을 현장지시와 현장진술로 구별하여 그 증거능력의 유무를 판단하는 견해가 대립한다. ① 비구별설에 의하면, 검증조서에 피의자의 진술이 기재된 경우에는 피의자신문조서에 준하여 제312조 제1항, 제3항이 적용된다고 한다. ② 구별설에 의하면, 현장지시의 경우에는 제312조 제6항이 적용되지만 현장지시가 범죄사실을 인정하기 위한 진술증거로 이용되는 때에는 현장진술과 동일하게 보고, 현장진술의 경우에는 조서 작성의 주체와 진술자에 따라 제312조 제1항 내지 제4항이 적용된다고 한다.

(다) 판 례   사법경찰관 작성의 검증조서에 대하여 피고인이 증거로 함에 동의만 하였을 뿐 공판정에서 검증조서에 기재된 진술내용 및 범행을 재연한 부분에 대하여 그 성립의 진정 및 내용을 인정한 흔적을 찾아볼 수 없고 오히려 이를 부인하고 있는 경우에는 그 증거능력을 인정할 수 없으므로, 위 검증조서 중 범행에 부합되는 피고인의 진술을 기재한 부분과 범행을 재연한 부분을 제외한 나머지 부분만을 증거로 채용하여야 한다고 판시하여 제312조 제3항이 적용된다는 입장을 취하고 있다.[87]

(라) 검 토   현장지시가 비진술증거로서 이용되는 때에는 검증조서와 일체성을 가지지만, 현장지시 자체가 범죄사실을 인정하기 위한 진술증거로 이용되는 때에는 현장진술과 같이 취급해야 한다. 그리고 현장진술은 진술증거로서 검증주체와 진술자에 따라 제312조 제1항 내지 제4항이 적용된다고 본다.

---

87) 대법원 1998. 3. 13. 선고 98도159 판결.

⑷ **검증의 결과가 기재된 수사보고서**   수사보고서란 사법경찰관이 수사의 경위와 결과를 내부적으로 보고하기 위하여 작성한 서류를 말한다. 수사보고서에 검증의 결과에 해당하는 기재가 있다 하더라도 이를 '사법경찰관이 검증의 결과를 기재한 조서'라고 볼 수 없을 뿐만 아니라 사법경찰관이 작성한 진술서라고 볼 수도 없으므로 검증의 결과가 기재된 부분은 증거로 할 수 없다.[88]

4. 실황조사서

⑴ **의 의**   실황조사서란 교통사고·화재사고 등 각종 재난사고 직후에 수사기관이 사고현장의 상황을 임의로 조사하여 그 결과를 기재한 서류를 말한다. 검증은 영장에 기하여 행하여지는 강제처분임에 반하여 실황조사는 수사기관의 임의처분으로 행하여지는 점에서 차이가 있다. 실황조사서도 제312조 제6항에 의하여 증거능력이 인정되는가에 관하여 견해가 대립하고 있다.

⑵ **실황조사서의 증거능력**

㈎ **학 설**   ① 제312조 제6항은 검증결과를 기재한 서면이 조서일 것을 요구하는데, 실황조사서는 법령의 근거에 의하여 일정한 방식을 갖추어 작성된 서면이라고 할 수 없으므로 제312조 제6항의 적용대상이 되지 않는다는 **부정설**과 ② 실황조사의 실질이 임의수사의 성격을 가진 검증이고, 실황조사서의 결과가 정확성에 있어서도 검증조서와 다르지 않기 때문에 실황조사서도 제312조 제6항에 의하여 증거능력을 인정해야 한다는 **긍정설** 및 ③ 실황조사는 범행중이거나 범행 직후에만 인정되는 강제수사의 일종으로서 사후에 검증영장을 발부받아야 하고 이러한 요건을 갖춘 실황조사서에 한하여 제312조 제6항에 따라 증거능력이 인정된다는 **절충설**이 있다.

㈏ **판 례**   사법경찰관이 작성한 실황조사서는 이 사건 사고가 발생한 직후에 사고장소에서 긴급을 요하여 판사의 영장 없이 시행된 것이므로 이는 제216조 제3항에 의한 검증에 해당한다. 그런데 사후영장을 받지 않았으므로 이 실황조사서는 유죄의 증거로 삼을 수 없다.[89]

㈐ **검 토**   제312조 제6항의 '조서'를 문법적으로만 해석할 것은 아니라고 본다. 실황조사는 임의수사에 해당하고, 실황조사서도 그 실질에 있어서는 검증조서와 같으므로 제312조 제6항의 적용을 받는다고 본다. 실황조사서가 그 작성자의 법정진술과 그 실황조사서에 첨부된 사진, 도면 등에 의하여 그

---

88) 대법원 2001. 5. 29. 선고 2000도2933 판결.
89) 대법원 1989. 3. 14. 선고 88도1399 판결.

기재의 신빙성이 인정되는 경우에도 그 증거능력을 부정한다는 것은 불합리하다.

(3) 실황조사서에 기재된 진술

(가) 학 설 실황조사서도 검증조서에 준하여 취급되므로 실황조사서에 기재된 참여인의 진술에 관한 증거능력에 관하여도 검증조서의 경우와 같이 학설이 나뉜다.

(나) 판 례 사법경찰관이 작성한 실황조사서에 피의자이었던 피고인이 사법경찰관의 면전에서 자백한 범행내용을 현장에 따라 진술·재연하고 사법경찰관이 그 진술·재연의 상황을 기재하거나 이를 사진으로 촬영한 것 외에 별다른 기재가 없는 경우에는 피고인이 공판정에서 그 진술내용 및 범행재연의 상황을 부인하고 있다면 그 실황조사서는 증거능력이 없다.[90]

(다) 검 토 실황조사서에 기재된 진술의 경우에도 현장지시와 현장진술로 구분하여 그 증거능력을 검토해야 한다. 피의자이었던 피고인이 범행내용을 현장에 따라 진술·재연하는 것은 현장진술에 해당하므로 피고인이 법정에서 그 내용을 부인하는 경우 그 진술 부분은 증거능력이 없다. 그리고 사법경찰관 작성의 실황조사서 중 피고인의 범행재연의 사진영상부분의 증거능력도 피고인의 진술기재부분의 증거능력과 동등하게 취급하여야 한다.

【사 례】 실황조사서의 증거능력 (1)

《사 안》 사법경찰관 甲은 교통사고가 발생하였다는 보고를 받고 즉시 사고현장에 도착하여 실황조사서를 작성하였고, 실황조사후 별도로 검증영장을 발부받지 않았다. 실황조사서에는 "교통신호를 위반하여 좌회전하다가 사고를 냈다"는 피의자 乙의 진술과 "乙의 승용차가 신호를 위반하였다"는 피해자 丙의 진술이 기재되어 있고, 사고현장의 사진과 도면이 첨부되어 있다. 그 후 乙은 교통사고처리특례법위반으로 기소되었는데, 자신의 범행을 부인하면서 실황조사서에 대하여 증거부동의하였다. 이 경우 실황조사서는 증거능력이 있는가?

《검 토》 검증조서와 실황조사서는 강제수사인가 또는 임의수사인가의 차이가 있을 뿐이고 검증으로서의 성질에 차이가 있는 것은 아니므로 실황조사서의 증거능력도 검증조서와 같이 제312조 제6항의 적용을 받는다. 따라서 실황조사서의 작성자인 甲이 공판기일에 성립의 진정을 인정하면 증거능력이 인정된다. 실황조사서에 기재된 乙의 진술 부분은 현장진술에 해당하고, 사법경찰관이 작성한 피의자신문조

---

90) 대법원 1984. 5. 29. 선고 84도378 판결, 1989. 12. 26. 선고 89도1557 판결.

서에 기재된 진술과 동일하게 평가되므로 乙이 법정에서 그 내용을 부인하면 증거능력이 없다. 실황조사서의 기재된 丙의 진술 부분도 현장진술에 해당하므로 참고인진술조서와 동일하게 제312조 제4항에 따라 원진술자인 丙이 성립의 진정을 인정하여야 증거능력이 있다. 실황조사서에 첨부된 사진과 도면은 실황조사서와 일체를 이루고 있으므로 실황조사서의 증거능력과 동일하게 취급되어 제312조 제6항에 의하여 증거능력이 인정된다.

【사 례】 실황조사서의 증거능력 (2)

《사 안》 사법경찰관 甲은 피의자 乙로부터 살인범행을 자백받고 범행현장에 대한 실황을 조사하였다. 실황조사서에는 甲이 사건현장을 전체적으로 설명한 기재와 피의자 乙이 "이 지점에서 피해자를 칼로 찔렀습니다."라고 범행현장을 지시하는 진술기재 및 범행상황을 재현하는 乙의 동작을 촬영한 사진이 첨부되어 있다. 사법경찰관 甲은 실황조사 전후에 검증영장을 발부받지 않았다. 乙은 공판정에서 자신의 범행을 부인하면서 검사가 제출한 모든 증거를 부동의하였다. 甲은 증인으로 출석하여 실황조사서를 자신이 진정하게 작성하였고, 사건현장을 그대로 기재하였다고 증언하였다. 이 경우 실황조사서는 증거능력이 있는가?

《검 토》 실황조사서의 증거능력을 인정할 것인지 여부에 관하여 학설이 대립하고 있다. 사법경찰관에 의한 실황조사는 임의수사의 성격을 가진 검증이므로 실황조사서도 검증조서와 같이 제312조 제6항에 의하여 증거능력이 인정된다고 본다. 따라서 甲의 증언에 의하여 실황조사서 자체의 증거능력은 인정된다. 다만 실황조사서에 乙이 범행현장을 지시하는 진술은 단순히 현장을 지적하는 것이 아니라 범죄사실을 인정하는 진술이고, 범행상황을 재현하는 동작을 촬영한 사진도 乙의 자백을 재현한 것에 불과하므로 乙이 법정에서 그 내용을 부인한다면 실황조사서 중 乙의 진술기재와 사진은 증거로 사용할 수 없다.

Ⅶ. 감 정 서

1. 의   의

감정서란 감정의 경과와 결과를 기재한 서류를 말한다. 감정은 법원의 명령에 의한 경우($\frac{제169}{조}$)와 수사기관의 촉탁에 의한 경우($\frac{제221}{조}$)가 있다. 법원의 명령을 받은 감정인은 감정서를 제출하여야 하며($\frac{제171}{조}$) 수사기관의 위촉을 받은 감정수탁자도 통상 서면으로 그 감정의 결과를 보고한다.

2. 감정서의 증거능력

⑴ **법원의 감정명령에 의한 감정서**   법원의 감정명령에 의한 경우에는 선서

와 허위감정에 대한 형법상의 제재를 통해 그 신용성이 담보되므로 진술서에 준하여 증거능력이 인정된다($\frac{제313조}{제3항}$). 즉 감정서가 감정인의 자필이거나 그 서명날인이 있고 공판준비나 공판기일에 감정인의 진술에 의하여 그 성립의 진정함이 증명되어야 증거능력이 부여된다. 감정인이 성립의 진정을 부인하는 경우에는 과학적 분석결과에 기초한 디지털포렌식 자료, 감정 등 객관적 방법으로 성립의 진정함이 증명되는 때에는 증거로 할 수 있다. 다만, 피고인 또는 변호인이 공판준비 또는 공판기일에 그 기재 내용에 관하여 감정인을 신문할 수 있었을 것을 요한다.

  (2) 수사기관의 감정위촉에 의한 감정서   수사기관에 의하여 감정을 촉탁받은 자가 작성한 감정서에 대하여 제313조 제3항을 부정하는 견해가 있으나, 수사기관의 촉탁에 의한 감정도 법원의 명령에 의한 감정에 준하여 취급되므로 제313조 제3항을 적용함이 타당하다고 본다. 한편 변호사 등으로부터 의뢰를 받은 자가 작성하여 제출한 감정서도 제313조 제3항의 적용대상이 된다는 견해가 있으나, 사적인 의뢰에 따라 작성한 감정서는 제313조 제3항의 적용대상에서 제외된다고 본다. 다만 변호인 등의 의뢰에 따라 작성된 감정서는 제313조 제1항의 진술서로 취급되므로 증거능력의 인정요건은 동일하다.

  (3) 감정인신문조서   감정인신문조서의 증거능력은 제311조 내지 제313조에 의하여 판단하여야 한다. 따라서 법원 또는 법관의 면전에서 감정인에 대한 신문의 결과를 기재한 조서는 제311조에 의하여 증거능력이 당연히 인정된다.

【사 례】 수사기관의 감정촉탁에 의한 감정서의 증거능력

《사 안》 사법경찰관 甲은 마약판매업자 乙을 현행범으로 체포하고 乙이 소지하고 있던 알약을 압수하였다. 압수된 알약은 국립과학수사연구소의 성분분석 결과 마약으로 판명되었다. 甲은 국립과학수사연구소로부터 그 사실에 대한 감정서를 접수하였다. 乙의 「마약류관리에 관한 법률위반」의 피고사건에서 위 감정서가 유죄인정의 증거로 사용될 수 있는지 논하시오.

《검 토》 수사기관에 의하여 감정을 촉탁받은 자가 작성한 감정서도 제313조 제2항에 의하여 증거능력이 인정된다. 따라서 乙이 국립과학수사연구소의 감정서를 증거로 함에 부동의하는 경우 감정서의 작성자가 공판정에 출석하여 감정서의 진정성립을 인정하면 유죄의 증거로 사용할 수 있다.

Ⅷ. 보충적 규정

1. 제314조의 입법취지

수사기관 작성의 참고인에 대한 진술조서나 참고인의 진술서 등은 제312조와 제313조에 따라 예외적으로 증거능력이 인정된다. 그러나 이 규정들이 적용되기 위해서는 원진술자가 공판정에 나와 성립의 진정을 인정하여야 하는 등 엄격한 요건이 충족되어야 하므로 원진술자가 공판정에 출석하지 않은 경우에는 비록 신빙성이 있는 것이라도 증거능력이 부정될 수밖에 없다. 그러나 이것은 실체적 진실발견과 소송경제의 측면에서 상당한 지장을 초래하므로 현행법은 제314조에 『제312조 또는 제313조의 경우에 공판준비 또는 공판기일에 진술을 요할 자가 사망·질병·외국거주·소재불명 그 밖에 이에 준하는 사유로 인하여 진술할 수 없는 때에는 그 조서 및 그 밖의 서류를 증거로 할 수 있다. 다만, 그 진술 또는 작성이 특히 신빙할 수 있는 상태 하에서 행하여졌음이 증명된 때에 한한다』고 보충규정을 두어 제312조와 제313조의 요건을 충족하지 못한 전문서류라도 전문법칙예외의 일반이론에 따라 증거능력이 인정될 수 있도록 하고 있다.

2. 적용요건

⑴ 필요성

⒁ 의　의　　원진술자가 사망·질병·외국거주·소재불명 그 밖에 이에 준하는 사유로 인하여 진술할 수 없을 것을 요한다. 신체적 질환뿐만 아니라 정신적 질환도 질병에 해당하는데, 원진술자가 공판이 계속되는 동안 임상신문이나 출장신문도 불가능할 정도의 중병임을 요한다. 출산을 앞두고 있다는 사유는 특별한 사정이 없는 한 기타 사유로 인하여 진술을 할 수 없는 때에 해당한다고 할 수 없다.[91]

⒁ 외국거주　　외국거주의 경우 원진술자가 외국에 있다는 사정만으로는 부족하고, 가능하고 상당한 수단을 다하더라도 원진술자를 법정에 출석하게 할 수 없는 사정이 있어야 한다.[92] 수사과정에서 수사기관은 원진술자의 진술을 청취하면서 원진술자의 외국거주 여부와 장래 출국 가능성을 확인하고, 만일 원진술자의 거주지가 외국이거나 그가 가까운 장래에 출국하여 장기간 외

---

91) 대법원 1999. 4. 23. 선고 99도915 판결.
92) 대법원 2002. 3. 26. 선고 2001도5666 판결, 2008. 2. 28. 선고 2007도10004 판결.

국에 체류하는 등의 사정으로 향후 공판정에 출석하여 진술을 할 수 없는 경우
가 발생할 개연성이 있다면 원진술자의 외국 연락처를, 일시 귀국할 예정이 있
다면 귀국 시기와 귀국 시 체류 장소와 연락 방법 등을 사전에 미리 확인하고,
원진술자에게 공판정 진술을 하기 전에는 출국을 미루거나, 출국한 후라도 공
판 진행 상황에 따라 일시 귀국하여 공판정에 출석하여 진술하게끔 하는 방안
을 확보하여 원진술자가 공판정에 출석하여 진술할 기회를 충분히 제공하여야
한다. 수사기관이 원진술자를 공판정에 출석시켜 진술하게 할 모든 수단을 강
구하는 등 가능하고 상당한 수단을 다하더라도 원진술자를 법정에 출석하게
할 수 없는 사정이 있어야 예외적으로 제314조의 적용이 있다. 그리고 원진술
자가 외국에 거주하고 있어 공판정 출석을 거부하면서 공판정에 출석할 수 없
는 사정을 밝히고 있더라도 증언 자체를 거부하는 의사가 분명한 경우가 아닌
한 거주하는 외국의 주소나 연락처 등이 파악되고, 해당 국가와 대한민국 간에
국제형사사법공조조약이 체결된 상태라면 우선 사법공조의 절차에 의하여 증
인을 소환할 수 있는지를 검토해 보아야 하고, 소환을 할 수 없는 경우라도 외
국 법원에 사법공조로 증인신문을 실시하도록 요청하는 등의 절차를 거쳐야
하고, 이러한 절차를 전혀 시도해 보지도 아니한 것은 가능하고 상당한 수단을
다하더라도 진술을 요하는 자를 법정에 출석하게 할 수 없는 사정이 있는 때에
해당한다고 보기 어렵다.[93]

(다) **소재불명**   소재불명에 해당하려면 원진술자에 대한 소환장이 송달
불능이고 **소재탐지촉탁**을 하여도 소재를 확인할 수 없거나,[94] 원진술자가 일정한
주거를 가지고 있더라도 법원의 소환에 계속 불응하고 **구인장**을 발부하였으나
구인장이 집행되지 않아야 한다.[95] 따라서 원진술자가 단순히 소환에 응하지
않은 경우, 소환장이 송달불능이더라도 소재탐지촉탁을 통하여 소재를 확인하
지 않은 경우,[96] 소재탐지촉탁을 하였으나 그 회보가 오지 않은 경우,[97] 주거지
가 아닌 곳에 소재탐지촉탁을 한 경우[98]에는 필요성이 인정되지 않는다. 원진
술자의 소재불명으로 인하여 원진술자가 진술할 수 없는 때에 해당한다고 인

---

93) 대법원 2016. 2. 18. 선고 2015도17115 판결.
94) 대법원 1990. 4. 10. 선고 90도246 판결, 1995. 6. 13. 선고 95도523 판결, 1995. 12. 26. 선고 95도2340
   판결, 1997. 7. 11. 선고 97도1097 판결.
95) 대법원 1986. 2. 25. 선고 85도2788 판결, 1989. 6. 27. 선고 89도351 판결, 1995. 6. 13. 선고 95도523
   판결.
96) 대법원 1969. 5. 13. 선고 69도364 판결, 1985. 2. 26. 선고 84도1697 판결.
97) 대법원 1996. 5. 14. 선고 96도575 판결.
98) 대법원 1979. 12. 11. 선고 79도1002 판결.

정할 수 있으려면, 원진술자의 법정 출석을 위한 가능하고도 충분한 노력을 다하였음에도 불구하고 부득이 법정 출석이 불가능하게 되었다는 사정을 검사가 증명하여야 한다.[99]

(라) 증언거부

(a) 쟁 점 증인이 법정에 출석하여 증언을 거부한 경우도 기타 사유로 진술할 수 없는 때에 해당하여 필요성의 요건이 충족되는 것으로 볼 것인가의 문제가 있다. 증언거부는 정당한 권리로서 하는 경우($\frac{제148}{조}$)와 사실상 증언을 거부하는 경우가 있다.

(b) 학 설 ① 사실상 증언거부에 대해서는 별도로 제재규정($\frac{제161}{조}$)이 마련되어 있을 뿐만 아니라, 전문법칙의 예외규정은 가능한 한 제한적으로 해석되어야 한다는 점을 논거로 하여 증언거부는 기타 사유에 해당하지 않는다는 소극설과 ② 증언거부는 기타 사유에 해당한다는 적극설이 대립한다.

(c) 판 례 대법원은 종래 「제314조의 기타 사유로 인하여 진술할 수 없는 때에는 법정에 출석한 증인이 증언거부권을 행사하여 증언을 거절한 때에도 포함된다」라고 판시하여[100] 긍정적인 입장이었으나, 「제314조의 문언과 개정 취지, 증언거부권 관련 규정의 내용 등에 비추어 보면, 법정에 출석한 증인이 제148조, 제149조 등에서 정한 바에 따라 정당하게 증언거부권을 행사하여 증언을 거부한 경우는 제314조의 '그 밖에 이에 준하는 사유로 인하여 진술할 수 없는 때'에 해당하지 아니한다」고 판시하여,[101] 법률상 정당한 사유가 있는 한 제314조가 적용되지 않는다는 입장으로 변경하였다.

수사기관에서 진술한 참고인이 법정에서 정당한 사유가 없이 증언을 거부하여 피고인이 반대신문을 하지 못한 경우에는 「피고인이 증인의 증언거부 상황을 초래하였다는 등의 특별한 사정이 없는 한 제314조의 '그 밖에 이에 준하는 사유로 인하여 진술할 수 없는 때'에 해당하지 않고, 증인이 정당하게 증언거부권을 행사하여 증언을 거부한 경우와 마찬가지로 수사기관에서 그 증인의 진술을 기재한 서류는 증거능력이 없다」고 판시하였다.[102]

(d) 검 토 증인이 정당하게 증언거부권을 행사한 경우와 증언거부권

---

99) 대법원 2013. 4. 11. 선고 2013도1435 판결.
100) 대법원 1992. 8. 14. 선고 92도1211 판결, 1992. 8. 18. 선고 92도1244 판결, 2005. 2. 18. 선고 2004도7413 판결.
101) 대법원 2012. 5. 17. 선고 2009도6788 전원합의체 판결.
102) 대법원 2019. 11. 21. 선고 2018도13945 전원합의체 판결.

의 정당한 행사가 아닌 경우를 비교하면, 피고인의 반대신문권이 보장되지 않는다는 점에서 아무런 차이가 없다. 증인의 증언거부가 정당하게 증언거부권을 행사한 것인지 여부는 피고인과는 상관없는 증인의 영역에서 일어나는 문제이고, 피고인으로서는 증언거부권이 인정되는 증인이건 증언거부권이 인정되지 않는 증인이건 상관없이 반대신문권이 보장되어야 한다. 다만 피고인이 증인의 증언거부 상황을 초래하였다는 등의 특별한 사정이 있는 경우에는 제314조의 적용을 배제할 이유가 없다.

(2) 특신상태

(가) 의 의   특히 신빙할 수 있는 상태란 신용성의 정황적 보장과 같은 의미이며, 그 진술내용이나 조서 또는 서류의 작성에 허위개입의 여지가 거의 없고, 그 진술내용의 신빙성이나 임의성을 담보할 구체적이고 외부적인 정황이 있는 경우를 말한다. '특히 신빙할 수 있는 상태하에서 행하여졌음에 대한 증명'은 단지 그러할 개연성이 있다는 정도로는 부족하고 합리적인 의심의 여지를 배제할 정도에 이르러야 한다.[103] 제314조는 원진술자 또는 공판기일에 출석하여 진술할 수 없는 경우에 그 진술이 특히 신빙할 수 있는 상태하에서 행하여졌다는 점이 증명되면 원진술자 등에 대한 반대신문의 기회조차도 없이 증거능력을 부여할 수 있도록 함으로써 보다 중대한 예외를 인정한 것이므로, 그 요건을 더욱 엄격하게 해석·적용하여야 한다.[104]

(나) 판 례   피고인들이 망인(亡人) 甲과 합동하여 피해자 乙(여, 당시 14세)의 심신상실 또는 항거불능 상태를 이용하여 乙을 간음하였다는 성폭력범죄의 처벌 및 피해자보호 등에 관한 법률 위반(특수준강간)의 공소사실과 관련하여, 甲이 사건 발생 14년여 후 자살하기 직전 작성한 유서가 발견되어 증거로 제출되었고, 유서에 甲이 자신의 범행을 참회하는 듯한 내용이 포함되어 있어 그 증거능력이 다투어진 사안에서, 유서에서 甲이 피고인들을 무고할 만한 뚜렷한 동기나 이유가 발견되지 않았고, 피고인들 스스로도 당시 甲 및 乙과 함께 술을 마셨던 사실은 인정하고 있는 점, 乙은 수사기관에서 당시 만취 상태에서 귀가하였는데 속옷에 피가 묻어 있었고 사타구니 부근이 아팠으며 산부인과에서 진료를 받고 사후피임약 등을 처방받았다고 진술한 점 등에 비추어 유서가 신빙할 수 있는 상태에서 작성되었을 개연성이 있다고 평가할 여지는

---

103) 대법원 2014. 4. 30. 선고 2012도725 판결.
104) 대법원 2022. 3. 17. 선고 2016노17054 판결.

있으나, 유서는 작성 동기가 명확하지 아니하고, 수사기관에서 작성 경위, 구체적 의미 등이 상세하게 밝혀진 바가 없으며, 사건 발생일로부터 무려 14년 이상 경과된 후 작성된 점, 유서의 주요 내용이 구체적이거나 세부적이지 않고, 다른 증거에 의하여 충분히 뒷받침되지도 아니하며, 오히려 일부 내용은 乙의 진술 등과 명백히 배치되기도 하는 점, 甲에 대한 반대신문이 가능하였다면 그 과정에서 구체적, 세부적 진술이 현출됨으로써 기억의 오류, 과장, 왜곡, 거짓 진술 등이 드러났을 가능성을 배제하기 어려운 점 등 제반 사정을 종합하면, 유서의 내용이 법정에서의 반대신문 등을 통한 검증을 굳이 거치지 않아도 될 정도로 신빙성이 충분히 담보된다고 평가할 수 없어 유서의 증거능력을 인정할 수 없다.[105)]

3. 적용범위

(1) 피의자신문조서

(가) 피고인에 대한 피의자신문조서   수사기관이 작성한 피의자신문조서에 대하여 제314조를 근거로 증거능력을 인정하려는 견해가 있다. 이 입장에서는 피의자로 신문받은 자가 피고인으로 법정에서 진술할 수 없고 피의자신문조서에 기재된 진술이 특히 신빙할 수 있는 상태에서 행해진 때라면 내용인정의 요건이 구비되지 않더라도 증거로 할 수 있다고 한다. 그러나 피고인의 질병이나 기타 사유를 들어 피의자신문조서에 증거능력을 부여하려는 것은 제312조의 입법취지에 반하는 해석이다. 따라서 피고인에 대한 피의자신문조서에 제314조를 적용할 수는 없다.

(나) 공범에 대한 피의자신문조서

(a) 학 설   수사기관이 작성한 피의자신문조서는 피고인 또는 변호인이 내용을 인정한 때에만 증거로 할 수 있다는 이유로 제314조에 의하여 증거능력이 인정될 수 없다고 해석하는 소극설과 제314조의 적용을 받는다는 **적극설**이 대립하고 있다.

(b) 판 례   당해 피고인과 공범관계에 있는 다른 피의자에 대한 사법경찰관 작성의 피의자신문조서는 그 피의자의 법정진술에 의하여 그 성립의 진정이 인정되더라도 당해 피고인이 공판기일에서 그 조서의 내용을 부인하면 증거능력이 부정되므로 그 당연한 결과로 그 피의자신문조서에 대하여는 제314조가 적용되지 않는다.[106)]

---

105) 대법원 2024. 4. 12. 선고 2023도13406 판결.

(c) 검 토   제312조 제1항, 제3항은 수사기관이 작성한 당해 피고인에 대한 피의자신문조서를 유죄의 증거로 하는 경우뿐만 아니라 당해 피고인과 공범관계에 있는 다른 피고인이나 피의자에 대한 피의자신문조서를 당해 피고인에 대한 유죄의 증거로 채택할 경우에도 적용된다. 따라서 공동피의자에 대한 피의자신문조서는 피고인이 공판기일에 그 조서의 내용을 부인하면 증거능력이 부정되므로 소극설이 타당하다고 본다.

(2) **진술조서와 진술서**   검사 또는 사법경찰관이 작성한 진술조서도 제314조의 적용을 받는다. 따라서 사법경찰관이 작성한 참고인진술조서라 하더라도 원진술자가 행방불명이 되어 공판기일에 환문할 수 없고 그 진술이 특히 신빙할 수 있는 상태에서 행하여진 때에는 이를 증거로 채택할 수 있다.[107] 또한 진술서의 작성자가 사망·질병·외국거주, 기타 사유로 인하여 진술할 수 없을 때에는 그 작성이 특히 신빙할 수 있는 상태에서 행하여진 때에 한하여 증거로 할 수 있다.

【사 례】 참고인의 소재불명과 진술서의 증거능력

《사 안》 시민 甲은 지하철 안에서 소매치기하는 乙을 발견하고 지하철 수사대에 신고하여 검거케 하였다. 甲은 사법경찰관 丙에게 소매치기를 목격한 사실을 진술하고 참고인진술서를 작성하였다. 그 후 甲은 소매치기 일당의 보복이 두려워 자취를 감추었다. 이 경우 甲의 참고인진술서의 증거능력을 검토하라.(제37회 사법시험 출제문제)

《검 토》 자필로 작성되었거나 서명 또는 날인이 있는 진술서는 공판기일에서 그 작성자의 진술에 의하여 성립의 진정이 증명되면 증거능력이 인정된다(제313조). 다만 수사과정에서 작성된 진술서의 경우에는 제312조 제1항 내지 제4항이 준용된다(제312조 제5항). 피고인 乙이 공판정에서 甲의 진술서를 증거로 함에 부동의하는 상황에서 甲이 공판정에 출석할 수 없는 경우에는 제314조의 요건을 충족하여야 甲의 진술서가 증거능력을 가질 수 있다. 甲이 진술서를 작성할 당시 그 신빙성과 임의성을 담보할 외부적 정황은 있었다고 판단되므로 甲에 대한 소환장이 송달불능이며 소재탐지촉탁을 하여도 甲의 소재를 확인할 수 없는 경우에 甲의 진술서를 증거로 할 수 있다.

【사 례】 증인에 대한 진술조서

《사 안》 甲은 강도죄로 공소제기되었는데 공판기일에 알리바이를 주장하면서 자

---

106) 대법원 2004. 7. 15. 선고 2003도7185 전원합의체 판결.
107) 대법원 1983. 6. 28. 선고 83도931 판결.

신의 친구 乙을 증인으로 신청하였다. 乙은 공판정에 출석하여 "강도범행이 발생한 시각에 甲과 함께 술을 마시고 있었다."고 증언하였다. 검사는 증언을 마친 乙을 검사실로 불러 乙의 증언내용을 추궁하여 "甲과 술을 마신 정확한 날짜와 시각을 기억하지 못한다."는 내용의 진술조서를 작성하였다. 검사는 공판기일에 乙에 대한 진술조서를 증거로 제출하고 乙을 다시 증인으로 신청하였으나 乙의 소재를 탐지할 수 없게 되었다. 이 경우 乙에 대한 진술조서는 증거능력이 있는가?

《검 토》 공판기일에 증언을 마친 증인을 검사가 소환한 후 피고인에게 유리한 증언내용을 추궁하여 이를 번복시키는 방식으로 작성한 진술조서는 그 증인이 다시 법정에 출석하여 증언을 하면서 그 진술조서의 성립의 진정함을 인정하고 피고인 측에 반대신문의 기회가 부여되었다고 하더라도 증거능력이 없다. 따라서 본 사안에서 乙의 소재를 확인할 수 없더라도 乙에 대한 진술조서를 증거로 사용할 수 없다.

⑶ **검증조서와 감정서**   수사기관이 작성한 검증조서와 법원의 명령 또는 수사기관의 촉탁에 의하여 작성된 감정서의 경우에도 필요성과 특신상태의 요건이 충족되면 증거능력이 인정된다.

⑷ **외국 수사기관이 작성한 문서**   외국의 권한 있는 수사기관이 작성한 조서나 서류도 제314조의 요건을 갖춘 경우에는 증거능력이 인정된다. 예를 들면 미국 수사관이 피해자 및 공범에 대하여 작성한 질문서(interrogatory)와 미국 검사가 피해자 및 공범에 대하여 작성한 증언녹취서(deposition)도 제314조의 규정에 의하여 그 증거능력을 인정할 수 있다.[108]

Ⅸ. 당연히 증거능력 있는 서류

1. 제315조의 입법취지

제315조는 당연히 증거능력이 있는 서류를 규정하고 있다. 진술서는 원래 제313조에 따라 성립의 진정이 증명되어야 증거능력이 인정되지만, 제315조에 규정된 서류의 경우 그 작성자를 증인으로 신문하는 것이 부적당하거나 실익이 없고, 그 작성이 특히 신빙할 수 있는 상태하에서 행하여졌기 때문에 증거능력이 당연히 인정된 것이다.

2. 공권적인 증명문서

⑴ 의 의   가족관계기록사항에 관한 증명서, 공정증서등본 기타 공무원 또는 외국공무원의 직무상 증명할 수 있는 사항에 관하여 작성한 문서는 당연

---

108) 대법원 1997. 7. 25. 선고 97도1351 판결.

히 증거능력이 있다($\frac{제315조}{제1호}$). 이러한 공권적 증명문서는 고도의 신용성이 보장되고, 원본을 제출하거나 공무원을 증인으로 신문할 실익이 적기 때문에 증거능력이 인정된다.

(2) 종   류   등기부등본 또는 초본, 인감증명, 전과조회회보, 신원증명서, 판결문사본[109] 등은 물론 세관공무원의 시가감정서도 공권적인 증명문서에 해당한다.[110] 그러나 공소장, 사법경찰관 작성의 현행범인체포보고서 등과 같이 수사기관이 당해 사건에 관하여 작성한 서류는 제315조 제1호 소정의 문서라고 볼 수 없다. 대한민국 주중국 대사관 영사가 작성한 사실확인서 중 공인 부분을 제외한 나머지 부분이 비록 영사의 공무수행 과정 중 작성되었지만 공적인 증명보다는 상급자 등에 대한 보고를 목적으로 하는 것인 경우, 제315조 제1호 또는 제3호 소정의 문서라고 볼 수 없다.[111]

3. 업무상 작성된 통상문서

(1) 의   의   상업장부·항해일지 기타 업무상 필요로 작성한 문서도 당연히 증거능력이 있다($\frac{제315조}{제2호}$). 일상업무의 과정에서 작성된 문서는 업무상의 신용도를 유지하기 위하여 정확한 기재를 할 것이라고 보통 기대할 수 있고, 그 기재가 기계적으로 이루어지기 때문에 허위기재의 염려가 적을 뿐 아니라, 작성자를 일일이 소환하는 것이 부적당하다는 점에 그 근거가 있다.

(2) 종   류   상업장부는 상인이 영업상의 재산 및 손익의 상황을 명백히 하기 위하여 작성하는 장부를 말한다. 회계장부와 대차대조표 외에 매입대장, 판매대장, 금전출납부, 전표 등을 포함한다. 상인이 탈세의 목적으로 이중장부를 작성한 경우에 실제로 바르게 작성된 비밀장부는 일상업무의 과정에서 거래의 진실한 상황을 기재한 것이므로 상업장부에 해당한다. 항해일지는 선원법 제20조 제1항에 의하여 선장이 배안에 비치하도록 의무화되어 있는 서류이다. 항해일지도 일상업무의 과정에서 기계적, 연속적으로 기재되는 것이므로 상업장부와 같이 당연히 증거능력이 인정된다. '기타 업무상 필요로 작성한 문서'는 업무수행상 규칙적, 기계적, 연속적으로 작성되어 신용성과 필요성이 높은 서류로서 상업장부나 항해일지와 같은 성질의 것이어야 한다. 여기에 해당하는 것으로는 진료기록부(chart)를 들 수 있다. 한편, 사인(私人)인 의사가 작성한 진단

---

109) 대법원 1981. 11. 24. 선고 81도2591 판결.
110) 대법원 1985. 4. 9. 선고 85도225 판결.
111) 대법원 2007. 12. 13. 선고 2007도7257 판결.

서는 업무상 필요에 의하여 순서적・계속적으로 작성되는 것이 아니고 개개적
으로 작성되는 것이고 또 그 작성이 특히 신용할 만한 정황에 의하여 작성된
문서라고 볼 수 없으므로 제313조에 의하여 증거능력이 판단된다.[112] 이에 반하
여 군의관(軍醫官)이 작성한 진단서는 공무원이 직무상 증명을 할 수 있는 사항
에 관하여 작성한 문서이므로 제315조 제1호에 해당하는 문서이다.[113]

4. 기타 특히 신용할 만한 정황하에 작성된 문서

(1) 의 의   공권적 증명문서나 업무상 작성된 통상문서에 해당되지 않더
라도 그에 준할 정도로 신용할 만한 정황에 의하여 작성된 문서는 당연히 증거
능력이 인정된다($^{제315조}_{제3호}$). 따라서 제1호, 제2호와 유사한 성격의 서류로 고도의
신용할 만한 정황하에서 작성된 문서임을 요한다.

(2) 종 류   공공기록・보고서・역서(曆書)・정기간행물의 시장가격표・스
포츠기록・공무원작성의 각종 통계와 연감 및 다른 피고사건의 공판조서는 본
호의 문서에 해당한다. 구속적부심사절차에서 피의자를 심문하고 그 진술을 기
재한 구속적부심문조서는 제315조 제3호에 의하여 증거능력이 인정된다.[114] 그러
나 체포・구속인 접견부는 유치된 피의자가 죄증을 인멸하거나 도주를 기도하
는 등 유치장의 안전과 질서를 위태롭게 하는 것을 방지하기 위한 목적으로 작
성되는 서류일 뿐이므로 제315조 제2호 또는 제3호 소정의 문서가 아니다.[115]

사무처리 내역을 계속적, 기계적으로 기재한 문서가 아니라 범죄사실의 인
정 여부와 관련 있는 어떠한 의견을 제시하는 내용을 담고 있는 문서는 제315
조 제3호에서 규정하는 당연히 증거능력이 있는 서류에 해당한다고 볼 수 없으
므로, 보험사기 사건에서 건강보험심사평가원이 수사기관의 의뢰에 따라 그 보
내온 자료를 토대로 입원진료의 적정성에 대한 의견을 제시하는 내용의 '건강
보험심사평가원의 입원진료 적정성 여부 등 검토의뢰에 대한 회신'은 제315조
제3호 소정의 문서에 해당하지 않는다.[116] 또한 주민들의 진정서사본도 이에 해
당하지 않는다.[117]

자연적 진술이나 사망 직전의 진술 등이 기재된 문서의 경우 본호의 적용대
상으로 보는 견해와 제314조의 일반적 진술서면으로 특신상태의 유무에 따라 증

112) 대법원 1969. 3. 31. 선고 69도179 판결.
113) 대법원 1972. 6. 13. 선고 72도922 판결.
114) 대법원 2004. 1. 16. 선고 2003도5693 판결.
115) 대법원 2012. 10. 25. 선고 2011도5459 판결.
116) 대법원 2017. 12. 5. 선고 2017도12671 판결.
117) 대법원 1983. 12. 13. 선고 83도2613 판결

거능력을 판단해야 한다는 견해가 있다. 제315조는 주로 공공성이나 업무성을 가진 문서를 그 대상으로 삼고 있다는 점에서 후설(後說)이 타당하다고 본다.

【사 례】 구속적부심문조서의 증거능력

《사 안》 甲은 절도죄로 구속되자 법원에 구속적부심사를 청구하였고, 심문절차에서 자신의 범행을 인정하여 그 자백내용이 조서에 기재되었다. 甲은 구속적부심사에서 석방되어 불구속상태에서 조사를 받게 되자 절도범행을 모두 부인하였다. 검사는 甲을 절도죄로 기소하면서 구속적부심문조서를 증거로 제출하였고, 甲의 변호인은 구속적부심문조서에 대하여 증거부동의를 하였다. 구속적부심문조서를 유죄의 증거로 사용할 수 있는가?

《검 토》 구속적부심사는 구속된 피의자 등의 청구로 수사기관과는 별개 독립의 기관인 법원에 의하여 행하여지고, 법원은 구속된 피의자에 대하여 피의사실과 구속사유 등을 알려 그에 대한 자유로운 변명의 기회를 주어 구속의 적부를 심사하게 된다. 법원 또는 합의부원, 검사, 변호인 등이 구속된 피의자를 심문하고 그에 대한 피의자의 진술 등을 기재한 구속적부심문조서는 제311조가 규정한 문서에 해당되지 않지만, 특히 신용할 만한 정황에 의하여 작성된 문서이므로, 피고인 또는 변호인이 증거로 함에 부동의하더라도 제315조 제3호에 의하여 당연히 그 증거능력이 인정된다. 구속적부심문조서의 증명력은 다른 증거와 마찬가지로 법관의 자유판단에 맡겨져 있으나, 피의자는 구속적부심에서의 자백의 의미나 자백이 수사절차나 공판절차에서 가지는 중요성을 제대로 헤아리지 못한 나머지 허위자백을 하더라도 구속에서 벗어나려는 유혹을 받을 수가 있다. 따라서 구속적부심문조서에 기재된 자백의 내용이 충분히 신빙할 수 있고 다른 보강증거가 갖추어진 경우에 피고인 甲을 유죄로 인정할 수 있다.

제 4   전문진술

I. 전문진술과 전문법칙

공판준비 또는 공판기일 외에서의 타인의 진술을 내용으로 하는 진술은 이를 증거로 할 수 없다(제310조의2). 다만 예외적으로 제316조에서 전문법칙의 예외를 인정하여 전문진술도 일정한 경우 증거능력이 인정된다.

Ⅱ. 피고인 아닌 자의 전문진술

1. 피고인의 진술을 내용으로 하는 경우

⑴ **증거능력의 제한**   피고인 아닌 자의 공판준비 또는 공판기일에서의 진술이 피고인의 진술을 그 내용으로 하는 것인 때에는 그 진술이 특히 신빙할 수 있는 상태하에서 행하여졌음이 증명된 때에 한하여 이를 증거로 할 수 있다 (제316조 제1항). 이 경우에는 피고인이 공판정에 출석해 있어 필요성은 문제되지 않으므로 신용성의 정황적 보장을 조건으로 증거능력을 인정한 것이다.

⑵ **법적 성격**

㈎ **전문법칙예외설**   통설은 제316조 제1항을 전문법칙의 예외규정이라고 해석한다. 다만 근거에 관하여는 견해가 나누어진다. ① 검사의 피고인에 대한 반대신문권을 보장하기 위한 것이라는 견해가 있다. 진술거부권이 인정되는 피고인을 상대로 검사에게 반대신문권을 보장하는 것은 처음부터 불가능하므로 피고인의 진술이 특히 신빙할 수 있는 상태하에서 행하여진 때에 한하여 전문법칙의 예외가 인정된다고 한다. ② 피고인의 증인에 대한 반대신문권을 보장하기 위한 것이라고 설명하는 견해가 있다. 피고인 자신의 원진술을 피고인 스스로 반대신문한다는 것은 생각할 수 없으므로 결국 제316조 제1항은 전문진술자가 피고인의 공판 외에서의 진술을 정확하게 재현하고 있는가 하는 점에 관하여 피고인에게 반대신문권을 보장하는 규정이라고 한다. ③ 신용성의 정황적 보장이 있는 경우에 증거능력을 인정한 것이라는 견해[118]가 있다. 피고인의 진술을 내용으로 하는 전문진술은 예외적으로 피고인의 진술이 신빙할 수 있는 상태하에서 행하여진 때에 증거능력을 긍정할 수 있다고 한다.

㈏ **직접심리주의예외설**   제316조 제1항을 직접심리주의의 예외규정이라고 설명하는 견해[119]이다. 그 근거로 원진술자가 피고인이므로 당사자의 반대신문권은 무의미하고, 피고인신문은 공판정에서 이루어지는 것이 원칙이지만 실체적 진실발견을 위해 예외적으로 전문진술에 대하여 특신상태를 조건으로 증거능력을 인정한 것이라고 한다.

㈐ **검   토**   전문진술자가 법정에서 피고인의 진술내용을 진술한 경우라도 처음부터 직접주의에 반하는 것은 아니다. 그러므로 제316조 제1항이 직

---

118) 신양균, 754면; 이재상, 675면.
119) 신동운, 1140면.

접주의의 예외라는 견해는 받아들이기 어렵고, 결국 이 규정은 전문법칙의 예외로 보아야 한다. 그리고 피고인이 공판정에 출석한 이상 피고인의 반대신문권은 보장되고 검사의 반대신문권도 피고인의 진술거부권에 비추어 무의미하다. 제316조 제1항이 특신상태를 요건으로 한 점에 비추어 일반적인 전문진술에 비하여 신용성이 높은 경우에 한하여 예외를 인정한 것으로 보는 제3설이 타당하다.

(3) 적용범위

(가) 피고인의 범위   제316조 제1항에서의 피고인은 당해 피고인만을 의미한다. 따라서 공동피고인이나 공범자는 '피고인 아닌 자'에 속한다. 예를 들면 피고인 甲, 乙, 丙이 재판을 받고 있는데 甲이 乙의 공판 외의 진술을 공판정에서 증언하였다면 乙에 대해서는 제316조 제1항이 적용되지만 丙에 대해서는 동조 제2항이 적용된다.

(나) 진술의 범위   피고인의 진술은 피고인의 지위에서 행하여진 것에 국한하지 않는다. 피고인이 수사를 받기 전에 피고인으로부터 범행을 들은 사람이 공판정에서 그 내용을 증언하는 경우에도 제316조 제1항이 적용된다.[120]

2. 피고인 아닌 타인의 진술을 내용으로 하는 경우

(1) 증거능력의 제한   피고인 아닌 자의 공판준비 또는 공판기일에서의 진술이 피고인 아닌 타인의 진술을 그 내용으로 하는 것인 때에는 원진술자가 사망·질병, 외국거주·소재불명 그 밖에 이에 준하는 사유로 인하여 진술할 수 없고, 그 진술이 특히 신빙할 수 있는 상태하에서 행하여졌음이 증명된 때에 한하여 이를 증거로 할 수 있다(제316조 제2항).

(2) 법적 성격   제316조 제2항은 **전문법칙의 예외**에 대한 전형적인 경우를 규정한 것으로서 **필요성**과 **신용성의 정황적 보장**을 조건으로 증거능력을 인정한 것이다. 여기서 신용성의 정황적 보장이란 원진술자의 진술이 특히 신빙할 수 있는 상태에서 이루어져야 한다는 의미이다.

(3) 적용범위   '피고인 아닌 자'에는 제3자는 물론 공범자와 공동피고인도 포함한다.[121] 한편 원진술자(피고인 아닌 타인)가 공동피고인인 경우에 그가 법정에서 공소사실을 부인하고 있다면 '원진술자가 사망, 질병 기타 사유로 인하여 진술할 수 없는 때'에 해당되지 않으므로 공동피고인의 진술을 내용으로 하는

---

120) 대법원 2000. 9. 8. 선고 99도4814 판결.
121) 대법원 1984. 11. 27. 선고 84도2279 판결.

증인의 증언은 전문증거로서 증거능력이 없다.[122) 또한 원진술자가 법정에 출석하여 수사기관에서의 진술을 부인하는 취지로 증언을 한 이상 원진술자의 진술을 내용으로 하는 조사자의 증언은 증거능력이 없다.[123)

【사 례】 전문진술의 증거능력

《사 안》 피고인 甲과 피고인 乙은 2002. 2. 5. 도박하였다는 공소사실로 기소되었다. 甲과 乙은 위 일시에 서로 같이 있었지만 도박을 하지 않았다고 주장하면서 공소사실을 부인하였다. 甲의 친구인 丙은 증인으로 채택되어 "甲과 乙이 2002. 2. 5. 도박하였다는 사실을 甲으로부터 들었다."고 증언하였다. 丙의 증언은 피고인 甲과 乙에 대하여 증거능력이 있는가?

《검 토》 丙의 증언은 피고인 甲과의 관계에서 제316조 제1항이 적용되지만, 피고인 乙과의 관계에서는 동조 제2항이 적용된다. 甲이 丙에게 한 진술이 특히 신빙할 수 있는 상태에서 행하여진 것이라고 판단되면 丙의 증언은 피고인 甲에 대하여 유죄의 증거로 사용될 수 있다. 그러나, 丙의 증언은 피고인 乙에 대하여는 증거능력이 없다. 원진술자인 甲이 법정에서 도박사실을 부인하고 있으므로 원진술자가 사망, 질병 기타 사유로 인하여 진술할 수 없는 때에 해당되지 않기 때문에 甲의 진술을 그 내용으로 하는 丙의 증언은 피고인 乙에 대하여 증거능력이 없다.

3. 조사자증언

(1) **조사자의 범위**   공소제기 전에 피고인을 피의자로 조사하였거나 조사에 참여하였던 자가 피고인의 수사과정에서의 진술에 관하여 증언할 경우 피고인의 진술이 특히 신빙할 수 있는 상태하에서 행하여졌음이 증명된 때에는 조사자의 증언은 증거능력이 있다(제316조 제1항). 이는 피고인을 조사한 경찰관의 증언에 증거능력을 인정하지 아니한 종래의 판례를 변경한 것이다. 이 경우 조사자증언을 할 수 있는 사람은 조사자인 검사 또는 사법경찰관 이외에 참여자인 사법경찰관리를 포함한다. 사법경찰관리에 검찰청수사관 등이 포함됨은 물론이다.

(2) **조사자증언의 기능**   피의자를 조사한 사법경찰관리는 피의자의 진술을 조사자증언의 형태로 법정에 현출시킬 수 있다. 조사자는 증인으로 선서하고 위증죄의 부담 아래 증언을 하게 되고, 피고인 측은 반대신문을 통하여 조사자증언의 신빙성을 탄핵하게 되어 수사의 적법절차준수를 촉진하는 기능도 있다.

(3) **제316조 제2항과의 관계**   제316조 제2항의 '피고인 아닌 자'에는 공소제

---

122) 대법원 2000. 12. 27. 선고 99도5679 판결.
123) 대법원 2008. 9. 25. 선고 2008도6985 판결.

기 전에 피고인 아닌 타인(원진술자)을 조사하였거나 그 조사에 참여하였던 자를 포함한다. 따라서 조사자의 증언에 증거능력이 인정되기 위해서는 원진술자가 사망, 질병, 외국거주, 소재불명, 그 밖에 이에 준하는 사유로 인하여 진술할 수 없어야 하므로, 원진술자가 법정에 출석하여 수사기관에서 한 진술을 부인하는 취지로 증언하였다면 원진술자의 진술을 내용으로 하는 조사자의 증언은 증거능력이 없다.[124]

Ⅲ. 피고인의 전문진술

피고인이 공판준비 또는 공판기일에 행한 진술이 피고인 아닌 자의 진술을 내용으로 하는 경우에 관하여는 명문규정이 없다. 이에 관하여 원진술의 내용이 피고인에게 불이익한 경우에는 반대신문권을 포기한 것이므로 증거능력을 인정하고 이익이 되는 경우에는 제316조 제2항을 유추적용해야 한다는 견해가 있으나, 증거능력은 원진술의 내용에 따라 결정되는 것이 아니므로 원진술이 피고인에게 유리한지 여부에 관계없이 제316조 제2항을 유추적용해야 한다고 본다.

Ⅳ. 재전문증거

1. 개 념

재전문증거(再傳聞證據)란 타인의 진술을 내용으로 하는 진술(전문진술)을 다시 전문하여 제출된 증거를 말한다. 재전문증거를 이중전문증거라고도 한다. 재전문증거는 전문진술을 기재한 서류증거(재전문서류)와 전문진술을 들은 자가 그 내용을 다시 전하는 진술증거(재전문진술)로 구분할 수 있다. 원진술자가 누구인가에 따라 피고인의 진술을 내용으로 하는 재전문증거와 피고인이 아닌 타인의 진술을 내용으로 하는 재전문증거로 구분할 수도 있다. 재전문증거의 경우 원진술의 존재나 진술정황에 대해 확인할 수 없는 경우가 많기 때문에 재전문증거의 증거능력이 문제된다.

2. 학 설

(1) 긍정설   재전문증거도 증거능력이 인정될 수 있다는 견해이다. 재전문증거에 포함된 진술부분이 전문법칙의 예외에 대한 요건을 개별적으로 모두 충족하면 증거로 허용된다고 한다. 긍정설에 의하면, 전문진술이 기재된 조서

124) 대법원 2008. 9. 25. 선고 2008도6985 판결.

뿐만 아니라 재전문진술의 경우에도 진술자의 진술에 각 필요성과 신용성의 정황적 보장이라는 요건이 충족되면 증거능력이 인정된다고 해석한다.

(2) **부정설**   재전문은 이중의 예외이며, 그 증거능력을 인정하는 명문의 규정이 없으므로 증거로 할 수 없다는 견해이다. 재전문은 단순한 전문증거에 비하여 관련성과 증명력이 불충분할 뿐만 아니라 이를 증거로 허용하면 전문법칙을 무의미하게 만든다는 점을 그 논거로 한다.

(3) **제한적 긍정설**   최초의 원진술자가 공판정에 출석하여 자신의 원진술을 확인하고 제316조 제1항의 특신상태가 긍정될 때 재전문증거의 증거능력을 인정할 수 있다는 견해이다. 원진술의 진실성을 담보하기 위해서 원진술자에 의한 확인절차가 필요하다는 점을 논거로 한다.

3. 판   례

(1) **재전문서류**   전문진술은 제316조의 규정에 따른 요건을 갖춘 경우에 한하여 예외적으로 증거능력이 있고, 전문진술이 기재된 조서는 제316조의 요건을 갖추어야 함은 물론 나아가 제312조 또는 제314조의 규정에 의하여 각 그 증거능력이 인정되어야 증거로 사용할 수 있다.[125]

(2) **재전문진술**   재전문진술이나 재전문진술을 기재한 조서에 대하여 형사소송법이 그 증거능력을 인정하는 규정을 두고 있지 않기 때문에 피고인이 증거로 하는 데 동의하지 않는 한 이를 증거로 할 수 없다.[126]

4. 검   토

판례는 전문법칙의 예외에 관한 규정을 각기 1번씩 적용하는 한도 내에서 재전문증거의 증거능력을 인정할 수 있다는 취지이다. 재전문진술의 증거능력을 부정하는 근거로 명문의 규정이 없다는 점을 들고 있으나 판례가 일정한 요건하에 그 증거능력을 인정하고 있는 재전문서류의 경우에도 형사소송법상 해당규정이 없다는 점에서 그 논거가 불충분하다. 재전문서류와 재전문진술은 이중의 전문이라는 점에서 차이가 없으므로 재전문서류뿐만 아니라 재전문진술도 개개의 요건을 충족하면 모두 증거로 할 수 있다고 본다. 부정설은 관련성과 증명력이 부족하다는 근거로 재전문증거의 가치를 모두 부정하고 있으나, 사실적 관련성 즉 요증사실에 대하여 필요한 최소한도의 증명력을 가지고 있는지 여부는 전문법칙의 적용에 앞서 증거로서의 허용성에 관한 일반적 문제

---

125) 대법원 2000. 3. 10. 선고 2000도159 판결, 2000. 9. 8. 선고 99도4814 판결.
126) 대법원 2000. 3. 10. 선고 2000도159 판결.

이다. 그리고 제한적 긍정설은 원진술자에 의한 확인절차를 요건으로 재전문증거의 증거능력을 인정하고 있으나, 재전문증거의 증거능력을 인정할 것인지의 문제는 원진술자의 공판정출석이 불가능한 상황을 전제로 하는 경우가 대부분이므로 결국 제한적 긍정설은 재전문증거의 증거능력을 부정하는 결과가 된다.

【사 례】 재전문증거

《사 안》 甲은 자신의 딸인 乙(10세)이 丙으로부터 강간당하였다는 취지의 말을 듣고 丙을 강간죄로 고소하였다. 검사는 甲에 대한 진술조서를 작성하였고, 그 진술조서에는 "丙이 칼로 협박하면서 乙을 강간하였다는 사실을 乙로부터 들었다"라고 기재되어 있다. 검사가 甲에 대한 진술조서를 증거로 제출한 경우 위 진술기재부분은 증거능력이 있는가?

《검 토》 판례에 의하면, 전문진술을 기재한 진술조서는 재전문증거라도 개별 요건을 충족한 경우 증거로 사용할 수 있지만, 재전문진술 자체나 재전문진술을 기재한 진술조서는 증거로 사용할 수 없다고 한다. 그러나 재전문진술도 개개의 요건을 충족하면 증거로 사용할 수 있다고 본다. 본 사안에서 甲에 대한 진술조서는 재전문서류에 해당한다. 따라서 ① 甲이 공판기일에서 진술조서의 진정성립을 인정하고, ② 원진술자 乙이 진술할 수 없는 사유가 존재하며, ③ 乙의 진술이 특히 신빙할 수 있는 상태에서 이루어졌다면 甲에 대한 진술조서는 증거능력이 있다.

제 5 특수한 증거방법과 전문법칙

Ⅰ. 사진의 증거능력

1. 의의와 특성

사진은 피사체의 영상을 렌즈에 비친 대로 필름이나 인화지에 기계적으로 재생시킨 증거방법을 말한다. 사진은 기계적인 방법을 통하여 대상을 특정하게 되므로 신용성이 매우 높은 증거이지만 한편, 사진을 촬영·현상·인화하는 과정에서 인위적인 조작이 가해질 여지도 있다. 따라서 사진의 용법에 따라 그 증거능력의 문제를 검토할 필요가 있다.

2. 사본인 사진

⑴ 쟁 점   원래 증거로 제출될 자료의 대체물로 사진이 제출된 경우이다. 예를 들면 문서를 찍은 사진이나 범행도구의 사진이 이에 해당한다. 이 경우 증거능력에 관하여 견해의 대립이 있다.

(2) 학 설

(가) 비진술증거설　　원본증거를 공판정에 제출하기 불가능하거나 곤란함이 인정되고 사진의 사건관련성이 증명되는 경우에 한해 증거능력이 인정된다는 견해[127]이다. 사건관련성을 증명하기 위해서는 공판기일에 촬영자에 대한 증인신문이 필요하나 증인신문을 할 수 없는 특별한 사정이 있는 경우에는 제3자 또는 다른 증거로 대치될 수 있다고 한다.

(나) 진술증거설　　사진은 현상과 인화과정에 오류가 개입할 여지가 크다는 점에서 진술증거와 공통하므로 원본의 존재 및 진정성립을 인정할 자료가 구비되고 특히 신용할 만한 정황에 의해 작성되었다고 인정될 때에 제315조 제3호에 의하여 증거능력을 인정해야 한다는 견해[128]이다.

(3) 검 토　　사진이 사본으로 사용되는 경우 일반적인 사본의 증거능력에 대한 문제와 같이 취급할 수 있다. 따라서 원본증거가 증거능력을 가지고 있고 원본제출이 불가능하거나 곤란해야 하며 원본의 정확한 사본인 경우에 한하여 당해 사진과 요증사실의 관련성이 증명되면 증거로 할 수 있다. 다만 원본증거가 진술증거인 경우에는 원본의 존재 및 진정성립을 인정할 자료가 구비되고 특신상태가 인정되거나 당사자가 증거로 함에 동의한 때에 제315조 제3호의 특히 신빙할 만한 정황에 의하여 작성된 문서로서 증거능력이 인정된다고 본다.

3. 진술의 일부인 사진

진술자의 진술내용을 정확하게 표현하기 위하여 사진이 진술증거의 일부로 사용되는 경우이다. 예를 들면 참고인이 사진을 사용하여 진술하고 이를 진술조서에 첨부하거나, 검증조서나 감정서에 사진이 첨부된 경우가 이에 해당한다. 사진은 진술증거의 일부를 이루는 보조수단에 불과하므로 사진의 증거능력도 진술증거인 검증조서나 감정서와 일체적으로 판단된다.

4. 현장사진

(1) 쟁 점　　현장사진이란 범인의 범행에 중점을 두어 범행상황과 그 전후 상황을 촬영한 사진으로서 독립증거로 사용되는 경우를 말한다. 현장사진을 증거로 채택하기 위해서는 위법수집증거에 해당하는지 여부와 전문법칙이 적용되는지 여부를 검토하여야 한다.

---

127) 이재상, 684면.
128) 배종대, 654면.

(2) 위법수집증거배제법칙의 적용 여부

(가) 학 설   상간자에 의하여 촬영된 나체사진을 증거로 사용하는 것은 기본권의 핵심영역에 대한 침해로서 공익과의 형량이 처음부터 허용되지 않으므로 그 증거능력이 부정된다고 한다.

(나) 판 례   ① 무인장비에 의한 속도위반차량 단속은 제한 속도를 위반하여 차량을 주행하는 범죄가 현재 행하여지고 있고, 긴급하게 증거보전을 할 필요가 있는 상태에서 일반적으로 허용되는 한도를 넘지 않는 상당한 방법에 의한 것이므로, 차량번호 등을 촬영한 사진은 위법하게 수집된 증거라 볼 수 없어 그 증거능력이 인정된다.[129] ② 피고인의 나체사진을 촬영한 제3자가 그 사진을 이용하여 피고인을 공갈할 의도였다고 하더라도 사진의 촬영이 임의성이 배제된 상태에서 이루어진 것이라고 할 수는 없으며, 그 사진은 범죄현장의 사진으로서 피고인의 간통죄에 대한 형사소추를 위하여 반드시 필요한 증거로 보이므로, 공익의 실현을 위하여는 그 사진을 증거로 제출하는 것이 허용되어야 한다.[130]

(다) 검 토   수사기관이 범죄를 수사함에 있어 현재 범행이 행하여지고 있거나 행하여진 직후이고, 증거보전의 필요성 내지 긴급성이 있으며, 일반적으로 허용되는 상당한 방법인 경우에는 영장 없이 사진촬영이 허용된다고 본다. 그리고 사인이 촬영한 현장사진의 경우 범죄와의 관련성과 이익형량에 따라 증거능력에 대한 개별적 판단을 내려야 한다.

(3) 전문법칙의 적용 여부

(가) 비진술증거설   현장사진은 사람의 지각에 의한 진술이 아니므로 독립된 비진술증거라고 해석하는 학설이다. 따라서 현장사진에 대하여는 전문법칙이 적용되지 않는다고 한다. 그러므로 비진술증거로서의 관련성, 즉 사진이 현장의 정확한 영상이라는 점이 입증되면 증거능력이 인정된다고 한다.

(나) 진술증거설   사진도 촬영과 현상·인화과정에 의하여 사실을 재현하고, 인위적으로 조작될 위험이 있으므로 진술증거에 해당한다는 학설이다. 그러므로 현장사진은 제312조, 제313조에 따라 촬영자의 진술에 의해 진정하게 작성되었다는 것이 인정될 때에 한하여, 그리고 진술할 수 없는 특별한 사정이 있을 때에는 제314조의 요건이 충족되는 한에서 증거능력이 인정된다고 한다.[131]

---

129) 대법원 1999. 12. 7. 선고 98도3329 판결.
130) 대법원 1997. 9. 30. 선고 97도1230 판결.
131) 이재상, 686면.

(다) **검증조서유추설**   현장사진은 검증조서에 준하므로 법원에 의해서
만들어진 경우에는 제311조, 수사기관이 만든 경우는 제312조 그리고 그 밖의
사람에 의해 만들어진 경우에는 제313조 제1항 본문을 유추적용하게 된다고
한다.[132]

(라) **검   토**   범행현장에서의 범행 당시의 상황 또는 그에 접속한 전후
의 상황을 촬영한 현장사진은 비진술증거로서 전문법칙과 그 예외에 관한 규정
이 적용되지 않는다고 본다. 사진의 조작가능성은 전문법칙의 문제가 아니라
증거의 관련성의 문제이다. 만일 피고인이 사진에 인위적인 조작이 가하여졌다
고 이의를 제기하는 경우에는 촬영자를 증인으로 채택하여 요증사실과의 관련
성이 인정되면 이를 증거로 할 수 있다. 그 촬영자가 불분명한 경우에도 제3자
의 확인서, 사진 자체의 현상 등 자유로운 증명에 의하여 요증사실과의 관련성
이 인정되는 한 증거로 사용할 수 있다.

5. 증거조사의 방법

증거물의 사본인 사진에 대한 증거조사는 제시의 방법에 의한다($\binom{제292조의}{2\ 제1항}$). 서
증의 사본인 사진은 제시 및 낭독 또는 내용의 고지를 해야 한다. 그리고 진술
의 일부인 사진은 그 진술증거와 일체적으로 증거조사를 실시한다. 현장사진은
비진술증거에 해당하므로 그 증거조사는 제시의 방법에 의한다.

Ⅱ. 녹음테이프의 증거능력

1. 서   설

(1) **의의와 특성**   녹음테이프는 사람의 음성과 기타 음향을 기계적 장치를
통하여 기록하여 재생시킨 증거방법을 말한다. 녹음테이프는 기록과 재생의 정
확성에서 인간의 지각과 기억보다 우수하고 음성과 음향이 직접 법정에 제공
된다는 점에서 신용성이 매우 높으나, 성질상 작성자나 진술자의 서명 혹은 날
인이 없을 뿐만 아니라, 녹음자의 의도나 특정한 기술에 의하여 그 내용이 편
집, 조작될 위험성이 있다. 따라서 녹음테이프는 대화내용을 녹음한 원본이어
야 하고, 원본으로부터 복사한 사본일 경우에는 복사과정에서 편집되는 등의
인위적 개작 없이 원본의 내용 그대로 복사된 사본임이 입증되어야만 한다.

(2) **진술녹음과 현장녹음의 구별**   녹음테이프의 증거능력을 논함에 있어서
는 테이프에 녹음된 내용이 무엇인가에 따라 이를 진술녹음과 현장녹음으로 구

---

132) 신동운, 1168면; 신양균, 764면.

분하는 것이 일반적이다. 규칙 제314조의8 신설로 인하여 진술녹음과 현장녹음의 구분이 필요없다는 견해가 있으나, 위 규칙은 녹음테이프의 증거조사방법에 관한 규정이고, 전문법칙의 적용에 있어서는 진술녹음과 현장녹음을 구분하여야 한다. 진술녹음은 사람의 진술이 녹음되어 있고 그 진술내용의 진실성이 증명의 대상으로 되는 것이고, 현장녹음은 특정한 일시·장소에서의 음향과 언어를 녹음한 것이다. 사람들 사이의 대화를 녹음한 것이 진술녹음인지, 현장녹음인지 구분하기 어려운 경우에는 당사자의 입증취지와 관련지어 판단해야 한다.

2. 진술녹음의 증거능력

(1) 전문법칙의 적용

(가) 쟁 점　　녹음테이프에 녹음된 진술내용이 증명의 대상이 된 때에는 전문법칙이 적용된다. 녹음된 진술내용에 대하여 반대신문이 보장되어 있지 않기 때문이다. 그런데 진술녹음의 증거능력을 인정하기 위한 근거규정에 관하여는 견해의 대립이 있다.

(나) 학 설　　① 진술녹음의 증거능력에 관하여 제313조가 적용되므로 피의자나 참고인이 자진하여 자신의 진술을 녹음한 경우에는 진술자의 진술에 의하여 성립의 진정함이 증명된 때에 증거로 할 수 있고, 수사기관 등 제3자에 의하여 녹음된 경우에는 녹음한 자의 진술에 의하여 성립의 진정이 증명된 때에 한하여 증거능력이 인정된다는 제1설과 ② 진술녹음에 관하여 원칙적으로 제313조가 적용되나, 수사기관이 녹음한 진술에 대하여는 제312조가 적용된다는 제2설이 있다.

(다) 판 례

(ⓐ) 피고인 아닌 자의 진술을 녹음한 경우　　① 피고인이 수업시간에 학생들에게 북한을 찬양·고무하는 발언을 하였다는 사실에 대한 학생들의 대화내용을 녹음한 녹음테이프는 실질적으로 피고인 아닌 자의 진술을 기재한 서류와 같으므로 원진술자인 학생들의 진술에 의하여 성립의 진정이 인정되어야 증거능력이 있다.[133] ② 수사기관 아닌 甲이 피고인 아닌 乙과의 대화내용을 녹음한 녹음테이프는 피고인 아닌 자의 진술을 기재한 서류와 다를 바 없으므로, 피고인이 녹음테이프를 증거로 할 수 있음에 동의하지 아니하는 이상 그 증거능력을 부여하기 위해서는, 제313조 제1항에 따라 공판준비나 공판기일에서 원진술자인 甲과 乙의 진술에 의하여 녹음테이프에 녹음된 각자의 진술내용이 자신

---

133) 대법원 1997. 3. 28. 선고 96도2417 판결.

이 진술한 대로 녹음된 것이라는 점이 인정되어야 한다.[134]

(b) 피고인의 진술을 녹음한 경우   피고인과 피해자 사이의 대화내용에 관한 진술녹취서가 공소사실의 증거로 제출되어 진술녹취서의 기재내용과 녹음테이프의 녹음내용이 동일한지 여부에 관하여 법원이 검증을 실시한 경우에 증거자료가 되는 것은 녹음테이프에 녹음된 대화내용 그 자체이다. 피해자가 피고인과의 대화를 녹음한 경우에 피고인이 그 녹음테이프를 증거로 할 수 있음에 동의하지 않은 이상 그 녹음테이프 검증조서의 기재 중 피고인의 진술내용을 증거로 사용하기 위해서는 제313조 제1항 단서에 따라 공판준비 또는 공판기일에서 그 작성자인 피해자의 진술에 의하여 녹음테이프에 녹음된 피고인의 진술내용이 피고인이 진술한 대로 녹음된 것임이 증명되고 나아가 그 진술이 특히 신빙할 수 있는 상태하에서 행하여진 것임이 인정되어야 한다.[135]

(라) 검   토   진술녹음은 진술서면과 같이 녹음주체에 따라 증거능력의 인정을 달리 해야 한다고 본다. 다만 수사기관이 피고인이나 참고인에 대한 신문과정을 녹음한 경우 이는 수사기관의 영상녹화물과 동일하게 평가되어야 하므로 본증 또는 독립된 증거로 사용될 수 없다. 제3자와의 대화내용을 녹음한 녹음테이프는 공판기일에 원진술자의 진술에 의하여 자신이 진술한 대로 녹음된 것이라는 점이 인정되어야 증거로 할 수 있다.

(2) 서명·날인의 문제   피의자신문조서·진술조서·진술서의 증거능력이 인정되려면 원진술자의 서명 또는 날인이 있어야 한다. 그런데 녹음테이프의 경우에도 조작의 가능성이 크다는 점을 근거로 진술자의 서명·날인이 필요하다는 견해가 있다. 그러나 녹음테이프는 원래 서명·날인이 적합하지 않은 증거방법이므로 진술자 또는 녹음자의 진술에 의하여 진술자의 음성임이 인정되고 녹음의 정확성이 증명되면 별도의 서명·날인이 없더라도 그 증거능력이 인정된다고 본다.

【사 례】 진술녹음의 증거능력

《사 안》 甲은 상습절도의 범죄혐의로 구속되어 경찰수사 단계에서 범행을 모두 자백하였다. 사법경찰관은 피해자 A와 B에 대해 참고인진술조서를 작성하였는데, 피해자 C는 사업상 바빠서 경찰서에 출석할 수 없다고 하자 C의 동의를 받아 C와의 전화상 문답을 통하여 피해내용을 녹음하였다. 甲은 상습절도죄로 기소되었는데,

---

134) 대법원 2011. 9. 8. 선고 2010도7497 판결.
135) 대법원 2008. 3. 13. 선고 2007도10804 판결, 2012. 9. 13. 선고 2012도7461 판결.

C의 물건을 훔친 사실이 없다고 진술하면서 절취범행을 부인하였다. 이 경우 C와의 전화내용을 녹음한 테이프는 증거능력이 있는가?

《검 토》 진술녹음과 진술서면은 기록매체와 방법만이 다를 뿐, 기록주체나 기록상황의 구조는 동일하므로 진술녹음에 대하여도 제311조 내지 제313조를 그대로 적용함이 타당하다. 따라서 사법경찰관이 피해자 C의 진술을 녹음한 테이프에 대하여 제312조 제4항이 적용된다. 그러므로 C의 진술내용이 녹음테이프에 그대로 녹음되었다는 사실이 원진술자 C의 법정진술이나, 기타 객관적인 방법에 의하여 증명되고, 피고인 甲 또는 변호인이 공판기일에 그 녹음내용에 관하여 C를 신문할 수 있어야 녹음테이프의 증거능력이 인정된다. 이 경우 녹음테이프에 별도로 원진술자 C의 서명 또는 날인이 있음을 요하지는 않는다.

(3) 비밀녹음의 증거능력

(가) 수사기관에 의한 비밀녹음   녹음테이프의 녹음 자체가 **불법적인 감청**에 의하여 행하여진 때에는 그 증거능력을 부정하여야 한다. 누구든지 통신비밀보호법, 형사소송법, 군사법원법에 규정된 법령에 의하지 않고서는 전기통신을 감청하거나 공개되지 아니한 타인간의 대화를 녹음 또는 청취하지 못한다($\frac{通秘法}{제3조}$). 즉 수사기관의 불법적인 감청에 의하여 지득 또는 채록된 전기통신의 내용은 이를 재판절차에서 증거로 사용할 수 없다($\frac{동법}{제4조}$).

(나) 제3자인 사인에 의한 비밀녹음   누구든지 공개되지 아니한 타인간의 대화를 녹음하거나 전자장치 또는 기계적 수단을 이용하여 청취할 수 없고, 이에 의한 녹음 또는 청취에 관하여 위 제4조의 규정을 적용한다($\frac{동법}{제14조}$). 그러므로 사인(私人)이 공개되지 아니한 타인간의 대화를 비밀녹음한 경우 그 녹음은 증거능력이 인정되지 않는다.[136]

(다) 대화당사자에 의한 비밀녹음

(a) 증거능력   대화당사자가 다른 사람과의 대화내용을 상대방 몰래 녹음한 경우 녹음의 결과를 증거로 사용할 수 있는지 여부가 문제된다. 이에 관하여 대화상대방의 프라이버시를 침해한 것이 명백한 이상 증거능력을 부정해야 한다는 견해와 대화당사자의 녹음과 제3자의 녹음은 구별해야 하므로 증거능력을 인정해야 한다는 견해가 대립된다. 판례는 대화당사자에 의한 비밀녹음의 경우 그 증거능력을 인정한다.[137] 통신비밀보호법이 타인 간의 대화비밀을

---

136) 대법원 2001. 10. 9. 선고 2001도3106 판결.
137) 대법원 1999. 3. 9. 선고 98도3169 판결.

보호하고 있고, 대화당사자 사이에는 프라이버시 보호의 필요성이 약화되므로 긍정설이 타당하다고 본다.

ⓑ **녹음파일**　　대화 내용을 녹음한 파일 등의 전자매체는 그 성질상 작성자나 진술자의 서명 혹은 날인이 없을 뿐만 아니라, 녹음자의 의도나 특정한 기술에 의하여 그 내용이 편집·조작될 위험성이 있음을 고려하여 그 대화 내용을 녹음한 원본이거나 혹은 원본으로부터 복사한 사본일 경우에는 복사 과정에서 편집되는 등 인위적 개작 없이 원본의 내용 그대로 복사된 사본임이 입증되어야 한다. 그리고 증거로 제출된 녹음파일이 대화 내용을 녹음한 원본이거나 혹은 복사 과정에서 편집되는 등 인위적 개작 없이 원본 내용을 그대로 복사한 사본이라는 점은 녹음파일의 생성과 전달 및 보관 등의 절차에 관여한 사람의 증언이나 진술, 원본이나 사본 파일 생성 직후의 해쉬(Hash)값과의 비교, 녹음파일에 대한 검증·감정 결과 등 제반 사정을 종합하여 판단할 수 있다.[138]

【사 례】 사인에 의한 비밀녹음

《사 안》 甲은 자신의 직원인 乙이 丙과 공모하여 회사자금을 횡령하고 있다는 소문을 듣고 비밀리에 사무실안에 전화도청장치를 설치하여 乙과 丙이 회사자금을 횡령하였다는 전화내용을 녹음하였다. 甲은 乙과 丙을 업무상 횡령죄로 고소하면서 녹음테이프를 검사에게 제출하였다. 검사는 녹음테이프를 근거로 乙과 丙을 업무상 횡령죄로 공소제기하였다. 이 녹음테이프에 대한 검증조서를 증거로 사용할 수 있는가?

《검 토》 甲이 乙과 丙의 전화통화를 비밀리에 녹음한 경우 그 녹음테이프는 통신비밀보호법 제14조에 의하여 증거능력이 부정된다. 그리고 녹음테이프에 대하여 실시하는 검증은 녹음테이프에 녹음된 대화의 내용이 검증조서에 첨부되는 녹취서에 기재된 내용과 같다는 것에 불과하므로 녹음테이프의 증거능력이 인정되지 않으면 검증조서도 증거로 사용할 수 없다. 따라서 본 사안에서 녹음테이프에 대한 검증조서의 증거능력이 부정된다.

3. 현장녹음의 증거능력

⑴ 학 설

⑺ **비진술증거설**　　범죄사실 또는 상황에 관한 녹음인 현장녹음은 비진술증거에 해당한다는 학설이다. 따라서 현장녹음에는 전문법칙이 적용되지 않으며 범죄사실에 대한 관련성만 증명되면 증거능력이 인정된다고 한다.

---

138) 대법원 2015. 1. 22. 선고 2014도10978 전원합의체 판결.

(나) **진술증거설**　　현장녹음이라도 녹취과정이나 편집·재생과정에서 조작이 가해질 염려가 있으므로 진술녹음과 같이 전문법칙이 적용되며 제312조, 제313조에 따라 증거능력이 인정된다고 한다.

(다) **검증조서유추설**　　현장녹음테이프는 검증조서에 준하여 증거능력을 인정해야 한다는 학설이다. 현장녹음은 사람의 내심의 의사를 외부로 표현하는 진술을 녹취한 것은 아니지만 녹음의 과정에서 오류나 조작이 행하여질 가능성이 있기 때문에 현장녹음의 녹취주체에 따라 제311조 내지 제313조가 적용된다고 한다.

(2) **검 토**　　현장녹음은 사람의 의사를 외부로 표현하는 진술을 녹취한 것이 아니므로 비진술증거에 해당하고 전문법칙과 그 예외에 관한 규정이 적용되지 않는다고 본다. 증거의 오류나 조작이 행해질 가능성이 있다는 이유만으로 비진술증거에 대해 전문법칙이 적용 또는 준용되는 것은 아니기 때문이다. 만일 피고인이 현장녹음에 인위적인 조작이 가하여졌다고 이의를 제기하는 경우에는 녹음자를 증인으로 채택하여 요증사실과의 관련성이 인정되면 이를 증거로 할 수 있다. 녹음자가 불분명한 경우에는 제3자의 확인서 등 자유로운 증명에 의하여 요증사실과의 관련성이 인정되는 한 이를 증거로 할 수 있다.

Ⅲ. 영상녹화물의 증거능력

1. 의　의

영상녹화물은 비디오테이프, 컴퓨터용디스크, 그 밖에 이와 비슷한 방법으로 음성과 영상을 녹음·녹화하여 재생할 수 있는 매체를 말한다. 영상녹화물은 촬영대상의 상황과 피촬영자의 동태 및 대화가 녹화된 것으로서 사진과 녹음테이프의 복합된 성질을 가지고 있으므로 그 증거능력은 원칙적으로 사진과 녹음테이프의 경우와 동일하게 취급된다. 즉 영상녹화물에 녹화된 영상은 사진과 유사하고, 사람의 대화나 진술내용이 포함된 부분은 녹음테이프의 경우에 준하여 평가된다. 그렇지만 영상녹화물은 사진 이상으로 촬영대상의 상황과 피촬영자의 대화가 녹화된 것이고, 녹음테이프와는 달리 피촬영자의 동태를 그대로 재현할 수 있기 때문에, 단순히 사진이나 녹음테이프에 준해서만 증거능력을 평가해서는 곤란하고, 녹화물의 특성에 따라 증거능력을 검토해야 한다. 영상녹화물의 증거능력이 인정되기 위해서는 그 전제로 영상녹화물이 원본이거나 원본으로부터 복사된 사본일 경우에는 복사과정에서 편집되는 등 인위적인 개작 없이 원본의 내용 그대로 복사된 사본이어야 한다.

2. 진술을 내용으로 하는 영상녹화물

⑴ 수사기관의 영상녹화물   수사기관은 피의자나 참고인에 대한 신문과정과 진술을 영상녹화할 수 있다. 이 경우 미리 영상녹화사실을 알려주어야 하며, 조사의 개시부터 종료까지의 전 과정 및 객관적 정황을 영상녹화해야 한다($\frac{제244조의}{2\ 제1항}$). 수사기관의 영상녹화물이 본증으로 사용될 수 있다는 주장이 있으나, 이는 형사소송법의 개정과정에서 제시된 입법안에 불과할 뿐 현행 형사소송법의 규정에 대한 해석이라고 볼 수 없다. ① 영상녹화제도는 피의자 진술의 임의성 여부를 확인하고 피해자를 보호하기 위해 도입된 제도이고, ② 제318조의2 제2항은 영상녹화물을 기억환기를 위하여 필요하다고 인정되는 경우에 한하여 시청하게 할 수 있다고 규정하여 그 용도를 명백히 제한하고 있으며, ③ 수사기관의 영상녹화물이 공판정에 무분별하게 제출되면 공판중심주의가 퇴색된다는 점에서 수사기관의 영상녹화물은 본증 또는 독립된 증거로 사용될 수 없다. 따라서 수사기관의 영상녹화물은 기억환기를 위한 자료 또는 참고인진술조서의 실질적 진정성립을 인정하기 위한 자료로 사용될 수 있을 뿐이다.

⑵ **영상부분을 제외한 녹음물의 증거능력**   수사기관의 영상녹화물은 본증 또는 독립된 증거로 사용될 수 없는데, 수사기관이 영상녹화물 중 영상부분을 제외한 녹음부분만을 분리하여 제출한 경우 그 증거능력이 문제된다. 이에 관하여 일반적인 진술녹음에 준하여 증거능력을 판단하면 된다는 주장이 있으나, 이는 영상녹화물의 본증사용을 엄격히 금지하고 있는 현행법의 입법취지를 잠탈하고자 하는 견해에 불과하다. 따라서 수사기관의 영상녹화물 중 영상부분이 분리된 녹음부분도 본증으로서 사용될 수 없다.

⑶ **성폭력범죄에 관한 특칙**

⑺ **피해자에 대한 영상녹화**   성폭력범죄를 당한 피해자가 19세 미만이거나 신체장애 또는 정신상의 장애로 사물을 변별하거나 의사를 결정할 능력이 미약한 때에는 검사 또는 사법경찰관은 피해자의 진술 내용과 조사 과정을 영상녹화장치로 녹화하고, 그 영상녹화물을 보존하여야 한다($\frac{성폭력처벌법}{제30조\ 제1항}$). 영상물에 수록된 미성년 피해자의 진술은 범행 과정 등을 촬영한 영상증거가 아니라 수사과정에서 피고인의 참여없이 이루어진 미성년 피해자의 답변을 녹화한 진술증거이다. 그러므로 영상물이 제공할 수 있는 제한적인 정보 및 그 형성과정 등을 고려할 때, 조사과정에 동석하였던 신뢰관계인 등에 대한 반대신문만으로

는 원진술자에 대한 반대신문을 대체하는 수단으로는 기능할 수 없다.[139]

(나) **증거능력**　　19세 미만 피해자 등의 진술이 영상녹화된 영상녹화물은 「성폭력범죄의 처벌 등에 관한 특례법」 제30조의 절차와 방식에 따라 영상녹화된 것으로서 ① 증거보전기일, 공판준비기일 또는 공판기일에 그 내용에 대하여 피의자, 피고인 또는 변호인이 피해자를 신문할 수 있었던 경우(다만, 증거보전기일에서의 신문의 경우 법원이 피의자나 피고인의 방어권이 보장된 상태에서 피해자에 대한 반대신문이 충분히 이루어졌다고 인정하는 경우로 한정), ② 피해자가 사망, 외국 거주, 신체적·정신적 질병과 장애, 소재불명, 그 밖에 이에 준하는 사유로 공판준비기일 또는 공판기일에 출석하여 진술할 수 없는 경우(다만, 영상녹화된 진술 및 영상녹화가 특별히 신빙할 수 있는 상태에서 이루어졌음이 증명된 경우로 한정)에 증거로 할 수 있다(동법 제30조의2 제1항). 법원은 피해자가 위와 같은 사유로 법정에 출석할 수 없음에도 영상녹화물을 유죄의 증거로 할지를 결정할 때에는 피고인과의 관계, 범행의 내용, 피해자의 나이, 심신의 상태, 피해자가 증언으로 인하여 겪을 수 있는 심리적 외상, 영상녹화물에 수록된 19세 미만 피해자등의 진술 내용 및 진술 태도 등을 고려하여야 한다. 이 경우 법원은 전문심리위원 또는 정신건강의학과 의사 등 전문가의 의견을 들어야 한다(동조 제2항).

(다) **아동·청소년 대상 성범죄**　　「아동·청소년의 성보호에 관한 법률」은 아동·청소년 대상 성범죄의 처벌과 절차에 관한 특례를 규정하고 있다. 아동·청소년 대상 성범죄 피해자의 진술내용과 조사과정은 비디오녹화기 등 영상물 녹화장치로 촬영·보존하여야 한다(동법 제26조 제1항). 동법 제26조 제6항에 의하면, '영상물에 수록된 피해자의 진술은 공판준비기일 또는 공판기일에 조사과정에 동석하였던 신뢰관계에 있는 자의 진술에 의하여 그 성립의 진정함이 인정된 때에는 증거로 할 수 있다'고 규정하고 있으나, 조사과정에 동석하였던 신뢰관계인에 대한 증인신문만으로 영상녹화물에 대한 증거능력을 인정할 수 없고, 「성폭력범죄의 처벌 등에 관한 특례법」 제30조의2에서 규정한 요건을 갖추어야 증거능력이 인정된다.

(4) **사인의 영상녹화물**　　수사기관이 아닌 사인이 피고인이나 피고인이 아닌 타인과의 대화 내용을 녹화한 영상녹화물은 진술서에 준하여 제313조 제1항에 따라 그 증거능력을 판단해야 한다. 따라서 공판기일에서 원진술자의 진술에 의하여 그 영상녹화물에 녹음된 각자의 진술내용이 자신이 진술한 대로 녹음

---

139) 헌법재판소 2021. 12. 23. 선고 2018헌바524 결정.

된 것이라는 점이 인정되어야 하는데, 영상녹화물은 녹음테이프와 달리 피촬영자의 동태를 그대로 재현할 수 있기 때문에 영상녹화물의 내용에 인위적인 조작이 가해지지 않은 것이 전제된다면, 영상녹화물에 촬영·녹음된 내용을 재생기에 의해 시청을 마친 원진술자가 영상녹화물의 피촬영자의 모습과 음성을 확인하고 자신과 동일인이라고 진술한 것은 영상녹화물에 녹음된 진술내용이 자신이 진술한 대로 녹음된 것이라는 취지의 진술을 한 것으로 보아야 한다.[140]

(5) **수사과정에서 녹화한 영상녹화물**   수사기관이 아닌 자가 수사과정에서 피고인이 아닌 자의 진술을 녹화한 영상녹화물의 증거능력도 엄격하게 제한할 필요가 있다. 검사가 피고인의 성폭력범죄를 수사하면서 아동인 피해자의 진술 내용에 대하여 대검찰청 소속 진술분석관에게 분석을 의뢰하였고, 이에 따라 진술분석관이 피해자를 면담하고 그 내용을 녹화한 영상녹화물의 경우에는 면담 방식과 내용, 면담 장소 등에 비추어 영상녹화물을 수사과정 외에서 작성된 것이라고 볼 수 없으므로 제313조 제1항에 따라 증거능력을 인정할 수 없고, 또한 수사기관이 작성한 피의자신문조서나 피고인이 아닌 자의 진술을 기재한 조서가 아니고, 피고인 또는 피고인이 아닌 자가 작성한 진술서도 아니므로 제312조에 의하여 증거능력을 인정할 수도 없으므로 진술분석관이 면담 내용을 녹화한 영상녹화물의 증거능력이 없다.[141]

3. 범행현장을 녹화한 영상녹화물

(1) **수사기관의 영상녹화물**   수사기관이 피촬영자의 의사에 반하여 영상녹화물을 만들려면 원칙적으로 검증영장을 발부받아야 하나, 현재 범행이 행하여지고 있거나 행하여진 직후이고, 증거보전의 필요성 내지 긴급성이 있으며, 일반적으로 허용되는 상당한 방법에 의하여 녹화한 경우에는 영장 없는 촬영이 허용된다. 이와 같은 요건을 갖추지 못한 영상녹화물은 위법하게 수집된 증거이므로 증거능력이 없다.

(2) **사인의 영상녹화물**   현장사진이 진술증거에 해당하므로 사인이 촬영한 영상녹화물도 진술증거에 해당한다는 견해가 있다. 그러나 범행현장의 상황을 촬영한 영상녹화물은 비진술증거에 해당한다고 본다. 사인이 위법한 방식으로 범행현장을 비디오테이프 등으로 녹화한 경우 법원으로서는 효과적인 형사소추 및 형사소송에서의 진실발견이라는 공익과 개인의 사생활의 보호이익을 비

---

140) 대법원 2004. 9. 13. 선고 2004도3161 판결.
141) 대법원 2024. 3. 28. 선고 2023도15133 판결.

교형량하여 그 허용 여부를 결정한다. 한편 화면녹화와 동시에 공개되지 아니
한 타인간의 대화내용을 녹음한 경우에는 통신비밀보호법 제14조의 적용을 받
게 된다.

【사 례】 영상녹화물의 증거능력

《사 안》 A지역에서 주차해 둔 차량에 흠집을 내는 일이 자주 발생하자 그 지역
주민들은 범인을 잡기 위하여 차량주차구역에 무인카메라를 설치해 두었다. 마침
그 지역에서 강제추행사건이 발생하였으나, 목격자가 없어 수사에 어려움을 겪고
있던 경찰은 이 무인카메라에 甲이 乙을 야간에 강제로 추행하는 장면이 녹화되었
음을 알게 되어, 그 장면이 녹화된 비디오테이프를 주민들로부터 넘겨받아 조사하
였다. 甲은 수사과정에서 무인카메라에 찍힌 사람이 본인이 아니라고 하면서 범행
을 완강하게 부인하였으나, 검사는 비디오테이프에 녹화된 범인의 모습과 甲이 일
치한다고 판단하여 甲에 대하여 강제추행죄로 공소를 제기하고, 공판절차에서 비디
오테이프를 증거로 제출하였다. 법원이 비디오테이프를 증거로 채택하였다면, 그 결
정은 적법한가?(제47회 사법시험 출제문제)

《검 토》 A지역 주민들이 차량주차구역에 무인카메라를 설치하여 통행인과 차량
등을 촬영한 행위는 위법하지 않다. 사인이 촬영한 비디오테이프는 전문진술증거에
해당하므로 제313조 제1항에 따라 촬영자의 진술에 의하여 성립의 진정함이 증명
되고 특신상태가 긍정되어야 증거능력이 있다는 견해가 있다. 그러나 범행현장의
상황이 촬영된 영상녹화물은 비진술증거에 해당하므로 전문법칙이 적용되지 않는
다고 본다. 다만 甲이 비디오테이프에 조작이 가하여졌다고 이의를 제기하는 경우
에는 촬영자 또는 관리자를 증인으로 채택하여 요증사실과의 관련성을 확인해야
한다.

4. 증거조사의 방법

(1) 수사기관 진술에 대한 영상녹화물

(가) 신   청   검사는 피의자가 아닌 자가 공판준비 또는 공판기일에서
조사가 자신이 검사 또는 사법경찰관 앞에서 진술한 내용과 동일하게 기재되
어 있음을 인정하지 아니하는 경우 그 부분의 성립의 진정을 증명하기 위하여
영상녹화물의 조사를 신청할 수 있다(규칙 제134조의3 제1항). 검사는 영상녹화물의 조사를 신
청하는 때에는 피의자가 아닌 자가 영상녹화에 동의하였다는 취지로 기재하고
기명날인 또는 서명한 서면을 첨부해야 한다(동조 제2항). 기억환기를 위한 영상녹화
물의 재생은 검사의 신청이 있는 경우에 한하고, 기억의 환기가 필요한 피고인

또는 피고인 아닌 자에게만 이를 재생하여 시청하게 하여야 한다(규칙 제134조의5 제1항).

(나) 증거조사   법원은 검사가 영상녹화물의 조사를 신청한 경우 이에 관한 결정을 함에 있어 피고인 또는 변호인으로 하여금 그 영상녹화물이 적법한 절차와 방식에 따라 작성되어 봉인된 것인지 여부에 관한 의견을 진술하게 하여야 한다(규칙 제134조의4 제1항). 영상녹화물이 피고인 아닌 자의 진술에 관한 것인 때에는 원진술자인 피고인 아닌 자도 위와 같은 의견을 진술하여야 한다(동조 제2항). 법원은 공판준비 또는 공판기일에서 봉인을 해체하고 영상녹화물의 전부 또는 일부를 재생하는 방법으로 조사하여야 한다. 이 때 영상녹화물은 그 재생과 조사에 필요한 전자적 설비를 갖춘 법정 외의 장소에서 이를 재생할 수 있다(동조 제3항). 재판장은 조사를 마친 후 지체 없이 법원사무관 등으로 하여금 다시 원본을 봉인하도록 하고, 원진술서와 함께 피고인 또는 변호인에게 기명날인 또는 서명하도록 하여 검사에게 반환한다. 다만, 피고인의 출석 없이 개정하는 사건에서 변호인이 없는 때에는 피고인 또는 변호인의 기명날인 또는 서명을 요하지 아니한다(동조 제4항).

(2) 그 밖의 영상녹화물   녹화테이프, 컴퓨터용디스크, 그 밖에 이와 비슷한 방법으로 영상을 녹화한 매체에 대한 증거조사를 신청하는 때에는 영상이 녹화된 사람, 녹화를 한 사람 및 녹화를 한 일시와 장소를 밝혀야 한다. 영상녹화물에 대한 증거조사를 신청한 당사자는 법원이 명하거나 상대방이 요구한 때에는 녹취서, 그 밖에 그 내용을 설명하는 서면을 제출해야 한다. 영상녹화물에 대한 증거조사는 영상녹화물을 재생하여 시청하는 방법으로 한다(규칙 제134조의8).

Ⅳ. 디지털증거의 증거능력

1. 의   의

(1) 개   념   디지털증거란 각종 디지털 저장매체에 저장되거나 네트워크 장비 및 유·무선 통신상으로 전송되는 정보 중 증거로서 가치를 가지는 디지털정보를 말한다. 컴퓨터 등 디지털 기술과 네트워크의 발전으로 컴퓨터 저장기록과 데이터, 전자우편, 문자메시지, 디지털 사진 등과 같은 디지털증거가 법정에 현출됨에 따라 그 증거능력 인정의 기준이 문제된다.

(2) 구별개념   '전자기록'이란 형법에서 사용되는 용어로 집적회로, 자기디

스크, 자기테이프 등 매체에 전기적, 자기적 방법으로 저장된 기록을 말하며 형법상 공·사전자기록 위작, 변작, 행사죄의 객체가 된다. '전자문서'란 컴퓨터 등 정보처리능력을 지닌 장치를 이용하여 작성되어 송수신되거나 저장된 디지털정보를 말한다. 전자문서는 컴퓨터상의 정보이기는 하나, 컴퓨터 시스템이 작동하면서 자동적으로 생성되는 로그파일이나 인터넷 접속기록 등과는 구별된다. 디지털증거는 디지털정보를 증거법의 측면에서 정의한 것으로, 전자기록과 전자문서는 디지털정보에 포함된다.

(3) 특 징 ① 디지털증거는 원본과 사본의 구분이 힘들고, ② 일부 또는 전체에 대한 수정 및 삭제 등 편집이 용이하다. 또한 ③ 디지털증거는 가시성(可視性)과 가독성(可讀性)이 없으므로 증거로 제출되기 위해서는 출력과정을 거쳐야 한다. 출력된 문서는 입증하고자 하는 내용을 기준으로 증거서류 또는 증거물인 서면으로 구별할 수 있다. 예를 들면 피고인의 진술서, 개인의 일기 등을 컴퓨터에 작성해 놓은 것을 출력한 경우는 증거서류에 해당하고, 위작·변작된 컴퓨터기록을 출력한 경우는 증거물인 서면에 해당한다.

2. 증거능력 인정을 위한 전제요건

(1) 원본성 디지털증거가 문서로 출력된 경우 그 문서를 원본으로 보아야 하는지 아니면 디지털정보 자체를 원본으로 보아야 하는지의 문제가 있다. 증거방법으로서의 원본은 가시성과 가독성을 전제로 하므로 저장된 정보 자체를 원본으로 보기에는 어렵다. 즉 디지털증거는 일정한 컴퓨터프로그램에 의해 출력되어야 비로소 보고 읽을 수 있는 상태로서의 문서가 되기 때문에 컴퓨터에 의해 출력된 문서를 원본으로 보는 것이 타당하다.

(2) 동일성 디지털정보가 증거로 제출된 경우에는 그 정보저장매체에 수록된 자료를 출력한 문서를 증거서류로 제출시켜 이에 대하여 증거능력의 유무를 결정한다. 피고인이 정보저장매체에 수록된 자료와 출력문서의 내용적 동일성을 인정하지 않는 경우에는 공판정에서 전자기록 자체를 제시하고 컴퓨터로 전자기록의 내용을 모니터화면에 재현하여 제출된 출력문서와의 내용적 동일성에 관하여 **검증절차**를 실시한다. 이와 같은 방법에 의한 증명이 불가능하거나 현저히 곤란한 경우에는 전자기록이 저장된 매체 원본에 대한 압수 등 일련의 절차에 참여한 수사관이나 전문가 등에 대한 **증인신문절차**에 의해 전자기록 원본과 '하드카피' 또는 '이미징'한 매체의 해쉬(Hash) 값이 동일하거나 전자기록 원본이 최초 압수시부터 밀봉되어 증거 제출시까지 전혀 변경되지 않았다

는 사정을 증명하는 방법으로 동일성을 인정할 수 있다.[142]

(3) **신뢰성**   디지털정보는 변조가 용이하고 의도적 조작에 취약하므로 그 신뢰성이 보장되어야 한다. 컴퓨터의 기계적 정확성, 처리프로그램의 자체에 대한 신뢰성, 입력·처리·출력의 각 단계에서 조작자의 전문적인 지식과 기술 능력 및 정확성이 전제되어야 한다.

3. 전문증거로서의 증거능력

(1) **성립의 진정**   컴퓨터 디스켓에 들어 있는 문건이 증거서류로 사용되는 경우 컴퓨터 디스켓은 그 실질에 있어서 피고인 또는 피고인 아닌 자의 진술을 기재한 서류와 다를 바 없으므로 전문법칙이 적용된다. 따라서 제313조 제1항에 의하여 그 작성자 또는 진술자의 진술에 의하여 그 성립의 진정함이 증명된 때에 한하여 이를 증거로 사용할 수 있다. 작성자 또는 진술자가 공판준비나 공판기일에서 그 성립의 진정을 부인하는 경우에는 과학적 분석결과에 기초한 디지털포렌식 자료, 감정 등 객관적 방법으로 성립의 진정함이 증명되는 때에는 증거로 할 수 있다. 다만, 피고인 아닌 자가 작성한 진술서는 피고인 또는 변호인이 공판준비 또는 공판기일에 그 기재 내용에 관하여 작성자를 신문할 수 있었을 것을 요한다(제313조 제2항).

(2) **제315조의 적용**   공공기관이나 기업 등에 의하여 다양한 개인정보들이 대량으로 처리, 저장되고 각종 서류 등을 전자기록의 형태로 보관하는 경우가 증가함에 따라 이러한 전자기록을 제315조에 따라 증거로 할 수 있는지 문제가 된다. 공무원이 작성한 증명문서로서 컴퓨터로 작성한 서면, 업무의 통상과정에서 업무목적의 원활한 수행을 위해 컴퓨터로 작성한 서면이나 그에 준하는 컴퓨터기록들은 제315조에 의해 당연히 증거능력이 인정되고, 비전형적으로 작성된 전자기록이라도 그 처리과정에서 인위적 수정을 가하지 않은 것이 담보되어 그 정확성과 신뢰성이 보장될 수 있다면 제315조에 따라 증거로 인정할 필요가 있다.

4. 증거조사의 방법

정보저장매체에 저장된 문자정보를 증거자료로 하는 경우에는 읽을 수 있도록 출력하여 인증한 등본을 낼 수 있다. 정보저장매체에 저장된 문자정보를 증거로 하는 경우에 증거조사를 신청한 당사자는 법원이 명하거나 상대방이 요구하는 때에는 전자기록에 문자정보를 입력한 사람과 입력한 일시, 출력한

---

142) 대법원 2013. 7. 26. 선고 2013도2511 판결.

사람과 출력한 일시를 밝혀야 한다($^{규칙_{제134}}_{조의7}$).

【사 례】 출력문서의 증거능력

《사 안》 반도체회사의 첨단기술을 중국으로 팔아넘긴 사건을 내사 중인 사법경찰관 A는 그 회사의 연구원 甲을 피의자로 인지하고 압수·수색·검증영장을 발부받아 사무실에서 甲의 노트북을 검색한 결과 범행에 대한 내용을 기록한 메모파일을 발견하고 노트북 하드디스크를 압수하였다. 甲은 법정에서 노트북의 메모파일 내용은 사실과 다른 것이라고 주장하며 범행을 부인하였다. 이에 검사는 메모파일을 출력한 문서를 증거로 제출하였다. 메모파일을 출력한 문서의 증거능력을 논하라.

《검 토》 甲의 노트북에 저장되어 있는 메모파일을 출력한 경우 출력문서는 그 자체가 원본에 해당하나, 노트북의 메모파일과 그 내용이 동일해야 한다. 출력문서는 甲의 진술을 내용으로 하는 진술서라고 볼 수 있는데, 수사과정에서 작성된 진술서가 아니라 수사 이전에 이미 작성된 진술서에 해당한다. 따라서 제313조 제1항에 따라 甲이 성립의 진정을 인정하면 출력문서는 증거능력을 가진다. 甲이 성립의 진정을 부인하는 경우에는 과학적 분석결과에 기초한 디지털포렌식 자료, 감정 등 객관적 방법으로 성립의 진정함이 증명되는 때에는 증거로 할 수 있는데, 메모파일에 대한 신용성의 정황적 보장이 인정되어야 한다.

제 6 과학적 감정결과의 증거능력

Ⅰ. 개 관

과학적 감정결과는 과학전문지식을 가진 감정인이 최신의 기술과 장비를 이용하여 특정된 대상이 범죄와 관련되었는지를 분석·평가한 자료로 주로 감정서의 형태를 취하고 있다. 과학적 감정결과는 수사의 단서를 제공하고 범인의 식별과 체포를 가능하게 할 뿐만 아니라, 유죄입증을 위한 중요한 증거로 활용되고 있다. 과학적 감정은 현실적으로 유용한 반면 과학기술에 내재하는 위험과 한계가 있다. 즉 과학적 감정결과는 전문증거로서의 증거능력 이전에 증거로서의 관련성과 신뢰성이 문제된다. 과학적 감정결과가 증거로 채택되기 위해서는 과학적 이론의 타당성과 그 과학적 이론을 응용한 기술의 타당성이 인정되어야 하고 특정 사건에 과학기술이 적정하게 적용되어야 한다.

Ⅱ. 거짓말탐지기 검사결과의 증거능력

1. 의   의

거짓말탐지기란 사람이 거짓말을 할 때 나타나는 신체적·생리적 변화에 착안하여 진술의 진위나 인식 유무를 판독하는 기계를 말한다. 즉 검사자는 피의자 등 피검사자에 대해 질문을 하여 진술 당시에 발생하는 생리적 변화를 거짓말탐지기로 기록하여 이를 분석함으로써 진술의 진위나 사실에 대한 인식 여부를 판단하게 된다.

2. 증거능력의 문제

⑴ 학   설

(가) 긍정설   피검자의 명시적 동의 또는 적극적인 요구가 있는 경우 거짓말탐지기 검사결과는 증거능력이 인정된다는 학설이다. 이 학설은 ① 피검자의 동의가 있는 경우 피검자에 대한 생리적·심리적 반응검사가 인격과 신체의 침해라고 볼 수 없고, ② 검사결과는 실질적으로 감정서로서의 성질을 가지므로 전문법칙과의 관계에서도 제313조 제2항의 요건을 충족하면 증거능력이 인정되며, ③ 검사결과 피의자의 진술이 진실이라고 인정될 때에는 수사가 신속히 종결된다는 점을 그 근거로 삼고 있다.

(나) 부정설   거짓말탐지기 검사결과의 증거능력을 부정하는 학설(통설)은 그 이론적 근거에 따라 다음과 같은 견해가 있다. ① 거짓말탐지기에 의한 검사는 인간의 인격을 침해하는 것이므로 허용될 수 없다는 견해[143]이다. 따라서 피검자의 동의가 있는 경우에도 거짓말탐지기의 검사결과는 증거로 할 수 없다고 한다. ② 거짓말탐지기의 검사결과는 최량의 조건을 가진 경우에도 필요최소한의 신용성(자연적 관련성)이 없기 때문에 증거로 제출할 수 없다고 하는 견해[144]이다. 즉 거짓말탐지기의 검사결과는 그 정확성을 신뢰할 수 없으므로 증거능력을 부정해야 한다는 것이다.

⑵ 판   례

거짓말탐지기의 검사결과에 대하여 증거능력을 인정할 수 있으려면 ① 거짓말을 하면 반드시 일정한 심리상태의 변동이 일어나고, ② 그 심리상태의 변동은 반드시 일정한 생리적 반응을 일으키며, ③ 생리적 반응에 의하여 피검사자의 말이 거짓인지의 여부가 정확히 판정될 수 있다는 전제요

---

143) 신동운, 1244면.
144) 이재상, 692면.

건이 충족되어야 하며, ④ 특히 생리적 반응에 대한 거짓 여부의 판정은 거짓말탐지기가 위 생리적 반응을 정확히 측정할 수 있는 장치이어야 하고, ⑤ 검사자가 탐지기의 측정내용을 객관성 있고 정확하게 판독할 능력을 갖춘 경우라야 그 정확성을 확보할 수 있는데, 거짓말탐지기의 검사결과는 이러한 전제조건을 충족하였다고 인정할 수 없으므로 그 **증거능력을 부정하여야 한다.**[145] 거짓말탐지기의 검사결과가 위 전제요건을 충족하여 증거능력이 인정되는 경우에도 그 검사결과는 피검사자의 진술의 신빙성 유무를 판단하는 정황증거로서의 기능을 하는 데 그친다.[146]

(3) **검 토**　거짓말탐지기에 의한 검사결과는 피검사자의 정신상태나 진정제 복용 등 다른 요인에 의하여 달라질 수 있고, 검사자에 따라 검사결과에 대한 판단이 상이할 수 있으므로 검사결과의 신용성을 담보할 수 없다. 따라서 거짓말탐지기의 검사결과는 피고인의 동의가 있더라도 그 증거능력을 부정해야 한다고 본다.

3. 관련문제

(1) **수사기관의 거짓말탐지기 사용**　거짓말탐지기의 검사결과에 증거능력을 부정하는 경우에도 수사기관이 거짓말탐지기를 사용할 수 있는가 하는 문제가 있다. 수사기관이 피의자나 참고인의 동의를 얻은 경우에는 거짓말탐지기를 사용할 수 있다고 본다. 이는 수사의 효율성을 높이는 동시에 피의자도 일찍 혐의를 벗을 수 있는 기회가 되기 때문이다.

(2) **거짓말탐지기의 사용과 진술거부권**　검사자가 거짓말탐기기를 사용하는 경우 피검사자에게 진술거부권을 고지하여야 한다는 견해가 있으나, 거짓말탐지기에 의한 검사는 피검사자의 동의를 전제로 수사의 효율성을 높이기 위하여 사용하는 것이므로 진술거부권이 적용될 여지는 없다고 본다.

(3) **거짓말탐지기를 사용하여 얻은 자백**　피검사자가 거짓말탐지기의 검사결과가 사실이라면 자백하겠다는 약속하에 이루어진 자백이 증거능력을 가지는가에 관하여 ① 피검사자의 동의가 있는 경우에는 증거능력을 인정해야 한다는 견해[147]와 ② 거짓말탐지기를 사용하여 얻은 자백은 제309조의 '기타 방법으로 임의로 이루어진 것이 아니라고 의심할 만한 이유가 있는 때'에 해당하므로

---

145) 대법원 1983. 9. 13. 선고 83도712 판결, 1984. 3. 13. 선고 84도36 판결, 1986. 11. 25. 선고 85도2208 판결, 1987. 7. 21. 선고 87도968 판결.
146) 대법원 1984. 2. 14. 선고 83도3146 판결.
147) 이재상, 695면.

증거능력이 부정된다는 견해[148]가 있다. 판례는 증거능력을 인정하는 입장이다.[149] 피의자가 거짓말탐지기 검사결과에 승복하여 자백을 한 경우 그 자백을 임의성이 없는 자백이라고 단정할 수는 없다고 본다.

(4) **거짓말탐지기의 검사결과와 탄핵증거**　거짓말탐지기의 검사결과를 탄핵증거로도 사용할 수 없다는 견해가 있으나, 피진술자의 신빙성을 판단하는 탄핵증거로 사용할 수 있다고 본다. 다만 이 경우에도 그 전제로서 검사결과의 정확성과 신뢰성이 인정되어야 한다.

【사 례】 **거짓말탐지기 검사결과의 증거능력**

《사 안》 甲은 乙을 강간하여 살해한 혐의로 수사를 받았으나 범행을 강력히 부인하였다. 검사는 甲의 동의를 얻어 거짓말탐지기에 의한 검사를 시도하였다. 乙이 살해되던 당시 입었던 옷 등에 대한 甲의 대답은 허위로 판독되었다. 검사는 거짓말탐지기의 검사결과를 甲에게 제시하면서 범행을 추궁하여 甲의 자백을 얻어 이를 피의자신문조서에 기재하였다. 거짓말탐지기 검사결과를 기재한 감정서와 검사 작성의 피의자신문조서는 증거능력이 있는가?

《검 토》 거짓말탐지기의 검사결과는 그 정확성을 신뢰할 수 없기 때문에 증거능력을 부정해야 한다. 따라서 甲이 공판기일에 거짓말탐지기 검사결과를 기재한 감정서를 증거로 하는 데 동의를 하더라도 감정서의 증거능력이 인정되지 않는다. 거짓말탐지기의 검사결과를 토대로 甲을 추궁하여 얻은 자백이 기재된 검사 작성의 피의자신문조서는 제312조 제1항에 따라 증거능력이 인정된다.

Ⅲ. 유전자감정결과의 증거능력

1. 의   의

유전자감정은 사람의 혈액, 체모, 정액 및 신체조직으로부터 분리한 DNA의 형태를 분석하여 개인의 동일성을 확인하는 감정을 말한다. 유전자감정결과는 강력범죄의 범인을 식별하기 위한 유용한 수사자료일 뿐 아니라 범죄혐의자의 무죄를 입증할 수 있는 자료로도 사용된다. 유전자감정의 이론적 타당성은 널리 받아 들여지고 있기는 하나, 분석재료의 수집과 보관, 검사기법, 감정인의 능력 등에 따라 분석결과가 달라질 수도 있다는 점에서 그 증거능력을 인정하기 위해서는 엄격한 요건이 필요하다.

---

148) 배종대, 660면; 신동운, 1247면; 신양균, 770면.
149) 대법원 1983. 9. 13. 선고 83도712 판결.

2. 요 건

유전자감정결과의 증거능력을 인정하기 위해서는 최소한 ① 감정인이 충분한 전문적인 지식경험과 기술수준을 가지고 있어야 하고, ② 분석재료는 적절히 관리되어 보존되어야 하며 감정에 사용될 정도로 양적으로 충분해야 하고, ③ 검사기법은 일반적으로 확립된 표준적인 검사기법을 사용하여야 하며, ④ 객관적인 방법에 의하여 조작과 검사결과에 대한 분석이 이루어져야 한다.

Ⅳ. 시료감정결과의 증거능력

1. 의 의

폐수 수질검사와 같은 과학적 증거방법은 전문지식과 경험을 지닌 감정인이 시료에 대하여 일반적으로 확립된 표준적인 분석기법을 활용하여 분석을 실행하고, 그 분석이 적정한 절차를 통하여 수행되었음이 인정되는 이상 법관이 사실인정을 함에 있어 상당한 정도로 구속력을 가진다. 따라서 시료감정결과를 아무런 합리적 근거 없이 함부로 배척하는 것은 자유심증주의의 한계를 벗어나는 것으로서 허용될 수 없다.

2. 요 건

시료감정결과의 증거능력이 인정되어 사실인정에 있어서 상당한 정도로 구속력을 갖기 위해서는 감정인이 전문적인 지식·기술·경험을 가지고 공인된 표준 검사기법으로 분석을 거쳐 법원에 제출하였다는 것만으로는 부족하고, 시료의 채취·보관·분석 등 모든 과정에서 시료의 동일성이 인정되고 인위적인 조작·훼손·첨가가 없었음이 담보되어야 하며 각 단계에서 시료에 대한 정확한 인수·인계 절차를 확인할 수 있는 기록이 유지되어야 한다.[150]

제4관 진술증거의 증거능력

제1 개 관

Ⅰ. 제317조의 의의

제317조는 『① 피고인 또는 피고인 아닌 자의 진술이 임의로 된 것이 아닌

---

150) 대법원 2010. 3. 25. 선고 2009도14772 판결.

것은 증거로 할 수 없다. ② 전항의 서류는 그 작성 또는 그 내용인 진술이 임의로 되었다는 것이 증명된 것이 아니면 증거로 할 수 없다. ③ 검증조서의 일부가 피고인 또는 피고인 아닌 자의 진술을 기재한 것인 때에는 그 부분에 한하여 전 2항의 예에 의한다』고 규정하고 있다. 본조의 입법취지에 관해서 ① 진술의 임의성에 대한 법원의 조사의무를 규정한 것이고 해석하는 견해와 ② 진술의 임의성이 증거능력의 요건임을 선언한 규정이라고 보는 견해 및 ③ 진술의 임의성에 대한 조사의무와 증거능력의 요건을 함께 규정한 것이라고 보는 견해가 있다. 제1설은 일본 형사소송법 제325조가 『재판소는 … 진술이 임의로 된 것인가 여부를 조사한 후가 아니면 이를 증거로 할 수 없다』고 규정한 점을 고려한 것이라고 할 수 있는데, 현행법은 일본의 경우와는 달리 법원의 조사의무를 규정하는 방식을 취하고 있지 않으므로 제317조를 법원의 조사의무만을 규정한 것이라고 보는 것은 타당하지 않다고 본다. 따라서 본조는 진술의 임의성을 증거능력의 요건으로 하면서 진술의 임의성에 대한 법원의 조사의무를 규정한 것이라고 본다.

II. 제317조의 적용범위

1. 광 의 설

본조에 의하여 진술의 임의성이 요구되는 진술의 범위에 관하여 일체의 진술증거를 그 적용대상으로 한다는 견해이다. 제309조를 본조의 특별규정으로 보아 자백 이외의 일체의 진술증거에 대하여 본조가 적용된다고 한다. 이 견해에 따르면 ① 피고인이나 증인의 진술에 관하여 임의성이 없는 경우에는 제317조 제1항에 의하여 증거능력이 부정되고, ② 서류에 기재된 진술에 관하여 진술내용뿐만 아니라 서류작성 자체의 임의성이 없는 경우에는 본조 제2항에 의하여 증거능력이 부정된다고 한다. 또한 ③ 검증조서에 기재된 진술의 임의성이 인정되지 않는 경우에는 본조 제3항이 적용된다고 한다.

2. 협 의 설

본조는 제310조의2 내지 제316조가 규정하고 있는 전문증거에 한하여 적용된다는 견해이다. 즉 제317조는 전문증거만을 그 규율대상으로 하고, 제309조는 자백배제법칙을 규정한 것으로서 서로 그 성질을 달리한다고 해석한다. 이 견해에 따르면 ① 제317조 제1항은 전문증거의 원진술의 임의성요건에 관한 규정이고, ② 본조 제2항은 서면형태를 취하는 전문증거에 대해 원진술의 임의성 이외에 서면작성과정의 임의성까지 추가한 규정이 되며, ③ 본조 제3항은 검증조서에 원진술이 기재된 경우에도 원진술의 임의성과 작성과정의 임의성을 요구하는 규정이 된다.

3. 검   토

협의설은 조문의 체계적 위치에 중점을 두고 있다. 그러나 본조가 진술의 범위를 제한하지 않고 있는 이상 광의설이 타당하다고 본다. 따라서 자백의 임의성이 인정되지 않으면 제309조에 의하여, 자백 이외의 진술의 임의성이 인정되지 않으면 본조에 의하여 증거능력이 부정된다.

제 2 진술의 임의성과 증거능력

I. 진술의 임의성

1. 임의성의 의미

진술의 임의성은 자백의 임의성과 동일한 의미인가에 관하여 학설이 대립한다. 긍정설에 의하면, 제309조와 본조는 진술내용이 자백인가 아닌가에 따라 구별될 뿐이므로 임의성의 의미에는 차이가 없다고 한다. 따라서 진술의 임의성의 의미를 자백배제법칙의 근거인 **위법배제**의 관점에서 이해하게 된다. **부정설**에 의하면, 자백의 임의성은 위법배제의 관점에서 파악되는 데 반하여 진술의 임의성은 허위배제의 관점에서 파악된다고 한다. 자백의 임의성과 진술의 임의성은 그 내용에 있어서 차이가 없으므로 진술의 임의성도 위법배제에 그 근거가 있다고 본다.

2. 임의성 없는 진술

진술이 임의로 된 것이 아닌 것은 증거로 할 수 없다. 여기서 증거로 할 수 없다는 의미를 증명력의 배제로 해석하는 견해가 있으나, 증거능력을 부정하는 것이라고 본다.

II. 서류작성의 임의성

진술을 기재한 서류의 경우에는 진술의 임의성뿐만 아니라 서류작성의 임의성도 인정되어야 한다. 그러나 법원 또는 수사기관이 작성한 조서나 공적인 증명문서에 관하여는 서류작성의 임의성이 통상 인정되므로 서류작성의 임의성이 문제되는 것은 주로 피의자나 참고인이 작성한 진술서의 경우이다.

제 3 임의성의 조사와 증명

Ⅰ. 임의성의 조사

1. 직권조사

진술증거에 대해 요구되는 임의성은 증거능력의 요건이므로 법원은 직권으로 이를 조사하여야 한다. 당사자가 증거로 하는 데 동의한 경우에도 진술의 임의성을 조사하여야 한다는 견해가 있으나, 조서의 작성상황을 고려하여 상당하다고 인정되면 임의성을 조사할 필요는 없다고 본다.

2. 조사시기

임의성에 대한 조사는 증거능력의 요건이므로 원칙적으로 증거조사 전 증거결정과정에서 이루어져야 한다. 그러나 진술의 임의성에 관하여 반드시 사전조사를 요하는 것은 아니다. 일단 임의성이 있다고 인정하여 증거조사를 한 후에도 임의성에 의문이 있을 때에는 다시 임의성을 조사할 수 있으며, 증거조사와 임의성의 조사를 병행하여도 무방하다.

3. 조사방법

진술의 임의성은 소송법적 사실이므로 **자유로운 증명**으로 족하다. 따라서 법원은 구체적인 사건에 따라 당해 조서의 형식과 내용, 진술자의 학력·경력·직업·사회적 지위·지능 정도 등 제반 사정을 참작하여 자유로운 심증으로 판단한다.[151]

Ⅱ. 임의성의 증명

임의성에 대한 증명도 다른 요증사실의 경우와 마찬가지로 법관에게 확신을 줄 정도로 이루어져야 한다. 이 점은 제309조가 자백의 임의성에 의심을 불러일으킬 만한 정도의 증명을 요하는 것과 대비된다. 임의성에 대한 입증책임은 증거를 제출하는 당사자에게 있다. 따라서 검사가 제출한 진술조서에 대해 피고인이 임의성을 다툰 경우 임의성에 대한 입증책임은 검사에게 있다.

---

151) 대법원 1989. 11. 14. 선고 88도1251 판결, 1994. 12. 22. 선고 94도2316 판결.

제 5 관 증거동의와 증거능력

제 1 개 관

I. 증거동의의 의의

검사와 피고인이 증거로 할 수 있음을 동의한 서류 또는 물건은 진정한 것으로 인정한 때에는 증거로 할 수 있다(제318조). 즉 증거능력이 없는 전문증거라도 검사나 피고인이 증거로 하는 데 동의한 경우에는 원진술자나 서류작성자를 소환·신문하지 않고도 증거능력을 인정하여 신속한 재판과 소송경제를 도모할 수 있다. 다만 검사나 피고인의 동의가 있더라도 법원이 해당 증거를 진정한 것으로 인정한 경우에만 비로소 증거능력이 인정된다.

II. 증거동의의 본질

1. 쟁 점

증거능력을 갖추지 못한 전문증거에 증거능력을 부여하는 소송행위인 증거동의의 이론적 근거, 즉 본질에 관해서 학설이 대립된다. 증거동의의 본질을 어떻게 해석하느냐에 따라 증거대상의 범위가 달라진다.

2. 학 설

(1) 반대신문권포기설 제318조의 증거동의는 반대신문권의 포기를 의미한다는 견해이다(통설). 따라서 반대신문권과 관계없는 것은 증거동의가 있더라도 증거로 할 수 없게 된다. 예를 들면 임의성 없는 자백이나 위법하게 수집된 증거는 증거동의가 있어도 증거로 사용할 수 없다고 한다.

(2) 이의권포기설 당사자가 증거로 함에 동의한다는 것은 당사자가 그 증거의 증거능력과 증명력을 다툴 권리를 포기한다는 것을 의미한다는 견해이다. 피의자의 자백이 기재된 수사서류에 대하여 피고인이 증거로 동의한다는 것은 원진술자에 대한 반대신문권의 포기를 의미하는 것이 아니고 그 자백의 임의성과 신빙성을 다툴 권리를 포기한다는 점을 논거로 삼는다.

3. 검 토

동의의 본질이 반대신문권의 포기에 있다는 통설이 타당하다고 본다. 따라서 동의에 의하여 증거능력이 인정되는 것은 반대신문권의 보장과 관련된 증거이어야 한다.

Ⅲ. 증거동의와 전문법칙

1. 특　　례

제318조 제1항은 전문증거금지의 원칙에 대한 예외로서 반대신문권을 포기하겠다는 피고인의 의사표시에 의하여 서류 또는 물건의 증거능력을 부여하려는 규정이다.[152]

2. 학　　설

⑴ **전문법칙예외설**　　제318조는 전문법칙의 예외를 규정한 것이라고 해석하는 견해이다. 전문법칙예외설은 제318조의 진정성(眞正性)이 신용성의 정황적 보장과 같은 의미에 불과하다는 점과 전문증거의 예외란 전문증거가 증거능력이 인정되는 것을 의미한다는 점을 근거로 한다.

⑵ **전문법칙배제설**　　제318조는 전문법칙의 적용이 배제되는 경우를 규정한 것이라고 해석하는 견해이다. 전문법칙배제설에 의하면, 제318조는 입증절차에 당사자주의의 이념이 구현된 것으로서 제311조 내지 제316조에도 해당하지 않는 증거능력 없는 증거에 대해 증거능력을 부여하는 규정이라고 한다.

3. 검　　토

제318조는 전문법칙의 예외이론인 신용성을 이유로 전문증거에 대해 증거능력을 부여하는 것이 아니므로 전문법칙배제설이 이론적으로 타당하다고 본다.

제 2　증거동의의 방법

Ⅰ. 동의의 주체와 상대방

1. 동의의 주체

⑴ **검사와 피고인**　　증거동의의 주체는 검사와 피고인이다. 일방이 신청한 증거에 대하여는 반대편의 동의가 있어야 한다. 법원이 직권으로 수집한 증거에 대하여는 검사와 피고인 모두의 동의가 있어야 한다.

⑵ **변호인의 동의**　　피고인의 증거동의가 있으면 별도로 변호인의 동의는

---

152) 대법원 1983. 3. 8. 선고 82도2873 판결.

필요 없다. 다만 변호인은 피고인의 명시한 의사에 반하지 않는 한 피고인을 대리하여 증거동의를 할 수 있다.[153] 그러므로 피고인의 명시한 의사에 반한 변호인의 동의는 효력이 없고, 피고인이 변호인의 동의에 대해 즉시 이의를 제기하거나 취소한 때에는 증거동의로서의 효력이 없다. 또한 피고인이 출석한 공판기일에서 증거로 함에 부동의한다는 의견이 진술된 경우에는 그 후 피고인이 불출석한 공판기일에 변호인만이 출석하여 종전 의견을 번복하여 증거로 함에 동의하였다 하더라도 그 효력이 없다.[154]

(3) 피고인의 동의와 변호인의 취소   피고인의 증거동의를 변호인이 취소할 수 있는가에 관하여 ① 변호인은 피고인을 대리하여 증거동의를 할 수 있을 뿐이므로 피고인이 행한 동의를 취소할 수 없다는 견해[155]와 ② 증거동의는 피고인의 방어권행사에 중대한 영향을 미치는 행위이므로 피고인이 중대한 착오에 의해 증거동의를 한 경우에는 변호인이 이를 취소할 수 있다는 견해[156]가 대립한다. 피고인의 의사를 먼저 존중해야 하고, 절차의 형식적 확실성을 보장하기 위한다는 점에서 전설(前說)이 타당하다고 본다.

2. 동의의 상대방

증거동의의 상대방은 법원이다. 증거동의의 본질이 반대신문권의 포기이고, 증거능력 없는 증거에 증거능력을 부여하는 소송행위이기 때문이다.

II. 동의의 대상

1. 증거능력 없는 전문증거

동의의 대상은 증거능력이 없는 전문증거에 한한다. 증거능력이 없는 전문증거라면 서류뿐만 아니라 진술도 동의의 대상이 된다. 따라서 피고인이 성립의 진정을 인정한 검사 작성의 피의자신문조서와 같이 이미 증거능력이 인정된 전문증거는 동의대상이 되지 않는다. 또한 피고인의 유죄증거에 대한 반대증거로 제출된 서류는 성립의 진정이 증명되지 않거나 동의가 없더라도 증거판단의 자료로 삼을 수 있기 때문에 동의의 대상이 되지 않는다.[157] 그러나 피고인이 제출한 증거에 대하여 검사가 행하는 반증은 증거능력 있는 증거에 의

---

153) 대법원 1988. 11. 8. 선고 88도1628 판결.
154) 대법원 2013. 3. 28. 선고 2013도3 판결.
155) 신양균, 779면; 이재상, 698면.
156) 배종대, 663면; 신동운, 1184면.
157) 대법원 1981. 12. 22. 선고 80도1547 판결.

할 것을 요하므로 동의의 대상이 된다.

2. 서류 또는 물건

(1) 서 류   동의의 대상은 전문법칙에 의하여 증거능력 없는 서류이다. 공동피고인에 대한 피의자신문조서[158]와 참고인에 대한 진술조서[159]뿐만 아니라 문서의 사본[160]과 사진[161]도 포함된다. 검사 작성의 피고인에 대한 피의자신문조서도 피고인이 이를 증거로 함에 동의하면 증거능력이 인정된다.

(2) 물 건   장물이나 범행도구인 흉기 등이 동의대상이 될 수 있는가에 대해서 ① 제318조의 문언에 따라 증거물도 동의의 대상이 된다는 **적극설**[162]과 ② 증거물은 반대신문과 관계없을 뿐만 아니라 물적 증거로서 전문법칙의 제한도 받지 않으므로 증거동의의 대상이 될 수 없다는 **소극설**[163]이 있다. 증거물은 반대신문과 관계없는 증거이므로 동의의 대상이 되지 않는다고 본다. 따라서 제318조가 물건을 규정하고 있는 것은 입법의 오류라고 생각한다.

Ⅲ. 동의의 시기

동의는 원칙적으로 증거조사 전에 하여야 한다. 동의는 증거능력의 요건이고 증거능력 없는 증거에 대하여는 증거조사가 허용되지 않기 때문이다. 다만 증거조사 후 전문증거임이 밝혀진 경우에는 사후동의도 가능하다. 사후동의가 있으면 그 하자가 치유되어 증거능력이 소급하여 인정된다. 사후동의는 변론종결시까지 가능하고 공판기일뿐만 아니라 공판준비기일에도 할 수 있다.

Ⅳ. 동의의 방식

1. 증거동의의 의사표시

(1) 쟁 점   증거동의는 반드시 명시적인 의사표시에 의해서만 가능한가에 대해 견해가 대립한다. 즉 묵시적인 증거동의가 인정되는가의 문제이다.

(2) 학 설

(가) 적극설   증거동의는 묵시적으로 가능하다는 견해[164]이다. 이에 따르

---

158) 대법원 1982. 9. 14. 선고 82도1000 판결.
159) 대법원 1990. 6. 26. 선고 90도827 판결.
160) 대법원 1986. 5. 27. 선고 86도593 판결, 1986. 7. 8. 선고 86도893 판결, 1991. 5. 10. 선고 90도2601 판결, 1996. 1. 26. 선고 95도2526 판결.
161) 대법원 1969. 8. 19. 선고 69도938 판결.
162) 신동운, 1183면.
163) 배종대, 664면; 신양균, 780면; 이재상, 700면.

면 피고인의 발언태도에 비추어 반대신문권을 포기하였다고 해석할 수 있는
정도면 증거동의로서의 효력을 인정한다.

(나) 소극설   증거동의는 명시적인 의사표시에 의해서만 가능하므로 묵
시적인 동의는 인정될 수 없다는 견해[165]이다. 증거동의는 증거능력을 부여하는
중요한 소송행위이므로 적극적으로 명시해야 한다는 점을 근거로 삼는다.

(3) 판 례   피고인이 참고인의 진술조서에 대하여 이의가 없다고 진술하
고 공판정에서도 그 진술조서의 기재내용과 부합되는 진술을 하였다면 진술조
서를 증거로 채용하는 데 동의한 것으로 볼 수 있다.[166]

(4) 검 토   피고인이 전문증거에 대하여 별다른 이의(또는 의견)가 없다고
진술한 경우 그것이 증거동의로서의 의사표시를 의미하는지 여부는 여러 가지
구체적 사정을 고려하여 판단하여야 한다. 따라서 피고인이 전문증거의 내용과
부합하는 진술을 하는 경우 묵시적 증거동의를 인정할 수 있다고 본다. 이와는
달리 피고인이 공소사실을 부인하고 있는 경우에는 증거조사의 결과에 대하여
별 의견이 없다고 말한 것만으로는 증거동의를 인정할 수 없다 할 것이다.

2. 포괄적 증거동의

증거동의는 개개의 증거에 대해 이루어져야 하며 포괄적 증거동의는 허용
되지 않다는 견해[167]와 포괄적 증거동의도 허용된다는 견해[168]가 대립하고 있다.
판례는 포괄적 증거동의를 인정한다.[169] 피고인이나 변호인이 검사 제출의 증거
에 대해 모두 동의한다는 의사표시를 하였을 때 그 동의의 효력을 인정할 수
있다고 본다.

제 3 증거동의의 의제

I. 피고인의 불출석

1. 불출석재판사건

피고인의 출정 없이 증거조사를 할 수 있는 경우에 피고인이 출정하지 아니

---

164) 이재상, 701면.
165) 배종대, 666면; 신동운, 1186면; 신양균, 782면.
166) 대법원 1972. 6. 13. 선고 72도922 판결.
167) 배종대, 666면; 신동운, 1186면; 신양균, 782면.
168) 이재상, 701면.
169) 대법원 1983. 3. 8. 선고 82도2873 판결.

한 때에는 증거동의가 있는 것으로 간주한다. 다만 피고인의 대리인 뜨는 변호인이 출정한 때에는 예외로 한다($^{제318조}_{제2항}$). 피고인의 불출석으로 인한 소송지연을 방지하기 위하여 증거동의를 의제하는 것이다. 피고인의 출정 없이 증거조사를 할 수 있는 경우로는 ① 피고인이 법인인 경우에 그 대리인이 출석하지 않은 때($^{제276조}_{단서}$), ② 다액 500만원 이하의 벌금 또는 과료에 해당하거나 공소기각 또는 면소의 재판을 할 것이 명백한 사건 등에서 피고인이 출석하지 않은 경우($^{제277}_{조}$), ③ 구속된 피고인이 정당한 사유 없이 출석을 거부하거나, 교도관리에 의한 인치가 불가능하거나 현저히 곤란하다고 인정되는 경우($^{제277조의2}_{제1항}$) 그리고 ④ 약식명령에 불복하여 정식재판을 청구한 피고인이 정식재판절차에서 2회 불출정한 경우($^{제458조}_{제2항}$)가 있다.[170]

2. 퇴정과 동의의 의제

(1) **쟁 점**   피고인이 재판장의 허가 없이 퇴정하거나, 재판장의 퇴정명령에 의해 출석하지 않았을 때($^{제330}_{조}$)에도 증거동의가 의제되는지 여부가 문제이다.

(2) **학 설**

(가) **제한적 긍정설**   재판장의 퇴정명령에 의해 출석하지 않은 경우는 동의를 의제할 수 없으나, 피고인의 불출석·무단퇴정의 경우에는 반대신문권을 포기한 경우이므로 동의를 의제할 수 있다고 한다.[171]

(나) **부정설**   동의의제는 소송진행의 편의를 위한 것이지 불출석 자체에 대한 제재수단은 아니고, 이 경우 동의가 의제된다면 제출된 증거는 그대로 증거능력이 인정되는 부당한 결과를 초래하므로 피고인을 재차 소환하여 증거조사를 해야 한다.[172]

(3) **판 례**   필요적 변론사건이라 하여도 피고인이 재판거부의 의사를 표시하고 재판장의 허가 없이 퇴정하고 변호인마저 이에 동조하여 퇴정해 버린 것은 모두 피고인 측의 방어권의 남용 내지 변호권의 포기로 볼 수밖에 없는 것이어서 수소법원으로서는 피고인이나 변호인의 재정 없이도 심리·판결할 수 있는 것이고, 또 공판심리는 사실심리와 증거조사가 행해지게 마련인데 이와 같이 피고인과 변호인이 출석하지 않은 상태에서 증거조사를 할 수밖에 없는 경우에는 피고인의 진의와는 관계없이 증거동의가 있는 것으로 간주하게

170) 대법원 2010. 7. 15. 선고 2007도5776 판결.
171) 이재상, 702면.
172) 배종대, 668면; 신동운, 1193면; 신양균, 783면.

된다.[173]

(4) 검 토   피고인이 재판장의 허가 없이 퇴정하는 경우뿐만 아니라 피고인의 귀책사유로 인해 퇴정명령을 받은 때에도 증거동의가 의제된다고 본다. 피고인이 질서유지를 위하여 퇴정명령을 받은 때에는 피고인 자신의 책임으로 반대신문권을 상실하였기 때문이다.

【사 례】 피고인의 퇴정과 증거동의

《사 안》 피고인 甲은 강도살인죄로 구속기소되었는데 수사절차에서는 범행을 자백하였다가 법정에서 범행을 부인하였다. 검사는 목격자 乙을 증인으로 신청하였으나 乙은 보복이 두려워 법정에 출석하지 않았다. 甲은 중형이 예상되자 증거조사기일에 소란을 피우고 욕설을 하였다. 재판장은 甲에게 수차 경고를 하였지만 甲이 계속 고함을 지르자 甲에게 퇴정을 명령하였다. 甲의 변호인 乙은 구두로 공판기일연기신청을 하였으나 기각되자 일방적으로 퇴정하였다. 검사가 제출한 증거에 대해 증거동의 여부를 확인하지 못한 채 검사의 최종진술이 끝난 후 공판은 종결되었다. 법원은 검사 작성의 乙에 대한 진술조서를 증거로 甲에게 유죄를 선고할 수 있는가?

《검 토》 재판장의 퇴정명령에 의하여 피고인이 퇴정한 경우 증거동의가 의제되는지 여부에 대해 학설이 대립한다. 피고인의 귀책사유로 인해 재판장의 퇴정명령을 받은 경우에는 반대신문권을 포기한 것이라고 보아야 하고, 필요적 변론사건에서 변호인이 재판장의 허가 없이 퇴정한 것은 방어권의 남용에 해당하므로 증거동의가 의제된다. 따라서 乙이 법정에 증인으로 출석하여 검사 작성의 乙에 대한 진술조서의 진정성립을 인정하지 않았다 하더라도 피고인 측의 증거동의가 의제되므로 법원은 진술조서를 토대로 甲에게 유죄판결을 선고할 수 있다.

II. 간이공판절차의 특칙

간이공판절차의 결정($\substack{제286조 \\ 의2}$)이 있는 사건의 증거에 관하여는 제310조의2, 제312조 내지 제314조 및 제316조의 규정에 의한 증거에 대해 제318조 제1항의 동의가 있는 것으로 의제된다. 다만 검사, 피고인 또는 변호인이 증거로 함에 이의를 한 때에는 증거동의가 의제되지 않는다($\substack{제318조 \\ 의3}$). 증거동의의 의제는 간이공판절차에서 피고인이 공소사실을 공판정에서 자백한 경우 반대신문권을 포기한 것으로 보아야 한다는 취지에서 인정된 특례이다.

---

173) 대법원 1991. 6. 28. 선고 91도865 판결.

제4 진정성의 조사와 증거동의의 효과

I. 진정성의 조사

1. 진정성의 의미

⑴ 쟁 점   검사와 피고인이 증거로 할 수 있음에 동의한 서류라 할지라도 즉시 증거동의의 효력이 발생하는 것은 아니며 법원이 그 증거를 진정한 것으로 인정한 때에 한하여 증거능력이 부여된다. 이 때 '진정한 것으로 인정한다'는 의미에 관하여 견해가 나누어진다.

⑵ 학 설

㈎ 증명력설   증거의 증명력이 현저히 낮지 않음을 의미한다는 견해이다. 즉 동의의 대상이 되는 증거의 증명력을 신중히 검토하여 그 증명력이 현저히 낮다고 생각되는 때에는 그 증거를 사실인정의 증거로서 채용하지 말아야 한다는 뜻으로 해석한다.

㈏ 유형적 상황설   전문서류의 신용성을 의심스럽게 하는 유형적 상황을 의미한다는 견해이다. 진술서에 서명·날인이 없거나 진술서의 기재내용이 진술과 상이한 경우, 진술내용이 객관적 사실과 명백히 다른 경우 등은 진정성이 인정되지 않는 상황이라고 한다.

㈐ 임의성설   증거수집과정에서의 임의성을 의미한다는 견해이다. 진정성은 진술이나 서류작성의 임의성과 밀접한 관련을 가지는 문제이고, 임의성 없는 진술을 내용으로 하는 증거는 당사자의 동의가 있더라도 진정성이 인정되지 않으므로 증거능력이 부정된다고 한다.

⑶ 검 토   진정성이란 증거능력을 부여하기 위한 요건으로서 증명력의 문제와는 구별되어야 하므로 증명력설은 부당하다. 유형적 상황설은 전문서류의 신용성을 의심스럽게 하는 유형적 상황으로 진술서에 서명·날인이 없거나 진술서의 기재내용이 진술과 상이한 경우 등을 그 예로 들고 있으나 바로 이러한 경우에도 당사자의 동의가 있으면 증거능력을 부여하려는 것이 증거동의제도라는 점을 고려하면 유형적 상황설도 적절하지 못하다고 생각한다. 진정성에 대한 판단이란 증거수집과정에서의 임의성을 의미한다는 견해가 타당하다고 본다. 따라서 진술이나 서류작성의 임의성을 의심할 만한 특별한 사정이 존재하는 경우 예외적으로 진정성이 부정되어 증거능력이 인정되지 않는다.

2. 진정성에 대한 증명

진정성에 대한 증명은 증거능력의 요건에 관한 사실과 관련된 증명이므로 자유로운 증명으로 족하다.

Ⅱ. 증거동의의 효과

1. 증거능력의 인정

검사와 피고인이 동의한 서류나 진술은 제311조 내지 제316조의 요건을 갖추지 못한 경우라도 진정성이 인정되면 증거능력이 부여된다.

2. 동의한 증거의 증명력에 대한 다툼

증거동의를 한 검사나 피고인이 동의한 증거의 증명력을 다투는 것은 허용되지 않는다는 견해가 있다. 그러나 증거능력과 증명력은 구별되어야 하고 증거동의는 증거능력을 부여하는 것이므로 동의한 증거의 증명력을 다툴 수 있다고 본다. 다만 증거동의의 본질은 반대신문권의 포기에 있으므로 증거동의를 한 검사나 피고인은 반대신문 이외의 방법으로 증명력을 다투어야 한다.

3. 증거동의의 효력범위

(1) **물적 범위**   동의의 효력은 원칙적으로 동의의 대상으로 특정된 서류 또는 물건의 전체에 미친다. 따라서 일부에 대한 동의는 허용되지 않는다. 다만 동의한 서류 또는 물건의 내용이 가분인 경우에는 그 일부에 대하여도 동의할 수 있다.[174]

(2) **인적 범위**   증거동의는 동의를 한 피고인에 대해서만 그 효력이 미친다. 피고인이 수인인 경우 공동피고인은 각자 독립하여 반대신문권을 가지므로 공동피고인 중 1인이 증거동의한 경우에도 다른 공동피고인에 대하여는 그 동의의 효력이 미치지 않는다.[175] 또한 공동피고인 중 1인이 증거조사를 신청한 서류에 관하여 검사가 동의한 경우에도 그 서류가 다른 공동피고인에 대하여 이해관계를 갖는 때에는 동의의 효력은 다른 공동피고인에게 미치지 않는다.

(3) **시간적 범위**   증거동의의 효력은 공판절차의 갱신이 있거나 심급을 달리하여도 소멸되지 않는다. 따라서 제1심에서 피고인이 사법경찰관 작성의 피의자신문조서에 대하여 증거동의를 하였다면 항소심에서 피고인이 범행 여부를 다투어도 제1심에서 행한 증거동의의 효력은 유지된다.[176]

---

174) 대법원 1990. 7. 24. 선고 90도1303 판결.
175) 대법원 1984. 10. 10. 선고 84도1552 판결.

제 5 증거동의의 철회와 취소

Ⅰ. 증거동의의 철회

1. 철회의 논거

증거동의는 원칙적으로 철회될 수 있다. 다만 그 논거에 관하여 ① 증거동의는 절차형성행위이므로 절차의 안정성을 해하지 않는 범위 안에서만 철회가 허용된다는 견해[177]와 ② 증거동의는 증거의 신청이나 철회처럼 사건의 실체를 좌우하는 실체형성행위의 하나이고, 형사절차의 실체는 유동적인 것이므로 원칙적으로 증거동의의 철회가 허용된다는 견해[178]가 대립하고 있다. 증거동의는 절차형성행위라고 봄이 타당하다.

2. 철회의 허용시기

증거동의의 철회허용시기에 대하여 ① 증거조사시행 전까지 가능하다는 견해, ② 증거조사완료 전까지 가능하다는 견해,[179] ③ 구두변론종결 전까지 가능하다는 견해[180]가 있다. 판례는 제2설의 입장이다.[181] 증거절차의 확실성과 소송경제를 고려한다면 증거조사완료 후에는 동의를 철회할 수 없다고 본다. 따라서 일단 증거조사가 완료된 후에 증거동의의 의사표시를 철회하더라도 이미 부여된 증거능력이 상실되지 않는다.

Ⅱ. 증거동의의 취소

착오나 강박을 이유로 증거동의를 취소할 수 있는가의 문제에 관하여 ① 중대한 착오나 수사기관의 강박에 의한 경우나 증거동의를 한 본인에게 귀책사유가 없는 착오인 경우에는 증거동의를 취소할 수 있다는 견해[182]와 ② 절차의 형식적 확실성에 비추어 착오나 강박을 이유로 증거동의를 취소할 수 없다는 견해[183]가 있다. 형사소송절차의 형식적 확실성에 비추어 착오나 강박을 이유로

---

176) 대법원 1990. 2. 13. 선고 89도2366 판결, 1994. 7. 29. 선고 93도955 판결, 1997. 9. 30. 선고 97도1230 판결.

177) 신양균, 787면; 이재상, 705면.

178) 신동운, 1190면.

179) 신양균, 787면; 이재상, 705면.

180) 배종대, 672면.

181) 대법원 1983. 4. 26. 선고 83도267 판결, 1988. 11. 8. 선고 88도1628 판결, 1991. 1. 11. 선고 90도2525 판결, 1996. 12. 10. 선고 96도2507 판결.

182) 배종대, 672면; 신동운, 1191면.

증거동의를 취소할 수는 없다고 본다.

제 6 관 탄핵증거

제 1 개 관

I. 의 의

1. 개 념

탄핵증거(彈劾證據)란 진술의 증명력을 다투기 위한 증거를 말한다. 탄핵증거는 범죄사실을 인정하기 위한 증거가 아니므로 소송법상의 엄격한 증거능력을 요하지 아니하며[184] 전문법칙에 의하여 증거능력이 없는 전문증거라도 사용될 수 있다.[185] 제318조의2는 『제312조 내지 제316조에 따라 증거로 할 수 없는 서류나 진술이라도 공판준비 또는 공판기일에의 피고인 또는 피고인이 아닌 자(공소제기 전에 피고인을 피의자로 조사하였거나 그 조사에 참여하였던 자를 포함)의 진술의 증명력을 다투기 위하여 이를 증거로 할 수 있다』고 규정하고 있다.

2. 탄핵의 방법

(1) **반대신문과의 구별** 진술의 증명력을 다투는 방법에는 탄핵증거 외에 반대신문이 있다. 반대신문은 증인신문시 증언의 증명력을 다투기 위해 주신문에 뒤이어 법관 앞에서 구두로 행하여 진다. 이에 반하여 탄핵증거는 증인의 증언뿐만 아니라 피고인진술, 증인 이외의 자의 진술의 증명력을 다투기 위한 증거이고, 서면의 제출도 허용된다.

(2) **반증과의 구별** 반증은 범죄사실 또는 간접사실을 부정하는 사실(반대사실)의 증명에 사용되므로 증거능력이 있고 엄격한 증거조사를 거친 증거임을 요한다. 이에 반하여 탄핵증거는 본증 또는 반증으로 제출된 증거 자체의 증명력을 다투기 위한 증거이며 엄격한 증거조사가 아닌 공판정에서의 조사로 족하다.

3. 존재이유

탄핵증거는 범죄사실이나 간접사실의 존부를 증명하는 데 사용되는 것이

---

183) 이재상, 705면.

184) 대법원 1985. 5. 14. 선고 85도441 판결, 1996. 1. 26. 선고 95도1333 판결.

185) 대법원 1969. 9. 23. 선고 69도1028 판결.

아니라 단순히 증명력을 다투는 데 이용되기 때문에 이를 인정하여도 전문증
거를 배제하는 취지에 반하지 않고, 법관으로 하여금 증거가치를 재평가하게
함으로써 증명력판단의 합리성을 도모할 수 있다. 또한 반증이라는 엄격한 증명
절차를 거치지 않고도 증거가치를 판단할 수 있게 하여 소송경제에 도움이 될
뿐만 아니라 당사자의 반대신문권을 효과적으로 보장할 수 있다.

Ⅱ. 법적 성질

1. 탄핵증거와 전문법칙

탄핵증거는 전문법칙의 적용이 없는 경우에 해당한다. 그 근거는 ① 전문법
칙은 원진술자의 진술내용이 범죄사실의 존부를 증명하는 증거가 되는 경우에
만 적용되므로 단순히 증명력을 다투는 탄핵증거는 전문법칙이 적용되지 않고,
② 탄핵증거는 전문법칙의 예외요건인 신용성의 정황적 보장과 필요성을 충족
시키지 않고도 허용되기 때문이다.

2. 탄핵증거와 자유심증주의

탄핵증거에 있어서도 진술이 불일치하는가의 여부와 탄핵증거에 의하여 탄핵
되는 증거의 증명력은 법관의 자유판단에 의하여 결정된다. 이러한 의미에서 탄
핵증거는 자유심증주의의 예외가 아니라 이를 보강하는 의미를 가진 제도이다.

제 2 탄핵증거의 허용범위

Ⅰ. 탄핵증거의 범위

1. 학   설

⑴ 한정설   탄핵증거로 제출될 수 있는 증거는 동일인의 자기모순의 진술,
즉 공판정에서 한 진술과 상이한 공판정 외에서의 진술에 한정된다는 견해[186]
이다. 따라서 전문법칙에 의하여 증거능력이 부정되는 타인의 진술을 이용하여
원진술자의 진술을 다툴 수 없다고 한다. 자기모순의 진술로 증명력을 감쇄하
는 경우와 타인의 진술에 의하여 증명력을 다투는 경우에는 질적 차이가 있다
는 점을 근거로 한다. 전자는 동일인이 다른 진술을 한 사실 자체를 가지고 진
술의 증명력을 감쇄하는 경우임에 반하여, 후자의 경우에는 타인의 진술을 신

---

186) 신양균, 792면; 이재상, 710면.

용할 수 있어야 공판정에서의 진술의 증명력이 감쇄될 수 있는 것이므로 후자를 탄핵증거로 허용한다면 전문법칙에 반한다는 것이다.

(2) 비한정설 자기모순의 진술에 한하지 않고 증명력을 다투기 위한 증거라면 제한 없이 전문증거를 사용할 수 있다는 견해이다. 따라서 자기모순의 진술뿐만 아니라 제3자의 진술이 기재된 서면도 탄핵증거로 허용된다. 제318조의2의 해석상 '진술의 증명력을 다투기 위한' 증거의 범위에 대해 아무런 제한을 두고 있지 않으며, 증거의 증명력을 법관이 판단하므로 탄핵증거의 범위를 엄격히 제한할 필요가 없다는 점을 근거로 든다.

(3) **절충설** 탄핵증거는 자기모순의 진술 이외에 증인의 신빙성에 대한 보조사실을 입증하기 위한 증거도 포함된다는 견해[187]이다. 따라서 증인의 성격·교양·이해관계·평판 등을 입증하기 위한 탄핵증거에는 전문법칙이 적용되지 않지만, 범죄사실과 간접사실에 대한 증거를 탄핵증거로 제출할 수는 없다고 한다. 탄핵증거란 증거의 증명력을 감쇄시키는 사실을 입증취지로 하는 증거라는 점을 그 근거로 든다.

(4) **이원설** 검사와 피고인을 구별하여 검사는 자기모순의 진술만을, 피고인은 제한 없이 모든 전문증거를 탄핵증거로 제출할 수 있다는 견해[188]이다. 따라서 피고인은 자신의 무죄입증을 위해 모든 전문증거를 탄핵증거로 사용할 수 있다고 한다. 검사는 피고인에 비해 우월한 권한과 조직력을 가지고 있기 때문에 피고인의 이익을 위하여 검사가 제출할 수 있는 탄핵증거의 범위는 제한되어야 하기 때문이라고 한다.

2. 검 토

한정설은 탄핵증거의 사용범위를 너무 제한하는 불합리를 가져온다. 탄핵증거는 진술자의 신빙성을 다투는 증거이므로 반드시 자기모순의 진술로 한정할 필요는 없다고 본다. 한편, 비한정설에 의하면 진술의 증명력을 다툰다는 명목으로 범죄사실에 관한 전문증거가 무제한 제출되어 전문법칙이 사실상 유명무실하게 된다. 그리고 이원설에 의하면 직권에 의한 증거조사의 경우에는 어느 범위까지 탄핵증거를 허용해야 하는가에 대한 기준을 제시할 수 없고, 탄핵증거의 범위는 증거제출자가 누구인가에 따라 달라질 문제가 아니다. 자기모순의 진술이나 증인의 신빙성에 대한 보조사실을 증명하는 것이라면 전문증거를 허

---

187) 신동운, 1202면.
188) 배종대, 677면.

용하여도 무방할 것이고, 이러한 의미에서 절충설이 타당하다고 본다.

【사 례】 탄핵증거의 범위

《사 안》 피고인 甲은 2010. 3. 10. 14:00경 乙로부터 직무에 관하여 1천만원을 받았다는 뇌물수수죄의 공소사실로 기소되었다. 甲은 법정에서 알리바이를 주장하면서 공소사실을 부인하였다. 검사는 사법경찰관 작성의 乙에 대한 피의자신문조서(乙이 甲에게 1천만원을 주었다고 자백한 내용)를 증거로 제출하면서 乙을 증인으로 신청하였고, 甲의 변호인은 乙에 대한 피의자신문조서를 증거로 하는 데 동의하지 않고 丙을 증인으로 신청하였다. 乙은 법정에서 甲에 대한 뇌물공여사실을 부인하는 진술을 하였고, 丙은 甲의 주장에 부합하는 진술을 하였다. 이에 검사는 甲과 丙이 약혼하였다는 내용이 기재된 사실확인서를 법원에 제출하였다.

(1) 甲이 법정에서 한 진술의 증명력을 다투기 위하여 乙에 대한 피의자신문조서를 증거로 할 수 있는가?

(2) 乙이 법정에서 한 진술을 탄핵하기 위하여 乙에 대한 피의자신문조서를 증거로 할 수 있는가?

(3) 사실확인서의 증거능력이 없는 경우 그 사실확인서를 丙의 진술의 증명력을 탄핵하기 위한 증거로 사용할 수 있는가?

《검 토》 (1) 탄핵증거로 사용할 수 있는 증거의 범위에 관해서는 한정설, 비한정설, 절충설, 이원설이 있다. 한정설과 절충설 및 이원설에 의하면, 甲이 법정에서 한 진술을 탄핵하기 위하여 乙에 대한 피의자신문조서를 증거로 사용할 수는 없지만, 비한정설에 의하면 탄핵증거로 사용할 수 있다. (2) 乙이 법정에서 뇌물공여사실을 부인하는 경우 뇌물공여사실을 자백한 乙에 대한 피의자신문조서의 기재는 乙이 법정에서 한 진술의 증명력을 다투기 위한 증거로 사용할 수 있다. (3) ① 한정설에 의하면, 사실확인서는 丙의 증언이 자기모순의 진술임을 입증하는 증거가 아니므로 탄핵증거로 사용할 수 없다. ② 비한정설에 의하면, 사실확인서는 증명력을 다투기 위한 증거로 허용된다. ③ 절충설에 의하면, 증인 丙이 피고인 甲의 약혼녀라는 사실은 증인의 신빙성에 관한 보조사실이므로 사실확인서는 乙의 진술의 증명력을 탄핵하는 증거로 허용된다. ④ 이원설에 의하면, 검사가 제출한 사실확인서는 탄핵증거로 사용할 수 없다. 절충설에 의한 결론이 타당하다고 본다.

Ⅱ. 탄핵증거의 제한

1. 입증취지와의 관계

탄핵증거는 진술의 증명력을 다투는 데 사용되는 것이므로 범죄사실 또는 간접사실을 인정하는 증거로 사용될 수 없다. 다만 탄핵증거로 제출된 증거가 범죄사실을 인정하기 위한 증거능력도 갖추고 있는 경우에는 법원은 상대방의 동의가 없는 증거의 진정성립 여부 등을 조사하고 그 증거에 대하여 피고인이나 변호인에게 의견과 변명의 기회를 준 다음 이를 유죄인정의 증거로 사용할 수 있다.

2. 임의성 없는 증거의 배제

임의성 없는 자백이나 진술은 탄핵증거로도 허용되지 않는다. 자백배제법칙은 헌법상의 원칙(헌법 제12조 제7항)으로서 절대적 효력을 유지해야 하기 때문이다. 또한 진술의 임의성이 인정되지 아니하여 증거능력이 없는 진술이나 서류(제317조)도 탄핵증거로 사용할 수 없다.

3. 성립의 진정이 인정되지 않는 증거

진술자의 서명·날인이 없는 전문서류는 탄핵증거로 사용할 수 없다는 견해가 다수설이다. 그러나 탄핵증거는 전문법칙의 적용이 없는 경우이므로 진술자의 서명·날인이 없는 진술기재서류도 탄핵증거로 제출될 수는 있다고 본다. 다만 탄핵증거로서의 가치는 법관이 자유롭게 판단하게 된다. 판례는 탄핵증거에 관하여 성립의 진정을 요하지 않는다는 입장을 취하고 있다.[189]

4. 공판정에서의 진술 이후의 자기모순진술

검사가 증인의 증언을 탄핵하기 위하여 공판정에서 증인신문을 마친 증인을 별도로 다시 신문하여 원래 증언내용과 다른 진술을 얻어낸 후 이를 기재한 조서를 공판정에 제출한 경우 이를 탄핵증거로 사용한다면 공판중심주의와 공정한 재판의 이념에 반하게 되므로 허용되지 않는다고 본다. 따라서 검사는 증인을 재소환하여 공판정에서 다시 증인신문을 통하여 원진술의 증명력을 다투어야 할 것이다.

5. 진술을 내용으로 하는 영상녹화물

(1) 쟁 점　　피고인 또는 피고인 아닌 자의 진술을 내용으로 하는 영상녹화물은 공판준비 또는 공판기일에 피고인 또는 피고인이 아닌 자가 진술함에 있어서 기억이 명백하지 아니한 사항에 관하여 기억을 환기시켜야 할 필요가 있다고 인정되는 때에 한하여 피고인 또는 피고인이 아닌 자에게 재생하여 시청하게 할 수 있다(제318조의2 제2항). 진술영상녹화물을 탄핵증거로 사용할 수 있는지 여부

---

189) 대법원 1972. 1. 31. 선고 71도 2060 판결, 1974. 8. 30. 선고 74도1687 판결, 1981. 12. 8. 선고 81도370 판결, 1994. 11. 11. 선고 94도1159 판결.

에 관하여 학설의 대립이 있다.

⑵ **학 설**   제318조의2 제2항은 동조 제1항에 대한 예외규정으로서 피고인 또는 피고인 아닌 자의 진술을 내용으로 하는 영상녹화물은 탄핵증거로 사용할 수 없는 견해가 통설이다. 이에 대하여 제318조의2 제2항은 동조 제1항과 전혀 다른 별개의 독립된 성격을 가지고 있다는 점을 근거로 진술영상녹화물도 탄핵증거로 사용할 수 있다는 견해가 있다.

⑶ **검 토**   제318조의2 제2항은 진술영상녹화물의 사용범위를 엄격히 제한하고 있고, 진술영상녹화물은 피고인이나 참고인의 기억환기를 위하여 필요하다고 인정되는 경우에 한하여 사용될 수 있으므로 피고인 등이 법정에서 진술을 번복하였다는 이유로 증거로 제출되는 것은 허용되지 않는다.

【사 례】 탄핵증거의 제한

《사 안》 피고인 甲은 살인죄로 기소되었고, 乙은 증인으로 출석하여 피해자가 살해된 시점인 2020년 3월 5일 20시경 甲과 함께 술을 마셨다고 증언하였다. 이 경우 "2020년 3월 5일에는 甲을 만나지 못하였다."라고 기재되어 있으나 乙의 서명날인이 없는 진술조서를 乙의 증언의 증명력을 탄핵하기 위한 증거로 사용할 수 있는가?

《검 토》 본 사안에서 증인 乙의 공판정에서의 진술은 진술조서에 기재된 乙의 진술에 대해서 자기모순의 진술에 해당한다. 진술자의 서명날인이 없는 진술조서를 탄핵증거로 사용할 수 있는지 여부가 본 사안의 쟁점이다. 성립의 진정이 인정되지 않는 진술조서에 기재된 진술은 탄핵증거로 허용되지 않는다는 견해가 다수설이지만 탄핵증거는 전문법칙의 적용이 없는 경우이므로 진술자의 서명날인이 없는 진술조서도 탄핵증거로 사용할 수 있다고 본다. 따라서 乙의 서명날인이 없는 진술조서를 乙의 증언의 증명력을 탄핵하는 증거로 사용할 수 있다.

제 3 탄핵의 대상과 범위

Ⅰ. 탄핵의 대상

1. 진술증거

탄핵의 대상은 진술의 증명력이다. 진술에는 구두진술뿐만 아니라 진술이 기재된 서면도 포함된다. 제318조의2는 공판준비 또는 공판기일에 행한 진술만을 탄핵의 대상으로 명시하고 있으나 공판정 외에서 한 진술이 서면의 형식으로 증거가 된 경우에도 탄핵대상이 된다.

2. 피고인의 진술

(1) 학   설

(가) 적극설   제318조의2가 명문으로 피고인의 진술을 탄핵대상으로 규정하고 있으므로 피고인의 진술이 탄핵대상이 된다고 하는 견해[190]이다. 적극설에 의하면 피고인이 공판정에서 내용을 부인하는 피의자신문조서도 피고인의 진술을 탄핵하는 증거가 될 수 있다고 한다.

(나) 소극설   피고인의 진술은 탄핵의 대상이 되지 않는다는 견해[191]이다. 그 근거로 피고인이 공판정에서 자백하고 공판정 밖에서 부인한 경우 그 공판정자백의 증명력은 다툴 필요가 없고, 피고인이 공판정에서 공소사실을 부인하는 경우 증거능력이 없는 피의자신문조서에 의해 그 부인진술의 증명력을 다투는 것은 허용될 수 없다고 한다.

(2) 판   례
사법경찰리 작성의 피고인에 대한 피의자신문조서와 피고인이 작성한 자술서들은 모두 검사가 유죄의 자료로 제출한 증거들로서 피고인이 그 내용을 부인하는 이상 증거능력이 없으나 그러한 증거라 하더라도 그것이 임의로 작성된 것이 아니라고 의심할 만한 사정이 없는 한 피고인의 법정에서의 진술을 탄핵하기 위한 증거로 사용할 수 있다.[192]

(3) 검   토
제318조의2 규정상 적극설이 타당하다고 본다. 따라서 피고인이 공판정에서 내용을 부인하는 피의자신문조서도 임의성이 없어 증거능력이 배제되는 경우($\frac{제309}{조}$)를 제외하고는 피고인의 진술을 탄핵하는 증거가 될 수 있다. 다만 입법론적으로 볼 때에는 피고인이 공판정에서 행한 부인진술의 증명력을 증거능력이 없는 공판정 외에서의 자백으로 탄핵할 수 없도록 함이 타당하다고 본다.

3. 자기측 증인의 탄핵

자기측 증인의 증언에 대한 탄핵도 가능하다. 자신이 신청한 증인이라도 증언내용이 자신의 기대에 반하는 경우 그 증인을 탄핵할 수 있다.

Ⅱ. 탄핵의 범위

1. 증명력의 감쇄

탄핵증거는 진술의 증명력을 다투기 위해서 인정된다. 증명력을 다툰다는

---

190) 신동운, 1207면; 이재상, 712면.
191) 배종대, 679면; 신양균, 794면.
192) 대법원 1998. 2. 27. 선고 97도1770 판결.

것은 증명력을 감쇄하는 경우를 의미하고 증명력을 지지·보강하는 것은 이에 포함되지 않는다.

2. 감쇄된 증명력의 회복

⑴ 쟁 점   감쇄된 증명력을 회복하는 경우, 즉 감쇄된 증명력을 다시 지지·보강하는 경우도 증명력을 다툰다는 의미에 포함되느냐에 대해 다음과 같은 견해가 있다.

⑵ 학 설

㈎ 긍정설   감쇄된 증명력을 회복하는 경우도 증명력을 다투는 경우에 해당한다고 보는 견해이다(통설). 그 근거는 ① 증거의 증명력이 감쇄된 경우 반대당사자에게 이를 회복할 기회를 주는 것이 공평의 원칙에 부합되고, ② 회복증거가 탄핵되기 이전의 증명력을 회복하기 위한 수준에 그치는 것이면 탄핵증거에서 이를 제외해야 할 이유가 없기 때문이라고 한다.

㈏ 부정설   탄핵된 진술증거의 증명력을 회복하기 위한 회복증거는 허용되지 않는다는 견해이다. 회복증거는 실질적으로 증거의 증명력을 보강하는 것에 불과하며, 법관이 증거능력 없는 전문증거에 의해 사실의 존재를 인정하는 경우가 되기 때문이라고 한다.

⑶ 검 토   탄핵증거에 의하여 감쇄된 증명력을 회복하기 위한 경우는 범죄사실 또는 간접사실을 전문증거에 의하여 입증하는 경우에 해당하지 않으므로 공평의 관점에서 회복증거를 탄핵증거에 포함시키는 것이 타당하다고 본다.

제 4   탄핵증거의 제출과 조사방법

Ⅰ. 탄핵증거의 제출

탄핵증거는 그 성질상 그것에 의하여 증명력이 다투어지는 진술이 행하여진 후에 제출될 수 있다. 따라서 탄핵증거를 사전에 일괄 제출할 수는 없다.

Ⅱ. 탄핵증거의 조사방법

탄핵증거는 범죄사실을 인정하는 증거가 아니므로 엄격한 증거조사를 거쳐야 할 필요는 없다.[193] 그러나 법정에서 탄핵증거로서의 증거조사는 필요하다.

---

193) 대법원 1978. 10. 31. 선고 78도2292 판결, 1985. 5. 14. 선고 85도441 판결, 1996. 1. 26. 선고 95도1333 판결.

탄핵증거의 제출에 있어서 상대방에게 공격방어의 수단을 강구할 기회를 사전
에 부여해야 한다는 점에서 그 증거와 증명하고자 하는 사실과의 관계 및 입증
취지 등을 미리 구체적으로 명시해야 하고, 탄핵증거의 어느 부분에 의하여 진
술의 어느 부분을 다투려고 한다는 것을 사전에 상대방에게 알려야 한다.[194] 따
라서 법정에 증거로 제출된 바가 없이 전혀 증거조사가 이루어지지 아니한 채
수사기록에만 편철되어 있는 자료는 탄핵증거로도 사용할 수 없다.[195]

제 3 절 증 명 력

제 1 관 자유심증주의

제 1 개   관

Ⅰ. 의   의

자유심증주의(自由心證主義)란 증거의 증명력을 적극적 또는 소극적으로 법
률에 정하지 아니하고 이를 오로지 법관의 자유로운 판단에 맡기는 증거법의
원칙을 말한다. 제308조는 『증거의 증명력은 법관의 자유판단에 의한다』라고
규정하고 있다. 법관은 자유심증주의에 의하여 사실을 인정하는 데 아무런 법
률상 구속을 받지 아니하고 구체적으로 타당한 증거가치를 판단하여 사안의
진상을 파악할 수 있게 된다.

Ⅱ. 연   혁

규문주의 형사절차에서는 **법정증거주의**를 채택하였다. 법정증거주의는 각종
증거의 증명력을 법률로 미리 정하여 일정한 증거가 있으면 법관의 심증 여하
에 관계없이 유죄를 인정하도록 하고(적극적 법정증거주의), 일정한 증거가 없으
면 유죄를 인정할 수 없도록 하는(소극적 법정증거주의) 원칙을 말한다. 법정증
거 주의는 법관의 자의를 배제하기 위해 증거에 대한 증명력의 평가를 법률로
제약하는 것이라고 하나 다양한 증거의 증명력을 획일적으로 규정하는 것은

---

194) 대법원 2005. 8. 19. 선고 2005도2617 판결.
195) 대법원 1998. 2. 27. 선고 97도1770 판결.

구체적 사건에 있어서 실체적 진실을 발견하는 데 부당한 결과를 초래한다. 프랑스혁명 후 1808년 치죄법(治罪法)은 법정증거주의를 대신하여 자유심증주의를 채택하여 증거의 증명력에 관한 법률상의 제한을 일체 폐지하였다. 그 후 자유심증주의는 대륙법계 형사소송법의 기본원칙이 되었다.

제 2 자유심증주의의 내용

Ⅰ. 자유판단의 주체

증거로서의 실질적 가치에 대한 판단은 법관이 행한다. 자유심증주의는 개별 법관의 판단을 전제로 한 것이므로 합의체의 법원에 있어서도 그 구성원인 법관은 각자의 합리적 이성에 의하여 증거의 증명력을 판단한다. 따라서 합의에 의한 결론과 개별 법관의 심증내용이 다를 수도 있으나 이는 합의체의 법원 구성에 따른 결과일 뿐 자유심증주의와는 무관하다.

Ⅱ. 자유판단의 대상

1. 증   거

자유판단의 대상은 증거의 증명력이다. 증명력판단의 대상이 되는 증거에는 엄격한 증명을 요하는 사실에 대한 증거(실질증거)뿐만 아니라 자유로운 증명을 요하는 사실에 대한 증거도 포함된다. 엄격한 증거의 경우에는 증거능력 있고 적법한 증거조사를 거친 증거자료만이 증명력판단의 대상이 된다. 그러나 자유로운 증명의 경우에는 증명력평가의 대상이 되는 증거에 이러한 제한이 없다.

2. 증 명 력

증명력이란 사실인정을 위한 증거의 실질적 가치 즉 증거가치를 말한다. 증거의 증명력은 일정한 증거의 법률적·형식적 자격을 의미하는 증거능력의 문제와 구별된다. 증명력은 신용력과 협의의 증명력(추인력)으로 구분할 수 있다. 신용력은 요증사실 자체와 관계없이 증거 자체가 과연 믿을 만한가를 판단하는 것을 말하고, 협의의 증명력은 신용력을 전제로 하여 그 증거가 요증사실과의 관계에서 그 존부를 어느 정도까지 증명할 수 있는가를 판단하는 것을 말한다. 예를 들면 증인의 증언에 대해 증명력을 판단하는 경우 증인이 과거에 위증으로 유죄판결을 받은 사실이 있다면 이는 신용력의 문제이고, 그 증언만으로 피고인의 공소사실을 인정할 것인가는 협의의 증명력의 문제가 된다.

Ⅲ. 자유판단의 의미

1. 자유판단

자유판단이란 법관이 증거의 증명력을 형식적인 법률의 구속을 받지 않고 자신의 주관적 확신에 따라 판단하는 것을 말한다. 법관은 요증사실의 증명을 위해 어떤 증거를 취사선택할 것인가를 자유로이 결정할 수 있다. 증거의 취사선택이 전적으로 법관에게 일임되어 있으므로 증거능력이 있는 증거라도 증명력이 없다고 하여 이를 채택하지 않을 수도 있고, 상호모순되는 증거가 있는 경우에 어느 것을 사실인정의 자료로 삼을 것인가도 법관이 판단할 문제이다. 또한 동일증거의 일부만을 취사할 수도 있다. 법관은 증거의 종류를 불문하고 제출된 증거를 통하여 심증을 형성할 수 있고, 수개의 증거를 합하여 심증을 형성하거나 하나의 증거만으로 심증을 형성해도 무방하다. 그리고 증명된 개개의 간접사실로부터 어떤 요증사실을 추론할 것인가도 법관이 자유로이 결정한다.

2. 인적 증거

(1) 피고인의 진술 피고인의 진술도 증거자료로서 증명력 판단의 대상이 된다. 법관은 피고인이 자백한 때에도 자백과 다른 사실을 인정할 수 있고, 피고인이 법정에서 부인하는 때에도 피고인의 검찰진술을 믿을 수 있다.[1] 피고인의 제1심법정에서의 자백이 항소심에서의 법정진술과 다르다는 사유만으로는 그 자백의 증명력이 의심스럽다고 할 수는 없다. 자백의 증명력을 판단함에 있어서는 자백의 진술 내용 자체가 객관적으로 합리성을 띠고 있는지, 자백의 동기나 이유가 무엇이며, 자백에 이르게 된 경위는 어떠한지 그리고 자백 이외의 정황증거 중 자백과 저촉되거나 모순되는 것이 없는지 하는 점 등을 고려하여야 한다.[2]

(2) 증인의 진술

(가) 진술의 신빙성 법관은 증인의 성인 여부, 책임능력 여부와 관계없이 그 진술의 내용에 따라 증명력을 판단한다. 그러므로 형사미성년자인 증인의 진술에 의하여 사실을 인정할 수 있고,[3] 선서하지 않은 증인의 진술에 비추

---

1) 대법원 1985. 7. 9. 선고 85도826 판결, 2001. 10. 26. 선고 2001도4112 판결.

2) 대법원 2001. 9. 28. 선고 2001도4091 판결.

3) 대법원 1964 3. 19. 선고 63도328 판결, 1966. 12. 27. 선고 66도1535 판결, 1971. 10. 25. 선고 71도1592 판결.

어 선서한 증인의 진술을 배척할 수도 있다.

(나) **성폭행 피해자의 진술**   미성년자인 피해자가 자신을 보호·감독하는 지위에 있는 친족으로부터 강간이나 강제추행 등 성범죄를 당하였다고 진술하는 경우에 그 진술의 신빙성을 판단함에 있어서, 피해자가 자신의 진술 이외에는 달리 물적 증거 또는 직접 목격자가 없음을 알면서도 보호자의 형사처벌을 무릅쓰고 스스로 수치스러운 피해 사실을 밝히고 있고, 허위로 그와 같은 진술을 할 만한 동기나 이유가 분명하게 드러나지 않을 뿐만 아니라, 그 진술 내용이 사실적·구체적이고, 주요 부분이 일관되며, 경험칙에 비추어 비합리적이거나 진술 자체로 모순되는 부분이 없다면, 설령 표현방법이 미숙하여 진술 내용이 다소 불명확하거나 표현상의 차이로 인하여 사소한 부분에 일관성이 없는 것처럼 보이는 부분이 있다고 하여도, 그 진술의 신빙성을 특별한 이유 없이 함부로 배척해서는 안된다.[4]

(다) **증뢰자의 진술**   뇌물죄에 있어서 수뢰자로 지목된 피고인이 수뢰사실을 시종일관 부인하고 있고 이를 뒷받침할 금융자료 등 물증이 없는 경우에 증뢰자의 진술만으로 유죄를 인정하기 위해서는 증뢰자의 진술이 증거능력이 있어야 함은 물론 합리적인 의심을 배제할 만한 신빙성이 있어야 하고, 신빙성이 있는지 여부를 판단함에 있어서는 그 진술내용 자체의 합리성, 객관적 상당성, 전후의 일관성뿐만 아니라 그의 인간됨, 그 진술로 얻게 되는 이해관계 유무, 특히 그에게 어떤 범죄의 혐의가 있고 그 혐의에 대하여 수사가 개시될 가능성이 있거나 수사가 진행 중인 경우에는 이를 이용한 협박이나 회유 등의 의심이 있어 그 진술의 증거능력이 부정되는 정도에까지 이르지 않는 경우에도 그로 인한 궁박한 처지에서 벗어나려는 노력이 진술에 영향을 미칠 수 있는지 여부 등도 아울러 살펴보아야 한다.[5]

(라) **검사의 사전면담**   검사가 공판기일에 증인으로 신청하여 신문할 사람을 특별한 사정 없이 미리 수사기관에 소환하여 면담하는 절차를 거친 후 증인이 법정에서 피고인에게 불리한 내용의 진술을 한 경우, 검사가 증인신문 전 면담 과정에서 증인에 대한 회유나 압박, 답변 유도나 암시 등으로 증인의 법정진술에 영향을 미치지 않았다는 점이 담보되어야 증인의 법정진술을 신빙할 수 있다. 검사가 증인신문준비 등 필요에 따라 증인을 사전 면담할 수 있다고

---

4) 대법원 2006. 10. 26. 선고 2006도3830 판결.
5) 대법원 2014. 10. 27. 선고 2014도2121 판결.

하더라도 법원이나 피고인의 관여 없이 일방적으로 사전 면담하는 과정에서 증인이 훈련되거나 유도되어 법정에서 왜곡된 진술을 할 가능성도 배제할 수 없기 때문이다. 증인에 대한 회유나 압박 등이 없었다는 사정은 검사가 증인의 법정진술이나 면담 과정을 기록한 자료 등으로 사전면담 시점, 이유와 방법, 구체적 내용 등을 밝힘으로써 증명하여야 한다.[6]

(3) **진술의 번복**   사람이 경험한 사실에 대한 기억은 시일이 경과함에 따라 흐려질 수는 있을지언정 처음보다 명료해진다는 것은 이례에 속하는 것이고, 경찰에서 처음 진술할 시 내용을 잘 모른다고 진술한 사람이 후에 검찰 및 법정에서 그 진술을 번복함에는 그에 관한 충분한 설명이 있어야 하고 그 진술을 번복하는 이유에 관한 납득할 만한 설명이 없다면 그 진술은 믿기 어렵다.[7]

(4) **감정인의 의견**   감정인의 감정의견은 비교적 다른 증거들에 비하여 그 증거가치가 크지만 법관이 반드시 감정인의 감정의견에 구속되는 것은 아니다. 따라서 법관은 피고인이 심신상실의 상태에 있다는 감정결과에 반하여 피고인에게 유죄판결을 선고할 수도 있고 그 반대도 가능하다.[8] 또 감정의견이 상충되는 경우에 소수의견을 따를 수도 있고, 여러 의견 가운데 각각 일부분만을 채용할 수도 있다.[9] 부검의(剖檢醫)가 사체에 대한 부검을 실시한 후 어떤 것을 유력한 사망원인으로 지시한다고 하여 그 밖의 다른 사인이 존재할 가능성을 가볍게 배제하여서는 아니 되고, 특히 부검의의 소견에 주로 의지하여 유죄의 인정을 하기 위해서는 다른 가능한 사망원인을 모두 배제하기 위한 치밀한 논증의 과정을 거쳐야 한다. 더구나 사체에 대한 부검이 사망으로부터 상당한 시간이 경과한 후에 실시되고 그 과정에서 사체의 이동·보관에 따른 훼손·변화 가능성이 있는 경우에는 그 판단에 오류가 포함될 가능성을 전적으로 배제할 수 없다.[10]

3. 증거서류

(1) **증명력**   법관은 증거서류에 대해서도 자유롭게 증명력을 판단할 수 있다. 따라서 검사의 증인신문청구에 의한 증인신문조서의 기재내용에 의하여 공판정에서 작성된 조서의 기재내용이 배척될 수 있다. 또한 증거보전절차에서의

---

6) 대법원 2021. 6. 10. 선고 2020도15891 판결.
7) 대법원 1993. 3. 9. 선고 92도2884 판결.
8) 대법원 1995. 2. 24. 선고 94도3163 판결.
9) 대법원 1976. 3. 23. 선고 75도2068 판결.
10) 대법원 2012. 6. 28. 선고 2012도231 판결.

진술이 임의성이 있다 하더라도 그 내용을 믿지 않을 수도 있다.[11] 동일한 사실관계에 관하여 이미 확정된 형사판결이 인정한 사실은 유력한 증거자료가 되므로, 그 형사재판의 사실관계를 채용하기 어렵다고 인정되는 특별한 사정이 없는 한 이와 배치되는 사실은 인정할 수 없다.[12] 그러나 당해 형사재판에서 제출된 다른 증거 내용에 비추어 관련 형사사건 확정판결의 사실판단을 그대로 채택하기 어렵다고 인정될 경우에는 이를 배척할 수 있다.[13]

(2) **처분문서**   처분문서의 진정성립이 인정되는 이상, 법원은 반증이 없는 한 그 문서의 기재내용에 따른 의사표시의 존재 및 내용을 인정하여야 하고, 합리적인 이유 설시도 없이 이를 배척하여서는 아니 되나, 처분문서라 할지라도 그 기재 내용과 다른 명시적·묵시적 약정이 있는 사실이 인정될 경우에는 그 기재 내용과 다른 사실을 인정할 수 있고, 작성자의 법률행위를 해석함에 있어서도 경험법칙과 논리법칙에 어긋나지 않는 범위 내에서 자유로운 심증으로 판단할 수 있다.[14]

4. 물적 증거

물적 증거는 법관의 심증형성에 중요한 역할을 하고, 강력한 증명력을 가진 경우가 일반적이지만, 물적 증거의 증명력도 법관의 자유판단에 의한다. 물적 증거가 경우에 따라 독자적 의미를 가지지 못하거나 제한된 범위 내에서만 증명력을 가질 수도 있기 때문이다. 범행도구나 피해물품과 같은 증거라도 피고인이 범행도구의 사용사실을 부인하거나 피해물품과의 관련성을 부인하는 경우에는 감정이나 증인의 진술 등에 의하여 범행도구의 사용사실이나 피해물품과의 관련성이 증명되어야 한다. 예를 들면 피해자가 범행현장에서 이틀 후에 발견한 피고인의 소유물품이 증거물로 제출되었다 하더라도 발견경위 등에 관한 피해자 진술의 신빙성이 인정되지 않는다면 그 증거물이 공소사실과의 관련성이 있다고 단정하기 어렵다.[15]

5. 간접증거

(1) **증명력**   간접증거란 범죄구성요건사실 자체에 대한 증거는 아니지만 그것의 존부를 추론케 하는 간접사실을 증명하는 증거를 말한다. 간접증거를

---

11) 대법원 1980. 4. 8. 선고 79도2125 판결.
12) 대법원 2009. 12. 24. 선고 2009도11349 판결.
13) 대법원 2012. 6. 14. 선고 2011도15653 판결.
14) 대법원 2008. 2. 29. 선고 2007도11029 판결.
15) 대법원 1992. 9. 1. 선고 92도1405 판결.

정황증거라고도 한다. 간접증거로 사실을 인정하기 위해서는 추리과정이 논리와 경험칙에 반하지 않아야 하고, 간접증거가 다수이고 근접적이고 다각적이어야 하며, 간접증거 자체의 증명이 충분하여야 한다. 따라서 목격자의 진술 등 직접증거가 전혀 없는 사건에 있어서는 적법한 증거들에 의하여 인정되는 간접사실들에 논리법칙과 경험칙을 적용하여 범죄사실이 합리적인 의심이 없을 정도로 추단될 수 있을 경우 이를 유죄로 인정할 수 있다.[16] 그리고 간접증거가 개별적으로는 범죄사실에 대한 완전한 증명력을 가지지 못하더라도, 전체 증거를 상호 관련하여 종합적으로 고찰할 경우 그 단독으로는 가지지 못하는 종합적 증명력이 있을 수 있고, 이러한 경우에는 간접증거에 의하여 범죄사실을 인정할 수 있다.[17]

(2) 상해진단서   상해죄의 피해자가 제출하는 상해진단서는 일반적으로 의사가 당해 피해자의 진술을 토대로 상해의 원인을 파악한 후 의학적 전문지식을 동원하여 관찰·판단한 상해의 부위와 정도 등을 기재한 것이다. 상해진단서에 기재된 상해가 피고인의 범죄행위로 인하여 발생한 것이라는 사실을 직접 증명하는 증거가 되기에 부족한 것이지만, 상해에 대한 진단일자 및 상해진단서 작성일자가 상해 발생시점과 시간상으로 근접하고 상해진단서 발급경위에 특별히 신빙성을 의심할 만한 사정이 없으며 피해자가 주장하는 상해의 원인 내지 경위와 상해진단서에 기재된 상해 부위 등이 일치하는 경우에는, 그 무렵 피해자가 제3자로부터 폭행을 당하는 등으로 달리 상해를 입을 만한 정황이 발견되거나 의사가 허위로 진단서를 작성한 사실이 밝혀지는 등의 특별한 사정이 없는 한, 그 상해진단서는 피해자의 진술과 더불어 피고인의 상해 사실에 대한 유력한 증거가 되고, 합리적인 근거 없이 그 증명력을 함부로 배척할 수 없다.[18]

6. 항소심과 자유심증주의

제1심 증인이 한 진술의 신빙성 유무에 대한 제1심의 판단이 다른 증거들에 비추어 명백히 잘못되었다고 볼 특별한 사정이 있거나, 제1심의 증거조사결과와 항소심 변론종결시까지 추가로 이루어진 증거조사결과를 종합하면 제1심 증인이 한 진술의 신빙성 유무에 대한 제1심의 판단을 그대로 유지하는 것이 현저히 부당하다고 인정되는 등의 예외적인 경우가 아니라면, 항소심으로서는

---

16) 대법원 2000. 11. 7. 선고 2000도3507 판결.
17) 대법원 2000. 11. 10. 선고 2000도2524 판결.
18) 대법원 2011. 1. 27. 선고 2010도12728 판결.

제1심 증인이 한 진술의 신빙성 유무에 대한 제1심의 판단이 항소심의 판단과 다르다는 이유를 들어 제1심의 판단을 함부로 뒤집어서는 안된다. 특히 공소사실을 뒷받침하는 증인의 진술의 신빙성을 배척한 제1심의 판단을 뒤집는 경우에는, 무죄추정의 원칙 및 형사증명책임의 원칙에 비추어 이를 수긍할 수 없는 충분하고도 납득할 만한 현저한 사정이 나타나는 경우라야 한다.[19]

Ⅳ. 자유판단의 기준

1. 사실인정의 합리성

증거의 증명력은 법관의 자유판단에 의하지만 그 자유판단은 사실인정의 합리성을 전제로 한다. 사실인정에 있어 보편타당성을 확보하기 위하여 법관의 심증형성은 논리법칙과 경험법칙에 위배되지 않아야 한다. 형사재판에 있어서 유죄로 인정하기 위한 심증형성의 정도는 합리적인 의심을 할 여지가 없을 정도여야 하나, 여기에서 말하는 합리적 의심이란 논리와 경험칙에 기하여 요증사실과 양립할 수 없는 사실의 개연성에 대한 합리성 있는 의문을 의미하는 것이므로 단순히 관념적인 의심이나 추상적인 가능성에 기초한 의심은 합리적 의심에 포함된다고 할 수 없다.[20]

2. 논리법칙

논리법칙이란 선험적으로 자명한 사유법칙을 말한다. 즉 일정한 증거로부터 일정한 판단을 도출하고 그 판단을 전제로 하여 다시 다른 판단에 도달하는 전 과정에서 모순이 없어야 한다. 따라서 계산착오, 개념의 혼동, 판결이유의 모순 등이 있는 경우 논리법칙에 위반한 것이다.

3. 경험법칙

경험법칙은 개별적인 현상의 관찰과 귀납적 일반화에 의해 얻어지는 법칙을 말한다. 경험법칙은 그 확실성에 따라 필연적 경험법칙과 개연적 경험법칙으로 나눌 수 있다. 필연적 경험법칙은 예외를 허용하지 않는 경험법칙(예를 들면 혈액감정에 의한 친자관계의 부존재)을 말하고, 개연적 경험법칙은 비록 규칙성은 있으나 예외가 발생할 수 있는 경험법칙을 말한다. 법관은 필연적 경험법칙에 구속되어 사실관계를 판단하여야 한다. 그러나 개연적 경험법칙에 대하여는 그 확실성의 정도에 따라 법관의 합리적 판단이 가능하다.

---

19) 대법원 2010. 3. 25. 선고 2009도14065 판결.
20) 대법원 2004. 6. 25. 선고 2004도2221 판결.

V. 증명력의 평가

1. 과학적 증거방법

(1) **증명력**　과학적 증거방법이 당해 범죄에 관한 적극적 사실과 이에 반하는 소극적 사실 모두에 존재하는 경우에는 각 증거방법에 의한 분석결과에 발생할 수 있는 오류가능성 및 그 정도, 그 증거방법에 의하여 증명되는 사실의 내용 등을 종합적으로 고려하여 범죄의 유무 등을 판단하여야 하고, 여러 가지 변수로 인하여 반증의 여지가 있는 소극적 사실에 관한 증거로써 과학적 증거방법에 의하여 증명되는 적극적 사실을 쉽사리 뒤집어서는 안된다.[21]

(2) **유전자검사**　유전자검사나 혈액형검사 등 과학적 증거방법은 그 전제로 하는 사실이 모두 진실임이 입증되고 그 추론의 방법이 과학적으로 정당하여 오류의 가능성이 전무하거나 무시할 정도로 극소한 것으로 인정되는 경우에는 법관이 사실인정을 함에 있어 상당한 정도로 구속력을 가지므로, 아무런 합리적 근거 없이 함부로 이를 배척하는 것은 자유심증주의의 한계를 벗어나는 것으로서 허용될 수 없다.[22] 유전자감정결과 주사기에서 마약성분과 함께 피고인의 혈흔이 확인됨으로써 피고인이 필로폰을 투약한 사정이 적극적으로 증명되는 경우, 반증의 여지가 있는 소변 및 모발검사에서 마약성분이 검출되지 않았다는 소극적 사정에 관한 증거만으로 이를 쉽사리 뒤집을 수 없다.[23]

(3) **마약검사**　피고인의 모발에서 메스암페타민 성분이 검출되었다는 국립과학수사연구소장의 사실조회회보가 있는 경우, 그 회보의 기초가 된 감정에 있어서 실험물인 모발이 바뀌었다거나 착오나 오류가 있었다는 등의 구체적인 사정이 없는 한, 피고인으로부터 채취한 모발에서 메스암페타민 성분이 검출되었다고 인정하여야 하고, 논리와 경험의 법칙상 피고인은 감정의 대상이 된 모발을 채취하기 이전 메스암페타민을 투약한 사실이 있다고 인정해야 한다.[24]

(4) **음주측정**　호흡측정기에 의한 음주측정치와 혈액검사에 의한 음주측정치가 다른 경우에 어느 음주측정치를 신뢰할 것인지는 법관의 자유심증에 의한 증거취사선택의 문제라고 할 것이나, 호흡측정기에 의한 측정의 경우 그 측정기의 상태, 측정방법, 상대방의 협조정도 등에 의하여 그 측정결과의 정확성

---

21) 대법원 2009. 3. 12. 선고 2008도8486 판결.
22) 대법원 2007. 5. 10. 선고 2007도1950 판결.
23) 대법원 2009. 3. 12. 선고 2008도8486 판결.
24) 대법원 1994. 12. 9. 선고 94도1680 판결.

과 신뢰성에 문제가 있을 수 있다는 사정을 고려하면, 혈액의 채취 또는 검사 과정에서 인위적인 조작이나 관계자의 잘못이 개입되는 등 혈액채취에 의한 검사결과를 믿지 못할 특별한 사정이 없는 한, 혈액검사에 의한 음주측정치가 호흡측정기에 의한 음주측정치보다 측정 당시의 혈중알콜농도에 더 근접한 음 주측정치라고 보는 것이 경험칙에 부합한다.[25]

2. 주관적 요소에 대한 평가

(1) **공모관계**   공모는 법률상 어떤 정형을 요구하는 것이 아니고 공범자 상호간에 직접 또는 간접으로 범죄의 공동실행에 관한 암묵적인 의사연락이 있으면 족하고, 이에 대한 직접증거가 없더라도 정황사실과 경험법칙에 의하여 이를 인정할 수 있다. 공동정범이 성립한다고 판단하기 위해서는 범죄실현의 전 과정을 통하여 행위자들 각자의 지위와 역할, 다른 행위자에 대한 권유 내 용 등을 구체적으로 검토하고 이를 종합하여 공동가공의 의사에 기한 상호 이 용의 관계가 합리적인 의심을 할 여지가 없을 정도로 증명되어야 한다.[26]

(2) **고 의**   피고인이 고의를 부인하는 경우, 그 범의 자체를 객관적으로 증 명할 수는 없으므로 범의와 관련성이 있는 간접사실 또는 정황사실을 증명하 는 방법으로 이를 증명할 수밖에 없다. 이때 무엇이 관련성이 있는 간접사실 또는 정황사실에 해당하는지는 정상적인 경험칙에 바탕을 두고 사실의 연결상 태를 합리적으로 판단하는 방법에 의하여야 한다. 한편, 미필적 고의의 경우 행 위자가 범죄사실이 발생할 가능성을 용인하고 있었는지 여부는 행위자의 진술 에 의존하지 않고 외부에 나타난 행위의 행태와 행위의 상황 등 구체적인 사정 을 기초로 일반인이라면 해당 범죄사실이 발생할 가능성을 어떻게 평가할 것 인지를 고려하면서 행위자의 입장에서 그 심리상태를 추인하여야 한다.[27]

제 3   자유심증주의의 제한과 예외

Ⅰ. 자유심증주의의 제한

1. 자유심증주의와 진술거부

(1) **피고인의 진술거부**   피고인이 진술거부권을 행사하는 경우($\frac{제283조}{의2}$) 법관

---

25) 대법원 2004. 2. 13. 선고 2003도6905 판결.
26) 대법원 2015. 10. 29. 선고 2015도5355 판결.
27) 대법원 2017. 1. 12. 선고 2016도15470 판결.

은 피고인의 진술거부권 행사나 그 동기를 피고인에게 불리한 간접증거로 삼아 심증형성의 대상으로 삼아서는 안된다. 그렇지 않다면 피고인의 진술이 사실상 강요당할 위험이 있기 때문이다. 따라서 이 범위에서 증명력에 관한 법관의 자유판단에 제한이 가해지는 결과가 된다. 다만 피고인이 진술을 하면서 개별적인 점이나 부수적인 점들에 대해서만 진술을 거부한 경우 이러한 사정은 자유심증주의의 대상이 되며 피고인에게 불리하게 평가될 수도 있다.

(2) 증인의 증언거부   증인의 증언거부가 정당한 이유가 있는 때에는 이를 피고인에게 불리하게 해석해서는 안되고, 증인이 처음에는 거부를 했다가 나중에 증언을 한 경우에도 마찬가지이다. 그러나 증인이 아무런 권한 없이 증언을 거부하거나 비록 증언을 거부할 수 있는 경우라 하더라도 부분적으로만 증언을 거부한 때에는 이러한 사정은 피고인에 대한 심증형성에 불리하게 작용할 수 있다.

2. 자유심증주의와 in dubio pro reo의 원칙

자유심증주의에 의한 증거평가의 결과 법관이 확신을 가질 수 없어 범죄사실이 증명되지 아니한 때엔 적용되는 원칙이 '의심스러운 때에는 피고인의 이익으로'(in dubio pro reo)라는 원칙이다. 이러한 의미에서 in dubio pro reo의 원칙은 자유심증주의를 제한하는 원칙이 아니라 서로 밀접한 관계를 가지고 있는 원칙이라고 해야 한다.

II. 자유심증주의의 예외

1. 자백의 증명력제한

피고인의 자백이 그 피고인에게 불이익한 유일의 증거일 때에는 이를 유죄의 증거로 하지 못한다($\frac{제310}{조}$). 따라서 법관이 피고인의 자백에 의하여 유죄의 심증을 얻어도 자백의 **보강증거**가 없는 때에는 유죄선고를 할 수 없다. 자백의 증명력제한은 자유심증주의의 예외가 된다.

2. 공판조서의 증명력

공판 기일의 소송절차로서 공판조서에 기재된 것은 그 조서만으로써 증명한다($\frac{제56}{조}$). 공판조서에 **절대적 증명력**을 부여한 결과 공판조서에 기재된 것은 법관의 심증 여하에 불구하고 그 기재대로 인정하여야 한다는 점에서 자유심증주의의 예외가 된다.

3. 법률상 추정의 문제

법률상의 추정이란 甲사실이 인정되면 반증이 없는 한 乙사실이 인정되도록 법이 규정을 둔 경우를 말한다. 이러한 법률상의 추정이 자유심증주의의 예외라고 보는 견해가 있다. 그러나 법률상의 추정은 증거의 증명력을 평가하는 경우가 아니기 때문에 자유심증주의의 예외에 해당하지 않는다고 본다.

제 2 관 자백의 증명력

제 1 개   관

I. 자백의 보강법칙

1. 의   의

자백의 보강법칙(補强法則)이란 법관이 임의성과 신빙성이 있는 피고인의 자백을 통하여 유죄의 심증을 얻은 경우라도 자백에 대한 다른 보강증거가 없으면 유죄로 인정할 수 없다는 증거법칙을 말한다. 여기서 보강증거는 피고인의 자백의 진실성을 확인하는 독립된 증거를 의미한다. 헌법 제12조 제7항 후단은 『정식재판에 있어서 피고인의 자백이 그에게 불리한 유일한 증거인 때에는 이를 유죄의 증거로 삼거나 이를 이유로 처벌할 수 없다』고 규정하여 자백의 보강법칙을 헌법상의 원칙으로 선언하고 있고, 형사소송법 제310조도 『피고인의 자백이 그 피고인에게 불이익한 유일의 증거인 때에는 이를 유죄의 증거로 하지 못한다』라고 규정하고 있다.

2. 자유심증주의의 예외

자백배제법칙($_{조}^{제309}$)은 자백의 증거능력에 관한 원칙인 반면 자백의 보강법칙은 자백의 증명력에 관한 원칙이다. 법관의 유죄심증에도 불구하고 자백에 대한 보강증거가 없으면 유죄판결을 내리지 못한다는 점에서 자백의 보강법칙은 자유심증주의의 예외가 된다. 다만 자백과 보강증거가 있다고 하여 바로 유죄를 인정해야 하는 것은 아니고, 자백과 보강증거가 있는 경우라도 유죄의 인정 여부는 법관의 자유판단에 속한다.

II. 보강법칙의 필요성

1. 오판의 방지

자백의 보강법칙은 법관에 대하여 오판의 위험을 방지하도록 하는 역할을 한다. 피고인이 허위로 자백을 할 가능성이 있으므로 이러한 허위자백으로 인한 오판의 위험을 막기 위해 자백에 보강증거를 요구하고 있다.

2. 인권침해의 방지

자백의 보강법칙은 자백편중에 의한 인권침해를 방지하는 역할을 한다. 자백의 증거능력을 제한하는 외에 자백의 증거가치를 제한하여 자백에 편중되는 위험을 막고 있다.

제 2 보강법칙의 적용범위

I. 형사소송절차

자백의 보강법칙은 형사소송절차에서 피고인이 자백한 경우에 적용된다. 따라서 간이공판절차나 약식명령절차에서도 보강법칙이 적용된다. 그러나 「즉결심판에 관한 절차법」에 따른 즉결심판사건(통법제10조)과 소년법에 따른 소년보호사건[28]의 경우에는 형사소송법에 의한 절차가 아니므로 보강법칙이 적용되지 않는다. 그러므로 이러한 사건에서는 자백만을 증거로 범죄사실을 인정할 수 있다.

II. 피고인의 자백

1. 자백의 범위

보강법칙은 피고인의 자백에 대해서만 적용된다. 다만 피고인이 어떠한 법률상의 지위에서 어떤 방식으로 자백을 했는가는 불문한다. 따라서 피의자의 지위에서 수사기관에 대하여 자백을 한 자뿐만 아니라 다른 사건에서 참고인이나 증인으로 자백을 한 자가 그 후 피고인으로서 재판을 받게 되어 그 자백을 증거로 하는 경우에는 보강법칙이 적용된다. 또한 구두에 의한 자백은 물론 서면에 의한 자백(예를 들면 진술서)도 이에 해당한다.

---

28) 대법원 1982. 10. 15.자 82모36 결정.

2. 증거능력 있는 자백

보강법칙이 적용되는 자백은 증거능력 있는 자백을 전제로 한다.[29] 따라서 임의성 없는 자백($제309조$)이나 제312조·제313조 등의 요건을 충족하지 못한 자백조서는 보강증거가 있어도 유죄증거가 될 수 없다.

Ⅲ. 공판정에서의 자백

공판정에서 행하는 피고인의 자백은 신체를 구속당하지 않고 강제수단에 의하여 자백을 강요당할 위험이 없는 상태에서 법관의 충분한 신문절차를 거쳐 이루어진다는 점에서 다른 자백에 비하여 임의성과 높은 신빙성을 가지고 있다. 그러나 자백의 보강법칙은 자백의 임의성이나 신빙성과는 별개로 오판의 위험을 방지하기 위한 것이므로 공판정에서 한 피고인의 자백에 대해서도 보강증거가 필요하다.

Ⅳ. 공범자의 자백

1. 쟁 점

공범자의 자백에는 두 가지의 문제가 있다. 첫째는 한 공범자의 자백을 공범자였던 다른 피고인의 공소사실에 대한 유죄증거로 사용할 수 있느냐라는 '증거능력의 문제'이고, 둘째는 공범자의 자백 이외의 증거가 없는 경우에 그것만으로 피고인을 유죄로 인정할 수 있느냐의 '증명력의 문제'이다. 이 양자는 논리적으로 전후의 관계를 가지고 있다.

2. 증거능력의 인정 여부

(1) 공범자의 법정자백

(가) 적극설　　공판중의 피고인신문절차에서 피고인 甲은 공범인 공동피고인 乙에 대해 반대신문권이 보장되어 있고, 공동피고인 乙의 법정자백은 본인에 대해서도 불리한 증거로 사용된다는 점에서 공동피고인 乙의 법정자백은 피고인 甲의 공소사실에 관해 증거능력을 가진다는 견해이다. 판례는 적극설을 취하고 있다.[30]

(나) 소극설　　공동피고인 乙에 관한 변론을 분리하여 신문하지 않는 한

---

29) 대법원 1983. 9. 13. 선고 83도712 판결.
30) 대법원 1985. 6. 25. 선고 85도691 판결, 1987. 7. 7. 선고 87도973 판결, 1987. 12. 22. 선고 87도1020 판결, 1992. 7. 28. 선고 92도917 판결.

공동피고인 乙의 법정자백을 피고인 甲의 공소사실에 관한 증거로 사용할 수 없다는 견해이다.

(다) **절충설**　　법정에서 자백한 공동피고인 乙에 대해 피고인 甲이 실제로 충분히 반대신문하였거나 반대신문의 기회가 부여된 경우에 한해 공동피고인 乙의 법정자백에 증거능력을 인정하는 견해이다.

(라) **검 토**　　공범인 공동피고인의 법정자백은 피고인 자신의 자백과 다른 것으로서 독립된 증거가치를 가지고 있으므로 적극설이 타당하다고 본다. 또한 공동피고인 상호간은 심리과정에서 서로 반대신문할 기회가 주어지므로 적극설과 절충설의 실제적인 차이는 없다.

【사 례】 공범자의 법정자백

《사 안》 피고인 甲과 乙은 살인죄의 공동정범으로 기소되어 재판을 받고 있다. 甲은 법정에서 범행을 자백하면서 乙과 함께 피해자를 살해하였다고 진술하였다. 그러나 乙은 甲의 부탁을 받아 망을 보았을 뿐이지 甲이 피해자를 살해한 것조차 몰랐다고 범행을 부인하였다. 피고인 甲이 법정에서 한 진술은 피고인 乙의 살인죄에 대하여 증거가 될 수 있는가?

《검 토》 피고인과 별개의 범죄사실로 기소되어 병합심리중인 공범자 아닌 공동피고인은 피고인의 범죄사실에 관하여 증인의 지위에 있으므로 선서 없이 한 공동피고인의 법정진술은 피고인의 범죄사실에 대한 증거로 사용할 수 없다. 이에 반하여 공범인 공동피고인의 법정진술은 다른 피고인에 대한 유죄의 증거로 사용할 수 있다. 따라서 피고인 甲이 법정에서 한 진술은 피고인 乙의 살인죄를 인정하는 증거가 된다.

(2) **수사단계 자백**　　공범자 乙이 수사단계에서 피고인 甲과의 범행을 자백한 경우 그 피의자신문조서는 피고인 甲이 공판정에서 그 내용을 인정할 때에만 그 증거능력이 있다.

3. 보강법칙의 적용 여부

(1) **쟁 점**　　공범자의 자백이 제310조에 규정된 '피고인의 자백'에 포함되는가의 문제이다. 공범자 乙의 자백이 '피고인의 자백'에 포함된다고 보면 피고인 甲에게 유죄를 인정하기 위해서는 공범자 乙의 자백에 대한 보강증거가 필요하게 된다. 그러나 공범자 乙의 자백이 '피고인의 자백'에 포함되지 않는다고 보면 다른 보강증거 없이도 피고인 甲에게 유죄를 인정할 수 있게 된다.

(2) 학 설

(가) 필요설   공범자의 자백도 피고인의 자백에 포함되므로 공범자 乙의 자백이 있더라도 그 자백에 대한 보강증거가 없으면 피고인 甲을 유죄로 인정할 수 없다는 견해[31]이다. ① 공범자는 다른 공범자(피고인)에게 책임을 전가하려는 경향이 있기 때문에 허위로 진술할 가능성이 크고, ② 공범자 甲은 범행을 부인하고 공범자 乙은 범행을 자백하는데 공범자 乙의 자백 이외에 다른 증거가 없는 경우 불요설에 의하면 공범자 乙은 무죄가 되고 부인한 공범자 甲은 유죄판결을 받는 불합리한 결과를 가져온다는 점을 근거로 한다.

(나) 불요설   공범자의 자백은 피고인의 자백이라고 볼 수 없으므로 공범자 乙의 자백이 있으면 그 자백에 대한 보강증거가 없더라도 범행을 부인하는 피고인 甲을 유죄로 인정할 수 있다는 견해[32]이다. ① 공범자 乙의 자백은 피고인 甲에 대해서는 제3자의 진술이고, ② 공범자 乙의 자백에 대해서는 피고인 甲의 반대신문이 가능하기 때문에 법관의 증거평가의 심증에도 차이가 있다고 한다.

(다) 절충설   공범자의 지위를 기준으로 공동피고인인 공범자의 자백(공판정 내의 자백)에는 보강증거가 필요하지 않으나, 공동피고인이 아닌 공범자의 자백(공판정 외의 자백)에는 보강증거가 필요하다는 견해[33]이다. 공동피고인으로 심리받고 있는 공판절차 내의 공범자의 자백은 법관이 그 진술태도를 관찰할 수 있고 피고인이 그에 대해 반대신문권을 행사할 수 있기 때문에 보강증거가 필요 없으나, 공범자가 피고사건의 수사절차나 별개 사건에서 자백진술을 한 경우에는 이와 같은 보완장치가 없으므로 보강증거를 통해 법관의 심증형성에 신중을 기하도록 할 필요가 있다는 점을 근거로 한다.

(3) 판 례   제310조 소정의 '피고인의 자백'에 공범인 공동피고인의 진술은 포함되지 아니하므로 공범인 공동피고인의 진술은 다른 공동피고인에 대한 범죄사실을 인정하는 증거로 할 수 있고, 공범인 공동피고인들의 각 진술은 상호간에 서로 보강증거가 될 수 있다.[34]

(4) 검 토   공범자는 공범관계의 피고인에 대해서는 제3자에 불과하며 피고인 자신이라고 볼 수 없고 공범자의 자백을 피고인의 자백에 포함시키는 명

31) 배종대, 702면; 신양균, 821면.
32) 이재상, 722면.
33) 신동운, 1304면.
34) 대법원 1985. 7. 9. 선고 85도951 판결, 1986. 10. 28. 선고 86도1773 판결, 1987. 7. 7. 선고 87도973 판결, 1990. 10. 30. 선고 90도1939 판결, 1992. 7. 28. 선고 92도917 판결.

문의 규정이 없는 이상 불요설이 타당하고 본다. 그리고 공범자 乙의 자백에 의하여 범행을 부인한 피고인 甲이 유죄로 되는 것은 법관의 자유로운 증거평가에 따른 결과이므로 이를 불합리하다고 볼 수 없다.

제 3 보강증거의 자격

Ⅰ. 의   의

보강증거의 자격(성질)이란 어떤 증거가 자백의 증명력을 보강하는 증거가 될 수 있는가를 말한다. 보강증거로서의 자격을 구비하기 위해서는 증거능력을 갖춘 증거이어야 하고, 자백과 독립된 증거이어야 한다. 따라서 위법하게 수집된 것은 물론 전문증거도 전문법칙의 예외규정에 의하지 않고서는 보강증거가 될 수 없다.

Ⅱ. 독립증거

1. 자백 이외의 증거

⑴ 증거의 독립성   자백을 보강하는 증거는 피고인의 자백과는 별개의 독립된 증거이어야 한다. 보강증거는 자백의 증명력을 보강하는 증거이므로 다시 본인의 자백으로 보강할 수는 없기 때문이다. 예를 들면 ① 피고인의 법정자백은 수사단계에서의 자백으로 보강할 수 없고, ② 제1심에서 행한 자백을 기재한 조서를 항소심에서 행한 자백의 보강증거로 사용할 수도 없다. 또한 ③ 피고인 甲으로부터 범행을 자백받았다는 乙의 진술[35] 또는 피고인 甲이 범행을 자인하는 것을 들었다는 乙의 진술[36]은 피고인 甲의 자백에 대한 보강증거가 될 수 없다. ④ 피고인이 범행장면을 재현한 사진도 독립증거가 아니므로 자백에 대한 보강증거가 되지 못한다.

⑵ 증거의 형태   자백과는 별개의 독립증거로서 증거능력이 인정되는 경우에는 인증이든 물증이든 서증이든 증거방법의 형태와 관계없이 보강증거가 될 수 있다.

2. 수첩 등의 경우

⑴ 학 설   피고인이 범인으로 검거되기 전에 범죄혐의와 관계없이 작성

---

35) 대법원 1981. 7. 7. 선고 81도1314 판결.
36) 대법원 2008. 2. 14. 선고 2007도10937 판결.

한 수첩·일기장·메모·상업장부 등도 피고인의 진술을 내용으로 하는 한 보강증거가 될 수 없다는 견해가 다수설이다.

(2) **판 례**　피고인이 범죄의 혐의를 받기 전에 그와 관계없이 타인에게 보이는 것을 예상하지 아니하고 사무처리내역을 기재한 수첩은 피고인의 범죄사실의 존재를 추론할 수 있는 사실의 기재가 있더라도 피고인의 범죄사실을 자백하는 문서라고 볼 수 없으므로 보강증거가 될 수 있다.[37]

(3) **검 토**　피고인이 범죄의 혐의를 받기 전에 작성한 수첩·일기장 등이 피고인의 자백에 대한 보강증거가 될 수 있는지는 그 작성경위, 목적 및 내용 등에 비추어 판단해야 할 것이다. 사무처리내용을 증명하기 위한 문서로서 그 존재 자체 및 기재가 그러한 내용의 사무가 처리되었음의 여부를 판단할 수 있는 별개의 독립된 증거자료인 경우에는 자백에 대한 보강증거가 될 수 있다고 본다. 따라서 피고인이 사무처리내용이나 거래내용을 상업장부나 수첩 또는 일기장에 그때 그때 기계적으로 기입한 경우에 그 기재내용은 피고인의 자백에 대한 보강증거가 될 수 있으나, 피고인이 자신의 범행에 대한 감정 등만을 기재한 일기장은 자백에 대한 보강증거가 될 수 없다.

【사 례】 보강증거의 자격

《사 안》 피고인 甲은 공판정에서 자신은 A의 라디오를 1997년 6월 8일 오후 3시경 A의 집에서 훔쳤다고 자백하였다. 그러나 甲의 자백의 신빙성을 보장할 만한 것으로는 피고인이 늘 쓰던 일기장과 경찰에서 쓴 자술서뿐이었다. 이 경우 법원은 甲에 대하여 유죄판결을 선고할 수 있는가?(제41회 행정고등고시 출제문제)

《검 토》 자백을 보강하는 증거는 자백과 독립된 증거이어야 하므로 甲이 경찰에서 쓴 자술서는 보강증거가 될 수 없다. 그런데 일기장의 기재내용이 보강증거가 될 수 있는지 여부에 대해서는 학설이 대립하고 있다. 일기장의 기재내용은 피고인의 자백에 불과하므로 보강증거가 될 수 없다는 견해가 다수설이나, 甲의 일기장이 자백에 대한 보강증거가 될 수 있는지 여부는 그 작성경위, 목적 및 내용 등에 비추어 판단해야 한다고 본다. 본 사례의 경우에는 甲이 자신의 일상적인 업무를 일기장에 기계적으로 작성한 것이라고 보이지 않으므로 甲의 일기장은 자백을 보강하는 증거가 될 수 없다. 따라서 법원은 甲에 대하여 유죄판결을 선고할 수 없다.

3. 정황증거

(1) **관련성**　직접증거뿐만 아니라 간접증거(정황증거)도 보강증거가 될 수

---

37) 대법원 1996. 10. 17. 선고 94도2685 전원합의체 판결.

있다.[38] 그러나 정황증거는 공소사실과 직접 관련이 있는 것이어야 하고, 단지 범행동기에 관한 것인 경우에는 보강증거가 될 수 없다.[39]

(2) **구체적 사례** ① 피고인이 위조신분증을 제시·행사하였다고 자백하는 때에는 그 신분증의 현존이 자백을 보강하는 정황증거가 되며,[40] ② 피고인이 반지를 편취하였다고 자백하는 경우 피고인으로부터 그 반지를 매입하였다는 참고인의 진술은 보강증거가 될 수 있다.[41] ③ 피고인으로부터 오토바이를 압수 하였다는 압수조서의 기재는 피고인이 운전면허 없이 오토바이를 운전하였다 는 범죄사실의 보강증거로 충분하고,[42] ④ 자동차등록증에 차량의 소유자가 피 고인으로 기재된 것은 피고인의 무면허운전사실에 대한 보강증거가 된다.[43]

III. 공범자의 자백

1. 쟁 점

피고인 甲이 자백한 경우에 공범자 乙의 자백이 피고인 甲의 자백에 대한 보강증거가 될 수 있는가 하는 문제가 있다.

2. 학설과 판례

(1) **긍정설** 공범자의 자백을 피고인의 자백으로 볼 수 없다는 판례[44]와 학 설(보강증거불요설)에 의하면 공범자 乙의 자백은 독립증거이므로 피고인 甲의 자백에 대한 보강증거로 당연히 사용될 수 있다고 한다. 한편 공범자의 자백이 피고인의 자백에 포함된다는 학설(보강증거필요설)과 공동피고인 아닌 공범자의 자백을 피고인의 자백으로 보는 학설(절충설)을 취하면서도 ① 공동피고인이 모두 자백한 경우에는 상호보강증거가 될 수 있으며, ② 공범자의 자백만으로 피고인을 유죄로 인정할 수 있는가의 문제는 공범자의 자백이 피고인의 자백 에 대한 보강증거로 사용될 수 있는가의 문제와 별개의 것이라는 점을 근거로 공범자의 자백은 보강증거로서의 증명력(半증명력)은 가진다는 견해가 있다.

(2) **부정설** 공범자의 자백이 피고인의 자백에 포함된다고 보는 이상 공범

---

38) 대법원 1966. 7. 26. 선고 66도634 전원합의체 판결, 1990. 5. 25. 선고 90도191 판결, 1990. 6. 22. 선고 90도741 판결, 1997. 4. 11. 선고 97도470 판결.
39) 대법원 1990. 12. 7. 선고 90도2010 판결.
40) 대법원 1983. 2. 22. 선고 82도3107 판결.
41) 대법원 1985. 11. 12. 선고 85도1838 판결.
42) 대법원 1994. 9. 30. 선고 94도1146 판결.
43) 대법원 2000. 9. 26. 선고 2000도2365 판결.
44) 대법원 1985. 7. 9. 선고 85도951 판결, 1986. 10. 28. 선고 86도1773 판결, 1987. 7. 7. 선고 87도973 판 결, 1990. 10. 30. 선고 90도1939 판결, 1992. 7. 28. 선고 92도917 판결.

자의 자백은 보강증거가 될 수 없다는 견해이다. ① 공범자의 자백을 제310조 '피고인의 자백'으로 보면서 공범자의 자백이 피고인의 자백을 보강하는 독립된 증거라고 하는 것은 논리적으로 모순이고, ② 긍정설은 자백 이외에 증거가 없는 상황에서 다수인이 참여한 범죄를 빠짐없이 처벌하려는 형사정책에 의한 것이라고 비판한다.

3. 검   토

공범자의 자백은 피고인에 대한 관계에서 증언에 불과하므로 당연히 보강증거가 될 수 있다고 본다. 따라서 공범자 전원이 자백한 경우뿐만 아니라 공동피고인의 일부가 부인한 경우에도 자백한 공동피고인의 자백은 피고인의 자백에 대하여 보강증거가 될 수 있다.

【사 례】 보강증거와 공범자의 자백

《사 안》 甲과 乙은 공모한 후 금은방에 들어가서 귀금속을 절취하였다는 혐의로 검거되어 공소제기되었다. 甲은 공판정에서 범행 일체를 자백하였으나 乙은 이를 부인하였으며 다른 증거가 없었다. ⑴ 이 경우에 법원은 甲과 乙에 대하여 유죄판결을 할 수 있는가. ⑵ 만일 甲과 乙이 모두 범행사실을 자백하였다면 법원은 어떤 판결을 할 수 있는가?(제37회 행정고등고시 출제문제)

《검 토》 甲이 범행을 자백하더라도 자백의 진실성을 확인할 수 있는 보강증거가 없으므로 甲에 대해서는 무죄판결을 선고하여야 한다. 乙의 경우에는 공범인 甲의 자백을 제310조에 규정된 '피고인의 자백'에 포함시킬 수 있는지 여부에 대해 학설이 대립하고 있지만, 甲은 乙에 대해 제3자이므로 甲의 자백을 증거로 채택하여 乙에게 유죄판결을 선고할 수 있다. 만일 甲과 乙이 모두 범행사실을 자백하였다면 그 자백은 상호보강증거가 될 수 있으므로 甲과 乙에 대해 유죄판결을 할 수 있다.

제 4 보강증거의 범위

I. 보강증거가 필요한 범위

1. 쟁   점

보강증거가 어느 범위까지 자백을 보강해야 하는가를 보강증거의 범위의 문제라고 한다. 자백한 범죄사실의 전부에 대하여 보강증거를 필요로 하는 것은 사실상 불가능할 뿐만 아니라 자백의 증거가치를 완전히 부정하는 결과가 된다. 따라서 보강증거는 범죄사실의 전부에 대한 증거임을 요하지 않고 그 일

부에 대한 증거로도 충분하다. 반대로 보강증거로 어떤 증거라도 있기만 하면
족하다고 해석한다면 자백의 보강법칙을 무의미하게 만든다. 이와 같은 이유로
자백에 대하여 보강증거를 필요로 하는 범위에 관하여 학설의 대립이 있다.

2. 학 설

(1) 죄체설 객관적 범죄구성사실인 죄체(罪體)의 전부 또는 중요부분에 대
해서는 보강증거가 있어야 한다는 견해이다.

(2) 실질설 자백에 대한 보강증거는 자백의 진실성을 담보하는 정도면 족
하다는 견해이다(통설). 판례는 실질설의 입장이다.[45]

(3) 절충설 공판정 외의 피고인의 자백에 대해서는 죄체설을 적용하고,
공판정의 자백에 대해서는 실질설에 따르는 견해이다.

3. 검 토

죄체라는 개념은 본래 공판정 외의 자백에 대해 엄격한 보강증거를 요한다
는 미국의 증거법에서 사용된 것으로 이러한 구별이 없는 현행법하에서는 반
드시 필요한 개념이 아니다. 그리고 보강법칙이 본래 자백으로 인한 오판의 위
험을 막는 데 있다는 점을 고려하면 자백의 보강증거는 자백의 진실성을 담보
할 수 있을 정도의 증거이면 족하다고 본다.

II. 보강증거의 요부(要否)

1. 범죄의 주관적 요소

고의나 목적 등의 주관적 범죄요소에 대해서도 고의를 추정케 하는 간접증
거로 보강할 필요가 있다는 견해가 있으나, 주관적 범죄요소에 대해서는 보강
증거가 필요 없으며 자백만으로도 이를 인정할 수 있다고 본다. 범죄의 주관적
요소에 대해서는 보강증거를 얻기 어려울 뿐만 아니라, 자백만으로 이를 인정
하여도 사실인정에서 오류를 범할 위험성이 적기 때문이다.

2. 구성요건사실 이외의 사실

객관적 처벌조건인 사실 또는 누범가중사유인 전과[46]는 엄격한 의미에서의
범죄사실과는 구별되므로 이에 대해서는 보강증거 없이 피고인의 자백만으로
인정할 수 있다.

---

45) 대법원 1992. 4. 24. 선고 92도256 판결, 1993. 2. 23. 선고 92도2972 판결, 1994. 9. 30. 선고 94도1146
  판결, 1995. 7. 25. 선고 95도1148 판결, 1997. 4. 11. 선고 97도470 판결.
46) 대법원 1979. 8. 21. 선고 79도1528 판결, 1981. 6. 9. 선고 81도1353 판결.

3. 범인과 피고인의 동일성

자백을 기초로 유죄판결을 하려면 피고인과 범인의 동일성에 대해 보강증거가 있어야 하는가에 관해 ① 피고인이 범인이라는 사실은 공소범죄사실의 핵심이므로 피고인의 자백에 대한 보강증거가 있어야 한다는 **필요설**과 ② 범죄사실에 대한 보강증거가 이미 있는 이상 범인과 피고인의 동일성은 피고인의 자백만으로 인정할 수 있다는 **불필요설**이 있다. 불필요설이 타당하다고 본다.

4. 죄수와 보강증거

(1) **경합범**   ① 실체적 경합범은 실질적으로 수죄이므로 개별 범죄에 관해 각각 보강증거가 필요하다.[47] ② 상상적 경합범에 대해서는 실체법상 수죄이지만 소송법상 일죄이므로 중한 죄에 대한 보강증거가 있으면 족하다는 견해와 실체법상 수죄인 이상 각 범죄에 대해 보강증거가 있어야 한다는 견해가 있다. 상상적 경합은 한개의 행위가 수개의 죄에 해당하므로 일죄에 대하여 보강증거가 있으면 통상 다른 죄에 대하여도 보강증거가 있는 것이므로 논의의 실익이 없다고 본다.

(2) **포괄일죄**

(가) **학 설**   ① 포괄일죄의 포괄성 내지 집합성을 인정할 수 있는 범위에서 보강증거가 있으면 된다는 견해와 ② 각각의 범죄에 대해 보강증거를 요한다는 견해 및 ③ 포괄일죄의 개별행위가 각각 구성요건상 독립된 의미를 가진 경우에는 개별범죄에 관한 보강증거가 필요하나 그렇지 않은 경우에는 개개의 행위에 대한 각각의 보강증거는 요구되지 않는다는 견해가 있다.

(나) **판 례**   피고인의 상습성을 범죄구성요건으로 하는 포괄 일죄의 경우 각 행위에 대해 개별적으로 보강증거가 필요하다.[48]

(다) **검 토**   상습범과 같이 개별행위가 특정되는 포괄일죄의 경우에는 각각 행위에 대하여 보강증거가 필요하나, 영업범과 같이 시간적 포괄성을 가지는 포괄일죄의 경우에는 그 포괄성의 범위 내에서 보강증거가 있으면 족하다고 본다.

Ⅲ. 보강증거의 증명력

보강증거는 자백과 합쳐서 범죄의 객관적 사실을 증명할 수 있는 것만으로

---

47) 대법원 2008. 2. 14. 선고 2007도10937 판결.
48) 대법원 1996. 2. 13. 선고 95도1794 판결.

는 불충분하고 자백을 조사하기 이전에 보강증거로써 범죄가 존재한다는 것을 설득력 있게 인정하여야 한다는 견해가 있으나, 보강증거는 자백과 합쳐서 전체로서 범죄사실을 인정할 수 있으면 유죄의 증거로 충분하다.[49]

제 3 관 공판조서의 증명력

제 1 개   관

I. 공판조서의 의의

공판조서란 공판기일의 소송절차가 법정의 방식에 따라 적법하게 행하여졌는가를 인증하기 위해 법원사무관 등이 소송절차의 경과를 기재하는 조서를 말한다. 공판조서는 당해 공판에 참여한 법원사무관 등이 작성한다(제51조제1항). 재판장과 공판에 참여한 법원사무관 등은 공판조서에 기명날인 또는 서명하여야 한다(제53조). 재판장이 공판조서에 서명·날인하는 이유는 공판조서의 정확성을 기하기 위함이다.

II. 자유심증주의의 예외

1. 배타적 증명력

공판기일의 소송절차로서 공판조서에 기재된 것은 그 조서만으로써 증명한다(제56조). '조서만으로써 증명한다'란 공판조서 이외의 다른 자료에 의한 반증을 허용하지 않는다는 의미이다. 이를 공판조서의 배타적 증명력이라고 한다. 법관은 심증 여하에 상관없이 공판조서로써 공판기일의 소송절차에 관한 사실을 인정하여야 하므로 공판조서의 증명력은 자유심증주의 예외라고 할 수 있다.

2. 근   거

공판조서에 배타적 증명력을 인정함으로써 상소심에서 원심공판절차의 존부 및 적법성 여부를 둘러싼 분쟁 때문에 상소심심리가 지연되거나 심리초점이 흐려지는 것을 방지한다. 즉 원심의 공판기일에 이루어진 소송절차가 법령에 위반하였는가를 상소심에서 심리하게 되면 공판조서를 작성한 법원사무관이나 원심법관 등을 증인으로 신문해야 하므로 적절하지 않고 오히려 절차진

---

49) 대법원 2002. 1. 8. 선고 2001도1897 판결.

행익 혼란을 초래하게 된다.

제 2 배타적 증명력의 범위

Ⅰ. 공판기일의 소송절차

1. 공판기일의 절차

공판조서에 의하여 배타적으로 증명할 수 있는 것은 피고사건에 관한 공판기일의 절차에 한한다. 따라서 공판준비절차, 공판기일 외의 증인신문이나 검증 등의 절차에서 작성된 조서는 배타적 증명력을 가지지 않는다.

2. 당해사건의 소송절차

⑴ **당해사건** 공판조서의 배타적 증명력은 당해 사건에 한하므로 다른 사건의 공판조서는 배타적 증명력이 인정되지 않는다. 예를 들면 A사건에서 증언을 한 증인 甲이 위증죄로 기소된 경우에 甲이 A사건의 공판기일에서 선서한 사실이 있는가 하는 점에 대해서는 A사건에 대한 공판조서의 기재에도 불구하고 다른 증거로써 그 존부를 다툴 수 있다.

⑵ **소송절차** 공판기일의 소송절차에 대해서만 배타적 증명력이 인정된다. 예를 들면 피고인 또는 변호인의 출석 여부, 진술거부권고지($^{제283조}_{의2}$), 검사의 모두진술($^{제285}_{조}$), 피고인의 이익사실 진술($^{제286}_{조}$), 최종의견진술기회의 부여($^{제303}_{조}$), 판결선고의 유무 및 일자 등이 공판기일의 소송절차에 해당한다. 공판조서의 배타적 증명력은 일단 진행된 소송절차의 적법성뿐만 아니라 소송절차의 존부에 대해서도 인정된다. 이에 반하여 공판조서에 기재된 피고인의 진술내용이나 증인의 증언내용과 같이 피고사건의 실체적 사항에 대해서는 공판조서의 증거능력만 인정될 뿐이다($^{제311}_{조}$). 따라서 다른 증거에 의해 그 증명력을 다툴 수 있다.

Ⅱ. 공판조서에 기재된 소송절차

1. 기재된 사항의 증명

배타적 증명력은 공판조서에 기재된 절차에 한정된다. 공판조서에 기재된 이상 필요적 기재사항인가 아닌가는 불문한다. 검사 제출의 증거에 관하여 동의 또는 진정성립 여부 등에 관한 피고인의 의견이 증거목록에 기재된 경우에는 그 증거목록의 기재는 공판조서의 일부로서 절대적인 증명력을 가지게 된다.[50] 다만 기재사항에 대한 공판조서의 배타적 증명력은 그 공판조서가 위조,

변조 또는 허위작성되었음이 다른 형사절차에 의해 증명되는 경우에 한하여 부인될 수 있다.

2. 기재되지 않은 사항의 증명

공판조서에 기재되지 않은 소송절차는 공판조서에 의한 증명이 불가능하므로 공판조서 이외의 자료에 의한 증명이 허용된다. 이 경우 소송법적 사실에 관한 증명이므로 **자유로운 증명**으로 족하다. 공판조서에 기재되지 않았다고 해서 그 소송절차의 부존재가 추정되는 것은 아니다. 법원이 통상 행하는 소송절차인 경우에는 공판조서에 기재되지 않았더라도 그러한 절차가 적법하게 행해졌다고 사실상 추정된다. 예를 들면 공판조서에 인정신문에 대한 기재가 없더라도 피고인이 공소사실에 관하여 진술한 사실이 인정되면 인정신문을 한 것으로 추정된다.[51]

3. 기재가 불분명한 사항의 증명

공판조서의 기재사항이 불명확하거나 모순이 있는 경우에는 배타적 증명력은 인정되지 않는다. 또한 공판조서의 기재의 정확성에 대한 이의신청이 있거나(제54조 제2항), 이의신청이 방해된 경우에도 해당 공판조서의 배타적 증명력은 인정되지 않는다. 다만 공판조서에 명백한 오기가 있는 경우에는 정확한 내용에 대해 배타적 증명력이 인정된다.[52] 명확한 오기인가를 판단함에 있어서 ① 공판조서 이외의 다른 자료에 의한 참조를 허용하는 견해[53]와 ② 공판조서의 기재만으로 오기 여부를 판단해야 한다는 견해[54]가 있다.

오기의 명백성이라는 자체가 이미 해당 공판조서만을 가지고 판단할 수 있을 정도의 오류임을 전제로 하므로 원칙적으로는 공판조서만으로 판단하여야 한다. 다만 공판정에서의 심리를 속기사로 하여금 속기하게 하거나 녹음장치 또는 영상녹화한 경우(제56조 의2)에는 예외적으로 속기록 또는 영상녹화물로 공판조서의 명백한 오기 여부를 판단할 수 있다.

【사 례】 공판조서의 배타적 증명력

《사 안》 피고인 甲은 제1심 법원에서 상해죄로 징역 1년을 선고받아 항소하였다. 甲은 제1심 공판절차에서 진술거부권을 고지받지 못하였다고 주장하면서 이를 입증

---

50) 대법원 1998. 12. 22. 선고 98도2890 판결.
51) 대법원 1972. 12. 26. 선고 72도2421 판결.
52) 대법원 1995. 4. 14. 선고 95도110 판결, 1995. 12. 22. 선고 95도1289 판결.
53) 이재상, 732면.
54) 배종대, 711면; 신동운, 1316면; 신양균, 831면.

하기 위하여 제1심 공판절차에 관여한 법원사무관 乙을 증인으로 신청하였다. 그런데 제1심 공판조서에는 재판장이 甲에게 진술거부권을 고지한 것으로 기재되어 있으며 甲이 그 공판조서의 정확성에 대하여 이의를 진술하였다는 기재도 없었다. 항소법원은 甲의 증인신청에 대해 어떠한 재판을 하여야 하는가?

《검 토》 재판장이 공판기일에 진술거부권을 피고인에게 고지하였는지 여부는 공판기일의 소송절차에 해당한다. 그리고 공판기일의 소송절차로서 공판조서에 기재된 것은 다른 자료에 의한 반증이 허용되지 않는다. 공판조서의 정확성에 대하여 이의를 진술하지 아니한 경우에는 공판조서의 기재는 배타적 증명력이 인정된다. 따라서 본 사안에서 항소법원은 피고인 甲의 증인신청을 기각하는 증거결정을 하여야 한다.

제 3 공판조서의 무효 · 멸실

Ⅰ. 의   의

공판조서의 무효란 공판조서 작성자인 법원서기관의 기명날인이 없거나 공판정에 열석하지 아니한 법관이 재판장으로 기명날인한 경우[55]와 같이 중대한 절차상의 오류가 있는 경우를 말한다. 공판조서의 배타적 증명력은 유효한 공판조서가 존재할 것을 전제로 하므로 공판조서가 무효이거나 멸실된 경우에는 그 증명력이 인정되지 않는다.

Ⅱ. 항소심에서의 증명

1. 쟁   점
공판조서가 무효이거나 멸실된 경우 항소심에서 다른 자료에 의하여 원심공판절차의 다툼에 대하여 증명할 수 있는가의 문제가 있다.

2. 학   설
⑴ 소극설   항소심은 원심공판절차의 적법성을 다른 자료에 의하여 증명할 수 없고 사건을 원심법원으로 환송해야 한다는 견해이다. 그 근거로서 공판조서가 무효나 멸실되지 아니하였다면 공판조서만 가지고 원심공판절차의 법령위반을 증명하여 원판결이 파기될 수 있는 것인데 공판조서의 무효나 멸실을 이유로 다른 자료를 사용하도록 하면 그 자료를 통하여 공판절차의 법령위

---

55) 대법원 1983. 2. 8. 선고 82도2940 판결.

반이 없음을 증명하여 원심판결의 파기를 면할 수 있게 되는 불합리가 있다는 점을 지적한다.

(2) **적극설** 항소심은 원심공판절차의 법령위반 여부를 다른 자료에 의해 증명할 수 있다는 견해이다(통설). 적극설은 현행법이 항소심의 심판에 있어서 파기자판을 원칙으로 하고 있다는 점을 그 근거로 삼고 있다.

3. 검 토

공판조서가 무효 또는 멸실된 경우에는 원심공판절차의 법령위반을 공판조서에 의하여 증명하는 것이 불가능하므로 다른 자료를 사용할 수밖에 없고 현행법이 항소심의 심판에 대하여 파기자판을 원칙으로 하고 있는 점에 비추어 적극설이 타당하다고 본다.

제4절 증거조사

제1관 총 설

제1 개 관

I. 의 의

1. 개 념

증거조사(證據調査)란 협의로는 수소법원 또는 법관이 피고사건의 사실인정과 형의 양정에 관한 심증을 얻기 위하여 인증·서증·물증 등 각종의 증거방법을 조사하여 그 내용을 감지하는 소송행위를 말한다. 광의의 증거조사는 협의의 증거조사 외에 이와 밀접한 관계에 있는 증거신청·증거결정 등을 포괄한다.

2. 법적 성격

증거조사는 그 대상에 대해 작위의무나 수인(受忍)의무를 부과하게 된다는 점에서 **강제처분적** 성격을 가진다. 예를 들면 증인신문은 증인에게 출석의무·선서의무·증언의무를 부과한다. 그리고 검증은 검증의 상대방에게 수인의무를 부과하고 일정한 경우에 실력행사가 허용된다.

Ⅱ. 기   능

증거재판주의를 실현하기 위하여 증거조사절차가 필요하다. 증거재판주의에서 증거는 적법한 증거조사를 거친 증거를 의미하기 때문이다. 증거조사는 피고사건에 대한 법원의 심증을 얻기 위하여 행하는 것이지만, 또한 당사자에 대하여는 증거의 내용을 알게 하여 공격, 방어의 기회를 주게 하는 기능을 가진다.

Ⅲ. 소송구조와 증거조사

당사자주의 소송구조에서는 당사자가 수집한 증거를 중심으로 증거조사가 이루어지나 직권주의 소송구조에서는 증거조사가 법원의 직권에 의한 적극적 활동에 의해서 행해진다. 현행 형사소송법은 증거조사절차에 있어서 당사자주의를 원칙으로 하면서도 실체적 진실발견의 측면을 고려하여 직권에 의한 증거수집을 인정하고 있다.

제 2 증거조사의 범위

Ⅰ. 증거조사의 주체와 대상

1. 증거조사의 주체

증거조사의 주체는 법원이다. 수소법원 이외의 법관에 의한 증거조사에는 ① 수명법관이나 수탁판사에 의한 검증($\frac{제145조}{제136조}$) · 증인신문($\frac{제167}{조}$) · 감정($\frac{제177조}{제167조}$) · 통역 · 번역($\frac{제183조}{제177조}$), ② 증거보전을 위하여 판사가 행하는 증인신문 · 검증 · 감정($\frac{제184}{조}$), ③ 수사절차에서 참고인에 대하여 판사가 행하는 증인신문($\frac{제221조}{의2}$)이 있다.

2. 증거조사의 대상

증거조사의 대상은 엄격한 증명의 자료로 되는 증거에 한하지 않는다. 자유로운 증명의 자료로 되는 경우에도 조사방식의 차이만 있을 뿐 증거조사를 하여야 한다. 그리고 엄격한 증명의 자료가 되는 증거의 경우에는 그 전제가 되는 증거능력의 요건에 대해서도 심사를 요한다.

Ⅱ. 공판정 외의 증거조사

증거조사는 공판기일에 공판정에서 법원이 직접 행하는 것이 원칙이나, 공판정 외에서도 그 증거방법을 조사하여 그 결과를 공판기일에 현출시켜 증거조사를 행하는 것도 허용된다. 예를 들면 공판정 외에서 현장검증을 하여 검증조서를 작성한 후 그 조서를 공판기일에 서증으로서 증거조사를 행할 수 있다. 이 경우 공판기일에 그 서면에 관하여 행하는 증거조사가 본래 의미의 증거조사이지만, 이를 위하여 사전에 공판정 외에서 행한 검증이나 증인신문 등도 널리 증거조사라고 한다.

제 2 관 증거조사의 개시

제 1 증거신청

I. 의   의

증거신청이란 법원에 대하여 특정 증거조사의 시행을 구하는 당사자의 소송행위를 말한다. 증거조사는 원칙적으로 당사자의 신청에 의하여 개시된다. 제294조에 의하면 소송당사자는 서류나 물건을 증거로 제출할 수 있고 증인, 감정인, 통역인 또는 번역인의 신문을 신청할 수 있다고 규정하면서 검증의 신청에 대하여는 명시하지 않고 있다. 그러나 공판준비절차에서 검증신청을 할 수 있다는 점에 비추어 공판기일에 있어서의 검증신청은 당연히 허용된다고 본다.

II. 신청의 절차

1. 신청권자

증거신청권자는 검사 · 피고인 · 변호인이다($^{제294}_{조}$). 범죄의 피해자도 법원에 자신에 대한 증인신문을 신청할 수 있다($^{제294조}_{의2}$).

2. 신청의 순서

증거신청은 검사가 먼저 한 후에 피고인 또는 변호인이 한다($^{규칙}_{제133조}$). 법원은 검사가 신청한 증거를 조사한 후 피고인 또는 변호인이 신청한 증거를 조사한다. 법원은 검사와 피고인 · 변호인이 신청한 증거에 대한 조사가 끝난 후에 직권으로 결정한 증거를 조사한다. 다만, 법원은 직권 또는 검사, 피고인 · 변호인의 신청에 따라 증거조사의 순서를 변경할 수 있다($^{제291조}_{의2}$).

3. 신청의 방식

⑴ 일괄신청　　검사, 피고인·변호인은 특별한 사정이 없는 한 필요한 증거를 일괄하여 신청해야 한다(규칙 제132조). 효율적이고 집중적인 심리를 진행하고, 당사자 사이에 공격방어의 대상을 명확히 하기 위해서는 증거의 일괄신청이 필요하다.

⑵ 신청대상의 특정　　증거조사를 신청할 때에는 신청의 대상인 증거를 특정하여야 한다. 따라서 증인신문을 신청할 때에는 증인의 성명과 주소를 특정하여야 한다. 다만 추완을 조건하는 증거신청, 법원에 인선을 허용하는 신청, 복수의 증거를 택일적으로 신청하는 것은 허용된다. 서류나 물건의 일부에 대하여 증거신청을 할 때에는 증거로 할 부분을 특정하여 명시하여야 한다(규칙 제132조 의2 제3항). 그리고 제311조부터 제315조까지 또는 제318조의 규정에 따라 증거로 할 수 있는 서류나 물건이 수사기록의 일부인 때에는 검사는 이를 특정하여 개별적으로 제출함으로써 그 조사를 신청하여야 한다. 수사기록의 일부인 서류나 물건을 자백에 대한 보강증거나 피고인의 정상에 관한 증거로 제출할 경우 또는 제274조에 따라 공판기일전에 서류나 물건을 제출할 경우에도 이와 같다(규칙 제132조 의3 제1항).

⑶ 입증취지의 명시　　검사, 피고인 또는 변호인이 증거를 신청함에 있어서는 증거와 증명하고자 하는 사실과의 관계, 즉 입증취지를 구체적으로 명시하여야 한다(규칙 제132조 의2 제1항). 입증취지는 법원의 증거결정에 참고가 될 뿐만 아니라, 상대방의 방어권행사에 도움이 되기 때문이다. 피고인의 자백을 보강하는 증거나 정상에 관한 증거는 보강증거 또는 정상에 관한 증거라는 취지를 특히 명시하여야 한다(동조 제2항).

⑷ 비요식행위　　증거신청은 요식행위가 아니므로 원칙적으로 서면 또는 구두에 의하여 할 수 있다. 다만 법원은 필요하다고 인정할 때에 증거신청을 한 자에게 신문할 증인·감정인·통역인 또는 번역인의 성명·주소, 서류나 물건의 제목 및 규칙 제132조 제1항 내지 제3항에 규정된 사항을 기재한 서면의 제출을 요구할 수 있다(규칙 제132조 의2 제4항). 이에 따라 제출되는 서면은 작성자의 서명날인이나 작성일 등이 기재되지 않은 메모적으로 기재된 서면이라도 무방하다고 본다.

Ⅲ. 신청의 철회

증거조사를 신청한 당사자는 증거조사가 실시되기 전까지 그 신청을 철회할 수 있다. 범죄피해자의 증인신문신청도 증인신문에 착수하기 전까지는 철회할 수 있으며 그 신청인이 소환을 받고도 정당한 이유 없이 출석하지 아니한 때에는 그 증인신문신청을 철회한 것으로 본다(제294조의2 제4항).

제 2 직권에 의한 증거조사

Ⅰ. 의 의

법원은 직권으로 증거조사를 할 수 있다(제295조 후단). 증거조사절차는 검사, 피고인, 변호인 또는 범죄피해자 등의 증거신청에 의하여 개시되는 것이 보통이지만 법원은 실체적 진실발견의 의무가 있을 뿐만 아니라, 피고인의 입증활동이 불충분한 경우 이를 보충할 필요가 있으므로 직권에 의하여 증거조사를 개시할 수 있다.

Ⅱ. 법적 성질

1. 보 충 성

법원의 직권증거조사는 당사자의 신청에 의한 증거조사에 대하여 보충적이고 이차적인 관계에 있다. 따라서 법원은 당사자의 입증활동이 불충분한 때에는 석명권을 행사하여 입증을 촉구하고 그것으로도 부족한 경우에 한하여 직권으로 증거조사절차를 개시하여야 한다.

2. 의 무 성

법원은 실체적 진실을 발견할 의무가 있다는 점에서 직권에 의한 증거조사는 법원의 권한인 동시에 의무이다. 따라서 법원이 직권에 의한 증거조사를 다하지 않은 때에는 심리미진의 위법이 있어 상소이유가 된다.

제 3 증거결정

Ⅰ. 의 의

법원은 검사, 피고인, 변호인 또는 범죄피해자 등의 증거신청에 대하여 결정을 하여야 한다(제295조 전단). 또 법원은 증거신청이 없더라도 직권으로 증거조사를 하기로 하는 결정을 할 수 있다. 즉 법원의 증거결정에는 증거신청을 받아들여 신청된 증거를 조사하기로 하는 채택결정과 증거신청을 채택하지 않는 각하결정·기각결정 및 직권으로 중거조사를 하기로 하는 직권결정이 있다.

II. 법적 성질

1. 소송구조와의 관계

당사자주의 소송구조에서는 법원이 당사자의 증거신청에 기속되어 당사자가 신청하는 증거는 모두 증거조사의 범위에 포함된다는 견해가 있으나, 법원의 증거결정은 법원의 소송지휘권에 근거하는 것으로서 당사자주의와 직접적인 관계가 없다고 본다. 당사자주의라 하여 당사자가 신청한 증거를 법원이 반드시 조사하여야 하는 것은 아니기 때문이다.

2. 재 량 성

범죄피해자의 진술권에 관한 제294조의2 규정을 유추적용하여 법원은 당사자의 증거신청에 대하여도 원칙적인 채택의무가 있고, 형식적 사유와 실질적 사유에 따라 일정한 제한이 인정된다고 주장하는 견해가 있다. 그러나 피해자의 진술권에 관한 형사소송법상의 규정은 헌법 제27조 제5항에 따라 보장된 기본권을 구체화한 것으로서 이를 당사자의 증거신청에 대한 증거결정에까지 그대로 적용하는 것은 적절하지 못하다고 본다. 따라서 당사자의 증거신청이 적법한 경우에도 증거조사의 필요성이 없다고 인정되는 경우에는 그 증거조사의 신청을 기각할 수 있다. 다만 법원의 증거결정도 증거평가에 대한 법관의 자유재량과 같이 합리적으로 행사되어야 할 일정한 한계가 있다.

III. 증거결정에 관한 의견진술

1. 임의적 의견진술

증거결정을 함에 있어서 필요하다고 인정할 때에는 그 증거에 대한 검사, 피고인 또는 변호인의 의견을 들을 수 있다(규칙 제134조). 이러한 의견청취는 필수적인 것이 아니고 법원이 필요하다고 인정한 때, 즉 신청된 증거 또는 직권으로 조사하고자 하는 증거에 대하여 증거결정을 함에 있어서 당사자의 의견을 들어 볼 필요가 있다고 인정한 때에만 행하면 된다.

2. 필요적 의견진술

법원은 서류 또는 물건이 증거로 제출된 경우에 이에 관한 증거결정을 함에 있어서는 제출한 자로 하여금 그 서류 또는 물건을 상대방에게 제시하게 하여 상대방으로 하여금 그 서류 또는 물건의 증거능력 유무에 관한 의견을 진술하게 하여야 한다(규칙 제134조 제2항 본문). 증거능력 유무에 관한 의견진술은 증거조사의 범위와 방향을 정하기 위해 반드시 필요한 절차이다. 이 때 진술되는 의견의 종류에는 증거의 종류에 따라 성립의 진정 여부, 내용의 인정 여부, 진술의 임의성의 인정 여부 또는 증거에 대한 동의 여부 등이 있다. 다만 간이공판절차에 있어서 피고인의 동의가 있는 것으로 간주되는 경우에는 증거능력 유무의 조사가 불필요하므로 제시 및 의견청취의 절차를 취할 필요가 없다(동항 단서).

Ⅳ. 증거신청의 각하와 기각

1. 각하결정

검사·피고인 또는 변호인이 고의로 증거를 뒤늦게 신청함으로써 공판의 완결을 지연하는 것으로 인정되는 때에는 법원은 직권 또는 상대방의 신청에 따라 결정으로 증거신청을 각하할 수 있다(제294조 제2항). 효율적인 집중심리를 위하여 당사자의 증거신청기한을 제한한 것이다. 공판준비기일을 거친 사건의 경우 준비기일에서 신청하지 못한 증거는 신청으로 인하여 소송을 현저히 지연시키지 아니한 때, 중대한 과실 없이 공판준비기일에 제출하지 못하는 등 부득이한 사유를 소명한 때 및 법원이 직권으로 증거를 조사할 필요가 있다고 인정할 때를 제외하고는 공판기일에서 신청할 수 없다(제266조의13). 이러한 사유가 있으면 각하의 대상이 된다고 본다.

2. 기각결정

(1) 신청방식의 법령위반   법원은 증거신청의 방식이 법령에 위반한 경우에 기각결정을 할 수 있다. 예를 들면 법원은 당사자가 증거신청을 하면서 입증취지 등을 명확히 하지 아니하거나 검사가 수사기록을 특정하여 개별적으로 제출하지 아니하면서 증거신청을 한 경우 그 증거신청을 기각할 수 있다(규칙 제132조의2 제5항, 제132조의2 제2항). 다만 당사자가 위반된 부분을 보정하면 다시 증거신청을 할 수 있다.

(2) 증거능력이 없는 경우   신청된 서류 또는 물건에 대하여 증거능력이 인정되지 않는 경우에는 기각결정을 하여야 한다. 즉 피고인이 내용을 부인하는 경찰 작성의 피의자신문조서의 경우처럼 증거능력 없음이 확정된 경우에는 즉시 기각결정을 하여야 한다. 그러나 증거능력 유무가 확실하지 않은 서류 및 원진술자의 증언 등에 의하여 증거능력을 구비하게 될 가능성이 있는 서류에

대하여는 채부(採否)의 결정을 보류하였다기 증거능력 유무가 확실해진 후 증거결정을 한다.

⑶ **불가능하거나 중복된 증거조사**   증거조사가 법률상 또는 사실상 불가능한 경우에 증거신청을 기각할 수 있다. 예를 들면 신청한 증인이 사망하거나 외국에 소재하고 있어 사실상 증거조사가 불가능한 경우에는 기각결정을 하여야 한다. 법원이 요증사실에 관하여 충분히 증명되었다고 인정하는 경우에 같은 사실을 증명하기 위하여 중복하여 증거조사를 할 필요는 없다. 그러나 이 경우 법원의 심증은 쌍방의 증거를 충분히 조사한 결과일 것을 요한다. 따라서 일방의 증거만을 믿고 예단을 가지거나 증명력이 박약하다는 예단만으로 증거신청을 기각해서는 안된다.

3. 증거서류 등의 반환

법원은 증거신청을 각하하거나 기각하는 경우 증거신청인으로부터 당해 증거서류 또는 증거물을 제출받아서는 안된다(규칙 제134조 제4항). 일단 제출받은 경우라도 후에 증거능력이 없음이 밝혀진 경우에는 이를 반환하여야 한다.

V. 증거신청의 채택

1. 채택결정과 직권결정

법원은 당사자의 증거신청에 대하여 증거조사의 필요성이 있다고 인정하는 경우에는 그 신청을 채택하여 증거조사를 시행할 수 있다. 또한 법원은 직권으로 증거조사가 필요하다고 인정하면 증거결정을 할 수 있다.

2. 채택결정의 취소

일단 채택결정을 한 증거라도 당사자가 증거신청을 철회하거나 채택결정에 대한 이의신청이 이유 있다고 인정되는 경우에는 그 채택결정을 취소하여야 한다. 피해자·증인의 인적사항의 공개 또는 누설을 방지하거나 그 밖에 피해자·증인의 안전을 위하여 필요하다고 인정되어 재판장으로부터 증인신문사항을 기재한 서면의 제출을 명받은 자가 신속히 그 서면을 제출하지 아니한 경우 증인채택결정을 취소할 수 있다(규칙 제66조, 제67조).

제 3 관 증거조사의 실시

제 1 서류 및 물건

I. 증거조사의 대상

① 소송관계인이 공판기일 전에 증거로 제출한 서류나 물건($^{제274}_{조}$) 및 공판기일에 증거로 제출한 서류나 물건($^{제294}_{조}$) 또는 ② 공무소나 공사(公私)단체에 조회하여($^{제272}_{조}$) 송부된 보고문서·보관문서, ③ 공판기일 전의 피고인신문, 증인신문, 검증, 번역 등 절차($^{제273}_{조}$)에 의하여 법원이 작성한 신문조서, 검증조서, 감정서, 번역서 등이 증거조사의 대상이 된다. 검사나 피고인 등이 사실조회, 금융정보제공요청, 감정촉탁, 문서송부촉탁 등을 신청한 후 그 회신이 오면, 그 회신서에 대하여 검사나 피고인 등으로부터 증거신청을 받아 별도로 증거조사를 실시하여야 그 회신결과를 증거로 사용할 수 있다.

II. 증거조사의 방법

1. 개별적인 지시설명

검사, 피고인 또는 변호인은 공판정에서 서류나 물건을 개별적으로 지시설명하여야 한다($^{제291조}_{제1항}$). 개별적인 지시설명은 증거조사의 대상으로 삼을 서류 또는 물건을 개별적으로 특정하는 것으로서 증거조사 그 자체는 아니다. 서류송부신청을 한 당사자가 송부된 서류의 내용이 당초의 기대와 달리 자신에게 불이익하다고 판단하여 위와 같은 절차를 취하지 않는 경우 또는 직권증거결정에 의하여 채택한 서류나 물건의 경우에는 재판장이 직접 서류나 물건에 대해 지시설명할 수 있다($^{동조}_{제2항}$).

2. 증거조사의 시기

피고인 또는 피고인 아닌 자의 진술을 기재한 조서 또는 서류가 피고인의 자백진술을 내용으로 하는 경우에는 범죄사실에 관한 다른 증거를 조사한 후에 이를 조사하여야 한다($^{규칙}_{제135조}$).

3. 증거조사의 실시

⑴ 증기시류   검사, 피고인 또는 변호인의 신청에 따라 증거서류를 조사하

는 때에는 신청인이 증거서류를 낭독해야 한다($_{제1항}^{제292조}$). 법원이 직권으로 증거서류를 조사하는 때에는 소지인 또는 재판장이 증거서류를 낭독해야 한다($_{제2항}^{동조}$). 증거서류에 대한 조사는 원칙적으로 낭독에 의해야 한다. 증거서류를 낭독하면 증거조사에 적지 않은 시간을 소요하게 되나, 공판중심주의를 실현하기 위하여 필요한 조사방법이다. 다만, 재판장은 필요하다고 인정하는 때에는 내용을 고지하는 방법으로 조사할 수 있다($_{제3항}^{동조}$). 내용의 고지는 증거서류의 내용 중 입증취지와 관련되어 있는 본질적인 내용을 고지하는 것이다. 재판장은 법원사무관 등으로 하여금 증거서류를 낭독이나 고지하게 할 수 있다($_{제4항}^{동조}$). 재판장은 열람이 다른 방법보다 적절하다고 인정하는 때에는 증거서류를 제시하여 **열람** 하게 하는 방법으로 조사할 수 있다($_{제5항}^{동조}$). 예를 들면, 교통사고실황조사서, 재무제표, 영업장부 등과 같은 증거서류의 경우 증거서류를 낭독하거나 고지하는 방법보다는 증거서류를 제시하여 열람하게 하는 방법으로 조사하는 것이 더 적절하다.

(2) 증거물   검사, 피고인 또는 변호인의 신청에 따라 증거물을 조사하는 때에는 신청인이 증거물을 제시해야 한다. 법원이 직권으로 증거물을 조사하는 때에는 소지인 또는 재판장이 증거물을 제시해야 한다. 재판장은 법원사무관 등으로 하여금 증거물을 제시하게 할 수 있다($_{의2}^{제292조}$).

(3) 그 밖의 증거   도면·사진·녹음테이프·비디오테이프·컴퓨터용디스크, 그 밖에 정보를 담기 위하여 만들어진 물건으로서 문서가 아닌 증거의 조사에 관하여 필요한 사항은 대법원규칙으로 정한다($_{의3}^{제292조}$). 컴퓨터용디스크 그 밖에 이와 비슷한 정보저장매체에 기억된 문자정보를 증거자료로 하는 경우에는 읽을 수 있도록 출력하여 인증한 등본을 제출할 수 있다($_{조의7}^{규칙 제134}$). 녹음·녹화테이프, 컴퓨터디스크, 그 밖에 이와 비슷한 방법으로 음성이나 영상을 녹음 또는 녹화하여 재생할 수 있는 매체에 대한 증거조사는 녹음·녹화테이프 등을 재생하여 청취 또는 시청하는 방법으로 한다($_{조의8}^{규칙 제134}$).

제 2 증인신문

I. 의   의

1. 개   념

증인신문(證人訊問)이란 증인이 체험한 사실을 내용으로 하는 진술을 듣는 증거조사, 즉 증인에 대한 증거조사를 말한다. 증인에 대한 증거조사는 증인의 진술내용뿐만 아니라 진술할 때의 표정과 태도까지 법관의 심증형성에 큰 영향을 미치는 가장 중요한 증거방법이다.

2. 법적 성질

형사소송법은 증인신문을 할 증인에 대하여 출석, 선서 및 증언의 의무를 지우고, 이 의무를 이행하지 않을 때에는 직접 또는 간접으로 강제를 가하고 있다. 이러한 의미에서 증인신문은 **강제처분적** 성질을 가진다.

3. 시기와 장소

증인신문은 통상 공판기일에 공판정에서 증거조사의 절차에 따라 행하여진다. 공판기일의 증인신문은 ① 검사, 피고인 또는 변호인의 신청에 의하여 법원이 채택한 증인에 대하여 행하는 경우($^{제294}_{조}$), ② 법원이 직권으로 증인을 신문하는 경우($^{제295}_{조}$), ③ 범죄로 인한 피해자의 신청에 의하여 행하는 경우($^{제294조}_{의2}$)가 있다. 그리고 증인신문은 공판준비절차에서 검사, 피고인 또는 변호인의 신청에 의하여 행하여질 수도 있다. 법원은 증인의 연령, 직업, 건강상태 기타의 사정을 고려하여 검사, 피고인 또는 변호인의 의견을 묻고 공판정 외에 소환하거나 현재지에서 신문할 수도 있다($^{제165}_{조}$).

Ⅱ. 증인의 의의

1. 개 념

증인이란 법원 또는 법관에 대하여 자기가 과거에 체험한 사실을 진술하는 제3자를 말한다. 법원 또는 법관에 대하여 진술하는 자임을 요하므로 수사기관에 대하여 진술하는 참고인은 증인이 아니다. 그리고 체험사실을 진술하는 한 그 사실 자체에 대한 진술뿐만 아니라 그 체험사실로부터 추측한 사실을 진술하는 자도 증인에 해당한다.

2. 감정인과의 구별

⑴ 비대체성   증인은 자기가 과거에 체험한 사실을 진술하는 자라는 점에서 법원이 재판상 필요로 하는 전문지식이나 경험법칙 또는 이를 구체적 사실에 적용하여 얻은 판단을 보고하는 감정인과 구별된다. 즉 증인은 비대체적이지만 감정인은 전문지식을 가지고 있는 한 누구나 감정인이 될 수 있다는 점에서 대체적이다.

(2) **구체적 차이**   ① 증인의 경우 증언을 듣기 위하여 구인을 할 수 있지만 ($^{제152}_{조}$) 감정인의 경우에는 구인을 할 수 없다($^{제177}_{조}$). ② 증인에게는 여비, 일당 및 숙박료가 지급되지만($^{제168}_{조}$) 감정인에게는 그 외에도 감정료와 감정비용이 지급된다($^{제178}_{조}$). ③ 감정인은 법원의 허가를 얻어 필요한 강제처분을 할 수 있으나 ($^{제173}_{조}$) 증인은 강제처분의 주체가 될 수 없다.

(3) **감정증인**   감정증인이란 특별한 지식이나 경험에 의하여 알게 된 과거의 사실을 진술하는 자를 말한다. 예를 들면 의사가 과거에 직접 치료한 환자의 상태에 대하여 법정에서 진술하는 경우이다. 감정증인도 대체성이 없다는 점에서 증인에 해당한다. 따라서 증인신문절차에 의하여 감정증인을 신문하여야 한다($^{제179}_{조}$).

Ⅲ. 증인적격

1. 의   의

증인적격(證人適格)이란 증인이 될 수 있는 형식적 자격, 즉 증인으로서 선서하고 증언할 수 있는 자격을 말한다. 제146조는『법원은 법률에 다른 규정이 없으면 누구든지 증인으로 신문할 수 있다』고 규정하고 있으므로 원칙적으로 누구든지 증인적격이 인정된다. 따라서 피고인의 배우자나 친족 등 증언의 진실성에 중대한 의심이 있는 자뿐만 아니라 책임무능력자 등도 증인이 될 수 있다. 그러나 예외적으로 법률의 규정에 의하여 증인거부권이 인정되는 경우($^{제147}_{조}$) 및 이론상 증인적격이 인정되지 않는 경우가 있다.

2. 법   관

(1) **증인적격의 부정**   법관은 자신이 담당하고 있는 사건에 대해 공정성을 지켜야 할 의무가 있기 때문에 증인 적격이 없다. 물론 법관도 그 직무에서 벗어나 증인이 될 수 있으나, 일단 증인으로 된 후에는 그 사건에 관하여 제척사유가 되어 그 법관은 자동적으로 당해 사건의 직무집행에서 배제된다($^{제17조·}_{제4호}$). 소송관계인이 법관을 직무에서 배제하기 위하여 증인으로 신청하였다 하더라도 법관에 대한 증인신청이 받아들여지지 아니한 때에는 증인신청이 있었다는 사정만으로 직무에서 제척되는 것은 아니다.

(2) **법원사무관 등**   피고사건의 공판절차에 관여하고 있는 법원사무관 등도 그 사건의 증인이 될 수 없다. 조서작성 등 법관의 재판진행을 보조하는 위

치에 있는 법원사무관 등에게 증인적격을 인정하게 되면 조서작성 등 재판진
행에 영향을 초래할 우려가 있기 때문이다. 법원사무관 등이 당해 사건에서 증
언을 행하면, 그 사건의 직무에서 자동적으로 배제된다($^{제25}_{조}$).

3. 검   사

(1) **증인적격의 인정 여부**   검사의 증인적격을 인정하는 **긍정설**[1]은 그 근거
로 ① 검사의 증인적격을 부정해야 할 법률의 규정이 없고, ② 실체적 진실의
발견을 위하여 검사를 증인으로 신문할 필요한 경우가 있으며, ③ 검사가 증언
한 후에도 공소유지의 직무수행이 가능하기 때문이라고 한다. 이에 반하여 **부
정설**[2]은 그 근거로 ① 당해 사건의 공판에 관여하고 있는 검사는 그 소송에서
제3자가 될 수 없고, ② 검사를 증인으로 신문하게 되면 검사가 공소유지자로
서의 직무를 제대로 수행할 수 없으며, ③ 검사를 공판관여검사의 지위에서 물
러나게 할 강제적 방법이 없기 때문이라고 한다. 한편 **절충설**은 소송주체의 지
위와 증인의 지위는 서로 모순되므로 검사에게 증인적격이 인정되지 않지만
예외적으로 진실발견을 위해 검사를 증인으로 신문할 필요가 있는 때에는 증
인적격을 인정해야 한다고 한다. 생각건대, 검사는 소송주체의 지위를 가지고
있으나 실체적 진실을 발견하기 위하여 필요한 경우에는 검사를 증인으로 신
문할 수 있다고 본다.

(2) **재직무의 허부**   증인으로 증언한 검사가 다시 그 사건에 관여할 수 있
는지 여부에 관하여도 학설이 대립된다. ① 검사에게는 제척제도가 인정되지
않고 검사가 그 직무수행 내지 직무의 적법성을 증명하기 위하여 증언한 경우
까지 직무수행에서 제외시켜야 할 필요가 없다고 해석하는 **적극설**[3]과 ② 준사
법기관인 검사에게는 법관에 준하는 객관의무가 인정되기 때문에 법관의 제척
에 관한 규정을 유추적용하여 일단 증언한 검사는 공소유지에서 제척되어야
한다는 **소극설**[4]이 있다. 검사는 제척의 적용이 없으므로 증인이 된 뒤에도 공판
관여검사로서의 직무를 행할 수 있다고 본다.

(3) **검찰사무관 등**   검찰사무관, 사법경찰관은 소송당사자가 아니므로 그
직무상 취급한 사건에 관하여 증인이 될 수 있다. 따라서 자백의 임의성 등을
증명하기 위하여 검찰사무관 또는 사법경찰관을 증인으로 신문할 수 있다.

---

1) 신동운, 866면.
2) 신양균, 589면; 이재상, 529면.
3) 이재상, 530면.
4) 배종대, 489면; 신동운, 866면.

4. 변 호 인

⑴ 학 설   변호인이 그 지위에 있으면서 증인으로 증언할 수 있느냐에 관하여도 학설이 대립되고 있다. **긍정설**은 ① 변호인의 증인적격을 부정하는 명문의 규정이 없고, ② 실체적 진실발견과 피고인의 이익보호를 위해 변호인에 대해 증인신문이 필요한 경우가 있다는 점을 논거로 제시한다. 따라서 변호인은 증인이 되기 위하여 변호인을 사임할 필요가 없다고 한다.[5] **부정설**에 의하면 ① 변호인은 피고인의 이익보호자로서 피고인에 준하는 지위를 가지고 있기 때문에 당해 소송에서 제3자가 아니고, ② 변호인과 증인의 지위를 겸하는 것은 역할의 혼동이므로 증인적격을 부정해야 한다고 해석한다.[6]

⑵ 검 토   변호인도 검사와 마찬가지로 진실발견과 피고인의 이익보호를 위해 필요한 경우에는 증인으로 신문받을 수 있다고 본다. 또한 변호인이 증인으로서 피고인에게 유리한 증언을 한 경우는 물론 불리한 증언을 행한 후에도 계속하여 피고인의 변호인으로서 변호활동을 할 수 있다. 다만 변호인이 피고인에게 불리한 증언을 한 경우에는 그 변호인이 스스로 사임하거나 피고인이 그 변호인을 해임하는 것이 통례이다.

5. 피 고 인

⑴ **증인적격의 부정**   피고인은 자신의 피고사건에서 증인적격이 부정된다. ① 피고인은 당사자로서의 지위를 가지고 있으므로 제3자임을 요하는 증인이 될 수 없으며, ② 피고인이 증인으로 되어 선서를 하고 증언을 하여야 한다면 증언의무로 인하여 피고인에게 보장된 진술거부권이 침해될 수 있기 때문이다. 피고인의 법정대리인(제26조), 특별대리인(제28조), 대리인(제277조), 피고인이 법인인 경우에 그 대표자(제27조) 등도 피고인에 준하여 증인적격이 없다.

⑵ **공동피고인**

㈎ 쟁 점   공동피고인이란 두 사람 이상의 피고인이 동일한 형사절차에서 심판을 받게된 경우에 각각의 피고인을 가리킨다. 공동피고인은 다른 피고인사건에 관하여 제3자가 되지만, 자기와 관련된 사건부분에 대한 진술에서는 피고인의 진술이기도 한 특성을 가지고 있기 때문에 공동피고인의 증인적격을 인정할 것인가에 대하여 견해가 대립된다.

공동피고인은 공범인 공동피고인과 제3자인 공동피고인으로 구분된다. 공범

---

5) 배종대, 490면; 신동운, 867면.
6) 신양균, 590면; 이재상, 530면.

인 **공동피고인**은 임의적 공범과 필요적 공범, 합동범을 모두 포함하는 넓은 의미의 공범들이 같은 재판부에 의하여 재판을 받게 되는 경우를 말한다. 공범인 공동피고인은 공소사실에 관하여 상호 관련성을 가지고, 형사처벌과 관련하여 서로 책임을 전가하는 이해상반성도 가진다. 이에 반하여 **공범 아닌 공동피고인**은 우연히 동일한 재판부에 의하여 재판을 받게 된 피고인을 말한다. 제3자인 공동피고인은 상호간에 이해관계가 없기 때문에 제3자성이 뚜렷하다.

(나) **공범 아닌 공동피고인**   공범 아닌 공동피고인들 사이에 제3자성이 유지되고 있어 변론을 분리하지 않더라도 증인적격이 인정된다. 예를 들면 공동피고인 사이에 아무런 실질적 이해관계가 없이 우연히 심리만 병합된 경우, 맞고소 사건과 같이 공동피고인 상호간에 이해관계가 대립된 경우이다. 피고인 甲과 별개의 범죄사실로 기소되어 병합심리중인 공동피고인 乙은 피고인 甲의 범죄사실에 관하여는 증인의 지위에 있으므로 선서 없이 한 공동피고인 乙의 법정진술이나 피고인 甲이 증거로 함에 동의한 바 없는 공동피고인 乙에 대한 피의자신문조서는 피고인 甲에 대한 공소사실을 인정하는 증거로 쓸 수 없다.[7]

(다) **공범인 공동피고인**

ⓐ **긍정설**   공범인 공동피고인의 증인적격을 긍정하는 견해이다. 병합심리되고 있는 당해 형사절차에서 법원은 변론을 분리할 필요 없이 공동피고인 甲을 공범인 공동피고인 乙의 증인으로 선서하게 한 후 신문할 수 있다고 본다. 1개의 형사절차에서 공동피고인 甲은 다른 공동피고인 乙에 대하여 제3자에 해당되고, 변론의 병합 또는 분리 여부에 따라 공동피고인 甲의 지위가 피고인 또는 증인으로 바뀌는 것은 불합리하므로 일률적으로 공동피고인에 대하여 증인적격을 인정해야 한다고 주장한다.

ⓑ **부정설**   공범인 공동피고인의 증인적격을 부정하는 견해이다.[8] 하나의 형사절차에서 병합심리되고 있는 공범인 공동피고인 甲, 乙은 모두 진술거부권을 가지고 있으며 따라서 변론의 분리 여부를 따질 것 없이 다른 공동피고인의 사건에 대하여 증인적격을 가질 수 없다고 본다. 공동피고인 甲을 공범인 공동피고인 乙의 증인으로 신문할 수 있게 한다면 법원이 진술거부권을 갖는 공동피고인 甲에게 그의 진술거부권을 포기하고 선서하여 진실을 말하도록 강제하는 것이 부당하다고 주장한다.

---

7) 대법원 1979. 3. 27. 선고 78도1031 판결, 1982. 9. 14. 선고 82도1000 판결.
8) 이재상, 532면.

ⓒ **변론분리설**   공범인 공동피고인 甲과 乙 사이에 변론을 분리하면 증인적격을 인정할 수 있다고 보는 견해이다.[9] 공범인 공동피고인 甲은 당해 소송절차에서 피고인의 지위에 있으므로 다른 공동피고인 乙에 대한 공소사실에 관하여 증인이 될 수 없으나, 소송절차가 분리되어 피고인의 지위에서 벗어나면 다른 공동피고인 乙에 대한 공소사실에 관하여 증인이 될 수 있다고 본다. 판례는 변론분리설의 입장이다.[10]

ⓓ **검 토**   공동피고인 乙이 다른 공동피고인 甲을 증인으로 신청한 경우 변론을 분리하여 공동피고인 甲을 증인으로 신문할 수 있다고 본다. 변론을 분리하면 공동피고인 甲은 증언거부권 행사 여부를 고려할 수 있고, 공동피고인 乙은 공동피고인 甲에 대하여 반대신문권을 보장받을 수 있다.

【사 례】 공동피고인의 증인적격

《사 안》 피고인 甲, 乙은 합동하여 지하철 내에서 승객의 지갑을 소매치기하였다는 특수절도죄의 공소사실로 공소제기되었다. 피고인 甲은 공판정에서 공소사실을 모두 자백하였으나, 피고인 乙은 공소사실을 부인하였다. 피고인 乙은 피고인 甲 진술의 모순점을 주장하기 위해 피고인 甲을 증인으로 신청하였다. 법원은 어떠한 증거결정을 하여야 하는가?

《검 토》 공범인 공동피고인의 증인적격을 인정할 것인가에 대하여 학설의 대립이 있고, 판례는 변론분리설을 취하고 있다. 공범인 공동피고인 甲은 당해 소송절차에서 피고인의 지위에 있으므로 다른 공동피고인 乙에 대한 공소사실에 관하여 증인이 될 수 없으나, 소송절차가 분리되어 피고인의 지위에서 벗어나면 다른 공동피고인 乙에 대한 공소사실에 관하여 증인이 될 수 있다고 본다. 따라서 본 사안에서 법원은 피고인 甲에 대한 증인신문이 필요하다고 판단되면 증인신문신청을 채택하고 변론을 분리하여 피고인 甲에 대한 증인신문절차를 진행할 수 있다.

6. 공 무 원

공무원이나 공무원이었던 자가 그 직무에 관해서 알게 된 사실에 관하여, 본인 또는 당해 공무소가 직무상 비밀에 속한 사항임을 신고한 때에는, 그 소속공무소 또는 감독관공서의 승낙 없이는 증인으로 신문하지 못한다($\binom{제147조}{제1항}$). 그러나 그 공무원 또는 공무원이었던 자의 소속공무소 또는 당해 감독관공서는 국가의 중대한 이익을 해하는 경우를 제외하고는 승낙을 거부하지 못한다

---

9) 신동운, 870면.
10) 대법원 2008. 6. 26. 선고 2008도3300 판결.

(^{동조}_{제2항}). 형사소송의 실체적 진실발견보다 공익이 현저히 우선하는 경우에 공익을 보호하기 위하여 공무원의 증인거부권을 인정한 것이다. 직무상의 비밀 여부와 국가의 중대한 이익을 침해하는지 여부에 대한 판단은 그 소속공무소 또는 감독관공서에 의하여 행하여지지만 그 판단권이 명백하게 남용되었다고 인정되는 경우에는 법원의 증인신문이 가능하다.

Ⅳ. 증인의 의무

1. 출석의무

(1) 의 의 증인은 법원이 소환하면 출석해야 할 의무가 있다. 출석의무는 공판기일의 증인신문에 소환받은 증인뿐만 아니라 공판준비절차, 증거보전절차의 증인신문에 소환받은 증인에게도 인정된다. 그리고 증언거부권자(^{제148조.}_{제149조})는 증언을 거부할 수 있을 뿐 출석 자체를 거부할 수는 없다.

(2) 증인의 소환 증인의 출석은 소환(召喚)의 방법에 의한다. 법원은 소환장의 송달, 전화, 전자우편 그 밖의 상당한 방법으로 증인을 소환한다(^{제150조의}_{2 제1항}). 이미 공판정에 나와 있는 증인은 소환하지 않고 신문할 수 있다(^{제154}_조). 증인의 소환절차는 피고인의 소환에 관한 규정이 준용된다(^{제153}_조). 즉 법원 또는 법관이 증인을 소환할 때에는 소환장을 발부하여 증인에게 송달하여야 한다. 증인에 대한 소환장에는 그 성명, 피고인의 성명, 죄명, 출석일시 및 장소, 정당한 사유 없이 출석하지 아니할 경우에는 과태료에 처하거나 출석하지 아니함으로써 생긴 비용의 배상을 명할 수 있고 또 구인할 수 있음을 기재하고 재판장이 기명날인하여야 한다(^{규칙 제68}_{조 제1항}). 소환장은 급속을 요하는 경우를 제외하고 늦어도 출석일시의 24시간 이전에 송달하도록 하여야 한다(^{규칙}_{제70조}). 증인을 신청한 자는 증인이 출석하도록 합리적인 노력을 할 의무가 있다(^{제150조의}_{2 제2항}). 증인에 대한 소환장이 송달불능된 경우 증인을 신청한 자는 재판장의 명에 의하여 증인의 주소를 서면으로 보정해야 하고, 이 때 증인의 소재, 연락처와 출석가능성 등을 충분히 조사하여 성실하게 기재해야 한다(^{규칙 제70}_{조의2}).

(3) 동행명령 법원은 필요한 때에는 결정으로 지정한 장소에 증인의 동행을 명할 수 있다(^{제166조}_{제1항}). 동행명령은 원래 법원 내에서 신문할 예정으로 소환한 증인을 법정 외에서 신문할 필요가 있을 경우에 행하는 조치이다. 따라서 증인을 처음부터 법정 외로 소환한 경우와는 구별된다.

⑷ 증인의 불출석에 대한 제재

⒂ 과태료 등   증인이 정당한 사유 없이 불출석한 경우 법원은 결정으로 당해 불출석으로 인한 소송비용을 증인이 부담하도록 명하고, 500만원 이하의 과태료를 부과할 수 있다(제151조제1항). 과태료 및 소송비용부담의 제재는 법원의 재량에 속한다. 과태료 및 소송비용부담의 제재는 증인이 소환에 불응한 때에만 적용되며 동행명령을 거부한 경우에는 적용되지 않는다. 증인의 출석의무는 소환이 적법한 경우에 한하여 인정되므로 소환방법이 위법하거나 무효인 경우에는 과태료 등을 부과할 수 없다. 과태료와 소송비용부담의 결정에 대하여는 즉시항고를 할 수 있으나, 집행정지의 효력은 인정되지 않는다(동조제8항). 즉시항고의 추후보완은 허용되지 않고 다만 항고권회복청구는 가능하다고 본다.

⒃ 감 치   증인이 과태료의 재판을 받고도 정당한 사유 없이 다시 출석하지 아니한 때에는 법원은 결정으로 증인을 7일 이내의 감치에 처한다(제151조제2항). 감치재판절차는 법원의 감치재판개시결정에 따라 개시된다(규칙 제68조의4 제1항). 법원은 감치재판기일에 증인을 소환하여 정당한 사유가 있는지의 여부를 심리해야 한다(제151조제3항). 감치는 그 재판을 한 법원의 재판장의 명령에 따라 사법경찰관리·교도관·법원경위 또는 법원사무관 등이 교도소·구치소 또는 경찰서유치장에 유치하여 집행한다(동조제4항). 감치에 처하는 재판을 받은 증인이 감치시설에 유치된 경우 감치시설의 장은 즉시 그 사실을 법원에 통보해야 하고(동조제5항), 법원은 통보를 받은 때에 지체 없이 증인신문기일을 열어야 한다(동조제6항). 법원은 감치의 재판을 받은 증인이 감치의 집행중에 증언을 한 때에는 즉시 감치결정을 취소하고 그 증인을 석방하도록 명해야 한다(동조제7항). 감치의 결정에 대하여는 즉시항고를 할 수 있으나, 집행정지의 효력은 인정되지 않는다(동조제8항).

⒄ 구 인   증인이 정당한 사유 없이 법원의 소환에 응하지 아니하거나 동행명령을 거부하는 경우에는 증인을 구인할 수 있다(제152조). 증인의 구인에는 피고인의 구인에 관한 규정이 대부분 준용된다(제155조).

2. 선서의무

⑴ 의 의   선서란 증인이 법원에 대하여 진실만을 말하기로 서약하는 것이다. 출석한 증인은 증인신문 전에 선서를 하여야 한다. 증인이 선서한 후에 거짓진술을 하면 위증죄로 처벌을 받는다. 이는 위증의 벌에 의한 심리적 강제에 의하여 증언의 진실성과 확실성을 담보하기 위한 것이다. 선서능력 있는 증

인이 선서를 하지 않고 증언한 때에는 그 증언은 증거능력이 인정되지 않는
다.[11] 피고인과는 별개의 범죄사실로 기소되고 다만 병합심리된 것일 뿐인 공
동피고인은 피고인과의 관계에서는 증인의 지위에 있으므로 선서 없이 한 공
동피고인의 진술은 설사 피고인의 지위에서 행한 것이더라도 다른 피고인의
범죄사실을 인정하는 증거로 사용할 수 없다.[12]

(2) **선서무능력자**   선서무능력자란 ① 16세 미만의 자와 ② 선서의 취지를
이해하지 못하는 자를 말한다. 선서의 취지를 이해하지 못하는 자란 정신능력
의 결함으로 선서의 뜻을 알지 못하는 자를 의미한다. 선서무능력자는 선서의
무가 없다. 따라서 선서무능력자에 대하여는 선서를 하게 하지 않고 신문하여
야 한다($\frac{제159}{조}$). 증인이 선서의 취지를 이해할 수 있는가에 대하여 의문이 있을
때에는 선서 전에 그 점에 대하여 신문하고, 필요하다고 인정할 때에는 선서의
취지를 설명하여야 한다($\frac{규칙}{제72조}$). 선서무능력자가 선서를 하고 증언을 한 경우 그
선서는 효력이 없고, 거짓진술을 하였다 하더라도 위증죄가 성립되지 않는다.
그러나 이 경우에 증언 자체가 효력이 없는 것은 아니다.[13]

(3) **선서의 절차**   선서는 증인신문 전에 하여야 하며($\frac{제156}{조}$), 재판장은 선서
할 증인에 대하여 선서 전에 위증의 벌을 경고하여야 한다($\frac{제158}{조}$). 증언의 진실
성을 담보하도록 심리적 강제를 가하려는 취지이다. 선서는 선서서에 의한다
($\frac{제157조}{제1항}$). 선서서에는 '양심에 따라 숨김과 보탬이 없이 사실 그대로 말하고 만일
거짓말이 있으면 위증의 벌을 받기로 맹세합니다'라고 기재한다($\frac{동조}{제2항}$). 재판장
은 증인으로 하여금 선서서를 낭독하고 기명날인 또는 서명하게 하여야 한다.
다만 증인이 선서서를 낭독하지 못하거나 서명하지 못하는 때에는 법원사무관
등이 대행한다($\frac{동조}{제3항}$). 선서는 기립하여 엄숙히 해야 한다($\frac{동조}{제4항}$). 선서는 모든 증
인마다 개별적으로 하여야 하며 대표선서는 허용되지 않는다. 다만 동일심급에
서 같은 증인에 대한 선서는 1회의 선서로 충분하다. 그러나 새로운 증거결정
에 의하여 같은 증인을 다시 신문할 때에는 별개의 증인신문에 해당하므로 다
시 선서하여야 한다.

(4) **선서의무위반에 대한 제재**   증인이 정당한 이유 없이 선서를 거부한 때
에는 결정으로 50만원 이하의 과태료에 처할 수 있다. 이 결정에 대하여는 즉

---

11) 대법원 1979. 3. 27. 선고 78도1031 판결.
12) 대법원 1982. 6. 22. 선고 82도898 판결.
13) 대법원 1984. 9. 25. 선고 84도619 판결.

시항고를 할 수 있다($^{제161}_{조}$).

3. 증언의무

⑴ 의 의   증인은 신문받은 사항에 대하여 증언할 의무가 있다. 법원 또는 법관의 신문뿐만 아니라 검사와 변호인, 피고인의 신문에 대하여도 증언하여야 한다. 증인이 주신문에 대하여만 증언하고 반대신문에 대하여는 증언을 거부한 때에는 반대신문의 기회가 없기 때문에 증거능력이 인정되지 않는다.

⑵ **증언능력**   증언능력이란 자신이 과거에 경험한 사실을 기억에 따라 진술하고 표현할 수 있는 정신적 능력을 의미한다. 증인적격은 피고사건에 대해 증인이 될 수 있는 일반적인 자격이지만, 증언능력은 구체적인 경험내용의 개별적인 전달능력을 말한다. 따라서 증인이 증인적격이 있는 자라 할지라도 증언능력이 없는 때에는 그 증언을 증거로 할 수 없다. 그리고 형사미성년자라고 하여 반드시 증언능력이 없는 것은 아니다. 유아의 증언능력에 관해서도 그 유무는 단지 연령만에 의할 것이 아니라 지적 수준에 따라 개별적이고 구체적으로 결정되어야 함은 물론 공술의 태도 및 내용 등을 구체적으로 검토하고, 경험한 과거의 사실이 그의 이해력, 판단력 등에 의하여 변식될 수 있는 범위 내에 속하는가의 여부도 충분히 고려하여 판단하여야 한다.[14]

⑶ **증언의무위반에 대한 제재**   증인이 정당한 이유 없이 증언을 거부한 경우에는 50만원 이하의 과태료에 처할 수 있다($^{제161}_{조}$). 정당한 이유란 법률상 증언을 거부할 수 있는 경우를 말한다. 예를 들면 증인에게 증인거부권($^{제147}_{조}$)이나 증언거부권이 있는 경우가 이에 해당한다.

V. 증인의 권리

1. 증언거부권

⑴ 의 의   증언거부권(證言拒否權)은 증언의무가 인정되는 증인이 일정한 사유를 근거로 증언을 거부할 수 있는 권리를 말한다. 증언거부권은 증인적격이 부정되는 증인거부권($^{제147}_{조}$)과 구별된다. 증인거부권이 인정되는 때에는 증인신문 자체를 거부할 수 있으므로 출석까지 거부할 수 있으나, 증언거부권이 있는 증인은 증언을 거부할 수 있을 뿐이고 출석 자체를 거부할 수 있는 것은 아니다. 또한 출석한 후 선서만을 거부할 수도 없다. 다만 증언거부권자의 선서거

---

14) 대법원 1991. 5. 10. 선고 91도579 판결, 1999. 11. 26. 선고 99도3786 판결, 2001. 7. 27. 선고 2001도 2891 판결.

부는 증언거부로 볼 수 있다.

(2) 자기 또는 근친자의 형사책임에 관련한 증언거부

(가) 근 거 누구든지 ① 자기나 ② 친족 또는 친족관계가 있었던 자, ③ 법정대리인, 후견감독인에 해당하는 관계있는 자가 형사소추 또는 공소제기를 당하거나 유죄판결을 받을 사실이 드러날 염려 있는 증언을 거부할 수 있다(제148조). 친족은 민법 제777조에 따른다. 그리고 후견감독인은 구 민법상의 개념일 뿐 현행 민법에는 근거가 없다. 형사상 자기에게 불리한 사항에 대하여 인정되는 증언거부권은 헌법상의 **진술거부권**(헌법 제12조 제2항)에 근거한 것이고 이는 영미법상의 자기부죄(自己負罪)의 강요금지와 같은 취지이다. 또한 근친자 등에 관련한 증언거부권은 가족관계 등을 고려하여 이러한 경우에는 진실한 증언을 기대할 수 없다는 **형사정책적인** 고려에 기인하는 것이다.

(나) 형사소추 또는 유죄판결의 위험 '형사소추 또는 공소제기를 당할 염려'란 타인의 사건에 증인으로 증언하게 되면 자기나 근친자에 대하여 공소를 제기할 자료를 제공하는 경우를 말한다. 공소제기는 증인이 피의자로 되어 있는 경우를 말하고 형사소추는 피의자로 되어 있지 않은 경우를 의미한다는 견해가 있으나, 형사소추는 공소제기를 포함하는 개념으로서 약식명령의 청구, 즉결심판의 청구 등이 포함되므로 증인이 피의자로 되어 있는가를 기준으로 양자가 구별되는 것은 아니라고 본다. '유죄의 판결을 받을 사실이 드러날 염려'란 공소가 제기되어 있으나 아직 판결이 선고되지 아니한 상태에서 타인의 사건에 대한 증언을 함으로써 자기 또는 근친자에게 유죄의 자료를 제공하게 되는 경우를 의미한다.

이미 유죄의 확정판결을 받은 증인은 공범에 대한 사건에서 증언을 거부할 수 없고, 유죄판결이 확정된 증인이 공범에 대한 피고사건에서 증언할 당시 앞으로 재심을 청구할 예정이라고 하여도, 이를 이유로 증인에게 증언거부권이 인정되지는 않는다.[15]

(다) 증언거부의 범위 거부할 수 있는 증언은 형사책임의 존부와 경중에 관하여 불이익을 초래할 수 있는 모든 사실에 미친다. 따라서 구성요건적 사실은 물론 누범가중의 사유가 될 사실, 상습성 인정의 기초가 될 사실 등 형의 가중사유인 사실 및 형의 선고유예나 집행유예판결의 실효, 취소에 해당하는 사실에 대하여도 증언을 거부할 수 있다. 형사소추나 유죄판결의 가능성을 새로

---

15) 대법원 2011. 11. 24. 선고 2011도11994 판결.

이 발생시키는 경우뿐만 아니라 그 가능성을 높이는 경우도 포함한다. 다만 이러한 가능성은 합리적, 객관적으로 판단되어야 하며, 단순히 위증죄로 소추될 위험성이 있다는 염려만으로는 증언을 거부할 수 없다. 그리고 이미 유죄나 무죄 또는 면소의 판결이 확정되어 더 이상 공소제기나 유죄판결의 가능성이 없게 된 경우에는 그에 해당하는 사실에 대하여 증언을 거부할 수 없다.

(3) **업무상 비밀과 증언거부권**

(가) 근 거 변호사, 변리사, 공증인, 공인회계사, 세무사, 대서업자, 의사, 한의사, 치과의사, 약사, 약종상, 조산사, 간호사, 종교의 직에 있는 자 또는 이러한 직에 있던 자가 그 업무상 위탁을 받은 관계로 알게 된 사실로서 타인의 비밀에 관한 것은 증언을 거부할 수 있다($\frac{제149조}{본문}$). 변호사 등의 업무에 종사하는 자가 알게 된 사실은 위탁자의 프라이버시에 속하는 사항이므로 개인의 프라이버시권($\frac{헌법}{제17조}$)과 직업윤리를 보호하는 데 그 취지가 있다. 따라서 본인의 승낙이 있거나 중대한 공익상 필요 있는 때에는 예외로 한다($\frac{제149조}{단서}$). 본인의 승낙은 명시적이어야 하고 중대한 공익상의 필요 여부는 법원의 판단에 의한다.

(나) 증언거부권자의 범위 이 조항에 열거된 직업종사자를 보조하는 사람(예를 들면 법률사무소 직원, 간호보조원)도 그 직업종사자의 증언거부권이 미치는 범위 안에서 증언거부를 할 수 있다고 보는 견해가 있으나, 이 조항의 증언거부권자는 제한적 열거라고 본다.

(4) **증언거부권의 고지** 증인이 증언거부권자에 해당하는 경우에는 재판장은 신문 전에 증언을 거부할 수 있음을 설명하여야 한다($\frac{제160}{조}$). 증언거부권자에게 증언거부권을 고지하지 않고 신문한 경우 적정절차의 원리에 비추어 증거능력을 부정해야 한다고 본다.

(5) **증언거부권의 행사와 포기** 증언을 거부하는 자는 거부사유를 소명하여야 한다($\frac{제150}{조}$). 증언거부권 없는 증인이 부당하게 증언을 거부하는 것을 방지하기 위한 것이다. 증언거부권은 증인의 권리일 뿐 의무는 아니므로 증언거부권자도 증언거부권을 포기하고 증언을 할 수 있다. 증언할 내용 중 일부사실에 대해서만 증언하는 것은 허용되지 않는다. 예를 들면 증인이 주신문에 대하여 증언을 한 후 반대신문에 대하여 증언을 거부할 수 없다.

2. **비용청구권**

소환받은 증인은 법률의 규정한 바에 따라 여비·일당과 숙박료를 청구할 수 있다. 다만 정당한 사유 없이 선서 또는 증언을 거부한 자는 예외로 한다($\frac{제168}{조}$).

소환받은 증인에게만 비용청구권이 인정되므로 재정(在廷)증인에게는 비용청구권이 없다. 그러나 구인된 증인이나 재감중인 증인이 출석한 때에도 비용청구권이 인정된다. 증언을 거부한 자에게는 증언의 일부를 거부한 자도 포함된다. 여비 등의 구체적인 기준은 「형사소송비용 등에 관한 법률」에 규정되어 있다.

3. 증인의 보호

(1) 특정강력범죄사건의 증인　「특정강력범죄의 처벌에 관한 특례법」이 정한 특정강력범죄사건(동조제2조)의 증인이 피고인 기타의 사람으로부터 생명·신체에 해를 받거나 받을 염려가 있다고 인정되는 때에는 검사에게 신변안전을 위한 필요한 조치를 취해 줄 것을 청구할 수 있다(동법 제7조제2항). 증인에 대한 신변안전조치는 검사의 관할 경찰서장에 대한 직접적 요청(동조제1항)이나 재판장의 검사에 대한 요청(동조제3항)에 기하여 이루어 진다.

(2) 성폭력범죄사건의 증인　「성폭력범죄의 처벌 등에 관한 법률」이 규정하고 있는 일정한 성폭력범죄에 대해서 특정강력범죄의 경우에 제공되는 증인보호조치를 준용하고 있다(동법제22조). 증인으로 소환받은 성폭력범죄의 피해자와 그 가족은 사생활보호 등의 사유로 증인신문의 비공개를 신청할 수 있다(동법제2제31조항). 현재 특정강력범죄와 성폭력범죄사건의 증인만이 신변보호를 요청할 수 있으나, 일반 형사사건에 있어서도 생명과 신체에 위해를 느끼는 증인은 신변보호를 청구할 수 있도록 입법화하는 것이 바람직하다고 본다.

(3) 특정범죄신고자　「특정범죄신고자 등 보호법」이 규정하고 있는 특정강력범죄(성폭력범죄 포함), 마약류범죄, 각종 조직범죄 등 일정한 특정범죄의 신고자나 그 친족 등이 보복을 당할 우려가 있는 경우에 일정한 보호조치를 제공한다. 증인으로 소환받은 범죄신고자나 그 친족 등은 법원에 피고인이나 방청인을 퇴정시키거나 공개법정 이외의 장소에서 증인신문을 할 것을 신청할 수 있다(동법 제11조제5항). 피고인 퇴정후 증인신문을 하는 경우에도 증인의 진술이 종료한 때에는 퇴정한 피고인을 입정하게 한 후 법원사무관 등으로 하여금 진술의 요지를 고지하도록 하고(동법 제11조제7항), 변호인이 없는 때에는 필요적으로 국선변호인을 선임하여(동법 제11조제6항) 변호인이 증인에 대하여 반대신문을 할 수 있다. 이 경우에 변호인이 반대신문 전에 피고인과 상의하여 반대신문사항을 정리하면 피고인의 반대신문권이 실질적으로 보장된다.[16]

Ⅵ. 증인신문의 실시

1. 일반적 절차

⑴ **증인신문사항의 제출**   재판장은 피해자·증인의 인적사항의 공개 또는 누설을 방지하거나 그 밖에 피해자·증인의 안전을 위하여 필요하다고 인정할 때에는 증인의 신문을 청구한 자에 대하여 사전에 신문사항을 기재한 서면의 제출을 명할 수 있다($\frac{규칙}{제66조}$). 법원은 서면제출의 명을 받은 자가 신속히 그 서면을 제출하지 아니한 경우에는 증거결정을 취소할 수 있다($\frac{규칙}{제67조}$).

⑵ **준비절차**   재판장은 증인으로부터 주민등록증 등 신분증을 제시받거나 그 밖의 적당한 방법으로 증인임이 틀림없음을 확인하여야 한다($\frac{규칙}{제71조}$). 재판장은 인정신문을 마친 후 선서할 증인에 대하여 위증의 벌을 경고하여야 한다($\frac{제158}{조}$). 증인이 제148조 또는 제149조에 해당하여 증언거부권을 갖는 경우에는 재판장은 신문 전에 증언을 거부할 수 있음을 설명하여야 한다($\frac{제160}{조}$).

⑶ **개별신문과 대질**   증인신문은 각 증인에 대하여 개별적으로 신문하여야 하며($\frac{제162조}{제1항}$), 신문하지 아니한 증인이 재정한 때에는 퇴정을 명하여야 한다($\frac{동조}{제2항}$). 신문하지 아니하는 증인에 대한 퇴정 여부는 법원의 재량에 속한다. 따라서 다른 증인의 앞에서 증인을 신문하게 하였다고 하여 증인신문이 위법인 것은 아니다. 필요한 때에는 증인을 다른 증인 또는 피고인과 대질하게 할 수 있다($\frac{동조}{제3항}$). 대질이란 증인 상호간의 증언 또는 증인의 증언과 피고인의 진술이 일치하지 않고 그 중 어느 것을 믿을 것인지를 판단하기 위하여 필요한 경우에 증인들을 재정시키거나 증인과 피고인을 함께 재정시켜서 동시에 신문함으로써 서로 모순되는 부분에 관하여 변명을 구하는 형식의 신문을 말한다.

⑷ **증인신문의 방법**   증인에 대한 신문은 원칙적으로 구두로 해야 한다. 그러나 증인이 들을 수 없는 때에는 서면으로 묻고, 말할 수 없는 때에는 서면으로 답하게 할 수 있다($\frac{규칙}{제73조}$). 증인을 신문할 때에는 가능한 한 **개별적이고 구체적인 신문**에 의하여야 하고($\frac{규칙 제74}{조 제1항}$), 2개 이상의 사항을 하나의 질문으로 묻는 복합질문이나 포괄적이고 막연한 질문은 허용되지 않는다. 즉 증인신문은 일문일답식이어야 한다. 증인에 대한 위협적이고 모욕적인 신문은 어떠한 경우에도 허용되지 않는다. 그리고 ① 중복되는 신문, ② 의견을 묻거나 논의에 해당하는

---

16) 헌법재판소 2010. 11. 25. 선고 2009헌바57 결정.

신문, ③ 증인이 직접 경험하지 아니한 사항에 해당하는 신문도 원칙적으로 금
지되나, 정당한 이유가 있는 경우에는 예외적으로 허용된다(동조제2항).

(5) **서류 등의 사용** ① 증인에 대하여 서류 또는 물건의 성립, 동일성 기타
이에 준하는 사항에 관한 신문을 할 때에는 그 서류 또는 물건을 제시할 수 있
다(규칙 제82조 제1항). 그 서류 또는 물건이 증거조사를 마치지 아니한 것일 때에는 먼저
상대방에게 이를 열람할 기회를 주어야 한다. 다만 상대방이 이의하지 아니할
때에는 그러하지 아니하다(동조제2항). ② 증인의 기억이 명백하지 아니한 사항에 관
하여 기억을 환기시켜야 할 필요가 있을 때에는 **재판장의 허가**를 얻어 서류 또
는 물건을 제시하면서 신문할 수 있다(규칙 제83조 제1항). 이 경우에는 제시하는 서류의 내
용이 증인의 진술에 부당한 영향을 미치지 아니하도록 하여야 한다(동조제2항). 이
때 서류 또는 물건이 증거조사를 마치지 않은 것일 때에는 원칙적으로 먼저 상
대방에게 이를 열람할 기회를 주어야 한다(동조제3항). ③ 증인의 진술을 명확히 할
필요가 있을 때에는 도면·사진·모형·장치 등을 이용하면서 신문할 수 있다
(규칙 제84조 제1항). 이 경우에는 사용하는 도면·사진 등의 내용이 증인의 진술에 부당한
영향을 미치지 아니하도록 하여야 한다(동조제2항).

2. 중계장치 등에 의한 증인신문

(1) **요 건** 법원은 ① 「아동복지법」 제71조 제1항 제1호·제1호의2·제2
호·제3호에 해당하는 죄(아동매매죄 등)의 피해자, ② 「아동·청소년의 성보호
에 관한 법률」 제7조, 제8조, 제11조부터 제15조까지 및 제17조 제1항의 규정
에 해당하는 죄(강간죄 등)의 대상이 되는 아동·청소년 또는 피해자, ③ 범죄의
성질, 증인의 나이, 심신의 상태, 피고인과의 관계, 그 밖의 사정으로 인하여 피
고인 등과 대면하여 진술할 경우 심리적인 부담으로 정신의 평온을 현저하게
잃을 우려가 있다고 인정되는 사람을 증인으로 신문하는 경우 상당하다고 인
정할 때에는 검사와 피고인 또는 변호인의 의견을 들어 비디오 등 중계장치에
의한 중계시설을 통하여 신문하거나 가림시설(차폐시설) 등을 설치하고 신문할
수 있다(제165조의2 제1항). 법원은 증인이 멀리 떨어진 곳 또는 교통이 불편한 곳에 살고
있거나 건강상태 등 그 밖의 사정으로 말미암아 법정에 직접 출석하기 어렵다
고 인정하는 때에는 검사와 피고인 또는 변호인의 의견을 들어 비디오 등 중계
장치에 의한 중계시설을 통하여 신문할 수 있다(동조제2항). 위 규정에 따른 증인신
문은 증인이 법정에 출석하여 이루어진 증인신문으로 본다(동조제3항).

⑵ **심리의 비공개**　　법원은 비디오 등 중계장치에 의한 중계시설 또는 차폐시설을 통하여 증인을 신문하는 경우, 증인의 보호를 위하여 필요하다고 인정하는 경우에는 결정으로 이를 공개하지 아니할 수 있다(규칙제84).

⑶ **변호인에 대한 차폐시설**　　증인이 대면하여 진술함에 있어 심리적인 부담으로 정신의 평온을 현저하게 잃을 우려가 있는 상대방은 피고인인 경우가 대부분일 것이지만, 증인이나 피고인과의 관계에 따라서는 방청인 등 다른 사람도 상대방이 될 수 있다. 법원은 피고인뿐만 아니라 검사, 변호인, 방청인 등에 대하여도 차폐시설 등을 설치하는 방식으로 증인신문을 할 수 있다. 다만 증인이 변호인을 대면하여 진술함에 있어 심리적인 부담으로 정신의 평온을 현저하게 잃을 우려가 있다고 인정되는 경우는 일반적으로 쉽게 상정할 수 없고, 피고인뿐만 아니라 변호인에 대해서까지 차폐시설을 설치하는 방식으로 증인신문이 이루어지는 경우 피고인과 변호인 모두 증인이 증언하는 모습이나 태도 등을 관찰할 수 없게 되어 그 한도에서 반대신문권이 제한될 수 있으므로, 변호인에 대한 차폐시설의 설치는,「특정범죄신고자 등 보호법」제7조에 따라 범죄신고자 등이나 친족 등이 보복을 당할 우려가 있다고 인정되어 조서 등에 인적사항을 기재하지 아니한 범죄신고자 등을 증인으로 신문하는 경우와 같이, 이미 인적사항에 관하여 비밀조치가 취해진 증인이 변호인을 대면하여 진술함으로써 자신의 신분이 노출되는 것에 대하여 심한 심리적인 부담을 느끼는 등의 특별한 사정이 있는 경우에 예외적으로 허용될 수 있을 뿐이다.[17)]

3. 교호신문제도

⑴ **의 의**

(가) **개 념**　　교호신문(交互訊問)이란 증인을 신청한 당사자와 그 상대방이 교차하여 증인을 신문하는 방식을 말한다. 증인에 대한 신문은 증인을 신청한 검사, 변호인 또는 피고인이 먼저 신문하고 다음에 다른 당사자가 신문한다. 법원은 당사자의 신문이 끝난 뒤에 신문할 수 있다(제161조의2). 이와 같이 증인신문은 주신문, 반대신문, 재주신문의 순서로 행하여지고 재판장의 허가가 있는 때에는 추가로 재반대신문이나 재재주신문을 행할 수 있다.

(나) **장단점**　　교호신문제도는 당사자들이 각자의 주장을 뒷받침하는 증언에 대하여 직접 그 주장의 결함과 문제점을 지적, 공격하여 증인의 진술내용을 보충, 탄핵함으로써 구두변론주의의 내실화를 기하고 피고인에게 소송주체

---

17) 대법원 2015. 5. 28. 선고 2014도18006 판결.

성을 강화해 주는 장점이 있다. 그러나 피고인이 변호인의 조력을 충분히 받지 못하면 검사의 일방적인 신문으로 진행될 위험이 있고, 증인의 인격이나 사생활에 침해를 가져올 신문이 행하여질 우려가 있다.

(2) 주신문

(가) 의 의 주신문이란 증인을 신청한 당사자가 증인으로부터 유리한 증언을 얻기 위한 신문이다. 주신문을 직접신문이라고도 한다. 당사자 쌍방이 동시에 신청한 증인의 경우에는 입증책임을 지는 당사자가 먼저 주신문을 한다.

(나) 주신문의 범위 주신문은 증명할 사항과 이와 관련된 사항에 관하여 한다(규칙 제75조 제1항). 증명할 사항이란 증인신문을 신청한 입증취지를 의미하며, 이와 관련된 사항은 증언의 증명력을 보강하거나 다투기 위한 사항을 말한다.

(다) 유도신문의 금지 주신문에서 유도신문은 금지된다(규칙 제75조 제2항). 유도신문이란 신문자가 바라는 방향으로 진술하도록 증인을 유인하는 신문을 말한다. 주신문에서 증인은 보통 신문자와 우호적인 관계에 있기 때문에 신문자의 질문에 영합하는 진술을 할 위험이 있기 때문이다. 만일 주신문자가 유도신문을 할 경우 재판장은 이를 제지하여야 하며 그 신문방법을 제한할 수 있다(동조 제3항). 다만 ① 실질적인 신문에 앞서 미리 밝혀둘 필요가 있는 준비사항에 관한 신문, ② 당사자 사이에 다툼 없는 명백한 사항에 대한 신문, ③ 증인이 신문자에게 적의 또는 반감을 보일 경우, ④ 증인이 종전의 진술과 상반되는 진술을 하는 때 그 종전의 진술에 관한 신문, ⑤ 기타 유도신문을 필요로 하는 특별한 사정이 있는 경우에는 예외적으로 유도신문이 허용된다(동조 제2항 단서).

(3) 반대신문

(가) 의 의 반대신문이란 주신문을 한 후에 반대당사자가 하는 신문을 말한다. 반대신문의 목적은 주신문의 모순을 지적하고 주신문에서 누락된 부분을 질문하여 반대당사자에게 유리한 사항을 이끌어내며 증인의 신용성을 탄핵하여 증언의 증명력을 감쇄하려는 데 있다. 반대신문권의 보장은 피고인에게 불리한 주된 증거의 증명력을 탄핵할 수 있는 기회가 보장되어야 한다는 점에서 형식적·절차적인 것이 아니라 실질적·효과적인 것이어야 한다. 따라서 피고인에게 불리한 증거인 증인이 주신문의 경우와 달리 반대신문에 대하여는 답변을 하지 아니하는 등 진술 내용의 모순이나 불합리를 그 증인신문 과정에서 드러내어 이를 탄핵하는 것이 사실상 곤란하였고, 그것이 피고인 또는 변호인에게 책임 있는 사유에 기인한 것이 아닌 경우라면, 관계 법령의 규정 혹은

증인의 특성 기타 공판절차의 특수성에 비추어 이를 정당화할 수 있는 특별한 사정이 존재하지 아니하는 이상, 이와 같이 실질적 반대신문권의 기회가 부여되지 아니한 채 이루어진 증인의 법정진술은 위법한 증거로서 증거능력을 인정하기 어렵다. 이 경우 피고인의 책문권 포기로 그 하자가 치유될 수 있으나, 책문권 포기의 의사는 명시적인 것이어야 한다.[18]

(나) 반대신문의 범위   반대신문은 주신문에서 나타난 사항과 이와 관련된 사항 및 증언의 증명력을 다투기 위한 사항에 대하여 할 수 있다(규칙 제76조 제1항, 제77조). 증언의 증명력을 다투기 위하여 필요한 사항은 증언의 신빙성 및 증인의 신용성에 관한 사항을 말한다. 증언의 증명력을 다투기 위한 신문이 증인의 명예를 해치는 내용이어서는 안된다(규칙 제77조 제2항). 반대신문에 의하여 새로운 사항을 신문하는 것은 재판장의 허가가 있는 경우가 아니면 허용되지 않는다(규칙 제76조 제4항). 재판장의 허가가 있는 때에는 주신문이 된다(동조 제5항).

(다) 유도신문의 허용   반대신문에서는 필요한 경우 유도신문이 허용된다(규칙 제76조 제2항). 반대신문에 있어서는 증인과 신문자 사이에 우호관계가 있다고 보기 어렵고, 주신문에서의 모순된 증언을 바로잡는 역할을 하기 때문이다.

(4) 재주신문과 재반대신문

(가) 재주신문   재주신문은 반대신문 후에 주신문자가 반대신문에서 나타난 사항과 이와 관련된 사항에 관하여 행하는 신문을 말한다. 재주신문은 주신문의 예에 의하여 행하며, 새로운 사항에 대한 신문은 재판장의 허가가 있을 때에만 허용된다(규칙 제78조).

(나) 재반대신문   재주신문 후에 반대당사자는 재반대신문을 할 수 있다. 다만 이 경우에는 재판장의 허가가 있어야 한다(규칙 제79조). 재판장의 허가가 있는 때에는 재재주신문과 재재반대신문도 허용된다.

(5) 교호신문의 수정

(가) 신문순서의 조정   검사, 피고인이나 변호인이 신청한 증인을 신문하는 경우에도 재판장은 필요하다고 인정하면 어느 때나 증인을 신문할 수 있고 신문의 순서를 변경할 수 있다(제161조의2 제3항). 이러한 경우 검사, 피고인 또는 변호인의 신문은 신청한 자와 그 상대방의 구별에 따라 주신문, 반대신문, 재주신문 등의 순서로 신문을 행한다(규칙 제80조 제1항). 또한 재판장이 신문의 순서를 바꾸는 경우에 신문방법은 재판장이 정하는 방법에 따른다(동조 제2항). 그 밖에 합의부원도

---

18) 대법원 2022. 3. 17. 선고 2016도17054 판결.

재판장에게 고하고 당사자가 신청한 증인에 대하여 신문할 수 있다($^{제161조의}_{2 \, 제5항}$).

　(나) **직권 또는 피해자신청에 의한 증인신문**　　법원이 직권으로 신문할 증인이나 범죄로 인한 피해자의 신청에 의하여 신문할 증인의 신문방식은 재판장이 정하는 바에 의한다($^{제161조의}_{2 \, 제4항}$). 이 때 당사자의 신문은 반대신문의 예에 의한다($^{규칙}_{제81조}$).

　(다) **간이공판절차**　　간이공판절차에서는 교호신문이 적용되지 않고 법원이 상당한 방법으로 신문하면 족하다($^{제297조}_{의2}$).

4. 공판정 외의 증인신문

　(1) **의　의**　　법원은 증인의 연령·직업·건강상태 기타의 사정을 고려하여 검사, 피고인 또는 변호인의 의견을 묻고 증인을 법정 외에 소환하거나 현재지에서 신문할 수 있다($^{제165}_{조}$). 증인신문은 원칙적으로 공판기일에 공판정에서 행하여야 하나, 부득이한 경우에는 공판정 외에서 증인을 신문할 수 있다.

　(2) **절　차**　　법원은 공판정 외의 증인신문에 관하여 검사, 피고인 또는 변호인의 의견을 물어야 하지만 이들의 의견에 구속되지는 않는다. 그러나 당사자 모두가 공판정 외의 신문에 반대하는 경우에는 공판정에서 신문함이 좋을 것이며 주로 피고인의 방어권을 고려하여 결정하여야 할 것이다. 법원은 필요한 때에는 결정으로 지정한 장소에 증인의 동행을 명할 수 있다. 증인이 정당한 사유 없이 동행을 거부하는 때에는 구인할 수 있다($^{제166}_{조}$).

　(3) **수명법관·수탁판사에 의한 신문**　　법원은 합의부원에게 법정 외의 증인신문을 명할 수 있고, 증인 현재지의 지방법원 판사에게 그 신문을 촉탁할 수 있다($^{제167조}_{제1항}$). 전자의 명을 받은 법관을 수명 법관, 후자는 수탁판사라고 한다. 수탁판사는 증인이 관할구역 내에 현재하지 아니한 때에는 그 현재지의 지방법원 판사에게 전촉할 수 있다($^{동조}_{제2항}$). 수명법관 또는 수탁판사는 증인의 신문에 관하여 법원 또는 재판장에 속한 처분을 할 수 있다($^{동조}_{제3항}$).

　(4) **당사자의 참여권**

　(가) **증인신문의 통지**　　검사, 피고인 또는 변호인은 증인신문에 참여할 권리가 있고, 증인신문의 시일과 장소는 검사, 피고인 또는 변호인에게 미리 통지하여야 한다. 다만 참여하지 않는다는 의사가 명백할 때에는 예외로 한다($^{제163}_{조}$). 그런데 증인신문을 공판기일에 행하는 경우에 있어서는 검사, 피고인, 변호인이 공판기일 자체에 출석할 권리가 있음은 물론 항상 공판기일의 통지가 미리

행해지므로 제163조가 적용될 여지는 없다. 결국 이 규정은 공판정 외에서의 증인신문에 관하여만 적용된다.

(나) 증인신문의 청구   검사, 피고인 또는 변호인이 증인신문에 참여하지 아니할 경우에는 법원에 대하여 필요한 사항의 신문을 청구할 수 있다($^{제164조}_{제1항}$). 피고인 또는 변호인의 참여 없이 증인을 신문한 경우에 피고인에게 예기치 아니한 불이익한 증언이 진술된 때에는 법원은 반드시 그 진술내용을 피고인 또는 변호인에게 알려주어야 한다($^{동조}_{제2항}$).

(다) 절차의 하자와 치유   증인신문의 시일과 장소를 당사자에게 통지하지 아니한 때에는 증인신문이 위법하므로 그 증언은 증거능력이 없다.[19] 그리고 피고인이 증인신문에 참여하게 하여 달라고 신청하였음에도 피고인의 참여 없이 변호인만 참여하여 실시한 증인신문은 위법하다.[20] 공판정 외에서 증인신문을 실시함에 있어서 피고인에 대하여 통지하지 아니하여 참여기회를 주지 않은 때에도 그 후 계속된 공판기일에서 피고인과 변호인이 그 증인신문조사에 대하여 이의를 하지 않고 별 의견이 없다고 진술하였다면 **책문권의 포기로서** 하자가 치유된다.[21]

5. 공판기일 외의 증인신문

법원이 공판기일에 증인을 채택하여 다음 공판기일에 증인신문을 하기로 피고인에게 고지하였는데 그 공판기일에 증인은 출석하였으나 피고인이 정당한 사유 없이 출석하지 아니한 경우, 이미 출석한 증인에 대하여 공판기일 외의 신문으로서 증인신문을 하고 다음 공판기일에 증인신문조서에 대한 서증조사를 할 수 있다.[22]

6. 증인신문조서의 작성과 열람·복사

(1) 조서의 작성   법원이나 법관이 증인신문을 하는 때에는 그 증인신문에 참여한 법원사무관 등이 증인신문조서를 작성해야 한다($^{제48조}_{제1항}$). 공판기일 외에서 증인신문이 행해지는 경우에도 마찬가지이다. 다만 공판기일 외의 증인신문조서는 증거서류의 일종으로서 공판기일에 다시 증거조사를 해야 한다($^{제292}_{조}$). 법정 외에서 작성한 증인신문조서에 대하여 공판기일에 증거조사를 행하지 않은 경우에 당해 증인신문조서는 증거능력이 없다.[23]

---

19) 대법원 1967. 7. 4. 선고 67도613 판결, 1982. 2. 28. 선고 91도2337 판결.
20) 대법원 1969. 7. 25. 선고 68도1481 판결.
21) 대법원 1974. 1. 15. 선고 73도2967 판결, 1980. 5. 20. 80도306 전원합의체 판결.
22) 대법원 2000. 10. 13. 선고 2000도3265 판결.

(2) **조서의 열람·복사**   피고인과 변호인은 증인신문조서를 열람 또는 복사할 수 있다($\frac{제35}{조}$). 증인도 자신에 대한 증인신문조서의 열람 또는 복사를 청구할수 있다($\frac{규칙 제84}{조의2}$). 검사의 경우 명문의 규정은 없지만 증인신문조서에 대해 열람복사권을 가진다고 본다.

Ⅶ. 피해자의 진술권

1. 의   의

헌법 제27조 제5항은『형사피해자가 법률이 정하는 바에 의하여 당해 사건의 재판절차에서 진술할 수 있다』고 규정함으로써 피해자의 진술권을 기본권으로 보장하고 있다. 이에 따라 형사소송법도 법원은 범죄로 인한 피해자의 신청이 있는 경우에는 그 피해자를 증인으로 신문하여야 한다($\frac{제294조의2}{제1항 본문}$)고 규정하고 있다. 피해자가 공판정에서 진술할 수 있는 기회를 보장하기 위하여 검사는 피해자의 신청이 있는 때에는 당해 사건의 공소제기 여부, 공판의 일시·장소 등을 신속하게 통지해야 한다($\frac{제259}{조의2}$).

2. 피해자의 증거신청

(1) **피해자의 개념**   본조의 피해자는 타인의 범죄행위로 인하여 생명·신체에 대한 피해를 입은 자보다 넓은 개념이다. 실체법상 보호법익의 주체뿐만 아니라 범죄행위로 인하여 법률상 불이익을 받게 된 자도 본조의 피해자로서 진술권을 가진다.[24] 따라서 공소사실에 피해자로 적시되지 않은 자도 본조의 피해자에 해당하는 경우에는 공판정에서 진술을 할 수 있다.

(2) **증거신청**   피해자가 공판정에서 진술하기 위해서는 피해자 또는 그 법정대리인(피해자가 사망한 경우에는 배우자·직계친족·형제자매를 포함)의 신청이 있어야 한다($\frac{제294조의}{2 제1항}$). 피해자가 출석통지를 받고도 정당한 이유 없이 출석하지 아니한 때에는 그 신청을 철회한 것으로 본다($\frac{동조}{제4항}$).

3. 증거결정

법원은 피해자 등의 신청이 있는 때에는 그 피해자 등을 증인으로 신문해야 한다. 다만, ① 피해자 등이 이미 당해 사건에 관하여 공판절차에서 충분히 진술하여 다시 진술할 필요가 없다고 인정되는 경우, ② 피해자 등의 진술로 인하여 공판절차가 현저하게 지연될 우려가 있는 경우에는 증거신청을 기각할

---

23) 대법원 1967. 7. 4. 선고 67도613 판결.
24) 헌법재판소 1993. 3. 11. 선고 92헌마48 결정.

수 있다($\substack{제294조의\\2\ 제1항}$). 또한 동일한 범죄사실에 대하여 신청인이 여러 명인 경우에는 진술할 자의 수를 제한할 수 있다($\substack{동조\\제3항}$). 그러므로 동일한 범죄사실에 대하여 피해자진술신청을 한 자가 수인인 경우에는 피고인과의 관계, 피해의 정도와 그 결과, 신청인들이 진술하려는 취지와 내용 등 여러 사정을 고려하여 그 신청인들 중에서 가장 적합하다고 여겨지는 자의 신청만을 받아들이고 그 나머지 자의 신청은 이를 기각할 수 있다.[25]

4. 증인신문의 절차

⑴ **신뢰관계자의 동석**   법원은 범죄피해자를 증인으로 신문하는 경우 증인의 연령, 심신상태 그 밖의 사정을 고려하여 증인이 현저하게 불안 또는 긴장을 느낄 우려가 있다고 인정되는 때에는 직권 또는 피해자·법정대리인·검사의 신청에 따라 피해자와 신뢰관계에 있는 자를 동석하게 할 수 있다($\substack{제163조의2\\제1항}$). 피해자와 동석할 수 있는 신뢰관계에 있는 사람은 피해자의 배우자, 직계친족, 형제자매, 가족, 동거인, 고용주, 변호사, 그 밖에 피해자의 심리적 안정과 원활한 의사소통에 도움을 줄 수 있는 사람을 말한다($\substack{규칙\ 제84\\조의3}$). 피해자가 증인으로 진술하는 경우 신뢰관계에 있는 자가 동석하면 심리적 안정을 기할 수 있기 때문이다. 특히 범죄피해자가 13세 미만이거나 신체적 또는 정신적 장애로 사물을 변별하거나 의사를 결정할 능력이 미약한 경우에는 재판에 지장을 초래할 우려가 있는 등 부득이한 경우가 아닌 한 피해자와 신뢰관계에 있는 자를 동석하게 해야 한다($\substack{동조\\제2항}$). 동석한 자는 법원·소송관계인의 신문 또는 증인의 진술을 방해하거나 그 진술의 내용에 부당한 영향을 미칠 수 있는 행위를 하여서는 아니 된다($\substack{동조\\제3항}$).

⑵ **의견진술**   법원은 피해자를 신문하는 경우 피해의 정도 및 결과, 피고인의 처벌에 관한 의견 그 밖에 당해 사건에 관한 의견을 진술할 기회를 주어야 한다($\substack{제294조의\\2\ 제2항}$).

⑶ **진술의 비공개**   법원은 피해자·법정대리인 또는 검사의 신청으로 피해자의 사생활의 비밀이나 신변보호를 위하여 필요하다고 인정하는 때에는 결정으로 심리를 공개하지 아니할 수 있다($\substack{제294조의\\3\ 제1항}$). 비공개결정은 이유를 붙여 고지한다($\substack{동조\\제2항}$). 법원은 비공개결정을 한 경우에도 적당하다고 인정되는 자의 재정(在廷)을 허가할 수 있다($\substack{동조\\제3항}$).

---

25) 대법원 1996. 11. 14.자 96모94 결정.

⑷ 비디오중계방식   ① 아동복지법 제40조 제1호 내지 제3호에 해당하는 죄의 피해자, ②「청소년의 성보호에 관한 법률」제5조 내지 제10조에 해당하는 죄의 대상이 되는 청소년 또는 피해자, ③ 범죄의 성질, 증인의 연령, 심신상태, 피고인과의 관계 그 밖의 사정으로 인하여 피고인 등과 대면하여 진술하는 경우 심리적인 부담으로 정신의 평온을 현저하게 잃을 우려가 있다고 인정되는 자를 증인으로 신문하는 경우 법원은 검사와 피고인 또는 변호인의 의견을 들어 비디오 등 중계장치에 의한 중계시설을 통하여 신문하거나 차폐(遮蔽)시설 등을 설치하고 신문할 수 있다($\frac{제165}{조의2}$). 비디오 등 중계장치나 차폐시설에 의하여 피해자를 증인으로 신문하더라도 피고인의 반대신문권은 보장된다.

5. 소송기록의 열람·등사

⑴ 대 상   피해자·법정대리인 또는 이들로부터 위임을 받은 피해자 본인의 배우자·직계친족·형제자매·변호사는 소송기록의 열람 또는 등사를 재판장에게 신청할 수 있다($\frac{제294조의}{4\ 제1항}$). 열람·등사의 대상은 소송계속 중인 사건의 소송기록이다. 공판조서, 검증조서 등 공판과정에서 작성된 문서는 물론이고, 소송당사자가 법원에 제출한 모든 증거자료 또는 참고자료도 열람·등사의 대상이 된다. 소송계속이 종료되면 소송기록은 검찰청에서 보관하게 되므로 본조가 적용되지 않고 제59조의2가 적용된다.

⑵ 절 차   재판장은 열람·등사의 신청이 있는 때에는 지체 없이 검사, 피고인 또는 변호인에게 그 취지를 통지해야 한다($\frac{동조}{제2항}$). 재판장은 피해자 등의 권리구제를 위하여 필요하다고 인정되거나 그 밖에 정당한 이유가 있는 경우에 범죄의 성질, 심리의 상황 그 밖의 사정을 고려하여 상당하다고 인정하는 때에는 열람 또는 등사를 허가할 수 있다($\frac{동조}{제3항}$). 재판장이 등사를 허가하는 경우에는 등사한 소송기록의 사용목적을 제한하거나 적당하다고 인정하는 조건을 붙일 수 있다($\frac{동조}{제4항}$). 소송기록을 열람 또는 등사한 자는 열람 또는 등사에 의해 알게 된 사항을 사용함에 있어 부당히 관계인의 명예나 생활의 평온을 해하거나 수사와 재판에 지장을 주지않도록 해야 한다($\frac{동조}{제5항}$). 제3항 및 제4항에 관한 재판에 대하여는 불복할 수 없다($\frac{동조}{제6항}$).

Ⅷ. 피해자의 의견진술

1. 의   의

법원은 필요하다고 인정하는 경우에는 직권으로, 또는 제294조의2 제1항에 정한 피해자 등의 신청에 따라 피해자 등을 공판기일에 출석하게 하여 피해의 정도 및 결과, 피고인의 처벌에 관한 의견 그 밖에 범죄사실의 인정에 해당하지 않는 사항에 관하여 증인신문에 의하지 아니하고 의견을 진술하게 할 수 있다(규칙 제134조의10 제1항). 이와 같은 의견진술은 범죄사실의 인정을 위한 증거로 할 수 없다(규칙 제134조의12).

2. 의견진술의 절차

재판장은 재판의 진행상황 등을 고려하여 피해자 등의 의견진술에 관한 사항과 그 시간을 미리 정할 수 있다(동조 제2항). 재판장은 피해자 등의 의견진술에 대하여 그 취지를 명확하게 하기 위하여 피해자 등에게 질문할 수 있고, 설명을 촉구할 수 있다(동조 제3항). 검사, 피고인 또는 변호인은 피해자 등이 의견을 진술한 후 그 취지를 명확하게 하기 위하여 재판장의 허가를 받아 피해자 등에게 질문할 수 있다(동조 제5항). 재판장은 ① 피해자 등이나 피해자 변호사가 이미 해당 사건에 관하여 충분히 진술하여 다시 진술할 필요가 없다고 인정되는 경우, ② 의견진술 또는 질문으로 인하여 공판절차가 현저하게 지연될 우려가 있다고 인정되는 경우, ③ 의견진술과 질문이 해당 사건과 관계없는 사항에 해당된다고 인정되는 경우, ④ 범죄사실의 인정에 관한 것이거나, 그 밖의 사유로 피해자 등의 의견진술로서 상당하지 아니하다고 인정되는 경우에는 피해자 등의 의견진술이나 검사, 피고인 또는 변호인의 피해자 등에 대한 질문을 제한할 수 있다(동조 제6항).

3. 서면의 제출

재판장은 재판의 진행상황, 그 밖의 사정을 고려하여 피해자 등에게 의견진술에 갈음하여 의견을 기재한 서면을 제출하게 할 수 있다. 피해자 등의 의견진술에 갈음하는 서면이 법원에 제출된 때에는 검사 및 피고인 또는 변호인에게 그 취지를 통지하여야 한다. 재판장은 공판기일에서 의견진술에 갈음하는 서면의 취지를 명확하게 하여야 한다. 이 경우 재판장은 상당하다고 인정하는 때에는 그 서면을 낭독하거나 요지를 고지할 수 있다(규칙 제134조의11 제1항). 의견진술에 갈음한 서면은 범죄사실의 인정을 위한 증거로 할 수 없다(규칙 제134 조의12).

제 3 감   정

Ⅰ. 의   의

1. 개   념

감정(鑑定)이란 전문지식과 그에 따른 경험을 가진 제3자가 그 지식과 경험에 의하여 얻은 판단을 법원에 보고하는 것을 말한다. 감정인은 법원 또는 법관으로부터 감정의 명을 받은 자이다. 따라서 수사기관으로부터 감정을 위촉받은 감정수탁자와 구별된다. 감정수탁자는 선서의무가 없고 허위감정에 따른 제재를 받지 않으며 감정수탁자가 행하는 감정절차에는 소송관계인에게 참여권이 인정되지 않는다.

2. 법적 성질

감정인은 인적 증거방법의 일종이고, 감정인의 신문은 증거조사의 성질을 가진다. 감정인의 진술은 증거로 되는 점에서 증인과 유사하고, 구인에 관한 규정을 제외한 증인신문에 관한 규정은 감정에 준용된다(제177 조).

Ⅱ. 절   차

1. 감정인의 지정과 소환

(1) **감정인의 지정**   법원은 학식·경험 있는 자에게 감정을 명할 수 있다(제169 조). 특정한 사안에 관하여 감정이 필요한가는 법원이 판단할 사항이다. 소송당사자가 특정인을 지명하여 감정인으로 신청한 경우 법원은 그 감정인이 부적당하다고 인정하면 신청을 기각하고 직권으로 다른 감정인을 선정할 수 있다.

(2) **감정인의 소환**   감정인이 선정되면 감정인신문을 위하여 감정인을 출석시켜야 한다. 감정인의 소환은 증인소환방법에 의한다(제177 조). 다만 감정인은 증인과 달리 대체성이 있으므로 감정인의 구인은 허용되지 않는다.

2. 감정인의 선서

(1) **선서의무**   감정인에게는 감정 전에 선서하게 하여야 하며, 선서는 선서서에 의하여 한다(제170조 제1 항·제2항). 선서서에는 '양심에 따라 성실히 감정하고 만일 거짓이 있으면 허위감정의 벌을 받기로 맹서합니다'라고 기재하여야 한다(동조 제3항). 선

서하지 않고 한 감정은 증거능력이 없다.

(2) **감정촉탁**   법원은 필요하다고 인정하는 때에는 공무소·학교·병원 기타 상당한 설비가 있는 단체 또는 기관에 대하여 감정을 촉탁할 수 있다. 이 경우 선서에 관한 규정은 적용되지 않는다($\frac{제179조의}{2\ 제1항}$). 선서가 불가능한 단체 또는 기관 등의 감정결과를 증거로 활용하기 위하여 단체에 대한 감정촉탁제도를 규정한 것이다.

3. 감정인신문

감정인에 대한 신문은 증인신문에 관한 규정이 준용된다($\frac{제177}{조}$). 따라서 재판장은 감정인의 학력·경력·감정경험 등 감정을 명하는 데 적합한 능력이 있는지를 확인하는 신문을 한 후 증인신문과 마찬가지로 주신문, 반대신문, 재주신문의 순서로 신문이 이루어진다.

4. 법원 외에서 행하는 감정

법원은 필요한 때에는 감정인으로 하여금 법원 외에서 감정하게 할 수 있다. 이 경우에는 감정을 요하는 물건을 감정인에게 교부할 수 있다($\frac{제172조 제1}{항·제2항}$).

Ⅲ. 감정인의 권한

1. 감정에 필요한 처분

(1) **의 의**   감정인은 감정에 관하여 필요한 때에는 법원의 허가를 얻어 타인의 주거·간수자 있는 가옥·건조물·항공기·선거(船車) 내에 들어갈 수 있고, 신체의 검사, 사체의 해부, 분묘의 발굴, 물건의 파괴를 할 수 있다($\frac{제173조}{제1항}$). 법원은 수명법관으로 하여금 감정에 필요한 처분의 허가를 하게 할 수 있다($\frac{제175}{조}$).

(2) **감정허가장의 발부**   감정인이 감정에 필요한 처분을 하기 위해서는 법원의 감정허가장을 발부받아야 한다. 감정허가장에는 피고인의 성명, 죄명, 들어갈 장소, 검사할 신체, 해부할 사체, 발굴할 분묘, 파괴할 물건, 감정인의 성명·직업, 유효기간, 유효기간을 경과하면 허가된 처분에 착수하지 못하며 허가장을 반환하여야 한다는 취지 및 발부연월일을 기재하고 재판장 또는 수명법관이 서명날인하여야 한다($\frac{제173조 제2항,규}{칙 제89조 제1항}$). 법원이 감정에 필요한 처분의 허가에 관하여 조건을 붙인 경우에는 감정허가장에 이를 기재하여야 한다($\frac{규칙 제89}{조 제2항}$).

(3) **허가장의 제시**   감정인은 위의 처분을 받는 자에게 허가장을 제시하여

야 한다($^{제173조}_{제3항}$). 다만 감정인이 공판정에서 행하는 경우에는 그러하지 아니하다
($^{동조}_{제4항}$).

(4) **당사자의 참여권** 검사, 피고인 또는 변호인은 감정에 참여할 수 있다
($^{제176조}_{제1항}$). 법원은 감정의 일시와 장소를 미리 당사자에게 통지하여야 한다. 다만
당사자가 참여하지 아니한다는 의사를 명시한 때 또는 급속을 요하는 때에는
예외로 한다($^{제176조 제2}_{항, 제122조}$). 변호인의 참여권은 고유권으로서 수인의 변호인이 있는
경우에는 각자에게 참여권이 인정된다. 여기의 감정은 감정절차 가운데 감정인
이 행하는 사실상의 활동을 말하고 감정서의 작성 등에는 성질상 참여할 수
없다.

2. 감정인의 참여권·신문권

감정인은 감정에 관하여 필요한 경우에는 재판장의 허가를 얻어 서류와 증
거물을 열람 또는 등사하고 피고인 또는 증인의 신문에 참여할 수 있다. 감정
인은 피고인 또는 증인의 신문을 구하거나 재판장의 허가를 얻어 직접 발문(發
問)할 수 있다($^{제174}_{조}$). 재판장은 필요하다고 인정하는 때에는 감정인에게 소송기
록에 있는 감정에 참고가 될 자료를 제공할 수 있다($^{규칙 제89}_{조의2}$). 감정인의 참여권과
신문권을 실질적으로 보완하기 위한 규정이다.

3. 비용청구권

감정인은 법률이 정하는 바에 의하여 여비·일당·숙박료 외에 감정료와
체당금의 변상을 청구할 수 있다($^{제178}_{조}$).

Ⅳ. 감정유치

1. 의   의

감정유치(鑑定留置)란 피고인의 정신 또는 신체의 감정을 위하여 병원 기타
적당한 장소에 피고인을 유치하는 법원의 처분을 말한다. 법원은 수명법관으로
하여금 감정유치에 관하여 필요한 처분을 하게 할 수 있다($^{제175}_{조}$). 감정유치는
피고인의 정신 또는 신체에 관한 감정을 위해 일정기간 피고인의 신체의 자유
를 제한하는 대인적 강제처분이다.

2. 절   차

(1) **감정유치장의 발부** 법원이 피고인을 감정유치하려면 감정유치장을 발
부하여야 한다($^{제172조}_{제4항}$). 감정유치장에는 피고인의 성명·주민등록번호(주민등록

번호가 없거나 이를 알 수 없는 경우에는 생년월일)·직업·주거, 죄명, 범죄사실의
요지, 유치할 장소, 유치기간, 감정의 목적 및 유효기간과 그 기간 경과 후에는
집행에 착수하지 못하고 감정유치장을 반환하여야 한다는 취지를 기재하고 재
판장 또는 수명법관이 서명날인하여야 한다(규칙 제85조 제1항).

  ⑵ **간수명령**   감정유치를 함에 있어서 필요한 때에는 법원은 **직권** 또는 피
고인을 수용할 병원 기타 장소의 관리자의 신청에 의하여 사법경찰관리에게 피
고인의 간수를 명할 수 있다(제172조 제5항). 병원 기타 장소의 관리자는 피고인의 간수
를 필요로 하는 사유를 명시하여 서면으로 하여야 한다(규칙 제86조).

  ⑶ **감정유치의 변경과 해제**   법원은 필요한 때에는 유치기간을 연장하거나
단축할 수 있다(제172조 제6항). 감정유치기간의 연장이나 단축 또는 유치할 장소의 변
경 등은 결정으로 한다(규칙 제85조 제2항). 감정이 완료되면 즉시 유치를 해제하여야 한다
(제172조 제3항 후단).

  ⑷ **비용의 지급**   법원은 감정하기 위하여 피고인을 병원 기타 장소에 유치
한 때에는 그 관리자의 청구에 의하여 입원료 기타 수용에 필요한 비용을 지급
하여야 한다. 그 비용은 법원이 결정으로 정한다(규칙 제87조).

  3. **구속과의 관계**

  특별한 규정이 없는 한 구속에 관한 규정은 감정유치에 준용된다. 다만 보
석에 관한 규정은 예외로 한다(제172조 제7항, 규칙 제88조). 감정유치기간은 미결구금일수의 산
입에 있어서 구속기간으로 간주한다(동조 제8항). 구속중인 피고인에 대하여 감정유치
장이 집행되었을 때에는 피고인이 유치되어 있는 동안 구속은 그 집행이 정지
된 것으로 간주한다. 이 경우 유치처분이 취소되거나 유치기간이 만료된 때에
는 구속의 집행정지가 취소된 것으로 간주한다(제172조의2).

V. 감정의 보고와 평가

  1. **감정의 보고**

  ⑴ **감정서의 제출**   감정의 경과와 결과는 감정인으로 하여금 서면으로 제
출하게 하여야 한다. 감정인이 수인인 때에는 각각 또는 공동으로 제출하게 할
수 있다. 감정의 결과에는 그 판단의 이유를 명시하여야 한다(제171조 제1항 내지 제3항).

  ⑵ **감정서의 설명**   법원은 감정서의 제출이 있는 경우 필요한 때에는 감정
인에게 설명하게 할 수 있다(제171조 제4항). 감정촉탁의 경우 감정서에 대한 법원의 이

해를 돕기 위하여 당해 공무소·학교·병원·단체 또는 기관이 지정한 자로 하여금 감정서의 설명을 하게 할 수 있다(제179조의
2 제2항). 이 경우 법원은 검사, 피고인 또는 변호인을 참여하게 하여야 하고, 그 설명의 요지를 조서에 기재하여야 한다(규칙 제89
조의3).

2. 감정의 평가

(1) **감정의 유형과 구속력**   감정에는 ① 혈액형의 판정처럼 고도의 객관성이 인정되는 것과, ② 필적감정과 같이 감정인의 주관이 개입될 여지가 있는 것이 있다. ①의 경우에는 일반적으로 신뢰성이 높으나, 감정자료나 검사조건 또는 검사기술 등에 의문이 있으면 오류의 가능성이 있다. ②의 경우에는 감정인의 경험과 학식에 의존하므로 신뢰도의 차이가 다양할 수밖에 없다. 법원은 감정인의 감정결과에 구속되지 않는다. 증거의 증명력은 법관의 자유로운 판단에 의존하므로 감정결과의 내용이 법관의 판단을 구속하는 것은 아니다.

(2) **필적 등의 감정**   일반적으로 필적이나 성문(聲紋) 등의 감정에 있어서 어느 정도의 증명력을 인정할 것이냐 하는 것은 개개의 감정대상이 되는 필적이나 성문, 감정의 방법·기술에 따라 상이하겠지만 과학성이 높은 방법 및 기술에 상응하여 희소성, 상동성(相同性)이 극히 높고 상이성이 극히 낮다고 인정되는 경우에는 지문감정에 준하는 정도의 높은 증명력을 긍정할 수 있는 경우가 있다. 실제로는 다른 증거와 관련하여 심증을 형성하고 있다.

(3) **모발감정**   마약류 투약사실을 밝히기 위한 모발감정은 검사 조건 등 외부적 요인에 의한 변수가 작용할 수 있고, 그 결과에 터 잡아 투약가능기간을 추정하는 방법은 모발의 성장속도가 일정하다는 것을 전제로 하고 있으나 실제로는 개인에 따라 적지 않은 차이가 있고, 동일인이라도 모발의 채취 부위, 건강상태 등에 따라 편차가 있으며, 채취된 모발에도 성장기, 휴지기, 퇴행기 단계의 모발이 혼재함으로 인해 정확성을 신뢰하기 어려운 문제가 있다. 또한 모발감정결과에 기초한 투약가능기간의 추정은 수십 일에서 수개월에 걸쳐 있는 경우가 많은데, 마약류 투약범죄의 특성상 그 기간 동안 여러 번의 투약가능성을 부정하기 어려운 점에 비추어 볼 때, 그와 같은 방법으로 추정한 투약가능기간을 공소제기된 범죄의 범행시기로 인정하는 것은, 피고인의 방어권 행사에 현저한 지장을 초래할 수 있고, 매 투약 시마다 별개의 범죄를 구성하는 마약류 투약범죄의 성격상 이중기소 여부나 일사부재리의 효력이 미치는 범위를 판단하는 데에도 곤란한 문제가 생길 수 있다. 그러므로 모발감정결과만을

토내로 마약류 투약기간을 추정하고 유죄로 판단하는 것은 신중하여야 한다.[26]

⑷ **정신감정**   피고인의 정신상태 즉 책임능력의 유무 및 정도에 관한 감정의 평가는 특수한 성격을 띠고 있다. 심신상실·심신미약은 정신장애의 존재라는 사실을 전제로 하여 여기에 대한 법적 평가를 내용하는 것이므로 정신의학적 질병 또는 정신박약 등의 존재가 전문가에 의하여 진단되었다 하여도 법관이 이에 구속되는 것은 아니다. 물론 정신감정결과는 법관의 자유심증에 맡긴다 하더라도 경험법칙과 논리법칙에 따른 평가가 행하여져야 한다.

제 4 검   증

Ⅰ. 의   의

검증(檢證)이란 법원 또는 법관이 감각기관의 작용에 의하여 물건이나 신체의 존재와 상태 등을 직접 인식하는 증거조사방법을 말한다. 특히 범죄현장이나 기타 법원 이외의 장소에서 행하는 검증을 현장검증이라고 한다. 법원의 검증은 증거조사의 한 방법이다. 그리고 검증은 그 대상이 되는 사람이나 물건 및 장소의 소유자나 점유자의 의사에 반하여 이루어질 수도 있으므로 강제처분의 성질도 갖는다.

Ⅱ. 절   차

1. 검증의 요건

법원은 사실을 발견하기 위하여 검증을 할 수 있다($^{제139}_{조}$). 법원은 검증을 수명법관에게 명하거나 수탁판사에게 촉탁할 수 있다($^{제145조,}_{제136조}$). 법원 또는 법관의 검증에는 영장을 요하지 않는다. 수사기관의 강제처분인 검증에 대하여 영장을 요하는 것과 구별된다. 검증의 목적물에는 제한이 없다. 감각기관의 작용에 의하여 인식할 수 있는 것이면 모두 검증의 대상이 된다. 또한 검증의 장소도 아무런 제한이 없다.

2. 검증의 준비

⑴ **검증기일의 지정과 통지**   공판기일 이외의 일시·장소에서 검증을 하려면 검증기일을 지정하여야 한다. 검사, 피고인 또는 변호인은 검증에 참여할 권

---

26) 대법원 2017. 3. 15. 선고 2017도44 판결.

리를 가진다($\substack{제145조 \\ 제121조}$). 검증을 실시함에는 미리 검증의 일시·장소를 검증참여권
자에게 통지하여야 한다. 다만 검증참여권자가 참여하지 아니한다는 의사를 명
시한 때 또는 급속을 요하는 때에는 예외로 한다($\substack{제145조 \\ 제122조}$). 공무소, 군사용의 항공
기 또는 선거 내에서 검증을 실시할 때에는 그 책임자에게 참여할 것을 통지하
여야 한다($\substack{제145조 \\ 조}$, $\substack{제123 \\ 제1항}$).

(2) **신체검사와 소환**　　법원은 피고인의 신체를 검사하기 위하여 피고인을
소환할 수 있다($\substack{제68 \\ 조}$). 소환장에는 신체검사를 하기 위하여 소환한다는 취지를
기재하여야 한다($\substack{규칙 \\ 제64조}$). 법원은 신체를 검사하기 위하여 피고인 아닌 자를 법원
기타 지정한 장소에 소환할 수 있다($\substack{제142 \\ 조}$). 피고인 아닌 자에 대한 신체검사를
하기 위한 소환장에는 그 성명 및 주거, 피고인의 성명, 죄명, 출석일시 및 장소
와 신체검사를 하기 위하여 소환한다는 취지를 기재하고 재판장 또는 수명법
관이 기명날인하여야 한다($\substack{규칙 \\ 제65조}$).

3. 검증의 실시

(1) **검증에 필요한 처분**　　검증을 할 때에는 신체의 검사, 사체의 해부, 분묘
의 발굴, 물건의 파괴 기타 필요한 처분을 할 수 있다($\substack{제140 \\ 조}$). 사체의 해부 또는
분묘의 발굴을 하는 때에는 예의를 잃지 않도록 주의하고 미리 유족에게 통지
하여야 한다($\substack{제141조 \\ 제4항}$). 검증중에는 그 장소에 출입을 금하고($\substack{제145조 \\ 제119조}$), 검증을 중지한
때에는 그 장소를 폐쇄하거나 간수자를 둘 수 있다($\substack{제145조 \\ 제127조}$) 또한 검증에 있어 자
물쇠를 열거나 개봉 기타 필요한 처분을 할 수 있다($\substack{제145조 \\ 제120조}$). 필요한 때에는 사법
경찰관리에게 보조를 명할 수 있다($\substack{제144 \\ 조}$).

(2) **신체검사에 대한 특칙**　　신체검사를 당하는 자의 성별·연령·건강상태
기타 사정을 고려하여 그 사람의 건강과 명예를 해하지 않도록 주의하여야 한
다. 피고인 아닌 자의 신체검사는 죄적의 존재를 확인할 수 있는 현저한 사유
가 있는 경우에 한하여 할 수 있다. 여자의 신체를 검사하는 경우에는 의사나
성년의 여자를 참여하게 하여야 한다($\substack{제141조 제1 \\ 항·제3항}$).

(3) **검증시각의 제한**　　일출 전이나 일몰 후에는 가주(家主)·간수자 또는 이
에 준하는 자의 승낙이 없으면 검증을 하기 위하여 타인의 주거, 간수자 있는
가옥·건조물·항공기·선거 내에 들어가지 못한다. 단 일출 후에는 검증의 목
적을 달성할 수 없을 염려가 있는 경우에는 예외로 한다($\substack{제143조 \\ 제1항}$). 일몰 전에 검증
에 착수한 때에는 일몰 후라도 검증을 계속할 수 있다($\substack{동조 \\ 제2항}$). 야간의 압수·수

색이 허용되는 장소에 관하여는 검증시산의 제한을 받지 않는다($\substack{동조\\제3항}$).

III. 검증조서

검증에 관하여는 검증결과를 기재한 검증조서를 작성하여야 한다($\substack{제49조\\제1항}$). 검증조서에는 검증목적물의 현상을 명확하게 하기 위하여 도화나 사진을 첨부할 수 있다($\substack{동조\\제2항}$).

제 5 통역 · 번역

I. 의   의

1. 통   역

법정에서는 국어를 사용한다($\substack{法組法\\제62조}$). 국어에 통하지 아니한 자의 진술에는 통역인으로 하여금 통역하게 하여야 한다($\substack{제180\\조}$). 외국인이라도 국어에 통하면 통역인이 필요 없다. 농자(聾者) 또는 아자(啞者)의 진술에는 통역인으로 하여금 통역하게 할 수 있다($\substack{제181\\조}$). 통역인이 사건에 관하여 증인으로 증언한 때에는 직무집행에서 제척되고, 제척사유가 있는 통역인이 통역한 증인의 증인신문조서는 유죄 인정의 증거로 사용할 수 없다.[27]

2. 번   역

국어 아닌 문자 또는 부호는 번역하게 하여야 한다($\substack{제182\\조}$). 국어 아닌 문자 또는 부호란 우리 나라에서 일반적으로 통용되고 있지 않는 문자 또는 부호를 말한다. 따라서 방언이나 널리 통용되는 외래어는 번역의 대상이 아니다.

II. 감정에 관한 규정의 준용

통역과 번역은 외국어에 관한 특별한 지식이 있는 자가 할 수 있으므로 감정과 유사한 성격을 가진다. 따라서 통역과 번역에는 감정에 관한 규정이 준용된다($\substack{제183\\조}$).

---

27) 대법원 2011. 4. 14. 선고 2010도13583 판결.

제 6 전문심리위원·양형조사관

I. 전문심리위원제도

1. 전문심리위원제도

(1) **의 의** 전문심리위원(專門審理委員)제도는 지적재산권·건축·의료·환경 등 전문적인 지식이 요구되는 사건에서 법원 외부의 관련 분야 전문가를 전문심리위원으로 지정하여 소송절차에 참여하게 하여 전문적인 지식과 경험에 기초한 설명이나 의견을 들음으로써 충실한 심리에 도움을 받는 제도이다.

(2) **감정인과의 구별** 법원이 감정인에게 감정을 명할 때에는 감정사항을 명확히 하여야 하고 감정인에게 선서의무를 부여하나, 전문심리위원에 대하여는 설명 등 요구사항을 감정사항과 같이 명확히 확정할 필요가 없으며, 감정에 비하여 신속하게 도움을 받을 수 있는 장점이 있다. 다만 감정결과는 증거자료가 되지만, 전문심리위원의 설명 등은 증거자료가 되지 않는다.

(3) **피고인의 참여권보장** 피고인의 방어권을 실질적으로 보장하기 위해 법원은 전문심리위원과 관련된 절차 진행사항을 피고인과 변호인에게 적절한 방법으로 적시에 통지하여 당사자의 참여 기회가 실질적으로 보장될 수 있도록 하여야 한다.[28]

2. 전문심리위원의 참여

(1) **참여결정** 법원은 소송관계를 분명하게 하거나 소송절차를 원활하게 진행하기 위하여 필요한 경우에는 직권으로 또는 검사, 피고인 또는 변호인의 신청에 의해 결정으로 전문심리위원을 지정하여 공판준비 및 공판기일 등 소송절차에 참여하게 할 수 있다(제279조의2 제1항).

(2) **위원지정** 전문심리위원을 소송절차에 참여시키는 경우 법원은 검사, 피고인 또는 변호인의 의견을 들어 각 사건마다 1인 이상의 전문심리위원을 지정하여야 한다(제279조의4 제1항). 전문심리위원의 지정에 관하여 필요한 사항은 대법원규칙으로 정한다(동조 제3항). 법원은 전문심리위원규칙에 따라 정해진 전문심리위원 후보자 중에서 전문심리위원을 지정하여야 한다(규칙 제126조의7).

(3) **제척·기피** 전문심리위원의 중립성·공평성을 확보하기 위하여 법관

---

28) 대법원 2019. 5. 30. 선고 2018도19051 판결.

에 대한 제척과 기피의 규정은 전문심리위원에게 준용한다($^{제279조의}_{5\ 제1항}$). 제척 또는 기피신청이 있는 전문심리위원은 그 신청에 관한 결정이 확정될 때까지 그 신청이 있는 사건의 소송절차에 참여할 수 없다. 이 경우 전문심리위원은 당해 제척 또는 기피신청에 대하여 의견을 진술할 수 있다($^{동조}_{제2항}$).

⑷ **참여결정의 취소**   법원은 상당하다고 인정하는 때에는 검사, 피고인 또는 변호인의 신청이나 직권으로 전문심리위원의 참여결정을 취소할 수 있다($^{제279조의}_{3\ 제3항}$). 전문심리위원의 참여결정에 대한 취소신청은 기일에서 하는 경우를 제외하고는 서면으로 하여야 한다($^{규칙\ 제126조}_{의13\ 제1항}$). 참여결정 취소신청을 할 때에는 신청이유를 밝혀야 한다. 다만, 검사와 피고인 또는 변호인이 동시에 신청할 때에는 그러하지 아니하다($^{동조}_{제2항}$). 법원은 검사와 피고인 또는 변호인이 합의하여 전문심리위원의 참여결정을 취소할 것을 신청한 때에는 그 결정을 취소하여야 한다($^{제279조의}_{3\ 제2항}$).

3. 전문심리위원의 역할

⑴ **서면제출**   전문심리위원은 전문적인 지식에 의한 설명 또는 의견을 기재한 서면을 제출할 수 있다. 전문심리위원이 설명이나 의견을 기재한 서면을 제출한 경우에는 법원사무관등은 검사, 피고인 또는 변호인에게 그 사본을 보내야 한다($^{규칙\ 제126}_{조의9}$). 법원은 전문심리위원이 제출한 서면에 관하여 검사, 피고인 또는 변호인에게 구술 또는 서면에 의한 의견진술의 기회를 주어야 한다($^{제279조의}_{2\ 제4항}$).

⑵ **의견진술**   전문심리위원은 공판기일에서 전문적인 지식에 의하여 설명이나 의견을 진술할 수 있다. 다만, 재판의 합의에는 참여할 수 없다($^{제279조의}_{2\ 제2항}$). 전문심리위원은 기일에서 재판장의 허가를 받아 피고인 또는 변호인, 증인 또는 감정인 등 소송관계인에게 소송관계를 분명하게 하기 위하여 필요한 사항에 관하여 직접 질문할 수 있다($^{동조}_{제3항}$). 법원은 전문심리위원의 설명 또는 의견의 진술에 관하여 검사, 피고인 또는 변호인에게 구술 또는 서면에 의한 의견진술의 기회를 주어야 한다($^{동조}_{제4항}$).

Ⅱ. 양형조사관제도

1. 법원조직법에 의한 양형조사관

대법원과 각급 법원에 조사관을 둘 수 있다($^{法組法\ 제54}_{조의3\ 제1항}$). 조사관은 법관의 명을 받아 법률 또는 대법원규칙이 정하는 사건에 관한 심판에 필요한 자료의 수집·조사 그 밖에 필요한 업무를 담당한다(^{동조}_{제2항}). 수소법원은 조사관에게 양형의 조건이 되는 사항을 수집·조사하여 제출하게 하고, 이를 피고인에 대한 정상관계사실과 함께 참작하여 형을 선고할 수 있다.

2. 보호관찰법에 의한 양형조사

법원은 피고인에 대하여 형법 제59조의2 및 제62조의2에 따른 보호관찰, 사회봉사 또는 수강을 명하기 위하여 필요하다고 인정하면 그 법원의 소재지 또는 피고인의 주거지를 관할하는 보호관찰소의 장에게 범행 동기, 직업, 생활환경, 교우관계, 가족상황, 피해회복 여부 등 피고인에 관한 사항의 조사를 요구할 수 있다(^{동법 제19조}_{제1항}). 법원의 요구를 받은 보호관찰소의 장은 지체 없이 이를 조사하여 서면으로 해당 법원에 알려야 한다. 이 경우 필요하다고 인정하면 피고인이나 그 밖의 관계인을 소환하여 심문하거나 소속 보호관찰관에게 필요한 사항을 조사하게 할 수 있다(^{동조}_{제2항}).

제 4 관   증거조사 후의 절차

제 1   증거조사 후의 조치

Ⅰ. 증거조사결과와 피고인의 의견

재판장은 피고인에게 각 증거조사의 결과에 대한 의견을 물어야 한다(^{제293조}_{전단}). 이것은 법원이 매 공판기일마다 그 기일에서의 증거조사가 종료한 후 증거조사결과에 대하여 피고인의 의견을 묻는 것이므로 증거결정을 위하여 행하는 의견진술(^{규칙}_{제134조})이나 증거조사 전반에 관한 절차나 처분에 대하여 그 위법, 부당함의 시정을 구하는 증거조사에 대한 이의신청과 구별된다. 증거조사결과에 대하여 피고인의 의견을 묻는 것은 법원이 그 증거조사에 의한 심증을 형성함에 있어서 피고인의 의견을 참고하기 위함이다. 또 피고인에게 권리보호에 필요한 증거조사를 신청할 수 있음을 고지하는 것은 피고인에 대한 안내의 의미를 갖는다.

Ⅱ. 증거조사신청권의 고지

재판장은 피고인에게 권리를 보호함에 필요한 증거조사를 신청할 수 있음을 고지하여야 한다($\substack{제293조 \\ 후단}$). 이는 피고인의 증거조사신청권($\substack{제294 \\ 조}$)을 절차적으로 보장하려는 데 그 입법취지가 있다. 검사 또는 변호인에게는 별도로 증거조사신청권을 고지할 필요가 없다.

제 2 증거조사에 대한 이의신청

Ⅰ. 의   의

검사, 피고인 또는 변호인은 증거조사에 관하여 이의신청을 할 수 있다($\substack{제296조 \\ 제1항}$). 이의신청이란 당사자가 법원이나 소송관계인의 소송행위가 위법 또는 부당함을 주장하여 그 시정 또는 다른 조치를 법원에 청구하는 의사표시를 말한다. 증거조사의 적정을 도모하기 위하여 증거조사절차상의 하자를 당사자로 하여금 지체 없이 지적하게 하여 그 하자를 신속하게 시정하려는 데 그 입법취지가 있다.

Ⅱ. 이의신청의 대상과 사유

1. 이의신청의 대상

당사자는 증거신청, 증거결정, 증거조사의 순서와 방법, 증거능력의 유무 등 증거조사에 관한 모든 절차와 처분에 이의신청을 할 수 있다. 이의신청의 대상이 되는 행위는 법원과 소송관계인의 작위뿐만 아니라 부작위도 포함된다.

2. 이의신청의 사유

이의신청은 법령의 위반이 있는 경우 또는 상당하지 아니함을 이유로 하는 경우에 허용된다. 다만 재판장의 증거결정에 대한 이의신청은 법령의 위반이 있음을 이유로 한 때에만 할 수 있다($\substack{규칙 제135 \\ 조의2}$).

Ⅲ. 이의신청의 시기와 방법

1. 이의신청의 시기

이의신청은 개개의 행위, 처분 또는 결정시마다 즉시 하여야 한다($\substack{규칙 \\ 제137조}$). 이의신청제도의 취지에 비추어 즉석에서 행사하지 않으면 실효가 없게 되거나 절차상의 혼란이 초래될 수 있기 때문이다. 여기에서 즉시라 함은 작위의 경우에는 그 작위의 진행중 또는 그 종료 직후를 말하고, 부작위의 경우는 부작위인 채 그 다음 단계의 절차로 이행하는 시점을 말하며, 증거조사실시 후 그 증거가 증거능력 없음이 밝혀진 때에는 그 시점을 말한다.

2. 이의신청의 방식

이의신청을 할 때에는 그 이유를 간결하게 명시하여야 한다($^{규칙}_{제137조}$). 서면에 의한 이의신청도 허용되나 이의신청은 신속성이 요청되므로 통상 공판정에서 구두(口頭)로 한다. 이의신청에 대한 법원의 결정이 있을 때까지는 철회가 허용된다.

IV. 이의신청권의 포기와 불행사

1. 이의신청권의 포기

이의신청의 대상인 처분 또는 행위가 주로 당사자의 이익을 위하여 인정된 것인 때에는 당사자는 이의신청권을 포기할 수 있다. 그러나 증거조사절차의 하자가 중대한 경우에는 이의신청권의 포기가 인정되지 않는다. 예를 들면 피고인에게 반대신문의 기회를 주지 아니하고 증인신문을 마친 경우에 피고인은 그 증인신문의 위법에 관한 이의신청권을 포기할 수 있으나, 증인에게 선서를 시키지 않고 증인신문을 한 경우에는 이의신청권의 포기는 인정되지 않는다. 당사자가 이의신청권을 포기하면 절차상의 하자가 치유된다. 예를 들면 피고인과 변호인에게 증인신문의 일시와 장소를 통지하지 아니하고 피고인과 변호인의 참여 없이 증인신문을 한 경우에도 피고인 또는 변호인이 이의신청권을 포기하면 그 하자는 치유된다.[29]

2. 이의신청권의 불행사

증거조사에 관한 이의신청은 당사자의 권리이므로 당사자는 이의신청권을 행사하지 않을 수 있다. 증거조사가 훈시규정에 위반한 경우 또는 주로 당사자의 이익을 위한 절차규정에 위반한 경우에는 이의신청권의 불행사에 의해서 그 절차상의 하자가 치유된다. 그러나 적정한 재판, 공정한 절차를 도모하기 위한 절차규정에 위반한 경우에는 당사자가 이의신청권을 행사하지 아니한 경우에도 그 절차상의 하자는 치유되지 않는다.

---

29) 대법원 1974. 1. 15. 선고 73도2967 판결.

V. 이의신청에 대한 결정

1. 결정의 시기

법원은 이의신청에 대하여 결정을 하여야 하는데($^{제296조}_{제2항}$) 그 결정은 이의신청이 있은 후 즉시 이루어져야 한다($^{규칙}_{제138조}$). 다만 증거조사를 마친 증거의 증거능력에 관한 이의신청이 있는 경우와 같이 이의신청의 이유 유무에 대한 판단에 시간을 요하는 경우에는 그 판단이 가능하게 된 시점에 결정을 하면 된다.

2. 법원의 결정

⑴ **기각결정**   이의신청이 ① 부적법한 경우, ② 시기에 늦은 경우, ③ 소송지연만을 목적으로 하는 것임이 명백한 경우, ④ 이유 없다고 인정되는 경우에는 이를 결정으로 기각하여야 한다. 다만 시기에 늦은 이의신청이 중요한 사항을 대상으로 하고 있는 경우에는 시기에 늦은 것만을 이유로 하여 기각하여서는 아니된다($^{규칙, 제139조}_{제1항·제2항}$).

⑵ **인용결정**   이의신청이 이유 있다고 인정되는 경우에는 결정으로 이의신청에 상응하는 조치를 취하여야 한다($^{규칙 제139}_{조 제3항}$). 예를 들면 소송관계인의 행위에 대한 상대방의 이의신청이 이유 있다고 인정되는 경우에는 그 신청의 취지에 따라 그 행위의 중지·철회·변경을 명하는 결정을 하여야 하며, 법원의 증거결정에 대한 이의신청이 이유 있다고 인정되는 경우에는 증거결정을 취소·변경하는 결정을 하여야 한다.

⑶ **증거배제결정**   증거능력이 없는 증거에 대해서 증거조사를 실시하였다는 점을 이유로 한 이의신청이 이유 있다고 인정하는 경우에는 법원은 그 증거의 전부 또는 일부를 배제한다는 취지의 결정을 하여야 한다($^{규칙 제139}_{조 제4항}$).

3. 결정에 대한 불복불허

이의신청에 대한 결정에 의하여 판단이 된 사항에 대하여는 다시 이의신청을 할 수 없다($^{규칙}_{제140조}$). 또한 판결 전 소송절차에 관한 결정이므로 항고도 할 수 없다($^{제403조}_{제1항}$).

제 3 장 재 판

제 1 절 재판 일반

제 1 관 재판의 의의와 종류

제 1 재판의 의의

재판이란 좁은 의미로는 피고사건의 실체에 대한 법원의 공권적 판단, 즉 유죄와 무죄의 실체적 종국재판을 의미한다. 그러나 형사소송법에서 재판이라는 말은 넓은 의미로 사용되고 있는데 법원 또는 법관의 법률행위적 소송행위를 총칭한다. 재판은 법원 또는 법관의 소송행위라는 점에서 검사 또는 사법경찰관의 소송행위(예를 들면 사건송치, 공소제기)와 구별되고, 법률행위적 소송행위라는 점에서 사실행위적 소송행위(예를 들면 피고인신문, 증인신문)와 구별된다.

제 2 재판의 종류

Ⅰ. 재판의 형식에 의한 분류

1. 판 결

판결은 종국재판의 원칙적 형식으로서 법원의 가장 중요한 재판이다. 판결에는 유죄·무죄의 실체판결과 관할위반·공소기각의 형식판결 및 면소판결이 있다. 판결은 ① 항소이유가 없음이 명백하여 소송기록에 의하여 판결하는 경우($\frac{제364조}{제5항}$), ② 상고법원이 소송기록만에 의하여 판결하는 경우($\frac{제390}{조}$), ③ 정정판결($\frac{제401조}{제1항}$) 등과 같이 예외적인 경우를 제외하고는 필요적으로 구두변론에 의하여야 하고($\frac{제37조}{제1항}$) 이유를 명시하여야 하며($\frac{제39}{조}$) 공판정에서 선고하여야 한다($\frac{제42조}{전단}$). 판결에 대한 상소방법은 항소 또는 상고이며, 재심과 비상상고는 판결에 대하여만 할 수 있다.

2. 결   정

결정은 종국 전의 재판의 기본형식으로서 절차에 관한 재판은 원칙적으로 결정에 의한다. 결정은 대부분 종국 전의 재판이나 공소기각의 결정, 상소기각의 결정은 종국재판에 해당한다. 결정은 구두변론을 요하지 않으나($\substack{제37조\\제2항}$) 필요한 경우에는 사실을 조사할 수 있다($\substack{동조\\제3항}$). 사실조사를 위해 필요한 때에는 증인을 신문하거나 감정을 명할 수 있고 이 때 소송관계인을 참여하게 할 수 있다($\substack{규칙\\제24조}$). 상소를 불허하는 결정을 제외하고는 결정에도 이유를 명시하여야 한다($\substack{제39\\조}$). 결정에 대한 상소는 항고에 의한다.

3. 명   령

명령은 재판장・수명법관・수탁판사의 재판, 즉 수소법원 이외의 법관이 하는 재판을 말한다. 명령은 형식재판이며 종국 전의 재판이다. 그러나 약식명령은 명령이라는 명칭에도 불구하고 독립된 형식의 재판이다. 명령은 결정의 경우와 마찬가지로 구두변론을 요하지 않고 사실조사를 할 수 있다($\substack{제37조제2\\항・제3항}$). 명령에 대한 일반적인 상소방법은 없다. 다만 특수한 경우에 이의신청($\substack{제304\\조 등}$) 또는 준항고($\substack{제416\\조}$)가 허용된다.

Ⅱ. 재판의 내용에 의한 분류

1. 실체재판

실체재판이란 피고사건의 실체에 관하여 구체적 형벌권의 존부를 판단하는 재판을 말한다. 유죄판결과 무죄판결이 여기에 해당한다. 실체재판은 모두 종국재판이며 판결의 형식에 의한다. 실체재판이 확정되면 일사부재리의 효력이 발생한다.

2. 형식재판

형식재판은 피고사건의 실체에 관하여 심리하지 않고 절차적 법률관계를 판단하는 재판을 말한다. 절차재판이라고도 부른다. 종국 전의 재판은 모두 형식재판이고, 종국재판 중에는 관할위반, 공소기각재판이 이에 해당한다. 형식재판은 확정되더라도 일사부재리의 효력이 발생하지 아니한다.

Ⅲ. 재판의 기능에 의한 분류

1. 종국재판

종국재판이란 당해 소송을 그 심급에서 종결시키는 재판을 말하며, 유죄·무죄·면소의 재판과 관할위반·공소기각의 재판이 있다. 상소심에서의 파기자판·상소기각의 재판과 파기환송·파기이송의 재판도 종국재판에 속한다. 종국재판은 일응 절차를 종결시키는 재판이라는 점에서 법적 안정성이 강조되므로 재판을 한 법원이 이를 취소 또는 변경할 수 없다. 종국재판에 대하여는 원칙적으로 상소가 허용된다.

2. 종국 전의 재판

종국 전의 재판이란 종국재판에 이르기까지의 절차에 관한 재판을 말한다. 관할위반·공소기각 이외의 형식재판은 종국 전의 재판이다. 예를 들면 보석허가결정, 구속취소결정, 증거결정 등이 있다. 종국 전의 재판은 절차진행과정에서 합목적성이 강조되므로 그 재판을 한 법원이 이를 취소, 변경할 수 있다. 그리고 종국 전의 재판에 대하여는 원칙적으로 상소가 허용되지 않는다.

Ⅳ. 기타 분류

1. 제1심재판과 상소심재판

심급을 기준으로 제1심재판과 상소심재판으로 분류할 수 있다. 상소기각이나 파기자판은 상소심재판에 특유한 종국재판이다.

2. 공판의 재판과 공판 외의 재판

재판의 절차단계를 기준으로 공판의 재판과 공판 외의 재판으로 분류할 수 있다. 전자는 공소제기시부터 종국재판시까지 수소법원이나 법관이 행하는 재판을 말하며 공판기일에서의 재판뿐만 아니라 공판준비절차나 법원의 강제처분절차에서의 재판을 포함한다. 후자는 공소제기 전이나 종국재판 후에 행하는 재판을 말하며, 구속적부심에 의한 석방결정이나 소송비용집행면제의 재판 등이 여기에 해당한다.

제 2 관 재판의 성립과 재판서

제 1 재판의 성립

Ⅰ. 의 의

재판은 법원 또는 법관의 의사표시적 소송행위이므로 의사표시의 일반원칙에 따라 재판의 성립은 의사의 결정과 결정된 의사의 외부적 표시라는 두 단계를 거쳐야 한다. 전자를 내부적 성립, 후자를 외부적 성립이라고 한다. 즉 재판의 의사표시적 내용이 당해 사건의 심리에 관여한 재판기관의 내부에서 결정되는 것을 내부적 성립이라고 하며, 재판의 의사표시적 내용이 재판을 받는 자에게 인식될 수 있는 상태에 이른 것을 재판의 외부적 성립이라고 한다. 사건의 심리에 관여하지 않은 법관이 재판의 내부적 성립에 관여한 때에는 절대적 항소이유($^{제361조의}_{5~제8호}$) 및 상대적 상고이유($^{제383조}_{제1호}$)가 된다. 재판의 내부적 성립이 있는 때에는 그 후 법관이 경질되어도 공판절차를 갱신할 필요가 없다.

Ⅱ. 성립의 시기

1. 내부적 성립

합의부의 재판은 그 구성원인 법관의 합의에 의하여 내부적으로 성립하고, 재판의 합의는 과반수로 결정한다. 단독판사의 재판은 절차갱신의 필요성이라는 목적론적 관점에 비추어 재판서의 작성시에 내부적으로 성립한다고 해야 한다. 다만 재판서의 작성이 없는 재판에 있어서는 재판의 선고 또는 고지에 의하여 내부적으로 성립함과 동시에 외부적으로 성립한다.

2. 외부적 성립

재판은 선고 또는 고지에 의하여 외부적으로 성립한다. 선고란 공판정에서 재판의 내용을 구술로 선언하는 행위이고, 고지란 선고 외의 적당한 방법으로 재판의 내용을 소송관계인에게 알려 주는 행위이다. 따라서 후자가 전자에 비하여 간이한 방식이다. 재판의 선고 또는 고지는 공판정에서는 재판서에 의하여야 하고 기타의 경우에는 재판서등본의 송달 또는 다른 적당한 방법으로 하여야 한다. 다만 법률에 다른 규정이 있는 때에는 예외로 한다($^{제42}_{조}$). 재판의 선고 또는 고지는 재판장이 한다. 판결을 선고함에는 주문을 낭독하고 이유의 요지를 설명하여야 하며($\frac{제43}{조}$), 필요한 때에는 피고인에게 적절한 훈계를 할 수 있다 ($\frac{규칙}{제147조}$). 재판의 선고 또는 고지는 이미 내부적으로 성립한 재판을 대외적으로 공표하는 행위이므로 반드시 재판의 내부적 성립에 관여한 법관에 의하여 행하여질 것을 요하지 않는다. 따라서 재판이 내부적으로 성립한 이상 내부적 성립에 관여하지 않은 판사가 재판을 선고 또는 고지하여도 재판의 외부적 성립에는 영향이 없다.

III. 성립의 효력

1. 종국재판

종국재판이 외부적으로 성립하면 그 재판이 확정되기 전이라도 그 재판을 한 법원도 재판의 내용을 변경하거나 철회할 수 없다. 이러한 효력을 재판의 구속력이라 한다. 법원이 외부적으로 성립된 재판을 자유롭게 변경하거나 철회할 수 있다면 법적 안정성을 저해하기 때문에 일단 성립한 재판에는 당해 법원에 의해 변경되거나 철회될 수 없는 구속력이 부여된다. 예를 들면 무죄, 면소, 형의 면제, 형의 선고유예, 형의 집행유예, 공소기각 또는 벌금이나 과료를 과하는 판결이 선고된 때에는 구속영장은 효력을 상실하게 되므로($\frac{제331}{조}$) 구속중의 피고인은 바로 석방된다. 그러나 이 상태는 아직 상소의 방법에 의하여 다툴 수 있으므로 잠정적이고 부동적이라는 한계를 안고 있다.

2. 종국 전의 재판

종국 전의 재판에 있어서는 합목적성의 요청에 의하여 그 철회 또는 변경이 널리 허용된다. 예를 들면 증거결정의 취소, 보석허가결정의 취소, 보석조건의 변경 등이다.

【사 례】 재판의 성립

《사 안》 제1심 재판장이 선고기일에 법정에서 '피고인을 징역 1년에 처한다.'는 주문을 낭독한 뒤 상소기간 등에 관한 고지를 하던 중 피고인이 '재판이 개판이야, 재판이 뭐 이 따위야.' 등의 말과 욕설을 하면서 난동을 부려 교도관이 피고인을 제압하여 구치감으로 끌고 갔는데, 제1심 재판장은 그 과정에서 피고인에게 원래 선고를 듣던 자리로 돌아올 것을 명하였고, 법정경위가 구치감으로 따라 들어가 피고인을 다시 법정으로 데리고 나오자, 제1심 재판장이 피고인에게 '선고가 아직 끝난 것이 아니고 선고가 최종적으로 마무리되기까지 이 법정에서 나타난 사정 등을 종합하여 선고형을 정정한다.'는 취지로 말하며 징역 3년을 선고하였다. 제1심 재판장의 판결선고는 적법한가?

《검 토》 판결선고는 전체적으로 하나의 절차로서 재판장이 판결의 주문을 낭독하고 이유의 요지를 설명한 다음 피고인에게 상소기간 등을 고지하고, 필요한 경우 훈계, 보호관찰 등 관련 서면의 교부까지 마치는 등 선고절차를 마쳤을 때에 비로소 종료된다. 재판장이 주문을 낭독한 이후라도 선고가 종료되기 전까지는 일단 낭독한 주문의 내용을 정정하여 다시 선고할 수 있다. 그러나 판결 선고절차가 종료되기 전이라도 변경 선고가 무제한 허용된다고 할 수는 없다. 재판장이 일단 주문을 낭독하여 선고 내용이 외부적으로 표시된 이상 재판서에 기재된 주문과 이유를 잘못 낭독하거나 설명하는 등 실수가 있거나 판결 내용에 잘못이 있음이 발견된 경우와 같이 특별한 사정이 있는 경우에 변경 선고가 허용된다.[1] 본 사안에서, 징역 3년으로 변경한 선고는 최초 낭독한 주문 내용에 잘못이 있다거나 재판서에 기재된 주문과 이유를 잘못 낭독하거나 설명하는 등 변경 선고가 정당하다고 볼 만한 특별한 사정이 발견되지 않으므로 위법하다.

제 2 재 판 서

I . 의   의

1. 개   념

재판서란 재판의 내용을 기재한 문서를 말한다. 재판서는 그 형식에 따라 판결서(판결문) · 결정서 · 명령서로 구분된다. 재판서는 작성주체가 법관이란 점에서 법원사무관 등이 작성하는 조서(예를 들면 공판조서, 증인신문조서)와 구별된다. 재판의 내용이 조서에 기재되는 경우가 있으나($_{조}^{제38}$) 이는 재판서가 아니다.

2. 기   능

① 재판이 확정되면 이에 따라 기판력, 일사부재리의 효력, 집행력 등의 효력이 발생한다. 재판서는 이러한 효력의 범위를 명확히 하는 기준이 된다. ② 재판서는 소송관계인에게 재판의 공정성과 정확성을 검토할 수 있는 자료를 제공함과 동시에 그 재판에 대한 불복 여부와 불복범위 등을 결정케 한다. ③ 상소심에 대해서 원심법원의 재판내용을 검토케 하고 그 당부를 심리판단할

---

1) 대법원 2022. 5. 13. 선고 2017도3884 판결.

기초를 마련한다.

Ⅱ. 기재사항

1. 소송관계인

재판서에는 법률에 다른 규정이 없으면 재판을 받는 자의 성명, 연령, 직업과 주거를 기재하여야 하고, 재판을 받는 자가 법인인 때에는 그 명칭과 사무소를 기재하여야 하며, 판결서에는 기소한 검사와 공판에 관여한 검사의 관직·성명과 변호인의 성명을 기재하여야 한다($\frac{제40}{조}$).

2. 주 문

주문(主文)이란 재판의 대상이 된 사실에 대한 최종적 결론을 말한다. 형의 선고를 하는 판결의 경우에는 구체적인 선고형이 주문의 내용을 이룬다. 형의 집행유예, 노역장유치기간, 재산형의 가납명령 및 소송비용의 부담도 주문에 기재된다. 형을 선고하는 판결의 주문은 재판의 집행과 전과기록의 기초가 된다.

3. 이 유

재판서에는 이유를 명시하여야 한다. 다만 상소를 불허하는 결정 또는 명령은 예외로 한다($\frac{제39}{조}$). 항소심 또는 상고심의 재판서에도 항소이유 또는 상고이유에 대한 판단을 명시하여야 한다($\frac{제369조·}{제398조}$). 판결에 이유를 붙이지 않거나 이유모순이 있는 경우에는 절대적 항소이유($\frac{제361조의}{5 제11호}$) 및 상대적 상고이유($\frac{제383조}{제1호}$)가 된다.

4. 작성연월일과 서명 등

재판서의 작성에 관하여도 제57조가 적용되므로 재판서에는 그 작성연월일을 기재하고, 간인하여야 한다. 그리고 재판서에는 재판한 법관이 서명·날인하여야 한다($\frac{제41조}{제1항}$). 재판장이 서명·날인할 수 없는 때에는 다른 법관이 그 사유를 부기하고 서명·날인하여야 하며, 다른 법관이 서명, 날인할 수 없는 때에는 재판장이 그 사유를 부기하고 서명·날인하여야 한다($\frac{동조}{제2항}$). 판결과 각종 영장(감정유치장 및 감정처분허가장을 포함)을 제외한 재판서에 대하여는 서명날인에 갈음하여 기명날인할 수 있다($\frac{동조}{제3항}$).

Ⅲ. 재판서의 작성과 경정

1. 재판서의 작성

공판정에서 재판을 선고 또는 고지하는 경우에는 재판서에 의하여야 한다(제42조). 재판서의 사전작성 없는 재판의 선고나 고지는 판결에 영향을 미치는 항소이유 또는 상고이유에 해당한다는 견해가 있다. 법관이 재판을 선고 또는 고지하기 전에 재판서원본을 작성하는 것이 바람직하나, 재판은 그 선고 또는 고지에 의하여 효력을 발생하는 것이지 재판서의 기재에 의하여 효력을 발생하는 것은 아니므로 재판서의 초고에 의하여 재판을 선고 또는 고지한 후 재판서를 작성하더라도 상소이유로는 되지 아니한다고 본다. 판결의 선고내용과 판결서의 내용이 서로 다른 경우에는 선고된 내용에 따라 판결의 효력이 발생한다. 예를 들면 공판정에서 선고한 형과 판결서에 기재된 형이 다른 경우에는 전자를 집행하여야 한다.[2]

2. 재판서의 경정

재판서에 잘못된 계산이나 기재, 그 밖에 이와 비슷한 잘못이 있음이 분명한 때에는 법원은 직권 또는 당사자의 신청에 의하여 경정결정(更正決定)을 할 수 있다(규칙 제25조 제1항). 경정결정은 재판서의 원본과 등본에 덧붙여 적어야 한다. 다만 등본에 덧붙여 적을 수 없는 때에는 경정결정의 등본을 작성하여 재판서의 등본을 송달받은 자에게 송달하여야 한다(동조 제2항). 경정결정에 대하여는 즉시항고를 할 수 있다. 다만 재판에 대하여 적법한 상소가 있는 때에는 그러하지 아니하다(동조 제3항).

Ⅳ. 재판서의 송달과 교부

1. 재판서의 송달

피고인에 대하여 판결을 선고한 때에는 선고일부터 7일 이내에 피고인에게 그 판결서 등본을 송달하여야 한다. 다만, 피고인이 동의하는 경우에는 그 판결서 초본을 송달할 수 있다. 불구속 피고인과 제331조의 규정에 의하여 구속영장의 효력이 상실된 구속 피고인에 대하여는 피고인이 송달을 신청하는 경우에 한하여 판결서 등본 또는 판결서 초본을 송달한다(규칙 제148조). 공판정 외에서 결

---

2) 대법원 1981. 5. 14.자 81모8 결정.

정·명령을 고지하는 경우에는 재판서등본의 송달에 의하는 것이 원칙이다(제42조). 소환의 경우에는 소환장의 원본이 송달된다. 그리고 검사의 집행지휘를 요하는 재판은 재판서 또는 재판을 기재한 조서의 등본 또는 초본을 재판의 선고 또는 고지한 때로부터 10일 이내에 검사에게 송부하여야 한다. 다만 법률에 다른 규정이 있는 때에는 예외로 한다(제44조).

2. 재판서의 교부

피고인 기타 소송관계인은 비용을 납입하고 재판서 또는 재판을 기재한 조서의 등본 또는 초본의 교부를 청구할 수 있다(제45조). 여기서 소송관계인이란 검사, 피고인, 변호인, 보조인, 법인인 피고인의 대표자, 제28조의 규정에 의한 특별대리인, 제340조 및 제341조 제1항의 규정에 의한 상소권자를 말한다(규칙 제26조 제1항). 고소인, 고발인 또는 피해자도 사유를 소명하면 재판서의 등본 또는 초본의 교부를 청구할 수 있다(동조 제2항). 재판서 또는 재판을 기재한 조서의 등본 또는 초본은 원본에 의하여 작성하여야 한다. 다만 부득이한 경우에는 등본에 의하여 작성할 수 있다(제46조).

제 2 절   종국재판

제 1 관   유죄판결

제 1   개   관

Ⅰ. 의   의

유죄판결이란 법원이 피고사건에 대해 범죄의 증명이 있다고 판단하는 경우에 선고하는 실체적 종국재판을 말한다. 여기서 '피고사건'이란 공소장에 특정되어 있는 공소범죄사실을 가리키며, '범죄의 증명이 있는 때'란 공판정에서 조사한 적법한 증거에 의하여 법관이 범죄사실의 존재에 대하여 확신을 얻은 것을 말한다.

Ⅱ. 유   형

유죄판결에는 형선고의 판결, 형면제의 판결, 형의 선고유예의 판결이 있다. 피고사건에 대하여 범죄의 증명이 있는 때에는 형의 면제 또는 선고유예의 경우 외에는 판결로써 형을 선고하여야 한다(제321조 제1항). 형면제의 판결은 과잉방위·과잉긴급피난·과잉자구행위·중지미수·불능미수·친족상도례 등과 같이 각 형벌법규에 형을 면제하는 규정이 있는 때에만 선고한다. 따라서 재판상의 면제는 현행법상 인정되지 않는다. 형의 선고유예의 판결은 1년 이하의 징역이나 금고, 자격정지 또는 벌금의 형을 선고할 경우에 양형사항을 참작하여 개전의 정상이 현저한 때에 선고할 수 있다(형법 제59조 제1항).

제2 주   문

Ⅰ. 형선고의 판결

1. 주   형

형을 선고하는 판결의 주문에는 우선 주형(主刑)을 표시하여야 한다. 예를 들면 '피고인을 징역 1년에 처한다.' 또는 '피고인을 벌금 1,000,000원에 처한다.' 라는 형식을 취한다. 미결구금일수 전부는 당연히 본형에 산입되므로 판결에서 미결구금일수의 산입에 대한 선고를 할 필요가 없다. 벌금 또는 과료형을 선고하는 경우 노역장유치기간은 형의 선고와 동시에 판결로써 선고하여야 한다(제321조 제2항). 벌금 또는 과료를 과하는 판결이 선고된 때에는 구속영장은 그 효력을 잃는다(제331조). 선고와 동시에 구속영장은 효력을 상실하므로 그 확정을 기다릴 필요가 없다.

2. 집행유예

형의 집행유예는 형의 선고와 동시에 판결로써 선고하여야 한다(제321조 제2항). 형의 집행을 유예하는 판결이 선고된 때에는 구속영장은 그 효력을 잃는다(제331조). 형의 집행을 유예하는 경우에는 피고인에게 보호관찰을 받을 것을 명하거나 사회봉사 또는 수강을 명할 수 있다(형법 제62조의2). 재판장은 판결을 선고함에 있어서 피고인에게 보호관찰, 사회봉사 또는 수강을 명하는 경우에는 그 취지 및 필요하다고 인정하는 사항이 적힌 서면을 교부하여야 한다(규칙 제147조의2 제1항). 법원은 판결을 선고함에 있어 사회봉사 또는 수강을 명하는 경우에는 피고인이 이행하여야 할 총 사회봉사시간 또는 수강시간을 정하여야 한다. 이 경우 필요하다고 인정하는 때에는 사회봉사 또는 수강할 강의의 종류나 방법 및 그 시설 등을 지정할 수 있다(동조제2항). 사회봉사명령은 500시간, 수강명령은 200시간을 각 초과할 수 없다(동조제3항). 보호관찰·사회봉사·수강명령은 둘 이상 병과할 수 있다(동조제4항).

3. 몰 수

(1) **적용범위**   범인 이외의 자의 소유에 속하지 아니하거나 범죄후 범인 이외의 자가 알면서 취득한 일정한 물건은 몰수할 수 있다(형법 제48조 제1항). 압수한 서류 또는 물품에 대하여 몰수의 선고가 없는 때에는 압수를 해제한 것으로 간주한다(제332조). 피고사건의 종결 전에 법원의 결정으로 환부된 압수물(제133조 제1항, 제134조)에 관해서는 제332조가 적용되지 않는다. 이에 대하여 압수물의 가환부(제133조)의 경우에는 압수의 효력이 지속되므로 제332조가 적용된다.

(2) **몰수판결의 효과**   피고인 이외의 제3자의 소유에 속하는 물건의 경우, 몰수를 선고한 판결의 효력은 원칙적으로 몰수의 원인이 된 사실에 관하여 유죄의 판결을 받은 피고인에 대한 관계에서 그 물건을 소지하지 못하게 하는 데 그치고, 그 사건에서 재판을 받지 아니한 제3자의 소유권에 어떤 영향을 미치는 것은 아니다.[1]

(3) **압수의 해제**

(가) **효력발생시기**   압수해제의 효력발생시기는 종국재판이 확정된 때이다. 따라서 제1심판결에서 피고사건의 압수물에 대하여 몰수의 선고가 없었다고 하더라도 압수가 해제되었다고는 볼 수 없고, 항소심에서 압수물을 몰수할 수 있다.[2]

(나) **압수해제의 효과**   압수가 해제되면 압수물을 환부하여야 한다. 환가처분된 압수물(제132조)에 관해서는 보관되어 있는 대가를 환부한다. 환부받는 자는 원칙적으로 피압수자이다. 따라서 검사가 압수하여 공판정에 제출하고, 법원이 영치한 압수물을 환부한 경우 검사에게 환부하는 것이 아니라 피압수자에게 직접 환부하여야 한다.

피압수자가 검사에게 압수물환부신청을 하였으나 거부당한 경우 국가를 상대로 압수물반환청구소송을 할 수 있다. 아직 체포되지 않은 공범자에 대한 범

---

1) 대법원 2017. 9. 29.자 2017모236 결정.
2) 대법원 1998. 10. 27. 선고 98도2317 판결.

죄수사를 위하여 여전히 그 압수물을 압수힐 필요성이 있다거나 공범자에 대한 형사재판에서 몰수될 가능성이 있다고 하더라도 '별도의 압수절차'가 없다면 검사는 압수물을 환부하여야 한다.

4. 피해자환부

(1) 취 지   압수물에 관해서는 피압수자에게 환부하는 것이 원칙이지만, 장물에 관해서는 범인이 피압수자인 경우가 많다. 이와 같은 경우 피압수자환부원칙에 의하면 피고인에게 장물이 환부되고, 피해자는 민사소송에 의하여 장물의 인도를 청구하게 되어 부당한 결과가 야기된다. 이와 같은 불합리를 피하기 위하여 압수한 장물을 피해자에게 직접 인도할 수 있도록 형사소송절차에서 규정한 것이다.

(2) 요 건

(가) 목적물   압수한 장물이 피해자환부의 목적물이다. 장물의 개념은 형법상 장물죄에 있어서의 장물과 동일하다. 즉, 재산죄의 범죄행위에 의하여 영득된 장물로써 피해자가 법률상 반환청구할 수 있는 것을 말한다.

(나) 피해자   피해자는 장물의 소유자에 한하지 않고, 권원에 의하여 장물을 보관 또는 관리하는 자도 포함된다. 따라서 1개의 장물에 관해서 수인의 피해자가 존재하는 경우가 있을 수 있지만, 어느 피해자에게 환부할 것인가는 법원의 판단에 달려 있다. 환부받아야 하는 피해자는 반드시 판결의 사실적시에 있어서 소유자로 지시된 자일 필요는 없다. 피해자가 사망한 때에는 그 상속인에게 환부할 수 있다. 피해자에게 환부할 이유가 명백하다면 피해자가 누구인지 분명하지 않는 경우이더라도 피해자환부를 선고해야 하고 형법 제48조 제1항에 의하여 몰수해서는 안된다. 이 경우 검사는 제486조에 의하여 압수물환부공고를 하고 그 공고 후 3월 이내에 환부청구가 없는 때에는 그 물건은 국고에 귀속된다.

(다) 환부이유   '피해자에게 환부할 이유가 명백한 때'라고 함은 피해자가 민법상 그 물건의 반환을 청구할 권리가 있음이 명백한 경우를 말한다. 이 점에 관해서 의문이 있다면 피해자환부를 선고할 수 없다. 피해자에게 환부할 이유가 명백한가 아닌가는 피고사건의 심리에 있어서 인정된 사실을 기초로 하여 판단하면 충분하고, 별도로 증거조사를 할 필요는 없다. 환부할 이유가 명백한지에 관한 사실판단은 법관의 자유심증에 다른 자유로운 증명으로 충분하지만, 일단 환부할 이유가 명백하다고 인정되면 법원은 판결로써 피해자환부를

명해야 한다. 장물인 현금과 다른 현금이 혼합되어 장물인 현금을 특정할 수 없는 경우에도 현금은 고도의 대체성을 가지기 때문에 통화 그 자체를 지정할 필요는 없고 금액만을 표시하여 피해자환부의 선고를 할 수 있다.

(3) **피해자교부**　장물을 처분하였을 때에는 판결로써 그 대가로 취득한 것을 피해자에게 교부하는 선고를 하여야 한다(제333조제2항). 범인이 장물을 처분함으로써 피해자가 장물의 반환을 받을 수 없게 되는 경우, 피해회복을 위해 장물처분의 대가를 피해자에게 교부하는 것이다. 따라서 이미 장물을 환부받은 피해자의 경우에는 그 장물의 처분대가마저 교부받을 수는 없다. '장물을 처분하여 그 대가로 취득한 것'이란, 장물의 매각대금 또는 교환에 의하여 취득한 물건 등으로서 범인 이외의 자의 소유에 속하지 아니하는 것을 말한다.

(4) **가환부한 장물**　피고사건의 종결 전에 소유자, 소지자, 보관자 또는 제출인에게 가환부한 압수물건에 대하여도 법률상 압수의 효력은 계속된다. 가환부된 장물에 관해서 몰수 또는 피해자환부의 선고가 없는 때는 환부의 선고가 있는 것으로 간주한다(제333조제3항). 환부선고의 간주는 본안에 대한 종국판결의 확정시에 그 효력이 발생한다.

(5) **이해관계인의 권리**　제333조의 규정에 의하여 압수물이 환부되더라도 그 압수물에 관한 민사상의 권리관계를 확인하거나 형성하는 효력은 발생하지 않는다. 즉 압수물에 대하여 법원에서 한 환부결정은 압수상태를 해제하는 효력이 있을 뿐이고, 환부결정에 의하여 환부를 받을 자에게 환부 목적물에 대한 소유권 기타 실체법상의 권리를 부여한다거나 위와 같은 권리를 확인하는 효력이 있는 것이 아니다. 따라서 이해관계인은 민사소송절차에 의하여 그 권리의 주장을 할 수 있다(제333조제4항). 예를 들면, 절도죄의 장물이 소유자에게 환부된 경우, 그 장물의 점유자가 점유권에 기해서 소유자에 대하여 인도청구를 할 수 있다. 또 장물의 대가를 피해자에게 교부하는 경우, 피해자가 그 교부에 의하여 부당이득을 얻게 된 때에는, 이해관계인은 민사소송절차에 의하여 부당이득의 반환을 청구할 수 있다.

5. 가납명령

(1) **요 건**　법원은 벌금·과료 또는 추징의 선고를 하는 경우 판결의 확정 후에는 집행할 수 없거나 집행하기 곤란할 염려가 있다고 인정한 때에는 직권 또는 검사의 청구에 의하여 피고인에게 벌금·과료 또는 추징에 상당한 금액의 가납을 명할 수 있다(제334조제1항). 가납의 재판은 형의 선고와 동시에 판결로써 선

고하여야 한다($\substack{동조 \\ 제2항}$). 부정수표단속법위반죄에 대하여 벌금을 선고하는 경우에는 필요적으로 가납을 명하여야 한다($\substack{동법 \\ 제6조}$).

(2) **효 력**　가납의 판결은 즉시로 집행할 수 있다($\substack{제334조 \\ 제3항}$). 가납명령을 선고하는 경우에도, 벌금 또는 과료에 관하여 노역장유치의 선고를 하여야 하지만, 노역장유치는 판결확정 후가 아니면 집행할 수 없다. 구속된 피고인에 대하여 벌금을 과하는 판결이 선고되면 그 구속영장은 효력을 잃게 되지만 부정수표단속법에 의하여 벌금형이 선고되면 필요적으로 가납의 판결이 선고되고, 피고인이 벌금을 납부할 때까지 구속상태가 유지된다($\substack{동법 \\ 제6조}$).

II. 형면제의 판결

1. 형의 면제사유

피고사건에 대하여 범죄의 증명이 있지만 형의 면제사유가 있는 경우에 형면제의 판결이 선고된다. 과잉방위($\substack{형법 제21 \\ 조 제2항}$), 과잉긴급피난($\substack{형법 제22 \\ 조 제3항}$), 과잉자구행위($\substack{형법 제23 \\ 조 제2항}$), 중지미수($\substack{형법 \\ 제26조}$), 불능미수($\substack{형법 \\ 제27조}$), 친족상도례($\substack{형법 제328 \\ 조 제1항}$) 등과 같이 각 형벌법규에 형을 면제하는 규정이 있는 때에만 선고한다. 따라서 재판상의 면제는 현행법상 인정되지 않는다.

2. 판결주문

형의 면제의 판결주문은 '피고인에 대한 형을 면제한다'라는 형식을 취한다. 형의 면제는 형벌 자체가 면제되므로 주문에서 면제되는 형의 내용을 표시하지 않음은 물론 이유에서도 면제되는 형의 내용을 적시하지 않는다. 그러나 형의 면제도 유죄판결의 일종이므로 이유에서는 그 이유되는 사실 및 증거와 근거규정 등을 설시하여야 한다.

III. 형의 선고유예의 판결

1. 형의 선고유예사유

형의 선고유예의 판결은 1년 이하의 징역이나 금고, 자격정지 또는 벌금의 형을 선고할 경우에 양형사항($\substack{형법 \\ 제51조}$)을 참작하여 개전의 정상이 현저한 때에 선고할 수 있다($\substack{형법 제59 \\ 조 제1항}$).

2. 판결주문

형의 선고유예의 판결주문은 '피고인에 대한 형의 선고를 유예한다'라는 형식을 취한다. 즉 주문에서는 선고를 유예하는 형의 내용을 표시하지 않는다. 다만 이유에서는 유예된 형의 종류와 양을 정하여 기재하여야 한다. 따라서 선고를 유예하는 형이 징역형인 경우에는 그 형기를, 벌금형일 경우에는 그 벌금액과 환형유치처분까지 정하여 놓아야 한다.[3] 주형의 선고를 유예하는 경우에도 몰수의 요건이 있는 때에는 몰수형만의 선고를 할 수 있다.[4] 형의 선고유예판결이 선고된 때에는 구속영장은 그 효력을 잃는다(제331조).

3. 보호관찰

형의 선고를 유예하는 경우에 재범방지를 위하여 지도 및 원호가 필요한 때에는 보호관찰을 받을 것을 명할 수 있다(형법 제59조의2 제1항). 이 경우 보호관찰의 기간은 1년이다(동조 제2항). 재판장은 판결을 선고함에 있어서 피고인에게 보호관찰을 명하는 경우에는 그 취지 및 필요하다고 인정하는 사항이 적힌 서면을 교부하여야 한다(규칙 제147조의2 제1항).

제 3 이   유

I. 이유의 설시

1. 취   지

형을 선고할 때에는 판결이유에 범죄될 사실, 증거의 요지와 법령의 적용을 명시하여야 한다(제323조 제1항). 법률상 범죄의 성립을 조각하는 이유 또는 형의 가중·감면의 이유되는 사실의 진술이 있는 때에는 이에 대한 판단을 명시하여야 한다(동조 제2항). 재판에는 원칙적으로 이유를 명시하여야 하는데 유죄판결에는 법적으로 유형화된 구체적인 이유설시를 요구하고 있다. 이는 법관의 자의를 배제함으로써 재판의 공정을 담보하고 재판의 근거를 밝힘으로써 재판을 받는 자를 납득시키고, 나아가 소송관계자에게 상소 등의 불복신청을 가능하게 함으로써 상소심이 그 당부를 판단할 수 있는 자료를 제공하고자 하는 데에 그 취지가 있다.

2. 이유불비의 효력

제323조 제1항의 유죄판결에 명시할 이유는 유죄판결을 기초지우는 이유이다. 따라서 재판에 그 이유를 붙이지 아니하거나 이유에 모순이 있는 때에는

---

3) 대법원 1988. 1. 19. 선고 86도2654 판결.
4) 대법원 1973. 12. 11. 선고 73도1133 전원합의체 판결, 1981. 4. 14. 선고 81도614 판결.

절대적 항소이유($^{제361조의}_{5\ 제11호}$)가 된다. 법률상 범죄의 성립을 조각하는 이유 또는 형의 가중·감면의 이유되는 사실의 진술이 있는 경우에 이에 대한 판단을 명시하지 아니한 경우에는 상대적 항소이유에 해당한다는 견해[5]와 절대적 항소이유에 해당한다는 견해[6]가 대립하고 있다. 제323조 제1항은 유죄판결의 기초를 명확히 하여 법원의 의사결정의 직접적 근거를 밝히는 것을 목적으로 하는데 대하여 동조 제2항은 법원의 의사결정의 과정에 있어서 당사자의 주장을 고려하였음을 목적으로 한다. 따라서 제323조 제2항에 대한 판단누락은 소송절차의 법령위반($^{제361조의}_{5\ 제1호}$)이 되는 데 그치므로 전설(前說)이 타당하다고 본다.

II. 범죄될 사실

1. 의   의

범죄될 사실이란 법원이 공소사실에 관하여 심리를 한 결과 확정한 범죄의 특별구성요건에 해당하는 구체적 사실을 말한다. 범죄될 사실은 법령적용과 양형의 기초가 되는 동시에 피고인에 대하여는 일사부재리의 원칙의 적용기준이 되며, 상소심에서는 원심판결의 당부를 가리는 심사의 대상이 된다. 따라서 범죄될 사실은 그 범죄의 구성요건적 특징을 명확히 하여 형벌법규의 적용을 알아 볼 수 있을 정도로 구체적으로 설시할 것이 요구된다. 범죄될 사실은 공소사실과 동일성이 인정되고 실체법의 적용을 수긍함에 족할 정도로 기재할 것을 요하는 실체형성 결과의 표시라면, 엄격한 증명을 요하는 사실은 증명의 과정에서 합리적 의심의 여지가 없을 정도로 구체화되어야 하는 사실로서 고도의 구체성이 요구되는 실체형성 자체의 문제라고 할 수 있다.

2. 적시의 범위

(1) 구성요건해당사실

(가) 행   위   구성요건에 해당하는 구체적 사실은 유죄판결에 기재하여야 할 범죄될 사실이다. 구성요건의 요소가 되는 행위의 주체와 객체, 행위의 결과 및 인과관계 등은 범죄될 사실에 해당한다. 구성요건적 행위나 결과를 명시하기 위해 필요한 경우에는 범행의 방법이나 태양도 명시하여야 한다.

(나) 고의·과실   고의와 과실도 범죄사실에 해당한다. 다만 고의는 객관적 구성요건요소의 존재에 의하여 인정되는 것이므로 특히 이를 명시할 것을

---

5) 이재상, 740면.
6) 신동운, 1335면.

요하지 아니하나, 구성요건에 해당하는 사실만으로 고의가 인정되지 않을 때에는 고의도 명시하여야 한다. 과실범에 있어서는 주의의무 발생의 전제인 구체적 상황, 주의의무의 내용, 주의의무위반의 구체적 행위 등을 명시하여야 한다. 목적범의 목적, 재산범죄의 불법영득의사도 구성요건해당사실이므로 명시할 것을 요한다.

(다) **범죄의 일시·장소**   범죄의 일시와 장소는 범죄의 구성요건이 아니므로 이를 구체적으로 명확히 인정할 수 없는 경우에는 개괄적으로 설시하여도 무방하다.[7] 이에 대하여 유죄판결에 명시하여야 할 범죄될 사실은 역사적 사실을 의미하므로 그 범위를 확정하기 위한 범죄의 일시와 장소도 범죄될 사실의 요소라고 보아야 한다는 견해가 있다. 그러나 범죄의 일시와 장소는 그것이 구성요건요소로 되어 있는 경우를 제외하고는 범죄사실 그 자체라고 할 수는 없고 범죄사실을 특정하기 위한 요소에 지나지 않기 때문에 범죄의 일시와 장소는 범죄사실을 특정하기 위하여 필요한 범위에서 명시하면 충분하다고 본다.

(라) **예비·음모·미수·공범**   구성요건의 수정형식인 예비·음모·미수·공범 등도 구성요건해당사실에 포함된다. 따라서 미수범의 경우 실행의 착수에 해당하는 사실은 물론 장애미수, 중지미수, 불능미수의 구별도 명시하여야 한다. 공범의 경우에는 공동정범과 교사범 및 방조범의 구별을 명확히 하여야 한다. 교사범, 방조범의 범죄사실 적시에 있어서는 그 전제요건이 되는 정범의 범죄구성요건이 되는 사실 전부를 적시하여야 하고, 이 기재가 없는 교사범, 방조범의 사실적시는 범죄될 사실의 적시라고 할 수 없다.[8] 공모공동정범에 있어서는 공모도 범죄사실에 해당한다.[9]

(마) **결과적 가중범**   결과적 가중범과 같이 중한 결과가 이미 구성요건요소로 되어 있는 때에는 그것이 당연히 범죄사실에 포함된다.

(2) **위법성과 책임**   구성요건해당성은 위법성과 책임을 징표하므로 구성요건에 해당하는 때에는 위법성과 책임은 사실상 추정되어 특별한 판단을 요하지 아니한다. 개방적 구성요건에 대하여는 위법성에 대한 적극적인 판시가 필요하다는 견해가 있으나, 개방적 구성요건의 개념을 인정할 필요가 없다고 본다. 따라서 개별적 구성요건의 성립요소에 관한 문제로서 판단된다.

(3) **처벌조건**   처벌조건인 사실은 범죄사실 자체는 아니지만 형벌권의 존

---

7) 대법원 1986. 8. 19. 선고 86도1073 판결.
8) 대법원 1981. 11. 24. 선고 81도2422 판결.
9) 대법원 1989. 6. 27. 선고 88도2381 판결.

부를 좌우하는 사실이다. 따라서 처벌조건을 이루는 사실은 판결이유에 명시되어야 한다.

　(4) 형의 가중·감면사유

　(가) 형의 가중사유　　누범의 전과와 같은 법률상 형의 가중사유는 판결이유에 명시하여야 한다. 이 경우 형의 집행종료일은 누범의 요건이므로 반드시 이를 기재하여야 한다. 누범의 전과를 명시하여야 하는 이유에 관하여 ① 범죄될 사실은 엄격한 증명을 요하는 사실과 같이 형벌권의 범위를 정하는 사실을 의미하므로 누범의 전과도 형벌권의 범위를 정하는 사실로서 범죄사실에 포함되기 때문이라는 견해와 ② 범죄사실은 아니나 중요사실이므로 범죄될 사실에 준하여 표시를 요한다는 견해(통설)가 있다. 엄격한 증명을 요하는 사실과 범죄사실의 범위가 반드시 일치하는 것은 아니고 누범전과를 범죄사실이라 볼 수는 없으므로 누범전과는 범죄사실에 준하여 표시하여야 한다고 해석하는 통설이 타당하다고 본다.

　(나) 형의 감면사유　　법률상 형의 감면사유는 유죄판결의 이유에 명시되어야 한다. 그러나 형의 임의적 감면사유나 단순한 양형사유인 정상에 관한 사실은 명시할 필요가 없다. 다만 양형기준을 벗어난 판결을 하는 때에는 판결서에 양형의 이유를 기재하여야 한다(法組法 제81조의7 제2항).

　3. 적시의 방법

　(1) 적시의 정도　　범죄될 사실은 법적 구성요건과의 관계에서 구체적으로 명시되어야 한다. 구체적인 사실을 기재함이 없이 단지 구성요건적 사항만을 기재한 것은 범죄사실의 적시라고 볼 수 없다. 예를 들면 폭행죄의 경우 유형력 행사의 수단과 방법이 구체적으로 기재되어야 한다. 따라서 피고인이 '매달 평균 2, 3회가량 피해자를 폭행하였다'고 기재한 범죄사실[10]이나 '불상의 방법으로 피해자를 가격하였다'고 기재한 범죄사실[11]은 구체성이 결여된 것이다.

　(2) 죄수와 적시방법　　경합범의 경우 각개의 범죄사실을 구체적으로 특정하여 적시하여야 한다. 상상적 경합도 사실상의 수죄이므로 각개의 범죄사실을 구체적으로 적시할 것을 요한다. 이에 반하여 포괄일죄에 있어서는 개개의 행위에 대하여 구체적으로 특정하지 않더라도 전체 범행의 시기와 종기, 범행방법, 범행의 횟수 또는 피해액의 합계 및 피해자 또는 행위의 상대방 등을 명시

---

　10) 대법원 1981. 4. 28. 선고 81도809 판결.
　11) 대법원 1999. 12. 28. 선고 98도4181 판결.

하여도 무방하다.[12]

4. 택일적 사실인정의 문제

⑴ 의 의　택일적 사실인정의 문제란 상호 배타적인 관계에 있는 양 사실 중 어느 것이 진실인지 명백하지 않은 경우에 법원이 택일적으로 사실을 인정할 수 있는가의 문제이다. 예를 들면 피고인이 타인의 재물을 소지하고 있으나 절취한 것인지 아니면 장물로 취득한 것인지 불확실한 경우를 말한다. 독일에서는 택일적 관계에 있는 사실이 법윤리적 내지 심리적으로 비교할 수 있거나 동가치한 경우 또는 불법의 핵심이 동일한 경우에는 택일적 사실인정을 긍정하고 있다.

⑵ 판 례　원심은 피고인들이 甲종중과 乙종중 가운데 어느 한 종중으로부터 이 사건 임야의 소유자명의를 신탁받아 보관하다가 횡령하였다고 범죄될 사실을 택일적으로 인정하여 피고인들에 대하여 형을 선고하였는바, 원심판결에는 유죄판결의 이유에 명시하여야 할 범죄될 사실에 관한 법리를 오해한 위법이 있다.[13]

⑶ 검 토　공소장에 기재할 공소사실과 적용법조에 관하여는 택일적 기재가 허용되지만, 유죄판결의 이유에 명시하여야 할 범죄될 사실과 법령의 적용에 관하여는 택일적 기재를 인정하는 명문규정이 없으므로 택일적 사실인정은 허용되지 않는다고 본다. 따라서 법원이 가능한 모든 심리를 다하였지만 사실을 확정할 수 없는 경우에는 피고인에게 무죄를 선고하여야 한다.

Ⅲ. 증거의 요지

1. 의　의

증거의 요지란 범죄될 사실을 인정하는 자료가 된 증거의 요지를 말한다. 판결이유에 증거의 요지를 기재할 것을 요구하는 것은 **증거재판주의**($\frac{제307}{조}$)의 요청이다. 이를 통해 법관의 사실인정의 합리성을 담보하고 소송관계인에게 판결 내용의 타당성을 설득시키며, 상소심에 대한 심판자료를 제공할 수 있다.

2. 증거거시의 대상

증거의 거시(舉示)를 요하는 대상은 범죄될 사실의 내용을 이루는 사실에 한한다. 따라서 범죄의 원인과 동기에 대하여는 증거거시를 요하지 않는다. 고

---

12) 대법원 1987. 7. 21. 선고 87도546 판결.
13) 대법원 1993. 5. 25. 선고 93도558 판결.

익는 범죄사실의 내용을 이루지만 객관적 구성요건요소에 의하여 그 존재가
인정될 수 있으므로 이를 인정하기 위한 증거적시가 필요 없다. 누범전과는 범
죄사실에 준하는 사실이므로 증거거시를 요한다. 그러나 소송법적인 사실(예를
들면 자백의 임의성이나 신빙성) 또는 소송조건에 관한 사실에 대하여는 증거거
시를 요하지 않는다. 그리고 소송비용의 부담이나 미결구금일수의 산입에 대하
여도 증거거시를 요하지 않는다.

3. 거시할 증거의 범위

(1) **적극적 증거**   유죄판결의 증거는 범죄사실을 증명할 **적극적 증거**를 거시
하면 족하고, 범죄사실인정에 배치되는 소극적 증거까지 거시하여 판단할 필요
는 없다. 따라서 피고인이 알리바이를 주장하는 증거에 대해서도 판단을 할 필
요가 없다.[14] 범죄사실을 인정함에 필요하고 충분한 최소한도의 증거를 거시하
면 충분하다.[15] 따라서 내용이 동일한 증거가 여러 개 있을 때에는 그 중의 하
나만을 거시하면 족하고, 증거의 증명력을 뒷받침하게 한 증거도 거시할 필요
가 없다.

(2) **적법한 증거**   거시하는 증거는 적법한 증거조사를 거친 증거능력 있는
증거에 한하므로 증거능력이 없는 증거(예를 들면 임의성이 없는 자백), 증거조사
를 거치지 아니한 증거를 사실인정의 증거로 거시하여서는 안된다.

4. 증거거시의 방법

(1) **거시의 정도**   증거의 요지를 거시함에 있어서는 어떤 증거로부터 어떤
사실을 인정하였는가를 알 수 있도록 증거의 중요부분을 표시하면 족하다. 따
라서 어느 증거의 어느 부분에 의하여 어느 범죄사실을 인정하였는가를 구체
적으로 나타낼 필요는 없다.[16] 그러나 '피고인의 법정 진술과 적법하게 채택되
어 조사된 증거들'로만 기재한 것은 증거를 거시한 것이라고 볼 수 없다.[17]

(2) **일괄거시**   전체로 보아 동일 또는 일련의 자연적・사회적 사실에 기한
경우에는 각 사실의 증거가 공통되므로 일괄 적시하는 것이 간명하다. 상상적
경합범, 포괄일죄, 본범과 장물범 등은 실무에서도 증거를 일괄거시하고 있다.

---

14) 대법원 1982. 9. 28. 선고 82도1798 판결.
15) 대법원 1971. 2. 23. 선고 70도2529 판결.
16) 대법원 1983. 7. 12. 선고 83도995 판결, 1987. 10. 13. 선고 87도1240 판결, 2001. 7. 27. 선고 2000노
    4298 판결.
17) 대법원 2000. 3. 10. 선고 99도5312 판결.

Ⅳ. 법령의 적용

1. 의   의

법령의 적용이란 인정된 범죄사실에 대하여 실체형벌법규를 적용하는 것을 말한다. 법령의 적용을 명시하도록 한 것은 일정한 행위가 어떠한 범죄구성요건에 해당되고 어떤 법령에 따라 처벌되는가를 명백히 나타내고자 하는 **죄형법정주의**의 구체적인 발현이다. 따라서 법령의 적용은 어떤 범죄사실에 대하여 어떤 법령을 적용하였는가를 객관적으로 알 수 있도록 분명하게 기재할 것을 요한다.[18]

2. 법령적용의 형식

법령의 적용을 나타내는 형식으로는 문장체로서 설명하는 문장식과 조문의 열거를 중심으로 하는 나열식이 사용되고 있다. 문장식은 법령의 적용순서를 논리적으로 적시할 수 있으나 수인의 피고인 또는 다수의 범죄사실에 있어서 그 기재가 복잡하게 되어 설시하기 어렵게 되는 단점이 있다. 나열식은 기재가 간단하여 편리한 반면 그 표현이 불충분하여 필요한 사항을 누락할 위험이 있다. 그러므로 나열식에 있어서도 관계법령과 범죄사실과의 형식적 관련성을 명백히 하고, 처단형의 산출경위 등을 알아 볼 수 있도록 필요한 설명이 추가되어야 한다.

3. 법령의 적시

(1) **처벌규정**   형사처벌의 직접적 근거가 되는 형법각칙 또는 특별법의 각 본조와 처벌에 관한 규정을 명시하여야 한다. 조문이 수개의 항으로 나누어져 있을 경우에는 원칙적으로 항을 특정하여 기재하여야 한다. 특히 항을 달리함에 따라 구성요건을 달리하거나 또는 법정형이 다른 경우에는 반드시 항을 표시하여야 한다. 다만 형법각칙의 본조만 기재하고 항을 기재하지 않았다 하더라도 판결에 영향이 없으면 상소이유로는 되지 않는다.[19]

(2) **형법총칙의 규정**   형법총칙의 규정도 형사책임의 기초를 명백히 하기 위하여 중요한 의미를 가진 규정은 명시하여야 한다. 따라서 미수, 공범의 규정은 물론 누범·심신장애 등 형의 가중·감면사유와 경합범, 상상적 경합에 관한 규정도 표시하여야 한다. 다만 법령적용이 누락되거나 오기가 있는 때에도

---

18) 대법원 1974. 7. 26. 선고 74도1477 전원합의체 판결.
19) 대법원 1971. 8. 31. 선고 71도1334 판결.

판결에 영향이 없으면 위법이라 할 수는 없다. 따라서 공동정범의 성립을 인정하면서 형법 제30조를 누락한 잘못만으로 상소이유가 되지 않는다.[20]

(3) **부수처분의 규정** 　 　 부수처분(예를 들면 노역장유치선고, 형의 집행유예, 몰수, 추징, 피해자환부, 가납명령 등)에 대하여도 법령상의 근거를 나타내야 한다. 다만 몰수와 압수장물환부를 선고하면서 적용법령을 명시하지 않은 경우에도 이 규정을 적용한 취지가 인정되는 이상 위법이라고 할 수는 없다.[21]

V. 소송관계인의 주장에 대한 판단

1. 소송관계인의 주장

(1) **의　의** 　 　 법률상 범죄의 성립을 조각하는 이유 또는 형의 면제, 감면의 이유되는 사실의 진술이 있은 때에는 이에 대한 판단을 명시하여야 한다(제323조 제2항). 이 규정은 법원이 소송관계인의 주장을 간과하지 않고 명백히 판단하였음을 표시하여 재판의 객관적 공정성을 담보하는 데 그 취지가 있다. 제323조 제2항에서 규정하고 있는 주장에 대하여는 법원이 필수적으로 판단하여야 하고, 그 외의 나머지 사항에 대해서도 소송과정에서 쟁점이 된 중요사항에 대하여는 그 판단을 기재할 수 있다.

(2) **주장의 범위** 　 　 제323조 제2항의 주장은 소송관계인의 공판절차에 있어서의 진술에 한한다. 피고인신문, 변론, 최후진술 등 공판절차의 어느 단계에서 진술된 것이라도 무방하나 수사단계에서의 진술은 이에 포함되지 않는다. 피고인의 주장이 분명하지 못한 경우 법원은 석명권을 행사하여 이를 명백히 할 필요가 있다. 위 주장에 대한 판단은 법원이 그 주장을 받아들이지 아니할 경우에 한한다. 예를 들면 심신상실의 주장을 받아들이는 경우에는 무죄의 판결을 하여야 할 것이고, 심신미약의 주장을 받아들이는 경우에는 범죄사실, 증거의 요지 및 법령의 적용 중 해당 부분에서 적절히 판시될 것이므로 이를 중복판단할 필요는 없다.

2. 범죄성립조각이유사실의 진술

(1) **구성요건해당성조각사유의 진술** 　 　 구성요건해당성조각사유의 진술은 범죄의 부인에 불과하므로 법률상 범죄의 성립을 조각하는 이유되는 사실의 주장에서 제외된다는 견해[22]와 포함된다는 견해[23]의 대립이 있다. 구성요건상의

---

20) 대법원 1983. 10. 11. 선고 83도1942 판결.
21) 대법원 1971. 4. 30. 선고 71도510 판결.

제외사유를 주장하는 경우에는 단순한 범죄의 부인과 구별하여 그 판단을 명
시할 필요가 있다고 본다. 예를 들면 도박죄에 있어서 피고인이 일시 오락성
($\frac{형법 제246조}{제1항 단서}$)을 주장한다면 이에 대한 판단이 필요하다. 그러나 범죄의 단순한 부
인 및 고의 또는 과실이 없다는 주장은 판단의 대상이 되지 아니한다.[24]

(2) **위법성·책임성조각사유의 진술**   위법성조각사유에 해당하는 사실의 진
술로는 정당행위($\frac{형법}{제20조}$), 정당방위($\frac{형법}{제21조}$), 긴급피난($\frac{형법}{제22조}$), 자구행위($\frac{형법}{제23조}$), 피해자
의 승낙($\frac{형법}{제24조}$), 명예훼손죄에 있어서의 공익성($\frac{형법}{제310조}$)에 해당한다는 주장을 들
수 있다. 책임성조각사유에 해당하는 사실의 진술로는 형사미성년자($\frac{형법}{제9조}$), 심신
상실자($\frac{형법 제10}{조 제1항}$), 법률의 착오($\frac{형법}{제16조}$), 강요된 행위($\frac{형법}{제12조}$) 또는 기대가능성이 없다
는 주장을 들 수 있다. 판례는 법률의 착오에 대하여 범죄성립을 조각하는 것
이 아니므로 이에 대한 판단을 요하지 않는다는 입장이다.[25] 술에 만취되어 기
억이 나지 않는다는 주장은 심신장애의 주장이므로 이를 유죄판결의 이유에서
판단하여야 한다.[26]

(3) **공소권소멸의 진술**   공소권이 소멸되었다는 주장은 범죄의 성립을 조각
하는 이유되는 사실의 진술이라고 할 수 없다.

3. 형의 가중·감면이유사실의 진술

법률상 형의 가중·감면의 이유되는 사실의 범위에 관하여는 ① 누범·심
신장애·중지미수의 경우와 같은 필요적 가중·감면만을 의미한다는 견해와
② 과잉피난·자수·작량감경사유와 같은 임의적 가중·감면사유도 포함한다
는 견해[27]가 대립되고 있다. 판례는 임의적 감면사유에 대해서는 유죄판결의
이유에서 판단할 필요가 없다는 입장을 취하고 있다.[28] 재판의 객관적 명확성
을 담보하고 당사자의 이익을 보호함에 필요한 한도에서 간명한 이유의 설시
가 필요하다는 점에 비추어 임의적 감면사유의 진술에까지 그 판단을 명시할
필요는 없다고 본다.

---

22) 배종대, 727면; 이재상, 747면.
23) 신동운, 1342면.
24) 대법원 1969. 7. 22. 선고 68도817 판결, 1983. 10. 11. 선고 83도594 판결.
25) 대법원 1965. 11. 23. 선고 65도876 판결.
26) 대법원 1990. 2. 13. 선고 89도2364 판결.
27) 배종대, 728면; 신동운, 1342면; 신양균, 855면; 이재상, 748면.
28) 대법원 1989. 5. 9. 선고 89도420 판결, 1991. 2. 26. 선고 90도2906 판결, 1991. 11. 12. 선고 91도2241
   판결.

4. 판   단

판단에 있어서 주장채부의 결론만을 표시하면 족하다는 견해와 이유설명이 필요하다는 견해가 있다. 판례는 판단의 이유를 설명하지 아니하여도 위법은 아니라는 입장이다.[29] 피고인의 주장을 배척하는 추론의 과정을 나타내기 위하여 이유설명이 필요하고 다만 구체적인 증거를 들어 설명할 것까지는 요하지 않는다고 본다.

VI. 양형이유

1. 양형기준의 의의

양형기준(量刑基準)은 법관이 합리적인 양형을 도출하는 데 참고할 수 있도록 법원조직법 제8편에 따라 설립된 양형위원회가 설정한 기준이다. 형사재판은 구체적인 사실의 확정 후 범죄성립요건의 검토를 통한 형사책임의 확정단계와 피고인에 대하여 구체적인 형벌을 선고하는 양형단계로 진행된다. 양형은 당해 범죄내용에 상응하여 적정하여야 하고, 다른 내용의 범죄와 비교할 때 균형성을 갖추어야 한다. 양형의 궁극적인 목표는 피고인에 대한 적정한 형벌을 부과하는 것과 동시에 유사한 사건에 대해서 균등한 형벌을 부과하는 것이다. 이와 같이 양형이 갖는 중요성에 비추어 적정하고 합리적인 양형은 형사재판 전체의 공정성과 신뢰성을 확보하기 위한 필수적 요소에 해당한다.

2. 양형기준의 효력

양형기준은 법관이 형량을 정함에 있어 참고하여야 하지만 법적 구속력은 갖지 않는 권고적 기준에 해당된다(法組法 제81조의7 제1항). 제1심 양형이 양형기준을 준수하지 않았다고 하여 양형부당의 항소이유가 당연히 인정되는 것은 아니고, 양형기준을 준수하였다고 하여 양형부당을 이유로 한 항소가 금지되는 것도 아니다.

3. 양형이유의 기재

법관은 양형 과정에서 양형기준을 존중하여야 하며, 약식절차 또는 즉결심판절차에 의하여 심판하는 경우가 아닌 한 양형기준을 벗어난 판결을 하는 때에는 판결서에 양형의 이유를 기재하여야 한다(동조 제2항). 판결서에 양형이유를 기재하여야 하는 경우에 양형기준의 의의, 효력 등을 감안하여 당해 양형을 하게 된 사유를 합리적이고 설득력 있게 표현하는 방식으로 그 이유를 기재하여야

---

29) 대법원 1952. 7. 29. 선고 4285형상82 판결.

한다.[30]

제 2 관 무죄판결

제 1 개 관

피고사건이 범죄로 되지 않거나 범죄사실의 증명이 없는 때에는 판결로써 무죄를 선고하여야 한다($^{제325}_{조}$). 무죄판결은 공소사실에 대하여 구체적 형벌권의 부존재를 확인하는 실체적 종국판결이다. 무죄판결은 일사부재리의 효력이 인정된다는 점에서 공소기각의 판결과 구별된다. 일사부재리의 원칙은 무죄판결의 경우에 특히 그 의의가 있다. 과거 중세시대에서는 규문절차의 영향으로 무죄판결에 대해서는 일사부재리의 효력을 인정하지 않고 임시로 피고인을 석방하는 효력만을 인정했으나 근대적인 인권사상의 대두와 함께 무죄판결에 대해 일사부재리의 효력을 인정하게 된 것이다.

제 2 무죄의 사유

I. 피고사건이 범죄로 되지 않는 때

1. 의 미

'피고사건이 범죄로 되지 않는 때'란 공소사실이 범죄의 구성요건에 해당하지 않는 경우와 공소사실이 구성요건에 해당하더라도 위법성조각사유 또는 책임조각사유가 존재하는 경우를 의미한다. 다만 공소장에 기재된 사실이 진실하다 하더라도 범죄가 될 만한 사실이 포함되지 아니한 때에는 공소제기 자체가 무효임이 명백한 경우이므로 결정으로 공소를 기각하여야 한다($^{제328조}_{제1항\ 제4호}$).

2. 위헌·무효인 법령

위헌결정으로 인하여 형벌에 관한 법률 또는 법률조항이 소급하여 그 효력을 상실한 경우에는 당해 법조를 적용하여 기소한 피고사건이 범죄로 되지 않는 때에 해당한다.[31] 또한 형벌에 관한 법령이 법원에서 위헌·무효로 선언된 경우, 당해 법령을 적용하여 공소가 제기된 피고사건에 대하여 무죄를 선고하

---

30) 대법원 2010. 12. 9. 선고 2010도7410 판결.
31) 대법원 1992. 5. 8. 선고 91도2825 판결, 1999. 12. 24. 선고 99도3003 판결.

여야 한다.[32]

Ⅱ. 범죄사실의 증명이 없는 때

1. 의 미

'범죄사실의 증명이 없는 때'란 공소사실의 부존재가 적극적으로 증명된 경우와 공소사실의 존부에 대하여 법관이 유죄의 확신을 하지 못한 경우를 의미한다. 법관이 공소사실에 대하여 유죄인지 무죄인지 의심스러운 경우에 무죄를 선고하여야 함은 무죄추정의 원칙에 의한 당연한 귀결이다. 그리고 피고인의 자백에 의하여 법관이 유죄의 심증을 얻는 경우에도 그 보강증거가 없는 경우에는 범죄사실의 증명이 없는 때에 해당한다.

2. 공소장변경요구의 문제

공소장에 기재된 범죄사실을 기준으로 하면 무죄를 선고하여야 하는데 공소사실을 변경하면 유죄로 인정될 수 있는 경우에 법원이 공소장변경을 요구하지 않고 무죄판결을 선고할 수 있는지가 문제된다. 공소장변경요구는 원칙적으로 법원의 재량에 속하지만 공소장변경요구를 하지 않고 무죄판결을 하는 것이 현저히 정의와 형평에 반하는 결과를 초래하는 경우에 한하여 예외적으로 공소장변경요구는 법원의 의무가 된다. 따라서 이와 같은 경우에는 법원은 검사에게 공소장변경을 요구하여야 하고 만일 검사가 법원의 공소장변경요구에 따르지 않는 경우에 한하여 무죄판결을 선고하게 된다.

제 3 무죄판결의 설시

Ⅰ. 주 문

1. 일 죄

무죄판결의 주문은 통상 '피고인은 무죄'라는 형식을 취하는데, 일죄에 대하여는 하나의 주문만이 있고, 이를 분리하여 일부유죄, 일부무죄라는 2개의 주문은 있을 수 없다. 그러므로 유죄 부분과 상상적 경합관계 또는 포괄일죄관계에 있는 부분사실이 무죄에 해당하더라도 판결의 이유에서 그 취지의 판단을 하면 되고 주문에서 따로 무죄를 선고하지 아니한다.[33] 포괄일죄의 일부가 무죄,

---

32) 대법원 2010. 12. 16. 선고 2010도5986 전원합의체 판결.
33) 대법원 1985. 9. 24. 선고 85도842 판결, 1993. 10. 12. 선고 93도1512 판결.

나머지가 면소 또는 공소기각에 해당하는 경우에는 피고인에게 유리한 무죄를 주문에서 표시하여야 하고 면소 부분이나 공소기각 부분은 이유에서 설시하면 된다.[34] 그런데 일죄로 공소제기되었으나 법원이 수죄로 판단하는 경우 또는 그 반대의 경우에, 그 일부는 유죄, 나머지는 무죄·면소·공소기각일 때에 그 나머지 부분의 판단을 주문에 나타낼 것인가의 여부를 결정함에 있어 죄수문제는 공소장 기재에 따를 것인가 아니면 법원의 판단에 따를 것인가에 대하여 대법원 판례는 대체적으로 후자를 따르고 있다.[35]

2. 수   죄

피고인에 대한 공소사실 전부가 무죄인 경우에도 '피고인은 무죄'라고 기재한다. 수개의 공소사실 중 일부가 무죄인 경우에는 이를 특정하여 기재한다. 이때 죄명의 표시로 특정하기에 부족한 경우에는 다른 공소사실과 구별될 수 있도록 그 공소사실의 요지를 간명하게 기재하여 특정한다.

3. 택일적·예비적 공소

택일적으로 공소가 제기된 경우에 그 중 어느 하나의 공소사실이 무죄로 판단되더라도 다른 공소사실은 유죄로 인정하는 때에는 주문에서 따로 무죄를 선고할 수 없으며, 무죄이유를 설시할 필요도 없다. 예비적으로 공소제기된 경우에 주된 공소사실이 유죄로 인정될 경우에는 위 택일적 공소제기의 경우와 같다. 그러나 주된 공소사실이 무죄로, 예비적 공소사실이 유죄로 인정되는 때에는 주문에서는 유죄 부분만 표시하고 주된 공소사실에 대하여 따로 무죄를 선고하지는 않으나 이유에서는 설시하여야 한다. 주된 공소사실과 예비적 공소사실이 모두 무죄라면 주문에서는 무죄로 표시하고 이유에서는 양자 모두에 대한 판단을 하여야 한다.

II. 이   유

무죄판결의 이유는 각 사안에 따라 개별적으로 합리적 설시가 이루어져야 한다. 적어도 무죄의 이유가 제325조 전단에 의한 것인가 아니면 후단에 의한 것인가가 명백히 나타나야 한다. 공소사실이 범죄의 구성요건에 해당하지 아니하는 때에는 그 취지만을 기재하여도 충분하나 법리해석을 하는 경우도 있다. 공소사실에 대하여 증거가 불충분한 때에는 개개의 증거를 채용하지 아니한

---

34) 대법원 1977. 7. 12. 선고 77도1320 전원합의체 판결.
35) 대법원 1980. 6. 24. 선고 80도726 판결.

이유를 밝혀 이를 배척하면 될 것이나, 개별적·구체적으로 설명할 필요는 없다.[36]

제 4 무죄판결의 선고와 확정

Ⅰ. 무죄판결의 선고

1. 구 속 력

무죄판결이 선고되면 형사소송은 당해 **심급에서 종결**되고, 당해 법원에 의해 무죄판결이 변경될 수 없는 구속력이 부여된다. 무죄판결에 대한 검사의 상소 여부와 관계없이 구속영장은 선고와 동시에 그 효력을 상실하게 된다(제331조).

2. 무죄판결의 공시

법원은 무죄판결을 선고하면서 판결공시의 취지를 선고할 수 있다(형법 제58조 제2항). 재심절차에서 무죄판결을 선고할 때에는 그 판결을 관보와 법원소재지의 신문에 공고하여야 한다. 다만 피고인 등 재심을 청구한 사람이 원하지 아니하는 경우에는 재심무죄판결을 공고하지 아니할 수 있다(제440조).

3. 무죄판결에 대한 상소

무죄판결에 대해 검사는 상소할 수 있다. 그러나 피고인은 무죄판결에 대해서 상소할 수 없다. 무죄판결은 법률적으로 피고인에게 가장 유리한 재판이므로 상소의 이익이 없기 때문이다. 따라서 심신상실을 이유로 한 무죄판결에 대하여 피고인은 증거불충분을 이유로 무죄를 주장하면서 상소할 수 없다.

Ⅱ. 무죄판결의 확정

1. 확 정 력

무죄판결이 확정되면 확정력이 발생하나 집행력은 발생하지 않는다. 무죄판결을 받은 자가 미결구금을 당했을 때에는 무죄판결이 확정된 날로부터 1년 이내에 국가에 대해 형사보상법에 의한 보상을 청구할 수 있다(동법 제1조).

2. 압수물의 환부

무죄판결이 확정되면 검사는 압수물을 제출자나 소유자 기타 권리자에게 환부하여야 할 의무가 발생한다(제332조). 검사가 압수한 물건이 멸실, 손괴 또는

---

36) 대법원 1979. 1. 23. 선고 75도3546 판결.

부패의 염려가 있거나 보관하기 불편하여 이를 매각하는 환가처분($\frac{제219조,}{제132조}$)을 한 경우 그 매각대금은 압수물과 동일시되므로 국가는 매각대금 전액을 압수물의 소유자 등에게 반환하여야 한다.[37]

3. 비용보상

(1) 요 건   무죄판결이 확정된 경우 국가는 당해 사건의 피고인이었던 자에 대하여 그 재판에 소요된 비용을 보상해야 한다($\frac{제194조의}{2\ 제1항}$). 다만, ① 피고인이었던 자가 수사 또는 재판을 그르칠 목적으로 허위의 자백을 하거나 다른 유죄의 증거를 만들어 기소된 것으로 인정된 경우, ② 1개의 재판으로써 경합범의 일부에 대하여 무죄판결이 확정되고 다른 부분에 대하여 유죄판결이 확정된 경우, ③ 형법 제9조(형사미성년자) 및 제10조 제1항(심신장애자)의 사유에 의한 무죄판결이 확정된 경우, ④ 피고인이었던 자에게 책임지울 사유로 비용이 발생한 경우에는 비용의 전부 또는 일부를 보상하지 아니할 수 있다($\frac{동조}{제2항}$).

(2) 절 차   비용보상은 피고인이었던 자의 청구에 따라 무죄판결을 선고한 법원의 합의부에서 결정으로 한다. 비용보상청구는 무죄판결이 확정된 사실을 안 날로부터 3년, 무죄판결이 확정된 때로부터 5년 이내에 하여야 한다($\frac{제194}{조의3}$).

Ⅲ. 일사부재리의 효력

일사부재리의 효력은 이중위험의 금지에서 유래한 효력이다. 무죄판결이 선고되어 확정된 경우에 일사부재리효의 발생시점은 판결확정시를 기준으로 한다. 따라서 무죄판결이 확정된 후 동일한 사실이 다시 공소제기된 경우에는 면소판결을 선고하여야 한다.

제 3 관   면소판결

제 1 개   관

면소판결은 피고사건에 대하여 ① 확정판결이 있는 때, ② 사면이 있는 때, ③ 공소의 시효가 완성되었을 때, ④ 범죄 후의 법령개폐로 형이 폐지되었을 때에 선고하는 재판이다($\frac{제326}{조}$). 면소판결에는 일사부재리의 효력이 인정된다는 점에서 관할위반이나 공소기각과 같은 형식재판과 구별된다. 또한 고소인 등의

---

37) 대법원 2000. 1. 21. 선고 97다58507 판결.

소송비용부담($_{조}^{제188}$), 판결의 공시($_{조 제2항}^{형법 제58}$) 및 재심사유($_{제5호}^{제420조}$)의 판단에 있어서 면소판결은 무죄판결과 같이 취급되며, 공소시효의 재진행($_{제1항}^{제253조}$)에 관하여 면소는 관할위반·공소기각과 다르게 취급된다.

제 2 면소의 본질

Ⅰ. 본 질 론

1. 의   의

면소판결은 어떤 종류의 재판인가 하는 문제가 면소판결의 본질론인데, 여기에서 재판의 종류라 함은 종국재판에 있어서의 실체재판과 형식재판의 구별을 의미한다. 면소판결의 본질을 어떻게 파악하느냐에 따라 면소판결을 선고함에 있어서 범죄사실의 인정을 필요로 하는가, 면소판결에 왜 일사부재리의 효력이 인정되는가, 면소판결에 대하여 피고인이 무죄를 주장하여 상소할 수 있는가 등의 문제에 대한 결론이 달라지며, 이러한 문제는 공소권이론, 소송조건이론, 기판력이론과 깊은 관련이 있다. 과거 일본에서는 실체재판설[38]과 이분설[39]이 있었으나 이 학설들은 학설사적 의미만 가질 뿐이다.

2. 연   혁

(1) **明治 형사소송법**   일본의 明治 형사소송법(1890년)은 재판절차를 예비절차와 공판절차로 구분하였는데, 공소권소멸사유로서 ① 피고인의 사망, ② 친고죄에 있어서 고소의 포기, ③ 확정판결이 있은 때, ④ 범죄 후 법률의 폐지, ⑤ 사면, ⑥ 시효가 완성된 때를 규정하였다($_{제6조}^{동법}$). 그리고 예심판사는 ① 범죄의 증명이 불충분한 때, ② 피고사건이 죄가 되지 아니하는 때, ③ 공소시효가 완성된 때, ④ 확정판결이 있은 때, ⑤ 사면, ⑥ 법률에 의하여 죄가 폐지된 때에는 면소를 선고하도록 규정하였다($_{제165조}^{동법}$). 공판절차에서는 범죄의 증명이 불충분하거나 피고사건이 죄가 되지 아니하는 때에는 무죄판결을 선고하고, 제165조 소정의 사유 중 ③항 이하의 사유에 대하여는 면소판결을 선고하도록 하

---

38) 면소판결은 범죄에 의하여 일단 발생한 구체적 형벌권이 특별한 사정에 의하여 소멸한 경우에 실체법적 형벌권의 부존재를 확인하는 종국재판이라고 해석하는 학설이다. 면소판결은 유죄·무죄의 판결과 같이 실질적으로 범죄사실을 확인하는 재판으로서 형식적 의의에서는 물론 실질적 의의에 있어서도 실체재판이라고 한다.

39) 확정판결이 있음을 이유로 하는 면소판결은 확정판결의 불가쟁적 효력에 의하여 피고사건의 실체심리 없이 바로 형사절차를 종결시키는 순수한 형식재판이고, 사면·공소시효의 완성·형의 폐지를 이유로 하는 면소판결은 형벌권의 부존재를 이유로 하는 실체재판이라고 한다.

였다($\frac{\text{동법}}{\text{제224조}}$).

(2) **大正 형사소송법** 일본의 大正 형사소송법(1924년)도 재판절차를 예비절차와 공판절차로 구분하였다. 검사의 공소제기가 있으면 예심판사는 피고사건을 공판에 회부하여야 하는가를 결정하기 위한 사항을 사전심사하였으며 ($\frac{\text{동법}}{\text{제295조}}$), 예심판사는 공판에 회부함에 족한 범죄의 혐의가 있는 경우에는 피고사건을 공판에 회부하는 결정을 하지만($\frac{\text{동법, 제312}}{\text{조 제1항}}$), 피고사건이 죄가 되지 아니하거나 또는 공판에 회부함에 족할 범죄의 혐의가 없는 때에는 면소의 결정을 하였다($\frac{\text{동법}}{\text{제313조}}$). 그리고 예심판사는 ① 확정판결이 있은 때, ② 범죄 후의 법령에 의하여 형의 폐지가 있은 때, ③ 사면이 있은 때, ④ 시효가 완성된 때, ⑤ 법령에서 형을 면제하는 때 등에도 면소의 결정을 하였다($\frac{\text{동법}}{\text{제314조}}$). 다만, 예심판사의 면소결정이 확정되더라도 검사는 새로운 사실이나 증거를 발견한 경우 또는 그 결정에 관여한 판사나 검사가 피고사건에 관하여 직무에 관한 죄를 범하였음이 확정판결에 의하여 증명된 경우에는 동일사건에 대해서 공소를 제기할 수 있었다($\frac{\text{동법, 제317}}{\text{조 제1호}}$). 예심판사에 의하여 피고사건이 공판에 회부되더라도 수소법원은 ① 확정판결이 있은 때, ② 범죄 후의 법령에 의하여 형의 폐지가 있은 때, ③ 사면이 있은 때, ④ 시효가 완성된 때에는 면소의 판결을 선고하였다 ($\frac{\text{동법}}{\text{제363조}}$). 일본 현행 형사소송법은 예심제도를 폐지하고 동법 제337조에서 우리나라 형사소송법 제326조와 동일한 면소사유를 규정하고 있다.

Ⅱ. 학 설

1. 실체관계적 형식재판설

(1) **내 용** 면소판결은 실체적 소송조건이 결여된 경우에 선고되는 종국재판이라고 보는 학설이다. 실체관계적 형식재판설은 형사절차를 절차면과 실체면으로 이분하고 소송조건을 형식적 소송조건과 실체적 소송조건으로 나눈다.

(2) **실체심리** 형식적 소송조건은 절차면에 관한 사유로서 법원이 그 존부를 판단함에 있어서 공소사실의 실체에 들어갈 필요 없이 형식적 사항의 심리만으로 충분하나, 실체적 소송조건은 실체면에 관한 사유이기 때문에 그 존부를 판단하기 위해서는 어느 정도 실체심리에 들어갈 필요가 있다고 한다. 이 경우 실체 그 자체를 판단하여 형벌권의 유무를 명백히 하는 것은 아니지만 형식적 소송조건과는 달라서 언제나 실체 그 자체에 관련시켜서 소송조건의 존

부를 판단하게 되므로, 면소판결은 형식재판이면서 실체관계적이라고 한다.

(3) **일사부재리효의 근거**　　실체면에 관하여 판단하는 이상 법적 안정성의 요구는 실체판결의 경우와 조금도 다름이 없으므로 면소판결도 일사부재리의 효력이 발생하고, 피고인이 면소판결에 대하여 무죄를 주장하여 상소할 수 있다고 한다.

(4) **피고인의 상소**　　법원은 면소사유가 있는 경우에도 무죄를 선고할 수 있고, 피고인은 면소에 대하여 무죄를 주장하여 상소할 수 있다고 한다.

2. 형식재판설

(1) **내　용**　　면소판결도 공소기각판결 등과 같이 공소사실에 관하여 실체심리를 하지 않고 단순히 소송조건이 흠결된 경우에 형식적으로 형사절차를 종결시키는 재판의 일종이라는 학설이다. 대법원 판례가 취하고 있는 입장이다.[40] 면소판결을 형식재판이라고 한다면 다른 형식재판 특히 공소기각과의 구별기준이 무엇인가 하는 점이 이론적 문제인데, 면소판결의 사유는 피고사건에 대하여 실체심리를 하여 그 존부를 명확히 하는 것이 부적당하다는 데에 공통점을 가진다고 한다. 즉 면소판결의 사유는 실체심리를 행할 필요성이 없다는 내재적 성질에 기인한다는 점에서 단지 일정한 형식적 조건하에서 소송추행을 허용하지 아니하는 절차적 소송조건과는 구별이 된다고 한다.

(2) **실체심리**　　어느 정도 실체심리를 하지 않으면 면소사유의 존재를 판단할 수 없는 경우에는 그 면소사유의 존부를 명확히 하기 위하여 필요한 한도 내에서는 실체심리가 필요하나, 공소사실 자체에서 이미 면소사유가 인정되는 때에는 실체심리가 허용되지 않는다고 한다. 따라서 8년 전의 업무상횡령행위에 대하여 횡령죄(공소시효 7년)로 공소제기된 경우에도 법원은 즉시 공소시효 완성을 이유로 면소를 하여야 한다는 결론이 도출된다.

(3) **일사부재리효의 근거**　　면소판결에 대하여 일사부재리의 효력을 인정하는 근거를 면소사유들로부터 추출되는 공통적인 특징인 소송추행(訴訟追行)의 이익이 결여되었다는 점에서 구하고 있다. 즉 공소기각의 경우에는 공소기각의 사유가 된 소송조건을 구비하면 재소가 가능하지만, 면소판결의 경우에는 당해 소송조건의 흠결을 보완할 수 없을 뿐 아니라 소송추행의 이익이 없어지므로 영구적으로 재소(再訴)를 차단하는 효과로서 일사부재리의 효력이 인정된다고

---

40) 대법원 1964. 3. 31. 선고 64도64 판결, 1964. 4. 28. 선고 64도134 판결, 1969. 12. 30. 선고 69도2018 판결, 1984. 11. 27. 선고 84도2106 판결.

한다.

(4) 피고인의 상소   면소의 목적은 면소사유가 존재할 때 피고인의 유죄·무죄를 불문하고 피고인을 조속히 형사절차에서 해방시키고자 함에 있으므로 면소판결에 대하여 피고인은 무죄를 주장하여 상소할 수 없다고 한다.

3. 형사정책설

(1) 내 용   공소기각사유와 면소사유의 구분은 상대적이고, 형사정책적으로 결정된다. 예를 들면 사면을 면소사유로 규정한 이유는 소송조건의 흠결을 영구적으로 보완할 수 없는 사유에 해당하기 때문이 아니라 피고인에 대한 사면 이후 공소사실의 동일성 범위 내에서 다시 처벌될 가능성을 배제하기 위하여 일사부재리의 효력을 부여한 것이다. 또한 공소시효의 완성이 면소사유에 해당하는지 아니면 공소기각사유에 해당하는지 여부도 형사정책적으로 결정된다. 즉 면소사유의 본질에서 논리적으로 일사부재리의 효력이 도출되는 것이 아니라 면소사유는 형사정책에 의하여 결정되고 입법적으로 면소판결에 일사부재리의 효력이 부여된다.[41] 면소의 본질을 이해함에 있어서 면소사유의 연혁과 실정법의 관련규정을 종합적으로 분석해야 한다.

(2) 실체심리   당초 공소사실에 면소사유가 있는지 여부를 판단할 수 없는 경우[42]에는 실체심리가 허용된다. 또한 공소사실 자체로부터 이미 면소사유의 존재를 인정할 수 있는 경우[43]라 하더라도 공소장변경절차에 의하여 공소사실을 변경하면 유죄임이 명백하고 피고인에게 면소를 하는 것이 현저히 정의에 반하는 때에는 검사에게 **공소장변경**을 요구하여야 한다. 따라서 실체심리를 개시하기 전에 면소사유를 알게 된 때에는 검사에게 공소장변경 여부를 석명하고, 검사가 공소장변경 여부를 검토하기 위해 필요한 기간이 지났음에도 불구하고 공소장을 변경하지 않는 경우에는 실체심리에 들어가지 않고 면소를 선고한다. 그리고 실체심리를 개시한 후에 공소사실에 대하여 면소사유가 있는 것이 밝혀진 경우, 또는 공소제기시에는 면소사유가 없었으나 후발적으로 면소사유가 생긴 경우에도 위와 같이 공소장변경의 기회를 보장하고, 만약 원래 공소사실이 그대로 유지된다면 그 단계에서 면소를 선고한다.[44]

---

41) 임동규, "면소와 실체심리의 문제", 인도주의적 형사법과 형사정책(2000), 273면.
42) 피고인이 공소장에 기재된 범행일과 다른 범행일을 주장하거나, 공소시효의 기산점에 관하여 독자적인 주장을 하는 경우이다.
43) 공소장 기재의 범행일을 기준으로 하면 공소시효가 이미 완성되어 있는 경우이다.
44) 형사정책설을 형식재판설의 일종으로 이해하는 견해는 형사정책설의 내용과 의미를 오해한 것이다. 실체심리의 필요성을 중시하고 있다는 점에서 형식재판설과 다르다.

(3) **일사부재리효의 근거**   형사소송법은 유죄·무죄의 실체재판 및 공소기각·관할위반의 형식재판과 달리 별도로 면소판결이라는 범주를 만들어 규정하고 있고, 면소와 관련된 규정들을 종합적으로 고찰해 보면 면소에 일사부재리의 효력를 부여하는 것이 입법적으로 전제되어 있다. 그리고 일사부재리의 효력은 공소사실의 동일성이 인정되는 범위까지 미치므로 면소사유의 존부도 공소장에 기재된 사실만을 기초로 판단되는 것이 아니라 공소사실의 동일성이 인정되는 범위까지 판단되어야 한다.

(4) **피고인의 상소**   면소에 대한 피고인의 상소 여부는 실체심리의 허용성과 상소의 이익이라는 관점에서 고찰되어야 한다. 면소는 공소사실의 동일성이 인정되는 범위 전체에 일사부재리의 효과가 미친다는 점에서 무죄판결과의 법적인 이익·불이익의 차이가 없다. 따라서 원칙적으로 피고인은 면소에 대하여 무죄를 주장할 상소의 이익이 없다고 해석된다. 다만 형벌에 관한 법령이 판결당시 폐지되었다는 이유로 면소판결을 선고하였지만 그 법령이 위헌·무효인 경우에는 실체심리가 허용되는 형사정책적 필요성이 있으므로 면소판결에 대하여 피고인은 무죄를 주장하면서 상소할 수 있다.

III. 검   토

1. 실체관계적 형식재판설

실체관계적 형식재판설에 의하면, 형식적 소송조건의 존부를 판단함에 있어서는 실체심리가 필요없고 실체적 소송조건의 존부를 판단하기 위해서는 실체심리가 필요하다고 하나, 면소사유에 해당하지 않는 형식적 소송조건의 경우에도 친고죄 여부의 판단과 같이 어느 정도 실체에 관한 판단을 요하는 경우가 있으므로 실체심리가 실체적 소송조건의 존부를 문제로 삼는 면소판결에 고유한 문제가 아니다. 그리고 실체관계적 소송조건의 존부판단은 실체와 어느 정도 관련을 맺지만 실체 자체를 판단한 것은 아니기 때문에 일사부재리의 효력을 인정해야 할 근거가 명백하지 않다.

2. 형식재판설

형식재판설은 면소에 대하여 일사부재리의 효력을 인정하는 근거를 소송조건의 흠결이 보완될 수 없어 소송추행의 이익이 결여되었다는 점에서 구하고 있다. 그러나 소송조건의 흠결을 보완할 수 없다는 이유가 일사부재리의 효력에 대한 실질적 근거가 된다고 볼 수 없다. 친고죄에 있어서 고소권자 전부가

고소권을 상실한 경우나 피고인의 사망, 법인의 소멸 등의 경우에도 그 소송조
건의 흠결을 영구적으로 보완할 수 없기 때문이다. 또한 '범죄 후의 법령개폐로
형이 폐지되었을 때'라는 면소사유는 본질적으로 무죄판결의 이유에 해당한다
고 볼 수 있다. 헌법재판소의 위헌결정으로 형벌에 관한 법률조항이 그 효력을
상실한 경우 당해 법조를 적용하여 기소한 피고사건에 대하여 무죄가 선고된
다. 만약 '범죄 후의 법령개폐로 형이 폐지되었을 때'라는 사유가 면소판결의
사유에 규정되어 있지 않았다면 형의 폐지는 무죄판결의 이유에 해당한다. 따
라서 면소를 형식재판이라고 해석하면서 일사부재리의 효력을 인정하는 이론
적 구성은 무리라고 본다.

3. 공소기각사유와 면소사유의 구분

공소기각사유와 면소사유의 본질을 이론적으로 명확히 구분할 기준은 없다
고 본다. 즉, 공소기각사유와 면소사유의 구분은 상대적이고, 형사정책적 목적
에 따라 입법적으로 결정될 뿐이다. 특정한 사유가 면소사유로 입법화되면 해
당 면소사유에 대해서는 일사부재리의 효력이 부여되는 것이다.

형사소송법은 유죄·무죄의 실체재판 및 공소기각·관할위반의 형식재판과
달리 별도로 면소판결이라는 범주를 만들어 규정하고 있고, 고소인 등의 소송
비용부담, 판결의 공시 및 재심사유의 판단에 있어서 면소판결은 무죄판결과
같이 취급된다. 특히 공소기각·관할위반의 재판이 확정되면 공소제기에 의하
여 정지되었던 공소시효는 다시 진행되지만, 면소판결이 확정된 경우에는 공소
시효의 재진행이 문제되지 않는다. 면소와 관련된 형법과 형사소송법의 규정들
을 종합하여 고찰하면 면소판결에 일사부재리의 효력이 인정된다는 점을 입법
적으로 전제하고 있다. 따라서 일사부재리의 효력은 공소사실의 동일성이 인정
되는 범위까지 미치므로 면소사유를 판단함에 있어서 공소사실의 동일성이 인
정되는 범위까지 면소사유에 대한 심리가 필요하고, 면소사유 부존재에 관한
주장의 기회를 보장하여야 한다. 이는 절차적으로 공소장변경제도를 통하여 이
루어진다.

【사 례】 면소와 실체심리의 문제

《사 안》 가나주식회사의 대표이사인 甲은 2013년 3월 20일 거래처인 乙로부터 현
금 1억원을 수금하여 개인적인 용도로 소비하고 회계장부에는 2014년 12월 31일 회
사에 입금한 것으로 허위기재하였다. 검사는 2020년 6월 5일 甲을 횡령죄로 공소제
기하면서 공소장에 '피고인 甲은 2014. 12. 31.경 乙로부터 현금 1억원을 수금하여

임의로 사용하였다'는 취지로 기재하였다. 법원은 제1회 공판기일 후 소송기록을 검토한 결과 甲이 乙로부터 현금을 수금하여 소비한 시점이 2013년 3월 20일이므로 공소제기시에는 이미 횡령죄의 공소시효(7년)가 완성되었으나 甲의 범행은 업무상 횡령죄(공소시효 10년)에 해당한다고 판단하였다. 이 경우 법원은 사건의 실체에 관하여 계속 심리할 수 있는가?

《검 토》 면소의 본질을 어떻게 파악하느냐에 따라 면소사유에 대한 실체심리의 문제에 관하여 결론을 달리한다. 실체관계적 형식재판설에 의하면, 실체적 소송조건인 공소시효의 완성 여부를 판단하기 위해 어느 정도 실체심리가 필요하다는 점을 인정한다. 형식재판설에 의하면, 공소사실을 기준으로 면소사유가 인정되면 더 이상의 실체심리를 허용하지 않는다. 따라서 본 사안에서는 공소시효완성을 이유로 즉시 면소를 선고하여야 한다는 결론을 도출하게 된다. 형사정책설에 의하면, 공소사실의 동일성이 인정되는 범위까지 면소사유의 존부를 판단하여야 하므로 실체심리의 필요성이 인정된다. 그러므로 본 사안에서는 검사에게 공소장변경 여부를 석명하고, 검사가 공소장을 변경하지 않는 경우에 면소를 선고하게 된다. 면소판결에 일사부재리의 효력이 인정되는 실질적 근거도 검사에게 공소장변경의 기회를 보장하였다는 점에서 구할 수 있다.

제3 면소의 사유

Ⅰ. 제한적 열거

면소판결의 사유를 규정하고 있는 제326조를 제한적 규정으로 볼 것인가 또는 예시적 규정으로 볼 것인가의 문제에 관하여 ① 제326조의 사유는 소송추행의 이익이 없는 경우를 예시한 것으로서 공소권남용, 중대한 위법수사에 의한 공소, 신속한 재판에 위배한 경우에도 면소판결을 선고하여야 한다는 견해와 ② 제326조의 사유는 소추를 금지할 우월적 이익이 있는 경우를 법이 특히 명문으로 규정한 것으로서 제한규정으로 해석하여야 한다는 견해(통설)가 있다. 소송추행의 이익이 없는 경우가 모두 면소사유에 해당하는 것은 아니고, 일사부재리의 효력이 발생하는 면소사유는 형사소송법에 규정된 사유에 제한된다고 본다. 따라서 공소권남용 등의 사유는 제327조 제2항의 '공소제기의 절차가 법률의 규정에 위반하여 무효인 때'에 해당하는 사유라 할 것이다.

II. 면소사유

1. 확정판결이 있은 때

(1) 확정판결의 범위   확정판결은 정식재판에서 선고된 것은 물론 약식명령[45]이나 즉결심판[46]에서 선고된 것도 포함한다. 경범죄처벌법 제7조 제3항의 통고처분을 받고 범칙금을 납부한 경우에도 확정판결과 같은 효력이 인정되므로 여기에 포함된다.[47] 소년에 대한 보호처분도 확정판결에 포함된다는 견해가 있으나, 공소기각판결의 사유에 해당할 뿐이다.[48] 그리고 행정법에 의한 과태료 부과처분[49]과 외국에서 선고받은 형사판결[50]도 본호의 확정판결에 해당되지 않는다.

(2) 면소의 범위   면소판결을 선고할 수 있는 범위는 확정판결의 일사부재리의 효력이 미치는 범위와 일치한다. 예를 들면 어떤 사실에 대해 확정판결이 있은 다음 그 사실과 포괄일죄 또는 과형상 일죄의 관계에 있는 사실에 대해 재차 공소가 제기된 경우 면소판결을 선고하여야 한다.[51]

2. 사면이 있은 때

(1) 일반사면   면소사유가 되는 사면은 일반사면만을 의미한다.[52] 일반사면이 있으면 형의 선고를 받은 자에 대하여는 그 선고의 효력이 상실되고, 형의 선고를 받지 않은 자에 대하여는 공소권이 상실된다(사면법 제5조 제1항 제1호). 형의 선고를 받은 자에 대한 일반사면은 일정한 종류의 범죄로 유죄의 확정판결을 받은 자에 대한 일반사면을 의미한다. 이에 대하여 아직 형의 선고를 받지 않은 자에 대한 일반사면은 일정한 죄로 아직 유죄의 확정판결을 받지 아니하여 형이 선고되지 않은 자들에 대한 사면이다. 일단 공소가 제기된 사건에 대하여 일반사면이 행해진 경우에 법원은 면소판결을 선고한다.

(2) 특별사면   특별사면은 형의 선고를 받은 자를 대상으로 하는 사면이다. 일반사면은 형의 선고를 받은 자뿐만 아니라 아직 형의 선고를 받지 않은 자도

---

45) 대법원 1983. 6. 14. 선고 83도939 판결, 1993. 5. 14. 선고 92도2585 판결.
46) 대법원 1982. 5. 25. 선고 81도1307 판결, 1984. 10. 10. 선고 83도1790 판결, 1986. 12. 23. 선고 85도1142 판결, 1987. 2. 10. 선고 86도2454 판결, 1990. 3. 9. 선고 89도1046 판결.
47) 대법원 1986. 2. 25. 선고 85도2664 판결.
48) 대법원 1985. 5. 28. 선고 85도21 판결, 1996. 2. 23. 선고 96도47 판결.
49) 대법원 1992. 2. 11. 선고 91도2536 판결.
50) 대법원 1983. 10. 25. 선고 83도2366 판결.
51) 대법원 1981. 6. 23. 선고 81도1437 판결, 1994. 8. 9. 선고 94도1318 판결.
52) 대법원 2000. 2. 11. 선고 99도2983 판결.

그 대상에 포함되나, 특별사면은 반드시 형의 선고를 받은 자만을 대상으로 한다. 따라서 소송계속중인 피고인을 상대로 하는 특별사면은 허용되지 않는다.

3. 공소시효가 완성되었을 때

공소제기시에 이미 공소시효가 완성된 경우에는 면소판결을 선고한다. 또한 공소제기시에는 공소시효가 완성되지 않았지만 판결의 확정 없이 공소를 제기한 때로부터 25년이 경과하면 공소시효가 완성된 것으로 간주하여 면소판결을 선고하여야 한다(제249조 제2항). 공소장에 기재된 공소범죄사실을 기준으로 하면 공소시효가 완성되지 않았지만 심리결과 인정된 사실을 기준으로 하면 공소제기시에 이미 공소시효가 완성된 경우에는 면소판결을 선고하여야 한다. 예를 들면 업무상횡령죄로 기소되었지만 횡령죄만 인정된 경우 공소가 횡령죄의 공소시효인 7년이 경과한 후에 제기된 것이라면 면소판결을 선고하여야 한다.

4. 범죄 후의 법령개폐로 형이 폐지되었을 때

(1) **범죄 후의 법령개폐**   '범죄 후'란 결과발생 이후의 시점을 기준으로 한다. 범죄의 성립과 처벌에 관하여 규정한 형벌법규 자체 또는 그로부터 수권 내지 위임을 받은 법령의 변경에 따라 범죄를 구성하지 아니하게 되거나 형이 가벼워진 경우에는, 종전 법령이 범죄로 정하여 처벌한 것이 부당하였다거나 과형이 과중하였다는 반성적 고려에 따라 변경된 것인지 여부를 따지지 않고 원칙적으로 신법에 따라야 하고, 범죄 후의 법령 개폐로 형이 폐지되었을 때에는 판결로써 면소의 선고를 하여야 한다. 형벌법규가 대통령령, 총리령, 부령과 같은 법규명령이 아닌 고시 등 행정규칙·행정명령, 조례 등에 구성요건의 일부를 수권 내지 위임한 경우에도 이러한 고시 등 규정이 위임입법의 한계를 벗어나지 않는 한 형벌법규와 결합하여 법령을 보충하는 기능을 하는 것이므로, 그 변경에 따라 범죄를 구성하지 아니하게 되었다면 면소판결을 선고하여야 한다. 그러나 해당 형벌법규 자체 또는 그로부터 수권 내지 위임을 받은 법령이 아닌 다른 법령이 변경된 경우에는 해당 형벌법규에 따른 범죄의 성립 및 처벌과 직접적으로 관련된 형사법적 관점의 변화를 주된 근거로 하는 법령의 변경에 해당하는 경우에만 면소사유가 된다. 따라서 이와 관련이 없는 법령의 변경으로 인하여 해당 형벌법규의 가벌성에 영향을 미치게 되는 경우에는 면소사유가 되지 않는다.[53]

(2) **형의 폐지**   형의 폐지란 명문으로 벌칙을 폐지한 경우뿐만 아니라 법

---

53) 대법원 2022. 12. 22. 선고 2020도16420 전원합의체 판결.

령에 정해진 유효기간의 경과, 전법과 후법의 저촉에 의하여 실질상 벌칙의 효력이 상실된 경우도 포함한다.[54] 다만 폐지 전의 행위에 대해 종전의 벌칙을 적용한다는 취지의 경과규정이 있는 경우는 제외된다.[55] 한편 형벌에 관한 법령이 폐지되었다 하더라도 그 폐지가 당초부터 헌법에 위배되어 효력이 없는 법령에 대한 것이었다면 그 피고사건은 무죄사유에 해당하는 것이지 면소사유에 해당한다고 할 수 없다.[56]

제 4   면소판결의 효력

I. 선고의 효과

면소판결은 종국판결로서 선고에 의하여 당해 심급이 종결되고 상소권이 발생한다. 면소판결이 선고되면 구속영장은 그 효력을 상실한다($\frac{제331}{조}$). 면소판결을 선고할 경우에는 판결공시의 취지를 선고할 수 있다($\frac{형법 \, 제58}{조 \, 제2항}$). 면소판결에 대해 검사는 상소할 수 있으나, 피고인은 무죄를 주장하면서 상소할 수 없다.

II. 확정의 효과

면소판결이 확정되면 확정력과 일사부재리의 효력이 발생한다. 면소재판은 형식재판처럼 정지된 공소시효를 다시 진행시키지 않고($\frac{제253조}{제1항}$), 고소인 등의 소송비용부담($\frac{제188}{조}$) 및 재심사유($\frac{제421조}{제5호}$)의 판단에서 무죄판결과 대등하게 취급된다. 면소의 재판을 받은 자는 면소재판을 할 만한 사유가 없었더라면 무죄의 재판을 받을 만한 현저한 사유가 있었을 때에는 국가에 대해 구금에 대한 보상을 청구할 수 있다($\frac{刑補法 \, 제25}{조 \, 제1항}$).

제 5   관련사항

I. 심리상의 특칙

피고인이 출석하지 아니한 때에는 원칙적으로 공판을 개정하지 못하지만 ($\frac{제276}{조}$) 면소의 판결을 할 것이 명백한 사건에 관하여는 피고인의 출석을 요하지

---

54) 대법원 1979. 2. 27. 선고 78도1690 판결.
55) 대법원 1994. 11. 11. 선고 94도811 판결.
56) 대법원 2013. 4. 18.자 2011초기689 전원합의체 결정.

아니한다. 다만 피고인은 대리인을 출석하게 할 수 있다($\frac{제277}{조}$). 그리고 피고인이 사물의 변별 또는 의사의 결정을 할 능력이 없거나 질병으로 인하여 출정할 수 없는 때에는 공판절차를 정지하여야 하나, 피고사건에 대하여 면소의 재판을 할 것이 명백한 때에는 피고인의 출정 없이 재판할 수 있다($\frac{제306조}{제4항}$).

Ⅱ. 일죄의 일부에 면소사유가 있는 경우

과형상 일죄 또는 포괄일죄의 일부에 면소사유가 있고 나머지 부분에 실체판결을 한 때에는 판결의 주문에는 유죄 또는 무죄의 판단을 표시하고 면소판결에 해당하는 부분은 판결의 이유에서 설시하면 족하다.[57]

제 4 관 공소기각의 재판

제 1 개 관

Ⅰ. 의 의

공소기각의 재판은 피고사건에 대하여 관할권 이외의 형식적 소송조건이 결여된 경우에 절차상의 하자를 이유로 사건의 실체에 대한 심리를 하지 않고 소송을 종결시키는 형식재판이다.

Ⅱ. 종 류

공소기각의 재판에는 공소기각의 결정($\frac{제328}{조}$)과 공소기각의 판결($\frac{제327}{조}$)이 있는데 판결의 형식으로 공소를 기각하는 경우는 소송조건의 흠결이 비교적 중대하지 않고 그 흠결의 발견이 비교적 용이하지 아니하여 변론을 열 필요가 있다고 인정되는 때이고, 결정의 형식으로 공소를 기각하는 경우는 절차상의 하자가 중대하고 명백하여 소송조건의 존부판단에 있어서 변론을 열 필요조차 없다고 인정되는 때이다.

---

57) 대법원 1982. 2. 23. 선고 81도3277 판결.

제 2 공소기각의 사유

I. 공소기각판결

1. 재판권의 부존재

⑴ 주한미군 「대한민국과 아메리카합중국 간의 상호방위조약 제4조에 의한 시설과 구역 및 대한민국에서의 합중국군대의 지위에 관한 협정」에 의하여 규율되는 주한 미합중국 군대의 구성원, 군속, 가족 등이 우리나라 영토 내에서 범한 공무집행 중의 범죄 등에 대하여는 미합중국이 제1차적 재판권을 가진다(동 협정 제22조 제3항). 따라서 이 경우에는 우리나라 법원이 재판권을 행사할 수 없는 때에 해당한다.

⑵ 군 인 군인에 대하여는 군사법원에 재판권이 있으므로(군사법원법 제2조) 일반법원에 군인이 기소된 경우에는 재판권 없음을 이유로 공소기각판결을 해야 하는 것이 원칙이지만 형사소송법 제16조의2에 따라 법원은 공소제기된 사건을 관할 군사법원으로 이송결정하게 된다.

2. 공소제기절차의 무효

⑴ 의 의 '공소제기의 절차가 법률의 규정에 위반하여 무효인 때'란 공소제기가 권한 없는 자에 의하여 행하여졌거나 공소제기가 없는데 착오로 소송계속이 생긴 때, 공소제기의 방식에 중대한 하자가 있는 경우 또는 공소제기 당시 소송조건이 결여되어 있는 경우 등을 말한다.

⑵ 공소사실의 불특정 공소사실은 다른 사실과 구별할 수 있을 정도로 그 일시, 장소, 방법, 목적, 물건 등을 적시하는 방법으로 특정하여야 한다. 미성년자의제강간 또는 미성년자강제추행죄[58]에 있어서는 간음행위의 회수 및 그 일시, 장소가 구체적으로 특정되어야 한다. 그리고 폭행죄는 피해자별로 1개의 죄가 성립되므로 성명불상의 수명을 폭행하였다는 공소사실은 구체적인 범죄사실의 기재가 없어 그 공소제기의 절차가 법률의 규정에 위반한 경우에 해당한다.[59] 공소사실의 기재가 불분명한 경우에는 법원은 검사에게 석명(규칙 제141조)을 한 다음, 그래도 검사가 이를 명확하게 하지 않은 때에야 공소사실의 불특정을 이유로 공소를 기각해야 한다.[60]

---

58) 대법원 1982. 12. 14. 선고 82도2442 판결.
59) 대법원 1995. 3. 24. 선고 95도22 판결.

(3) **고소·고발 등의 결여**   공소제기 당시까지 친고죄에 있어서 고소가 없거나 또는 반의사불벌죄에 있어서 처벌을 원하지 않는 의사표시가 있었음에도 불구하고 공소가 제기된 경우는 공소제기의 절차가 법률의 규정에 위반하여 무효인 때에 해당한다. 친고죄에서 고소 없이 수사를 하고 공소제기 전에 고소를 받아 공소제기한 것만으로는 공소제기의 절차가 법률의 규정에 위반하였다고 할 수 없다.[61] 조세법처벌법상 범칙행위에 있어서 고발 없이 공소가 제기된 경우에는 본호에 기한 공소기각의 판결을 한다.[62] 다만 고발이 수사개시의 요건은 아니므로 수사기관이 고발에 앞서 수사를 한 후 수사기관의 요청에 따라 세무서장이 고발조치를 한 경우 공소제기의 절차가 무효라고 할 수 없다.[63]

(4) **보호처분**

(가) **소년법상의 보호처분**   소년법상의 보호처분(통법 제32조)을 받은 사건과 동일한 사건에 대하여 다시 공소가 제기되었다면 본호에 의한 공소기각의 판결을 하여야 한다.[64]

(나) **가정폭력처벌법상의 보호처분**   가정폭력처벌법에 따른 보호처분의 결정이 확정된 경우에는 원칙적으로 가정폭력행위자에 대하여 같은 범죄사실로 다시 공소를 제기할 수 없으나(통법 제16조), 보호처분은 확정판결이 아니고 따라서 일사부재리의 효력도 없으므로, 보호처분을 받은 사건과 동일한 사건에 대하여 다시 공소제기가 되었다면 이에 대해서는 면소판결을 할 것이 아니라 공소제기의 절차가 법률의 규정에 위배하여 무효인 때에 해당한 경우이므로 공소기각의 판결을 하여야 한다.[65]

(5) **위법수사절차 등**   제327조에 열거된 공소기각사유를 한정적인 열거로 보아 중대한 위법수사절차, 공소권의 남용 또는 소송의 지연이 공소기각판결의 사유가 될 수 없다는 견해와 제327조 제2항의 규정은 소송조건 전반에 관한 일반조항으로서 위법수사절차 등은 공소기각판결의 사유로 인정할 수 있다는 견해가 대립하고 있다. 판례는 불법연행 등의 위법사유가 사실이라고 하더라도 그 위법한 절차에 의하여 수집된 증거를 배제할 이유는 될지언정 공소제기의 절차 자체가 위법하여 무효인 경우에 해당한다고 볼 수 없다는 입장이다.[66] 수

---

60) 대법원 2022. 1. 13. 선고 2021도13108 판결.

61) 대법원 1995. 3. 10. 선고 94도3373 판결.

62) 대법원 1971. 11. 30. 선고 71도1736 판결.

63) 대법원 1995. 3. 10. 선고 94도3373 판결.

64) 대법원 1985. 5. 28. 선고 85도21 판결, 1996. 2. 23. 선고 96도47 판결.

65) 대법원 2017. 8. 23. 선고 2016도5423 판결.

사기관의 위법성이 현저하고 명백한 경우에는 공소기각판결의 사유가 될 수 있다고 본다.

⑹ **국회의원의 면책특권에 속하는 행위** 국회의원의 면책특권에 속하는 행위에 대하여는 공소를 제기할 수 없으며 이에 반하여 공소가 제기된 것은 결국 공소권이 없음에도 공소가 제기된 것이 되어 본조 제2호의 공소제기의 절차가 법률의 규정에 위반하여 무효인 때에 해당되므로 공소를 기각하여야 한다.[67] 면책특권의 대상이 되는 행위는 국회의 직무수행에 필수적인 국회의원의 국회 내에서의 직무상 발언과 표결이라는 의사표현행위 자체에만 국한되지 않고 이에 통상적으로 부수하여 행하여지는 행위까지 포함된다.[68]

3. 이중기소

⑴ **의 의** 본호의 이중기소는 같은 피고인에 대하여 동일한 사건이 같은 법원에 이중으로 기소됨을 말한다. 동일한 사건이 서로 다른 법원에 이중으로 기소된 경우에는 공소기각결정의 사유가 된다(제328조 제1항 제3호). 그리고 하나의 공소장에 범죄사실이 이중으로 기재된 경우에는 이중기소로 볼 것이 아니고 공소장 기재의 착오로 해석할 것이다.[69]

⑵ **기 준** 이중기소에 해당하는지의 여부는 **공소사실의 동일성**을 기준으로 판단한다. 따라서 기소 당시에는 이중기소된 위법이 있었다 하여도 그 후 공소사실과 적용법조가 적법하게 변경되어 새로운 사실의 소송계속상태가 있게 된 때에는 이중기소의 위법이 계속 존재한다고 할 수 없다.[70]

⑶ **심 판** 이중기소의 경우에는 먼저 공소제기된 사건에 대하여 심판하여야 하고 뒤에 공소제기된 사건에 대하여 공소기각의 판결을 한다. 다만 뒤에 공소제기된 사건에 대하여 판결이 선고되어 확정되었다면 먼저 기소된 사건에 대하여 공소기각의 판결을 한다.[71]

⑷ **포괄일죄와 이중기소** 포괄일죄를 구성하는 일부 범죄사실이 먼저 단순일죄로 기소된 후 그 나머지 범죄사실이 포괄일죄로 추가 기소되고 단순일죄의 범죄사실도 추가 기소된 포괄일죄를 구성하는 행위의 일부임이 밝혀진 경우라면, 그 추가 기소에 의하여 전후에 기소된 각 범죄사실 전부를 포괄일죄로

---

66) 대법원 1990. 9. 25. 선고 90도1586 판결, 1996. 5. 14. 선고 96도561 판결.
67) 대법원 1992. 9. 22. 선고 91도3317 판결.
68) 대법원 1996. 11. 8. 선고 96도1742 판결.
69) 대법원 1983. 5. 24. 선고 82도1199 판결.
70) 대법원 1989. 2. 14. 선고 85도1435 판결.
71) 대법원 1969. 6. 24. 선고 68도858 판결.

처벌할 것을 신청하는 취지가 포함되었다고 볼 수 있다. 그러므로 검사의 석명에 의하여 1개의 죄에 대하여 중복하여 공소를 제기한 것이 아님이 분명하여진 경우에는, 그 추가 기소에 의하여 공소장변경이 이루어진 것으로 보아 전후에 기소된 범죄사실 전부에 대하여 실체판단을 하여야 하고 추가 기소에 대하여 공소기각판결을 할 필요가 없다.[72]

【사 례】 포괄일죄의 일부에 대한 추가기소

《사 안》 검사는 2001년 9월 15일 甲을 사기죄(2000년 6월 28일의 범행)로 기소한 후 사기의 여죄(2000년 6월 17일, 2000년 7월 6일, 2000년 8월 11일 3회의 범행)가 밝혀지자 그 여죄를 상습으로 범하였다고 판단하여 2001년 10월 27일 이를 상습사기죄로 다시 기소하였다. 피고인 甲의 상습성이 인정된다면 법원은 어떠한 재판을 하여야 하는가?

《검 토》 먼저 기소된 사기범행과 뒤에 기소된 상습사기범행이 甲의 사기습벽에 의한 것이라고 인정된다면, 위 범행들은 모두 포괄일죄의 관계에 있다. 이러한 경우 검사로서는 원칙적으로 먼저 기소한 사건의 범죄사실에 추가기소의 공소장에 기재한 범죄사실을 추가하고 그 죄명과 적용법조도 상습사기죄로 변경하는 공소장변경 신청을 한 후 추가기소한 사건에 대하여는 공소취소를 하여야 한다. 검사가 이러한 절차를 취하지 않은 경우 법원은 석명권을 행사하여 검사로 하여금 추가기소의 진정한 취지를 밝히도록 하여야 한다. 검사의 석명에 의하여 추가기소의 취지가 먼저 기소된 공소장에 누락된 범죄사실을 보충하고 죄명과 적용법조를 상습사기죄로 변경하는 것임이 분명하다면 추가기소에 의하여 공소장변경이 이루어진 것으로 보아야 하고, 법원은 전후에 기소된 범죄사실 전부에 대하여 실체판단을 하여야 한다. 만약 법원이 추가기소에 대해 이중기소라는 이유로 바로 공소기각판결을 선고한다면 이는 심리를 다하지 아니하여 결과적으로 포괄일죄와 공소장변경절차에 관한 법리를 오해한 위법이 있는 것이다.

⑸ **상상적 경합과 이중기소**　　상상적 경합관계에 있는 공소사실 중 일부가 먼저 기소된 후 나머지 공소사실이 추가기소되고 이들 공소사실이 상상적 경합관계에 있음이 밝혀진 경우라면, 추가기소에 의하여 전후에 기소된 각 공소사실 전부를 처벌할 것을 신청하는 취지가 포함되었다고 볼 수 있어, 공소사실을 추가하는 등의 공소장변경과는 절차상 차이가 있을 뿐 실질에 있어서 별 차이가 없다. 따라서 법원으로서는 석명권을 행사하여 검사로 하여금 추가기소의

---

72) 대법원 1996. 10. 11. 선고 96도1698 판결, 1999. 11. 26. 선고 99도3929 판결.

진정한 취지를 밝히도록 하여 검사의 석명에 의하여 추가기소가 상상적 경합관계에 있는 행위 중 먼저 기소된 공소장에 누락된 것을 추가 보충하는 취지로서 1개의 죄에 대하여 중복하여 공소를 제기한 것이 아님이 분명해진 경우에는, 추가기소에 의하여 공소장변경이 이루어진 것으로 보아 전후에 기소된 공소사실 전부에 대하여 실체판단을 하여야 하고 추가기소에 대하여 공소기각판결을 할 필요가 없다.[73]

4. 제329조의 규정에 위반된 공소제기

공소취소에 의한 공소기각의 결정이 확정된 때에는 공소취소 후 그 범죄사실에 대한 다른 중요한 증거를 발견한 경우에 한하여 다시 공소를 제기할 수 있다(제329조). '중요한 증거를 발견한 경우'란 공소취소 전의 증거만으로는 증거불충분으로 무죄가 선고될 가능성이 있으나 새로 발견된 증거를 추가하면 유죄의 확신을 가지게 될 정도의 증거가 있는 경우를 의미한다.[74] 위 재기소의 요건에 위배하면 공소기각사유가 된다.

5. 친고죄에 있어서의 고소취소

고소의 취소는 제1심판결선고 전까지만 유효하고(제232조 제1항), 공소제기 전의 고소취소는 제327조 제2호의 사유에 해당하므로 본호는 공소제기 이후 제1심 판결선고 전까지 사이의 고소의 취소가 있을 때를 뜻한다. 명시의 고소취소에 한하지 않고 합의서 및 탄원서가 제출된 경우에는 고소취소가 있는 것으로 보아야 할 것이나,[75] 합의서를 제출한 후 제1심법정에서 고소취소의 의사가 없다고 증언하였다면 고소취소의 효력이 발생하지 아니한다는 판결[76]이 있다.

6. 반의사불벌죄의 경우

반의사불벌죄에 있어서 처벌을 희망하지 아니하는 의사표시가 있거나 처벌을 희망하는 의사표시가 철회되었을 때에는 공소기각의 판결을 선고하게 된다. 이 경우 그 의사표시는 공소제기 이후 제1심판결선고 전까지 사이에 이루어진 것임을 요한다.

---

73) 대법원 2012. 6. 28. 선고 2012도2087 판결.
74) 대법원 1977. 12. 27. 선고 77도1308 판결.
75) 대법원 1981. 11. 10. 선고 81도1171 판결.
76) 대법원 1981. 10. 6. 선고 81도1968 판결.

II. 공소기각결정

1. 공소의 취소

검사가 공소를 취소한 경우 공소기각결정을 한다($^{제328조 제1}_{항 제1호}$). 공소취소에 의한 공소기각의 결정이 확정된 때에는 공소취소 후 그 범죄사실에 대한 다른 중요한 증거를 발견한 경우에 한하여 다시 공소를 제기할 수 있다($^{제329}_{조}$).

2. 당사자능력의 상실

공소제기 이후 피고인이 사망하거나 피고인인 법인이 존속하지 아니하게 된 경우에는 공소기각결정을 한다($^{제328조 제}_{1항 제2호}$). 공소제기 이전에 이러한 사유가 존재하는 경우에는 제328조 제1항 제2호를 준용하여 공소기각결정을 함이 타당하다고 본다.

3. 관할경합으로 인한 이중계속

동일사건이 사물관할을 달리하는 수개의 법원에 계속된 때에는 합의부가 심판하여야 하고($^{제12}_{조}$), 동일사건이 사물관할을 같이하는 수개의 법원에 계속된 때에는 원칙적으로 먼저 공소가 제기된 법원이 심판한다($^{제13}_{조}$). 따라서 심판을 할 수 없게 된 법원은 공소기각의 결정으로 소송계속을 종료시켜야 한다($^{제328조 제1}_{항 제3호}$).

4. 공소장기재사실의 범죄불구성

'공소장에 기재된 사실이 진실하다 하더라도 범죄가 될 만한 사실이 포함되지 아니하는 때($^{제328조 제1}_{항 제4호}$)'란 공소장에 기재된 사실 자체가 일견하여 범죄를 구성하지 아니함이 명백하여 공소장변경 등의 절차에 의하더라도 그 공소가 유지될 여지가 없는 형식적 소송요건의 흠결이라고 볼 수 있는 경우를 뜻한다.[77] 예를 들면 부정수표단속법위반죄에 있어서 수표가 그 제시기일에 제시되지 아니한 사실이 공소장 기재 자체에 의하여 명백한 경우이다.[78] 제328조 제1항 제4호의 사유는 공소사실 또는 증명된 사실이 법령해석상 구성요건에 해당하지 아니하는 제325조 전단 소정의 무죄사유와는 일응 구별하여야 한다. 공소사실이 법률상 범죄를 구성하는지의 여부에 대하여 의문이 있음에 불과한 경우에는 법원은 변론을 열어 심리를 마친 다음 유죄 또는 무죄의 판결을 하여야 한다.[79]

---

77) 대법원 1977. 9. 28. 선고 77도2603 판결.
78) 대법원 1973. 12. 11. 선고 73도2173 판결.
79) 대법원 1970. 5. 26.자 70모28 결정.

Ⅲ. 공소기각사유의 경합

공소기각판결의 사유와 공소기각결정의 사유가 경합하는 경우에는 결정으로 공소를 기각하여야 하며 결정에 의할 공소기각의 사유가 수개 있는 경우에는 먼저 발생한 사유 또는 그 하자가 중대한 사유로 공소를 기각하여야 한다. 공소기각의 사유와 면소의 사유가 경합하는 경우에는 공소기각의 재판을 하여야 한다. 공소기각의 사유가 있는 경우에는 법원이 무죄의 심증을 형성한 경우라 하더라도 공소기각의 재판을 하여야 한다.

제 3 공소기각재판

Ⅰ. 심리상의 특칙

공소기각의 사유가 있는 때에는 공소기각의 판결 또는 결정을 하여야 하고 실체에 관하여 판단할 수 없다. 공소기각의 판결 또는 결정을 하는 경우에는 피고인의 출석을 요하지 않으며($\substack{제277 \\ 조}$), 공판절차를 정지하여야 할 사유가 있는 경우에도 재판을 할 수 있다($\substack{제306조 \\ 제4항}$).

Ⅱ. 성립과 효력

1. 공소기각재판의 성립

공소기각의 판결서에는 법관이 서명·날인하여야 하지만($\substack{제41조 \\ 제1항}$), 공소기각의 결정서에 대하여는 서명날인에 갈음하여 기명날인할 수 있다($\substack{동조 \\ 제3항}$). 공소기각의 판결은 재판장이 법정에서 구두로 선고하여야 한다. 공소기각의 결정은 재판장이 법정에서 구두로 고지할 수 있고, 재판서등본의 송달에 의해서도 고지할 수 있다.

2. 선고·고지의 효력

공소기각재판이 선고 또는 고지되면 소송은 그 심급에서 종결된다. 공소기각재판은 형식재판이므로 일사부재리의 효력이 발생하지 않는다. 그러므로 소송조건을 보완하여 다시 공소제기를 할 수 있다. 공소기각의 판결이 선고되면 구속영장의 효력이 상실된다($\substack{제331 \\ 조}$). 공소기각의 결정은 구속영장의 실효사유로 명시되어 있지 않지만 이 경우에도 구속영장의 효력이 상실된다고 본다.

Ⅲ. 공소기각재판에 대한 상소

검사는 공소기각판결에 대하여는 상소를 할 수 있고, 공소기각결정에 대하여는 즉시항고를 할 수 있다($^{제328조}_{제2항}$). 피고인이 공소기각의 재판에 대하여 무죄를 주장하여 상소할 수 있다는 견해가 있으나, 피고인에게는 상소의 이익이 없으므로 공소기각재판에 대하여 상소를 할 수 없다고 본다.

Ⅳ. 확정의 효과

공소기각의 판결 또는 결정이 확정되면 공소제기에 의하여 정지되었던 공소시효는 그 때로부터 다시 진행된다($^{제253조}_{제1항}$). 공소기각의 재판을 받은 자는 공소기각의 재판을 받을 만한 사유가 없었더라면 무죄의 재판을 받을 만한 현저한 사유가 있었을 때에는 국가에 대해 구금에 대한 보상을 청구할 수 있다($^{刑補法}_{제25조}$).

제 5 관　관할위반의 판결

제 1　개　　관

피고사건이 법원의 관할에 속하지 아니한 때에는 판결로써 관할위반의 선고를 하여야 한다($^{제319}_{조}$). 이 때 관할은 사물관할과 토지관할을 포함한다. 관할권은 법원의 재판권을 전제로 한 개념이다. 재판권이 없는 경우에는 공소기각의 판결을 선고해야 하지만, 관할권이 없는 경우에는 관할위반의 판결을 선고해야 한다.

제 2　관할위반의 사유

Ⅰ. 사물관할의 부존재

사물관할권의 유무는 공소장에 기재된 공소사실을 표준으로 판단하여야 한다. 공소사실이 예비적으로 기재된 경우에는 주위적 공소사실을 표준으로, 택일적으로 기재된 경우에는 형이 가장 중한 공소사실을 기준으로 사물관할의 유무를 결정하여야 한다. 관할권이 없는 사건에 대하여는 관할위반의 판결을

선고하여야 한다. 다만 단독판사의 관할사건이 공소장변경에 의하여 합의부 관
할사건으로 변경된 경우에는 결정으로 관할권이 있는 법원에 이송한다($_{제2항}^{제8조}$).
예를 들면 단독판사가 상해사건($_{조\ 제1항}^{형법\ 제257}$)을 심리하던 중 피해자의 사망으로 인
하여 상해치사($_{조\ 제1항}^{형법\ 제259}$)로 공소장이 변경된 경우에는 사건을 관할권이 있는 합
의부로 이송하여야 한다.

Ⅱ. 토지관할의 부존재

피고사건에 대하여 토지관할이 존재하지 않는 경우에 원칙적으로 관할위반
의 판결을 선고하여야 한다. 다만 피고인의 관할위반신청이 없으면 관할위반의
선고를 하지 못한다($_{제1항}^{제320조}$). 피고인이 관할위반의 신청을 하려면 피고사건에 대
한 진술 전에 하여야 한다($_{제2항}^{동조}$). 이 경우 피고사건에 대한 진술이란 피고인의
모두진술($_{조}^{제286}$)을 말한다. 관할권의 존재는 소송조건이므로 공소제기시는 물론
재판시에도 관할권이 존재하여야 하나 토지관할권의 표준인 피고인의 주소·
거소·현재지는 공소제기시에 존재하면 족하고 공소제기 후에 피고인의 주
소·거소가 변경되더라도 관할권의 존부에 영향을 미치지 않는다.

Ⅲ. 관련사건이 기소된 경우

관할 없는 사건이 공소제기되어 소송계속중인 경우에 그 법원의 관할에 속
하는 사건이 추가로 기소되고 두 사건이 관련사건의 관계에 있는 경우에 앞의
사건에 대한 관할의 하자가 치유된다고 보는 견해가 있으나, 이것은 관련사건
의 관할에 관한 형사소송법의 관계규정에 의하여 처리되는 문제라고 본다.

제 3 관할위반의 효력

Ⅰ. 소송행위의 효력

소송행위는 관할위반인 경우에도 그 효력에 영향이 없다($_{조}^{제2}$). 따라서 관할
위반의 판결을 선고한 법원의 공판심리절차에서 작성된 공판조서·증인신문조
서·검증조서 등은 동일한 사건이 공소제기된 법원의 공판절차에서 증거로 사
용할 수 있다.

II. 선고의 효과

관할위반의 판결이 선고되더라도 구속영장의 효력에 영향을 미치지 않는다. 이는 재기소될 가능성이 크다는 점을 고려하여 피고인의 신병을 확보하려는 데 그 이유가 있다.

III. 확정의 효과

관할위반의 판결은 일사부재리의 효력이 발생하지 않는다. 따라서 관할위반의 판결이 확정된 후에도 관할권이 있는 법원에 다시 공소를 제기할 수 있다. 관할위반의 판결이 확정된 후 종전의 공소사실과 동일한 공소사실로 동일법원에 공소제기된 경우에는 공소제기의 부적법을 이유로 공소기각의 판결을 하여야 한다고 본다. 관할위반의 판결이 확정되면 공소제기에 의해서 정지된 공소시효가 그 확정시부터 다시 진행한다($^{제253}_{조}$).

제 3 절   재판의 효력

제 1 관   재판의 확정

제 1 개   관

재판이 통상의 불복방법으로는 더 이상 다툴 수 없게 되어 그 내용을 변경할 수 없게 된 상태를 재판의 확정이라 하며, 이러한 상태에 있는 재판을 확정재판이라 한다. 실체적 진실의 발견과 법적 안정성의 유지는 형사재판의 이상이다. 형사소송이 실체적 진실만을 추구한다면 정당성이 의심스러운 재판에 대하여 항상 반복과 번복을 허용하게 된다. 그러나 실체적 진실의 발견에 못지 않게 법적 안정성의 확보도 중요하다. 즉 법적 안정성을 유지하기 위하여 정당성이 의심스러운 재판이라 할지라도 일정한 기간이 지난 후에는 그 재판에 대하여 다툴 수 없게 하는 것이 바로 재판의 확정이다.

제 2 재판확정의 시기

Ⅰ. 불복신청이 허용되지 않는 재판

불복신청이 허용되지 않는 재판은 선고 또는 고지와 동시에 확정된다. 법원의 관할 또는 판결 전의 소송절차에 관한 결정($\frac{제403}{조}$)과 항고법원 또는 고등법원의 결정($\frac{제415}{조}$)에 대하여는 원칙적으로 불복신청이 허용되지 않으며, 대법원의 결정에 대하여도 항고할 수 없다. 그런데 대법원판결에 대하여는 판결의 정정이 허용되므로 정정신청기간의 경과, 정정판결 또는 정정신청기각의 결정에 의하여 판결이 확정된다고 하는 견해가 있다. 그러나 판결의 정정은 오기, 오산과 같이 예외적인 경우에 그 오류를 정정하는 데 불과하므로 대법원판결은 선고와 동시에 확정된다고 본다.

Ⅱ. 불복신청이 허용되는 재판

1. 불복신청기간의 경과

불복신청이 허용되는 재판은 먼저 불복신청의 기간이 경과하면 확정된다. 즉 항소, 상고, 약식명령 및 즉결심판의 경우 재판을 선고 또는 고지받은 날로부터 7일을, 즉시항고를 할 수 있는 결정 또는 명령의 경우 3일을 도과하면 그 재판이 확정된다. 한편 보통항고가 허용되는 결정은 그 항고기간의 제한이 없으므로 결정을 취소하여도 실익이 없게 된 때에 확정된다($\frac{제404}{조}$).

2. 불복신청의 포기 등

재판은 불복신청의 포기 또는 취하, 불복신청을 기각하는 재판의 확정에 의하여 확정된다. 검사나 피고인 또는 기타 항고권자는 원칙적으로 상소의 포기 또는 취하를 할 수 있고($\frac{제349}{조}$), 약식명령에 대한 정식재판의 청구는 제1심판결 선고 전까지 취하할 수 있다($\frac{제454}{조}$). 즉결심판에 대하여도 정식재판의 포기 또는 취하를 할 수 있다($\frac{卽審法\ 제14}{조\ 제4항}$).

제3 재판확정의 효력

Ⅰ. 형식적 확정력

1. 의   의

재판이 통상의 불복방법에 의하여는 더 이상 다툴 수 없게 된 상태에 이르렀을 때 재판은 확정되며 이 상태를 재판의 형식적 확정이라고 하고 재판의 형식적 확정에 의하여 발생하는 효력을 재판의 형식적 확정력이라고 한다. 재판의 형식적 확정은 재판의 실질적 확정의 전제가 된다.

2. 내   용

형식적 확정력을 재판의 형식적 확정에 의한 재판의 **불가변경적 효력**이라고 설명하거나, 재판의 형식적 확정에 의한 **불가쟁적 효력**으로 설명하기도 한다.[1] 또한 재판의 불가변경적 효력과 불가쟁적 효력을 포함하는 것으로 보는 견해[2] 도 있다. 형식적 확정력은 상급법원에 의한 당해 재판의 불가변경적 효력이며 이러한 형식적 확정력의 불가변경적 효력을 소송관계인의 입장에서 보면 재판에 대한 불복이 불가능함을 의미한다. 따라서 재판의 형식적 확정력은 내부적으로 불가변경적 효력과 외부적으로 불가쟁적 효력을 지닌다고 본다.

3. 형식적 확정력이 있는 재판

형식적 확정력은 소송절차가 확정적으로 종결되는 소송의 절차면에서의 효력이다. 따라서 형식적 확정력은 종국재판이건 종국 전의 재판이건, 실체적 재판이건 형식적 재판이건 불문하고 모든 재판에 대하여 발생한다.

4. 형식적 확정력의 효과

재판이 형식적으로 확정되면 ① 종국재판의 경우에는 당해 사건에 대한 소송계속이 종결되고, ② 그 시점이 재판집행의 기준이 되며, ③ 유죄판결의 경우에 재판의 형식적 확정은 누범가중, 선고유예의 실효, 집행유예의 실효 등에 관한 기준시점이 된다.

---

1) 신양균, 882면; 이재상, 764면.
2) 신동운, 1389면.

Ⅱ. 실질적 확정력

1. 의   의

재판이 형식적으로 확정되면 이에 따라 그 의사표시적 내용도 확정되는데 이를 재판의 실질적 확정 또는 내용적 확정이라고 한다. 재판의 실질적 확정에 의하여 그 판단내용인 법률관계를 확정하게 하는 효력을 재판의 실질적 확정력 또는 내용적 확정력이라고 한다.

2. 내부적 효력

재판의 실질적 확정에 의하여 내부적으로 재판의 **집행력**이 발생한다. 재판의 집행력은 재판의 확정에 의하여 발생하는 것이 원칙이지만 예외적으로 벌금의 가납재판(제334조)과 같이 재판의 확정 전에도 집행력이 인정되는 경우가 있다. 집행을 요하는 재판이라면 실체재판뿐만 아니라 형식재판에서도 재판의 집행력이 발생한다. 실체재판 중 형선고의 유죄판결의 경우에는 형벌집행권이 발생하고 형식재판 중 보석허가결정이나 구속영장의 발부 등의 경우 집행력이 발생한다.

3. 외부적 효력

재판이 확정되면 외부적으로 후소에 대한 내용적 불가변력 또는 내용적 구속력을 가진다. 이러한 내용적 구속력으로 인하여 동일한 심판대상이 다시 문제로 되는 경우 후소법원은 전의 재판내용을 변경할 수 없게 된다. 이에 대해서는 항목을 바꾸어 상세히 검토해 보기로 한다.

제2관 기 판 력

제1 개   관

기판력(旣判力)이라는 용어는 원래 로마법에서 유래한다. 로마시대의 형사소송은 민사소송형식 즉 원고와 피고 간의 재판이라는 소송형식을 취하여 민사소송에서의 기판력개념이 통용되었다. 따라서 형사소송절차가 종료되면 피고인은 소권(actio)이 소멸되었다는 항변을 주장할 수 있었고 이러한 항변을 기판사건의 항변(exceptio res judicatae)이라 하였다. 그 후 기판사건의 항변은 '선고된 판결의 내용에 대하여 후의 판결은 모순될 수 없다'는 내용으로 공식화되었

다. 19세기 말부터 독일에서 기판력의 본질에 대한 학설이 대두되었는데 독일
의 학설이 일본에서 변형되면서 내용적 확정력이라는 개념으로 기판력이론이
전개되어 일사부재리의 효력을 협의의 기판력이라고 표현하였다. 아래에서 기
판력과 일사부재리의 효력과의 관계 및 기판력의 본질에 대한 학설을 살펴보
기로 한다.

제 2 기판력과 일사부재리의 효력

I. 동 일 설

기판력과 일사부재리의 효력을 동일한 개념으로 파악하는 견해[3]이다. 재판
이 형식적으로 확정되면 이에 따라 그 의사표시적 내용도 확정되어 일정한 법
률관계가 확정되는데, 실체와 관련된 실질적 확정력을 실체적 확정력이라고 하
고, 이를 광의의 기판력이라고 한다. 고유한 의미의 기판력은 동일사건의 실체
에 관하여 재차의 심리, 판결을 허용하지 않는 효력 즉 일사부재리의 효력만을
의미한다고 한다. 따라서 실체재판의 외부적 효력인 일사부재리의 효력, 즉 기
판력은 실정법상의 규정 유무에 불구하고 실체재판의 확정에 의해서 당연히
인정되며 일사부재리의 원칙에 관한 헌법의 규정은 기판력의 실정법적 근거가
아니라고 한다. 그리고 당연무효판결의 경우에는 실체적 확정력이 발생할 수
없고 일사부재리의 효력도 발생하지 않으며 따라서 이와 같은 경우에는 재기
소를 하여 실체재판을 하는 것이 허용된다고 한다.

II. 포 함 설

기판력은 재판의 실질적 확정력의 대외적 효력을 의미하는 내용적 구속력
과 일사부재리의 효력을 포함하는 의미로 해석하는 견해[4]이다. 즉 내용적 구속
력과 일사부재리의 효력은 실질적 확정력의 대외적 효과이고, 기판력은 내용적
구속력과 일사부재리의 효력을 포함하는 의미로 해석하는 것이 타당하다고 한
다. 일사부재리효의 근거를 헌법 제13조 제1항에 구하면서 위 규정은 대륙법계
의 일사부재리의 원칙과 영미법계의 이중위험금지의 법리를 포함하는 피고인
보호의 원칙을 선언한 것이라 한다.

---

3) 신동운, 1394면.
4) 배종대, 752면; 신양균, 892면; 이재상, 771면.

Ⅲ. 분 리 설

기판력과 일사부재리의 효력을 분리하여 일사부재리의 효력은 피고인의 부담을 최소화하고 피고인의 불안정한 상태를 제거하고자 하는 인권옹호의 사상, 즉 이중위험금지의 법리에서 유래하는 것으로 파악하여야 한다는 견해이다. 즉 기판력이란 종국재판의 후소에 대한 불가변경적 효력을 의미하는 데 불과하며, 일사부재리의 효력은 기판력 또는 재판의 효력과 관계없이 피고인을 보호하기 위한 원칙으로서의 의미를 가지는 데 그치게 된다고 한다.

Ⅳ. 검 토

일사부재리의 효력은 재판의 확정을 전제로 하는 것이 아니라 형사절차에 수반되는 피고인의 부담을 최소화하고 피고인의 불안정한 상태를 제거하고자 하는 이중위험의 금지에서 유래한 효력이라고 생각한다. 일사부재리의 효력은 피고인의 인권보호를 위한 절차적 효력으로서 발전한 것이며, 재판의 권위를 유지하기 위한 확정력이론과 반드시 결부되어야 할 필요성은 없고, 헌법 제13조 제1항에 규정된 일사부재리의 원칙은 인권보호를 위한 헌법적 요청에서 이중위험금지의 법리를 계수한 것이라 본다. 이와 같이 일사부재리의 효력을 재판의 확정과는 분리된 절차적 효력으로서 파악하게 되면, 재판의 형식적 확정력을 전제로 한 실질적 확정력은 그 내용을 달리하게 된다. 즉 재판의 실질적 확정에 의하여 내부적으로 재판의 집행력이 발생하며 외부적으로 후소에 대한 내용적 불가변력을 가진다. 이러한 실질적 확정력의 외부적 효력이 기판력에 관한 이론으로서 일사부재리의 효력과는 완전히 분리된다고 본다.

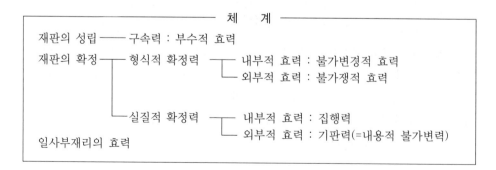

제 3　기판력의 본질

Ⅰ. 실체법설

1. 내　　용

실체법설은 독일의 Birkmeyer에 의하여 주장된 학설로서 기판력이란 실체법률관계를 창설하는 효력이라고 한다. 즉 부당한 판결이라 할지라도 그 판결내용에 따라 법률관계가 창설되어 판결의 실체적 진실 여부를 불문하고 기판력에 의하여 범죄가 성립되고 국가형벌권이 발생한다는 것이다. 또한 후소법원이 전소의 판결내용에 구속되는 것은 실체법상의 법률관계에 구속되는 당연한 결과라고 한다.

2. 비　　판

비범죄자도 유죄판결이 확정되면 범죄자로 된다는 것은 일반인의 인식에 반하고, 재심 또는 비상상고에 의하여 기판력이 배제될 수 있는 경우를 설명할 수 없다는 비판이 있다.

Ⅱ. 구체적 규범설

1. 내　　용

기판력이란 일반적, 추상적 규범인 실체법을 개별적, 구체적인 법률관계로 형성시키는 힘이라고 보는 학설이다. 즉 재판에 의하여 피고인에 대한 구체적인 법적 지위가 형성되므로 비록 사실관계와 재판을 통한 법적 판단이 상충되더라도 판결에 의하여 실체법은 구체화되고 피고인에 대한 재판의 집행력이나 구속력 등의 효력이 발생한다는 것이다. 만일 피고인이 부당하게 유죄의 판결을 받았다 하더라도 그 집행은 적법하고 이는 법적 안정성을 위해 불가피하며 재심제도에 의한 구제만이 가능하다고 한다.

2. 비　　판

① 구체화된 실체법 또는 구체적 규범이라는 의미가 불명확하고 기판력은 확정판결의 효력이지 구체화된 실체법 그 자체가 아니라는 점을 고려할 때 구체적 규범설은 이론적 합리성을 인정하기 어렵고, ② 재판은 형법상의 제재의 인식근거에 불과하고 행위나 행위자에 대한 형벌의 원인에 영향을 미치는 것

은 아니라고 보아야 하므로 기판력을 구체적 실체법이라고 인정하는 것은 타당하다고 할 수 없다. ③ 법원이 구체적으로 심판한 범위를 넘어서는 부분에 대해서까지 피고사건에 기판력이 미치는 점을 설명하지 못하는 난점이 있고, ④ 재판에 의하여 구체적 법규범이 창설된다면 왜 다른 법원이 스스로 구체적 법규범을 창설·정립할 수 없는가를 설명할 수 없다.

III. 소송법설

1. 내 용

기판력은 실체법률관계에 아무런 영향을 미치지 않고 다만 후소법원의 실체심리를 차단하는 소송법적 효력이라고 보는 학설(통설)이다. 소송법설은 다툼이 있는 법률관계를 법원의 공권적 판단에 의하여 종국적으로 해결한다는 소송의 기능 그 자체에서 기판력의 본질을 찾고 있다. 즉 기판력이란 후소법원에 대하여 전소법원의 확정판결과 모순되는 판단을 금지시키는 효력이라고 한다. 소송법설에 의하면 법원이 오판을 한 경우에도 재소가 금지되기 때문에 재심이나 비상상고 등의 절차를 거치지 않으면 그 확정판결을 파기할 수 없고, 오판에 기한 형집행에 대해서도 정당방위가 허용되지 않는다고 한다.

2. 비 판

구체적 규범설의 입장에서는 소송법설에 대하여 실체재판이 확정되면 구체적인 형벌권의 존부가 확정된다는 점을 도외시하고 있다고 비판한다.

IV. 검 토

구체적 규범설에 의하면, 확정재판에 의하여 당해 사건에 관한 법, 즉 구체적 규범이 형성이 된다고 한다. 그러나 기판력의 본질을 규범설정적인 효력으로 논하는 것은 타당하지 아니하고 오히려 확정재판을 규범으로 만드는 효력 그 자체를 살펴보아야 할 것이다. 기판력은 법적 안정성 즉 사회질서의 유지와 동일분쟁의 반복금지에 의한 소송경제의 요청에 기인한다. 따라서 기판력은 확정재판의 후소법원에 대한 내용적 불가변력으로 파악하여야 한다고 생각한다. 이러한 기판력의 존재에 의하여 비로소 확정재판은 규범으로 되는 것이다. 그러므로 기판력의 본질에 대하여는 소송법설이 타당하다고 본다.

제 4　기판력의 작용

Ⅰ. 논의의 실익

기판력을 실체적 확정력의 대외적 효과인 일사부재리의 효력이라고 해석하는 학설에 의하면, 형식재판에는 기판력이 인정되지 않고 다만 실체재판이 확정된 경우 후소에 대한 효력으로 일사부재리의 효력이 발생하며, 실체재판에는 후소에 대한 판단의 규준성의 문제가 논의될 실익이 없다고 해석하고 있다.

그러나 기판력과 일사부재리의 효력을 분리하고 기판력을 후소에 대한 내용적 불가변력이라고 한다면 형식재판에도 기판력이 발생하고, 실체재판에서도 동일한 피고인에 대한 별개의 사건의 경우(공소사실의 동일성이 없는 경우) 전소의 기판력을 논의할 수 있다.

Ⅱ. 형식재판과 기판력

1. 후소에 대한 기판력

형식재판의 기판력(내용적 불가변력)이 후소에 대하여 어떠한 작용을 하는가에 대하여 구속효과설과 차단효과설이 있다. 구속효과설에 의하면 후소법원은 확정된 재판의 판단내용에 구속되어 그 재판과 다른 판단을 할 수 없고, 차단효과설에 의하면 후소법원은 아예 동일한 사항에 대하여 판단을 할 수 없다고 한다. 기판력이 있는 사항에 대하여는 재판이 처음부터 거부되어야 할 것이므로 차단효과로 보는 것이 타당하다고 생각한다. 예를 들면 친고죄에 관하여 고소의 취소를 이유로 제327조 제5호에 따라 공소기각의 판결이 확정된 후 종전의 고소에 의거하여 동일한 사건에 관하여 재차 공소를 제기한 경우 후소법원은 제327조 제2호에 의해서 공소제기의 부적법, 무효를 이유로 공소기각의 판결을 선고하여야 한다. 또한 관할권의 부존재를 이유로 한 관할위반의 판결이 확정된 후 동일사건에 관하여 동일한 법원에 공소가 제기된 경우에는 관할위반판결의 기판력으로 인하여 제327조 제2호에 의하여 공소기각의 판결을 선고하여야 한다.

2. 기판력의 배제

⑴ **사정변경의 경우**　　형식재판의 기판력은 사정변경이 있는 경우까지 적용

되는 것은 아니다. 따라서 친고죄에 관하여 고소의 무효를 이유로 한 공소기각의 판결이 확정된 후에도 유효한 고소에 기하여 다시 공소의 제기가 있는 경우에는 전소의 기판력이 미치지 아니하고, 친고죄의 강간죄로 기소된 사건에 대하여 적법한 고소가 없음을 이유로 한 공소기각의 판결이 확정된 후 비친고죄인 강간치상죄의 범죄사실이 밝혀진 경우에는 다시 공소를 제기하는 것이 허용된다.

(2) 기망행위에 의한 경우　피고인의 사망을 이유로 한 공소기각의 결정이 확정된 후 피고인의 생존사실이 판명된 경우와 같이 재판내용의 오류가 명백하고 그것이 피고인의 적극적인 기망행위로 인한 경우에도 기판력을 인정할 것인가의 문제가 있다. ① 다수설은 객관적으로 재판내용의 오류가 명백할 뿐만 아니라 그 오류가 피고인 측의 적극적인 기망행위에 기인한 것으로 재소를 허용해도 무방하다고 한다.[5] ② 소수설에 의하면, 전소의 기판력에 의하여 당해 소송에 관한 한 피고인의 사망은 확정되었다고 볼 것이므로 이 경우에도 재소는 허용되지 않는다고 한다.[6] 피고인의 사망을 이유로 한 공소기각결정이 피고인의 적극적인 기망행위로 이루어진 경우에는 재소가 허용된다고 본다.

【사 례】　형식재판과 기판력

《사 안》　피고인 甲은 사기죄로 재판을 받던 중 보석으로 석방되었다. 甲은 서류를 위조하여 가족관계등록부에 甲이 사망하였다고 등재하였고, 甲의 동생 乙은 甲의 부탁을 받고 가족관계등록부를 수소법원에 제출하였다. 법원은 피고인의 사망을 이유로 공소기각결정을 하였고, 그 결정은 확정되었다. 그 후 검사는 甲의 생존사실을 밝혀내고 甲을 공문서위조죄 등으로 기소하면서 사기죄에 대하여도 재차 공소를 제기하였다. 법원은 사기죄의 공소사실에 대하여 어떠한 재판을 하여야 하는가?

《검 토》　형식재판의 기판력(내용적 불가변력)은 동일한 사정, 동일한 사항을 전제로 하는 효력이므로 사정변경이 있거나 사건의 내용이 다른 경우에는 인정되지 않는다. 피고인의 사망을 이유로 한 공소기각의 결정이 확정된 후 피고인의 생존사실이 판명된 경우에 기판력이 배제되느냐 여부에 관해서는 학설이 대립한다. 피고인 甲의 사망을 이유로 한 공소기각결정의 내용은 오류임이 명백하고, 그 결정은 피고인 甲의 적극적인 기망행위에 의한 것이므로 기판력이 배제된다고 본다. 따라서 검사가 사기죄에 대하여 다시 공소를 제기한 것은 적법하고, 사기죄의 공소사실을 유죄로 인정할 증거가 충분하다면 법원은 유죄판결을 선고하여야 한다.

---

5) 배종대, 750면; 신동운, 1392면.
6) 신양균, 888면; 이재상, 770면.

Ⅲ. 실체재판과 기판력

1. 후소에 대한 기판력

피고인이 방화죄에 대하여 무죄판결을 선고받아 확정된 후 보험금을 청구하였는데 보험금사기죄로 다시 기소된 경우 후소법원은 방화행위가 사실임을 전제로 하여 사기죄에 대하여 유죄판결을 선고할 수 있는가의 문제에 관하여 일단 피고인에 대하여 이익된 판단이 내려진 이상 그 피고인의 법적 안정성은 보장되어야 할 것이므로 후소법원은 방화행위가 사실임을 주장하기 위한 검사의 증거신청을 기각하여야 한다는 견해가 있다. 위와 같은 견해는 전소법원에서 피고인에게 이익이 되는 판단이 내려진 경우 후소법원이 이를 전제로 한 다른 사실을 재판하는 경우에 동일한 사항에 대한 판단을 금한다는 취지로 보인다. 실체재판의 기판력은 피고인에게 이익이 될 때에만 후소에 적용되는 편면적인 것이 아니라 불이익한 경우에도 적용된다고 본다. 따라서 위와 같은 사례에서 피고인이 방화죄로 유죄판결을 선고받아 확정되었다면 그 판단은 보험금청구의 사기죄에 대한 재판에서도 유지된다고 본다.

2. 기판력의 배제

피고인의 적극적인 기망행위를 기초로 판결이 선고되고 그 내용의 오류가 명백한 경우에는 기판력이 인정되지 않는다. 따라서 피고인이 타인의 교통사고를 자신이 범한 교통사고라고 허위로 자수하여 업무상과실치사상죄로 유죄의 처벌을 받았다면 그 후 다시 범인은닉죄로 처벌될 수 있다.

제 3 관 일사부재리의 효력

제 1 개   관

Ⅰ. 의   의

일사부재리의 효력이란 유·무죄의 실체판결이나 면소판결이 확정되면 동일한 사건에 대해 다시 심리·판단하는 것이 허용되지 않는다는 효력을 말한다. 일사부재리의 효력은 실체판결과 면소판결에 대해서만 인정되고, 그 효력의 적용대상이 동일한 사건에 국한된다는 점에서 전술한 기판력과는 구별된다.

헌법 제13조 제1항은 『모든 국민은 행위시의 법률에 의하여 범죄를 구성하지 아니하는 행위로 소추되지 아니하며, 동일한 범죄에 대하여 거듭 처벌받지 아니한다』라고 규정하고 있는데 이 규정의 전단은 사후법의 금지이지만, 본 규정의 후단에 대하여는 영미법계의 이중위험금지의 법리를 수용한 것이라 본다.

Ⅱ. 기   능

일사부재리의 원칙은 인권존중사상을 기초로 중세 규문주의소송과 근세 탄핵주의소송을 구별지우는 형사소송의 기본원칙이다. 중세 규문주의소송에서는 실체적 진실의 발견을 위하여 피고인에 대하여 새로운 혐의가 발견되면 종전의 판결은 무시되고 새로운 형사절차가 개시되었다. 이와 같은 규문주의소송은 자유인권사상의 대두로 말미암아 붕괴되고 일사부재리의 원칙은 피고인의 인권보호를 위한 기본적인 원리로 등장하게 된 것이다. 일사부재리의 원칙은 동일사건에 대하여 재차의 소송수행과 재판을 금지함으로써 피고인의 보호 및 법적 안정성을 확보하는 기능을 한다.

제 2 일사부재리의 효력이 발생하는 재판

Ⅰ. 유죄·무죄판결

1. 형사절차

유죄·무죄판결이 확정된 경우 일사부재리의 효력이 발생한다. 따라서 유죄·무죄의 판결이 확정된 후에 동일한 범죄사실이 재차 공소제기된 경우에는 법원은 면소판결을 선고하여야 한다. 형법 제60조에 의하면 형의 선고유예판결을 받은 자가 선고유예를 받은 날로부터 2년이 경과한 때에는 면소된 것으로 간주되는데 이 경우 면소판결로서의 일사부재리효가 인정된다는 견해가 있으나 선고유예의 유죄판결 자체에서 일사부재리의 효력이 발생하는 것이라고 본다. 약식명령과 즉결심판은 정식의 공판절차에 의하지 아니하고 형벌을 과하는 간이한 형사절차이지만 정식재판의 청구기간이 경과하거나 그 청구의 취하 등으로 확정된 경우에는 형집행을 위한 집행력이 발생할 뿐만 아니라 일사부재리의 효력이 인정된다.

2. 통고처분

법원에 의하여 자유형 또는 재산형에 처하는 절차에 갈음하여 행정관청이 법규위반자에게 범칙금이라는 금전적 제재를 통고하고 일정기간 내에 이를 이행한 경우에는 당해 위반행위에 대한 소추를 면하게 하는 것을 통고처분이라 한다. 경범죄처벌법 제7조 제3항 및 도로교통법 제164조 제3항에 의하면 일정한 범칙행위로 통고처분을 받은 자가 범칙금을 납부한 경우에 그 범칙금납부자는 '범칙행위에 대하여 다시 벌받지 아니한다'고 규정하고 있어 범칙금납부에도 일사부재리의 효력이 인정된다.

3. 보호처분

소년이 소년법상의 보호처분결정(동법 제32조)을 받은 경우 일사부재리의 효력이 인정된다는 견해가 있으나 동법 제53조는 보호처분결정을 받은 소년에 대하여 확정판결과 동일한 효력을 부여한 것이 아니라 단순히 '공소를 제기하지 못하도록 한 것'에 그치고 있으므로 이러한 사건에 대하여 공소가 제기되었다면 법원은 면소판결이 아니라 공소제기의 절차가 법률의 규정에 위배하여 무효인 때에 해당한 경우로 공소기각 판결에 의하여 형사절차를 종결시켜야 한다.[7]

II. 면소판결

면소판결이 확정된 경우에는 일사부재리의 효력이 인정된다. 그 근거에 관하여 실체관계적 형식재판설은 실체적 소송조건에 대한 심리가 있었다는 이유로 일사부재리의 효력이 인정된다고 해석하고, 형식재판설은 소송추행의 이익이나 실체심리의 필요성이 없기 때문에 일사부재리의 효력이 인정된다고 한다. 그러나 일사부재리의 효력은 면소사유의 본질에서 당연히 도출되는 것이 아니라 형사정책과 입법에 의하여 부여된 것이다.

III. 당연무효의 판결

1. 의 의

⑴ 개 념 당연무효의 판결이란 판결로서 성립은 하였으나 명백하고 중대한 하자가 있기 때문에 상소나 기타의 불복신청을 하지 않더라도 그 본래의 효력이 발생하지 않는 재판을 의미한다. 동일사건에 대하여 이중의 실체판결이

---

7) 대법원 1985. 5. 28. 선고 85도21 판결.

확정된 경우에 있어서 나중에 확정된 판결, 사자(死者) 또는 형사미성년자에 대하여 형을 선고한 판결, 형법 제41조가 규정하고 있지 않는 형벌을 선고한 판결, 항소취하 후 항소심에서 내린 판결 등은 당연무효의 판결에 해당한다.

⑵ **구별개념**　　판결의 당연무효는 판결의 불성립과 구별된다. 적어도 판결로서 성립하기 위해서는 법관이 직무수행상 행한 것이라 할 외관을 갖추고, 이를 대외적으로 선고하는 절차를 거쳐야 한다. 그러므로 직무상 사법권행사의 권한 없는 자가 행한 판결, 즉 법관 아닌 자의 판결 및 선고하지 아니한 판결초고는 판결로서 존재하지 않는 것이다. 판결의 불성립은 그 효력의 유무를 논할 필요조차 없는 경우이므로 판결의 구속력은 물론 형식적 확정력이 발생할 수 없고 당해 심급에서 절차가 완결되지 않았기 때문에 피고인과 검사는 당해 심급에 절차의 속행신청을 할 수 있다.

2. 효　력

⑴ **형식적 확정력**　　당연무효의 판결은 그 본래적 효과인 의사표시적 효력을 발생하지 아니하기 때문에 피고인이 별도의 불복신청을 하지 않더라도 집행력이 발생하지 않는 것은 물론이다. 그러나 당연무효라는 의미는 어떠한 효력도 발생하지 않는다는 절대무효를 뜻하는 것이 아니고 당연무효의 판결이라 할지라도 판결이 일단 성립하고 있으므로 형식적 확정력은 인정할 수 있다. 즉 판결의 당연무효와 판결의 불성립은 이론적으로 엄격히 구별되어야 하며 적어도 판결로서 성립하였다면 당해 사건에 관하여 소송절차를 종결시킨 효력은 있다고 인정해야 하기 때문이다.

⑵ **일사부재리의 효력**　　당연무효의 판결은 대내적으로 집행력의 발생이 부인될 뿐만 아니라 대외적으로 일사부재리의 효력도 발생하지 않는다는 견해가 있다. 일사부재리의 효력을 실체적 확정의 외부적 효력이라고 주장하는 입장에서는 판결이 당연무효인 경우 일사부재리의 효력도 존재하지 않는다고 해석하는 것이 논리적인 귀결이다. 그러나 일사부재리의 효력은 이중위험금지의 법리에 따라 피고인이 동일한 범죄로 이중의 형사절차를 받지 않도록 하는 효력이므로 판결의 당연무효를 이유로 일사부재리의 효력을 부정할 수는 없다. 당연무효의 판결이라 하더라도 법원은 사건에 대하여 심리를 종결하여 최종적 판단을 행한 것이므로 그 절차에서 처벌의 위험에 있었던 피고인을 재차의 심판으로부터 보호하여야 한다.

3. 비상상고

당연무효의 판결에 대하여 비상상고가 허용되는지의 여부를 살펴보면 판결이 당연무효이면 비상상고에 의하여 다툴 필요가 없다는 견해도 생각할 수 있지만, 법적 안정성의 관점에서 판결이 당연무효라 할지라도 형식적으로 존재하므로 비상상고에 의하여 당연무효를 확인할 필요가 있다고 본다.

제3 일사부재리의 효력이 미치는 범위

Ⅰ. 객관적 범위

1. 동일한 범죄

심판대상에 관한 통설과 판례인 이원설에 의하면 일사부재리의 효력이 미치는 객관적 범위는 법원의 현실적 심판대상인 당해 공소사실은 물론 그 공소사실과 단일하고 동일한 관계에 있는 사실의 전부(잠재적 심판대상)에 미친다. 공소사실과 동일성이 인정되는 범위까지 일사부재리의 효력이 미치는 근거에 대해서는 ① 1개의 형벌권이 인정되는 사실은 1회의 절차에서 해결해야 하기 때문이라는 견해, ② 법원의 잠재적 심판대상이 된 사실이기 때문이라는 견해, ③ 공소불가분원칙의 당연한 귀결이라는 견해가 있다. 제2설이 타당하다고 본다.

2. 판단기준

범죄의 동일성 여부는 그 사실의 기초가 되는 사회적인 사실관계를 기본으로 하되 규범적 요소도 고려하여 판단하여야 한다.[8] 이러한 판례의 입장에 대하여 이는 이중위험금지의 이념을 위태롭게 할 염려가 있고, 기본적 사실동일성 여부의 판단에 법익·죄질과 같은 규범적 요소를 고려하는 것은 타당하다고 할 수 없다는 견해가 있다. 그러나 범죄의 동일성은 형사소송법상의 개념이므로 이것이 형사소송절차에서 가지는 의의나 소송법적 기능을 고려하여야 하고, 기본적 사실관계가 동일한가의 여부는 그 규범적 요소를 전적으로 배제한 채 순수하게 사회적·전법률적(前法律的)인 관점에서만 파악할 수는 없다고 본다. 또한 이중위험금지의 법리에 있어서도 위험발생의 범위에 관한 판단문제가 있으므로 범죄의 동일성판단에 규범적 요소를 고려한다고 하여 이중위험금지의 이념을 위태롭게 하는 것이라고는 볼 수 없다.

---

8) 대법원 1994. 3. 22. 선고 93도2080 전원합의체 판결, 1996. 6. 28. 선고 95도1270 판결, 2005. 1. 13. 선고 2004도6390 판결.

【사 례】 일사부재리의 효력이 미치는 객관적 범위

《사 안》 피고인 甲은 살인죄로 기소되었고, 그 공소사실은 피고인 甲이 피해자 乙을 살해하기 위해 乙을 승용차에 동승시킨 후 고의로 전신주를 들이받아 乙을 살해하였다는 것이다. 피고인 甲은 운전부주의로 교통사고가 난 것일 뿐 고의가 없었다고 진술하였다. 법원은 살인의 고의를 입증할 증거가 불충분하다는 이유로 피고인 甲에 대해 무죄판결을 선고하였고, 그 판결은 확정되었다. 그 후 검사는 피고인 甲이 승용차를 운전하던 중 업무상 과실로 전신주를 들이받아 승용차에 동승한 피해자 乙을 사망에 이르게 하였다는 공소사실(교통사고처리특례법위반)로 공소제기하였다. 법원은 어떠한 재판을 하여야 하는가?

《검 토》 본 사안의 쟁점은 살인죄의 공소사실과 교통사고처리특례법위반죄의 공소사실 사이에 그 동일성이 인정되는가 여부이다. 공소사실의 동일성 여부는 그 사실의 기초가 되는 사회적인 사실관계를 기본으로 하되 규범적 요소도 고려하여 판단하여야 한다. 살인의 공소사실과 업무상 과실치사의 공소사실 사이에는 범행의 일시·장소, 피해자가 같고, 피해법익과 죄질에 있어 현저한 차이가 있다고 볼 수 없으므로 동일성이 인정된다. 그러므로 살인의 공소사실에 대한 무죄판결의 일사부재리효력은 업무상 과실치사의 공소사실에 미친다. 따라서 법원은 교통사고처리특례법위반의 점에 대해 면소판결을 선고하여야 한다.

3. 범칙행위의 동일성

일정한 범칙행위로 통고처분을 받은 자가 그 범칙금을 납부한 때에는 일사부재리의 효력이 인정된다. 이 경우 다시 벌받지 않게 되는 행위사실은 범칙금 통고의 이유에 기재된 당해 범칙행위 자체 및 그 범칙행위와 동일성이 인정되는 범칙행위에 한정된다. 따라서 범칙행위와 같은 일시, 장소에서 이루어진 행위라 하더라도 범칙행위와 동일성을 벗어난 형사범죄행위에 대하여는 일사부재리의 효력이 미치지 않는다.[9] 예를 들면 경범죄처벌법 제1조 제26호(인근소란 등)의 범칙행위와 흉기를 휴대하여 피해자의 신체를 상해하였다는 「폭력행위 등 처벌에 관한 법률 위반」의 공소사실은 범죄사실의 내용이나 그 행위의 수단 및 태양, 각 행위에 따른 피해법익이 다르고, 그 죄질에도 현저한 차이가 있으며, 범칙행위의 내용이나 수단 및 태양 등에 비추어 그 행위과정에서나 이로 인한 결과에 통상적으로 흉기휴대상해 행위까지 포함된다거나 이를 예상할 수 있다고는 볼 수 없으므로 기본적 사실관계가 동일한 것으로 평가할 수

---

9) 대법원 2002. 11. 22. 선고 2001도849 판결, 2012. 9. 13. 선고 2012도6612 판결.

없다.[10]

【사 례】 범칙행위의 동일성

《사 안》 甲은 2019. 9. 4. 17:00경 서울 서초구 방배동 824 앞 도로를 진행하다가 중앙선을 침범하여 운전한 과실로 피해자 乙이 운전하던 승용차를 충격하여 乙로 하여금 2주간의 치료를 요하는 상해를 입게 하였다. 방배경찰서장은 "甲이 위 일시, 장소에서 승용차를 운전함에 있어 안전운전의무를 불이행하였다"라는 이유로 범칙금 6만원의 납부통고를 하였고, 甲은 2019. 9. 17. 그 범칙금을 납부하였다. 그 후 검사는 甲을 교통사고처리특례법위반죄(업무상 과실치상)로 공소제기하였다. 법원은 어떠한 판단을 하여야 하는가?

《검 토》 교통범칙금제도는 비교적 경미한 도로교통법위반행위에 대하여 일정액의 범칙금을 납부하는 기회를 부여하여 그 범칙금을 납부한 자에 대하여 기소를 하지 않고 사건을 간이하게 처리하는 절차이다. 피고인 甲이 안전운전의무를 불이행하였다는 도로교통법위반죄의 범칙행위사실과 중앙선을 침범한 과실로 사고를 일으켜 피해자에게 부상을 입게 하였다는 교통사고처리특례법위반죄의 범죄행위사실은 범죄의 내용이나 행위의 태양, 피해법익 및 죄질에 있어 현격한 차이가 있어 동일성이 인정되지 않는 별개의 행위이다. 따라서 법원은 교통사고처리특례법위반죄에 대하여 범죄의 증명이 있다고 판단하는 경우에는 유죄판결을 선고하여야 한다.

4. 보충소송의 문제

독일에서는 확정판결의 일사부재리효력을 제한하는 이론으로 보충소송의 이론이 있다. 확정판결이 범죄행위의 불법내용을 모두 판단하지 않은 경우에는 판결확정 후 발생한 불법내용을 다시 판단하기 위해 재소가 허용된다고 한다. 예를 들면 피고인이 상해죄로 유죄판결을 선고받아 그 판결이 확정된 후 피해자가 사망하였다면 전소에서 판단되지 못한 치사(致死)의 결과에 대해 다시 재판을 할 수 있다는 것이다. 그러나 동일성이 인정되는 공소사실에 대한 보충소송은 일사부재리의 원칙에 반하여 허용되지 않는다고 본다.

---

10) 대법원 2011. 4. 28. 선고 2009도12249 판결.

II. 주관적 범위

1. 동일한 피고인

일사부재리의 효력은 공소가 제기된 피고인에 대하여만 발생하므로 공동피고인 중 한 피고인에 대한 확정판결의 효력은 다른 피고인에게 미치지 않는다. 공범자인 공동피고인의 한 사람에 대하여 내려진 무죄판결이 다른 공범자에 대한 증거자료로 사용될 수는 있지만 이 경우 일사부재리의 효력과는 관계가 없다. 또한 甲이 공소외 乙과 공모하여 절도죄를 범하였다는 이유로 유죄판결을 받은 후 乙이 기소되었다 하더라도 乙에 대하여 무죄판결을 선고할 수도 있다. 일사부재리의 효력은 동일인을 대상으로 하기 때문에 공범 사이에 모순되는 판결이 생길 수 있다.

2. 성명모용 등

피고인이 다른 사람의 성명을 모용한 탓으로 공소장에 피모용자가 피고인으로 표시되었다 하더라도 이는 당사자의 표시상의 착오일 뿐이고 검사는 모용자에 대하여 공소를 제기한 것이므로 판결의 효력은 피모용자에게 미치지 않는다. 그러나 위장출석한 피고인에 대하여 판결이 확정된 때에는 그 판결의 효력이 피고인으로 취급된 자에게 미치게 된다.

III. 시간적 범위

1. 판결의 경우

(1) 기준시점　　계속범 또는 일정기간에 걸쳐 다수의 동종의 행위가 동일한 의사에 의하여 반복되는 영업범, 상습범과 같이 부분행위가 확정판결의 전후에 걸쳐서 행하여진 경우 일사부재리의 효력은 사실심리가 가능한 최후의 시점까지 미치는데 그 구체적인 시점에 관하여 변론종결시설, 판결선고시설, 판결확정시설이 있다. 판결확정시설은 사실심리가 마쳐진 후의 사실에까지 일사부재리의 효력를 미치게 한다는 점에서 의문이 있고, 변론종결시설은 형사소송법상 종결한 변론을 법원이 언제든지 재개할 수 있고 당사자도 변론의 재개를 신청할 수 있으므로 부적절하다고 본다. 결국 일사부재리효의 기준시는 사실심리의 가능성이 있는 최후의 시점인 판결선고시설로 보는 통설과 판례[11]의 입장이 타

---

11) 대법원 1979. 2. 27. 선고 79도82 판결, 1980. 5. 27. 선고 80도893 판결, 1982. 12. 28. 선고 82도2500 판결.

당하다고 생각한다.

(2) 효 과 　피고인의 개별적인 범행이 모두 피고인의 상습성에 의한 것이면 그 범행들은 모두 포괄일죄의 관계에 있지만 범행들의 중간에 동종의 죄에 관한 확정판결이 있는 경우에는 원래 일죄로 포괄될 수 있었던 일련의 범행들이 확정판결의 전후로 분리되고, 이와 같이 분리된 각 사건은 실체법적으로 경합범의 관계에 있는 별개의 범죄에 해당하며 소송법적으로도 범죄의 동일성이 없어 각각의 주문을 선고해야 한다.[12]

【사 례】 일사부재리효의 시간적 범위

《사 안》 甲은 도박죄로 기소유예처분과 3회의 벌금형을 받은 전력이 있는데도 2002년 2월 10일 乙 등과 화투로 도박을 하다가 사법경찰관에 의하여 체포되었다. 검사는 3월 5일 수원지방법원에 피고인 甲을 상습도박죄로 불구속기소하였다. A판사는 5월 7일 상습도박죄사건에 대한 변론을 종결하고 5월 21일을 선고기일로 고지하였는데, 그 기일에 피고인 甲이 출석하지 않자 선고기일을 2주 연기하였다. 피고인 甲은 6월 4일 법정에 출석하여 징역 6월에 집행유예 1년을 선고받았으며, 그 판결은 6월 12일 확정되었다. 그 후 검사는 피고인 甲이 2002년 5월 2일, 6월 1일, 6월 7일, 6월 14일 4회에 걸쳐 도박한 사실에 대해 인천지방법원에 상습도박죄로 다시 공소를 제기하였다. 피고인 甲의 도박사실과 상습성이 인정되는 경우 인천지방법원 판사 B는 어떠한 재판을 하여야 하는가?

《검 토》 상습범 등 포괄일죄의 부분행위에 대해 확정판결이 있는 경우 그 판결의 일사부재리효가 어느 시점까지의 범죄사실에 미치는가에 관해서는 판결선고시설이 타당하다고 본다. 피고인 甲의 도박상습성이 인정된다면 2002년 2월 10일자 도박범행은 5월 2일자 도박범행 등과 포괄일죄의 관계에 있다. 그러므로 2월 10일자 도박범행에 대해 선고된 확정판결은 그 판결선고시인 6월 4일까지의 도박범행에 대해 일사부재리효가 미친다.[13] 따라서 5월 2일자와 6월 1일자 도박의 공소사실은 면소의 대상이 되지만, 6월 7일자 도박의 공소사실에 대하여는 확정판결의 효력이 미치지 않는다. 이는 포괄일죄의 일부에 면소사유가 있고 나머지 부분에 실체판결을 할 경우에 해당하므로 판결주문에는 유죄의 판단을 표시하고 면소에 해당하는

---

12) 대법원 2000. 2. 11. 선고 99도4797 판결, 2000. 3. 10. 선고 99도2744 판결.

13) 이러한 법리가 적용되기 위해서는 전의 확정판결에서 당해 피고인이 상습범으로 기소되어 처단되었을 것을 필요로 하고, 상습범 아닌 기본 구성요건의 범죄로 처단되는 데 그친 경우(예를 들면, 도박죄로 처벌을 받은 경우)에는, 새로 저질러진 범죄사실과 전의 판결에서 이미 유죄로 확정된 범죄사실 등을 종합하여 모두 상습범으로서의 포괄일죄에 해당하는 것으로 판단된다 하더라도 전의 확정판결을 상습범의 일부에 대한 확정판결이라고 볼 수 없다(대법원 2004. 9. 16. 선고 2001도3206 전원합의체 판결).

부분은 판결의 이유에서 설시하면 충분하다. 한편 수원지방법원의 확정판결로 인해 일련의 도박범행은 확정시점을 기준으로 분리되어 6월 14일자 도박범행은 별개의 범죄에 해당하고 소송법적으로도 범죄의 동일성이 없게 된다. 또한 6월 7일자 도박범행과 6월 14일자 도박범행 사이에 확정판결이 있으므로 형법 제37조 후단의 규정에 따라 주문에 2개의 형이 선고된다. 그러므로 인천지방법원 판사 B는 6월 7일자 도박범행과 6월 14일자 도박범행에 대하여 주문에서 각각 형을 선고하고, 5월 2일자와 6월 1일자 도박의 공소사실에 대해서는 판결이유에서 면소에 해당함을 기재하면 된다.

2. 약식명령의 경우

판결절차가 아닌 약식명령은 그 고지를 검사와 피고인에 대한 재판서송달로써 하고 따로 선고하지 않으므로 약식명령에 관하여는 그 일사부재리의 효력이 미치는 시간적 범위를 약식명령의 송달시를 기준으로 할 것인가 또는 그 발령시를 기준으로 할 것인지의 문제가 있다. 이에 관하여 판례는 발령시설을 취하고 있다.[14] 학설상으로는 고지시설[15]과 발령시설[16]이 대립하고 있다. 일사부재리의 효력이 미치는 시간적 범위는 사실심리가 가능한 시점을 기준으로 결정하여야 하므로 발령시설이 타당하다고 본다.

제4 일사부재리효의 배제

일사부재리의 효력은 피고인의 인권보호와 법적 안정성을 위하여 인정되는 효력이다. 그러나 실질적 정의의 실현과 실체적 진실의 발견을 위하여 확정판결에 중대한 사실오인이 있거나 피고인에게 불공평하고 가혹한 결과를 초래하는 경우에는 예외적으로 일사부재리의 효력을 배제할 필요가 있다. 형사소송법은 일사부재리의 효력을 배제하는 제도로 상소권의 회복($\frac{제345조}{이하}$), 재심($\frac{제420}{조}$) 및 비상상고($\frac{제441}{조}$)를 인정하고 있다. 상소권의 회복은 재판의 확정 자체가 피고인의 이익을 현저히 부당하게 박탈하는 경우의 구제제도이고, 재심은 사실의 오인을 시정하여 유죄판결을 받은 자의 불이익을 구제하는 제도이며, 비상상고는 확정판결의 법령위반을 시정하여 법령해석의 통일을 기하기 위한 제도이다.

---

14) 대법원 1979. 2. 27. 선고 79도82 판결, 1981. 6. 23. 선고 81도1437 판결, 1984. 7. 24. 선고 84도1129 판결, 1994. 8. 9. 선고 94도1318 판결.
15) 신양균, 902면.
16) 배종대, 759면; 신동운, 1410면; 이재상, 775면.

제 5 편

구제절차 · 특별절차

제1장 상   소

제1절 통   칙

제1관 상소의 의의와 종류

제1 상소의 의의

Ⅰ. 상소의 개념

상소란 미확정의 재판에 대하여 상급법원에 구제를 구하는 불복신청제도를 말한다. ① 상소가 재판에 대한 **불복신청**이라는 점에서 검사의 불기소처분에 대한 검찰항고나 재정신청 또는 수사기관의 처분에 대한 준항고와 구별된다. 형사소송법이 준항고를 항고와 함께 규정한 것은 입법의 편의를 위한 것이다. ② 그리고 미확정의 재판에 대한 **불복신청**이라는 점에서 확정판결에 대한 비상구제절차인 재심 또는 비상상고와 구별된다. ③ 또한 상소는 **상급법원에 대한 구제신청**이라는 점에서 당해 법원에 대한 이의신청이나 약식명령 또는 즉결심판에 대한 정식재판의 청구와 구별된다.

Ⅱ. 상소제도의 기능

상소제도는 원판결의 잘못을 시정하여 소송주체의 불이익을 구제하고 **법령해석의 통일**을 실현하는 제도이다. 원심법원이 사실인정, 법령적용을 잘못하였거나 소송절차에 오류가 있는 경우 피고인과 검사는 상소에 의하여 그 잘못을 시정하게 된다. 그리고 피고인은 원심의 중한 형에 대하여 상소를 하여 가벼운 형을 선고받을 가능성이 있다. 하급법원 사이에 법령해석이 다른 경우 상소에 의하여 대법원은 법령해석의 통일을 기할 수 있다. 법령해석의 통일은 법적 안정성을 실현하는 데 반드시 필요하다.

제 2 상소의 종류

I. 항소와 상고

항소와 상고는 판결에 대한 **불복방법**이다. 항소는 제1심 판결에 대한 상소이고, 상고는 제2심 판결에 대한 상소이다. 다만 제1심 판결에 대해서도 예외적으로 상고가 허용되는데 이를 비약상고라고 한다. 항소는 지방법원본원 합의부나 고등법원이 심급관할권을 가지고, 상고는 대법원이 심급관할권을 가진다.

II. 항 고

항고는 법원의 **결정**에 대한 **불복방법**으로서 일반항고와 특별항고(재항고)로 구분된다. 그리고 일반항고는 그 대상, 항고기간, 효력 등에 따라 보통항고와 즉시항고로 다시 구분된다.

제 2 관 상소의 일반적 요건

제 1 상 소 권

I. 상소권자

1. 고유의 상소권자

(1) **검사와 피고인** 검사와 피고인은 소송의 주체로서 당연히 상소권을 가진다($\frac{제338}{조}$). 검사는 공익의 대표자로서 피고인을 위하여도 상소할 수 있다.

(2) **재판을 받은 자** 검사 또는 피고인 아닌 자가 법원의 결정을 받은 때에는 항고할 수 있다($\frac{제339}{조}$). 과태료의 결정을 받은 증인 또는 감정인($\frac{제151조, 제161조,}{제177조}$), 피고인 아닌 자로서 소송비용부담의 결정을 받은 자($\frac{제190}{조}$)가 이에 해당한다.

2. 그 외 상소권자

(1) **변호인 등** 원심의 변호인과 대리인($\frac{제276조,}{제277조}$) 또는 피고인의 배우자 · 직계친족 · 형제자매는 피고인의 의뢰나 수권이 없더라도 피고인의 명시한 의사에 반하지 않는 한 피고인을 위하여 상소할 수 있다($\frac{제341}{조}$). 원심판결선고 후 상소심의 변호를 위하여 새로 선임된 변호인은 상소권이 없으나 변호인선임서와

동시에 상소장을 제출하면 그 변호인의 상소는 유효하다. 변호인을 비롯한 배우자 등의 상소권은 모두 피고인의 상소권에 기초한 **독립대리권**으로서 피고인의 상소권이 소멸한 후에는 이들도 상소를 제기할 수 없다.[1] 따라서 원심판결 선고 후에 피고인이 상소권을 포기한 경우에는 원심의 변호인이 상소를 제기할 수 없다. 또한 상소제기기간 내에 피고인이 사망한 경우 변호인은 공소기각결정을 구하기 위해 상소하는 것은 허용되지 않는다.

(2) **법정대리인**   피고인이 미성년자·금치산자·한정치산자인 경우 그 법정대리인은 피고인을 위하여 상소할 수 있다($\frac{제340}{조}$). 피고인의 법정대리인은 피고인의 명시한 의사에 반하여도 상소권을 행사할 수 있다. 법정대리인의 상소권에 관하여 고유권설[2]과 독립대리권설[3]이 대립되고 있다. 피고인의 상소권이 소멸(피고인 사망 등)한 후에 법정대리인의 상소를 허용한다는 것은 불합리하므로 독립대리권설이 타당하다고 본다.

Ⅱ. 상소제기기간

1. 기   간

상소권은 상소제기기간 내에 행사되어야 한다. 상소제기기간이 경과하면 상소권이 소멸된다. 상소제기기간은 항소와 상고의 경우 7일($\frac{제358조.}{제374조}$)이고, 즉시항고의 경우 3일($\frac{제405}{조}$)이다. 보통항고의 경우에는 기간의 제한이 없고, 항고의 이익이 있는 한 언제든지 할 수 있다($\frac{제404}{조}$).

2. 기 산 일

상소기간은 재판이 선고 또는 고지된 날로부터 진행한다($\frac{제343조}{제2항}$). 상소제기기간의 기산일은 기간계산의 일반원칙($\frac{제66조}{제1항 본문}$)에 따라 재판을 선고 또는 고지한 날의 익일(翌日)이다. 다만 재판의 선고시·고지시에 상소권이 발생하므로 재판이 선고 또는 고지된 당일에 상소를 제기할 수 있다. 한편 피고인에 대한 결정고지일과 변호인에 대한 결정고지일이 다른 경우에는 피고인에 대한 결정고지일의 다음날부터 즉시항고제기기간을 기산하여야 한다.[4] 변호인의 항고권은 대리권이기 때문이다.

---

1) 대법원 1983. 8. 31.자 83모41 결정, 1991. 4. 23. 선고 91도456 판결, 1992. 4. 14. 선고 92감도10 판결, 1998. 3. 27. 선고 98도253 판결.
2) 배종대, 770면.
3) 신동운, 1420면; 이재상, 785면.
4) 대법원 1960. 12. 20.자 4293형항52 결정.

3. 재소자에 관한 특칙

(1) **적용범위**　교도소 또는 구치소에 있는 피고인이 상소기간 내에 상소장을 교도소장·구치소장 또는 그 직무를 대리하는 자에게 제출한 때에는 상소기간 내에 상소를 한 것으로 간주한다($^{제344조}_{제1항}$). 경찰서에 설치된 유치장은 미결수용실에 준하므로($^{행집행법}_{제87조}$) 유치장에 있는 피고인에 대하여도 상소기간개시의 특칙이 적용된다. 본조는 재소자인 피고인이 상소장을 **교도소장 등**에게 제출하는 경우에 한하여 적용된다. 따라서 재소자인 피고인이 상소장을 우편으로 원심법원에 제출한 경우에는 상소장이 원심법원에 도달한 때에 상소제기의 효력이 발생한다.

(2) **교도소장의 처리**　재소자인 피고인이 상소장을 작성할 수 없는 때에는 교도소장 또는 구치소장이 소속공무원으로 하여금 대서하게 하여야 한다 ($^{제344조}_{제2항}$). 교도소장, 구치소장 또는 그 직무를 대리하는 자가 재소자인 피고인으로부터 상소장을 제출받은 때에는 그 제출받은 연월일(年月日)을 상소장에 부기하여 즉시 이를 원심법원에 송부하여야 한다($^{규칙 제152}_{조 제1항}$).

(3) **준　용**　재소자에 관한 특칙은 후술하는 상소권회복청구, 상소의 포기·취하에 관하여도 준용된다($^{제355}_{조}$). 또한 재소자인 피고인이 상소이유서를 제출하는 경우에도 제344조가 준용된다.

Ⅲ. 상소권의 회복

1. 의　　의

상소권의 회복이란 상소권자 또는 대리인이 책임질 수 없는 사유로 상소기간 내에 상소를 할 수 없었던 경우 법원의 결정에 의하여 소멸된 상소권을 회복시키는 제도를 말한다. 상소권자가 상소기간 내에 상소를 하지 않으면 그 재판은 확정된다. 그러나 상소권자 또는 대리인이 책임질 수 없는 사유로 인하여 상소기간을 경과한 경우까지 판결이 확정된다면 그로 인하여 피고인 등이 받게 되는 불이익은 가혹하고 불공평하다. 이러한 경우 피고인 등은 상소권의 회복을 통하여 그 권리를 구제받을 수 있다.

2. 요　　건

(1) **대리인의 범위**　상소권자의 보조인으로서 상소권자의 부탁을 받아 상소에 관한 서면을 작성하여 이를 제출하는 등 상소에 필요한 사실행위를 대행하

는 사람도 대리인에 포함된다.[5] 예를 들면 변호인의 사무원, 피고인의 가족·종업원이 상소제기에 필요한 사실행위를 대리하는 경우는 본조의 대리인에 해당한다.

(2) **책임질 수 없는 사유**   상소권자 또는 대리인이 책임질 수 없는 사유란 상소권자 본인 또는 대리인의 고의·과실에 기하지 아니한 것을 말한다. ① 제1심 판결에 피고인의 주소를 잘못 기재한 결과 항소심에서 송달불능을 이유로 공시송달절차에 의해 판결이 선고되고, 그 때문에 피고인이 판결사실을 알지 못한 경우,[6] ② 요건이 미비되었음에도 불구하고 공시송달의 방법으로 판결절차가 진행되어 항소제기기간 안에 항소하지 못한 경우,[7] ③ 「소송촉진 등에 관한 특례법」에 따라 피고인이 불출석한 상태에서 재판이 진행되어 유죄판결이 선고된 것을 모른 채 상소기간이 도과된 경우,[8] ④ 교도소장은 피고인을 대리하여 결정정본을 수령할 수 있을 뿐이고 상소권행사를 돕거나 대신할 수 있는 자가 아닌데도, 교도소장이 결정정본을 송달받고 1주일이 지난 뒤에 그 사실을 피고인에게 알림으로써 피고인 또는 그 배우자가 소정기간 안에 항고장을 제출할 수 없게 된 경우[9]가 이에 해당된다.

(3) **귀책사유의 사례**   상소권자 또는 대리인에게 책임이 있는 경우에는 상소권회복청구가 인정되지 않는다. ① 피고인 또는 대리인이 질병으로 입원하였거나 기거불능으로 상소를 하지 못한 경우,[10] ② 피고인이 주소변경사실을 신고하지 아니하여 법원에 출석하지 못하거나 판결선고사실을 알지 못하여 상고기간을 도과한 경우,[11] ③ 기망에 의하여 항소권을 포기하였다는 것을 항소제기기간 도과 후에 알게 된 경우,[12] ④ 교도소 담당직원이 상소권자에게 상소권회복청구를 할 수 없다고 하면서 형사소송규칙 제177조에 따른 편의를 제공해주지 않은 경우,[13] ⑤ 법정소란으로 판결주문을 잘못 들어 항소제기기간 내에 항소를 하지 못한 경우,[14] ⑥ 피고인이 이미 확정된 집행유예판결의 선고일을

---

5) 대법원 1986. 9. 17.자 86모46 결정.
6) 대법원 1973. 10. 20.자 73모68 결정.
7) 대법원 1984. 9. 28.자 83모55 결정, 1986. 2. 27.자 85모6 결정.
8) 대법원 1985. 2. 23.자 83모37, 38 결정, 1986. 2. 12.자 86모3 결정, 2003. 11. 14. 선고 2003도4983 판결.
9) 대법원 1991. 5. 6.자 91모32 결정.
10) 대법원 1969. 1. 21.자 68모61 결정, 1986. 9. 17.자 86모46 결정.
11) 대법원 1986. 7. 23.자 86모27 결정, 1991. 8. 27.자 91모17 결정, 1992. 7. 21.자 92모32 결정, 1994. 11. 29.자 94모39 결정, 1996. 8. 23.자 96모56 결정.
12) 대법원 1984. 7. 11.자 84모40 결정.
13) 대법원 1986. 9. 27.자 86모47 결정.
14) 대법원 1987. 4. 8.자 87모19 결정, 2000. 6. 15.자 2000모85 결정.

잘못 알고 상고포기서를 제출한 경우[15] 등은 책임질 수 없던 사유에 해당되지 않는다.

3. 절　차

(1) **상소권회복의 청구**　고유의 상소권자와 상소권의 대리행사자는 상소권회복의 청구를 할 수 있다($\substack{제345 \\ 조}$). 상소권회복의 청구는 사유(상소를 할 수 없었던 책임질 수 없는 사유)가 끝난 날로부터 상소제기기간에 상당한 기간(항소 · 상고는 7일, 즉시항고 · 준항고는 3일) 내에 청구서를 원심법원에 제출하여야 한다($\substack{제346조 \\ 제1항}$). 상대방의 상소로 사건이 상소법원에 계속중인 경우에도 원심법원에 제출하여야 한다. 상소권회복청구를 할 때에는 원인된 사유를 소명하여야 한다($\substack{동조 \\ 제2항}$). 상소권의 회복을 청구한 자는 그 청구와 동시에 상소를 제기하여야 한다($\substack{동조 \\ 제3항}$). 교도소 또는 구치소에 있는 피고인에 대하여는 특칙이 인정된다($\substack{제355 \\ 조}$).

(2) **법원의 조치**　① 상소권회복의 청구가 있는 때에는 법원은 지체 없이 그 사유를 상대방에게 **통지**하여야 한다($\substack{제356 \\ 조}$). ② 법원은 청구에 대한 결정을 할 때까지 재판의 **집행**을 정지하는 결정을 할 수 있다($\substack{제348조 \\ 제1항}$). 재판의 집행정지결정은 필요적인 절차가 아니라 임의적인 절차이다. ③ 집행정지의 결정을 한 경우에 피고인의 구금을 요하는 때에는 **구속영장**을 발부하여야 한다($\substack{동조 \\ 제2항}$). 구속영장이 집행되면 피고인에 대하여 국선변호인을 선정해야 한다. 구속영장을 발부하여 피고인을 구속한 후 상소권회복의 청구가 기각된 경우에도 그 구속된 일수를 미결구금일수로 본형에 산입하여야 한다.[16]

(3) **심　리**　상소권회복사유의 심리를 위해 본안기록의 검토가 필요한데 기록이 원심법원에 없는 경우에는 기록이 있는 검찰청 또는 상소법원에 기록 송부촉탁을 하거나 서증조사를 할 필요가 있다.

(4) **결　정**　상소권회복의 청구를 받은 법원은 청구의 허부에 관한 결정을 하여야 한다. 이 결정에 대하여 신청인 또는 상대방은 즉시항고를 할 수 있다($\substack{제347 \\ 조}$). 상소권회복청구를 인용하는 결정이 확정되면 상소권회복의 청구와 동시에 행한 상소제기가 유효하게 된다. 따라서 일단 발생하였던 재판의 확정력은 배제된다. 상소권회복청구가 기각된 경우에 그 청구와 함께 제출된 상소장에 대해서는 상소기각결정($\substack{제360 \\ 조}$) 등을 할 필요가 없다.

---

15) 대법원 1996. 7. 16.자 96모44 결정.

16) 대법원 1967. 12. 29.자 67모45 결정, 1996. 7. 16.자 96모44 결정.

제2 상소의 이익

I. 의 의

1. 개 념

상소의 이익이란 상소가 상소권자에게 이익이 되는가라는 문제를 말한다. 본래 상소제도가 원판결의 잘못을 시정하여 소송주체의 불이익을 구제하는데 주된 목적이 있으므로 상소권자가 상소를 하기 위해서는 상소를 할 만한 이익이 있어야 한다. 이와 같은 점에서 상소의 이익은 상소의 일반적 적법요건이라고 할 수 있다. 상소의 이익은 원판결에 사실인정, 법령적용, 양형 등의 구체적인 오류가 있는가를 의미하는 상소의 이유와는 구별된다. 다만 상소이익에 대한 판단은 상소이유를 고려하여 이루어 진다는 점에서 양자는 밀접한 관계를 가진다.

2. 법적 근거

상소이익의 법적 근거에 관하여 ① 상소의 이익은 실정법에 근거를 둔 것이 아니라 이론적으로 인정된 개념이라는 견해와 ② 제368조와 제396조에서 선언하고 있는 불이익변경금지의 원칙에 근거한다는 견해[17] 및 ③ 항소·상고·항고의 제기에 관하여 '불복이 있으면'이라고 규정한 조문($^{제357조, \ 제371조,}_{제402조}$) 자체에서 구하는 견해[18]가 있다. 상소는 피고인의 불이익을 구제하기 위한 제도이기 때문에 불이익변경금지의 원칙과 상소에 관한 규정의 '불복이 있으면'이라고 규정한 조문 자체에서 함께 구하여야 한다고 본다.

II. 판단기준

1. 검사의 상소이익

⑴ **피고인에게 불이익한 상소**   검사는 피고인에게 불이익한 상소를 할 수 있는 점은 당연하다. 즉 검사는 무죄판결뿐만 아니라 유죄판결에 대해서도 중한 죄나 중한 형을 구하는 상소를 제기할 수 있다. 다만 이 때 검사의 상소이익을 어디에서 구할 것인가에 대하여 피고인와 대립되는 검사의 당사자 지위에서 구하는 견해[19]와 공익의 대표자로서 정당한 법령의 적용을 청구하여야 할 검사의

---

17) 이재상, 788면.
18) 배종대, 775면; 신동운, 1442면.

기본적 직무에서 구하는 견해[20]가 있다. 후자의 견해가 타당하다고 본다.

(2) **피고인의 이익을 위한 상소**　　재판이 공정하게 이루어지지 않은 경우 검사는 공익의 대표자로서 피고인의 이익을 위하여 상소도 할 수 있다. 검사가 피고인을 위하여 상소하는 경우 그 상소이익의 법적 성격이 피고인의 상소에서 요구되는 상소이익과 동일한지의 여부에 관하여 견해가 대립되고 있다. ① 동일설에 의하면, 검사가 피고인을 위한 상소를 할 때에도 불이익변경금지의 원칙이 적용된다고 한다.[21] 이에 대하여 ② **구별설**에 의하면, 검사의 상소이익은 국가가 상소제도를 둔 목적에 합치되고 상소이유에 해당할 때 인정되는 것으로서 피고인의 상소에서 요구되는 상소이익과 구별되므로 피고인의 이익을 위한 검사의 상소에는 불이익변경금지의 원칙이 적용되지 않는다고 한다.[22] 피고인의 이익을 위한 검사의 상소에는 피고인에 대한 불이익변경금지의 원칙이 적용된다고 본다.

2. 피고인의 상소이익

(1) 학　설

(가) **주관설**　　상소는 오판받은 피고인을 구제하기 위한 제도라는 점에 주목하여 피고인의 주관적 측면을 기준으로 상소이익의 유무를 판단하자는 견해이다. 주관설에 의하면 피고인이 형집행을 지연시키기 위해 상소하는 경우에도 상소이익을 인정하게 된다.

(나) **사회통념설**　　사회윤리적 입장에서 사회통념을 기준으로 피고인의 상소이익 여부를 판단하자는 견해이다. 이 견해에 의하면 가벼운 법정형에 해당하는 파렴치범죄에 대해 중한 법정형에 해당하는 비파렴치범죄를 주장하여 상소하는 것도 허용된다.

(다) **객관설**　　통설은 법익박탈의 대소라는 객관적 표준을 기준으로 상소이익의 유무를 판단하여야 한다는 견해를 취하고 있다. 객관설에 의할 때 형의 경중을 정한 형법 제50조와 불이익변경금지의 원칙을 규정한 제368조가 중요한 판단기준이 된다.

(2) **검　토**　　주관설에 의하면 피고인이 이익으로 생각하고 상소한 때에는 언제나 상소이익을 긍정할 수밖에 없어 상소이익을 특별히 논할 실익이 없게

---

19) 이재상, 789면.
20) 배종대, 775면; 신동운, 1443면.
21) 배종대, 776면; 신동운, 1445면; 신양균, 921면.
22) 이재상, 789면.

된다. 그리고 사회통념설에서 기준으로 삼고 있는 파렴치범과 비파렴치범은 그 구별이 쉽지 않고, 명예회복만으로 상소이익을 인정하기도 어렵다는 점에서 객관설이 타당하다고 본다.

Ⅲ. 구체적 내용

1. 유죄판결에 대한 상소

⑴ 유죄판결과 상소의 이익   유죄판결은 피고인에게 가장 불리한 재판이므로 무죄를 주장하거나 원심보다 가벼운 형의 선고를 구하는 상소는 당연히 상소이익이 있다. 그러나 상소의 취지가 피고인에게 불이익한 경우에는 상소이익을 인정할 수 없다. 예를 들면 ① 벌금의 실형에 대해 징역형의 집행유예를 구하는 경우, ② 원판결이 인정한 죄보다 중한 죄에 해당한다고 주장하는 경우, ③ 원판결이 누범가중을 하지 않은 것을 다투는 경우, ④ 단순일죄나 상상적 경합범에 대하여 수죄인 실체적 경합범을 주장하는 경우, ⑤ 정황에 관하여 불리한 사실을 주장하는 경우 등이 이에 해당한다. 포괄일죄를 경합범이라고 주장하는 경우 상소이익이 인정되지 않다는 견해가 있으나, 구체적인 사안에 따라 피고인에게 불리하면 상소이익이 부정되고 유리한 경우에는 상소이익이 인정된다고 본다.

⑵ 형면제 및 선고유예의 판결에 대한 상소   형면제의 판결 및 형의 선고유예판결은 유죄판결의 일종이므로 피고인은 무죄를 주장하여 상소할 수 있다.

⑶ 제3자의 소유물을 몰수하는 재판에 대한 상소   피고인 소유의 목적물이 몰수되면 피고인은 상소이익을 갖는다. 나아가 제3자의 소유물에 대한 몰수가 피고인의 유죄판결에 부가형으로 선고된 경우에도 그 몰수재판에 대해 피고인은 상소이익이 인정된다. ① 제3자의 소유물에 대한 몰수재판도 피고인에 대한 부가형이고, ② 그 몰수물에 대한 점유상실로 피고인의 사용·수익·처분을 할 수 없을 뿐만 아니라 제3자로부터 배상청구를 받을 위험도 존재하기 때문이다.

【사 례】 유죄판결과 상소의 이익

《사 안》 피고인 甲은 횡령죄로 벌금 1천만원을 선고받고 제1심 판결에 대해 항소하였다. 항소이유의 요지는 자신이 벌금을 납부할 능력이 없으므로 징역형에 대한 집행유예의 판결을 선고하여 달라는 취지였다. 이 경우 항소법원은 어떠한 재판을 하여야 하는가?

《검 토》 상소이유의 유무는 피고인의 주관적 측면을 기준으로 삼을 수 없고 법익박탈의 대소라는 객관적 표준을 기준으로 판단하여야 한다. 벌금 1천만원의 형보다 징역형의 집행유예가 법률적 · 객관적으로 피고인에게 불이익한 형이므로 피고인 甲의 항소는 항소이익이 없다. 따라서 항소법원은 원칙적으로 항소기각의 판결을 하여야 한다. 다만 본 사안에서 항소법원으로서는 피고인 甲의 항소이유에 벌금액이 과다하므로 벌금을 감액해 달라는 취지도 포함하고 있는지 여부를 석명하고 그와 같은 주장도 포함된 것이라고 판단되면 제1심 판결의 양형이 적정한지를 검토해야 한다.

2. 무죄판결에 대한 상소

(1) 무죄판결과 상소의 이익   원심의 무죄판결에 대해 검사는 상소이익을 갖지만 피고인은 상소이익이 없다. 피고인의 상소는 불이익한 원재판을 시정하여 이익된 재판을 청구함을 그 본질로 하는 것이므로 피고인은 원재판이 자기에게 불이익하지 아니하면 이에 대하여 상소를 할 수 없다. 따라서 피고인은 무죄판결에 대해 유죄판결을 구하는 상소는 물론 면소, 공소기각 또는 관할위반의 재판을 구하는 상소도 제기할 수 없다.

(2) 무죄판결의 이유에 불복한 상소   무죄판결의 이유에 대하여 피고인이 불복하여 상소를 할 수 있는가에 대하여 ① 상소는 판결주문에 대해서 허용되는 것이므로 무죄판결의 이유만을 다투기 위해 상소하는 것은 허용되지 않는다는 부정설[23]과 ② 심신상실을 이유로 무죄판결을 선고하면서 치료감호가 선고된 경우에는 상소이익이 인정되고, 치료감호의 선고 없이 무죄판결만 선고된 경우에는 상소이익이 부정된다는 제한적 긍정설[24] 및 ③ 판결이유에 따라 피고인에 대한 사회적 불이익이 예상되는 경우가 있으므로 무죄판결의 이유에 대한 상소도 인정된다는 긍정설[25]이 있다. 무죄판결이유의 차이에 따라 무죄판결의 가치가 달라지는 것은 아니므로 무죄판결의 이유에 대하여 피고인이 불복하여 상소를 할 수는 없다고 본다. 그리고 법원은 검사에 의하여 치료감호청구가 제기된 경우에 한하여 치료감호를 선고할 수 있고 공판절차와 치료감호사건의 심리절차는 이론상 서로 독립된 절차이므로 심신상실을 이유로 무죄판결과 함께 치료감호가 선고된 경우에는 피고인은 피치료감호인의 지위에서 치료감호에 대해서만 상소할 수 있고 무죄판결에 대하여는 상소할 수 없다고 본다.

---

23) 신양균, 923면; 이재상, 792면.
24) 신동운, 1448면.
25) 배종대, 779면.

3. 면소판결에 대한 상소

피고인은 면소판결에 대하여 무죄를 주장하여 상소할 수 있다는 견해가 있다. 판례는 면소판결에 대하여 피고인에게 무죄판결청구권이 없으므로 상소가 허용되지 않는다고 한다.[26] 면소판결에는 일사부재리의 효력이 인정되기 때문에 무죄판결에 비하여 피고인의 법적 이익을 침해하는 것이 아니므로 면소판결에 대하여 무죄를 주장하여 상소할 이익이 없다고 본다.

4. 형식재판에 대한 상소

(1) 학 설

(가) 적극설   공소기각·관할위반재판에 대하여 피고인이 무죄를 주장하여 상소를 할 수 있다는 견해이다. 적극설의 논거는 형식재판보다 무죄의 실체재판을 받은 것이 일사부재리의 효력을 확보할 수 있어 유리하고, 형사보상도 받을 수 있는 법률상의 이익이 있기 때문이라고 한다.[27]

(나) 소극설   피고인이 형식재판에 대하여 무죄를 주장하여 상소할 수 없다는 견해이다. 소극설은 그 논거에 대하여 ① 소송조건이 흠결되어 상소법원이 유죄·무죄의 실체재판을 할 수 없기 때문에 상소의 이익·불이익을 논할 여지조차 없다는 **소송조건흠결설**과 ② 상소이익이 없기 때문에 허용되지 않는다는 **상소이익흠결설**[28]이 있다.

(2) 판 례
공소기각의 판결이 선고되면 피고인은 유죄판결의 위험으로부터 벗어나는 것이므로 공소기각판결은 피고인에게 불이익한 재판이라고 할 수 없다. 따라서 공소기각판결에 대한 피고인의 상소는 인정되지 않는다.[29]

(3) 검 토
상소의 본질은 피고인에게 불리한 재판의 시정에 있으므로 공소기각·관할위반재판에 의하여 피고인이 유죄판결을 선고받을 위험에서 벗어난 이상 상소이익이 없다고 본다.

【사 례】 형식재판에 대한 상소

《사 안》 피고인 甲은 피해자 乙을 모욕하였다는 공소사실로 기소되었는데, 공판심리과정에서 공소사실을 모두 부인하면서 무죄를 주장하였다. 乙은 증인으로 채택

---

26) 대법원 1964. 4. 7. 선고 64도57 판결, 1984. 11. 27. 선고 84도2106 판결.
27) 배종대, 780면; 신양균 925면.
28) 신동운, 1451면; 이재상, 794면.
29) 대법원 1983. 5. 10. 선고 83도632 판결, 1983. 12. 13. 선고 82도3076 판결, 1987. 6. 9. 선고 87도941 판결, 1988. 11. 8. 선고 85도1675 판결, 1997. 8. 22. 선고 97도1211 판결, 2008. 5. 15. 선고 2007도6793 판결.

되자 모욕죄에 대한 고소를 취소하였고, 법원은 공소기각의 판결을 선고하였다. 피고인 甲은 항소를 제기하고 무죄를 주장하는 항소이유서를 제출하였다. 항소심법원은 어떠한 재판을 하여야 하는가?

《검 토》 공소기각재판에 대하여 무죄판결을 구하는 피고인의 상소가 허용되는지 여부에 관하여 적극설과 소극설이 대립되고 있다. 소극설이 타당하고, 그 논거는 상소의 이익이 없기 때문이라고 본다. 따라서 본 사안에서 항소법원은 피고인 甲의 항소장과 항소이유서의 기재에 의하여 상소이익 없음이 분명한 경우에는 항소기각결정을 하여야 한다.

5. 항소기각판결에 대한 상소

항소기각판결에 대하여 항소인은 상고를 제기할 수 있다. 제1심의 유죄판결에 대해 피고인이 항소를 포기하거나 제기하지 않고, 검사만 양형부당을 이유로 항소하여 기각된 경우에 그 기각판결은 피고인에게 제1심 판결에 비해 법적 이익을 더 침해하는 것이 아니다. 따라서 이러한 항소기각판결에 대해 피고인은 상고이익이 없다.[30] 그러나 위법한 공시송달결정에 인하여 피고인의 출석 없이 이루어진 판결에 대하여 검사만이 양형부당으로 항소하였는데 항소가 기각된 후에 상고권회복결정으로 피고인이 상고에 이르게 된 경우에는 상고이익이 있다.[31]

Ⅳ. 상소이익이 없는 경우의 재판

1. 무죄·면소판결과 형식재판에 대한 상소

무죄·면소판결 및 공소기각의 재판·관할위반의 판결에 대한 피고인의 상소와 같이 상소장의 기재에 의하여 상소이익 없음이 분명한 경우에 원심법원은 결정으로 상소를 기각해야 한다. 이 경우 제360조 제1항의 요건과 관련하여 상소의 제기가 법령의 방식에 위반한 경우에 해당한다는 견해[32]와 상소권소멸 후인 것이 명백한 경우에 해당한다는 견해[33]가 있다. 상소권의 소멸이 명백한 경우란 상소제기의 도과나 상소포기 및 취하의 경우와 같이 그 사유가 유형적으로 개별화된 것을 의미하므로 이론상으로는 전설(前說)이 타당하나 그 결론

---

30) 대법원 1987. 8. 31. 선고 87도1702 판결, 1990. 1. 25. 선고 89도2166 판결, 1991. 2. 8. 선고 90도2619 판결, 1991. 12. 24. 선고 91도1796 판결.
31) 대법원 2003. 11. 14. 선고 2003도4983 판결.
32) 신동운, 1452면; 신양균, 926면.
33) 이재상, 795면.

에 있어서 원심법원이 상소기각의 결정을 해야 한다는 점이 동일하므로 논의
의 실익은 없다고 본다. 만약 원심법원이 이러한 결정을 하지 않았을 때에는
상소법원이 기각결정을 하여야 한다.

2. 유죄판결에 대한 상소

유죄판결에 대한 상소의 경우와 같이 상소이유를 검토하는 과정에서 비로
소 상소이익 없음이 나타나는 경우가 있다. 이런 때에는 상소이유의 실질적인
검토가 행하여졌다는 점에서 상소기각판결을 하게 된다.

제3 상소의 제기와 포기·취하

Ⅰ. 상소의 제기

1. 상소제기의 방법

(1) **상소장의 제출**   상소권자가 원심판결에 불복하여 상소를 제기하려면 상
소제기기간 내에 상소장을 원심법원에 **제출하여야 한다**(제359조, 제375조, 제406조). 상소제기기간
의 준수 여부는 상소장이 원심법원에 접수된 때를 기준으로 판단하여야 한다.
따라서 상소장이 상소법원에 우편제출되었다가 다시 원심법원에 송부된 경우
에는 상소제기기간 내에 상소장이 원심법원에 도달한 경우에만 상소제기의 효
력이 있다.

(2) **상소장의 기재사항**   상소장의 기재사항에 대해 명문규정은 없으나 불복
의 대상과 취지를 명시해야 한다. 불복의 대상인 **원판결을 특정할** 수 있을 정도
로 명시하면 족하므로 판결의 주문, 판결선고의 연월일, 사건번호 등을 기재하
지 않더라도 원판결이 특정되어 있으면 무관하다. 판결을 선고한 법원 즉 원심
법원의 표시는 원판결을 특정할 때 중요한 사항이다. 일부상소의 경우에는 일
부상소의 취지와 불복의 대상을 상소장에 명시해야 하고 불복의 부분을 명시
해야 한다.

(3) **통 지**   상소의 제기가 있는 때에는 법원은 지체 없이 그 사유를 상대
방에게 통지하여야 한다(제356조).

2. 상소제기의 효과

(1) **정지의 효력**   정지의 효력이란 상소의 제기에 의하여 재판의 확정과 집
행이 정지되는 효력을 말한다. 확정정지의 효력은 상소에 의하여 언제나 발생

하지만, 집행정지의 효력에는 예외가 인정된다. 즉 ① 항고는 즉시항고를 제외하고는 집행정지의 효력이 없고(제409조), ② 가납재판의 집행은 상소에 의하여 정지되지 않는다(제334조 제3항).

(2) 이심의 효력

(가) 쟁 점   이심(移審)의 효력이란 상소의 제기에 의하여 소송계속이 원심법원에서 상소심으로 옮겨가는 효력을 말한다. 이와 같은 이심의 효력이 발생하는 시점에 관하여 학설이 대립된다.

(나) 소송기록송부기준설   상소장 · 증거물 · 소송기록이 원심법원으로부터 상소법원에 송부된 때에 발생한다는 견해[34]이다. 그 논거로는 ① 상소가 법률상의 방식에 위배되거나 상소권의 소멸이 명백한 때에는 원심법원이 상소기각결정을 내려야 하고(제360조, 제376조, 제407조 제1항), ② 소송기록이 상소법원에 도달할 때까지는 원심법원이 피고인의 구속, 구속기간의 갱신, 구속취소, 보석, 보석의 취소, 구속집행정지와 그 정지의 취소에 대한 결정을 하여야 한다(규칙 제57조 제1항)는 점을 든다.

(다) 상소제기시기준설   원심법원에 상소장을 제출하여 상소를 제기한 순간 상소법원에 소송계속이 발생한다고 보는 견해[35]이다. ① 이심의 효력이 소송기록도달의 신속 또는 지연이라는 우연한 사정에 좌우될 수는 없고, ② 제1심 법원은 소송기록이 항소법원에 도달할 때까지 최고 3차에 걸친 구속기간 갱신이 가능하여 피고인구속을 지나치게 장기화한다는 점을 논거로 한다.

(라) 검 토   원심법원이 상소기간중 또는 상소제기 후의 사건에 관하여 상소법원의 권한을 대행하여 구속기간을 갱신한다고 하여 이론상 사건이 상소법원에 이심된 것이라고 단정할 수는 없고, 법률의 규정상 이심의 효력은 상소장과 증거물 및 소송기록이 상소법원에 도달한 때에 발생한다고 본다.

Ⅱ. 상소의 포기 · 취하

1. 의   의

상소의 포기란 상소권자가 상소제기기간 내에 법원에 대하여 상소권의 행사를 포기한다는 의사표시를 말한다. 상소를 포기하면 상소제기기간의 경과 전에 재판이 확정된다. 그리고 상소의 포기는 상소권의 불행사와 구별된다. 상소포

---

34) 신양균, 929면; 이재상, 796면.
35) 배종대, 783면; 신동운, 1436면.

기의 경우에는 상소기간 내에 상소권이 소멸하지만, 상소권의 불행사의 경우에는 상소기간의 경과에 의하여 상소권이 소멸한다. **상소의 취하란** 일단 제기한 상소를 철회하는 의사표시를 말한다. 상소의 포기가 상소제기 이전의 소송행위임에 대하여 상소의 취하는 상소제기 이후의 소송행위이다. 상소를 제기한 자가 상소기간이 경과한 후에 상소포기서를 제출하면 상소취하의 효력이 발생한다.

2. 포기·취하권자

(1) **고유의 상소권자**   고유의 상소권자는 상소의 포기 또는 취하를 할 수 있다($^{제349조}_{본문}$). 변호인이 상소한 후에 피고인이 상소권을 포기하면 변호인이 낸 상소는 취하의 효력이 발생한다.[36] 법정대리인이 있는 피고인이 상소의 포기 또는 취하를 할 때에는 법정대리인의 동의를 얻어야 한다($^{제350조}_{본문}$). 법정대리인의 동의는 서면으로 하여야 한다($^{규칙 제153}_{조 제1항}$). 다만 법정대리인의 사망 기타 사유로 인하여 그 동의를 얻을 수 없는 때에는 예외로 한다($^{제350조}_{단서}$). 따라서 미성년자인 피고인이 법정대리인의 동의를 얻지 않고 한 상소의 포기 또는 취하는 효력이 없다.[37] 미성년자인 피고인이 상소취하서를 제출하고, 피고인의 법정대리인 중 어머니가 항소취하에 동의하는 취지의 서면을 제출하였으나 아버지는 항소취하 동의서를 제출하지 않은 경우에도 피고인의 항소취하는 효력이 없다.[38]

(2) **상소권의 대리행사자**   피고인의 법정대리인, 배우자, 직계친족, 호주 또는 원심의 대리인이나 변호인은 피고인의 동의를 얻어 상소를 취하할 수 있다($^{제351}_{조}$). 이 경우에도 피고인의 동의는 서면으로 하여야 한다($^{규칙 제153}_{조 제2항}$). 그리고 피고인이 상소를 포기 또는 취하하면 상소권의 대리행사자는 상소하지 못한다.[39] 변호인의 상소취하에 피고인의 동의가 없다면 상소취하의 효력은 발생하지 아니한다. 한편 변호인이 상소취하를 할 때 원칙적으로 피고인은 이에 동의하는 취지의 서면을 제출하여야 하나, 피고인은 공판정에서 구술로써 상소취하를 할 수 있으므로($^{제352조 제}_{1항 단서}$), 변호인의 상소취하에 대한 피고인의 동의도 공판정에서 구술로써 할 수 있다. 다만 상소취하에 대한 피고인의 구술 동의는 명시적으로 이루어져야만 한다.[40]

---

36) 대법원 1972. 8. 31.자 72모55 결정.
37) 대법원 1971. 9. 28. 선고 71도1527 판결, 1983. 9. 13. 선고 83도1774 판결.
38) 대법원 2019. 7. 10. 선고 2019도4221 판결.
39) 대법원 1970. 8. 13. 선고 70도1592 판결, 1974. 4. 23. 선고 74도762 판결.
40) 대법원 2015. 9. 10. 선고 2015도7821 판결.

3. 상소포기의 제한

피고인 또는 상소권의 대리행사자는 사형 또는 무기징역이나 무기금고가 선고된 판결에 대하여는 상소의 포기를 할 수 없다($\substack{제349조\\단서}$). 이는 중형이 선고된 경우에 경솔한 상소포기를 억제함으로써 피고인을 보호하려는 데 입법취지가 있다. 따라서 사형·무기징역·무기금고를 선고한 판결에 대하여 상소포기가 있는 경우에는 상소제기기간이 경과한 때에 그 판결은 확정된다.

4. 포기·취하의 방식과 시기

(1) 포기·취하의 방식   상소의 포기는 원심법원에 하여야 한다. 상소의 취하는 상소법원에 함이 원칙이지만 소송기록이 상소법원에 송부되기 전에는 원심법원에 할 수 있다($\substack{제353\\조}$). 교도소 또는 구치소에 있는 피고인에 대하여는 특칙이 인정된다($\substack{제355\\조}$). 상소의 포기 또는 취하는 서면으로 하여야 한다($\substack{제352조\\본문}$). 서면의 형식에는 아무런 제한이 없으나 상소권자가 법원에 대하여 상소를 포기 또는 취하한다는 의사표시가 명시되어야 한다.[41] 다만 공판정에서는 구술로써 할 수 있다. 구술로써 상소의 포기 또는 취하를 한 경우에는 그 사유를 조서에 기재하여야 한다($\substack{동조\\단서}$). 상소의 포기나 취하는 재판의 일부에 대해서도 할 수 있는데, 여기서 재판의 일부라 함은 수개의 사건이 병합심판된 경우에 재판의 일부를 의미한다.

(2) 포기·취하의 시기   상소의 포기는 상소제기기간 내에 할 수 있으며, 상소의 취하는 상소심의 종국판결 전까지 할 수 있다. 피고인이 상소를 포기한 후 그 포기가 무효라고 주장하는 경우 상소제기기간이 경과하기 전에는 상소포기의 효력을 다투면서 상소를 제기하여 그 상소의 적법 여부에 대한 판단을 받으면 되고, 별도로 상소권회복청구를 할 여지는 없다.[42] 상소권회복은 상소권자가 책임질 수 없는 사유로 상소제기기간을 준수하지 못한 경우에 소멸된 상소권을 회복시킬 뿐, 상소의 포기로 인하여 소멸된 상소권까지 회복시키는 제도는 아니기 때문이다.[43] 한편 피고인이 상소를 포기한 후 상소제기기간이 도과한 경우에는 상소포기의 효력을 다투면서 상소를 제기함과 동시에 상소권회복청구를 할 수 있다.[44]

---

41) 대법원 1984. 2. 28. 선고 83도3087 판결.
42) 대법원 1999. 5. 18.자 99모40 결정.
43) 대법원 2002. 7. 23.자 2002모180 결정.
44) 대법원 2004. 1. 13.자 2003모451 결정.

5. 포기·취하의 효력

(1) **상대방에 대한 통지** 상소의 포기나 취하가 있는 때에는 법원은 지체 없이 그 사유를 상대방에게 통지하여야 한다($\frac{제356}{조}$). 다만 법원이 항소의 상대방에게 그 사실을 통지하지 않았다 하더라도 이를 상고이유로 삼을 수는 없다.[45]

(2) **상소권의 소멸** 상소의 포기 또는 취하에 의하여 상소권이 소멸하며 재판이 확정된다. 그러나 피고인와 검사가 모두 상소한 경우에는 일방의 포기나 취하만으로 재판이 확정되지는 않는다. 상소취하의 효력은 상소취하서를 접수할 때에 발생한다. 상소의 포기 또는 취하가 피고인의 착오에 기인한 경우에도 그 착오에 관하여 피고인에게 과실이 있는 때에는 그 상소의 포기 또는 취하는 무효로 되지 않는다.[46] 예를 들면 교도관이 내어 주는 상소권포기서를 항소장으로 잘못 믿은 나머지 이를 확인하여 보지도 않고 서명·무인한 경우 피고인에게 과실이 있으므로 항소포기는 유효하다.[47]

(3) **재상소의 금지** 상소를 취하한 자 또는 상소의 포기나 취하에 동의한 자는 그 사건에 대하여 다시 상소하지 못한다($\frac{제354}{조}$). 상소를 포기한 경우에도 상소권의 소멸이라는 동일한 효과를 가지므로 다시 상소를 하지 못한다고 해석하여야 한다. 형사소송절차에 있어서는 법적 안정성과 형식적 확실성이 요구되므로 제354조의 규정이 헌법상 보장된 재판청구권을 침해하는 것은 아니다.[48] 상소의 포기 또는 취하에 따른 재상소의 금지는 **당해 심급**의 재판에 관한 상소권에 국한된다. 예를 들면 피고인이 항소를 포기하거나 취하한 경우라도 검사의 항소제기로 피고인에게 원심보다 중한 판결이 선고된 경우에는 피고인은 항소심판결에 대해 상소권을 가진다.

6. 절차속행의 신청

(1) **사 유** 상소의 포기 또는 취하가 부존재 또는 무효임을 주장하는 자는 그 포기 또는 취하 당시 소송기록이 있었던 법원에 절차속행의 신청을 할 수 있다($\frac{규칙\ 제154}{조\ 제1항}$). 상소절차속행신청은 상소가 제기된 후 피고인 등이 상소를 포기하거나 취하하여 상소절차가 종결된 경우에 상소포기 또는 취하의 부존재 또는 무효를 주장하여 구제받을 수 있도록 한 제도이다. 따라서 피고인이 상소를 포기한 후 상소를 제기하는 경우에는 피고인으로서는 그 상소에 의하여 계속

---

45) 대법원 1961. 10. 12. 선고 4294형상238 판결.
46) 대법원 1980. 4. 4.자 80모11 결정, 1992. 3. 13.자 92모1 결정.
47) 대법원 1995. 7. 18.자 85모49 결정.
48) 대법원 2001. 10. 16.자 2001초428 결정.

된 상소심절차나 원심법원의 상소기각결정에 대한 즉시항고절차에서 피고인의 상소포기가 부존재하거나 무효임을 주장하여 구제받을 수 있으므로 상소절차 속행신청을 할 수 없다.[49]

(2) **결 정**　절차속행의 신청을 받은 법원은 신청이 이유 있다고 인정하는 때에는 신청을 인용하는 결정을 하고 절차를 속행하여야 하며 신청이 이유 없다고 인정하는 때에는 결정으로 신청을 기각하여야 한다(규칙 제154조 제2항). 신청기각의 결정에 대하여는 즉시항고가 허용된다(동조 제3항).

제 3 관　일부상소

제 1　개　　관

I. 의　　의

일부상소란 재판의 일부에 대한 상소를 말한다(제342조). 여기에서 재판의 일부란 당사자가 불복하여 심판을 구하는 재판의 객관적 범위의 일부를 의미하며, 공동피고인의 일부가 상소하는 경우는 해당되지 아니한다.

II. 일부상소와 상소이유의 개별화

일부상소는 상소이유의 개별화와 구별된다. 판결의 내용은 통상 사실인정과 법령적용 및 형의 양정(量定)으로 나눌 수 있다. 상소이유의 개별화란 상소를 제기하면서 원심판결의 구성부분 가운데 일부만 다루는 것을 말한다. 예를 들면 원심판결의 사실인정과 법령적용은 인정하면서도 양형만을 다툴 수 있다. 그러나 상소심의 심판범위는 여기에 제한되지 않고 또 상소이유에 기재되지 않은 부분이 먼저 확정되는 것도 아니다.

---

49) 대법원 1999. 5. 18.자 99모40 결정.

제 2 일부상소의 허용범위

Ⅰ. 수죄의 일부에 대한 상소

1. 일부상소의 허용

⑴ **일부유죄의 경우**   경합범의 관계에 있는 수개의 공소사실의 일부에 대하여 유죄, 다른 부분에 대하여 무죄·면소·공소기각·관할위반 또는 형의 면제의 판결이 선고되었을 때에는 일부상소를 할 수 있다. 따라서 경합범으로 공소제기된 사실에 대하여 일부무죄, 일부유죄의 판결이 선고되었는데 검사만이 무죄 부분에 대하여 항소를 한 경우 피고인과 검사가 항소하지 아니한 유죄 부분은 항소기간이 경과함으로써 확정되고, 무죄 부분만 항소심의 심판대상으로 된다.[50]

⑵ **병과형의 경우**   경합범의 각 부분에 관하여 일부는 징역형, 다른 일부는 벌금형이 선고된 경우와 같이 주문에서 2개 이상의 다른 형이 병과된 때($\binom{형법\ 제38조}{제1항\ 제3호}$)에는 일부상소가 가능하다.

⑶ **경합범의 경우**   수개의 공소사실이 **확정판결 전후에 범한 죄이기 때문에** 수개의 형이 선고된 때($\binom{형법\ 제37}{조\ 후단}$) 일부상소가 허용된다. 확정판결 전의 공소사실과 확정판결 후의 공소사실에 대하여 따로 유죄를 선고하여 두 개의 형을 정한 제1심판결에 대하여 피고인만이 확정판결 전의 유죄판결 부분에 대하여 항소한 경우, 피고인과 검사가 항소하지 아니한 확정판결 후의 유죄판결 부분은 항소기간이 지남으로써 확정되어 항소심에 계속된 사건은 확정판결 전의 유죄판결 부분뿐이다.[51] 그리고 경합범의 관계에 있는 수개의 공소사실에 대하여 **전부무죄**가 선고된 경우에도 검사는 일부만을 특정하여 상소할 수 있다.

2. 일부상소의 제한

경합범의 전부에 대하여 한 개의 형이 선고된 경우($\binom{형법\ 제37}{조\ 전단}$) 일부상소는 허용되지 않는다.[52] 상소관계에 있어서 원심판결의 주문이 상소의 단위가 될 뿐 아니라, 경합범에 대하여 한 개의 형을 선고함에는 개별 범죄사실이 모두 참작되었기 때문이다.

---

50) 대법원 2000. 2. 11. 선고 99도4840 판결.
51) 대법원 2018. 3. 29. 선고 2016도18553 판결.
52) 대법원 1961. 10. 5. 선고 4293형상403 판결.

Ⅱ. 일죄의 일부에 대한 상소

당사자주의 소송구조의 원리를 근거로 일죄의 일부에 대한 상소를 긍정하는 견해가 있으나, 일죄는 소송법상으로도 하나의 소송의 객체가 되고, 한 개의 사건에 대하여는 한 개의 재판만이 있으며, 이러한 재판은 상소에 있어서도 법률적으로 그 내용을 분할하는 것은 허용되지 않기 때문에 일죄의 일부에 대한 상소는 허용되지 않는다고 본다. 따라서 단순일죄, 과형상 일죄, 포괄일죄의 경우에도 일부에 대한 상소가 허용되지 아니하고 일부에 대한 상소는 그 전부에 대하여 효력을 미친다.

Ⅲ. 부수처분

주형과 일체가 되어 있는 부가형·환형유치·집행유예 등도 주형과 분리하여 상소할 수 없다. 따라서 피고인이 몰수 또는 추징에 관한 부분만을 불복대상으로 삼아 상소를 제기하였다 하더라도, 피고사건 전부가 상소심으로 이심된다.[53] 그 밖에 압수물의 환부[54]에 대한 독립항소도 허용되지 않는다. 다만 배상명령에 대하여는 독립하여 즉시항고가 허용된다($\frac{訴促法 제33}{조 제5항}$). 소송비용부담의 재판은 본안의 재판에 관하여 상소하는 때에 한하여 불복할 수 있다($\frac{제191조}{제2항}$).

제 3 일부상소의 방식

Ⅰ. 불복부분의 기재

일부상소를 함에는 일부상소를 한다는 취지를 명시하고 **불복의 부분을 특정**하여야 한다. 불복의 부분을 특정하지 않고 상소한 때에는 재판의 전부에 대하여 상소한 것으로 취급하여야 한다. 일부무죄·일부유죄의 판결에 대하여 피고인이 상소한 때에는 무죄판결에 대하여는 피고인에게 상소의 이익이 없으므로 유죄 부분에 대한 상소로 해석하여야 한다.[55] 검사가 불복의 범위란에 아무런 기재를 아니하고 판결주문란에 유죄 부분의 형만을 기재하고 무죄의 주문을 기재하지 아니한 항소장을 제출하였으나 항소이유서에 무죄 부분에 대하여도

---

53) 대법원 2008. 11. 20. 선고 2008도5596 전원합의체 판결.
54) 대법원 1959. 10. 16. 선고 4292형상209 판결.
55) 대법원 1960. 10. 18. 선고 4293형상659 판결.

항소이유를 개진한 경우 판결 전부에 대한 항소로 보아야 한다.[56] 원심의 일부 유죄·일부공소기각판결에 대하여 검사가 상소장에 불복의 범위를 명시하지 않고 판결주문란에 양형만을 기재하였다면 유죄 부분에 대하여만 항소를 제기한 것으로 볼 것이다.[57]

Ⅱ. 판단의 기준

일부상소인가 아니면 전부상소인가는 상소장의 기재에 의하여 판단할 것이다. 상소이유를 기준으로 참작하게 되면 상소이유서 제출기간까지 재판의 확정 여부가 불명확한 상태에 놓이게 되는 불합리가 있기 때문이다.

제4 상소심의 심판범위

Ⅰ. 수죄의 일부에 대한 상소

1. 일반적인 경우

수죄의 일부에 대한 상소의 경우 상소심의 심판범위는 상소를 제기한 부분에 한정된다. 따라서 상소심의 파기환송에 의하여 사건을 환송받은 법원도 일부상소된 사건에 대하여만 심판해야 하고 확정된 사건을 심판할 수는 없다.[58]

2. 일부유죄·일부무죄에 대한 상소

⑴ 쌍방의 상소　　형법 제37조 전단의 경합범 관계에 있는 수개의 공소사실에 대하여 원심이 일부는 유죄, 일부는 무죄의 판결을 선고하고, 그 판결에 대하여 피고인 및 검사 쌍방이 상소를 제기하였으나, 유죄 부분에 대한 피고인의 상소는 이유 없고 무죄 부분에 대한 검사의 상소만 이유 있는 경우, 상소심은 유죄 부분도 무죄 부분과 함께 파기하여야 한다.[59]

⑵ 검사의 상소　　경합범의 관계에 있는 수개의 공소사실에 대하여 원심에서 일부유죄, 일부무죄판결이 선고되어 검사만 무죄 부분에 대하여 상소하였는데, 상소심이 무죄 부분을 유죄로 인정하는 경우 이를 어떻게 처리하여야 하는가의 문제에 대해 ① 무죄 부분만 파기해야 한다는 일부파기설을 취한 판례[60]와

---

56) 대법원 1991. 11. 26. 선고 91도1937 판결.
57) 대법원 1984. 2. 28. 선고 83도216 판결.
58) 대법원 1974. 10. 8. 선고 74도1301 판결, 1976. 11. 9. 선고 76도2962 판결, 1990. 7. 24. 선고 90노1033 판결.
59) 대법원 2000. 11. 28. 선고 2000도2123 판결.

② 원심판결 전부를 파기해야 한다는 **전부파기설**을 취한 판례[61]로 상충되었다. 이러한 종래의 판례들은 전원합의체 판결[62]에 의하여 일부파기설로 정리되었다. 그 후 판례는 위 전원합의체 판결의 입장에 따라 일부파기설을 취하고 있다.[63]

II. 일죄의 일부에 대한 상소

1. 쟁 점

일죄의 일부에 대한 상소가 허용되지는 여부에 따라 상소심의 심판범위가 달라진다. 특히 포괄일죄는 인식상 여러 범죄행위들의 결합이지만 하나의 죄로 평가되기 때문에 이심의 효력과 상소심의 심판범위를 구별하는 입장도 있다.

2. 학 설

(1) **전부대상설** 일죄의 일부에 대한 상소는 허용되지 아니한다고 보는 통설에 의하면, 일죄의 관계에 있는 공소사실의 일부에 대하여만 유죄로 인정하고 나머지 부분에 대하여는 무죄로 판단한 제1심 판결에 대하여 피고인만이 항소하였더라도 항소의 효력이 제1심 판결의 유죄 부분과 무죄 부분 전부에 대하여 미치는 것이므로, 무죄판결을 포함한 공소사실 전부가 항소심에 이심되어 그 심판대상이 된다고 한다.

(2) **일부대상설** 일죄의 일부에 대한 상소를 긍정하는 소수설에 의하면, 상소심에 있어서도 당사자의 선택에 따라 일죄의 일부만이 상소심의 심판대상이 된다고 한다.

3. 판 례

(1) **단순일죄 · 과형상 일죄** 판례는 단순일죄 또는 과형상 일죄의 일부상소를 허용하지 않고 있다.[64] 즉 단순일죄 또는 과형상 일죄로 기소된 공소사실 중 일부는 유죄, 일부는 무죄로 판단한 원심판결에 대하여 피고인만이 그 유죄 부분을 특정하여 상소하더라도 무죄 부분을 포함한 전부가 상소심에 이심되어 심판대상이 된다. 이 경우 상소심은 무죄 부분을 유죄로 판단할 수도 있다.[65]

---

60) 대법원 1984. 11. 27. 선고 84도862 판결, 1988. 7. 26. 선고 88도841 판결, 1990. 7. 24. 선고 90도1033 판결, 1990. 7. 27. 선고 90도543 판결, 1990. 8. 24. 선고 90도1152 판결.
61) 대법원 1988. 11. 8. 선고 85도1675 판결, 1989. 10. 10. 선고 87도966 판결, 1990. 4. 24. 선고 90도401 판결, 1991. 5. 28. 선고 91도739 판결.
62) 대법원 1992. 1. 21. 선고 91도1402 전원합의체 판결.
63) 대법원 1995. 6. 13. 선고 94도3250 판결, 2001. 6. 1. 선고 2001도70 판결.
64) 대법원 1975. 9. 30. 선고 74도2732 판결, 1982. 3. 23. 선고 80도2847 판결, 1990. 1. 25. 선고 89도478 판결, 1991. 6. 25. 선고 91도884 판결, 1995. 6. 13. 선고 94도3250 판결.
65) 대법원 2001. 2. 9. 선고 2000도5000 판결.

(2) **포괄일죄**   포괄일죄의 관계에 있는 공소사실 중 일부는 유죄, 일부는 무죄로 판단한 원심판결에 대하여 검사만이 무죄 부분을 특정하여 상소를 하고 피고인은 상소하지 아니하더라도 원심판결의 유죄 부분과 무죄 부분 전부가 상소심에 이심되어 그 심판대상이 된다고 한다.[66] 한편 위와 같은 원심판결에 대하여 피고인만이 유죄 부분을 특정하여 상소를 하였을 뿐 무죄 부분에 대하여 검사가 상소를 하지 않았다면 상소불가분의 원칙에 의하여 무죄 부분도 상고심에 이심되기는 하나 그 부분은 이미 당사자간의 공격방어의 대상으로부터 벗어나 사실상 심판대상에서부터도 벗어나게 되어 상소심으로서도 그 무죄 부분에까지 나아가 판단할 수 없다는 판례[67]가 있다. 이 판결은 포괄일죄에 대하여 실질적으로 일부상소의 효과를 인정하는 입장이다.

4. 검   토

일죄의 일부에 대한 상소는 허용되지 아니한다고 본다. 대법원 1991. 3. 12. 선고 90도2820 판결은 피고인의 방어권보장이라는 측면을 강조하여 포괄일죄에 대한 검사의 상소와 피고인의 상소를 달리 취급하고 있다. 그러나 이심의 범위와 심판의 범위를 달리 보는 이론은 소송계속을 인정하면서도 심판할 수 없다는 모순점이 있고 상소의 주체에 따라 일부상소의 허용범위를 달리 해석하는 것도 의문이다.

【사 례】 포괄일죄의 일부에 대한 상소

《사 안》 甲은 乙의 돈을 보관하던 중 ① 2000. 5. 3. 금 5천만원을 임의로 소비하여 횡령하고, ② 2000. 6. 15. 금 3천만원을 횡령하고, ③ 2000. 6. 30. 금 2천만원을 횡령하였다는 사실로 공소제기되었다. 제1심 법원은 사건을 심리한 결과 공소사실 ③항에 대하여는 유죄임을 인정할 증거가 없다고 판단하여 판결의 이유에서 무죄 취지의 판단을 기재하고, 공소사실 ①항과 ②항을 포괄일죄로 인정하여 甲에게 징역 1년을 선고하였다. 이에 피고인 甲은 유죄 부분만을 특정하여 항소하였고, 검사는 제1심 판결에 대해 항소하지 않았다. 이 경우 항소심은 어느 범위까지 심판할 수 있는가?

《검 토》 항소심이 공소사실 ③항을 심판의 대상으로 삼을 수 있는지 여부에 대해 학설이 대립하고 있다. 일죄의 일부에 대한 상소를 허용하는 소수설에 따르면, 유죄 부분만 심판의 대상이 되고 무죄 부분은 그대로 확정된다고 한다. 판례에 의하면, 공소사실 ③항도 항소심에 이심되기는 하나 심판의 대상에서는 제외된다고 한다.

---

66) 대법원 1985. 11. 12. 선고 85도1998 판결, 1989. 4. 11. 선고 86도1629 판결.
67) 대법원 1991. 3. 12. 선고 90도2820 판결.

그러나 포괄일죄에 대해 이심의 범위와 심판의 범위를 달리 해석하는 것은 의문이
다. 일죄의 일부에 대한 상소는 허용되지 않으므로 피고인 甲이 유죄 부분만을 항소
하였다 하더라도 항소심은 공소사실 ③항을 심판의 대상으로 삼을 수 있다고 본다.
따라서 항소심은 공소사실 ③항을 유죄로 판단할 수도 있으나, 불이익변경금지의
원칙상 징역 1년보다 중한 형을 선고할 수는 없다.

Ⅲ. 죄수에 대한 판단이 다른 경우

1. 쟁 점

원심이 甲, 乙 두 개의 공소사실을 경합범의 관계에 있다고 판단하여 甲사
실에 대하여는 유죄, 乙사실에 대하여는 무죄를 선고한 것에 대하여 피고인이
유죄 부분에 대하여만 상소를 제기하고 검사는 상소를 제기하지 않은 경우와
검사가 무죄 부분에 대하여만 상소를 제기하고 피고인은 상소를 제기하지 않
은 경우에 있어서, 상소심이 심리를 한 결과 甲사실과 乙사실이 단순일죄를 이
루거나 상상적 경합으로 과형상 일죄를 이룬다는 점이 판명된 경우에 상소심
이 어느 범위까지 심판을 할 수 있는지 문제된다.

2. 학 설

① 상소가 제기되지 않은 부분은 이미 확정되었으므로 상소심은 상소가 제
기된 사실을 포함한 전체에 대하여 면소판결을 해야 한다는 **면소판결설**, ② 甲
사실과 乙사실이 일체를 이루어 상소심에 소송계속되므로 상소심은 甲사실과
乙사실을 모두 심판할 수 있다고 보는 **전부이심설**,[68] ③ 원심판결의 일부확정으
로 유죄 부분과 무죄 부분이 소송법상 두 개의 사실로 분리되었으므로 상소된
일부만 심판범위가 된다는 **일부이심설**,[69] ④ 피고인이 유죄 부분에 대해 상소한
경우에는 무죄 부분은 확정되고, 반면에 검사가 상소한 경우에는 유죄 부분도
상소심의 심판범위에 포함된다는 **이원설**[70]이 대립하고 있다.

3. 판 례

원심이 두 개의 공소사실을 경합범으로 보고 甲사실은 유죄, 乙사실은 무죄를
각 선고하여 검사가 무죄 부분만에 대하여 상소하였다고 하더라도 두 개의 공소
사실이 상상적 경합관계에 있다면 유죄 부분도 상소심의 심판대상이 된다.[71]

---

68) 신동운, 1465면.
69) 이재상, 804면.
70) 배종대, 791면.
71) 대법원 1980. 12. 9. 선고 80도384 전원합의체 판결.

4. 검   토

소송의 동적·발전적 성격에 비추어 피고인이 유죄 부분만 상소한 경우에 乙사실에 대한 무죄판결은 확정되고 甲사실만 상소심에 소송계속되어 상소심의 심판대상이 된다고 본다. 따라서 상소심은 무죄 부분을 다시 심리할 수 없고 원심판결을 전부파기할 수 없다. 또한 검사만 무죄 부분에 대하여 상소한 경우에도 유죄 부분은 확정되고 무죄 부분만 상소심에 계속된다.

【사 례】 일부상소와 죄수의 판단

《사 안》 피고인은 A에 대한 절도죄(이하 A죄라 한다)와 B에 대한 절도죄(이하 B죄라 한다)의 경합범으로 기소되어 재판받은 결과 항소심에서 A죄에 대하여 유죄, B죄에 대하여는 무죄를 선고받았다. 이에 피고인은 유죄 부분에 대하여 상고를 제기하였고, 대법원은 A죄에 대한 심리결과 피고인에 대한 전과를 고려할 때 상습성이 인정되어 A죄와 B죄는 포괄일죄의 관계에 있다고 봄이 상당하다는 결론을 내렸다. 이러한 경우 대법원은 B죄에 대하여도 심판할 수 있는가?(제45회 사법시험 출제문제)

《검 토》 본 사안에 관하여 B죄에 대하여 이미 무죄판결이 선고되어 확정되었으므로 상고심은 A죄와 B죄에 대해 모두 면소판결을 선고해야 한다는 견해, 공소불가분의 원칙에 의하여 B죄도 상고심에 계속된다는 견해, 원심판결의 일부확정에 의하여 유죄 부분과 무죄 부분은 소송법상 두 개의 사건으로 분할되어 A죄만 상고심의 심판대상이 된다는 견해 및 피고인이 유죄 부분만 상소한 경우에 한하여 두 개의 사건으로 분할된다는 견해가 있다. 소송의 동적·발전적 성격에 비추어 B죄에 대한 무죄판결은 확정되고 상고심은 A죄에 대하여만 심판해야 한다고 본다.

제 4 관 불이익변경금지의 원칙

제 1 개   관

Ⅰ. 의   의

불이익변경금지의 원칙이란 피고인이 상소한 사건이나 피고인을 위하여 상소한 사건에 관하여 상소심은 원심판결의 형보다 중한 형을 선고하지 못한다는 원칙을 말한다(제368조.제396조.). 즉 불이익변경금지의 원칙은 원심판결의 형보다 중한 형으로 변경하는 것을 금지하는 중형변경금지의 원칙을 의미한다. 재심에 규정된 불이익변경금지의 원칙($\frac{제439}{조}$)은 확정판결의 오류로부터 피고인의 이익을 보호하려는 재심제도의 본질에서 기인하는 것이므로 상소사건에 적용되는 불이익변경금지의 원칙과 그 성격을 달리한다.

Ⅱ. 근 거

이 원칙의 이론적 근거에 관하여 ① 당사자주의적 관점에서 상소심의 심리는 상소제기자가 불복신청한 범위에 제한되어야 하므로 불이익변경금지의 원칙은 당사자주의의 당연한 이론적 결과라는 견해, ② 피고인이 중형변경의 위험 때문에 상소제기를 단념하는 것을 방지함으로써 피고인의 상소권을 보장하려는 정책적 이유에 형의 불이익한 변경이 금지된다고 하는 견해[72] 및 ③ 헌법이 규정한 적법절차원칙의 구체적인 표현이라는 견해[73]가 있다. 상소심의 심판범위는 피고인이 상소이유에 적시하지 않은 부분에 대해서도 미친다는 점에 비추어 볼 때 당사자주의설은 적절하지 못하다고 본다. 그리고 적법절차설은 실질적으로 그 내용이 정책설과 동일하다. 불이익변경금지의 원칙은 피고인의 상소권을 보장하기 위한 정책적 고려에서 나온 것이라고 본다.

제 2 적용범위

Ⅰ. 피고인이 상소한 사건

1. 피고인만 상소한 경우

불이익변경금지의 원칙은 피고인만 상소한 사건에 대해 적용된다. 피고인이 양형부당 이외의 항소이유(법령위반이나 사실오인)로 항소한 경우에도 이 원칙이 적용된다. 또한 피고인만 항소한 제2심 판결에 대하여 검사가 상고를 한 때에도 상고심에서는 제1심 판결의 형보다 중한 형을 선고할 수 없다.[74]

2. 검사만 상소한 경우

검사만 상소한 사건에서는 불이익변경금지의 원칙이 적용되지 않으므로 상소심은 피고인에게 원심보다 중한 형을 선고할 수 있을 뿐만 아니라 검사의 상소이유에 포함되지 않은 사항에 대하여도 직권으로 심판할 수 있으므로 피고

---

72) 신양균, 941면; 이재상, 805면.
73) 신동운, 1469면.
74) 대법원 1957. 10. 4. 선고 4290형비상1 판결.

인에게 이익되는 판결을 선고할 수도 있다.[75] 즉 검사만이 제1심 판결에 대하여 양형부당 등의 이유로 항소를 한 경우 항소심은 검사의 항소이유를 심리한 후 원심의 형보다 가벼운 형을 선고할 수 있다.

3. 쌍방이 상소한 경우

검사와 피고인 쌍방이 상소한 사건에 대하여 불이익변경금지의 원칙이 적용되지 않는다. 그러나 쌍방이 상소한 경우에도 검사의 상소가 기각된 때에는 피고인만 상소한 결과가 되므로 이 원칙이 적용된다. 또한 피고인과 검사 쌍방이 상소하였으나 검사가 상소이유서를 제출하지 아니하여 결정으로 상소를 기각하여야 하는 경우에는 실질적으로 피고인만이 상소한 경우와 같게 되므로 불이익금지의 원칙이 적용된다.[76]

II. 피고인을 위하여 상소한 사건

1. 쟁   점

피고인을 위하여 상소한 사건이란 당사자 이외의 상소권자($^{제340조,}_{제341조}$)가 상소한 사건을 말한다. 문제는 검사가 피고인을 위하여 상소한 경우도 피고인을 위하여 상소한 사건으로 보아 불이익변경금지의 원칙을 적용할 것인가 하는 점이다.

2. 학   설

⑴ **적극설**   검사가 피고인을 위하여 상소한 경우에도 불이익변경금지의 원칙이 적용된다는 견해[77]이다(통설). 검사가 피고인을 위하여 상소한 때에는 피고인 이외의 자가 피고인을 위하여 상소한 경우와 구별할 이유가 없다는 점을 근거로 한다.

⑵ **소극설**   검사가 피고인을 위하여 상소한 경우 불이익변경금지의 원칙이 적용되지 않는다는 견해[78]이다. ① 검사가 상소한 경우는 피고인의 상소권 보장과 아무런 관계가 없고, ② 검사의 상소는 단순히 피고인의 이익만을 위한 것이 아니라 공익을 위한 것이라는 점을 근거로 한다.

3. 검   토

불이익변경금지의 원칙이 피고인의 이익을 보호하기 위하여 정책적으로 인정된 원칙이라는 점에서 검사가 피고인을 위하여 상소한 경우에는 상소심에서

---

75) 대법원 1980. 11. 11. 선고 80도2097 판결, 2010. 12. 9. 선고 2008도1092 판결.
76) 대법원 1998. 9. 25. 선고 98도2111 판결.
77) 배종대, 795면; 신양균, 944면; 신동운, 1471면.
78) 이재상, 807면.

피고인에게 중한 형을 선고할 수 없다고 본다.

III. 상소한 사건

1. 항소·상고사건

불이익변경금지의 원칙은 항소심과 상고심에서 피고사건에 대하여 형을 선고하는 경우에만 적용된다.

2. 항고사건

피고인만이 항고한 항고사건에서도 불이익변경금지의 원칙이 적용되는가의 문제에 대하여 ① 집행유예의 취소 및 실효결정에 대한 항고(제335조제3항)나 선고유예의 실효결정에 대한 항고(제336조 제1항, 제2항)와 같이 예외적으로 형의 선고에 준하는 경우에는 불이익변경금지의 원칙을 적용해야 한다는 적극설[79]과 ② 불이익변경금지의 원칙은 항소 또는 상고의 경우에 제한되어 있으므로 항고사건에는 적용되지 않는다는 소극설[80]이 대립한다. 항고심은 상소심이 아니고 항고심에서 형을 선고하는 경우가 없으므로 불이익변경금지의 원칙은 적용되지 않는다고 본다.

3. 파기환송 또는 파기이송사건

상고심이 피고인의 상고를 이유 있다고 하여 제2심 판결을 파기하고 환송 또는 이송한 경우(제397조)에 환송 또는 이송받은 항소심법원은 제1심 판결을 계속 심리하는 것이므로 상소심이라 할 수 없다. 그러나 피고인의 상고에 의하여 원심판결이 파기된 경우에 환송 또는 이송받은 항소심법원이 종전의 제2심 판결보다 중한 형을 선고한다면 피고인의 상소권을 보장한다는 취지에 반하게 된다. 따라서 불이익변경금지의 원칙은 상소심이 자판하는 경우뿐만 아니라 환송 또는 이송하는 경우에도 적용되어야 한다.[81] 그러므로 징역 8월에 집행유예 2년이 선고된 당초의 원심판결에 대하여 피고인만이 상고한 결과 상고심에서 원심판결을 파기하고 사건을 항소심에 환송한다는 판결이 선고되었는데 환송 후 원심이 피고인에 대하여 징역 8월에 집행유예 2년을 선고하면서 압수물을 몰수한 경우에는 불이익변경금지의 원칙에 위배된다.[82]

---

79) 배종대, 795면; 신동운, 1471면.
80) 신양균, 944면; 이재상, 807면.
81) 대법원 1970. 2. 10. 선고 69도2296 판결, 1978. 12. 13. 선고 78도2309 판결, 1980. 3. 25. 선고 79도2106 판결, 1986. 9. 23. 선고 86도402 판결.
82) 대법원 1992. 12. 8. 선고 92도2020 판결.

【사 례】 파기환송사건과 불이익변경금지의 원칙

《사 안》 甲은 ① 2000. 5. 3. 乙의 지갑을 절취하고, ② 2000. 6. 15. 丙의 지갑을 절취하였다는 사실로 공소제기되었다. 제1심 법원은 공소사실 전부를 유죄로 인정하여 피고인 甲에게 징역 1년을 선고하였고, 甲만이 항소를 제기하였다. 제2심 법원은 사건을 심리한 결과 공소사실 ②항에 대하여는 유죄임을 인정할 증거가 없다고 판단하여 무죄를 선고하고 甲에게 징역 1년에 집행유예 2년을 선고하였다. 이에 甲은 상고를 포기하고 검사만 무죄 부분을 특정하여 상고하였다. 대법원이 공소사실 ②항을 유죄로 인정하여 사건을 파기환송하는 경우에 제기될 수 있는 문제점을 논하라.

《검 토》 실체적 경합범의 관계에 있는 수개의 공소사실의 일부에 대하여 유죄, 다른 부분에 대하여 무죄판결이 선고된 경우에 검사의 일부상소가 허용된다. 검사가 무죄 부분만 상고하였으므로 공소사실 ①항에 대한 유죄 부분은 그대로 확정되었고, 상고심은 공소사실 ②항만을 심판할 수 있다. 또한 상고심의 파기환송에 의하여 사건을 환송받은 법원도 공소사실 ②항만을 심판해야 한다. 이 사건의 경우와 같이 제2심 판결 중 일부만이 상고되어 나머지 부분이 먼저 확정되고 상고된 부분이 파기환송되어 다시 형을 선고하는 경우에는 제1심 판결의 형보다 제2심 판결의 형이 중한지 여부는 먼저 확정된 환송 전 판결의 형과 환송 후 새로이 선고하는 판결의 형을 합하여 비교 판단하여야 한다. 제1심 법원이 甲에게 징역 1년을 선고하였고, 파기환송 전 제2심 법원이 甲에게 징역 1년에 2년간 집행유예를 선고하였으므로 환송 후 항소심은 어떠한 형을 선택하더라도 확정된 유죄 부분의 형과 합하여 비교하면 제1심 판결보다 중한 형을 선고하게 된다. 따라서 환송 후 제2심 법원은 공소사실 ②항을 유죄로 인정하더라도 '형을 선고하지 아니한다'라는 과형(科刑) 없는 유죄판결을 선고하여야 한다.

4. 정식재판청구

약식명령에 대한 정식재판청구 사건의 경우 불이익변경금지의 원칙이 폐지되고, **형종 상향의 금지**로 대체되었다. 따라서 피고인이 정식재판을 청구한 사건에 대하여는 약식명령의 형보다 중한 종류의 형을 선고하지 못하지만(제457조의2 제1항), 약식명령의 형보다 중한 형을 선고할 수 있다. 예를 들면 벌금형의 약식명령에 대하여 피고인만 정식재판을 청구하였을 때 징역형 등으로 변경을 못하지만 약식명령에서 발령한 벌금보다 중한 벌금을 선고할 수 있다. 약식명령의 형보다 중한 형을 선고하는 경우에는 판결서에 양형의 이유를 적어야 한다(동조 제2항).

제3 내 용

Ⅰ. 불이익변경금지의 대상

1. 중형선고의 금지

(1) **중형의 의미** 불이익변경이 금지되는 것은 중한 형의 선고에 한한다. 따라서 판결주문에 선고된 형이 중하게 변경되지 않는 한 ① 피고인의 범죄사실을 불리하게 인정하거나(예를 들면 절취금액의 증가), ② 공소장변경에 의하여 원심이 인정한 죄보다 중한 죄를 인정할 수 있다.[83] 또한 ③ 공소사실의 일부만 유죄로 한 원심을 파기하고 공소사실 전부를 유죄로 인정하면서 동일한 형을 선고한 경우,[84] ④ 원심이 인정한 범죄사실의 일부를 무죄로 인정하면서도 원심과 동일한 형을 선고한 경우[85]에도 불이익변경에 해당하지 않는다.

(2) **죄수의 변경** 원심에서 일죄로 인정한 것을 항소심에서 경합범으로 변경하더라도 선고형이 중하게 변경되지 않으면 불이익변경금지의 원칙에 반하지 않는다.[86] 그리고 항소심이 원심의 경합범인정을 위법이라고 파기하고 일죄로 처단하는 경우 반드시 원심보다 경한 형을 선고하여야 하는 것은 아니므로 원심과 같은 형을 선고하였다 하여 위법이라고 할 수 없다.[87]

(3) **법정형의 문제** 불이익변경금지의 원칙에 의하여 상소심은 범죄사실에 대하여 법정형의 하한보다 경한 형을 선고해야 할 경우도 있다. 예를 들면 절도죄로 벌금형을 선고한 원심판결에 대하여 피고인만 항소한 경우 항소심에서의 공소장변경신청에 따라 특수절도죄를 인정하여도 벌금형을 선고해야 한다.

【사 례】 중형선고의 금지

《사 안》 甲은 강도치상으로 기소되었는데 법원은 폭행치상만으로 인정하여 징역 2년의 유죄판결을 하였다. 검사는 이에 대하여 항소하지 않았고 甲은 형이 과중하다고 생각하여 항소하였다. 항소심 심리 도중에 검사는 법정증인에 대한 보강수사를 하였고 그 결과 강도치상을 인정하게 되었다. 이 경우에 제1심 법원판결의 적법성과 항소심절차에서 검사와 법원이 할 수 있는 조치를 중심으로 논하시오.(제41회 사법

---

83) 대법원 1981. 12. 8. 선고 81도2779 판결.
84) 대법원 1991. 6. 25. 선고 91도884 판결.
85) 대법원 2003. 2. 11. 선고 2002도5679 판결.
86) 대법원 1984. 4. 24. 선고 83도3211 판결.
87) 대법원 1966. 10. 18. 선고 66도567 판결.

시험 출제문제)

《검 토》 법원은 공소사실의 동일성이 인정되는 범위 내에서 공소가 제기된 범죄사실에 포함된 보다 가벼운 범죄사실을 인정할 수 있다. 그러므로 제1심 법원이 강도치상의 공소사실에 대해 폭행치상만을 인정한 것은 적법하다. 검사는 제1심 판결에 대해 항소하지 않았지만 항소심절차에서 강도치상의 공소사실에 대한 증거를 보강하여 공소를 유지하고 법령의 정당한 적용을 법원에 변론할 수 있다. 항소심법원이 강도치상의 공소사실을 인정하게 되면 제1심 판결을 파기하고 강도치상을 유죄로 선고한다. 그런데 강도치상죄($^{형법}_{제337조}$)의 법정형이 무기 또는 7년 이상의 징역형에 해당하므로 작량감경($^{형법}_{제53조}$)을 하더라도 하한형이 3년 6월의 징역형이지만 항소심법원은 불이익변경금지의 원칙에 의하여 제1심 판결의 선고형인 징역 2년보다 중한 형을 선고할 수 없다.

2. 형의 범위

(1) **실질적 의미**   형이란 형법 제41조가 규정하고 있는 형의 종류에 제한되지 않고 실질적으로 피고인에게 형벌과 같은 불이익을 주는 처분을 모두 포함한다. 따라서 추징이나 노역장유치기간도 여기의 형에 해당한다.

(2) **소송비용의 부담**   소송비용의 부담도 피고인에게 재산형과 같은 불이익을 주는 것이므로 불이익변경금지의 원칙이 적용되어야 한다는 적극설[88]과 소송비용은 형이 아니므로 이 원칙이 되지 않는다는 소극설[89]이 대립하고 있다. 판례는 소극설을 취하고 있다.[90] 소송비용의 부담이 피고인에게 불이익을 준다고 할지라도 실질적인 의미에서 형에 준하여 평가되어야 할 것은 아니므로 소극설이 타당하다고 본다.

(3) **배상명령**   피고인만 항소한 사건에서 피해자가 항소심에 이르러 비로소 배상명령신청을 하고 항소심이 이를 받아들여 배상명령을 하였더라도 이를 불이익금지원칙에 위배된다고 할 수는 없다.[91]

II. 불이익변경의 판단기준

1. 선고형의 경중

선고형의 경중에 관하여는 법정형의 경중을 규정하고 있는 형법 제50조가

---

88) 배종대, 798면; 신동운, 1474면.
89) 신양균, 947면; 이재상, 809면.
90) 대법원 2001. 4. 24. 선고 2001도872 판결.
91) 대법원 2004. 6. 25. 선고 2004도2781 판결.

원칙적 기준이 된다. ① 형의 경중은 형법 제41조에 기재된 순서에 의한다. 다만 무기금고와 유기징역은 금고를 중한 것으로 하고, 유기금고의 장기가 유기징역의 장기를 초과하는 때에는 금고를 중한 것으로 한다(형법 제50조 제1항). ② 동종의 형은 장기가 긴 것과 다액이 많은 것을 중한 형으로 한다(동조 제2항).

2. 구체적 판단기준

선고형의 경중을 구체적으로 판단함에 있어서는 형법 제50조를 기준으로 하면서, 피고인의 자유구속과 법익박탈의 정도를 전체적 · 실질적으로 고찰하여 결정해야 한다. 따라서 주형(主刑)은 물론 병과형이나 부가형, 집행유예, 미결구금일수의 통산, 노역장유치기간 등도 판단의 기준이 된다.

Ⅲ. 형의 경중의 비교

1. 형의 추가

⑴ **자유형의 추가** 상소심에서 자유형을 추가하면 불이익변경에 해당한다. 제1심에서 피고인에 대하여 무기징역을 선고한 경우 항소심에서 피고인의 범죄사실들이 형법 제37조 후단의 경합범관계에 있다는 이유로 무기징역과 징역 6월을 선고한 것은 불이익변경이 된다.[92]

⑵ **벌금형의 추가** 징역형의 형기를 그대로 유지하면서 벌금형을 추가하는 것은 불이익변경에 해당한다. 그러나 징역형의 형기를 줄이면서 벌금형을 추가하는 경우에는 피고인에게 실질적으로 불이익을 초래하였는지 여부를 기준으로 그 형의 경중을 판단하여야 한다.[93]

⑶ **자격정지형의 추가** 상소심에서 자격정지를 병과하는 것은 허용되지 않는다. 징역형을 단축하더라도 자격정지를 추가한 경우에는 불이익변경에 해당한다는 견해가 있으나, 이 경우에도 피고인에게 실질적으로 불이익을 초래하였는지 여부를 불이익변경의 기준으로 삼아야 한다고 본다.

2. 형종의 변경

⑴ **징역형과 금고형** 징역형과 금고형의 관계는 형법 제50조에 따라 해결한다. 따라서 징역형을 금고형으로 변경하면서 형기를 높이는 것은 금지되나, 금고형을 징역형으로 변경하면서 형기를 단축하는 것은 가능하다. 다만 형기가 같은 때에는 금고를 징역으로 변경하지 못한다.

---

92) 대법원 1981. 9. 8. 선고 91도1945 판결.
93) 대법원 1998. 3. 26. 선고 97도1716 전원합의체 판결.

(2) **자유형의 변경**   자유형을 벌금형으로 변경하면서 벌금형에 대한 노역장유치기간이 자유형을 초과하는 경우 노역장유치는 피고인에게 자유형과 동일한 불이익을 준다는 이유로 불이익변경에 해당된다는 견해가 있다. 그러나 이는 벌금형의 특수한 집행방법에 불과하므로 전체적으로 볼 때에는 불이익변경이 아니라고 해석하는 판례[94]의 취지가 타당하다고 본다.

(3) **벌금형의 변경**   벌금형을 자유형으로 변경하는 경우에는 불이익변경이 된다. 벌금액은 같은데 노역장유치기간이 길어진 경우에는 불이익변경이 된다.[95] 벌금액이 감경되면서 노역장유치기간이 길어진 경우에도 형이 불이익하게 변경되었다는 견해[96]와 그렇지 않다고 보는 견해[97]가 대립하고 있다. 판례는 후자의 입장이다.[98] 이와 같은 경우에는 전체적으로 보아 형이 불이익하게 변경되었다고 볼 수 없다. 한편 징역형과 벌금형이 병과된 원심의 형에 대하여 징역형의 형기는 단축되었으나 벌금액은 같고 노역장유치기간이 길어진 경우 피고인에게 불이익하게 변경되었다고는 할 수 없다.[99]

(4) **부정기형과 정기형**   피고인이 제1심판결 선고시 소년에 해당하여 부정기형을 선고받고, 피고인만 항소하였는데, 항소심에 이르러 성인이 된 경우 항소심은 제1심판결을 파기하고 정기형을 선고하여야 한다. 부정기형을 정기형으로 변경할 때 불이익변경금지 원칙의 위반 여부는 부정기형의 장기와 단기의 중간형을 기준으로 판단하여야 한다.[100]

3. 집행유예와 형의 경중

(1) **집행유예의 배제**   형의 집행유예는 형식적으로는 형이 아니지만 실질적으로 피고인에게 미치는 이해관계가 크기 때문에 형의 경중을 비교하는 중요한 요소가 된다. 형의 집행유예를 선고받은 경우에는 형의 집행을 받을 필요가 없고 유예기간이 경과되면 형의 선고는 효력을 잃게 되기 때문이다(형법 제65조). 집행유예가 선고된 자유형판결에 대하여 집행유예를 배제하는 경우에는 당연히 불이익변경에 해당한다. 또한 징역형 또는 금고형을 줄이면서 집행유예를 배제한

---

94) 대법원 1980. 5. 13. 선고 80도765 판결, 1990. 9. 25. 선고 90도1534 판결.
95) 대법원 1976. 11. 23. 선고 76도3161 판결.
96) 배종대, 800면; 신동운, 1477면.
97) 이재상, 811면.
98) 대법원 1977. 9. 13. 선고 77도2114 판결, 1981. 10. 24. 선고 80도2325 판결, 2000. 11. 24. 선고 2000도3945 판결.
99) 대법원 1994. 1. 11. 선고 93도2894 판결.
100) 대법원 2020. 10. 22. 선고 2020도4140 전원합의체 판결.

경우에도 불이익변경이 된다.[101]

(2) **집행유예의 선고** 징역형을 늘리면서 집행유예를 붙인 경우 불이익변경에 해당한다.[102] 이 경우에 피고인의 실질적 이익을 고려하여 불이익변경이 되지 않을 수도 있다고 해석하는 견해가 있으나, 형의 경중을 판단함에 있어서는 집행유예가 실효되거나 취소되는 경우도 고려해야 하므로 불이익변경에 해당한다고 본다.

(3) **유예기간의 연장** 집행유예가 선고된 자유형판결에 대하여 집행유예의 기간만을 연장하는 경우에는 형벌권의 소멸기간이 길어지므로 불이익변경이 된다.[103] 한편 집행유예가 선고된 자유형판결에 대하여 형을 가볍게 하면서 유예기간을 길게 하는 경우도 불이익변경에 해당한다는 견해[104]와 유예기간을 길게 하더라도 형기를 줄이면 불이익변경이 되지 않는다는 견해[105]가 있다. 이와 같은 경우 형 자체가 가볍게 되기 때문에 후자의 견해가 타당하다고 본다.

(4) **집행유예와 벌금형** 자유형에 대한 집행유예판결을 벌금형으로 변경하는 것은 불이익변경이 아니다.[106] 제1심이 뇌물수수죄를 인정하여 피고인에게 징역 1년 6월 및 추징을 선고한 데 대해 피고인만이 항소하였는데, 항소심은 제1심이 누락한 필요적 벌금형 병과규정을 적용하여 피고인에게 징역 1년 6월에 집행유예 3년, 벌금 5천만원 및 추징을 선고한 경우 집행유예의 실효나 취소가능성, 벌금미납시 노역장유치 가능성과 그 기간 등을 전체적·실질적으로 고찰할 때 항소심이 선고한 형은 제1심이 선고한 형보다 무거워 피고인에게 불이익하다.[107]

(5) **형의 집행유예와 집행면제** 형의 집행면제의 판결을 집행유예로 변경하는 것은 불이익변경에 해당하지 않는다.[108] 집행유예는 그 유예기간이 경과한 때에 형의 선고의 효력이 상실되나, 형의 집행면제는 그 형의 집행만을 면제하는 데 불과하기 때문이다.

---

101) 대법원 1965. 12. 10. 선고 65도826 전원합의체 판결, 1970. 3. 24. 선고 70도33 판결, 1986. 3. 25.자 86모2 결정.
102) 대법원 1966. 12. 8. 선고 66도1319 전원합의체 판결, 1977. 10. 11. 선고 77도2713 판결, 2002. 10. 25. 선고 2002도2453 판결.
103) 대법원 1983. 10. 11. 선고 83도2034 판결.
104) 배종대, 801면.
105) 신동운, 1479면; 신양균, 949면; 이재상, 813면.
106) 대법원 1966. 9. 27. 선고 66도1026 판결, 1990. 9. 25. 선고 90도1534 판결.
107) 대법원 2013. 12. 12. 선고 2012도7198 판결.
108) 대법원 1985. 9. 24. 선고 84도2972 전원합의체 판결.

【사 례】 집행유예와 형의 경중

《사 안》 피고인 甲은 제1심 법원에서 절도죄로 징역 8월을, 피고인 乙은 횡령죄로 징역 1년에 집행유예 2년을 선고받아 피고인들만 양형부당을 이유로 항소하였다. 항소심법원은 피고인 甲에게 징역 1년에 집행유예 2년을, 피고인 乙에게 징역 8월을 선고하였다. 甲과 乙에 대한 항소심판결은 정당한가?

《검 토》 피고인 甲에 대하여, 항소심이 징역형을 늘리고 집행유예를 붙인 것이 불이익변경에 해당하는가에 관하여는 긍정설과 부정설이 대립되고 있으며, 판례는 긍정설을 취하고 있다. 형의 경중을 고려함에 있어서는 집행유예가 실효되거나 취소되는 경우도 고려해야 하므로 피고인 甲에 대한 항소심판결은 불이익변경금지의 원칙을 위반한 잘못이 있다. 피고인 乙에 대하여, 항소심이 제1심의 집행유예를 배제한 판결을 선고한 것은 징역형을 줄였다 하더라도 불이익변경금지의 원칙에 위배된다. 결국 징역 1년에 집행유예 2년이 선고된 원심형에 대하여 상소심은 징역 8월을 선고할 수 없고, 또한 징역 8월이 선고된 원심형에 대하여도 상소심은 징역 1년에 집행유예 2년을 선고할 수 없다. 형의 경중의 비교는 단순논리적으로 결정할 수 없기 때문이다.

4. 선고유예와 형의 경중

자유형에 대한 선고유예를 벌금형으로 변경하는 것은 불이익변경에 해당한다.[109] 선고유예는 현실적으로 형을 선고하는 것이 아니고 선고유예를 받은 날로부터 2년을 경과하면 면소된 것으로 간주되는데 반하여 벌금형은 현실로 재산적 법익의 박탈을 가져오며 벌금을 납입하지 아니한 때에는 노역장에 유치되기 때문이다. 한편 벌금형을 자유형에 대한 선고유예로 변경하는 것도 선고유예가 실효될 가능성이 있다는 점에서 불이익변경이 된다고 본다.

5. 몰수·추징과 형의 경중

(1) 쟁 점   원심의 징역형을 그대로 두면서 새로 몰수 또는 추징을 추가하거나[110] 원심보다 무거운 추징을 병과하는 것[111]은 불이익변경이 된다. 그런데 주형을 가볍게 하고 몰수나 추징을 추가 또는 증가케 한 경우 불이익변경에 해당하는지 여부에 관하여 견해가 대립된다.

---

109) 대법원 1966. 4. 6. 선고 65도1261 판결, 1966. 9. 27. 선고 66도1081 판결, 1984. 10. 10. 선고 84도1489 판결, 1999. 11. 26. 선고 99도3776 판결.

110) 대법원 1961. 10. 12. 선고 4294형상238 판결, 1969. 9. 23. 선고 69도1058 판결, 1992. 12. 8. 선고 92도 2020 판결.

111) 대법원 1977. 5. 18. 선고 77도541 판결.

(2) 학 설 ① 주형이 경하더라도 피고인에 대하여 새로운 몰수나 추징이 선고되면 불이익변경이 된다는 **긍정설**과 ② 징역형을 줄이면서 몰수나 추징을 추가하는 것은 불이익변경이 아니라는 **부정설** 및 ③ 피고인에게 실질적으로 불이익을 초래하느냐를 기준으로 결정해야 한다는 **실질설**이 있다.

(3) 판 례 징역형을 줄이면서 추징액을 일부 증액한 것만으로는 불이익변경이 되지 않는다.[112] 원심이 피고인에 대하여 징역 1년의 형을 선고유예하고, 이에 대하여 피고인만이 상소한 경우 상소심이 벌금 4천만원의 형과 추징 2천만원을 선고하면서 벌금형과 추징을 모두 선고유예하였다면 추징을 새로이 추가하였다고 하더라도, 전체적·실질적으로 볼 때 피고인에 대한 형이 원심판결보다 불이익하게 변경되었다고 볼 수는 없다.[113]

(4) 검 토 실질설이 타당하다고 본다. 따라서 주형을 가볍게 하면서 몰수나 추징을 추가하거나 액수를 늘인 경우에 원칙적으로는 불이익변경에 해당하지 않지만, 액수가 현저하게 증가함으로써 피고인에게 실질적으로 불이익한 결과로 되는 때에는 불이익변경에 해당한다.

6. 압수물환부 및 미결구금일수산입

(1) 압수물의 환부 압수한 서류 또는 물건에 대하여 몰수의 선고가 없는 때에는 압수를 해제한 것으로 간주한다($\frac{제332}{조}$). 이 때 압수한 장물로서 피해자에게 환부할 이유가 명백한 것은 판결로써 피해자에게 환부하는 선고를 하여야 한다($\frac{제333조}{제1항}$). 상소심이 자유형의 형기를 감축하면서 원판결에서 선고하지 아니한 압수물환부선고를 한 경우 불이익변경이 되지 않는다.[114]

(2) 미결구금일수의 산입 미결구금일수 전부는 당연히 본형에 산입되므로 판결에서 미결구금일수의 산입에 대한 선고를 할 필요가 없다. 따라서 미결구금일수의 산입에 관하여는 불이익변경금지의 원칙을 논할 실익이 없다.

7. 형과 보안처분

(1) 형과 치료감호 제1심 판결에서 치료감호만 선고되고 피고인만 항소한 경우에 항소심이 징역형을 선고하는 것은 불이익변경이 된다.[115] 징역형이 치료감호보다 피고인에게 불이익한 처분이기 때문이다.

(2) 보호관찰 등 보호관찰이나 사회봉사명령 또는 수강명령($\frac{형법}{조의2}$제62)은 형벌

---

112) 대법원 1977. 3. 22. 선고 77도67 판결, 1998. 5. 12. 선고 96도2850 판결.
113) 대법원 1998. 3. 26. 선고 97도1716 전원합의체 판결.
114) 대법원 1990. 4. 10. 선고 90도16 판결.
115) 대법원 1983. 6. 14. 선고 83도765 판결.

이 아닌 보안처분의 성격을 갖는다.[116] ① 원심의 양형을 그대로 유지하면서 새로이 사회봉사명령 등만을 부가하는 것은 불이익변경금지의 원칙에 위배되나, ② 원심의 집행유예기간이나 유예되는 본형을 감경하면서 사회봉사명령 등을 부가하는 경우 또는 제1심에서 선고한 사회봉사명령 등의 내용을 변경하는 경우에는 불이익변경에 해당하는지 여부를 구체적 사정에 따라 전체적, 실질적 고찰방법에 의하여 판단하여야 한다.

⑶ **전자장치부착** 「전자장치 부착 등에 관한 법률」은 전자장치를 효율적으로 활용하여 불구속재판을 확대하고, 범죄인의 사회복귀를 촉진하며, 범죄로부터 국민을 보호함을 목적으로 한다(동법 제1조). 전자감시 제도는 성폭력범죄, 미성년자 대상 유괴범죄, 살인범죄 및 강도범죄를 범한 자의 재범 방지와 재사회화를 위하여 그의 행적을 추적하여 위치를 확인할 수 있는 전자장치를 신체에 부착하게 하는 부가적인 조치를 취함으로써 특정범죄로부터 국민을 보호함을 목적으로 하는 일종의 보안처분이다.

항소심이 원심과 동일한 징역형을 선고하면서 전자장치 부착기간을 장기로 하는 경우에는 불이익변경금지의 원칙에 위배된다. 그러나, 원심의 징역형을 감경하면서 전자장치 부착명령을 변경하는 경우에는 전체적·실질적 고찰방법에 의하여 판단하여야 한다. 원심이 피고인에게 '징역 장기 7년, 단기 5년 및 5년 동안의 위치추적 전자장치 부착명령'을 선고한 제1심판결을 파기한 후 피고인에 대하여 '징역 장기 5년, 단기 3년 및 20년 동안의 위치추적 전자장치 부착명령'을 선고한 것은 불이익변경금지의 원칙에 어긋난다고 할 수 없다.[117] 그리고 피고인에게 '징역 15년 및 5년 동안의 위치추적 전자장치 부착명령'을 선고한 제1심판결을 파기한 후 '징역 9년, 5년 동안의 공개명령 및 6년 동안의 위치추적 전자장치 부착명령'을 선고한 항소심 판결은 불이익변경금지원칙에 위배되지 않는다.[118]

부착명령의 청구는 공소가 제기된 특정범죄사건의 항소심 변론종결 시까지 하여야 한다(동법 제5조 제5항)고 규정할 뿐 피고인만이 항소한 사건의 경우에는 부착명령 청구를 할 수 없다는 등의 제한 규정이 없고, 위 규정은 특정범죄 피해의 심각성을 인식하여 전자장치 부착명령의 청구시기를 항소심까지 가능하게 한 점에 비추어 보면, 피고인만이 항소한 경우라도 법원이 항소심에서 처음 청구된

---

116) 대법원 1997. 6. 13. 선고 97도703 판결.
117) 대법원 2010. 11. 11. 선고 2010도7955, 2010전도46 판결.
118) 대법원 2011. 4. 14. 선고 2010도16939, 2010전도159 판결.

검사의 부착명령 청구에 기하여 부착명령을 선고하는 것이 불이익변경금지의 원칙에 저촉되지 아니한다고 봄이 상당하다.[119]

Ⅳ. 병합심판과 형의 경중

1. 자유형의 병합

(1) 실형이 병합된 경우   항소심이 제1심에서 별개의 사건으로 따로 두 개의 형을 선고받고 항소한 피고인에 대하여 사건을 병합심리하여 하나의 형을 선고하는 경우 그 형은 제1심의 각 형량보다 중할 수 있으나,[120] 제1심에서 선고된 각 형을 합산한 범위 내에서 형법 제38조 제1항 제2호에 따라 결정되어야 한다. 예를 들면 피고인이 제1심에서 모욕죄(형법제311조)에 대하여 징역 1년을, 점유이탈물횡령죄(형법제360조)에 대하여 징역 1년을 각 선고받아 항소심이 병합심리를 한 경우 피고인에 대한 형은 징역 1년 6월(법정형 장기의 2분의 1까지 가중한 형기)을 초과할 수 없다.[121] 만약 피고인이 모욕죄에 대하여 징역 6월을, 점유이탈물횡령죄에 대하여 징역 6월을 각 선고받아 피고인만이 항소하였다면 항소심은 징역 1년보다 중한 형을 선고할 수 없다.

(2) 실형과 집행유예가 병합된 경우   제1심에서 징역 1년 6월의 실형과 징역 1년에 집행유예 2년의 형을 각 선고받은 두 사건을 항소심에서 병합한 경우 판례에 의하면 징역 2년을 선고할 수 있다고 한다.[122] 피고인의 불이익 여부를 전체적・실질적으로 고찰하여 결정해야 한다.

2. 자유형과 벌금형의 병합

피고인이 사기죄와 민방위기본법위반죄로 각각 별개로 기소되어 제1심에서 사기죄에 대하여는 징역 1년에 집행유예 2년을, 민방위기본법위반죄에 대하여는 벌금 5만원을 각 선고받아 항소하였는데, 항소심이 2개의 사건을 병합하여 민방위기본법위반죄에 대한 제1심의 벌금형을 징역형으로 바꾸어 선택하여 피고인에 대하여 징역 8월에 집행유예 2년을 선고한 것은 불이익변경금지의 원칙에 위배되지 않는다.[123]

---

119) 대법원 2010. 11. 25. 선고 2010도9013, 2010전도60 판결.
120) 대법원 1980. 5. 27. 선고 80도981 판결.
121) 위와 같은 사안에서는 검사가 항소한 경우라 하더라도 피고인에 대해 선고할 수 있는 최고형은 징역 1년 6월이 된다.
122) 대법원 2001. 9. 18. 선고 2001두3448 판결.
123) 대법원 1989. 6. 13. 선고 88도1983 판결.

3. 약식명령에 대한 정식재판청구사건

피고인이 약식명령에 대하여 정식재판을 청구한 사건과 공소가 제기된 다른 사건을 병합심리하여 하나의 벌금형을 선고하는 경우 약식명령에서 정한 벌금형보다 중한 벌금형을 선고하더라도 불이익변경금지의 원칙에 어긋나지 않는다.[124] 그러나 벌금형의 약식명령을 고지받아 정식재판을 청구한 사건과 공소가 제기된 사건을 병합심리한 후 경합범으로 처단하면서 징역형을 선고한 것은 불이익한 변경에 해당한다.[125]

【사 례】 약식명령과 불이익변경금지의 원칙

《사 안》 피고인 甲은 도로교통법위반죄로 벌금 100만원의 약식명령을 고지받고 정식재판을 청구하였는데, 제1심 법원은 도로교통법위반죄와 피고인 甲에 대하여 정식 기소된 사기죄를 병합·심리한 후 두 사건을 경합범으로 처단하여 벌금 500만원을 선고하였고, 피고인만 항소하였다. 제2심 법원은 사기죄에 대하여 무죄를 선고하고 도로교통법위반죄는 유죄로 인정하면서 벌금 200만원을 선고하였다. 제2심 판결은 적법한가?

《검 토》 피고인이 정식재판을 청구한 당해 사건(도로교통법위반죄)이 다른 사건(사기죄)과 병합·심리된 결과 다른 사건에 대하여 무죄가 선고됨으로써 당해 사건과 다른 사건이 경합범으로 처단되지 않고 당해 사건에 대하여만 벌금형이 선고되었다. 이 경우에는 약식명령에서 발령한 벌금보다 중한 벌금을 선고할 수 있으므로 제2심 판결은 적법하다.

제5관 파기판결의 기속력

제1 개 관

I. 의 의

1. 개 념

파기판결(破棄判決)의 기속력이란 상소심에서 원판결을 파기하여 환송 또는 이송한 경우에 상급심의 판단이 당해 사건에 관하여 환송 또는 이송받은 하급심을 기속하는 효력을 말한다. 이를 파기판결의 구속력이라고도 한다. 법원조

---

124) 대법원 2004. 8. 20. 선고 2003도4732 판결.
125) 대법원 2004. 11. 11. 선고 2004도6784 판결, 2020. 1. 9. 선고 2019도15700 판결.

직법 제8조는 『상급법원의 재판에 있어서의 판단은 당해 사건에 관하여 하급심을 기속한다』고 규정하고 있다. 파기판결의 기속력은 파기환송 또는 이송된 판결의 하급심에 대한 효력으로서, 판결을 선고한 법원이 그 판결의 내용을 철회 또는 변경할 수 없음을 의미하는 재판의 구속력과는 구별된다.

2. 인정근거

파기판결의 기속력을 인정하는 근거는 **심급제도의 본질**에서 유래한다. 즉 하급심이 상급심의 판단에 따르지 않으면 당해 사건에 대한 종국적인 해결이 불가능하게 되어 심급제도는 그 기능을 잃기 때문이다. 사건을 환송받은 법원이 자신의 견해가 상급법원의 판단과 다르다는 이유로 이에 따르지 아니하고 다른 견해를 취하는 것을 허용한다면 사건이 하급심법원과 상급법원 사이를 여러 차례 왕복할 수밖에 없게 되어 분쟁의 종국적 해결이 지연되거나 불가능하게 되며, 나아가 심급제도 자체가 무의미하게 되는 결과를 초래하게 될 것이므로, 이를 방지함으로써 심급제도를 유지할 수 있다.

II. 법적 성질

1. 중간판결설

파기판결을 중간판결의 일종으로 이해하는 견해이다. 이에 의하면 파기판결의 기속력은 중간판결로서의 효력이고, 환송을 받은 하급심의 심리는 환송판결을 한 상급심절차의 속행이 된다고 한다.

2. 기판력설

파기판결의 기속력을 확정판결의 기판력이라 보는 견해이다. 이에 의하면 파기판결은 하급심뿐만 아니라 파기판결을 한 법원과 상급심도 모두 기속하는 결과가 된다.

3. 특수효력설

파기판결의 기속력은 심급제도의 합리적인 유지를 위하여 인정된 특수한 효력이라고 해석하는 견해가 통설이다. 기속력은 심급제도를 유지하기 위하여 정책적 근거에서 인정된 것이고, 새로운 증거가 발견된 경우 파기판결의 기속력은 배제된다는 점을 근거로 삼는다.

4. 검 토

파기환송판결은 원심에 대하여 새로운 심리를 명하는 종국판결이라는 점에서 중간판결설은 타당하지 않다. 또 기판력은 후소에 대한 전소의 효력인데, 파기판결의 기속력은 동일소송 내의 심급간의 효력이므로 양자를 동일할 수 없다. 따라서 파기판결의 기속력은 심급제도를 유지하기 위한 특수한 효력이라고 본다.

제2 기속력의 범위

Ⅰ. 기속력이 발생하는 재판

기속력이 발생하는 재판은 상소심의 파기판결이다. 상고심의 파기판결은 물론 항소심의 파기판결도 기속력이 발생하며 파기환송판결이냐 파기이송판결이냐를 불문한다. 재항고심에서는 파기환송 또는 파기이송이 허용되므로 결정에 의한 파기에도 기속력이 인정된다.

Ⅱ. 기속력이 미치는 심급

1. 하 급 심

상고법원이든 항소법원이든 파기판결을 하게 되면 그 판결은 당해 사건에 관하여 하급심을 기속하게 된다. 예를 들면 상고심에서 항소심판결을 파기하여 제1심 법원에 환송하고, 제1심 법원이 환송된 사건을 재판하여 그 판결이 다시 항소된 경우 제2심 법원도 당해 사건의 하급심에 해당하므로 상고심의 판단에 기속된다.

2. 파기한 상급심

파기판결의 기속력은 하급법원뿐만 아니라 파기판결을 한 상급심에 대하여 미친다.[126] 하급심이 상급심의 판단에 따라 재판을 하였음에도 불구하고 다시 상소된 하급심의 판결에 대하여 상급심이 본래의 판단을 변경한다면 불필요한 절차가 반복되어 파기판결의 기속력을 인정한 취지가 무의미해지기 때문이다.

다만 대법원 전원합의체가 종전 파기환송판결의 법률판단을 변경할 필요가 있다고 인정하는 경우에는, 그에 기속되지 아니하고 이를 변경할 수 있다. 파기판결의 기속력의 부정은 법령의 해석적용에 관한 의견변경의 권능을 가진 대법원 전원합의체에게만 그 권한이 주어진다.[127]

---

126) 대법원 1983. 4. 18. 선고 83도383 판결, 1985. 7. 9. 선고 85도263 판결, 1986. 6. 10. 선고 85도1996 판결, 1987. 4. 28. 선고 87도294 판결.

3. 상 고 심

항소심의 파기판결의 기속력이 상급법원인 상고심에도 미치는가에 대하여 기판력설은 이를 인정한다. 그러나 항소심의 파기판결에 상고심이 기속된다는 것은 법령해석의 통일을 위한 상고심의 기능에 반하므로 이를 부정하는 것이 타당하다.

III. 기속력이 미치는 판단의 범위

1. 법률판단과 사실판단

파기판결의 기속력은 법률판단뿐만 아니라 사실판단에 대하여도 미친다. 사실오인이 상소이유로 인정되어 있기 때문이다.

2. 적극적 · 소극적 판단

⑴ 학 설 기속력이 파기의 직접적인 이유인 소극적 · 부정적 판단에만 미치는가 아니면 그 이면에 있는 적극적 · 긍정적 판단에 대하여도 미치는가 하는 문제가 있다. ① 사실판단에 있어서 부정적 판단과 긍정적 판단은 일체불가분의 관계에 있으므로 파기판결의 기속력은 적극적 · 긍정적 판단에 대하여도 미친다는 **긍정설**[128]과 ② 적극적 · 긍정적 판단은 파기이유에 대한 연유에 불과하기 때문에 파기판결은 소극적 · 부정적 판단 부분에 대해서만 기속력이 있다는 **부정설**[129]이 대립한다.

⑵ 판 례 환송판결의 하급심에 대한 기속력은 파기의 이유가 된 원판결의 사실상 및 법률상의 판단이 정당하지 않다는 소극적인 면에서만 발생하는 것이다.[130]

⑶ 검 토 파기판결의 기속력은 파기의 직접적인 이유가 된 소극적 · 부정적 판단에만 미친다고 본다.

3. 경합범에 대한 판단

상고심이 경합범관계에 있는 일부 범죄사실에 대해 상고이유가 없다고 판단하였으나 다른 범죄사실에 대해 상고이유를 인정하여 유죄 부분 전부를 파기한 경우, 상고이유가 없다고 판단된 부분에 대하여는 피고인이 더 이상 다툴 수 없고, 사건을 환송받은 법원도 이와 배치되는 판단을 할 수 없다.[131]

---

127) 대법원 2001. 3. 15. 선고 98두15597 전원합의체 판결.
128) 이재상, 818면.
129) 배종대, 806면; 신동운, 1486면; 신양균, 955면.
130) 대법원 1983. 2. 8. 선고 82도2672 판결.

제3 기속력의 배제

Ⅰ. 사실관계의 변경

환송 후에 새로운 사실과 증거에 의하여 사실관계와 증거관계가 변경된 경우에는 파기판결의 기속력은 배제된다.[132] 따라서 하급심에서 환송 전후의 증거를 종합하여 환송 전의 판단을 유지한 경우에는 환송판결의 판단에 반하는 것이라고 할 수 없다.[133] 파기판결의 기속력은 사실관계의 동일을 전제로 하는 것이기 때문이다. 또한 환송 후에 하급심에서 공소사실이 변경된 경우에는 하급심은 새롭게 사실인정을 할 재량권을 가지게 되므로 파기판결의 사실판단에 기속될 필요가 없다.[134]

Ⅱ. 법령과 판례의 변경

파기판결 이후에 법령이 변경된 경우에는 기속력은 배제된다. 판례의 변경은 법령의 변경에 준하는 효과를 가진다는 점에서 파기판결의 기속력을 배제하는 사유로 인정된다.

제 2 절 항 소

제 1 관 총 설

제1 항소의 의의

항소란 제1심 판결에 불복하여 제2심 법원에 상소하는 것을 말한다. ① 항소는 제1심 판결에 대한 상소라는 점에서 제2심 판결에 대한 상소인 상고와 구별된다. ② 판결에 대한 상소이므로 결정이나 명령에 대하여는 항소할 수 없다.

---

131) 대법원 2001. 4. 10. 선고 2001도265 판결.
132) 대법원 1983. 2. 8. 선고 82도2672 판결, 1985. 7. 9. 선고 85도263 판결, 1990. 3. 13. 선고 89도2360 판결, 1996. 12. 10. 선고 95도830 판결, 2003. 2. 26. 선고 2001도1314 판결.
133) 대법원 1983. 12. 13. 선고 83도2613 판결.
134) 대법원 2004. 4. 9. 선고 2004도340 판결.

또한 ③ 항소는 제1심 판결에 대하여 제2심 법원에 상소하는 것이므로 대법원에 상소하는 비약적 상고와 구별된다. 항소는 제1심 판결의 오판으로 인하여 불이익을 받는 당사자를 구제하는 것을 주된 기능으로 한다.

제2 항소심의 구조

Ⅰ. 유 형

1. 복 심

⑴ 의 의 항소심이 원심의 심판이 없었던 것처럼 피고사건에 대하여 처음부터 다시 심판하는 제도를 말한다. 현행 독일 형사소송법이 취하고 있는 항소심의 구조이다.

⑵ 특 징 ① 항소심의 심판대상은 피고사건 자체이고, ② 원판결에 불복하는 이상 항소이유에 제한이 없으며, 항소이유서를 따로 제출할 필요가 없다. ③ 항소심의 심리는 공소장에 의한 기소요지의 진술부터 다시 시작하고 사실심리와 증거조사에도 제1심에 비하여 아무런 제한이 없다. ④ 일사부재리효의 시간적 범위는 항소심판결 선고시를 기준으로 한다.

⑶ 장단점 복심은 항소심의 심리를 철저히 함으로써 피고인의 이익보호와 실체적 진실발견에 기여한다는 장점이 있다. 그러나 소송경제에 반하고 상소남용으로 인한 소송지연을 초래할 위험이 있다.

2. 속 심

⑴ 의 의 제1심의 심리를 전제로 제1심의 소송자료를 이어받아 항소심의 심리를 속행하는 제도를 말한다. 즉 항소심은 제1심의 변론이 재개된 것처럼 원심의 심리절차를 속행하고 새로운 심리와 증거를 보충하여 피고사건에 대하여 심판한다. 현행 민사소송법이 취하고 있는 항소심의 구조이다.

⑵ 특 징 ① 항소심의 심판대상은 피고사건의 실체이다. ② 항소이유에 제한이 없다. ③ 항소심은 제1심의 변론이 재개된 것과 같이 사실심리와 증거조사를 행하며 제1심 판결 후에 발생한 사실이나 새로 발견된 증거도 판결의 자료가 된다. ④ 항소심에서도 공소장변경이 허용된다. ⑤ 일사부재리효의 시간적 범위는 항소심판결 선고시를 기준으로 한다.

⑶ 장단점 속심은 원판결의 심리를 필요한 범위에서 속행한다는 점에서 복심에 비하여 소송경제를 도모할 수 있는 장점이 있다. 그러나 원심의 소송자

료에 대한 심증을 이어받음으로써 구두변론주의와 직접주의에 일부 반하고, 소송지연과 남상소의 위험은 여전히 남아 있다는 단점이 있다.

3. 사 후 심

⑴ 의 의   원심에 나타난 자료만을 토대로 원심판결시를 기준으로 하여 원판결의 당부(當否)를 사후적으로 심사하는 제도를 말한다.

⑵ 특 징   ① 항소심의 심판대상은 원판결의 당부이다. ② 항소이유가 제한되고 항소인은 항소이유서를 제출해야 한다. ③ 항소심의 심판범위도 항소이유서에 기재된 것에 한한다. ④ 항소심은 원심에 나타난 증거에 의하여 원판결시를 기준으로 원판결의 당부를 판단할 뿐 원판결 후에 발생한 사실이나 새로운 자료를 증거로 할 수 없다. ⑤ 항소심에서는 공소장변경이 허용될 수 없다. ⑥ 일사부재리효의 시간적 범위는 원심판결 선고시를 기준으로 한다.

⑶ 장단점   사후심은 소송경제와 신속한 재판의 이념에 부합하는 장점이 있다. 그러나 제1심에서 사실심리가 철저히 이루어지지 못하였을 때에는 실체진실의 발견과 피고인의 구제에 충분하지 못하게 된다.

Ⅱ. 현행법상 항소심의 구조

1. 학   설

⑴ **사후심설**   현행법상 항소심의 구조는 사후심이라는 견해와 원칙적으로 사후심이지만 예외적으로 항소심이 파기자판하는 경우에는 속심의 성질을 가진다고 보는 견해가 있다. 실정법적 근거로 ① 실정법상 항소이유가 원판결의 법령위반·사실오인 및 양형부당에 제한되어 있고($\frac{제361}{조의5}$), ② 항소법원은 항소이유에 포함된 사유에 관하여만 심판해야 하며($\frac{제364조}{제1항}$), ③ 항소이유가 없음이 명백한 때에는 변론 없이 항소를 기각할 수 있다($\frac{동조}{제5항}$)는 규정을 든다. 또한 제1심 절차에서 공판중심주의·직접심리주의·구두변론주의가 강화되었으므로 항소심에서 반복하여 심리하는 것은 불필요하고 소송경제의 이념에 반한다는 점을 이론적 근거로 하고 있다.

⑵ **속심설**   현행법상 항소심의 구조는 속심을 원칙으로 한다고 해석하는 견해이다. 실정법적 근거로 ① 판결 후 형의 폐지나 변경 또는 사면이 있을 때($\frac{제361조의}{5 \ 제2호}$)와 재심청구의 사유가 있을 때($\frac{동조}{제13호}$)는 속심적 성격을 띤 항소이유이고, ② 제1심 법원에서 증거로 할 수 있던 증거는 항소법원에서도 증거로 할 수 있

으며(제364조 제3항), ③ 제1심공판에 관한 규정은 항소심의 심리에 준용된다(제370조)는 규정을 든다. 그리고 제1심에 공판중심주의와 직접주의가 강화되었다고 하여도 제1심 판결에서 진실을 완전히 밝히기 어렵고, 원심판결 후에 이루어진 피해자와의 합의 등의 사유를 고려함으로써 피고인의 불이익을 최대한 구제해야 할 필요가 있다고 한다.

2. 판 례

현행 형사소송법상 항소심은 기본적으로 실체적 진실을 추구하는 면에서 속심적 기능이 강조되고 있고, 다만 사후심적 요소를 도입한 형사소송법의 조문들이 남상소의 폐단을 억제하고 항소법원의 부담을 감소시킨다는 소송경제상의 필요에서 항소심의 속심적 성격에 제한을 가하고 있음에 불과하다.[1]

3. 검 토

현행법의 규정을 살펴보면 속심적 요소와 사후심 요소를 모두 발견할 수 있다. 항소이유서의 제출을 의무화하고(제361조의3), 항소법원은 항소이유에 포함된 사유에 관하여 심판하도록 한 것(제364조 제1항) 등은 사후심적 성격의 규정이다. 그러나 항소이유서의 제출이 없어도 판결에 영향을 미친 위법이 있는 경우에는 항소심법원은 직권으로 심판할 수 있는 점(제364조 제2항) 등을 종합하여 보면 항소심은 사실심의 종심으로서 속심적 기능이 강조되고 있음을 알 수 있다. 그렇다면 현행 항소심은 그 실체적 심증형성면에 있어서는 속심적 성격을 기초로 하고 있으며, 다만 앞서 본 사후심적 성격의 규정들은 상소남용의 방지와 소송경제를 위하여 항소심의 속심적 성격에 절차적 제한을 가하고 있다고 보아야 할 것이다.

Ⅲ. 구체적 문제

1. 항소심에서의 공소장변경

항소심에서 공소장변경이 허용될 수 있는가에 대하여 ① 항소심은 속심이므로 공소장변경이 전면적으로 허용된다는 **적극설**, ② 항소심은 사후심으로 원심판결의 당부만을 판단하는 것이므로 공소장변경이 허용되지 않는다는 **소극설**, ③ 항소심을 사후심으로 보더라도 항소심이 파기자판하는 경우에는 예외적으로 공소장변경이 허용된다는 **절충설**이 있다. 항소심구조를 속심으로 보는 이상 적극설이 타당하다고 본다.

---

1) 대법원 1983. 4. 26. 선고 82도2829 판결.

2. 원판결에 대한 판단시점

항소심에서 원심판결의 당부에 대한 판단은 항소심판결선고시점을 기준으로 하여야 한다. 예를 들면 피고인이 제1심 판결선고시에는 미성년자였기 때문에 부정기형을 선고받았는데, 항소 후 성년이 된 경우 항소법원은 원심의 형량이 적정하더라도 원심판결을 파기하고 피고인에 대하여 정기형을 선고하여야 한다.[2]

3. 일사부재리효의 시간적 범위

항소심이 원심판결을 파기하여 자판한 경우뿐만 아니라 항소기각한 경우에도 일사부재리효의 시간적 범위는 항소심판결선고시를 기준으로 한다. 피고인이 제1심 판결에 대하여 항소를 하였으나 항소이유서를 제출하지 아니하여 결정으로써 항소가 기각된 경우 사실심리의 가능성이 있는 최후의 시점을 언제로 볼 것인가의 문제가 있다. 피고인이 법정기간 내에 항소이유서를 제출하지 아니하였더라도 직권조사사유가 있으면 항소법원은 직권으로 심판하여 원심을 파기하고 다시 판결할 수도 있다. 따라서 항소이유서의 미제출을 이유로 결정으로써 항소가 기각된 경우 일사부재리효의 기준시점은 항소기각결정시라고 보아야 할 것이다.[3]

【사 례】 항소기각결정과 일사부재리효의 기준시점

《사 안》 피고인 甲은 2002. 2. 23. 서울지방법원에서 상습절도죄로 징역 3년에 집행유예 5년을 선고받아 항소하였으나 법정기간 내에 항소이유서를 제출하지 않았다. 항소법원은 2002. 6. 26. 항소기각결정을 내렸고, 2002. 7. 2. 그 결정은 확정되었다. 그런데 甲은 2002. 6. 15. 지하철에서 승객의 지갑을 소매치기하려다가 현장에서 체포되었다. 검사는 2002. 7. 5. 甲을 절도미수죄로 공소제기하였다. 甲의 2002. 6. 15.자 범행이 상습성에 의한 것이라고 인정된다면 법원은 甲에게 어떤 재판을 하여야 하는가?

《검 토》 피고인이 제1심 판결에 대해 항소하였으나 항소이유서를 제출하지 아니하여 결정으로 항소가 기각된 경우에도 일사부재리효의 시간적 범위는 항소기각결정시를 기준으로 한다. 본 사례의 경우 항소기각결정이 내려진 2002. 6. 26.을 기준으로 그 이전에 범한 절도미수가 甲의 상습성에 의한 것이라고 인정되면 이미 확정된 상습절도죄와 절도미수죄는 포괄일죄를 형성한다. 따라서 법원은 절도미수의 점에 대하여 이미 확정판결이 있음을 이유로 면소판결을 선고해야 한다.

---

2) 대법원 1990. 4. 24. 선고 90도539 판결.
3) 대법원 1993. 5. 25. 선고 93도836 판결.

제 2 관   항소이유

제 1   개   관

I. 의   의

항소이유란 항소권자가 적법하게 항소를 제기할 수 있는 법률상의 이유를 말한다. 항소인은 항소이유서를 항소법원에 제출하여야 하고($^{제361조의}_{3\,제1항}$), 항소이유서를 제출하지 않으면 항소기각결정의 사유가 된다($^{제361조의}_{4\,제1항}$). 항소이유는 제361조의5에 제한적으로 열거되어 있다. 항소이유를 제한한 것은 상소남용의 방지와 소송경제를 위하여 속심인 항소심에 사후심적 요소를 가미한 것이다.

II. 분   류

항소이유는 ① 법령위반을 이유로 하는 것과 법령위반 이외의 사유를 이유로 하는 것으로 분류할 수 있다. 또한 각각에 대하여 ② 일정한 사유가 있으면 당연히 항소이유가 되는 절대적 항소이유와 그 사유의 존재가 판결에 영향을 미친 경우에 한하여 항소이유로 되는 상대적 항소이유로 구분될 수 있다.

제 2   법령위반

I. 상대적 항소이유

1. 판결에 영향을 미친 헌법위반

판결에 영향을 미친 헌법의 위반이 있는 때($^{제361조의}_{5\,제1호}$)란 판결의 내용이 헌법에 위반한 경우와 판결절차가 헌법에 위반한 경우 및 헌법해석의 착오가 있는 경우를 포함한다. ① 판결의 내용이 헌법에 위반한 경우란 형벌법령을 소급하여 적용하거나 무죄판결이 확정된 사실에 관하여 다시 유죄의 판결을 한 경우를 말한다. 그리고 ② 판결절차가 헌법에 위반한 경우로는 고문 또는 불이익한 진술을 강요한 경우를 들 수 있다. 다만 재판의 공개규정에 위반한 경우는 제9호의 항소이유에 해당한다. ③ 헌법해석의 착오는 판결에 적용된 헌법의 해석 · 적용에 착오가 있는 경우를 말하며, 명령 · 규칙이 헌법에 적합한가에 대한 법원의 판단도 여기에 해당한다.

2. 판결에 영향을 미친 법령위반

판결에 영향을 미친 법률·명령 또는 규칙의 위반이 있는 때($^{제361조의}_{5\ 제1호}$)란 판결이 실체법규에 위반하는 경우와 소송법규에 위반하는 경우를 포함한다. ① 실체법규의 위반은 인정사실에 대한 형법 기타 실체법의 해석과 적용에 잘못이 있는 것을 말한다. ② 소송법규의 위반은 판결전 소송절차뿐만 아니라 판결과정에 있어서의 절차위반을 의미한다. 예를 들면 필요적 변호사건에서 변호인 없이 심리를 진행한 경우는 전자에 해당하고, 판결선고의 방식이 법률의 규정에 위반한 경우는 후자에 해당한다. 법령위반과 판결내용 사이에는 **규범적 인과관계**가 존재하여야 한다. 실체법규를 잘못 적용한 경우에는 판결에 직접 영향을 미치게 된다. 이에 대하여 소송법규를 위반한 경우에는 그 인과관계의 존부가 문제가 된다. 훈시규정에 불과한 법령을 위반한 경우에는 판결에 영향을 미친 규범적 인과관계가 인정되지 않는다. 그러나 효력규정의 위반은 원칙적으로 판결에 영향을 미친 위법이 있다고 본다.

II. 절대적 항소이유

1. 관할규정의 위반

관할 또는 관할위반의 인정이 법률에 위반되면 절대적 항소이유가 된다($^{제361}_{조의5}$ $^{제3}_{호}$). 관할에는 토지관할과 사물관할을 포함한다. 관할의 인정이 법률에 위반한 때란 관할위반의 판결을 해야 하는데도 피고사건의 실체에 대하여 재판한 경우를 말한다. 그리고 관할위반의 인정이 법률에 위반한 때란 관할권이 있어 피고사건을 심판할 수 있는데도 하지 않거나 관할위반의 선고를 할 것이 아님에도 불구하고 관한위반의 판결을 한 경우를 의미한다.

2. 법원구성의 위법

① 판결법원의 구성이 법률에 위반한 때($^{제361조의}_{5\ 제4호}$)란 합의법원이 구성원을 충족하지 못하거나 결격사유 있는 법관이 구성원이 되어 피고사건에 대하여 심리 또는 판결한 경우를 말한다. ② 법률상 그 재판에 관여하지 못할 판사가 그 사건의 심판에 관여한 때($^{동조}_{제7호}$)란 제척원인이 있거나 기피신청이 이유 있다고 인정된 판사가 재판의 내부적 성립에 관여한 경우를 말하다. ③ 사건의 심리에 관여하지 아니한 판사가 그 사건의 판결에 관여한 때($^{동조}_{제8호}$)란 처음부터 심리에

관여하지 않은 경우는 물론 공판심리 도중에 판사의 경질이 있음에도 불구하고 공판절차를 갱신하지 않고 판결의 내부적 성립에 관여한 경우를 포함한다. 따라서 판결의 선고에만 관여한 경우는 여기에 포함되지 않는다.

3. 공개재판위반

재판의 공개에 관한 규정에 위반한 때($^{제361조의}_{5\ 제9호}$)란 헌법 제109조와 법원조직법 제57조에 위반한 경우를 말한다.

4. 이유불비와 이유모순

판결에 이유를 붙이지 아니하거나 이유에 모순이 있는 때($^{제361조의}_{5\ 제11호}$)에는 절대적 항소이유가 된다. 법령의 적용이 없거나 법령이 주문과 모순되는 경우처럼 그 잘못이 명백한 경우는 이유불비에 해당하나, 그 정도에 이르지 않은 경우는 법령위반에 해당한다. 이유에 모순이 있는 때란 주문과 이유 또는 이유와 이유 사이에 모순이 있는 경우를 의미한다.

제 3 법령위반 이외의 항소이유

I. 상대적 항소이유

사실의 오인이 있어 판결에 영향을 미친 때이다($^{제361조의}_{5\ 제14호}$). 사실오인이란 원심법원이 인정한 사실과 객관적 사실 사이에 차이가 있는 경우를 말한다. 증거에 의하지 않거나 증거능력 없는 증거에 의한 사실인정은 사실오인이 아니라 소송절차의 법령위반에 해당한다. 여기에서의 사실이란 형벌권의 존재와 범위에 관한 사실, 즉 엄격한 증명을 요하는 사실을 의미한다. 따라서 소송법상의 사실이나 정상에 관한 사실은 제외된다. 판결에 영향을 미친 때란 사실오인에 의하여 판결의 주문에 영향을 미쳤을 경우와 범죄에 대한 구성요건적 평가에 직접 또는 간접으로 영향을 미쳤을 경우를 말한다.

II. 절대적 항소이유

1. 판결 후 형의 폐지 · 변경, 사면

판결 후 형의 폐지나 변경 또는 사면이 있는 때($^{제361조의}_{5\ 제2호}$)이다. 여기에서 형의 변경이란 경한 형으로의 변경만을 의미한다. 판결 후 형의 폐지나 사면이 있으면 면소의 판결을 해야 하고 형이 경하게 변경된 경우에는 피고인에게 경한 형을 과해야 하므로 피고인의 이익을 위해서 항소이유로 한 것이다.

2. 재심청구의 사유

재심청구의 사유가 있는 때($^{제361조의}_{5 \ 제13호}$)에는 절대적 항소이유가 된다. 재심사유가 있는데도 판결의 확정을 기다려 재심청구를 하도록 하는 것은 **소송경제**에 반하기 때문이다. 검사가 재심사유를 항소이유로 하여 피고인에게 불이익한 항소를 하는 것이 허용되느냐의 문제가 있다. 이에 대하여 ① 재심사유가 피고인에게 이익한 경우뿐만 아니라 불이익한 경우도 포함하므로 검사의 항소가 허용된다는 **적극설**[4]과 ② 재심은 피고인의 이익을 위해서만 청구할 수 있으므로 검사의 항소는 허용되지 않는다는 **소극설**[5]이 대립하고 있다. 항소는 피고인의 이익뿐만 아니라 실체적 진실발견도 목적으로 한다는 점에서 재심사유를 이유로 하는 검사의 항소도 인정된다고 본다.

3. 양형부당

형의 양정이 부당하다고 인정할 사유가 있는 때($^{제361조의}_{5 \ 제15호}$)란 처단형의 범위에서 선고한 형이 구체적인 사안에 비추어 지나치게 무겁거나 가벼운 경우를 말한다. 여기에서 형이란 주형뿐만 아니라 부가형·환형유치 또는 집행유예의 여부도 포함된다. 한편 처단형의 범위를 넘어서 형을 선고한 경우는 양형부당이 아니라 법령위반에 해당한다. 양형은 법정형을 기초로 하여 형법 제51조에서 정한 양형의 조건이 되는 사항을 두루 참작하여 합리적이고 적정한 범위 내에서 이루어지는 재량 판단으로서, 제1심의 고유한 영역이 존재한다. 제1심과 비교하여 양형의 조건에 변화가 없고 제1심의 양형이 재량의 합리적인 범위를 벗어나지 아니하는 경우에는 항소심은 이를 존중함이 타당하다. 그렇지만 제1심의 양형심리 과정에서 나타난 양형의 조건이 되는 사항과 양형기준 등을 종합하여 볼 때 제1심의 양형판단이 재량의 합리적인 한계를 벗어났다고 평가되거나, 항소심의 양형심리 과정에서 새로이 현출된 자료를 종합하면 제1심의 양형판단을 그대로 유지하는 것이 부당하다고 인정되는 등의 사정이 있는 경우에는, 항소심은 형의 양정이 부당한 제1심판결을 파기하여야 한다.[6]

---

4) 신동운, 1517면.
5) 신양균, 967면; 이재상, 829면.
6) 대법원 2015. 7. 23. 선고 2015도3260 전원합의체 판결.

제 3 관 항소심의 절차

제 1 항소의 제기

I. 항소장의 제출

항소의 제기기간은 7일이다($\frac{제358}{조}$). 항소장에는 항소의 대상인 판결을 특정하고 항소한다는 취지를 기재하여야 한다. 항소장에 항소이유를 기재할 필요는 없으나, 항소이유를 기재한 경우 그 항소장은 항소이유서로서의 효력도 있다. 항소인은 항소장에 연월일을 기재하고 서명날인하여야 한다($\frac{제59}{조}$). 항소인은 항소장을 **원심법원**에 제출하여야 한다($\frac{제359}{조}$). 항소장이 착오로 항소법원에 제출된 경우에는 항소법원은 항소장을 원심법원으로 송부하여야 하며 이 경우에는 항소장이 원심법원에 접수된 때에 항소제기의 효력이 발생한다.

II. 원심법원과 항소법원의 조치

1. 원심법원의 조치

(1) **항소장의 심사**   원심법원은 항소장을 심사하여 항소의 제기가 법률상의 방식에 위반하거나 항소권이 소멸된 후인 것이 명백한 때에는 **항소기각결정**을 하여야 한다($\frac{제360조}{제1항}$). 예를 들면 전보에 의한 항소와 항소기간을 도과한 항소가 이에 해당한다. 원심법원의 항소기각결정에 대하여는 **즉시항고**를 할 수 있다 ($\frac{동조}{제2항}$).

(2) **소송기록의 송부**   원심법원이 항소기각결정을 하지않은 경우에는 항소장을 받은 날로부터 14일 이내에 소송기록과 증거물을 항소법원에 송부하여야 한다($\frac{제361}{조}$). 제1심 법원이 지방법원 단독판사인 경우에는 지방법원본원합의부가 항소법원이 되고, 제1심 법원이 지방법원 합의부인 경우에는 고등법원이 항소법원이 된다($\frac{제357}{조}$).

2. 항소법원의 조치

(1) **국선변호인의 선정**   기록의 송부를 받은 항소법원은 필요적 변호사건에 있어서 변호인이 없다면 지체 없이 국선변호인을 선정하여야 한다($\frac{규칙 제156조}{의2 제1항}$).

(2) **소송기록접수통지**   항소법원은 소송기록을 송부받았다는 사실을 항소

인과 상대방에게 즉시 통지하여야 한다($\binom{\text{제361조의}}{\text{2 제1항}}$). 기록접수통지 전에 변호인의 선임이 있는 때에는 변호인에게도 통지하여야 한다($\binom{\text{동조}}{\text{제2항}}$). 또한 필요적 변호사건에 있어서 선정된 국선변호인에게도 소송기록접수통지를 하여야 한다($\binom{\text{규칙 제156}}{\text{조의2}}$). 그리고 피고인의 항소대리권자인 배우자가 피고인을 위하여 항소한 경우($\binom{\text{제341}}{\text{조}}$)에도 소송기록접수통지는 항소인인 피고인에게 하여야 한다.[7] 이 통지는 당사자에 대한 안내의 의미와 동시에 항소이유서 제출기간을 기산시키는 효력이 있다.

(3) **피고인의 이감**   피고인이 교도소 또는 구치소에 있는 경우에는 원심법원에 대응한 검찰청 검사는 소송기록 접수의 통지를 받은 날로부터 14일 이내에 피고인을 항소법원 소재지의 교도소 또는 구치소에 이감하여야 한다($\binom{\text{제361조의}}{\text{2 제3항}}$).

Ⅲ. 항소이유서와 답변서의 제출

1. 항소이유서의 제출

(1) **제출기간**   항소인 또는 변호인은 항소법원의 소송기록의 접수통지를 받은 날로부터 20일 이내에 항소이유서와 그 부본을 항소법원에 제출하여야 한다($\binom{\text{제361조의3 제1항,}}{\text{규칙 제156조}}$). 기간의 말일이 공휴일 또는 토요일에 해당하는 날은 항소이유서 제출기간에 산입하지 않는다($\binom{\text{제66조}}{\text{제3항}}$). 항소법원이 피고인에게 소송기록 접수통지를 함에 있어 2회에 걸쳐 그 통지서를 송달하였다고 하더라도, 항소이유서 제출기간의 기산일은 최초 송달의 효력이 발생한 날의 다음날부터이다.[8] 제출기간은 **도달주의**가 원칙이어서 피고인이 비록 소정기간내에 도달할 수 있는 시기에 항소이유서를 우편으로 발송하였다 하더라도 그 우편이 기간 경과 후에 항소법원에 도달된 경우에는 이를 적법한 항소이유서의 제출이라고 볼 수 없다. 재소자에 대한 특칙 규정($\binom{\text{제355}}{\text{조}}$)은 상소이유서를 제출하는 경우에도 준용한다.[9] 항소이유서는 적법한 기간 내에 항소법원에 도달하면 되는 것이므로 그 도달은 항소법원의 지배권 안에 들어가 사회통념상 일반적으로 알 수 있는 상태에 있으면 되고 나아가 항소법원의 내부적인 업무처리에 따른 문서의 접수, 결재과정 등을 필요로 하는 것은 아니다.[10]

(2) **변호인의 제출기간**   사선변호인이 선임된 경우 항소이유서 제출기간은 ① 선임시기가 피고인에게 소송기록 접수통지가 되기 전이면 사선변호인이 소

---

7) 대법원 2018. 3. 29. 자 2018모642 결정.
8) 대법원 2010. 5. 27. 선고 2010도3377 판결.
9) 대법원 2006. 3. 16. 선고 2005도9729 전원합의체 판결.
10) 대법원 1997. 4. 25. 선고 96도3325 판결.

송기록 접수통지를 받은 날로부터 계산되고, ② 선임시기가 피고인에게 소송기록 접수통지가 된 후이면 피고인이 소송기록 접수통지를 받은 날로부터 계산된다. 항소이유서 제출기간이 도과하기 전에 피고인이 빈곤 등의 사유(제33조)로 국선변호인 선정청구를 하였는데 기각된 경우에는 국선변호인 선정청구를 한 날로부터 선정청구기각결정등본을 송달받은 날까지의 기간은 항소이유서 제출기간에 산입되지 아니한다.

(3) 항소이유의 기재　　항소이유서에는 항소이유를 구체적으로 간결하게 명시해야 한다. 다만 항소이유서가 법정기간 내에 제출된 경우에는 항소인이 항소이유를 추상적으로 기재하였다고 하더라도 항소기각결정을 할 수는 없다. 예를 들면 피고인이 항소이유서에 '원심판결은 도저히 납득할 수 없는 억울한 판결이므로 항소합니다'라고 기재한 경우 항소심으로서는 이를 원심판결에 사실의 오인이 있거나 양형부당의 위법이 있다는 항소이유를 기재한 것으로 해석하여 그 항소이유에 대하여 심리를 해야 한다.[11] 그러나 검사가 제1심 무죄판결에 대해 항소하면서 항소이유를 '사실오인 및 법리오해'라고만 기재한 경우에는 이를 적법한 항소이유의 기재가 있는 것으로 볼 수 없다.[12] 또한 검사가 제1심 유죄판결에 대해 구체적인 이유의 기재 없이 단순히 항소장에 양형부당이라는 문구만 기재한 경우 이를 적법한 항소이유의 기재라고 볼 수 없다.[13]

(4) 항소이유서의 송달　　항소이유서의 제출을 받은 항소법원은 지체 없이 그 부본 또는 등본을 상대방에게 송달하여야 한다(제361조의 3 제2항). 부본이란 항소인이 제출한 것을 말하고, 등본이란 부본이 제출되지 아니하였거나 분실 · 멸실된 경우에 법원사무관 등이 작성한 것을 말한다. 항소이유서 부본이 상대방에게 송달되지 아니하였으나 상대방이 공판기일에서 아무런 이의를 제기하지 않은 채 항소인이 항소이유서를 진술하였다면 그 하자는 치유된다.[14]

(5) 항소이유의 철회　　항소이유서를 제출한 자는 항소심의 공판기일에 항소이유서에 기재된 항소이유의 일부를 철회할 수 있으나, 항소이유를 철회하면 이를 다시 상고이유로 삼을 수 없게 되는 제한을 받을 수도 있으므로, 항소이유의 철회는 명백히 이루어져야만 그 효력이 있다.[15]

---

11) 대법원 2002. 12. 3.자 2002모265 결정.
12) 대법원 2003. 12. 12. 선고 2003도2219 판결.
13) 대법원 2008. 1. 31. 선고 2007도8117 판결.
14) 대법원 2001. 12. 27. 선고 2001도5810 판결.
15) 대법원 2010. 9. 30. 선고 2010도8477 판결.

2. 답변서의 제출

⑴ **제출기간**　　상대방은 항소이유서의 부본 또는 등본을 송달받은 날로부터 10일 이내에 답변서를 항소법원에 제출하여야 한다($^{제361조의}_{3\ 제3항}$). 답변서란 항소이유에 대한 상대방의 반론을 기재한 서면을 말한다. 답변서의 제출은 항소이유서와 달리 의무적인 것이 아니므로 답변서를 제출하지 않더라도 소송법상 특별한 효력이 발생하지 않는다.

⑵ **제출의 방식**　　답변서의 내용도 구체적으로 간결하게 명시하여야 하고 ($^{규칙}_{제155조}$), 부본을 첨부하여야 한다($^{규칙}_{제156조}$). 답변서의 제출을 받은 항소법원은 지체 없이 그 부본 또는 등본을 항소인 또는 변호인에게 송달하여야 한다($^{제361조의}_{3\ 제4항}$).

3. 공판기일의 지정

공판기일의 지정은 항소이유서 제출기간 및 답변서 제출기간이 경과된 후의 날로 지정함이 원칙이다. 항소이유서 제출기간이 도과하지 아니한 경우에는 이미 항소이유서를 제출하였더라도 항소이유를 추가·변경·철회할 수 있으므로 항소법원이 항소이유서 제출기간의 경과를 기다리지 않고 항소사건을 심리할 수 없다. 다만 항소인과 상대방이 공판기일에서 이의하지 않는다면 그러한 공판기일의 지정은 유효하다. 그러나 항소인이 이의하지 않더라도 항소이유서 제출기간 만료전에 판결을 선고하는 것은 항소이유서를 제출할 수 있는 기회를 박탈하는 것으로 판결에 영향을 미치는 법령위반에 해당한다.

제 2　항소심의 공판절차

Ⅰ. 모두절차

1. 인정신문 등

항소심의 공판절차에 대하여는 특별한 규정이 없는 한 제1심 공판절차에 관한 규정이 준용된다($^{제370}_{조}$). 따라서 항소심에서도 재판장은 먼저 피고인에 대하여 인정신문을 행한다. 제1심 공판절차에서는 인정신문 후에 검사의 모두진술 ($^{제285}_{조}$)이 행하여지나 항소심의 경우 검사가 모두진술할 필요가 없고, 그 대신 항소인이 항소이유서에 따라 항소이유를 진술한다.

2. 피고인의 불출석

피고인이 공판기일에 출석하지 아니한 때에는 다시 기일을 정하여야 한다.

피고인이 정당한 사유 없이 다시 정한 기일에도 출정하지 아니한 때에는 피고인의 진술 없이 판결을 할 수 있다(제365조). 이와 같이 피고인의 진술 없이 판결할 수 있기 위하여는 피고인이 적법한 공판기일 소환장을 받고서 정당한 이유없이 출정하지 아니할 것을 필요로 한다. 따라서 피고인의 주거, 사무소, 현재지 등이 소송기록상 나타나 있는데도 공소장 및 제1심 판결문에 기재된 피고인의 주소로 송달되지 않는다는 이유로 공시송달에 의하여 피고인이 불출석한 채 재판을 진행한 경우 이는 위법하다.[16]

Ⅱ. 사실심리절차

1. 항소심의 심판범위

항소법원은 항소이유에 포함된 사유에 관하여 심판하여야 한다(제364조제1항). 판결에 영향을 미친 사유에 관하여는 항소이유서에 포함되지 아니한 경우에도 직권으로 심판할 수 있다(동조제2항). 항소심은 속심구조를 띤 사실심이므로 항소심의 변론종결시까지 검사의 **공소장변경**은 허용된다.[17] 그러나 검사의 공소취소는 불가능하다(제255조).

2. 증거조사

제1심 법원에서 증거로 할 수 있었던 증거는 항소심에서도 증거로 할 수 있다(제364조제3항). 즉 제1심 법원에서 증거능력이 있었던 증거는 항소심에서도 증거능력이 그대로 유지되어 심판의 기초가 될 수 있고 다시 증거조사를 할 필요가 없다. 다만 재판장은 증거조사 절차에 들어가기에 앞서 제1심의 증거관계와 증거조사 결과의 요지를 고지하여야 한다(규칙 제156조조의5 제1항).

항소심은 속심으로서 새로운 증거에 대해서도 증거조사할 수 있다. 그러나 새로운 증거조사가 제한 없이 허용된다고 볼 수는 없다. 항소심에서의 증인신청은 ① 제1심에서 조사되지 아니한 데에 대하여 고의나 중대한 과실이 없고, 그 신청으로 인하여 소송을 현저하게 지연시키지 아니하는 경우, ② 제1심에서 증인으로 신문하였으나 새로운 중요한 증거의 발견 등으로 항소심에서 다시 신문하는 것이 부득이하다고 인정되는 경우, ③ 그 밖에 항소의 당부에 관한 판단을 위하여 반드시 필요하다고 인정되는 경우에 한하여 예외적으로 허용된다(동조제2항).

---

16) 대법원 1999. 12. 24. 선고 99도3784 판결, 2002. 9. 24. 선고 2002도2520 판결.
17) 대법원 1986. 10. 14. 선고 86도1691 판결.

3. 피고인신문

변호인의 피고인신문권은 변호인의 소송법상 권리이다. 한편 재판장은 검사 또는 변호인이 항소심에서 피고인신문을 실시하는 경우 제1심의 피고인신문과 중복되거나 항소이유의 당부를 판단하는 데 필요 없다고 인정하는 때에는 그 신문의 전부 또는 일부를 제한할 수 있으나(규칙 제156조의6 제2항) 변호인의 본질적 권리를 해할 수는 없다. 따라서 재판장은 변호인이 피고인을 신문하겠다는 의사를 표시한 때에는 피고인을 신문할 수 있도록 조치하여야 하고, 변호인이 피고인을 신문하겠다는 의사를 표시하였음에도 변호인에게 일체의 피고인신문을 허용하지 않은 것은 변호인의 피고인신문권에 관한 본질적 권리를 해하는 것으로서 소송절차의 법령위반에 해당한다.[18]

제1심 공판절차에서는 검사·변호인·재판장의 순서로 피고인신문이 행하여 지나, 항소심절차에서는 그 구조상 피고인신문의 순서가 달라질 수 있다. 검사항소의 경우에는 검사가 먼저 항소이유의 기초사실에 관하여 신문하게 되나, 피고인항소의 경우에는 변호인이 먼저 신문하고 변호인이 없을 때에는 재판장이 먼저 신문한다.

4. 선고기일의 지정

항소심의 심리를 종결하면 판결선고를 위한 공판기일을 지정한다. 적법하게 고지된 제1차 선고기일에 피고인이 출석하지 않아 제2차 선고기일을 지정하고 소환장을 피고인에게 송달하였는데도, 그 기일에 피고인이 출석하지 않은 경우에는 피고인의 진술 없이 판결을 선고할 수 있다.[19]

제3　항소심의 재판

Ⅰ. 공소기각의 결정

① 공소가 취소되었거나, ② 피고인이 사망하거나 피고인인 법인이 존속하지 아니하게 되었거나, ③ 동일사건이 이중계속되어 다른 법원이 심판하게 된 때이거나, ④ 공소장에 기재된 사실이 진실하다 하더라도 범죄가 될 만한 사실이 포함되지 아니하는 등 공소기각의 결정(제328조)에 해당하는 사유가 있는 경우 항소법원은 결정으로 공소를 기각하여야 한다(제363조 제1항). 원심법원이 공소기각결

---

18) 대법원 2020. 12. 24. 선고 2020도10778 판결.
19) 대법원 2000. 9. 26. 선고 2000도2879 판결.

정의 사유를 간과하여 실체판결을 한 경우뿐만 아니라 원심판결 후에 공소기 각결정의 사유가 발생한 경우도 포함한다. 예를 들면 피고인이 원심판결에 대하여 항소를 하였는데 항소심절차가 진행되는 도중 사망한 경우 항소법원은 원심판결을 파기할 필요 없이 결정으로 공소를 기각한다. 항소심의 공소기각결정에 대하여 즉시항고를 할 수 있다(제363조 제2항).

Ⅱ. 항소기각의 재판

1. 항소기각의 결정

⑴ 사 유

(가) 항소제기의 위법   항소의 제기가 **법률상의 방식**에 위반하거나 항소권소 멸 후인 것이 명백한데도 원심법원이 항소기각의 결정(제360조)을 하지 아니한 때 에는 항소법원은 결정으로 항소를 기각하여야 한다(제362조 제1항).

(나) 항소이유서의 미제출   항소인이나 변호인이 항소이유서 제출기간 내 에 항소이유서를 제출하지 아니한 때에는 결정으로 항소를 기각하여야 한다. 다만 직권조사사유가 있거나 항소장에 항소이유의 기재가 있는 때에는 예외로 한다(제361조의4 제1항). **직권조사사유**란 법령적용이나 법령해석의 착오 여부 등 당사자가 주장하지 않는 경우에도 법원이 직권으로 조사해야 할 사유를 말한다.[20] 항소 이유서를 제출하지 않았지만 직권조사사유가 있는 경우 법원은 사건을 심리하 여 법정의 항소이유가 있다고 인정하는 때에는 원심판결을 파기하여야 한다. 예를 들면 제1심 판결선고 후 항소심판결 당시 성년이 된 피고인의 경우 피고 인이 소정 기간 내에 항소이유서를 제출하였는지 여부를 가릴 것 없이 직권으 로 심리하여 제1심판결을 취소하고 정기형을 선고하여야 한다.[21] 한편, 법원이 직권조사사유가 있는지 여부에 관하여 심리하기 위하여 구두변론을 거쳤다고 하더라도 심리결과 직권조사사유가 없다고 판단된 경우에는 결정으로 항소를 기각하여야 한다.

(다) **필요적 변호사건**   필요적 변호사건의 경우에는 피고인이 항소이유 서 제출기간 내에 항소이유서를 제출하지 않고 항소장에도 항소이유를 기재하 지 않았다고 하더라도, 피고인에게 변호인이 없는 때에는 국선변호인을 선정하 지 않은 채 항소기각결정을 할 수 없다.[22] 또한 필요적 변호사건에서 법원이 정

---

20) 대법원 2003. 5. 16.자 2002모338 결정.
21) 대법원 1976. 1. 19.자 75모72 결정.

당한 이유 없이 국선변호인을 선정하지 않고 있는 사이에 피고인 스스로 변호인을 선임하였으나 그 때는 이미 피고인에 대한 항소이유서 제출기간이 경과해 버린 후인 경우에도 법원은 사선변호인에게 소송기록접수통지를 함으로써 피고인을 위하여 항소이유서를 작성·제출할 수 있는 기회를 주어야 한다.[23] 피고인을 위하여 선정된 국선변호인이 법정기간 내에 항소이유서를 제출하지 아니한 경우에는 피고인에게 귀책사유가 있음이 특별히 밝혀지지 않는 한, 항소법원은 종전 국선변호인의 선정을 취소하고 새로운 국선변호인을 선정하여 다시 소송기록접수통지를 함으로써 새로운 국선변호인으로 하여금 그 통지를 받은 때로부터 항소이유서를 제출하도록 하여야 한다.[24] 필요적 변호사건이 아니고 제33조 제3항에 의하여 국선변호인을 선정하여야 하는 경우도 아닌 사건에 있어서 피고인이 항소이유서 제출기간이 도과한 후에 제33조 제2항의 규정에 따른 국선변호인 선정청구를 하고 법원이 국선변호인 선정결정을 한 경우에는 그 국선변호인에게 소송기록접수통지를 할 필요가 없고, 국선변호인의 항소이유서 제출기간은 피고인이 소송기록접수통지를 받은 날로부터 계산된다.[25]

　(라) **사건의 병합**　　　동일한 피고인에 대한 수 개의 범죄사실 중 일부에 대하여 먼저 공소가 제기되고 나머지 범죄사실에 대하여는 별도로 공소가 제기됨으로써 이를 심리한 제1심 법원이 공소제기된 사건별로 별개의 형을 선고하였으나, 그 사건이 모두 항소되어 항소심법원이 이를 병합심리하게 되었고 또한 수 개의 범죄가 형법 제37조 전단의 경합범관계에 있게 되는 경우라면 위 범죄 모두가 경합범에 관한 법률규정에 따라 처벌되어야 하는 것이므로, 공소제기된 사건별로 별개의 형을 선고한 각 원심판결에는 사후적으로 직권조사사유가 발생하였다고 보아야 한다. 따라서 이와 같은 경우 피고인이 어느 사건에 대하여 적법한 기간 내에 항소이유서를 제출하지 않았다고 하더라도, 항소심법원은 원심판결을 모두 파기하여야 한다.

　(2) **구금일수의 산입**　　　구속된 피고인에 대하여 항소기각의 결정을 하는 경우 미결구금일수의 전부가 본형에 산입된다.[26]

　(3) **불　복**　　　항소기각결정에 대하여는 즉시항고를 할 수 있다(제362조 제2항, 제361조의4 제2항).

---

22) 대법원 1996. 11. 28.자 96모100 결정.
23) 대법원 2000. 12. 22. 선고 2000도4694 판결.
24) 대법원 2012. 2. 16.자 2009모1044 전원합의체 결정.
25) 대법원 2013. 6. 27. 선고 2013도4114 판결.
26) 헌법재판소 2009. 6. 25. 선고 2007헌바25 결정.

【사 례】 항소이유서 제출기간의 도과

《사 안》 피고인 甲은 2019. 10. 30. 서울중앙지방법원에서 상해죄로 징역 1년을 선고받고 제1심 판결에 대하여 항소하였다. 甲은 2019. 11. 30. 서울중앙지방법원 항소부로부터 소송기록접수통지서를 송달받고 2019. 12. 3. '가정형편상 사선변호인을 선임하기 어렵다.'는 사유를 들어 국선변호인 선정청구를 하였다. 서울중앙지방법원 항소부는 특별한 이유도 없이 그 선정결정을 지연하다가 2020. 1. 18.에야 비로소 甲을 위한 국선변호인의 선정결정을 하고, 2020. 1. 20. 甲이 항소이유서를 제출하지 않았다는 이유로 항소기각결정을 하였다. 이 사건 항소기각결정은 정당한가?

《검 토》 피고인 甲은 국선변호인의 조력을 받아 항소이유서를 작성·제출하기 위하여 충분한 시간 여유를 두고 국선변호인선정청구를 하였는데도 법원이 정당한 이유 없이 그 선정을 지연하여 항소이유서 제출기간이 경과되었다. 이는 변호인의 조력을 받을 피고인의 권리가 법원에 의하여 침해된 것과 다를 바 없으므로, 甲이 항소이유서 제출기간 내에 항소이유서를 제출하지 않았다 하더라도 바로 甲의 항소를 기각하여서는 안된다. 항소법원은 국선변호인에게도 별도로 소송기록접수통지를 하여 국선변호인이 그 통지를 받은 날로부터 기산하여 소정의 기간 내에 甲을 위하여 항소이유서를 제출할 수 있는 기회를 주어야 한다. 따라서 이 사건 항소기각결정은 제361조의4에 관한 법리를 오해하여 재판결과에 영향을 미친 위법이 있다.[27]

2. 항소기각의 판결

(1) 사 유　항소이유가 없다고 인정한 때에는 판결로써 항소를 기각하여야 한다($^{제364조}_{제4항}$). 즉 항소이유에 포함된 사항에 관하여 이유가 없으면서 직권조사사유에 해당하는 위법도 없을 때에 항소기각판결을 선고하게 된다. 항소이유가 없음이 명백한 때에는 항소장, 항소이유서 기타의 소송기록에 의하여 **변론 없이 판결로써 항소를 기각할 수 있다**($^{통조}_{제5항}$). 항소인이 범죄사실을 다투는 주장을 한 경우에도 이유 없음이 명백한 때에는 변론 없이 항소를 기각할 수 있다.

(2) **구금일수의 산입**　구속된 피고인에 대하여 항소기각의 판결이 선고되면 구금일수의 전부가 원심판결의 형에 산입된다.

(3) **불 복**　항소기각판결에 불복이 있으면 대법원에 상고할 수 있다($^{제371}_{조}$).

---

27) 대법원 2000. 11. 28.자 2000모66 결정, 2003. 10. 27.자 2003모306 결정.

III. 항소인용의 재판

1. 원심판결의 파기

(1) **파기사유**　항소이유가 있다고 인정한 때에는 원심판결을 파기하여야 한다(제364조 제6항). 여기서 항소이유가 있다고 인정한 때란 항소이유에 포함된 사항에 관하여 항소이유가 인정되는 경우뿐만 아니라 직권조사로 판결에 영향을 미친 사유가 있다고 인정되는 경우도 포함한다. 피고인이 사실오인만을 이유로 항소한 경우에도 항소심이 직권으로 양형부당을 이유로 원심판결을 파기하고 원심의 양형보다 가벼운 형을 정할 수 있다.[28] 또한 검사만 양형부당을 이유로 항소한 경우에도 항소심은 원심의 양형보다 가벼운 형을 정하여 선고할 수 있다.[29]

(2) **공통파기**　피고인을 위하여 원심판결을 파기하는 경우에 파기의 이유가 항소한 공동피고인에게 공통되는 때에는 그 공동피고인에 대하여도 원심판결을 파기하여야 한다(제364조의2). 여기서 공동피고인이란 원심에서의 공동피고인으로서 항소한 자를 말하는데, 항소심에서 병합심리 여부는 불문한다. 공동피고인의 항소가 적법한 이상 항소이유서를 제출하지 않거나 항소이유가 부적법한 경우에도 공동피고인에 대한 원심판결을 파기할 수 있다.

(3) **파기의 범위**　제1심 판결에 대하여 항소가 제기되었으나 주형에 대하여는 항소이유가 없다고 인정되고, 단지 몰수·폐기 부분에 관하여만 파기의 사유가 있는 경우 항소심 법원은 원심판결 전체를 파기하여야 하는가, 아니면 몰수·폐기 부분에 대하여만 파기를 해야 하는가의 문제가 있다. 상소의 범위와 파기의 범위가 반드시 일치하여야 하는 것은 아니므로 몰수·폐기 부분만 파기를 할 수 있다고 본다. 다만 제1심 판결이 몰수를 선고하지 아니하였음을 이유로 파기하는 경우에는 제1심 판결에 몰수 부분이 없어 전체를 파기할 수밖에 없다.

2. 파기자판

(1) **파기자판의 원칙**　항소심이 원심판결을 파기하는 경우에는 원칙적으로 자판(自判)하여야 한다(제364조 제6항). 그런데 항소심을 사후심으로 이해하는 견해에 의하면, 파기자판은 ① 사안의 성질상 소송기록과 원심법원에서 조사된 증거만을 토대로 판결할 수 있는 경우와 ② 원심의 사실인정은 움직일 수 없고 양형

---

28) 대법원 1990. 9. 11. 선고 90도1021 판결.
29) 대법원 2010. 12. 9. 선고 2008도1092 판결.

또는 법령의 해석·적용을 시정하는 경우에만 제한해야 한다고 주장한다. 그러나 이 견해는 파기자판을 원칙으로 하는 현행법의 해석과 모순된다고 본다.

(2) **구두변론** 파기자판의 경우 구두변론이 불필요하다는 견해도 있으나, 항소심이 자판하는 경우 구두변론을 거쳐야 한다.[30] 자판하는 경우의 판결에는 유죄·무죄의 실체판결과 공소기각과 면소판결이 포함된다. 형을 선고하는 경우에는 불이익변경금지의 원칙이 적용된다($\frac{제368}{조}$).

【사 례】 파기자판과 구두변론

《사 안》 피고인 甲은 모욕죄로 제1심 법원에서 벌금 100만원을 선고받아 항소를 하였고, 항소이유의 요지는 피해자가 고소할 당시 이미 고소기간이 경과되었다는 것이다. 항소법원이 제1심의 소송기록을 검토한 결과 고소기간의 경과가 명백하다고 판단한 경우 공판심리를 거치지 않고 바로 공소기각의 판결을 선고할 수 있는가?

《검 토》 항소심에서 파기자판을 하는 경우에 구두변론주의의 예외가 인정되느냐에 관하여 적극설과 소극설이 있다. 판결은 법률에 다른 규정이 없으면 구두변론에 의거하여야 하는데 항소심에서 파기자판을 하는 경우에 공판심리의 예외를 인정하는 명문규정이 없으므로 소극설이 타당하다고 본다. 따라서 항소법원은 서면심리만으로 공소기각의 판결을 선고할 수 없고 구두변론절차를 거친 후 공소기각판결을 선고하여야 한다.

3. 파기환송

공소기각 또는 관할위반의 재판이 법률에 위반됨을 이유로 원심판결을 파기하는 때에는 판결로써 사건을 원심법원에 환송하여야 한다($\frac{제366}{조}$). 제1심이 사건의 실체에 관하여 심리를 행하지 않았기 때문에 사건을 원심법원에 환송하는 것이라고 설명하는 견해가 있으나, 제1심 법원이 공소기각사유의 존재 여부를 판단하기 위하여 피고사건에 대한 실체심리를 행하는 경우도 있으므로 위 규정의 근본적인 취지는 피고인의 **심급이익을 보호하기** 위한 것이라고 본다.

4. 파기이송

(1) **이송사유** 관할인정이 법률에 위반됨을 이유로 원심판결을 파기하는 때에는 판결로써 사건을 관할법원에 이송하여야 한다($\frac{제367조}{본문}$). 관할인정이 법률에 위반된 경우란 원심법원이 피고사건에 대하여 관할권이 없음에도 불구하고 관할위반의 판결($\frac{제319}{조}$)을 선고하지 아니하고 피고사건에 대하여 유죄·무죄·

---

30) 대법원 1981. 7. 28. 선고 81도1482 판결, 1994. 10. 21. 선고 94도2078 판결.

면소·공소기각의 판결을 한 경우를 말한다. 예를 들면 단독판사가 합의부의 관할사건에 대하여 유·무죄의 실체재판 또는 면소판결이나 공소기각의 판결을 선고한 경우에 항소법원은 원심판결을 파기한 후 사건을 관할법원으로 이송하여야 한다.

⑵ 예　외　　관할의 인정이 법률에 위반됨을 이유로 원심판결을 파기하는 경우에 항소법원이 그 사건에 대하여 제1심 법원으로서의 관할권이 있는 때에는 항소법원이 제1심 법원으로서 피고사건을 심판하여야 한다(제367조단서). 예를 들면 단독판사가 합의부의 관할사건에 대해서 재판을 하여 그 판결에 대한 항소사건이 지방법원본원의 합의부에 계속된 경우 지방법원본원의 합의부가 그 사건에 대하여 제1심 법원으로서 토지관할권이 있는 때에는 원심판결을 파기한 후 그 피고사건에 대하여 제1심 법원으로서 심판을 하여야 한다.

Ⅳ. 재판서의 기재방식

1. 항소기각판결

항소를 기각하는 경우에는 항소이유에 대한 판단을 기재하여야 한다. 그러나 범죄될 사실과 증거의 요지를 기재할 것을 요하지 않는다. 따라서 양형부당의 항소를 기각하는 경우에는 이유 없다고만 기재한 판결도 적법하다.[31] 피고인과 검사 쌍방이 항소한 사건을 모두 기각하는 경우에는 각각의 항소이유를 개별적으로 판단하여야 한다. 피고인이 양형부당만을 항소이유로 삼아 항소한 후 항소심 공판에서 새로이 사실오인 등을 주장하였다 하더라도, 그 주장이 이유 없어 판결에 영향을 미치지 않는 경우라면 그 점에 대하여 따로 판단하지 않고 양형부당의 점에 관하여만 판단한 것은 정당하다.

2. 항소인용판결

⑴ 항소이유에 대한 판단　　원심판결을 파기하는 경우에는 항소이유에 대한 판단을 기재하여야 한다. 여러 개의 항소이유 중에서 1개의 이유로 원심판결을 파기하는 경우에는 나머지 항소이유를 판단하지 않아도 된다. 제1심의 양형이 과중하다는 피고인의 항소이유를 받아들여 제1심판결을 파기하면서 제1심 그대로의 형을 선고하면 판결의 이유와 주문이 저촉 모순되는 위법이 있다.[32] 항소심이 항소이유에 포함되지 아니한 사유를 직권으로 심리하여 원심판결을 파

---

31) 대법원 1982. 12. 28. 선고 82도2642, 82감도557 판결.
32) 대법원 1999. 7. 23. 선고 99도1682 판결.

기하는 경우에는 피고인의 항소이유에 대한 판단을 따로 설시하지 않았다고 하여 위법이라고 할 수 없지만 주된 항소이유에 대한 판단을 판결서에 기재하여 주는 것이 적절하다.[33)]

(2) 유죄판결의 이유   원심판결을 파기하여 유죄의 선고를 하는 경우에는 항소이유에 대한 판단과 함께 범죄될 사실과 증거의 요지를 기재하여야 한다. 다만 원심판결에 기재한 사실과 증거를 인용할 수 있다($^{제369}_{조}$). 그러나 법령의 적용은 인용할 수 없다.[34)]

(3) 쌍방항소   검사와 피고인 양쪽이 항소를 제기한 경우, 어느 일방의 항소는 이유 없으나 다른 일방의 항소가 이유 있어 원판결을 파기하고 다시 판결하는 때에는 이유 없는 항소에 대해서는 판결이유 중에서 그 이유가 없다는 점을 적으면 충분하고 주문에서 그 항소를 기각해야 하는 것은 아니다.[35)]

V. 상소심으로부터 파기환송된 사건

1. 파기환송 전 변호인 선임의 효력

상고심에서 항소심판결을 파기하고 항소심법원으로 사건을 환송한 경우 파기환송 전 원심에서 선임된 변호인은 파기환송 후에도 그 지위가 유지된다. 따라서 파기환송 전의 변호인은 사선변호인이든 국선변호인이든 환송 후의 절차에서 변호인의 권한을 행사할 수 있다.

2. 종전 절차가 위법이 아닌 경우

사실오인 또는 법리오해 등을 이유로 파기환송된 경우, 항소심법원은 종전 절차를 새로 반복할 필요 없이 속행적 의미의 공판절차를 거쳐 재판을 하면 된다. 파기환송 전 재판을 담당한 판사와 환송 후 재판부의 판사가 다른 경우에는 공판절차를 갱신하여야 한다.

3. 종전 절차가 위법인 경우

필요적 변호사건에서 변호인이 없는데도 국선변호인을 선정하지 않고 재판을 진행한 경우에는 파기환송 전의 재판절차는 모두 위법이므로 항소심 공판절차를 새로 진행하여야 한다. 따라서 국선변호인을 선정하여 소송기록접수통지를 한 후 항소이유서를 제출시키고 제1회 공판기일부터 다시 진행하여야 한다.

---

33) 대법원 2008. 7. 24. 선고 2007도6721 판결.
34) 대법원 2000. 6. 23. 선고 2000도1660 판결.
35) 대법원 2020. 6. 25. 선고 2019도17995 판결.

제 3 절 상   고

제 1 관 총   설

제 1 상고의 의의

상고란 제2심 판결에 불복하여 대법원에 제기하는 상소를 말한다($\frac{제371}{조}$). 그러나 예외적으로 제1심 판결에 대하여 바로 상고가 허용되는 경우가 있는데 ($\frac{제372}{조}$), 이를 비약적 상고라고 한다. 상고심의 주된 기능은 **법령해석의 통일**에 있다. 그리고 하급심의 오판을 시정함으로써 **당사자의 권리를 구제**하는 기능도 가지고 있다.

제 2 상고심의 구조

Ⅰ. 법 률 심

상고심은 원칙적으로 법률문제를 심리·판단하는 법률심이다. 판결에 영향을 미친 헌법·법률·명령·규칙의 위반이 있는 때($\frac{제383조}{제1호}$)가 주된 상고이유가 된다. 다만 중대한 사실오인과 양형부당이 상고이유로 될 수 있으므로($\frac{제383조}{제4호}$) 예외적으로 사실심의 성격도 가지고 있다.

Ⅱ. 사 후 심

1. 원칙적 사후심

상고심의 구조는 원칙적으로 사후심이다. ① 상고이유는 법령위반으로 엄격히 제한되어 있고($\frac{제383}{조}$), ② 상고법원은 변론 없이 서면심리에 의하여 판결할 수 있으며($\frac{제390}{조}$), ③ 원심판결을 파기하는 때에는 원칙적으로 파기환송 또는 이송하여야 한다($\frac{제397}{조}$). 따라서 상고심에서 새로운 증거를 제출하거나 증거 조사를 하는 것은 허용되지 않는다. 항소인이 항소이유로 주장하거나 항소심이 직권으로 심판대상으로 삼아 판단한 사항 이외의 사유는 상고이유로 삼을 수 없다.[1]

---

1) 대법원 2019. 3. 21. 선고 2017도16593-1(분리) 전원합의체 판결.

2. 원판결에 대한 판단시점

원판결의 당부는 원판결시를 기준으로 판단하여야 한다. 따라서 피고인이 항소심판결선고 당시 소년이었기 때문에 부정기형이 선고되었다면 그 후 상고심에서 성년이 되었다 하더라도 부정기형을 선고한 항소심판결을 파기할 사유가 되지 않는다.[2]

제 3 상고이유

Ⅰ. 법령위반 등

① 판결에 영향을 미친 헌법 · 법률 · 명령 또는 규칙의 위반이 있는 때(제383조제1호), ② 판결 후 형의 폐지나 변경 또는 사면이 있는 때(동조제2호), ③ 재심청구의 사유가 있는 때(동조제3호)에는 상고이유가 된다. 그 구체적인 내용은 항소이유의 경우와 같다.

Ⅱ. 중대한 사실오인 등

사형 · 무기 또는 10년 이상의 징역이나 금고가 선고된 사건에 있어서 ① 중대한 사실의 오인이 있어 판결에 영향을 미친 때 또는 ② 형의 양정(量定)이 심히 부당하다고 인정할 현저한 사유가 있는 때(제383조제4호)에도 상고이유가 된다. 이는 중대사건에서 피고인의 실질적 구제를 도모하려는 데 그 취지가 있다. 위 규정은 피고인의 이익을 위하여 피고인이 상고하는 경우에만 적용된다. 따라서 검사는 사실오인 또는 양형부당[3]을 이유로 상고할 수 없다. 실체적 경합범 중 일부에 대하여는 유죄가 인정되어 사형, 무기 또는 10년 이상의 징역이나 금고가 선고되고, 일부에 대하여는 무죄 또는 공소기각 등이 선고된 경우에도 검사는 무죄 또는 공소기각 등 부분에 대하여 중대한 사실오인을 상고이유로 삼을 수 없다. 하나의 사건에서 징역형이나 금고형이 여러 개 선고된 경우에는 이를 모두 합산한 형기가 10년 이상이면 본호에 해당한다.[4]

---

2) 대법원 1985. 10. 8. 선고 85도1721 판결, 1986. 11. 25. 선고 86도2064 판결, 1986. 12. 9. 선고 86도2181 판결, 1989. 9. 29. 선고 89도1440 판결.

3) 대법원 1982. 1. 19. 선고 81도2898 판결, 1985. 2. 26. 선고 84도2963 판결, 1987. 10. 13. 선고 87도1240 판결, 1990. 9. 25. 선고 90도1624 판결.

4) 대법원 2010. 1. 28. 선고 2009도13411 판결.

제 2 관 상고심의 절차

제 1 상고의 제기

Ⅰ. 상고장의 제출

상고권자가 제2심 판결에 불복이 있는 때에는 제2심 판결을 선고받은 날로부터 7일 이내에($\frac{제374}{조}$) 상고장을 원심법원에 제출하여야 한다($\frac{제375}{조}$).

Ⅱ. 원심법원과 상고법원의 조치

1. 원심법원의 조치

상고의 제기가 법률상의 방식에 위반하거나 상고권소멸 후인 것이 명백한 때에는 원심법원은 결정으로 상고를 기각하여야 한다. 이 결정에 대하여는 즉시항고를 할 수 있다($\frac{제376}{조}$). 상고기각의 결정을 하지 않은 경우에는 원심법원은 상고장을 받은 날로부터 14일 이내에 소송기록과 증거물을 상고법원에 송부하여야 한다($\frac{제377}{조}$). 상고법원은 대법원이다($\frac{제371}{조}$).

2. 상고법원의 조치

상고법원이 소송기록을 송부받은 때에는 즉시 상고인과 상대방에게 그 사유를 통지하여야 한다($\frac{제378조}{제1항}$). 기록접수통지 전에 변호인의 선임이 있는 때에는 변호인에게도 통지하여야 한다($\frac{동조}{제2항}$).

Ⅲ. 상고이유서와 답변서의 제출

1. 상고이유서의 제출

상고인 또는 변호인은 소송기록의 접수통지를 받은 날로부터 20일 이내에 상고이유서를 상고법원에 제출하여야 한다($\frac{제379조}{제1항}$). 상고이유서에는 소송기록과 원심법원의 증거조사에 표현된 사실을 인용하여 그 이유를 명시하여야 한다($\frac{동조}{제2항}$). 상고이유서의 제출을 받은 상고법원은 지체 없이 그 부본 또는 등본을 상대방에게 송달하여야 한다($\frac{동조}{제3항}$).

2. 답변서의 제출

상대방은 상고이유서의 부본 또는 등본을 송달받은 날로부터 10일 이내에 답변서를 상고법원에 제출할 수 있다(제379조). 답변서의 제출을 받은 상고법원은 지체 없이 그 부본 또는 등본을 상고인 또는 변호인에게 송달하여야 한다(동조 제5항).

제 2 상고심의 심리

I. 심판권과 심판범위

1. 상고심의 심판권

상고심의 심판권은 대법관 전원의 3분의 2 이상의 합의체에서 이를 행하며 대법원장이 재판장이 된다(法組法 제7조 제1항 본문). 특히 ① 명령 또는 규칙이 헌법에 위반함을 인정하는 경우, ② 명령 또는 규칙이 법률에 위반함을 인정하는 경우, ③ 종전에 대법원에서 판시한 헌법 · 법률 · 명령 · 규칙의 해석적용에 관한 의견을 변경할 필요가 있음을 인정하는 경우, ④ 부(部)에서 재판함이 적당하지 아니함을 인정하는 경우에는 반드시 전원합의체에서 사건을 심판한다. 다만 대법관 3인 이상으로 구성된 부에서 먼저 사건을 심리하여 의견이 일치한 때에 한하여 위 특별한 경우를 제외하고는 그 부에서 재판할 수 있다(통항). 또한 대법원 전원합의체에서 본안재판을 하는 사건에 관하여 구속 · 구소기간갱신 · 구속취소 · 보석 · 보석취소 · 구속집행정지 · 구속집행정지취소를 함에는 대법관 3인 이상으로써 구성된 부에서 재판을 할 수 있다(규칙 제162조).

2. 상고심의 심판범위

상고심은 상고이유서에 포함된 사유에 관하여 심판하여야 한다. 그러나 제383조 제1호 내지 제3호의 경우에는 상고이유서에 포함되지 아니한 때에도 직권으로 심판할 수 있다(제384조). 예를 들면 법률의 개정에 의하여 형이 경하게 변경된 경우에 상고법원은 직권으로 원판결을 파기할 수 있다.[5] 또한 법률의 해석 · 적용을 그르친 나머지 피고인을 유죄로 잘못 인정한 원심판결에 대하여 피고인은 상고를 제기하지 아니하고 검사만이 다른 사유를 들어 상고를 제기한 경우에도 상고법원은 상고이유서에 포함되지 않는 사유를 직권으로 심판할 수 있다.[6]

---

[5] 대법원 1981. 4. 14. 선고 80도3089 판결, 1981. 7. 7. 선고 80도2836 판결.
[6] 대법원 2002. 3. 15. 선고 2001도6730 판결.

Ⅱ. 서면심리에 의한 경우

상고법원은 상고장·상고이유서 기타의 소송기록에 의하여 변론 없이 판결할 수 있다($\frac{제390조}{제1항}$). 서면심리주의는 상고기각의 경우뿐만 아니라 원심판결을 파기하는 경우에도 적용된다.

Ⅲ. 변론에 의한 경우

1. 공판준비

상고법원은 필요한 경우에 특정한 사항에 관하여 변론을 열 수 있다($\frac{제390조}{제2항}$). 상고심의 공판기일에는 피고인을 소환할 필요가 없다($\frac{제389}{조의2}$). 다만 법원사무관 등은 피고인에게 공판기일통지서를 송달하여야 한다($\frac{규칙 제161}{조 제1항}$). 상고심에서는 피고인의 출석이 요건이 아니므로 공판기일을 지정하더라도 피고인의 이감을 요하지 않는다($\frac{동조}{제2항}$). 만약 상고한 피고인에 대하여 이감이 있는 경우에는 검사는 지체 없이 이를 대법원에 통지하여야 한다($\frac{동조}{제3항}$).

2. 공판절차

⑴ **변론능력** 상고심에는 변호사 아닌 자를 변호인으로 선임하지 못한다($\frac{제386}{조}$). 또 변호인이 아니면 피고인을 위하여 변론하지 못한다($\frac{제387}{조}$). 상고심의 변론은 주로 법률문제를 쟁점으로 하는 것이기 때문에 변호사에게만 상고이유를 주장할 수 있도록 한 것이다.

⑵ **변론의 방식** 검사와 변호인은 상고이유서에 의하여 변론하여야 한다($\frac{제388}{조}$). 이 규정은 상고심의 공판기일에서의 구두변론의 범위를 정한 것으로서, 변론의 주체는 검사와 변호인에 한정되고 변론의 범위도 상고이유서에 제한됨을 명시한 것이다. 상고법원은 필요한 경우에 특정한 사항에 관하여 참고인의 진술을 들을 수 있다($\frac{제390조}{제2항}$).

⑶ **변호인의 불출석** 변호인의 선임이 없거나 변호인이 공판기일에 출정하지 아니한 때에는 직권으로 변호인을 선정해야 하는 경우(필요적 변호사건)를 제외하고는 검사의 진술을 듣고 판결을 할 수 있다($\frac{제389조}{제1항}$). 이 경우에 적법한 상고이유서의 제출이 있는 때에는 그 진술이 있는 것으로 간주한다($\frac{동조}{제2항}$).

제3 상고심의 재판

Ⅰ. 공소기각의 결정

① 공소가 취소되었거나, ② 피고인이 사망하거나 피고인인 법인이 존속하지 아니하게 되었거나, ③ 동일사건이 이중계속되어 다른 법원이 심판하게 된 때이거나, ④ 공소장에 기재된 사실이 진실하다 하더라도 범죄가 될 만한 사실이 포함되지 아니하는 등 공소기각의 결정($제328\atop조$)에 해당하는 사유가 있는데도 불구하고 원심이 실체판결을 한 경우 상고법원은 원심판결을 파기할 필요 없이 결정으로 공소를 기각하여야 한다($제382\atop조$).

Ⅱ. 상고기각의 재판

1. 상고기각의 결정

항소의 제기가 법률상의 방식에 위반하거나 상고권소멸 후인 것이 명백한데도 원심법원이 상고기각의 결정($제376\atop조$)을 하지 아니한 때에는 상고법원은 결정으로 상고를 기각하여야 한다($제381\atop조$). 상고인이나 변호인이 상고이유서 제출기간 내에 상고이유서를 제출하지 아니한 때에는 결정으로 상고를 기각하여야 한다. 다만 상고장에 상고이유의 기재가 있는 때에는 예외로 한다($제380\atop조$).

2. 상고기각의 판결

상고이유가 없다고 인정한 때에는 판결로써 상고를 기각하여야 한다($제399조, \atop 제364조 \atop 제4항$).

Ⅲ. 상고인용의 재판

1. 원심판결의 파기

상고이유가 있다고 인정한 때에는 판결로써 원심판결을 파기하여야 한다 ($제391\atop조$). 상소심에서 원심판결을 파기하는 경우 파기환송이 원칙이고, 파기자판은 예외에 속한다. 피고인의 이익을 위하여 원심판결을 파기하는 경우에 파기의 이유가 상고한 공동피고인에게 공통되는 때에는 그 공동피고인에 대하여도 원심판결을 파기하여야 한다($제392\atop조$).

2. 파기이송

관할의 인정이 법률에 위반됨을 이유로 원심판결 또는 제1심 판결을 파기하는 경우에는 판결로써 사건을 관할 있는 법원에 이송하여야 한다($^{제394}_{조}$). 관할 항소법원으로 이송할 것인가 또는 제1심 법원으로 이송할 것인가는 관할위반이 어느 심급에 있었는가에 따라 결정된다.

3. 파기자판

상고법원은 원심판결을 파기한 경우에 그 소송기록과 원심법원과 제1심 법원이 조사한 증거에 의하여 판결하기 충분하다고 인정한 때에는 피고사건에 대하여 직접 판결할 수 있다($^{제396조}_{제1항}$). 이 경우에는 불이익변경금지의 원칙이 적용된다($^{동조\ 제2항,}_{제368조}$). 자판의 내용으로는 유죄·무죄의 실체판결뿐만 아니라 공소기각·면소의 재판이 포함된다.

4. 파기환송

⑴ **공소기각과 환송판결**   적법한 공소를 기각하였다는 이유로 원심판결 또는 제1심 판결을 파기하는 경우에는 판결로써 사건을 원심법원 또는 제1심 법원에 환송하여야 한다($^{제393}_{조}$).

⑵ **관할위반과 환송판결**   관할위반의 인정이 법률에 위반됨을 이유로 원심판결 또는 제1심 판결을 파기하는 경우에는 판결로써 사건을 원심법원 또는 제1심 법원으로 환송하여야 한다($^{제395}_{조}$).

⑶ **기타 사유와 환송판결**   제393조 내지 제396조 이외의 사유로 원심판결을 파기하는 때에도 자판하는 경우 이외에는 원심법원에 환송하거나 그와 동등한 다른 법원에 이송하여야 한다($^{제397}_{조}$). 사건을 환송받은 **원심법원의 심판범위**는 파기된 부분에 한정된다. 예를 들면 형법 제37조 후단의 경합범의 경우 확정판결 전·후의 각 죄는 별개로 심리·판단되고, 분리하여 확정되는 관계에 있으므로, 위 각 죄에 대하여 원심이 각 별개의 유죄판결을 선고하고 이에 대하여 피고인이 상고를 하였는데, 상고심이 그 중 일부에 대한 상고만을 이유 있는 것으로 받아들여 이를 파기환송하고, 나머지 부분에 대한 상고를 기각한 경우에는 상고가 기각된 유죄 부분은 분리·확정되고, 환송을 받은 원심의 심판범위는 파기된 부분에 한정된다.[7]

---

7) 대법원 2001. 3. 23. 선고 2000도486 판결.

IV. 재판서의 기재방식

상고심의 재판서에는 재판서의 일반적 기재사항 이외에 상고의 이유에 관한 판단을 기재하여야 한다($\frac{제398}{조}$). 그리고 합의에 관여한 대법관의 의견도 기재하여야 한다($\frac{法組法}{제15조}$).

제 3 관   비약적 상고와 상고심판결의 정정

제 1   비약적 상고

I. 의   의

비약적 상고란 상소권자가 제1심 판결에 불복하여 직접 대법원에 상고하는 것을 말한다. 이 제도는 법령해석에 중요한 사항을 포함한다고 인정되는 사건에 관하여 **법령해석의 통일**에 신속을 기하기 위하여 제2심을 생략한 것이다.

II. 요   건

1. 비약적 상고의 대상

비약적 상고의 대상은 제1심 판결이므로 결정에 대하여는 비약적 상고가 허용되지 않는다.[8]

2. 비약적 상고의 이유

⑴ **법률적용의 오류**   원심법원이 인정한 사실에 대하여 법령을 적용하지 않았거나 법령의 적용에 착오가 있는 때($\frac{제372조}{제1호}$)에는 비약적 상고를 할 수 있다. 따라서 채증법칙의 위배[9]나 중대한 사실오인[10] 또는 양형부당[11]은 비약적 상고의 이유가 되지 않는다. '원심법원이 인정한 사실에 대하여 법령을 적용하지 않은 때'란 원심법원이 인정한 사실을 전제로 형법을 비롯한 실체법을 적용하지 않은 경우를 말한다. '법령적용에 착오가 있는 때'란 인정한 사실을 전제로 그에 대한 법령의 적용을 잘못한 경우를 말한다.[12] 따라서 원심의 사실인정 자체가

---

8) 대법원 1984. 4. 16.자 84모18 결정.
9) 대법원 1983. 12. 27. 선고 83도2792, 83감도473 판결.
10) 대법원 1969. 7. 8. 선고 69도831 판결, 1984. 2. 14. 선고 83도3236, 83감도543 판결.
11) 대법원 1982. 9. 14. 선고 82도1702 판결.
12) 대법원 1981. 9. 22. 선고 81도2111 판결, 1988. 3. 22. 선고 88도156 판결, 1994. 5. 13. 선고 94도458

잘못되어 결과적으로 그에 대한 법령의 적용 역시 잘못된 경우에는 비약적 상고의 이유가 되지 않는다. 법령적용의 착오에는 형법총칙이나 각칙의 규정을 잘못 적용한 경우뿐만 아니라 형벌에 관한 규정을 잘못 적용한 경우도 포함한다.

⑵ 형의 폐지 등   원심판결이 있은 후 형의 폐지나 변경 또는 사면이 있는 때($^{제372조}_{제2호}$)에는 비약적 상고의 이유가 된다.

Ⅲ. 제   한

비약적 상고된 사건에 대하여 상대방의 항소가 제기된 때에는 비약적 상고는 그 효력을 상실한다. 다만 항소의 취하 또는 항소기각의 결정이 있는 때에는 상고의 효력이 유지된다($^{제373}_{조}$). 상대방의 심급이익을 보장할 필요가 있기 때문이다. 한편, 제1심판결에 대하여 피고인은 비약적 상고를, 검사는 항소를 각각 제기하여 이들이 경합한 경우 피고인의 비약적 상고에 상고의 효력이 인정되지는 않더라도, 피고인의 비약적 상고가 항소기간 준수 등 항소로서의 적법요건을 모두 갖추었고, 피고인이 자신의 비약적 상고에 상고의 효력이 인정되지 않는 때에도 항소심에서는 제1심판결을 다툴 의사가 없었다고 볼 만한 특별한 사정이 없다면, 피고인의 비약적 상고에 항소로서의 효력이 인정된다.[13] 피고인의 비약적 상고에 상고의 효력이 상실되는 것을 넘어 항소로서의 효력까지도 부정된다면 피고인의 헌법상 기본권인 재판청구권이 지나치게 침해되기 때문이다.

제 2 상고심판결의 정정

Ⅰ. 의   의

상고심판결의 정정이란 상고심판결에 오류가 있는 경우에 이를 바로잡는 것을 말한다. 하급심판결에 오류가 있는 경우에는 상소에 의하여 정정할 수 있지만, 상고심판결에 오류가 있는 경우에는 상고법원이 자체적으로 시정하게 된다.

판결.
13) 대법원 2022. 5. 19. 선고 2021도17131, 2021전도170 전원합의체 판결.

II. 사유와 대상

1. 사   유

판결내용에 명백한 오류가 있는 경우이다($^{제400조}_{제1항}$). 판결내용의 오류란 판결의 형식적 오류를 의미하는 것이 아니라 판결의 내용을 이루는 **실질적 오류**를 의미한다. 따라서 성명 등의 단순한 오기는 여기에 해당하지 않고, 판결경정결정($^{규칙}_{제25조}$)의 사유가 될 뿐이다. 그러나 판결의 실질적 내용을 이루는 위산이나 오기 기타 이와 유사한 잘못은 판결정정의 사유가 된다. 판결정정의 사유는 명백한 오류가 있는 경우에 제한되므로 유죄판결이 잘못되었으니 무죄판결로 정정하여 달라는 주장[14]이나, 채증법칙에 위배하여 판단을 잘못하였다는 주장[15]은 정정사유에 해당하지 않는다.

2. 대   상

상고심판결뿐만 아니라 상고심결정도 정정의 대상이 된다. 예를 들면 상고장에 상고이유의 기재가 있음에도 불구하고 상고이유서의 제출이 없다는 이유로 상고기각결정을 한 경우 그 결정을 정정할 수 있다.[16]

III. 절   차

1. 신청에 의한 정정

상고법원은 검사 · 상고인이나 변호인의 신청에 의하여 판결을 정정할 수 있다($^{제400조}_{제1항}$). 신청은 판결의 선고가 있은 날로부터 10일 이내에($^{동조}_{제2항}$) 신청의 이유를 기재한 서면으로 하여야 한다($^{동조}_{제3항}$). 판결정정의 신청이 있는 때에는 즉시 그 취지를 상대방에게 통지하여야 한다($^{규칙}_{제163조}$). 정정은 판결에 의하여 한다. 정정의 판결은 변론 없이 할 수 있다($^{제401조}_{제1항}$). 정정할 필요가 없다고 인정할 때에는 지체 없이 **결정**으로 신청을 기각하여야 한다($^{제401조}_{제2항}$).

2. 직권에 의한 정정

상고법원은 직권에 의하여 판결을 정정할 수 있다($^{제400조}_{제1항}$). 이 경우에는 10일간의 기간제한을 받지 아니한다.[17]

---

14) 대법원 1981. 10. 5.자 81초60 결정, 1983. 5. 19.자 83초17 결정.

15) 대법원 1982. 10. 4.자 82초33 결정, 1983. 8. 9.자 83초32 결정, 1987. 7. 31.자 87초40 결정.

16) 대법원 1979. 11. 30. 선고 79도952 판결.

17) 대법원 1979. 11. 30. 선고 79도952 판결.

Ⅳ. 상고심판결의 확정시기

상고심판결의 확정시기는 정정기간인 판결선고 후 10일의 기간이 경과한 때나 정정신청에 대한 기각결정을 고지한 때라는 견해가 있다. 그러나 상고심 판결의 정정은 판결내용상의 오류를 정정하는 것에 지나지 않기 때문에 상고심 의 판결이 정정된다고 하더라도 상고심판결의 확정시기는 선고시라고 본다.

제4절 항   고

제1관 총   설

제1 항고의 의의

항고란 법원의 재판 중 **결정**에 대한 **불복수단**을 말한다. 명령은 항고의 대상 이 아니다. 결정은 법원이 하는 재판으로서 판결이 아닌 것을 말하고, 명령은 재판장・수명법관・수탁판사 등 법관의 재판을 말한다. 법원의 재판인 이상 명 령이라는 명칭으로 불리어진다 하여도 그 성질은 결정이므로 항고의 대상이 된다. 항소와 상고는 법원의 판결에 대한 상소로서 피고사건의 종국재판을 대 상으로 한다. 이에 반하여, 항고는 법률의 결정에 대한 상소로서 그 절차도 항 소・상고에 비하여 간단하다.

제2 항고의 종류

Ⅰ. 일반항고와 재항고

항고는 크게 일반항고와 재항고로 나눌 수 있다. 일반항고는 결정에 대한 최초의 불복절차이고 재항고는 두 번째 불복절차이다. 물론 고등법원이나 지방 법원 항소부에서 하는 최초의 결정에 대한 항고는 첫 번째 불복절차이지만 심 사법원이 대법원이라는 점에서 재항고라고 부른다. 판결의 경우 항소와 상고를 포괄하는 용어로 상소라는 개념이 있지만 항고의 경우는 그와 같은 개념 구분이 없다. 따라서 넓은 의미에서의 항고는 일반항고와 재항고를 포함하는 의미로 사용되고 있고, 좁은 의미에서의 항고는 일반항고만을 의미한다.

Ⅱ. 보통항고와 즉시항고

불복기간의 제한이 있느냐 여부에 따라 항고를 보통항고와 즉시항고로 나눌 수 있다. 즉시항고는 불복기간이 제한되어 있고 법률에 명문의 규정이 있는 때에만 허용되는 항고이고, 보통항고는 즉시항고를 제외한 나머지 항고이다.

제2관　일반항고

제1　항고의 대상

Ⅰ. 보통항고

1. 보통항고의 대상

항고의 대상은 수소법원의 결정이다($\frac{제402}{조}$). 증거보전절차에서 보전청구를 기각한 결정은 수소법원의 결정이 아니므로 항고대상이 아니다.[1]

수사단계에서의 구속영장이나 압수영장의 발부,[2] 구속기간연장결정 또는 구속기간연장불허가결정[3] 등도 항고대상이 아니다. 소송법상 재판장의 권한에 속하는 사항에 관하여 재판장이 내린 처분(예를 들면 변론의 제한)도 법원의 결정이 아니어서 항고의 대상이 되지 아니한다. 이러한 재판장의 처분에 대하여는 이의신청이 가능하고 이에 대하여는 법원이 결정을 한다($\frac{제304}{조}$). 이러한 결정은 법원의 결정이므로 항고의 대상이 된다.

2. 법원의 관할에 관한 결정

법원의 관할에 관한 결정에 대하여는 특히 즉시항고를 할 수 있는 경우 이외에는 항고를 하지 못한다($\frac{제403조}{제1항}$). 법원의 관할에 관한 결정에는 관련사건의 분리이송결정($\frac{제7조,}{단서}$ 제9조), 관련사건의 병합심리결정($\frac{제6조,}{제10조}$), 사건의 이송결정($\frac{제8}{조,}$ $\frac{제16조}{의2}$) 동일사건이 수개법원에 계속된 경우에 직근상급법원의 결정($\frac{제13조}{단서}$), 관할이전 · 관할지정의 결정($\frac{제14조,}{제15조}$) 등이 이에 해당한다.

---

1) 대법원 1986. 7. 12.자 86모25 결정.
2) 대법원 1997. 9. 29.자 97모66 결정.
3) 대법원 1997. 6. 16.자 97모1 결정.

3. 판결 전 소송절차에 대한 결정

⑴ **항고의 제한**   판결 전의 소송절차에 관한 결정에 대하여는 특히 즉시항고를 할 수 있는 경우 이외에는 항고를 하지 못한다($\substack{제403조 \\ 제1항}$). 위헌제청신청을 기각한 결정,[4] 국선변호인선임청구를 기각하는 결정[5] 또는 공소장 변경허가결정[6]은 판결 전 소송절차에 관한 결정이므로 독립하여 항고할 수 없다.

⑵ **강제처분에 관한 결정**   구금·보석·압수나 압수물의 환부에 관한 결정 또는 감정하기 위한 피고인의 유치에 관한 결정에 대하여는 보통항고를 할 수 있다($\substack{제403조 \\ 제2항}$). 이러한 강제처분으로 인한 권리침해는 종국판결에 대한 상소만으로 다툴 수 없는 경우가 적지 않고 인권옹호의 견지에서도 긴급을 요하는 사항이기 때문이다. 한편 구속취소결정과 구속집행정지결정에 대하여는 즉시항고가 허용되므로 보통항고를 할 수 없다. 그리고 체포·구속적부심사청구에 대한 청구기각결정 또는 석방결정에 대하여는 항고할 수 없다($\substack{제214조의 \\ 2\ 제8항}$).

4. 성질상 항고가 허용되지 않는 결정

대법원의 결정에 대하여는 성질상 항고가 허용되지 않는다.[7] 대법원은 최종심이므로 그 재판에 대한 상소는 있을 수 없기 때문이다. 항고법원 또는 고등법원의 결정에 대하여도 재항고만이 허용되므로 보통항고를 할 수 없다($\substack{제415 \\ 조}$).

Ⅱ. 즉시항고

1. 즉시항고의 대상

즉시항고는 명문의 규정이 있는 때에만 허용된다. 당사자의 중대한 이익에 관련된 사항이나 소송절차의 진행을 위하여 신속한 결론을 얻는 것이 필요한 사항 등에 대하여 즉시항고를 허용하는 규정을 두고 있다.

2. 종국적 재판

피고사건을 당해 심급에서 종결시키는 재판에 대해서는 즉시항고가 허용된다. 공소기각결정($\substack{제328조\ 제2항, \\ 제363조\ 제2항}$), 상소기각결정($\substack{제360조\ 제2항,\ 제361조의4\ 제2항, \\ 제362조\ 제2항,\ 제376조\ 제2항}$), 약식명령에 대한 정식재판청구를 기각하는 결정($\substack{제455조 \\ 제2항}$) 등이 이에 해당하며, 상소권회복청구 또는 정식재판청구권회복청구에 대한 허부결정($\substack{제347조\ 제2 \\ 항,\ 제458조}$)도 종국적 재판에 준하

---

4) 대법원 1986. 7. 18.자 85모49 결정.
5) 대법원 1986. 9. 5.자 86모40 결정, 1993. 12. 3.자 92모49 결정.
6) 대법원 1987. 3. 28.자 87모17 결정.
7) 대법원 1983. 6. 30.자 83모34 결정, 1987. 1. 30.자 87모4 결정.

는 법원의 결정이다. 형사보상청구를 기각하는 결정에 대해서도 즉시항고가 허용된다($_{조 제2항}^{刑補法 제19}$).

3. 불이익을 주는 재판

① 피고인에게 불이익을 주는 결정에 대해서는 즉시항고를 허용하고 있다. 집행유예취소의 결정($_{제3항}^{제335조}$), 선고유예한 형을 선고한 결정($_{제4항}^{제335조}$) 등이 이에 해당한다. ② 증인에게 과태료나 비용배상을 명하는 결정($_{제161조 제2항}^{제151조 제8항,}$), 감정인·통역인·번역인에게 과태료를 과하거나 비용배상을 명하는 결정($_{제183조}^{제177조,}$)은 즉시항고의 대상이다. ③ 소송비용에 관한 재판 중 제3자부담의 재판($_{제2항}^{제192조}$), 재판에 의하지 아니한 절차종료시의 비용부담재판($_{제2항}^{제193조}$)도 즉시항고의 대상이다.

4. 재심청구에 관한 결정

재심청구기각결정($_{제436조 제1항}^{제433조, 제434조 제1항,}$)과 재심개시결정($_{제1항}^{제435조}$)에 대해서는 즉시항고가 허용된다($_{조}^{제437}$). 재심청구기각결정은 유죄판결이 확정된 자에게 불리한 재판이며 달리 불복신청의 방법이 없으므로 즉시항고를 허용하는 것이고, 재심개시결정에 대해서 즉시항고를 인정한 것은 부당한 재심개시결정을 빨리 시정하여 불필요한 소송진행을 방지하려는 데 그 이유가 있다.

5. 재판의 집행에 관한 결정

소송비용집행면제신청($_{조}^{제487}$), 재판해석에 대한 의의신청($_{조}^{제488}$), 재판의 집행에 관한 이의신청($_{조}^{제489}$)에 관한 법원의 결정에 대해서는 즉시항고가 허용된다($_{조}^{제491}$). 재판의 집행은 당사자에게 중대한 이해관계가 있고 원상회복이 어려우므로 재판집행의 적정을 도모하려는 취지이다.

6. 급속한 해결이 필요한 경우

판결 전 소송절차에 관한 결정에 대하여는 원칙적으로 항고가 허용되지 아니하나 급속히 소송절차의 안정을 도모하여야 하는 경우에는 즉시항고를 허용하고 있다. 기피신청기각결정에 대한 즉시항고($_{조}^{제23}$), 구속취소결정($_{제4항}^{제97조}$)에 대한 즉시항고가 이에 해당한다. 구속집행정지결정에 대해 즉시항고를 허용한 것은 영장주의원칙에 위배되어 헌법재판소에 의해 위헌결정이 내려져 삭제되었다.[8]

---

8) 헌법재판소 2012. 6. 27. 선고 2011헌가36 결정.

제2 항고심의 절차

I. 항고의 제기

1. 항고권자

⑴ **검 사**　검사는 당해 결정의 당사자가 아니더라도 공익의 대표자로서 언제나 항고를 제기할 수 있다. 즉 결정이 내려진 당해 소송절차의 당사자나 그 밖의 지위에서 관여한 사실이 없더라도 무방하다.

⑵ **피고인과 변호인**　피고인은 자신이 당사자로서 결정을 받은 경우나 자신이 관여한 절차에서 이루어진 결정에 대하여만 항고할 수 있다. 예를 들면 증인에 대한 과태료의 재판에 대하여 피고인이 항고할 수는 없다. 변호인은 피고인에 대한 포괄적인 대리권을 가지고 있으므로 피고인의 항고권의 범위 내에서 항고를 할 수 있다. 따라서 피고인의 명시한 의사에 반하여 항고할 수 없고, 피고인이 항고를 취하하면 변호인의 의사와는 상관없이 유효하게 된다.

⑶ **제3자**　결정을 받은 제3자는 항고할 수 있다. 증인에 대한 과태료처분 시 증인이 바로 결정의 당사자에 해당한다. 피고인과 일정한 친족관계에 있는 사람은 피고인의 보석을 청구할 수 있는데($^{제94}_{조}$), 이러한 보석청구가 기각된 경우 보석청구인도 항고권이 있다고 본다.

2. 제기기간

⑴ **보통항고**　보통항고의 경우 제기기간의 제한이 없다. 다만 원심결정을 취소하여도 실익이 없게 된 때에는 항고하지 못한다($^{제404}_{조}$). 실익이 있는지 여부는 개개의 결정내용에 따라 판단되어야 할 것이지만 일반적으로 보아 원결정의 취소에 의해 권리의무 기타 법률관계에 변동을 초래하거나 신체의 자유 등에 변동을 초래하는 경우가 이에 해당한다. 따라서 구속이 취소되거나 그 기간이 만료한 경우에는 구속에 대하여 항고를 할 실익이 없게 된다.

⑵ **즉시항고**　즉시항고의 제기기간은 7일이다($^{제405}_{조}$).[9] 즉시항고의 제기기간은 결정을 고지한 날로부터 기산한다($^{제343조}_{제2항}$). 초일은 기간에 산입되지 아니하므로($^{제66조}_{제1항}$) 결정의 고지일 다음날이 기산일이 된다. 피고인과 변호인에 대한 고지일이 다른 경우에는 전후를 묻지 않고 피고인에 대한 고지일이 기준이 된다.

---

9) 종전에는 즉시항고 제기기간이 3일이었는데, 헌법불합치결정으로 기간이 연장되었다(헌법재판소 2018. 12. 27. 선고 2015헌바77 결정).

3. 항고장의 제출

항고는 항고장을 원심법원에 제출하여야 한다($\frac{제406}{조}$). 원심법원으로 하여금 다시 한번 재검토의 기회를 가지도록 하기 위함이다. 항고장을 항고법원에 직접 제출한 경우에는 부적법을 이유로 항고를 기각하여서도 아니되고 그 항고장을 원심법원에 송부하여야 한다. 항고장에는 항고대상을 특정할 수 있도록 **원결정**을 표시하여야 한다. 항고에 있어서는 항고이유서를 제출하는 절차가 따로 없기 때문에 항고장 자체에 **항고이유를** 기재하게 된다. 항고이유에 대하여는 아무런 제한이 없다. 원결정의 위법뿐만 아니라 부당도 항고이유가 된다.

4. 항고제기의 효과

(1) **보통항고와 집행정지**　보통항고에는 재판의 집행을 정지하는 효력이 없다. 다만 원심법원 또는 항고법원은 결정으로 항고에 대한 결정이 있을 때까지 집행을 정지할 수 있다($\frac{제409}{조}$). 예를 들면 피고인에 대한 보석허가결정에 대하여 검사가 항고하더라도 집행정지의 효력은 없으므로 피고인의 구금여부는 본조에 따라 법원의 재량에 맡겨지게 된다. 집행정지의 여부는 법원의 직권사항이므로 당사자의 신청이 있더라도 직권발동을 촉구하는 의미밖에 없다. 원심법원은 항고사건이 이심되기 전까지, 즉 항고장이 항고법원에 도달하기 전까지 집행정지결정을 할 수 있고, 항고법원은 항고장 접수 후 항고에 대한 결정을 할 때까지 집행정지결정을 할 수 있다. 본조의 집행정지결정은 항고에 대한 재판이 있을 때까지의 **잠정적인 조치**이므로 이에 대하여 별도로 항고할 수는 없다고 본다.

(2) **즉시항고와 집행정지**　즉시항고의 제기기간 내와 그 제기가 있는 때에는 재판의 집행은 정지된다($\frac{제410}{조}$). 즉시항고가 제기된 경우는 물론 즉시항고가 제기되지 아니한 경우에도 그 제기기간 내에는 재판의 집행이 정지됨을 의미한다. 기피신청기각결정에 대한 즉시항고는 집행정지의 효력이 없다($\frac{제23조}{제2항}$). 소송지연을 목적으로 한 기피신청의 폐해를 막기 위함이다.

II. 원심법원의 조치

1. 항고기각결정

항고의 제기가 법률상의 방식에 위반하거나 항고권 소멸 후인인 것이 명백한 때에는 원심법원은 결정으로 항고를 기각하여야 한다($\frac{제407조}{제1항}$). 원심법원의 항고기각결정에 대하여는 즉시항고를 할 수 있다($\frac{동조}{제2항}$).

2. 경정결정

원심법원은 항고가 이유 있다고 인정한 때에는 결정을 경정하여야 한다($\frac{제408조}{제1항}$). 원심법원의 경정결정을 '재도(再度)의 고안(考案)'이라고도 한다. 원결정에 대한 경정은 재판서의 경정과는 다른 제도이며, 원결정 자체를 취소하거나 변경하는 것을 말한다. 판결에 대한 상소절차에서는 원심법원이 원판결을 다시 고칠 수 없으나 항고절차에서는 스스로 원결정을 고칠 수 있도록 한 것이다. 공소기각결정, 항소기각결정, 상고기각결정과 같은 종국적 재판도 원심법원은 경정결정을 할 수 있다. 재도의 고안은 원심법원의 결정이지 항고법원의 결정이 아니므로 재도의 고안에 대하여 항고가 가능하다.

3. 항고장·소송기록의 송부

원심법원은 항고의 전부 또는 일부가 이유 없다고 인정한 때에는 항고장을 받은 날로부터 3일 이내에 의견서를 첨부하여 항고법원에 송부하여야 한다($\frac{제408}{조제2}$). 3일간의 기간은 훈시규정에 해당한다. 의견서는 참고자료의 성질을 가지는 법원 사이의 문서이므로 소송당사자에게 고지할 필요는 없다. 원심법원이 필요하다고 인정한 때에는 소송기록과 증거물을 항고법원에 송부하여야 한다($\frac{제411조}{제1항}$). 판결에 대한 상소절차에서는 소송기록을 반드시 상소법원에 송부하여야 하나($\frac{제361조}{제377조}$) 항고절차에서는 원심법원이 필요하다고 인정한 때에 한하여 소송기록과 증거물을 항고법원에 송부한다.

Ⅲ. 항고법원에서의 절차

1. 소송기록의 송부요구

원심법원이 소송기록을 송부해 오지 않은 경우 항고법원은 소송기록과 증거물의 송부를 요구할 수 있다($\frac{제411조}{제2항}$). 항고법원이 원결정의 당부를 심사함에 있어 소송기록과 증거물이 필요함에도 원심법원이 송부하지 아니한 때에는 그 송부를 요구할 수 있으며 이 요구를 받은 원심법원은 이에 응하여야 한다. 항고법원은 소송기록과 증거물을 송부받은 날로부터 5일 이내에 당사자에게 그 사유를 통지하여야 한다($\frac{동조}{제3항}$). 통지의 대상은 소송기록과 증거물을 송부받은 사실이다. 항고인에게 이와 같은 통지를 하더라도 항고인이 항고이유서를 제출할 의무를 부담하는 것은 아니지만 당사자에게 항고에 관하여 그 이유서를 제출하거나 의견을 진술하고 유리한 증거를 제출할 기회를 부여하려는 데 그 취지가 있다.[10] 따라서 항고법원이 소송기록을 송부받고서도 항고인에게 위와 같은 통지를 하지 않고 항고기각결정을 하면 위법하다.[11]

2. 항고심의 심리

항고심에서는 항고인이 항고이유로 주장한 사유만이 심사대상이 되는 것이 아니라 그 이외의 사유에 대하여도 직권으로 심사할 수 있다. 항고심은 결정을 위한 심리절차이므로 구두변론을 거칠 필요는 없다(제37조). 다만 결정을 함에 필요한 경우에는 사실을 조사할 수 있으며(동조), 증인을 신문하거나 감정을 명할 수도 있다(규칙제24조). 검사는 항고사건에 대하여 의견을 진술할 수 있다(제412조). 검사의 의견진술은 소송상의 참고자료에 불과하고, 검사가 의견을 제시하지 않더라도 법원은 결정을 할 수 있다.

3. 항고심의 재판

(1) 항고기각결정   항고의 제기가 법률상의 방식에 위반하였거나 항고권 소멸 후인 것이 명백한 경우에 원심법원이 항고기각의 결정을 하지 아니한 때에는 항고법원은 결정으로 항고를 기각하여야 한다(제413조). 또한 항고를 이유 없다고 인정한 때에도 항고기각결정을 하여야 한다(제414조제1항). 항고법원이 항고기각결정을 한 때에는 즉시 그 결정의 등본을 원심법원에 송부하여야 한다(규칙제165조).

(2) 항고인용결정   항고를 이유 있다고 인정한 때에는 결정으로 원심결정을 취소하고, 필요한 경우에는 항고사건에 대하여 직접 재판을 하여야 한다(제414조제2항).

4. 결정에 대한 불복

항고법원의 결정에 대하여는 대법원에 재항고할 수 있다(제415조). 재항고는 즉시항고이므로 그 기간을 준수하여야 한다.

제 3 관   재 항 고

Ⅰ. 의   의

재항고란 항고법원 또는 고등법원의 결정에 대하여 대법원에 제기하는 항고를 말한다. 재항고의 대상은 항고법원 또는 고등법원의 결정이다(제415조). 또 법

---

10) 대법원 2008. 1. 2.자 2007모601 결정.
11) 대법원 1993. 12. 15.자 93모73 결정.

원조직법은 재항고의 대상으로 항소법원의 결정을 규정하고 있다($^{동법\ 제14조}_{제2호}$). 나아가 준항고법원의 결정도 재항고의 대상이 된다($^{제419}_{조}$).

Ⅱ. 사 유

항고법원 또는 고등법원의 결정에 대하여는 원칙적으로 항고할 수 없으나, 재판에 영향을 미친 헌법·법률·명령 또는 규칙의 위반이 있는 때에는 대법원에 **즉시항고**를 할 수 있다($^{제415}_{조}$). 따라서 원심법원의 재량에 속하는 사항에 대한 잘못 여부는 법령위반에 해당하지 아니한다.[12]

Ⅲ. 재항고의 제기

재항고의 제기에 관하여는 항고에 관한 규정과 상소제기의 통칙적 규정이 적용된다. 재항고의 관할법원은 대법원이나 재항고장은 원심법원에 제출하여야 한다. 재항고는 즉시항고이므로 제기기간은 3일이다($^{제405}_{조}$). 그리고 재항고가 제기되면 재판의 집행이 정지된다($^{제410}_{조}$). 재항고가 제기된 때 항고법원이나 고등법원에서의 절차와 대법원에서의 절차는 일반적인 항고의 경우와 같다.

Ⅳ. 재항고심의 재판

대법원은 재항고가 부적법한 경우 또는 이유 없다고 인정하는 경우에는 결정으로 재항고를 기각하여야 한다($^{제413조,\ 제414조}_{제1항}$). 재항고가 이유 있다고 인정한 때에는 대법원은 결정으로 원심결정을 취소하여야 한다($^{제414조\ 제2}_{항\ 전단}$). 대법원이 원심결정을 취소하는 경우에는 재항고사건을 원심법원으로 환송할 수 있다.[13] 재항고심의 재판은 최종심인 대법원의 결정이므로 불복이 허용되지 않는다. 따라서 대법원의 결정이 고지되면 즉시 효력이 발생한다.

---

12) 대법원 1987. 2. 3.자 86모57 결정.
13) 대법원 1985. 7. 29.자 85모16 결정.

제 4 관 준 항 고

제 1 개 관

I. 의 의

준항고란 법관의 일정한 재판이나 수사기관의 처분에 대하여 불복이 있는 경우에 그 취소 또는 변경을 구하는 불복신청방법을 말한다. 항고는 상급법원에 불복하는 절차임에 반하여 준항고는 재판을 한 법관의 소속법원 또는 수사기관의 관할법원에 불복하는 절차라는 점에서 구별된다. 따라서 준항고는 엄격한 의미에서 상소에 해당하지 않는다. 그러나 재판 또는 처분의 취소・변경을 구하는 점에서 항고와 유사한 성질을 가지고 있다.

II. 종 류

1. 법관의 재판에 대한 준항고

재판장 또는 수명법관의 일정한 재판에 한하여 준항고를 할 수 있다. 따라서 수탁판사의 재판에 대하여는 준항고가 아닌 본래의 항고가 문제될 뿐이다. 또한 증거보전절차($^{제184}_{조}$)나 제1회 공판기일 전의 증인신문절차($^{제221}_{조의2}$)에 있어서 판사나 수탁판사가 행한 재판에 대해서는 준항고의 방법으로 불복할 수 없다.[14]

2. 수사기관의 처분에 대한 준항고

검사 또는 사법경찰관의 구금・보석・압수 또는 압수물의 환부에 관한 처분에 대하여 불복이 있으면 그 직무집행지의 관할법원 또는 검사의 소속 검찰청에 대응한 법원에 그 처분의 취소 또는 변경을 청구할 수 있다($^{제417}_{조}$).

제 2 준항고의 대상

I. 재판장 또는 수명법관의 재판

1. 기피신청을 기각하는 재판

기피신청을 기각하는 재판($^{제416조 제1}_{항 제1호}$)이란 기피당한 법관이 기피신청의 부적

---

14) 대법원 1986. 7. 12.자 86모25 결정.

법을 이유로 기피신청을 기각하는 재판을 말한다. 수명법관이 자신에 대한 기피신청을 제20조 제1항에 따라 스스로 기각하는 경우가 이에 해당한다. 한편 단독판사가 자신에 대한 기피신청을 제20조 제1항에 따라 기각하는 경우에는 이는 법원의 결정에 해당하므로 신청인은 항고로 불복하여야 한다. 또한 합의부의 재판장에 대한 기피는 합의부에 신청하여야 하고 합의부가 제20조 제1항에 따라 기피신청을 기각하면 이에 대한 불복도 항고로 하여야 한다.

2. 구금·압수에 관한 재판

준항고의 대상이 되는 구금·압수에 관한 재판($^{제416조 제}_{1항 제2호}$)이란 급속을 요하여 재판장 또는 수명법관이 구속영장·압수수색영장을 발부하는 것을 말한다. 한편 보석에 관한 재판 및 압수물환부에 관한 재판도 준항고의 대상으로 규정하고 있으나 이들 재판은 재판장이 아니라 수소법원의 권한에 속하므로 준항고의 대상이 아니라 일반적인 항고의 대상이 된다.

3. 피고인의 유치를 명하는 재판

재판장 또는 수명법관이 피고인의 유치명령을 명하는 재판을 하는 경우에는 준항고가 허용된다($^{제416조 제1}_{항 제3호}$).

4. 과태료를 명하는 재판

증인·감정인·통역인 또는 번역인에 대하여 과태료 또는 비용의 배상을 명한 재판을 고지한 경우에 불복이 있으면 그 법관 소속의 법원에 재판의 취소 또는 변경을 청구할 수 있다($^{제416조 제1}_{항 제4호}$).

Ⅱ. 수사기관의 처분

1. 구금에 관한 처분

검사 또는 사법경찰관의 구금처분이란 피의자나 피고인에 대한 구속영장의 집행과 관련된 처분을 말한다. 집행과정에 문제가 있는 경우(예를 들면 접견교통권을 제한한 처분)뿐만 아니라 구속상태의 해제와 관련된 처분(예를 들면 구속의 집행정지와 관련된 처분)도 준항고의 대상이 된다. 수사기관의 적극적 처분뿐만 아니라 소극적 처분도 준항고의 대상이 된다. 따라서 피의자의 변호사가 피의자를 접견하기 위하여 접견신청을 한 후 상당한 기간이 경과되었는데도 접견이 허용되지 않은 경우 이는 접견불허처분과 동일시된다고 봄이 상당하다.[15]

---

15) 대법원 1990. 2. 13.자 89모37 결정.

검사 또는 사법경찰관이 보호장비 사용을 정당화할 예외적 사정(피의자가 도주 · 자살 · 자해 또는 다른 사람에 대한 위해의 우려가 큰 때 등)이 존재하지 않음에도 피의자를 신문할 때 피의자 또는 변호인으로부터 보호장비를 해제해 달라는 요구를 받고도 거부한 조치는 제417조에서 정한 '구금에 관한 처분'에 해당한다.[16]

2. 압수 · 압수물환부에 관한 처분

압수에 관한 처분에는 검사 또는 사법경찰관의 영장에 의한 압수($^{제215}_{조}$), 영장에 의하지 아니한 압수($^{제216조,}_{제217조}$) 및 압수와 관련된 처분이 포함된다. 예를 들면 영장집행에 필요한 처분($^{제120}_{조}$), 집행중지중의 처분($^{제127}_{조}$) 등이 이에 해당한다. 압수물의 환부에 관한 처분에는 압수물의 가환부에 관한 처분도 포함된다.[17] 수사기관의 압수물의 환부에 관한 처분의 취소를 구하는 준항고도 통상의 항고소송과 마찬가지로 그 이익이 있어야 하고, 소송계속 중 준항고로써 달성하고자 하는 목적이 이미 이루어졌거나 시일의 경과 또는 그 밖의 사정으로 인하여 그 이익이 상실된 경우에는 준항고는 그 이익이 없어 부적법하게 된다.[18]

3. 변호인의 참여 등에 관한 처분

검사 또는 사법경찰관은 피의자를 신문할 때 피의자 또는 그 변호인 등의 신청이 있으면 정당한 사유가 없는 한 피의자신문에 변호인을 참여하게 하여야 한다($^{제243조의}_{2 제1항}$). 변호인의 피의자신문 참여에 관한 검사 등의 처분에 대하여 불복이 있으면 준항고를 청구할 수 있다.

제 3 준항고심의 절차

I. 준항고의 제기

1. 관할법원

준항고의 청구는 서면으로 관할법원에 제출하여야 한다($^{제418}_{조}$). 재판장 또는 수명법관의 재판에 대한 준항고의 경우 관할법원은 재판장 또는 수명법관이 소속한 법원이고, 수사기관의 처분에 대한 준항고의 경우 관할법원은 검사 또는 사법경찰관의 직무집행지의 관할법원 또는 검사의 소속검찰청에 대응한 법

---

16) 대법원 2020. 3. 17.자 2015모2357 결정.
17) 대법원 1966. 10. 20.자 66모44 결정, 1971. 11. 12.자 71모67 결정.
18) 대법원 2015. 10. 15.자 2013모1970 결정.

원이 된다($\begin{smallmatrix}제416조\\제1항\end{smallmatrix}$).

2. 청구기간

법관의 재판에 대한 준항고의 청구는 재판의 고지가 있는 날로부터 7일 이내에 하여야 한다($\begin{smallmatrix}제416조\\제3항\end{smallmatrix}$). 수사기관의 처분에 대한 준항고는 항고의 실익이 있는 한 제기기간에 아무런 제한이 없다.[19]

3. 제기의 효과

준항고는 원칙적으로 집행정지의 효력이 없으나, 증인·감정인·통역인 또는 번역인에 대하여 과태료 또는 비용의 배상을 명한 재판에 대하여는 준항고 청구기간 내의 청구가 있는 때에는 그 재판의 집행이 정지된다($\begin{smallmatrix}제416조\\제4항\end{smallmatrix}$).

II. 법원의 심판

준항고의 청구를 받은 때에는 합의부에서 결정하여야 한다($\begin{smallmatrix}제416조\\제2항\end{smallmatrix}$). 준항고에 대한 결정은 구두변론에 의할 필요는 없다($\begin{smallmatrix}제37조\\제2항\end{smallmatrix}$). 항고기각의 결정($\begin{smallmatrix}제413\\조\end{smallmatrix}$), 항고기각과 항고이유 인정($\begin{smallmatrix}제414\\조\end{smallmatrix}$)의 규정은 준항고의 청구에 대하여 준용된다($\begin{smallmatrix}제419\\조\end{smallmatrix}$). 준항고에 대한 법원의 결정에 대해서는 대법원에 재항고할 수 있다($\begin{smallmatrix}제419조,\\제415조\end{smallmatrix}$).

---

19) 대법원 2024. 3. 12.자 2022모2352 결정.

제 2 장 비상구제절차

제 1 절 재 심

제 1 관 총 설

제 1 개 관

Ⅰ. 의 의

1. 개 념

재심(再審)이란 유죄의 확정판결에 대하여 중대한 사실오인의 오류가 있는 경우에 판결을 받은 자의 이익을 위하여 이를 시정하는 비상구제절차이다. 재심은 판결이 확정된 이상 판결을 집행하기 전은 물론이고 집행중이거나 집행한 후에도 가능하다. 예를 들면 사형이 집행된 후에도 유죄판결을 받은 자의 명예회복이 필요하고 무죄판결을 받으면 형사보상을 청구할 수 있으므로 재심의 실익이 있다.

2. 구별개념

재심은 확정판결에 대한 비상구제절차라는 점에서 미확정재판에 대한 불복신청제도인 상소와 구별된다. 그리고 재심은 사실오인을 시정하기 위한 비상구제절차인 점에서 법령위반을 이유로 검찰총장이 청구하고 판결의 효력도 원칙적으로 피고인에게 미치지 않는 비상상고와 구별된다.

Ⅱ. 목 적

1. 조 화 설

법적 안정성과 정의의 조화를 강조하는 견해로서 판결이 정의감에 비추어 용납될 수 없을 정도로 허위임이 인정되는 경우에 법적 안정성을 위태롭게 하지 않는 범위 안에서 실질적 정의를 실현하는 제도가 재심이라고 한다.[1] 확정판결에서 유래되는 '진실로 간주되는 기판력'을 중시하여 재심이란 진실추구를 위하여 확정판결에 현저한 하자가 있는 경우에 그것을 시정하는 예외적인 비상구제절차라고 한다.

2. 적법절차설

적법절차를 중시하는 견해로서 재심은 인권보장적 관점에서 헌법 제12조 제1항의 적법절차의 원칙을 형사소송상 구체적으로 실현하는 하나의 헌법적 보장제도라고 한다.[2] 따라서 재심은 단순히 판결내용을 시정하는 제도가 아니라 피고인의 인권보장이념을 실현하기 위한 제도라 한다.

3. 검   토

적법절차설은 무고한 피고인을 구제하기 위하여 재심의 적용범위를 확대해야 한다는 주장에서 유래된 것이다. 그러나 판결의 확정력제도와 형사절차 일회성의 원칙에 비추어 보면 재심은 확정판결의 법적 안정성과 구체적 정의와의 모순을 해결하고 양자를 조화하는 제도라고 본다.

III. 입법주의

1. 프랑스주의

프랑스 형사소송법상 재심은 판결을 받은 자의 이익을 위해 오판을 이유로 당해 판결을 시정하는 비상구제절차이다(이익재심). 재심의 관할권은 상고법원이다.

2. 독일주의

독일 형사소송법상 재심은 판결을 받은 자의 이익, 불이익을 묻지 않고 법정의 재심사유가 있는 경우에 허용된다(전면적 재심). 재심청구에 대한 관할법원은 원판결을 내린 사실심법원이다.

3. 우리나라의 재심제도

우리나라 형사소송법상 재심제도는 프랑스주의와 독일주의의 절충적 구조를 취하고 있다. 이익재심의 형태만을 인정함으로써 프랑스주의를 따르고 있으나, 원판결법원의 재심관할을 비롯하여 그 밖의 점에서는 독일주의를 따르고 있다. 따라서 절차적으로는 독일주의에 훨씬 가깝다고 할 수 있다.

---

1) 이재상, 854면.
2) 신동운, 1571면.

제 2 재심의 대상

Ⅰ. 유죄의 확정판결

1. 판 결

판결만 재심의 대상이 되므로 판결이 아닌 재판(예를 들면 공소기각결정, 항고기각결정)은 재심의 대상이 될 수 없다.[3] 항소심 판결에 대하여 상고가 제기되어 상고심 재판이 계속되던 중 피고인이 사망하여 공소기각결정이 확정되었다면 항소심 판결은 당연히 그 효력을 상실하게 되므로, 이러한 경우에는 재심절차의 전제가 되는 '유죄의 확정판결'이 존재하는 경우에 해당한다고 할 수 없다.[4]

2. 유죄판결

형사소송법은 판결을 받은 자의 이익을 위한 재심만을 인정하므로 재심의 대상은 원칙적으로 유죄판결에 한정된다($\substack{제420 \\ 조}$). 따라서 무죄판결 · 면소판결 · 공소기각판결 · 관할위반판결 등은 그 판결에 중대한 사실오인이 있다고 하더라도 재심의 대상이 되지 않는다.[5]

3. 확정판결

유죄의 확정판결이란 형의 선고 및 형의 면제의 선고가 확정된 판결이다. 제1심의 유죄판결, 상소심에서의 파기자판에 의한 유죄판결뿐만 아니라 확정판결의 효력이 부여되는 약식명령($\substack{제457 \\ 조}$), 즉결재판($\substack{即審法 \\ 제16조}$), 경범죄처벌법에 의한 범칙금납부($\substack{동법 제7 \\ 조 제3항}$)와 도로교통법에 의한 범칙금납부($\substack{동법 제164 \\ 조 제3항}$)도 여기에 포함된다. 다만 특별사면에 의하여 유죄판결의 선고가 그 효력을 상실하게 되었다면 이미 재심청구의 대상이 존재하지 않으므로 그러한 판결이 여전히 유효하게 존재함을 전제로 한 재심청구는 부적법하다.[6]

Ⅱ. 상소기각판결

재심은 항소 또는 상고의 기각판결도 그 대상으로 한다($\substack{제421 \\ 조}$). 상소기각판결 그 자체가 재심에 의하여 배척되면 원판결의 확정력도 배척되어 결국 원판결

---

3) 대법원 1986. 10. 29.자 86모38 결정, 1991. 10. 29.자 91재도2 결정.
4) 대법원 2013. 6. 27. 선고 2001도7931 판결.
5) 대법원 1983. 3. 24.자 83모5 결정.
6) 대법원 1997. 7. 22. 선고 96도2153 판결.

에 대한 재심을 인정하는 것과 같은 기능을 하게 된다. 확정된 **상소기각결정**(제362조,제380조)도 위와 같은 취지에서 재심의 대상으로 된다고 본다. 이때의 상소기각결정은 원심의 유죄판결에 대한 종국재판이므로 그에 대한 재심은 결국 원판결의 배척 여부를 심사하게 된다.

제2관 재심의 사유

제1 유죄의 확정판결에 대한 재심

I. 재심사유의 분류

1. 형사소송법상 재심사유

형사소송법상 재심사유는 허위증거에 의한 재심사유와 신증거에 의한 재심사유로 나눌 수 있다. 제420조 제1호·제2호·제3호 및 제7호가 허위증거에 의한 재심사유이고, 제5호가 신증거에 의한 재심사유이다. 제4호와 제6호에 관하여는 이를 신증거에 의한 재심사유라고 보는 견해가 있으나, 허위증거에 의한 재심이라고 봄이 타당하다.

2. 헌법재판소법상 재심사유

헌법재판소법 제47조는 **법률에 대한 위헌결정**을 재심사유로 규정하고 있다. 즉 위헌으로 결정된 형벌에 관한 법률 또는 법률의 조항은 소급하여 그 효력을 상실하게 되고(동조 제2항 단서), 이 때 위헌으로 결정된 법률 또는 법률의 조항에 근거한 유죄의 확정판결에 대하여는 재심을 청구할 수 있다(동조 제3항). 이 경우 재심에 대하여는 형사소송법의 규정이 준용된다(동조 제4항). 헌법재판소가 법률 조항 자체는 그대로 둔 채 그 법률 조항에 관한 특정한 내용의 해석·적용만을 위헌으로 선언하는 한정위헌결정에 관하여는 헌법재판소법 제47조가 규정하는 위헌결정의 효력을 부여할 수 없으며, 그 결과 한정위헌결정은 재심사유가 될 수 없다.[7]

3. 소송촉진 등에 관한 특례법상 재심사유

「소송촉진 등에 관한 특례법」 제23조의2는 피고인의 소재불명으로 인한 결석재판에 대해 재심을 규정하고 있다. 위 특례법 제23조의 규정에 따라 공시송달의 방법으로 재판이 진행되어 유죄판결이 확정되었지만 유죄의 선고를 받은

---

7) 대법원 2013. 3. 28. 선고 2012재두299 판결.

자가 책임을 질 수 없는 사유로 공판절차에 출석할 수 없었던 경우에는 재심청구권자가 그 판결이 있었던 사실을 안 날로부터 14일 이내에 재심을 청구할 수 있다.

II. 허위증거에 의한 재심

1. 증거서류의 위조 · 변조

(1) 원판결의 증거서류 또는 증거물 원판결의 증거된 서류 또는 증거물이 확정판결에 의하여 위조 또는 변조인 것이 증명된 때($\frac{제420조}{제1호}$)이다. 원판결의 증거서류 또는 증거물의 범위에 관하여 ① 원판결이 범죄사실을 인정하기 위하여 증거의 요지에 기재한 증거에 제한된다고 해석하는 견해와 ② 범죄사실의 인정을 위한 증거뿐만 아니라 진술증거의 증거능력을 인정하기 위한 증거도 포함한다는 견해가 있다. 후자의 견해가 타당하다고 본다.

(2) 확정판결에 의한 증명 증거서류 또는 증거물의 위조 · 변조가 형사(刑事)의 확정판결에 의하여 증명되어야 한다. 확정판결은 반드시 유죄판결임을 요하지 않고 구성요건에 해당하는 사실이 증명된 때에는 위법성 또는 책임조각을 이유로 무죄판결이 선고된 경우도 포함한다.

2. 증인의 허위증언 등

(1) 원판결의 증거된 증언 등 원판결의 증거된 증언 · 감정 · 통역 또는 번역이 확정판결에 의하여 허위인 것이 증명된 때($\frac{제420조}{제2호}$)이다. '원판결의 증거된 증언'이란 원판결의 이유 중에서 증거로 채택되어 범죄될 사실을 인정하는 데 인용된 증거를 말한다.[8] 증언은 법률에 의하여 선서한 증인의 증언을 의미하고, 공동피고인의 공판정에서의 진술은 여기에 포함되지 않는다.[9] 재심대상이 된 피고사건과 별개의 사건에서 증언이 이루어지고 그 증언을 기재한 증인신문조서가 재심대상이 된 피고사건에 서증으로 제출되어 이것이 채용된 경우는 '원판결의 증거된 증언'에 해당한다고 할 수 없다.[10]

(2) 확정판결에 의한 증명 증인 · 감정인 · 통역인 또는 번역인이 위증 또는 허위의 감정 · 통역 · 번역으로 처벌되어 그 판결이 확정되어야 한다. 따라서 단순히 위증고소사건이 수사중이라는 사실만으로는 재심사유가 될 수 없다. 한편

---

8) 대법원 1987. 4. 23.자 87모11 결정.
9) 대법원 1985. 6. 1.자 85모10 결정.
10) 대법원 1999. 8. 11.자 99모93 결정.

원판결의 증거된 증언이 나중에 확정판결에 의하여 허위인 것이 증명된 이상, ㄱ 허위증언 부분을 제외하고서도 다른 승거에 의하여 그 '죄로 되는 사실'이 유죄로 인정될 것인지 여부에 관계없이 제420조 제2호의 재심사유가 있는 것으로 보아야 한다.[11]

3. 무고로 인한 사실오인

무고로 인하여 유죄의 선고를 받은 경우에 그 무고의 죄가 확정판결에 의하여 증명된 때($^{제420조}_{제3호}$)이다. 무고로 인하여 유죄의 선고를 받은 경우란 고소장 또는 고소조서의 기재가 원판결의 증거로 된 경우뿐만 아니라 무고의 진술이 증거로 된 때도 포함한다. 그러나 단순히 무고에 의하여 수사가 개시되었다는 사정만으로는 재심사유가 되지 않는다.

4. 원판결의 증거된 재판의 변경

원판결의 증거된 재판이 확정판결에 의하여 변경된 때($^{제420조}_{제4호}$)이다. 원판결의 증거된 재판이란 원판결의 이유 중에서 증거로 채택되어 범죄될 사실을 인정하는 데 인용된 다른 재판을 말한다.[12] 재판에는 형사재판뿐만 아니라 민사재판을 포함한다. 따라서 원판결의 증거된 민사재판이 상소심에서 변경되어 확정된 경우에는 재심사유에 해당한다.

5. 무체재산권리의 무효

저작권·특허권·실용신안권·의장권 또는 상표권을 침해한 죄로 유죄의 선고를 받은 사건에 관하여 그 권리에 대한 무효의 심결 또는 무효의 판결이 확정된 때($^{제420조}_{제6호}$)이다. 권리무효의 심결 또는 판결이 확정되면 그 권리는 처음부터 존재하지 아니한 것으로 인정되기 때문이다.

6. 판사 등의 직무위반범죄

원판결·전심판결 또는 그 판결의 기초된 조사에 관여한 법관, 공소의 제기 또는 그 공소의 기초된 수사에 관여한 검사나 사법경찰관이 그 직무에 관한 죄를 범한 것이 확정판결에 의하여 증명된 때($^{제420조}_{제7호}$)이다. 직무에 관한 죄의 범위에 관하여는 ① 형법 제2편 제7장에 규정된 공무원의 직무에 관한 죄, 즉 뇌물수수·폭행·가혹행위의 죄에 제한된다는 견해[13]와 ② 여기에 제한할 필요가 없다는 견해[14]가 대립되고 있다. 직무상 범죄는 특별형법에 의해서도 규정될

---

11) 대법원 1997. 1. 16.자 95모38 결정.
12) 대법원 1986. 8. 28.자 86모15 결정.
13) 이재상, 858면.
14) 배종대, 850면; 신동운, 1585면; 신양균, 1032면.

수 있으므로 반드시 형법전에 규정된 공무원의 직무에 관한 죄에 한정할 이유
가 없다고 본다. 원판결의 선고 전에 법관·검사 또는 사법경찰관에 대하여 공
소의 제기가 있는 경우에는 원판결의 법원이 그 사유를 알지 못한 때에 한하여
재심사유가 된다(제420조 제7호 단서). 제420조 제7호의 재심사유 해당 여부를 판단함에 있
어 사법경찰관 등이 범한 직무에 관한 죄가 사건의 실체관계에 관계된 것인지
여부나 당해 사법경찰관이 직접 피의자에 대한 조사를 담당하였는지 여부는
고려할 사정이 아니다.[15]

Ⅲ. 신증거에 의한 재심

1. 의 의

제420조 제5호는 유죄의 선고를 받은 자에 대하여 무죄 또는 면소를, 형의
선고를 받은 자에 대하여 형의 면제 또는 원판결이 인정한 죄보다 경한 죄를
인정할 명백한 증거가 새로 발견된 때를 재심사유로 규정하고 있다. 따라서 확
정판결 후 법령의 개폐나 대법원의 법률해석변화는 재심사유가 되지 않는다.

2. 적용범위

(1) **무죄·면소를 인정할 경우**   유죄의 선고를 받은 자에 대하여 무죄 또는
면소를 인정할 명백한 증거가 새로 발견된 때이다. 선고유예나 형의 면제를 선
고받은 피고인은 유죄의 선고를 받은 자에 포함된다. 무죄를 인정할 증거란 범
죄의 성립을 조각시키는 사유의 존재 등을 증명할 자료를 말하고, 면소를 인정
할 증거란 제326조에 정한 사실을 증명할 자료를 말한다. 따라서 유죄의 선고
를 받은 자에 대하여 공소기각을 선고해야 할 때에는 재심사유에 포함되지 않
는다.[16]

(2) **형의 면제를 인정할 경우**   형의 선고를 받은 자에 대하여 형의 면제를
인정할 명백한 증거가 새로 발견된 때이다. 이 경우 형의 면제란 **필요적 면제만**
을 의미하고 임의적 면제의 경우(예를 들면 자수 등)는 포함되지 않는다.[17]

(3) **경한 죄를 인정할 경우**   형의 선고를 받은 자에 대하여 원판결이 인정한
죄보다 경한 죄를 인정할 명백한 증거가 새로 발견된 때이다. 경한 죄란 법정
형이 가벼운 다른 죄를 말한다. 따라서 양형의 자료에 변동을 가져오는데 그치

---

15) 대법원 2008. 4. 24.자 2008모77 결정.
16) 대법원 1986. 8. 28.자 86모15 결정, 1997. 1. 13.자 96모51 결정.
17) 대법원 1984. 5. 30.지 84모32 결정.

는 경우는 포함되지 않는다.[18] 또한 형의 감경사유에 해당하는 경우(예를 들면 심신미약, 종범 등)노 여기에 포함되지 않는다. 경합범으로 처벌되었지만 과형상 일죄로서 처벌할 수 있는 새로운 증거가 발견된 경우에는 경한 죄에 해당한다고 볼 수 없다.

(4) **새로운 증거의 범위**   새로운 증거의 범위에 관하여 ① 증거능력 있는 증거만을 의미한다는 견해와 ② 증거능력 있는 증거에 한정할 필요가 없다는 견해[19] 및 ③ 엄격한 증명을 필요로 하는 사실에 관한 증거는 증거능력 있는 증거임을 요하지만 자유로운 증명으로 족한 사실에 관한 증거는 증거능력 있는 증거임을 요하지 않는다고 견해[20]가 있다. 제3설이 타당하다고 본다.

3. 증거의 신규성

(1) **신규성의 개념**   증거의 신규성이란 증거가 새로 발견된 것이어야 한다는 의미이다. ① 원판결 당시 존재하였으나 후에 발견된 증거, ② 원판결 후에 새로 생긴 증거 및 ③ 원판결 당시 그 존재를 알았으나 조사가 불가능하였던 증거에 대하여도 증거의 신규성이 인정된다.[21]

(2) **법원에 대한 신규성**   증거가 법원에 대하여 신규일 것을 요한다. 따라서 원판결에서 증명력 평가를 거친 증거와 동일한 증거방법은 그 내용이 다르더라도 새로운 증거라고 할 수 없다. 그러므로 이미 원판결의 증거가 되었던 자백을 번복하는 경우는 물론, 원판결법원에서 증언한 증인이 증언을 번복한 경우 새로운 증거라고 할 수 없다.[22]

(3) **재심청구인에 대한 신규성**

(가) **필요설**   증거의 신규성은 법원뿐만 아니라 재심청구인에게도 필요하다는 견해이다. 유죄를 선고받은 자의 이익보호를 위한 비상구제절차인 재심제도의 취지에 비추어 원판결의 유죄확정에 어느 정도 책임이 있는 자, 예를 들면 허위의 진술을 하여 유죄판결을 선고받은 자에 대하여도 재심을 인정하는 것은 형평과 금반언(Estoppel)의 원칙에 반한다는 점을 논거로 든다.

(나) **불필요설**   증거의 신규성은 법원에 대하여 존재하면 충분하고 재심청구인이 증거의 존재를 알았는가 하는 점은 고려할 필요가 없다는 견해[23]이다.

---

18) 대법원 1985. 2. 26. 선고 84도2809 판결, 1987. 7. 14.자 87모33 결정.
19) 배종대, 852면; 신동운, 1577면.
20) 신양균, 1024면; 이재상, 859면.
21) 대법위 1987. 2. 11.자 86모22 결정.
22) 대법원 1984. 2. 20.자 84모2 결정.
23) 배종대, 853면; 신동운, 1580면; 이재상, 860면.

재심은 사실오인으로 인하여 무고하게 처벌받은 자를 구제하여 정의를 회복하기 위한 제도이므로 재심사유를 가능한 한 넓게 해석해야 한다는 점을 근거로 한다.

(다) 절충설　　　원칙적으로 재심청구인에 대하여는 증거의 신규성을 요건으로 하지 않지만, 재심청구인의 고의 또는 과실에 의하여 제출되지 않은 증거에 대하여는 신규성을 인정할 수 없다는 견해이다. 판례는 절충설의 입장이다. 피고인이 재심을 청구한 경우 재심대상이 되는 확정판결의 소송절차 중에 그러한 증거를 제출하지 못한 데 과실이 있는 경우에는 그 증거는 신규성을 인정할 수 없다고 한다.[24]

(라) 검 토　　　제420조 제5호에 정한 무죄 등을 인정할 '증거가 새로 발견된 때'란 재심대상이 되는 확정판결의 소송절차에서 발견되지 못하였거나 또는 발견되었다 하더라도 제출할 수 없었던 증거를 새로 발견하였거나 비로소 제출할 수 있게 된 때를 말한다. 증거의 신규성을 누구를 기준으로 판단할 것인지에 대하여 위 조항이 그 범위를 제한하고 있지 않으므로 그 대상을 법원으로 한정할 것은 아니다. 그러나 재심은 당해 심급에서 또는 상소를 통한 신중한 사실심리를 거쳐 확정된 사실관계를 재심사하는 예외적인 비상구제절차이므로, 피고인이 판결확정 전 소송절차에서 제출할 수 있었던 증거까지 포함된다고 보게 되면, 판결의 확정력이 피고인이 선택한 증거제출시기에 따라 손쉽게 부인될 수 있게 되어 형사재판의 법적 안정성을 해치는 결과를 초래할 수 있다. 따라서 무고한 자의 구제라는 측면과 금반언적 측면을 함께 고려한 절충설이 타당하다고 본다.

4. 증거의 명백성

(1) 명백성의 개념　　　증거의 명백성이란 새로운 증거가 확정판결을 파기할 수 있는 고도의 개연성이 인정되는 것을 말한다. 즉 새로운 증거의 증거가치가 구 증거보다 경험칙이나 논리칙상 객관적으로 우위에 있다고 인정될 것을 요한다.[25] 따라서 법관의 자유심증에 의하여 그 증거가치의 존부가 결정됨에 불과한 증거는 명백한 증거라고 볼 수 없다.[26]

---

24) 대법원 2009. 7. 16.자 2005모472 전원합의체 결정.
25) 대법원 1980. 9. 10.자 80모24 결정, 1981. 5. 25.자 81모12 결정, 1982. 11. 15.자 82모11 결정, 1983. 5. 26.자 83모26 결정, 1999. 8. 11.자 99모93 결정.
26) 대법원 1981. 2. 21.자 81모8 결정, 1984. 6. 14.자 84모23 결정, 1990. 2. 19.자 88모38 결정, 1995. 11. 8.자 95모67 결정, 1997. 1. 16.자 95모38 결정.

(2) **명백성의 판단기준**　　제420조 제5호에 정한 '무죄 등을 인정할 명백한 증거'에 해당하는지 여부를 판단할 때에는 법원으로서는 새로 발견된 증거만을 독립적·고립적으로 고찰하여 그 증거가치만으로 재심의 개시 여부를 판단할 것이 아니라, 재심대상이 되는 확정판결을 선고한 법원이 사실인정의 기초로 삼은 증거들 가운데 새로 발견된 증거와 유기적으로 밀접하게 관련되고 모순되는 것들은 함께 고려하여 평가하여야 하고, 그 결과 단순히 재심대상이 되는 유죄의 확정판결에 대하여 그 정당성이 의심되는 수준을 넘어 그 판결을 그대로 유지할 수 없을 정도로 고도의 개연성이 인정되는 경우라면 그 새로운 증거는 '무죄 등을 인정할 명백한 증거'에 해당한다. 만일 법원이 새로 발견된 증거만을 독립적·고립적으로 고찰하여 명백성 여부를 평가·판단하여야 한다면, 그 자체만으로 무죄 등을 인정할 수 있는 명백한 증거가치를 가지는 경우에만 재심개시가 허용되어 재심사유가 지나치게 제한되는데, 이는 새로운 증거에 의하여 이전과 달라진 증거관계 아래에서 다시 살펴 실체적 진실을 모색하도록 하기 위해 '무죄 등을 인정할 명백한 증거가 새로 발견된 때'를 재심사유의 하나로 정한 재심제도의 취지에 반하기 때문이다.[27]

(3) **명백성의 정도**

(가) **한정설**　　명백한 증거란 새로운 증거가 확정판결을 파기할 고도의 가능성 내지 개연성이 인정되어야 한다는 견해[28]이다. 증거의 명백성에 관한 판단에 있어서 '의심스러운 때에는 피고인의 이익으로(in dubio pro reo)'의 원칙을 적용할 수 없다고 한다. 이에 의하면 진술서나 확인서를 제출하거나 증인신문을 구하는 것은 명백한 증거에 해당하지 않는다.

(나) **비한정설**　　명백한 증거란 확정판결의 사실인정에 합리적 의심을 생기게 하는 정도면 충분하다는 견해이다. 재심청구심리절차에서도 통상의 공판절차에 있어서와 같이 in dubio pro reo의 원칙이 적용된다고 한다. 이에 의하면 재심청구인이 진술서만 제출하더라도 확정판결의 사실인정에 합리적인 의심을 생기게 할 정도면 증거의 명백성을 인정할 수 있다고 한다.

(다) **절충설**　　명백한 증거란 확정판결의 정당성에 대해 중대한 의심 또는 진지한 의심을 제기할 정도의 증거임을 요한다는 견해[29]이다. 증거의 명백성에 관한 판단에서 in dubio pro reo의 원칙이 무제한 적용될 수는 없지만 재

---

27) 대법원 2009. 7. 16.자 2005모472 전원합의체 결정.
28) 이재상, 862면.
29) 배종대, 853면; 신양균, 1027면.

심절차를 확대운영할 필요가 있다는 점을 논거로 삼는다.

(라) 검 토   재심은 이미 확정판결이 있는 경우에 예외적으로 그 확정력을 배제시키고 피고인을 구제하고자 하는 비상구제절차이고, 형사소송법이 무죄를 선고할 명백할 증거가 있을 때를 재심사유로 규정하고 있으므로 한정설이 타당하다고 본다.

【사 례】 증거의 명백성

《사 안》 세무공무원 甲은 乙로부터 상속세의 금액을 낮추어 달라는 청탁을 받고 이를 승낙한 후 금 5천만원을 뇌물로 받았다는 범죄사실로 유죄판결을 선고받았다. 甲에 대한 수사와 재판이 진행되던 당시에 乙은 외국에 도피한 상태였다. 유죄판결이 확정된 후 乙은 자신이 甲에게 뇌물을 준 사실이 없다는 취지의 진술서를 작성하였고, 甲은 그 진술서를 법원에 제출하면서 재심을 청구하였다. 법원은 甲의 재심청구에 대해 어떤 판단을 하여야 하는가?

《검 토》 乙의 진술서가 '명백한 증거'에 해당하는지 여부가 문제이다. 명백한 증거란 새로운 증거가 확정판결을 파기할 고도의 가능성 내지 개연성이 인정되어야 한다. 따라서 乙의 진술서는 단순히 구증거와 모순 또는 반대되는 증거일 뿐 그 내용이 구증거보다 객관적으로 우위하다고 인정할 수 없다. 그러므로 재심관할법원은 甲의 재심청구를 기각하는 결정을 해야 한다.

(4) 공범자에 대한 모순된 판결

(가) 학 설   ① 형벌법규의 해석의 차이로 인한 것이 아니라 사실인정에 관하여 결론을 달리한 때에는 공범자간의 모순된 판결을 명백한 증거라고 보아야 한다고 긍정설과 ② 乙에 대한 무죄판결의 증거자료가 甲에 대한 유죄판결의 증거와 동일한 경우에는 증거의 증명력의 문제에 지나지 않으므로 甲의 무죄를 인정할 명백한 증거가 될 수 없다는 **부정설**이 있다.

(나) 판 례   공범자 甲과 乙 사이에 유죄와 무죄의 모순된 판결이 있는 경우에 무죄판결의 증거자료를 甲의 유죄판결에 대한 증거자료로 하지 못하였고 또 새로 발견된 것이 아닌 한 무죄판결 자체만으로는 유죄판결에 대한 새로운 증거로서의 재심사유에 해당한다고 할 수 없다.[30]

(다) 검 토   무죄판결에 사용된 증거자료가 甲에 대하여 유죄판결을 선고한 원법원에 현출되지 않은 새로운 것으로서 유죄판결을 파기할 만한 명백한 것인 때에는 재심사유에 해당한다고 본다(절충설).

---

30) 대법원 1961. 8. 16.자 4294형재2 결정, 1984. 4. 13.자 84모14 결정.

제2 상소기각의 확정판결에 대한 재심

Ⅰ. 의   의

항소 또는 상고의 기각판결에 대하여는 제420조 제1호·제2호·제7호의 사유가 있는 경우에 한하여 그 선고를 받은 자의 이익을 위하여 재심을 청구할 수 있다($\frac{제421조}{제1항}$). 원심의 유죄판결 자체에는 재심사유가 없더라도 상소기각판결에 대하여 재심사유가 있는 경우에 상소기각판결의 확정력을 배제하여 사건을 다시 심판할 수 있게 한 것이다. 여기서 항소 또는 상고를 기각한 판결이라 함은 항소 또는 상고기각판결에 의하여 확정된 제1심 또는 항소심판결을 의미하는 것이 아니라, 항소기각 또는 상고기각판결 자체를 의미한다.[31]

Ⅱ. 재심사유

재심사유는 ① 원판결의 증거된 서류 또는 증거물이 확정판결에 의하여 위조 또는 변조된 것이 증명된 때($\frac{제420조}{제1호}$), ② 원판결의 증거된 증언·감정·통역 또는 번역이 확정판결에 의하여 허위인 것이 증명된 때($\frac{동조}{제2호}$), ③ 원판결, 전심판결 또는 그 판결의 기초된 조사에 관여한 법관, 공소의 제기 또는 그 공소의 기초된 수사에 관여한 검사나 사법경찰관이 그 직무에 관한 죄를 범한 것이 확정판결에 의하여 증명된 때($\frac{동조}{제7호}$)에 제한된다. 따라서 범죄사실에 관하여 증거에 의한 사실인정을 하지 않았던 상고심판결에 대하여 원판결 후 진범이 검거되어 공판진행중이라는 사유를 내세워 재심청구를 할 수 없다.[32] 또 막연하게 공소제기가 허위이며 증거서류가 날조되었다고 하는 것도 재심청구사유가 되지 못한다.

Ⅲ. 재심의 제한

제1심 확정판결에 대한 재심청구사건의 판결이 있은 후에는 항소기각판결에 대하여 다시 재심을 청구하지 못하며($\frac{제421조}{제2항}$), 제1심 또는 제2심의 확정판결에 대한 재심청구사건의 판결이 있은 후에는 상고기각판결에 대하여 다시 재심을 청구하지 못한다($\frac{동조}{제3항}$). 이 경우 재심청구사건의 판결이란 재심개시결정에

---

31) 대법원 1984. 7. 27.자 84모48 결정.
32) 대법원 1986. 5. 14.자 86소1 결정.

의하여 진행된 재심심판절차에서 내려진 판결을 의미한다. 따라서 하급심의 확
정판결에 대하여 재심청구를 기각하는 결정이 있었던 경우에는 상소기각의 확
정판결에 대하여도 재심의 청구를 할 수 있다.

제 3 확정판결에 대신하는 증명

I. 의   의

확정판결로써 범죄가 증명됨을 재심청구의 이유로 할 경우에 그 확정판결
을 얻을 수 없는 때에는 그 사실을 증명하여 재심의 청구를 할 수 있다. 다만
증거가 없다는 이유로 확정판결을 얻을 수 없는 때에는 예외로 한다(제422조). 본
조는 제420조 및 제421조에 관한 보충규정으로써 확정판결에 의하여 범죄나
증거의 허위 등이 증명할 수 없는 경우 다른 방법으로 사실을 증명하여 재심을
청구할 수 있도록 한 것이다.

II. 요   건

1. 확정판결을 얻을 수 없는 때

확정판결을 얻을 수 없는 때란 유죄판결의 선고를 할 수 없는 사실상 또는
법률상의 장애가 있는 경우를 의미한다. 예를 들면 ① 범인이 사망하였거나 행
방불명이 된 경우, ② 범인이 현재 심신상실상태에 있는 경우, ③ 사면이 있었
던 경우, ④ 공소시효가 완성된 경우, ⑤ 범인을 기소유예처분한 경우가 여기에
해당한다. 현재 확정판결이 없는 경우만으로써는 부족하고 장래에도 확정판결
을 얻을 수 없음이 명백한 경우이어야 한다. 따라서 범인에 대한 사건이 수사
중이거나 법원에 계속중인 때에는 본조에 의한 재심청구는 인정되지 않는다.

2. 사실의 증명

본조에 의하여 재심을 청구하려면 확정판결을 얻을 수 없다는 사실뿐만 아
니라 재심사유로 된 범죄행위 등이 행하여졌다는 사실도 증명하여야 한다. 이
증명은 유죄의 확정판결을 대신하는 것이므로 그 사실의 존재에 대하여 법원에
게 확신을 일으킬 정도의 것임을 필요로 한다. 따라서 공소시효완성을 이유로
한 검사의 불기소처분이 있었다는 것만으로는 확정판결에 대신하는 증명으로
삼기에 부족하고 나아가 범죄사실의 존재가 **적극적으로 입증**되어야 한다.[33] 예를

들면 사법경찰관이 불법감금죄 등으로 고소되었으나 검사에 의하여 무혐의 불기소결정이 되어 그 당부에 관한 재정신청이 있자, 재정신청을 받은 고등법원이 불법감금사실은 인정하면서 여러 사정을 참작하여 사법경찰관에 대하여 기소유예의 불기소처분을 할 수 있었다는 이유로 재정신청기각결정을 하여 그대로 확정된 경우, 이는 '공소의 기초된 수사에 관여한 사법경찰관이 그 직무에 관한 죄를 범한 것이 확정판결에 대신하는 증명으로써 증명된 때'에 해당한다.[34]

제 3 관 재심의 절차

제 1 개   관

재심의 절차는 재심개시절차와 재심심판절차의 2단계로 구성된다. 재심개시절차는 재심사유의 유무를 심사하여 다시 심판할 것인가를 결정하는 절차로서 결정의 형식으로 종료된다. 재심심판절차는 사건을 다시 심판하는 절차로서 통상의 공판절차와 같은 종국재판의 형식으로 종결되고, 그 심급의 공판절차와 거의 동일하다.

제 2 재심개시절차

Ⅰ. 재심의 관할

1. 관할법원

재심의 청구는 원판결의 법원이 관할한다($^{제423}_{조}$). 여기서 원판결이란 재심청구인이 재심사유가 있다고 하여 재심청구의 대상으로 하고 있는 그 판결을 말한다.[35] 따라서 재심청구인이 제1심 판결을 재심청구의 대상으로 하는 경우에는 제1심 법원이, 상소기각판결을 대상으로 하는 경우에는 상소법원이 재심청구사건을 관할한다. 상소법원이 하급심의 판결을 파기하고 자판한 판결에 대한 재심청구는 상소법원에 하여야 한다. 즉 대법원이 제2심 판결을 파기자판한 경우 재심청구는 원판결을 선고한 대법원에 하여야 한다. 군사법원에서 판결이 확정

---

33) 대법원 1994. 7. 14.자 93모66 결정.
34) 대법원 1997. 2. 26.자 96모123 결정.
35) 대법원 1976. 5. 3.자 76모19 결정, 1986. 6. 12.자 86모17 결정.

된 후 군에서 제적된 자에 대하여는 군사법원에 재판권이 없으므로 같은 심급
의 일반법원에 관할권이 있다.[36] 따라서 군사법원에서 재판을 받았으나 그 후
군인의 신분을 상실한 자는 자신의 현재지를 관할하는 일반법원에 재심을 청
구하여야 한다. 한편 민간인이 일반법원에서 판결을 선고받아 확정된 후 군에
입대한 경우에는 군사법원에 재심관할권이 있다.

2. 소송촉진 등에 관한 특례법

「소송촉진 등에 관한 특례법」 제23조의2는 특례법 제23조의 규정에 따라 공
시송달의 방법으로 재판이 진행되어 유죄판결이 확정되었지만 유죄의 선고를
받은 자가 책임을 질 수 없는 사유로 공판절차에 출석할 수 없었던 경우에는
재심청구권자가 그 판결이 있었던 사실을 안 날로부터 14일 이내에 **제1심 법원**
에 재심을 청구할 수 있다고 규정하고 있다. 귀책사유 없이 불출석한 상태에서
제1심과 항소심에서 유죄판결을 받은 피고인의 공정한 재판을 받을 권리를 실
질적으로 보호할 필요성 등의 여러 사정들을 종합하여 보면, 특례 규정에 따라
진행된 제1심의 불출석 재판에 대하여 검사만 항소하고 항소심도 불출석 재판
으로 진행한 후에 제1심판결을 파기하고 다시 유죄판결을 선고하여 유죄판결
이 확정된 경우에도, 재심 규정을 유추 적용하여 귀책사유 없이 제1심과 항소
심의 공판절차에 출석할 수 없었던 피고인은 재심 규정이 정한 기간 내에 **항소**
심 법원에 유죄판결에 대한 재심을 청구할 수 있다. 그리고 피고인이 재심을 청
구하지 않고 상고권회복에 의한 상고를 제기하여 위 사유를 상고이유로 주장
한다면, 이는 제383조 제3호에서 상고이유로 정한 원심판결에 '재심청구의 사
유가 있는 때'에 해당한다고 볼 수 있으므로 원심판결에 대한 파기사유가 될
수 있다. 나아가 위 사유로 파기되는 사건을 환송받아 다시 항소심 절차를 진
행하는 원심으로서는 피고인의 귀책사유 없이 특례 규정에 의하여 제1심이 진
행되었다는 파기환송 판결 취지에 따라, 제1심 판결에 제361조의5 제13호의 항
소이유에 해당하는 재심 규정에 의한 재심청구의 사유가 있어 직권 파기 사유
에 해당한다고 보고, 다시 공소장 부본 등을 송달하는 등 새로 소송절차를 진
행한 다음 새로운 심리 결과에 따라 다시 판결을 하여야 한다.[37]

3. 법관의 제척문제

법관이 재심청구의 대상이 되는 확정판결에 관여하였다 하여도 재심청구사

---

36) 대법원 1985. 9. 24. 선고 84도2972 전원합의체 판결.
37) 대법원 2015. 6. 25. 선고 2014도17252 전원합의체 판결.

건에서는 제척되지 않는다.[38] 즉 원판결에 관여한 법관이 재심청구에 대한 심리를 담당하여도 제17조 제7호의 전심재판에 관여한 것에 해당되지 않는다.

II. 재심의 청구

1. 재심청구권자

(1) 검 사 검사는 공익의 대표자로서 유죄의 선고를 받은 자의 이익을 위하여 재심을 청구할 수 있다($^{제424조}_{제1호}$). 법관, 검사 또는 사법경찰관의 직무상 범죄를 이유로 재심을 청구하는 경우($^{제420조}_{제7호}$) 유죄의 선고를 받은 자가 그 죄를 범하게 한 때에는 검사가 아니면 재심을 청구하지 못한다($^{제425}_{조}$). 검사는 유죄의 선고를 받은 자의 의사에 반하여도 재심을 청구할 수 있다.

(2) 유죄의 선고를 받은 자 유죄의 선고를 받은 자와 그 법정대리인은 재심을 청구할 수 있다($^{제424조\ 제2}_{호·제3호}$). 본인이 사망하거나 심신장애가 있는 경우에는 그 배우자·직계친족 또는 형제자매가 청구할 수 있다($^{동조}_{제4호}$). 유죄의 선고를 받은 자가 사망한 경우에도 무죄판결의 공시($^{제440}_{조}$)를 통하여 명예를 회복하고, 형사보상 및 집행된 벌금, 몰수된 물건 또는 추징금액의 환부와 같은 법률적 이익이 있기 때문이다.

(3) 변호인 검사 이외의 자가 재심의 청구를 하는 경우에는 변호인을 선임할 수 있다($^{제426조}_{제1항}$). 이 경우에 변호인도 대리권에 의하여 재심을 청구할 수 있다. 변호인의 선임은 재심의 판결이 있을 때까지 효력이 있다($^{동조}_{제2항}$). 따라서 재심판결이 있은 후 상소하는 경우에는 심급마다 변호인을 선임하여야 한다.

2. 재심청구의 시기

재심청구의 시기에는 제한이 없다. 형의 집행을 종료하거나 형의 집행을 받지 않게 된 때에도 재심청구를 할 수 있다($^{제427}_{조}$). 형면제판결($^{제322}_{조}$)이나 집행유예 기간의 경과에 따라서 형의 선고가 실효된 경우($^{형법}_{제65조}$)에도 재심청구가 가능하다. 또한 유죄의 판결이 확정된 후 일반사면이 있거나 형이 폐지된 경우에도 무죄를 주장하여 재심청구를 할 수 있다고 본다.

3. 재심청구의 방식

재심청구를 할 때에는 재심청구의 취지 및 재심청구의 사유를 구체적으로 기재한 재심청구서에 원판결의 등본 및 증거자료를 첨부하여 관할법원에 제출하

---

38) 대법원 1982. 11. 15.자 82모11 결정.

여야 한다($^{규칙}_{제166조}$). 따라서 원판결의 등본을 첨부하지 아니한 재심청구는 재심의 청구가 법률상의 방식에 위반한 경우에 해당하므로 결정에 의하여 기각된다($^{제433}_{조}$). 재소자는 재심청구서를 교도소장에게 제출하면 재심을 청구한 것으로 간주된다($^{제430}_{조}$).

4. 재심청구의 효과

재심의 청구에는 형의 집행을 정지하는 효력이 없다. 다만 관할법원에 대응한 검찰청 검사는 재심청구에 대한 재판이 있을 때까지 형의 집행을 정지할 수 있다($^{제428}_{조}$). 사형이 확정된 자에 대하여 재심청구가 있는 경우 집행을 정지할지 여부도 검사의 재량사항이다. 다만 사형의 집행은 다른 형의 집행과는 달리 회복할 수 없기 때문에 특히 신중하게 처리되어야 할 것이다.

5. 재심청구의 취하

재심의 청구는 취하할 수 있다($^{제429조}_{제1항}$). 재심청구의 취하는 서면으로 하여야 한다. 다만 공판정에서는 구술로 할 수 있고, 구술로 재심청구를 취하한 때에는 그 사유를 조서에 기재하여야 한다($^{규칙 제}_{167조}$). 재심의 청구를 취하한 자는 동일한 이유로써 다시 재심을 청구하지 못한다($^{제429조}_{제2항}$).

재심이 청구되면 법원은 재심개시절차에서 재심사유의 존부를 판단하고, 재심심판절차를 통하여 그 심급에 따라 재심대상사건 자체를 처음부터 완전히 다시 심리하여 유무죄를 판단하고 형을 정하여 재심판결을 선고한다. 재심판결의 선고는 재심청구에 대한 법원의 종국적인 소송행위이고, 재심판결은 통상의 공판절차에서 법원이 선고하는 판결과 그 의미나 효력에 있어 차이가 없다. 따라서 재심판결이 선고된 이후 재심판결에 대하여 불복이 있으면 상소절차를 통하여 이를 다툴 수 있을 뿐, 재심청구를 취하하는 방법으로 재심판결의 효력을 소멸시킬 수는 없다.[39]

Ⅲ. 재심청구의 심리

1. 심리의 방식

재심청구에 대한 심리는 판결절차가 아니라 **결정절차**이므로 구두변론에 의할 필요가 없고($^{제37조}_{제2항}$) 절차도 공개할 필요도 없다. 원사건이 필요적 변호사유($^{제33조·}_{제282조}$)에 해당하더라도 국선변호인을 선정할 필요는 없다. 다만 재심개시결정을 한 후

---

39) 대법원 2024. 4. 12. 선고 2023도13707 판결.

에는 일반 공판절차에 들어가게 되므로 국선변호인을 선정하여야 한다.

2. 사실조사

재심청구에 대한 심리를 위하여 본안기록이 필요한 경우에는 기록이 보존되어 있는 검찰청에 기록송부촉탁을 하여야 한다. 재심청구를 받은 법원은 필요한 때에 사실을 조사할 수 있다. 사실조사의 범위는 재심청구인이 재심청구사유로 주장한 사실의 유무에 제한된다. 사실조사를 하기 위하여 증인신문·감정·검증 등의 처분을 할 수 있으나 엄격한 증거조사의 방식에 따르지 않아도 무방하다. 법원은 필요하다고 인정한 때에 합의부원에게 재심청구의 이유에 대한 사실조사를 명하거나 다른 법원 판사에게 이를 촉탁할 수 있다($^{제431조}_{제1항}$). 이 경우 수명법관 또는 수탁판사는 법원 또는 재판장과 동일한 권한이 있다($^{동조}_{제2항}$).

3. 당사자의 의견

재심청구에 대하여 결정을 할 때에는 청구한 자와 상대방의 의견을 들어야 한다. 다만 유죄의 선고를 받은 자의 법정대리인이 청구한 경우에는 유죄의 선고를 받은 자의 의견을 들어야 한다($^{제432}_{조}$). 이해관계자에게 의견을 진술할 기회를 부여함으로써 심리의 신중과 결정의 합리성을 도모하려는 취지이다. 재심을 청구한 자와 상대방에게 의견진술의 기회를 주면 충분하고, 반드시 의견진술이 있어야 할 필요는 없다.[40] 또한 청구한 자와 상대방의 의견을 들으면 충분하고 변호인의 의견을 들어야 하는 것은 아니다. 의견진술의 기회를 주지 않고 청구기각결정을 한 경우에는 결정에 영향을 미치는 중대한 법령위법에 해당하므로 즉시항고의 이유가 된다.[41]

IV. 재심청구에 대한 재판

1. 청구기각의 결정

(1) 부적법한 재심청구

(가) 의 의   재심청구가 법률상의 방식에 위반하거나 청구권의 소멸 후인 것이 명백한 때에는 결정으로 기각하여야 한다($^{제433}_{조}$). 청구가 부적법한 경우의 청구기각결정은 일종의 형식적 재판이므로 제434조의 청구기각결정과는 법률적 효과가 다르다. 법률상 방식에 위배되었다는 이유로 내려진 재심청구기각

---

40) 대법원 1982. 11. 15.자 82모11 결정, 1997. 1. 16.자 95모38 결정.

41) 대법원 1966. 12. 26.자 66모7 결정, 1977. 7. 4.자 77모28 결정, 1983. 12. 20.자 83모43 결정, 1991. 10. 22.자 91모61 결정, 2004. 7. 14.자 2004모86 결정.

결정의 경우 그 결정이 확정되더라도 적법한 방식으로 다시 재심을 청구할 수 있다.

(나) **관할위반**　　재심의 관할($\substack{제423\\조}$)을 위반하여 재심을 청구한 경우에는 원칙적으로 재심청구기각의 결정을 해야 한다. 다만 재심청구가 재심관할법원인 항소심법원이 아닌 제1심법원에 잘못 제기된 경우 제1심법원은 재심청구를 기각할 것이 아니라 항소심법원에 사건을 **이송결정**을 해야 한다. 그런데 제1심법원이 이송결정 대신 재심청구기각결정을 하고 이에 대하여 재심청구인으로부터 항고가 제기되어 항고법원이 재심관할법원인 경우에는 그 법원으로서는 제367조를 유추적용하여 제1심 결정을 파기하고 재심관할법원으로서 그 절차를 취해야 한다.[42]

(다) **위법한 방식에 의한 청구**　　① 재심청구권이 없는 자가 재심을 청구한 경우, ② 재심청구사유를 구체적으로 기재하지 않거나 원판결의 등본 및 증거자료를 첨부하지 않는 경우($\substack{규칙\\제166조}$), ③ 제420조 제1·2·7호 이외의 사유를 주장하면서 상소기각의 확정판결에 대하여 재심을 청구한 경우[43] 등이 법률상의 방식에 위반한 청구에 해당한다.

(라) **청구권소멸 후의 청구**　　청구권소멸 후의 청구로서는 ① 제1심 확정판결에 대한 재심청구사건의 판결이 있은 후에 항소기각결정에 대하여 다시 재심을 청구한 경우($\substack{제421조\\제2항}$), ② 제1심 또는 제2심의 확정판결에 대한 재심청구사건의 판결이 있은 후에 상소기각결정에 대하여 다시 재심을 청구한 경우($\substack{제421조\\제3항}$), ③ 재심청구를 취하한 후 동일한 이유로 다시 재심을 청구한 경우($\substack{제429조\\제2항}$), ④ 재심청구가 이유 없다고 인정하여 기각한 결정에 대하여 다시 재심을 청구한 경우($\substack{제434조\\제2항}$) 등이 이에 해당한다.

(2) **이유 없는 재심청구**　　재심의 청구가 이유 없다고 인정한 때에도 결정으로 기각하여야 한다($\substack{제434조\\제1항}$). 법원이 재심청구의 이유를 판단함에 있어서 청구한 자의 법률적 견해에 구속받지 않는다. 재심청구가 이유 없다는 결정이 확정되면 누구든지 동일한 이유로써 다시 재심을 청구하지 못한다($\substack{동조\\제2항}$). '누구든지'란 피고인의 재심청구가 기각된 경우에 그 자의 법정대리인 또는 검사도 동일한 이유로 재심청구를 하지 못한다는 의미이다. 동일한 사실의 주장인 이상 법률

---

42) 대법원 2003. 9. 23.자 2002모344 결정.
43) 대법원 1984. 1. 20.자 83소3 결정, 1987. 5. 27.자 87재도4 결정, 1990. 12. 6.자 90재도1 결정, 1995. 3. 29.자 94재도9 결정.

적 구성을 달리하더라도 다시 재심을 청구할 수 없다.

⑶ **청구의 경합**   상소를 기각하는 확정판결과 이에 의하여 확정된 하급심의 판결에 대하여 재심청구가 있는 경우에 하급법원이 재심의 판결을 한 때에는 상소기각판결을 한 법원은 재심청구를 기각하여야 한다($^{제436}_{조}$). 따라서 상소기각판결을 한 법원은 제1심법원 또는 항소법원의 소송절차가 종료할 때까지 소송절차를 정지하여야 한다($^{규칙}_{제169조}$).

2. 재심개시결정

⑴ **재심청구가 이유 있는 경우**   재심의 청구가 이유 있다고 인정한 때에는 재심개시결정을 하여야 한다($^{제435조}_{제1항}$). '재심청구가 이유 있는 때'란 재심청구자가 재심이유에 해당하는 것으로 주장한 사실 그 자체가 제420조 내지 제422조에 규정되어 있는 재심이유의 요건을 충족하여 당해 사실의 존재가 재심청구자가 제출한 증거에 의하여 증명된 경우를 말한다. 재심개시절차에서는 재심사유가 있는지 여부만을 판단해야 하고, 재심사유가 재심대상판결에 영향을 미칠 가능성이 있는가의 실체적 사유는 고려할 수 없다.[44] 재심개시결정이 확정되면 재심청구에 대한 재심심판절차가 진행된다. 재심개시결정을 할 때에는 결정으로 형의 집행을 정지할 수 있다($^{동조}_{제2항}$).

⑵ **재심개시결정의 범위**

㈎ **학 설**   경합범의 관계에 있는 수개의 범죄사실을 유죄로 인정하여 1개의 형을 선고한 확정판결에서 그 중 일부의 범죄사실에 대하여만 재심청구가 이유 있다고 인정되는 경우 ① 경합범의 전부에 대하여 재심개시결정을 해야 한다는 **전부설**[45]과 ② 당해 범죄사실만 재심의 대상이 되고 재심의 심판에서는 형량만을 다시 정할 수 있다는 **일부설**[46]이 있다.

㈏ **판 례**   경합범의 전부에 대하여 재심개시결정을 할 수밖에 없지만, 재심사유가 없는 범죄사실은 형식적으로 심판의 대상에 포함되는 데 그치므로 재심법원은 그 부분에 대한 유죄인정을 파기할 수 없고 다만 양형을 위하여 필요한 범위에 한하여만 그 부분에 대하여 심리를 할 수 있다.[47]

㈐ **검 토**   경합범 관계에 있는 수개의 범죄사실에 관하여 1개의 형이 선고된 경우 확정판결 전부에 대하여 재심개시결정을 해야 하지만 재심사유가

---

44) 대법원 2008. 4. 24.자 2008모77 결정.
45) 배종대, 803면; 신양균, 1042면.
46) 이재상, 868면.
47) 대법원 1996. 6. 14. 선고 96도477 판결.

있다고 인정한 범죄사실만 실질적으로 재심의 대상이 되고, 재심사유가 인정되지 않는 범죄사실에 관하여는 사실인정 여부를 다시 심리하여 무죄를 선고할 수 없다고 본다(절충설).

【사 례】 재심개시결정의 범위

《사 안》 세무공무원 甲은 ① 2018. 10. 12. 세금을 감액해 달라는 乙로부터 금 2천만원을 뇌물로 받고, ② 2019. 1. 20. 같은 부탁을 한 丙으로부터 금 1천만원을 뇌물로 받았다는 범죄사실로 징역 3년에 집행유예 5년, 추징 3천만원을 선고받았고, 그 판결은 확정되었다. 甲은 자신에게 금 1천만원을 뇌물로 주었다고 증언한 丙을 위증죄로 고소하였고, 丙에 대한 위증죄의 유죄판결이 확정되자 재심청구를 하였다. 법원은 사건 전부에 대해 재심개시결정을 내리고 증거조사를 실시한 결과 乙이 甲에게 뇌물을 제공한 사실이 없다고 증언하자 ①항과 ②항에 대해 모두 무죄판결을 선고하였다. 재심법원의 무죄판결은 적법한가?

《검 토》 경합범의 일부에 대하여 재심사유가 있는 경우 재심법원의 심판범위에 관하여 전부설과 일부설의 대립이 있다. 경합범의 전부에 대하여 재심개시결정을 해야 하지만 재심사유가 없는 범죄사실은 형식적으로 심판의 대상에만 포함되므로 그 부분에 대한 유죄인정을 파기할 수 없고 양형을 위해 필요한 범위에서만 심리를 할 수 있다. 따라서 본 사안에서 재심법원이 ①항에 대해서도 무죄판결을 선고한 것은 위법하다.

3. 결정에 대한 불복

재심청구기각결정과 재심개시결정에 대하여는 즉시항고를 할 수 있다($^{제437}_{조}$). 다만 대법원의 결정에 대하여는 즉시항고를 할 수 없다.

제3 재심심판절차

Ⅰ. 재심의 공판절차

1. 심 급

(1) 심급에 따른 재심판 재심개시의 결정이 확정된 사건에 대하여는 법원이 그 심급(審級)에 따라 다시 심판하여야 한다($^{제438조}_{제1항}$). 재심개시결정이 확정된 이상 개시결정이 부당한 경우에도 법원은 재심사유의 존부에 대하여는 더 이상 살펴볼 필요 없이 사건을 심판하여야 한다.[48] '심급에 따라'란 제1심의 확정

판결에 대한 재심의 경우에는 제1심의 공판절차에 따라, 항소심에서 파기자판된 확정판결에 대하여는 항소심절차에 따라, 그리고 항소기각 또는 상고기각의 확정판결에 대하여는 항소심 또는 상고심의 절차에 따라 각각 심판한다는 것을 의미한다.

(2) 반의사불벌죄   제1심 법원이 반의사불벌죄로 기소된 피고인에 대하여 「소송촉진 등에 관한 특례법」 제23조에 따라 피고인의 진술 없이 유죄를 선고하여 판결이 확정된 경우, 만일 피고인이 책임을 질 수 없는 사유로 공판절차에 출석할 수 없었음을 이유로 위 특례법 제23조의2에 따라 제1심 법원에 재심을 청구하여 재심개시결정이 내려졌다면 피해자는 재심의 제1심 판결 선고 전까지 처벌을 희망하는 의사표시를 철회할 수 있다. 그러나 피고인이 제1심 법원에 위 특례법 제23조의2에 따른 재심을 청구하는 대신 항소권회복청구를 함으로써 항소심 재판을 받게 되었다면 항소심을 제1심이라고 할 수 없는 이상 항소심 절차에서는 처벌을 희망하는 의사표시를 철회할 수 없다.[49]

2. 심판의 대상

재심의 심판은 원판결의 당부를 심사하는 것이 아니라 사건 자체를 대상으로 하는 것이다. 따라서 심리결과 원판결과 동일한 결론에 도달한 경우에도 사건에 대하여 판결하여야 한다. 재심의 판결에 대하여는 일반원칙에 따라 상소가 허용된다.

3. 적용법령

재심이 개시된 사건에서 범죄사실에 대하여 적용하여야 할 법령은 재심판결 당시의 법령이고, 재심대상판결 당시의 법령이 변경된 경우 법원은 범죄사실에 대하여 재심판결 당시의 법령을 적용하여야 하며, 법령을 해석할 때에도 재심판결 당시를 기준으로 하여야 한다.[50] 따라서 법원은 재심대상판결 당시의 법령이 변경된 경우에는 그 범죄사실에 대하여 재심판결 당시의 법령을 적용하여야 하고, 폐지된 경우에는 그 범죄사실에 대하여 면소를 선고하는 것이 원칙이다. 그러나 형벌에 관한 법령이 헌법재판소의 위헌결정으로 인하여 소급하여 그 효력을 상실하였거나 법원에서 위헌·무효로 선언된 경우, 법원은 당해 법령을 적용하여 공소가 제기된 피고사건에 대하여 무죄를 선고하여야 한다.[51]

---

48) 대법원 2004. 9. 24. 선고 2004도2154 판결.
49) 대법원 2016. 11. 25. 선고 2016도9470 판결.
50) 대법원 2011. 10. 27. 선고 2009도1603 판결.
51) 대법원 2010. 12. 16. 선고 2010도5986 전원합의체 판결.

Ⅱ. 심리상의 특칙

1. 피고인의 불출석과 필요적 변호

일반적으로 피고인의 공판정 출석은 공판개정의 요건이지만 재심의 공판절차에서는 일정한 예외가 인정된다. 즉 사망자 또는 회복할 수 없는 심신장애자를 위하여 재심청구가 있는 때에는 피고인의 출석 없이 심판할 수 있다. 그러나 변호인도 출석하지 않으면 구두변론을 할 수 없기 때문에 변호인이 공판정에 출석하여야 개정할 수 있다(제438조제3항). 이 경우 재심청구인이 변호인을 선임하지 아니한 때에는 재판장은 직권으로 변호인을 선임해야 한다(동조제4항).

2. 공판절차의 정지

회복할 수 없는 심신장애자를 위하여 재심의 청구를 한 때 또는 유죄의 선고를 받은 자가 재심의 판결 전에 회복할 수 없는 심신장애자로 된 때에는 공판절차를 정지(제306조제1항)할 필요 없이 심리를 계속해야 한다(제438조제2항).

3. 공소취소와 공소장변경

⑴ **공소취소** 공소취소는 제1심판결의 선고 전까지 가능하기 때문에 (제255조제1항) 제1심판결이 선고되어 확정된 이상 재심의 공판절차에서는 공소취소를 할 수 없다.[52]

⑵ **공소장변경** 재심의 공판절차에서 공소장변경이 전면적으로 허용된다는 견해와 원판결의 죄보다 중한 죄를 인정하기 위한 공소사실의 추가·변경은 허용되지 않는다는 견해가 있다. 판례에 의하면 재심심판절차에서는 특별한 사정이 없는 한 검사가 재심대상사건과 별개의 공소사실을 추가하는 내용으로 공소장을 변경하는 것은 허용되지 않고, 재심대상사건에 일반 절차로 진행 중인 별개의 형사사건을 병합하여 심리하는 것도 허용되지 않는다고 한다.[53]

재심개시결정이 확정된 후 재심사유가 있는 공소사실에 관하여 심판하는 재심심판절차에서 공소장변경 등을 통해 다른 공소사실을 추가·병합하여 함께 심리하는 것은 재심청구권자가 재심의 대상으로 삼지 않은 공소사실에 대해 피고인으로 하여금 추가적인 방어의 부담을 지게 하므로 피고인의 방어권을 실질적으로 침해할 우려가 있다. 따라서 재심절차에서 재심대상사건 이외의 새로운 공소사실을 추가·병합하여 심리하는 것은 재심제도의 본질이나 이익

---

52) 대법원 1976. 12. 28. 선고 76도3203 판결.
53) 대법원 2019. 6. 20. 선고 2018도20698 전원합의체 판결.

재심의 원칙에 반한다.

Ⅲ. 재판의 특칙

1. 피고인사망의 경우

통상의 공판절차에서는 피고인이 사망한 경우에 법원은 공소기각의 결정을 해야 한다(제328조 제1항 제2호). 그러나 사망자를 위한 재심청구가 인용되었거나 재심피고인이 재심의 판결 전에 사망한 경우에는 공소기각의 결정을 할 수 없고 실체판결을 해야 한다(제438조 제2항). 제438조 제2항 제1호는 '재심의 청구가 있는 때'라고 규정하였지만 공소기각결정을 할지 여부는 재심청구에 대한 심리과정에서 문제될 여지가 없고 재심청구가 인용되었을 경우 비로소 문제되므로 여기서 말하는 '재심의 청구가 있는 때'는 '재심의 청구가 인용된 때' 또는 '재심개시결정이 있는 때'로 해석해야 한다.

2. 불이익변경의 금지

(1) **적용범위**　재심에는 원판결의 형보다 중한 형을 선고하지 못한다(제439조). 검사가 재심을 청구한 경우에도 불이익변경이 금지된다. 유죄판결을 받은 자의 이익을 위한 재심만을 인정하고 있기 때문이다.

(2) **특별사면**　특별사면으로 형 선고의 효력이 상실된 유죄의 확정판결에 대하여 재심개시결정이 이루어져 재심심판법원이 심급에 따라 다시 심판한 결과 무죄로 인정되는 경우라면 무죄를 선고하여야 하겠지만, 그와 달리 유죄로 인정되는 경우에는, 피고인에 대하여 다시 형을 선고하거나 피고인의 항소를 기각하여 제1심판결을 유지시키는 것은 이미 형 선고의 효력을 상실하게 하는 특별사면을 받은 피고인의 법적 지위를 해치는 결과가 되어 이익재심과 불이익변경금지의 원칙에 반하게 되므로, 재심심판법원으로서는 '피고인에 대하여 형을 선고하지 아니한다'는 주문을 선고할 수밖에 없다.[54]

(3) **집행유예기간 경과**　원판결이 선고한 집행유예가 실효 또는 취소됨이 없이 유예기간이 지난 후에 새로운 형을 정한 재심판결이 선고되는 경우에도, 그 유예기간 경과로 인하여 원판결의 형 선고 효력이 상실되는 것은 원판결이 선고한 집행유예 자체의 법률적 효과로서 재심판결이 확정되면 당연히 실효될 원판결 본래의 효력일 뿐이므로, 이를 형의 집행과 같이 볼 수는 없고, 재심판

---

54) 대법원 2015. 10. 29. 선고 2012도2938 판결.

결의 확정에 따라 원판결이 효력을 잃게 되는 결과 그 집행유예의 법률적 효과까지 없어진다 하더라도 재심판결의 형(예를 들면 벌금형)이 원판결의 형보다 중하지 않다면 불이익변경금지의 원칙이나 이익재심의 원칙에 반한다고 볼 수 없다.[55]

(4) **집행유예 실효**   피고인이 재심대상판결에서 정한 집행유예의 기간 중 새로운 범죄로 징역형을 선고받아 그 판결이 확정됨으로써 집행유예가 실효되고 피고인에 대하여 유예된 형이 집행되었는데, 재심판결에서 피고인에게 또다시 집행유예를 선고할 경우 그 집행유예 기간의 시기는 재심대상판결의 확정일이 아니라 재심판결의 확정일로 보아야 한다. 이로 인하여 재심대상판결이 선고한 집행유예의 실효 효과까지 없어지더라도, 재심판결이 확정되면 재심대상판결은 효력을 잃게 되는 재심의 본질상 당연한 결과이므로, 재심판결에서 정한 형이 재심대상판결의 형보다 중하지 않은 이상 불이익변경금지원칙이나 이익재심원칙에 반하지 않는다.[56]

3. 무죄판결의 공시

재심에서 무죄의 선고를 한 때에는 그 판결을 관보와 그 법원소재지의 신문에 기재하여 공고하여야 한다. 다만 피고인 등 재심을 청구한 사람이 원하지 아니하는 경우에는 재심무죄판결을 공시하지 아니할 수 있다(제440조). '무죄의 선고를 한 때'의 의미에 관하여 ① 무죄판결이 확정된 때로 보는 견해와 ② 선고가 있으면 충분하고 그 판결이 확정될 필요는 없다는 견해가 있다. 무죄판결의 공시제도가 유죄의 선고를 받은 자의 명예회복을 위한 조치라는 점에서 후설(後說)이 타당하다고 본다.

4. 원판결의 효력

재심판결이 확정되면 원판결은 당연히 그 효력을 잃는다. 그러나 재심판결이 확정된 경우에도 원판결에 의한 형의 집행이 무효로 되는 것은 아니다. 따라서 원판결에 의한 자유형의 집행은 재심판결에 의한 자유형에 통산된다.

---

55) 대법원 2018. 2. 28. 선고 2015도15782 판결.
56) 대법원 2019. 2. 28. 선고 2018도13382 판결.

제 2 절 비상상고

제 1 관 총 설

제 1 개 관

I. 의 의

비상상고란 확정판결에 대하여 그 심판의 법령위반을 바로 잡기 위해 인정되는 비상구제절차를 말한다. 비상상고는 **확정판결**에 대한 **구제절차**라는 점에서 미확정판결의 시정방법인 상소와 구별된다. 그리고 비상상고는 법령해석의 통일을 주된 목적으로 확정판결의 **법령위반**을 이유로 하는 비상구제절차라는 점에서 사실인정의 잘못을 이유로 하는 재심과 다르다. 따라서 비상상고는 재심과는 달리 신청권자가 검찰총장에 제한되고 관할법원은 대법원이며 판결의 효력은 원칙적으로 피고인에게 미치지 않는다는 점에 특색이 있다.

II. 연혁과 목적

1. 프랑스의 비상상고제도

비상상고는 프랑스 형사소송법에서 유래하는데 법률의 이익을 위한 상고와 공익을 위한 상고로 구분된다. 법률의 이익을 위한 상고란 파기이유가 있음에도 불구하고 확정된 판결에 대하여 검찰총장의 신청에 의하여 **파기법원**이 확정판결을 파기하는 제도이다($\substack{\text{프랑스 형사소}\\\text{송법 제621조}}$). 파기법원에 의하여 확정판결이 파기된 경우에도 그 파기의 효력은 원판결을 받은 자(피고인)에게 미치지 아니하며 원판결이 그대로 집행된다. 공익을 위한 상고란 판결의 법령위반에 대하여 검찰총장의 신청에 의하여 파기법원이 파기하는 제도이다($\substack{\text{프랑스 형사소}\\\text{송법 제620조}}$). 이 파기판결의 효과에 관하여는 명문으로 규정하고 있지 않으나 원판결을 받은 자에게 이익되는 효과는 발생하고 불이익되는 효과는 발생하지 아니한다는 것이 확립된 판례의 태도이다.

2. 우리나라의 비상상고제도

(1) **법률이익설**　　우리나라의 비상상고제도가 프랑스 형사소송법상 '법률의 이익을 위한 상고'에서 유래하였다는 견해[1]이다. 비상상고는 일종의 '재판의 옷을 입은 학설'과 같은 의미만을 가지는 것으로서 법령의 해석 및 적용의 통일을 주된 목적으로 하며, 피고인의 구제는 부차적인 의미만을 가지게 된다고 한다.

(2) **공익포함설**　　우리나라의 비상상고는 프랑스 형사소송법상 '법률의 이익을 위한 상고'와 '공익을 위한 상고'의 양자에서 유래하였다는 견해[2]이다. 이에 따르면 비상상고가 이유 있는 경우에 원판결이 피고인에게 불이익한 때에는 피고사건에 대하여 다시 판결해야 할 뿐만 아니라, 피고인의 이익이 부당하게 침해되는 것은 법의 이념인 정의의 요청에 반한다는 것이다.

(3) **검　토**　　비상상고는 법령의 해석 · 적용의 통일을 위한 제도로서 그 효력이 원칙적으로 피고인에게 미치지 않는다는 점에 비추어 볼 때 사실오인의 오류를 시정하는 재심과는 상이한 역할을 담당하고 있고, 피고인의 구제는 부차적인 목적이라고 해석함이 타당하다고 본다.

제 2　비상상고의 대상

I. 확정판결

비상상고의 대상은 모든 확정판결이다($\frac{제441}{조}$). 유죄 · 무죄 · 면소의 판결은 물론 공소기각판결 · 관할위반판결 등 형식재판도 비상상고의 대상이 된다. 확정판결이 하급심의 판결이냐, 상고심의 판결이냐를 불문한다. 또한 확정된 약식명령과 즉결심판도 비상상고의 대상이 된다. 제441조는 비상상고의 대상을 '판결'이라고 명시하고 있으므로 **공소기각결정**이 비상상고의 대상으로 되느냐 여부가 문제된다. 공소기각의 결정은 판결이 아니라 할지라도 종국재판이라는 점과 비상상고의 목적이 법령해석의 통일에 있다는 점을 고려할 때 비상상고의 대상으로 된다고 본다. 또한 **상소기각결정**은 상소기각판결과 마찬가지로 원판결을 확정시키는 당해 사건의 종국재판이므로 비상상고의 대상으로 된다.[3]

---

1) 배종대, 867면; 신동운, 1601면.
2) 이재상, 873면.
3) 대법원 1963. 1. 10. 선고 62오4 판결.

Ⅱ. 당연무효의 판결

당연무효의 판결도 비상상고의 대상이 된다고 본다. 판결이 당연무효이면 비상상고에 의하여 다툴 필요가 없다는 견해도 생각할 수 있지만, 법적 안정성의 관점에서 판결이 당연무효라 할지라도 형식적으로 존재하므로 비상상고에 의하여 당연무효를 확인할 필요가 있기 때문이다.

제 3 비상상고의 사유

Ⅰ. 법령위반

1. 의   의

비상상고의 사유는 사건의 심판이 법령에 위반한 때이다. 심판은 심리와 판결을 의미하므로 판결의 법령위반뿐만 아니라 소송절차의 법령위반도 비상상고의 사유에 포함된다. 판결의 법령위반의 경우에는 원판결을 파기하고 자판할 수 있지만, 소송절차의 법령위반의 경우에는 위반된 절차를 파기함에 그친다.

2. 구별기준

판결의 법령위반과 소송절차의 법령위반을 구별하는 기준에 관하여 ① 판결의 법령위반이란 판결의 내용에 영향을 미치는 법령위반을 의미하고, 소송절차의 법령위반은 판결내용에 영향을 미치지 않는 소송절차의 법령위반을 의미한다는 견해[4]와 ② 판결의 법령위반은 실체법령의 적용위반과 소송조건에 관한 법령위반을 의미하고 소송절차의 법령위반은 판결 전 소송절차와 판결절차가 법령에 위반되는 경우를 의미한다는 견해[5]가 대립하고 있다. 판결절차의 위법이 판결내용에 영향을 미친 경우에는 자판(自判)의 실익이 있다는 점을 고려하면 제2설은 적절하지 못하다. 따라서 판결내용에 영향을 미치는 법령위반을 판결의 법령위반이라고 해석하는 제1설이 타당하다고 본다.

3. 판결의 법령위반

(1) 판결의 실체법위반   이미 폐지된 벌칙을 적용하여 유죄판결을 선고한 경우, 형사미성년자에 대하여 유죄판결을 선고한 경우 등은 범죄의 성립에 관한 법령위반에 해당한다. 법정형 또는 처단형을 초과하여 형을 선고한 경우, 형

---

4) 신양균, 1049면; 이재상, 875면.
5) 신동운, 1613면.

의 집행유예에 관한 법령을 위반한 경우, 구류형에 대하여 선고를 유예한 경우,[6] 도로교통법위반죄에 대한 즉결심판에서 형의 면제를 선고한 경우[7] 등은 형에 관한 법령위반이다. 즉결심판에 관한 절차법 제2조는 '지방법원, 지원 또는 시·군법원의 판사는 즉결심판절차에 의하여 피고인에게 20만원 이하의 벌금, 구류 또는 과료에 처할 수 있다.'고 규정하고 있으므로, 벌금 30만원의 즉결심판을 선고한 것은 비상상고의 이유가 된다.[8]

(2) 판결의 절차법위반　　친고죄에 있어서 고소가 취소되었음에도 불구하고 유죄판결을 한 경우, 공소시효가 완성되었음에도 불구하고 공소가 제기되어 약식명령 또는 유죄판결이 확정된 경우 등은 소송조건에 관한 법령위반에 해당한다. 공소사실을 유죄로 인정할 증거가 없음에도 불구하고 유죄판결을 선고한 경우, 자백에 대한 보강증거가 없음에도 불구하고 유죄판결을 선고한 경우, 임의성 없는 자백을 결정적 증거로 하여 유죄판결을 선고한 경우 등은 사실인정에 관한 법령위반이다.

4. 소송절차의 법령위반

판결의 절차가 법령에 위반한 경우, 예를 들면 형을 선고함에 있어서 상소권을 고지하지 아니한 경우는 판결의 내용에 직접 영향을 미친 위법이 아니므로 소송절차의 법령위반에 해당한다. 공판개정의 위법, 증인신문방식의 위법, 공소장변경의 위법 등은 판결 전 소송절차의 법령위반에 해당한다.

Ⅱ. 사실오인

1. 쟁　　점

비상상고는 심판의 법령위반을 이유로 하므로 단순한 사실오인에 대하여는 비상상고를 할 수 없다. 문제는 사실오인의 결과로 발생한 법령위반이 비상상고의 사유가 될 수 있는가에 있다.

2. 학　　설

(1) 소극설　　법령위반이 사실오인으로 인한 때에는 그 사실이 실체법적 사실인가 소송법적 사실인가를 불문하고 비상상고의 사유에 해당하지 않는다는 견해이다. 비상상고의 목적은 법령의 해석·적용의 통일에 있고, 개개의 사건

---

6) 대법원 1993. 6. 22. 선고 93오1 판결.
7) 대법원 1994. 10. 14. 선고 94오1 판결.
8) 대법원 2015. 5. 28. 선고 2014오3 판결.

에 있어서 사실오인의 시정에 있지 않다는 점을 논거로 한다.

(2) **적극설**　　법령위반의 전제가 된 사실오인이 기록에 의하여 용이하게 인정할 수 있는 사항이면 그 사실이 실체법적 사실인가 소송법적 사실인가를 불문하고 비상상고의 대상이 된다는 견해[9]이다. 비상상고는 법령의 해석·적용의 통일뿐만 아니라 피고인을 구제하는 기능도 있다는 점을 논거로 한다.

(3) **절충설**　　법령위반이 소송법적 사실에 대한 오인으로 인한 때에는 비상상고의 이유가 되지만, 실체법적 사실의 오인으로 인한 때에는 비상상고를 할 수 없다는 견해[10]이다. 이 견해는 ① 소송법적 사실인정은 판결이유에도 명시되지 않기 때문에 사실오인과 법령위반을 구별할 수 없고, ② 소송절차의 법령위반에 대하여는 사실조사를 허용하고 있다는 점($^{제444조}_{제2항}$)을 논거로 한다.

(4) **검　토**　　소송법적 사실에 대한 오인의 경우 피고인의 불이익을 구제하는 절충설이 타당하다고 본다. 이에 대한 실정법적 근거는 법원의 관할, 공소의 수리와 공소절차에 관하여는 사실조사를 할 수 있다고 규정한 제444조 제2항이다.

3. 구체적 고찰

(1) **연령의 오인**　　피고인이 미성년자임에도 불구하고 성년으로 오인하여 정기형을 선고하거나, 반대로 성년에게 부정기형을 선고한 경우 비상상고의 사유가 된다. 피고인의 성년 여부는 정기형·부정기형을 선고하는 기준이므로 이는 실체법적 사실인 동시에 소송법적 사실이며 성년 여부는 소송기록상 명백한 경우가 보통이기 때문이다.[11]

(2) **누범전과의 오인**　　누범전과가 없음에도 불구하고 누범가중을 한 판결의 법령위반은 비상상고의 사유에 해당하지 않는다.[12]

(3) **이중의 확정판결**　　동일 사건에 대하여 2개의 판결이 확정된 경우에는 비상상고의 사유가 된다. 동일 사건에 대한 확정판결의 존재는 소송법적 사실이기 때문이다. 이 경우 후에 확정된 판결이 비상상고의 대상으로 된다.

---

9) 신양균, 1052면; 이재상, 876면.
10) 배종대, 872면; 신동운, 1605면.
11) 대법원 1963. 4. 4. 선고 63오1 판결.
12) 대법원 1962. 9. 27. 선고 62오1 판결.

제 2 관 비상상고의 절차

제 1 비상상고의 신청

Ⅰ. 신청권자와 관할법원

1. 신청권자

비상상고의 신청권자는 **검찰총장**이다($\frac{제441}{조}$). 비상상고는 확정판결의 법령위반을 시정하는 제도이므로 그 신청권자를 검찰총장으로 한정한 것이다. 확정판결을 받은 자는 그 확정판결이 법령에 위반되었음을 발견한 경우에도 비상상고의 신청권이 없다. 따라서 확정판결을 받은 자가 검찰총장에게 비상상고의 신청을 요청하는 서면을 제출한 경우에도 이는 검찰총장의 직권발동을 촉구하는 사실상 행위에 불과하다.

2. 관할법원

비상상고사건의 관할법원은 **대법원**이다($\frac{제441}{조}$). 비상상고는 법령의 해석·적용의 통일을 도모하려는 데 그 목적이 있으므로 대법원을 관할법원으로 한 것이다.

Ⅱ. 신청의 방식

비상상고를 신청할 때에는 그 이유를 기재한 서면을 대법원에 제출하여야 한다($\frac{제442}{조}$). 신청서에는 비상상고의 대상인 확정판결을 특정하고 그 신청의 취지를 명시하여야 한다. 비상상고의 신청에는 기간의 제한이 없다. 따라서 형의 시효가 완성되었거나 형이 소멸한 경우 또는 원판결을 받은 자가 사망한 경우에도 비상상고의 신청이 허용된다. 비상상고의 취하를 허용하는 명문의 규정은 없으나 필요한 경우에는 비상상고의 판결이 있을 때까지 취하할 수 있다고 본다.

제 2 비상상고의 심리

Ⅰ. 공 판

1. 공판준비

비상상고를 심리하기 위하여는 공판기일을 열어야 한다. 신청서의 기재 자체에 의해서 비상상고가 이유 없음이 명백한 경우에도 반드시 공판기일을 지정하여 공판정에서 심판을 해야 하며, 서면심리만으로 신청을 기각하는 것은 위법이다. 공판기일에 원판결을 받은 자를 소환할 필요는 없다. 비상상고의 공판절차에는 제1심의 공판절차에 관한 규정이 준용되지 않고, 보통의 상고사건에도 피고인을 소환할 필요가 없기 때문이다.

2. 공판의 개정

검사는 공판기일에 출석하여 신청서에 의하여 진술해야 한다($^{제443}_{조}$). 본조의 검사는 검찰총장에 한하지 않으나 대검찰청의 검사임을 요한다. 원판결을 받은 자가 변호사인 변호인을 선임하여 공판기일에서 의견을 진술할 수 있는가의 문제에 대하여 이를 긍정하는 견해와 부정하는 견해가 있다. 대법원이 재량으로 변호인에게 의견진술의 기회를 부여할 수는 있으나, 변호인이 의견진술권을 가진다고 해석하기는 어렵다고 본다.

Ⅱ. 사실조사

대법원은 신청서에 포함된 이유에 한하여 조사하여야 한다($^{제444조}_{제1항}$). 신청서에 포함된 이유 이외의 사항에 관하여는 조사할 의무가 없음은 물론 권한도 없다. 사실조사는 법원의 관할과 공소의 수리 및 소송절차에 한하여 허용된다($^{동조}_{제2항}$). 법원은 필요하다고 인정할 때에는 수명법관 또는 수탁판사로 하여금 사실조사를 하게 할 수 있고, 이 경우에 수명법관 또는 수탁판사는 법원 또는 재판장과 같은 권한이 있다($^{제444조 제3}_{항, 제431조}$).

제3 비상상고의 판결

Ⅰ. 기각판결

1. 비상상고가 부적법한 경우

비상상고의 신청이 부적법한 경우 기각판결을 하여야 한다. 예를 들면 검찰총장 이외의 검사가 비상상고를 신청한 경우, 신청서에 비상상고의 대상인 확정판결이 특정되지 않은 경우 또는 신청이유가 기재되지 않은 경우 등이다.

2. 비상상고가 이유 없는 경우

비상상고가 이유 없다고 인정한 때에는 판결로써 이를 기각하여야 한다

($_조^{제445}$). 비상상고의 경우 법원의 직권에 의한 파기는 허용되지 않는다.

Ⅱ. 파기판결

1. 판결의 법령위반

(1) 원판결의 파기   원판결이 법령에 위반한 때에는 그 위반된 부분을 파기하여야 한다. 다만 원판결이 피고인에게 불이익한 때에는 원판결을 파기하고 그 피고사건에 대하여 다시 판결을 한다($_제1호^{제446조}$). 원판결이 피고인에게 불이익한 때란 원판결의 잘못을 시정하여 다시 선고할 판결이 원판결보다 피고인에게 이익이 될 것이 명백한 경우를 말한다.

(2) 파기자판의 기준시   비상상고의 대상인 판결이 확정된 후 일반사면이 있거나 형이 폐지된 경우에 파기자판의 기준시는 원판결시이다. 비상상고의 목적이 법령해석의 통일에 있기 때문이다. 따라서 원판결이 확정된 후에 일반사면이 있거나 형이 폐지되더라도 파기자판의 자료로 삼을 수 없다.

(3) 파기자판의 판결   대법원이 자판하는 경우의 판결은 유죄 · 무죄 · 면소의 판결뿐만 아니라 공소기각의 판결을 포함한다. 피고사건에 대하여 관할권이 없음에도 불구하고 관할위반의 선고($_조^{제319}$)를 하지 않고 유죄판결을 선고한 위법이 있는 경우에는 원판결을 파기함에 그치고 관할위반의 자판은 허용되지 않는다고 해석하는 견해가 있다. 관할위반의 자판을 하면 재기소의 가능성이 있다는 점을 논거로 제시한다. 그러나 원판결이 피고인에게 불리한 경우 그 구제수단으로서의 자판을 인정해야 할 필요가 있다. 다만 이 경우 피고인에 대하여 다시 재판을 하더라도 원판결보다 중한 형을 선고할 수는 없다고 본다.

(4) 파기이송의 판결   군복무중인 피고인에 대하여는 일반법원이 재판권을 행사할 수 없어 사건을 군사법원에 이송($_의2^{제16조}$)하여야 하는데도 유죄판결을 선고하고 그 판결이 확정된 경우 그 후 피고인이 군복무를 마쳤다면 대법원은 유죄판결을 파기하면서 사건을 군사법원으로 이송하지 아니하고 주거지 관할법원에 이송한다.[13]

2. 소송절차의 법령위반

원심소송절차가 법령을 위반한 때에는 그 위반된 절차를 파기한다($_제2호^{제446조}$). 이 경우에는 원판결을 자판하지 않는다.

---

13) 대법원 1991. 3. 27. 선고 90오1 판결.

III. 판결의 효력

1. 파기판결의 효력

비상상고의 판결은 파기자판의 경우 이외에는 그 효력이 피고인에게 미치지 않는다($\substack{제447 \\ 조}$). 즉 판결의 위법부분만 파기한 경우에는 원판결의 주문은 그대로 효력을 가진다. 따라서 법정형에 징역형만이 규정되어 있음에도 불구하고 벌금형을 선고한 위법을 이유로 원판결이 파기된 경우에도 원판결의 벌금형을 그대로 집행하여야 한다. 소송절차의 법령위반을 이유로 파기한 경우에도 그 사건의 소송절차가 부활되어 소송계속상태로 돌아가는 것도 아니다.

2. 파기자판의 효력

파기자판의 판결이 선고되면 원판결은 당연히 그 효력을 잃는다.

제 3 장 특별절차와 재판의 집행

제 1 절 특별절차

제 1 약식절차

I. 의   의

1. 개   념

약식절차란 지방법원의 관할사건에 대하여 검사의 청구가 있을 때 공판절차에 의하지 않고 검사가 제출한 자료만으로 조사하여 약식명령으로 피고인에게 벌금·과료 또는 몰수의 형을 과하는 간이재판절차를 말한다. 약식명령이란 약식절차에 의하여 형을 선고하는 재판을 의미한다. 약식명령은 명령이라는 형식의 재판이 아니라, 법원의 판결·결정·명령과는 다른 특별한 형식의 재판이다.

2. 구별개념

약식절차는 공판절차를 거치지 않고 서면심리를 원칙으로 한다는 점에서 간이공판절차($_{조의2}^{제286}$)와 구별된다. 또한 약식절차는 검사의 청구에 의하여 벌금 또는 과료를 부과하는 것을 내용으로 한다는 점에서 경찰서장의 청구에 의하여 벌금·과료뿐만 아니라 구류도 과할 수 있는 즉결심판절차와 다르다.

II. 약식명령의 청구

1. 청구의 대상

약식명령을 청구할 수 있는 사건은 지방법원의 관할에 속하는 사건으로서 벌금·과료 또는 몰수에 처할 수 있는 사건에 한정된다($_{제1항}^{제448조}$). 법정형에 벌금·과료 또는 몰수가 선택적으로 규정되어 있으면 지방법원 합의부의 사물관할에 속하는 사건일지라도 약식명령의 청구대상이 된다. 벌금·과료 또는 몰수 이외의 형을 선고해야 하는 사건이나 다른 형과 병과하여 벌금·과료 또는 몰수의 형을 선고해야 하는 사건에 대해서는 약식명령을 청구할 수 없다.

2. 청구의 방식

약식명령을 청구할 때에는 약식녕령에 필요한 증거서류와 증거물도 함께 법원에 제출하여야 한다($\frac{규칙 제}{170조}$). 즉 약식절차에 있어서는 **공소장일본주의의 예외**가 인정된다. 약식명령에 대한 정식재판청구가 제기되었음에도 법원이 증거서류 및 증거물을 검사에게 반환하지 않고 보관하고 있다고 하여 그 이전에 이미 적법하게 제기된 공소제기의 절차가 위법하게 된다고 할 수도 없다.[1]

약식명령의 청구에 있어서는 약식명령청구서 부본을 첨부하거나 피고인에게 부본을 송달할 필요가 없다. 약식명령의 기재사항과 공소장의 기재사항이 동일하기 때문이다. 약식명령의 청구시에 검사는 미리 청구하는 벌금 또는 과료의 액수를 기재하여야 한다.

3. 공소제기·공소취소와의 관계

⑴ **공소제기와 약식명령청구**　검사는 '공소의 제기와 동시에 서면으로' 약식명령을 청구하여야 한다($\frac{제449}{조}$). 약식명령청구서와 공소장이 통상 하나의 서면으로 작성되지만, 약식명령청구와 공소제기는 별개의 소송행위이다.

⑵ **공소취소와 약식명령취소**　공소를 취소하면 약식명령도 동시에 그 효력을 잃게 된다. 그런데 공소를 취소하지 않고 약식명령만 취소할 수 있는가에 대해 ① 약식명령청구의 취소에 공소취소의 효력이 당연히 포함되는 것은 아니라는 점을 근거로 공소를 취소하지 않고 약식명령의 청구만을 취소할 수 있다는 **긍정설**과 ② 약식명령청구의 취소만을 인정하는 명문규정이 없다는 점을 근거로 공소취소의 효력이 없는 약식명령만의 취소는 허용되지 않는다는 **부정설**이 있다. 약식명령만 취소할 실익도 없고, 약식절차에서 공판절차로의 이행 여부는 법관이 결정하는 것이 바람직하므로 부정설이 타당하다고 본다.

4. 약식명령청구와 구속영장의 효력

구속된 피의자에 대하여 약식명령을 청구하더라도 구속영장이 당연히 실효되는 것은 아니나 검사가 벌금 또는 과료의 형을 과하는 재판을 청구하면서 피의자의 구속 상태를 지속시킨다는 것은 부당하다. 따라서 구속된 피의자에 대해 약식명령을 청구하는 경우에는 피의자에 대한 구속을 취소하고 피의자를 석방해야 한다($\frac{檢事規 제65}{조 제3항}$).

---

1) 대법원 2007. 7. 26. 선고 2007도3906 판결.

III. 약식절차의 심판

1. 법원의 심사

(1) 서면심사의 원칙　법원은 검사가 제출한 서류와 증거물을 기초로 약식명령의 청구에 관한 서면심사를 한다. 즉 약식절차는 서면심사가 원칙이기 때문에 공판기일의 심판절차에 관한 규정이나 이를 전제로 하는 규정은 약식절차에 적용되지 않는다. 서면심사만으로는 약식명령의 당부를 결정하기 어려운 경우에는 약식절차의 본질을 해하지 않는 범위에서만 사실조사를 할 수 있다.

(2) 약식절차와 증거법칙　전문법칙($^{제310조}_{의2}$)과 그 예외($^{제311조}_{이하}$)의 규정은 약식절차에 적용되지 않는다. 그러나 자백배제법칙($^{제309}_{조}$)과 자백의 보강법칙($^{제310}_{조}$)은 공판정 · 공판기일의 심리와 무관하고 위법수사배제를 위한 원칙이므로 약식절차에도 적용된다. 약식절차에서 자백의 보강법칙이 적용되는 것은 즉결심판절차에서 자백보강법칙의 적용이 배제되는 것과 구별된다.

2. 공판절차회부

법원은 약식명령의 청구가 있는 경우에 그 사건이 약식명령으로 할 수 없거나 약식명령으로 하는 것이 적당하지 않다고 인정되는 경우에는 공판절차에 의하여 심판하여야 한다($^{제450}_{조}$). '약식명령을 할 수 없는 경우'란 법률상 약식명령이 불가능한 경우를 말한다. 예를 들면 ① 법정형으로 벌금 · 과료 이외의 형벌이 규정되어 있는 죄에 대하여 약식명령의 청구가 있거나, ② 무죄 · 면소 · 형면제의 재판 또는 공소기각 · 관할위반의 재판을 선고해야 할 경우가 이에 해당한다. '약식명령을 하는 것이 적당하지 않는 경우'란 법률상으로는 약식명령이 가능하나 사건의 성질 · 내용에 비추어 공판절차에 의한 신중한 심리가 상당하다고 인정되는 경우이다.

3. 약식명령

(1) 약식명령의 고지　법원은 검사의 약식명령청구를 심리한 결과 약식명령으로 하는 것이 적당하다고 인정하는 경우에는, 약식명령의 청구가 있는 날로부터 14일 이내에 약식명령을 해야 한다($^{규칙}_{제171조}$). 약식명령에는 범죄사실 · 적용법조 · 주형 · 부수처분과 약식명령의 고지를 받은 날로부터 7일 이내에 정식재판의 청구를 할 수 있음을 명시해야 한다($^{제451}_{조}$). 약식명령의 고지는 검사와 피고인에 대한 재판서의 송달에 의하여 한다($^{제452}_{조}$).

(2) **선고유예의 문제**　　벌금에 대해 선고유예를 할 수 있는가에 관하여 학설이 대립하고 있다. ① **긍정설**의 근기는, 피고인이 선고유예에 불복하는 경우에는 정식재판의 청구권이 보장되어 있고, 선고유예가 벌금의 선고보다는 피고인에게 유리하다는 점이다. ② **부정설**의 근거는, 형의 선고유예는 피고인의 구체적 정상을 고려해야 하는데 서면심리만으로 이를 파악하기는 곤란하고, 무죄도 피고인에게 유리한 판결이지만 약식명령에 의할 수 없고 정식재판에 회부하여야 한다는 점이다. 부정설이 타당하다고 본다.

(3) **약식명령의 효력**　　약식명령은 정식재판의 청구기간이 경과하거나 그 청구의 취하 또는 청구기각결정이 확정된 경우 약식명령도 확정되어 유죄의 확정판결과 동일한 효력을 갖는다($\frac{제457}{조}$). 약식명령이 확정된 경우 일사부재리의 효력이 발생하는 시간적 범위에 관하여 발령시설과 고지시설이 대립하고 있다. 판례는 발령시설을 취하고 있다.[2] 일사부재리효의 시간적 범위는 사실심리의 가능성이 있는 최후의 시점을 기준으로 하여야 하므로 약식명령의 경우에도 발령시를 기준으로 함이 타당하다고 본다.

Ⅳ. 정식재판의 청구

1. 청구권자

약식명령에 대해 불복이 있는 검사와 피고인은 정식재판을 청구할 수 있다($\frac{제453조}{제1항}$). 피고인의 법정대리인은 피고인의 의사와 관계없이 정식재판을 청구할 수 있고, 피고인의 배우자·직계친족·형제자매·원심의 대리인 또는 변호인은 피고인의 명시적 의사에 반하지 않는 범위에 한하여 독립하여 정식재판을 청구할 수 있다. 피고인은 정식재판청구권을 포기할 수 없지만, 검사의 포기는 허용된다.

2. 청구의 절차

정식재판의 청구는 약식명령의 고지를 받은 날로부터 7일 이내에 약식명령을 한 법원에 서면으로 제출하여야 하며, 정식재판의 청구가 있는 때에는 법원은 지체 없이 검사 또는 피고인에게 그 사유를 통지하여야 한다($\frac{제453}{조}$).

3. 청구의 취하

정식재판의 청구는 제1심 판결선고 전까지 취하할 수 있다($\frac{제454}{조}$). 정식재판

---

2) 대법원 1979. 2. 27. 선고 79도82 판결, 1981. 6. 23. 선고 81도1437 판결, 1984. 7. 24. 선고 84도1129 판결, 1994. 8. 9. 선고 94도1318 판결.

청구를 취하한 자는 그 사건에 대하여 다시 정식재판을 청구하지 못한다($^{제458조·}_{제354조}$).

4. 청구에 대한 재판

(1) **기각결정**　정식재판의 청구가 법률상의 방식에 위반하거나 정식재판청구권의 소멸 후인 것이 명백한 경우에는 결정으로 기각하여야 한다($^{제455조}_{제1항}$). 청구기각결정에 대해 불복이 있는 경우에는 즉시항고를 할 수 있다($^{동조}_{제2항}$).

(2) **공판절차에 의한 심판**　적법한 정식재판청구에 대해서는 공판절차에서 심판하여야 한다($^{제455조}_{제3항}$). 공판절차에서 심판하는 경우 사실인정·법령적용과 양형 등 모든 부분에 관하여 법원은 약식명령에 구속되지 않고 자유롭게 판단할 수 있다. 즉 판결의 대상은 공소사실이며 약식명령의 당부를 판단하는 것은 아니다.

(3) **형종 상향의 금지**　피고인이 정식재판을 청구한 사건에 대하여는 약식명령의 형보다 중한 종류의 형을 선고하지 못하지만($^{제457조의}_{2\ 제1항}$), 약식명령의 형보다 중한 형을 선고할 수 있다. 즉 약식명령에서 발령한 벌금보다 중한 벌금을 선고할 수 있는데 판결서에 양형의 이유를 적어야 한다($^{동조}_{제2항}$). 검사가 정식재판을 청구한 경우와 검사·피고인 쌍방이 정식재판을 청구한 경우에는 벌금형의 약식명령에 대하여 징역형 등으로 변경할 수 있다.

(4) **약식명령의 실효**　정식재판청구에 의한 판결이 있는 때에는 약식명령은 당연히 효력을 상실한다($^{제456}_{조}$). 본조의 판결에는 공소기각결정도 포함된다. 판결이 있는 때란 판결이 선고된 경우를 의미한다는 견해가 있으나, 판결이 확정된 때를 의미한다고 본다. 부적법한 정식재판청구의 경우에도 그러한 청구에 의해 확정판결이 있는 때에는 약식명령은 실효된다. 그러나 정식재판청구기간이 경과하여 약식명령이 확정된 후에 정식재판을 청구한 경우에는 정식재판은 약식명령의 효력에 영향을 미치지 못한다.

제 2　배상명령절차

Ⅰ. 의　　의

1. 개　　념

배상명령이란 범죄행위로 인하여 피해자에게 손해가 발생한 경우 법원이 직권 또는 피해자의 신청에 의하여 가해자인 피고인에게 손해배상을 명하는 재판을 말한다. 배상명령절차는 「소송촉진 등에 관한 특례법」에 규정되어 있다. 배상명령의 법적 성질은 민사소송의 일종이라기보다는 형사소송에 부수하는 특수한 소송형태라고 볼 수 있다.

2. 목 적

배상명령절차의 주된 목적은 범죄피해자를 신속하게 구제하기 위한 것이다. 즉 범죄피해자가 민사소송에 의하여 가해자인 피고인으로부터 손해배상을 받고자 하는 경우에는 기간이 상당히 소요되고 소송비용의 부담이 있다. 이러한 점을 고려하여 형사소송에서 손해배상의 유무와 그 범위를 판단하게 함으로써 피해자에게 이익이 될 뿐만 아니라 소송경제를 도모할 수 있다.

Ⅱ. 배상명령의 요건

1. 대 상

배상명령의 대상이 되는 피고사건은 ① 상해죄·중상해죄·상해치사와 폭행치사상 및 과실치사상의 죄($^{형법}_{제26장}$), ② 절도와 강도의 죄($^{형법}_{제38장}$), ③ 사기와 공갈의 죄($^{형법}_{제39장}$), ④ 횡령과 배임의 죄($^{형법}_{제40장}$), ⑤ 손괴의 죄($^{형법}_{제42장}$)에 한한다($^{訴促法 제25조}_{법 제1항}$). 이러한 범죄를 가중처벌하는 특별법상의 범죄에 대하여도 배상명령을 할 수 있다. 그 이외의 범죄에 대하여도 피고인과 피해자 사이에 손해배상액에 합의한 경우에는 배상명령을 할 수 있다($^{동조}_{제2항}$). 이미 합의된 배상액에 대하여는 집행력을 부여하여 즉시 강제집행을 할 수 있도록 하기 위하여 마련된 것이다. 배상명령은 유죄판결을 선고한 경우에만 인정된다. 따라서 피고사건에 대하여 무죄·면소 또는 공소기각의 재판을 할 때에는 배상명령을 할 수 없다.

2. 범 위

배상명령은 피고사건의 범죄행위로 인하여 직접 발생한 **물적 피해와 치료비** 및 **위자료**의 배상에 제한된다($^{訴促法 제25}_{조 제1항}$). 따라서 간접적인 손해에 대해서는 배상을 명할 수 없다. 또한 생명과 신체를 침해하는 범죄에 의하여 발생한 기대이익의 상실도 배상명령의 범위에 포함되지 않는다.

3. 제외사유

법원은 ① 피해자의 성명·주소가 분명하지 아니한 때, ② 피해금액이 특정되지 아니한 때, ③ 피고인의 배상책임의 유무 또는 그 범위가 명백하지 아니한 때, ④ 배상명령으로 인하여 공판절차가 현저히 지연될 우려가 있거나 형사소송절차에서 배상명령을 함이 상당하지 아니하다고 인정한 때에는 배상명령을 할 수 없다(訴促法 제25조 제3항).

Ⅲ. 배상명령의 절차

1. 직권에 의한 배상명령

법원은 직권으로 피고인에 대해 배상명령을 할 수 있다(訴促法 제25조 제1항). 손해배상청구권은 사법상의 권리인데 그러한 권리에 대해 법원의 직권에 의하여 배상명령을 인정하는 것은 민사소송의 처분권주의에 대한 예외가 된다. 예를 들면 피해자가 배상명령을 신청하지 않았지만 피고사건의 심리 도중에 피고인의 재산이 발견되어 배상명령을 하는 것이 상당하다고 인정되는 경우에는 법원이 직권으로 배상명령을 할 수 있다. 직권으로 배상명령을 하는 경우에도 법원은 피고인에게 배상책임의 유무와 범위를 설명하고 의견을 진술할 기회를 주어야 한다.

2. 신청에 의한 배상명령

배상명령의 신청은 피해자 또는 그 상속인이 할 수 있다(訴促法 제25조 제1항). 배상신청은 피고사건이 계속된 법원의 전속관할에 속한다. 배상신청은 제1심 또는 제2심 공판의 변론종결시까지 사건이 계속된 법원에 신청할 수 있다. 이 경우 인지의 첨부는 요하지 아니한다(訴促法 제26조 제1항). 피해자의 배상신청은 민사소송에 있어서의 소의 제기와 동일한 효력이 있다(同條 제8항). 신청인은 배상명령이 확정될 때까지 언제든지 배상신청을 취하할 수 있다(同條 제6항).

3. 신청사건의 심리

(1) **심리의 준비** 법원은 서면에 의한 배상신청이 있는 경우 지체 없이 그 신청서 부본을 피고인에게 송달하여야 한다(訴促法 제28조). 법원은 신청인에게 공판기일을 통지하여야 한다(訴促法 제29조 제1항).

(2) **신청인의 출석** 배상신청인이 공판기일에 출석할 권리가 있음은 당연하나 출석할 의무가 있는 것은 아니다. 따라서 배상신청인이 공판기일의 통지를 받고도 출석하지 않은 경우에는 배상신청인의 진술을 듣지 않고도 재판할 수 있다(訴促法 제29조 제2항).

(3) **신청인의 절차참여권** 배상신청인은 공판절차를 현저히 지연시키지 않는 범위 안에서 재판장의 허가를 받아 소송기록을 열람할 수 있다(訴促法 제30조 제1항 전단). 배

상신청인은 증거신청을 할 수 있다(동조제1). 법원은 배상신청인의 증거신청에 대하여 증거결정을 하고 채택된 증거에 대하여는 증거조사를 한다. 배상신청인은 증거신청을 불허하는 재판에 대해서 불복할 수 없다(동조제2항). 배상신청인은 공판절차를 현저히 지연시키지 않는 범위 안에서 재판장의 허가를 받아 공판기일에 피고인 또는 증인을 신문할 수 있으며 기타 필요한 증거를 제출할 수 있다(동조제1항전단). 이 경우에도 배상신청인은 신문을 불허하는 재판에 대하여 불복할 수 없다(동조제2항).

Ⅳ. 배상명령의 재판

1. 배상신청의 각하

법원은 배상신청이 부적법한 때 또는 그 신청이 이유 없거나 배상명령을 하는 것이 상당하지 않다고 인정될 때에는 결정으로 이를 각하하여야 한다(訴促法 제32조 제1항). '배상신청이 부적법한 경우'란 법정절차에 위반하거나 배상신청의 이익이 없는 경우를 말한다. 그리고 '배상신청을 하는 것이 상당하지 않은 경우'란 피해금액이 특정되지 않거나 공판절차가 현저히 지연될 우려가 있는 경우를 들 수 있다. 배상신청에 대한 각하재판은 결정으로 하여야 하나, 유죄판결의 선고와 동시에 신청각하재판을 할 경우에는 이를 유죄판결의 주문에 표시할 수 있다(동조제2항).

2. 배상명령의 선고

배상명령은 유죄판결의 선고와 동시에 하여야 한다(訴促法 제31조 제1항). 배상명령은 일정액의 금전지급을 명하는 방식으로 하고 배상의 대상과 금액을 유죄판결의 주문에 표시하여야 한다. 배상신청을 일부 인용하는 경우에도 일부 기각의 표시는 하지 않는다. 배상명령의 가집행을 선고할 수 있다(동조제3항). 이 경우 가집행의 선고방식·선고실효와 원상회복·강제집행정지 등에 관하여는 민사소송법 규정이 준용된다(동조제4항). 배상명령의 이유는 특히 필요하다고 인정되는 경우에 한하여 이를 기재할 수 있다(동조제2항).

3. 배상명령에 대한 불복

⑴ 신청인의 불복금지 신청을 각하하거나 그 일부를 인용한 재판에 대하여 신청인은 불복할 수 없으며, 다시 동일한 배상신청을 할 수도 없다(訴促法 제32조 제3항). 따라서 배상명령이 각하된 경우 그 각하결정을 즉시 확정된다. 이 경우 신청인은 민사소송에 의하여 손해배상을 청구할 수 있다.

(2) **유죄판결에 대한 상소**   유죄판결에 대한 상소가 있으면 그 상소가 피고인이 한 것이든 검사가 한 것이든 배상명령의 확정은 차단되고 피고사건과 함께 상소심에 이심된다(訴促法 제33조 제1항). 이는 피고인이 배상명령에 대하여 다툴 의사를 가졌는지 여부를 불문한다. 상소심에서 원심의 유죄판결과 배상명령을 유지하는 경우에는 상소를 기각하면 충분하고, 배상명령에 대해 별도의 언급을 할 필요가 없다. 그러나 상소를 기각하면서 배상명령만을 취소·변경하는 경우에는 (동조 제4항) 그 취지를 주문에 기재하여야 한다. 상소심에서 원심의 유죄판결을 파기하고 피고사건에 대해 무죄·면소 또는 공소기각재판을 할 경우에는 원심의 배상명령을 취소하여야 한다. 이 경우 상소심에서 원심의 배상명령을 취소하지 않은 때에는 이를 취소한 것으로 본다(동조 제2항). 그러나 상소심에서 무죄·면소 또는 공소기각을 하더라도 원심의 배상명령이 피고인과 피해자 사이의 합의를 기초로 한 배상명령인 경우에는 배상명령은 효력을 상실하지 않는다(동조 제3항).

(3) **즉시항고**   피고인은 유죄판결에 대하여 상소하지 않고 배상명령에 대해서만 상소제기기간 내에 형사소송법의 규정에 의한 즉시항고할 수 있다(訴促法 제33조 제5항). 그러므로 제기기간은 통상의 즉시항고 제기기간인 3일이 아니라 상소제기기간인 7일이 된다. 즉시항고제기 후 상소권자의 적법한 상소가 있는 경우에는, 즉시항고는 취하된 것으로 본다(동조 제5항 단서). 여기의 상소권자에는 검사가 제외된다. 검사는 형사사건에 대해서만 상소할 수 있으며, 단순히 민사상 손해배상청구권의 존부와 범위에 관한 배상명령사건의 당사자는 될 수 없기 때문이다.

4. 배상명령의 효력

(1) **집행력**   확정된 배상명령 또는 가집행선고가 있는 배상명령이 기재된 유죄판결서의 정본은 강제집행에 관하여 집행력 있는 민사판결의 정본과 동일한 효력이 있다(訴促法 제34조 제1항). 즉 별도의 집행력을 부여받을 필요없이 확정된 배상명령 또는 가집행선고가 있는 배상명령에 대해서는 집행력이 인정된다.

(2) **기판력**   배상명령의 기판력은 확정된 배상명령과 가집행선고가 있는 배상명령에 국한된다. 따라서 배상명령이 확정된 때에는 그 인용금액의 범위 안에서 피해자는 다른 절차에 의한 손해배상을 청구할 수 없으나(訴促法 제34조 제2항), 인용금액을 넘어선 부분에 대하여는 별도의 소를 제기할 수 있다. 청구에 대한 이의의 주장은 그 원인이 변론종결 전에 생긴 때에도 할 수 있다(동조 제4항).

제 2 절   재판의 집행

제 1 개   관

Ⅰ. 의   의

재판의 집행이란 재판의 의사표시 내용을 국가의 강제적으로 실현하는 것을 말한다. 재판의 집행에는 ① 형의 집행뿐만 아니라, ② 추징·소송비용과 같은 부수처분의 집행, ③ 과태료·보증금의 몰수, 비용배상 등 제재의 집행, ④ 강제처분을 위한 영장의 집행도 재판의 집행에 포함된다. 재판의 집행에 있어서 가장 중요한 것은 유죄판결의 집행인 형의 집행이다.

Ⅱ. 기본원칙

1. 집행의 시기

(1) 원   칙   재판은 확정된 후에 즉시 집행하는 것이 원칙이다($\frac{제459}{조}$). 형선고의 재판에 대하여 형집행에 착수하지 않으면 형의 시효가 진행하게 된다. 형의 선고를 받은 자에게 형의 시효가 완성되면 그 집행이 면제되는 효과가 발생한다($\frac{형법}{제77조}$).

(2) 예   외   재판이 확정되기 전에 집행할 수 있는 경우가 있다. ① 결정과 명령의 재판은 즉시항고($\frac{제410}{조}$) 또는 이에 준하는 불복신청($\frac{제416조}{제419조}$)이 허용되는 경우를 제외하고 즉시 집행할 수 있다. ② 벌금·과료 또는 추징의 선고를 하는 경우에 가납명령이 있는 때에는 재판확정을 기다리지 않고 즉시 집행할 수 있다($\frac{제334}{조}$). 재판이 확정된 때에도 즉시 집행할 수 없는 경우가 있다. ① 소송비용부담의 재판은 소송비용집행면제 신청기간 내 또는 그 신청에 대한 재판이 확정될 때까지 집행할 수 없다($\frac{제472}{조}$). ② 노역장유치는 벌금 또는 과료의 재판이 확정된 후 30일 이내에는 집행할 수 없다($\frac{형법 제69}{조 제1항}$). ③ 사형은 법무부장관의 명령 없이는 집행할 수 없다($\frac{제463}{조}$). ④ 보석허가결정은 보석조건을 이행한 후에 집행할 수 있다($\frac{제100조}{제1항}$).

2. 집행의 지휘

(1) 원   칙   재판의 집행은 그 재판을 한 법원에 대응한 검찰청 검사가 지휘

한다($^{제460조}_{제1항}$). 상소의 재판 또는 상소의 취하로 인하여 하급법원의 재판을 집행할 경우에는 상소법원에 대응한 검찰청 검사가 지휘한다($^{동조}_{제2항}$). 이 경우에는 통상 소송기록이 상소법원에 송부되어 있기 때문이다. 그러므로 소송기록이 하급법원 또는 그 법원에 대응한 검찰청에 있는 때에는 그 검찰청 검사가 지휘한다($^{동조 제2}_{항 단서}$).

(2) 예 외   법률의 규정에 의하여 법원 또는 법관이 지휘해야 하는 경우가 있다($^{제460조 제1}_{항 단서}$). ① 공판절차에서 구속영장은 검사의 지휘에 의하여 사법경찰관리가 집행하는 것이 원칙이나, 급속을 요하는 경우에는 재판장, 수명법관 또는 수탁판사가 그 집행을 지휘할 수 있고($^{제81조 제1}_{항 단서}$), ② 법원이 필요한 경우에는 법원서기관 또는 서기에게 압수·수색영장의 집행을 명할 수 있다($^{제115조 제1}_{항 단서}$). 재판의 성질상 법원 또는 법관이 지휘해야 하는 경우가 있다. 이러한 경우로는 ① 법원에서 보관하고 있는 압수장물의 환부($^{제333}_{조}$), ② 법정경찰권에 의한 퇴정명령($^{제281조}_{제2항}$) 등을 들 수 있다.

제 2 형의 집행

I. 사형의 집행

1. 집행의 절차

사형을 선고한 판결이 확정된 때에는 검사는 지체 없이 소송기록을 법무부장관에게 제출하여야 한다($^{제464}_{조}$). 사형은 법무부장관의 명령에 의하여 집행한다($^{제463}_{조}$). 법무부장관은 판결이 확정된 날로부터 6월 이내에 사형집행명령을 하여야 한다($^{제465조}_{제1항}$). 6개월의 기간규정은 **훈시규정**이다. 한편 상소권회복의 청구, 재심의 청구 또는 비상상고의 신청이 있는 때에는 그 절차가 종료할 때까지의 기간은 이 기간에 산입하지 않는다($^{동조}_{제2항}$). 법무부장관이 사형의 집행을 명한 때에는 5일 이내에 집행하여야 한다($^{제466}_{조}$). 본조도 훈시규정이다.

2. 집행의 방법

사형은 교도소 또는 구치소 내에서 교수하여 집행한다($^{형법}_{제66조}$). 사형의 집행에는 검사·검찰서기관 또는 검찰사무관과 교도소장 또는 구치소장이나 그 대리자가 참여하여야 한다. 검사 또는 교도소장이나 구치소장의 허가를 받지 못한 자는 형의 집행장소에 들어가지 못한다($^{제467}_{조}$). 사형의 집행에 참여한 검찰서기관 등은 집행조서를 작성하고 검사와 교도소장 또는 구치소장이나 그 대리자와 함께 기명날인 또는 서명하여야 한다($_{조}^{제468}$).

3. 사형의 집행정지

사형의 선고를 받은 자가 심신의 장애로 의사능력이 없는 상태에 있거나 잉태중에 있는 여자인 때에는 법무부장관의 명령으로 집행을 정지한다($_{제1항}^{제469조}$). 사형의 집행을 정지한 경우에는 심신장애의 회복 또는 출산 후 법무부장관의 명령에 의하여 형을 집행한다($_{제2항}^{동조}$).

II. 자유형의 집행

1. 집행의 방법

검사는 형집행지휘서에 의하여 징역・금고와 구류의 집행을 지휘한다($_{조}^{제460}$). 자유형은 교도소에 구치하여 집행한다($_{제68조}^{형법 제67조 ・}$).

2. 미결구금일수의 산입

미결구금일수란 구금당한 날로부터 판결확정일까지 실제로 구금된 일수를 말한다. 2014년 형법 개정으로 판결선고전 구금일수는 그 전부를 유기징역, 유기금고, 벌금이나 과료에 관한 유치 또는 구류에 산입한다($_{조 제1항}^{형법 제57}$). 법원은 판결에서 별도로 미결구금일수 산입에 관하여 판단할 필요가 없다. 병과형 또는 수개의 형으로 선고된 경우 어느 형에 미결구금일수를 산입하여 집행하느냐는 형집행 단계에서 형집행기관이 결정한다.

3. 자유형의 집행정지

(1) **필요적 집행정지**　징역・금고 또는 구류의 선고를 받은 자가 **심신장애**로 의사능력 없는 상태에 있는 때에는 형을 선고한 법원에 대응한 검찰청 검사 또는 형의 선고를 받은 자의 현재지를 관할하는 검찰청 검사의 지휘에 의하여 심신장애가 회복될 때까지 형의 집행을 정지한다($_{제1항}^{제470조}$). 형의 집행을 정지한 경우에는 검사는 형의 선고를 받은 자를 감호의무자 또는 지방공공단체에 인도하여 병원 기타 적당한 장소에 수용하게 할 수 있다($_{제2항}^{동조}$). 형의 집행이 정지된 자는 위의 처분이 있을 때까지 교도소 또는 구치소에 구치하고 그 기간을 형기에 산입한다($_{제3항}^{동조}$).

(2) **임의적 집행정지**　징역・금고 또는 구류의 선고를 받은 자에 대하여 ① 형의 집행으로 인하여 현저히 건강을 해하거나 생명을 보전할 수 없을 염려가

있는 때, ② 연령 70세 이상인 때, ③ 잉태 후 6월 이상인 때, ④ 출산 후 60일을 경과하지 아니한 때, ⑤ 직계존속이 연령 70세 이상 또는 중병이나 장애인으로 보호할 다른 친족이 없는 때, ⑥ 직계비속이 유년으로 보호할 다른 친족이 없는 때, ⑦ 기타 중대한 사유가 있는 때에는 형을 선고한 법원에 대응한 검찰청 검사 또는 형의 선고를 받은 자의 현재지를 관할하는 검찰청 검사의 지휘에 의하여 형의 집행을 정지할 수 있다($_{제1항}^{제471조}$). 검사가 형의 집행정지를 지휘함에는 소속 검찰청 검사장의 허가를 얻어야 한다($_{제2항}^{동조}$).

Ⅲ. 자격형의 집행

자격상실 또는 자격정지의 선고를 받은 자에 대하여는 이를 수형자원부에 기재하고 지체 없이 그 등본을 형의 선고를 받은 자의 등록기준지와 주거지의 시·구·읍·면장에게 송부하여야 한다($_{조}^{제476}$). 본조의 수형자원부란 수형인명부(受刑人名簿)를 말하며, 본조의 수형자원부의 등본은 수형인명표(受刑人名票)를 말한다. 수형인명부는 검찰청에 비치되며, 수형인명표는 본적지의 시·읍·면 사무소에 비치된다.

Ⅳ. 재산형의 집행

1. 집행명령

벌금·과료·몰수·추징·과태료·소송비용·비용배상 또는 가납의 재판은 검사의 명령에 의하여 집행한다($_{제1항}^{제477조}$). 본조의 몰수에는 보증금의 몰수가 포함되며, 본조의 과태료는 형사소송법에 규정된 과태료($_{조, 제177조 등}^{제151조, 제161}$)만을 가리킨다. 집행명령은 집행력 있는 채무명의와 동일한 효력이 인정된다($_{제2항}^{동조}$). 재산형의 집행은 민사소송법의 강제집행절차($_{제3항}^{동조}$)와 국제징수법의 체납처분절차($_{제4항}^{동조}$)를 선택적으로 할 수 있다.

2. 집행의 대상

재산형도 다른 형의 집행과 같이 재판을 선고받은 본인, 즉 재판을 받은 자의 재산에 대하여만 집행할 수 있다. 따라서 납부의무자가 사망하거나 납부의무자인 법인이 해산된 경우에는 집행이 불가능하다. 다만 몰수 또는 조세·전매 기타 공과에 관한 법령에 의하여 재판한 벌금 또는 추징은 그 재판을 받은 자가 재판확정 후 사망한 경우에는 그 상속재산에 대하여 집행할 수 있고($_{조}^{제478}$),

법인에 대하여 벌금·과료·몰수·추징·소송비용 또는 비용배상을 명한 경우에 법인이 그 재판확정 후 합병에 의하여 소멸한 때에는 합병 후 존속한 법인 또는 합병에 의하여 설립된 법인에 대하여 집행할 수 있다($\frac{제479}{조}$).

3. 집행의 방법

제1심 가납재판을 집행한 후에 제2심 가납재판이 있는 때에는 제1심 가납재판의 집행은 제2심 가납금액의 한도에서 제2심 재판의 집행으로 간주한다($\frac{제480}{조}$). 가납의 재판을 집행한 후 벌금·과료 또는 추징의 재판이 확정한 때에는 그 금액의 한도에서 형의 집행이 된 것으로 간주한다($\frac{제481}{조}$). 벌금 또는 과료를 완납하지 못한 자에 대한 노역장유치의 집행에는 형의 집행에 관한 규정을 준용한다($\frac{제492}{조}$). 집행비용은 집행을 받은 자의 부담으로 하고, 민사집행법의 규정에 준하여 집행과 동시에 징수하여야 한다($\frac{제493}{조}$).

판례색인

사항색인